KB037836

율촌 법이론연구총서

서울대학교 법이론연구센터
율촌 법이론연구총서 · 001

로마법의 향연

최병조 지음

도서출판 길

지은이 **최병조**(崔秉祚)는 1953년에 태어나 서울대 법학과를 졸업하고 같은 대학교 대학원에서 석사학위를 받았다. 독일 괴팅겐 대학에서 법학 박사학위(Dr.iur.)를 취득했으며, 2018년까지 서울대 법과대학/법학대학원에서 교수로 있었다(2018년 2월 정년퇴임). 서울대 법학연구소장, 서울대 대학원 협동과정 서양고전학 전공주임, 한국법사학회 회장, 한국서양고전학회 회장 등을 역임했으며, 현재 서울대 명예교수로 있다. 2011년에 독일 괴팅겐 학술원 종신 교신회원으로 선출되었으며, 현암법학저작상(1998), 서울대 학술연구상(2012), 한국법학원 법학논문상(2013), 영산법률문화상(2015) 등을 수상하였다.

저서로 *Culpa in contrahendo bei Rudolph von Jhering*(1988)과 『로마법강의』(박영사, 1999), 『로마법상의 사무관리: 학설휘찬 제3권 제5장 역주』(서울대학교출판부, 2001) 등이 있고, 『민법주해』(박영사)를 공동집필하였다. 논문집으로는 『로마법硏究(I): 法學의 源流를 찾아서』(서울대학교출판부 1995), 『로마법 · 민법 논고』(박영사, 1999), 『로마의 법과 생활』(경인문화사, 2007), 『비교법문화론: 로마법학자가 본 조선의 전통 법문화』(민속원, 2018)가 있다.

서울대학교 법이론연구센터
율촌 법이론연구총서 · 001

로마법의 향연

2019년 3월 5일 제1판 제1쇄 인쇄
2019년 3월 15일 제1판 제1쇄 발행

지은이 | 최병조
펴낸이 | 박우정

기획 | 이승우
편집 | 김춘길
전산 | 한향림

펴낸곳 | 도서출판 길
주소 | 06032 서울 강남구 도산대로 25길 16 우리빌딩 201호
전화 | 02) 595-3153 팩스 | 02) 595-3165
등록 | 1997년 6월 17일 제113호

ⓒ 최병조, 2019. Printed in Seoul, Korea
ISBN: 978-89-6445-205-9 93360

이 연구총서는 법무법인(유) 율촌의 지원 아래 서울대학교 법학연구소 법이론연구센터가 주관 · 기획하고 도서출판 길에서 펴냈습니다.

| 책머리에 |

　이 책은 지난 교수 생활의 후반기에 쓴 로마법 관련 글들을 모은 것이다. 정년을 맞이하면서 다행히도 그간 썼던 글들을 두 부류로 나누어서 출판할 수가 있었다. 법문화 비교에 관한 총론에 해당하는 글들과 법문화 비교의 차원에서 조선시대를 다룬 글들을 하나로 묶어서 수록한 한 권은 도서출판 민속원에서 이미 『비교법문화론: 로마법학자가 본 조선의 전통 법문화』(2018)란 제하에 출판되었다. 로마법에 관한 글들을 수록한 다른 한 권이 바로 이 책이다. 그간 로마법 관련 논문들은 일정량이 모이면 모아서 출판을 해 왔는데, 이번이 네 번째이다. 분량이 생각보다 많은데, 그 이유 중의 하나는 교수 생활을 하는 중 세월이 흐르면서 연구여건이 조금씩이지만 차츰 좋아져서 전보다 많은 문헌들을 참조할 수 있게 된 결과이고, 다른 하나는 데이터 베이스의 활용 결과 사료 검색이 용이해지면서 일정한 주제에 관하여 가능한 포괄적으로 다루려다 보니 전보다 많은 사료가 소개되었기 때문이다.

　하지만 이런 긍정적인 변화에도 불구하고 우리나라에서 로마법을 연구하기에는 여전히 애로가 엄청나다. 전문 로마법연구소가 설립되어 있어도 조달이 쉽지 않은 세계 여러 나라의 관련 연구 성과물들이 개인적인 노력에도 불구하고 국내에서는 거의 접근이 안 되기 때문이다. 하여 그때그때 가용한 자원으로 수행된 매우 제한적인 성과물들이지만, 그래도 논문 작업을 하면서 느꼈던 즐거움과 고마움은 늘 나를 비켜가지 않았다. 첫 글모음집의 부제에서 밝혔듯이 "법학의 원류를 찾는" 여정이 언제나 잔치 기분이었기에 이 책에 감히 『로마법의 향연』이라는 제목을 붙였다.

시민이라면 모두가 동등한 자격으로 진정한 담론의 자리에서 법리를 통한 인생사의 해결에 몰두하는 그 과정은 로마의 법률가들이 후세에 남긴 가장 값지고 모범적인 유산이다. 인간과 사회와 국가에 대한 냉철한 현실주의에 입각한 통찰을 바탕으로, 그러나 온갖 사리사욕과 사회적 폐해로 점철된 세속적 인생사의 한 중심에서도 인간에 대한 이상과 신뢰를 잊지 않고 이성적 논변을 통하여 인간의 삶을 보다 살기 좋은 것으로 만들려고 한 그들의 노력은 실로 경탄할 만한 것이다. 인간에 대하여 비관도 낙관도 하지 않고, 투쟁하는 인간들을 평화와 정의의 질서를 통하여 법의 인간(homo iuridicus)으로 순치함으로써 살벌하고 적나라한 폭력이 지배하는 혼란스러운 현실 세계를 타파하고 그들이 제도와 법의 틀 안에서 법인격과 권리를 갖춘 주체로서 자율과 자치를 구현하는 세계를 추구한 이들의 노고는 오늘날 우리가 누리고 있는 법치의 현실태로 실현되었다.

고대사회가 공유한 노예제 사회라는 부인할 수 없는 한계나 어느 시대 어떤 곳의 인간들과도 다르지 않기에 법의 이상과는 동떨어진 수많은 부작용과 비리로부터 결코 자유롭지 않았던 로마이지만, 그들이 추구하고 실천했던 법의 진면목이 가지는 가치를 부인할 수 없다. 사실 로마 문화의 매력은 아직 끝나지 않았고, 오늘날에도 끊임없이 다양한 방면에서 조명되고 재조명되고, 해석되고 재해석되면서 여전히 살아 있다. 감히 '향연'이라는 표현을 썼지만, 로마 법문화의 입구에도 근접하지 못한 졸작들이다.

이미 발표된 글들을 다시 출판하는 것은 어쩌 보면 엎질러진 물을 다시 주워 담는 모양새일 수도 있을 것이다. 그런 의미에서 더욱이 전혀 시장성도 없는 이 책자를 기꺼이 동 센터의 총서로 출판하기로 결정해주신 서울대학교 법학연구소 법이론연구센터와 주도면밀한 전문성으로 멋진 책으로 재탄생시켜준 도서출판 길에 대해 충심의 감사를 드린다.

여기저기 흩어져 있는 글들을 한 군데 모으면 나름으로 소소한 편리한 점들이 있다. 그러나 이러한 소소한 편리성만으로 출판을 정당화하기에는 다소간에 부족한 감이 있다. 하여 변명 삼아 몇 마디 늘어놓자면, 로마법을 공부하는 입장에서는 이 책의 장점 중 하나가 바로 사료 색인이라는 점이다. 개별 논문으로 발표할 당시에는 거의 색인이 작성되지 않는 법이다. 후일의 참고에는 사료 색인이 아주 큰 도움이 되므로 이 점만큼은 강조하고 싶다. 사항 색인도 도움이 될 것이다. 이 점에서 색인 작성이라는 번거로운 작업을 성실히 수행해준 이상훈 박사에게 진심으로 고마움을 표한다.

다른 한 가지는 전문 분야에 종사하지 않는 분들에게도 '로마법이라는 것이 있구나' 하는 관심을 불러일으킬 수 있게 된다는 점에서 장기적으로 볼 때 중요한 홍보효과도 있다고 생각된다. 그리고 누군가 로마법을 찾을 때 전문잡지의 글보다는 접근성의 측면에서도 좋을 것이다. 워낙 하는 사람도 적고, 법학 분야에서도 동우회가 거의 없기 때문에 은연중에 가지게 된 생존본능인지도 모르겠다.

이 책은 교수 생활의 마지막 성과물이라는 점에서 오늘의 내가 있도록 낳아주시고 길러주시고 가르침을 주신 그 은혜에 감히 보답할 길이 없는 그리운 두 분 사랑하고 존경하는 아버지, 어머니께 바치고자 한다.

2018년 12월 6일

訥齋 최병조

차례

- 로마 황제의 이름 뒤 괄호 속 연도는 재위기간을 말한다.

  로마의 법률가 이름 뒤 괄호 속 연도는 주요 활동시기를 말한다.

- **주요 로마법 사료 약어**

  Basilica (Bas.: 바실리카 법전) [편의상 Heimbach 편집본의 라틴어역 활용]

  Codex Iustinianus (C.: 칙법휘찬)

  Codex Theodosianus (CTh.: 테오도시우스 칙법집)

  Collatio (모세법 및 로마법 대조집)

  Digesta Iustiniani (D.: 학설휘찬)

  Edictum Perpetuum (Ed.: 영구고시록)

  Fragmenta Vaticana (Fr.Vat.: 바티칸 단편)

  Gai Institutiones (Gai.: 가이우스 법학원론)

  Gai Institutionum Epitome (Epit.Gai., Gai.Ep.: 가이우스 법학원론 초록)

  Institutiones Iustiniani (Inst.: 법학제요)

  Iustiniani Novellae (Nov.: 신칙법)

  Lex duodecim tabularum (XII.Tab.: 12표법)

  Pauli Sententiae (PS.: 파울루스 의견록)

  Ulpiani Epitome (Uip.Epit., UE., Epit.Ulp.: 울피아누스 초록)

- **기타 사용된 약어**

  cit. = citato (이미 인용된). [예] D.5.2.3 cit. = 이미 인용된 D.5.2.3

  h.l. = hoc loco (該[當個]所에) [예] D.5.2.3, D.h.l. = D.5.2.3

  h.t. = hoc titulo (該[當]章에) [예] D.5.2.3, D.h.t.6.2 = D.5.2.6.2

  itp. = interpolatus (수정됨) [예] D.16.1.8.2 itp.

- **로마법 법률용어의 역어 관련**

  우리나라 학계에서 로마법의 법률용어에 대한 역어는 상당부분 아직 통일되어 있지 못하다. 필자도 역어를 처음부터 통일적으로 선택하여 사용하지 못하고, 종래 사용하던 역어를 나중에 바꾼 것들이 여럿 있다. 이 책에서는 가급적 최종적으로 사용한 역어로 통일하고자 했으나 여러 이유에서 만전을 기하지 않았다. 양해를 바란다. 이와 관련하여 몇 가지만 언급해 두기로 한다.

법률용어	기존역어	새 역어
actiones stricti iuris	엄격(嚴格)소권	엄법(嚴法)소권
actiones bonae fidei	성의(誠意)소권	성신(誠信)소권
stricti iuris iudicia	엄격(嚴格)소송	엄법(嚴法)소송
bonae fidei iudicia	성의(誠意)소송	성신(誠信)소송
capitis deminutio	두격감소	두격감등(頭格減等)
rescriptum	칙답 또는 비답	칙답
usucapio	사용취득	점용취득

제1부

로마법 일반

제1장 로마법과 비교법

Etiam quae similia videntur, cum contuleris, diversa sunt.
비슷하게 보이는 것들도 비교해 보면 서로 다르다.
— 세네카,『도덕서신』113, 16

I. 머리말

'로마법과 비교법'이라는 주제를 다루는 경우에 우선 해명해 두어야
할 점들이 몇 가지 있다. 먼저 비교법에 관해서는 별다른 오해의 소지가
있는 것 같지 않다. 우리가 흔히 이해하듯이 상이한 법공동체 내지 법질
서의 법들을 비교하는 학문 내지 방법론을 비교법 또는 비교법학[1]이라
고 이해하는 데 별다른 이견은 보이지 않기 때문이다.[2] 이 비교법을 로마
법과 연결시킬 때에도 비교법 자체에 관한 이해를 달리 해야 할 이유는
발견되지 않는다. 따라서 문제는 로마법인데, 로마법의 관점에서 비교법
을 보느냐 아니면 비교법의 관점에서 로마법을 보느냐에 따라 비교법과
의 연결점이 달라지기 때문이다. 또 로마법을 어떻게 규정하느냐의 문제
도 이와 밀접히 연결되어 있다.

---

1 Andreas Heldrich, "Rechtsvergleichung", in: *Staatslexikon: Recht · Wirtschaft ·
Gesellschaft, hrsg. v. der Görres-Gesellschaft, Sonderausgabe der 7., völlig neu
bearbeiteten Auflage, 4. Bd. (1995), 747ff., 747.
2 물론 세부에 들어가서 비교법의 목표와 효용에 관해서는 비교법학의 적용자만
큼이나 다양한 이해가 존재한다. Cf. Richard Hyland, "Comparative Law", in:
A Companion to Philosophy of Law and Legal Theory, edited by Dennis Patterson
(1996), 184ff.

비교법학의 관점에서 로마법을 본다는 것은 여러 비교 대상이 되는 법 중의 하나로서 로마법을 택한다는 것이며, 비교법의 대상으로서 이러한 의미에서의 로마법은 다시 좁은 의미의 로마법, 즉 고대의 로마법(römisches Recht)과 넓은 의미의 로마적 법, 즉 로마법 계수 이후의 보통법적 로마법(romanistisches Recht)[3]을 포함하는 것으로 나누어 볼 수 있다.[4] 후자는 오늘날 유럽 통합의 차원에서 유럽연합 회원국들의 법을 비교법적으로 고찰할 때 그 역사적 공통분모의 역할을 한다는 점에서 특유한 위치를 차지하고 있다.[5] 고대의 로마법은 물론 통시적인 차원에서도 현대 비교법의 대상일 수 있으나, 무엇보다도 공시적인 차원에서 고대 세계의 법을 비교하는 작업의 탁월한 대상이다.[6] 어느 쪽이든 로마법은 비교법의 정전(正典)으로서 최선의 가치척도요, 최선의 상호이해 도구인 동시에 특히 통시적인 비교의 차원에서는 시간적 거리로 인한 관점의 예리화 효과를 수반한다는 점에서 중요한 비교의 대상이다.[7]

---

3   Cf. Peter Stein, *Roman Law in European History* (1999); Alan Watson, *The Evolution of Law* (1985); 同, *The Making of the Civil Law* (1981).

4   졸저, 『로마법강의』, 박영사(1999), 3.

5   법교의상(法教義上)의 구조 차이에도 불구하고 유럽의 법통일이 가능한 것은 기본적으로 여러 국민국가의 법질서들이 법의 가치 차원에 있어서 합치하기 때문인데(Christian Starck, "Die Bedeutung der Rechtsphilosophie für das positive Recht", in: Alexy / Dreier / Neumann (Hg.), *Rechts- und Sozialphilosophie in Deutschland heute* (1991), 376ff., 379; Andreas Wacke, "Sprichwörtliche Rechtsprinzipien und europäische Rechtsvergleichung", in: *Orbis Iuris Romani* 5 (1999), 174ff.), 이러한 異同이 모두 광의의 로마법적 전통 속에서 성장해 온 역사적 사실을 간과해서는 안 될 것이다. Cf. Franz Wieacker, *A History of Private Law in Europe*, translated by Tony Weir (1995); K. Luig, "The History of Roman Private Law and the Unification of European Law", in: *ZEuP* (1997), 405ff.; R. Knütel, "Ius commune und Römisches Recht vor Gerichten der Europäischen Union", in: *JuS* (1996), 768ff.

6   고대세계의 비교법은 그러나 아직도 성취되지 않은 요청으로 남아 있다. Gábor Hamza, *Comparative Law and Antiquity* (1991), 1ff. 이 자리를 빌려 2004년 여름방학 중 독일에서 귀중한 시간을 내어 이 자료를 사진 찍어 전송해 준 이화여대 서을오 교수에게 감사한다.

7   Alfons Bürge, "Europa, das römische Recht und Wir", in: Roland Marti

반대로 로마법의 관점에서 비교법을 돌아볼 때에도 현대 로마법이냐 아니면 고대 로마법이냐에 따라서 그 양상은 달라진다. 현대 로마법학 (Romanistik)은 스스로를 역사적 비교법학으로 이해하고 있거니와[8] 연구과정 중에 다양한 형태의 비교법적 자료들이 통시적-공시적으로 고려된다. 반면에 고대 로마법학(Jurisprudenz der römischen Juristen)의 입장에서 비교법을 살펴보면 이것은 고대 로마의 법률가들의 법이론과 법실무에서 비교법이 과연 어떠한 위상을 차지하고 있었는가 하는 문제가 된다.

이처럼 '로마법과 비교법'이라는 주제는 매우 다양하고 광범위한 문제영역을 포괄한다. 이 글에서는 이 중에서 협의의 로마법과 비교법의 관계만 다루고자 한다. 즉 법학의 대가들이었던 고대 로마 법률가들은 과연 비교법학이라는 것을 하였는가? 하였다면 그 정도와 수준은 어떠했는가? 만일 비교법학이라고까지 부를 정도는 아니었지만 일정한 단초를 보여주었다면 그 모습은 어떠하였는가? 만일 하지 않았다면 그 이유는 또 무엇이었을까? 이러한 문제들만을 다루기로 한다(로마법상의 비교법). 광의의 로마법과 비교법의 문제는 비교법학의 관점에서든 로마법학의 관점에서든 광의의 로마법의 비교법적 의미와 역할, 구체적인 기여의 가능성 등을 획정하는 과제의 문제이다(비교법상의 로마법). 이것은 별도의 천착이 필요한 영역이다.

(Hrsg.), *Europa: Traditionen-Werte-Perspektiven* (2000), 49ff.; Eduard Picker, "Rechtsdogmatik und Rechtsgeschichte", in: *AcP* 201 (2001), 763ff., 826ff.; Reinhard Zimmermann, "Europa und das römische Recht", in: *AcP* 202 (2002), 243ff., 244ff., 249ff.; 同, "Roman and Comparative Law: The European Perspective (Some remarks apropos a recent controversy)", in: *Legal History*, Vol. 16, No. 1 (1995), 21ff.

8   이 역도 참이다. 즉 비교법은 다시 법사학의 한 형태이다. Heldrich, *op. cit.*, 749f.; Eugen Bucher, "Rechtsüberlieferung und heutiges Recht", in: *ZEuP* (2000), 394ff., 482f.; Alan Watson, *Roman Law & Comparative Law* (1991), 97. 법사학과 비교법학의 상관관계에 대해 상세한 것은 제32차 독일법사학자대회(레겐스부르크)의 발표문을 모아놓은 *ZEuP* (1999), 494ff. 참조.

II. 로마법상의 비교법

1. 비교법의 일반적 전제

비교법이란 둘 이상의 법질서를 전제한 가운데 거시적이거나 미시적인 차원에서 일정한 관점하에 그 법질서들을 비교하는 법학의 방법론을 말한다. 따라서 어떤 법공동체의 현행법 상태에 관한 정보들을 전달하는 단순한 외국법학(Auslandsrechtskunde)과는 구별되지만, 그 구별은 결코 확정적인 것이 아니며, 분명한 것은 외국법학 없이는 비교법학 자체가 불가능하다는 점에서 전자가 후자의 불가결한 요건이라는 점이다.[9] 따라서 로마법상의 비교법을 논하기 위해서는 우선 로마법상의 외국법을 다루지 않으면 안 된다.

그런데 외국법에 대한 인식은 일반적으로 삶의 현장에서 자연스럽게 주어진 소여로서 경험될 수도 있고, 일정한 목표 관념하에 의식적인 추구의 대상으로서 외국법이 인식될 수도 있다. 특히 의식적인 비교연구의 대상으로서 외국법을 고찰하는 경우의 심리적 기제(機制)는 그야말로 단순한 지적인 호기심일 수도 있지만,[10] 대체로 자국(自國)의 법질서에 대한 일정한 비판의식의 발로이거나(이상 이론적 관심),[11] 아니면 해석론

---

9 Heldrich, *op. cit.*, 748.

10 잘 알려진 호기심의 민족이었던 그리스인들(Cf.「사도행전」17: 21: "아테네 사람들[은] 새것이라면 무엇이나 듣고 이야기하는 것으로 세월을 보내는 사람들이었다")에 비하면 로마인들은 많이 다르다. 외래의 풍습과 법에 대한 관심과 흥미도 그리스인들과는 비교도 되지 않을 정도로 미약하다. 그리스인들의 호학성(好學性)에 관해서는 박종현, 『희랍사상의 이해』(종로서적, 1982 / 5쇄, 1988), 7ff.

11 로마의 법률가들에게는 자국 법질서에 대한 비판의식보다는 자긍의식이 훨씬 더 강했다. Cf. Dieter Nörr, *Rechtskritik in der römischen Antike* (1974). 따라서 자국 법질서에 대한 비판과 그 대안이라는 측면에서 그들의 비교법학을 조명하는 것은 별로 기대할 것이 없는 작업이다. 현행법 질서에 대한 비판적 대안을 추구하는 과정에서 비교법적 정보를 동원하여 이상국가를 구상했던 그리스의 사상가들과 같은 유형의 인물은 로마의 법률가 내지 법사상가 중에서는 찾아볼 수 없다. 이러한 차이의 주요한 원인 중 하나는 현실정치와 법에 대한 관계에서 내부자(在朝)와 외부자(在野)의 입장 차이일 것이다.

적으로나 입법론적으로 구체적인 법적 대안을 모색하려는 동기에서 비롯하거나 또는 외국법을 적용해야만 하는 실무적 필요에 기인하는 경우가 일반적이다(이상 실천적 관심). 그리고 어떤 동기에서 법 비교가 이루어지든 간에 대체로 법 비교의 결과는 주로 공시적인 측면에서는 법질서들 사이의 서로 다름(varietà)에 대한 인식으로, 주로 통시적인 측면에서는 자국법질서를 포함하여 법질서의 가변성(mutevolezza)에 대한 인식으로 귀착하게 되며,[12] 이러한 비교법적 고찰의 결과는 궁극적으로는 법의 존재양태와 본질에 관한 철학적 성찰을 자극한다. 역사적으로 볼 때 지성의 이러한 사유과정을 무엇보다도 잘 보여주는 것이 다름 아닌 그리스의 고전문화라고 한다면, 로마의 경우 그 양상은 사뭇 다르다. 이제 하나씩 살펴보기로 한다.

1) 법질서의 다름에 대한 인식(이방법(異邦法)에 대한 인식)

법질서의 서로 다름에 대한 인식은 늦어도 기원전 5세기 이래 그리스의 경우 새로운 현상으로서 나타났는데, 그리스 사회 자체가 최선의 헌정질서 및 법질서를 위한 정치적 투쟁이라는 실천의 장을 제공했고, 또 제민족과 여러 나라의 습속 및 법의 올바른 평가 기준에 대한 이론적 관심이 생겨났기 때문이었다. 헬레니즘기 지리학 지식의 발전에 수반한[13] 이러한 문화현상을 반영하는 것이 다름 아닌 기원전 6~5세기 전환기에 발생한 그리스의 민족지(民族誌)로서 헤로도투스(기원전 485년경~기원전 425년), 아리스토텔레스(기원전 384~기원전 322) 및 그 학파, 포세이도니오스(기원전 135년경~기원전 50년경)와 같은 인물들의 활동이 대표적이었다. 또한 호기심의 민족인 그리스인들에게 기사이적록(奇事異蹟錄, Paradoxographie)[14]의 문헌장르가 발전한 것도 하등 이상한 일이 아

---

12 *Enciclopedia Garzanti del Diritto* (1993), s.v. comparato, diritto, p.295 (Antonio Gambaro).

13 월뱅크, 김경현 옮김, 『헬레니즘 세계』, 아카넷(2002), 241ff.

14 *Der Kleine Pauly*, IV (1979), 500f.

니었다. 칼리마코스(기원전 300년경~기원전 240년경), 히피아스(기원전 5세기), 아리스토텔레스, 다마스쿠스의 니콜라우스(기원전 64~?) 등이 주된 인물들이었다.[15] 이러한 배경하에서 법률의 다름의 토포스라고 할 수 있는 것이 그리스와 로마에서 자리 잡았다.

2) 법질서의 가변성에 대한 인식

법질서의 가변성에 대한 인식도 고대 그리스와 로마의 지성계에는 잘 알려진 현상이었다.[16] 가변적인 법질서에 대하여 어떠한 태도를 취하느냐는 — 자연법에 대한 관념의 다양성과 더불어 — 회의주의-보수주의, 공리주의, 교조주의-복고주의 / 개선주의, 실용주의 등 노선의 차이에 따라서 뚜렷한 분화를 보여주었다.[17] 그리스와 로마의 철학자나 문필가들과 달리 로마의 법률가들은 이상론에 치우치지 않는 냉정한 실용적 태도를 견지하였다. 이를 잘 대변하는 것이 퀸틸리아누스의 다음과 같은 태도이다.

> Quintilianus, *Inst. orat.* 3.6.84.
> … 왜냐하면 자연상 상찬(賞讚)할 만하지 않지만 법에 의하여 허용된 것들이 많이 있기 때문이다. 예컨대 12표법에서는 채무자의 인신이 채권자들 사이에 분배되는 것이 허용되었는데, 이 법률을 공공의 관습은 거부하였다. 다른 한편으로 어떤 것은 합당하지만 법에 의하여 금지되는데, 예컨대 유언처분에 있어서의 자유가 그러하다.[18]

---

15 Dieter Nörr, *op. cit.*, 19f.

16 Cf. Reimar Müller, "Antike Konzeptionen von der Historizität des Rechts", in: 同, *Polis und Res publica. Studien zum antiken Gesellschafts- und Geschichtsdenken* (1987), 75ff.

17 Dieter Nörr, *op. cit.*, 20ff.

18 Quintilianus, *Inst. orat.* 3.6.84: ... sunt enim quaedam non laudabilia natura, sed iure concessa, ut in duodecim tabulis debitoris corpus inter creditores dividi licuit, quam legem mos publicus repudiavit: et aliquid aequum, sed prohibitum iure, ut

그들은 "cum dignitate otium"[19]을 정치적인 이상으로 삼았던 키케로에게서 보이는 과거지향적 유토피아 사상[20]과도, 또 그리스 사상에서 보이는 법예지자(法叡知者, σοφὸς ἀνήρ)의 관념[21]과도 거리가 멀었다. 로마인들은 그들의 이러한 실용주의로 말미암아 법질서 — 자타(自他) 고금(古今)을 막론하고 — 자체에 관한 그들의 이론적 고찰을 도대체가 실무의 필요에 부응하는 범위 내에서만 단편적으로 모색하는 차원을 벗어나지 못하였다.

2. 로마법상의 비교법

1) 다언어사회 로마

로마인들의 세계는 주지하다시피 다언어사회였다. 로마가 아직 소규모 도시국가의 틀을 기반으로 대외적인 발전을 거듭하던 시기는 물론, 대제국을 이룬 연후에도 다언어사회로서의 성격에는 큰 변화가 없었다. 통일제국의 성숙과 더불어 특히 서부의 경우에는 라틴어에 의한 통합이 다른 지역어들을 배제하였으나 이 또한 완벽한 것이 못 되었고, 궁극에는 각 지방별로 라틴어 기반의 새로운 로맨스어가 발전하기 시작하였으며,[22] 또 동부의 경우에는 강력한 문화어로서의 그리스어의 존재는 말할 것도 없고, 시리아어, 아르메니아어, 이집트어를 비롯한 동방의 제언어가 생생하게 살아 있었다. 이처럼 다언어사회의 특성상 로마인들은 다른

---

libertas testamentorum.

19 Pierre Boyancé, "Cum dignitate otium", in: Richard Klein (Hg.), *Das Staatsdenken der Römer* (1980), 348ff.; Chaim Wirszubski, "Noch einmal: Ciceros Cum dignitate otium", in: Richard Klein (Hg.), *Das Staatsdenken der Römer* (1980), 375ff.; Heinrich Roloff, "Maiores bei Cicero", in: Hans Oppermann (Hg.), *Römische Wertbegriffe* (1983), 274ff., 275f.; Erich Burck, "Vom Sinn des Otium im alten Rom", in: Hans Oppermann (Hg.), *Römische Wertbegriffe* (1983), 503ff., 509f.

20 Viktor Pöschl, *Römischer Staat und griechisches Staatsdenken bei Cicero* (1983).

21 Cf. Dieter Nörr, *op. cit.*, 29f.

22 Cf. Giacomo Devoto, *Geschichte der Sprache Roms* (1968), 251ff.

문화에 대한 인식을 자연스러운 경로를 통하여 체험하고 있었으며, 실제로 법률가들의 경우에도 외국어와의 접촉은 낯선 광경이 전혀 아니었다. 문화어로서 그리스어를 습득했던 로마의 지식인으로서 로마의 법률가들은 법률문제를 해결하는 과정에서 심심치 않게 그리스의 고전작가들을 원용하고 있으며,『로마법대전』의 언어로부터 알 수 있듯이 그리스어는 라틴어 다음의 유일한 법률가 언어였다. 또 법률가들은 일상생활의 언어상황을 고려한 법이론의 전개에도 인색하지 않았다.[23] 이집트를 포함하여 그리스어를 쓰는 동방 지역의 경우 로마의 법령은 처음부터 그리스어로 반포되거나 라틴어로부터 그리스어로 번역되어 반포되었고, 또 황제와 지방수령 간의 소통에서 때때로 문서가 동시에 두 언어로 작성되기도 하였다.[24]

그러므로 이러한 다양한 언어체험은 로마의 법률가들로 하여금 그에 따르는 다양한 법문화를 역시 잘 인식하도록 하는 유인이었다고 보지 않으면 안 된다. 실제로도 로마인들이 외국법을 적극적으로 수용하였거나 그 영향을 받은 것으로 드러나는 대목들이 확인가능하다. 이제 이것들을 살펴보기로 한다. 다만 이 글에서는 일반 사법(司法)의 영역만 고찰하고, 비교법적으로 흥미 있고 중요한 영역인 중재에 관해서는 다른 기회로 미루기로 한다. 중재와 관련된 사료의 대부분은 제도의 틀과 법적 효력에 관한 것이고 중재 판정의 내용에 관한 것이 아니어서 소기의 성과를 거둘 수 있을지는 미지수이다.[25]

---

23 Andreas Wacke, "Gallisch, Punisch, Syrisch oder Griechisch statt Latein?", in: *SZ* 110 (1993), 14ff.; Reuven Yaron, "The Competetive Coexistence of Latin and Greek in the Roman Empire", in: *Collatio Iuris Romani. Études dédiées à Hans Ankum*, II (1995), 657ff.; Alfons Bürge, "Sprachenvielfalt und Sprachgruppen im Rechtsleben der Stadt Rom – Gedanken zu D.14.3.11.3 und zum Umgang mit Fremdsprachen im heutigen Bürgerlichen Recht", in: *Mélanges Fritz Sturm* (1999), 53ff.

24 상세한 것은 Naphtali Lewis, "The Process of Promulgation in Rome's Eastern Provinces", in: Roger S. Bagnall and William V. Harris (eds.), *Studies in Roman Law in Memory of A. Arthur Schiller* (1986), 127ff.

2) 외국법의 인식

(1) 입법과 외국법

로마인들의 입법에 미친 외국법의 사례로서 가장 대표적인 것은 로마인들 스스로 모든 공법과 사법(私法)의 원천이라고 평가했던 12표법의 입법과정을 들 수 있다.[26] 주지하다시피 당시 그리스로 사절단을 보내서 솔론의 입법례를 참고했다고 하는 것이 그것이다. 선진문화를 참조하려는 비교법의 주요한 동기가 그대로 드러난 사례가 아닐 수 없다. 이러한 초창기의 개방적인 자세는 공화정 후기 그리스 문물에 대한 거부감과 비교되는 것이지만, 종국에는 그리스 학문의 습득하에 헬레니즘 시기에 구원(久遠)의 법학을 개발함으로써 로마인들은 이후 서양에 있어서 법학의 새로운 도약은 법 외적인 학문이론의 영향하에 이루어진다는 거듭된 역사적 경험을 선취하는 범형을 보여주었다고 할 것이다. 그러나 정작 12표법에서 그리스법의 모범을 취했다는 구체적인 규정의 수는 몇 되지 않는다는 점도 잊지 말아야 할 것이다.[27]

제7표 제2조: 경계 획정의 소(訴)(Gai. D.10.1.13)

제8표 제27조: 단체(Gai. D.47.22.4)

제10표 제1조 이하: 사치 장례 규제(Cic. De leg. 2.23.58 - 25.64)

법의 운영이 제국 차원으로 확대된 이후로도 드물지만 이런 사례를 확인할 수 있다. 가령 하드리아누스는 아테네를 위한 입법 시에 드라콘과 솔론의 법을 이용하였다.[28]

---

25 필자가 알기로는 로마법상의 중재를 비교법의 차원에서 검토한 연구는 아직 없는 것 같다. 중재에 관해서는 일응 졸저, 『로마법강의』, 박영사(1999), 515ff.; 상세한 것은 K.-H. Ziegler, *Das private Schiedsgericht im antiken römischen Recht* (1971).

26 Mario Amelotti, "Leggi greche in diritto romano", in: *Symposion* (1997), 225ff., 226; 상세한 것은 Franz Wieacker, *Römische Rechtsgeschichte*, Erster Abschnitt (1988), 299ff.

27 졸저, 『로마법연구 I』, 서울대학교출판부(1995), 17ff., 22, 25, 27ff.

또 고전기의 법과 유스티니아누스법에서 보충적인 제국법[29]으로서 승인되었던 이른바 로도스 해법(海法)(Νόμος ῾Ροδίων Ναυτικός, lex Rhodia)은 지중해의 해상무역 관습법을 로마가 수용한 대표적인 예이다.[30]

(2) 법적용과 외국법

로마의 법적용을 비교법이라는 측면에서 고려할 경우 맨 먼저 떠오르는 것은 영토의 확장과 더불어 증가한 외인(外人)[31] 관련사건(외인 상호간 및 외인과 로마시민 간)을 관장하도록 기원전 242년에 새로 창설된 외인담당 법정관(praetor peregrinus)의 활동이다.[32] 이들에 의한 사법작용은 당시 문명화된 세계의 거주민들에게 공통된 보편법으로서 만민법을 발전시켰다. 이 과정에서 로마 고유의 법을 벗어나는 실질적 공통법규의 개발이 외국의 법에 대한 비교법적 고려 없이 가능하지는 않았을 것

---

28 Eusebius, Chronikon 198 H: Hadrianus Atheniensibus leges petentibus ex Draconis et Solonis reliquorum libris iura composuit (D. Nörr, *op. cit.*, 46에서 재인용). 아테네의 경제력을 강화하기 위한 이 입법에 관해서는 Michael Zahnt, "Hadrian", in: Manfred Clauss (Hg.), *Die römischen Kaiser* (1997), 124ff., 130f.

29 제국법(Reichsrecht)은 제국의 공식법(公式法, le droit officiel)을 의미하며, 로마제국에 귀속하기 전부터 각 지방에 존재해 왔던 민중법(Volksrecht, le droit vulgaire ou populaire) 내지 지방법/지역법(Landrecht, Provinzialrechte, les droits provinciaux, local law) 또는 토착법(le droit indigène, native law)과 구분된다.

30 D.14.2 De lege Rhodia de iactu; Amelotti, *op. cit.*, 226, 230; 상세한 것은 Herbert Wagner, "Die Lex Rhodia de iactu", in: *Revue internationale des droits de l'antiquité* (RIDA) 44 (1997), 357ff.; G. Wesener, "Von der lex Rhodia de iactu zum §1043 ABGB", in: Festschrift Bärmann (1975), 31ff.; H. Honsell, "Ut omnium contributione sarciatur quod pro omnibus datum est. Die Kontribution nach der Lex Rhodia de iactu", in: *Ars boni et aequi. Festschrift Waldstein* (1993), 141ff.

31 고대세계에서 시민 및 외인(外人)의 구별의 저변에는 법 일반의 경우에 그랬던 것처럼 종교적 관념이 깔려 있었다(Cf. 퓌스텔 드 쿨랑주, 김응종 옮김, 『고대도시. 그리스·로마의 신앙, 법, 제도에 관한 연구』, 아카넷(2000), 272ff., 263ff.). 이러한 사정이 법의 비교에 대하여 어떠한 영향을 미쳤을 것인지는 앞으로의 과제로 넘기기로 한다.

32 Fr. Wieacker, *op. cit.*, 438ff.

이다. 그러나 한편으로 만민법 자체에 관한 법원론(法源論) 차원에서의 이론적 정초 작업과 큰 어려움 없이 확인 가능한 당시 세계의 공통된 법 제도들에 관한 일반적인 논구가 비교적 분명한 형태로 전해지고 있다고 한다면, 반면에 다른 한편으로 얼마나 구체적으로 비교법적 자료에 대한 검토가 이루어졌는지는 확인하기 어렵다. 이와 관련해서는 뒤에 더 자세히 살펴보기로 한다.

로마의 법률가들의 비교법적 고찰은 그러면 어떠했을까?

일찍이 카토는 제민족의 법(leges et iura)에 관하여 실용주의적인 관심을 가졌던 것으로 알려져 있지만,[33] 법학 차원에서 외국법에 관한 언급을 가장 많이 하고 있는 사람은 다름 아닌 법학교과서를 집필한 가이우스이다. 그의 관심이 다른 실무형 법률가들과 달리 법학교육에 집중되었던 사정이 그로 하여금 외국법에 대하여 상대적으로 많은 주의를 기울이게 했던 것으로 보인다. 대표적인 경우들을 들어보면 다음과 같다.

Gai. 1.55: Galatia인들도 자식들이 부모의 권력에 복종한다.[34]

Gai. 1.193: 소아시아의 Bithynia인들은 여자가 법률행위를 체결할 때 남편이나 성숙한 아들이 조성을 해야 한다.[35]

Gai. 3.96: 선서는 외인(外人)들의 법공동체들에서는 법적으로 구속력이 있다.[36]

Gai. 3.134: 일반적인 견해에 의하면 외인(外人)의 자필채무증서(自筆債務證書)와 계약문기(契約文記)는 로마의 문서계약과 동일한 구속력이 있다.[37]

---

33 Mario Bretone, *Tecniche e ideologie dei giuristi romani* (1971), 9 n.22 (사료).

34 Gai. 1.55: ... nec me praeterit Galatarum gentem credere in potestatem parentum liberos esse.

35 Gai. 1.193: ... ut ecce lex Bithynorum, si quid mulier contrahat, maritum auctorem esse iubet aut filium eius puberem.

36 Gai. 3.96: ... sane ex alia nulla causa iureiurando homines obligantur, utique cum quaeritur de iure Romanorum: nam apud peregrinos quid iuris sit, singularum civitatium iura requirentes aliud intellegere poterimus.

성문법과 불문법의 구별에 관한 이론적인 논구의 배경으로서 그리스의 두 도시국가였던 아테네와 스파르타를 언급하고 있는 유스티니아누스의 『법학제요』도 로마인들이 역사적·비교법적 자료에 대한 정보를 가지고 있었음을 증명한다.[38]

그러나 로마 중심의 제국법과 다른 법들에 관한 법률가들의 지식은 속주의 법률문제를 다루면서 자연스럽게 인식되었으며, 이 점에서 가장 대표적 인물이 175년 야경총감을 역임하고 마르쿠스 아우렐리우스 황제의 고문법률가였던 케르비디우스 스카이볼라(Q. Cervidius Scaevola)였다.[39] 그에게는 제국의 전역으로부터 법률자문을 구하는 문의가 들어왔다.

〈서부〉 이탈리아 D.32.35.3; 갈리아 D.33.2.34; 히스파니아 D.32.41.6.
〈동부〉 아프리카 D.19.2.61.1, D.33.7.27.1; 아시아 미노르 D.32.35.1; 팔레스티나 D.33.1.21.3 cf. D.50.7.13, D.32.101, D.45.1.122.1.

그리스어로 작성된, 따라서 지방에서 올라온 것으로 추정되는, 생전 행위나 사인행위의 의사표시의 해석을 둘러싸고 스카이볼라에게 문의된 것으로 전해지는 사료만 해도 14개소에 이른다.[40] 당시 —아직 카라

---

37 Gai. 3.134: Praeterea litterarum obligatio fieri videtur chirographis et syngraphis, id est si quis debere se aut daturum se scribat, ita scilicet, si eo nomine stipulatio non fiat. quod genus obligationis proprium peregrinorum est.

38 Inst. 1.2.10: Et non ineleganter in duas species ius civile distributum videtur. nam origo eius ab institutis duarum civitatium, Athenarum scilicet et Lacedaemonis, fluxisse videtur: in his enim civitatibus ita agi solitum erat, ut Lacedaemonii quidem magis ea quae pro legibus observarent memoriae mandarent, Athenienses vero ea quae in legibus scripta reprehendissent custodirent.

39 Wolfgang Kunkel, *Herkunft und soziale Stellung der römischen Juristen* (2. Aufl., 1967), 217ff.; Detlef Liebs, "Nachrichten aus Banasa über Taruttienus Paternus und Cervidius Scaevola", in: *SZ* 93 (1976), 291ff.

40 D.17.1.60.4; D.20.1.34.1; D.26.7.47.pr.; D.31.88.15; D.32.37.5-6; D.32.39.1; D.32.101.pr.; D.33.4.14; D.33.8.23.2; D.34.1.16.1; D.34.4.30.1/3; D.40.4.60; D.40.5.41.4; D.44.7.61.pr. —지방시의 법령 해석을 문의 받은 경우로는

칼라의 시민권 칙령(Constitutio Antoniniana, 212년)[41]이 반포되기 전이다—제국법과 지방법의 접촉이 어떠했는가를 간취할 수 있는 몇 가지 대표적인 사안만 소개하기로 한다.

(1) D.24.1.66.pr. 스카이볼라, 『학설집』 제9권.
세이아가 셈프로니우스와 정해진 날짜에 혼인할 것이었으므로 시가(媤家) 친영례(親迎禮) 및 가자증서(嫁資證書)의 서명 전에 일정금을 증여하였다. 나는 묻노니, 이 증여는 승인되는가? 증여가 행해진 것이 시가 친영례 전인지, 아니면 흔히 또한 혼인 체결 후에 행해지는 증서의 서명 전인지. 이 시간은 문제가 되지 않았다고 답변되었다. 그러므로 합의에 의하여 체결되는 것으로 여겨지는 혼인이 체결되기 전에 증여가 행해진 것이 아니라면 유효하지 않다.[42]

당사자들의 합의만으로 혼인이 성립한다는 로마법의 법리를 설시하고 있는 이 개소의 배경에는 혼인 성립에 일정한 결혼의식이나 증서의 작성이 필요한 것으로 보는 지역의 법의식이 깔려 있다.[43]

D.50.9.6.

41 Joseph Mélèze Modrzejewski, *Droit impérial et traditions locales dans l'Egypte romaine* (1990), X.

42 D.24.1.66.pr. Scaevola libro nono digestorum.
Seia Sempronio cum certa die nuptura esset, antequam domum deduceretur tabulaeque dotis signarentur, donavit tot aureos: quaero, an ea donatio rata sit. non attinuisse tempus, an antequam domum deduceretur, donatio facta esset, aut tabularum consignatarum, quae plerumque et post contractum matrimonium fierent, in quaerendo exprimi: itaque nisi ante matrimonium contractum, quod consensu intellegitur, donatio facta esset, non valere.

43 Rafael Taubenschlag, "Le droit dans les Digesta et Responsa de Cervidius Scaevola", in: *Opera minora* I (1959), 505ff., 507f.

(2) D.32.101.pr. 스카이볼라, 『학설집』 제16권.

출신 속주에 자기의 부동산과 채무로 인하여 자신에게 입질된 다른 부동산을 가진 자가 유언보충서에 다음과 같이 기재하였다. "나의 친애하는 모시(母市)에 내가 시리아에 보유하고 있는(κέκτημαι) 모든 부동산이 그 안에 있는 모든 군축(群畜), 노예, 과실(果實), 창고, 설비들과 함께 그의 몫으로 공여되기를 원하여 그의 것으로 지정하노라." 또한 유언자가 입질 받아 가지고 있던 부동산도 그의 모시(母市)에 유증된 것으로 볼 것인지가 문의되었다. 그는 해답하기를, 주장된 바에 따르면 그 자신의 가산(家産)에 속하게 (이는 보통 채무자가 이행을 해태(懈怠)하면 일어난다) 된 것이 아닌 한, 유증된 것으로 보이지 않는다.[44]

시리아의 토지에 설정된 담보권과 관련된 법률문제 질의에 관하여 케르비디우스 스카이볼라는 이것을 — 말미의 괄호 속의 부연설명에서 드러나듯이 — 실권약관(失權約款, lex commissoria)부 유질(流質)방식의 담보권 설정으로 이해하고, 그러한 법리에 따라서 현재 채권자가 소유하고 있는 부동산인가 아닌가에 따라 유증의 유효 여부를 가리고 있다. 이러한 법리적인 구성이 투영되어 사실관계의 서술에서도 "채무로 인하여 자신에게 입질(入質)된 부동산"이라는 표현이 사용된 것으로 보인다. 그런 유언보충서에서 사용된 '보유'라는 표현으로 볼 때 이 사안은 그리스

---

44 D.32.101.pr. Scaevola libro sexto decimo digestorum.

Qui habebat in provincia, ex qua oriundus erat, propria praedia et alia pignori sibi data ob debita, codicillis ita scripsit: ʼτῇγλυκυτάτῃ μου πατρίδι βούλομαι εἰς τὰ μέρη αὐτῆς δοθῆναι 〈καὶ ins. Mommsen〉 ἀφορίζω αὐτῇ χωρία πάντα, ὅσα ἐν Συρίᾳ κέκτημαι, σὺν πᾶσιν τοῖς ἐοῦσιν βοσκήμασιν δούλοις παρποῖς ἀποθέτοις κατασκευαῖς πάσαιςʼ (*Patriae meae mihi carissimae volo pro eius parte dari eique destino quaecumque possideo in Syria cum omnibus quae in iis sunt gregibus servis fructibus apothecis instrumentis*). quaesitum est, an etiam praedia, quae pignori habuit testator, patriae suae reliquisse videatur. respondit secundum ea quae proponerentur non videri relicta, si modo in proprium patrimonium (quod fere cessante debitore fit) non sint redacta.

법상의 매도담보(πρᾶσις ἐπὶ λύσει: 글자 그대로는 '환매 특약부 매도')[45]가 행해진 경우일 것이다. 담보의 목적으로 일단 소유권을 넘기되, 이행기에 채무를 변제하면 다시 소유권을 찾아오는 방식의 구성을 로마의 담보물권 제도의 틀 안에서 이해하려는 시도가 역으로 아직 소유권은 이전되지 않고 담보의 구속만을 받되, 이행기에 채무가 변제되지 않으면 소유권이 넘어가는 방식의 유질(流質) 구성으로 재해석하게 만든 것이다. 지방법을 로마법적으로 구성하여 이해하려는 로마 중심적 태도가 반영된 결과인 것이다.[46]

(3) "모모(某某)와 함께 거주한다면"(si cum ○○ morabuntur)이라는 조건 아래 피해방노예들에게 식량 연급(cibaria annua) 등이 유증된 사례들.[47] 이러한 조건은 그리스의 노예해방에서 발견되는 형식이다.[48]

카라칼라의 시민권령이 반포된 후의 모습은 어떠했을까? 이제는 명실공히 제국의 모든 자유인인 거주민이 로마시민이 되었으므로 로마법의 통일적 적용이라는 원칙이 관철되는 상황에서 비교법은 퇴색할 수밖에 없었을 것으로 일단 기대되기 때문이다. 그러나 실제 상황은 반드시 그

45 Arnaldo Biscardi, *Diritto greco antico* (1982), 220ff., 231ff.; Fritz Pringsheim, *The Greek Law of Sale* (1950), 117ff.; S. C. Todd, *The Shape of Athenian Law* (1993 / Ppb. 1995), 253f.; Arnold Kränzlein, "Eine atypische ΠΡΑΣΙΣ ΕΠΙ ΛΥΣΕΙ", in: *Festgabe für Arnold Herdlitczka* (1972), 161ff. 전형적인 문구의 예에 관해서는 S. D. Lambert, "Notes on Two Attic Horoi and Some Corrigenda to The Phraties of Attica", in: *Zeitschrift für Papyrologie und Epigraphik* 110 (1996), 77ff.; John Ellis Jones / Stephen D. Lambert, "Two Security Horoi from an Ore —Washery at Agrileza, Southern Attica", in: *Zeitschrift für Papyrologie und Epigraphik* 125 (1999), 131ff.

46 Rafael Taubenschlag, "Le droit dans les Digesta et Responsa de Cervidius Scaevola", in: *Opera minora* I (1959), 505ff., 510.

47 D.34.1.18.1-2; D.34.1.13.1-2.

48 Rafael Taubenschlag, "Le droit dans les Digesta et Responsa de Cervidius Scaevola", in: *Opera minora* I (1959), 505ff., 506.

렇지도 않았다. 제국법의 확산[49]에도 불구하고 여전히 지방법의 요소들이 온존했다.[50] 이에 대해서도 몇 가지 대표적인 사례만 소개하기로 한다.

(1) C.4.14.2 안토니누스 황제 (a.215).

그대에게 노예상태였을 때 대금(貸金)했던 그대의 채권자들에게 그대를 상대로 아무런 소권도 인정되지 않는바, 특히 그대에게 아무런 특유재산도 유증되지 않았음을 그대가 제시하는 까닭으로써이다.[51]

문의자가 출발점으로 삼았던 관점, 즉 피해방자가 노예 시에 가지고 있던 특유재산을 여전히 보유하는지 아닌지와는 무관하게 해방 후에도 그가 노예 시에 부담했던 채무를 책임져야 한다는 것은 그리스법의 입장이었다.[52]

---

49 지방민들의 로마법에 대한 부지(不知)를 보여주는 예들은 많다. 로마법을 잘 몰라서 다른 견해를 가진 자들의 문의에 대한 칙답들은 역으로 제국법의 확산과정에 대한 증거이기도 하다. 예컨대 노예법에 있어서 유언으로 타인의 노예에게 자유를 부여하고자 한 사안에 대하여 이를 불가하다고 설시한 C.7.2.9 (a.283) (cf. C.7.10.4 (a.260)), 보호자인 전 주인을 상대로 파렴치 효과가 따르는 소송을 제기할 수 없음을 교시한 C.6.6.1 (a.223), 해방자의 부인에 대한 존경의무로 인하여 필요한 경우에도 그녀를 법무관의 허가 없이는 법정 소환할 수 없다는 법리를 밝힌 C.2.2.1 (a.230). Rafael Taubenschlag, "Le droit local dans les constitutions prédioclétiennes", in: *Opera minora* I (1959), 519ff., 519 n.2.

50 Andrew Lintott, *Imperium Romanum. Politics and Administration* (1993), 154f. ("a period of evolution and compromise").

51 C.4.14.2 Imperator Antoninus (a.215).
   Creditoribus tuis, qui tibi in servitute pecuniam crediderunt, nulla adversus te actio competit, maxime cum peculium tibi non esse legatum proponas.
   Cf. 같은 문제를 다룬 C.4.14.5 Imperator Gordianus (a.243).
   Si, ut adlegas, antequam a domina manumittereris, fundos eius coluisti posteaque adempto peculio libertate donatus es, ob reliqua, si qua pridem contracta sunt, res bonorum, quas postea propriis laboribus quaesisti, inquietari minime possunt.

52 Rafael Taubenschlag, "Le droit local dans les constitutions prédioclétiennes", in: *Opera minora* I (1959), 519ff., 520.

(2) C.3.37.1 안토니누스 황제 (a.213).

그대의 형제가 그 자신에게 속하는 부동산 지분만을 처분한 경우에는 매도는 취소할 수 없고, 그대와 동 부동산의 공유가 개시된 자를 상대로 공유물분할 소송으로써 제소하라. 그 소송으로써 그대는 그대가 가격 제시에서 이기면 공유자에게 그 대금 몫을 지급한 후 전체 부동산을 얻거나, 아니면 상대방이 더 좋은 가격조건을 제시한 경우에는 그 대금 몫을 획득할 것이다.[53]

이 개소에서 드러나는 것은 가산공동체의 분해 이후에도 구성원이었던 가족원은 이전의 다른 구성원의 개인적인 지분에 대하여 자기 자신의 지분에 대한 것처럼 처분할 권리가 있다는 지방민들의 법의식인데, 로마법상의 개인주의적 지분적 공유 관념을 철저히 관철시킨 답변이 주어졌다.

(3) C.2.18(19).12 알렉산더 세베루스 황제 (a.230).

아들이 자기 아버지를 위하여 채무를 변제한 경우 그는 그 변제로 인하여 아무런 소권도 가지지 않는바, 변제 시에 가부장권(家父長權)에 복속했던 자권자(自權者)가 되어서 증여의 의사로 금전을 공여했든 마찬가지이다. 그러므로 그대의 아버지가 자권자(自權者)가 되어서 자신의 아버지를 위하여 선행(先行)한 위임 없이 사무를 관리하여 그의 채무를 변제한 경우 그대는 사무관리소권으로써 그대의 삼촌 아저씨들을 상대로 소구할 수 있다.[54]

---

53   C.3.37.1 Imperator Antoninus (a.213).

Frater tuus si solam portionem praedii ad se pertinentem distraxit, venditionem revocari non oportet, sed adversus eum, cum quo tibi idem praedium commune esse coepit, communi dividundo iudicio consiste: ea actione aut universum praedium, si licitatione viceris, exsoluta socio parte pretii obtinebis aut pretii portionem, si alius meliorem condicionem attulerit, consequeris.

54   C.2.18.12 Imperator Alexander Severus a Theophilo (a.230).

Si filius pro patre suo debitum solvit, nullam actionem ob eam solutionem habet, sive in potestate patris, cum solveret, fuit, sive sui iuris constitutus donandi animo

테오필루스라는 사람이 가장권에 복종하는 가자(家子)가 (사무관리로) 아버지의 부채를 상환한 경우에 아버지를 상대로 구상(求償)을 위하여 소송을 제기할 수 있다는 지방의 법관념을 배경으로 하여[55] 자신의 법률 문제에 대한 황제의 소견을 구한 사안이다. 황제의 담당부서에서는 이 칙답의 모두에서 먼저 로마의 법에 의하면 그러한 지방적 법관념이 잘 못임을 밝힌다. 가장권에 복속하는 상태에서 가자(家子)가 가장인 아버지의 채무를 변제하더라도 아버지를 상대로 그 구상권을 행사할 수 없다는 것이다. 왜냐하면 법적으로 가장권에 복속하는 가자(家子)의 재산은 로마법에 의하면 모두가 아버지의 것이기 때문이다. 물론 가자(家子) 자신이 실질적으로 독립적인 경제주체로 인정되는 경우, 즉 가자(家子)가 특유재산이 있는 경우에는 사정이 다르지만,[56] 이 개소의 사안은 그러한 특유재산 제도 자체가 알려져 있지 않았던 지방의 사건인데다가 설사 알려져 있었다고 해도 관련당사자가 특유재산을 가지지 않았으므로 도대체 특유재산이 문제될 수 없었던 사건이다. 구상권의 행사가 인정되지 않는 다른 경우로는 가자(家子)가 가장권을 벗어나서 자권자(自權者)가 되었지만, 증여의 의사로 변제한 경우인데, 이는 당사자의 의사 자체가 구상을 원하지 않는 것이기 때문이다.[57] 이제 현안을 살펴보면 테오필루스의 아버지가 자권자(自權者)가 된 후에 자신의 아버지, 즉 테오필루스의 할아버지의 채무를 사무관리자로서 변제하였고, 이후 테오필루스가 자신의 아버지를 상속하고, 그 할아버지를 테오필루스의 아버

pecuniam dedit. Si igitur pater tuus sui iuris constitutus pro patre suo negotium gerens non praecedente mandato debitum eius solvit, negotiorum gestorum agere cum patruis tuis potes.

55 Rafael Taubenschlag, "Le droit local dans les constitutions prédioclétiennes", in: *Opera minora* I (1959), 519ff., 522.

56 Ulp. 10 ad ed. D.3.5.13(14); 졸저, 『로마법상의 사무관리』, 서울대학교출판부 (2001), 96f.

57 Cf. Ulp. 45 ad Sab. D.3.5.4; 졸저, 『로마법상의 사무관리』, 서울대학교출판부 (2001), 44ff.

지의 형제들, 즉 테오필루스의 삼촌들이 상속한 상태에서 테오필루스가 삼촌들을 상대로 사무관리로 인한 구상을 구하는 것인데, 이상의 법리에 비추어 보면("그러므로"), 증여의 의사가 없는 자권자(自權者)인 사무관리자(실제로는 그 상속인)가 사무본인(실제로는 그 상속인)에게 구상을 구하는 것이므로 그 청구에 아무런 장애가 있을 수 없고, 따라서 칙답의 취지도 바로 이와 같이 내려진 것이다.

(4) 채권법의 영역에서 지방색은 무엇보다도 서면의 중시에서 드러났다.[58]

C.4.22.1 발레리아누스 황제, 갈리에누스 황제 (a.259).
계약에 있어서는 서면보다는 실체적 진실에 주목해야만 한다.[59]

C.3.36.12 갈루스 황제, 볼루시아누스 황제 (a.252).
그래서 그대와 그대 형제 사이의 분할은 그대가 주장하듯이 그에 서면이 따르지 않았기 때문에 무효가 된 것으로 간주해야만 하는 것이 아닌바, 왜냐하면 행해진 법률행위의 신빙성이 분할이 유효함을 충분히 확증하기 때문이다.[60]

그러나 비교법의 관점에서 가장 흥미로운 사료는 역시 『모세법 및 로마법 대조집』(Collatio Legum Mosaicarum et Romanarum)이다. 그리스도교인으로 추정되지만 누구인지는 알 수 없는 작자의 이 법률문헌(4세기 말에

---

58 Rafael Taubenschlag, "Le droit local dans les constitutions prédioclétiennes", in: Opera minora I (1959), 519ff., 526.

59 C.4.22.1 Imperatores Valerianus, Gallienus (a.259).
    In contractibus rei veritas potius quam scriptura prospici debet.

60 C.3.36.12 Imperatores Gallus, Volusianus (a.252).
    Non ideo divisio inter te ac fratrem tuum, ut proponis, facta irrita habenda est, quod eam scriptura secuta non est, cum fides rei gestae ratam divisionem satis adfirmet.

서 5세기 첫 3분기)은 주로 형법 영역에 있어서 모세 율법의 규정들과 이른바 인용령(引用令)의 다섯 법률가들(가이우스, 파피니아누스, 파울루스, 울피아누스, 모데스티누스) 및 그레고리우스와 헤르모게니아누스의 칙법 집록에서 뽑은 로마의 법규를 대비시키고 있다.[61] 그 집필의 의도가 무엇이었는가도 추정될 뿐인 이 문헌은 그러나 전문적인 법률가의 작품이 아니라는 점에서 로마법학이 본격적으로 비교법적 방법론을 동원한 예로 삼기에는 부적절하다.

3) 비교법의 미발달

로마가 지중해 유역의 한 도시국가로 출발한 이래로 다른 법공동체와의 접촉은 불가피한 삶의 실제였고, 그 과정에서 남과의 다름, 즉 로마법의 고유성에 대한 자의식이 성장하고 반추되기에 이르렀고, 그리스 학문 이론과 조우하면서 법이론적으로도 정립되었다. 그 이후 통일제국을 이룬 연후에도 다양한 지역법의 전통은 쉽게 불식되지도 않았고, 로마 중앙정부의 법정책도 일거에 지방법을 로마법으로 대체하는 실천불가능한 시도가 아니라,[62] 기존의 법전통의 공존을 허용한 가운데[63] 점진적으

---

61 *Fontes Iuris Romani Anteiustiniani* II (1968), 543ff.; *Fragmenta Vaticana, Collatio, Consultatio, Scholia Sinaïtica, Probus* (Het erfteel van de klassieke romeinse juristen 4), vertaald door J. E. Spruit en K. E. M. Bongenaar (1987), 130ff.

62 상세한 것은 Ernst Schönbauer, "Studien zum Personalitätsprinzip im antiken Rechte", in: *SZ* 49 (1929), 345ff., 386ff.; 이 문제에 관한 학설사적 조망은 Edoardo Volterra, "I diritti locali nelle province romane con particolare riguardo alle condizioni giuridiche del suolo", in: *Scritti giuridici* V (1993), 399ff.; 또한 同, "Les rapports entre le Droit romain et les Droits de l'Orient", in: *Scritti giuridici* VII (1999), 521ff. (필자 자신은 이곳과 같은 곳). ─ 로마의 이러한 태도는 황제가 지방시나 지방시의 일정한 집단에게 보낸 서한의 형식에서도 간취될 수 있다. 통상 로마 정복 이전의 지방의 용어와 국제 서신의 형식을 그대로 유지했던 것이다. James H. Oliver, *Greek Constitutions of Early Roman Emperors from Inscriptions and Papyri* (1989), 4.

63 Edoardo Volterra, "Quelques problèmes concernant le conflit de lois dans l'antiquité", in: *Scritti giuridici* IV (1993), 485ff., 487에 의하면 이러한 현상은 고대

로 제국법을 확산시켜 나아가는 방도를 채택하였다.[64] 그나마 제국법화의 성과는 서로마제국의 몰락 시까지도 결코 완벽한 것이 아니었고 동로마제국의 유스티니아누스 황제의 야심찬 입법사업에 이르러서야 비로소 분명한 형태로 천명되었고 대체로 실현될 수 있었을 뿐이었다.[65] 이렇듯 일상의 환경이 외인법으로 둘러싸인 로마 법률가들로서 외국법의 존재에 대한 확실한 인식에도 불구하고 그저 맹아에만 머물렀을 뿐[66] 그 호칭에 걸맞은 비교법적 고찰에 이르지 않은 소이(所以)는 무엇일까?

가장 먼저 지적할 수 있는 것은 로마법에 대등할 수준의 법질서를 다른 법공동체가 발전시키지 못하였다는 사실이다.[67] 점령자 로마인들을 사로잡았던 문화 국가 그리스조차도, 로마인들이 유일하게 지식인의 요건으로 삼았던 그리스어[68]의 본향이었던 그리스의 폴리스들마저도 서로 각기 다른 분열된 법의 모습과 발전하지 못한 법학의 수준으로 인하여 로마인들에게 법에 관한 거시이론의 자극은 주었을망정[69] 미시적 차

세계 전역(바빌로니아, 아시리아에서 페르시아, 셀레우코스 왕조, 이집트, 그리스, 로마, 유대를 거쳐 게르만인들의 지배에 이르기까지)에 해당한다.

64 A. Lintott, *op. cit.*, 160: "The Romans were certainly ready to create uniformity or near-uniformity when it was opportune, but could tolerate diversity."

65 Cf. 이 문제에 관한 학설사적 조망은 Edoardo Volterra, "Introduction à l'histoire du droit Romain dans ses rapports avec l'Orient", in: *Scritti giuridici* VII (1999), 373ff. (필자 자신은 이곳과 같은 곳).

66 Gábor Hamza, *Comparative Law and Antiquity* (1991), 4: "the germs of comparative outlook in antiquity."

67 Cf. Gábor Hamza, "Racines du droit international privé dans l'Antiquité gréco-romaine", in: *Orbis Iuris Romani* 1 (1995), 110ff., 118ff.; 同, "Some Reflections on the History of Private International Law", in: *Acta Juridica Hungarica* 34/3-4 (1992), 195ff., 197; 同, "Eigentümlichkeiten der Rechtsvergleichung im Bereich der antiken Rechte", in: *Index* 16 (1988), 69ff., 69 = "Zu den Eigentümlichkeiten der Rechtsvergleichung im Bereiche der antiken Rechte", in: *Zeitschrift für Rechtsvergleichung* (Wien) 26 (1985), 241ff., 241.

68 Yaron, *op. cit.*, 657ff.; Horst Hammen, "Griechische Klassiker und römisches Recht", in: *Festschrift für Alfred Söllner* (2000), 407ff., 408 n.7 m.w.Lit. 로마의 법률가들의 그리스어 사용에 관해서는 [부론(附論)]으로 첨부하였다.

원의 법비교학의 추동력을 제공할 수는 없었다. 타 법질서에 대한 로마인의 의식을 대변하는 표현은 로마의 지성을 대변하는 키케로의 다음과 같은 발언에서 발견된다.

키케로,『연설가론』1.44.197.
왜냐하면 이 우리들의 시민법을 제외하고는 모든 시민법이 얼마나 조잡하고 거의 웃기는 수준인지 믿기지 않기 때문이다. 나는 이 일에 관해서 많은 것들을 일상의 얘기들에서 하곤 하는데, 우리 법률가들의 법학을 다른 모든 자들, 또한 특히 그리스인들보다도 앞선 것으로 여기기 때문이다.[70]

고대세계의 비교법에 관하여 최근 가장 관심을 기울여온 헝가리의 로마법연구가 함자(Gábor Hamza)는 이러한 로마인들의 태도를 예링이 지적했던 로마인들의 "자립충동"(Selbständigkeitstrieb)[71]의 발로로 보고, 자국 문명이 문명 그 자체라는 이러한 의식을 저변에 깔고 있는 '지역적'(regional) 부류의 고찰방식에서 외국법의 계수에 대한 반감이 유래한다

---

69 그리스의 스토아 사상과 회의주의 아카데미 사상이 로마법학에 미친 심대한 영향에 관해서는 졸저,『로마법강의』, 박영사(1999), 234ff.

70 Cic. *De or.* 1.44.197: Incredibile est enim, quam sit omne ius civile praeter hoc nostrum inconditum ac paene ridiculum; de quo multa soleo in sermonibus cotidianis dicere, cum hominum nostrorum prudentiam ceteris omnibus et maxime Graecis antepono.
물론 시민법에 대한 이러한 의식은 로마 국가 전체에 대한 의식과 궤를 같이하는 것이었다.
Cic. *De rep.* 1.47.70: Sic enim decerno, sic sentio, sic adfirmo, nullam omnium rerum publicarum aut constitutione aut discriptione aut disciplina conferendam esse cum ea, quam patres nostri nobis acceptam iam inde a maioribus reliquerunt.
(왜냐하면 이렇게 나는 판단하고, 이렇게 나는 확신하고, 이렇게 나는 확언하노니, 모든 국가들 중에서 어느 하나도 헌제(憲制)에 있어서나, 권력의 배분에 있어서나, 질서에 있어서 우리들의 부조(父祖)들이 조상님들로부터 처음부터 받아서 우리에게 물려주신 나라와 비교할 수 없다.)

71 Rudolph von Jhering, *Geist des römischen Rechts* II/1 (5. Aufl. 1894), 19ff.

고 지적한다.[72]

이러한 로마인들의 자긍심은 로마가 제국으로 발전하면서 로마가 세계의 중심이라는 정치적-문화적 이념에 의하여 더욱 조장되었다. 지리학 지식의 확대에 따른 비로마 지역에 대한 정보도 제국사상의 보편주의를 불식시키지는 못하였다.[73] 법률사료(입법과 법학)에서도 'orbis Romanus'가 표방되었다.[74]

그 밖에 로마 소송제도의 특색으로 인해 비교법적 고찰의 주체가 심판인(iudex)이 아니라 소송의 진행 여부와 그 쟁점사항을 결정하는 데 주도

---

72 Gábor Hamza, "Rechtsvergleichung und die griechisch-römische Antike", in: *Zeitschrift für Rechtsvergleichung* (Wien) 24 (1983), 235ff., 247f.

73 Orbis terrarum, noster orbis, orbis Romanus, οἰκουμένη καθολικὴ로 이어지는 로마제국주의의 관념세계에 관한 상세한 것은 Joseph Vogt, "Orbis Romanus. Ein Beitrag zum Sprachgebrauch und zur Vorstellungswelt des römischen Imperialismus", in: *Orbis. Ausgewählte Schriften zur Geschichte des Altertums* VII (1960), 151ff. 로마제국의 통합적 역할에 관해서는 정기문, "후기 로마제국과 유럽통합",『서양고전학연구』20 (2003), 207ff.

74 D.1.5.17 Ulpianus libro vicensimo secundo ad edictum.
    In orbe Romano qui sunt ex constitutione imperatoris Antonini cives Romani effecti sunt.
    C.4.42.1 Imperator Constantinus.
    Si quis post hanc sanctionem in orbe Romano eunuchos fecerit, capite puniatur: mancipio tali nec non etiam loco, ubi hoc commissum fuerit domino sciente et dissimulante, confiscando.
    C.6.23.31.1 Imperator Justinianus.
    Sancimus itaque in omnibus quidem civitatibus et in castris orbis Romani, ubi et leges nostrae manifestae sunt et litterarum viget scientia, omnia, quae etiam libris nostrorum digestorum seu institutionum et imperialibus sanctionibus nostrisque dispositionibus in condendis testamentis cauta sunt, observari nullamque ex praesenti lege fieri innovationem.
    C.6.51.1.pr. Imperator Justinianus.
    Et nomen et materiam caducorum ex bellis ortam et auctam civilibus, quae in se populus Romanus movebat, necessarium duximus, patres conscripti, in pacificis nostri imperii temporibus ab orbe Romano recludere, ut, quod belli calamitas introduxit, hoc pacis lenitas sopiret.

적인 역할을 한 사법정무관(司法政務官)인 법정관(praetor)이었다는 점[75]
도 한 원인이었을 것이다. 이들에게 다른 국가의 법질서를 고려하거나
적용할 법적인 의무가 있었다는 기록은 전혀 발견되지 않으며, 실제로도
그런 의무는 없었을 것이다. 따라서 순전히 합목적적 관점하에 재량의
범위 내에서 비교법적 고려가 이루어졌을 것이고, 예나 지금이나 실무의
제한된 시간적인 여건하에서는 실체법규가 이미 비교법적 정보를 가공
한 경우가 아니라면 실천되기가 쉽지 않았을 것이다.

그러나 관점을 달리하면 이러한 로마 중심의 법사고는 오히려 현대 비
교법학의 목표라고 할 수 있는 통일법에 버금가는 만민법(ius gentium)이
라는 실질법규를 비교법의 부재에도 불구하고 정립함으로써 그들의 탁
월한 법적 감각을 역사상 유례가 없는 방식으로 발출하였다.[76] 다양한
'Jurisdiction'의 경합이 'legal pluralism'이라는 이름으로 긍정적인 평가
를 받아온 서양의 경우[77] 주해학파[78]에 와서야 비로소 국제사법이라는
방편으로써 섭외사건의 해결을 도모할 수 있었던 사실[79]을 상기하면 근

---

75 Gerhard Wesenberg, "Zur Frage eines römischen Internationalen Privatrechts", in:
    Labeo 3 (1957), 227ff., 231.
76 이러한 업적은 고대 문명대국 이집트와의 비교에서도 두드러진다. 빅터 에렌버
    그, 김진경 옮김, 『그리스 국가』(민음사, 1991), 319에 의하면 "프톨레마이오스 왕
    조의 이집트에서는 진정한 만민법(ius gentium)을 창조하는 문제가 해결되지 않
    았다. 사실 그 문제는 거의 시작되지도 않았던 것이다."
77 Cf. Harold J. Berman, *Law and Revolution. The Formation of the Western Legal
    Tradition* (1983).
78 바르톨루스의 『국제사법논고』(國際私法論攷)에 관해서는 졸저, 『로마법연구 I』
    (서울대학교출판부, 1995), 498ff.
79 Cf. Ulrich Huber, *De Conflictu legum*: Notum est porro, leges et statuta singulorum
    populorum multis partibus discrepare, posteaquam dissipatis imperii Romano
    provinciis, divisus est orbis Christianus in populos ferme innumeros, sibi mutuo
    non subjectos ... In jure Romano non est mirum nihil hac de re extare ... Regulas
    tamen fundamentales, secundum quas huius rei judicium regi debet, ex ipso jure
    Romano videntur esse petendae. (Max Gutzwiller, *Geschichte des Internationalprivat
    rechts* (1977), 3 n.8에서 재인용).

본적으로 법의 다원주의(la pluralité des droits)를 긍정한 가운데서도 중심
세력의 'Jurisdiction'의 장점을 최대한 살렸던 로마의 방식은 그 배후의
보편적 합리성(naturalis ratio)[80]만큼이나 비교법학의 관점에서 높이 평가
하지 않을 수 없다. 말하자면 만민법은 요즈음 말로 글로벌 스탠더드법
이었다.[81]

4) 지방법의 영향

그러나 또다른 한편으로 로마법은 주변지역의 법들과 부단히 접촉하
면서 자신을 관철시켜야 했으며,[82] 무릇 모든 문화현상이 그러하듯이 이
상호접촉과 교류의 과정에서 로마의 법문화도 의식적-무의식적으로 일
정한 변화가 불가피하였다. 일반적으로 동부의 문화와 만나면서 일어
난 이러한 변화는 많은 예들을 통하여 그 가능성들을 확인할 수 있다. 그
러나 지방법이 의심의 여지 없이 이탈리아의 로마법에 영향을 미친 사
례는 극히 예외적인 경우에만 입증 가능할 뿐이다. 그리고 영향도 일반

80　Gai. 1.1: Quod vero naturalis ratio inter omnes homines constituit, id apud omnes
　　populos peraeque custoditur vocaturque ius gentium, quasi quo iure omnes gentes
　　utuntur.
　　그러나 다른 한편으로 오늘날의 글로벌 스탠더드에 세계 최강대국 미국법의 영
　　향이 강하듯이 당시의 만민법 또한 로마의 시민법과 다르지 않게 로마적 법관념
　　의 체현이었으며, 실제로 외국법과의 특정한 연계성은 그 속에 내재하지 않았다.
　　Hans Julius Wolff, *Das Problem der Konkurrenz von Rechtsordnungen in der Antike*
　　(1979), 67f., 71.
81　만민법에 속하는 구체적인 법제도들에 관해서는 Max Kaser, *Ius gentium* (1993),
　　75ff.
82　예컨대 하드리아누스가 나일강에서 익사한 총애하던 안티누스를 기념하여 122년
　　에 중부 이집트에 건설한 안티누폴리스(Antinoupolis)의 경우에도 그리스인들
　　의 도시로 그리스법에 의한 전체적 질서에 로마적 법관념과 로마법규범이 (특히
　　이집트인과의 통혼권(ἐπιγαμία) 및 시민의 친족에 대한 부담면제의 특권에 있
　　어서) 삼투하여 혼합적인 법질서를 구축할 수 있었을 뿐이었다. Horst Braunert,
　　"Griechische und römische Komponenten im Stadtrecht von Antinoopolis", in: 同,
　　Politik, Recht und Gesellschaft in der griechisch-römischen Antike (1980), 328ff.

적으로 매우 미미하였다. 예상할 수 있듯이 재산법의 경우에 상대적으로 영향력이 컸다면 가족법과 상속법의 분야에서는 상대적으로 더 약했다.[83] 디오클레티아누스 황제에 의한 제국의 분할통치 이후로도 동방적인 법관념의 영향은 지속되었다. 디오클레티아누스 자신은 고전적 전통을 되살리려는 노력을 기울여서 제국법과 민중법의 이원적인 결합이 이루어진 혼합형태의 법문화를 초래했으며, 이후 상황은 황제에 따라 다른 법정책의 결과로 변동을 거듭하였다. 콘스탄티누스는 일련의 민중법적 요소를 제국법으로 승격시킨 반면, 테오도시우스 1세, 아르카디우스, 테오도시우스 2세는 이와 다른 정책을 폈다. 이러한 조치들과는 별개로 법실무는 로마법의 동방화를 촉진하였다.[84] 유스티니아누스도 이러한 법실무에 연결하여 일정한 민중법적 제도들을 제국법으로 받아들였으나 그의 고전주의와 더불어 여전히 제국법에 의하여 승인되지 않은 많은 지방법의 요소들이 존재하였다.[85]

---

83 Rafael Taubenschlag, "Der Einfluss der Provinzialrechte auf das römische Privatrecht", in: *Opera minora* I (1959), 421ff., 431, 구체적인 예들은 422ff.

84 Franz Wieacker, "Zur Effektivität des Gesetzesrechts in der späten Antike", in: *Festschrift für Hermann Heimpel* (1971), 546ff., 557; 同, "Zur Effektivität des Gesetzesrechtes in der späten Antike", in: *Studi in memoria di Guido Donatuti* III (1973), 1415ff., 특히 1421f. 가장 두드러진 예가 그리스의 법관행에 의해 영향을 받아서 서면계약으로 변한 문답계약(stipulatio)일 것이다. 신용위임(mandatum qualificatum)이 보증과 합치하게 된 것도 그리스 쪽의 영향이었다. Rafael Taubenschlag, "Der Einfluss der Provinzialrechte auf das römische Privatrecht", in: *Opera minora* I (1959), 421ff., 457f.

85 Rafael Taubenschlag, "Der Einfluss der Provinzialrechte auf das römische Privatrecht", in: *Opera minora* I (1959), 421ff., 447f., 구체적인 예들은 449ff. ── 여러모로 특유한 사정하에 있었던 이집트에 관해서는 이곳에서는 고찰을 생략한다. Cf. Rafael Taubenschlag, "Der Einfluss der Provinzialrechte auf das römische Privatrecht", in: *Opera minora* I (1959), 421ff., 477ff.; Schönbauer, *SZ* 49 (1929), 345ff.

5) 법기술적 측면들

이미 살펴보았듯이 로마 법률가들이 섭외적인 사건을 해결해야 하는 실무적 필요성에 직면했다는 것은 의문의 여지가 없는 사실이다.[86] 이런 경우에 그들은 어떻게 대응하였을까? 로마는 초창기부터 로마의 지배영역 바깥의 이방(異邦) 국가와 조약을 맺음으로써 그들의 관계를 규율하였으며,[87] 수많은 국제조약[88]에서 드러나듯이 로마인들은 이방 국가들도 그들 자신의 법을 가진다는 사실을 자연스러운 것으로 받아들였다. 그러나 그렇다고 해서 외국인들이 자신들의 고국법에 의하여 판단 받아야 한다고 승인했던 것은 아니었다. 기본적으로 외국인에 대한 처우는 국제조약이 정하는 바에 따랐다. 예컨대 기원전 348년의 로마와 카르타

---

86 고(古) 그리스와 프톨레마이오스 이집트(기원전 304~기원전 30)에 관해서는 Hans Julius Wolff, *op. cit.*, 15ff., 47ff.

87 Edoardo Volterra, "Storia del diritto romano e storia dei diritti orientali", in: *Scritti giuridici* VII (1999), 417ff., 462ff. ──특히 흥미로운 현상은 동맹국에 의한 공식절차를 통한 의식적인 로마법률의 수용("fundus fieri": Cicero, *Pro Balbo*, 19: negat ex foederato populo quemquam potuisse, nisi is populus fundus factus esset, in hanc civitatem venire; eod. 38: huic generi legum fundos populos fieri non solere; eod. 52: multi in civitatem recepti ex liberis foederatisque populis [liberati sunt]: nemo umquam est de civitate accusatus, quod aut populus fundus factus non esset, aut quod foedere civitatis mutandae ius impediretur; Aulus Gellius, *Noctes Atticae*, 16.13.6: nullis aliis necessitatibus neque ulla populi Romani lege adstricti, nisi in quam populus eorum fundus factus est)이다. 이에 관해서는 일응 Horst Braunert, "Verfassungsnorm und Verfassungswirklichkeit im spätrepublikanischen Rom. Eine Interpretation zu Ciceros Rede für Balbus", in: 同, *Politik, Recht und Gesellschaft in der griechisch-römischen Antike* (1980), 191ff., 198ff. 그러나 이 문제는 로마의 입장에서 비교법적 차원의 문제는 아니므로 이 글에서는 고찰을 생략한다.

88 Kommission für Alte Geschichte und Epigraphik des Deutschen Archäologischen Instituts, *Die Staatsverträge des Altertums, Zweiter Band: Die Verträge der griechischrömischen Welt von 700 bis 338 v. Chr.* (1975), passim; 同, *Dritter Band: Die Verträge der griechisch-römischen Welt von 338 bis 200 v. Chr.* (1969), passim; 또한 Wilhelm G. Grewe (ed.), *Fontes Hitoriae Iuris Gentium, Vol. 1: 1380 v. Chr./ B.C.-1493* (1995), 146ff.

고 사이의 조약에 따르면 로마인들은 카르타고의 식민지 시킬리아와 카르타고에서 시민들에게 허용된 어떤 상행위도 할 수 있었고, 카르타고인들은 역으로 로마에서 같은 지위를 누렸다.[89] 그러나 그 밖에는 로마 정무관의 국가정책적 고려에 의한 결정에 달려 있었다.[90] 외인(外人)들은 로마의 임페리움(imperium, 고권(高權))에 의하여 통치되었던 것이다.[91] 만민법도 로마 법정관이 행사하는 고권(高權)이라는 헌법적 기초 위에서 로마의 법으로서 발전한 것이고, 필요한 경우 외국인에게는 봉쇄되었던 로마의 소송을 가능하게 하기 위하여 시민권을 의제했던 의제소권도 법정관의 고권(高權)에 기한 공권력의 결단이 없이는 생각할 수 없는 법기술적 장치였다.[92] 그러나 이러한 절차법적 측면보다 더 중요한 것은 역시 실체법의 내용이었고, 로마인들은 로마법의 입장에서 필요에 따라 (1) 속인주의 원칙에 충실한 법적용, (2) 로마법을 외인에게 적용, (3) 로마법에 새로운 법규를 도입하는 방책들을 동원하여 섭외적 사건의 해결을 도모하였다.[93]

---

89 Polybius 3.24.12-13; Kommission für Alte Geschichte und Epigraphik des Deutschen Archäologischen Instituts, *Die Staatsverträge des Altertums, Zweiter Band: Die Verträge der griechisch-römischen Welt von 700 bis 338 v. Chr.* (1975), Nr.326, S.306ff. 상호 약탈을 방지하려는 이러한 조약의 취지에 관해서는 Gray L. Dorsey, *Jurisculture. Greece and Rome* (1989), 70f.

90 Hans Julius Wolff, *op. cit.*, 66. 그러나 다른 한편으로 주민들 자신이 로마식 방법과 법원칙들이 더 매력적이라는 사실을 발견한 경우가 적지 않았을 것이라는 점도 지적해 두어야 할 것이다. 같은 곳, A. Lintott, *op. cit.*, 160.

91 Schönbauer, *SZ* 49 (1929), 371; Kaser/Knütel, *Römisches Privatrecht* (17. Aufl., 2003), §3.9-10, S.39. 속주의 고시(edictum provinciale)는 로마의 고시를 모범으로 삼아 성안(成案)되었다. Cf. Antonio Guarino, "Gaio e l'《edictum provinciale》", in: *Pagine di diritto Romano* IV (1994), 279ff.

92 Hans Julius Wolff, *op. cit.*, 68f. 시민권의 의제(si civis Romanus esset)의 예: Gai. 4.37(절도소권, 아퀼리우스법 소권); Gai. 1.47 (아일리우스 센티우스법, 채권자 사해(債權者詐害) 노예해방에 관하여). ── 이러한 의제는 외인 담당 법정관의 관할에서는 불필요했을 것이므로 외인 담당 법정관이 창설되기 전에 시민 담당 법정관으로부터 유래할 것이라는 점에 대한 지적은 David Daube, "The Peregrine Praetor", in: *Collected Studies in Roman Law* I (1991), 384ff.

93 Fritz Sturm, "Gaius I 77 und das römische Kollisionsrecht", in: *Maior viginti*

(1) 속인주의 원칙에 충실한 법적용

로마시민에게만 로마 시민법을 적용하고(Gai. 1.1), 외인에게는 외인법을 적용하거나, 아니면 만민법을 적용하는 원칙적인 법운용의 모습이 이에 해당한다. 가장 전형적인 모습을 보이는 것은 가이우스의 다음 개소이다.

> Gai. 3.120.
>
> 그리고 서약보증인(誓約保證人, sponsor) 및 신약보증인(信約保證人, fidepromissor)의 경우에는 상속인은 책임지지 않는다. 단, 우리가 외인(外人) 신약보증인(信約保證人)에 관하여 문의하고 그의 나라가 다른 법을 사용하는 때에는 그러하지 아니하다. 그러나 신명보증인(信命保證人, fideiussor)의 경우에는 상속인도 책임진다.[94]

이에 따르면 로마시민에 고유하여 처음부터 외인(外人)에게는 가능하지 않았던 서약보증(sponsio)의 경우와 달리 외인(外人)에게도 가능했던 신약보증의 경우(Gai. 3.93)[95] 그 외인의 본국법이 우선 적용되었다.[96]

---

quinque annis. *Essays in commemoration of the sixth lustrum of the Institute for Legal History of the University of Utrecht* (1979), 155ff., 162f.

94 Gai. 3.120: Praeterea sponsoris et fidepromissoris heres non tenetur, nisi si de peregrino fidepromissore quaeramus et alio iure civitas eius utatur; fideiussoris autem etiam heres tenetur.

95 Gai. 3.93: Sed haec quidem verborum obligatio DARI SPONDES? SPONDEO propria civium Romanorum est; ceterae vero iuris gentium sunt, itaque inter omnes homines, sive Romanos sive peregrinos valent. ...

96 Hans Julius Wolff, *op. cit.*, 70f.는 이 개소에서 civitas=그리스의 폴리스이고, 외인 (外人)의 신약보증=로마적 형식으로 체결된(cf. Gai. 3.93) 엥귀에(ἐγγύη)일 개연성을 지적하는 Triantaphyllopoulos, *Mélanges Seston* (1974), 473ff.(필자 未見)의 견해를 원용하면서(Wolff, *ibid.*, 70 n.219) 외인의 본국법이 적용되는 것은 신약보증이 로마인에게만 가능한 것이어서 로마법이 배제되는 결과로서이지 그 법이 우선 적용되기 때문에 로마법이 배제되는 것이 아니라고 해석하고, 오해를 불러일으키는 가이우스 텍스트의 부적절한 표현은 텍스트의 축약과정에서 유래했

또 가령 외인이 노예를 해방시킨 경우 그 해방노예에게 우선적으로 적용되는 법은 해방시킨 외인의 법이며, 그와 달리 정함이 없는 때에 한하여 법무관이 일정한 보호를 하였다. 로마법이 정한 법정의 효과 —— 유니우스법(lex Iunia Norbana, 기원후 19년)에 따른 라틴인이 되는 것 —— 는 기대할 수 없었다(Fr. Dosith. 12).[97]

그리고 외인에게 노예를 양도하는 경우에는 시민법상의 제도인 악취행위(握取行爲, mancipatio)에 의한 소유권이전이 가능하지 않았기 때문에 만민법상의 제도인 단순한 인도에 의하는 수밖에 없었으며, 그 결과 인도 시에 (악취행위 시에는 부수약정으로서 가능하였을) 용익역권의 유보도 불가능하였다(Fr. Vat. 47a).[98]

을 것이라고 본다. 그러나 이것은 그도 인용하고 있는 Gai. 3.93에 명백히 반하는 것으로서 오류이다(이 글에 대한 토론에서 최봉경 교수는 Wolff의 견해가 오히려 맞는 것이 아닌가 하는 의문을 제기하였는데, 그에 대한 답은 이미 방금 지적한 바와 같다). Dieter Nörr, *SZ* 98 (1981), 406ff., 409f. n.10은 로마 채권자의 이익을 생각하면 외인법을 우선시하는 이러한 규율은 족히 이해할 수 있다는 경제적 관점의 지적을 하지만, 이 점이야말로 Wolff의 말마따나 원인이라기보다는 결과라고 보는 것이 경제적인 것을 포함하여 일체의 법외적(法外的)인 관점을 배제하는 로마법학의 특성상 타당할 것이다. 그리스법상의 보증(保證)인 엥귀에(ἐγγύη)는 상속이 되었다. Hein L. W. Nelson und Ulrich Manthe, *Gai Institutiones III 88-181, Die Kontraktsobligationen. Text und Kommentar* (1999), 164.

97 Fr. Dosith. 12: Peregrinus manumissor servum non potest ad Latinitatem perducere, quia lex Iunia, quae Latinorum genus introduxit, non pertinet ad peregrinos manumissores, sicut et Octavenus probat. At praetor non permittet manumissum servire, nisi aliter lege peregrina caveatur.
    Edoardo Volterra, "Quelques problèmes concernant le conflit de lois dans l'antiquité", in: *Scritti giuridici* IV (1993), 497; Hans Julius Wolff, *op. cit.*, 69f.

98 Fr. Vat. 47a: ... In re nec mancipi per traditionem deduci usus fructus non potest nec in homine, si peregrino tradatur; civili enim actione constitui potest, non traditione, quae iuris gentium est.
    Sturm, *op. cit.*, 160ff, 162는 속인주의적 사고방식을 보여주는 예의 하나로 Gnomon Idiologi §35: Militantibus etiam qui intestati moriuntur liberi et cognati heredes fieri possunt, si quidem eiusdem generis sunt qui veniunt (병사들은 무유언으로 사망하는 자들에게도 자식들과 혈족들이 상속인이 될 수 있는바, 상속인

또 로마시민인 여자와 타인의 남자노예 사이에 태어난 아이는 로마법
(senatus consultum Claudianum, 기원후 52년)에 의하면 노예로 태어나지
만, 이러한 규정이 없는 법공동체의 경우에는 만민법에 의하여 어머니의
신분을 따르는 결과로 자유인으로 태어난다(Gai. 1.86).[99]

속주민에게 로마법이 아니라 토착법을 적용한 사례로는 124년 이집
트의 상속분쟁사건을 들 수 있다.[100] 로마군인(금위군장〔禁衛軍長〕)이었
던 심판관 블라이시오스 마리아노스는 이집트인 아들이 아버지 생전에
아버지를 배제하고 다른 사람을 상속인으로 지정하는 유언을 할 수 있
는가가 문제된 재판에서 로마법뿐만 아니라 이집트법에도 정통한 법률
가(νομικός) 클라우디우스 아르테미도로스에게 문의한 후 이집트법에
합당한 방식으로 법률문제를 판정하였다.

속주 중에서도 예외적인 상황이었던 이집트를 제외하더라도 다양한
지역에서 로마의 사법당국이 그 지역의 법에 의하여 처결하도록 한 사
례를 다수 찾아볼 수 있는데,[101] 이미 지적했듯이 로마법을 적용할 것인
지 아니면 지역법을 적용할 것인지의 결정 자체가 — 대체로 로마식 소
송절차를 좇아서 재판부의 구성을 주도했던 — 로마 사법당국의 재량이
었다.[102]

이 되고자 하는 자들이 동일한 씨족에 속하는 한 그러하다)를 들고 있는데, 반드
시 적절한 예인지는 의문이 있다.

99 Gai. 1.86: sed illa pars eiusdem legis salva est, ut ex libera et servo alieno, quem
sciebat servum esse, servi nascantur. itaque apud quos talis lex non est, qui nascitur
iure gentium matris condicionem sequitur et ob id liber est.

100 *Corpus Papyrorum Raineri*, Wien, I 18 = Bruns, *Fontes Iuris Romani Antiqui* (7. ed.,
1909), Nr.189, pp.407ff.; Erwin Seidl, *Rechtsgeschichte Ägyptens als römischer
Provinz* (1973), 48f.; Rafael Taubenschlag, "Die römischen Behörden und das
Volksrecht vor und nach der C. A.", in: *Opera minora* I (1959), 477ff., 486; Edoardo
Volterra, "Quelques problèmes concernant le conflit de lois dans l'antiquité", in:
Scritti giuridici IV (1993), 485ff., 492; Hans Julius Wolff, *Das Recht der griechischen
Papyri Ägyptens in der Zeit der Ptolemaeer und des Prinzipats* I (2002), 76f.

101 상세한 것은 A. Lintott, *op. cit.*, 155ff.

102 A. Lintott, *op. cit.*, 160 + n.29 (p.224), 57f., 64f.

그러나 다른 한편으로 로마시민의 특권적 지위를 유지시키는 데 관심이 있었던 로마의 지방당국이 이들을 가급적 다른 부류의 백성과 분리시키는 정책을 편 경우 이것은 로마법의 원리와 그로부터 파생된 격식들이 무의미했던 외방(外邦)의 배경을 갖는 로마시민권 취득자들에게 많은 경우에 로마법의 적용이 강제되었다는 것을 의미한다. 실제로 로마법이 적소(適所)가 아닌 곳에서 적용되는 사례나 로마법의 적용이 공허한 형식주의에 그치는 경우도 생겨났다.[103]

(2) 로마법을 외인에게 적용

공화정기의 사례로서 가령 키케로의 킬리키아 속주 고시[104]나 기원전 193년의 차금이자(借金利子)에 관한 셈프로니우스법을 들 수 있다. 이법에 의하여 시민 간의 금융거래에 대한 이자 규제를 잠탈하려는 외인과의 위장거래에도 같은 법규가 적용되었다.[105] 달리 외인들에게는 적용되지 않았던 아일리우스 센티우스법이었지만, 하드리아누스 황제 때의 원로원의결로써 채권자사해 목적의 노예해방은 자유를 부여하지 않는다는 법조만큼은 외인에 의한 노예해방에도 적용하였는데, 이것 또한 셈프로니우스법과 마찬가지로 사회질서 차원의 대응이었다(Gai. 1.47).[106] 다른 예로는 안토니누스 피우스의 그리스인을 위한 결정[107]이 여기에 속

---

103 상세한 것은 Hans Julius Wolff, "Some Observations on Pre-Antoninian Roman Law in Egypt", in: Roger S. Bagnall and William V. Harris (eds.), *op. cit.*, 163ff.

104 Cf. Cicero, *Ad Att.* 6.1.15; Sturm, *op. cit.*, 160, 162.

105 Liv. 35.7.4-5: inde postquam professionibus detecta est magnitudo aeris alieni per hanc fraudem contracti, M. Sempronius tribunus plebis ex auctoritate patrum plebem rogauit, plebesque sciuit ut cum sociis ac nomine Latino creditae pecuniae ius idem quod cum ciuibus Romanis esset.

Giovanni Rotondi, *Leges publicae populi Romani* (1912 / reprint 1962), 271.

106 Gai. 1.47: In summa sciendum est, quod lege Aelia Sentia cautum sit, ut creditorum fraudandorum causa manumissi liberi non fiant, hoc etiam ad peregrinos pertinere—senatus ita censuit ex auctoritate Hadriani—, cetera vero iura eius legis ad peregrinos non pertinere.

한다. 이러한 예들은 "외국법에 의하여야 하는 경우에 그 규정의 적용이 대한민국의 선량한 풍속 그 밖의 사회질서에 명백히 위반되는 때에는 이를 적용하지 아니한다"라고 규정하는 우리나라 국제사법 제10조의 취지와 이미 대동소이한 것이다.

(3) 로마법에 새로운 법규 도입

이러한 예로서 하드리아누스 황제 때의 한 원로원의결을 들 수 있다.

Gai. 1.77.
또 로마 시민인 여자가 통혼권이 있는 외국인 남자와 혼인한 경우에 외국인을 출생하며, 이 아이는 마치 그 남자가 외국인 여자에게서 얻은 것처럼 아버지의 적법한 아들이다. 그렇지만 오늘날은 성제(聖帝) 신황(神皇) 하드리아누스의 발의(發議)로 만들어진 한 원로원의결에 의하여 로마 시민인 여자와 외국인 남자 사이에 통혼권이 없었더라도 태어나는 아이는 아버지의 적법한 아들이다.[108]

그러나 중요한 것은 비교법적 지식과 그 활용이 아니라 로마법의 입장에서 무엇이 합리적인가 하는 고려였고, 따라서 다음에 소개하는 사료 (Gai. 1.92)에서 볼 수 있듯이 실제로 비교법적 고찰과 그 성과를 반영하는 결정을 내린 경우에도 그 사실을 명시적으로 밝히는 경우는 거의 없었다.

---

107 Pausanias, *Descriptio Graeciae* 8.43.5; Sturm, *op. cit.*, 160f., 162.

108 Gai. 1.77: Itaque si civis Romana peregrino, cum quo ei conubium est, nupserit, peregrinum sane procreat; et is iustus patris filius est, tamquam si ex peregrina eum procreasset. hoc tamen tempore ex senatus consulto, quod auctore divo Hadriano sacratissimo factum est, etiamsi non fuerit conubium inter civem Romanam et peregrinum, qui nascitur iustus patris filius est.
Fritz Sturm, "Gaius I 77 und das römische Kollisionsrecht", in: *Maior viginti quinque annis* (1979), 155ff.

Gai. 1.92.

외인녀(外人女)가 사생아를 임신하였더라도 그후에 로마 시민이 된 다음 출산하면 로마 시민을 출산한다. 그런데 외인남(外人男)에게서 외인(外人)들의 법과 관습에 따라 임신한 때에는 신황(神皇) 하드리아누스의 발의로 이루어진 한 원로원의결에 의하여 그의 아버지에게도 로마시민권이 부여되는 경우에는 로마 시민을 출산하는 것으로 간주된다.[109]

6) 다른 차원의 사례들

언뜻 보기에 비교법적 사안들로 보이지만,[110] 이상의 비교법적 고찰과 구별해야 할 사례들이 있다. 몇 가지 예만 들어 둔다.

우선, 로마법의 적용이 법규의 개별적인 특성상 지역적 또는 인적으로 달리 취급되는 경우들이 있었다는 점이다. 가령 복수의 보증인들이 있는 경우에 분할의 이익을 규정한 푸리우스법(lex Furia de sponsu)은 서약보증(sponsio) 또는 신약보증(fidepromissio)이 이탈리아에서 행해진 경우에만 적용되고 다른 지역에 대해서는 적용되지 않았다.[111] 따라서 두 지역이 비교되더라도 비교법적 차원의 논의가 아닌 것이다.[112] 악취행위(握取行爲)가 이탈리아의 토지에 대해서만 해당되었던 것(Gai. 2.14a)도 비교법과는 무관한 문제이다.

---

109 Gai. 1.92: Peregrina quoque si vulgo conceperit, deinde civis Romana facta tunc pariat, civem Romanum parit; si vero ex peregrino secundum leges moresque peregrinorum conceperit, ita videtur ex senatus consulto, quod auctore divo Hadriano factum est, civem Romanum parere, si et patri eius civitas Romana donetur.
Hans Julius Wolff, *op. cit.*, 69.

110 이 견해: 가령 Max Kaser, *Das römische Privatrecht* I (2. Aufl. 1971), 202 n.4.

111 Gai. 3.121a-122; Fritz Sturm, "Unerkannte Zeugnisse römischen Kollisionsrechts", in: *Festschrift Fritz Schwind* (1978), 323ff.

112 같은 곳, Hans Julius Wolff, *op. cit.*, 72f.

III. 맺음말

이상으로 로마법상에 나타난 비교법적 양상을 주마간산(走馬看山) 격으로 훑어보았다. 결과적으로 로마의 법률가들의 법학에 대한 현대의 통념적인 이해를 처음부터 벗어날 수 없는 한계를 지닌 작업이었지만, 다른 한편으로는 그들 역시 의식적으로 드러낸 것만으로 판단할 경우 품을 수밖에 없는, 고립된 로마편중주의적 태도를 가졌던 것이 결코 아니라는 사실을 확인할 수 있었다. 좁은 의미의 비교법학이 맹아 내지 단초에 머물렀다 하더라도 넓은 의미에서의 비교법적 고찰은 법률가들의 일상에 다양한 방식으로 뿌리내리고 있었음을 알 수 있었다. 그들 삶의 현장이 그러한 사고의 전개를 유발했기 때문이다. 말하자면 도전에 대하여 회피하지 않고 철저하게 법의 논리로써 대응한 그들의 이러한 궤적은 앞으로도 좋은 선례로서 남을 것이다.

현대의 로마법 연구자에게 제국법과 지방법의 수많은 사료를 모두 검토하여 그 비교법적 진상을 확인한다는 것은 하나하나의 자료를 매우 섬세한 감각으로 세밀한 분석을 하더라도 아주 지난한 일이다. 이미 보았듯이 로마의 법률가들이 어떤 이유에서건 비교법적 사고과정을 거친 경우에도 이를 밝히 드러내는 경우가 거의 없기 때문이다. 고대세계의 비교법을 근자에 가장 전문적으로 다룬 Hamza, *Comparative Law and Antiquity* (1991)가 거의 총론적인 방법론적 고찰에 머물고 있는 것이나, 이 책의 전후에 나온 그의 논문들이 원론적인 내용을 거의 동일하게 반복하고 있는 것도 모두 이런 사정에 기인하는 바가 크다. 그러나 어렵더라도 전승되는 사료들을 총체적으로 좀더 분명한 방법론적 문제의식을 가지고 더욱 철저하게 분석하는 작업으로부터만 — 비록 들어가는 엄청난 공에 비하여 나오는 성과는 미미할지도 모르지만 — 어떤 실질적인 성과를 기대할 수 있을 것이다. 그 과정에서 의외의 의미 있는 부산물을 얻는다면 그것은 탐구하는 자에게 돌아가는 기쁨의 몫일 것이다.

끝으로 독자들의 참고를 위하여 로마 법률가들이 그리스어를 사용하고 있는 사례를 부론으로 정리하였다.

〔부론〕로마의 법률가들에 의한 그리스어의 사용례와 비교법

넓은 의미에서 비교법에 속하는 작업에는 외국의 실정법에 대한 정보를 가공하는 것은 아니지만, 일정한 법률정보를 활용하는 것을 포함시킬 수가 있는데, 로마의 법률가들의 경우 그리스 고전작가들의 문헌을 인용하는 작업방식이 이에 해당한다. 이와 관련하여 유스티니아누스의 『법학제요』와 『학설휘찬』에 전해지는 그리스어 사용례들[113]은 다음의 네 범주로 나눌 수 있다.[114]

a) 그리스 고전작품에서의 인용

- Chrysippus: Marcian. D.1.3.2
- Demosthenes, c. Aristogitonem. 1, pag. 774 (Reiske): Marcian. D.1.3.2
  c. Midiam. pag. 537 (Reiske): Cl. Saturn. D.48.19.16.6
- Homerus, *Il.* 6.234: Paul. D.18.1.1.1
  Il. 6. 344, 378: Mod. D.38.10.4.6
  Il. 7.472 - 475: Inst. 3.23.2 = Paul. D.18.1.1.1
  Il. 9.340: Ulp. D.48.5.14(13).1
  Il. 23.85: Ulp. D.48.19.16.8
  Odys. 1.430: Paul. D.18.1.1.1
  Odys. 4.230: Gai. D.50.16.236.pr.
  Odys. 13.407-408: Inst. 4.3.1 = Marcian. D.32.65.4

---

113 2007년 8월 말에 출간된 최자영, 『고대 그리스 법제사』(아카넷, 2007)는 곳곳에서 로마법에 반영된 그리스법을 언급하고 있고, 특히 부록 VIII (756~774쪽)에서는 본격적으로 『학설휘찬』에 보이는 그리스법을 로마법 사료의 부분적인 인용과 함께 소개하고 있다. 그러나 최자영의 로마법에 대한 이해는 매우 부정확한 것이어서 필자는 이를 지적하고 교정하는 글을 『서양고전학연구』 제30호(2007. 12)에 기고하였다. 참고하기 바란다.

114 Hammen, *op. cit.*, 409f.

- Plato, *Respubl.* 2.11-12: Callistr. D.50.11.2

- Sententia cuiusdam: Pomp. D.40.5.20

- Solon ex Plutarchi, Sol. vita c.23: Gai. D.10.1.13

  Solonis lex quaedam de sodaliciis: Gai. D.47.22.4

  Solon et Draco dicunt ἐν ἔργῳ: Ulp. D.48.4.24(23).pr.

- Theophrastus:[115] Pomp. D.1.3.3; Paul. D.1.3.6 = D.5.4.3

- Xenophon, *Anab.* 5.2.14: Inst. 4.18.5 = Gai. D.50.16.233.2

b) 라틴어로 된 사안의 서술을 그리스어로 반복하거나 독자적으로 관용구 기타의 그리스어 표현을 사용하는 경우

가장 전형적인 예가 쌍무계약(ultro citroque obligatio)을 그리스인들은 'συνάλλαγμα'라고 부른다는 Labeo-Ulp. D.50.16.19 (cf. D.2.14.7.2) 이다.

i) 첫 번째 부류

Arc. Char. D.50.4.18.5 (σιτώνας et ἐλαιώνας = curatores emendi frumenti olei) ―― **Flor.** D.11.7.42 (κενοτάφιον = monumentum memoriae causa factum) ―― **Gai.** D.19.2.25.6 (θεοῦ βίαν = vis maior); D.47.22.4 (ἑταιρείαν = sodales); D.50.16.30.2 (νέασιν = novalis); D.50.16.233.2 (ἀπὸ τοῦ τηλοῦ = ab eo quod est procul, βέλος = telum, ἀπὸ τοῦ βάλλεσθαι [a iaciendo]); D.50.16.236.1 (ἀκρόδρυα = omnes arborum species) ―― **Marcian.** D.13.7.33, D.20.1.11.1 (ἀντίχρησις [antichresis]); D.48.3.6.1 (ἀνάκρισιν [interrogationem]); D.48.19.17.1 (ἀπόλιδες = sine civitate) ―― **Mod.** D.38.10.4.6 (ἑκυρός = viri pater, ἑκυρὰ = viri mater, πενθερὸς = uxoris pater, πενθερὰ = uxoris mater, δαὴρ = viri frater, γάλως = viri soror, εἰνάτερες = ianitrices [duorum fratrum uxores]) ―― **Pap.** D.33.7.2.1 (dotes

115 Andrew Szegedy-Maszak, *The Nomoi of Theophrastus* (1981), frr.24-25, pp.77f.

praediorum = ἐνθῦκαι) —**Paul**. D.21.1.5 (κακοήθειαν [morbi malignam speciem], πάθος [malum], νόσον [morbum], ἀρρωστίαν [aegrotationem]); D.26.7.46.1 (ἐπιμεληταὶ = curatores); D.38.10.10.1 (συγγενεῖς = cognatos); D.39.6.35.1 (δῶρον καὶ δωρεῖσθαι [donum et dono dari]); D.41.2.1.pr. (κατοχήν = possessio); D.47.2.1.pr. (φῶρας = fures, ἀπὸ τοῦ φέρειν φῶρας); D.50.16.5.1 (ἀποτέλεσμα = 'opere locato conducto', ἔργον = ex opere facto corpus aliquod perfectum); D.50.16.144 (παλλακὴν = pellicem [pellex]); D.50.16.163.1 (παιδίον [puer aut puella]; D.50.16.205 (τρωξίμους [cibarias]) —**Pomp**. D.41.3.30.pr. (ἡνωμένον [continuum], συνημμένον [coniunctum]); D.50.16.239.2 (πάροικον = incola); D.50.16.239.4 (ἄποικον = adneba) —**Ulp**. D.1.1.6.1 (τῶν νόμων οἳ μὲν ἔγγραφοι, οἳ δὲ ἄγραφοι [legum aliae scriptae, aliae non scriptae]); D.1.3.30 (ῥητὸν ἀπὸ διανοίας [dictum a sententia]); D.1.16.5. (ἐπιδημίας [adventus], κατάπλουν [appulsum]); D.2.14.7.2 (συνάλλαγμα); D.3.2.4.1 (βραβευτὰς = designatores); D.4.9.1.3 (ναυφύλακες [navium custodes], χειρέμβολον [manus iniectionem]); D.21.1.10.4 (νυκτάλωπα = luscitio); D.27.9.3.4 (ἐμφυτευτικὸν, ἐμβατευτικὸν); D.29.1.1.1 (τάγμα = mille hominum multitudinem, χιλίαρχον = ipsum ducem); D.39.3.1.9 (elices [ελικες] = sulcos aquarios); D.43.12.1.2 (ἀέναος = perrene, ὁ χειμάρρους = torrens); D.47.2.3.pr. (ἐπ᾽ αὐτοφώρῳ = manifestus [in ipso furto deprehensum]); D.47.8.4.2 (ἀπὸ τοῦ θορυβεῖν = tumultus [a tumultuando]); D.47.9.3.6 (ἐξεβράσθη = eiecta); D.47.10.13.7 (σαγήνη = everriculum); D.47.11.9 (σκοπελισμὸν, σκοπελίζειν = lapides ponere indicio futuros, quod, si quis eum agrum coluisset, malo leto periturus esset insidiis eorum, qui scopulos possuissent); D.50.13.1.pr. (ἐλευθέρια = liberalia studia); D.50.14.3 (ἑρμηνευτικὸν); D.50.16.19 (συνάλλαγμα); D.50.16.38 (φαντάσματα = ostentum); D.50.16.45 (περίστρωμα = pallium).

ii) 두 번째 부류

Afr. D.35.2.88.pr. (τῶν ἀπόρων [ex perplexis], τοῦ ψευδομένου [fallendi]) —Gai. D.50.16.58.pr. (καταχρηστικῶς [abusive]); D.50.16.233.2 (ἀπὸ τοῦ τηλοῦ [ab eo quod est procul]) —Hermog. D.50.4.1.2 (καμηλασία [camelorum agitatio exhibitioque]) — Iul. D.30.104.1 (ἀδύνατος [impossibilis]); D.38.7.1 (παρατατικῶς [extense]); D.38.16.8.pr. (ἀναφορικῶς [relative]); D.46.3.13 (ἐν πλάτει [laxe]) —**Lab**. D.28.7.20.pr. (ἀδύνατος [impossibilis]) —**Pap**. D.48.5.6.1 (καταχρηστικώτερον [abusive magis], φθορὰν = stuprum) — **Paul**. D.36.1.83(81) (μονομερῶς [agente uno tantum]); D.38.10.9 (Στέμματα) —**Ulp**. D.5.1.19.2 (παραπλεῖ [praeternavigat]); D.5.3.25.11 (ἀντίδωρα [donationes remunerandi causa]); D.8.2.17.2 (κατὰ ἀντανάκλασιν [per repercussionem]); D.10.2.20.7 (ἀγωνοθεσίαν [muneris editionem]); D.11.1.11.5 (πρὸς ἔπος [ad verbum]); D.12.2.13.2 (μονομερὴς [unius partis]); D.14.1.1.12 (ἐπιβατηγοὶ [vectoriae]); D.21.1.1.7 (φθίσις [corruptio], κατὰ τοῦ αὐτοῦ [idem significantes]); D.21.1.9 (ἀσαφῶς [non clare], ἀσήμως [non intellegibiliter]); D.28.1.22.5 (χαρακτῆρα); D.30.53.5 (λείψανα [reliquias]); D.32.1.2 (ἀπόλιδες [nullius civitatis cives]; D.32.55.5 (ξύλον [lignum], ξύληγὰς [quae ligna vehant], ἀπὸ τῶν ἑλῶν [a paludibus]); D.32.70.pr. (αὐτοφυές [naturale]); D.32.70.9 (ἐριόξυλον [lanam arboris]); D.36.1.17(16).pr. (ὑποκοριστικῶς [deminutive]); D.42.4.2.4 (παρατατικῶς [extense]); D.42.5.15.pr. (ἀναγραφὴν [breviarium]); D.43.17.3.7 (κρύπτας [aedium partem subterraneam]); D.43.21.1.2 (ἀπὸ τοῦ ῥεῖν [a fluendo]); D.44.5.1.6 (ἐπαιωρούμενον [imminens]); D.45.3.13 (τὸ ἰσάζον [aequabilitas]); D.46.8.12.2 (ἐν πλάτει [laxe]); D.47.2.43.9 (εὔρετρα [praemium quod pro rei amissae restitutione dari solet]); D.47.2.52.20 (τῆς γονῆς χάριν [feturae causa]); D.47.10.5.10 (ἐπιγράμματα); D.48.19.9.8 (δημοσίων ἀπέχεσθαι [a publicis ut abstineant]).

Gai. 1.64 (σποράδην [sparsim])도 여기에 속한다.

c) 그리스어로 된 문서의 내용을 전재(轉載)하고 라틴어로 해석하는 경우

이것은 다시 문서의 성격에 따라서 다음의 두 부류로 나눌 수 있다.

i) 황제의 그리스어로 된 칙령 등 법령을 인용하는 경우

하드리아누스: Callistr. D.5.1.37; Paul. D.5.1.48 ─피우스: Callistr. D.8.3.16; Maecian. D.14.2.9; Mod. D.27.1.6 §2, §7, §8; Ulp. D.49.1.1.1 ─ 마르쿠스 아우렐리우스와 루키우스 베루스: Callistr. D.50.6.6(5).6 ─ 페르티낙스: Callistr. D.50.6.6(5).2 ─ 셉티미우스 세베루스: Ulp. D.16.1.2.31 ─세베루스 알렉산더: Paul. D.49.1.25 ─기타: Scaev. D.50.9.6.

ii) 법률행위 문서의 내용을 인용하는 경우[116]

앞에서 소개한 스카이볼라의 법률자문 사례들이 대표적이다.

Mod. D.31.34 §1, §7; D.34.1.4.pr.; D.50.12.10 ─**Paul.** D.8.3.37; D.16.3.26.1; D.28.1.29.1; D.36.1.76(74).pr. ─**Ulp.** D.40.5.46.3.

d) 고전법률가의 저작에서의 인용

가장 대표적인 것이 모데스티누스의 『후견면제사유론』(Παραίτησις ἐπιτροπῆς)이지만,[117] 다른 법률가들의 경우도 알려져 있다.

Paul. D.5.1.48 (하드리아누스의 서신); D.40.5.39.1 (해답); D.49.1.25

---

116 그 밖에 정형적인 법률행위 문언의 그리스어 표현을 논한 것으로는 Ulp. D.46.1.8.pr. (보증); D.46.4.8.4 (변제수령문답계약).

117 Otto Lenel, *Palingenesia Iuris Civilis* I (1889), frr.54-69, pp.707-718; Tommaso Masiello, *I libri excusationum di Erennio Modestino* (1983); Edoardo Volterra, "L'opera di Erennio Modestino De Excusationibus", in: *Scritti giuridici* V (1993), 305ff.

(비튀니아 그리스 공동체에 대한 알렉산더의 칙령) ─ Maecian. D.14.2.9 (로도스 해법(海法) 관련 안토니누스의 칙답) ─ Pap. D.43.10.1 (ἀστυνομικὸς μονόβιβλος, 단편) ─ Gai. D.10.1.13 (솔론의 법); D.47.22.4 (솔론의 법) ─ Ulp. D.1.16.5 (아시아인들에 대한 안토니누스의 칙답); D.48.5.24[23] (드라콘과 솔론의 법).

여기서도 드러나는 것은 이 부류의 대부분이 형식은 법률가의 저작 인용이지만 실질은 실정법의 일정한 내용을 재현하고 있다는 점에서 인용된 법률가에 의한 좁은 의미의 비교법적 고찰에 속한다는 사실이다.

제2장 지진과 법
─로마법의 경우

I. 머리말

1. 동일본 대지진 소회(所懷)

2011년 3월 11일 금요일 오후 2시 46분, 일본 동북부 지역을 규모 9.0의 지진이 강타했다. 센다이(仙台) 일대의 지역이 이 지진과 후속한 지진해일로 인해 초토화되고, 파괴된 주변 원자력 발전소에서 초래된 방사능 오염의 확산은 직접 피해를 본 일본은 말할 것도 없고 급기야는 거의 전 지구적인 공포로 이어졌다. 이 글을 쓰고 있는 4월 1일 현재에도 재난의 극복은커녕 원자로의 비상조치적인 안전조차도 확보하지 못한 채 거의 속수무책으로 진행되는 것이 아닌가 하는 우려가 점점 커지고 있다. 일본의 원자력 발전소 붕괴를 생중계로 목도한 모든 나라가 에너지 정책에 대해 심각한 고민을 하기에 이르렀고, 마침 실시된 독일의 바덴-뷔템베르크(Baden-Württemberg)와 라인란트-팔츠(Rheinland-Pfalz)의 주의회 선거에서는 이에 강하게 영향 받은 유권자들이 녹색당을 많이 선택하는 결과를 가져왔다.[1] 요즈음 신문 보도를 보면 이 미증유의 대재앙에 대

---

1 『프랑크푸르터 알게마이네 차이퉁』2011년 4월 1일자 온라인 뉴스("Der Erfolg der Grünen. Die neue Volkspartei"): http://www.faz.net/s/Rub140FE71795B040E9A 425EA8F1DB744F2/Doc~ED5FB3E01D843408083E4FE7760BD0003~ATpl

처하는 일본인들의 태도는 눈을 부비고 다시 쳐다봐야 할 정도로 매뉴얼 근본주의[2]의 병폐를 그대로 노정한 것으로 보인다. 매뉴얼에 헬기에 관한 언급이 없기 때문에 구호품을 헬기를 동원하여 나를 수 없었다고도 하고,[3] 쓰나미가 휩쓸어 쓰레기장으로 변한 광범한 도시 영역에 생존자 수색을 위해 진입하려는 수색팀은 '광견병 청정지역'이어서 개를 한 마리 이외에는 데리고 들어갈 수 없다는 규정 때문에 나머지 수색견의 반입이 거부됐고, 외국인 구호팀 중 의사는 외국인의 의료행위 불가 기준 때문에 입국이 지연됐다고도 하는 등[4] 실로 규칙지상주의의 어이없는 편협한 법적용 태도가 이보다 더 두드러질 수 없을 지경이다. 사고가 터질 때마다 거듭 제대로 된 대응 매뉴얼이 없다는 병폐를 누차 경험한 우리로서는 사고 대비 매뉴얼이 완비되어 있다는 '선진국' 일본의 역설적인 이면을 들여다보는 심정이 그야말로 착잡할 따름이다.[5] 그리고 그 본래의 취지와 목적을 몰각한 "법의 극치는 최고의 불법"(Summum ius summa iniuria)[6]이라거나 "법의 극단은 해악의 극치"(Summum ius summa malitia)[7]라는 선인(先人)들의 지혜로운 경고와 더불어 "비상사태는 모든 법률을 깨뜨린다"(Necessitas omnem legem frangit)거나 이와 유사한 내용의 서양 법언(法諺)이 너무나도 자연스럽게 즉각 뇌리에 떠오른다.[8]

~Ecommon~Scontent.html.

2　배명복(아래의 주 3)은 "매뉴얼 원리주의"라는 표현을 쓰는데, 매뉴얼의 세세한 규칙(rules) 문언에 속박된 편협한 법적용 태도를 원리(principles)와 결부시키는 용어를 사용하는 것은 오해의 소지가 크다. 보통 '원리주의'라고도 번역되는 fundamentalism은 문언 자체를 근본적 기초로 '숭경'(崇敬)하여 규정을 글자 그대로 파악하는 완고한 태도를 지시한다는 점에서 '근본주의'라고 옮기는 것이 그 어의(語義)에도 부합할 것이다.

3　『중앙일보』 2011년 3월 23일자 33면, 「배명복의 세상읽기: 매뉴얼 사회의 함정」.

4　『중앙일보』 2011년 3월 25일자 35면, 「(유재화) 중앙시평: '뉴 노멀'이 절실한 일본」.

5　『중앙일보』 2011년 3월 29일자 35면, 「송호근 칼럼: 저무는 제국의 두 얼굴」.

6　Cicero, De officiis 1.10.33.

7　Terentius, Heautontimorumenos v. 796 (actus 4).

8　Liebs, L28 (p.122); N8, N10 (p.140); P120 (pp.180f.); Q37 (p.188); Q105 (p.197); Kudla (Hg.), 312f.; 田中秀央·落合太郎, 425. 단, 이 일본 사전은

Necessitas ante rationem est (비상사태는 도리에 우선한다).

Necessitas caret lege (비상사태는 법률을 결여한다).

Necessitas dat legem, non ipsa accipit (비상사태는 법률을 부여하고 스스로
는 [법률을] 수용하지 않는다).

Necessitas est lex temporis et loci (비상사태가 현시〔現時〕 현지〔現地〕의 법
률이다).

Lex necessitatis est lex temporis (sc. instantis) (비상사태의 법은 비상사태 그
때의 긴급법이다).

Necessitas facit licitum quod alias non est licitum (비상사태는 달리 허용되
지 않는 것을 허용되는 것으로 만든다).

Quod non est licitum lege, necessitas facit licitum (법률상 허용되지 않는 것
을 비상사태는 허용되는 것으로 만든다).

Propter necessitatem illicitum efficitur licitum (비상사태로 인해서는 불허되
는 것이 허용되는 것으로 된다).

Necessitas non habet legem (비상사태는 법률을 갖지 않는다).

Necessitas, quod cogit, defendit (비상사태는 그것이 강요하는 것을 방어
한다).

Quidquid necessitas cogit, defendit (비상사태는 그것이 강요하는 것을 무엇
이든 방어한다).

Necessitas vincit legem, legum vincula irridet (비상사태는 법률을 초극하고,
법률의 속박을 조소한다).

---

necessitas를 일률적으로 '必要'로 옮겼으나, '비상사태' 또는 '긴급사태'로 옮기는
것이 더 적절하다고 본다. 이 용법의 가장 전형적인 예로는 가령 기원전 481년의
사태를 전하는 다음을 참조.
Livius, *Ab urbe condita* 2.43.3: sed Sp. Licinius tribunus plebis, venisse tempus
ratus per ultimam necessitatem legis agrariae patribus iniungendae, susceperat rem
militarem impediendam
(호민관 스푸리우스 리키니우스가 극도의 비상사태로 인해 농업법을 귀족들에게
강요할 적시(適時)라고 여겨서 군사복무를 저지하기로 작정하였다.)

In necessitate cuncta sunt licita (비상사태 시에는 모든 것이 허용된다).

그와 동시에 작금의 비상사태 앞에서 사소한 세부규정에 꽁꽁 묶인 일본 관계 당국자들의 "좀팽이 법적용자"(leguleius)[9] 모습은 법의 존재이유가 무엇인지, 법의 운용이 어떠해야 하는지 등, 법의 근본문제에 대해 새삼 우리에게 물음을 던진다. 이 대목에서 로마의 법률가 헤르모게니아누스(Hermogennianus, 280~320)의 단언적 선언을 상기하지 않을 수 없는 것은 비단 필자만의 반응은 아닐 것이다.

D.1.5.2 Hermogenianus 1 iuris epitomarum.[10]

Cum igitur hominum causa omne ius constitutum sit, ...

(인간을 위하여 모든 법은 정립된 것이므로 …)

"법학이란 선(善)과 정의(平良)의 기술이다"(Ius est ars boni et aequi)[11] 라고 일갈했던 로마 고전성기의 대가 켈수스(Celsus, 100~130)가 법적용에서 문언을 넘어서는 그 정신의 구현을 역설했던 것도 모두 법의 이러한 존재이유 자체에서 비롯하는 것일 게다.[12]

D.1.3.17 Celsus 26 digestorum.

Scire leges non hoc est verba earum tenere, sed vim ac potestatem.

---

9   Cf. Cicero, *De oratore* 1.236: Ita est tibi iuris consultus ipse per se nihil nisi leguleius quidam cautus et acutus, praeco actionum, cantor formularum, auceps syllabarum. (그리하여 그대에게는 법률가 자신이 그 자체 일종의 의심하면서 약아빠진 좀팽이 조문적용자, 소송 전령사, 소송방식서 중언부언가(重言復言家), 자구(字句) 사냥꾼 이외에 아무것도 아닌 것이구먼.)
    Cf. Wilkins, 208f. n. lin.19.

10 Bas.46.1.1 Schol.2): ἐπειδὴ δὲ οἱ νόμοι τῶν ἀνθρώπων ἕνεκα τίθενται, ...

11 D.1.1.1.pr. Ulpianus 1 institutionum.

12 Cf. Ussani, 183ff.; Hausmaninger, 403ff.

(법률을 안다는 것은 그 문언을 파악하는 것이 아니라 그 취지와 목적을 포착하는 것이다.)

D.1.3.18 Celsus 29 digestorum.

Benignius leges interpretandae sunt, quo voluntas earum conservetur.

(법률은 그 의사가 유지될 수 있도록 선해(善解)하지 않으면 안 된다.)

D.1.3.24 Celsus 9 digestorum.

Incivile est nisi tota lege perspecta una aliqua particula eius proposita iudicare vel respondere.

(법 전체를 통찰하지 않은 채 어느 한 작은 부분만 고려하여 심판하거나 해답하는 것은 시민공동체를 위하는 정신에 반하는 것이다.)

왜냐하면 "인민의 복지야말로 최고의 법"(Salus populi suprema lex)[13]이기 때문이다. 광범위한 해석의 여지를 남겨놓고는 있지만 마지막 고전법률가 모데스티누스(Modestinus, 210~250)가 법이 성립하는 세 가지 방도 중 하나로 예의 necessitas를 들고 있는 것은 적어도 법에 관한 로마적 이해의 한 중요한 면모를 보여준다고 할 것이다.[14] 로마인들은 합의에 기한 것만이 법이라고 생각하지 않았던 것이다.

D.1.3.40 Modestinus libro I regularum.

Ergo omne ius aut consensus fecit aut necessitas constituit aut firmavit consuetudo.

(그러므로 모든 법은 혹은 합의가 만들었거나 혹은 필요가 정립했거나 혹은 관습이 확립한 것이다.)

---

13 Cicero, *De legibus* 3.3.8.
14 Cf. 최병조 III, 46 n.21. 로마법에서의 necessitas의 민사법적·형사법적·헌법적 차원의 다양한 논의에 대한 개관은 Ormanni, 822-847.

모르면 몰라도 로마인들이었다면 "우리나라가 피해를 입지 않도록" (ne quid res publica detrimenti capiat)[15]이라든가 또는 "우리 국민이 보전될 수 있도록"(ut populus Romanus conservetur)[16]이라든가 하면서 기존의 일상 법규를 뛰어넘는 비상조치를 취했을 터이다. 이 지점에서 일본문화 분석가인 가토 슈이치(加藤周一)의 다음과 같은 일반적 지적이 새삼 통찰력 있는 것이 아닌가 생각되기도 한다.

[일본인들은] 미래에 관해서는 "내일은 내일의 바람이 분다"(明日は明日の風が吹く)라고 한다. 분명히 이 말의 의미에는 두 가지 측면이 있다. 미래의 상황은 예측 불가능하기 때문에 내일에 대해 걱정을 하기보다는 오늘의 상황에 주의를 돌리라는 뜻이 한 가지 측면이다. 상황이 어떻게 변할지 모르지만, 상황의 경과에 따라 태도를 결정하자는 의미가 아마도 또 다른 측면이다. 현재에 대한 강조 및 상황에 대처하는 적응 능력을 함양하라는 요구가 그 속에 시사되어 있다. 더욱이 상황의 변화를 초월해 있는 원리의 부재 또는 가치의 부재가 함의되어 있다고 할 수 있다. 예를 들어 한신아와지(阪神淡路) 대지진에서도 잘 볼 수 있듯이, 미래의 대지진에 대한 대비는 빈약하다는 점이 한편에 자리하고, 이미 일어난 지진에 대해서는 시

---

15 Cf. Livius, *Ab urbe condita* 3.4.9: Hernici et male pugnatum et consulem exercitumque obsideri nuntiaverunt tantumque terrorem incussere patribus, ut, quae forma senatus consulti ultimae semper necessitatis habita est, Postumio, alteri consulum, negotium daretur, videret, ne quid res publica detrimenti caperet.
  또한 Cf. Sallustius, *De coniuratione Catilinae* 29.2; *Oratio Philippi* 22; Caesar, *Commentarii belli civilis* 1.7.5; Cicero, *In L. Sergium Catilinam orationes* 1.2.4; *In M. Antonium orationes Philippicae* 5.34; *Pro T. Annio Milone oratio* 26.70; *Epistulae ad Atticum* 10.8.8; *Epistulae ad familiares* 16.11.2; Quintus Asconius Pedianus, *In Pisonianam* 5.4; *In Milonianam* 46.67; P. Flavius Vegetius Renatus, *Epitoma rei militaris* 3.1.11 등.
16 Cf. Cicero, *Pro C. Rabirio perduellionis reo oratio* 7.20: Fit senatus consultum, ut C. Marius L. Valerius consules adhiberent tribunos pl. et praetores quos eis videretur operamque darent, ut imperium populi Romani maiestasque conservaretur.

민들의 냉정하고 재빠른 대응이 다른 한편에 자리한다.[17]

전 세계인을 일단 감탄시켰던 일본 국민들의 지진 후의 침착한 대응과 상황의 변화를 초월해 있는 원리나 가치의 부재를 새삼 확인시켜준 후 속 조치의 모습은 두 가지 모두가 결국은 매뉴얼 지상주의라는 동전의 양면일 뿐임을 드러냈다고 보인다.

2. 이 글의 주제

이 글은 동일본 대지진을 계기로 지진(terrae motus, σεισμός)이 법에서 어떤 법적 효과를 가져왔는지를 고대 로마법의 사례를 소개하는 방식으로 살펴보려는 가벼운 시도이다. 따라서 관련 사료를 번역 소개하는 데 중점을 두었다. 때로는 지진이나 용암 분출과도 밀접한 연관이 있는 현상이지만[18] 로마인들 자신이 거의 모든 경우에 오히려 홍수(alluvio)와 관련지었지 지진과 직접 관련시키지 않았고, 그래서 이 글에서도 다루지 않은 것은 이른바 강과 바다에 새롭게 생성된 섬(insula in flumine vel in mari nata)의 사례이다.[19] 그리고 지진이 속하는 불가항력 일반(vis maior)이 논급되는 사료들[20]도 고찰에서 제외하였다.

---

17 가토 슈이치(加藤周一), 9f.

18 지진으로 인한 용암분출로 바다 가운데 갑자기 섬이 생성된 것을 전하는 예로는 3세기 초의 다음을 참조.
   M. Iunianus Iustinus, *Epitoma historiarum Philippicarum Pompei Trogi* 30.4.1-2: 1 Eodem anno inter insulas Theram et Therasiam medio utriusque ripae maris spatio terrae motus fuit, 2 in quo cum admiratione navigantium repente ex profundo cum calidis aquis insula emersit.

19 Cf. D.7.1.9.4 (Ulpianus 11 ad Sabinum); D.41.1.7.3 (Gaius 2 rerum cottidianarum sive aureorum); D.41.1.29 (Paulus 16 ad Sabinum); D.41.1.56. pr. (Proculus 8 epistularum); D.41.1.65.2-4 (Labeo 6 pithanon a Paulo epitomatorum); D.43.12.1.6 (Ulpianus 68 ad edictum); D.44.2.26.1 (Africanus 9 quaestionum); Gai. 2.72; Inst. Iust. 2.1.22. 개관은 Mazzacane, 930-935.

20 Cf. D.4.9.3.1 (Ulpianus 14 ad edictum); D.13.7.13.1 (Ulpianus 38 ad edictum); D.19.2.25.6 (Gaius 10 ad edictum provinciale); D.19.2.36 (Florentinus 7

고대의 비(非)법률문헌에는 지진 사례 중에서도 그 규모가 엄청난 재해였던 것들은 로마의 경우만이 아니라 지중해 유역 전역에 걸쳐서 기록이 남아 있다.[21] 지진과 그에 수반한 재해와 인간의 참상(summis angoribus atteri mortales solent)에 관한 보고들은 오늘날 우리가 익히 잘 알고 있는 것들과 전혀 다르지 않다. 지반의 균열(terrae hiatus)과 붕괴(labes), 산의 일부가 천조각처럼 찢겨나감, 그에 따르는 굉음(terra mugiens), 물의 진동(aquae concussio), 바다의 지진해일(inundationes maris)과 강으로의 역류(in amnes influxus, incursus maris)에 의한 강물의 범람(inundationes fluminis) 등 홍수(κατακλυσμός), 화산의 분출(ignis diffusio) 및 해수(海水)의 끓어오름(mare effervens)과 화산재와 연기로 인한 어둠(tenebrae per multos dies)과 대기의 오염(contaminatio ventris), 화마(火魔, incendia, ἐκπύρωσις),[22] 광범위한 인간 거주 공간의 초토화, 그로 인한 역병의 창궐(atrox pestilentia; lues crebrae; ἡ λοιμώδης νόσος)과 황충(蝗蟲)의 내습(locustarum species agris infestae) 및 기근(饑饉, fames, λιμός), 이 모든 것으로 인한 엄청난 인명 피해[23] 등이 그것이다.[24] 로마의 상수도는 그것

---

institutionum); D.19.5.17.4 (Ulpianus 28 ad edictum); PS.1.7.7. 상세한 것은 Doll (1989).

21 고대의 지진 현상에 관한 문헌 가운데 남아 있는 것은 Seneca, *Quaestiones Naturales*, Liber VI De terrae motu가 유일하다고 한다. 고대의 지진에 관한 개관과 고대인들의 지진이론 개관 및 문헌 소개는 Capelle, 344ff.; Cancik/Schneider (eds.), s.v. Earthquake II (pp.767-769); Böker, 350f. 현대의 연구논문 모음은 Olshausen/Sonnabend (Hg.), (1988). 특히 로마 시대의 것은 소아시아를 중심으로 빈발했다. Capelle, 352ff.

22 대화재가 발생했던 기원전 213년과 기원전 192년(Livius, *Ab urbe condita* 25.40.7f.)에는 로마에서 지진이 한 달 동안이나 계속되었다고 한다. Cowell, 16. 기원전 49년에도 대지진이 있었다(Dio Cassius 41.14.3). Yavetz, 113, 121f.

23 한 사료에 의하면 시리아에서는 한꺼번에 17만 명이 희생된 경우도 있었다. M. Iunianus Iustinus, *Epitoma historiarum Philippicarum Pompei Trogi* 40.2.1: Sed sicut ab hostibus tuta Syria fuit, ita terrae motu vastata est, quo centum septuaginta milia hominum et multae urbes perierunt.
다른 한편으로는 황제도 겨우 위험을 피했던 적도 있었다. 출정중이던 트라야누

이 망가지는 경우에도 반드시 지진과의 연관성이 있는 것은 아니었다고 하고,[25] 또 로마시의 상수도 중 80퍼센트는 지하에 설치되었는데, 지하수도가 지상의 수도시설과 비교하여 캄파니아 지방의 주기적인 지진에도 덜 취약하고 수리비용도 더 저렴했던 것으로 알려져 있다.[26] 반면에 로마법 사료에는 지진을 직접 언급한 사례가 몇 개 되지 않는다.[27] 원문과 번역문을 소개하고 이해에 필요한 선에서 간단한 설명을 붙이는 데 그치기로 한다. 다만 공공 기부의 편약(片約)은 지진 후의 복구와 관련이 있을 수 있으므로 이 기회에 상대적으로 자세히 살펴보았다.

II. 관련 사료의 소개와 간해(簡解)

1. 신당(神堂) 건물의 멸실

D.18.1.73.pr. = Fragmenta Vaticana 5. 파피니아누스, 『해답집』 제3권.

Aede sacra terrae motu diruta locus aedificii non est profanus et ideo venire

---

스 황제가 115 / 116년 겨울 안티오키아에서 만난 대지진이 그것이다. Christ, 308.

24   Cf. Cicero, *De divinatione* 1.78 (갈리아, 이탈리아 전역), 1.112 (타위게투스 산맥); Seneca [philosophus], *Naturales quaestiones* 3.29.4, 6.1.1 (폼페이 일대); Suetonius, *De vita Caesarum*, Tiberius 48.2 (소아시아); Aurelius Victor (pseudo), *Libellus de vita et moribus imperatorum breviatus (Epitome de Caesaribus)* 13.12, 16.3 (오리엔스, 일뤼리쿰, 이탈리아, 갈리아); M. Iunianus Iustinus, *Epitoma historiarum Philippicarum Pompei Trogi* 24.8.9; Iulius Obsequens, *Prodigiorum libri quae exstant* 29 (에트나 화산), 45 (피케눔), 61 (레기움, 스폴레툼); Ammianus Marcellinus, *Rerum gestarum libri qui supersunt* 17.7.1 (마케도니아, 소아시아, 폰투스, 니코메디아, 비튀니아); *Scriptores Historiae Augustae* (Iulius Capitolinus), III: Antoninus Pius 9.1 (로도스, 소아시아, 로마), XX: Gordiani tres 26.1; *Scriptores Historiae Augustae* (Trebellius Pollio), XXIII: Gallieni duo 5.2 (소아시아); Meier, 49.

25   Leveau, 150f.

26   Aicher, 11.

27   *VIR*, V, s.v. terra I.C. (p.1016); III / 2, s.v. motus (pp.1996f.).

non potest.

(신당 건물이 지진으로 붕괴한 경우 건물 대지는 세속의 토지가 아니
고[28] 그래서 매도 [즉 매매 대상이] 될 수 없다.)

로마의 경우 지상물은 토지에 부속하였으므로(Superficies solo cedit)[29]
토지의 소유자가 건축물에 대해서도 대물소권(對物訴權)을 행사할 수 있
었고,[30] 토지가 매매되면 지상물도 따랐으며,[31] 또 지상물만 토지와 별
도로 시효취득할 수도 없었다.[32] 이러한 논리로 보면 일체를 이루던 신
당(aedes sacrae[33])[34]의 토지와 건물 중에서 건물만 지진으로 파괴된 경
우라면 주물(主物)에 해당하는 토지의 속성에 아무런 소장(消長)이 있

28 　內水主計 · 江南義之의 이 개소 번역(江南義之 I, 452)은 '不淨でなく'로 틀려 있다.

29 　Gai. 2.73: "iure naturali"; Epit. Gai. 2.1.4

30 　D.43.18.1.4 (Ulpianus 70 ad edictum).

31 　D.44.7.44.1 (Paulus 74 ad edictum praetoris): "superficies, quae natura solo
cohaeret".

32 　D.41.3.26 (Ulpianus 29 ad Sabinum).

33 　엄밀히 말하면 aedes sacrae와 templum은 구별되었다. 전자는 권한 있는 공적
인 권위에 의해 봉헌(consecratio)된 것이지만(아래의 주 35), 조점관(鳥占官,
augures)이 일정한 의식을 거쳐 축성(祝聖, inauguratio)해야만 templum이 되
었기 때문이다(Wissowa, 472, 527f.; DRR, s.v. templum, p.221; Heineccius,
336; cf. Cicero, De domo sua ad pontifices oratio 137: "in templo inaugurato";
Scriptores Historiae Augustae (Iulius Capitolinus), IV: M. Aurelius Antoninus 6.2:
"templumque inauguratum"). 이곳에서는 편의상 전자를 신당(神堂), 후자를 신
전(神殿)이라 부르기로 한다. 우리의 문맥에서 차이가 있다면 아마도 후자의 경우
에는 어느 누구도 신전 건물의 붕괴로 그 대지가 세속물이 된다고는 생각하지 않
았을 것이라는 점이다. 그래서 법률가들도 그런 문제를 논할 기회도, 또 굳이 그럴
필요도 없었을 터였다.

34 　하나의 신에게 바쳐진 것은 fanum(Liberi, Veneris, Dianae, Cereris etc.), 여
러 신에게 동시에 바쳐진 것은 delubrum이라 불렸다(Heineccius, 336; cf.
Servius grammaticus, Commentarius in Vergilii Aeneidos libros ['Servius auctus']
1.2, comm. ad versum 225: DELVBRA delubrum dicitur quod uno tecto plura
conplectitur numina, quia uno tecto diluitur, ut est Capitolium, in quo est
Minerva, Iuppiter, Iuno).

을 수 없고, 따라서 상천(上天)의 신(神)에게 바쳐진 신성물(神聖物, res sacra)[35]로서 세속의 거래에서 배제된 불융통물(res extra commercium)로서의 존재[36]가 지속되고[37] 그 위에 다시 건축이 되면 원래의 신성물(神聖物) 상태가 복원되는 것이다.[38] 물론 지진으로 인해 지대(址垈) 자체가 붕괴되어 사라진다면 이때에는 물건 자체의 소멸이다.[39] 파피니아누스

---

35 Gai. 2.4: Sacrae (sc. res) sunt, quae diis superis consecratae sunt.

특히 Cf. S. Pompeius Festus, *Epitoma operis de verborum significatu Verrii Flacci*, p.424: Gallus Aelius ait sacrum esse, quocumque modo atque instituto civitatis consecratum sit, sive aedis, sive ara, sive signum, sive locus, sive pecunia, sive quid aliud, quod dis dedicatum atque consecratum sit: quod autem privati suae religionis causa aliquid earum rerum deo dedicent, id pontifices Romanos non existimare sacrum. At si qua sacra privata succepta sunt, quae ex instituto pontificum stato die aut certo loco facienda sint, ea sacra appellari, tamquam sacrificium; ille locus, ubi ea sacra privata facienda sunt, vix videtur sacer esse. Düll, 283ff.

36 D.1.8.6.2 (Marcianus 3 institutionum); D.18.1.4, D.18.1.6.pr. (Pomponius 9 ad Sabinum). 당연히 사용에 의한 시효취득도 부인되었다. D.41.3.9(Gaius 4 ad edictum provinciale).

37 『바실리카 법전』은 이 점을 더 분명하게 표현했다. Bas.19.1.73.pr.: ὁ τόπος οὐ γίνεται βέβηλος.

38 이 점에서 해변(litus)과 같이 토지 자체가 만인공리지(萬人共利地, res communis omnium)여서 누구라도 그 위에 건물을 지을 수 있었던 경우 그 건물이 해일이나 지진으로 붕괴하면 그 지소(地所)가 다시 모두에게 개방되었던 것과 다르다. Brunnemann, ad h.l., n.6 (p.33).

39 역사상 공공건축물인 석조의 신전(神殿)과 신당(神堂)이 무너질 정도의 강진(强震)을 전하는 예로는 가령 로마의 경우 Appianos, Ῥωμαϊκά 1.9.83: [기원전 83년] τήν τε γῆν ὁ θεὸς ἐπὶ μέγα ἔσεισε καὶ νεώς τινας ἐν Ῥώμῃ κατήνεγκε (terramque deus usque ad magnum, i.e. ingenti motu concussit et templa quaedam Romae proruerunt ─ 필자); 사비니인들의 지역의 경우 Iulius Obsequens, *Prodigiorum libri quae exstant* 46: Nursiae aedes sacra terrae motu disiecta; 59: Cn. Octavio C. Scribonio coss. [기원전 76년] Reate terrae motu aedes sacrae in oppido agrisque commotae, saxa, quibus forum stratum erat, discussa, pontes interrupti, ripae praelabentis fluminis in aquam provolutae, fremitus inferni exauditi et post paucos dies, quae concussa erant, corruerunt.

신전 자체는 무너지지 않았지만 다른 부분(가령 신상(神像)들의 머리, 기물과 덮개) 피해를 본 예로는 다음을 참조.

(Papinianus, 170~212)가 이러한 법률의견을 밝히게 된 계기는 아마도 대지(垈地)만 남은 것을 점유를 획득하여 시효취득하려는 자가 있었거나, 아니면 신당 건축을 위하여 부지(敷地)가 수용되었던 대지의 원소유자가 신당 건물의 붕괴로 부지가 봉헌 해제되어 수용 전의 사유지 상태로 복원된 것인지를 알고자 했기 때문이 아닌가 싶다. 동일한 법리는 마르키아누스(Marcianus, 210~230)가 보다 정리된 형태로 재확인하였고, 유스티니아누스 황제도 그의 법학교과서에서 고전법의 법리를 수용하면서 이 문제에 의문의 여지가 없도록 하였다.[40]

D.1.8.6.3 Marcianus 3 institutionum.

Sacrae autem res sunt hae, quae publice consecratae sunt, non privatae: si quis ergo privatim sibi sacrum constituerit, sacrum non est, sed profanum. semel autem aede sacra facta etiam diruto aedificio locus sacer manet.

(그런데 신성물(神聖物)은 공적으로 봉헌된 것들이지 사적으로 봉헌된 것들이 아니다. 그러므로 어떤 자가 사적으로 자기를 위하여 신성물을 설정한 경우 이는 신성물이 아니고 세속물[41]이다.[42] 하지만 일단 신당이 되면 건물이

Iulius Obsequens, *op.cit.* 7: in lectisternio Iovis terrae motu deorum capita se converterunt; lanx cum integumentis, quae Iovi erant apposita, decidit.

40 Zoesius, 144 n.10. 참고로 이러한 논리와는 전혀 다른 맥락이지만, 적에게 점령당하면 점령 중에는 신성물(神聖物)로서의 성격을 상실하지만 수복되면 다시 신성물(神聖物)의 원상을 회복하였다(이른바 귀국복귀권(歸國復歸權, postliminium)의 법리).
   D.11.7.36 Pomponius 26 ad Quintum Mucium.
   Cum loca capta sunt ab hostibus, omnia desinunt religiosa vel sacra esse, sicut homines liberi in servitutem perveniunt: quod si ab hac calamitate fuerint liberata, quasi quodam postliminio reversa pristino statui restituuntur.

41 春木一郎 譯, ad h.l., p.121은 '俗界物'이라 옮겼다.

42 신성물(神聖物)은 다른 한편으로 신성물보관소(神聖物保管所, sacrarium)와 구별되었다.
   D.1.8.9.2 Ulpianus 68 ad edictum.
   Illud notandum est aliud esse sacrum locum, aliud sacrarium. sacer locus est locus consecratus, sacrarium est locus, in quo sacra reponuntur, quod etiam in aedificio

붕괴하더라도 대지는 신성물로 남는다.)

Inst. Iust. 2.1.8.

Sacra sunt, quae rite et per pontifices Deo consecrata sunt, veluti aedes sacrae et dona quae rite ad ministerium Dei dedicata sunt, quae etiam per nostrum constitutionem alienari et obligari prohibuimus, excepta causa redemptionis captivorum. si quis vero auctoritate sua quasi sacrum sibi constituerit, sacrum non est, sed profanum. locus autem, in quo sacrae aedes aedificatae sunt, etiam diruto aedificio, adhuc sacer manet, ut et Papinianus scripsit.

(신성물은 의식에 따라 신관(神官)들에 의해 신에게 봉헌된 것으로 가령 신당들과 의식에 따라 신에 봉사하기 위하여 헌정된 증물(贈物)들이 있는데, 이것들을 짐(朕)은 짐의 칙령[43]을 통해 양도되고 담보 잡히는 것을 포로의 구속(救贖)을 위한 경우를 제외하고는 금지하였다. 그러나 어떤 자가 자신의 권위로 자신을 위하여 마치 신성물인 것처럼 설정한 경우에는 신성물이 아니고 세속물이다. 그런데 신당들이 건축된 대지는 건물이 붕괴하더라도 여전히 신성물로 남는바, 파피니아누스도 기록한 바와 같은 것이다.)

이러한 논리는 소(少) 플리니우스(Gaius Plinius, 62년~114년경)에게 보낸 트라야누스 황제(98~117)의 서신에서도 드러나듯이 신황(神皇)에게 바쳐진 전당(殿堂)의 경우에도 그대로 관철되었다.[44]

---

privato esse potest, et solent, qui liberare eum locum religione volunt, sacra inde evocare.

신전에 보관된 신전기탁물(神殿寄託物, res sacro commendatae)은 안전을 위한 것으로 귀중품이 보통이었고(Cicero, *De legibus* 2.16.40f.), 특히 국가문서(법률, 원로원 의결, 조약 등)와 공금(公金) 등의 보관에 신전들(특히 사투르누스 신전)이 이용되었다. *OCD*, s.v. Aerarium, p.16; 상세한 것은 Wenger, 379ff.

43 C.1.2.21 Iustinianus (a.529).

44 Plinius, *Epistulae* 10.71: Traianus Plinio.

Possumus apud Prusenses area ista cum domo collapsa, quam vacare scribis, ad

2. 농지 임대차와 지반 붕괴

D.19.2.15.2 Ulpianus 32 ad edictum.

Si vis tempestatis calamitosae contigerit, an locator conductori aliquid praestare debeat, videamus. Servius omnem vim, cui resisti non potest, dominum colono praestare debere ait, ut puta fluminum graculorum sturnorum et si quid simile acciderit, aut si incursus hostium fiat: si qua tamen vitia ex ipsa re oriantur, haec damno coloni esse, veluti si vinum coacuerit, si raucis aut herbis segetes corruptae sint. sed et si labes facta sit omnemque fructum tulerit, damnum coloni non esse, ne supra damnum seminis amissi mercedes agri praestare cogatur. sed et si uredo fructum oleae corruperit aut solis fervore non adsueto id acciderit, damnum domini futurum: si vero nihil extra consuetudinem acciderit, damnum coloni esse. idemque dicendum, si exercitus praeteriens per lasciviam aliquid abstulit. sed et si ager terrae motu ita corruerit, ut nusquam sit, damno domini esse: oportere enim agrum praestari conductori, ut frui possit.

(재앙을 일으키는 악천후의 힘이 발생한 경우에 임대인이 임차인에게 책임

---

exstructionem balinei uti. Illud tamen parum expressisti, an aedes in peristylio Claudio facta esset. Nam, si facta est, licet collapsa sit, religio eius occupavit solum. (우리는 [서부 비튀니아의 도시] 프루사의 건물과 함께 무너진, 그대가 비어 있다고 편지에 쓰고 있는, 지대(址垈)를 공중목욕탕을 짓는 데 사용할 수 있습니다. 그렇지만 그 건물이 클라우디우스 황제를 기리는 열주랑(列柱廊)에 만들어졌던 것인지의 여부를 그대는 거의 분명히 밝히지 않았습니다. 왜냐하면 그곳에 만들어진 것이라면 비록 무너졌더라도 그분에 대한 숭경(崇敬)이 그 땅을 차지하고 있는 것이기 때문입니다).

이곳의 무너진 aedes를 aedes sacra로 이해해야 하는 것(同旨 Vinnius, ad Inst. 2.1.8 n.4 Adhuc sacer manet, p.158)은 클라우디우스가 신격화된 신황(神皇)이기 때문이다. 따라서 신성물(神聖物)로서의 그 정당성을 설파하고 있는 뒤의 religio란 표현은 신에 대한 종교적 태도의 맥락에서 이해해야지, 인간의 사후(死後) 안식처인 res religiosa(지령물(地靈物), 즉 무덤)과 결부시켜서는 안 된다. 이 건물의 res sacra로서의 성격은 열주랑(列柱廊, peristylium)에서도 드러난다.

을 져야만 하는지를 살펴보자. 세르비우스는 저항할 수 없는 모든 힘에 대해 소유자는 차지인(借地人)에게 책임을 져야만 한다고 말한다. 가령 강물의 범람이나, 갈가마귀 떼나 찌르레기 떼[45]의 내습(來襲)에 대해서 이와 유사한 일[46]이 발생했거나 적군의 침입이 발생하는 경우 말이다.[47] 그렇지만 하자가 물건 자체로부터 발생하는 때에는 이것은 차지인의 손해인바, 가령 포도가 시어지거나, [땅속의] 굼벵이류[48]나 잡초로 묘상(苗床)이 망쳐진 경우 말이다. 그러나 병해(病害, labes)[49]가 발생해 모든 수확물을 앗아간 경우

---

45 악질 시인의 폐해가 이들 약탈자보다 심하다는 다음의 구절은 매우 시사적이다.
Priapea (Corpus Priapeorum), *Carmen* 61 v.4: ... non sturnus mihi gracculusve raptor / aut cornix anus aut aquosus anser / aut corvos nocuit siticulosus: / sed quod carmina pessimi poetae ...
또한 Glück II, 448 n.81 (Lit.).

46 가령 메뚜기 떼에 대해서는 Cf. C.4.65.18 Diocletianus / Maximianus (a.290):
Excepto tempore, quo edaci lucustarum pernicie sterilitatis vitium incessit, sequentis temporis fructus, quos tibi iuxta praeteritam consuetudinem deberi constiterit, reddi tibi praeses provinciae iubebit.

47 외적의 약탈과 황해(蝗害)는 다른 문화에서도 동급의 재앙으로 간주되었다. 가령 구약성서의 「판관기」 6: 5 참조.

48 Columella (dubium), *De arboribus* 17.3 ≒ Plinius maior, *Naturalis historia* 17.130:
Si oleam posueris eo loco, unde quercus effossa est, emorietur, ideo quod quidam vermes, qui raucae dicuntur, in radice quercus nascuntur eique maxime semina oleae consumunt.

49 이곳에서의 labes를 어떻게 이해할 것인가는 문제이다. 보통은 ruina의 뜻으로 보지만(가령 Heumann / Seckel, s.h.v. 1), p.304; Dirksen, s.h.v. §1, p.522; Behrends *et al.* (Übers.), ad h.l., p.564; 江南義之는 江南義之 I, 522에서 '割れ目'(われめ), 즉 '균열'로 옮겼다), 언어적으로는 폭우(imber)와 같은 하늘로부터의 재화(災禍, e caelo calamitas)를 의미할 수도 있고(同旨 Forcellini, s.h.v., p.612), 또 병해(病害, morbus, pestis, lues)의 뜻일 수도 있다(Heumann / Seckel, s.h.v. 2), p.304; Forcellini, s.h.v., p.612). 전체 문맥의 흐름을 감안하면 지반 붕괴의 사례는 맨 마지막에 나올 뿐만 아니라 "상실된 종자" 운운하는 것으로 보더라도 지반 자체가 붕괴된 상황을 상정하고 있지는 않은 것으로 보이고, 동식물에 의한 피해 발생 사례에 이은 언급이면서 다음에 작물병(作物病)에 대한 것이 나오는 점으로 볼 때 '병해'(病害)로 새기는 것이 가장 합당하다고 생각된다. Otto / Schilling / Sintenis (Hg.), ad h.l., 437f.의 독일어 번역은 'Brand'로 옮겼다. 이때 'Brand'는 일반적인

라도 손해는 차지인의 것이 아닌바, 그는 상실된 종자의 손해를 넘어서 경지(耕地)의 차임(借賃)을 급부하도록 강제되지 않는다. 그래서 마름병이 올리브 열매를 파괴했거나 통례적이 아닌 태양의 작열(灼熱, αὐχμός)로 그런 일[즉 흑수병(黑穗病)]이 발생한 경우[50]에도 손해는 소유자의 것이 될 것이다. 그러나 통례를 벗어나는 아무 일도 발생하지 않은 때에는 손해는 차지인의 것이다. 또 지나가던 군대가 방종하여 물건을 탈취한 경우에도 같은 말을 해야만 한다. 그러나 또한 농지가 지진으로 붕괴하여 없어진 경우에도 손해는 소유자의 것이니, 왜냐하면 농지를 임차인에게 수익할 수 있도록 제공해야만 하기 때문이다.)

이 촌고(寸考)에서는 많은 로마법 연구자들이 즐겨 다루었던 이 울피아누스(Ulpianus, 190~223)의 개소를 본격적으로 살필 의도는 없으므로 간략하게만 고찰하기로 한다. 공화정 말기의 대가 세르비우스(Servius, 기원전 70~기원전 43)에 의하면 어떤 사변(事變, casus)이 발생한 경우, 임차인이 계약의 본지(本旨)에 맞게 토지를 사용 수익할 수 있도록 할 토지

의미의 '화재'가 아니라 식물의 마름병(blight)·흑수병(黑穗病, smut)을 의미한다. 이 견해도 '병해'를 지지한다.

50 식물이 검게 변하는 병해[黑穗病, robigo / rubigo]를 그 원인에 따라서 수증기가 적어서 건상(乾霜, trockener Frost)인 검은 까막서리(black frost)에 의한 '마름병'(uredo = blight: *OLD*, s.v.uredo 1, p.2106)과 '태양의 작열'에 의한 그것으로 나누어서 언급하는 것으로 보는 Glück II, 450f. n.36의 해석이 가장 타당한 것 같다. 江南義之 I, 522는 전자를 '黑穗病'으로, 후자를 '태양의 열'에 의한 것으로 그릇 이해하였다. Behrends *et al.* (Übers.), ad h.l., p.564는 전자를 '불'(Feuer)로, 후자를 '태양열'(Sonnenglut)에 의한 것으로 오해하였다. Hulot의 프랑스어 번역(Hulot[tr.], ad h.l., p.50)과 Scott의 영어 번역(Scott, ad h.l., p.83)도 Behrends 등의 번역과 같다. Watson 편집의 영어 번역(Watson[ed.], ad h.l., p.562)은 uredo를 방향만 맞게 frost로 옮긴 것 외에는 다른 구미어 번역과 같다. Otto / Schilling / Sintenis (Hg.), ad h.l., pp.437f.의 독일어 번역은 uredo를 '가뭄'(Dürre)으로 많이 벗어나게 옮긴 것 외에는 다른 번역들과 같다. 특히 이들 번역의 경우 uredo = 'Brand' → 'Feuer'나 uredo = '마름병' → '가뭄'으로 이어지는 오역(誤譯)에 주의할 필요가 있다.

임대인의 계약책임을 판정할 때 그 사변이 어떠한 것인지를 분간해야 한다. 불가항력(vis, cui resisti non potest)인 경우에는 임대인-소유자의 위험부담이고, 물건 자체로부터 기인하는 하자(vitia, quae ex ipsa re oriuntur)로 말미암은 때에는 임차인이 위험부담을 한다고 한다. 전자의 예로는 악천후, 홍수, 새떼의 내습, 적군의 침입, 전염병해(傳染病害), 한발(旱魃), 지진 등이고, 후자의 예로는 포도의 시어짐, 해충, 잡초 등인데, 이 두 경우를 가르는 기준은 그 사변이 통례적인 것인가 아닌가 하는 것이다.[51] 전자의 경우라도 그 정도가 경미하여 당시의 기술 수준에서 경작자가 방지할 수 있는 정도라면 사회관념상 임차인이 통상 감수하여 이를 부담하는 것이 타당한 것으로 판단된 것이다. 이러한 손해라면 그는 그 위험을 임대인에게 전가할 수 없고, 손해와 관계없이 차임 지급의무를 지는 것이다. 반면에 그 정도가 심하여 불가항력에 해당될 때에는 쌍방에 과실 없이 발생한 위험의 부담 문제로서 로마법상의 원칙[52]인 채무자위험부담주의에 따라서 임대인이 위험을 부담한다(periculum est locatoris)는 것이다.[53] 불가항력으로 열거된 사상(事象)으로부터 당시 이탈리아

---

51 이러한 기준은 당사자들의 의사해석에서도 적용되었다.

D.18.1.78.3 Labeo 4 posteriorum a Iavoleno epitomatorum.

Frumenta quae in herbis erant cum vendidisses, dixisti te, si quid vi aut tempestate factum esset, praestaturum: ea frumenta nives corruperunt: si immoderatae fuerunt et contra consuetudinem tempestatis, agi tecum ex empto poterit.

(아직 줄기에 달린(익지 않은) 곡물을 네가 팔 때에 손해가 불가항력이나 악천후로 일어난 경우에는 네가 책임질 것임을 언명하였다. 그 곡물을 눈이 망쳐버렸다. 눈이 폭설이었고 악천후의 통례에 반하는 것이었으면 너를 상대로 매수인소권으로 제소할 수 있을 것이다.)

52 주지하듯이 이에 대한 가장 중요한 예외가 매매의 경우 채권자위험부담주의를 취한 것(periculum est emptoris)이다. Cf. 郭潤直 / 崔秉祚, 46-49; 상세한 것은 서을 오, 245ff., 특히 250ff.

53 이 원칙은 하르메노풀로스(1320~1383)의 『육권법서』(六卷法書)에서 다음과 같이 정리되었다.

Hexabiblos 3.8.5: Ἐπὶ μιστώσεως πᾶσαν βίαν, ἥτινι οὐ δυνατὸν ἀντιστῆναι ὁ δεσπότης ἐπιγινώσκει. οἷον τὴν ἀπὸ τῶν ποταμῶν καὶ πολεμίων βλάβην καὶ

의 자연과 사회 환경의 일단을 미루어 짐작해 볼 수 있는데, 화산 분출과 지진이 빈번했던 사실은 이처럼 법사료에도 흔적을 남기고 있는 것이다.

3. 건축 도급과 건물 붕괴

D.19.2.59 Iavolenus 4 Labeonis posteriorum.

Marcius domum faciendam a Flacco conduxerat: deinde operis parte effecta terrae motu concussum erat aedificium. Massurius Sabinus, si vi naturali, veluti terrae motu hoc acciderit, Flacci esse periculum.

(마르키우스가 가옥 건축을 플라쿠스에게서 수급(受給)하였다. 그런 다음 공사의 일부가 이루어진 후 지진으로 건물이 격렬하게 흔들려 부서졌다. 마쑤리우스 사비누스는 말한다. "자연력에 의해, 가령 지진으로 이 일이 발생한 경우 위험은 플라쿠스의 부담이다.")

앞의 2.에서 살펴본 농지 임대차(locatio conductio rei)와는 달리 일정한 일의 완성을 목적으로 하는 도급(locatio conductio operis)의 경우에는 위험 부담의 법리를 적용할 때 고려해야 할 사정이 다를 수밖에 없다. 도급인은 공사가 이루어질 토지를 토지 자체로 제공하면 되고, 그 토지의 상태를 농지 임대차처럼 경작 가능한 상태로 제공할 의무와 같은 것은 없기 때문이다. 따라서 지진과 같은 불가항력으로 인한 손해는 파울루스(Paulus, 175~230)가 밝히고 있듯이 도급인이 검수(檢受, probatio, δοκιμασία)[54]하여 승인한 기성고(既成高)에 해당하는 것이 아닌 한(곧 후술하는 Paulus D.19.2.62), 공사를 이행해야 하는 수급인의 부담으로 돌아

τῶν ὁμοίων.

(임약(賃約)에 있어서는 저항할 수 없는 모든 힘은 소유자가 겪는바, 가령 강물이나 적군, 기타 유사한 것에 의한 손해처럼.)

54 Ries, 85ff.; Buchwitz, 371ff.

간다. 이것은 라베오(Labeo, 기원전 25~기원후 10)의 저작을 바탕으로 저술했던 야볼레누스(Iavolenus, 70~130)의 보고에서 드러나듯이 제정초기의 사비누스(Sabinus, 20~60)에게서 이미 확인되는 법리였다.[55] 반면에 앞의 2.에서 확인한 바와 같이 지반 자체의 하자로 인한 붕괴(labes)[56]는 라베오도 승인하듯이 그러한 하자 있는 토지를 제공한 도급인의 책임으로 돌아가는 사유였음은 물론이다.[57]

D.19.2.62 Labeo 1 pithanorum.

Si rivum, quem faciendum conduxeras et feceras, antequam eum probares, labes corrumpit, tuum periculum est. Paulus: immo si soli vitio id accidit, locatoris erit periculum, si operis vitio accidit, tuum erit detrimentum.

(네가 수로 공사를 수급하여 공사를 행하였는데 네가 그것을 제대로 했음을 입증하기[58] 전에 지반 붕괴로 파괴되는 경우 위험은 너의 부담이다. 파울루스는 말한다. "반대로 지반의 하자로 그 일이 발생하는 경우 위험은 도급인

---

55 Bas.20.1.59는 이 개소를 고전기의 구체적인 사안으로부터 추상화시킨 형태의 위험부담 법리로서만 재현하고 있다(τοῦ μισθώσαντός ἐστιν ὁ κίνδυνος).

56 물론 붕괴는 반드시 지진 때문에 발생하는 것은 아니므로 이 한도에서는 새겨서 (mutatis mutandis) 이해할 필요가 있지만, 다른 한편으로는 이 역시 지변(地變)에 해당하여 불가항력적이거나 자체 하자로 인한 것으로 나누어 살필 수 있다는 점에서는 지진의 경우와 달리 볼 필요가 없다. 이 경우의 labes는 앞의 D.19.2.15.2 cit. 경우의 병해(病害)와 달리 붕괴로 이해해야 함은 명백하다. Glück II, 437 n.10.

57 Bannon, 174f.; Müller, 69ff.; Ries, 132ff.; Martin, 90ff.
    심사자 A는 이곳의 경우를 소유자위험부담주의가 적용된 결과로 해석할 수 있을 것인지 여부를 고려할 수 있다고 한다. 물론 그러한 여부를 검토하는 것은 언제라도 가능하지만, 이 견해가 시사하듯이 이를 긍정할 것인지는 의문이다. 이 경우 지반 붕괴의 위험부담의 분배는 대지의 소유자라는 기준에 의해 정해진 것이 아니기 때문이다.

58 江南義之 I, ad h.l., p.542는 '認可する'라고 번역한다. 수급인이 자신의 성과를 '인가한다'는 것은 어불성설이다. 이것은 도급인의 검수(檢受) 조치에 응해 일이 제대로 이루어졌음을 입증하는 것을 말한다.

의 부담일 것이고, 공사의 하자로 인한 경우 손해는 너의 부담일 것이다.")

4. 미발생손해(未發生損害) 담보문답계약(擔保問答契約)의 경우

(1) D.39.2.24.3 Ulpianus 81 ad edictum.

Haec stipulatio utrum id solum damnum contineat, quod iniuria fit, an vero
omne damnum, quod extrinsecus contingat? et Labeo quidem scribit de
damno dato non posse agi, si quid forte terrae motu aut vi fluminis aliove
quo casu fortuito acciderit.

(이 미발생손해 담보문답계약은 위법하게 발생하는 손해만을 포함하는가,
아니면 외발적(外發的)으로 발생하는 모든 손해를 포함하는가? 라베오는 참
으로 [다음과 같이] 적고 있다. "손해가 가령 지진 또는 하천의 힘 또는 기
타 사변으로 발생한 경우에는 이 발생한 손해에 대해서는 소구(訴求)할 수
없다.")

울피아누스가 라베오를 인용하고 있는 이 개소는 이른바 미발생손해
담보문답계약(cautio damni infecti)[59]에 관한 것이다. 구체적으로는 피해
자 측에서 이 계약을 근거로 담보문답계약의 의무자를 상대로 소구(訴
求)할 수 없는 불가항력의 사유를 논한 것인데, 지진이 그 하나의 대표적
인 예임은 물론이다.[60]

(2) D.39.2.24.4 Ulpianus 81 ad edictum.

Servius quoque putat, si ex aedibus promissoris vento tegulae deiectae
damnum vicino dederint, ita eum teneri, si aedificii vitio id acciderit, non
si violentia ventorum vel qua alia ratione, quae vim habet divinam. Labeo

---

59   상세한 것은 최병조 II, 70ff.; Rainer, 117ff.
60   상세한 것은 최병조 II, 99.

et rationem adicit, quo, si hoc non admittatur, iniquum erit: quo enim tam firmum aedificium est, ut fluminis aut maris aut tempestatis aut ruinae incendii aut terrae motus vim sustinere possit?

(세르비우스 역시 [다음과 같이] 생각한다. 낙약자(諾約者)[61]의 건물에서 바람에 의해 떨어져 나간 기와가 이웃에 손해를 가한 경우 건물의 하자로 인하여 그 일이 발생했을 때만 책임을 지며, 바람의 강력함 또는 초인간적인 힘을 가지는 다른 사유로 인하여 발생한 때에는 책임지지 않는다. 라베오는 이것을 받아들이지 않을 경우 부당하게 될 이유를 덧붙였다. "도대체 어떻게 건물이 홍수 또는 해조(海潮) 또는 태풍 또는 붕괴 또는 화마(火魔) 또는 지진의 힘을 버틸 수 있을 만큼 그렇게 견고할 수 있겠는가?")

울피아누스에 따르면 세르비우스는 여기에서도 앞의 2.에서 적용했던 기준에 따라 분간한다. 지금까지 살펴본 바로부터 분명하듯이 라베오는 미발생손해 담보문답계약과 관련해서도 세르비우스의 견해를 이어받았다.[62]

5. 우수방제소권(雨水防除訴權)의 경우

D.39.3.2.6 Paulus 49 ad edictum.

Apud Namusam relatum est, si aqua fluens iter suum stercore obstruxerit et ex restagnatione superiori agro noceat, posse cum inferiore agi, ut sinat purgari: hanc enim actionem non tantum de operibus esse utilem manu factis, verum etiam in omnibus, quae non secundum voluntatem ⟨mutata *ins. Mommsen*⟩ sint. Labeo contra Namusam probat: ait enim naturam agri ipsam a se mutari posse et ideo, cum per se natura agri fuerit mutata, aequo

---

61 江南義之 II, ad h.l., p.148: '確約者'.

62 Müller, 26.

animo unumquemque ferre debere, sive melior sive deterior eius condicio facta sit. idcirco et si terrae motu aut tempestatis magnitudine soli causa mutata sit, neminem cogi posse, ut sinat in pristinam locum condicionem redigi. sed nos etiam in hunc casum aequitatem admisimus.

(나무사의 책에 기록되어 있다. "흐르는 물이 자신의 길을 거름으로 막아서 넘쳐흘러 위쪽의 경지(耕地)에 가해하는 경우에는 아래쪽의 경지를 상대로 장애 제거를 허용하도록 소구(訴求)할 수 있으니, 왜냐하면 이 소권(訴權)은 사람의 손으로 만들어진 공작물에 관해서만 유용한 것이 아니라, 또한 의사에 따르지 않은 모든 변화들에 관해서도 그렇기 때문이다." 라베오는 나무사에 반대하는 견해이다.[63] 왜냐하면 그는 이렇게 말하고 있기 때문이다. "경지의 상태 자체는 그 자체로 변할 수 있고, 그래서 스스로 경지의 상태가 변경된 경우 각자는 그 상태가 좋아졌든 나빠졌든 간에 평정한 마음으로 감수해야만 한다. 그런 고로 지진 또는 악천후의 굉장함으로 인하여 토지의 상태가 변한 경우 아무도 그 지소(地所)를 원래 상태로 되돌리는 것을[64] 허용

---

63 江南義之 II, ad h.l., p.164: 'ナムサの反對を擧證する'라고 번역하는데, 이때의 probare는 입증의 문제(Heumann / Seckel, s.v. Probare 2), p.461; Dirksen, s.v. Probare §2, p.764)가 아니라 어떤 견해를 승인하는가 아닌가 하는 문제이므로 (Heumann / Seckel, s.v. Probare 1), p.461; Dirksen, s.v. Probare §1, pp.763f.) 부당하다.

64 江南義之 II, ad h.l., p.164: '土地の原因が變更されたときにも, 條件を元の場所へ戻されるのを'라고 번역하는데, 알아들을 수 없는 번역이다. 이것은 앞의 soli causa의 causa를 만연히 기계적으로 '원인'으로 옮긴 데 연유하는 것이고, 또 뒤의 경우 in pristinam이 그 문법적 성(性)을 볼 때 남성인 locum과 결부될 수 없고 오로지 같은 여성인 condicionem과만 연결될 수밖에 없음을 간과한, 문법의 기초를 그르친 오역이다. 판본 중에는 locum 대신 loci로 읽어서 "그 지소(地所)의 원래 상태로"라고 이해하는 것도 있는데(Fb), 그 의미내용은 같은 반면에 외견상 문법적인 혼란을 보다 용이하게 피할 수 있는 독법(讀法)이기는 하지만 의미가 같으므로 텍스트 전승상 소수파에 속하는 이것을 반드시 취해야만 할 필요성은 없어 보인다. 이상의 검토에서도 드러났지만 江南義之 II의 문제점 많은 번역은 다른 곳에서도 그대로 확인된다. 가령 유명한 카피톨리움 언덕길 짐수레 사례(江南義之 II, ad D.9.2.52.2 [Alfenus 2 dig.], pp.90f.)를 보면 in clivo Capitolino(카피톨리움 언덕길에서)가 'カピトリヌスの傾斜地に於いて'로, conversum plostrum(기울

하도록 강제할 수 없는 것이다." 그러나 우리는 또한 이 경우에 대해서도 형평을 받아들인 바 있다.)

이 개소는 우수방제소권(actio aquae pluviae arcendae: D.39.3)에 관한 것이다. 이는 상린관계상(相隣關係上) 이웃끼리의 빗물로 인한 경지[65]의 피해를 구제하기 위한 규율로서 일찍이 12표법에도 규정되어 있던 것인데(XII. Tab. 7.8a; D.40.7.21.pr. Pomponius 7 ex Plautio), 기본적으로 지경(地境)의 자연상태(natura loci)를 인위적으로 변경하는 공사(opus manu factum)로 인한 자연적인 방류(放流)의 변화가 적극적으로 손해를 가한 경우에 문제되었지만,[66] 그 밖의 경우에도 해당되는지를 놓고 법률가들 사이에 견해의 대립이 있었던 것 같다. 이 소권은 원상회복과 손해배상의 청구를 내용으로 하였다.[67] 이 개소에서 파울루스가 보고하는 바에

어진 짐수레)이 '轉換された荷馬車'로, in causa ius esse positum(법은 사안의 사정에 달려 있다)이 '法は原因中に置かれていた'로, sed si mulae, quia aliquid reformidassent(그러나 나귀들이 어떤 것에 놀라서)가 'しかし何か他のことを變形し'로, cum hominibus(그 몰이꾼 노예들을 상대로)가 '人間を相手方として'로, hi [quo]⟨quod⟩ conversum fuisset onus sustinere nequissent(그들이 짐마차가 기울었으므로 하중[荷重]을 지탱할 수 없어서)가 '轉換された者達が重荷を支持する能力がなかったならば'로, 또 예컨대 D.44.2.30.1의 번역을 보면(江南義之 II, ad h.l., p.487) superatus est(패소했다)가 '征服された'로 현저하게 오역되는 등 전혀 신뢰할 수가 없다.

65 D.39.3.1.17 / 20 Labeo-Ulpianus 53 ad edictum.

66 이것은 쌍방향으로 가능하다. 즉 위쪽의 공작물로 인해 방류량이 증가하여 아래쪽이 피해를 보는 경우와 반대로 아래쪽의 공작물로 인해 방류가 순조롭지 못하여 위쪽이 피해를 보는 경우가 모두 해당된다.

67 D.39.3.6.6 Ulpianus 53 ad edictum.
Officium autem iudicis hoc erit, ut, si quidem a vicino opus factum sit, eum iubeat restituere damnumque sarcire, si quid post litem contestatam contigit: quod si ante litem contestatam damnum contigit, tantum opus restituere debebit, damnum non sarciet.
(그런데 심판인의 직무는 다음일 것이다. 즉 이웃에 의해 공사가 행해진 경우 그 자로 하여금 원상회복하고, 또 쟁점결정 후 손해가 발생했으면 그 손해를 배상하

따르면 나무사(P. Aufidius Namusa: 세르비우스의 제자)는 인공의 요건을 완화하여 인간의 의사가 개입하지 않은 자연적 경우까지도 포섭시켰던 것 같다.[68] 역시 세르비우스의 제자인 알페누스(Alfenus, 기원전 60~기원전 30)는 그에 관한 기억이 현존하지 않는 오래된 공작물을 자연상태와 동등한 것으로 취급했다.

D.39.3.2.5 Paulus 49 ad edictum.

Item Varus (= Alfenus) ait: aggerem, qui in fundo vicini erat, vis aquae deiecit, per quod effectum est, ut aqua pluvia mihi noceret. Varus ait, si naturalis agger fuit, non posse me vicinum cogere aquae pluviae arcendae actione, ut eum reponat vel reponi sinat, idemque putat et si manu factus fuit neque memoria eius exstat: quod si exstet, putat aquae pluviae arcendae actione eum teneri. ...

(또 알페누스 바루스는 가로되 "이웃의 토지에 있었던 둑을 물의 힘이 무너 뜨렸고, 이로 인해 빗물이 나에게 피해를 입히는 결과가 발생하였다." 바루스는 가로되 "자연적인 둑이었던 경우 나는 우수방제소권으로써 그것을 이웃이 재설치하도록 또는 재설치되는 것을 허용하도록 강제할 수 없다. 또 그는 그것이 사람의 손으로 만들어진 것이지만 그 기억이 현존하지 않는 경우에도 동일하게 생각한다. 기억이 현존하는 경우 그는 우수방제소권으로써 그가 책임진다고 생각한다. …")

반면에 세르비우스의 제자군(群)에 속하지 않는 라베오[69]는 자연적

도록 명해야 한다. 그러나 쟁점결정 전에 손해가 발생했으면 그자는 오직 공사를 원상회복하면 될 것이고, 손해는 배상하지 않을 것이다.)

68 Bretone, 107f, 260-263; Horak, 281-283; Sargenti, 42ff.; Watson, 161ff.; Glück III, 595ff.; Kacprzak, 271ff. 세부적인 면에서의 해석은 학자에 따라 갈리지만, 이곳에서는 논의를 최소화하여 필자의 견해를 중심으로 서술하기로 한다.

69 라베오는 트레바티우스(Trebatius), 코르넬리우스 막시무스(Cornelius Maximus)로 그 학풍이 올라가는데, 막시무스는 퀸투스 무키우스(Quintus Mucius)의 제자

인 변화는 지진 등 천재지변으로 인한 변화를 포함하여 모든 사람이 감내해야만 하는 사태라는 원론적 입장을 펼쳤다. 라베오의 이러한 엄격한 개념논리적인 입장은 저지대의 이웃이 스스로 만든 공작물이 아니고 누가 언제 만들었는지 기억이 현존하지 않는 경우에 대해서도 사람들이 만든 인공물인 한 관철되었다.

D.39.3.2.1 / 5 / 7 Paulus 49 ad edictum.

1. Apud Labeonem proponitur fossa vetus esse agrorum siccandorum causa nec memoriam extare, quando facta est: hanc inferior vicinus non purgabat: sic fiebat, ut ex restagnatione eius aqua fundo nostro noceret. dicit igitur Labeo aquae pluviae arcendae cum inferiore agi posse, ut aut ipse purgaret aut te pateretur in pristinum statum.

(라베오의 경우 다음 사건이 제시되었다. 경지의 물을 빼기 위한 오래된 도랑이 있는데 언제 만들어졌는지 기억이 현존하지 않는다. 이것을 저지대의 이웃이 청소하지 않았다. 그래서 범람하여 그 물이 우리의 토지에 해를 가하는 일이 발생하였다. 그리하여 라베오는 저지대 이웃을 상대로 우수방제소권으로써 그 자신이 청소하든가 아니면 네가 원상회복시키는 것을 수인(受忍)하든지를 소구할 수 있다고 말한다.)

5. ... Labeo autem, si manu factus sit agger, etiamsi memoria eius non exstat, agi posse ut reponatur: nam hac actione neminem cogi posse, ut vicino prosit, sed ne noceat aut interpellet facientem, quod iure facere possit. ...

(… 그러나 라베오는 이렇게 생각한다. 둑이 사람 손으로 만들어진 것인 때에는 비록 그에 대한 기억이 현존하지 않더라도 재설치하도록 소구할 수 있다. 왜냐하면 이 소권으로써는 아무도 이웃에게 이롭도록 강제될 수는 없지만, 해를 끼치지는 않도록 또는 공사자가 합법적으로 공사 가능한 바를 하는 것을 금지하지는 않도록 강제할 수는 있기 때문이다. …)

였을 가능성이 있다. Wieacker, 601f. n.44, 615(계통도).

7. Idem Labeo ait, si in agro tuo aquarum concursus locum excavavit, aquae pluviae arcendae actione agi non posse tecum a vicinis: plane si fossam iure factam aut cuius memoria non exstat, agi tecum posse aquae pluviae arcendae, ut reficias.

(또한 라베오는 가로되 "너의 경지에서 물이 합쳐 흘러서 [너의 경지의] 지소(地所)를 움푹 파이게 한 경우 우수방제소권으로써 이웃들에 의하여 너를 상대로 소구될 수 없다. 물론 적법하게 만들어진 도랑이나 그에 관한 기억이 현존하지 않는 도랑을 파헤집은 경우에는 너를 상대로 우수방제소권으로써 네가 수리하도록 소구할 수 있다.")

그러나 그 원인이 어디에 있든 수류(水流)의 폐색으로 인해 제거 가능한 피해가 발생하는 경우 그 상태를 그대로 방치하는 것은 사회경제적으로 바람직하지 못한 처사이다. 더욱이 소권(訴權)의 내용 자체가 적극적으로 작위를 요구하는 것이 아니라 장애 제거행위의 수인(受忍, patientiam praestare)을 요구하는 것뿐이라면[70] 인간의 손이 개입하지 않

---

70 Cf. D.39.3.11.6 Paulus 49 ad edictum.
Trebatius existimat, si de eo opere agatur, quod manu factum sit, omnimodo restituendum id esse ab eo, cum quo agitur: si vero vi fluminis agger deletus sit aut glarea iniecta aut fossa limo repleta, tunc patientiam dumtaxat praestandam.
(트레바티우스[기원전 50~기원후 10]는 사람 손으로 만들어진 공작물이 문제되는 경우 언제나 소구(訴求)의 상대방에 의해 그것이 원상회복되어야만 하지만, 그러나 강물의 힘으로 둑이 무너져서 자갈이 흘러들어왔거나 도랑이 진흙으로 메워진 경우에는 수인(受忍)만 하면 된다는 견해이다.)
  여기서 트레바티우스는 저지대의 이웃이 만든 둑이나 도랑(이것들은 용어 자체가 인공물임을 지시한다. 同旨 Watson, 163 nn.2-3)이 홍수가 남으로써 수류(水流)가 막히게 된 경우를 염두에 두었던 것으로 보인다. 그렇다면 제자 라베오가 인공물의 요건을 고려하고 있는 것은 스승 트레바티우스의 영향으로 보인다. 한편 Watson, 163f.는 "What situation is envisaged by glarea iniecta is not clear"라고 토로하고 있는데, 이것은 agger deletus, glarea iniecta, fossa limo repleta를 단순히 상호 무관한 병렬적 사태로 오해한 데 기인한다. 이 문장의 구조상(~ deletus sit aut ~ aut ~) 필자가 제시한 번역 이외의 이해는 불가능하다.

은 모든 변화를 지진과 같은 사변으로 인한 지대의 큰 변화이든 오물에 의한 물길의 단순한 폐색이든 '자연적 변화'라는 동일한 개념 아래 포섭된다는 이유로 획일적으로 "불가항력에 대한 책임은 누구에게도 없다"라는 논리를 동원하여 그 구제에 소극적으로 대처하는 것은 지나치게 개념적이고 개별주의적인 시각이라고 할 것이다. 상린관계상 우수방제소권의 취지와 세르비우스 법학의 성격 등 여러 가지를 고려해 볼 때[71] 아마도 나무사도 지진으로 인한 경우까지 우수방제소권의 행사를 인정하지는 않았을 것이다. 그런 나무사지만 단순한 자연 수로의 폐색의 경우에는 이 소권을 인정하는 견해를 취한 것으로 보이고, 이러한 결론을 파울루스가 공정함(aequitas)으로써 근거짓고 있는 것은 그런 점에서 십분 이해할 수 있는 처사이다. 파울루스의 이러한 입장은 바로 직전의 개소에서 이미 보다 상세히 천명된 바 있다.

D.39.3.2.5 Paulus 49 ad edictum.

... quamquam tamen deficiat aquae pluviae arcendae actio, attamen opinor utilem actionem vel interdictum mihi competere adversus vicinum, si velim aggerem restituere in agro eius, qui factus mihi quidem prodesse potest, ipsi vero nihil nociturus est: haec aequitas suggerit, etsi iure deficiamur.

(… 그렇지만 비록 우수방제소권이 결여하더라도 내가 그의 경지에 둑을 복구하고자 하는 경우, 그는 정녕 나를 이롭게 할 수는 있지만 그 자신에게는 아무런 피해가 없을 터이므로, 사견(私見)으로는 준소권(準訴權) 또는 특시명령(特示命令)이 나에게 이웃을 상대로 인정된다. 이것은 형평이 권유하는

---

[71] Cf. D.39.3.1.6 Ulpianus 53 ad edictum.
  Sed apud Servii auditores relatum est, si quis salicta posuerit et ob hoc aqua restagnaret, aquae pluviae arcendae agi posse, si ea aqua vicino noceret.
  (그런데 세르비우스의 제자들의 경우에 기록되었다. "어떤 자가 버드나무숲을 조성해서 이로 인해 물이 넘쳐흘러 그 물이 이웃에 피해를 입히면 우수방제소권으로써 소구 가능하다.")

바이다. 비록 우리가 법을 결여하고 있더라도 말이다.)

그리고 이러한 사회연대적 관점의 가치법학을 추구하고 있는 것이 다름 아닌 파울루스라는 사실도 우연이 아니다.[72] 그는 퀸투스 무키우스 스카이볼라(Quintus Mucius Scaevola, 기원전 120~기원전 82)로부터 사비누스를 거쳐 계승된 이러한 성향의 법학적 입장을 취한 법률가였기 때문이다.[73] 그러나 동시에 잊지 말아야 할 것은 이러한 파울루스도 이 소권의 요건개념을 고전기 법학의 주류적 입장과 다르게 이해하기는 어려웠기 때문에 정소권(正訴權, actio directa)이 아니라 준소권(準訴權, actio utilis)을 인정하는 것에 그치고 있다는 사실이다. 법기술적-개념적 한계

72　Kaser, 407 n.36 m. Qu. 그리고 이 견해는 당시 통설이었다.

73　D.1.1.1.3 Ulpianus 1 institutionum.

Ius naturale est, quod natura omnia animalia docuit: nam ius istud non humani generis proprium, sed omnium animalium, quae in terra, quae in mari nascuntur, avium quoque commune est.

　울피아누스가 생명체의 자연적 본능을 자연법으로 이해하는 것과 달리, 가치론적으로 이해된 자연법에 관한 파울루스의 관념이 이를 웅변으로 증명한다.

D.1.1.11 Paulus 14 ad Sabinum.

... cum id quod semper aequum ac bonum est ius dicitur, ut est ius naturale. ...

(… 항상 정의롭고 선한 것이 법이라 불리는바, 자연법이 그런 것이다. …)

　심사자 A가 이 각주의 본문에 대한 근거 제시의 필요성을 제기하였다. 이것은 이곳에서 간단히 할 수 있는 것이 아닌데다가 필자 나름으로는 지금까지의 논문들에서 기회 있을 때마다 이러한 점을 지적해 왔다고 생각되므로, 근본적인 방법론적 함의를 갖는 자연법과 관련한 기본관념의 차이만 지적하는 데 그칠 수밖에 없음을 양해 바란다. 다만 자연법 문제와 관련하여 로마법학에 대한 스토아의 영향을 전면 부정하는 근자의 한 학설(Waerdt, 4851ff., 특히 4887ff.)이 그 모든 전거와 주장에도 불구하고 놀랍게도 D.1.1.11 cit.를 전혀 고려하지도 않았다는 놀라운 사실만은 지적하겠다. 방법론상으로 문제가 많은 이 학설은 이것 하나만으로도 신빙성이 약하다. 최근의 한 다른 연구(Marotta, 563ff., 특히 592ff.)도 D.1.1.11 cit.를 각주에서 간단히 언급하지만 그 의미맥락이 다른 곳에 있고 실질적으로는 논의에서 배제하는 것이어서 이 개소에 대한 로마법 연구자들의 무관심이 놀랍다고 할 것이다. 이런저런 이유로 울피아누스에게서 스토아와 키케로의 전통을 확인했다는 Marotta의 결론도 취신(取信)할 수 없기는 마찬가지이다.

를 초극하기 위한 실질적 논거가 바로 공정함(aequitas)이었던 것이다.[74] 어쨌든 법률가들의 이런 다양한 논변을 거치면서 함부로 변경시켜서는 안 되는 현상의 근거가 크게 세 가지로 정리되었다[75] 즉 지경의 자연상태(natura loci), 법규(lex),[76] 고래성(古來性, vetustas)이 그것이다. 소권의 성격도 대인소권(對人訴權, actio in personam)이면서도(D.39.3.6.6 cit.) 직접 의무자 아닌 제3자를 상대로도 가능한 이른바 '대물적(對物的)으로 기재(記載)된 대인소권'(actio in rem scripta)으로 귀착되었던 것으로 보인다.[77]

---

74 Aequitas 일반에 관해서는 최병조 I, 124ff., 145ff.

75 D.39.3.2.pr. Paulus 49 ad edictum.
In summa tria sunt, per quae inferior locus superiori servit, lex, natura loci, vetustas: quae semper pro lege habetur, minuendarum scilicet litium causa.
(요컨대 저지(低地)가 고지(高地)에 봉사하는 근거는 이 세 가지이다. 즉 법규(法規), 지경(地境)의 자연상태, 고래성(古來性)이다. 이것들은 항상 법으로 간주되는데, 소송을 줄이기 위함이다.)

76 여기서 법규란 공사가 허용되거나 불허되는 규범적 상태를 일컫는다. 가령 지역권이 설정된 경우(Ofilius-Labeo-Paulus D.39.3.2.10) 또는 공사를 용인한 경우(Lebeo-Pomponius D.39.3.19-20)가 그렇다.

77 D.39.3.6.7 Ulpianus 53 ad edictum.
Celsus scribit, si quid ipse feci, quo tibi aqua pluvia noceat, mea impensa tollere me cogendum, si quid alius qui ad me non pertinet, sufficere, ut patiar te tollere. sed si servus meus fecerit, aut is cui heres sum hoc fecit, servum quidem noxae dedere debeo: quod autem is cui heres sum fecit, perinde est, atque si ipse fecissem.
(켈수스는 기술한다. "내 자신이 공사를 해서 너에게 우수(雨水)가 손해를 가하는 때에는 나의 비용으로 [그것을] 제거하도록 강제되어야 한다. 나에게 속하지 않은 제3자가 그런 경우 나는 네가 제거하는 것을 수인(受忍)하는 것으로 족하다. 그러나 나의 노예가 그랬거나 아니면 나의 피상속인이 이렇게 한 때에는 참으로 노예를 가해자위부(加害者委付) 해야 하지만, 나의 피상속인이 한 것은 내 자신이 한 것과 같은 것으로 취급된다.")

6. 공공기부(公共寄附) 편약(片約)의 경우

D.50.12.4 Marcianus 3 institutionum.

Propter incendium vel terrae motum vel aliquam ruinam, quae rei publicae contingit, si quis promiserit, tenetur.

(시(市) 공동체(res publica)[78]에 발생하는 화재 또는 지진 또는 어떤 붕괴로 말미암아 어떤 자가 약속한 경우 그는 책임을 진다.)

이 개소는 앞의 것들 및 다음에 살펴볼 개소와는 달리 지진의 직접적인 법적 효과를 논한 것이 아니라 지진 기타 사회적인 재앙을 계기로 하여 발전한 공공기부에 관한 것이지만, 이 글이 꼭 전자의 사례만을 다루고자 하는 것이 아니라 지진과 직·간접적으로 관련된 법적인 생활사태를 고찰하고자 하는 것이므로 아울러 검토하기로 한다. 이곳에서 문제된 것은 시 공동체[79]의 구성원이 남녀를 불문하고[80] 공동체를 위하여(utilitas

---

78 Berger, s.h.v., p.679: ... other public bodies, such as *municipia*, or *coloniae* which are sometimes also called *res publicae*, but different from the Roman one. ...; cf. Heumann / Seckel, s.v. Res 3, p.512: "*res publica*, Gemeinwesen, Staat, Stadt". 이 지방자치단체들은 로마 이외의 이탈리아 자치성시(自治城市)들과 속주 자치성시들이었다. Kaser, 306; *OCD*, s.v. Civitas, p.244; s.v. Municipium, p.703. 역사적 시간 속에서 변화를 겪은 점까지 감안하면 그 공법적 내용을 파악하여 적절한 역어를 선택하기란 참으로 어려운 일이다. 이곳에서는 편의상 모두 '시 공동체'라고 옮겼다. 최근의 관련 문헌은 Umberto Laffi, *Colonie e municipi nel mondo romano*, Edizioni di Storia e Letteratura, Roma 2007; 서평 Pierangelo Buongiorno, *Zeitschrift der Savigny-Stiftung für Rechtsgeschichte, Rom. Abt.* 126 (2009), 500-509.

79 Cf. Const. *Tanta* 8c = C.1.17.2.8c Iust. (a.533).
    Cetera autem omnia, quae ad municipales vel de decurionibus et muneribus vel publicis operibus vel nundinis et pollicitationibus ac diversis cognitionibus et censibus vel significatione verborum veteribus inventa sunt quaeque regulariter definita, in se recepit (sc. Digestorum liber) quinquagesimus, totius consummationis perfectus.

80 D.50.12.6.2 Ulpianus 5 de officio proconsulis.
    Non tantum masculos, sed etiam feminas, si quid ob honores pollicitatae sunt,

publica)[81] 자발적으로[82] 일정한 건축[83]이나 금전급부 등을 무방식으로[84]

---

debere implere sciendum est: et ita rescripto imperatoris nostri et divi patris eius continetur.

[81] D.50.12.13.1 Papirius Iustus 2 de constitutionibus.

Item rescripserunt condiciones donationibus adpositas, quae in rem publicam fiunt, ita demum ratas esse, si utilitatis publicae interest: quod si damnosae sint, observari non debere. et ideo non observandum, quod defunctus certa summa legata vetuit vectigal exerceri. esse enim tolerabilia, quae vetus consuetudo comprobat.

그러나 특히 공직(honor)에 대한 감사의 표시와 같은 개인적인 동기를 배제하는 것은 아니었다. 그렇지만 공직을 맡지 않기 위한 기부보다는 공직 부담의무가 우선했다.

D.50.12.12.1 Modestinus 11 pandectarum.

Cum quidam, ne honoribus fungeretur, opus promisisset: honores subire cogendum quam operis instructionem divus Antoninus rescripsit.

그리고 공직으로 인한 기부의 경우에는 다른 경우와 달리 상속인에 대해서도 급부의무의 일정한 저감(低減)이 인정되지 않았다.

D.50.12.6.pr. Ulpianus 5 de officio proconsulis.

Totiens locum habet deminutio pollicitationis in persona heredis, quotiens non est pollicitatio ob honorem facta. ceterum si ob honorem facta sit, aeris alieni loco habetur et in heredum persona non minuitur.

또 편약(片約) 의무를 부담 중인 자는 공공채무자 공직배제원칙에 따라 공직이 허용되지 않았다.

D.50.4.6.1 Ulpianus 4 de officio proconsulis.

Debitores rerum publicarum ad honores invitari non posse certum est, nisi prius in id quod debetur rei publicae satisfecerint. Sed eos demum debitores rerum publicarum accipere debemus, qui ex administratione rei publicae reliquantur: ceterum si non ex administratione sint debitores, sed mutuam pecuniam a re publica acceperint, non sunt in ea causa, ut honoribus arceantur. Plane vice solutionis sufficit, ut quis aut pignoribus aut fideiussoribus ⟨praedibus Ulp.?⟩ idoneis caveat: et ita divi fratres Aufidio Herenniano rescripserunt. Sed et si ex pollicitatione debeant, quae tamen pollicitatio recusari non potest, in ea sunt condicione, ut honoribus arceantur.

[82] D.50.12.6.3 Ulpianus 5 de officio proconsulis.

Si cui res publica necessitatem imposuerit statuarum principi ponendarum, qui non promisit, non esse ei necesse obtemperare rescriptis imperatoris nostri et divi

일방 약속하는 이른바 편약(片約, pollicitatio, ἐπαγγελία: Bas.54.13)으로[85] 황제법상의 제도이고 일정한 공법적인 색채를 띠었다.[86]

편약의 법리가 발전하기까지의 모습은 조상(彫像)을 둘러싼 다음 사료들로 부터 살펴볼 수가 있다.[87] 어떤 자가 시의 공공용지에 시에 귀속시키려는 의 사로 자신의 조상(彫像)을 세운 경우 처음에는 시 공동체의 소유로 인정되

---

patris eius continetur.

다른 한편으로 다음의 개소는 자발성을 강조해 강제이행을 정당화하고 있으나 실은 공익성이 실질적인 근거이다.

C.4.29.25.2 Iust. (a.531).

Nam si spontanea voluntate ab initio liberalitatem suam ostendit, necesse est eum vel eam suis promissionibus satisfacere, ut, quod ab initio sponte scriptum aut in pollicitationem deductum est, hoc et ab invitis postea compleatur, omni auctoritate Velleiani senatus consulti (ca. 46 AD) in hac causa cessante.

고전기가 끝난 후 공공기부는 이미 공직 지명자에게 할당되는 대단히 과중한 비자발적 책무로 변화하였다. CTh.6.4.13.pr.-1 Iulianus Apostata (a.361).

83 가령 Plinius, *Epistulae* 10.39.3: Huic theatro ex privatorum pollicitationibus multa debentur, ut basilicae circa, ut porticus supra caveam.

84 축제를 주최하겠다는 부재자의 편지만으로는 아직 확정적인 의사표시로 보지 않 았다.

D.50.12.5 Ulpianus 1 responsorum.

Charidemo respondit ex epistula, quam muneris edendi gratia absens quis emisit, compelli eum ad editionem non posse.

85 D.50.12.1 Ulpianus libro singulari de officio curatoris rei publicae.

Si pollicitus quis fuerit rei publicae opus se facturum vel pecuniam daturum, in usuras non convenietur: sed si moram coeperit facere, usurae accedunt, ut imperator noster cum divo patre suo rescripsit.

D.50.12.3.pr. Ulpianus 4 disputationum.

Pactum est duorum consensus atque conventio, pollicitatio vero offerentis solius promissum. ...

Fragmenta Vaticana 264a.

Pollicitatio donationis inter privatos vim obligationis non inducit.

86 Kaser, § 140 II.1 (p.604).

87 Mommsen II, 60f.

지 않았으나 그것을 세운 사람을 포함하여 사인(私人)이 점유하거나 취거(取去)하는 것은 배제되었다.[88] 그후 조상(彫像) 건립자에게 '특시명령'(特示命令, Quod vi aut clam), 즉 '폭력 또는 은비(隱秘)에 의한 공사(工事) 복구의 특시명령'이 인정되었고, 동시에 시 공동체에는 절도소권이 인정되었는데, 그것이 수용된 것처럼(quasi publicata) 시 공동체에 속한다고 보았기 때문이었다.[89] 그러나 곧 시 공동체를 위한 것인 때에는 공유물(公有物, publica)로, 그렇지 않은 때에도 그 특성상 조상(彫像)으로 기념된 건립자에게 지속적으로 속하는 것으로 보아 어느 경우든 그 건립자가 파산하여 전(全) 재산이 매각되더라도 파산재산매수인이 그것을 취할 수 없었다.[90] 물론 공공의 명목이라도 사인(私人) 소유의 공작물에는 그 건축자의 의사에 반하여 타인을 기념하는 조상(彫像)을 함부로 세울 수 없었다.[91]

---

88 D.41.1.41 Ulpianus 9 ad edictum.
    Statuas in civitate positas civium non esse, idque Trebatius (50 BC~10 AD) et Pegasus (69~79): dare tamen operam praetorem oportere, ut, quod ea mente in publico positum est, ne liceret privato auferre nec ei qui posuerit. tuendi ergo cives erunt et adversus petentem exceptione et actione adversus possidentem iuvandi.
    D.44.1.23 Labeo 6 pithanon a Paulo epitomatorum.
    Paulus (175~230): si quis statuam in municipio ea mente posuit, ut ea municipii esset, et eam petere vult, excludi eum oportet praescriptione in factum data.

89 D.43.24.11.1 Ulpianus 71 ad edictum.
    Quaesitum est, si statuam in municipio ex loco publico quis sustulerit vel vi vel clam, an hoc interdicto teneatur. et exstat Cassii (20~70) sententia eum, cuius statua in loco publico in municipio posita sit, quod vi aut clam agere posse, quia interfuerit eius eam non tolli: municipes autem etiam furti acturos, quia res eorum sit quasi publicata: si tamen deciderit, ipsi eam detrahunt: et haec sententia vera est.

90 D.42.5.29 Paulus 5 ad legem Iuliam et Papiam.
    Fufidius (69~79) refert statuas in publico positas bonis distractis eius, cuius in honorem positae sunt, non esse emptoris bonorum eius, sed aut publicas, si ornandi municipii causa positae sint, aut eius, cuius in honorem positae sint: et nullo modo eas detrahi posse.

91 D.50.12.12.pr.Modestinus 11 pandectarum.
    In privatis operibus invitis his qui fecerunt statuas aliis ponere non possumus, ut rescripto divi Severi continetur.

마르키아누스의 개소에서 지진은 지금까지와는 달리 오히려 출연(出捐)의 책임을 계속 정당화하는 역할을 하고 있다. 작금의 사태로 보자면 동일본 대지진을 계기로 일정한 출연을 약속하는 행위 같은 것이 이에 해당한다. 편약이 정당한 사유에 의한 것인 경우 그 약속한 행위를 개시하지 않았더라도 구속되며 마치 채무인 것처럼 청구가 가능하였다.[92] 그리고 공익을 위한 이러한 사유가 없는 경우 구속되지 않았으나,[93] 일단 행위를 개시한 때에는 이를 되물릴 수 없고 구속되었다.[94] 특히 공공기

92　D.50.12.3.pr. Ulpianus 4 disputationum.

... et ideo illud est constitutum, ut, si ob honorem pollicitatio fuerit facta, quasi debitum exigatur. ... sed et coeptum opus, licet non ob honorem promissum, perficere promissor eo cogetur, et est constitutum.

특히 D.50.12.7 Paulus 1 de officio proconsulis.

Ob casum, quem civitas passa est, si quis promiserit se quid facturum: etsi non inchoaverit, omnimodo tenetur, ut divus Severus Dioni rescripsit.

(시 공동체가 당한 사변을 이유로 어떤 자가 자신이 어떤 일을 할 것을 약속한 경우 비록 그가 개시하지 않았더라도 언제나 책임을 지는바, 신황(神皇) 세베루스가 디오에게 칙답한 바와 같이 말이다.)

93　D.50.12.1.1 Ulpianus libro singulari de officio curatoris rei publicae.

Non semper autem obligari eum, qui pollicitus est, sciendum est. si quidem ob honorem promiserit decretum sibi vel decernendum vel ob aliam iustam causam, tenebitur ex pollicitatione: sin vero sine causa promiserit, non erit obligatus. et ita multis constitutionibus et veteribus et novis continetur.

C.8.37.5.pr. Diocletianus / Maximianus (a.293).

Nuda pollicitatione secundum ea, quae saepe constituta sunt, ad praestanda quae promiserat urgueri quemquam non semper iura permittunt.

Voet, ad D.50.12 n.2 (p.975).

94　D.50.12.1.2 Ulpianus libro singulari de officio curatoris rei publicae.

Item si sine causa promiserit, coeperit tamen facere, obligatus est qui coepit.

D.50.12.3.pr. Ulpianus 4 disputationum.

... sed et coeptum opus, licet non ob honorem promissum, perficere promissor eo cogetur, et est constitutum.

특히 공사 부지가 지정되거나 비용을 공탁하거나 또는 그 약속에 기해 공동체가 지출한 경우에도 개시한 것으로 보았다. D.50.12.1.3-5 (Ulpianus ibid.); D.50.12.6.1 (Ulpianus 5 de officio proconsulis); D.50.12.11 (Modestinus 9

부자가 도중에 형사처벌을 받아 경유배(輕流配, relegatio)에 처해졌더라도 그 의무를 면제받지 못하였다.[95] 다만 정당한 사유 없이 약속한 경우 약속자 자신이 개시 후 가난하게 된 때에는 재산의 1/5을 제공하고 자유롭게 될 수가 있었다. 또 상속인은 유산이 약속을 이행하기에 부족한 경우 가외(家外) 상속인은 유산의 1/5을, 자식인 가내(家內) 상속인은 1/10을 제공하면 책임을 면하였다.[96] 이러한 사유와 무관하게 미성숙의 상속

---

pandectarum). 그런데 공사를 약속한 경우 그를 위한 금전 출연이 강제될 수는 없었다.

D.50.12.13 Papirius Iustus 2 de constitutionibus.

Imperatores Antoninus et Verus Augusti rescripserunt opera exstruere debere eos, qui pro honore polliciti sunt, non pecunias pro his inferre cogi.

따라서 공동체에 인도한 것을 마음이 바뀌어 소유물반환청구하는 것은 배척되었지만, 예외적으로 공동체 자체가 그것을 더이상 점용하지 않는 때에는 가능했다.

D.50.12.3.1 Ulpianus 4 disputationum.

Si quis quam ex pollicitatione tradiderat rem municipibus vindicare velit, repellendus est a petitione: aequissimum est enim huiusmodi voluntates in civitates collatas paenitentia non revocari. sed et si desierint municipes possidere, dicendum erit actionem eis concedendam.

95 D.50.12.8 Ulpianus 3 de officio consulis.

De pollicitationibus in civitatem factis [iudicum] ⟨consulum⟩ cognitionem esse divi fratres Flavio Celso in haec verba rescripserunt: "Probe faciet Statius Rufinus, si opus proscaeni, quod se Gabinis exstructurum promisit, quod tandem adgressus fuerat, perficiat. nam etsi adversa fortuna usus in triennio a praefecto urbis relegatus esset, tamen gratiam muneris, quod sponte optulit, minuere non debet, cum et absens per amicum perficere opus istud possit. quod si detrectat, actores constituti, qui legitime pro civitate agere possint, nomine publico adire adversus eum [iudices] ⟨consules⟩ poterunt: qui cum primum potuerint, priusquam in exilium proficiscatur, cognoscent et, si opus perfici ab eo debere constituerint, oboedire eum rei publicae ob hanc causam iubebunt, aut prohibebunt distrahi fundum, quem in territorio Gabiniorum habet".

96 D.50.12.14 Pomponius 6 epistularum et variarum lectionum.

Si quis sui alienive honoris causa opus facturum se in aliqua civitate promiserit, ad perficiendum tam ipse quam heres eius ex constitutione divi Traiani obligatus

인에게 황제가 재산의 원상회복을 인정한 사례가 전해진다.[97] 남(사인(私人) 또는 공공단체)이 수행한 공사에 추가 공사나 추가 출연을 통해 참여하는 경우에도 그의 이름을 새김으로써 그 기여를 기리는 일이 이루어졌다.[98] 의무는 약속한 공사의 완성에 한하는 것이므로, 가외의 부담(가령 관련 회계나 관리)을 요구하거나,[99] 공사를 완성한 후 공동체로 이전하

---

est. sed si quis ob honorem opus facturum se civitate aliqua promiserit atque inchoaverit et priusquam perficeret, decesserit: heres eius extraneus quidem necesse habet aut perficere id aut partem quintam patrimonii relicti sibi ab eo, qui id opus facere instituerat, si ita mallet, civitati, in qua id opus fieri coeptum est, dare: is autem, qui ex numero liberorum est, si heres exstitit, non quintae partis, sed decimae concedendae necessitate adficitur. et haec divus Antoninus constituit.

D.50.12.9 Modestinus 4 differentiarum.

Ex pollicitatione, quam quis ob honorem apud rem publicam fecit, ipsum quidem omnimodo in solidum teneri: heredem vero eius ob honorem quidem facta promissione in solidum, ob id vero, quod opus promissum coeptum est, si bona liberalitati solvendo non fuerint, extraneum heredem in quintam partem patrimonii defuncti, liberos in decimam teneri divi Severus et Antoninus rescripserunt. sed et ipsum donatorem pauperem factum ex promissione operis coepti quintam partem patrimonii sui debere divus Pius constituit.

자식에는 외손주도 포함되었다. D.50.12.15 (Pius-Ulpianus libro singulari de officio curatoris rei publicae).

97   D.26.7.46.1 Paulus 9 responsorum.

Sempronii, qui ex pollicitatione debitor patriae suae exstiterat, bona res publica iussu praesidis possedit: ... postea pupillus heres Sempronii, qui abstentus erat, ab imperatore impetravit, ut bona paterna ei restituerentur: ...

98   D.50.10.7.1 Callistratus 2 de cognitionibus.

Si quis opus ab alio factum adornare marmoribus vel alio quo modo ex voluntate populi facturum se pollicitus sit, nominis proprii titulo scribendo: manentibus priorum titulis, qui ea opera fecissent, id fieri debere senatus censuit. Quod si privati in opera, quae publica pecunia fiant, aliquam de suo adiecerint summam, ita titulo inscriptionis uti eos debere isdem mandatis cavetur, ut quantam summam contulerint in id opus, inscribant.

99   C.8.12.1.1 Zeno (a.485~486?).

Qui vero opus aliquod pro sua liberalitate se facturos promiserint, licet certum sit eos ex sola pollicitatione ad implendum suae munificentiae opus necessitate

였는데 사변으로 손실이 발생한 경우 그 위험을 기부자에게 부담지우는 것은 당연히 금지되었다.[100] 고대의 지진을 언급한 금석문(金石文)의 매우 특별한 예들은 지진 재해의 복구를 위한 출연이나 위험을 극복한 후에 신들에게 바치는 봉헌선물이 계기가 된 것들이었다.[101] 끝으로 셉티키아라는 여인의 경기시합 주최를 위한 실제의 기부 약속을 소개하기로 한다.

D.50.12.10 Modestinus 1 responsorum.

Septicia certamen patriae suae pollicendo sub hac condicione pollicita est, uti sors apud eam remaneat et ipsa usuras semissales ad praemia certantium resolvat, in haec verba: "Φιλοτιμοῦμαι καὶ καθιερῶ ἀγῶνα τετραετηρικὸν ἀπὸ μυριάδων τριῶν, τὸ τοῦ κεφαλαίου αὐτὴ κατέχουσα ἀργύριον καὶ ἀσφαλιζομένη παρὰ τοῖς δεκαπρώτοις ἀξιοχρέως ἐπὶ τῷ τελεῖν με τὸν ἐξ ἔθους τριῶν μυριάδων τόκον, ἀγωνοθετοῦντος καὶ προκαθεζομένου τοῦ ἀνδρός μου, ἐπ' αὖθις δὲ τῶν ἐξ ἐμοῦ γεννηθησομένων τέκνων. χωρήσει δὲ ὁ τόκος εἰς τὰ ἆθλα τῶν θυμελικῶν, καθὼς ἂν ἐφ' ἑκάστου ἀθλήματος ἡ βουλὴ ὁρίσῃ." Quaero, an possunt iniuriam pati filii Septiciae, quo minus ipsi praesiderent certamini secundum verba condicionemque pollicitationis. Herennius Modestinus respondit, quo casu certaminis editio licita est, formam pollicitationi datam servandam esse.

(셉티키아가 자기가 소속한 고향 시 공동체(patria)[102]에 경기시합을 약속

---

iuris teneri, nullam tamen eos vel heredes eorum super facto opere ratiocinium vel discussionem aut aliquam (utpote non in integrum promissa quantitate in id opus erogata vel inutiliter facto opere, aut alia qua ratione) quocumque modo quocumque tempore inquietudinem sustinere concedimus.

100 D.50.12.1.6 Ulpianus libro singulari de officio curatoris rei publicae.
Si quis opus quod perfecit adsignavit, deinde id fortuito casu aliquid passum sit, periculum ad eum qui fecit non pertinere imperator noster rescripsit.

101 Capelle, 346.

하면서 원본은 자신에게 남아 있고 그녀가 연 6퍼센트의 이자를 경기자들의 상금으로 지급하겠다는 조건 아래 약속했는데, 내용은 이렇다. "나는 매 4년마다 거행할 경기시합을 3만 데나리온 상당으로 약속하고 헌납하는바, 내 자신 원본은 보유하고, 적절하게 담보를 [시의] 10인 최고위원[103]에게 제공하며, 3만 데나리온에 따르는 이자를 지급할 것이며, 경기의 주최와 주관은 내 남편이, 그리고 향후에는 내게서 태어날 아이들이 맡을 것이다. 그런데 이자는 각 시합의 성과에 대하여 위원회가 정하는 바에 따라 경연자들의 상금으로 쓰일 것이다." 나는 묻노라. "셉티키아의 자식들이 그들 스스로 기부약속의 문언과 조건에 따라 경기를 주관할 수 없게끔 침욕(侵辱, iniuria, 인격침해)을 당할 수 있는지 아닌지." 헤렌니우스 모데스티누스는 해답하였다. "경기의 주최가 허용되는 이 경우에는 기부약속에 부여된 형식이 준수되어야만 한다.")

7. 용익역권(用益役權)의 소멸

Inst. Iust. 2.4.3.
Finitur autem usus fructus morte fructuarii et duabus capitis deminutionibus, maxima et media, et non utendo per modum et tempus. quae omnia nostra statuit constitutio. item finitur usus fructus, si domino proprietatis ab usufructuario cedatur (nam extraneo cedendo nibil agitur): vel ex contrario si fructuarius proprietatem rei adquisierit, quae res consolidatio appellatur. eo amplius constat, si aedes incendio consumptae fuerint vel etiam terrae motu aut vitio suo corruerint, extingui usum fructum et ne areae quidem usum fructum deberi.
(그런데 용익역권은 용익권자의 사망과 두 종류의 두격감등(頭格減等), 즉

---

102 Dirksen, s.h.v. §2, p.686: "Civitas natalis".
103 Mommsen I, 852 n.1.

대감등(大減等)와 중감등(中減等), 또 방식과 시간에 따른 불사용(不使用)으로써 종료한다. 이 모든 것은 짐(朕)의 칙령이 규정하였다.[104] 또 용익역권은 역권(役權)이 설정된 목적물의 소유자에게 용익권자에 의해 양도되는 경우에도 종료한다(그러나 외부인[제3자]에게 양도함으로써는 아무런 효과가 없다). 또는 반대로 용익권자가 목적물의 소유권을 취득한 경우에 종료하는데, 이것은 공화(鞏化)라고 불린다. 건물이 화재 또는 지진에 의해 소멸하거나 또는 자체의 하자로 인해 붕괴하는 경우 용익역권이 소멸하고 대지의 용익역권이 부담되는 것이 아님은 더욱더 확실하다.)

유스티니아누스(Iustinianus)의 『법학제요』(Institutiones)가 다루고 있는 것은 용익역권(usus fructus)의 종료사유이다. 이에는 다음과 같은 사유들이 있다.

i) 권리자의 사망이나 자유상실(두격대감등(頭格大減等)) 또는 로마시민권 상실(두격중감등(頭格中減等))의 신분변동(τῆς πρώτης καταστάσεως ἐναλλαγή)[105]과 같은 인적인 사유[106]

드물기는 하겠지만 이번 동일본 대지진이 새삼 일깨워주었듯이 시 공동체도 지진, 해일 또는 원자력 사고로 인한 방사능 누출 등으로 인해 소멸할 수 있다. 용익역권을 시 공동체가 갖는 경우 지진이나 해일로 시 자체가 함몰되거나 사라져버린다면, 이는 자연인의 사망에 해당하는 효과를 가져올 것이다. 시 공동체의 경우에도 자연인의 두격상실(頭格喪失)에 해당하는 사유가 인정될 수 있었을까? 시 건립이 쟁기(犁)에 의한 상징적 표시행위로 이루어졌듯이[107] 그 폐지도 쟁기에 의한 반대행위

---

104 C.3.33.16 Imperator Justinianus (a.530).

105 Bas.16.8.39 Schol. 1).

106 Kaser, 452 n.53.

107 S. Pompeius Festus, *Epitoma operis de verborum significatu Verrii Flacci*: D. Sulci appellantur, qua aratrum ducitur, ... vel urbis condendae;
Aelius Donatus, *Commentum Terentii*: *Adelphoe* [commentum certe non ita a Donato conscriptum] 4.583.1: porta autem ab aratro portando dicta est, quod eo

(contrarius actus)[108]로 가능했다고 한다.[109]

D.7.4.21 Modestinus 3 differentiarum.

Si usus fructus civitati legetur et aratrum in ea inducatur, civitas esse desinit, ut passa est Carthago, ideoque quasi morte desinit habere usum fructum.

(용익역권이 시 공동체에 유증되고 그 시 공동체 지역이 쟁기질이 되는 때에는 그것은 카르타고가 당했던 것처럼 시 공동체이기를 그치고, 그래서 마치 사망한 것처럼 용익역권을 가지기를 그친다.)

D.7.1.56 Gaius 17 ad edictum provinciale.

An usus fructus nomine actio municipibus dari debeat, quaesitum est: periculum enim esse videbatur, ne perpetuus fieret, quia neque morte nec facile capitis deminutione periturus est, qua ratione proprietas inutilis esset futura semper abscedente usu fructu. sed tamen placuit dandam esse

loco coloniae conditor et deductor subiunctis uacca et tauro aratrum, quo urbem designat;

Servius grammaticus, *Commentarius in Vergilii Aeneidos libros* ['Seruius auctus'] 1.5, comm. ad versum 755: conditores enim civitatis … aratrum suspendentes circa loca portarum;

특히 Remigius Autissiodorensis, *Commentum Einsidlense in Donati Artem minorem* (recensio brevis) cap.6: Antiqui siquidem volentes urbem aedificare circumducebant aratrum in circuitum, ubi fundamentum iaciendum erat, et cum perveniebant ad locum, ubi portae aedificandae erant, subportabant aratrum: inde dicuntur portae a subportando, vel ab inportando, quia per eas intro portantur, quae necessaria sunt civibus.

108 Pomponius Porphyrio, *Commentum in Horatium: Carmina* 1.16.20-21: *Inprimeretque muris hostile aratrum*: Hoc est: haec eadem ira causa fuit delendis urbibus, adeo usque, ut ubi fuissent muri, aratrum duceretur.

Servius grammaticus, *Commentarius in Vergilii Aeneidos libros* ['Seruius auctus'] 1.4, comm. ad versum 212: nam ideo ad exaugurandas vel diruendas civitates aratrum adhibitum, ut eodem ritu, quo conditae, subvertantur.

109 Glück I, 325ff.

actionem. unde sequens dubitatio est, quousque tuendi essent in eo usu fructu municipes: et placuit centum annos tuendos esse municipes, quia is finis vitae longaevi hominis est.[110]

(용익역권의 명목으로 소권이 시 공동체에 부여되어야만 하는지 문제되었다. 왜냐하면 용익역권이 사망으로도, 또 두격상실(頭格喪失)로도 쉽게 상실되지 않을 것이고, 그런 이유로 사용수익권이 항상 사라져서 소유권이 무용지물이 될 것이므로 용익역권이 영구적이 되지 않을까 하는 위험이 있는 것으로 여겨졌기 때문이었다. 그럼에도 불구하고 소권이 부여되어야 한다는 것이 통설이다. 이로부터 이어지는 의문은 언제까지 그 용익역권에 대해 시 공동체가 보호받아야만 하는가 하는 것이다. 그리고 시 공동체는 100년간 보호받아야 할 것이라는 것이 통설인데, 왜냐하면 이것이 장수하는 사람의 생(生)의 한계이기 때문이다.)[111]

ii) 기간 만료[112]나 용익역권의 불사용으로 인한 시효 소멸,[113] 용익역

---

110 同旨 D.33.2.8 Gaius 3 de legatis ad edictum praetoris.

  Si usus fructus municipibus legatus erit, quaeritur, quousque in eo usu fructu tuendi sint: nam si quis eos perpetuo tuetur, nulla utilitas erit nudae proprietatis semper abscedente usu fructu. unde centum annos observandos esse constat, qui finis vitae longissimus esset.

111 인생 향년(享年) 100년은 고대인의 관념이었다.

  Plinius maior, *Naturalis historia* 11.184: interdum. augeri id per singulos annos in homine et binas drachmas ponderi ad quinquagensimum annum accedere, ab eo detrahi tantundem, et ideo non vivere hominem ultra centensimum annum defectu cordis Aegyptii existimant, quibus mos est cadavera adservare medicata.

  유스티니아누스 황제가 경건 목적이나 공익적 목적(포로의 속방(贖放) 포함)의 다양한 출연(出捐)에 대해 그 법적 형식(상속, 유증, 신탁유증, 증여, 매매)을 떠나 그 권리 행사의 기간을 100년으로 정한 배경에도 같은 관념이 자리 잡고 있었다(C.1.2.23 (a.530)): "unum tantummodo terminum vitae suae imponimus, id est centum metas annorum".

112 Kaser, 452f. n.56.

113 Kaser, 453 n.57: 부동산 2년, 기타 1년.

권과 소유권이 동일인에게 귀속함으로써 혼동으로 소멸하는 공화(鞏化, consolidatio)[114]와 같은 권리에 관계된 사유[115]

iii) 역권의 목적물의 소멸[116]과 같은 객체와 관계된 사실적인 사유

역권의 본질이 목적물의 실체를 손상하지 않는 상태에서(salva rerum substantia)의 사용수익인 점을 고려하면[117] 더더욱 그러하다. 건물에 역

---

114 Kaser, 452 n.54. 심사자 A가 이 용어 대신에 '혼화'(混化)를 제안했다. 사실 우리 말 발음으로는 '공화'(鞏化)는 별로이다. 하지만 '혼화'도 첫째로 역시 물권법상 의 개념인 '혼화'(混和)와 동음(同音)이어서 혼란스러울 수 있고, 둘째로 '혼화' (混化)는 이미 정착된 '혼동'(混同)과 달리 섞인다는 의미만 보여줄 뿐 합해져서 하나로 귀일한다(同)는 개념을 표현하지 못하고, 셋째로 합해져서(합병: con-) 공고히(solidus) 된다는 어의를 살리지도 못한다는 단점이 엿보인다. 그래서 다른 좋은 역어가 발견되기까지 일단 '공화'(鞏化)라는 용어를 사용하기로 한다. 꼭 필 요한 경우가 아니라면 다른 경우와 군이 구별하지 않고 상위개념인 '혼동'(混同) 을 쓸 수도 있을 것이다. 실제로 로마 법률가들의 경우에도 confusio가 대세였다. consolidatio를 처음으로 쓴 것은 울피아누스(D.7.2.3.2 = Fr. Vat. 83; D.7.2.6.pr.) 였고, 그후 그의 제자 트리포니누스(D.23.3.78.2)와 유스티니아누스가 쓴 것 을 제외하면, 다른 법률가들은 모두 confusio를 물권의 경우에도 채권의 경우와 마찬가지로 사용하거나(Venuleius D.7.9.4; Papinianus D.8.1.18; D.29.2.87.1; D.34.9.17; D.34.9.18.1; D.36.1.60(58).pr.; D.46.1.50; D.46.3.95.2; Paulus D.8.1.18; D.8.2.30.pr.; D.35.2.1.18; D.36.1.61(59).pr.; D.44.2.30.1; D.46.1.71. pr.), 용익역권이 "소유권으로 돌아간다"(reverti ad proprietatem)거나(Pomponius D.23.3.66; Tryphoninus D.23.3.78.2), 또는 용익역권자가 "용익역권을 상실한 다"(usumfructum amittere)라고 표현했다(Iulianus D.7.4.17). 울피아누스 자신 또한 동시에 계속해서 confusio를 사용했다(D.40.4.6). Kieß, 13f., 200f. 우리 민법 제191조는 물권의 경우에도 채권의 경우(민법 제507조)와 한가지로 '혼동'이라 고 하여 로마의 통설적인 용어법을 채택했다.

115 그중에서 용익권자가 역권을 소유권자에게 넘기려면 단순한 포기로는 안 되고 법 정양도(法廷讓渡, in iure cessio)가 행해져야만 했다. Kaser, 452 n.51.

116 Kaser, 452 n.55. 가공(加工, specificatio)이 이에 속한다.

117 Inst. Iust. 2.4.pr.: Usus fructus est ius alienis rebus utendi fruendi salva rerum substantia (= D.7.1.1 Paulus 3 ad Vitellium). est enim ius in corpore; quo sublato et ipsum tolli necesse est.

Ulp. Epit. 24.26: Ususfructus legari potest iure civili earum rerum, quarum salva substantia utendi fruendi potest esse facultas; et tam singularum rerum, quam plurium, id est partis.

권이 설정된 경우 지진으로 그 건물이 소멸하면 역권도 소멸하고, 대지가 남아 있다고 해서 그 위에 역권이 존속하는 것이 아님은 굳이 지적하지 않더라도 당연한 법리이다.

III. 맺음말

이상으로 지진이 등장하는 『로마법대전』(*Corpus Juris Civilis*)의 사료를 일별하였다. 로마인들에게도 익숙했던 자연재해 중 하나였던 지진은 다양한 법적 맥락에서 논의 대상이 되었다. 복구를 위한 통치 차원의 조치들(황정〔荒政〕)이 있었던 것은 물론이다.[118] 사법(私法) 논의에 집중된 『로마법대전』의 사례들로부터 우리는 로마의 법률가들이 기본적으로는 불가항력이라는 그 특성으로 인해 "누구도 책임을 지지 않는다"(a nullo praestari),[119] 그래서 그 손해는 달리 정해지지 않는 한 결국은 "소유자가

---

118 가령 기원후 17년에 소아시아의 12개 도시가 지진 피해를 입었을 때 티베리우스 황제(Christ, 193)나 베스파시아누스 황제(29~79. 유명한 베수비우스 화산 폭발이 79년의 일이다)나 알렉산더 세베루스 황제(222~235)의 경우가 그렇다.

Suetonius, *De vita Caesarum*, Divus Vespasianus 17.1: in omne hominum genus liberalissimus ... plurimas per totum orbem civitates terrae motu aut incendio afflictas restituit in melius.

Scriptores Historiae Augustae (Aelius Lampridius), XVIII: Alexander Severus 44.8: multis civitatibus, quae post terrae motus deformes erant, sumptus ad instaurationem operum et publicorum et privatorum [pecuniam] ex vectigalibus dedit.

이 문제에 관해서는 Cf. Winter, 147-155; Fellmeth, 307-315.

119 D.50.17.23 Ulpianus 29 ad Sabinum.

... animalium vero casus mortesque, quae sine culpa accidunt, fugae servorum qui custodiri non solent, rapinae, tumultus, incendia, aquarum magnitudines, impetus praedonum a nullo praestantur.

(…그러나 과실(過失) 없이 발생하는 동물들의 사변과 죽음, 통상 감시되지 않는 노예들의 도망, 강도, 폭동, 화마(火魔), 홍수, 약탈자들의 습격은 누구도 책임지지 않는다.)

부담한다"(Casum sentit dominus; Res perit suo domino)[120]라는 원칙을 확인한 위에서 관계된 사안의 다양한 문맥에 따라 적절한 법적 해결책을 모색했음을 살필 수 있었다. 동시에 몇 안 되는 사례들이었지만 로마의 법률가들이 시대와 공간을 초월한 공통의 법적 논변의 장에서 문제의 합리적인 해결을 위해 애썼다는 사실도 다시 한 번 확인할 수 있었다. 이처럼 철저히 실무법학적인 관점의 고수는 지진과 같은 재난을 어떤 방식으론가 인간의 과오나 죄책의 탓으로 초래된 '위로부터의 견책'[天譴]으로 파악했던 — 거의 모든 문화에서 발견되는 — 재이(災異)사상[121]과의 절연이라는 점에서 매우 인상적이다.

---

120 Liebs, C2 (p.42); R49 (p.208).

121 메소포타미아에 관해서는 Cancik / Schneider (ed.), s.v. Earthquake, I, 767; 그리스에 관해서는 Capelle, 358-361: θεομηνία '신의 분노', τέρας '재이'(災異), σημεῖον '표징'(表徵); 보다 복합적인 유대-그리스도교에 관해서는 Friedrich (ed.), s.v. σείω, σεισμός, 197-200 (Bornkamm): '신현'(神現), '심판', '종말론적 현상'. 반면에 한국과 중국 등 동양의 재이(災異) 사상은 대체로 천권(天權)으로 군권(君權)을 제한함으로써 군주전제의 유폐를 막으려는 시도(미조구치 유조 외, 317-323: 災異; 日原利國 編, "災異說", p.148 (伊藤 計); 蕭公權, 518, 526; 상세한 것은 김석우, 특히 제4장, 150ff.; 朱雲影, 제6장, 155ff.; 진영일, 특히 제3장, 227ff.; 이욱, 76ff.: 재이론(災異論)과 기양의례[祈禳儀禮], 121ff.: 지진과 관련한 해괴제[解怪祭]; 김일권, 52-55)로 그 고찰의 중심에 언제나 통치자가 놓여 있었다는 점에서(메소포타미아도 같다) 한 공동체 전체 인민의 행태와 행장이 문제되었던 서양적 관점과 차별된다. 동양적 재이관(災異觀) 및 천명관(天命觀)의 궁극적인 배경이 황하(黃河)에 의해 지배된 자연환경과 풍토라는 점에 관해서는 金容雲·金容局, I.2, 16ff.(재이관과 관련해서는 특히 32f.) 참조.

참고문헌

가토 슈이치(加藤周一), 박인순 옮김,『일본문화의 시간과 공간』, 작은이야기 (2007 / 2010).

江南義之(えなみ よしゆき) 譯,『學說彙纂の日本語への飜譯 (II)』, 信山社(1992). [=江南義之 II]

江南義之(えなみ よしゆき) 譯,『學說彙纂の日本語への飜譯 (I)』, 信山社(1991 / 新裝 第一版第二刷, 1996). [=江南義之 I]

郭潤直·崔秉祚,『民法注解 XIII: 債權(6)』(博英社, 1997), 42-55 〔前論 (雙務契約 의 特殊問題: 危險負擔)〕.

김석우,『자연재해와 유교국가: 漢代의 災害와 荒政 研究』, 일조각(2006).

金容雲·金容局,『東洋의 科學과 思想: 韓國科學의 可能性을 찾아서』, 일지사 (1984 / 제5쇄, 1998).

김일권,『동양 천문사상, 하늘의 역사』, 예문서원(2007).

미조구치 유조(溝口雄三) 외, 김석근·김용천·박규태 옮김,『중국 사상문화 사전』, 책과함께(2001 / 2011).

서을오,『서양 사법사 강의』, 세창출판사(2007).

蕭公權 著, 崔明·孫文鎬 譯,『中國政治思想史』, 서울대학교출판부(1998).

이욱,『조선시대 재난과 국가의례』, 창비(2009).

日原利國(ひはら よしくに) 編,『中國思想辭典』, 研文出版(1984).

田中秀央(たなか ひでなか)·落合太郎(おちあい たろう) 編著,『ギリシア·ラテン 引 用語辭典』, 岩波書店(新增補版 第14刷, 1984).

朱雲影, 최병수·반채영 옮김,『중국의 전통문화, 한국에 미친 영향』, 도서출판 개신 (2008).

진영일,『고려국왕과 재이사상』, 제주대학교출판부(2010).

최병조,『로마法·民法 論考』, 博英社(1999). [=최병조 II]

_____,『로마法研究(I): 法學의 源流를 찾아서』, 서울대학교출판부(1995). [=최

병조 I]

_____, 『로마의 법과 생활』, 景仁文化社(2007). [= 최병조 III]

春木一郎(ハルキ イチロウ) 譯, 『ユ－スティ－ニア－ヌス學說彙纂ΠΡΩΤΑ』, 有斐閣(1938).

Aicher, Peter J., *Guide to the Aqueducts of Ancient Rome* (Bolchazy-Carducci Publishers, Inc., 1995).

Bannon, Cynthia Jordan, *Gardens and Neighbors. Private Water Rights in Roman Italy* (The University of Michigan Press, 2009).

Behrends, Okko *et al.* (Übers.), *Corpus Iuris Civilis*, III Digesten 11-20, gemeinschaftlich übersetzt und herausgegeben von Okko Behrends, Rolf Knütel, Berthold Kupisch, Hans Hermann Seiler (C. F. Müller Verlag, Heidelberg, 1999).

Berger, Adolf, *Encyclopedic Dictionary of Roman Law* (The American Philosophical Society, 1953).

Böker, Robert, s.v. Erdbeben, *Der Kleine Pauly*, II (dtv, 1979), 350-351.

Bretone, Mario, *I fondamenti del diritto romano. Le cose e la natura* (Editore Laterza, 1999).

Brunnemann, Johannes, *Commentarius in Pandectas* (editio quinta, Wittebergae & Berolini, J. W. Meyer & G. Zimmermann, 1701).

Buchwitz, Wolfram, "Vertragsklauseln und probatio – Anmerkungen zum römischen Bauvertragsrecht", *Zeitschrift der Savigny-Stiftung für Rechtsgeschichte, Rom. Abt.* 126 (2009), 358-386.

Cancik/Schneider (ed.), *Brill's New Pauly. Encyclopedia of the Ancient World*, Vol. 4: CYR-EPY (Brill, Leiden – Boston, 2004).

Capelle, s.v. Erdbebenforschung, *Paulys Realencyclopädie der classischen Altertumswissenschaft*, neue Bearbeitung begonnen von Georg Wissowa unter Mitwirkung zahlreicher Fachgenossen, herausgegeben von Wilhelm Kroll, Supplementband IV (J. B. Metzler Stuttgart, Weimar, 1924), 344-374.

Christ, Karl, *Geschichte der römischen Kaiserzeit* (C.H. Beck, 1988).

Cowell, F. R., *Life in Ancient Rome* (1961/A Perigee Book, 1980).

Dictionary of Roman Religion (= *DRR*), by Lesley Adkins and Roy A. Adkins (Oxford University Press, 1996/Ppb 2000).

Dirksen, Henricus Eduardus, *Manuale Latinitatis Fontium Iuris Civilis Romanorum* (Berolini, Impensis Dunckeri et Humblotii, 1837).

Doll, Andreas, *Von der vis maior zur höheren Gewalt: Geschichte und Dogmatik eines haftungsentlastenden Begriffs* (p.Lang, 1989).

Düll, Rudolf, "Rechtsprobleme im Bereich des römischen Sakralrechts", in: Hildegard Temporini und Wolfgang Haase (Hg.), *Aufstieg und Niedergang der römischen Welt*, I 2 (Walter de Gruyter, Berlin · New York, 1972), 283-294.

Fellmeth, Ulrich, "Hungersnöte in den Städten des römischen Kaiserreiches. Ursachen – soziale und politische Konsequenzen – staatliche Maßnahmen", in: Olshausen und Sonnabend (Hg.), *Naturkatastrophen in der antiken Welt* (Stuttgart, Steiner, 1998), 307-315.

Forcellini, Aegidius, *Totius Latinitatis Lexicon*, consilio et cura Jacobi Facciolati, opera et studio Aegidii Forcellini, secundum tertiam editionem cujus curam gessit Josephus Furlanetto, correctum et auctum labore variorum, editio in Germania prima, tomus primus (Lipsiae, In Libraria Hahniana. Londini, Apud Black, Young & Young, 1835).

Friedrich, Gerhard (ed.), *Theological Dictionary of the New Testament*, Translator and Editor Geoffrey W. Bromiley, Vol. VII:Σ(WM. B. Eerdmans Publishing Company, Grand Rapids, Michigan, 1971 / reprint 1982).

Glück, Christian Friedrich, *Ausführliche Erläuterung der Pandecten nach Hellfeld, ein Commentar*, Neunten Theils erste Abtheilung (Erlangen, Johan Jacob Palm, 1808). [= Glück I]

_____, *Ausführliche Erläuterung der Pandecten nach Hellfeld, ein Commentar*, Siebenzehenten Theils erste Abtheilung (Erlangen, Johan Jacob Palm, 1815). [= Glück II]

_____, *Ausführliche Erläuterung der Pandecten nach Hellfeld, ein Commentar*, begründet von Christian Friedrich von Glück, fortgesetzt von Christian Friedrich Mühlenbruch, Eduard Fein, Karl Ludwig Arndts v. Arnesberg und nach deren Tode neben Burkard Wilhelm Leist von Hugo Burckhard, Serie der Bücher 39. und 40. Dritter Theil (Erlangen, Verlag von Palm & Enke, 1881). [= Glück III]

Hausmaninger, Herbert, "Publius Iuventus Celsus. Persönlichkeit und juristische Argumentation", in: Hildegard Temporini und Wolfgang Haase (Hg.), *Aufstieg und Niedergang der römischen Welt*, II 15 (Walter de Gruyter, Berlin · New York, 1976), 382-407.

Heineccius, Johann Gottlieb, *Antiquitatum Romanarum Jurisprudentiam Illustrantium Syntagma secundum Ordinem Institutionum Justiniani digestum*, contextum auctoris ... adjecit Christ. Gottl. Haubold, denuo ... auxit Chr. Frid. Mühlenbruch (Francofurti ad Moenum, Sumtibus Henrici Ludovici Broenneri, 1841).

Heumann / Seckel, *Handlexikon zu den Quellen des römischen Rechts* (11. Auflage, Akademische Druck- und Verlagsanstalt, Graz-Austria, 1971).

Horak, Franz, *Rationes decidendi. Entscheidungsbegründungen bei den älteren römischen Juristen bis Labeo*, I. Band (Im Kommissionsverlag der Österreichischen Kommissionsbuchhandlung, Innsbruck, 1969).

Hulot, Henri (tr.), *Corps de Droit Civil Romain en Latin et en Français, Tome 3: Les Cinquante Livres du Digeste ou des Pandectes de l'Empereur Justinien*, Tome III (1804 / réimpression de l'édition de Metz 1804, Scientia Verlag Aalen, 1979).

Kacprzak, Agnieszka, "L'actio aquae pluviae arcendae ed il concetto labeoniano di natura", in: *Testi e problemi del giusnaturalismo romano*, a cura di Dario Mantovani e Aldo Schiavone (IUSS Press, Pavia, 2007), 271-298.

Kaser, Max, *Das römische Privatrecht*, I (Zweite, neubearbeitete Auflage, 1971).

Kieß, Peter, *Die confusio im klassischen römischen Recht* (Dumcker & Humblot, Berlin, 1995).

Kudla, Hubertus (Hg.), *Lexikon der lateinischen Zitate* (C.H. Beck, 2. überarbeitete Auflage, 2001).

Leveau, Philippe, "Research on Roman Aqueducts in the Past Ten Years", in: A. Trevor Hodge (ed.), *Future Currents in Aqueduct Studies* (Francis Cairns, 1991), 149-162.

Liebs, Detlef, *Lateinische Rechtsregeln und Rechtssprichwörter*, zusammengestellt, übersetzt und erläutert von Detlef Liebs; unter Mitarbeit von Hannes Lehmann, Praxedis Möhring und Gallus Strobel (Sechste, vollständig neu bearbeitete und verbesserte Auflage, C.H. Beck, 1998).

Marotta, Valerio, "Iustitia, vera philosophia e natura. Una nota sulle Institutiones di Ulpiano", in: *Testi e problemi del giusnaturalismo romano*, a cura di Dario Mantovani e Aldo Schiavone (IUSS Press, Pavia, 2007), 563-601.

Martin, Susan D., *The Roman Jurists and the Organization of Private Building in the Late Republic and Early Empire* (Latomus, 1989).

Mazzacane, A., "Isola nata nel fiume", *Enciclopedia del Diritto*, XXII (1972), 930-935.

Meier, Mischa, "Zur Terminologie der (Natur-)Katastrophe in der griechischen Historiographie — einige einleitende Anmerkungen", *Historical Social Research*, vol.32-2007-No.3, 44-56 = http://hsr-trans.zhsf.uni-koeln.de/hsrretro/ docs/artikel/ hsr/hsr2007_1017.pdf.

Mommsen, Theodor, *Römisches Staatsrecht*, Dritter Band 2. Teil (Akademische Druck- und Verlagsanstalt, Graz, 1888/unveränderter, photomechanischer Nachdruck der dritten Auflage 1953). [=Mommsen I]

_____, "Zur Lehre von den römischen Korporationen", *Zeitschrift der Savigny-Stiftung für Rechtsgeschichte, Rom. Abteilung*, 25 (1904), 33-51 = *Juristische Schriften*, Dritter Band (1907/Dritte unveränderte Auflage, Weidmann, 1994), 53-68. [=Mommsen II]

Müller, Carsten Hanns, *Gefahrtragung bei der locatio conductio. Miete, Pacht, Dienst- und Werkvertrag im Kommentar römischer Juristen* (Ferdinand Schöningh, 2002).

Olshausen/Sonnabend (Hg.), *Naturkatastrophen in der antiken Welt* (Stuttgart, Steiner, 1998) = http://books.google.co.kr/books?id=epHMmg7 LDAUC&pg=PA7-IA2&lpg=PA7-IA2&dq=Naturkatastrophen+in+der+a ntiken+Welt&source=bl&ots=_b7VLgn7d7&sig=TFEJEVih4Amn1rqURT ypupqYShI&hl=ko&ei=DdCfTZfbBYXyvQPiw630BA&sa=X&oi=book_ result&ct=result&resnum=1&ved=0CCgQ6AEwAA#v=onepage&q&f=false.

Ormanni, Angelo, s.v. Necessità (stato di), a) Diritto romano, *Enciclopedia del Diritto*, XXVII (Giuffrè Editore, 1977), 822-847.

Otto/Schilling/Sintenis (Hg.), *Das Corpus Juris Civilis in's Deutsche übersetzt von einem Vereine Rechtsgelehrter*, Zweiter Band (Leipzig, Verlag von Carl Focke, 1831).

Oxford Latin Dictionary (=*OLD*), edited by p.G. W. Glare (Oxford, At the Clarendon Press, 1982/reprint 1985).

Rainer, J. Michael, *Bau- und nachbarrechtliche Bestimmungen im klassischen römischen Recht* (Leykam Verlag Graz, 1987).

Ries, Peter, *Bauverträge im römischen Recht* (Inaugural-Dissertation zur Erlangung der Doktorwürde einer Hohen Juristischen Fakultät der Ludwig-Maximilian-Universität zu München, 1989).

Sargenti, Manlio, *L'actio aquae pluviae arcendae* (Milano, Dott. A. Giuffrè, 1940).

Scott, S. P., *The Civil Law*, Vol. V (1932/reprint 1973, AMS Press, New York, 1973).

The Oxford Classical Dictionary (=*OCD*), edited by N. G. L. Hammond and H. H. Scullard, Second edition (Oxford at the Clarendon Press, 1970/reprint 1984).

Ussani, Vincenzo Scarano, *Valori e storia nella cultura giuridica fra Nerva e Adriano.*

Studi su Nerazio e Celso (Casa Editrice Dott. Eugenio Jovene, Napoli, 1979).

Vinnius, Arnoldus, *In Quatuor Libros Institutionum Imperialium Commentarius Academicus et Forensis* (editio postrema, Norimbergae, Sumptibus Johannis Friderici Rüdigeri, 1726).

Vocabularium Iurisprudentiae Romanae (= *VIR*), III / 2 (Walter de Gruyter, 1983).

Vocabularium Iurisprudentiae Romanae (= *VIR*), V (Walter de Gruyter, 1939).

Voet, Johannes, *Commentarius ad Pandectas*, tomus secundus (editio ultima accuratior, Coloniae Allobrogum, Apud Fratres Cramer, 1757).

Waerdt, Paul A. Vander, "Philosophical Influence on Roman Jurisprudence? The Case of Stoicism and Natural Law", in: Hildegard Temporini und Wolfgang Haase (Hg.), *Aufstieg und Niedergang der römischen Welt*, II 36 / 7 (Walter de Gruyter, Berlin · New York, 1994), 4851–4900.

Watson, Alan (ed.), *The Digest of Justinian*, Latin text edited by Theodor Mommsen with the aid of Paul Krueger, English translation edited by Alan Watson, Vol. II (University of Pennsylvania Press, 1985).

Watson, Alan, *The Law of Property in the Later Roman Republic* (Oxford University Press, 1968 / reprint Scientia Verlag Aalen, 1984).

Wenger, Leopold, *Die Quellen des römischen Rechts* (Druck und Verlag Adolf Holzhausens Nfg., Wien, 1953).

Wieacker, Franz, *Römische Rechtsgeschichte. Quellenkunde, Rechtsbildung, Jurisprudenz und Rechtsliteratur*, Erster Abschnitt (C. H. Beck, München, 1988).

Wilkins, Augustus S., *Cicero De oratore I–III*, with Introduction and Notes (Oxford Clarendon Press, 1892 / Bristol Classical Press, 2002).

Winter, Engelbert, "Strukturelle Mechanismen kaiserlicher Hilfsmaßnahmen nach Naturkatastrophen", in: Olshausen und Sonnabend (Hg.), *Naturkatastrophen in der antiken Welt* (Stuttgart, Steiner, 1998), 147–155.

Wissowa, Georg, *Religion und Kultus der Römer*, zweite Auflage (C. H. Beck, München, 1912).

Yavetz, Zvi, "Die Lebensbedingungen der 'plebs urbana' im republikanischen Rom", *Latomus* 17 (1958), 500–517 = Helmuth Schneider (Hg.), *Zur Sozial- und Wirtschaftsgeschichte der späten römischen Republik* (Wissenschaftliche Buchgesellschaft, 1976), 98–123.

Zoesius, Henricus Jacobus, *Commentarius ad Institutionum Juris Civilis Libros IV*, auctore Valerio Andrea Desselio (editio novissima, Lugduni, Apud Fratres Deville, 1738).

제2부

로마 인법(人法)

제3장 로마법상의 신분변동 두격감등
(頭格減等, capitis deminutio)에 관한 소고
—D.4.5 De capite minutis 역주를 겸하여

I. 머리말

이 글은 이른바 두격(頭格, caput)의 감등(減等, [de]minutio), 즉 로마법상 신분변동에 관한 소고이다. 두격감등은 로마법상 가장 기본적인 제도에 속하는 것으로 그 개념 및 효과가 명료하게 정해진 까닭에 다른 경우와 달리 해석의 여지가 거의 없다. 하여 이 글에서도 관련된 주요 사료를 번역 소개하는 데 중점을 두고, 매우 제한적으로만 약간의 주해를 덧붙이고자 한다. 동일한 내용을 전하는 사료들은 각주에서 적절히 소개하되 동일한 취지를 전하는 것이므로 꼭 필요한 경우가 아니면 번역은 생략하였다. 이론적인 궁구가 필요한 대목은 오히려 인(人)의 신분을 표현하는 데 동원된 caput(머리)라는 어휘 자체의 배경과 후대에 이를 대체한 persona와의 차이에 대한 것인데, 이 문제는 별도의 더 깊이 있는 논구를 요하므로 이 글에서는 단순히 전체적인 변모의 맥락을 시사하는 데 그쳤다. 관련 2차문헌을 참조한 본격적인 고찰은 후일을 기약하기로 한다.

II. 로마법상의 두격감등

1. 두격감등의 개념

두격감등이란 신분의 하향적 변동을 의미하였다.

〈1〉Gai. 1.159.

Est autem capitis deminutio prioris status[1] permutatio:[2] ...

(두격감등은 이전 신분의 변동이다. ···)

Capitis deminutio에 쓰인 caput의 기본적 어의(語義)는 생명체의 머리[頭]이다.[3] 특히 인(人)의 경우 머리는 인체의 최상부에 자리하고 있으면서 두뇌가 있는 곳으로서 인간 지성작용의 중추임[4]과 동시에 얼굴을 통하여 인(人)을 특정하여 동일성과 개성을 표현하는 인체의 부분으로,[5]

---

1 Levy, 170f.는 베로나(Verona) 사본을 좇아서 capitis로 읽고자 한다. 그는 실제로 Gai. 1.160-162와 UE. 11.13에서는, 세 가지 두격감등의 모두를 포괄하는 개념 정의인 Gai. 1.159와 달리 두격 최소감등에 대해서만 status (hominis)와 '변동' (con-, per-, mutatio) 용어를 사용하고, 나머지에 대해서는 그냥 libertas나 civitas 용어를 쓰고 있다는 점을 강조한다. 그러나 familia의 경우에도 그냥 familia를 대격(對格)으로 쓴 사료도 전하므로 이것이 강력한 논거가 될 수는 없다고 생각된다 (D.4.5.3.pr. [Paul. 11 ad ed.]: ... cum familiam mutaverint). 고전기 후 종족주의적 (宗族主義的) 법제가 사라지면서 두격 최소감등마저도 의미를 상실하면서 두격감등과 관련한 용어 표현상의 일정한 난맥상이 나타났던 점에 대해서는 Levy, 171f.

2 D.4.5.1 Gai. 4 ad edictum provinciale.
   Capitis minutio est status permutatio.
   Inst. 1.16.pr.: Est autem capitis deminutio prioris status commutatio, ...
      그러므로 원로원신분의 상실은 두격감등이 아니다.
   Inst. 1.16.5: Quibus autem dignitas magis quam status permutatur, capite non minuuntur: et ideo senatu motos capite non minui constat.

3 caput = corporis animalis, et imprimis humani, membrum primarium, quod collo sustentatur. Dirksen, s.v. caput. §1 (p.115).

4 Cf. Marcus Terentius Varro, *De Lingua Latina* inc.33.1: ... caput ... quod hinc capiant initium sensus ac nervi. ...

가히 이를 통하여 인(人) 전체를 대변할 수 있다(pars pro toto)고 생각되기에 족한[6] 인체의 부위이다. 동물이나 다른 사물이 아니라, 또 동물이나 다른 사물과 공통된 관점에서가 아니라 오로지 인(人)과 관련해서만 고찰하는 경우 방금 말한 상황이 caput가 쓰인 모든 용례들에 기본적 사실로 전제되고 있다. 이곳에서 상론할 수는 없지만, 두격감등의 의미를 기존의 인적 집단(시민단, 가족)으로부터 신분변동으로 그 구성원이 빠져나감으로써 머릿수가 감소한다는 의미로 보는 견해(Beseler)에는 찬동하기 어렵다(Kaser도 의문시).[7] 동물에게도 적용되는 Noxa caput sequitur (가해책임은 두(頭, 가해자)에 추수(追隨)한다)의 법리[8]가 이미 caput가 단순한 머릿수를 표현하는 용어가 아님을 잘 보여준다. 전승되는 것 중 가장 오래된 전거인 키케로의 경우 capite deminuti라는 표현(Cicero, *Topica* 6.26) 말고도 se capite deminuere ('스스로를 caput에 있어서 감등시키다', '실위(失位)')[9]라는 표현을 사용하고 있는 것을 보아도 caput는 인(人)의 일정

---

5 Cf. C.9.47.17 Imperator Constantinus (a.315).

Si quis in metallum fuerit pro criminum deprehensorum qualitate damnatus, minime in eius facie scribatur, cum et in manibus et in suris possit poena damnationis una scriptione comprehendi, quo facies, quae ad similitudinem pulchritudinis caelestis est figurata, minime maculetur.

6 D.11.7.44 Paulus libro tertio quaestionum.

Cum in diverisis locis sepultum est, uterque quidem locus religiosus non fit, quia una sepultura plura sepulchra efficere non potest: mihi autem videtur illum religiosum esse, ubi quod est principale conditum est, id est caput, cuius imago fit, inde cognoscimur. Cum autem impetratur, ut reliquiae transferantur, desinit locus religiosus esse.

7 Kunkel / Honsell, 75 n.1 m.w.N.; Kaser, 271 n.10 m.w.N.

8 D.13.6.21.1 (Afr. 8 quaest.); D.9.4.43 (Pomp. 8 epist.); D.9.4.20 (Gai. 7 ad ed. provinc.); D.2.9.2.pr. (Paul. 6 ad ed.); D.9.1.1.12 (Ulp. 18 ad ed.); D.16.3.1.18 (Ulp. 30 ad ed.); D.47.1.1.2 (Ulp. 41 ad Sab.); D.47.2.41.2 (Ulp. 41 ad Sab.); D.47.10.17.7 (Ulp. 57 ad ed.); PS. 2.31.9.

9 Cicero, *Topica* 4.18: ab adiunctis: Si ea mulier testamentum fecit quae se capite numquam deminuit, non videtur ex edicto praetoris secundum eas tabulas possessio dari. Adiungitur enim, ut secundum servorum, secundum exsulum, secundum puerorum tabulas possessio videatur ex edicto dari.

한 법적 위상을 지시하는 것임이 분명하다.

이제 이렇게 ① 두격감등(capitis deminutio)에서 두격(caput) = 신분(status)이라는 점과, 다시 ② 노예는 status = caput가 없다는 점, 그런데 다른 한편으로 ③ 노예(servus) = servile caput(노예적 인두〔人頭〕: D.4.5.3.1),[10] 자유인(liber) = liberum caput(자유인적 인두〔人頭〕)[11]이라는 표현에서 노예에게도 caput라는 어휘를 함께 사용한 점, ④ 고래(古來)의 법리칙이었던 noxa caput sequitur[12]나 obligationes ex delictis cum capite ambulant (D.4.5.7.1 〈27〉)에서 caput는 노예와 자유인 모두에 해당한다는 점 등으로부터 추론해 보면 caput의 의미는 다음과 같은 과정을 거쳐서 확대되었을 것이다.

즉 caput는 원래 자연적 관점에서 생물체를 물체로서 지시하거나 헤아리는 차원에서 시작하여[13] 다시 자유인과 노예를 구별하지 않고 사람을 표상하는 좀더 축소된 어법이 발전하고,[14] 두(頭) 내지 인(人)으로부터 다시 caput = vita의 의미로 연장되었는데(가령 Cicero, *Pro Sulla* 84: caput meum obtuli pro patria), 형사처벌상 사형을 지시하는 데 사용되었다(가령 poena capitis). 그러나 극형은 사형만을 의미하는 것은 아니었고 자유와 시민의 지위를 포괄하였다. 가령 D.37.14.10 (Clem. 9 ad leg. Iul. et Pap.: ...

(유추에 의하여: 두격이 감등한 적이 결코 없는 부인이 유언을 한 경우에는 그녀의 유언에 좇은 유산점유가 법정관의 고시에 의해 부여되는 것으로 인정되지 않는다. 왜냐하면 노예들, 망명자들, 소년들의 유언에 좇은 유산점유의 부여가 고시에 의해 인정되는 것으로 유추되기 때문이다.)

10   또한 caput servi: D.33.8.16.pr. (Afr. 5 quaest.); D.15.1.50.3 (Pap. 9 quaest.); D.24.1.28.1 (Paul. 7 ad Sab.) 특히 Gai. 1.123: ... persona servorum ...과 비교.

11   Gai. 1.166, 1.168; D.26.1.1.pr. (Paul. 38 ad ed.) ≒ Inst. 1.13.1; D.14.2.2.2 (Paul. 34 ad ed.); UE. 11.5.

12   앞의 주 8의 사료 및 D.47.2.18 (Paul. 9 ad Sab.); D.9.4.2.1 (Ulp. 18 ad ed.); Alex. C.3.41.1 (a.223); 심지어는 동물의 경우에도 caput가 사용되었다(D.9.1.1.12. 〔Ulp. 18 ad ed.〕).

13   caput = singulum corpus.

14   caput = homo, (비기술적 의미에서) persona ipsa. 특히 Gai. 1.121: ... quod personae serviles et liberae, item animalia ...와 비교.

Labeo existimabat capitis accusationem eam esse, cuius poena mors aut exilium esset. ...)이 그렇다. 이런 한에서 이 용법은 또한 두격 최대감등과 통하는 바가 있다. 동시에 이러한 단순한 지시 기능을 벗어나 일정한 책임능력을 함의하는 용법으로 나아갔으며,[15] 종국에는 또한 자유인과 차별되어 노예가 가지지 못하는 좁은 의미의 법적 status를 뜻하게 된 것으로 보인다(Gai. 1.159 ⟨1⟩). 이 마지막 어법은 유스티니아누스의 『법학제요』가 고전법이 quia servile caput *nullum ius* habet (D.4.5.3.1 ⟨20⟩)라고 한 것을 Inst. 1.16.4 (아래의 주 43)에서 quia (sc. servus) *nullum caput* habuit라 한 것에서 분명히 드러난다. 즉 어휘의 사용만 보면 재미있게도, 고전법상 '노예적 caput'라 표현된 노예에게 권리능력이 없다는 지적이 『법학제요』에서는 단도직입적으로 caput가 없다고 표현되고 있는 것이다. 이 『법학제요』의 표현방식도 두격감등에서 caput는 단순히 머릿수를 지칭하는 것도 아니고 자유인과 노예 모두에게 해당하는, 단순히 인(人)을 뜻하는 인두(人頭)도 아님을 분명히 증시(證示)한다.

2. 두격감등의 종류

두격감등에는 대·중·소의 세 종류가 있었다.

⟨2⟩ Gai. 1.159 (= Inst. 1.16.pr.).

... eaque tribus modis accidit: nam aut maxima est capitis deminutio aut minor, quam quidam mediam uocant, aut minima.[16]

(… 두격감등은 세 가지 방식으로 발생한다. 즉 두격감등은 최대감등이거나, 아니면 혹자들은 중간감등이라고 부르는 중감등이거나, 아니면 최소감등이다.)

---

15   앞의 주 8, 주 12.

16   UE. 11.10: Capitis minutionis species sunt tres: maxima, media, minima.

⟨3⟩ D.4.5.11 Paulus 2 ad Sabinum.

Capitis deminutionis tria genera sunt, maxima media minima: tria enim sunt quae habemus, libertatem civitatem familiam.[17] Igitur cum omnia haec amittimus, hoc est libertatem et civitatem et familiam, maximam esse capitis deminutionem:[18] cum vero amittimus civitatem, libertatem retinemus, mediam esse capitis deminutionem:[19] cum et libertas et civitas retinetur, familia tantum mutatur, minimam esse capitis deminutionem[20] constat.[21] (두격감등은 세 종류가 있으니, 최대감등·중감등·최소감등이다. 왜냐하면 우리가 가지고 있는 것이 자유·시민권·가족신분의 세 가지이기 때문이다. 따라서 우리가 이들 모두, 즉 자유와 시민권과 가족신분을 상실하면 두격감 등은 최대감등이고, 우리가 시민권은 잃으면서 자유를 보유하면 두격감등 은 중감등이고, 자유도 시민권도 보유하되 가족신분만 변동되면 두격감등 은 최소감등이라는 것이 정설이다.)

자유는 시민권의 전제였고, 시민권은 자유의 보루였다.[22] Capitis deminutio magna도 사용되었는데, 문맥에 따라서 단순히 maxima와 같 은 뜻이거나(C.3.33.17.pr.-2 〔아래의 주 67〕), 아니면 maxima + media를

---

17 Ausonius (ca. 310~395), *Griphus Ternarii Numeri*, v.65: triplex libertas capitisque minutio triplex.

18 Inst. 1.16.1: Maxima est capitis deminutio, cum aliquis simul et civitatem et libertatem amittit. ...

19 Inst. 1.16.2: Minor sive media est capitis deminutio, cum civitas quidem amittitur, libertas vero retinetur. ...

20 Inst. 1.16.3: Minima est capitis deminutio, cum et civitas et libertas retinetur, sed status hominis commutatur. ...

21 Festus, *De significatione uerborum*, s.v. Deminutus capite.
   Deminutus capite appellatur, qui civitate mutatus est; et ex alia familia in aliam adoptatus; et qui liber alteri mancipio datus est; et qui in hostium potestatem venit; et cui aqua ignique interdictum est.

22 Levy, 147.

묶어서 지칭하는 것으로(D.38.16.1.4 〈8〉; D.50.13.5.1/3 〔아래의 주 33〕)
minima와 대비되었다. 그만큼 최대감등과 중감등은 최소감등에 비하여
많은 효과가 공통되었고, 그 효과도 심각한 것이었다. 용례는 바로 알아
볼 수 있어서 혼란스럽지는 않다. 역어로는 '대(大)감등'을 취하였다.

3. 두격 최대감등

1) 발생사유

두격 최대감등은 자유를 상실함으로써 시민권과 가족신분까지 모두
잃게 되는 경우이다. 법이 정하는 일정한 사유로 노예가 되는 경우들이
이에 속하였다.

〈4〉 Gai. 1.160.

Maxima est capitis deminutio, cum aliquis simul et ciuitatem et libertatem
amittit;[23] quae accidit incensis, qui ex forma censuali uenire iubentur: quod
ius [. . . . . vv. 1 1/2 . . . . .]〈pridem desuetudine abolitum est. Eandem
patiuntur dediticii ex lege Aelia Sentia *Huschke*〉, qui contra eam legem in
urbe Roma domicilium habuerint; item feminae, quae ex senatus consulto
Claudiano ancillae fiunt eorum dominorum, quibus inuitis et denuntiantibus
cum seruis eorum coierint.[24]

(두격감등은 어떤 자가 동시에 시민권과 자유를 상실하는 경우 최대감등이
다. 이것은 호구조사를 기피함으로써 호구조사 규정에 의하여 매각을 명받

---

23 Livius, *Ab urbe condita* 22.60.15:

liberi atque incolumes desiderate patriam; immo desiderate, dum patria est, dum
cives eius estis: sero nunc desideratis, deminuti capite, abalienati iure civium, servi
Carthaginiensium facti.

D.4.5.11 〈3〉.

24 UE. 11.11: Maxima capitis diminutio est, per quam et civitas et libertas amittitur,
veluti cum incensus aliquis venierit, aut quod mulier alieno servo se iunxerit
denuntiante domino et ancilla facta fuerit ex senatus consulto Claudiano.

은 자에 대하여 발생한다. 이 법은 〈이미 오래전에 불사용에 의하여 폐기되었다. 동일한 두격감등을 항복외인(降伏外人)들이 아일리우스 센티우스법에 의하여 당했는바〉 이 법률에 위반하여 로마 시내에 주소를 가진 자들의 경우에 말이다. 또 타인의 노예와 그 주인의 의사에 반하여 또 그의 계고(戒告)에도 불구하고 동서(同棲)하여 클라우디우스 원로원의결에 의하여 그 주인의 여자노예가 되는 부녀(婦女)의 경우에 발생한다.)

〈5〉 D.28.3.6.5 Ulpianus 10 ad Sabinum.

Irritum fit testamentum, quotiens ipsi testatori aliquid contigit, puta si civitatem amittat per subitam servitutem, ab hostibus verbi gratia captus, vel si maior annis viginti venum se dari passus sit ad actum gerendum pretiumve participandum.

(유언은 유언자 자신에게 어떤 일이 발생한 경우 무효가 된다. 가령 그가 적에 붙잡혀 포로가 되어 노예상태에 들어감으로써 시민권을 상실하거나, 또는 20세 초과자로서 스스로를 매각하는 행위를 용인하여 매도인의 거래를 성사시키거나 대금을 챙기기 위한 경우.)[25]

〈6〉 Inst. 1.16.1.

... quod accidit in his qui servi poenae efficiuntur atrocitate sententiae, vel liberti ut ingrati circa patronos condemnati, vel qui ad pretium participandum se venumdari passi sunt.

(… 두격 최대감등은 잔혹한 판결에 의하여 형벌노예로 되는 자들의 경우나, 두호인(斗護人)에 대한 배은자(背恩者)로 유책판결 받은 해방노예나 매각대금을 챙기기 위하여 스스로가 [노예로] 팔리는 것을 용인한 자들의 경우에 발생한다.)

---

25 이러한 자매(自賣)에 대한 로마법상 규율에 대해서는 최병조 II, 23 이하.

2) 효과

두격 최대감등은 혈족관계(cognatio)까지 소멸시켰다.

⟨7⟩ Inst. 1.16.6.

... nam si maxima capitis deminutio incurrat, ius quoque cognationis perit, ut puta servitute alicuius cognati, et ne quidem, si manumissus fuerit, recipit cognationem. ...

(… 두격 최대감등이 발생하면 혈족관계까지도 소멸하여, 가령 노예로 되면 어떤 자의 혈족친들이 사라지며, 그가 해방되더라도 혈족관계를 결코 회복하지 못한다. …)

두격 최대감등의 결과 상속인 지위도 당연히 상실되었다.

⟨8⟩ D.38.16.1.4 Ulpianus 12 ad Sabinum.

Si filius suus heres esse desiit, in eiusdem partem succedunt omnes nepotes neptesque ex eo nati qui in potestate sunt: quod naturali aequitate contingit. Filius autem suus heres esse desinit, si capitis deminutione vel magna vel minore exiit de potestate.[26] ¶ Quod si filius apud hostes sit, quamdiu vivit nepotes non succedunt. Proinde etsi fuerit redemptus, nondum succedunt ante luitionem: sed si interim decesserit, cum placeat eum statu recepto

---

26 D.38.16.11 Pomponius 10 ad Quintum Mucium.
    Capitis deminutione pereunt legitimae hereditates, quae ex lege duodecim tabularum veniunt, sive vivo aliquo sive antequam adeatur hereditas eius capitis minutio intercessit, quoniam desinit suus heres vel adgnatus recte dici: quae autem ex legibus novis aut ex senatus consultis, non utique.
    (피상속인 생전이든 상속이 승인되기 전이든 상속인의 두격감등이 개입하면 12표법에 의한 법정상속권은 두격감등으로 소멸한다. 왜냐하면 가내상속인 또는 종족상속인이라고 정당하게 말할 수 없기 때문이다. 그러나 이것은 새로운 법률들 또는 원로원의결들에 의하면 항상 그렇지는 않다.)

decessisse, nepotibus obstabit.

(가자(家子)가 가내상속인(家內相續人)이기를 그친 경우 그의 상속분은 그로부터 태어나 가부장권(家父長權)에 복속하고 있는 모든 손자와 손녀들이 승계한다. 이것은 자연의 공평에 부합하는 것이다. 그런데 가자(家子)가 대(大) 또는 중(中) 두격감등으로 부(父)의 가부장권에서 벗어난 경우 가내상속인이기를 그친다. ¶ 그렇지만 가자(家子)가 적에게 잡혀 있는 경우 그가 살아 있는 한 손주들이 상속하지 않는다. 마찬가지로 비록 그가 [제3자에 의해] 몸값을 내고 풀려나더라도 [그 제3자에게] 대금이 지급되기 전에는 아직 그들이 상속하지 않는다. 그런데 그가 그 사이에 사망한 경우 그가 신분이 회복되어 사망한 것으로 간주하므로 손주들에게 장애가 될 것이다.)

또 후견인의 두격 최대감등은 후견직의 상실로 이어졌다.

〈9〉Inst. 1.22.4.

Sed et capitis deminutione tutoris, per quam libertas vel civitas eius amittitur, omnis tutela perit. …

(후견인의 자유나 시민권이 상실되는 두격감등에 의해서도 모든 후견직이 종료한다. …)

두격 최대감등은 당사자의 사망과 한가지로 용익역권의 소멸사유 중 하나였다(Inst. 2.4.3: Finitur autem usus fructus morte fructuarii et duabus capitis deminutionibus, maxima et media). 두격 최대감등은 조합의 해산사유였다(D.17.2.4.1〔Mod. 3 reg.〕: Dissociamur renuntiatione morte capitis minutione et egestate).[27]

---

27 D.17.2.63.10 Ulp. 31 ad edictum.
   Societas solvitur ex personis, ex rebus, ex voluntate, ex actione. ideoque sive homines sive res sive voluntas sive actio interierit, distrahi videtur societas. intereunt autem homines quidem maxima aut media capitis deminutione aut

뿐만 아니라 노예가 되어 두격이 최대감등한 자를 상대로 하여서는 두격 최소감등의 경우에 인정되었던 회복조치(후술 5. 3))가 인정되지 않았다. 즉 그가 두격감등 전에 체결한 법률행위의 상대방에게 두격감등 후에는 그를 상대로 어떠한 소권도 인정되지 않았다. 시민법상 노예는 법률행위의 상대방이 될 수 없었기 때문이다.

〈10〉D.4.5.7.2 Paulus 11 ad edictum.

Si libertate adempta capitis deminutio subsecuta sit, nulli restitutioni adversus servum locus est, quia nec praetoria iurisdictione ita servus obligatur, ut cum eo actio sit: sed utilis actio adversus dominum danda est, ut Iulianus scribit, et nisi in solidum defendatur, permittendum mihi est in bona quae habuit mitti.

(자유가 박탈되어 두격 (최대)감등이 뒤따른 경우에 그 노예에 대해서는 아무런 회복의 여지가 없다. 왜냐하면 노예는 법정관의 재판관할에서도 그를 상대로 소권이 있게끔 그렇게 구속되지 않기 때문이다. 그러나 율리아누스가 기술하듯이 주인을 상대로 준소권이 부여되어야만 하며, 전액에 있어서 방어되지 않으면 그가 [자유인이었을 때] 가졌던 재산을 압류하는 것이 나에게 허용되어야만 한다.)

4. 두격 중감등

1) 발생사유

두격 중감등은 시민권만 상실하는 두격감등인데, 수화불통형(水火不通

---

morte: res vero, cum aut nullae relinquantur aut condicionem mutaverint, neque enim eius rei quae iam nulla sit quisquam socius est neque eius quae consecrata publicatave sit. voluntate distrahitur societas renuntiatione.

Epit. Gai. 2.9.17: ... Dissolvitur ergo societas aut morte unius socii, aut contraria voluntate, aut capitis diminutione, id est, si unus ex sociis, sicut frequenter supra diximus, capite fuerit diminutus.

刑, aqua et igni interdictio)의 경우가 대표적이었다.

⟨11⟩ Gai. 1.161.

Minor siue media est capitis deminutio, cum ciuitas amittitur, libertas retinetur;[28] quod accidit ei, cui aqua et igni interdictum[29] fuerit.[30]
(두격 중감등 또는 중간감등은 시민권은 상실되나 자유는 보유하는 경우인데, 이것은 수화불통형(水火不通刑)이 처해진 자에게 발생한다.)

⟨12⟩ D.4.5.5.1 Paulus 11 ad edictum.

Qui deficiunt, capite minuuntur (deficere autem dicuntur, qui ab his, quorum sub imperio sunt, desistunt et in hostium numerum se conferunt): sed et hi, quos senatus hostes iudicavit vel lege lata: utique usque eo, ut civitatem amittant.

(탈주(脫走)하는 자들은 두격이 감등한다. (그런데 '탈주한다'고 하는 것은 그들의 군사령권자(軍司令權者)들로부터 이탈하여 적진(敵陣)으로 합류하는 자들을 말하는 것이다.)[31] 그리고 또한 원로원이, 또는 법률로 적(敵)으로 선언한 자들도 마찬가지인바, 어쨌든 이들이 시민권을 상실하는 데에까지 이른 한에 있어서 그러하다.)

---

28 D.4.5.11 ⟨3⟩.
29 D.50.7.18 Pomponius 37 ad Quintum Mucium.
    ... quia quem semel populus iussisset dedi, ex civitate expulsisse videretur, sicut faceret, cum aqua et igni interdiceret. ...
30 D.4.5.5.pr. Paulus 11 ad edictum.
    Amissione civitatis fit capitis minutio, ut in aqua et igni interdictione.
31 탈주병에게는 귀환 시 귀국복귀권이 인정되지 않았다.
    D.4.6.14 Callistratus 2 edicti monitorii.
    Item ei succurritur, qui in hostium potestate fuit, id est ab hostibus captus. Nam transfugis nullum credendum est beneficium tribui, quibus negatum est postliminium. Poterant tamen, qui in hostium potestate essent, illa parte edicti contineri, qua loquitur de his qui in servitute fuerint.

후에 수화불통형(水火不通刑)은 섬으로의 중유배(重流配, deportatio)로
대체되었는데,[32] 후자의 경우에도 중(中) 두격감등에 해당하였다.

⟨13⟩ Inst. 1.16.2.

... quod accidit ei cui aqua et igni interdictum fuerit, vel ei qui in insulam
deportatus est.[33]

---

32 D.48.19.2.1 Ulpianus 48 ad edictum.

Constat, postquam deportatio in locum aquae et ignis interdictionis successit, non
prius amittere quem civitatem, quam princeps deportatum in insulam statuerit:
praesidem enim deportare non posse nulla dubitatio est. Sed praefectus urbi ius
habet deportandi statimque post sententiam praefecti amisisse civitatem videtur.
D.32.1.2–3 Ulpianus 1 fideicommissorum.

2. Hi, quibus aqua et igni interdictum est, item deportati fideicommissum
relinquere non possunt, quia nec testamenti faciendi ius habent, cum sint ἀπόλιδες
[= nullius civitatis cives].

3. Deportatos autem eos accipere debemus, quibus princeps insulas adnotavit vel
de quibus deportandis scripsit: ceterum prius quam factum praesidis comprobet,
nondum amisisse quis civitatem videtur. Proinde si ante decessisset, civis decessisse
videtur et fideicommissum, quod ante reliquerat, quam sententiam pateretur,
valebit: sed et si post sententiam, antequam imperator comprobet, valebit quod
factum est, quia certum statum usque adhuc habuit.
D.48.19.17.1 Marcianus 1 institutionum.

Item quidam ἀπόλιδες sunt, hoc est sine civitate: ut sunt in opus publicum
perpetuo dati et in insulam deportati, ut ea quidem, quae iuris civilis sunt, non
habeant, quae vero iuris gentium sunt, habeant.

33 D.50.13.5.1 / 3 Callistratus 1 de cognitionibus.

1. Existimatio est dignitatis inlaesae status, legibus ac moribus comprobatus, qui ex
delicto nostro auctoritate legum aut minuitur aut consumitur.

3. Consumitur vero, quotiens magna capitis minutio intervenit, id est cum libertas
adimitur: veluti cum aqua et igni interdicitur, quae in persona deportatorum
evenit, vel cum plebeius in opus metalli vel in metallum datur: nihil enim refert,
nec diversa poena est operis et metalli, nisi quod refugae operis non morte, sed
poena metalli subiciuntur.

PS. 3.6.29: Capitis minutione amittitur (sc. ususfructus), si in insulam fructuarius
deportetur, vel si ex causa metalli servus poenae efficiatur ...

(… 두격 중감등은 수화불통형(水火不通刑)에 처해진 자, 또는 섬으로 중유배(重流配)된 자에게 발생한다.)

두격 중감등처럼 자유는 보유하면서 시민권만 상실하는 문제에 대하여 종전에 자유는 신분이 아니라거나(Betti), 또는 자유는 시민권과 일체로 결합되어 있어서 시민권의 상실은 자유의 상실도 동시에 초래하였다는 견해(Lévy-Bruhl, Volterra)가 한때 주장되었으나, 이에 대해서는 레비가 다양한 법률 및 비법률사료적 전거를 들어서 공화정 및 제정기에 양자가 분리되어 취급되었음을 입증한 바가 있다.[34]

2) 효과
두격 중감등은 두격 최대감등과 한가지로 혈족관계마저 해소시켰다.

〈14〉 Inst. 1.16.6.

... sed et si in insulam deportatus quis sit, cognatio solvitur.

(… 그러나 어떤 자가 섬으로 중유배(重流配)된 경우에도 혈족관계가 해소된다.)

후견인의 두격 중감등도 두격 최대감등과 마찬가지로 모든 후견직을 종료시켰다(Inst. 1.22.4 〈9〉). 두격 중감등은 당사자의 사망과 한가지로

참고로 광산형에 의한 노예는 자유인일 때 받은 유증에 관하여 일반노예와 달리 취급되었다. 그러나 이 때문에 이때의 두격감등을 maxima가 아니라 (말하자면 등급을 약간 낮춰서) magna로 규정했다고 보이지는 않는다.

D.49.14.12 Callistratus 6 de cognitionibus.

In metallum damnatis libertas adimitur, cum etiam verberibus servilibus coercentur. Sane per huiusmodi personam fisco nihil adquiri divus Pius rescripsit: et ideo quod legatum erat ei, qui postea in metallum damnatus erat, ad fiscum non pertinere rescripsit magisque ait poenae eos quam fisci servos esse.

34 Levy, 142ff., 특히 153("적어도 공화정 후기 이래"), 168(결론).

용익역권의 소멸사유 중 하나였다(Inst. 2.4.3 cit.).[35] 두격 중감등은 조합의 해산 사유였다(D.17.2.4.1 Mod. 3 reg. cit.).

또 두격감등으로 인한 채무의 면탈은 인적인 것이어서 보증인의 책임은 그대로 존속하였다.

〈15〉D.45.2.19 Pomponius 37 ad Quintum Mucium.

Cum duo eandem pecuniam debent, si unus capitis deminutione exemptus est obligatione, alter non liberatur. Multum enim interest, utrum res ipsa solvatur an persona liberetur. Cum persona liberatur manente obligatione, alter durat obligatus: et ideo si aqua et igni interdictum est alicui fideiussor postea ab eo datus tenetur.

(2인이 동일한 금전채무를 부담하는 경우 1인이 두격감등으로 채무로부터 면탈되면 다른 1인은 채무면제되지 않는다. 왜냐하면 급부 자체가 해면(解免)되는가 아니면 인(人)이 채부면제되는가는 큰 차이가 있기 때문이다. 채무는 존속하는 가운데 인(人)만이 채무면제되는 때에는 다른 1인은 채무구속된 채로 남는다. 그리하여 수화불통형(水火不通刑)에 처해진 경우 그후에 그 채무자에 의하여 제공된 그의 보증인은 책임진다.)

법정관이 두격 최소감등의 경우에 허여하였던 상대방 소권의 회복(후술 5. 3))은 두격 중감등의 경우에도 두격 최대감등의 경우와 마찬가지로 인정되지 않았다.

〈16〉D.4.5.7.3 Paulus 11 ad edictum.

Item cum civitas amissa est, nulla restitutionis aequitas est adversus eum, qui amissis bonis et civitate relicta nudus exulat.

(또 시민권이 상실된 [두격 중감등의] 경우에 재산을 상실하고 시민신분을

---

35   PS. 3.6.29 (앞의 주 33).

잃은 채 맨몸으로 망명생활을 하는 자를 상대로도 회복의 정의(正義)는 없
다.)

5. 두격 최소감등

두격 최소감등은 로마시민의 가족신분이 변경되는 경우이다.

〈17〉Gai. 1.162 (＝Inst. 1.16.3).

Minima est capitis diminutio, cum et ciuitas et libertas retinetur, sed status
hominis conmutatur:[36] ...

(두격 최소감등은 시민권과 자유는 보유되지만 사람의 신분이 변동되는 경
우이다. …)

Status hominis 표현은 문맥에 따라서 이해해야 한다. 여기서는 이것
이 가족신분이라는 데 의문의 여지가 없다. 반면에 D.36.1.55 (Pap. 20
quaest.): ... ab eo, cui libertas a legatario ... relicta est, cum status hominis
ex legato pendeat ... 에서는 자유를 의미한다.

1) 발생사유

두격 최소감등의 신분변동에 속하는 가장 전형적인 경우는 입양—
자권자입양(自權者入養, adrogatio) 및 타권자입양(他權者入養, adoptio)—
이다.[37] 그러나 그 밖에도 다양한 사례들이 존재하였다.

---

36 UE. 11.13: Minima capitis diminutio est, per quam, et civitate et libertate salva,
    status dumtaxat hominis mutatur: ...

37 자권자(自權者, sui iuris)란 가부장권(家父長權)에 복속하고 있지 않은 자이
    고, 타권자(他權者, alieni iuris)란 복속하고 있는 자인데, 자권자를 입양하는 것
    을 adrogatio / arrogatio, 타권자를 입양하는 것을 adoptio라고 불렀다(Gai. 1.99;
    D.1.7.1-2). 그러므로 갑(甲)을 자권자입양하였다는 말은 자권자인 갑(甲)을 입
    양하였다는 말과 같은 것이고, 을(乙)을 타권자입양하였다는 말은 타권자인 을
    (乙)을 입양하였다는 말이 된다.

⟨18⟩ Gai. 1.162.

... quod accidit in his, qui adoptantur,[38] item in his, quae coemptionem faciunt,[39] et in his, qui mancipio dantur quique ex mancipatione manumittuntur; adeo quidem, ut quotiens quisque mancipetur aut manumittatur, totiens capite diminuatur.

(··· 두격 최소감등은 타권자입양(他權者入養)[40]되는 자들, 또한 공매식(共買式) 혼인을 하는 자들, 그리고 준노예로 주어지는 자들 및 준노예상태로부터 해방되는 자들의 경우에 발생한다. 마지막 경우 실로 준노예로 주어지거나 그로부터 해방되는 때면 두격이 감등하는 것이다.[41])

⟨19⟩ D.4.5.3.pr. Paulus 11 ad edictum.

Liberos qui adrogatum parentem sequuntur placet minui caput, cum in aliena potestate sint et cum familiam mutaverint.

(자권자입양(自權者入養)된 부(父)를 따라가는 자식들은 두격이 감등한다는

---

38 Inst. 1.16.3: ... quod accidit in his qui, cum sui iuris fuerunt, coeperunt alieno iuri subiecti esse, vel contra.

39 UE. 11.13: ... quod fit adoptione et in manum conventione.

40 고전법상의 타권자입양 방식은 유스티니아누스법에서 폐지되었다.

C.8.47.11 Imperator Iustinianus (a.530).

Veteres circuitus in adoptionibus, quae per tres emancipationes et duas manumissiones in filio aut per unam emancipationem in ceteris liberis fieri solebant, corrigentes sive tollentes censemus licere parenti, qui liberos in potestate sua constitutos in adoptionem dare desiderat, sine vetere observatione emancipationum et manumissionum hoc ipsum actis intervenientibus apud competentem iudicem manifestare, praesente et eo qui adoptatur et non contradicente, nec non eo qui eum adoptat.

41 준노예란 filius familias in mancipio를 말하는 것으로 가부(家父)가 가자(家子)를 타인에게 사역하도록 악취행위로 넘긴 경우 그는 인법적(人法的)으로는 자유인이고, 유효한 혼인체결이 인정되었으며, 혼생자는 적출자였다. 그러나 취득자와의 관계에서는 노예유사의 종속관계가 발생하며, manumissio에 의해서만 벗어날 수 있었다(Gai. 1.116-118a, 1.138).

견해이다. 왜냐하면 그들은 타인의 가부장권(家父長權)에 복속하고 있으면서 가족신분을 변경했기 때문이다.)

〈20〉 D.4.5.3.1 Paulus 11 ad edictum.

Emancipato filio et ceteris personis capitis minutio manifesto accidit, cum emancipari nemo possit nisi in imaginariam servilem causam deductus: aliter atque cum servus manumittitur, quia servile caput nullum ius habet[42] ideoque nec minui potest:[43]

(부권면제(父權免除)된 가자(家子)와 기타 사람들에게 두격감등은 분명히 발생하는 것이니, 왜냐하면 아무도 가식적(假飾的)[44] 노예상태로 이끌어지지 않고서는[45] 부권면제될 수가 없기 때문이다. 그렇지만 노예가 해방되는

---

42 D.50.17.32 Ulpianus 43 ad Sabinum.

Quod attinet ad ius civile, servi pro nullis habentur: non tamen et iure naturali, quia, quod ad ius naturale attinet, omnes homines aequales sunt.

43 Inst. 1.16.4: Servus autem manumissus capite non minuitur, quia nullum caput habuit.

44 Inst. 1.12.6: Praeterea emancipatione quoque desinunt liberi in potestate parentum esse. sed ea emancipatio antea quidem vel per antiquam legis observationem procedebat, quae per imaginarias venditiones et intercedentes manumissiones celebrabatur, vel ex imperiali rescripto. nostra autem providentia et hoc in melius per constitutionem reformavit, ut, fictione pristina explosa, recta via apud competentes iudices vel magistratus parentes intrent et filios suos vel filias vel nepotes vel neptes ac deinceps sua manu dimitterent. et tunc ex edicto praetoris in huius filii vel filiae, nepotis vel neptis, bonis, qui vel quae a parente manumissus vel manumissa fuerit, eadem iura praestantur parenti quae tribuuntur patrono in bonis liberti: et praeterea si impubes sit filius vel filia vel ceteri, ipse parens ex manumissione tutelam eius nanciscitur.

45 이 부권면제 방식은 유스티니아누스법에서 폐지되었다.

C.8.48.6 Imperator Iustinianus (a.531).

Cum inspeximus in emancipationibus vanam observationem custodiri et venditiones in liberas personas figuratas et circumductiones inextricabiles et iniuriosa rhapismata, quorum nullus rationabilis invenitur exitus, iubemus huiusmodi circuitu in posterum quiescente licentiam esse ei, qui emancipare

경우와는 다른데, 왜냐하면 노예적 인두(人頭 = 노예)는 아무런 권리도 가지지 않고, 그래서 감등될 수도 없기 때문이다.)

⟨21⟩ D.4.5.4 Modestinus 1 pandectarum.

Hodie enim incipit statum habere.

([해방의] 오늘에야 비로소 그는 신분을 가지기 시작하는 것이기 때문이다.)

2) 실체법상의 효과

(1) 공적(公的)인 직책들: 두격감등과 무관

두격감등은 민사상의 지위와 관련된 것일 뿐이므로 두격감등자가 수행하는 공적인 직책에는 원칙적으로 영향을 미치지 않았다.

⟨22⟩ D.4.5.5.2 Paulus 11 ad edictum.

Nunc respiciendum, quae capitis deminutione pereant: et primo de ea capitis deminutione, quae salva civitate accidit, per quam publica iura non interverti constat: nam manere magistratum vel senatorem vel iudicem[46] certum est.

(이제 무엇이 두격감등으로 상실되는지 살펴보아야 한다. 우선 시민권은 유지한 채 발생하는 두격감등에 관하여 보면, 이를 통하여 공법상의 직책들이 박탈되지 않는다는 것이 정설이다. 왜냐하면 정무관이나 원로원의원이나

---

vult, vel ex lege anastasiana hoc facere vel sine sacro rescripto intrare competentis iudicis tribunal vel eos adire magistratus, quibus hoc facere vel legibus vel ex longa consuetudine permissum est, et filios suos vel filias, nepotes vel neptes vel deinceps progeniem in potestate sua constitutam a sua manu dimittere et legitima iura omnimodo habere, etsi non specialiter haec sibi servaverit, et peculium donare vel alias res liberalitatis titulo in eos transferre, et eas res, quae adquiri indignantur, per usum fructum secundum nostrae constitutionis modum detinere et omnia facere, vana tantummodo secundum quod dictum est observatione sublata.

46 D.5.1.78 Paulus 16 ad Plautium.
Quippe iudicare munus publicum est.

심판인으로 계속 남는다는 것은 확실하기 때문이다.)

⟨23⟩ D.4.5.6 Ulpianus 51 ad Sabinum.

Nam et cetera officia quae publica sunt, in eo non finiuntur: capitis enim minutio privata hominis et familiae eius iura, non civitatis amittit.

(또한 공적인 다른 직책들도 이 경우 종료하지 않는다. 왜냐하면 이 두격감 등은 개인과 그 가족관계의 사적(私的)인 권리들을 상실하는 것이지, 시민 신분상의 권리들[47]을 상실하는 것이 아니기 때문이다.)

(2) noxa 책임: 두격감등 불구 존속

전술했듯이 불법행위 가해책임(noxa)은 인두(人頭)에 수반한다.

⟨24⟩ D.4.5.7.1 Paulus 11 ad edictum.

Iniuriarum et actionum ex delicto venientium obligationes cum capite ambulant.

(침욕(侵辱) 및 불법행위로 인한 소권들의 채무는 인두(人頭)에 수반한다.)

그런데 이 noxa 책임은 두격감등으로써 벗어나지 못하였다.

⟨25⟩ D.4.5.2.3 Ulpianus 12 ad edictum.

Nemo delictis exuitur, quamvis capite minutus sit.

(아무도 두격이 감등했을지라도 불법행위 책임을 벗어나지 못한다.[48])

---

47 Bas.46.2.5 (Heimbach IV, p.556)은 이 부분을 tutelae로 바꿨다. 대표적으로 후견 직이 publica causa(D.1.6.9), officia publica로 이해되었기 때문에 그런 것으로 보 이지만, 후견직만이 이에 해당하는 것은 아닐 것이므로 원문같이 보다 포괄적으 로 표현하는 것이 더 타당해 보인다.

Cf. D.1.6.9 Pomponius 16 ad Quintum Mucium.

Filius familias in publicis causis loco patris familias habetur, veluti ut magistratum gerat, ut tutor detur.

(3) 종족(宗族)관계 및 그에 기초한 상속권과 후견직: 상실

종족(宗族)관계는 두격 최소감등의 경우에도 소멸하였다. 그 결과 두
격감등자는 법정상속인이 되지 못하고, 종족관계에 기한 후견직에서도
배제되었다.

〈26〉 Gai. 1.163.

Nec solum maioribus capitis diminutionibus ius adgnationis corrumpitur, sed
etiam minima;[49] et ideo si ex duobus liberis alterum pater emancipauerit,
post obitum eius neuter alteri agnationis iure tutor esse poterit.

(비단 두격 최대감등에 의하여 종족관계가 훼멸될 뿐 아니라 또한 두격 최
소감등으로써도 그러하다. 그래서 두 아들 중 한 명을 아버지가 부권면제(父
權免除)시킨 경우 그의 사후(死後) 그들 중 어느 누구도 서로에게 종족(宗族)
관계에 기하여 후견인이 될 수 없을 것이다.)

〈27〉 D.4.5.7.pr. Paulus 11 ad edictum.

... sed legitimae tutelae ex duodecim tabulis intervertuntur[50] eadem ratione,

---

48 그리하여 자유인일 때 불법행위를 저지르고 노예가 된 경우에도 caput를 추수하
    는 noxa 책임 때문에 가해자위부가 적용되었다(Inst. 1.8.5).

49 D.38.8.3 Iulianus 27 digestorum.
    Capitis deminutione peremuntur cognationes, quae per adoptionem adquisitae
    sunt. igitur si post mortem verbi gratia fratris adoptivi intra centensimum diem
    adoptivus frater capite deminutus fuerit, bonorum possessionem accipere non
    poterit, quae proximitatis nomine fratris defertur: praetorem enim non solum
    mortis tempus, sed etiam id, quo bonorum possessio petitur, intueri palam est.
    여기서 cognatio는 명백하게 adgnatio의 의미로 쓰인 것이다.
    Gai. 3.83: etenim cum pater familias se in adoptionem dedit mulierque in
    manum convenit, omnes eius res incorporales et corporales, quaeque ei debitae
    sunt, patri adoptivo coemptionatorive adquiruntur exceptis his, quae per capitis
    deminutionem pereunt, quales sunt ususfructus, operarum obligatio libertorum,
    quae per iusiurandum contracta est. (≒ Inst. 3.10.1)

50 UE. 11.9: Legitima tutela capitis diminutione amittitur.

qua et hereditates exinde legitimae,[51] quia adgnatis deferuntur, qui desinunt esse familia mutati.[52] ¶ Ex novis autem legibus et hereditates et tutelae plerumque sic deferuntur, ut personae naturaliter designentur: ut ecce deferunt hereditatem senatus consulta[53] matri et filio.

(··· 그러나 12표법에 의한 [종족원의] 법정의 후견직은 동법에 의한 법정의 상속권이 박탈되는 것과 같은 이유로 박탈된다. 왜냐하면 [그렇지 않다면] 가족신분 변동자로서 종족원이기를 그친 종족친에게 부여되기 때문이다. ¶ 그러나 새로운 법률들에 의하면 상속재산과 후견직은 대개 다음과 같이 부여된다. 즉 해당자들이 자연적 관계에 따라 지명된다. 그리하여 예컨대 상속재산을 원로원의결들은 모(母)와 자(子)에게 부여한다.)

⟨28⟩ D.38.16.1.4 Ulpianus 12 ad Sabinum.

Si filius suus heres esse desiit, in eiusdem partem succedunt omnes nepotes neptesque ex eo nati qui in potestate sunt: quod naturali aequitate contingit.

Inst. 1.22.4: ... minima autem capitis deminutione tutoris, veluti si se in adoptionem dederit, legitima tantum tutela perit, ceterae non pereunt: ...

Inst. 3.5.1: ... nam adgnati capite deminuti quique ex his progeniti sunt ex lege duodecim tabularum inter legitimos non habentur ...

51 Gai. 3.21: Item agnati capite deminuti non admittuntur ex ea lege (sc. duodecim tabularum) ad hereditatem, quia nomen agnationis capitis deminutione perimitur.

UE. 27.5: Legitimae hereditatis ius, quod ex lege duodecim tabularum descendit, capitis minutione amittitur.

52 C.5.30.2 Imperatores Diocletianus, Maximianus (a.293).

Ad agnatos pupilli iure legitimo sollicitudinem tutelae pertinere, nisi capitis deminutionem sustinuerunt, manifestissimum est.

53 Cf. D.38.17 Ad senatus consultum Tertullianum et Orphitianum; Inst. 3.3 De senatus consulto Tertulliano; D.3.4 De senatus consulto Orphitiano.

Inst. 3.4.2: Sciendum autem est huiusmodi successiones, quae a Tertulliano et Orfitiano deferuntur, capitis deminutione non peremi propter illam regulam, qua novae hereditates legitimae capitis deminutione non pereunt, sed illae solae quae ex lege duodecim tabularum deferuntur.

Filius autem suus heres esse desinit, si capitis deminutione vel magna vel minore exiit de potestate.[54] ...

(가자(家子)가 가내상속인(家內相續人)이기를 그친 경우에는 그의 상속분은 그로부터 태어나 가부장권(家父長權)에 복속하고 있는 모든 손자와 손녀들이 승계한다. 이것은 자연의 공평에 부합하는 것이다. 그런데 가자(家子)는 대(大) 또는 중(中) 두격감등으로 부(父)의 가부장권에서 벗어난 때에는 가내상속인이기를 그친다. …)

다만 시민법상의 상속법을 교정한 법정관법상의 유산점유법은 두격감등으로 가내상속인이기를 그친 자들을 위하여도 개입하였다. 혈족관계의 존속에 근거한 것이었다(후술 (5)).

〈29〉 D.37.1.6.1 Paul. 41 ad edictum.

Bonorum possessionis beneficium multiplex est: nam quaedam bonorum possessiones competunt contra voluntatem, quaedam secundum voluntatem defunctorum, nec non ab intestato habentibus ius legitimum vel non habentibus propter capitis deminutionem.[55] quamvis enim iure civili deficiant liberi, qui propter capitis deminutionem desierunt sui heredes esse, propter aequitatem tamen rescindit eorum capitis deminutionem praetor.[56]

---

54 D.38.16.11 (앞의 주 26).
55 구체적인 예: C.6.59.2 Imperatores Diocletianus, Maximianus (a.293).
    Si pater tuus propiori sobrino tuo agnato constituto et intestato defuncto iure civili adita hereditate, vel hoc ab initio non interveniente sive capitis deminutione perempto sollemniter bonorum possessione admissa successit ac tibi patris tui quaesita hereditas est, adire praesidem provinciae debes ac tutorem eius de tutela convenire.
56 구체적인 예: D.38.6.5.1 Pomponius 4 ad Sabinum.
    Sed et si filium et nepotem ex eo pater emancipaverit, filius solus veniet ad bonorum possessionem, quamvis capitis deminutio per edictum nulli obstet. quin etiam hi quoque, qui in potestate numquam fuerunt nec sui heredis locum

legum quoque tuendarum causa dat bonorum possessionem.

(유산점유의 시혜(施惠)는 다양하다. 즉 어떤 유산점유들은 망자들의 의사
에 반하여 어떤 것들은 의사에 좇아서 인정되며, 또 무유언시 법정상속권을
가지는 자들이나 두격감등으로 인하여 가지지 못하는 자들에게도 인정된
다. 비록 두격감등으로 인하여 가내상속인이기를 그친 자녀들은 시민법상 권
리가 없지만, 형평으로 인하여 법정관은 그들의 두격감등을 취소한다. 법규
가 정한 것을 지키기 위해서도 그는 유산점유를 부여한다.)

후대법에서 부권면제된 자(子)에게 두격감등에도 불구하고 상속상 우
선권을 인정함과 동시에 법정후견직을 부과한 사례가 전해지는데, 두격
감등을 사유로 후견직을 회피할 수 없다고 하였다.[57]

한편 법정후견직은 피후견인이 두격 최소감등을 겪은 경우에도 종료
하였다. 피후견인이 다른 가(家)의 구성원으로 되면서 새로운 보호관계
가 성립하기 때문이다.

⟨30⟩ D.26.4.2.pr. Ulpianus 37 ad Sabinum.

Legitimam tutelam capitis deminutione pupilli etiam ea, quae salva civitate
contingit, amitti nulla dubitatio est.[58]

---

optinuerunt, vocantur ad bonorum possessionem parentium. nam si filius
emancipatus reliquerit in potestate avi nepotem, dabitur ei, qui in potestate relictus
sit, patris emancipati bonorum possessio: et si post emancipationem procreaverit,
ita nato dabitur avi bonorum possessio, scilicet non obstante ei patre suo.

57 C.5.30.4 Imperator Anastasius (a.498).

Frater emancipatus, qui in germani sui vel sororis successionem omnes inferiores
seu prolixiores gradus non tantum cognatorum, sed etiam agnatorum antecedere a
nobis pro nostra dispositione iussus est, etiam ad legitimam fratrum et sororum nec
non liberorum fratrum tutelam, quasi minime patris potestate per ius emancipationis
relaxatus, si non alia iuri cognita excusatione munitus sit, vocari nec sub praetextu
capitis deminutionis alienum huiusmodi onere semet contendere sancimus.

58 Inst. 1.22.4: ... sed pupilli et pupillae capitis deminutio licet minima sit, omnes

(법정후견직이 피후견인의 두격감등으로, 또한 시민권은 유지한 채 발생하는 두격감등으로도 상실된다는 것은 의문의 여지가 없다.)

(4) 기타 후견직: 유지

12표법에 기하여 종족원에게 인정되었던 법정후견직(전술 (2))이 아닌 경우에는 원칙적으로 두격 최소감등으로써 후견직을 박탈당하지 않았다.

⟨31⟩ D.4.5.7.pr. Paulus 11 ad edictum.

Tutelas etiam non amittit capitis minutio[59] exceptis his, quae in iure alieno personis positis deferuntur. Igitur testamento[60] dati vel ex lege vel ex senatus consulto erunt nihilo minus tutores: ...

(후견직도 두격감등으로써 상실되지 않는데, 타인의 가부장권하(家父長權下)에 놓인 자들에게 부여된 것들[61]은 예외이다. 따라서 유언으로 또는 법률이나 원로원의결에 의하여 선임된 자들은 그럼에도 불구하고 후견인이다. …)

(5) 혈족관계: 유지

두격 최소감등의 경우 법정의 친족관계인 종족(宗族)관계와 달리 자연혈연의 관계인 혈족(血族)관계는 그대로 유지되었다.

⟨32⟩ Gai. 1.158.

Sed adgnationis quidem ius capitis deminutione perimitur, cognationis vero ius eo modo non commutatur,[62] quia civilis ratio civilia quidem iura

---

tutelas tollit.

59 Inst. 1.22.4: ... minima autem capitis deminutione tutoris, veluti si se in adoptionem dederit, ... ceterae (sc. tutelae) non pereunt: ...

60 UE. 11.17: Si capite diminutus fuerit tutor testamento datus, non amittit tutelam: ...

61 D.1.6.9 (앞의 주 47).

corrumpere potest, naturalia vero non potest.[63]

(실로 종족(宗族)관계는 두격감등으로 소멸하지만, 혈족(血族)관계는 그 방식으로 바뀌지 않는다. 왜냐하면 시민법 논리는 실로 시민법상 관계는 훼멸시킬 수 있지만 자연법적 관계는 그럴 수 없기 때문이다.[64])

⟨33⟩ Inst. 1.16.6.

Quod autem dictum est manere cognationis ius et post capitis deminutionem, hoc ita est, si minima capitis deminutio interveniat: manet enim cognatio. ...

(그런데 혈족관계가 두격감등 후에도 존속한다고 이야기된 것은 두격 최소감등이 개입한 경우 그렇다는 것이다. 즉 혈족관계는 유지된다. ⋯)[65]

(6) 사용역권(usus) 및 용익역권(ususfructus): 유지

원래는 소멸하였으나[66] 유스티니아누스법에서는 반대로 규율되었다.[67]

62　Gai. 3.27: Adgnatos autem capite deminutos non secundo gradu post suos heredes vocat, id est non eo gradu vocat, quo per legem vocarentur, si capite minuti non essent, sed tertio proximitatis nomine. licet enim capitis deminutione ius legitimum perdiderint, certe cognationis iura retinent. itaque si quis alius sit, qui integrum ius agnationis habebit, is potior erit, etiamsi longiore gradu fuerit.

63　Inst. 1.15.3: Sed adgnationis quidem ius omnibus modis capitis deminutione plerumque perimitur: nam adgnatio iuris est nomen. cognationis vero ius non omnibus modis commutatur, quia civilis ratio civilia quidem iura corrumpere potest, naturalia vero non utique.

64　Cf. D.4.5.9 ⟨36⟩.

65　이는 유산점유 부여의 근거가 되었다.

UE. 28.9: Proximi cognati bonorum possessionem accipiunt non solum per feminini sexus personam cognati, sed etiam agnati capite diminuti: nam licet legitimum ius agnationis capitis minutione amiserint, natura tamen cognati manent.

66　D.7.1.35.1 (Iul. 1 ad Urs. Ferocem); D.19.1.24.pr. (Iul. 15 dig.); D.33.2.23 (Mauric. 2 ad leg. Iul. et Pap.); D.7.1.56 (Gai. 17 ad ed. provinc.); D.33.1.8 (Gai. 5 ad leg. Iul. et Pap.); D.33.2.29 (Gai. 1 fideicomm.); D.7.4.14 (Pomp. 5 ad Sab.);

(7) 지역권: 유지

지역권은 승역지와 요역지 사이의 관계이지 지역권의 혜택을 보는 자들의 인적 지위가 아니기 때문에 이들의 두격감등에 영향을 받지 않는다.

D.7.4.1.pr.-3 (Ulp. 17 ad Sab.); D.7.1.25.2 (Ulp. 18 ad Sab.); PS. 3.6.28-29; Vat. fr. 61-64; C.3.33.16.pr. Iust. (a.530)(veteribus placuit).

67 Inst. 3.10.1: ... usus etenim et usus fructus, licet his (sc. quae per captitis deminutionem pereunt) antea connumerabantur, attamen capitis deminutione minima eos tolli nostra prohibuit constitutio.

C.3.33.16.2-3 Imperator Iustinianus (a.530).

2. Sed nec per omnem capitis deminutionem huiusmodi detrimentum imminere nostris patimur subiectis. quare enim, si filius familias fuerit is qui usum fructum habet, forte ex castrensi peculio, ubi nec usus fructus adquiritur ei, possessum, per emancipationem eum amittat? sed secundum quod definitum est tunc eum tantummodo desinere, cum usufructuarius vel res pereat, et tantummodo eum cum anima vel rei substantia expirare, nisi praedictae exceptionis vigor reclamaverit.

3. Excepta videlicet tali capitis deminutione, quae vel libertatem vel civitatem Romanam possit adimere: et tunc enim usus fructus omnimodo ereptus ad suam revertatur proprietatem.

C.3.33.17.pr.-2 Imperator Iustinianus (a.531).

pr. Ex libris Sabinianis quaestio nobis relata est, per quam dubitabatur, si usus fructus per servum adquisitus vel per filium familias capitis deminutione filii magna vel media vel morte vel emancipatione vel servi quacumque alienatione vel morte vel manumissione potest adhuc remanere.

1. Et ideo sancimus in huiusmodi casibus neque, si servus vel filius familias in praefatos casus inciderit, interrumpi patri vel domino usum fructum qui per eos adquisitus est, sed manere intactum, neque, si pater capitis deminutionem magnam vel mediam passus fuerit vel morte ab hac luce fuerit exemptus, usum fructum perire, sed apud filium remanere, etiamsi heres a patre non relinquatur.

2. Usum fructum enim per eum adquisitum apud eum remanere et post patris calamitatem oportet, cum plerumque verisimile est testatorem contemplatione filii quam patris usum fructum ei reliquisse.

⟨34⟩ D.8.6.3 Gaius 7 ad edictum provinciale.

Iura praediorum morte et capitis deminutione non perire volgo traditum est.

(지역권들은 사망과 두격감등으로 소멸하지 않는다고 두루 전교(傳敎)되
었다.)

(8) 일정한 급부의무: 사실상 존속
일정한 급부의무의 경우에는 두격감등으로써 의무가 소멸하지 않는
데,[68] 사료에 전하는 것으로 혼인지참재산 반환의무 및 부양 목적의 유
증 급부의무가 이에 해당하였다.

⟨35⟩ D.4.5.8 Gaius 4 ad edictum provinciale.

Eas obligationes, quae naturalem praestationem habere intelleguntur,
palam est capitis deminutione non perire, quia civilis ratio naturalia iura
corrumpere non potest.[69] Itaque de dote actio, quia in bonum et aequum
concepta est,[70] nihilo minus durat etiam post capitis deminutionem,

(자연법상의 급부를 내용으로 하는 것으로 여겨지는 그러한 채권들은 [채

---

68   해방노예의 노역의무는 명백히 소멸: Gai. 3.83 (앞의 주 49). 그러나 노예 노역의
     유증은 수유자의 두격감등으로 소멸하지 않았다: D.33.2.2.pr. (Pap. 17 quaest.);
     D.7.7.2 (Ulp. 17 ad ed.).

69   Cf. D.7.5.2.1 Gaius 7 ad edictum provinciale.
     Quo senatus consulto non id effectum est, ut pecuniae usus fructus proprie esset
     (nec enim naturalis ratio auctoritate senatus commutari potuit), sed remedio
     introducto coepit quasi usus fructus haberi.

70   Cf. Inst. 4.6.29: Fuerat antea et rei uxoriae actio ex bonae fidei iudiciis: sed cum,
     pleniorem esse ex stipulatu actionem invenientes, omne ius quod res uxoria
     ante habebat cum multis divisionibus in ex stipulatu actionem, quae de dotibus
     exigendis proponitur, transtulimus, merito rei uxoriae actione sublata, ex stipulatu,
     quae pro ea introducta est, naturam bonae fidei iudicii tantum in exactione dotis
     meruit ut bonae fidei sit. sed et tacitam ei dedimus hypothecam; praeferri autem
     aliis creditoribus in hypothecis tunc censuimus, cum ipsa mulier de dote sua
     experiatur, cuius solius providentia hoc induximus.

무자의] 두격감등으로써 소멸하지 않는다는 것이 분명하다. 왜냐하면 시민법 논리는 자연법상의 권리들을 훼멸시킬 수가 없기 때문이다.[71] 그래서 혼인지참재산 반환소구권은 선(善)과 형평(平良)에 기한 것이므로 [부(夫)의] 두격감등 후에도 그럼에도 불구하고 지속되어,

⟨36⟩ D.4.5.9 Paulus 11 ad edictum.

Ut quandoque emancipata agat.[72]

[처(妻)는] 장차 부권(夫權)에서 벗어나면[73] 소구할 수 있다.)

⟨37⟩ D.4.5.10 Modestinus 8 differentiarum.

Legatum in annos singulos[74] vel menses singulos relictum, vel si habitatio legetur, morte quidem legatarii legatum intercidit, capitis deminutione tamen interveniente perseverat:[75] videlicet quia tale legatum in facto potius quam in iure consistit.[76]

(연급(年給)이나 월급(月給)으로 부양급부가 유증되거나 또는 거주권이 유증된 경우 수유자(受遺者)의 사망으로 유증은 소멸하지만,[77] 두격감등이 개

---

71   Cf. Gai. 1.158 ⟨32⟩. Emancipatio는 부권(父權)에서 벗어나는 것(Berger, s.h.v., p.451은 이것만 다루고 있다)뿐 아니라 부(夫)의 수권(手權, manus[夫權])에서 벗어나는 것도 의미한다. Heumann / Seckel, s.v. Emancipare, p.168.

72   Cf. D.2.14.21.3 Paulus 3 ad edictum.
      Filia familias pacisci potest, ne de dote agat, cum sui iuris esse coeperit.

73   Gai. 1.137.

74   Cf. D.33.1.4 (Paul. 62 ad ed.); D.33.1.8 (Gai. 5 ad leg. Iul. et Pap.); D.33.1.12 (Paul. 13 resp.).

75   D.7.8.10.pr. Ulpianus 17 ad Sabinum.
      Si habitatio legetur, an perinde sit atque si usus, quaeritur. et effectu quidem idem paene esse legatum usus et habitationis et Papinianus consensit libro octavo decimo quaestionum. denique donare non poterit, sed eas personas recipiet, quas et usuarius: ad heredem tamen nec ipsa transit nec non utendo amittitur nec capitis deminutione.

76   D.50.17.24 Paulus 5 ad Sabinum.

재된 때에는 유증은 지속한다. 즉 그런 유증은 법적 고려에 기한 것이라기보다는 사실적 고려에 기한 것이기 때문이다.[78]

그 밖에 두격 최소감등인 부권면제의 조합에 대한 효과를 다룬 것으로 다음 개소가 전해진다. 이 개소는 두격 최소감등자가 조합을 유지하는 데 아무런 문제가 없음을 전제로[79] 부권면제 전·후의 효과를 논한 것이다.

〈38〉 D.17.2.58.2 Ulpianus 31 ad edictum.

Si filius familias societatem coierit, deinde emancipatus a patre fuerit, apud Iulianum quaeritur, an eadem societas duret an vero alia sit, si forte post emancipationem in societatem duratum est. Iulianus scripsit libro quarto decimo digestorum eandem societatem durare, initium enim in his contractibus inspiciendum: duabus autem actionibus agendum esse, una adversus patrem, altera adversus filium: cum patre de eo, cuius dies ante emancipationem cessit, nam eius temporis, quo post emancipationem societas duravit, nihil praestare patrem oportet: cum filio autem de utroque tempore, id est de tota societate, nam et si quid, inquit, socius filii post emancipationem filii dolo fecerit, eius non patri, sed filio actio danda est.

(가자(家子)가 조합을 결성하고 그후 부(父)에 의하여 부권면제(父權免除)

Quatenus cuius intersit, in facto, non in iure consistit.

77 C.3.33.11 Imperatores Diocletianus, Maximianus (a.294).
Habitatio morte finitur: nec proprietatem qui habitationem habuit legando dominii vindicationem excludit.

78 생계 및 생활안정을 위한 부양 목적의 급부를 유증한 경우에 대한 로마법의 태도는 수혜자의 권리를 최대한도로 고려하는 것이었다. 이 점과 관련하여 비단 법적으로뿐만 아니라 사회경제적 관점에서도 아주 흥미로운 개소로 D.2.15.8 (Ulpianus 5 de omnibus tribunalibus).

79 Gai. 3.153: Dicitur etiam capitis deminutione solvi societatem, quia civili ratione capitis deminutio morti coaequatur; sed utique si adhuc consentiant in societatem, nova videtur incipere societas.

된 사안에 대하여 율리아누스의 저술에서 그가 가령 부권면제 후 조합에 계속 남았으면 동일한 조합으로 존속하는지 아니면 다른 조합인 것인지가 문제되었다. 율리아누스는 『학설집』 제14권에서 다음과 같이 기술하였다. "이들 계약에 있어서는 계약 개시(開始) 시점을 고려해야만 하기 때문에 동일한 조합으로 존속한다. 그런데 두 개의 소권으로 소구해야만 하는데, 하나는 부(父)를 상대로, 다른 하나는 자(子)를 상대로 한다. 부(父)를 상대로 해서는 부권면제 전에 권리기일이 도래한 채권에 관해서인데, 왜냐하면 부권면제 후 조합이 존속한 기간에 대해서는 부(父)는 어떤 책임질 의무도 없기 때문이다. 그러나 자(子)를 상대로는 양 기간 모두에 대하여, 즉 전체 조합에 대해서인데, 왜냐하면 그는 가로되 '자(子)의 동료조합원이 자(子)의 부권면제 후 악의로 어떤 것을 행한 경우 이에 대해서는 부(父)가 아니라 자(子)에게 소권을 부여해야만 하기 때문이다'.")

(9) 기타

두격 최소감등과 관련하여 매우 다양한 사례들이 전해진다. 이곳에서는 그저 몇몇 사례만을 소개하기로 한다.

⟨39⟩ D.38.16.13.pr. Gaius 10 ad leg. Iul. et Pap.

Nulla femina aut habet suos heredes aut desinere habere potest propter capitis deminutionem.

(어떤 부인(婦人)도 가내상속인(家內相續人)들을 가지거나 두격감등으로 말미암아 가내상속인들을 가지기를 그칠 수 없다.)

원래 불가능한 것은 두격감등과 무관하게 불가능한 것이지 두격감등으로 비로소 불가능해지는 것이 아님을 보여주는 개소이다.

유스티니아누스법에서는 군영 유언으로 인정되는 유언을 한 군인이 자권자입양(自權者入養)되거나 가자(家子)였던 자가 부권면제(父權免除)되는 두격감등이 발생해도 새로운 의사적 기초를 간주함으로써 마치 변화된 상황에서 다시 유언한 것처럼 취급하여 유언을 유지시켰다.

⟨40⟩ Inst. 2.11.5.

Denique et si in adrogationem datus fuerit miles vel filius familias emancipatus est, testamentum eius quasi militis ex nova voluntate valet nec videtur capitis deminutione irritum fieri.[80]

(끝으로 군인이 자권자입양(自權者入養)되거나 가자(家子)인데 부권면제(父權免除)된 경우 그의 유언은 새로운 의사에 기한 군인 유언으로서 유효하고, 두격감등으로써 상효(喪效)하지 않는다.)

두격감등은 조합의 해산 사유였다. 이 점에서 조합원의 사망과 같게 취급된 것이다. 그러나 사망의 경우와 달랐던 것은 타계한 것이 아니므로 두격감등자와 조합을 지속하기로 합의하면 새로운 조합 결성으로 보았다는 점이다.

⟨41⟩ Gai. 3.153.

Dicitur etiam capitis deminutione solui societatem, quia ciuili ratione capitis

---

80 Cf. Gai. 2.146 = Inst. 2.17.5: Hoc autem casu irrita fieri testamenta dicuntur, cum alioquin et quae rumpuntur irrita fiant et quae statim ab initio non iure fiunt irrita sunt: et ea, quae iure facta sunt, postea propter capitis deminutionem irrita fiunt, possumus nihilo minus rupta dicere. sed quia sane commodius erat singulas causas singulis appellationibus distingui, ideo quaedam non iure facta dicuntur, quaedam iure facta rumpi vel irrita fieri.
Inst. 2.17.6 (5): Non tamen per omnia inutilia sunt ea testamenta, quae ab initio iure facta propter capitis deminutionem irrita facta sunt. nam si septem testium signis signata sunt, potest scriptus heres secundum tabulas testamenti bonorum possessionem agnoscere, si modo defunctus et civis Romanus et suae potestatis mortis tempore fuerit: nam si ideo irritum factum sit testamentum, quod civitatem vel etiam libertatem testator amisit, aut quia in adoptionem se dedit et mortis tempore in adoptivi patris potestate sit, non potest scriptus heres secundum tabulas bonorum possessionem petere.

deminutio morti coaequatur; sed utique si adhuc consentiant in societatem, noua uidetur incipere societas.

(또한 두격감등으로 조합이 해산된다고 이야기되는데, 왜냐하면 시민법 논리상 두격감등은 사망과 등치되기 때문이다.[81] 그러나 어쨌든 조합을 지속하기로 여전히 합의하는 경우면 새로운 조합이 개시하는 것으로 여겨진다.)

3) 고시법(告示法)의 대응
두격감등으로 인한 신분의 변동으로 인하여 두격감등자와 법률행위를 체결한 자들에게 불이익이 발생하지 않도록 법정관(法政官, praetor)의 고시가 특별히 마련되었다.

(1) 법정관 고시
관련 법정관 고시는 법률행위의 상대방에게 두격감등이 발생한 경우에 두격감등 발생 전과 마찬가지로 그들을 상대로 하는 소송을 허용하는 내용이었다.

⟨42⟩ D.4.5.2.1 Ulpianus 12 ad edictum.
Ait praetor: "QUI QUAEVE, POSTEAQUAM QUID CUM HIS ACTUM CONTRACTUMVE SIT, CAPITE DEMINUTI DEMINUTAE ESSE DICENTUR, IN EOS EASVE PERINDE, QUASI ID FACTUM NON SIT,[82] IUDICIUM DABO".

---

81 Bas.46.2.1.2 Schol. 3) (Heimbach IV, p.553): ὅτι τῷ πολιτικῷ τετελευτηκέναι δοκοῦμεν (iure civili videmur esse mortui).

82 Cf. Gai. 4.38: Praeterea aliquando fingimus aduersarium nostrum capite deminutum non esse. nam si ex contractu nobis obligatus obligataue sit et capite deminutus deminutaue fuerit, uelut mulier per coemptionem, masculus per adrogationem, desinit iure ciuili debere nobis, nec directo intendi potest sibi dare eum eamue oportere; sed ne in potestate eius sit ius nostrum corrumpere, introducta est contra eum eamue actio utilis rescissa capitis deminutione, id est, in

(법정관 가로되 "그들과 법률행위가 수행되었거나 체결된 남자들이나 여자들이 두격이 감등했다고 주장되는 경우 그 남자들이나 여자들을 상대로 마치 그 일이 발생하지 않은 것처럼 소송을 허여할 것이다.")

고시가 말하는 '수행'이나 '체결'은 유언하는 권리에는 해당이 없었다. 즉 계약채무에만 해당되었다(obligati: D.4.5.2.2 〈46〉).[83]

〈43〉 D.50.16.20 Ulpianus 12 ad edictum.

Verba "contraxerunt" "gesserunt" non pertinent ad testandi ius.

("체결했다" "수행했다"라는 용어는 유언법에는 해당하지 않는다.)

이 법정관 고시에 의한 소권은 원고 측이나 피고 측이나 그 상속인에게도 해당되는 소권이었다.

〈44〉 D.4.5.2.5 Ulpianus 12 ad edictum.

Hoc iudicium perpetuum est et in heredes et heredibus datur.

(이 소송은 영구적이어서 상속인들을 상대로, 또 상속인들에게도 허여된다.)

(2) 고시의 적용범위: 두격 최소감등

두격 최대감등이나 중감등의 경우에는 두격감등자가 로마시민법상

---

qua fingitur capite deminutus deminutaue non esse.

이에 따라 그 의제소권의 방식서는 다음과 같이 재구성된다. Lenel, 118.

"SI NUMERIUS NEGIDIUS CAPITE DEMINUTUS NON ESSET, TUM SI NUMERIUM NEGIDIUM AULO AGERIO . . . DARE OPORTERET, IUDEX NUMERIUM NEGIDIUM AULO AGERIO . . . CONDEMNA: SI NON PARET, ABSOLVE."

83 Bas.46.2.6.2 Schol. 4) (Heimbach IV, p.557): ἐπὶ τῶν ἀπὸ συναλλαγμάτων ἐνοχῶν (de obligationibus ex contractibus).

법률행위의 당사자가 될 수 없었으므로(D.4.5.7.2 ⟨10⟩) 본 고시는 적용되지 않았지만, 그들의 법률관계를 승계한 자들을 상대로 하는 소권은 당연히 인정되었다.

⟨45⟩ D.4.5.2.pr. Ulpianus 12 ad edictum.

Pertinet hoc edictum ad eas capitis deminutiones, quae salva civitate contingunt. ¶ Ceterum sine amissione civitatis sive libertatis amissione contingat capitis deminutio, cessabit edictum neque possunt hi penitus conveniri: dabitur plane actio in eos, ad quos bona pervenerunt eorum.

(이 고시는 시민권을 유지한 채 발생하는 그러한 두격감등들에 관련된 것이다. ¶ 그와 달리 시민권 상실 또는 자유의 상실로써 두격감등이 발생하는 경우에는 고시는 적용되지 않을 것이고, 또 이들은 전적으로 제소될 수가 없다. 물론 그들의 재산이 이전된 자들을 상대로는 소권이 부여될 것이다.)

(3) 소권 회복의 근거: 자연법적 구속

법정관이 두격 최소감등 후에도 상대방의 원래의 소권을 의제를 통하여 계속 인정한 이유는 원칙적으로 두격감등자들이 자연법적으로 구속되는 상태가 계속된다고 본 까닭이다.

⟨46⟩ D.4.5.2.2 Ulpianus 12 ad edictum.

Hi qui capite minuuntur ex his causis, quae capitis deminutionem praecesserunt, manent obligati naturaliter: ceterum si postea, imputare quis sibi debebit cur contraxerit, quantum ad verba huius edicti pertinet. ...

(두격이 감등되는 자들은 두격감등에 선행한 사실들로 인해서는 자연법적으로 구속된 채로 남는다.[84] 반면에 그후라면 각자는 왜 [법률행위를 그들

---

84 Cf. D.15.1.42 Ulpianus 12 ad edictum.

과] 체결했는지 자신에게 책임을 돌려야만 할 것인바, 이 고시의 문언에 관한 한 그러하다. ⋯)

특수한 사례로 자권자입양(自權者入養) 및 타권자입양(他權者入養)의 사안이 전해진다.

⟨47⟩ D.4.5.2.2 Ulpianus 12 ad edictum.

... Sed interdum, si contrahatur cum his post capitis deminutionem, danda est actio: et quidem si adrogatus sit, nullus labor: nam perinde obligabitur ut filius familias.[85]

(⋯ 그러나 때로는 이들과 두격감등 후에 체결되는 경우에도 소권을 부여해야만 한다. 하여 정녕 자권자입양(自權者入養)된 경우에는 애쓸 필요가 없다. 왜냐하면 그는 가자(家子)인 한도에서 구속될 것이기 때문이다.)

⟨48⟩ Inst. 3.10.3.

Sed ex diverso pro eo, quod is debuit qui se in adoptionem dedit, ipso quidem iure adrogator non tenetur, sed nomine filii convenietur et, si noluerit eum defendere, permittitur creditoribus per competentes nostros magistratus bona, quae eius cum usu fructu futura fuissent, si se alieno iuri non subiecisset, possidere et legitimo modo ea disponere.[86]

In adrogatorem de peculio actionem dandam quidam recte putant, quamvis Sabinus et Cassius ex ante gesto de peculio actionem non esse dandam existimant.

85 Bas.46.2.1.2 (Heimbach IV, pp.553f.). Cf. Inst. 3.10.1 (앞의 주 67).

86 Gai. 3.84: Ex diverso quod is debuit, qui se in adoptionem dedit quaeque in manum convenit, non transit ad coemptionatorem aut ad patrem adoptivum, nisi si hereditarium aes alienum fuerit: tunc enim, quia ipse pater adoptivus aut coemptionator heres fit, derecto tenetur iure: is vero, qui se adoptandum dedit, quaeque in manum convenit, desinit esse heres: de eo vero, quod proprio nomine eae personae debuerint, licet neque pater adoptivus teneatur neque coemptionator

(반대로 자신을 타권자입양(他權者入養)에 맡긴 자가 부담했던 채무에 대해서는 실로 법률상 당연히 양부(養父)는 책임을 지지 않지만 양자(養子) 명의로 제소될 것이고, 그(자〔子〕)를 방어하기를 원하지 않으면 짐(朕)의 관할담당관들에 의하여 그(자〔子〕)가 자신을 타인의 가부장권(家父長權)에 복속시키지 않았더라면 용익역권과 더불어 그의 것이 되었을 재산을 [사압류(私押留)로] 점유하고 적법한 방식으로 그 재산을 처분하는 것이 채권자들에게 허용된다.)

자권자입양(自權者入養)의 한 특수한 경우로 채무자를 입양한 사안을 전하는 다음 개소도 참조할 것이다. 여기서는 입양에 따른 부자(父子)관계로 인하여 일단 소멸한 채권채무관계는 부자관계가 종식한 후에도 회복되지 않는다는 법리를 밝히고 있다. 일반적 사이라면 존속하는 것으로 관념되었을 자연법적 채권채무관계가 시민법의 엄격법리가 적용되었던 가부장(家父長)의 지배영역에 대해서는 적용될 수 없었기 때문이다.

〈49〉D.4.5.2.4 Ulpianus 12 ad edictum.

Ei, qui debitorem suum adrogavit,[87] non restituitur actio in eum, postquam

---

nec ipse quidem, qui se in adoptionem dedit, quaeque in manum convenit, maneat obligatus obligataque, quia scilicet per capitis deminutionem liberetur, tamen in eum eamve utilis actio datur rescissa capitis deminutione; et si adversus hanc actionem non defendantur, quae bona eorum futura fuissent, si se alieno iuri non subiecissent, universa vendere creditoribus praetor permittit.

87 Cf. D.5.1.11 Ulpianus 12 ad edictum.
Si a me fuerit adrogatus qui mecum erat litem contestatus vel cum quo ego: solvi iudicium Marcellus libro tertio digestorum scribit, quoniam nec ab initio inter nos potuit consistere.
(나와 쟁점결정했던 또는 내가 그와 그렇게 했던 자가 나에 의하여 타권자입양(他權者入養)된 경우 소송은 해소된다고 마르켈루스는 『학설집』제3권에서 기술하고 있는데, 왜냐하면 또한 처음부터 우리 사이에는 소송이 성립할 수 없었기 때문이다.)

sui iuris fiat.

(자신의 채무자를 자권자입양(自權者入養)한 자에게는[88] [그 양자(養子)가 다시] 자권자(自權者)가 된 후에도 그를 상대로 소권이 회복되지 않는다.)

그러나 타권자입양(C.8.47.11〔앞의 주 40〕) 및 부권면제(C.8.48.6〔앞의 주 45〕)의 경우 유스티니아누스법에 의하여 최소 두격감등이 터 잡았던 가식적 노예화의 방식이 폐지되면서 채무가 소멸하지 않게 되어 법정관 고시에 따른 회복 조치가 불필요하게 되었다.

III. 맺음말

이상으로 D.4.5를 중심으로 하여 로마법상 고래(古來)로 인정되어 온 시민법상의 신분변동인 두격감등을 살펴보았다. 작업의 중점은 주요 관련 사료의 번역 소개에 두었다. 그 과정에서 소수의 사례를 통해서이기는 하지만 로마법에 특유한 시민법과 자연법, 또 시민법과 법정관법의 고유한 논리와 상호작용을 살필 수 있었고, 로마적 소권법의 특수성(가령 의제(擬制), 소권의 회복)은 물론 공법과 사법(私法)의 구분에 관한 기본적인 관점 등도 간취할 수가 있었다. 더욱이 흥미로운 것은 인간의 법적 지위를 caput라는 인신(人身)의 일부에 의탁하여 지칭하면서, 그 개별적 요소로 좁은 의미의 시민법상의 가족적 지위에서 더 나아가 시민권은 물론, 자연법적으로 만인에게 전제된 것으로 관념된 자유[89]까지

---

88 입양으로 계속(係屬)중이던 소송이 소멸하므로 추후적인 부활은 가능하지 않았기 때문이다.

D.5.1.11.pr. Ulpianus 12 ad edictum.

Si a me fuerit adrogatus qui mecum erat litem contestatus vel cum quo ego: solvi iudicium Marcellus libro tertio digestorum scribit, quoniam nec ab initio inter nos potuit consistere.

89 D.1.1.4 (Ulp. 1 inst.); D.12.6.64 (Tryph. 7 disp.); Inst. 1.2.2; Inst. 1.5.pr.

를 아우르는 총괄개념을 발전시킴으로써 고전법학의 persona 개념에 앞서 이미 확고한 인(人)중심주의(personalism)의 법문화 풍토를 조성하였다는 사실이다. 그리고 이러한 기조 위에서 때로는 (가령 입양 사안 등에서) 매우 기술적인 세부적 고찰에까지 나아간 것을 볼 수 있었다. 이러한 모든 점들은 비교법적으로 볼 때, 가령 조선시대의 법문화가 학식법학(intellectualism)의 미약으로 인하여 소위 양천제(良賤制)를 근간으로 한다면서도 capitis minutio와 같은 고도의 개념 체계를 명시적으로 발전시키지 못한 것과 대비되는 점이다.

〔후기〕

논문 심사자 분 중 한 분의 몇 가지 가볍지 않은 지적에 대해서는 필자 나름의 해명이 필요할 것 같아 후기 형식으로 덧붙인다. 인용된 " "부분이 심사평에서 지적된 내용이다.

(1) "번역용어에 관하여 caput를 머리, 頭 또는 人頭로 번역함으로써 '두격감소'라는 이해가 어려운 용어를 사용하여야 하는지 의문이며, 대상논문도 2면에서 失位라는 개념을 쓰기도 함. 가능하면 현행민법에서 쓰이는 개념(예컨대 人格 또는 신분)으로 번역하는 방법을 고려할 수 있음. 이렇게 번역할 때에는 se capite deminuere, poena capitis 등의 이해가 오히려 편리하게 될 것임."

→ 초고에서 '두격감소'라고 했던 것을 '두격감등'(頭格減等)으로 역어를 바꿨다. 왜냐하면 대(大)·중(中)·소(小)의 등급 구조를 지니고 있기 때문에 이를 표현하는 쪽이 더 낫다고 생각하였기 때문이다. 종래 시바타 미츠조(柴田光藏)[90]의 '頭格の減少, 頭格喪失, 頭格消滅'를 참조했던 것을 다시 추한핑(丘漢平)[91]이나 황펑(黃風)[92] 등이 사용하는 '人格減等' 용어를 참조하여 재조합한 것이다. 아울러 등급을 표현하는 원어를 그

---

90 柴田光藏, s.v. cap(itis) deminutio, p.48.

91 丘漢平, 150ff.

92 黃風, 32.

대로 살려서 단순히 대(大) · 중(中) · 소(小)로 하는 대신 최대(maxima) · 중(간)(minor, media) · 최소(minima)로 표시하였다. 중(minor)감등의 경우 원어를 그대로 따르면 '소'감등이 되어야 하지만, 기존의 용어례와의 혼란을 피하기 위하여 중감등으로 유지하였다. 그리고 magna의 경우 그 용례를 보면 경우에 따라서는 maxima + media를, 경우에 따라서는 maxima만을 의미하는데, 이것은 문맥을 보면 용이하게 알 수 있다. 두 상황 모두에 공통된 역어로서는 역시 어휘의 본 의미대로 '대(大)'감등으로 옮겼다. '두격 최대감등' 또는 '최대 두격감등'은 혼용하였다.

심사의견에 대하여 답하자면 오늘날 익숙한 '인격'이나 '신분' 용어를 사용하면 가령 입양의 사례가 '인격'감소 또는 '신분'감소의 사례가 되어 적절하지 않다. '감소' 대신 '변동'을 역어로 선택해도 입양이나 시민권 상실이 '인격'변동으로 표현되는 것이 부적절하기는 마찬가지이다. 참고로 주난(周枏)은 '人格變更' 용어를 쓰고 있고,[93] 후나다 쿄지(船田享二)는 '人格(大 · 中 · 小)消滅'이라고 번역하였다.[94] '신분변동'이라는 역어도 내용을 설명하기는 하지만 너무 일반적이어서 역사상 어떤 특정한 사태에 대하여 특화되어 원어와 항시 일대일 대응이 가능한 역어로 삼기에는 부적당하다. 이런 점에서도 필자의 가급적 원어를 그대로 살리자는 주의[95]는 나름 이유가 있는 것이고 caput를 그에 따라 옮긴 것이다. 더욱이 persona를 '(법)인격'으로 번역하므로 ─ 물론 persona도 단순히 인(人)을 의미하는 어법으로 사용되기도 하였다: servus = servilis persona (가령 Gai. 1.120; Ulp. D.50.17.22.pr.); persona servi (가령 Paul. D.50.16.215; Macer D.48.19.10.pr.) ─ 이와 구별할 필요도 있을 뿐 아니라 인격의 경우에는 '감소'든 '변동'이든 '변경'이든 어차피 어울리지 않는다. 로마인들도 persona의 경우에는 deminutio를 논하지 않았다. 이런 이유들로 해서 "어려운" 용어가 아니라 낯설지만 로마인들이 사용했던 용어를 그대로

---

93   周枏, 118ff.

94   船田享二, 86.

95   최병조 I, 255ff.

살린 시바타에 동조한 것이다. "실위(失位)"도 '失位'로 표시하여 이해의
편의를 위하여 참고하도록 덧붙인 것일 뿐 역어로 선택한 것은 아니다.
왜냐하면 오늘날 한자어로 실위(失位)는 한자의 의미 포괄성 때문에 달
리 이해될 소지가 많아서 로마법의 해당 개념에 그대로 대응시키기 어
렵기 때문이다.

(2) "1면 autem kapitis diminutio를 autem capitis deminutio로, Levy,
SZ 78 (1961), 170에서 kapitis는 capitis의 잘못된 인쇄로 보임(David /
Nelson, *Gai Institutiones* (1964), 27 〔Gai. I.1.159〕 등 참조). 또한 Levy를 제
외하면 diminutio 대신 deminutio가 압도적으로 선호되는 표기임. 대상
논문이 Levy를 주로 인용하는 근거를 밝혀야 함."

→ 이 소견은 초고에서 사용되었던 철자에 대한 것이다. 우선 레비
(Levy)가 kapitis로 철자한 것은 절대로 오식이 아니다. 심사자가 인용한
대로 David / Nelson의 판본은 오늘날의 철자법을 반영하였지만, 간본
(刊本) 중에는 (가령 Kuebler) kapitis로 필사본을 해독한 것이 있고, 레비
는 이에 의거한 것이기 때문이다. 더욱이 라틴어에서 k는 오히려 c에 선
행했던 것으로 나중에 거의 전적으로 c로 대체되었지만 몇몇 경우는 여
전히 남았고, 특히 Kaeso, kalendae, calumnia, caput, carus 등의 약어에
사용되었다.[96]

diminutio와 deminutio의 경우도 로마시대 이미 두 철자가 다 두루 사
용되었고, 간본에서 전자나 후자로 해독되었거나 사용된 것일 뿐이다.[97]
동일한 간본에서 kapitis diminutio와 kapitis deminutio가 혼용된 것만
보아도 이 사실을 알 수 있다. 압도적으로 선호된다는 것이 사실이더라

---

96 *Oxford Latin Dictionary*, s.v. K, k., p.989. 특히 caput에 주목할 것. 또한 cf. κεφαλὴ;
    κάρηνον. 원사료 증거로는 Marcus Terentius Varro, *Menippeae* 475.2; Quintus
    Terentius Scaurus, *De Orthographia* 14.14; Velius Longus, *De Orthographia* 53.7;
    Terentianus Maurus, *De Litt., De Syll., De Metr.* 798; Maurus Servius Honoratus,
    Commentarius in Artem Donati 422.37 등.

97 *Oxford Latin Dictionary*, s.v. deminutio (In codd. written dem- or dim-); s.v.
    diminutio: see DEMINUTIO.

도 의미상 아무런 차이가 없고 오류도 아닌데, 그것이 다른 쪽을 배제해야 하는 사유는 아닌 것이다. 필자는 레비를 따른 것이 아니라 전 세계의 로마법연구자들이 애용하는 'The Roman Law Library'의 데이터베이스를 이용한 것이다. 다만 필자로서도 굳이 kapitis diminutio 표기를 고집할 이유도 없고 공연히 다른 표기로 예상하지 못했던 혼란을 야기할 생각도 없으므로 kapitis는 모두 David / Nelson의 간본처럼 익숙한 capitis로 교체하였다.

(3) "그리고 agnatische Familie를 의미하는 것으로 짐작되는 "종족주의적"에서 "종족"은 자칫 민족의 의미로 오해될 위험이 있으므로 "종친주의적" 등으로 번역하여야 할 것임."

→ 오늘날 종친은 주로 개별적인 구성원을 지칭하는 것으로 이해된다. agnatio에 대한 베르거(Berger)의 설명[98]에서 바로 agnati가 그에 해당하는 것이다. 그렇다면 '종친주의'라는 표현은 어색할 뿐 아니라 개념적으로도 적확하지 않다. 이곳에서 말하고자 하는 agnatio는 따라서 종족주의(宗族主義)가 더 합당하다. 종족주의(種族主義)와의 혼동을 걱정하는 것은 한자어의 경우에 흔하게 나타나는 동음이의어에 대한 대처라는 점에서 따져볼 일이다. 우리 전통문화가 배어 있는 국어생활을 하고자 하여 한자를 활용한다면 이런 걱정은 필요 없다. 철저하게 한자를 배격하더라도 종족주의에는 여러 의미가 있음을 국어사전을 통하여 확인할 수 있다. 동음이의어의 오해 소지를 없애기 위하여 개념을 흩뜨리는 것은 바람직하지 못하다. 오늘날 심지어는 지식인 사회에서도 심심치 않게 보게 되는 현상, 즉 동음이의어를 구별한다고 하면서 한자 사용을 금기시함으로써 '정의'(justice), '정의'(definition)로 쓰는 것은 괜찮고 '正義', '定義'라 표기하면 안 된다는 발상은 도저히 이해할 수 없다. 그리고

---

98 Berger, s.v. Agnatio: "The relationship among persons (agnati) who are under the paternal power (patria potestas) of the same head of a family (pater familias) or who would have been if he were still alive. The agnatic tie is created by descendance in the male line from a common ancestor."

"agnatische Familie를 의미하는 것으로 짐작"된다고 하였다. '종족주의'
가 '宗族主義'인지 '種族主義'인지 애매하여 '짐작'된다는 것으로 보이는
데, 로마법의 capitis deminutio를 논하는 맥락에서 이러한 지적은 전문
가의 지적이라고 보기에는 지나친 감이 있다. 또한 필자는 agnatio를 염
두에 두고 글을 작성하였지, 독일어 agnatische Familie는 떠올리기조차
하지 않았다. 우리말로 된 글을 작성하면서 레비(Levy)나 카저(Kaser)와
같은 독일인 학자의 글을 참조하였다고 하여 독일어 용어를 떠올려야만
하는 것인가?

(4) "6면 水火不通刑(aqua et igni interdictio)을 '수화금지형'으로, '탈주'
를 "탈영"으로."

→ 수화불통(水火不通)의 역어를 선택한 것은 동아시아 전통사회의
용어를 살린 것인데(cf. 수화무교[水火無交]), 어휘의 조합뿐만이 아니라
그 의미까지도 정확하게 부합하기 때문이다. 심사자처럼 '금지'라는 용
어를 행위가 아니라 객체에 직접 결부시키는 어법은 어색하다. 우리는
보통 '흡연금지'라고 하지 '담배금지'라고 하지 않는다. 뿐만 아니라 '수
화금지'로는 그 본래의 취지가 잘 드러나지 않는다(시바타도 같은 용어 사
용). 그러나 이것은 사실은 사회적인 단교(斷交), 즉 사회로부터의 축출
을 의미하는 것이고, 로마의 경우 자발적인 망명자에 해당하는 것이었
다.[99] (그래서 황평은 역서 112쪽에서 아예 '流放令'으로 옮긴다.)

그리고 Paul. D.4.5.5.1 〈12〉의 번역에서 탈주(脫走)를 선택하고 탈영
(脫營)을 택하지 않은 이유는 바로 다음에 나오는 설명 때문이다. 즉 '탈
주한다'고 하는 것이 군영 이탈(탈영)로 그치는 것이 아니라 적진(敵陣)

---

99 Berger, s.v. Interdicere aqua et igni (interdictio aquiae et ignis): "The exclusion of
   a culprit from the common life with his fellow countrymen (= interdiction of fire
   and water). Interdicere was pronounced by the senate or a high magistrate when
   the accused left the country before the comdemnatory sentence was passed and
   went into voluntary exile. Practically interdicere meant nbanishment connected
   with loss of citizenship and property."

으로의 합류라는 행선지가 있는 행위〔脫營歸敵〕이기 때문에('도중에 자기편을 배반하고 적에게 붙다'는 뜻의 일본어 'ねがえ〔寢返〕る' 참조), 이탈의 대상 겸 출발점에 초점을 둔 탈영보다는 궁여지책으로 적어도 행동의 방향성을 시사하고 그 방향이 문맥상 당연히 '적군에게로'임이 함축된 탈주를 택한 것이다. Bas.46.2.4.1(Heimbach IV, p.555)은 그래서 이런 행위자를 한 마디로 οἱ αὐτόμολοι, 즉 trans-fugae (=qui ad hostes transfugerunt)로 표현하고 있다.

(5) "Paul. D.4.5.5.1이 인격중감소의 사안에 해당하는지 검토하여야 하고(현승종/조규창, 『로마법』, 〔1996〕, 329), 이는 7면 주 30 PS 3.6.29에서도 마찬가지임."

→ 심사자가 인용한 현승종/조규창의 해당 설명을 보면 "인격중상실이란 자유인이 로마시민권과 가족법상의 권리는 보유하나 自由만을 상실하는 경우를 말한다. 자유신분의 상실은 追放刑과 流配刑 등 형사판결의 효과로써 발생했다"[28]고 되어 있고, 각주 28에서는 "Gaius, 1, 161; Inst. 1,162,2; D. 48, 22; C. 10, 61"이 전거로 인용되어 있다.[100] 용어번역과 관련하여 보면, 인격의 경우에 '상실'이라는 표현은 '감소'나 '변동'과 마찬가지로(전술 (1)) 부적절하다.

무엇보다도 이 설명을 기초로 문제를 제기하는 것은 크게 잘못이다. 왜냐하면 중감소에 대한 개념 규정 자체가 잘못되어 있기 때문이다. 근본적으로 이 책의 설명이 틀렸음은 바로 후속하는 인격소상실 설명부분의 맨 앞의 "인격대상실 및 중상실이 시민권과 자유의 상실을 의미한 반면"이나 같은 책 다른 곳[101]의 "債務者가 自由 또는 市民權을 상실하여 人格中 또는 大喪失者가 된 경우"에서도 드러난다. 여기서도 대상실을 시민권 상실, 중상실을 자유 상실로 보고 있기 때문이다. 한편으로는 자유를 상실하면 모든 것을 잃는 것임에도 불구하고 마치 시민권을 보유할 수

---

100 현승종/조규창, 329 + n.28.
101 현승종/조규창, 910 n.68.

있는 것으로 오인한 잘못이 역력하다. 자유와 시민권의 대소 내지 등급 관계를 잘못 알고 있는 것이다. 다른 한편으로는 중감소야말로 시민권상실이 따른 것임을 또한 오인하였다. 앞의 책의 각주 28에 다수의 이탈리아 문헌이 인용된 바 있으므로 이곳에서도 이탈리아 책을 하나 인용하겠는데, 이에 따르면 핵심은 "시민권의 상실"(la perdita della cittadinanza)이다.[102]

앞의 책의 설명은 각주 28에서 직접 인용하고 있는 Gai. 1.161 ⟨11⟩의 설명과도 정면으로 배치된다. 전거로 인용한 원사료와 다르게 설명된 이유는 과연 무엇인가? 더욱이 "Inst. 1,162,2"는 Inst. 1.16.2의 오식이다. 따라서 심사자의 비판은 D.4.5.5.1 ⟨12⟩에서 시민권상실을 말하므로 '대감등'으로 생각하고 비판하는 것이므로 잘못이다. PS. 3.6.29 (앞의 주 33)는 앞의 책의 설명에 따르더라도 유배형에 처해진 자에 관한 것이므로 중감등인데, 왜 비판하는 것인지 모르겠다.[103]

(6) "ususfructus를 인역권으로 번역할 수 있음."

→ Usus fructus가 인역권(人役權)의 일종인 것은 맞지만, 모든 인역권이 usus fructus인 것은 아니므로[104] 양자를 등치시켜서 호환적으로 사용하는 것은 잘못이다. 더욱이 모든 권리는 그 권능의 면에서 포착되어 명명되는 것이 원칙적인 어법이므로 용익역권(用益役權)이 한결 적확한 표현이다. 위 책은 이를 '용익권'(用益權)이라고만 번역하는데, 많은 다른 권리들에 대해서도 사용·수익의 권능은 포함되므로 인역권으로서의 이 권리를 표현하는 데에는 그다지 적절한 역어가 아니다.

(7) "심사대상논문은 인격감소를 법제사의 시각에서 개관하고 그에

---

102 Santalucia, 177f.: "'interdizione dell'acqua e del fuoco' (aqua et igni interdictio), che importava la perdita della cittadinanza, la confisca dei beni e il divieto di rientrare, sotto pena di morte, nel territorio urbano."

103 앞의 책은 그러나 다시 다른 곳(971쪽)에서는 "그러나 시민권상실의 법률효과를 발생하는 人格中喪失(capitis deminutio media)이 동시에 自由身分의 상실을 가져와 당사자가 奴隸가 됨을 의미하지는 않는다"라고 올바르게 설명하고 있다.

104 현승종 / 조규창, 616ff. 참조.

대한 개별 전거를 제시하는 법제사적 연구임. 교과서적 설명과 약간의 논리적인 비약과 미흡한 체계적 연결(예컨대 Levy를 인용한 까닭; 19면 '그 과정에서 로마법에 특유한 … 조성하였다는 사실이다.')에도 불구하고 국내 문헌의 인용을 비롯하여 약간의 개선이 있으면 독자의 로마법이해에 많은 도움이 될 수 있는 학술적 연구로 평가됨. 다만 서술방법과 보다 나은 번역개념에 대한 진지한 접근이 요망됨."

→ 결론적인 이 평가에 대해서는 그 기초가 되었던 세부사항에 관한 지금까지의 답변을 통하여 전반적으로 이미 나름으로 답변이 되었다고 생각한다. "교과서적인 설명"이 무엇을 의미하는지 잘 모르겠으나, 일응 부정적인 평가 쪽으로 보이는데, 그렇다고 해도 원사료의 소개가 주목적인 글에서 크게 흠잡을 일은 아니라고 생각된다. 기본에 대한 차분한 소개와 서술이 튀는 주관적 소견보다 중요하다고 생각되기 때문이다. "약간의 논리적인 비약"은 어떤 대목을 가리키는지 알 수 없어서 답변이 어렵다. 그러나 학술적인 글에 있어서는 이런 지적이야말로 구체적인 설시가 필요한 것 아닐까 생각된다.

"미흡한 체계적인 연결"을 지적하는 이유로 크게 두 가지가 있겠다. 레비를 인용한 까닭이 그 하나인데, 이미 답변되었다고 본다. 사실 이 글은 학회지에 투고논문이 태부족하다는 편집진의 호소를 듣고서 무엇인가 도움이 되고자 서둘러 급조한 것이어서 2차문헌을 두루 살필 여유가 없었다. "2면 주 4의 본문 부분은 Beseler와 Kaser의 문헌을 직접 인용하여야 함"이라는 지적은 그런 점에서 타당하다. 그래서 초고 수정시 약간의 2차문헌을 고려하였다. 그러나 다른 한편으로 이 문제는 두격감등과 같은 기본적인 제도에 해당하는 경우에는 그다지 심각한 것은 아니라고 생각된다. 로마의 법률가들 사이에서 무슨 심각한 논쟁이 있었던 것도 아니고, 기본적인 제도의 틀과 내용을 파악하는 것으로 일단은 족할 수 있기 때문이다. 오히려 원사료를 충실히 살펴보는 것만으로도 예컨대 앞의 책의 오류를 교정할 기회가 생겼다면 나름으로 역할을 한 것이 아니겠는가. 하여 초고 수정시 원사료를 보완하는 방향으로 작업을 하였고,

번역도 군데군데 손질을 하였다.

다음으로 필자 나름으로 두격감등 제도에 투영된 로마법의 특징을 간략히 서술한 것이 '약간이지만'(그나마 다행인가?) 논리적인 비약으로 느껴진 것 같다. 무엇보다도 로마법에서 caput와 persona 개념의 배경에 관한 이해를 전제로 한 서술이고, 또다른 한편으로는 조선시대의 전통법제와의 비교라는 관점에서, 그것도 위치나 지면관계상 극도로 간략하게 서술된 것이므로 불가피하였다. 이 점에 대해서는 양해를 구한다.

참고문헌

丘漢平, 勘校 朱俊, 『羅馬法』, 北京: 中國方正出版社(2004).

船田亨二, 『ローマ法』第二卷, 東京: 岩波書店(改版第二刷, 1973).

柴田光藏, 『法律ラテン語辭典』, 東京: 日本評論社(1985).

周枏, 『羅馬法原論』上冊, 北京: 商務印書館(2004).

최병조, "법학방법론과 법문화 ── 자유인 매각 계약의 예증을 통한 법문화비교의 관점에서", 『서울대학교 法學』제57권 제2호(2016. 6), 1ff. [= 최병조 II]

_____, "『유스티니아누스 법학제요 한글 初譯』에 대한 善後策 ── 동시에 로마 법률용어의 역어에 대한 몇 가지 제안", 『서울대학교 法學』제55권 제1호(2014. 3), 253ff. [= 최병조 I]

彼德羅·彭梵得, 黃風 譯, 『羅馬法教科書』, 北京: 中國政法大學出版社(2005年修訂版, 2005)(원저 Pietro Bonfante, *Istituzioni di diritto romano*).

현승종 / 조규창, 『로마법』, 박영사(1996).

Berger, Adolf, *Encyclopedic Dictionary of Roman Law*, Philadelphia: The American Philosophical Society(1953).

Dirksen, Eduardus, *Manuale Latinitatis Fontium Iuris Civilis Romanorum*, Berolini: Impensis Dunckeri et Humblotii(1837).

Heumann / Seckel, *Handlexikon zu den Quellen des römischen Rechts*, 11. Auflage, Graz, Austria: Akademische Druck u. Verlagsanstalt(1971).

Kaser, Max, *Das rönische Privatrecht, Erster Abschnitt: Das altrömische, das vorklassische und, klassische Recht*, Zweite, neubearbeitete Auflage, München: C.H. Beck'sche Verlagsbuchhandling(1971).

Kunkel / Honsell, *Römisches Recht*, Berlin · Heidelberg · New York · London · Paris · Tokyo: Springer-Verlag(1987).

Lenel, Otto, *Das Edictum perpetuum. Ein Versuch zu seiner Wiederherstellung*, 2.

Neudruck der 3. Auflage Leipzig 1927, Aalen: Scientia Verlag(1974).

Levy, Ernst, "Libertas und civitas", *Zeitschrift der Savigny-Stiftung für Rechtsgeschichte, romanistische Abteilung* 78(1961), 142ff.

Oxford Latin Dictionary, edited by P. G. W. Glare, Oxford: At the Clarendon Press (1982).

Santalucia, Bernardo, *Studi di diritto penale romano*, Roma: L'≪ERMA≫ di BRETSCHNEIDER(1994).

제3부

로마 물권법

제4장 로마법상 점용취득(usucapio)의 권원 개념(I)
─ 표견권원(表見權原)*과 오상권원(誤想權原)

* 이 기회에 아직도 그 발음에 있어서 '표현'과 '표견'의 양자 사이에서 결판이 나지 않아서 모든 법학도들을 곤혹스럽게 하고 있는 '表見'이란 한자의 발음에 대해서 사견을 밝히고자 한다. 이것은 첫째로 '외관'(外觀)에 대응하는 용어 구조를 가진 조어라는 점, 둘째로 이것이 문제되는 경우(가령 표견表見대리, 표견表見권원 등)의 법적 행위 고찰의 원칙은 의사표시 '수령자'의 인식지평(이른바 Empfängerhorizont)을 출발점으로 삼아야 한다는 점을 고려할 때, '表見'의 '見'은 이 경우 그 고찰의 국면(aspect)이 주체일 수 없는 대리권이나 권원이 겉으로 '나타나다'(現=見)는 시각이 아니라, 문제 관점의 주체인 수령자의 입장에서 바라보는 시각이 반영되어야만 한다. 즉, 그가 볼 때(視) 겉으로(表) '보이다', '인식되다'의 뜻이고, 그렇다면 바로 한자성어인 시이불견(視而不見)에서 말하는 '見'이고(『東亞百年玉篇』(초판 1997/9쇄, 2005), 【見】❶ 2, p.1769), 따라서 발음은 '견'이 올바른 어법이라고 생각된다. '見'은 통상 '나타날 현'보다는 '볼 견'이나 '보일 견'으로 잘 알려져 있다는 점과 이를 '표현'이라고 읽을 경우 일반용어인 '表現'과 발음에서 구별이 되지 않고, 그 결과 의미 이해에 오히려 혼란만 초래할 수 있다는 점을 고려하더라도 모든 면에서 '표견'이라고 발음하는 것이 합당하다고 생각된다.

I. 머리말

로마법상 소유권 취득의 방식으로서 가장 오래된 것 중의 하나가 이른바 점용취득(usucapio)이다.[1] 이것은 주지하다시피 일정한 경우 ── 가장 전형적인 것이 소유자가 아닌 자로부터 인도받는 경우였다[2] ── 소유권을 취득하고자 하는 물건을[3] 그것을 취득하고자 하는 자가 그 취득에 관하여 선의인 한, 동산의 경우에는 1년간, 부동산의 경우에는 2년간 점유 사용함으로써 소유권을 원시적으로 취득하게 되는 로마 시민법상의[4] 고유한 제도이다.[5] 일정한 법정 기간을 요구한다는 점에서 현행법

---

1 최병조 I, 400ff.; Vacca I, 989-1022; Piekenbrock, 30ff.

2 Gai. 2.43: Ceterum etiam earum rerum usucapio nobis conpetit, quae non a domino nobis traditae fuerint, siue mancipi sint eae res siue nec mancipi, si modo eas bona fide acceperimus, cum crederemus eum, qui traderet, dominum esse.

3 공화정기 마지막 세기에 폐지되었다가(cf. D.41.3.4.28 Paul. 54 ed.; D.41.1.43.1 Gai. 7 ed. prov.) 유스티니아누스에 의해 531년 다시 도입된(C.7.33.12.4) 역권(役權)의 점용취득에 관해서는 고찰을 생략한다.

4 Gai. 2.65: ... usucapionis ius proprium est civium Romanorum.
   시민법 밖의 점용취득에 관해서는 Kaser II, 156ff.

5 D.41.3.3 Modestinus 5 pandectarum.
   Usucapio est adiectio dominii per continuationem possessionis temporis lege definiti.

상의 점유취득시효 제도(민법 제245조, 제246조)와 유사하지만, 그 기간이 후자에 비하여 꽤 짧다는 점에서 차이가 있다. 또 선의를 우대한 제도라는 점에서 현행법상의 동산 선의취득 제도(민법 제249조)와 흡사하지만, 즉시 취득이 아니라 일정한 기간의 경과를 요구한다는 점에서 차이가 있다. 요컨대 점용취득은 현행법상의 점유취득시효 제도와 동산 선의취득 제도의 혼합형, 절충형 내지 중간형의 소유권취득 방식이라고 할 수 있는데,[6] 그 기본적인 구상과 구조로 보자면 게르만법에서 유래하는 후자보다는 이 제도의 후신인 전자에 더 많이 해당한다고 할 것이다. 이 점은 점용취득이 후에 유스티니아누스 황제에 의해 현재의 시효에 훨씬 더 접근한 장기시효(長期時效, praescriptio longi temporis)[7]와 융합[8]된 사실 (C.7.31.un. Justinianus〔a.531〕)로부터도 간취된다.[9] 로마의 법률가들은 이 제도가 쟁송의 종식을 위해서 인정된 것이라고 평가하였다.[10]

(점용취득이란 법률로 정해진 기간의 점유의 계속에 의한 소유권의 추가이다.)

Ulpiani Epitome 19.8: Usucapione dominium adipiscimur tam mancipii rerum quam nec mancipii. Usucapio est adiectio dominii per continuationem possessionis temporis lege definiti. Usucapio est autem dominii adeptio per continuationem possessionis anni vel biennii: rerum mobilium anni, immobilium biennii.

(점용취득으로 우리는 소유권을 취득하는바 악취물(握取物)과 비악취물(非握取物) 모두에 그러하다. 점용취득이란 법률로 정해진 기간 점유의 계속에 의한 소유권의 추가이다. 점용취득이란 그런데 1년간 또는 2년간의 점유의 계속에 의한 소유권의 취득인바, 동산의 경우에는 1년간, 부동산의 경우에는 2년간이다.)

    Usucapere는 달리 usu suum facere (Ulp. D.4.6.21), per usum sibi adquirere (Pap. D.4.6.19; Ulp. D.4.6.23.1), rem per temporis spatium nostra fieri (Paul. D.6.1.23.7) 등, 점용취득은 per usum dominii adquisitio (Ulp. D.4.6.23.1) 등으로도 표시되었다.

6 同旨 서을오 III, 144.
7 이것의 시효기간은 동산의 경우 3년, 부동산의 경우 양 당사자가 동일 관구 거주 시 (inter praesentes)에는 10년, 서로 다른 관구 거주 시(inter absentes)에는 20년이었다. Cf. Hamza, 189-203; 최병조 I, 402ff.
8 Cf. Ankum II, 123.
9 상세한 것은 Vacca II, 146-186.
10 D.41.10.5.pr. Neratius 5 membranarum.

이 점에서 취지는 같지만 제도의 요건 자체가 오로지 점유의 공연성에 따라서만 구상되었던 플라톤 이상국가의 제도[11]나 그리스 아티카의 법[12]과는 큰 차이가 있다.[13] 이러한 차이는 근본적으로 로마에 비하여 형식감각이 떨어졌던 그리스법이 청구권의 소멸시효 내지 정소기한(呈訴期限, προθεσμία)만 알았던 반면,[14] 로마법은 적극적으로 취득시효를 규정하였기 때문에 취득자의 요건에 많은 신경을 썼기 때문이다. 그 결과 그리스법에서는 기간이 경과한 후에도 실체법상의 효과가 명확하지 않았다.

Usucapio rerum, etiam ex aliis causis concessa interim, propter ea, quae nostra existimantes possideremus, constituta est, ut aliquis litium finis esset.

이 개소에서 'etiam ex aliis causis concessa interim'이 유스티니아누스 황제에 의한 역권(役權) 점용취득의 재도입과 관련한 편찬자들의 수정이라는 것에 관해서는 Greiner, 41ff. 그 밖의 사료에 관해서는 최병조 I, 402 n.53; Ussani, 12 n.15.

11 Platon, *Leges* lib. XII, 954c3-e3: "Τῶν ἀμφισθητησίμων χρόνου ὅρος = rerum controversarum tempus finitum / temporis finitio."

12 Heineccius II, 380f.: "(Isocrates:) Praeterea nec illud vos latet, possessiones, sive privatas, sive publicas, si longum tempus intercesserit, universos existimare sibi proprias esse et tamquam patrimonia."

13 상세한 것은 Kränzlein, 118ff.; Biscardi, 197f.

14 Sealey, 62f.; Biscardi, 168, 254; Lipsius, 852f., 948f.; Todd, 247. 참고로 심사자 A는 이곳에서 '정소기한'(呈訴期限)이라는 용어를 쓴 것에 대해 "꼭 정소기한(呈訴期限)이라고 번역해야 하는지 의문이다. 제소기한(提訴期限)과는 다른 의미인가? 만약 그렇다면 번역용어로 익숙한 법률용어인 후자보다 전자를 선택한 이유를 설명하는 것이 독자들의 편의를 위해 낫지 않을까?" 하는 의견을 주셨다. 번역용어에 반드시 그것이어야만 한다는 법은 물론 없다. 어쨌든 이곳의 '정소기한'(呈訴期限)은 우리 전통법의 용어를 차용한 것이다. 박병호, 86f. 현대법에 대해서는 이미 나름의 법률용어가 정해져 있으므로 전통법의 용어를 다시 살려서 쓰는 것이 생각처럼 쉽지 않은 반면, 역사적인 법을 설명하는 데는 경우에 따라 그러한 용어법을 택하는 것도 하나의 쓸 만한 방편이라고 생각하기 때문이다. 대표적인 예로 우리말로는 어색한 '피상속인' 대신 전통법상의 용어인 '재주'(財主)를 사용하면 어떨까 고려중이다. 다만 종래 필자가 로마의 황제가 내리는 rescriptum의 역어에 대하여 우리 전통법의 용어인 비답(批答)을 사용한 바 있으나 조선시대 '비답'의 용법이 제한적이고, 그 실질도 로마의 rescriptum과 반드시 부합하지 않아 앞으로는 칙답(勅答)으로 통일한다.

점용취득은 원래 적법한 취득의 입증을 비교적 단기의 기간 후에 불필요하게 만들기 위한 것이었지만, 후에는 실체법적 기능도 얻게 되어 소유권 취득의 한 방식이 되었다. 모든 경우에 요건은 취득자가 점유자라는 것이었다. 기원전 1세기에는 여기에 정당한 사유의 요건이 추가되었고, 얼마 후에는 다시 취득자로부터 선의가 요구되었다.[15] 도난·횡령물은 점용취득에서 배제되었다. 이 점용취득의 요건은 종래 다음과 같은 운구(韻句)로 표현되어 법학도의 기억을 도왔다. 이러한 제반요건을 통해 점용취득을 실질적으로 매우 제한하고자 한 것이라는 해석[16]이나 기간 경과로 매도인의 책임 탈락을 꾀한 것이라는 동산에 관한 게르만법의 모델에 경사된 통설[17]에 대하여 근자에는 대지주의 악취행위 거부로 인한 권리남용에 대처하기 위한 것이었다는 새로운 해석이 등장하였다.[18]

res habilis, titulus, fides, possessio, tempus[19]
(점용취득가능물, 권원, 선의, 자주점유, 기간)

Sit *res apta, fides, titulus, possessio, tempus.*[20]

Non usucapies, ni sint tibi talia quinque:
Si *res apta, fides bona,* sit *titulus* quoque *iustus,*
Possideas iuste completo *tempore* legis.[21]

---

15 Winkel I, 90f.
16 Schulz I, 248f.
17 Kaser I, 128ff., 133.
18 Behrends II, 542f.
19 Endemann, 115; Kaser / Knütel, 156; Wiefels / Harry v. Rosen-v. Hoewel, 71.
20 Maschat, 289.
21 Reiffenstuel, 283 n.8; Gury, 516.

Non usucapies, nisi sint tibi talia quinque:

Justa fides, justus titulus, res non vitiosa,

Ut res tradatur, *possessio continuatur.*[22]

그중 최근에 선의와 관련하여 fides가 '믿음'의 의미를 갖게 된 것이 그리스도교의 영향하에서이므로 그전 시기에 대하여 bona fides를 '선의'의 의미로 사용하는 것은 잘못이라는 전제에서 양도인의 소유권 내지 처분권에 대한 취득자의 믿음이란 계약의 의무근거인 bona fides에 기초한 (추탈에 대한) 담보의무의 발생을 위한 하나의 요건이라는 학설이 Söllner에 의해 주장되었으나[23] 다음의 개소들이 증명하고 달리 쉽게 확인할 수 있듯이 명백히 원사료에 반하여 잘못이며, 중량급 연구자의 주장으로서는 의외의 엉뚱한 문제 제기가 아닐 수 없다. 다음 개소 중 앞의 두 개는 타인의 권리에 대한 부지(不知)를, 뒤의 것은 자기의 권리에 대한 오신(誤信)을 bona fides라고 명언하고 있다.

D.50.16.109 Modestinus 50 pandectarum.

'Bonae fidei emptor' esse videtur, qui ignoravit eam rem alienam esse, aut putavit eum qui vendidit ius vendendi habere, puta procuratorem aut tutorem esse.

('선의매수인'이란 그 물건이 타인의 것임을 몰랐거나, 아니면 매도한 자가 매도할 권한을 가졌다고, 가령 대리인이나 후견인이라고 생각한 자를 말한다.)

---

22 Oberländer, s.v. Usucapio (pp.725f.). 한편 de Berger, 256은 "Iusta fides, iustus titulus, res non vitiosa, Ut res tradatur, tempus quoque continuetur"로 소개하고 있는데, 마지막의 continuatio (temporis)와 겹친 tempus는 누락된 possessio로 바꿔야 한다.

23 Söllner I, 374ff.; 상세한 것은 Söllner II, 1-61, 점용취득과 관련해서는 특히 15ff.

D.18.1.27 Paulus 8 ad Sabinum.

Qui a quolibet rem emit, quam putat ipsius esse, bona fide emit: at qui sine tutoris auctoritate a pupillo emit, vel falso tutore auctore, quem scit tutorem non esse, non videtur bona fide emere, ut et Sabinus scripsit.

(임의의 자로부터 그자의 소유라고 생각하는 물건을 매수하는 자는 선의로 매수하는 것이다. 그러나 후견인의 조성 없이 또는 후견인이 아님을 알고 있는 허위의 후견인의 조성하에 피후견인으로부터 매수하는 자는 사비누스도 기술한 바가 있듯이 선의로 매수하는 것으로 여겨지지 않는다.)

D.5.3.20.12 Ulpianus 15 ad edictum.

Haec adversus bonae fidei possessores, nam ita senatus locutus est: "eos qui se heredes existimassent". ...

(이상은 선의점유자들에 관한 것이다. 왜냐하면 원로원은 이렇게 규정했기 때문이다. "자신을 상속인이라고 생각했던 자들". …)

이 글은 위의 요건 중에서 권원과 관련하여 좀더 세밀하게 살펴보려는 것이다. 시효취득과 관련하여 권원 개념에 대한 오해는 대법원 1997. 8. 21. 선고 95다28625 전원합의체판결 [공보 1997.9.1.(41),2501]과 대법원 2000. 3. 16. 선고 97다37661 전원합의체판결 [집48(1)민,78; 공2000.5.1.(105),962] 이후 대법원의 판례가 재정비되면서 이제는 불식된 상태이지만, 그 기원에 대한 보다 세밀한 검토는 아직까지 이루어지지 못한 상태이다. 기왕의 논의에서 불명확했던 점을 밝히고 앞으로의 논의에서 더이상의 오해가 발생하는 것을 방지한다는 차원에서 이 문제는 고찰의 의의가 있다고 생각된다. 이런 의미에서 이하의 논의에서는 원사료를 가능한 한 충실히 소개하는 데에 주안점을 두었다.

II. 점용취득의 권원

1. 권원의 의미와 종류

1) 권원의 개념과 종류

점용취득은 취득자의 점유가 취득을 정당화시켜 주는 권원(titulus, πρόφασις)에 기초한 것이어야만 인정될 수 있었다.[24] 권원의 라틴어 용어 titulus에서도 알 수 있듯이 오늘날에도 사용되는 이 어휘는 로마법에서 기원하는 것이다.[25]

그 밖에 titulus는 인도(引渡, traditio)와 관련해서도 사용된다. 인도의 권원과 점용취득의 권원은 양자 모두 점유 및 소유권의 이전이나 취득과 결부된다는 점에서 일치하는 점이 많지만 동일한 것은 아니다. pro suo 권원의 존재는 모든 인도의 원인은 점용취득의 권원에 해당하지만, 그 역은 아니라는 사실을 잘 보여준다.[26]

---

24 C.3.32.24 Diocletianus / Maximianus (a.294).
Nullo iusto titulo praecedente possidentes ratio iuris quaerere prohibet dominium. Idcirco cum etiam usucapio cesset, intentio dominii non absumitur : ...
(아무런 정당한 권원이 선행하지 않으면 점유자들이 소유권을 취득하는 것을 법질서는 금지한다. 그런 고로 또한 [상대방의] 점용취득이 실효하므로 [청원자의] 소유권의 청구권이 소멸하지 않는다. …)
C.7.29.4 Diocletianus / Maximianus (a.294).
Usucapio non praecedente vero titulo procedere non potest nec prodesse neque tenenti neque heredi eius potest, nec obtentu velut ex hereditate, quod alienum fuit, domini intentio ullo longi temporis spatio absumitur.
(점용취득은 권원이 선행하지 않으면 일어날 수도 없고, 악유자(握有者)나 그의 상속인에게도 도움이 될 수 없으며, 또 가령 상속재산의 일부라는 구실로도 타인의 것이었던 한, 소유자의 청구권은 장기시효의 기간이 도과해도 소멸하지 않는다.)

25 앞의 주 24의 개소들 외에도 가령 D.5.3.13.1 Ulpianus 15 ad edictum; D.41.3.46 Hermogenianus 5 iuris epitomarum; D.41.9.1.pr. Ulpianus 31 ad Sab. ("Titulus est usucapionis et quidem iustissimus") 등은 titulus가 점용취득과 관련하여 사용된 대표적인 예들에 불과하다. 'titulus'는 그 밖에도 인도(引渡)나 점유와 관련해서도 로마의 법률가들에 의해 두루 사용되었다. VIR, s. v. titulus II. (pp.1061f.) 참조.

26 최병조 III 참조. 서을오 II, 205f.도 일응 同旨인 것으로 보이나 문제를 보는 맥락

권원이란 취득자가 자신의 자주점유를 법적으로 승인된 방법(a legally recognized method)[27]에 의해서 취득했음을 주장할 때 이 승인된 방법에 다름 아니다.[28] 이것은 생활관계에 따라 사인(私人) 간에, 심판인에 의해서, 정무관에 의해서, 또는 점유자 자신에 의해서 인정될 수 있었다.[29] 여기서는 사인(私人) 간의 것과 점유자 자신에 의한 것만을 고찰하기로 한다. 이러한 권원에는 무엇보다도 소유권의 취득을 겨냥한 법률행위가 속하였다.[30] 다른 사유도 당연히 얼마든지 가능하였다.[31] 사료상으로는 특히 정당한 원인으로 인도받아서 점용취득 중인 자가 점유를 상실했을 때에 소유자의 지위에 준하여(ad instar proprietatis) 그 회복을 위해서 인정되었던 대물소권(對物訴權)이었던 푸블리키우스 소권(actio Publiciana)[32]을 다루고 있는 D.6.2에서 찾아볼 수 있다. 점용취득 중인 자의 경우 당연히 그 권원이 문제되었기 때문이다.[33] 가장 전형적인 것으

은 다른 것 같다. 서을오의 경우 인도의 원인에 의한 취득과 점용취득의 권원에 의한 취득이 공존할 수 있는지, 원하는 경우 자신에게 유리한 쪽을 선택할 수 있는지가 문제되는 것이다. 그는 이때 양자를 배척관계로 보는 김기창의 소견에 반대한다.

27 Watson, 48.

28 Oldendorp, 439: "Titulus, est per quem indicatur nobis aliqua possidendi leigitma causa, sufficiens ad dominium adquirendum vel directo & immediatè, uel saltem mediáte usucapione."

29 Vinnius, ad Inst. 2.6.pr. n.3 (p.262).

30 Bauer, 14ff.

31 가령 pro iudicato, pro adiudicato, pro permutato. Cf. Voet, ad D.41.10.1 n.2 (p.639).

D.41.2.3.21 Paulus 54 ad edictum.

Genera possessionum tot sunt, quot et causae adquirendi eius quod nostrum non sit, velut pro emptore: pro donato: pro legato: pro dote: pro herede: pro noxae dedito: pro suo ... et in summa magis unum genus est possidendi, species infinitae.

Hoetink, 231ff.에 의하면 Voci는 25종을 언급하고 있다고 하며, 그 자신은 이에 더하여 pro mandato와 pro socio의 두 종을 더 제시한다.

32 Cf. Nichols, 232ff.; Eckenberg, 11ff.

33 그러나 푸블리키우스 소권이 인정되는 경우가 모두 점용취득이 인정되는 경우와

로 거론되는 것들은 다음과 같다.

- pro emptore (D.41.4; C.7.26)
- pro donato (D.41.6; C.7.27)
- pro dote (D.41.9; C.7.28)
- pro legato (D.41.8)
- pro soluto (D.41.3.46ff.)
- pro transactione (C.7.26.8).
- pro noxae dedito (D.41.2.3.21)

이것들은 각각 '매수인으로서', '증여물로서', '가자물(嫁資物)로서', '유증물로서', '변제된 것으로서', '화해로서', '가해자위부물(加害者委付物)로서' 점유한다는 점용취득의 정당한 원인(iusta causa)을 지칭하는 것이다.[34]

pro emptore의 경우는 다른 권원들의 경우처럼 인도 시에 선의인 것만으로는 부족하고 매매계약 체결 시에도 선의일 것을 요구했던 것[35]이 특

일치하는 것은 아니었음에 주의를 요한다(가령 D.6.2.12.2 Paulus 19 ad edictum (vectigalia etc.)). Eckenberg, 22f.; Kaser I, 420 n.13.

34 이러한 권원에 기한 점유의 경우는 상속과는 무관한 것이므로 당연히 상속재산분 할소송의 대상이 되지 않았다.
D.10.2.25.7 Paulus 23 ad ed.
Quod pro emptore vel pro donato puta coheres possidet, in familiae erciscundae iudicium venire negat Pomponius.

35 D.41.4.2.pr. Paulus 54 ad edictum.
Pro emptore possidet, qui re vera emit, nec sufficit tantum in ea opinione esse eum, ut putet se pro emptore possidere, sed debet etiam subesse causa emptionis. si tamen existimans me debere tibi ignoranti tradam, usucapies. quare ergo et si putem me vendidisse et tradam, non capies usu? scilicet quia in ceteris contractibus sufficit traditionis tempus, sic denique si sciens stipuler rem alienam, usucapiam, si, cum traditur mihi, existimem illius esse: at in emptione et illud tempus inspicitur, quo contrahitur: igitur et bona fide emisse debet et possessionem bona fide adeptus esse.

이한 점이다.[36]

Barton은 이러한 통설과 조화하지 못하는 것으로 다음 두 개의 개소를 들고 있다.[37]

D.41.3.10.pr. Ulpianus 16 ad edictum.

Si aliena res bona fide empta sit, quaeritur, ut usucapio currat, utrum emptionis initium ut bonam fidem habeat exigimus, an traditionis. et optinuit Sabini et Cassii sententia traditionis initium spectandum.

(타인의 물건이 선의로 매수된 경우에 점용취득이 진행하려면 매수의 시점 (始點)이 선의를 가질 것을 우리가 요구하는지, 아니면 인도의 시점인지가 문제이다. 사비누스와 카씨우스의 인도의 시점이 고려되어야 한다는 견해가 통설이 되었다.)

D.41.3.48 Paulus 2 manualium.

... aliud, si putem me ex causa venditi teneri et ideo tradam: hic enim nisi emptio praecedat, pro emptore usucapio locum non habet. ... in emptione autem et contractus tempus inspicitur et quo solvitur: nec potest pro emptore usucapere, qui non emit, nec pro soluto, sicut in ceteris contractibus.

D.6.2.7.17 Ulpianus 16 ad edictum.

Iulianus libro septimo digestorum scripsit traditionem rei emptae oportere bona fide fieri: ideoque si sciens alienam possessionem adprehendit, Publiciana eum experiri non posse, quia usucapere non poterit. nec quisquam putet hoc nos existimare sufficere initio traditionis ignorasse rem alienam, uti quis possit Publiciana experiri, sed oportere et tunc bona fide emptorem esse.

    Eckenberg, 26ff.: "tunc = initium initi contractus". Bas.15.2.7.17 (Heimbach II, p.170: "Tempore autem emtionis et tempore traditionis eum, qui accepit, bona fide esse oportet.")는 명백히 이 견해를 지지한다. 異見 Kaser I, 423 n.53 (이 개소를 왜곡된 것으로 봄).

36 Kaser I, 423 n.53은 양 시점에서의 '선의' 문제를 '점유' 문제로 오해하고 있다.
37 同旨 Kaser I, 423 n.53.

D.41.4.7.4 Iulianus 44 digestorum.

Qui bona fide alienum fundum emit et possessionem eius amisit, deinde eo tempore adprehendisset, quo scit rem alienam esse, non capiet longo tempore, quia initium secundae possessionis vitio non carebit, nec [similis]⟨dissimilis S⟩ est ei, qui emptionis quidem tempore putat fundum vendentis esse, sed cum traditur, scit alienum esse: cum enim semel amissa fuerit possessio, initium rursus reciperatae possessionis spectari oportet. quare si eo tempore redhibeatur homo, quo emptor scit alienum esse, usucapio non contingit, quamvis antequam venderet, in ea causa fuerit, ut usucaperet. idem iuris est in eo, qui de fundo deiectus possessionem per interdictum reciperavit sciens iam alienum esse.

(선의로 타인의 부동산을 매수했고 그 점유를 상실했으나, 그후 타인의 물건임을 알게 된 시점에 [점유를 다시] 취했던 자는 장기시효로 취득하지 못할 것이다. 왜냐하면 두 번째 점유의 개시가 하자가 없는 것이 아닐 것이고, 또 그는 매수의 시점(時點)에 부동산이 매도인의 것이라고 생각했지만 인도되는 때에 타인의 것임을 알게 된 자와 다르지 않기 때문이다. 왜냐하면 일단 점유가 상실되었을 때에는 다시 재취득한 점유의 개시를 살펴야만 하기 때문이다. 그런고로 매수인이 타인의 것임을 알게 된 시점에 [매매계약의 객체인] 노예가 [권리하자를 이유로] 계약해제되는 때에는 점용취득이 발생하지 않는데, 비록 매도하기 전에 점용취득이 가능했던 지위에 있었더라도 그러하다. 부동산으로부터 축출되어 특시명령에 의하여 점유를 회복한 자가 [그 부동산이] 타인의 것임을 이미 알게 된 경우에도 동일한 법리이다.)

그는 전자는 'puzzling'하다고, 후자는 아무런 모순 없는 이본(異本)의 독법(讀法)을 'not conclusive'하다고 지적할 뿐 제대로 해석해 내지 못하고 있다.[38] 그러나 전자는 타인의 물건을 선의로 매수한 경우 이것으로

---

38 Barton, 20ff.

족한지 아니면 인도 시의 선의가 필요한지를 묻고(텍스트가 전승과정에서 다소 변형되었을 가능성은 있으나 이 경우 의미상 주어는 당연히 점유자이다. 주어가 결여되어 울피아누스가 쓴 것이 아니라는 식의 논법은 타당성이 없다), 매수시의 선의는 이미 전제되어 있으므로 ―Barton 등은 이 사실을 몰각하고 매수한 경우 일반에 대한 물음인 것처럼 양 시점을 배타적 선택지로서 인식하는 오류를 범하였다― "인도 시를 살펴야 한다."[39] 따라서 결국 양 시점 모두에 선의가 필요하다고 설시했던 사비누스와 카씨우스의 견해가 통설임을 밝힌 것이고, 후자는 Iul.-Ulp. D.6.2.7.17 cit.와의 조화를 위해서나 『바실리카 법전』의 해당 개소(Bas.50.4.6.4 [Heimbach V, p.66])의 취지로 보나 similis가 아니라 dissimilis로 전승된 텍스트를 취하면 되는 문제이다.[40] 다시 말하면 Paulus D.41.3.48 cit.; D.41.4.2, pr. cit. ―Iulianus D.6.2.7.17 cit.; D.41.4.7.4 ―Sabinus et Cassius D.41.3.10.pr.로 거슬러 올라가는 사비누스학파의 견해, 그리고 이들을 인용하고 있는 파울루스와 동시대인인 Ulpianus D.6.2.7.17 cit.의 견해는 모두 통일적인 해석이 가능하고, 또 그래야만 한다. 점용취득과 같은 제도적 법률문제에서 그 요건에 관해 학설이 갈린다는 것은 기대할 수 없기 때문이다.

pro donato에 해당하는 것은 생전증여만이었다. 사인증여의 경우에는 진정한 소유자에 대한 관계에서 점용취득의 효과가 인정되었음에도 불구하고 점용취득의 계기를 제공했던 증여자에 대한 관계에서는 사인증여의 법리가 우선하였기 때문이다.[41] pro legato의 경우는 물권적 유증

---

39 Bas.50.3.9.pr. (Heimbach V, p.57): "Si ignorans rem alienam emero, tempus traditionis ad usucapionem spectamus."

40 Mommsen / Krueger, *Digesta editio maior*, II, p.529 ad h.l., n. lin.12: "nec dissimilis *XYMOC et sic videntur vertisse Graeci*: ⋯ *B* (*Anon.*)."

41 D.39.6.13.pr. Iulianus 17 digestorum.
    Si alienam rem mortis causa donavero eaque usucapta fuerit, verus dominus eam condicere non potest, sed ego, si convaluero.
    D.39.6.33 Paulus 4 ad Plautium.

(legatum per vindicationem)에만 해당하는 것이고, 채권적 유증(legatum per damnationem)의 경우는 pro soluto의 한 사례였다.[42]

이외에도 다음의 권원이 알려져 있었다.

- pro derelicto (D.41.7)
- pro herede (D.41.5)
- pro suo (D.41.10)

이것들은 각각 '포기물로서', '상속인으로서', '자기 것으로서' 점유한다는 권원이다.

pro derelicto는 소유자가 포기한 악취물(握取物, res mancipi)을 포기한 것으로 알고[43] 선점한 자가 바로 소유권을 취득하지 못하고, 점용취득을 거쳐야 비로소 소유권을 취득하게 되는 특이한 경우이다.[44] 반면에 소유자 아닌 자(non dominus)가 포기한 경우에 대한 것이라는 학설도 한때 있었다.[45] 특히 그 근거로 Paul. D.41.7.4가 원용되는데,[46] 이것은 잘못이다. 왜냐하면 이때 포기자가 누구인지 알지 못한다는 것은 구체적인 포기자의 정체성을 모른다는 것이지 그가 소유자가 아니어도 된다는 뜻은 아니기 때문이다. 비소유자가 포기한 물건을 점용취득하게 하는 것은 점용취득을 배제한 도품을 점용취득하게 하는 것과 동일한 평가를 받

Qui alienam rem mortis causa traditam usucepit, non ab eo videretur cepisse, cuius res fuisset, sed ab eo, qui occasionem usucapionis praestitisset.
Heineccius I, 346 + n. g); Bauer, 31ff.

42 Apathy, 658ff. 서을오 II, 193은 Iul. D.41.1.36과 관련해 이 점을 정확하게 짚었다.

43 D.41.7.2.pr. Paulus 54 ad edictum.
Pro derelicto rem a domino habitam si sciamus, possumus adquirere.

44 Ankum I, 248-274; Vacca I, 1006ff.

45 Vacca I, p.1007 n.75 (Berger, Romano).

46 D.41.7.4 Paulus 14 ad Sabinum.
Id, quod pro derelicto habitum est et haberi putamus, usucapere possumus, etiam si ignoramus, a quo derelictum sit.

을 수 있다. 포기물로 오인한 것만으로는 부족하다는 율리아누스의 개소(D.41.7.6)도[47] 포기가 진정한 포기일 것을 요구하는 것이고, 이것은 소유자만 가능한 것이다. 악취물일 것을 요구하는 것은 비악취물(非握取物, res nec mancipi)의 경우에는 선점자가 즉시 소유권을 취득하였기 때문이다.[48] 이 점은 악취물과 비악취물의 구별을 철폐한 유스티니아누스법에서도 마찬가지였다.[49] 이곳에서의 문제는 이와 달리 악취물을 포기물로 점유한 자가 선점되지 않는 상황인 것이다. 포기했다는 소유자가 그렇게 한 것이 아님을 입증하는 데에 성공하면 점유자는 pro derelicto 취득을 대항할 수 없다.

pro herede는 독특한 연혁이 있다.[50] 원래는 아직 상속승인이 되지 않

---

47 D.41.7.6 Iulianus 3 ad Urseium Ferocem.

Nemo potest pro derelicto usucapere, qui falso existimaverit rem pro derelicto habitam esse.

48 D.41.7.5.1 Pomponius 32 ad Sabinum.

Id, quod quis pro derelicto habuerit, continuo meum fit: sicuti cum quis aes sparserit aut aves amiserit, quamvis incertae personae voluerit eas esse, tamen eius fierent, cui casus tulerit ea, quae, cum quis pro derelicto habeat, simul intellegitur voluisse alicuius fieri.

D.41.7.1 Ulpianus 12 ad edictum.

Si res pro derelicto habita sit, statim nostra esse desinit et occupantis statim fit, quia isdem modis res desinunt esse nostrae, quibus adquiruntur.

49 Inst. 2.1.47: Qua ratione verius esse videtur et si rem pro derelicto a domino habitam occupaverit quis, statim eum dominium effici. pro derelicto autem habetur quod dominus ea mente abiecerit ut id rerum suarum esse nollet, ideoque statim dominus esse desinit.

앞서 인용한 Ankum I은 D.41.7.5.pr.이 이러한 유스티니아누스법에 맞게 수정되었음을 잘 보여준다.

D.41.7.5.pr. Pomponius 32 ad Sabinum.

Si [id, quod pro derelicto habitum]⟨rem mancipi, quam pro derelicto habitam⟩ possidebas, ego sciens in ea causa esse abs te emerim, me usucapturum constat nec obstare, quod in bonis tuis non fuerit: nam et si tibi rem ab uxore donatam sciens emero, quia quasi volente et concedente domino id faceres, idem iuris est.

50 Vacca I, 1005f.

182

은 상속재산[休止相續財産]의 전부 또는 일부를 '상속인으로서', 즉 자신이 상속인이라고 생각해서 점유한 자[自稱相續人][51]는 무권원이고 선의가 아니더라도 1년을 점유하면 상속재산은 12표법상 '부동산 이외의 물건'(ceterae res)에 속하였으므로 부동산의 경우에도 점용취득이 인정되었었다. 이러한 예외적인 '이득적 부정한 점용취득'(usucapio lucrativa et improba)을 공화정기의 옛법률가들이 승인했던 이유는 조속히 상속승인이 이루어져서 제사가 행해지고, 상속채권자들이 채무자를 갖도록 하려는 취지였다고 한다(Gai. 2.52-56). 이러한 점용취득은 필수상속인이 있는 경우(Gai. 2.58)나 피상속인 생전에 그로부터 물건을 받았던 자(가령 수치인)의 경우에는 허용되지 않았다. 유명한 "아무도 스스로 자신을 위하여 점유의 사유를 변경할 수 없다"(Nemo sibi ipse causam possessionis mutare potest)는 법리는 바로 이 후자의 경우를 겨냥한 것이었다.[52] 그러나 하드리아누스 황제의 명에 의한 원로원의결(senatus consultum Iuventianum)은 진정한 상속인으로 하여금 그 반환을 청구할 수 있게 함으로써 자칭상속인의 점용취득을 부인하였다(Gai. 2.57). 또 마르쿠스 아우렐리우스 황제는 상속재산을 무단으로 점유하는 행위를 상속재산탈취죄(crimen expilatae hereditatis)로 처벌하였다.[53] 이후로 usucapio pro herede는 일반적인 점용취득의 한 사례가 되었다.[54] pro herede의 heres

---

51 Inst. 4.15.3: ... pro herede autem possidere videtur, qui putat se heredem esse: ...
52 D.41.2.3.19 Paulus 54 ad edictum.
    Illud quoque a veteribus praeceptum est neminem sibi ipsum causam possessionis mutare posse.
    Schmidlin, 90-93; 정병호, 85-116, 104f. n.46.
53 Lemosse, 255-260; Robinson, 30f.
54 pro herede와 pro suo의 차이에 관해서는 가령 다음 참조.
    D.29.2.20.1 Ulpianus 61 ad edictum.
    Et ideo solent testari liberi, qui necessarii existunt, non animo heredis se gerere quae gerunt, sed aut pietatis aut custodiae causa aut pro suo. ut puta patrem sepelivit vel iusta ei fecit: si animo heredis, pro herede gessit: enimvero si pietatis causa hoc fecit, non videtur pro herede gessisse.

는 시민법상의 상속인뿐만 아니라 법정관법상의 유산점유자(bonorum possessor)도 포함하는 개념이었다.[55] 끝으로 한 가지 덧붙일 것은 pro herede는 기본적으로 '상속인으로서의 처신'(pro herede gerere) 일반에 사용된 표현이라는 점이다.[56] pro herede possidere는 그 하나의 태양(態樣)이었다. 물론 이 점유를 통해서 선의의 경우 pro herede usucapio가 가능하였다.[57]

pro suo는 특별한 권원의 표시로서는 특별히 명명된 권원들을 제외한 일체의 (특별히 명명되지 않은) 권원을 포괄하는 것이었지만, 다른 권원이 인정될 때 그 상황을 부연하여 확인하는 기능의 일반적인 어법도 알려져 있었다.

반면에 로마인들은 자기를 위해서, 그러나 무권원으로 점유하는 경우를 '단순히 점유를 취한 점유자로서' 하는 점유라는 의미에서 pro possessore라고 표현하였다. 이것은 특히 상속재산과 관련될 때에는 상속인을 자칭하여 점유하는 경우인 pro herede와 달리 상속인을 자칭하지 않고서 점유하는 경우에 사용되었다.

2) 권원의 확정

구체적인 경우에 어떤 권원이 문제될 수 있는가 하는 것은 사안별로 고찰해야 할 터인데, 다음의 개소는 이것이 점용취득의 다른 요건(이 경우 선의)과도 연결된 문제였음을 잘 보여준다.

Fragmenta Vaticana 1 (Paul. 8 ad Sab.?[58]):

---

55   D.41.3.33.1 Iulianus 44 digestorum.
    ... idem hic si a domino heres institutus fuerit vel bonorum eius possessionem acceperit, incipiet fundum pro herede possidere. hoc amplius si iustam causam habuerit existimandi se heredem vel bonorum possessorem domino extitisse, fundum pro herede possidebit nec causam possessionis sibi mutare videbitur. ...
56   Cf. Coppola.
57   상세한 것은 Sáenz I, 143-208; Sáenz II, 165-218.

A Qui a muliere ① sine tutoris auctoritate sciens ② rem mancipi emit ③
vel falso tutore auctore quem sciit non esse, B non videtur bona fide emisse;
itaque et veteres putant et Sabinus et Cassius scribunt. C ① Labeo quidem
putabat nec pro emptore eum possidere, sed pro possessore, ② Proculus et
Celsus pro emptore, quod est verius: nam et fructus suos facit, quia scilicet
voluntate dominae percipit et mulier sine tutoris auctoritate possessionem
alienare potest. D Iulianus propter Rutilianam constitutionem eum, qui
pretium mulieri dedisset, etiam usucapere et si ante usucapionem offerat
mulier pecuniam, desinere eum usucapere.

(A 부인으로부터 ① 후견인의 조성(助成) 없이 알면서 ② 악취물(握取物)
을 매수하거나 ③ 또는 후견인이 아님을 알았던 허위의 후견인의 조성하에
매수한 자[59]는 B 선의로 매수했던 것으로 보이지 않는다. 그리고 같은 취지
로 옛법률가들이 생각하고, 사비누스[60]와 카씨우스가 기술한다. C ① 라베
오도 정녕 그는 '매수인으로서' 점유하는 것이 아니라 '점유자로서' 점유하
는 것이라고 생각하였다. ② 프로쿨루스와 켈수스는 '매수인으로서' 점유한
다고 하는데, 이 견해가 보다 옳다. 그것은 그는 과실도 자신의 것으로 만들
기 때문인데, 이유인즉슨 그가 소유녀의 의사에 따라 수취하는 것이고 또 부
인은 후견인의 조성 없이 점유를 양도할 수 있기 때문이다. D 율리아누스는
루틸리우스의 규칙에 의하면 대금을 부인에게 지급한 자는 또한 점용취득
하되, 점용취득 전에 부인이 대금을 제공(반환)하면 그는 더이상 점용취득

---

58 병행 개소 Paul. D.18.1.27 cit. (전술 I)과의 비교에서 Theodor Mommsen은 Fr.
    Vat.1을 파울루스의 것으로 치부하였고, 그를 좇은 Lenel 역시 이 두 개소를 Lenel,
    Paul. fr.1782 (p.1276)에 함께 배치하였다. 그러나 Lenel은 이 개소가 후견인의 조
    성을 다루고 있는 Ulpianus 40 ad Sabinum에 속하는 것이 아닌가 의문을 제기하
    고 있다(Lenel, 1276 n.2).

59 물론 허위의 후견인에게 속아서 산 경우는 선의이다.
    D.6.2.13.2 Gaius 7 ad edictum provinciale.
    ... sed et si deceptus falso tutore auctore emerit, bona fide emisse videtur.

60 同旨 Paul. D.18.1.27 cit. (전술 I).

하지 않는다고 한다.)

Ⓐ ②는 이 사안이 점용취득의 가장 전형적인 사례인 악취물의 단순 인도(traditio)에 의한 점유취득을 다루고 있음을 보여준다. 악취행위 (mancipatio)나 법정양도(in iure cessio)에 의했더라면 바로 이전했을 소유권이 단순 인도에 의한 까닭에 바로 이전되지 못하고 점용취득을 기다려야만 했던 것이다. 그런데 단순 인도의 경우에도 12표법의 규정(XII. Tab. 5.2)에 따르면 종족 근친자의 후견을 받는 여자의 재산은 그녀 스스로 후견인의 조성을 받아서 인도한 경우에만[61] 점용취득이 가능하였다.[62] 이러한 법리는 기원후 40년대에 제정된 클라우디우스법(lex Claudia de tutela)에 의해서 변하지 않았다. 동 법률은 '종족 근친'(agnati)의 후견을 금지한 것이지 부인에 대한 후견 자체의 금지를 내용으로 하는 것이 아니다.[63] 따라서 이 개소와 관련하여 동 법률 이후의 법률가들이 동 법률을 고려하지 않고 있다고 지적하며 의아해하면서도 아무런 이유를 제시하지 못하고 있는 해석은[64] 잘못된 것이다. 다만 법률가들과 칙법의 단편들을 모아놓은 『바티칸 단편집』이 320년경 이후의 시기로 비정(比定)되는 것[65]에 비추어 볼 때 고전기의 법상태를 모든 면에서 그대로 유지한 시기의 법을 논하지 않는다는 것은 명백하다. 그렇다면 오히려 이 개소에서 인용되고 있는 법률가들의 논쟁으로부터 역으로 인용된 법률가들의 시기, 즉 고전기의 법상태가 재구성되어야 할 것이다. 쟁점은 선의 여부이다. 원래 선의(bona fides)란 취득자 자신의 즉시의 소유권 취득

---

61 Gai. 2.80: Nunc admonendi sumus neque feminam neque pupillum sine tutore auctore rem mancipi alienare posse. ...

62 Gai. 2.47: Res mulieris ⟨quoque⟩, quae in agnatorum tutela erat, [res mancipi] usucapi non poterant, praeterquam si ab ipsa tutore ⟨auctore⟩ traditae essent; idque ita lege XII tabularum cautum est.

63 Rotondi, 467f.

64 Dozhdev, 566.

65 Wenger, 543ff.

을 방해하는 흠결에 대한 부지(不知)를 의미한다(가령 매도인이 판 물건의
소유자가 아니라는 사실에 대한 부지[66] 또는 정신착란의 사실을 모른 경우[67]).
취득자의 악의[68]에 대한 입증은 상대방이 부담하였다.[69] 로마법상 면책
가능한 착오(probabilis error)만이 선의로 고려되었고,[70] 법률의 착오에 기
하여 자신의 점유를 정당한 것으로 여긴 경우는 선의로 인정되지 않았
다.[71] 이와 달리 점유자가 아닌 제3자가 법률의 착오에 빠져서 점유자에

---

66 Paul. D.18.1.27 cit. (전술 I).

67 D.6.2.7.2 Ulpianus 16 ad edictum.

Marcellus libro septimo decimo digestorum scribit eum, qui a furioso ignorans
eum furere emit, posse usucapere: ergo et Publicianam habebit.

68 재산처분이 금지 또는 제한된 것을 알고 매수하거나 채권자 사해행위임을 알면서
매수하는 경우들이 대표적인 악의의 예이다.

D.18.1.26 Pomponius 17 ad Sabinum.

Si sciens emam ab eo cui bonis interdictum sit vel cui tempus ad deliberandum
de hereditate ita datum sit, ut ei deminuendi potestas non sit, dominus non ero:
dissimiliter atque si a debitore sciens creditorem fraudari emero.

D.41.4.7.5 Iulianus 44 digestorum.

Qui sciens emit ab eo, quem praetor ut suspectum heredem deminuere vetuit, usu
non capiet.

69 C.8.44.30 Diocletianus / Maximianus (a.294).

Non ex eo, quod duplam qui a matre tua mancipium comparavit evictionis
nomine stipulatus est, alienae rei scientia convincitur, nec opinio eius ex hoc
laeditur, ut malae fidei emptor existimetur. Aliis itaque hoc indiciis, si vis, probare
debes. (여기서 opinio는 aestimatio publica, fama(평판)의 뜻으로 쓰였다.)

70 D.41.10.5.1 Neratius 5 membranarum.

71 D.22.6.2 Neratius 5 membranarum.

In omni parte error in iure non eodem loco quo facti ignorantia haberi debebit,
cum ius finitum et possit esse et debeat, facti interpretatio plerumque etiam
prudentissimos fallat.

Cf. Winkel I, 98; Ussani, 1f.

Ner. D.41.10.5 (pro suo)

D.41.3.31.pr. Paulus 32 ad Sabinum. (pro emptore)

Numquam in usucapionibus iuris error possessori prodest: et ideo Proculus ait,
si per errorem initio venditionis tutor pupillo auctor factus sit vel post longum

게 급부한 경우에는 급부의 권원이 부존재하여 점용취득이 인정되지 않았다.[72] 현안에서는 후견인의 조성에 대한 지(知)·부지(不知)(Ⓐ①, ③)가 선의의 대상인 사정에 해당하는지가 문제이다. 후견인의 조성의 흠결은 소유권의 즉시 취득을 방해하는 흠결인가가 관건이다. 옛법률가와 그 전

tempus venditionis peractum, usucapi non posse, quia iuris error est.

Cf. Winkel I, 93f.; Daube, 89 = *Collected Studies in Roman Law* II (1991), 735.

D.41.3.32.1 Pomponius 32 ad Sabinum.

Si quis id, quod possidet, non putat sibi per leges licere usucapere, dicendum est, etiamsi erret, non procedere tamen eius usucapionem, vel quia non bona fide videatur possidere vel quia in iure erranti non procedat usucapio.

Cf. Bauer, 58ff., 129f. (이 개소가 염두에 둔 사안을 신탁양도물의 점용재취득[占用再取得, usureceptio]이나 pro derelicto 점용취득이나 인도된 악취물의 경우로 보고, 'vel quia ~ *rell*.'를 부진정한 것으로 본다); Wacke, 334ff.; Winkel I, 94f., 100.

D.22.6.4 Pomponius 13 ad Sabinum. (pro dote)

Iuris ignorantiam in usucapione negatur prodesse: facti vero ignorantiam prodesse constat.

Cf. Winkel I, 91f.

D.41.4.2.15 Paulus 54 ad edictum. (pro emptore)

Si a pupillo emero sine tutoris auctoritate, quem puberem esse putem, dicimus usucapionem sequi, ut hic plus sit in re quam in existimatione: quod si scias pupillum esse, putes tamen pupillis licere res suas sine tutoris auctoritate administrare, non capies usu, quia iuris error nulli prodest.

Cf. Wacke, 333f; Winkel I, 95f.; Daube, 88f. = *Collected Studies in Roman Law* II (1991), 734f.

72 Fragmenta Vaticana 294. (1) Papinianus libro XII responsorum.

... cum pater filiis, quos habuit ac retinuit in potestate, donat, nihil prodest non mutari uoluntatem, quoniam quod praecessit totum inritum est. unde cum filius in diuisione bonorum penes fratrem quod pater donauerat errore lapsus reliquit, portionem eius non esse captam usu Seruio Sulpicio placuit, quod neque frater ipse donauerat neque pater donare poterat.

Fragmenta Vaticana 296. Papinianus libro II responsorum.

Donationem, quam pater in filium, quem in familia retinuit, frustra contulit, arbiter hereditatis diuidundae non sequitur; et ideo, si frater coheres apud fratrem suum possessionem errore iuris lapsus reliquerit, usu capio partis non erit.

Cf. Winkel I, 92f.

통을 이어받은 사비누스학파는 이를 긍정하고,[73] 그 결과로서 선의를 부정한다([B]). 이들의 경우 선의 요건의 결여로 더이상 점용취득을 논할 실익이 없으므로 권원의 여부는 더이상 고찰되지 않았다. 반면에 라베오와 그 전통에 선 프로쿨루스학파는 어디까지나 부인 자체의 처분행위에 초점을 맞추며, 그 결과 후견인의 조성은 선의의 대상이 아니라고 보므로, 일단 선의를 긍정한다. 따라서 다음으로 권원의 문제가 검토되는데, 라베오는 후견인의 조성이 흠결됨으로써 매매 자체가 제대로 된 것이 아님을 이유로 '매수인으로서의' 점유를 부인하고, 매수 권원이 흠결된 결과 '점유자로서의' 점유만을 인정하는데 반하여([C] ①), 프로쿨루스학파는 후견인의 조성의 흠결은 부인의 매도 행위 자체의 성격에는 아무런 소장(消長)을 가져오는 것이 아니라고 봄으로써 pro emptore의 권원을 인정한다([C] ②). 그 이유는 점유의 양도는 후견인의 조성 없이 가능하고, 그와 같은 경우에 과실의 수취 역시 부인의 양도 의사에 부합하는 것이기 때문이라는 것이다. 이 논리는 점유는 사실의 문제이고 법률의 문제가 아니라는 이 학파의 견해와도 부합하는 것이다.[74] 그리고 이것은 또한 이 학파가 매매를 점유의 보장(habere licere)[75] 이상의 것을 법적 의무로 삼지 않는 것으로 보는 엄격한 관점을 취한 결과이기도 하다. 이 점에서 프로쿨루스학파를 따르는 파울루스[76]도 이 견해에 동조하고 있다. 반

---

73 옛법률가(veteres)란 기본적으로 상대적 개념이지만(Horak, 201-236), 스토아 사상에 기반을 두었던 사비누스학파의 선구자들을 특히 지칭하였다. Behrends I, 7ff.

74 D.41.2.1.3 Paulus 54 ad edictum.

... Ofilius quidem et Nerva filius etiam sine tutoris auctoritate possidere incipere posse pupillum aiunt: eam enim rem facti, non iuris esse: quae sententia recipi potest, si eius aetatis sint, ut intellectum capiant.

75 D.19.1.30.1 Africanus 8 quaestionum.

... quamvis enim alioquin verum sit venditorem hactenus teneri, ut rem emptori habere liceat, non etiam ut eius faciat, ...

76 D.19.4.1 Paulus 32 ad edictum.

... venditori sufficit ob evictionem se obligare possessionem tradere et purgari dolo

면에 사비누스학파에 의하면 후견인의 조성이 없을 경우 점유양도 자체가 가능하지 않다.[77]

다른 한편으로 이상의 학설대립의 보다 근본적인 이유는 후견인의 조성이 없는 매매의 법적인 평가와 직결된 것이다. 원래 이러한 매매는 피후견인은 구속하지 않고, 매수인만을 구속하는 상대적 무효행위였다(이른바 negotium claudicans).[78] 따라서 그 법률행위가 쌍방에 대해 구속적임을 주장하려는 매수인이 피후견인의 조성 사실도 입증해야만 하였다.[79] 이 한도에서 후견인의 조성의 흠결은 소유권의 즉시 취득을 방해하는 흠결이라고 사비누스학파는 본 것이다. 반면에 프로쿨루스학파는 이것이 반드시 언제나 소유권의 즉시 취득을 방해하는 것은 아니라는 점에서 선의의 대상이 아니라고 본 것이다. 라베오는 그러나 권원의 면에서는 피후견인이 구속되지 않는다는 사정을 평가하여 매수인의 지위를 확고한 것으로 볼 수 없다는 이유에서 pro emptore를 부인하였고, 그 결과 pro possessore만을 인정할 수 있다고 본 것이나. 이와 달리 프로쿨루스와 켈수스는 매수인은 일방적이기는 하지만 어쨌든 매수인으로서 구

---

malo, itaque, si evicta res non sit, nihil debet: ...

77 D.41.1.11 Marcianus 3 institutionum.

Pupillus quantum ad adquirendum non indiget tutoris auctoritate: alienare vero nullam rem potest nisi praesente tutore auctore, et ne quidem possessionem, quae est naturalis, ut Sabinianis visum est: quae sententia vera est.

78 D.19.1.13.29 Ulpianus 32 ad edictum.

Si quis a pupillo sine tutoris auctoritate emerit, ex uno latere constat contractus: nam qui emit, obligatus est pupillo, pupillum sibi non obligat.

Inst. 1.21.pr.: ... unde in his causis ex quibus mutuae obligationes nascuntur, in emptionibus venditionibus, locationibus conductionibus, mandatis, depositis, si tutoris auctoritas non interveniat, ipsi quidem qui cum his contrahunt obligantur, at invicem pupilli non obligantur.

Vinnius, ad h.l. Commentarius, *Qui cum his contrahunt, obligantur*] 및 *Non obligantur*] (p.116); Kees, ad h.l. v. Unde (pp.186f.).

79 D.6.2.13.2 Gaius 7 ad edictum provinciale.

Qui a pupillo emit, probare debet tutore auctore lege non prohibente se emisse. ...

속된다는 사정을 평가하여 그의 점유 자격은 pro emptore에 해당한다고 본 것이다. 루틸리우스 루푸스(P. Rutilius Rufus, 기원전 105년 집정관)[80]의 규칙(constitutio)[81]을 소개·추종하고 있는 율리아누스에 의하면 매도인에게 대금을 지급한 매수인은 pro emptore로 점용취득을 할 수 있지만, 매도인이 대금을 반환하는 때에는 더이상 점용취득이 가능하지 않게 된다. 고전성기에 사비누스학파의 수장이었으면서도 프로쿨루스학파의 이론을 대폭 수용하여 법학이론상의 일대 전환을 가져왔던 그답게 여기서도 프로쿨루스학파의 견해를 취하면서, 피후견인 측의 법률행위 취소 시의 효과도 부여하고 있는 것이다(D). 이것은 후견인의 조성 흠결로 매매의 효과가 불확실한 상황에서 pro emptore로 굳히기 위한 보완논리로 매매의 본질소에 해당하는 대금의 지급 여부를 살핀 것이다. 대금 지급이 특수상황에서의 보완논리일 뿐임을 포착하지 못하고, 선의 악의 여부를 불문하고 매매에 자연스럽게 수반하는 대금 지급에 이 경우 부여된 역할은 명백히 과장된 것이라고 보는 Dozhdev의 견해[82]는 잘못이다. 또 그는[83] 이곳의 대금지급 논리를 Ulp. D.5.3.13.8의 경우와 유사한 것으로 파악하고 있는데, 그곳에서는 그 자신이 관련사료를 통하여 잘 살펴

---

80 Karen Bauer, "Die *Rutiliana Constitutio* des Julian", *Tijdschrift voor rechtsgeschiedenis* 54 (1986), 97-100, 99 (필자 未見)는 정신착란자로부터 취득하는 경우의 점용취득을 긍인하는 근거를 보이기 위하여 일차 사용되었던 utilitas (D.41.4.2.16 Paulus 54 ad edictum: Si a furioso, quem putem sanae mentis, emero, constitit usucapere utilitatis causa me posse, quamvis nulla esset emptio et ideo neque de evictione actio nascitur mihi nec Publiciana competit nec accessio possessionis)와 Rutiliana가 공통된 철자를 제법 가졌다는 이유로 이 후자가 필사자의 오류라고 하는 타당성 없는 주장을 폈다고 한다. 同旨 Bauer, 142. 이에 대한 정당한 비판은 Dozhdev, 563 n.37.

81 Constitutio가 '확립된 법규칙'을 의미한다는 점에 관해서는 Dozhdev, 563 n.36 (다른 예: D.1.5.4.1 Florentinus 9 institutionum = Inst. 1.3.2.: constitutio iuris gentium). 이미 同旨 Dirksen, s.v. Constitutio, "§2. *Institutum, Praeceptum*" (p.204); Berger, s.v. Usucapio ex Rutiliana constitutione (p.752).

82 Dozhdev, 566f.

83 Dozhdev, 567.

고 있듯이 점유의 '이득성'(lucrativa) 여부가 pro possessore의 성격을 규정짓는 기준으로 고려되는 맥락에서 논의되는 것임에 반하여[84] 이곳에서는 단순히 매매의 성부(成否)를 가늠하는 부가적인 요소로 기능하고 있을 뿐이어서 맥락의 차이가 있음을 간과한 것이다.

2. 권원의 존부 판단

1) 원칙: 원인행위의 요구

이처럼 권원이란 기본적으로 소유권 취득을 정당화하는 원인인데, 점용취득의 경우에는 원래적인 의미의 소유권 취득이 어떤 이유론가 불가능하여 그 흠결을 선의자에 한하여 일정한 기간의 점유로써 보충하는 것이므로, 권원의 존재란 보기에 따라서는 취득하려는 자가 있다고 믿는 것으로 족한 것이 아닌가 고려해볼 수 있다. 실제로 이와 관련하여 로마의 법률가들 사이에서 상이한 의견이 개진되었던 듯하다.

D.41.3.27 Ulpianus 31 ad Sabinum.

Celsus libro trigensimo quarto errare eos ait, qui existimarent, cuius rei quisque bona fide adeptus sit possessionem, pro suo usucapere eum posse: nihil referre, emerit nec ne, donatum sit nec ne, si modo emptum vel donatum sibi existimaverit, quia neque pro legato neque pro donato neque pro dote usucapio valeat, si nulla donatio, nulla dos, nullum legatum sit.[85]

---

84   D.5.3.13.8 Ulpianus 15 ad edictum.

Si quis sciens alienam emit hereditatem, quasi pro possessore possidet: et sic peti ab eo hereditatem quidam putant. quam sententiam non puto veram: nemo enim praedo est qui pretium numeravit: sed ut emptor universitatis utili tenetur.

85   同旨 D.41.4.2.pr. Paulus 54 ad edictum.

Pro emptore possidet, qui re vera emit, nec sufficit tantum in ea opinione esse eum, ut putet se pro emptore possidere, sed debet etiam subesse causa emptionis.

('매수인으로서' 점유하는 것은 진정으로 매수한 자이고, 그가 자신이 '매수인으로서' 점유한다고 생각하는 소견인 것만으로는 족하지 않으며, 또한 매수의 원인

192

idem et in litis aestimatione placet, ut, nisi vere quis litis aestimationem subierit, usucapere non possit.

(켈수스는 제34권에서[86] 다음의 자들은 틀렸다고 말한다. 즉 어떤 물건의 점유를 선의로 취득한 자들은 누구든 '자기 것으로서' 점용취득할 수 있고, 그가 매수했는가 아닌가, 증여되었는가 아닌가 하는 것은 그가 매수했거나 자신에게 증여되었다고 생각했던 한, 아무 상관이 없다고 생각하는 자들 말이다. 왜냐하면 증여나 가자(嫁資)나 유증이 없으면 '유증된 것으로서'도, '증여된 것으로서'도, '가자물(嫁資物)로서'도 점용취득은 유효하지 않기 때문이다. 같은 켈수스는 소송물가액평가의 경우에도 어떤 자가 진정으로 소송물가액평가에 응하지 않으면 점용취득할 수 없다는 견해이다.)

이 개소에 의하면 어떤 물건의 점유를 선의로 취득한 자는 매수했는가의 여부, 증여받았는가의 여부는 중요하지 않고, 단지 매수했거나 증여받았다고 여기기만 했다면 '자기 것으로서' 점용취득이 가능하다고 생각하는 자들(qui existimarent)이 있었는데, 켈수스는 이들이 그릇된 견해를 취하고 있는 것(errare)이라고 비판하였다.[87] 그 이유는 증여나 가자(嫁

이 존재하지 않으면 안 된다.)

D.41.6.1.pr. Paulus 54 ad ed.

Pro donato is usucapit, cui donationis causa res tradita est: nec sufficit opinari, sed et donatum esse oportet.

('증여물로서' 점용취득하는 자는 증여의 원인으로 물건이 인도된 자이다. 소견을 갖는 것으로는 족하지 않고, 또한 증여되었을 것이 필요하다.)

참고로 서을오 III, 163은 D.41.4.2.pr.의 'qui re vera emit'의 're vera'를 '진정한 일로 인하여'라고 번역하였다. 마치 매수에 진정한 동기가 필요한 것처럼 들린다. 그러나 re vera 혹은 revera는 단일한 부사적 표현으로 그저 '진정하게'로 옮겨야 하고 그것으로 족하다. Krebs, s.v. Re vera, re ipsa, re (S.514f.): "steht sehr häufig, wenn der Gegensatz *der Wirklichkeit zum blossen Schein, zur Meinung, zum vorgewendeten Grunde* u. ähnl. bezeichnet werden soll." 김기창 II, 216은 '실제로'로 옮기고 있다.

86 어떤 책인지는 알 수 없다. Lenel, Celsus fr. 277 n.2 (p.169).

87 그러나 이 점에서 매우 논쟁적인(Ussani, 14; Mayer-Maly, 127) 켈수스는 — 수

資)나 유증이 없으면 각각 그에 해당하는 권원에 기한 점용취득도 유효할 수 없기 때문이라는 것이다.[88] 이곳에서 드러나는 사실은 소유권 취득의 원인행위가 실제로는 없었으나 있었다고 믿는 것만으로 족하다고 보는 순수주관설의 입장이 소유권 취득의 원인행위가, 비록 그 효과가 어떤 사유로 인하여 발휘되지는 않았을지라도, 실제로 있었을 것을 요구하는 원인행위요구설에 의하여 배척되고, 이 후자의 입장이 로마법의 통설이 되었다는 것이다.[89] 따라서 점용취득과 관련하여 권원의 존부는 단지 어떤 권원이 있다는 주관적인 믿음이 아니라, 있다고 믿는 권원에 해당하는 어떤 행위가 수행되었는가의 여부에 따라서 판단되어야 한다. 다시 말하면 점용취득을 인정하는 것은 선의의 점유자가 품고 있는 소유권 취득의 기대를 합당한 선에서 정당화할 수 있는 일정한 객관적 사실이 그 기초이고, 결코 당사자의 주관적인 관념에만 따른 것이 아니라는 점이다. 이러한 원칙은 칙법에서도 천명되었다.[90] 이 문제는 흔히 오상권원의 문제(후술 2))로 오해되곤 한다.[91] 특수한 경계상황(매매 면적보다 크게 점유한 경우 및 같은 이름의 수유자가 여럿일 경우)을 다루고 있는 다음의 개소들도 이 원칙을 고수하고 있다는 점에는 변함이 없다.

사적인 목적에서(?) ― 과장법을 구사하고 있는 것으로 보인다. 왜냐하면 실제로는 이러한 순수주관설을 취하는 로마의 법학자는 없기 때문이다.

88 켈수스의 견해가 pro suo 점용취득을 전면적으로 부인하는 것이라는 견해(가령 Mayer-Maly, 35ff., 50)에 대한 반론은 최병조 III 참조.

89 pro derelicto의 경우에도 동일하였음은 다음 개소가 명언하고 있다.
D.41.7.6 Iulianus 3 ad Urseium Ferocem.
Nemo potest pro derelicto usucapere, qui falso existimaverit rem pro derelicto habitam esse.
(물건이 포기된 것이라고 잘못 생각한 자는 아무도 '포기물로서' 점용취득하지 못한다.)

90 C.3.32.24 Diocletianus / Maximianus (a.294) cit.
Nullo iusto titulo praecedente possidentes ratio iuris quaerere prohibet dominium. ...

91 Kunkel / Mayer-Maly, 178 + n.20; Kaser I, 421f..

D.41.4.2.6 Paulus 54 ad edictum.

Cum Stichum emissem, Dama per ignorantiam mihi pro eo traditus est. Priscus ait usu me eum non capturum, quia id, quod emptum non sit, pro emptore usucapi non potest: sed si fundus emptus sit et ampliores fines possessi sint, totum longo tempore capi, quoniam universitas eius possideatur, non singulae partes.

(내가 스티쿠스를 매수하였는데 다마가 착오로 나에게 그 대신 인도되었다. 프리스쿠스는 가로되 "나는 그를 점용취득하지 못할 것인바, 왜냐하면 매수되지 않은 것은 pro emptore 권원으로 점용취득될 수 없기 때문이다. 그러나 부동산이 매수되고 경계를 넘어 더 많이 점유된 경우 전부가 장기시효로 취득되는바, 왜냐하면 그 총체가 점유되는 것이지 개별 부분들이 점유되는 것이 아니기 때문이라고 하였다.")

D.41.8.4 Paulus 54 ad edictum.

Pro legato potest usucapi, si res aliena legata sit aut testatoris quidem sit, sed adempta codicillis ignoratur: in horum enim persona subest iusta causa, quae sufficit ad usucapionem. idem potest dici et si in nomine erit dubitatio, veluti si Titio legatum sit, cum sint duo Titii, ut alter eorum de se cogitatum existimaverit.

(타인의 물건이 유증되거나 또는 유언자의 것이기는 하지만 유언보충서에 의하여 박탈된 것임을 알지 못하는 경우 pro legato 권원으로 점용취득이 가능하다. 왜냐하면 이들 경우의 해당인에게는 점용취득에 충분한 정당한 사유가 존재하기 때문이다. 이름에 있어서 의문이 있을 경우, 가령 티티우스에게 유증되었는데 티티우스가 두 명이어서 그들 각자가 자신이 고려되었다고 생각한 경우에도 동일한 이야기를 할 수 있다.)

D.41.3.27의 마지막 부분에서 언급하고 있는 소송물가액평가(litis aestimatio)는 소유물반환청구소송에서 피고가 그 금액을 원고에게 제공

하면 마치 매매가 이루어진 것처럼 취급되는 경우이다.[92] 이때에도 점용 취득이 가능하기 위해서는 객관적 사정으로서 진정한(vere) 가액평가절차가 전제되었다.

2) 예외: 오상권원(誤想權原)

그러나 다른 한편으로 점용취득의 권원이란 두루 소유권의 취득을 가능하게 할 일체의 사정이므로, 권원이 있다는 단순한 주관적인 관념, 즉 로마인들 스스로 "사유오신(事由誤信)의 착오"(error falsae causae)라고 부른 '오상'(誤想)만으로는 부족하고 실제로 그에 해당하는 객관적 행위(법률행위 및 사실행위)가, 비록 어떤 다른 사유로 말미암아 효력이 없더라도(Ungültigkeit), 존재하지 않으면 안 되지만(Wirklichkeit)[93] ── 그리고 이 귀결이 이미 언급했던 권원 무단변경 불가의 원칙이다[94] ── 이러한

---

92 D.6.2.7.1 Ulpianus 16 ad edictum.

　　Si lis fuerit aestimata, similis est venditioni: et ait Iulianus libro vicensimo secundo digestorum, si optulit reus aestimationem litis, Publicianam competere.

　　D.6.1.46 Paulus 10 ad Sabinum.

　　Eius rei, quae per in rem actionem petita tanti aestimata est, quanti in litem actor iuraverit, dominium statim ad possessorem pertinet: transegisse enim cum eo et decidisse videor eo pretio, quod ipse constituit.

93 Emilio Betti, *Istituzioni*, I (2. ed.), 411f.: "una iusta causa effettiva, un negozio effettivamente concluso, ancorché invalido"(유효한 정당한 원인, 비록 무효이지만 유효하게 체결된 법률행위). Jakobs I, 51 n.36에서 재인용.

94 D.41.3.33.1 Iulianus 44 digestorum.

　　Quod vulgo respondetur ipsum sibi causam possessionis mutare non posse, totiens verum est, quotiens quis scieret se bona fide non possidere et lucri faciendi causa inciperet possidere: ...

　　Diocl./Maxim. C.4.65.23 (a.293).

　　Ad probationem rei propriae sive defensionem non sufficit locatio ei facta, qui post de dominio coeperit contendere, cum nescientia dominii proprii et errantis nullum habeat consensum: sed ex eventu, si victus fuerit, contractus locationis non constitisse magis declaratur. Nemo enim sibi iure possessionem mutare potest.

　　Diocl./Maxim. C.7.32.5.

관념을 정당화시켜 주는 권원 이외의 어떤 객관적인 사실(예컨대 제3자에 의한 대리행위)이 존재할 때에는 비록 그 권원 이외의 사실에 대한 관념이 착오에 기인한 것[95]일지라도 로마의 법률가들은 그 선의점유자의 이러한 오상(誤想, falsa existimatio)을 통해서 존재한다고 관념된 가상(假想)의 권원(예에서 대리인이 체결했다고 오신한 매매)만으로도 점용취득이 가능하다고 보는 입장이었다(오상권원의 인정). 다만 모든 오상이 보호받았던 것은 아니고, 합리적인 선에서 그의 탓으로 돌릴 수 없는 착오(iusta causa erroris, probabilis error, tolerabilis error)의 경우만이 보호받았다. 그러므로 결국 스스로의 행위와 관련해서는 권원에 해당하는 행위가 객관적으로 존재할 때에만 점용취득이 가능하고, 타인의 행위와 관련해서는 존재하지 않는 가상의 권원에 대한 정당한 오상의 경우에도 점용취득이 가능하도록 법이 운용되었던 것이다. 그러나 어디까지나 예외적인 경우였으므로 비교형량의 결과로 부인하기보다 인정하는 것이라(magis esse)는 식의 표현이 사용되었다. 그 결과 실제로 오상권원이 문제된 경우는 pro suo 점유 사례에 한하였다.[96]

D.41.10.5.1 Neratius 5 membranarum.[97]

Sed id, quod quis, cum suum esse existimaret, possederit, usucapiet, etiamsi falsa fuerit eius existimatio. quod tamen ita interpretandum est, ut probabilis error possidentis usucapioni non obstet, veluti si ob id aliquid possideam, quod servum meum aut eius, cuius in locum hereditario iure successi, emisse

---

Cum nemo causam sibi possessionis mutare possit proponasque colonum nulla extrinsecus accedente causa ex colendi occasione ad iniquae venditionis vitium esse prolapsum, praeses provinciae inquisita fide veri domini tui ius convelli non sinet.

95 Cf. D.22.6.3.pr. Pomponius 3 ad Sab.
Plurimum interest, utrum quis de alterius causa et facto non sciret an de iure suo ignorat.

96 이미 同旨 Cuiacius, ad D.41.10.2, p.1177 C; 또한 김기창 II, 217f.

97 이 개소의 pro suo와의 관련성에 관해서는 최병조 III 참조.

id falso existimem, quia in alieni facti ignorantia tolerabilis error est.[98]

(그런데 어떤 자가 자기 것이라고 생각해서 점유하는 것은 점용취득할 것인
바, 비록 그의 생각이 그릇된 것일지라도 그러하다. 그렇지만 이것은 다음과
같이 해석해야만 한다. 즉 점유하는 자의 개연성 있는 착오만 점용취득에 방
해가 되지 않는다고 말이다. 가령 내 노예 또는 내가 상속법에 따라 승계한
자의 노예가 그것을 매수했다고 그릇 생각했기 때문에 어떤 것을 내가 점유
하는 경우처럼. 왜냐하면 타인의 행위에 대한 부지는 인용(忍容)할 만한 착
오이기 때문이다.[99])

D.41.4.11 Africanus 7 quaest.

Quod volgo traditum est eum, qui existimat se quid emisse nec emerit, non
posse pro emptore usucapere, hactenus verum esse ait, si nullam iustam
causam eius erroris emptor habeat: nam si forte servus vel procurator, cui
emendam rem mandasset, persuaserit ei se emisse atque ita tradiderit, magis
esse, ut usucapio sequatur.

(자신이 어떤 것을 매수했다고 생각하지만 매수하지 않은 자는 '매수인으
로서' 점용취득할 수 없다고 일반적으로 전해져오는 것은 다음 한도에서 진
실이라고 그[= 아프리카누스의 스승 율리아누스]는 말한다. 즉 그러한 착

---

98 『바실리카 법전』은 이를 다음과 같이 요약하고 있다. 그러나 피상속인이 관련된
   부분은 피상속인의 노예가 개입된 사정을 빠뜨린 채 내가 곧바로 그 물건이 그의
   소유인 것으로 믿은 것처럼 보다 넓게 상황을 서술하는 오류를 범하였다.
   Bas.50.9.5 (Heimbach V, p.70): "Qui rem alienam per probabilem errorem pro
   mea possidet, usucapit: veluti si quid possideam tamquam emptum a servo meo
   aut ad eum pertinente, cuius sum heres. In alieni facti ignorantia tolerabilis error
   est (emend. Reitz)."
99 Greiner, 46ff.는 맨 마지막 문장을 형식적 이유에서 수정된 것으로 보지만, 내용
   적으로는 D.22.6.2 Neratius 5 membranarum ("In omni parte error in iure non
   eodem loco quo facti ignorantia haberi debebit, cum ius finitum et possit esse et
   debeat, facti interpretatio plerumque etiam prudentissimos fallat.")와의 일치 등을
   고려할 때 문제점이 없다는 입장이다. Cf. Winkel II, 902.

오의 어떠한 정당한 사유도 매수인이 가지지 않을 경우에 한한다고 말이다. 왜냐하면 가령 그가 물건을 매수할 것을 위임했던 노예나 재산관리인이 그에게 자신이 매수했다고 납득시키고 그렇게 인도한 경우에는 점용취득이 뒤따른다는 쪽이 더 낫기 때문이라는 것이다.)

여기서 주의해야 할 것은 오상권원에 관한 종래의 논의가 오상(誤想)이라는 용어를 본인이 다른 사정 없이 단순히 주관적으로 권원이 존재한다고 오신(誤信)한 경우(이러한 오인은 본인의 행위 여부에 관한 것이어서 선의이더라도 보호받을 가치가 없으므로 점용취득이 부인됨)와 다른 사정(특히 본인을 위한 제3자)의 매개를 통해 촉발된 권원의 존재에 대한 오상의 경우(점용취득이 그러한 오상이 보호받을 가치가 있는 일정한 경우에 제한적으로만 인정됨)를 구별하지 않고 막연히 사용하면서 혼동과 혼란을 자초했다는 사실이다.[100] 야콥스도 종래 로마법의 원전에는 등장하지 않는[101] 오상(putativus) 개념에 대해서 혼란스러웠음을 지적하고, 오신된 권원이 전혀 존재하지 않는 경우(Fehlen, Nichtvorhandensein)와 존재는 하되 무효인 경우(Ungültigkeit)를 구별하는 것이 더 합당하며, 사비니가 그랬듯이[102] 전자는 오상권원이라고 부를 수 있다는 견해를 밝히고, 후자의 문제, 즉 무효인 법률행위가 점용취득에 족한지의 문제는 별도의 문제라고 하는 Betti의 견해에 찬동하고 있다.[103] 이와 관련하여 꼭 지적해 둘

---

100 정문(正文) 수정비판(interpolatio)의 방법론을 동원한 학설을 포함하여 종래의 학설들(특히 Pernice, Beseler, Voci, Mayer-Maly)과 그에 대한 비판적 논의는 Jakobs I, 43-99 m.w.N. 그러나 광범위하지만 설득력이 없고 경향성을 띤 수정비판의 방법론에 의거한 Jakobs 자신의 결론은 부당하게도 오상권원의 전적인 부인이다(p.98).

101 이것은 중세법학의 개념이었다. 서을오 II, 203f.

102 von Savigny, 374.: "Anders wenn die Handlungen selbst, die zu dem Geschäft gehören, auf mangelhafte Weise vorgenommen waren, oder wenn sogar das Daseyn irgend eines Rechtsgeschäfts nur irrigerweise von dem Erwerber angenommen wird, welches letzte man einen Putativtitel zu nennen pflegt."

103 Jakobs I, 51f. 후자의 문제를 오상권원의 문제로 취급하는 견해로 야콥스(S.51

것은 윤리신학에서는 권원이 존재는 하되 무효인 경우를 일찍이 '유효한 진정한 권원'(titulus verus)과 대비시켜서 '표견권원'(表見權原, titulus coloratus)[104]이라고 불러서 개념과 용어상 이미 '오상권원'(titulus putatus s. putativus)과 구별했다는 사실이다.[105] 특히 주의할 것은 pro soluto의

---

n.36)가 열거하는 학자들은 Mayer-Maly, Wubbe, Kaser, Siber, Rabel, von Lübtow, Pflüger, Perozzi, Monier, Beseler, Voci 등으로 실로 대표적인 로마법 연구자들이 두루 이에 해당하였다. Barton, 15-29, 특히 24ff.도 마찬가지이다. 그러나 이러한 '전통'은 꽤 오래되었다. Stintzing, 102도 양자의 차이를 부인한다.

104 독일어로 표현하자면 'Anscheinstitel' 정도가 될 것이다. Sleumer, s.v. coloratus (S.221)조에서는 titulus coloratus에 대해 'Scheintitel'이라는 역어를 제시하고 있으나 개념이 불명확하여 오상권원과의 구별도 확실하지 않아서 부적절하다. 표견 (表見)의 개념이 권원과 결부되는 이 맥락에서는 독일의 속담 "Der Schein trügt, der Anschein nie"가 도움이 될 듯하다.

105 Gury, 518 ("coloratus, id est qui prae se speciem veri tituli ferat, licet in se ob occultum vitium verus non sit"); de Ligorio, 20 n.505; Szczeklik / Lubelski, n.401 (p.185). 이 맥락에서 짚고 넘어가야 할 섬이 하나 있다. 본 논문의 심사자 B는 심사의견에서 다음과 같은 견해를 피력하였다. "법사학적 분석이 여전히 지향해야 할 목표가, 연구 대상 시점의 담론구조를 규명하고, 그 시절의 법제도와 법적 주장의 얼개를 '그 시대의 여러 전제들을 탐구하여' 그 시대 사람들이 이해했던 바대로를 지금 시절의 독자들에게 설명하는 것이라고 본다면, 필자의 논의는 로마 법률가들이 실제로 사용했는지 불분명한 개념(titulus coloratus)(심지어 titulus라는 개념도 후대의 주석자들이 사용하듯이 과연 로마의 법률가들이 사용하였는지도 의문이다)과 원전 문헌 사이를 뚜렷한 원칙 없이 넘나드는 감이 없지 않다." 이 견해에 대해서는 다음과 같이 답변할 수 있을 것이다. 우선, titulus는 로마의 법사료에 의심의 여지 없이 등장하는 로마 법률용어였고 그래서 후대인들도 그대로 사용하였지만, titulus putativus나 titulus coloratus는 후대의 조어임을 분명히 밝혔다. 다음으로, 고전 로마법이나 유스티니아누스법이 오상권원이나 표견권원의 개념어를 가지고 있지 않았다는 사실이 반드시 그 시대의 법률가들이 그에 해당하는 사태를 개념적으로 또는 법교의(法敎義)상으로 적실하게 파악하지 못하였다는 것을 의미하지는 않는다는 점이다. 또 이들 용어가 후대의 조어이기 때문에 이전의 로마법을 설명하는 데에 동원되어서도 안 된다는 논리도 성립할 수 없다. 이것은 개념의 정치화(精緻化)와 그에 따르는 전문술어의 개발을 통한 학문의 발전 자체를 부인하는 것과 같은 것이기 때문이다. 이들 새로운 개념어는 결국 법률적 사안을 더 잘 분석하고 더 면밀하게 포착할 수 있는 보다 나은 도구일 뿐이다. 당시의 담론 구조와 법적 주장의 얼개를 지금 시절의 독자에게 더 잘 설명할 수 있

경우는 진정한 변제가 어떤 이유로 효과가 없을 경우는 물론이고, 변제할 채무가 없었음에도 불구하고 그릇(falso) 있는 것으로 생각하여 변제〔非債辨濟〕를 하고 이를 수령한 경우[106]에도 변제자로 등장한 자가 일방적으로 설정하는 변제를 목적으로 하는 그러한 현실행위(act)에 기초하여 수령자가 변제 수령 시에 선의인 한 인정되었다는 점이다. 이것은 흔히 오인되듯이 진정한 채무가 없는데도 있다고 잘못 믿은 까닭에 오상이 존재해서 인정되어야 하는 것이 아니라 — 이것은 오상채무의 문제이지 오상권원의 문제가 아니다 —[107] 실제로 설정된 변제 원인(이것이 권원이다)이 진정한 채무를 반영하는 것이 아니라는 점에서 표견권원의 문제에 해당한다. 2006년 김기창 등에 의한 『아듀, 물권행위』가 출판된 이래로 물권행위와 자주점유 개념을 둘러싸고 진지하게 전개되면서 우리 학계에서는 그간 찾아보기 힘들었던 학문적 소통의 한 모범을 보여주고 있는 최근의 김기창-서을오 논쟁[108]에서도 드러나듯이 오늘날 우

는 도구를 포기하고, 그들의 방식에만 집착한다면 과연 주장대로 was gewesen ist를 더 밝히 드러낼 수 있을까? 비유하건대 돋보기로 보던 시절의 성과를 현미경을 통해서 더욱 명료하게 재확인하는 것이 어째서 원칙 없는 넘나듦인지 잘 이해가 가지 않는다. 역으로 그러한 더 나은 도구 없이 이룩한 성취의 의미가 더욱 크게 평가받을 수도 있는 것 아닐까. 필자는 오히려 이러한 분화된 개념어를 사용하지 않았던 것이 후대인들로 하여금 로마의 법률가들이 실질에 있어서 적실하게 판단했던 사안의 구조와 그에 따른 법적 담론의 태양(態樣)을 제대로 포착하는 데에 저해요소로 작용하지 않았는가를 지적하고자 한 것이다. 이것이 같은 심사자 B가 또한 지적했듯이 "Titulus coloratus라는 표현이 윤리신학에서 사용되었다는 점을 필자가 비중 있게 거론"하고 있는 이유이다.

106 同旨 Herm. D.41.3.46 cit.
107 Bauer, 126ff.는 이를 여러 다른 연구자들과 마찬가지로 오상권원의 문제로 본다.
108 이를 시간순으로 소개하면 2009년 1월 현재 다음과 같다. 김기창, "물권행위 탄생사", 명순구 외, 『아듀, 물권행위』, 고려대학교출판부(2006), 11-46; 서을오, "사비니의 물권계약론에 관한 학설사적 고찰", 『이화여대 법학논집』 11/2, 이화여대출판부(2007), 119-138; 서을오, "물권행위의 무인성과 관련된 몇몇 사료의 검토", 『法史學硏究』 제36호(2007. 10), 187-213; 김기창, "물권행위 이론의 비역사성", 『法史學硏究』 제37호(2008. 4), 211-237; 서을오, "물권행위의 유인, 무인 논쟁과 관련된 학설사적 고찰 — 특히 로마법의 점용취득과 관련하여", 『法史學硏究』

리나라 학계에서도 개념의 혼란이 존재하는 것[109]으로 볼 때 정명(正名)
의 중요성을 알게 하는 좋은 예이다. 그러나 이 문제에 관한 한, 로마인
들의 입장은 다음 개소들에서 드러나듯이 전 시기를 통하여 이곳에서
밝힌 바대로 일관되었다.

C.7.27.3 Diocletianus / Maximianus.

Irritam facere donationem perfectam nemini licet. Utque hoc verum est, sic
error falsae causae ratione fidei bonae non defenditur. Quod et in dominio
pro usucapione quaerendo servatur.

(완성된 증여를 무효로 만드는 것은 아무에게도 허용되지 않는다. 그리고
이것이 참이듯이 그릇된 사유의 착오가 선의를 이유로 방어되지도 않는

제38호(2008. 10), 137-176; 김기창, "자주 점유의 기원과 종말", 『法史學硏究』
제38호(2008. 10), 7-40; 서을오, "'김기창, 자주 점유의 기원과 종말'에 관한 토
론문", 『法史學硏究』 제38호(2008. 10), 41-47.
　　다만 한 가지 제3자로서 지적하자면 진중한 학술적 토론을 위하여 사료와 2차
문헌에 대한 좀더 폭넓고 깊이 있는 고려가 이루어졌으면 하는 바람이다. 그 진
의를 인식하는 것이 결코 쉽지 않은 로마법 사료에 관한 것은 더 말할 것도 없
고(그 밖에도 이들의 논쟁에서는 사비니가 이용했던 C.4.50.6 Diocletianus /
Maximianus [a.293]이 간과되고 있다), 논쟁의 출발점이 된 사비니의 물권계약
학설에 관한 것도 다양한 시각에서 접근된 선행연구에 대한 검토는 확실히 필
요한 것이다. 무인적 물권계약과 관련한 학설사의 개관을 위해서라도 가령 다음
의 연구는 참고할 가치가 크다. Meissel, 1-22; Jakobs II, 269-325; Liebs, 59-75;
Ranieri, 77-98. 그리고 거시적으로 보았을 때 경제후진국이었던 독일이 입법과
학문과 사법(司法)이 일치하여 법적인 구속으로부터의 해방에 전력한 애국주의
의 일환으로서 무인성(無因性)의 원리를 활용했다는 사실도 주목할 필요가 있다.
이런 의미에서 두 분의 논쟁이 단순히 법교의학적(法敎義學的) 논의에만 매몰되
지 않고 법정책을 포함하여 보다 넓은 시각에서도 성과가 있기를 기대해 본다.
109 이러한 사실은 하나하나 거론하지는 않겠으나 서을오 III, 149ff.의 논의를 보거
나, 가령 Pomp. D.41.10.4.2나 D.41.10.3 (Ussani, 13)이 오상권원에 기한 점용취
득이 문제되는 예로 파악되고 있는 서을오 II, 206의 논의만 보더라도 확인된다.
다만 서을오 자신은 김기창과 달리 표견권원의 사례와 오상권원의 사례를 구별
하고 그 구별의 의미를 중요하게 생각하고 있으나, 후자를 '협의'의 오상권원으로
부르는 데에서도 드러나듯이 아쉽게도 정확한 개념어를 구사하지는 못하고 있다.

다. 이것은 또한 점용취득으로 소유권을 취득하는 데 있어서도 준수되는 바이다.)

Inst. 2.6.11.

Error autem falsae causae usucapionem non parit. veluti si quis, cum non emerit, emisse se existimans possideat: vel cum ei donatum non fuerat, quasi ex donatione possideat.

(그런데 그릇된 사유의 착오는 점용취득을 낳지 않는다. 가령 어떤 자가 매수하지 않았는데도 자신이 매수했다고 생각하면서 점유하는 경우, 또는 그에게 증여되지 않았는데도 마치 증여를 원인으로 하여 점유하는 경우.)

권원은 진정(眞正)권원이든 표견권원이든 오상권원이든 점유자가 현재의 점유를 '취득한' 사유여야 하므로 현재의 점유를 '처분하는' 사유는 이에 해당할 수 없다. 그래서 가령 매매의 경우에 늘 '매수인으로서'의 권원을 논하는 것이고 '매도인으로서'(pro venditore)의 권원은 언급되지 않는 것이다. 예컨대 임차인이 임차한 토지를 타인에게 팔아넘긴 경우에 비록 아직 인도하지 않고 점유하고 있더라도 이때 매도는 권원이 될 수가 없는 것인데, 소유자로서의 처신에도 불구하고 그런 것이다.[110] 별도의 외부적인 '취득' 원인이 없는 한, Nemo sibi causam possessionis mutare potest 원칙에 따라 점유 원인의 단지 주관적-내부적인 변경만으로는 점용취득의 자격을 얻을 수 없는 것이다. 그러나 매도인으로서의 처신은 점용취득이 아닌 다른 맥락에서는 자주점유의 설정을 근거지을 수 있고, 점유 보호의 대상이 될 수 있다, 즉 점유보호 특시명령(interdictum)상으로는 유효한 점유였다는 점[111]에서 동일한 사정이라도 점유법의 문맥에 따라 다른 취급이 이루어졌음에 주의할 필요가 있다.

---

110 Brunnemann, ad C.7.32.5 (p.849).

111 Kaser/Knütel, 125.

앞의 예에서 임차인이 토지를 매도하는 소유자를 축출하고 토지를 사력(私力)으로 차지한 경우에는 외부적인 원인으로 점유의 태양(態樣)을 바꾼 것이다.

사견과 달리 Bauer, 61ff. (요약 121f.)는 오상권원의 존재를 부인한다. 표견권원의 사안을 다루고 있는 고전법률가들을 오해한 고전시대 후의 어설픈 주석이 명백하고 통일적인 고전법률가들의 결정을 혼란시켰다는 것이다. 그러나 이 주장은 타당하지 않다. 그가 수정되었다고 주장하며 자신의 논거로 삼고 있는 개소들(Bauer, 122 n.17)을 살펴보면 다음과 같다.

i) 먼저, Afr. D.41.4.11 cit.와 관련해서 그는 이 개소가 도품인 여자노예의 아이가 점용취득될 수 있는가를 다루는 Iul. D.41.4.9-10[112]와 모순된다는 논거로 개찬(改竄)되었다고 주장한다. 그러나 이 두 개소는 Bauer, 79가 오해하듯이 자신이 소유한 노예가 여자노예를 샀다고 속인 사안이 아니어서 논거가 될 수 없는 것들이다.

ii) Ner. D.41.10.5에 관한 한, 특히 Bauer, 86f. + n.67은 D.41.10.5.1의 'etiamsi falsa fuerit eius existimatio'를 형식논리를 통하여 '생각이 올바를 때에도' 점용취득한다는 의미를 끌어내고는 이것은 난센스라고 주장하는데, 문맥상 후속하는 오상(誤想)의 사례를 전제한 서술임을 몰각한 억지이고, 또 Bauer, 87은 D.41.10.5.1의 'probabilis error possidentis usucapioni non obstet' 구절을 점유자가 '착오했다는 바로 그 이유 때문에'(gerade deshalb ... weil) 점용취득이 필요했던 것이라면 네라티우스가 썼을 수는 없다고 새기고, 착오하지 않았어도 점용취득이 필요했을 것이라는 의미를 추출해 내지만, 이 모두는 논리적인 필연성이 없다. 요컨대 착오를 '했기 때문에' 점용취득이 필요한 것이 아니고 착오에도 '불구하고' 점용취득이 인정될 수 있는 조건을 밝히고 있는 것이다. 더욱이

---

112 최병조 II, 181f. 참조.

Bauer, 87f., 131은 D.41.10.5.pr.의 "etiam ex aliis causis concessa interim, propter ea"를 자신의 주장에 부합하도록 "etiam ex aliis causis concessa, interim propter ea"로 광정(匡正)해야 한다고 주장하지만, 이 역시 주장에 불과한 것이다. Bauer, 80ff.가 동원하는 텍스트비판의 방법론은 매우 신중을 기해야 한다는 점을 첨언해 둔다.

iii) Paul. D.41.8.4 cit.는 전술했듯이 같은 이름의 수유자가 여럿인 특수한 경계적 사안이다. 이때에도 권원이 존재한다(subest iusta causa)는 점에는 변함이 없다. 이를 오상권원의 사안으로 보는 Bauer, 92ff.는 오상권원의 개념 자체에 문제가 있는 것이다.

iv) 다음으로 Iul. D.41.3.33.1에 관한 한, Bauer, 109ff.는 특히 그가 수정되었다고 주장하는 마지막 부분에 주목하여 이 개소가 오상권원을 다룬 것처럼 새긴다. 그러나 그도 인정하듯이 여기서 오상이라 할 수 있는 것은 매도인이 자신을 상속인이나 유산점유자로 생각했다는 것뿐으로, 이것은 매수인이 권원에 대해 가진 오상이 아니다. 율리아누스가 매매의 권원을 인정하는 데에 아무런 장애가 없었음은 개소 자체가 명언하고 있다.

D.41.3.33.1 Iulianus 44 digestorum.

... cum haec igitur recipiantur in eius persona, qui possessionem habet, quanto magis in colono recipienda sunt, qui nec vivo nec mortuo domino ullam possessionem habet? et certe si colonus mortuo domino emerit fundum ab eo, qui existimabat se heredem eius vel bonorum possessorem esse, incipiet pro emptore possidere.

(⋯ 이것이 그러므로 점유를 가진 자에 관하여 인정된다면, 소유자 생전이든 사후든 아무런 점유를 가지지 않는 차지인(借地人)의 경우에는 얼마나 더 인정해야만 할까? 차지인이 소유자 사후에 부동산을 자신이 그의 상속인이라고 또는 유산점유자라고 생각한 자로부터 매수하는 경우 확실히 그는 pro emptore 권원으로 점유하기 시작할 것이다.)

v) 끝으로 Pap. D.41.3.44.4를 살펴보자. 이 사안에서 파피니아누스는 타인의 물건을 매수한 가자(家子)가 가장이 된 사실을 모른 채 물건을 점유하기 시작한 경우에 점용취득을 긍정하였다. 또 그가 매수한 물건을 상속재산으로부터 자신에게 귀속한 것으로 믿은 경우에도 마찬가지라고 하였다. 이 개소에서는 Bauer, 113ff.가 오해하듯이 매수한 물건을 상속인만 청구할 수 있고, 또 매수의 정당한 원인도 그에게만 인정되는 것이 아니므로 가자(家子)는 아무런 권원 없이 점유한 것이 아니다. 왜냐하면 이 가자(家子)가 상속인이 되었음은 'ex patris hereditate ad se pervenisse rem'에서도 드러나듯이 전제된 사실이고, 그러므로 Bauer에 의하더라도 그가 아무런 권원 없이 점유했다고도 할 수 없고, 또 상속재산에서 받은 것으로 믿었더라도 그 믿음은 무해한 것이다. 또 이와는 별도로 인도 자체가 가장이 된 이후에 일어났으므로 소유권 취득과 관련해서는 상속 여부를 따질 필요 없이 그가 직접 점유자로 평가되는 데에 별 무리도 없다. 어느 경우든 매매라는 행위가 실재했고, 점유자의 잘못된 생각은 권원과 관련된 것이 아니라 자신의 신분에 관한 것이라는 점에서 이 개소는 오상권원과는 아무런 상관이 없다. 이 개소를 후대에 손질되었다고 보더라도[113] 그 수정의 내용이 오상권원을 인정하는 방향이었던 것처럼 새기는 것은 타당하지 않다.

D.41.3.44.4 Papinianus 23 quaestionum.

Filius familias emptor alienae rei, cum patrem familias se factum ignoret, coepit rem sibi traditam possidere: cur non capiat usu, cum bona fides initio possessionis adsit, quamvis eum se per errorem esse arbitretur, qui rem ex causa peculiari quaesitam nec possidere possit? idem dicendum erit et si ex patris hereditate ad se pervenisse rem emptam non levi praesumptione

---

[113] 특히 오직 이곳에서만 유일하게 발견되는 표현인 non levi praesumptione는 분명히 수정된 것이고, 학설은 이 점에 대해 일치한다. Bauer, 118 nn.54-55.

credat.

(가자(家子)가 타인의 물건의 매수인으로서, 자신이 가장이 되었음을 모르고서, 자신에게 인도된 물건을 점유하기 시작하였다. 비록 그가 자신을 착오로 특유재산의 원인으로 취득한 물건을 점유할 수 없는 자라고 생각했더라도, 선의가 점유의 개시점에 존재하는데, 왜 그가 점용취득할 수 없겠는가? 매수한 물건이 가부(家父)의 상속재산으로부터 자신에게로 왔다고 그가 가볍지 않은 추정에 의하여 믿는 경우에도 같은 이야기를 해야만 할 것이다.)

결국 Bauer는 그릇된 오상권원의 개념을 가지고, 그릇된 전제하에 법률사료를 그릇되게 해석하는 무리를 범했다고 볼 수밖에 없다.

3. 점유취득 사유 표시의 방법

이상의 논의에서 한 가지 두드러지는 사실은 권원의 표시에 있어서 pro emptore, pro herede, pro possessore의 세 경우에만 행위자인 사람(매수인, 자칭상속인, 무단점유자)이 등장하고, 나머지 경우에는 인도되거나 선점되어 점유에 이르게 된 물건이 표시되고 있다(pro donato, pro dote, pro legato, pro noxae dedito, pro derelicto, pro soluto, pro suo 등)는 점이다. 그 밖에 행위 자체가 표시되는 경우도 있다(pro transactione). 종래 이 사실에 대해서는 주의한 적이 없지만,[114] 이러한 권원 사유 표시상의 언어적 차이는 로마인들이 매우 용의주도하게 개념적인 구분을 했음을 알게 해준다. 물건이 표시된 경우는 포괄적이고 보충적인 pro suo의 경우를 제외한다면 모두가 단독행위에 의하여 일방적으로 점유가 인도된 경우이고, 사람이 표시된 경우는 점유를 하게 된 점유자가 남이 넘겨준 점유를 단순히 인도받은 것이 아니라 스스로의 행위(매매계약 체결, 상속인으로서의 처신행위, 악의의 점유취득)를 통하여 그러한 사태를 유발하고 초래했

114 다만 Schulz II, 357f.는 이것들이 usucapio pro mancipato (또는 tradito) solutionis causa 등등의 약어일 뿐이라고 한다. 그러나 그의 주장대로였다는 근거는 어디서도 발견되지 않는다.

다는 점에 그 특징이 있다. 화해의 경우에는 그 특이한 성질로 말미암아, 즉 점유자가 수동적으로 인도를 받기만 하는 것도 아니고 또 일방적으로 적극적인 개입을 하는 것도 아니며 오히려 쌍방의 상호양보를 통해 그 급부의 내용이 새롭게 능동적으로 정의되는 과정이 필수적이므로[115] 행위자도 물건도 아닌 행위 자체를 표시한 것이 눈에 띈다. 앞서 살펴보았던 pro soluto와 pro emptore의 차이도 바로 이들 표시 자체에 이미 표현되었음이 이채롭다. 일방적 채무부담행위였던 문답계약의 이행으로 급부된 것이 pro soluto로 표시되었다면 pro emptore를 비롯하여 행위자에 초점을 맞춘 경우에는 그 행위자의 행위 개시시점을 고려할 수밖에 없으므로 그 시점의 선의 여부가 또한 결정적일 수밖에 없게 된다. 인도 시의 선의 여부만을 물을 수 없는 이유이다.[116]

원시취득의 유형에 해당하는 pro suo의 경우는 어느 쪽으로 하든 아무런 차이가 없을 터이지만, 로마인들이 이를 굳이 세부적으로 구별하지 않고 총칭하여 pro suo로 표시하였다면 어쨌든 행위자보다는 물건에 주안점을 둔 것일 수밖에 없다. 반면에 김기창은 pro suo를 '자주점유자로

---

115 D.2.15.1 Ulpianus 40 ad edictum.

Qui transigit, quasi de re dubia et lite incerta neque finita transigit. ...

116 이상의 논의에 대하여 앞서 거론했던 심사자 B는 "점유를 하게 된 다양한 사정들을 유형화하여 지칭하던 여러 표현들(pro emptore, pro donato 등)이 단순히 언급의 편의를 위하여 '무작위로 조어된 것이 아니라, … 사태를 개념적·구조적으로 정확히 파악한 법학적 사고의 소산이었다'는 필자의 주장을 뒷받침하기에 흡족한 원전 자료나 논의가 있는지는 쉽게 드러나는 것 같지 않아 보인다"고 지적하였다. 물론 이를 논의하고 있는 자료도, 또 그러한 논의를 로마의 법률가들이 했다고 믿을 수 있는 자료 등 아무것도 전해지는 바는 없다. 역사적 진실은 오히려 그들이 이 문제에 관한 한, 아무런 논의도 하지 않았다는 것이다. 그러나 그렇다고 해서 그들의 용어법이 그야말로 무작위로 점철된 것이라고 보아야 할 필연성이 있는 것 또한 아니다. 로마인들의 법률용어법 전반에 보이는 핵심을 찌르는 간명함과 그러한 특징은 전문가들의 솜씨일 수밖에 없다는 사실을 염두에 둔다면(Kaser III; Kaser IV) 문제는 사료나 전승의 여하가 아니라 그 실상을 새겨 읽어서 의미를 추출하는 작업이 될 것이다. 필자 나름의 이러한 작업 결과를 이곳에 피력한 것이다.

서'라고 번역한다.[117] 김기창이 그 밖의 모든 유형에 대하여 "매수자로 서의 점유, 수증자로서의 점유, 포획자로서의 점유, 가공자로서의 점유 등"을 운운하는 것[118]도 이것과 궤를 같이하는 것이다. 그러나 이러한 어 법은 분명히 로마인들의 표현방식과는 다른 것이다. 로마의 법률가들은 pro donato는 분명히 물건을 가지고 표시했고, 원시취득 유형(pro suo)도 방금 보았듯이 마찬가지이기 때문이다.

III. 맺음말

1. 로마법

이상으로 로마법상 점용취득의 권원을 살펴보았다. 이 과정에서 권원 에 해당하는 라틴어 titulus가 소유권의 취득을 정당화시킬 수 있는 합법 적인 사유(iusta causa)인 것이 분명히 드러났고, 또 소유권 취득의 유형 에 따라서 승계취득적인 권원과 원시취득적인 권원이 두루 인정되었음 을 알 수 있었다. 일반적으로 잘 알려진 권원들은 거개가 법률행위에 기 초한 승계취득적인 것인 반면, pro suo는 특별한 권원의 표시로서는 전 자를 제외한 일체의 (특별히 명명되지 않은) 권원을 포괄하는 것이었지만, 다른 권원이 인정될 때 그 상황을 부연하여 확인하는 기능의 일반적인 어법도 알려져 있었다. 특히 종래 많이 다투어진 쟁점이 과연 오상권원 으로도 점용취득이 가능한가 하는 문제였는데, 논의의 과정에서 무엇보 다도 오상권원의 개념을 분명히 해야 함을 알 수 있었다.[119] 이런 점에서 오히려 현대의 로마법 연구자들보다 왕년의 사비니가 더 정확했던 사실 과 윤리신학은 이보다 한 걸음 더 나아가서 아예 흔히 오상권원으로 오

---

117 김기창 II, 217. 그러나 일관성이 결여되어 '자기 것으로'라고 옮기기도 한다(가령 같은 글, 218).
118 김기창 III, 19.
119 최병조 I, 402 n.51의 논의도 이 점에서 수정되어야 한다.

해되었던 표견권원(titulus coloratus)을 독자적으로 개념화하는 능력을 보여주었음을 확인할 수 있었다. 아울러 이전된 물건에 의하여 권원을 표시하는 경우(pro donato, pro dote, pro legato, pro soluto 등)와 점유를 취득한 행위자에 의하여 권원을 표시하는 경우(pro emptore, pro herede; cf. pro possessore), 또 이전의 근거행위 자체로써 표시하는 경우(pro transactione)가 모두 무작위로 조어된 것이 아니라, 정반대로 사태를 개념적·구조적으로 정확히 파악한 법학적 사고의 소산이었음을 간취할 수도 있었다. 물론 'pro ~' 식의 표현은 하등 이상할 것 없이 일상적인 어법으로도 사용되었는데, 이로부터 특화되어 법률적 개념으로 변화한 것이었기 때문이다.

한편 사료에 따라서는 전승된 상태로는 난해한 것들도 있었는데, 특별히 수정비판의 방법론을 동원하여 검토하지는 않았고, 일단은 전승된 상태대로 이해해 보려고 하였다. 그 밖에도 개소 하나하나가 보다 면밀히 검토해야 할 많은 내용들을 담고 있음에도 불구하고 한정된 주제의 측면에서 제한된 검토만을 하였음을 부기해둔다.

2. 우리 민법

끝으로, 우리 민법의 점유취득시효와 관련해서는 머리말에서 언급한 두 차례의 대법원 전원합의체 판결을 통해서 다음과 같은 점들이 확립되었는데, 그 실질이 로마법의 그것과 일치한다. 참고할 수 있게 대응하는 로마법의 용어를 부기하였다.

- 민법 제197조 제1항에 의하면 물건의 점유자는 소유의 의사(pro suo generalis)로 점유한 것으로 추정되므로 점유자가 취득시효를 주장하는 경우에 있어서 스스로 소유의 의사를 입증할 책임은 없고, 오히려 그 점유자의 점유가 소유의 의사가 없는 점유임을 주장하여 점유자의 취득시효의 성립을 부정하는 자에게 그 입증책임이 있다는 것.
- 자주점유의 결정은 점유자의 내심의 의사에 의하여 결정되는 것이

아니라(Nemo sibi ipse causam possessionis mutare potest) 점유권원의 성질이나 점유와 관계가 있는 모든 사정에 의하여 외형적·객관적으로 결정된다는 것(titulus).

- 점유권원이란 점유취득의 원인이 된 사실관계로서, 매매(pro emptore), 임대차 등과 같은 법률행위(pro donato, pro dote, pro legato, pro soluto etc.)와 무주물 선점, 매장물 발견 등과 같은 비법률행위(pro suo specialis) 또는 상속(pro herede), 공용징수, 판결(pro iudicato, pro adiudicato), 경매 기타 법률의 규정에 의한 물권의 취득 사유 등도 있을 수 있다는 것.

- 그와 같은 정당한 권원이 없다는 사실을 잘 알면서 하는 점유자(praedo)는 무단점유자라는 것(pro possessore).

- 무단점유한 것이 입증된 경우 자주점유 추정이 번복된다는 것. 이에 대해서는 점유취득시효에 있어서는 점유자가 선의임을 그 요건으로 삼지 않고 있어 악의의 점유자도 자주점유라면 시효취득을 할 수 있으므로 위와 같은 법률요건이 없다는 사실을 잘 알면서 점유한다는 것은 그 점유가 악의의 점유라는 것을 의미하는 것일 수 있어도 그 점유가 자주 또는 타주점유인지 여부와는 직접적인 관련이 없으므로 이러한 사정만으로 자주점유의 추정을 깨뜨리는 사정이 입증되었다고 볼 수는 없다는 반대의견이 있었다. 이 견해는 말하자면 로마법의 pro herede 권원의 원래 모습과 상응하는 주장이라고 할 수 있는데, 그런 로마도 이미 살펴보았듯이 이와 같은 태도를 오직 pro herede에 한하여 취하였다가 고전기에는 이를 극복하였었다. 이 견해는 무엇보다도 '소유의 의사'라는 것이 맥락에 따라서 달리 이해되어야 한다는 점을 잊고 있다. 다시 말하면 로마인들이 이미 설파했듯이 점유보호를 논할 때의 권원과 점용취득을 논할 때의 권원은 그 제도의 취지와 기능이 다르기 때문에 서로 구별되는 것이기 때문이다(Paul. D.41.4.2.1 cit.).[120] pro possessore 점유자의 점유도 침탈로부터는 보호받지만, 점용취득을 정당화시켜주지는 못하는 것이

다. 우리의 문맥에서는 '법이 승인하는' 권원의 경우에 한하는 것이어서 "소유의 의사"는 그 자체가 선의(bona fides)를 당연히 포함하는 것이므로 법문의 형식적 이해를 바탕으로 선의를 요건으로 하지 않는 것처럼 해석하는 것은 그 전제 자체가 잘못된 지나친 형식주의적 태도가 아닐 수 없다.

그러나 로마법에는 없는 부동산등기와 관련해서 pro emptore 권원의 문제는 다투어졌다. 다수의견은 토지 매수인이 매매계약에 의하여 목적 토지의 점유를 취득한 경우 그 계약이 타인의 토지의 매매에 해당하여 곧바로 소유권을 취득할 수 없다는 사실만으로 자주점유의 추정이 번복되는 것은 아니고, 또 민법 제197조 제1항이 규정하고 있는 점유자에게 추정되는 소유의 의사는 사실상 소유할 의사가 있는 것으로 충분한 것이지 반드시 등기를 수반하여야 하는 것은 아니므로 등기를 수반하지 않은 점유임이 밝혀졌다고 하여 이 사실만 가지고 바로 점유권원의 성질상 소유의 의사가 결여된 타주점유라고 할 수 없다고 한다. 반면에 반대의견은 어떠한 부동산 점유의 권원이 등기를 수반하지 않은 매매 등 소유권 이전 목적의 법률행위로 밝혀졌다면 그 점유에 대해서는 민법 제197조 제1항이 규정하는 자주점유의 추정은 더이상 유지될 여지가 없어지고, 나아가 부동산 물권 변동에 관하여 의사주의가 아닌 형식주의를 취하고 있음이 명백한 현행 민법 아래에서 그러한 점유는 권원의 성질상 타주점유로 보아 이로 인한 소유권의 취득시효를 부정해야 할 것이라고 본다. 이 문제는 다른 무엇보다도 역시 등기의 의미와 비중을 어떻게 파악하는가에 달려 있다. 등기처럼 법률거래에 부가되어 그 효력요건으로서 마련된 제도, 가령 후견인의 조성의 경우 로마인들도 처음에는 그 요건이 결여되었을 때에는 선의를 부정함으로써 점용취득을 부인하

120 이 점을 잘 지적하고 있는 견해로는 김형석, 151-195; 김기창 III, 16ff. 단 김기창이 주안점을 둔 문제, 즉 사비니의 점유 이해가 어떠했는가 하는 것은 별도의 면밀한 재검토가 필요할 것이다.

였던 예가 있었으나(Gai. 2.47 cit.), 고전기에는 그러한 상태에만 머물러 있지 않았음은 이미 살펴본 바와 같다(Fr. Vat.1 cit.). 그러나 특히 등기보다도 더 강력한 형식요건에 해당했던 악취행위[121]가 결여된 경우가 다름 아닌 점용취득의 전형적인 사례였던 사실이나, 고전기에 매매가 무효인 경우에도 pro emptore를 인정했던 로마식 관념으로 보자면, 또 등기 없이 지내온 인류의 오랜 생활사를 배경으로 삼고서 현재 우리나라 국민의 법의식을 바탕으로 고찰한다면, 등기를 하지 않은 채 매수했다고 해서 '권원의 성질상' 타주점유라고 주장하는 것은 당사자들의 의사와 매매라는 법률행위의 본성(natura contractus)을 지나치게 무시한 형식주의이고, 이 점에서 다수의견은 정당하다고 생각된다.[122] 결과적으로 우리 법의 입장은 이제 모든 면에서 로마법과 대동소이하다고 할 것이다. 다만 앞으로 우리 민법의 연륜과 더불어 등기에 관한 국민의 법의식이 변화하고 그에 따라 법원의 판단이 달라질 가능성은 여전히 남아 있다고 보인다.

---

121 Cf. Wolf, 501-524.

122 우리 민법에 대한 상세하고 신빙할 만한 분석인 김형석은 175쪽 이하에서 취득시효와 자주점유의 문제를 다루고 있는데, 대체로 판례 및 이곳의 입장과 대동소이하다. 부동산등기에 관한 판단도 기본적으로는 자주점유성을 부인하나 타인 권리의 매매의 경우에는 대법원의 다수의견을 좇아서 자주점유를 인정한다(김형석, 181 + n.92).

참고문헌

김기창, "물권행위 이론의 비역사성", 『法史學硏究』 제37호(2008. 4), 211-237. [= 김기창 II]

_____, "물권행위 탄생사", 명순구 외, 『아듀, 물권행위』, 고려대학교출판부(2006), 11-46. [= 김기창 I]

_____, "자주 점유의 기원과 종말", 『法史學硏究』 제38호(2008. 10), 7-40. [= 김기창 III]

김형석, "법에서의 사실적 지배: 우리 점유법의 특성과 문제점", 『민사법학』 제36 특별호(2007), 151-195.

박병호, 『한국의 법』, 세종대왕기념사업회(제2판, 1999).

서을오, "'김기창, 자주 점유의 기원과 종말'에 관한 토론문", 『法史學硏究』 제38호(2008. 10), 41-47. [= 서을오 IV]

_____, "물권행위의 무인성과 관련된 몇몇 사료의 검토", 『法史學硏究』 제36호(2007. 10), 187-213. [= 서을오 II]

_____, "물권행위의 유인, 무인 논쟁과 관련된 학설사적 고찰 ― 특히 로마법의 사용취득과 관련하여", 『法史學硏究』 제38호(2008. 10), 137-176. [= 서을오 III]

_____, "사비니의 물권계약론에 관한 학설사적 고찰", 『이화여대 법학논집』 11/2, 이화여대출판부(2007), 119-138. [= 서을오 I]

정병호, "Celsus의 通過取得理論", 『法史學硏究』 제22호(2000. 10), 85-116.

최병조, "盜品인 여자노예가 낳은 아이는 사용취득할 수 있는가 ― 로마법상의 한 사례 연구", 『法史學硏究』 제39호(2009. 4), 171-204. [= 최병조 II]

_____, 『로마法·民法論考』, 박영사(1999). [= 최병조 I]

_____, "로마법상 사용취득(usucapio)의 권원 개념(II) ― Pro suo와 Pro possessore를 중심으로", 『서울대학교 法學』 제50권 제3호(2009. 9). [= 최병조 III]

Ankum, Hans, "Fusion and 'Transfusion' of Legal Institutions in Justinian's 'Corpus Iuris Civilis'", *Iuris Vincula. Studi in onore di Mario Talamanca*, I (2001), 113-129. [=Ankum II]

_____, "Pomp. D.41,7,5 pr.: Die *occupatio* einer *res mancipi derelicta* und der Ausdruck *in bonis alicuius esse* in den klassischen römischen Rechtsquellen", *Zeitschrift der Savigny-Stiftung für Rechtsgeschichte, Rom. Abt.* 103 (1985), 248-274. [=Ankum I]

Apathy, Peter, "Vermächtnis einer fremden Sache und Ersitzung *pro legato*", in: Reinhard Zimmermann (Hg.), *Rechtsgeschichte und Privatrechtsdogmatik* (1999), 655-668.

Barton, J. L., "*Solutio* and *Traditio*", in: John W. Cairns and Olivia F. Robinson (ed.), *Critical Studies in Ancient Law, Comparative Law and Legal History* (2001), 15-29.

Bauer, Karen, *Ersitzung und Bereicherung im klassischen römischen Recht und die Ersitzung im BGB* (1988).

Behrends, Okko, *Institut und Prinzip, Ausgewählte Aufsätze*, II (2004). [=Behrends II]

_____, "Les veteres et la nouvelle jurisprudence à la fin de la republique", *Revue historique de droit français et étranger* 57 (1977), 7ff.. [=Behrends I]

Berger, Adolf, *Encyclopedic Dictionary of Roman Law* (1953).

Berger, Io. Henricus de, *Oeconomia Iuris ad Usum hodiernum accommodati* (editio quarta, Lipsiae, 1734).

Biscardi, Arnaldo, *Diritto greco antico* (1982).

Brunnemann, Johann, *Commentarius in Codicem Justinianeum* (editio novissima, Lipsiae, 1708).

Coppola, Giovanna, *Studi sulla pro herede gestio, I. La struttura originaria del "gerere pro herede"* (1987).

Cuiacius, Iacobus, *Opera omnia* I (editio nova emendatior et auctior, Lutetiae Parisiorum, 1658).

Daube, David, "Mistake of Law in Usucapion", *Cambridge Law Journal* 16 (1958), 85-92 = *Collected Studies in Roman Law*, II (1991), 731-738.

Dirksen, Henricus Eduardus, *Manuale Latinitatis Fontium Iuris Civilis Romanorum* (1837).

Dozhdev, Dmitri, "'*Fidem emptoris sequi*'. Good Faith and Price Payment in the Structure of the Roman Classical Sale", in: L. Garofalo (ed.), *Il ruolo della buona fede oggettiva nell'esperienza giuridica storica e contemporanea*, I (2003), 551–577.

Eckenberg, Ferd. Theoph., *De Publiciana actione ac De iuris Romani sententia unde bonae fidei possessor fructus consumtos suos faciat* (Dissertatio, Lipsiae, 1821).

Endemann, Friedrich, *Römisches Privatrecht* (1925).

Greiner, Reinhold, *Opera Neratii. Drei Textgeschichten* (1973).

Gury, Ioannes Petrus, *Compendium Theologiae Moralis*, I (editio duodecima, Prati, 1894).

Hamza, Gábor, "Zum Verhältnis zwischen *Usucapio* und *Longi temporis praescriptio* im klassischen römischen Recht", *Mélanges Fritz Sturm*, I (1999), 189–203

Heineccius, Johann Gottlieb, *Anfangsgründe des bürgerlichen Rechtes nach der Ordnung der Instituzionen*, I (1786/Nachdruck 1998). [=Heineccius I]

_____, *Antiquitatum Romanarum Jurisprudentiam Illustrantium Syntagma secundum Ordinem Institutionum Justiniani digestum* (Francofurti ad Moenum, 1841). [=Heineccius II]

Hoetink, H. R., "*Justus titulus usucapionis* et *Justa causa tradendi*", *Tijdschrift voor rechtsgeschiedenis* 29 (1961), 230–242.

Horak, Franz, "Wer waren die "veteres"? Zur Terminologie der klassischen römischen Juristen", *Vestigia Iuris Romani. Festschrift für Gunter Wesener* (1992), 201–236.

Jakobs, Horst Heinrich, "Error falsae causae", *Festschrift für Werner Flume* (1978), 43–99. [=Jakobs I]

_____, "Gibt es den dinglichen Vertrag? Ein Epitheton zu 'Wissenschaft und Gesetzgebung' (1983)", *Zeitschrift der Savigny-Stiftung für Rechtsgeschichte, Rom, Abt.* 119 (2002), 269–325. [=Jakobs II].

Kaser, Max, "Altrömisches Eigentum und 'usucapio'", *Zeitschrift der Savigny-Stiftung für Rechtsgeschichte, Rom. Abt.* 105 (1988), 122–164 [=Kaser II]

_____, *Das römische Privatrecht*, I (2. Auflage 1971). [=Kaser I]

_____, "Zum Ediktsstil", *Festschrift Schulz*, II (1951), 21–70. [=Kaser IV]

_____, "Zur juristischen Terminologie der Römer", *Studi Biscardi*, I (1965), 95–142. [=Kaser III]

Kaser/Knütel, *Römisches Privatrecht* (17. Auflage 2003).

Kees, Joannes Georgius, *Commentarius ad D. Justiniani Institutionum Imperialium IV Libros*, I (Viennae, 1523).

Kränzlein, Arnold, *Eigentum und Besitz im griechischen Recht des fünften und vierten*

Jahrhunderts v. Chr. (1963).

Krebs, Johann Philipp, *Antibarbarus der lateinischen Sprache*, II (7. Auflage 1905 / Nachdruck 1962, 9., unveränderte Auflage 1984).

Kunkel / Honsell / Mayer–Maly / Selb, *Römisches Recht* (4. Auflage 1987).

Lemosse, Maxime, *"Crimen expilatae hereditatis"*, *Tijdschrift voor rechtsgeschiedenis* 76 (1998), 255–260.

Lenel, Otto, *Palingenesia Iuris Civilis*, I (1889 / Nachdruck 1960).

Liebs, Detlef, "Abstraktion im Neueren Gemeinen Recht", *Orbis Iuris Romani – Journal of Ancient Law Studies* 7 (2002), 59–75.

Ligorio, Alphonus Maria de, *Theologia Moralis*, II (editio nova, Romae, 1907).

Lipsius, Justus Hermann, *Das attische Recht und Rechtsverfahren* (1905–15 / 2. Nachdruckauflage 1984).

Maschat, Remigius, *Institutiones Juris Civilis et Canonici* (Augustae Vindelicorum, 1761).

Mayer–Maly, Theo, *Das Putativtitelproblem bei der usucapio* (1962).

Meissel, Franz–Stefan, "Julian und die Entdeckung des dinglichen Vertrages. Zur Relevanz von *causa* und Konsens beim Eigentumserwerb durch *traditio*", in: Ulrich Falk / Michele Luminati / Mathias Schmoeckel (Hg.), *Fälle aus der Rechtsgeschichte* (2007), 1–22.

Nichols, Douglas, "The Publician Action", *Tulane Law Review* 69 (1994), 217–246.

Oberländer, Samuel (Hg.), *Lexicon Juridicum Romano–Teutonicum* (4. Auflage Nürnberg, 1753 / Unveränderter Nachdruck 2000).

Oldendorp, Johann, *Opera*, I (Basel, 1559 / Neudruck 1966).

Piekenbrock, Andreas, *Befristung, Verjährung, Verschweigung und Verwirkung. Eine rechtsvergleichende Grundlagenstudie zu Rechtsänderungen durch Zeitablauf* (2006), 30ff..

Ranieri, Filippo, "Die Lehre der abstrakten Übereignung in der deutschen Zivilrechtswissenschaft des 19. Jahrhunderts"(1977), in: derselbe, *Das Europäische Privatrecht des 19. und 20. Jahrhunderts. Studien zur Rechtsgeschichte und Rechtsvergleichung* (2007), 77–98.

Reiffenstuel, Anacletus, *Theologia Moralis* (editio nona Veneta, Venetiis, 1722).

Robinson, C. F., *The Criminal Law of Ancient Rome* (1995).

Rotondi, Giovanni, *Leges publicae populi Romani* (1912 / Nachdruck 1962).

Sáenz, Alfonso Castro, "Aproximación a la usucapio pro herede (1)", *Revue internationale des droits de l'antiquité* 45 (1998), 143–208. [= Sáenz I]

_____, "Aproximación a la usucapio pro herede (2): Una hipótesis", *Revue internationale des droits de l'antiquité* 46 (1999), 165-218. [= Sáenz II]

Savigny, Friedrich Carl von, *System des heutigen Römischen Rechts*, III (1840).

Schmidlin, Bruno, *Die römischen Rechtsregeln* (1970).

Schulz, Fritz, *Classical Roman Law* (1951/reprint 1954). [= Schulz II]

_____, *Principles of Roman Law*, translated by Marguerite Wolff (1936/reprint 1956). [= Schulz I]

Sealey, Raphael, *The Justice of the Greeks* (1994).

Sleumer, Albert, *Kirchenlateinisches Wörterbuch* (1926/Nachdruck 1990).

Söllner, Alfred, "Bona fides —guter Glaube?", *Zeitschrift der Savigny-Stiftung für Rechtsgeschichte, Rom. Abt.* 122 (2005), 1-61. [= Söllner II]

_____, "Der Erwerb vom Nichtberechtigten in romanistischer Sicht", *Festschrift für Helmut Coing zum 70. Geburtstag* (1982), 363-381. [= Söllner I]

Stintzing, Johann August Roderich von, Das Wesen von *bona fides* und *titulus* in der römischen Usucapionslehre : Historisch-dogmatischer Versuch (Heidelberg, 1852).

Szczeklik/Lubelski, *Casus conscientiae in praecipuas quaestiones theologiae moralis* (editio secunda, Tarnoviae, 1917).

Todd, S. C., *The Shape of Athenian Law* (1993).

Ussani, Vincenzo Scarano, *Valori e storia nella cultura giuridica fra Nerva e Adriano. Studi su Nerzio e Celso* (1979).

Vacca, Letizia, "La riforma di Giustiniano in materia di 'usucapio' e 'longi temporis praescriptio' fra concezioni dommatiche classiche e prassi postclassica", *Bullettino dell'Istituto di Diritto Romano* 35-36 (1993-1994), 146-186. [= Vacca II]

_____, "Usucapione, a) Diritto Romano", *Enciclopedia del Diritto* 45 (1992), 989-1022. [= Vacca I]

Vinnius, Arnold, *In Quatuor Libros Institutionum Imperialium Commentarius academicus et forensis* (editio postrema, Norimbergae, 1726).

Vocabularium Iurisprudentiae Romanae iussu Instituti Savigniani compositum, tom. V (Berolini, 1939). [= VIR]

Voet, Johannes, *Commentarius ad Pandectas*, II (editio ultima accuratior, Coloniae Allobrogum, 1757).

Wacke, Andreas, "*Plus est in re quam in existimatione* (Die Realität gilt eher als die Vorstellung). Zur Relevanz vermeintlicher Wirksamkeitshindernisse", *Tijdschrift voor rechtsgeschiedenis* 54 (1996), 309-357.

Watson, Alan, *The Law of Property in the Later Roman Republic* (1968 / reprint 1984).

Wenger, Leopold, *Die Quellen des römischen Rechts* (1953).

Wiefels / Harry v. Rosen-v. Hoewel, *Römisches Recht. Rechtsgeschichte und Privatrecht* (62.-63. Tausend, unveränderte Auflage 1986).

Winkel, Laurens C., *Error iuris nocet: Rechtsirrtum als Problem der Rechtsordnung* (1985). [= Winkel I]

_____, "Parerga et paralipomena ad errorem iuris", in: *Iurisprudentia universalis. Festschrift für Theo Mayer-Maly zum 70. Geburtstag* (2002), 901-910. [= Winkel II]

Wolf, Joseph Georg, "Funktion und Struktur der Mancipatio", *Mélanges de droit romain et d'histoire ancienne. Hommage à la mémoire de André Magdelain* (1998), 501-524.

제5장 로마법상 점용취득(usucapio)의 권원 개념(II)

—Pro suo와 Pro possessore를 중심으로

I. 머리말

1. 점용취득과 권원

로마법상 소유권 취득의 방식으로서 가장 오래된 것 중의 하나가 이른바 점용취득(usucapio)이다. 이것은 주지하다시피 일정한 경우 ─ 가장 전형적인 것이 소유자가 아닌 자로부터 인도받는 경우였다 ─ 소유권을 취득하고자 하는 물건을 그것을 취득하고자 하는 자가 그 취득에 관하여 선의인 한, 동산의 경우에는 1년, 부동산의 경우에는 2년간 점유 사용함으로써 소유권을 원시적으로 취득하게 되는 로마 시민법상의 고유한 제도이다. 점용취득은 원래 적법한 취득의 입증을 비교적 단기의 기간 후에 불필요하게 만들기 위한 것이었지만, 후에는 실체법적 기능도 얻게 되어 소유권 취득의 한 방식이 되었다.[1] 모든 경우에 요건은 취득자가 점유자라는 것이었다. 기원전 1세기에는 여기에 정당한 사유의 요건이 추가되었고, 얼마 후에는 다시 취득자로부터 선의가 요구되었다. 도난·횡령물은 점용취득에서 배제되었다.[2] 이 점용취득의 요건은 종래 다음과

---

1 이러한 사정을 de Soto, 323은 한마디로 "Usucapere enim nihil aliud est quam usu vendicare"라고 표현하였다.
2 점용취득과 권원 일반에 관해서는 최병조 IV 참조.

같은 운구(韻句)로 표현되어 법학도의 기억을 도왔다.[3]

res habilis, titulus, fides, possessio, tempus

(점용취득가능물, 권원, 선의,[4] 자주점유, 기간)

이 글은 이 중에서 권원(titulus)과 관련하여 그 일반론[5]에 이어 종래 우리나라에서 논의가 없었던 pro suo 부분을 좀더 세밀하게 살펴보려는 것이다.[6] 관련된 다수의 사료들에 관한 전반적인 수정비판적 고찰은 Mayer-Maly I의 연구를 지시하는 것으로 대체한다.[7] 이곳에서는 Mayer-Maly I 이후의 연구추세와도 일치하게 개별적인 전승상의 문제점을 제외하고는 전체적으로 보수적인 입장에서 전승된 사료의 진정성을 전제하였다. 그리고 pro suo를 다루는 김에 권원의 부정태(否定態)라고 할 pro possessore도 아울러 고찰하고자 한다. 이하의 논의에서는 원

---

3 Kaser/Knütel, §25 Rn.7 (p.125); Lee, 120 (§169).

4 극히 예외적이긴 하지만 사안에 따라서는 선의가 아닌 경우에도 점용취득이 인정되었다. 대표적인 예: 제3자의 노예를 정당하게 부리고 있던 자가 그 노예를 불법행위를 이유로 피해자에게 위부(委付)한 경우.

   D.9.4.28 Africanus 6 quaestionum.

   Et generaliter si alieni servi nomine, qui tibi iustam servitutem serviret, noxali tecum egerim tuque eum mihi noxae dederis: sive me possidente dominus eum vindicet, exceptione doli mali, nisi litis aestimationem offerat, eum summovere possum, sive ipse possideat, Publiciana mihi datur, et adversus excipientem "si dominus eius sit" utilem mihi replicationem doli mali profuturam et secundum haec usu quoque me capturum, *quamvis sciens alienum possideam*: ...

5 최병조 IV. 참고로 권원의 표시와 관련하여 현승종/조규창, 571f.에는 각각 pro emptio venditio, pro donatio, pro solutio, pro derelictio로 라틴어 표기가 사용되었다. 이것은 무엇보다도 라틴어 문법상으로 불가능한(왜냐하면 탈격지배 전치사 'pro' 다음에 주격 명사를 썼으므로), 그래서 명백히 잘못된 표시이고, 물론 로마의 법률가들은 이렇게 표기하지 않았다. 개설서에도 나오는 전문용어를 이처럼 틀리게 표기한 것은 이해가 가지 않는다.

6 Cf. 최병조 IV, 464.

7 Mayer-Maly I, 35ff., 49ff., 64, 127ff.

사료를 가능한 한 충실히 소개하는 데에 주안점을 두었다.

2. usus와 possessio

그런데 여기서 한 가지 짚고 넘어가야 할 문제가 있다. 그것은 점용취득이 글자 그대로 사용(usus)에 의하여 취득하는(capio) 것(usu-capio)이므로 그 요건이 '사용'임에도 불구하고, 왜 '점유'가 요건으로 거론되는가 하는 것이다. 이 주제는 별도의 논구가 필요한 만큼 이곳에서는 그 개략만을 소개하는 데 그치기로 한다.[8]

12표법에 등장하는 usus는 12표법 해석의 전통 속에서 고수되다가 공화정기 말 고전기 전(前)의 법학에 이르면 스토아의 법사상을 배경으로 하여 이해되기에 이른다. 그 핵심은 만물은 인간을 위하여 창조되었고, 따라서 인간은 만물에 대하여 그것을 '사용'할 가치 있는 지위에 있다는 것이다. 그리고 그러한 사용은 사회적 관계 속에서 재화의 공존적 이용을 허용하는 방식으로, 말하자면 '사회적-연대적인' 가치원리에 의하여 제어되는 방식으로 행사되어야 한다.[9] 이 usus가 그후 고전법에서 이해

---

8 이하의 서술은 특히 Okko Behrends의 새로운 패러다임에 의한 최신의 연구성과를 반영한 것이다. 후술([부론 1]) 참조.

9 Cicero, *De officiis* 1.7.22: ... ut placet Stoicis, quae in terris gignantur, ad usum hominum omnia creari, homines autem hominum causa esse generatos, ut ipsi inter se aliis alii prodesse possent, in hoc naturam debemus ducem sequi, communes utilitates in medium adferre, mutatione officiorum, dando accipiendo, tum artibus, tum opera, tum facultatibus deuincire hominum inter homines societatem.
(… 그리고 스토아학자들이 주장하고 있듯이 지상에 있는 모든 것들은 인간의 필요를 위해 창조된 것이고, 인간은 서로 도움을 주기 위해, 말하자면 인간은 인간을 위해 태어났기 때문에, 우리는 이 점에서 자연 상태인 인간 본성을 우리의 안내자로 삼아 따라야 하며, 공동의 이익을 위해 항상 그것을 중심문제로 생각하고 서로 간의 의무를 교환해야 하며, 때에 따라 기술, 노동, 재능을 주고받음으로써 인간사회를, 인간과 인간의 결속을 공고히 하도록 해야 한다.)(허승일 옮김, 30f.)
이 논리의 귀결은 과실(果實)이란 자연이 인간을 위하여 마련한 것이므로 (omnes fructus rerum natura hominum gratia comparavit) 노예의 자식도 사람의 자식인 한, 결코 과실일 수 없다는 M. Brutus (기원전 142년 법정관) 이후 유스티

되듯이 물건에 대한 장악과 배타적인 지배를 의미하는 것이 아님은 무엇보다도 고래의 usus-혼인(XII.Tab.6.5 = Gai. 1.111)[10]을 보면 알 수 있다.[11] 우리가 로마인들을 아무리 제국주의적 마초라고 가정하더라도 사랑하는 아내를 물건처럼 점유해서 수권(手權, manus)을 취득한다는 것은 상상할 수가 없는 것이다. 고전기 전(前)의 법에서 usus는 고전기 법률가들의 단순한 점유(possessio), 즉 점유자(人)와 물건(物)의 관계가 아니라 인(人)과 인(人) 사이의 '사회적 점유관계'였던 것이다. 이런 의미에서 이에는 고전법의 점유뿐 아니라 관계적 차원의 의사적(意思的) 요소(affectio)[12]와 정당화 원리 ── usus는 abusus가 아닌 한 원칙적으로 정

니아누스 황제의 입법에 이르기까지의 로마의 통설이었다. Kunkel / Mayer-Maly, 85 + n.9; Kaser I, 113 n.8, 284 n.12; 최병조 III, 199 n.62.

Cicero, *De finibus bonorum et malorum* 1.4.12: An, partus ancillae sitne in fructu habendus, disseretur inter principes civitatis, P. Scaevolam Mʹ.que Manilium, ab iisque M. Brutus dissentiet ── quod et acutum genus est et ad usus civium non inutile …

D.7.1.68.pr. Ulpianus 17 ad Sabinum.

Vetus fuit quaestio, an partus ad fructuarium pertineret: sed Bruti sententia optinuit fructuarium in eo locum non habere: neque enim in fructu hominis homo esse potest. …

Inst. 2.1.37: In pecudum fructu etiam fetus est, sicuti lac et pilus et lana: itaque agni et haedi et vituli et equuli statim naturali iure dominii sunt fructuarii. partus vero ancillae in fructu non est, itaque ad dominum proprietatis pertinet: absurdum enim videbatur hominem in fructu esse, cum omnes fructus rerum natura hominum gratia comparavit.

10 Gai. 1.111: Usu in manum conueniebat quae anno continuo nupta perseuerabat: quia enim ueluti annua possessione usucapiebatur, in familiam uiri transibat filiaeque locum optinebat. itaque lege xii tabularum cautum est, ut si qua nollet eo modo in manum mariti conuenire, ea quotannis trinoctio abesset atque eo modo ⟨usum⟩ cuiusque anni interrumperet. sed hoc totum ius partim legibus sublatum est, partim ipsa desuetudine oblitteratum est.

    12표법 규정의 번역문은 최병조, 『로마법연구 I』(서울대출판부, 1995), 16 참조.

11 최병조 I, 302.

12 D.41.2.3.6 Paulus 54 ad edictum.

당한 것이다. 따라서 usus-혼인의 규정에서도 그 요건이 아니라 그 중단 요건인 trinoctium이 규정되었다 ── 까지도 포함된 것이었다. 재화의 사용은 이 법학에 따르면 재화의 사용가치를 실현하는 행위이고, 이것은 그 물건 자체에 대한 사실적인 지배 ── 이것은 물건의 파괴나 양도에서 가장 적나라하게 실현된다 ──, 즉 교환가치만이 중요한 관점과는 확실히 다른 관점인 것이다. 이 점은 고전기 전(前)의 법이 사용절도(furtum usus)를 인정한 데서 가장 극명하게 드러난다. 반면에 고전기 법은 물건 자체에 대한 장악과 취거를 수반하지 않는 재화가치의 획득을 절도 개념 자체에서 배제한다.[13] 고전법의 법률가들(세르비우스 술피키우스 루푸스, 기원전 106~기원전 43 이후)은 선배세대의 법률가들(특히 퀸투스 무키우스 스카이볼라, 기원전 140~기원전 82)이 인(人)-인(人) 관계에 주목하여 상호의무적 관점에서 원리적으로 법학을 전개하고, 그 결과 그것 자체로서도 포착하기 어려운 재화가치의 침탈이 사전적으로 구체화된 방식으로 제시되지 못하는 한, 개인의 자유와 사익에 대한 보장을 기대할 수 없다고 반발했다. 그럼으로써 법의 영역이 사전적으로 명확히 규정될 것을 요구하고, 엄격한 구성요건의 설정과 그에 대한 엄격한 해석을 통하여 이를 구현하며(따라서 법이 포착하지 않은 부분은 법으로부터 자유로운 영역이다) 사법(私法)의 영역을 인(人)-물(物)의 냉정한 즉물적 차원에서 확보하고자 하였다.[14] 그 귀결의 가장 큰 것 중 하나가 바로 '물건에 대한 사실적(naturalis, corporalis) 지배'로서의 점유(possessio) 개념이고, 이 점유의 개인주의적 단독성과 배타성이다.[15] 이때 의사적 요소(animus)는

In amittenda quoque possessione affectio eius qui possidet intuenda est: itaque si in fundo sis et tamen nolis eum possidere, protinus amittes possessionem. igitur amitti et animo solo potest, quamvis adquiri non potest.

13 최병조 I, 260f. (그곳 본문 맨 마지막 줄의 Gai. 3.45는 Gai. 2.45의 오식이다).

14 Cf. 최병조 I, 240f.

15 이 점은 한 장소에 두 사람이 동시에 앉거나 설 수 없다는 다음 개소들의 설시에서 두드러진다.

    D.41.2.1.pr. Paulus 54 ad edictum.

더이상 대인적(對人的) 관점에 선 affectio가 아니라 대물적(對物的) 관점에서 점유의 체소(體素, corpus)를 동반하는 심소(心素)로서 포착된다.[16] 이러한 점유 자체의 협애한 개념규정과 함께, 좀더 큰 틀에서 이야기하자면 종합적 사고의 법학(이런 의미에서의 말하자면 'jurisprudence')으로부터 분석적 사고의 법학(이런 의미에서의 말하자면 'legal science')으로의 전환과 함께 usus 개념 속에 함축되었던 다른 요소들 역시 독자적인 구성요건으로 독립하였으니, 그중 대표적인 것이 바로 causa possessionis로서의 titulus인 것이다. 교환가치에 대한 저촉이 아닌 한 사용절도는 인정하지 않는다. 이러한 로마법학사상의 변화가 농업사회 로마로부터 상공업사회 로마로의 변화 추세 및 로마의 제국으로의 발전과 궤를 같이했다는 것도 주목할 점이다. 현행 민법 제192조의 점유 개념은 ── 근대 이후의 개인주의의 발전과 산업혁명 후 상업화의 길을 간 사회변화가 반영된 서양의 법전들과 한 가지로 ── 바로 이러한 고전법을 수용한 것이다. 그러나 전통적 물건 및 점유, 그에 따른 물권 개념으로는 포착하기 쉽지 않은 무체재산권이나 인터넷상의 가상현실과 같은 새로운 현상 등이 재화가치에 대한 새로운 인식을 촉구하기에 이르렀다. 우리 법에 최근 다시 고전기 전(前)의 전형적인 법형상이 도입된 것도 결코 우연이 아니다. 형법 제331조의2가 사용절도를 처벌하게 된 것이다. Mayer-Maly가 말하는 "법형상의 회귀현상"의 한 예이다.[17]

Possessio appellata est, ut et Labeo ait, a sedibus quasi positio, quia naturaliter tenetur ab eo qui ei insistit, quam Graeci κατοχήν dicunt.
D.41.2.3.5 Paulus 54 ad edictum.
Ex contrario plures eandem rem in solidum possidere non possunt: contra naturam quippe est, ut, cum ego aliquid teneam, tu quoque id tenere videaris. ... non magis enim eadem possessio apud duos esse potest, quam ut tu stare videaris in eo loco, in quo ego sto, vel in quo ego sedeo, tu sedere videaris.

16 D.41.2.8 Paulus 65 ad edictum.
Quemadmodum nulla possessio adquiri nisi animo et corpore potest, ita nulla amittitur, nisi in qua utrumque in contrarium actum est.

17 Mayer-Maly II, 1ff.

『로마법대전』에는 고전기의 법이 대종을 이루지만 그전의 법도 전해진다. 이 논문은 — 학계의 관행상 대개 별다른 언급이 없는 경우 이미 암묵적으로 그러한데 — 고전기의 점용취득을 고찰한다. 따라서 그 요건인 '점유'는 더이상 usus가 아니라 possessio이다. 후대에 possessio가 usus를 대체할 수 있었던 것은 두 사실관계가 (법학적 관점의 차이에도 불구하고) 상호배타적이 아니라 상당히 겹친다는 점이 크게 기여했을 것이다. 어쨌든 possessio 개념이 관철된 후로는 이것을 떠나서는 로마의 법률가들도 사고를 할 수가 없었고, 그 결과 고전기 전(前)의 법적 전통이 반영되는 곳에서도 동일한 용어가 구사되었기 때문에 암호 수준의 정밀한 해독이 필요하다. 로마의 점유법이 사비니[18]와 예링[19] 이래의 집중적인 노력에도 불구하고 여전히 가장 파악하기 힘든 분야에 속하는 까닭이고, 또 일본을 경유하여 받아들인 서양법을 통해서 로마법을 유스티니아누스 입법의 혼합된 상태로 수용한 우리 현행민법의 점유법이 제192조의 자신만만한 고전법적 개념 선언에도 불구하고 그 의도한 바를 법전법(法典法)의 이념에 충실하게 민법의 전 분야는 고사하고 바로 점유편에서조차도 일관되게 관철시키지 못하고 있는 것도 모두 이러한 소이인 것이다.

참고로 재화의 사용가치에 대한 강조와 재물에 대한 독점적 지배의 관점은 우리에게도 잘 알려진 공동소유에 대한 관념에도 그대로 반영되었다. 여러 사람이 하나의 물건에 대하여 공동으로 소유할 때 물건 전체에 미치는 사용권능을 당연시하고, 따라서 각자의 개별적인 몫은 교환가치상의 지분으로, 공유상태에서는 그저 관념적으로만(intellectu) 포착되는 지분으로, 파악하는 전자의 입장에서는 공유물의 실물적(corpore) 분할과 분배는 전체로서의 물건에 대한 사용을 저해하는 것이기에 자연에

---

18 *Das Recht des Besitzes* (1803).

19 *Über den Grund des Besitzschutzes. Eine Revision der Lehre vom Besitz* (Zweite verbesserte und vermehrte Auflage, 1869); *Der Besitzwille. Zugleich eine Kritik der herrschenden juristischen Methode* (1889).

반하는 것이고 인정할 수 없는 것이 된다. 반면에 후자의 입장에서는 공동소유란 기본적으로 단독소유로 가기 전단계의 잠정적인 상태일 뿐이고, 어디까지나 실용적 차원에서 다른 판단이 가능한 문제였다. 일응 전체와 부분이라는 철학적 문제를 다루고 있는 무키우스와 세르비우스의 다음 개소들은 이를 웅변적으로 증명한다.

D.50.16.25.1 Paulus 21 ad edictum.

Quintus Mucius ait partis appellatione rem pro indiviso significari: nam quod pro diviso nostrum sit, id non partem, sed totum esse. Servius non ineleganter partis appellatione utrumque significari.

(퀸투스 무키우스는 부분이라는 명칭은 물건을 불분할 상태로 의미하는 것이니, 왜냐하면 분할 상태로 우리의 것인 것은 부분이 아니라 전체이기 때문이라고 말한다. 세르비우스는 예리하게 부분이라는 명칭은 양자 모두를 의미한다고 한다.)

이러한 논리의 대결은 단순한 이론 문제가 아니라 실익이 있는 문제였다. 대표적인 예는 다음의 개소가 제공한다.[20]

D.17.2.83 Paulus 1 manualium.

Illud quaerendum est, arbor quae in confinio nata est, item lapis qui per utrumque fundum extenditur an, cum succisa arbor vel lapis exemptus eius sit cuius fundus, pro ea quoque parte singulorum esse debeat, pro qua parte in fundo fuerat? an qua ratione duabus massis duorum dominorum flatis tota massa communis est, ita arbor hoc ipso, quo separatur a solo propriamque substantiam in unum corpus redactam accipit, multo magis pro

---

20 거의 '모든 것'이 들어 있는 Kaser I과 II가 이들 개소를 언급하지 않고 있는 것은 그의 방법론과 관련하여 시사적이다.

indiviso communis fit, quam massa? sed naturali convenit rationi et postea tantam partem utrumque habere tam in lapide quam in arbore, quantam et in terra habebat.

(다음 문제가 궁구되어야만 한다. 즉 토지경계 구역〔條帶〕[21]상에 생육한 나무, 또 양 토지에 걸쳐서 뻗은 돌의 경우, 잘린 나무나 뽑힌 돌은 [경계구역의 중간선을 기준으로] 토지 소유자의 소유이므로 또한 그것이 토지 내에 있었던 그 부분에 해당하는 [실물적] 부분에 있어서 각자의 소유여야만 하는지, 아니면 2인의 소유자의 두 금속덩어리가 융합되면 전체 덩어리가 공유인 것과 같은 이유로 나무는 토지로부터 분리되어 하나의 물체로 환원된 고유의 실체를 취함으로써 금속덩어리보다도 더 불가분적으로 [즉 지분적으로] 공유가 되는가? 그런데 양 소유자가 나중에도 돌에 대해서나 나무에 대해서나 땅속에서 [실물적으로] 가졌던 만큼의 몫을 [관념적 지분으로] 가지는 것이 이치에 맞는 것이다.)

D.10.3.19.pr. Paulus 6 ad Sabinum.

Arbor quae in confinio nata est, item lapis qui per utrumque fundum extenditur quamdiu cohaeret fundo, e regione cuiusque finium utriusque sunt nec in communi dividundo iudicium veniunt: sed cum aut lapis exemptus aut arbor eruta vel succisa est, communis pro indiviso fiet et veniet in communi dividundo iudicium: nam quod erat finitis partibus, rursus confunditur. qua re duabus massis duorum dominorum conflatis tota massa communis est, etiamsi aliquid ex prima specie separatum maneat: ita arbor et lapis separatus a fundo confundit ius dominii.

(토지경계 구역〔條帶〕상에 생육한 나무, 또 양 토지에 걸쳐서 뻗은 돌은 토지에 결착(結着)되어 있는 동안은 [경계구역의 중간선을 기준으로] 양 토지

---

21 로마에서 통상 5보(步, pedes)의 경계구역은 사(私)소유권에서 제외되었다(cf. XII.Tab.7.4＝Cicero, *De legibus* 1.21.55).

소유자의 각각에 속하고, 공유물분할소송의 대상이 되지 않는다. 그러나 돌이 뽑히거나 나무가 캐내어지거나 잘린 경우에는 불가분으로 [즉 지분적으로] 공유가 될 것이며, 공유물분할소송의 대상이 될 것이다. 왜냐하면 부분들로 구획되었던 것이 다시 섞이는 것이기 때문이다. 이러한 이유로 2인의 소유자의 두 금속덩어리가 함께 융합되면 전체 덩어리가 공유인 것인바, 비록 이전의 형상의 어떤 것이 구별되어 남더라도 그러하다. 그래서 토지로부터 분리된 나무와 돌은 소유권을 섞는 것이다.)

물론 공동소유의 경우에는 사물의 본성과 사회경제적 유용성으로 인하여 지분적 공유가 통설이 되었고,[22] 우리 민법에도 그대로 수용되었

---

[22] 가령 D.13.6.5.15 Ulpianus 28 ad edictum.

Si duobus vehiculum commodatum sit vel locatum simul, Celsus filius scribit libro sexto digestorum quaeri posse, utrum unusquisque eorum in solidum an pro parte teneatur. et ait duorum quidem in solidum dominium vel possessionem esse non posse: nec quemquam partis corporis dominum esse, sed totius corporis pro indiviso pro parte dominium habere. usum autem balinei quidem vel porticus vel campi uniuscuiusque in solidum esse (neque enim minus me uti, quod et alius uteretur): verum in vehiculo commodato vel locato pro parte quidem effectu me usum habere, quia non omnia loca vehiculi teneam. sed esse verius ait et dolum et culpam et diligentiam et custodiam in totum me praestare debere: quare duo quodammodo rei habebuntur et, si alter conventus praestiterit, liberabit alterum et ambobus competit furti actio.

(두 사람에게 탈것이 동시에 사용대여되거나 임대된 경우 자(子) 켈수스는 『학설집』 제6권에서 그들 중 각인이 전부 책임지는지 아니면 부분적으로 책임지는지 문제될 수 있다고 기술하고 있다. 그리고 가로되 "물론 전부의 소유권이나 점유가 두 사람의 것일 수는 없고, 또 물체의 어떤 부분 소유자일 수도 없으며, 오히려 전체 물체의 불분할적 부분 소유권을 가진다. 그런데 목욕탕이나 주랑(柱廊)이나 운동장의 사용은 각자에게 전부가 가능하다(왜냐하면 또한 다른 사람이 사용한다고 해서 내가 사용하지 못하는 것이 아니기 때문이다). 그러나 사용대여 또는 임대된 탈것의 경우 나는 부분으로만 실효적으로 사용이 가능한바, 왜냐하면 탈것의 모든 곳을 내가 차지할 수는 없기 때문이다." 그러나 그는 가로되 "나는 전체에 대하여 고의와 과실과 주의의무와 보관에 대하여 책임져야 한다는 것이 더 옳다." 그런고로 두 사람이 어느 의미에서 연대채무자로 취급될 것이고, 그래서 어느 1인

다. 로마법의 고전기에 알렉산드리아에서 활약했던 그리스도교 교부 클레멘스(Titus Flavius Clemens Alexandrinus, 150년경~211/216년)가 스토아 사상과 성경의 영향 하에서 재산의 목적을 모든 사람들이 나누는 것이라고 설파하면서 재산(χρήματα)의 용도가 지배가 아니라 '사용' (χρῆσις = usus)임을 강조했던 것도 결코 우연이 아니다.[23]

II. Pro suo

1. 일반적 용법

pro suo는 글자그대로 '자기의 것으로서'란 뜻이다. 이런 일반적인 의

이 제소되어 이행할 경우에는 다른 1인을 해방시킬 것이고, 양자에게 절도소권이 인정되며,

D.13.6.6 Pomponius 5 ad Sabinum.

Ut alterutro agente alterius actio contra furem tollatur.

그 결과 둘 중 한 사람이 [도둑을 상대로] 소구하면 다른 한 사람의 도둑을 상대로 한 소권이 제거된다.)

D.45.3.5 Ulpianus 48 ad Sabinum.

Servus communis sic omnium est non quasi singulorum totus, sed pro partibus utique indivisis, ut intellectu magis partes habeant quam corpore: et ideo si quid stipulatur vel quaqua alia ratione adquirit, omnibus adquirit pro parte, qua dominium in eo habent. licet autem ei et nominatim alicui ex dominis stipulari vel traditam rem accipere, ut ei soli adquirat. sed si non nominatim domino stipuletur, sed iussu unius dominorum, hoc iure utimur, ut soli ei adquirat, cuius iussu stipulatus est.

(공동의 노예는 공유자 각인이 전체로서 소유하는 것이 아니라 항상 불분할 부분에 의해 소유하는 것으로, 유체적으로라기보다는 관념적으로 소유하는 것이다. 그래서 그가 문답계약으로 요약(要約)하거나 다른 어떤 이유로 취득하는 것은 공유자 모두를 위하여 그들이 그 노예에 대해 가지는 소유권 상당의 부분만큼씩 취득한다. 그러나 그에게는 명시적으로 공유자 중 어떤 자를 위하여 요약하거나 물건의 인도를 받아서 그만을 위해서 취득하는 것이 허용된다. 그러나 명시적으로 한 공유자를 위하여 요약하는 것이 아니라 공유자 중 1인의 지시로 요약을 하는 경우에는 그의 지시로 요약한 그자만을 위하여 취득한다는 것이 현행법이다.)

23 상세한 것은 아빌라, 73-88.

미에서 소유자는 pro suo로 점유한다.[24] 로마법 사료에서 이 표현은 불법한 취득행위와 관련해서도 발견되는데, 이때에는 일반적인 용법으로 사용된 것이라고 할 수 있다. 이하에서는 법사료를 법률가들의 연대순으로 살펴보기로 한다.[25]

(1) 먼저 다음 켈수스(100~130)의 개소에서는 수치물(受置物)을 '자기의 것으로' 삼기로 결정한 것이 영득(領得)의 의사로 횡령하는 경우에 해당하여 절도죄를 구성하는 것으로 해석되었다. 그리고 이것이 절도에 가깝지만 엄밀한 의미에서 절도가 아니라는 수치(受置) 사실의 단순한 부인(否認, infitiatio)[26]과 대비되었다. 이것은 절도가 성립하기 위해서는 프로쿨루스학파가 요구하는 타인 물건의 은밀한 취거(rem alienam clam amovere)에는 못 미치더라도 단순한 부인이나 부인의 의사(意思, infitiandi animus)[27]만으로는 안 되고 적어도 사비누스학파가 요구하는 불법적인 영득(領得, contrectatio fraudulosa invito domino: 남의 물건에 비난가능하게 손을 댐)[28]에는 이르러야 한다[29]는 법리에 터잡은 것이다.[30]

---

24 Stintzing, 98.
25 연도순에 의한 고찰이 반드시 능사가 아님은 이미 잘 알려져 있는 바이지만, 이곳에서는 시간적 발전의 모습을 밝히고자 하는 의도에서 이러한 방법을 채택하였다.
26 Bas.60.12.67 Schol. 1)(Heimbach V, p.520): Inficiatur is, qui actori dicit: Proba, an vera dicas: ego enim nihil scio.
27 D.41.2.3.18 Paulus 54 ad edictum.
    Si rem apud te depositam furti faciendi causa contrectaveris, desino possidere. sed si eam loco non moveris et infitiandi animum habeas, plerique veterum et Sabinus et Cassius recte responderunt possessorem me manere, quia furtum sine contrectatione fieri non potest nec animo furtum admittatur.
28 테오필루스의 『법학제요 의해(義解)』에 의하면 이것은 마치 소유자인 것처럼 물건을 대하는 행위와 다름없다.
    Theophilus, *Paraphrasis* 2.6.3 (Ferrini, p.132 lin. 9-11): contrectare est instar domini in re versari et in ea facere quae dominum decent.
29 D.47.2.52.19 Ulpianus 137 ad edictum.
    Neque verbo neque scriptura quis furtum facit: hoc enim iure utimur, ut furtum

D.47.2.68.pr. Celsus 12 digestorum.[31]

Infitiando depositum nemo facit furtum (nec enim furtum est ipsa infitiatio, licet prope furtum est): sed si possessionem eius apiscatur intervertendi causa, facit furtum.[32] nec refert, in digito habeat anulum an dactyliotheca quem, cum deposito teneret, habere pro suo destinaverit.

(임치(任置)를 부인함으로써 아무도 절도를 범하는 것이 아니다 (왜냐하 면 부인 자체는 또한 절도가 아니기 때문이다. 비록 절도에 가깝더라도). 그러나 그 점유를 횡령의 목적으로 취득하는 경우에는 절도를 범하는 것

---

sine contrectatione non fiat. quare et opem ferre vel consilium dare tunc nocet, cum secuta contrectatio est.

Paul. D.41.2.3.18 cit. (앞의 주 27).

D.16.3.29.pr. Paulus 2 sententiarum = PS. 2.12.5.

Si sacculum vel argentum signatum deposuero et is penes quem depositum fuit me invito contrectaverit, et depositi et furti actio mihi in eum competit.

    Contrectatio 용어가 사용되지는 않았으나 다음 개소도 실질은 같은 내용이다.

D.47.2.52.7 Ulpianus 37 ad edictum.

Eum creditorem, qui post solutam pecuniam pignus non reddat, teneri furti Mela ait, si celandi animo retineat: quod verum esse arbitror.

    Kaser I, 615 n.13. 한편 Kaser의 경우 언급이 없는 다음 개소의 사례에서도 neque reddere constituere는 당연히 contrectatio의 의미로 새겨야만 할 것이다. 同 旨 Matthaeus, ad D.47.1 caput I. n.4 (p.48).

D.41.2.47 Papinianus 26 quaestionum.

Si rem mobilem apud te depositam aut ex commodato tibi, possidere neque reddere constitueris, confestim amisisse me possessionem vel ignorantem responsum est., ... igitur earum quidem rerum, quae ratione vel anima carent, confestim amittitur possessio, homines autem retinentur, si revertendi animum haberent.

30 최병조 I, 260f.; Behrends IX, 100 n.152; 상세한 것은 Behrends VI, 197ff.; Kaser I, 614f. 또한 I.B 참조.

31 Bas.60.12.67 (Heimbach V, p.520): Cels. Qui inficiatur depositum, non tenetur furti, nisi et animum habeat eius habendi sibi.

32 同旨 D.47.2.1.2 Paulus 39 ad edictum.

Sic is, qui depositum abnegat, non statim etiam furti tenetur, sed ita, si id intercipiendi causa occultaverit.

이다. 그리고 임치로 책임짐에도 불구하고 자기 것으로 가지기로 정한 반지를 손가락에 가지는가 아니면 지환함(指環函)에 가지는가는 상관이 없다.)

(2) 다음 폼포니우스(130~180)의 개소에서 도둑이 훔친 물건을 소유자로부터 매수하여 '인도된 것으로' 점유하는 경우에 pro suo로 점유하기 시작한다는 설시에 대해서는 유사한 사안에서 율리아누스가 전용취득의 권원으로 pro suo가 아니라 pro emptore를 언급하는 것[33]과 비교된다.

D.41.3.32.pr. Pomponius 32 ad Sabinum.[34]

Si fur rem furtivam a domino emerit et pro tradita habuerit, desinet eam pro furtiva possidere et incipiet pro suo possidere.[35]

(도둑이 도품(盜品)을 소유자로부터 매수하고 인도된 것으로서 가진 경우에

---

33 D.43.26.6.3 Ulpianus 71 ad ed.

Iulianus ait eum, qui vi alterum deiecit et ab eodem precario rogavit, desinere vi possidere et incipere precario, neque existimare sibi ipsum causam possessionis mutare, cum voluntate eius quem deiecit coeperit precario possidere: nam si ab eodem emisset, incipere etiam *pro emptore* posse dominium capere.

(율리아누스 가로되 "폭력으로 타인을 축출하고는 같은 자로부터 허용점유로써 요청했던 자는 폭력으로 점유하기를 그치고 허용점유로써 점유하기를 시작하는 것이며, 또 스스로를 위하여 그 자신이 점유의 원인을 변경하는 것으로 생각하지 않는바, 왜냐하면 그가 축출한 자의 의사에 기하여 허용점유로써 점유하기 시작했기 때문인즉 그가 같은 자로부터 매수한 경우에는 또한 '매수인으로서' 소유권을 취하기를 시작할 수 있는 것이라고 하였다.")

34 Bas.50.3.31.pr. (Heimbach V, p.59): Si quod subripueras, a domino emeris, possidere incipis ut proprium.

35 同旨 D.47.2.85 Paulus 2 ad Neratium.

Quamvis res furtiva, nisi ad dominum redierit, usucapi non possit, tamen, si eo nomine lis aestimata fuerit vel furi dominus eam vendiderit, non interpellari iam usucapionis ius dicendum est.

는 그는 그 물건을 도품으로서 점유하기를 그치고 자기 것으로서 점유하기를 시작할 것이다.)

그렇다면 이때에 pro emptore가 아니라 pro suo가 사용된 것은 어찌된 일일까? 두 가지 해석이 가능하다. ① 하나는 pro suo가 소유자로부터 매수한 것이므로 다른 사정이 없는 한 점용취득과 무관하게 일반적인 용법으로 사용된 것이고, '인도된 것으로', '도품(盜品)으로', '자기 것으로'에 사용된 전치사 'pro'는 모두 동일한 맥락의 기능을 하는 것으로 새기는 것이다. ② 다른 하나는 그 문맥상[36] 이 개소가 점용취득을 다룬다고 보아야 하고, 그렇다면 어떤 이유에선가 소유자로부터의 매수에도 불구하고 정상적인 소유권 취득이 불가능한 상황을 전제한 것이며, 그래서 이때의 pro suo도 후술할 2.에서 살펴볼 점용취득 권원으로 사용된 것으로 새기는 것이다. 이 후자의 경우가 원래의 문맥에 부합한다면, pro emptore와 동시에 인정되는 광의의 pro suo (후술 2.1))이든가, 아니면 이때의 상황이 절도 후 매매라는 것을 감안하여 일반적인 매매와 다르다고 본 까닭에 pro emptore 대신 인정되는 협의의 pro suo (후술 2.2))로 파악한 터일 텐데, 전자일 확률이 크지만 100퍼센트 확실하지는 않다. 오히려 폼포니우스의 경우 그의 다른 개소들(후술 2.2)(2),(4),(5))과 함께 종합적으로 고려해 보면 pro suo의 개념이 아직 상당히 모호한 것이 아닌가 싶고, 그런 의미에서는 광의의 pro suo 쪽이라고 보인다.

(3) 'pro ～'라는 표현은 다른 경우에도 그 문맥상 권원으로서의 의미가 아닌 일반적인 용법으로 사용되곤 하였다. 가령 다음의 파울루스 (175~230) 개소의 pro tuo가 그런 예이다.

---

36   Lenel II, Pomponius fr.761 (p.141) 및 D.41.3.

D.41.3.13.2 Paulus 5 ad Plautium.[37]

Si mandavero tibi, ut fundum emas, ex ea causa traditum tibi [diutina possessione]⟨usu⟩[38] capis, quamvis possis videri non pro tuo possidere, cum nihil intersit, quod mandati iudicio tenearis.

(내가 너에게 토지를 매수하도록 위임한 경우 그 원인으로 너에게 인도된 것을 너는 점용취득하는바, 비록 네가 너를 위해서 점유하는 것으로 볼 수 없지만 말이다. 반면에 네가 위임소권으로써 책임진다는 것은 아무 상관이 없다.)

또 예컨대 점용취득이 악의로 말미암아 불가능한 다음의 파울루스 개소에서 pro emptore가 그러하다. 왜냐하면 일반적인 점유의 사유와 특정한 점용취득의 원인은 반드시 일치하는 것이 아니기 때문이다.[39] 선의의 효과가 점용취득과 과실 취득의 측면에서 달라지는 모습도 이러한 예이다.[40]

D.41.4.2.1 Paulus 54 ad edictum.[41]

Separata est causa possessionis et usucapionis: nam vere dicitur quis emisse,

---

37　Bas.50.3.12.2 (Heimbach V, p.57): Quod mandato meo emisti et accepisti, usucapis, etiamsi actione mandati tenearis.
　　『바실리카 법전』의 재현에 pro tuo 표현이 등장하지 않는다는 것 자체가 또한 바로 그 증좌이기도 하다.
38　Lenel I, Paulus fr.1112 n.5 (p.1153).
39　Cuiacius, ad h.l., p.1167B.
40　D.41.1.48.1 Paulus 7 ad Plautium.
　　In contrarium quaeritur, si eo tempore, quo mihi res traditur, putem vendentis esse, deinde cognovero alienam esse, quia perseverat per longum tempus capio, an fructus meos faciam. Pomponius verendum, ne non sit bonae fidei possessor, quamvis capiat: hoc enim ad ius, id est capionem, illud ad factum pertinere, ut quis bona aut mala fide possideat: nec contrarium est, quod longum tempus currit, nam e contrario is, qui non potest capere propter rei vitium, fructus suos facit.
41　Bas.50.4.1.2 (Heimbach V, p.64): Separata est causa possessionis et usucapionis: unde malae fidei emptor pro emptore quidem possidet, sed non usucapit.

sed mala fide: quemadmodum qui sciens alienam rem emit, pro emptore
possidet, licet usu non capiat.

(점유의 원인과 점용취득의 원인은 별개이다. 왜냐하면 참으로 어떤 자는
매수했다고 이야기되지만, 악의일 수 있기 때문이다. 그래서 (가령) 타인의
물건임을 알면서 매수한 자는 매수인으로서 점유하는 것이지만 점용취득하
지는 못하는 것이다.)

(4) 라이덴 파울루스 단편의 다음 개소도 범죄행위자가 타인의 노예나
자유인을 자신의 것으로 사용한다는 일반적인 의미로 사용된 예이다.

Paulus Leidensis, II. 12 - 14:[42]
Senator qui servo alieno vel homine libero pro suo utitur, praeter legem
Fabiam de suppressis et repetundarum tenetur.

(타인의 노예 또는 자유인을 자기 것으로 사용하는 원로원의원은 인물은
폐에 관한 파비우스법 말고도 불법이득에 관한 법률에 의해서도 책임을
진다.)

2. 점용취득의 권원인 pro suo

1) 광의의 pro suo (generalis)

이제 점용취득의 권원으로서 pro suo를 살피기로 한다.[43] pro suo는 늘
possidere와 함께 쓰이거나(Paul. D.41.2.3.4; Ulp. D.41.10.1.pr.; Pomp.
D.41.10.4.2; Proc. D.23.3.47) 직접 usucapere와 쓰였다(Cels.-Ulp.
D.41.3.27; 후술 2)(3)). 그렇지만 전자의 경우에도 pro suo possidendo
usucepit (Proculus D.23.3.67; 후술 2)(1))에서 보듯이 점용취득과의 연계
는 확실하다. 그런데도 거의 대부분 이렇게 쓰인 것은—실제로 모든 경

---

42 Brasiello, 72f.에서 재인용.
43 권원 표시 방법과 관련해서는 이미 최병조 IV, 484.

우에 점유의 권원과 점용취득의 권원이 일치하는 것은 아니었지만(Paul. D.41.4.2.1)[44] —pro suo의 경우는 이들이 일치하였기에 possidere만으로 족하였기 때문이다. 반면에 다수설과 달리 (usucapio의 요건인) pro suo possidere와 usucapio 자체를 분리한 것으로 파악하는 설이 있다.[45] 그러나 이는 잘못이다.[46] 다른 경우에도 가령 pro emptore possidere와 같이 쓰지만 이것이 usucapio와 분리된 요건만 의미하는 것은 아닌 것이다. 이상의 학설과는 또다른 의미에서 Vacca I은 possessio pro suo의 경우에는 권원과 무관하게[47] 점유의 상황에 대한 선의에 법질서에 의한 보호의 차원에서 점용취득의 효과가 부여된 것으로 새기고,[48] 특히 이것을 이른바 오상권원의 사례들에 의거해서 뒷받침하고자 한다.[49] 아니, 좀더 실질적으로 고찰하자면 pro suo가 사용된 이 후자의 사례들로부터 출발하여 pro suo possessio의 개념을 산출하고는, 다시 이로부터 출발하여 pro suo의 사안들을 해석하고 있다. 그러나 이러한 주장은 앞으로 밝혀지겠지만 잘못이다.

이미 점용취득 점유로서 pro suo는 당연히 점유취득 시의 선의를 포함한 개념이고, 한편으로는 '타인 물건으로서'(pro alieno),[50] 더 나아가 '도품으로서'(pro furtiva)[51] 하는 점유에, 다른 한편으로는 모든 점에서 점유의 지위 자체가 부인되었던[52] '폭력(vi), 은비(隱秘, clam), 허용점유에 의

---

44 Paul. D.41.4.2.1 cit. (앞의 주 41).
45 Harke, 25
46 필자와 同旨 Mayer-Maly I; Hausmaninger (Harke, 25 n.80).
47 대표적: Vacca I, 1958f., 1979.
48 Vacca I, 1958f., 1979f., 1980, 1987, 1998.
49 대표적: Vacca I, 1979: *possidere pro suo = 'cum suum esse existimaret, possederit'.*
50 가령 D.41.3.13.pr. Paulus 5 ad Plautium.
    Pignori rem acceptam usu non capimus, quia pro alieno possidemus.
51 가령 Pomp. D.41.3.32.pr. cit. (앞의 주 34).
52 이미 Cicero, *De lege agraria* 3.3.11: "etiamne si vi deiecit, etiamne si clam, si precario venit in possessionem? ergo hac lege ius civile, causae possessionum, praetorum interdicta tollentur?"

한(precario)' 하자 있는 점유(vitiosa possessio)에 대되는 개념이었다(Pomp. D.41.10.4.pr. i.f.).[53]

이 문제를 주제로 한 D.41.10에 의하면 pro suo는 광협(廣狹)의 두 가지 용법으로 사용되었다.[54] 이에 대해서는 pro suo 법리의 체계적 성격을 수용하지 않는 이견(異見)이 주장되고 있다.[55] 특히 방금 지적했듯이 pro suo의 권원성을 부인하는 Vacca I도 자신의 전제에 충실하게, 그러나 부당하게 이러한 구분의 체계적 성격을 부인하고 개별적인 사례들을 설명할 때 서로 착종시키는 방식으로 논의를 전개할 뿐이다.[56] 그 결과 pro suo의 사안이 면책가능한 착오(errore scusabile)의 경우로 축소되었다.[57] 이러한 접근방식은 그녀가 기본적으로 로마의 법률가들이 매우 독특한 규범이론(스토아 및 회의주의 아카데미)을 바탕으로 아주 정치한 법교의학(法敎義學)을 발전시켰음을 간과하고[58](이것은 무엇보다도 학설 대립의 양상을 고찰해 보면 드러난다[59]) 그저 사례별로 결의론적(決疑論的)인 해결책을 모색하는 가운데 case law를 전개한 것으로 보는 기존의 연구 관점을 그대로 답습하고 있기 때문이다.[60]

---

53 D.41.10.4.pr. Pomponius 32 ad Sabinum.
   ... tum enim clam possedisse videberis, neque idem et pro suo et clam possidere potest.
   Vacca I, 1980 n.44.
54 최병조 II, 400f.; Donellus, 1079 n.22; Zoesius, ad D.41.10 n.1 (p.727); Brunnemann I, ad D.41.10 L. Pro suo 1, n. (p.1149): "vel concurrit cum aliis titulis, interdum tamen aliis deficientibus quasi subsidii loco."; Heineccius, Pars VI, §CCXXXIV (ad D.41.10); de Colquhoun, 151f.
55 Kaser I, 422 (법률가에 따른 개별화 주장). 이것은 Kaser가 인식론(cf. Waldstein, 203ff.)과 방법론(cf. Knütel, 33ff.)의 면에서 로마의 법률가들의 법교의학에 대한 불충분한 이해에 빠져 있기 때문이다. Cf. Behrends III, 292ff.
56 대표적: Vacca I, 1963ff.; 1987.
57 Vacca I, 1980f.
58 Behrends II, 특히 5ff. (특히 50ff.의 Wieacker에 대한 비판도 참조). Behrends의 이론에 대한 대요 소개는 Kaser / Knütel, §1 Rn.11 (p.4).
59 일응 최병조 I, 253ff.

〔부론 1〕 로마법학의 인간관

이러한 아직도 만연된 오해를 불식시키기 위하여 여기서 로마법학의
사상적 기반과 그 법학적 귀결의 일단을 예증적으로 살필 수 있는 단적
인 예를 하나만 소개하기로 한다. 일견 아이들 장난처럼 보이지만 유스
티니아누스 황제가 개입하여 교통정리를 했어야 할 만큼 근본적인, 그리
고 그런 만큼 배경의 철학적 규범이론을 바탕으로 한 법교의(法敎義)를
전제하지 않고 그저 사안에 즉하여 결정된 단순한 case law로는 결코 이
해할 수 없는 학설의 차이를 다른 어느 것보다도 극명하게 보여주는 사
안은 인간이란 무엇인가를 둘러싼 법률논쟁이었다.

C.6.29.3.pr.-1 Iustinianus (a.530).

Quod certatum est apud veteres, nos decidimus. Cum igitur is qui in
ventre portabatur praeteritus fuerat, qui, si ad lucem fuisset redactus, suus
heres patri existeret, si non alius eum antecederet et nascendo ruptum
testamentum faciebat, si postumus in hunc quidem orbem devolutus est,
voce autem non emissa ab hac luce subtractus est, dubitabatur, si is postumus
ruptum facere testamentum potest
1. [Veteres]⟨Veterum *Corpus Juris Civilis Romani*, editio nova, tomus II
[Basileae 1748], ad. h.l., p.453⟩ animi turbati sunt, quid de paterno elogio
statuendum sit. Cumque Sabiniani existimabant, si vivus natus est, etsi
vocem non emisit, ruptum testamentum, [apparet]⟨*del. Mommsen*⟩, quod,
etsi mutus fuerat, hoc ipsum faciebat, eorum etiam nos laudamus sententiam

---

60 다음은 그녀의 방법론적 입장을 대변하는 전형적인 언명이다.
Vacca I, 1997: Il giurista romano, di fronte a questi problemi, non aveva altra
strada che procedere caso per caso, valutando la posizione delle parti e la struttura
concreta delle varie situazioni. (로마의 법률가는 이러한 문제들에 직면해서 당사
자들의 입장과 다양한 [가변적인] 상황의 구체적인 구조를 평가함으로써 case by
case로 처리하는 외의 다른 방도를 가지고 있지 않았다.)

et sancimus, si vivus perfecte natus est, licet ilico postquam in terram cecidit vel in manibus obstetricis decessit, nihilo minus testamentum corrumpi, hoc tantummodo requirendo, si vivus ad orbem totus processit ad nullum declinans monstrum vel prodigium.

(옛법률가들 사이에 다투어진 것을 짐(朕)이 결정하였다. 즉 포태(胞胎)되었던 자가 [유언에서] 간과된 경우 그가 세상의 빛으로 출생했다면 타인이 그보다 앞서서 태어남으로써 유언을 파훼(破毀)시키지 않은 한, 부친의 가내상속인이 될 것이다. 그런데 유언 후 출생자가 이 세상에 태어난 경우 목소리를 내지 않은 채 이 세상의 빛으로부터 치워진 경우 이 유언 후 출생자가 유언을 파훼시킬 수 있는지 의문이 제기되었다.

1. 부친의 유지(遺旨)에 관하여 무엇을 법정해야 할 것인가에 관하여 옛법률가들의 견해는 혼란스러웠다. 사비누스학파는 [아이가] 살아서 태어난 경우 비록 목소리를 내지 않았더라도 유언을 파훼시킨다는 견해였고, [아이가] 벙어리로 태어났더라도 유언을 마찬가지로 파훼시켰는데, 짐(朕) 역시 [아이가] 살아서 완벽하게 태어난 경우, 비록 그 직후 [목소리를 내지 못한 채] 땅바닥에 떨어져서 죽거나 산파의 손에서 사망한 경우에도 여전히 유언이 파훼되는데, 단 괴물이나 귀자(鬼子)에 기울지 않고 전신이 살아서 이 세상에 진입했을 것만은 요건으로 삼는 이들의 견해를 지지하고 그렇게 정하는 바이다.)

이 개소를 통하여 우리는 유언에서 간과되었다가 그후에 태어난 아이 (postumus)가 새 가내상속인으로 등장하면서 유언을 실효시키는 문제[61]와 관련하여 과연 언제 아이는 실존한 존재로서 상속인이었는가를 결정

---

61 C.6.29.2 Diocletianus/Maximianus (a.294).

... postumo vero praeterito, quamvis natus ilico decesserit, non restitui ruptum [sc. testamentum] iuris evidentissimi est.

간과된 이 아이가 다시 아버지보다 먼저 사망한 경우의 학설대립에 관해서는 Choe, 209 n.58.

하는 데에 유스티니아누스 황제가 손을 들어준 사비누스학파는 살아서 태어난 이상,[62] 그리고 전신이 인간의 형상을 하고 태어난 이상[63] 비록 온전한 모습은 아닐지라도[64] 목소리(울음) 없이 곧 사망하더라도 실존자로 봄으로써 목소리(울음)를 요구하는 반대의 견해를 가졌던 프로쿨루스학파와 타협할 수 없는(turbati) 대립양상(certatum)을 보였음을 알 수 있다. 결론만 제시하자면 스토아의 철학 배경을 가진 사비누스학파는 이성적 존재로서의 인간의 요건으로서 만유의 섭리적 이성(理性)($\pi\nu\epsilon\tilde{\upsilon}\mu\alpha$)의 흡입-참여, 즉 숨쉼〔氣息, vivus)[65]을 요구한 반면(왜냐하면 "코스모스는 생명체이고, 그것의 한 몫을 쪼개 받은 우리의 영혼($\psi\upsilon\chi\tilde{\eta}$)[66]에서 분명하듯

---

62 D.28.2.12 Ulpianus 9 ad Sabinum.

Quod dicitur filium natum rumpere testamentum, natum accipe et si exsecto ventre editus sit: nam et hic rumpit testamentum, scilicet si nascatur in potestate.

D.50.16.129 Paulus 1 ad legem Iuliam et Papiam.

Qui mortui nascuntur, neque nati neque procreati videntur, quia numquam liberi appellari potuerunt.

63 D.1.5.14 Paulus 4 sententiarum.

Non sunt liberi, qui contra formam humani generis converso more procreantur: veluti si mulier monstrosum aliquid aut prodigiosum enixa sit. partus autem, qui membrorum humanorum officia ampliavit, aliquatenus videtur effectus et ideo inter liberos connumerabitur.

Pauli Sententiae 4.9.3: Mulier si monstruosum aliquid aut prodigiosum enixa sit, nihil proficit; non sunt enim liberi, qui contra formam humani generis converso more procreantur.

64 D.28.2.12.1 Ulpianus 9 ad Sabinum.

Quid tamen, si non integrum animal editum sit, cum spiritu tamen, an adhuc testamentum rumpat? et tamen rumpit.

65 Tertullianus, *De anima* cp. 10 (*StVF* II, fr.784, p.218): At enim vivere spirare est, et spirare vivere est. 이러한 발상과 관념이 비단 스토아에 국한된 것이 아님은 창조주가 흙으로 빚은 사람에게 생기를 불어넣으니 영혼을 가진 생명체〔生靈〕가 되었다고 전하는 「창세기」 2: 7이 무엇보다도 잘 보여준다.

66 "$\psi\upsilon\chi\tilde{\eta} = \pi\nu\epsilon\tilde{\upsilon}\mu\alpha$ $\sigma\upsilon\mu\phi\upsilon\grave{\epsilon}\varsigma$": *StVF* II, fr.774, p.217 lin.15f.; fr.778, p.217 lin.29; fr.792, p.220 lin.1.

"anima = consitus spiritus": Tertullianus, *de anima* cp. 5, 3 (http://www.tertullian.

이 영이 깃든 것(ἔμψυχον)"이기 때문이다[67]), 스토아적 자연법론과 달리 회의주의 아카데미의 문명법적 규범이론[68]의 전통에 섰던 프로쿨루스학파는 이성적 존재로서의 인간 — 이것은 이제 구연(口演)의 역능으로 대변된, 동시에 평등함과 상이함을 표상하는, 상이함(개성과 개성이 창달되는 자유)을 보호하기 위하여 평등함을 옹호하는, 연극의 가면(πρόσωπον)에서 취해온 persona로 상징되었다[69] — 의 요건으로서 이성의 요체인 언어(λόγος = vox) 활동[70]을 요구했던 것이다.[71] 유스티니아누스에 의한 — 통상 원리론을 펼쳤던 사비누스학파의 견해보다는 실용적인 규칙을 제시했던 프로쿨루스학파의 견해 쪽이 채택되었던 것과는 다르게 결과를 보면 실질적으로 생명의 입증에 제한을 두지 않았던[72] 사비누스학

---

org/latin/de_anima.htm(2009년 9월 18일자 방문); "l'âme un esprit qui a été semé avec l'homme"(Genoude, 1852): http://www.tertullian.org/french/g2_02_de_anima.htm(2009년 9월 18일자 방문)).

67 Diogenes Laert. VII 142, 143 (StVF II, fr.633, p.181 lin.39f.).

68 Behrends IX, 61ff.

69 Behrends IX, 32ff.

70 Cf. D.33.10.7.2 Celsus 19 digestorum.
    ... non tamen a Servio dissentio non videri quemquam dixisse, cuius non suo nomine usus sit. nam etsi prior atque potentior est quam vox mens dicentis, tamen nemo sine voce dixisse existimatur: nisi forte et eos, qui loqui non possunt, conato ipso et sono quodam καὶ τῇ ἀνάρθρῳ φωνῇ [= voce inarticulata] dicere existimamus.
    Behrends IX, 42 n.35.

71 Behrends X, 219f.; Behrends IX, 37f. + nn.25-26; Behrends VI, 384 n.42; Behrends XI, 383f. + n.6, 508 + n.32.

72 Schindler, 150. 본고의 심사자 중 한 분이 다음과 같은 의견을 개진하였다. "신생아가 울음소리를 내느냐 여부에 따라 상속관계가 결정된다는 견해와 그에 반대하는 견해를 소개하는 개소와 관련하여 저자는 매우 심오한 철학적 논의를 하고 있으나, 신생아가 말(logos)을 하는 것은 아니라는 점을 생각하면, 울음소리를 냈는지 여부는 출산/死産을 구분하는데 동원될 수 있는 추가적 정황 정도의 의미를 가지는 것 이상의 심오한 의미는 없었을 여지도 있어 보인다."
    실제로 신생아 유기권(遺棄權)이 인정된 고대 게르만법에서는 가족수용(家族受容, Aufnehmen des Kindes: Ogris, 253f.)이 권리능력의 취득요건이었고, 건강한 출생과 생존능력이 있는 신생아만 가족으로 수용될 수 있었으므로 이의 증거로

파의 견해를 손들어 준 ─ 정리 이후로는 옛 학설대립에 대한 언급의 필요성이 없어졌으므로 『바실리카 법전』에서는 단순히 결과만을 규정하였다.[73] 현재 우리의 이해(민법 제3조) 역시 유스티니아누스의 결정에 소급한다.

Behrends는 참고하고 있지 않지만 Tielsch의 경우 Hans Welzel, *Naturrecht und materiale Gerechtigkeit* (4. Auflage 1962)[74]에 대한 비판에

서 신생아가 눈을 크게 뜨고 벽이나 천장을 바라보거나 주거의 밖에 있는 4인의 성인 남성이 신생아의 울음소리를 들었음을 요구하였다. 현승종／조규창, 104. 이 경우 울음소리는 만인의 경험과 상식에 따른 생명 현상의 징후 중 하나로서 다른 징후들과 동일한 평가를 받는 것에 불과하였다. 그러나 프로쿨루스학파의 경우에는 눈을 크게 뜨고 천장을 바라본다든가, 팔다리를 휘젓는다든가 하는 생명 현상의 징후라면 어떤 것이라도 좋다고 본 것이 아니라 하필이면 반드시 울음소리를 낼 것을 요구했다는 점에 그 특징이 있다. 이것은 이 학파가 울음을 당연히 아직 완숙한 logos에 해당하지는 않지만 장차 logos로 발전할 이성능력을 갖추었음을 상징적으로 보여주는 행동거지로 파악했음을 의미한다. 학파의 특성과 그 철학적-사상적 배경에 관한 광범위한 사료를 도외시한 채 단편만을 보고 상식적 접근을 하기에는 로마법학은 어쩌면 너무 학술적인지도 모르겠다.

그런데 이처럼 인간 혼의 본질을 말과 연관지어 생각하는 발상과 관념은 비단 고대 그리스나 로마에서만 발견되는 것이 아니다. 인간 개체의 정신적 · 생리적 생명의 조건인 우리말 '넋'의 어원 또한 바로 이와 같은 '인간관'을 생생하게 보여주기 때문이다. 편의상 관련자료(한국문화상징사전편찬위원회, 『한국문화 상징 사전』, 동아출판사, 1992, 160)를 그대로 인용하겠다. "'넋'은 '넉'에 'ㅅ'이 첨가되었다. '넉'은 다시 '넑'으로 소급되며, 원형은 '널'이다. 넉살이 좋다고 할 때, 넉살의 '살'은 소리(音, 聲, 語)의 어근 '솔-'과 어원이 같다. 넉살의 '넉'도 소급되면 '널'이 되며, 이것은 말의 뜻을 지닌다. 놀애(歌)의 '놀-'. 니르다(謂)의 어근 '닐-'이 말의 뜻을 지닌다. 일본어 노리(nori, 神語), 노리토(norito, 祝詞), 노로(noro, 巫)의 어근 '놀-'도 말의 뜻을 지니고 있다. '넋'의 어원은 말의 뜻을 지니는 '널'이었다고 하겠다. 사자(死者)를 위한 지노귀굿을 할 때, 사자의 혼이 무당을 통해 말을 하는데, 이 말이 곧 '넋'이 된다고 하겠다"(徐廷範).

73 Bas.35.8.34 (Heimbach III, p.561): Si suus heres existens in utero et testamento praeteritus, editus quidem fuerit, sed vocem non emiserit, aut omnino perfectus vivusque natus fuerit, licet simul atque in terram lapsus fuerit, vel in manibus obstetricis decesserit, testamentum rumpit.

74 한스 벨첼, 박은정 옮김, 『자연법과 실질적 정의』, 삼영사(2002).

서 출발하여 매우 인상적인 방식으로 고대 그리스 법-사회사상 전반에 관하여 (대체로 플라톤·아리스토텔레스로 대변된) 이념주의적-형이상학적 자연법론 대 (소피스트·에피쿠로스로 대변된) 경험적-비판적 문명법론(Kulturrechtstheorie)의 법과 정의에 대한 접근방식상의 대립구도를 역사적·이론적으로 설파하고 있는데[75](그녀의 선호는 분명히 후자 쪽이다), 베렌츠의 로마법학의 저변구도에 대한 접근법은 대상을 달리하지만[76] 동일한 문제 인식에 기초한 보다 섬세하고 정치(精緻)한 연구에 해당한다(I.B 참조). 사실 로마법학의 사상적 배경에 대한 연구는 역사가 오래되었고, 스토아와의 견련성은 일찍 인식되었다.[77] 제대로 된 인식은 고전학 쪽에서 키케로가 절충주의적인 외관을 보이기도 하지만 실은 회의주의 아카데미의 사상을 고백하고 있음을 확실하게 인식하고 난 후에야,[78] 그리고 로마법학 쪽에서 그가 세르비우스와 더불어 이를 바탕으로 새로운 법학을 추진했음을 베렌츠가 집중적으로 조명하면서[79] 비로소 가능하게 되었다. 반면에 여전히 로마법을 체계도, 연역적 사고도 없고, 주로 귀납에 기초하였다고 보면서 case law도 나름으로 정당화의 문맥을 지니므로 이를 결하는 로마법은 case law로서조차도 규정지을 수 없고, 결론적으로 로마의 법률가들의 작업은 '법학'(legal science)이 아니었다고까지 주장하는 연구자도 아직 존재한다. 가령 Tellegen-Couperus는 키케로와

75　Tielsch, 153-188.

76　Cf. Behrends IX, bes. 166ff.

77　가령 Mascovius, 92-108 (단 양 학파 모두를 전거로 삼은 키케로 등을 오해하여 스토아적이었다고 그릇 파악함); P. A. Vander Waerdt, "Philosophical Influence on Roman Jurisprudence? The Case of Stoicism and Natural law", *Aufstieg und Niedergang der Römischen Welt* IV.36 (1990), 4881ff. (필자 未見). 기왕의 다양한 시도에 관해서는 Baviera, 120ff. 참조.

78　가령 Alfons Weische, *Cicero und die Neue Akademie. Untersuchungen zur Entstehung und Geschichte des antiken Skeptizismus* (1961 / 2. unveränderte Auflage, 1975); 현대적 결론에 대해서는 *PhdA* 4-2, §57, p.1084ff. (Woldemar Görler und Günter Gawlick).

79　Cf. Behrends VII, 3ff.; Behrends VI, 51ff., 91ff.

울피아누스를 폭력에 관한 특시명령(interdictum de vi) 및 무장폭력(武裝暴力)에 관한 특시명령(interdictum de vi armata)과 관련해 비교하여 다루면서, 그것도 2009년도 대명천지에 중요한 선행연구들[80]에 대한 인지나 검토 없이 그러한 주장을 펴고 있는데,[81] 물론 이러한 황당한 주장이 한 때 전아법학(典雅法學, Elegant Jurisprudence)[82]으로써 시대를 풍미했던 네덜란드의 현금 로마법학을 대변하는 것은 아니다.

이미 지적했듯이 pro suo는 넓은 의미와 좁은 의미의 두 가지 용법으로 사용되었다. 먼저 pro suo는 점용취득의 권원이 무엇이 되었든 권원이 있어서 그에 기하여 점유하는 경우를 모두 포괄하는 광의의 어법으로 사용되는 수가 있었는데,[83] 이때에는 그가 그 권원에 기하여 '자기 것으로', '기물(己物)로' 점유하고, 기간이 만료되면서 실제로 '자기 것으로' 취득하게 되기 때문이다. 그러나 이 어법은 다른 권원에 기한 점용취득의 점유를 다시 확인하는 기능에 불과한 것이므로 굳이 pro suo를 언급하지 않더라도 무방한 상황이다. 실제로 로마의 법률가들도 다른 권원이 문제될 때 거의 대부분은 pro suo를 덧붙이지 않는다. 이곳에서도 법률가들의 시간순으로 살펴본다.

(1) D.41.10에 배치된 네라티우스(*50년경; 기원후 87년 보충집정관)[84]의 다음 개소가 과연 pro suo에 관한 것인지 문면만으로는 확실하지 않다.

---

80 특히 Behrends V, bes. 119ff.

81 Tellegen-Couperus, [1]ff.

82 Cf. Wieacker II, 166ff. = (engl.) 123ff.

83 Oldendorp, 440. 이미 비잔틴 법학자 Stephanos도 pro suo와 pro alieno의 두 범주를 설정하고, pro suo를 다시 구체화하는 특정한 권원들이 있는 경우(승계취득 유형)와 그렇지 않은 경우(원시취득 유형 및 특정 권원이 무효인 경우)로 나누어 설명하였다. Bas.29.1.63 Schol. 4) (Heimbach III, p.403f.).

84 Greiner, 1ff.; Wieacker III, 97 (Lit. §52 I.1, p.422); Kunkel, 144ff.

D.41.10.5.pr. - 1 Neratius 5 membranarum.

Usucapio rerum, etiam ex aliis causis concessa interim, propter ea, quae nostra existimantes possideremus, constituta est, ut aliquis litium finis esset.[85] 1.[86] Sed id, quod quis, cum suum esse existimaret, possederit, usucapiet, etiamsi falsa fuerit eius existimatio. quod tamen ita interpretandum est, ut probabilis error possidentis usucapioni non obstet, veluti si ob id aliquid possideam, quod servum meum aut eius, cuius in locum hereditario iure successi, emisse id falso existimem,[87] quia in alieni facti ignorantia tolerabilis error est.

(물건들의 점용취득은, 우선 다른 원인들에 기하여[88] 인정된 경우에도, 우리가 우리 것이라고 생각하기에 점유하는 것들을 이유로 해서도 쟁송에 어떤 종결이 있도록 하기 위하여[89] 정립되었다.

---

85 Bauer, 130f. i.V.m. 85ff.는 이 개소를 자신의 주관적인 이해에 따라서 다음과 같이 복원해야 한다고 주장한다.

Usucapio rerum ⟨mancipi⟩, etiam ex aliis causis concessa⟨,⟩ interim[,] propter ea, quae ⟨in bonis⟩ nostra existimantes possideremus, constituta est, ut aliquis litium finis esset.

이에 대한 정당한 비판은 Müller-Ehlen, 78f.

86 Bas.50.9.5 (Heimbach V, p.70): Qui rem alienam per probabilem errorem pro sua possidet, usucapit: veluti si quid possideam tamquam emtum a servo meo aut ad eum pertinente, cuius sum heres. Tolerabilis enim est error circa alienam facti alicuius scientiam.

87 同旨 D.41.4.11 Africanus 7 quaestionum.

Quod volgo traditum est eum, qui existimat se quid emisse nec emerit, non posse pro emptore usucapere, hactenus verum esse ait, si nullam iustam causam eius erroris emptor habeat: nam si forte servus vel procurator, cui emendam rem mandasset, persuaserit ei se emisse atque ita tradiderit, magis esse, ut usucapio sequatur.

Vacca I, 1974f.

88 Cuiacius, ad h.l., p.1178B는 'etiam ex aliis causis' 구절을 트리보니아누스의 개찬 (改竄)으로 본다.

89 Cf. D.41.3.1 Gaius 21 ad edictum provinciale.

Bono publico usucapio introducta est, ne scilicet quarundam rerum diu et fere

1. 그런데 어떤 자가 자기 것이라고 생각해서 점유한 것은 비록 그의 생각이 그릇된 것이더라도 그는 점용취득할 것이다. 이것은 그렇지만 다음과 같이 해석하지 않으면 안 된다. 즉 점유하는 자의 개연적인 착오가 점용취득에 방해가 되지 않아야 한다. 가령 나의, 또는 내가 상속법에 따라서 그의 지위를 승계한 자의 노예가 그것을 매수했다고 내가 그릇 생각했기에 어떤 것을 내가 점유하는 경우처럼. 왜냐하면 타인의 행위에 대한 부지(不知)는 인용(忍容)할 만한 착오이기 때문이다.)

먼저, "etiam ~ interim" 문장의 interim을 Mommsen은 interdum으로 교정해야 하는 것 아닌가 의문을 제기하였다.[90] 이것은 interim과 interdum이 서로 다른 의미임을 전제할 때 가능한 소견인데, 구체적인 의미 해석이 제시되고 있지 않아서 그 취지는 불분명하다. 그러나 다른 한편으로 interim은 interdum과 상당부분 대체로 같은 의미로 사용되기 때문에[91] 이 한도 내에서는 interdum의 의미로 interim을 사용하

---

semper incerta dominia essent, cum sufficeret dominis ad inquirendas res suas statuti temporis spatium.

　소유관계가 장기간에 걸쳐서 불안정해지는 것을 해소하라는 공익의 요청에 따라 점용취득 제도가 도입되었고, 이것은 당사자들이 법정의 기간 내에 소유관계를 충분히 밝힐 수 있으므로 기대가능성에도 반하지 않는다는 가이우스의 이 설시는 물론 전체로서는 동일한 방향과 취지이지만 더 간명한 네라티우스의 설시보다 풍부한 내용을 담고 있다. 참고로 일찍이 예링은 이 개소들을 가지고 점유보호의 '철학적 근거' 문제를 두고 당시의 법학자들(특히 Bekker)의 모순된 태도를 비꼰 바 있다. Jhering, 284ff.

90　*Digesta*, editio maior, II, ad h.l. n.3 (p.534): "interdum?"

91　Krebs, s.v. Interdum (p.768): "Überhaupt scheinen die beiden Wörter *interdum* und *interim* ... nicht genau geschieden worden zu sein."; s.v. Interim (p.771): "wie *interim* und *interdum* vielfach nicht scharf geschieden wurden." 옥스퍼드 라틴어 사전의 설명도 그러하다. *OLD*, s.v. interdum (p.942): "1. At times, from time to time, now and then. b. occasionally, in some instances. 2. In the meantime, meanwhile; for the time being"; s.v. interim (p.943): "2. For the time being, for the present, for a while. 4. From time to time, occasionally. 5. In some instances, sometimes."

고자 한다면 굳이 이를 교정해야만 할 필요는 없어 보인다. 결국 관건은 이 문장의 법률적인 해석 여하이다. 이에 관해서 Greiner는 interim 문제는 언급함이 없이 "etiam ~interim" 문장의 aliae causae를 앞의 res와 대립되는 것으로 파악하면서 그 내용을 공화정 말기에 스크리보니우스법(lex Scribonia, 기원전 50년경)에 의하여 폐지되었던 역권(役權)(지역권: D.41.3.4.28 Paul. 54 ed.[92]; 용익역권 및 사용역권: D.41.1.43.1 Gai. 7 ed. prov.[93])의 점용취득을 다시 살려낸 유스티니아누스의 칙법 C.7.33.12.4[94]을 염두에 둔 편찬자들의 삽입이라고 새긴다.[95] 그러나 이 해석은 다음 이유로 부당하다. 즉 첫째, 유체물인 res에 대비되는 '권리로 존재하는 무체물'(즉 역권)을 지시하기 위해서라면 동 칙법이나 가이

---

92 D.41.3.4.28 Paulus 54 ad edictum.

Libertatem servitutium usucapi posse verius est, quia eam usucapionem sustulit lex Scribonia, quae servitutem constituebat, non etiam eam, quae libertatem praestat sublata servitute. ...

또한 Rainer, 631.

93 D.41.1.43.1 Gaius 7 ad edictum provinciale.

Incorporales res traditionem et usucapionem non recipere manifestum est.

특히 Greiner는 언급하고 있지 않으나 지역권에 관해서는 아래의 개소 참조.

D.8.1.14.pr. Paulus 15 ad Sabinum.

Servitutes praediorum rusticorum etiamsi corporibus accedunt, incorporales tamen sunt et ideo usu non capiuntur: ...

Rainer, 631. 동일한 분류는 이미 Gai. 2.12/14에서도 확연하다(cf. Wubbe, 336f.).

Gai. 2.12 / 14.

12. Quaedam praeterea res corporales sunt, quaedam incorporales. 14. Incorporales sunt, quae tangi non possunt. ... nam ipsum ius successionis et ipsum ius utendi fruendi et ipsum ius obligationis incorporale est. eodem numero sunt iura praediorum urbanorum et rusticorum. ... haec iura praediorum (?) tam urbanorum quam rusticorum servitutes vocantur.

94 C.7.33.12.4 Iustinianus (a.531).

Eodem observando et si res non soli sint, sed incorporales, quae in iure consistunt, veluti usus fructus et ceterae servitutes.

Cf. 최병조 IV, 452 n.3.

95 Greiner, 42f.; 이미 최병조 IV, 453 n.10.

우스 및 파울루스와 같이 'incorporales' 운운하였을 것이지,[96] 점용취득의 권원을 표시하는 방식으로 'ex aliis causis'라고 표현하지는 않았을 것이라는 점, 둘째, 이것에는 마찬가지로 원인을 표현하는 다음의 'propter ea~'가 정확히 대응한다는 점 ― 다시 말하면 관계문장을 통하여 점용취득의 객체인 물건을 단순히 꾸미는 데 그치지 않고 이것을 (다소 어색하기는 하지만) 원인적 사유로 표시하고 있다는 점 ―, 셋째, 이러한 전체의 주조(主調)와도 부합하게 이 개소가 pro suo의 장(章)인 D.41.10에 배치되었고, 같은 문맥에서 후속하는 제1항은 보다 분명하게 바로 이 문제를 정면에서 다루고 있다는 점 등 때문이다. 그렇다면 interim은 '잠정적으로', 즉 '다음에 논의되는 pro suo의 문제를 일단 고려하지 않은 상태에서', '우선', '일단'의 의미를 가지는 것이고, 이것이야말로 interim의 본래의 의미인 것이다.[97] 요컨대 서항(序項)은 특히 점용취득이 "다른 원인에 기해 인정된" 경우에도 "우리 것이라 생각해서 점유하는 것들로 말미암은" 점용취득이 긍정되고 있고, 이것은 점용취득의 실질적인 근거를 설명해 주는 내용으로 광의의 pro suo와 상통하는 것이다. 반면에 제1항은 "자기 것(suum)이라고 생각해서" 점유한 경우를 다루면서 이는 오상(誤想)의 경우에도 점용취득이 된다고 하여 마치 항상 관념만으로도 점용취득을 인정하는 것처럼 보이지만,[98] 사실은 노예를 매개로 한 특별

---

96 이 점은 특히 사물을 사고(思考)에 의해 포착되거나 구성되는 구조물인 무체물(無體物)과 감득(感得)의 대상인 유체물(有體物)로 구분하고 권리를 무체물로 파악한 것이 이미 늦어도 키케로 때부터라는 사실에 비추어 보아도 그러하다. 경제적-사회적 설명시도들을 배척하고 법률학적 이유를 찾아낸 Rainer, 637f.의 해석에 의하면 lex Scribonia 자체가 역권의 점용취득을 처음으로 부인한 것이 아니라, 고래로 유체물처럼 취급되어 오던 역권이 변화된 법적 관념에도 불구하고 당시 아직도 그 성격이 혼란스러웠으므로 이러한 불확실성을 불식하여 역권의 권리로서의 무체물성(無體物性)을 확인한 입법이었다고 한다. 이 문제의 법학 사조적(思潮的) 성격과 법교의학의 변천에 대해 상세한 것은 同旨의 Behrends IX, 44ff.; Behrends VI, 184-196 참조.

97 이 문장에 대한 Bauer, 87f., 131의 소견에 대한 비판은 이미 최병조 IV, 481.

98 그래서 네라티우스와 켈수스-울피아누스(D.41.3.27: 후술 2.(2))의 학설대립을

한 사실관계, 즉 "타인의 행위(alienum factum)에 대한 부지(不知)"[99]로 인한 착오에 한하여 이를 긍정하는 것이고, 또 사용된 어휘로 보더라도 협의의 pro suo를 염두에 둔 설시로 이해된다. 이러한 결정의 배경에는 사실의 착오와 법률의 착오를 준별하는 같은 네라티우스의 착오에 관한 기본관념[100]이 놓여 있기는 하지만, 이 사안의 결정은 어디까지나 점용취득의 특수한 문맥에서 내려진 것이지 이러한 기본원칙을 그저 관철시킨 것이 아니다.[101]

(2) Pomp. D.41.3.32.pr.에 대해서는 이미 살펴보았다(전술 1.(2)).

(3) 사실적 지배로서의 점유의 중단을 논함에 있어서 그 취득 권원의 성질은 무관함을 밝히고 있는 다음 가이우스(150~180) 개소에서 pro suo가 ex lucrativa causa('이득적(利得的) 원인에 기하여',[102] 곧 모점(冒

수긍하는 견해들이 주장되었으나(Vacca II, 1009f.) 타당한 것으로 생각되지 않는다. 네라티우스 자신 그 밖에도 오상권원의 인정에 긍정적이었다(D.41.10.3; 후술 2.(2); Greiner, 43). 오상권원 일반에 관해서는 최병조 IV, 474ff.

99 D.22.6.3.pr. Pomponius 3 ad Sabinum.
   Plurimum interest, utrum quis de alterius causa et facto non sciret an de iure suo ignorat.
   (어떤 자가 타인의 사유와 행위에 관하여 알지 못하는지, 아니면 자신의 권리에 관하여 모르는지는 대단히 큰 차이가 있는 것이다.)
   Winkel I, 99.

100 D.22.6.2 Neratius 5 membranarum.
   In omni parte error in iure non eodem loco quo facti ignorantia haberi debebit, cum ius finitum et possit esse et debeat, facti interpretatio plerumque etiam prudentissimos fallat.
   최병조 IV, 467 n.71.

101 同旨 Guarino, 22f. Bauer, 86f.+ n.67의 D.41.10.5.1 관련 그릇된 해석에 관해서는 이미 최병조 IV, 480f. 이 개소는 로마법 연구자들 사이에서는 특히 착오론의 측면에서 빈번히 거론되었는데, 본고의 주제가 아니므로 더이상의 논의는 생략한다.

102 Cf. Gai. 2.56: Haec autem species possessionis et usucapionis etiam lucratiua

占)[103])와 대비된 것은 말하자면 모든 정상적인 권원을 포괄하는 어법에 해당한다.

D.41.3.5 Gaius 21 ad edictum provinciale.[104]

Naturaliter interrumpitur possessio, cum quis de possessione vi deicitur vel alicui res eripitur.[105] quo casu non adversus eum tantum, qui eripit, interrumpitur possessio, sed adversus omnes. nec eo casu quicquam interest, is qui usurpaverit dominus sit nec ne: ac ne illud quidem interest, pro suo quisque possideat an ex lucrativa causa.

(어떤 자가 점유로부터 폭력으로 축출되거나 어떤 자에게 물건이 탈취되는 경우 점유는 자연적인 방식으로 중단된다.[106] 이 경우 탈취하는 자만을 상대

---

uocatur: nam sciens quisque rem alienam lucrifacit.

103 우리의 전통법에서 불법 부당한 점유를 지칭하는 용어는 모점(冒占) 이외에도 탈점(奪占), 천점(擅占), 횡점(橫占), 도점(圖占), 늑점(勒占), 사점(私占)과 단순한 점(占)이 있었다. 박병호, 199. 현대에 사용하기에는 현행 형법에서도 사용되고 있는 모(冒)(형법 제215조, 제226조, 제232조의 '자격 모용(冒用)')가 음편(音便)의 면에서나 다른 용어와의 혼동가능성의 면에서나, 또 한자 자체의 난이도 면에서나 가장 적합한 것으로 생각된다. 이하 고위금용(古爲今用)의 관점에서(cf. 주 대박, 34) 모점(冒占), 모점자(冒占者)라는 용어를 상용하기로 한다.

104 Bas.50.3.5 (Heimbach V, p.57): Possessio eius, qui vi expulsus vel rapinam passus est, naturaliter interrumpitur.

105 同旨 D.41.2.15 Gaius 26 ad edictum provinciale.

Rem, quae nobis subrepta est, perinde intellegimur desinere possidere atque eam, quae vi nobis erepta est. ...

106 점용취득의 중단(usucapionis interruptio)은 usurpatio라고 하는데(D.41.3.2 Paulus 54 ad edictum; Arndts, §159 n.2 (pp.291f.)), 자연적인 방식과 법률적인 방식으로 가능하였다. 전자는 점용취득의 요건이 결여되는 것이고, 후자는 법률적 사유로 중단되는 것인데, 유스티니아누스법에서는 대표적인 예가 쟁점결정(litis contestatio)이었다(C.7.39.3.1 Honorius / Theodosius (a.424); 제소의 대안: C.7.40.2 Iustinianus (a.531); Brunnemann II, ad C.7.33 L. Longi Temporis 2, nn.2-3 (pp.862f.); Kaser II, 288 + 72 nn.69-70). 그러나 고전법에서는 다음 개소들에서 드러나듯이 쟁점결정은 중단사유가 아니었다(Kaser I, 423 n.57).

D.6.1.18 Gaius 7 ad edictum provinciale.

로 점유가 중단되는 것이 아니라 만인을 상대로 그런 것이다. 그리고 이 경우 점용취득을 중단시킨 자가 소유자인가 아닌가는 아무런 상관이 없다. 또 점유하는 자가 자기 것으로 하든 이득적 원인에 기하여 하든 하등 상관이 없다.)

Si post acceptum iudicium (sc. post litis contestationem) possessor usu hominem cepit, debet eum tradere eoque nomine de dolo cavere: periculum est enim, ne eum vel pigneraverit vel manumiserit.

D.6.1.20 Gaius 7 ad edictum provinciale.

Praeterea restituere debet possessor et quae post acceptum iudicium per eum non ex re sua adquisivit: ... itaque partus ancillae restitui debet, quamvis postea editus sit, quam matrem eius, post acceptum scilicet iudicium, possessor usuceperit: quo casu etiam de partu, sicut de matre, et traditio et cautio de dolo necessaria est.

D.41.4.2.21 Paulus 54 ad edictum.

Si rem alienam emero et, cum usucaperem, eandem rem dominus a me petierit, non interpellari usucapionem meam litis contestatione. ...

　　그러나 소유자는, 그리고 오직 그만이(arg. Gai. D.41.3.5 cit. (앞의 주 104); Karlowa, 401), 나뭇가지를 절취하는(surculum defringere) 상징적인 행위 (usurpatio civilis)에 의하여 시집자(時執者)의 점용취득에 항의하고 이를 중단시킬 수가 있었다(Karlowa, 401f.; Sohm, 300 n.12; Kaser I, 136 n.18).

Cicero, De oratore 2.28.110: ... sed ita, non ut iure (법정절차에서, 즉 법정관 면전에서) aut iudicio (심판인절차에서), vi denique recuperare amissam possessionem, sed ut surculo defringendo usurpare videantur.

(참고로 Wilkins, 469 n.1(iure aut iudicio)는 로마소송절차의 이분 구조를 지시하는 이 부분을 'in theory'와 'in fact'로 이해하는 오류를 범하였다. Merklin, 515는 이 둘을 하나로 묶어서 'auf dem Rechtsweg'라고 얼렁뚱땅 뭉뚱그렸다. 바른 이해는 May / Wisse, 257 n.135.)

　　16세기 프랑스의 인문학자인 Adrianus Turnebius에 의하면 나무가 없는 경우 흙덩이로 대신하였다고 한다(同旨 Merklin, 616 Anm.213).

Turneb. Advers. 21.14 (TLL, s.v. surculus, p.251에 의함): significari morem inductum a jureconsultis, ut qui possessionem agri arboribus consisti caperet, inde surculum defringeret, secumque auferret. Similiter si ager plantis careret, glebam sumebant.

　　이것은 Gai. 4.17이 이야기하고 있는 소유물반환청구 시의 반환대상물을 대변하는 그 일부를 법정으로 가져오는 것과는 무관한 것이다. 정당하게도 同旨 Wilkins, 469 n. 2 (iure civili); 반면에 불분명한 이해는 May / Wisse, 257 n.135 참조.

(4) 다른 권원과 pro suo의 병존은 파울루스(175~230)의 다음 개소에서도 확인되는데, 다수의 원인에 의한 동일한 물건의 점유라는 현상을 "pro emptore와 pro suo의 병존"을 예증적 근거로 들고 있는 것에서 드러난다. 이 경우 quidam putant의 특정되지 않은 법률 전문가들을 지칭하는 quidam은 그들에 대한 비판적 거리두기를 의도한 것이 아니라 반대로 그들을 기준이 되는 표준적 의견제시자로 고려하고 있는 것이다.[107]

D.41.2.3.4 Paulus 54 ad edictum.

Ex plurimis[108] causis possidere eandem rem possumus, ut quidam putant [et eum, qui usuceperit et]⟨eum qui usucaperet Mommsen⟩ pro emptore, et pro suo possidere: sic enim et si ei, qui pro emptore possidebat, heres sim, eandem rem et pro emptore et pro herede possideo: nec enim sicut dominium non potest nisi ex una causa contingere, ita et possidere ex una dumtaxat causa possumus.

(다수의 원인에 기하여 동일한 물건을 우리는 점유할 수 있다. 법률가들이 '매수인으로서' 점용취득하는 자가 또한 '자기 것으로서' 점유한다고 생각하듯이.[109] 또한 '매수인으로서' 점유한 자에게 내가 상속인이 된 경우에 내가 동일한 물건을 '매수인으로서'도 또 '상속인으로서'도 점유하는 것도 이와 같은 것이다. 소유권이 단일한 원인에 기해서가 아니면 생겨날 수 없는 것처럼 점유도 오직 단일한 원인에 기해서만 할 수 있는 것이 아니기 때문이다.)

---

107 quidam의 이 두 가지 용법에 대해서는 Giaro, 147; 후자의 용법에 대해서는 Giaro, 227 (전자의 용법에 대해서는 Giaro, 360). quidam은 그 밖에 다른 법률가를 통한 지식의 중개적-간접적 취득의 경우에도 사용되었다. Giaro, 525, 530, 535f.

108 pluribus의 오류일 것이다. 同旨 Pflüger, 43. Dirksen, s.v. Plurimus; s.v. Plus, §2 (p. 723)에 의하면 plurimus = copiosissimus, supremus이고 plures = complures, multi이다.

109 동일한 예: Ulp. D.41.10.1.pr.-1 (후술 (5)).

256

이 개소와 관련하여 Pflüger는 pro suo의 광의 용법을 부정한다.[110] 어느 특정 권원이 인정되면 다른 권원은 배제되는 것이고, 다만 다른 권원이 추가로 부가될 수는 있다는 견해이다. 그래서 첫 사례는 pro emptore 점유자가 점용취득을 일단 한 다음에('usuceperit') 비로소 'pro suo로도' ("daneben auch pro suo") 점유하는 것으로 새긴다. 두 번째 사례가 이러한 유형에 속함은 분명하다. 그의 근거는 무엇보다도 완료시제 형태인 usuceperit인데, 시제 관련한 학교문법의 관철은 로마 법률가들의 텍스트에서 항상 유지된 현상이 아니라는 점[111]에서 그다지 설득력이 있는 것은 아니다. 그리고 무엇보다도 일단 점용취득이 완성된 후에 그것을 pro suo로 논한다는 것은 그 자체가 불필요한 일이고, 또 점용취득의 권원으로 기능한 것도 아닌 바에는 그저 일반적인 용법으로 쓰인 것일 터이며, 그렇다면 다수의 원인으로 점유한다는 애초의 문제설정과도 동떨어진 것이 된다. 문법적 형태가 마음에 걸린다면 몸젠이나 그를 따랐던 Pernice처럼 usuceperit를 usucaperet로 교정하여 이해하면 될 것이다.

또 Winkel도 파울루스가 울피아누스나 덜 분명한 파피니아누스 (Fr. Vat. 260: 후술 2)(6))와 달리 이 광의의 용법을 부정했다고 주장한다.[112] 그러나 그의 분석은 오해에 기인한다. 즉 그는 마지막 문장("ex una dumtaxat causa")이 앞부분("Ex plurimis causis")과 모순된다는 전제에 서 있으나, 이는 텍스트를 그릇되게 정반대로 읽은 것이다. 파울루스는 권원의 중첩을 인정하는 다른 사례(pro emptore 점유자를 상속한 경우 pro herede 자격 공존)를 들고, 마지막으로 "소유권이 한 가지 사유로만 생겨나듯이 그렇게 점유도 단 하나의 사유로만 가능한 것은 아니라(nec enim)는 점"[113]을 소유와 점유의 차이로 밝히고 있기 때문이다.[114] 또

---

110 Pflüger, 43.

111 Kalb, 76f.

112 Winkel II, 217ff.

113 같은 파울루스는 이 논리를 역전시켜서 표현하기도 하였다.
    D.50.17.159 Paulus 70 ad edictum.

Winkel이 함께 인용하고 있는 차항(次項)인 D.41.2.3.5는 다수의 점유자가 한 물건에 대해 공존할 수 있는가("Ex contrario plures eandem rem in solidum possidere non possunt") 하는 전혀 다른(그래서 "Ex contrario"의 전환사가 쓰였다) 주제를 논하는 것이어서 관련성이 없는데도 전문(全文)을 인용하고, 이를 파울루스의 pro suo 관념과 관련짓는 것(같은 글, 220)도 잘못이다. 특히 점용취득처럼 일관된 법리가 확립되어야 할 영역에서 다름 아닌 동시대의 쌍벽이었던 울피아누스와 파울루스에 의해서 다른 법리가 제시되었다고 보는 것은 믿기 어려운 주장이다. 그렇지만 Winkel의 연구는 그럼에도 불구하고 파울루스가 사비누스학파적이고 퀸투스 무키우스의 계통에 서 있다는 학설사적 사실을 그 자신의 관심사와는 별개로, 또 그가 인식하지 못한 중에 재확인해주고 있다.

(5) D.41.10의 첫 개소에서 울피아누스(190~223)는 이 광의의 pro suo를 다룬다.

D.41.10.1.pr.-1 Ulpianus 15 ad edictum.[115]

Pro suo possessio talis est, cum dominium nobis adquiri putamus, et ex ea

---

Non ut ex pluribus causis deberi nobis idem potest, ita ex pluribus causis idem possit nostrum esse.

114 이 점은『바실리카 법전』의 해당 개소를 보면 더욱 분명하다.

Bas.50.2.3.4 (Heimbach V, p.48): Eandem rem ex pluribus etiam causis quis possidet: quare qui usucepit, et pro emto et pro suo possidet. Heres emptoris, qui possedit, et ut emptor et ut heres possidet, Dominium autem non nisi ex una causa adipiscimur.

115 해당 Bas.50.9.1.pr.-1 (Heimbach V, p.70)는 요령부득으로 단축되었다.

Coincidere reliquis possessionibus etiam potest, quae pro suo censetur.

1. Hanc quidem inchoamus etiam ante quam usucapimus: neque post usucapionem desinimus primitivam habere possessionem.

(여타의 점유들에 또한 pro suo로 헤아려지는 것이 합치할 수 있다.

1. 이것은 참으로 우리가 점용취득하기 전에도 시작할 수 있다. 그리고 점용취득 후에도 우리는 원래의 점유를 가지기를 그치지 않는다.)

causa possidemus, ex qua adquiritur, et praeterea pro suo: ut puta ex causa emptionis et pro emptore et pro suo possideo, item donata vel legata vel pro donato vel pro legato[116] etiam pro suo possideo.

1. Sed si res mihi ex causa iusta puta emptionis tradita sit et usucapiam, incipio quidem et ante usucapionem pro meo possidere. sed an desinam ex causa emptionis post usucapionem, dubitatur: et Mauricianus dicitur existimasse non desinere.

('자기 것으로서'의 점유는 다음과 같은 것이다. 소유권이 우리에게 취득된 다고 우리가 생각하는 때에는 또한 우리는 소유권이 취득되는 근거가 되는 그 원인으로 점유하는 것이고, 또 그 외에도 '자기 것으로서' 점유하는 것이다. 가령 나는 매수의 사유로는 '매수인으로서'와 '자기 것으로서' 점유하는 것이고, 마찬가지로 증여된 것이나 유증된 것은 '증여된 것으로서' 또는 '유증된 것으로서' 및 '자기 것으로서' 점유하는 것이다.

1. 그런데 물건이 나에게 정당한 사유로, 가령 매수의 사유로 인도되었고 내가 점용취득하는 경우 나는 참으로 또한 점용취득 전에도 '나의 것으로서' 점유를 시작하는 것이다. 그런데 점용취득 후에는 내가 매수의 사유로 점유하는 것을 그만두는 것인지 아닌지 하는 의문이 제기되었다. 마우리키아누스는 그만두는 것이 아니라고 생각했다고 한다.)

이 개소의 서항(序項)에 따르면 다른 권원, 가령 pro emptore, pro donato, pro legato가 인정되는 경우 또한 pro suo를 인정할 수가 있다.[117] 제1항에서는 이 원칙을 재확인하고 나서 점용취득이 일어난 후에는 이곳의 매수와 같은 특정한 권원과의 관계가 중지하는지 여부를 묻고는

---

116 'vel pro donato vel pro legato'를 Lenel II, Ulpianus fr.510 n.1 (p.498)은 glossa로 본다. 그 여부를 떠나서 내용에는 아무런 영향이 없다.

117 『바실리카 법전』은 이를 한마디로 다음과 같이 요약한다.
Bas.50.9.1.pr. (Heimbach V, p.70): Coincidere reliquis possessionibus etiam potest, quae pro suo censetur.

피우스 황제 때의 법률가 마우리키아누스(Iunius Mauricianus)의 부정설을 소개하고 동조하고 있다.[118] 이 개소에서 우리는 권원이 바로 취득을 정당화시켜주는 원인(iusta causa)과 다름없다는 사실을 확인할 수가 있다.

2) 협의의 pro suo (specialis)

협의의 pro suo는 이미 살펴본 소유권 취득의 원인이 될 수 있는 전형적인 법률행위들 외의 소유권 취득을 정당화시킬 수 있는 사유들을 편의상 하나의 범주로 묶어서 일컫는 것이다. 따라서 비교적 다양한 사례들이 이에 해당될 수 있었다. 말하자면 pro suo는 "이름이 붙여진 다른 사유들이 실패할 경우의 안정망"으로 "전반적인 보충 범주"(overall subsidiary category)로 구상된 것이라고 볼 수 있다.[119] 이하에서도 법사료를 법률가들의 연대순으로 살펴보기로 한다.

(1) 여자노예와 결혼한 남자는 그녀가 자유인인 줄로 착각한 경우 우리가 검토한 법률가 중 가장 선배인 프로쿨루스(30~70)에 의하면 제공받은 가자(嫁資) 명목의 재물을 pro suo 권원으로 점용취득하였다. 이때에는 여자노예가 자신이 노예임을 알았든 몰랐든 혼인이 무효이고, 그래서 가자(嫁資)의 공여도 무효였고,[120] 그 결과 pro dote의 권원이 가능하

---

118 Cuiacius, ad h.l., p.1177A.

119 Winkel II, 218; 이미 Brunnemann I, ad D.41.10 L. Pro suo 1, n. (p.1149): "quasi subsidii loco."

120 D.23.3.3 Ulpianus 63 ad edictum.
　Dotis appellatio non refertur ad ea matrimonia, quae consistere non possunt: neque enim dos sine matrimonio esse potest. ubicumque igitur matrimonii nomen non est, nec dos est.
　D.41.9.1.3-4 Ulpianus 31 ad Sabinum.
　3. Constante autem matrimonio pro dote usucapio inter eos locum habet, inter quos est matrimonium: ceterum si cesset matrimonium, Cassius ait cessare usucapionem, quia et dos nulla sit.

지 않았기 때문이다[121](후술 (9) 참조).

D.23.3.67 Proculus 7 epistularum.[122]

Proculus Nepoti suo salutem. Ancilla quae nupsit dotisque nomine pecuniam viro tradidit, sive sciat se ancillam esse sive ignoret, non poterit eam pecuniam viri facere eaque nihilo minus mansit eius cuius fuerat antequam eo nomine viro traderetur, nisi forte usucapta est. ... quod si vir eam pecuniam pro suo possidendo usucepit, scilicet quia existimavit mulierem liberam esse, propius est, ut existimem eum lucrifecisse, utique si, antequam matrimonium esse inciperet, usucepit. ...

(프로쿨루스가 친지 네포스에게 안부 전합니다. 혼인을 하고 가자(嫁資)의 명목으로 금전을 남편에게 인도한 여자노예는 자신이 노예임을 알든 모르든, 그 금전을 남편의 것으로 만들 수 없을 것이고, 그 금전은 오히려 그 명목으로 남편에게 인도되기 전에 소유주였던 자의 소유로 남았습니다. 단 점용취득된 경우에는 그러하지 않습니다. … 그런데 남편이 그 금전을 '자기 것으로' 점유함으로써, 즉 그가 여자가 자유인이라고 생각했기 때문에 점용취득한 때에는 어느 쪽인가 하면 혼인이 개시되기 전에 그가 점용취득한 경우 사견으로는 언제나 그가 이득을 했다고 판단하는 쪽입니다. …)

이 사안에서 여자노예가 자신이 가지고 있던 돈을 준 것이라면 그것은 특유재산으로부터 나온 것일 터이다.[123] 이에 대해서 그녀는 자유로

---

4. Idem scribit et si putavit maritus esse sibi matrimonium, cum non esset, usucapere eum non posse, quia nulla dos sit: quae sententia habet rationem.

121 Bauer, 145ff.

122 Bas.29.1.63 (Heimbach III, p.402): Si ancilla sciens vel ignorans conditionem suam, pecuniam mihi in dotem dederit, dominum eius me non facit, sed eius est, cuius et antea erat: nisi usucapta fuerit. ... Sin autem antequam inciperet esse matrimonium, eam ut meam usuceperim, existimans, mulierem liberam esse, eam lucrifacio: ...

운 관리권을 가졌다 하더라도[124] 기껏해야 해방되면서 자기에게 주어질

123 특유재산에서는 여자노예도 남자노예와 아무런 차등이 없었다.

D.15.1.3.2 Ulpianus 29 ad edictum.

Parvi autem refert, servus quis masculi an mulieris fuerit: nam de peculio et mulier convenietur.

D.15.1.27.pr. Gaius 9 ad edictum provinciale.

Et ancillarum nomine et filiarum familias in peculio actio datur: maxime si qua sarcinatrix aut textrix erit aut aliquod artificium vulgare exerceat, datur propter eam actio. ...

124 특유재산을 허여하는 경우 광범위한 자유관리권(libera administratio)을 부여할 수도 있고, 일정한 제한을 가할 수도(Procul. D.12.6.53), 또 특별한 권한을 부여할 수도 있었다. 일반적으로 자유관리권이 부여된 경우에도 재산을 망실(亡失)하는 행위, 가령 증여는 함부로 할 수 없었다(Gai. D.2.14.28.2; Ulp. D.39.5.7.pr.-2; Ulp. D.47.2.52.26). 또 노예는 통상 가자(家子)의 경우 인정되었던 보증이나 채무가담(intercessio)이 허용되지 않았다(좀더 정확히 말하자면 이러한 행위를 하더라도 주인을 특유재산소권으로 구속시킬 수 없었다)(Ulp. D.15.1.3.9).

D.12.6.53 Proculus 7 epistularum.

Dominus testamento servo suo libertatem dedit, si decem det: servo ignorante id testamentum non valere data sunt mihi decem: quaeritur, quis repetere potest. Proculus respondit: si ipse servus peculiares nummos dedit, cum ei a domino id permissum non esset, manent nummi domini eosque non per condictionem, sed in rem actione petere debet. ...

(주인이 유언으로 자신의 노예에게 그가 10금을 공여하는 조건으로 자유를 주었다. 노예가 그 유언이 유효하지 않음을 모른 채 나에게 10금이 제공되었다. 문제는 누가 반환청구할 수 있는가이다. 프로쿨루스는 해답하였다. "그 노예가 그에게 주인에 의하여 그것이 허용되지 않았음에도 불구하고 특유재산 중 금전을 제공한 경우 그 금전은 주인의 것으로 남고, 그것들은 부당이득반환청구소권이 아니라 대물소권(對物訴權, 즉 소유물반환청구소권)으로써 청구해야만 한다. …")

D.2.14.28.2 Gaius 1 ad edictum provinciale.

Si filius aut servus pactus sit, ne ipse peteret, inutile est pactum. si vero in rem pacti sunt, id est ne ea pecunia peteretur, ita pactio eorum rata habenda erit adversus patrem dominumve, si liberam peculii administrationem habeant et ea res, de qua pacti sint, peculiaris sit. quod et ipsum non est expeditum: nam cum verum est, quod Iuliano placet, etiamsi maxime quis administrationem peculii habeat concessam, donandi ius eum non habere: sequitur ut, si donandi causa de non petenda pecunia pactus sit, non debeat ratum haberi pactum conventum. ...

(가자(家子)나 노예가 자신이 청구하지 않겠다고 약정한 경우 그 약정은 무효이다. 그러나 대물적(對物的)으로 약정한 경우, 즉 그 [특정한] 금원이 청구되지 않을 것이라고 약정한 경우 이들의 약정은 아버지나 주인을 상대로 다음의 전제 하에 추인해야 할 것인바, 전제란 그들이 특유재산에 관한 자유관리권을 가졌고 약정된 사안이 특유재산 관련인 것(즉 채권이 특유재산에 속하는 것)을 말한다. 그리고 이것은 그 자체 제한 없는 것이 아니다. 왜냐하면 율리아누스의 견해, 즉 비록 어떤 자가 광범위하게 특유재산의 관리권을 허여받았더라도 그는 증여할 권리는 갖지 못한다는 것이 맞는 말이므로 증여 목적으로 금원 불청구의 약정을 한 경우 그 약정과 합의는 추인되어서는 안 된다는 결론이 나오기 때문이다. …)

D.39.5.7.pr.-2 Ulpianus 44 ad Sabinum.

Filius familias donare non potest, neque si liberam peculii administrationem habeat: non enim ad hoc ei conceditur libera peculii administratio, ut perdat.

1. Quid ergo, si iusta ratione motus donet, numquid possit dici locum esse donationi? quod magis probabitur.

2. Item videamus, si quis filio familias liberam peculii administrationem concesserit, ut nominatim adiceret sic se ei concedere, ut donare quoque possit, an locum habeat donatio: et non dubito donare quoque eum posse.

(가자(家子)는 증여를 할 수 없는바, 특유재산에 관한 자유관리권을 가진 경우에 서조차도 그러하다. 왜냐하면 그에게 특유재산 자유관리권이 허여된 것은 재산을 망실(亡失)하도록 하기 위한 것이 아니기 때문이다.

1. 그러면 그가 정당한 사유로 증여하는 경우는 증여가 인정된다고 말할 수 있는가? 이것은 승인될 것이다.

2. 또 어떤 자가 가자(家子)에게 자신이 그에게 그가 증여도 할 수 있도록 허여한다고 명시적으로 부가하여 특유재산 자유관리권을 허여한 경우 증여가 인정되는지 살펴보자. 나는 그가 증여도 할 수 있다는 것을 의심하지 않는다.)

D.47.2.52.26 Ulpianus 37 ad edictum.

Si servus meus, qui habebat peculii administrationem liberam, pactus sit cum eo non donationis causa, qui rem eius peculiarem subripuerat, recte transactum videtur: ...

(특유재산 자유관리권을 가졌던 나의 노예가 그의 특유재산 중 물건을 빼돌렸던 자와 증여 원인이 아닌 약정을 맺은 때에는 올바르게 거래한 것으로 인정된다. …)

D.15.1.3.9 Ulpianus 29 ad edictum.

Sed si filius fideiussor vel quasi interventor acceptus sit, an de peculio patrem obligat, quaeritur. et est vera Sabini et Cassii sententia existimantium semper obligari patrem de peculio et distare in hoc a servo.

(그런데 가자(家子)가 보증인이나 채무가담자(債務加擔者)로서 받아들여진 경우 특유재산소권으로 아버지를 구속하는지가 문제된다. 그리고 항상 아버지가 특유

것을 희망할 수 있을 뿐[125] 그 소유자가 아니므로 ── 따라서 이를 빼돌려 처분할 때에는 절도가 된다[126] ──[127] 그 수령자를 소유자로 만들 수 없는 것이다. 따라서 가자(嫁資)는 이 경우 원천무효이므로 설혹 나중에 그 여자가 자유인이 되더라도 그 공여가 치유되지 않는다.[128] 제3자가 여자

재산소권으로 구속되며, 이 점에서 [가자(家子)가] 노예와 구별된다고 판단하는 사비누스와 카씨우스의 견해가 옳다.)

125 D.15.1.53 Paulus 11 quaestionum.

Si Sticho peculium cum manumitteretur ademptum non est, videtur concessum: debitores autem convenire nisi mandatis sibi actionibus non potest.

C.7.23.1 Diocletianus / Maximianus (a.294).

Longe diversam causam eorum, qui a superstitibus manumittuntur, item illorum, quibus testamento libertas relinquitur, esse dissimulare non debueras, cum superiore quidem casu concessum tacite peculium, si non adimatur, posteriore vero, nisi specialiter fuerit datum, penes successorem remanere sit iuris evidentis.

Inst. 2.20.20: ... peculium autem nisi legatum fuerit, manumisso non debetur, quamvis si vivus manumiserit, sufficit si non adimatur: et ita divi Severus et Antoninus rescripserunt. ...

Wacke I, 47f.

126 D.47.2.57.3 Iulianus 22 digestorum.

Cum autem servus rem suam peculiarem furandi consilio amovet, quamdiu eam retinet, condicio eius non mutatur (nihil enim domino abest): sed si alii tradiderit, furtum faciet.

127 이상은 로마 시민법상의 기본논리에 따른 것이다. 시민법의 논리는 노예소유자의 이익을 해치는 노예의 행위시에 발동된다. 반면에 정상적인 거래행위의 경우 주인과 노예 사이에 자연채권채무관계(naturalis obligatio)가 성립하고 주인이라고 해서 일방적으로 노예의 희생을 강요할 수 없었다.

D.44.7.14.pr. Ulpianus 7 disputationum.

Servi ex delictis quidem obligantur et, si manumittantur, obligati remanent: ex contractibus autem civiliter quidem non obligantur, sed naturaliter et obligantur et obligant. denique si servo, qui mihi mutuam pecuniam dederat, manumisso solvam, liberor.

(노예들은 불법행위에 기해서는 참으로 구속되며, 또 해방되어도 구속된 채로 남는다. 그러나 계약에 기해서는 시민법상으로는 참으로 구속되지 않지만, 자연법적으로는 구속도 되고 구속도 한다. 그래서 나에게 대금(貸金)을 한 노예에게 그가 해방된 후 내가 변제하면 나는 필경 의무를 벗어난다.)

노예를 위하여 출연한 경우라면 이것이 유효하기 위해서는 두 가지 요건이 갖춰져야 한다. 즉 그 여자노예가 해방이 된 다음 혼인하고, 또 제공된 것이 혼인의 성사 시 가자(嫁資)일 것을 원하는 의사로 제공되었어야 한다.[129] 그렇지 않으면 여자노예를 위한 가자(嫁資)는 유효한 가자(嫁資)일 수 없지만, 그 제공행위 자체(datio dotis nomine)는 원인급부(datio ob causam)로서 선의의 수령자의 점용취득이 가능하고, 프로쿨루스는 이 경우 pro suo를 인정한 것이다. 그런데 이 점용취득이 완성되기 전에 여자노예가 자유인이 되는 때에는 혼인과 더불어 가자(嫁資)도 유효해지므로 그때부터 점유는 pro dote로 가능하며, 그 전까지의 pro suo 기간이 합산된다.[130]

〔부론 2〕 정신착란자로부터 선의로 매수한 경우

이 맥락에서 몇 가지 사료를 검토할 필요가 있다. 그것은 정신착란자인 사실을 모르고 매수한 선의의 매수인은 점용취득이 가능한가, 또 그렇다면 그 권원은 무엇인가, 또 그 밖의 효과는 무엇인가 하는 문제에 관한 것이다. 이러한 검토는 이 경우에도 방금 살펴본 가자(嫁資) 사례와 마찬가지로 pro suo 점용취득이 인정되었다고 보는 학설이 있기 때문이다.[131] 먼저 사료를 보자.

---

128 同旨 이미 Kyrillos (Bas.29.1.63 Schol.1) Cyrilli. 〔Heimbach III, p.403〕).
129 D.23.3.59.2 Marcellus 7 digestorum.
   Eius nomine quae libera videbatur decem in dote dedisti: eo casu habebis condictionem, quo habere potuisses, si mulieris liberae nomine dedisses nec nuptiae secutae essent. si manumissa nupserit, ita demum dos erit, si ea mente dedisti, ut quandoque secutis nuptiis dos esset. igitur si mulieri donaturus dedisti, dominus condicet, quemadmodum si eum qui sibi donaturus esset mulier ipsam donare iussisset.
130 D.41.2.13.6 Ulpianus 72 ad edictum.
   In dote quoque si data res fuerit vel ex dote recepta, accessio (sc. temporis) dabitur vel marito vel uxori.
   Glück, 219 + n.19.

D.6.2.7.2 Ulpianus 16 ad edictum.[132]

Marcellus libro septimo decimo digestorum scribit eum, qui a furioso ignorans eum furere emit, posse usucapere: ergo et Publicianam habebit.

(마르켈루스는 『학설집』 제17권에서 정신착란자로부터 그가 정신착란임을 모르고 매수하는 자는 점용취득할 수 있다고 기술한다. 그러므로 그는 또한 푸블리키우스 소권을 가질 것이다.)

D.41.3.13.1 Paulus 5 ad Plautium.[133]

Eum, qui a furioso bona fide emit, usucapere posse responsum est.

(정신착란자로부터 선의로 매수하는 자는 점용취득할 수 있다고 해답되었다.)

D.41.4.2.16 Paulus 54 ad edictum.[134]

Si a furioso, quem putem sanae mentis, emero, constitit usucapere utilitatis causa me posse, quamvis nulla esset emptio et ideo neque de evictione actio nascitur mihi nec Publiciana competit nec accessio possessionis.

(내가 제정신이라고 생각하는 정신착란자로부터 매수하는 경우 비록 매수는 무효였지만, 내가 편익(便益)의 고려에서 점용취득할 수 있다는 것은 분명한 바이다.[135] 그리고 그래서 [즉 매수가 무효여서] 추탈(追奪)에 관한 소

---

131 Vacca I, 1982f.

132 Cf. Bas.15.2.7.2 (Heimbach II, p.169; *Supplementum*, p.41): Qui a furioso ignorans emit, Publicianam habet: nam usucapit.

133 Cf. Bas.50.3.12.1 (Heimbach V, p.57): Qui autem a furioso ignorans emit, usucapit.

134 Cf. Bas.50.4.1.14 (Heimbach V, p.65): Qui a furioso emit tamquam a mentis compote, usucapit: sed actionem de evictione non habet, nec Publicianam, neque accessionem possessionis.

135 constitit가 placuit, placet, constat, hoc iure utimur와 함께 법리칙(法理則)과 구체적인 사안에 대한 판정 사이의 중간 정도 추상도(抽象度)를 보이는 법률가들의 해석상 확고한 의견을 지시하는 것이라는 점은 Giaro, 217ff., 특히 219f. 참조.

권도 나에게 발생하지 않고, 또 푸블리키우스 소권도 또 점유의 합산도 인정되지 않는다.)

우선 분명한 사실은 정신착란자로부터의 매수는 그가 정신착란 중에 있는 한 무효인데(nulla esset emptio), 그 이유는 매매행위가 없었거나 해서가 아니라 그가 계약적 합의의 의사능력을 결하기 때문이다.[136] 그러면 점용취득은 어떻게 되는가? 모든 사료가 점용취득을 인정한다. 이미 안토니누스 피우스와 마르쿠스 아우렐리우스 황제의 고문법률가단에 속했던 마르켈루스(Ulpius Marcellus, 140~175)가 그러한 견해를 확실히 밝히고 있다. 파울루스의 보고에 의하면 이것은 약 1세기 전의 플라우티우스에 의해서도 공유되었을 개연성이 있다. 흥미로운 것은 그럼에도 불구하고 파울루스가 이처럼 점용취득을 인정하는 근거로 '편익(便益)의 고려'(utilitatis causa)를 운운하고 있다는 점이다. '편익의 고려'는 로마의 법률가들에 의하여 종종 사용되었던 논거 중의 하나였는데,[137] 특히 눈에 띄는 것은 점용취득에 관한 한 이 논거를 사용한 법률가는 — 그나마 유관하다고 볼 수 있는 주제에 관한 파피니아누스의 1개소도 점유취득에 관한 것일 뿐이므로 제외해야 한다면[138] — 파울루스뿐이라는 점이다.[139] 이미 최병조 IV, 464ff.가 Fr. Vat. 1과 관련하여 밝혔고, 또한 방금

---

136 C.4.38.2 Diocletianus / Maximianus (a.286).

Emptionem et venditionem consensum desiderare nec furiosi ullum esse consensum manifestum est. Intermissionis autem tempore furiosos maiores viginti quinque annis venditiones et alios quoslibet contractus posse facere non ambigitur.

137 Wieacker I, 29ff.

138 D.41.2.44.1 Papinianus 23 quaestionum

Quaesitum est, cur ex peculii causa per servum ignorantibus possessio quaereretur. dixi utilitatis causa iure singulari receptum, ne cogerentur domini per momenta species et causas peculiorum inquirere. nec tamen eo pertinere speciem istam, ut animo videatur adquiri possessio: nam si non ex causa peculiari quaeratur aliquid, scientiam quidem domini esse necessariam, sed corpore servi quaeri possessionem.

139 D.41.2.1.14 Paulus 54 ad edictum.

소개한 개소들에서도 드러나듯이 파울루스는 법률행위 자체와 그 주변 요소(객체의 상황, 행위능력, 후견인의 조성, 대리인 등)를 분석적으로 준별하여 포착하고 있는데, 이것은 프로쿨루스학파(및 이를 수용한 율리아누스)와 같이 입론하는 것으로서, 이 한도에서는 주변요소까지를 모두 포괄하여 종합적으로 포착하는 사비누스학파의 논증방식으로부터 이탈한 셈이다. 이러한 맥락에서 원자적-분석적으로 파악된 법률행위 자체에 적용되었던 엄격한 법률논리(및 그로 인한 법률행위의 무효나 점용취득 요건의 흠결 등)를 그 주변요소로 고려함으로써 일정한 경우 완화를 시도할 때 원용되었던 논거가 바로 utilitas였던 것이다. 파울루스가 주해하고 있는 플라우티우스 역시 프로쿨루스학파의 법률가였다는 사정을 고려해 보면 이러한 utilitas 논변은 아마도 파울루스 이전에 이미 이러한 학파적 입장을 뒷받침한 근거였을 개연성이 추정된다. 우리의 맥락에서 문제는 이 경우에 인정된 권원이 무엇인가인데, Vacca I, 1983은 pro suo를 염두에 두고 있다.[140] 그러나 이 주장은 그녀의 전체적인 논증구조의 문제와

Per servum, qui in fuga sit, nihil posse nos possidere Nerva filius ait, licet respondeatur, quamdiu ab alio non possideatur, a nobis eum possideri ideoque interim etiam usucapi. sed utilitatis causa receptum est, ut impleatur usucapio, quamdiu nemo nactus sit eius possessionem. possessionem autem per eum adquiri, sicut per eos, quos in provincia habemus, Cassii et Iuliani sententia est.

D.41.2.32.2 Paulus 15 ad Sabinum.

Infans possidere recte potest, si tutore auctore coepit, nam iudicium infantis suppletur auctoritate tutoris: utilitatis enim causa hoc receptum est, nam alioquin nullus sensus est infantis accipiendi possessionem. pupillus tamen etiam sine tutoris auctoritate possessionem nancisci potest. item infans peculiari nomine per servum possidere potest.

D.41.4.2.9 Paulus 54 ad edictum.

Procuratorem quoque, qui ex auctione, quam mandatu domini facit, emerit, plerique putant utilitatis causa pro emptore usucapturum. idem potest dici et si negotia domini gerens ignorantis emerit propter eandem utilitatem.

140 Vacca I, 1983: " ... appare guistificato supporre che il compratore, in virtù della sua buona fede, possa usucapire *pro suo*, e ne consegue anche che l'*usucapio pro suo* non è tutelata dalla *Publiciana*. Solo I Giustinianei avrebbero dunque generalizzato in

더불어 세부적인 면에서도 설득력이 없다. 왜냐하면 정신착란자는 이미 보았듯이(C.4.38.2 cit. 〔앞의 주 136〕) 성인이면서 제정신으로 돌아온 평정기(平靜期, intervallum lucidum)가 아닌 한, 처분권한이 박탈되는 것이고, 따라서 그로부터 매수한 자의 처지는 이것을 전체로서 보면 무권리자로부터 매수한 자와 전혀 다르지 않기 때문이다. 그런데 이 후자의 경우 인정되었던 것은 pro suo가 아니라 pro emptore였다.[141] 사비누스학파의 경우에는 아마도 이 두 경우를 종합적인 관점에서 같게 평가하여 정신착란자의 경우에도 점용취득을 인정하는 데에 아무런 의념(疑念)을 품지 않았기 때문에 (나중에 『로마법대전』의 편찬자들이 관심을 가지고 인용할 만한) 특별한 언급이 없었을지도 모르며, 그래서 '편익의 고려'를 강조한 다른 쪽 사료만 발췌되었을 공산이 크다. pro suo가 아니라 pro emptore였을 것이라는 또 하나의 명백한 증거는 바로 다음 개소이다(후술 III.1. 참조). 이에 따르면 정신착란자로부터 매수한 자는 악의일 경우 pro possessore로 점유하는데, 그렇지 않은 경우가 다름 아닌 pro emptore로 규정되고 있는 것이다.

---

tal senso l'*actio Publiciana*, e modificato di conseguenza la chiusa di D. 6.2.7.2."

141 D.41.3.33.1 Iulianus 44 digestorum.

Quod vulgo respondetur ipsum sibi causam possessionis mutare non posse, totiens verum est, quotiens quis scieret se bona fide non possidere et lucri faciendi causa inciperet possidere: idque per haec probari posse. si quis emerit fundum sciens ab eo, cuius non erat, possidebit pro possessore: sed si eundem a domino emerit, incipiet pro emptore possidere, nec videbitur sibi ipse causam possessionis mutasse. idemque iuris erit etiam, si a non domino emerit, cum existimaret eum dominum esse. ... (생략된 부분에 대해서는 최병조 IV, 481f. 참조)

D.41.4.2.21 Paulus 54 ad edictum.

Si rem alienam emero et, cum usucaperem, eandem rem dominus a me petierit, non interpellari usucapionem meam litis contestatione. sed si litis aestimationem sufferre maluerim, ait Iulianus causam possessionis mutari ei, qui litis aestimationem sustulerit, idemque esse, si dominus ei, qui rem emisset a non domino, donasset: eaque sententia vera est.

D.5.3.13.1 Ulpianus 15 ad edictum.

Omnibus etiam titulis hic pro possessore haeret et quasi iniunctus est.
denique et pro emptore titulo haeret: nam si a furioso emero sciens, pro
possessore possideo. ...

(이 pro possessore 권원은 모든 다른 권원들에도 내재하고 말하자면 결속되
어 있다. 그래서 또한 pro emptore 권원에도 내재한다. 즉 내가 정신착란자
로부터 그 사실을 알면서 매수하면 나는 pro possessore로 점유하게 되는 것
이다.)

그 밖에도 위 세 개소 중 이 문제를 본격적으로 다루고 있는 파울루스
의 개소가 편찬자들에 의해 D.41.4, 즉 pro emptore의 장(章)에 배치되었
다는 사실도 Vacca I의 주장이 틀린 것임을 뒷받침한다. pro suo가 오직
선의에 기초한 것이라는 그녀의 소견은 확실히 잘못된 것이다.

그러면 이때 푸블리키우스 소권[142]은 어떻게 되는가? 전승되는 사료
로만 보자면 견해의 대립이 있었던 것처럼 보인다. 일견 파울루스는 이
소권을 부정한 반면, 울피아누스는 긍정한다. D.6.2.7.2가 마르켈루스가
푸블리키우스 소권과 관련하여 언급된 유일한 개소이므로 그가 이미 이
러한 견해였는지는 이것만으로 확인하기 어렵다. Vacca I, 1983 cit.은 매
수인의 점용취득 점유는 이 소권에 의하여 보호받지 못하던 것이 점용
취득중인 자에게 동(同) 소권을 일반적으로 인정한 유스티니아누스 황
제법[143]에 의하여 그와 반대의 내용으로 D.6.2.7.2의 말미 부분이 수정

---

142 D.6.2.13.pr. Gaius 7 ad edictum provinciale.
     Quaecumque sunt iustae causae adquirendarum rerum, si ex his causis nacti
     res amiserimus, dabitur nobis earum rerum persequendarum gratia haec (sc.
     Publiciana) actio.
143 이 주장에 대해서는 Talamanca, *Studi sulla legittimazione passiva alla 'hereditatis
     petitio'*(Milano 1956), 133 s. nt. 299(필자 未見)를 원용한다. 그러나 Vacca I,
     1984도 지적하듯이 그 자체 명백한("di per sé chiarissimo") Gai. 4.36에서 이러한
     일반적 법리가 고전기에 이미 확립되었음을 알 수 있다(또한 Gai. D.6.2.13.pr cit.

되었다고 주장한다. 그러나 이러한 수정 주장을 뒷받침할 만한 텍스트적인 증거는 발견되지 않으며, 무엇보다도 내용적으로 이미 일관된 법리를 벗어나는 예외적인 설시가, 그것도 아무런 의문의 여지가 없는 직설법으로('habebit', 'neque nascitur', 'nec competit') 제시된다고 보는 것은 분명 무리이다. 16세기의 쿠야키우스(Cuiacius)는 이 부분의 진정성 결여(spurium suppositiciumque)를 이유로 그리스의 해석자 콘스탄티누스(Constantinus)를 원용하여 'nec Publiciana competit' 구절을 그냥 무시해 버린다.[144] 그러나 해답은 D.41.4.2.16의 서술 문맥을 정밀하게 고려하는 데에서 찾아야만 한다. 서술 자체가 매우 압축되어 있기는 하지만, 정신착란자로부터 매수한 자가 매도한 정신착란자를 상대로 추탈담보소권을 행사할 수 없다는 것은 그가 매도한 물건이 타인의 소유물인 사안을 염두에 두고서, 이 경우 제3소유자의 소유물반환청구가 있더라도 (일반적인 매도인의 경우와 달리) 정신착란자는 그 추탈로 인한 책임을 지지 않는다는 뜻이다. 곧 이어서 푸블리키우스 소권이 언급되고 점유의 합산이 언급된 것은 바로 이 상황에서 점용취득 점유자로서는 제3소유자를 상대로 푸블리키우스 소권을 행사할 수 없다는 것이고(이것은 당연하다), 이제 그가 할 수 있는 최대의 것은 점용취득의 완성을 주장하는 것인데, 이때 점용취득의 완성을 주장하기 위하여 점유기간의 합산을 고려하더라도 정신착란자는 점유 자체가 부인되므로[145] 점용취득의 요건인 선의

〔앞의 주 142〕).

144 Cuiacius, ad h.l., p.1168D.

145 D.41.2.1.3 / 9f. Paulus 54 ad edictum.

3. Furiosus ... sine tutoris auctoritate, non potest incipere possidere, quia affectionem tenendi non habent, licet maxime corpore suo rem contingant, sicuti si quis dormienti aliquid in manu ponat. ...

9. Ceterum et ille, per quem volumus possidere, talis esse debet, ut habeat intellectum possidendi:

10. Et ideo si furiosum servum miseris, ut possideas, nequaquam videris adprehendisse possessionem ....

D.41.2.18.1 Celsus 23 digestorum.

의 점유에 해당하지 않으므로 이 또한 부인된다는 설시인 것이다. 그렇다면 D.41.4.2.16은 정신착란자가 자신의 소유물을 매도한 D.6.2.7.2와는 사안 자체를 달리하는 것이고, 양자 사이에 어떤 모순도 존재하지 않는 것이다. Vacca I, 1983 cit.의 주장은 오류이다.

(2) 다음으로 살펴볼 Pomp. D.41.10.3.pr.은 악취물인 노예를 문답계약의 이행 명목으로[146] 단순히 인도만 한 사안인데, 네라티우스(*50년경; 87년 보충집정관)의 견해도 담고 있어 폼포니우스(130~180)보다 오래된 학설을 반영하고 있다.

D.41.10.3.pr. Pomponius 22 ad Sabinum.[147]

Hominem, quem ex stipulatione te mihi debere falso existimabas, tradidisti mihi: si scissem mihi nihil debere, usu eum non capiam: quod si nescio, verius est, ut usucapiam, quia[148] ipsa traditio ex causa, quam veram esse existimo, sufficit ad efficiendum, ut id quod mihi traditum est pro meo possideam. et ita Neratius scripsit idque verum puto.

(네가 문답계약에 기해서 나에게 채무부담한다고 잘못 생각했던 노예를 나에게 인도하였다. 내가 나에게 아무것도 채무부담되지 않음을 알았다면 나는 그를 점용취득하지 못한다. 내가 모른다면 내가 점용취득한다

Si furioso, quem suae mentis esse existimas, eo quod forte in conspectu inumbratae quietis fuit constitutus, rem tradideris, licet ille non erit adeptus possessionem, tu possidere desinis: ...

146 Boehmer, ad D.41.10 (p.382)은 이에 대해 pro stipulatu 권원을 로마의 법률가들이 인정하지 않았다고 하는데, 결론은 맞지만 아예 이러한 용어 자체가 전혀 고려되지도 않았다는 점에서 오해의 소지가 있는 쓸데없는 지적이다.

147 Bas.50.9.3 (Heimbach V, p.70): Si putans, te mihi promisisse, servum mihi dederis, usucapio: nisi scierim, eum non deberi: nam traditio facit me pro suo possessorem.

148 Lenel I, Neratius fr.38 (p.771)은 ipsa부터 네라티우스의 견해를 반영하는 것으로 본다.

는 것이 더 옳은바, 왜냐하면 내가 진정하다고 생각하는 원인에 기한 인도 자체로 나에게 인도된 것을 내가 나의 것으로 점유하도록 하는 데에 족하기 때문이다. 이렇게 네라티우스가 기술하였고 나도 이것이 옳다고 생각한다.)

이 개소와 동일한 사실관계에 대하여 헤르모게니아누스(280~320)와 파울루스(175~230)의 다른 개소들은 명시적으로 pro soluto를 인정하고 있어서 이 개소가 과연 pro suo를 인정한 것인지는 좀더 면밀히 살펴보아야만 한다.[149]

D.41.3.46 Hermogenianus 5 iuris epitomarum.[150]

Pro soluto usucapit, qui rem debiti causa recipit: et non tantum quod debetur, sed et quodlibet pro debito solutum hoc titulo usucapi potest.

(물건을 채무의 원인으로 수령하는 자는 '변제물로서' 점용취득한다. 그리고 [진정으로] 빚지고 있는 것뿐만 아니라 또한 빚으로서 변제된 여하한 것도 이 권원으로 점용취득될 수 있다.)

D.41.3.48 Paulus 2 manualium.[151]

Si existimans debere tibi tradam, ita demum usucapio sequitur, si et tu putes debitum esse. ... quod in ceteris causis (sc. quam in emptione) solutionis

---

149 Vacca I, 1963은 possessio pro suo라는 자신의 시각에 매몰되어 이 개소를 D.41.10. 5.pr.-1과의 연계에서만 고찰할 뿐 이 개소와 pro soluto의 관련성에 대한 인식을 전적으로 결하였다.

150 반면에 해당 Bas.50.3.44 (Heimbach V, p.62)는 부정확하다.
   Quod in solutum accepi, usucapio, etiamsi aliud pro alio volens acceperim.

151 Bas.50.3.46 (Heimbach V, p.62): In solutum datum tunc usucapitur, quando et qui accepit, sibi deberi, et qui dedit, se debere putat, nisi si tamquam ex emtione debens tradidero. Tunc enim, nisi et reapse emtio contracta sit, traditum non usucapitur. In aliis autem causis sola solutio spectatur.

tempus inspicitur neque interest, cum stipulor, sciam alienum esse nec ne: sufficit enim me putare tuum esse, cum solvis: ...

(내가 너에게 빚을 졌다고 생각해서 인도하는 경우 점용취득은 너 역시 채무가 존재한다고 생각하는 때에 한하여 따른다. … [매수가 아닌] 여타의 원인들에서는 이행의 시점이 고려되고,[152] 내가 문답계약을 요약하는 때에 내가 타인의 것인지 아닌지를 아는가의 여부는 상관이 없다. 왜냐하면 네가 변제할 때에 내가 너의 것이라고 생각하는 것으로 족하기 때문이다. …)

D.6.2.4 Paulus 19 ad edictum. = Bas.15.2.4 (Heimbach II, p.169; *Supplementum*, p.41)

[Ait praetor: "ex iusta causa petet." qui igitur iustam causam traditionis habet, utitur Publiciana: ... est enim iustissima causa, sive ...] Vel solvendi causa.[153] [D.6.2.5 Ulpianus 16 ad edictum: Vel ex causa noxae deditionis, sive vera causa sit sive falsa.]

([법정관 가로되 "그가 정당한 원인에 기하여 청구할 것이다." 그러므로 인도의 정당한 원인을 가지는 자는 푸블리키우스 소권을 행사한다. … 왜냐하면 가장 정당한 원인이란, 혹은 …] 혹은 변제의 원인이다. [D.6.2.5 울피아누스 『고시주해』 제16권: 혹은 가해자위부의 원인에 기하여 원인이 진정한 것이든 허위의 것이든.])

이곳에서 먼저 김기창-서을오 논쟁[154]의 D.41.3.46을 둘러싼 논의를 살펴보는 것도 의미가 있을 것이다. 먼저 김기창은 이 개소에 대해서 다음과 같이 주장하고 있다.[155]

---

152 최병조 IV, 458f. n.35.
153 Cf. Lenel I, Paulus fr. 293 (p.999): "[*Item, si res* ...] vel solvendi causa [*sit tradita*] ..."
154 최병조 IV, 478 + n.108.
155 김기창, 214.

빚진 것이 없는데도 빚이 있다고 생각한 나머지 그 빚의 변제(solutio)로서 물건을 인도하면, 그것을 변제물로서 수령하는 자에게 즉시 '소유권이 이전'한다는 서 교수의 견해와는 달리, 이 구절을 적은 헤르모게니아누스는 이 경우, 1년 또는 2년의 점유가 계속되어야 비로소 '사용취득에 기하여' 소유권을 취득한다는 취지로 설명하고 있다. 변제가 '인도'의 합당한 원인 중 하나였다는 점은 의문의 여지가 없으나, '소유권 이전'의 원인이라고 하기는 어려울 것이다.

이에 대한 서을오의 반론은 다음과 같다.[156]

김 교수는 이 두 번째의 경우, 즉 비채변제의 경우에 사용취득이 된다는 것은 인도에 의해서 소유권이 이전하지 않음을 의미하는 것으로 해석하고 있다. 즉, 사용취득이 문제되는 경우 소유권은 당연히 이전하지 않았다는 것을 김 교수는 전제로 하고 있다. 소유권이 이전되었다면 굳이 사용취득이 문제될 필요가 없다는 것이다. / 그러나 이러한 생각이 타당하지 않음은 이미 지적한 바 있다. 즉, traditio의 요건을 갖춘 경우에도 얼마든지 usucapio의 주장을 하는 것이 가능하다. 또한 이미 상세히 학설을 검토하였듯이, 사용취득이 인정되면 traditio 역시 인정되었으리라고 충분히 생각할 수 있다. / 이 밖에도 다음과 같은 의문을 제기할 수 있다. / 김 교수 스스로 "사용취득은, 합당한 원인에 기하여 물건이 인도되긴 하였으나" 인도가 소유권 이전이라는 결과를 낳지 않은 경우라고 한다. 그렇다면 김 교수는 위의 변제행위를 적어도 인도에 있어서의 유효한 원인행위(iusta causa traditionis)로는 보고 있다는 의미이다. 그런데도 불구하고 소유권이 이전하지 않는 이유가 그것이 "인도의 원인을 이루는 거래가 어떤 이유로 유효하지 않아서"라면, 앞에서 "유효한" 행위라고 했던 것이 왜 다시 유효하지 않은 행위로 되는지가 의문이다.

---

156 서을오, 157.

여기서 '이미 지적한 바'란 서을오, 146f.의 내용이다(同旨 서을오, 161 주 62). 그곳에서 서을오는 점용취득이 인정된다고 traditio에 의한 소유권 이전이 반드시 부인되어야만 하는 것은 아니고, 때로는 소유자라 하더라도 소유권의 이전(즉 승계취득)을 주장하는 것보다 (원시취득인) 점용취득 또는 취득시효를 주장하는 것이 당사자에게 더 편리한 경우가 있다고 하면서 특히 소유권에 관한 분쟁이 양수인과 제3자 사이에서 발생한 경우 정당한 원인과 인도라는 요건을 갖추어 traditio가 유효했음을 입증하는 것은 큰 의미가 없고, 또한 양수인이 진정한 소유자임을 입증하는 것은 항상 용이한 것만 아니라는 점("악마의 입증")을 지적한다.

이상의 논쟁에 대해서는 다음을 지적할 수 있다.

i) 로마의 법률가들은 철저하게 법률문제만 다루었지 입증을 포함하여 사실 문제는 확정된 것으로 전제했다는 것이다(물론 특별하게 가령 입증 문제가 주제인 경우는 별론이다). 따라서 서 교수의 서술이 모두 맞는 이야기이지만, 사료의 해석에 적용할 것은 아니라고 본다. 점용취득할 수 있다는 설시는 아직 소유권이 취득되지 않았다는 의미이고, 이것은 인도가 이루어진 경우에도 마찬가지이다.

ii) 양수인과 제3자 사이에 분쟁이 발생했을 경우 "정당한 원인과 인도라는 요건을 갖추어 traditio가 유효했음을 입증하는 것은 큰 의미가 없다"는 서술도 문제가 있다. 왜냐하면 정말로 유효한(gültig) 경우에는 소유권을 취득한 것이므로 그 입증이 의미가 없다는 것 자체가 모순이고, 정말로 유효한 것이 아니어서 정당한 원인에 기한 traditio로 소유권이 취득되지 않는다면 이때 traditio가 유효했다는 의미는 wirklich의 의미이고, 이러한 사실을 입증하는 것만으로 제3자에게 대항할 수 없음은 서을오의 예시(같은 글, 147 주 29)에서도 드러나듯이 당연한 것인바, 결국 usucapio를 주장할 수밖에 없게 되는데, 그 전제는 바로 traditio에 의한 소유권 취득의 부인인 것이다. 그렇다면 "사용취득이 인정되면 traditio 역시 인정되었으리라고 충분히 생각할 수 있다"는 주장도 traditio로 취득하지 못하는 경우 usucapio가 유용한 것으로 상정한 로마인들의 생각과는 차이가 있는 것이다.

iii) 이미 유효하다는 것의 의미를 정확히 파악할 필요가 있음을 시사했지만, 서을오의 김기창 해석에는 용어의 혼란이 엿보인다. 즉 변제가 "인도에 있어서의 유효한 원인행위"(iusta causa traditionis)라고 할 때의 유효와 "인도의 원인을 이루는 거래가 어떤 이유로 유효하지 않아서"의 유효는 서로 다른 의미이기 때문이다. 전자는 '인도를 정당화시켜주는 원인행위에 해당함'(그래서 김기창은 이를 '합당한'이라고 표현했다)을, 후자는 인도가 아니라 거래가 '법률적으로 효과가 없음'을 의미하는 것이다. 그러므로 '유효한' 행위라고 했던 것이 왜 다시 유효하지 않은 행위로 되는지를 문제 삼는 것은 김기창에게는 없는 서을오의 오해에 기인하는 것이다.

iv) 그러나 다른 한편으로 비채변제의 경우 점용취득이 논점인 개소를 근거로 하여 변제가 인도에 의한 '소유권 이전'의 원인이라고 하기는 어려울 것이라는 김기창의 성급한 일반화도 타당하지 않다(同旨 서을오, 157f., 161f.).

폼포니우스의 경우(D.41.10.3.pr.) 순전히 문면만으로는 pro suo라는 표현이 등장하지 않고 pro meo가 쓰이고 있을 뿐이므로 이것이 과연 『바실리카 법전』(Bas.50.9.3)의 이해와 같이 pro suo인 것인지, 또 그렇다면 pro soluto를 광의의 pro suo로 표현한 것인지, 아니면 앞에서도 보았듯이 (수정된 것이 아니라면) 독특한 사건을 가진 것으로 보이는 폼포니우스와 다른 법률가들 사이의 견해차인지 일단은 불분명하다(전술 1.(2)와 후술 (5) 참조). 그러나 분명하게 변제의 사안을 다루고 있는 이 개소는 『바실리카 법전』의 명문[157]에도 불구하고 pro soluto의 사안으로 인정하는 것이 마땅하다.[158] 즉 이곳의 pro meo는 점유자의 일반적인 상황을

---

157 Bas.50.9.3 (Heimbach V, p.70) cit. (앞의 주 147).

158 同旨 Barton, 17f.; Flume, 59 (논증은 전혀 없음).

묘사한 표현에 불과한 것이지 기술적으로 pro suo의 권원을 표시한 것은 아니라는 것이다. 반대로 해석함으로써 특히 선학(先學)인 네라티우스마저도 폼포니우스의 견해라고 해석할 수도 있을 독특한 견해를 공유했으리라고 상정하는 것은 무리이다.[159]

이 pro soluto는 진정한 변제가 어떤 이유로 효과가 없을 경우는 물론이고, 이 개소가 보여주듯이 변제할 채무가 없었음에도 불구하고 그릇(falso) 있는 것으로 생각하여 변제(非債辨濟)를 하고, 이를 수령한 경우[160]에도 변제자로 등장한 자가 일방적으로 설정하는 변제를 목적으로 하는 그러한 현실행위(act)에 기초하여 수령자가 변제 수령 시에 선의인 한 인정되었다. 따라서 이것은 흔히 오인되듯이 오상권원의 문제가 아니라[161] 표견권원의 문제에 해당한다.[162] 오늘날 우리는 모든 채무의 이행을 변제로 이해하지만, 실제로 로마인들이 들고 있는 사례는 거개가 문답계약(stipulatio)의 이행으로 하는 변제이며,[163] 특히 매매계약상의 매도인의 의무이행으로서 이루어지는 매매목적물의 양도는 이를 변제의 일종으로 파악하여 pro soluto로 문제삼은 것이 아니라 독자적인 pro emptore 권원으로 파악하였다.[164] 그리고 후자의 경우에는 전자의 경우에 변제

---

159 同旨 Jakobs, 47ff.

160 同旨 Herm. D.41.3.46 cit. (앞의 주 150).

161 Bauer, 126ff.는 이를 여러 다른 연구자들과 마찬가지로 오상권원의 문제로 본다. 그리고 이의 연장선상에서 비채변제(非債辨濟)로 점용취득한 경우 부당이득 반환청구를 부인한다. 同旨 Kaser III, 282 = AS II, 348; 異見 Müller-Ehlen, 76ff. 진정한 권원에 기하지 않고 점용취득이 인정된 경우 'condictio'를 배제하는 효과 역시 법이 승인한 것이라고 볼 것인지는 별도의 검토를 요한다. 실제로 이를 명문으로 인정한 사료는 전해지는 것이 없다.

162 '表見'의 한자 독음에 관해서는 제4장 168쪽 참조.

163 그러나 문답계약에 한하는 것은 아니었다. 同旨 서을오, 150ff.; 반대설 김기창, 214ff. 오히려 중요한 것은 편무관계에서의 의무이행이거나(가령 문답계약이나 채권적 유증의 경우) 실질이 금전의 지급을 대종으로 삼았다는 것이다. 그 결과 매매대금의 지급이나 소비대차금의 반환도 변제로 인식되었다. Kaser I, 421 n.28. 다만 한 가지 지적할 것은 서을오, 158의 Paul. D.41.3.48의 번역에서 pro soluto를 '변제에 기하여'로 옮긴 것은 부정확하다는 점이다.

수령 시에만 선의이면 족했던 것과 달리 매매계약 시와 인도의 시점 모
두에 선의를 요구하여 각각 다르게 취급하였다.[165]

(3) 다음으로 켈수스(100~130)의 견해를 담고 있는 울피아누스의 개
소를 살펴본다.[166]

D.41.3.27 Ulpianus 31 ad Sabinum.[167]

Celsus libro trigensimo quarto errare eos ait, qui existimarent, cuius rei
quisque bona fide adeptus sit possessionem, pro suo usucapere eum posse:
nihil referre, emerit nec ne, donatum sit nec ne, si modo emptum vel
donatum sibi existimaverit, quia neque pro legato neque pro donato neque
pro dote usucapio valeat, si nulla donatio, nulla dos, nullum legatum sit.[168]
idem et in litis aestimatione placet, ut, nisi vere quis litis aestimationem
subierit, usucapere non possit.

(켈수스는 제34권에서[169] 다음의 자들은 틀렸다고 말한다. 즉 어떤 물건의
점유를 선의로 취득한 자들은 누구든 '자기 것으로서' 점용취득할 수 있고,

---

164 로마법에서는 매도인의 의무가 소유권의 이전이 아니라 온전한 점유의 보장
(habere licere)이었다는 점만으로도 이미 기술적으로 매매목적물의 양도를 변제
로 관념할 수 없었다. Jakobs, 53ff.

165 pro emptore의 경우 유효한 매매를 요구한다는 유설(謬說: Mayer-Maly I,
Ehrhardt)에 대한 정당한 비판과 D.41.4.2.pr. 및 D.41.3.48의 부진정성을 논거로
삼는 학설들에 대하여(cf. Müller-Ehlen, 76 n.35) 내용적인 진정성을 인정하여
필자와 같은 결론을 내리고 있는 견해로는 Jakobs, 52ff.

166 이 개소에 대해서는 이미 최병조 IV, 471ff.

167 Bas.50.3.25-26 (Heimbach V, p.58): Ex suspicione iustae causae usucapio non
procedit, nisi reapse quid legatum vel donatum, vel in dotem datum, vel emtum
sit. / Idem est in aestimatione litis.

168 同旨 D.41.4.2.pr. Paulus 54 ad edictum; D.41.6.1.pr. Paulus 54 ad ed.; 이미 최병
조 IV, 471 n.85.

169 어떤 책인지는 알 수가 없다. Lenel I, Celsus fr. 277 n.2 (p.169); 이미 최병조 IV,
471 n.86.

그가 매수했는가 아닌가, 증여되었는가 아닌가 하는 것은 그가 매수했거나 자신에게 증여되었다고 생각했던 한, 아무 상관이 없다고 [그럴 리 없겠지만 그렇게] 생각한다면 그런 자들은 말이다. 왜냐하면 증여나 가자(嫁資)나 유증이 없으면 '유증된 것으로서'도, '증여된 것으로서'도, '가자물(嫁資物)로서'도 점용취득은 유효하지 않기 때문이다. 같은 켈수스는 소송물가액평가의 경우에도 어떤 자가 진정으로 소송물가액평가에 응하지 않으면 점용취득할 수 없다는 견해이다.)

이 개소에 의하면 켈수스는 비현실화법(irrealis)으로("qui existimarent")[170] 어떤 물건의 점유를 선의로 취득한 자는 매수했는가의 여부, 증여받았는가의 여부는 중요하지 않고, 단지 매수했거나 증여받았다고 여기기만 했다면 '자기 것으로서' 점용취득이 가능하다고 생각하는 자들을 상정하고서, 그럴 리는 없겠지만 만약 이런 자들이 있다면 그들은 그릇된 견해를 취하고 있는 것(errare)이라고 비판하였다. 그 이유는 증여나 가자(嫁資)나 유증이 없으면 각각 그에 해당하는 권원에 기한 점용취득도 유효할 수 없기 때문이라는 것이다. 그러나 이 점에서 매우 논쟁적인 켈수스는 과장법을 구사하고 있는 것으로 보인다. 왜냐하면 그의 화법 자체에서 드러나듯이 실제로는 아무런 제한 없이 이러한 순수 주관설을 취하는 로마 법학자는 없기 때문이다.[171] 여기서 켈수스가 pro

---

170 학설들은 이 점을 제대로 포착하지 못하였고, 그 결과 순수주관설의 실제적 존재를 전제하였다.

171 이 사실은 의문의 여지 없이 단언하고 있는 『법학제요』의 설시에서도 그대로 드러난다.

Inst. 2,6,11: "Error autem falsae causae usucapionem non parit. veluti si quis, cum non emerit, emisse se existimans possideat; vel cum ei donatum non fuerat, quasi ex donatione possideat."

테오필루스의 『법학제요 의해(義解)』는 앞과 뒤에 더욱 분명한 설명문을 붙였다.
Theophilus, *Paraphrasis* 2,6,11 (Ferrini, p.136): "Et vera possessionis causa esse debet; ... nam falsa possessionis causa impedit usucapionem."

suo usucapere를 부인했다고 이해하는 견해가 있다. 그러나 이러한 해석은 성급한 것이다. 광범하게 오상권원을 인정하는 경우 pro suo에 의거할 수밖에 없다면, 그러한 견해를 부정하는 경우 이 견해가 전제한 사안에 대해서 그 효과로서 pro suo usucapere 역시 부정하게 되지만, 그렇다고 이러한 부정이 다른 사안에 대해서까지 pro suo usucapere의 모든 가능성을 반드시 부정해야 하는 것은 아니기 때문이다. 이곳에서 드러나는 사실은 소유권 취득의 원인행위가 실제로는 없었으나 있었다고 믿는 것만으로 족하다고 보는 순수주관설, 즉 광범한 오상권원 인정설의 입장이 소유권 취득의 원인행위가 비록 그 효과가 어떤 사유로 인하여 발휘되지는 않았을지라도 실제로 있었을 것을 요구하는, 즉 적어도 표견권원을 요구하는 원인행위 요구설에 의하여 배척되고, 이 후자의 입장이 로마법의 통설이 되었다는 것이다. 그러나 오상권원이 전적으로 배척되었던 것은 아니고, 제한적이지만 그 오상이 합리적인 착오로서 평가될 수 있는 경우(가령 Afr. D.41.4.11)에 한하여 인정되었다. 학설은 이러한 사실을 오인하고 있다.[172] 그 결과 오상권원이 가능한 pro suo 자체를 켈수스가 부인하였다는 결론에 이른다. 그 논증과정에서 켈수스의 경우 pro suo possidere와 pro suo usucapere를 별개의 것으로 보았다는 견해가 개진되었음은 이미 지적하였다.[173] 그 이유는 오상권원과 표견권원의 정확한 개념적 구별 없이, 또 사료에 나타난 오상권원의 경우의 사안의 특수성 등을 면밀하게 포착하지 못한 채 접근했기 때문이다.[174] 켈수스의 상대인 순수주관설 신봉자에 네라티우스(D.41.10.5.1; 전술 1)(1))를 집어넣고 있는 견해[175]도 이 점에서 잘못이다. 원문복원의 맥락에서 보자면[176]

---

172 Harke, 24f.; Mayer-Maly I, 35ff., 50; Kaser I, 421 n.21; Behrends I, 221 n.79. 반면에 다양한 오류에도 불구하고 이른바 오상권원의 사례와 관련하여 그것이 오직 특수한 사안에서 '제한적'으로만 승인되었다는 점을 다른 연구자들과 달리 분명히 인식했다는 점에서는 Vacca I, 특히 1066f.는 타당하다.

173 앞의 주 45-46.

174 상세한 것은 최병조 IV, 474ff. 참조.

175 Hausmaninger, 284 + n.63f.

이 개소는 pro suo가 특별히 역할을 했던 가자물(嫁資物)의 취득과 관련하여 대물소송(對物訴訟)의 판결을 다루면서 오히려 켈수스와 율리아누스가 pro dote 점용취득에 관하여 의견을 개진한 것으로 새길 수 있다.[177] 부정당했고, 실제로 발견되지도 않지만 어쨌든 순수한 주관설의 pro suo 용법은 군이 따지자면 협의의 용법에 해당한다.

(4) 그 밖의 pro suo 사례로 폼포니우스는 아버지와 아들들이 아버지의 재산에 관하여 분할약정을 맺었고, 부(父)의 사망 후 그 약정을 추인하고 그대로 분할된 재산을 나누어 가진 아들들이 유산 속의 타인재산을 잘못 알고 점유한 경우를 들고 있다. pro possessore와 대비된 상황을 포착한 것이다.

D.41.10.4.1 Pomponius 32 ad Sabinum.[178]

Si pater cum filiis bona quae habebat partitus sit et ex ea causa post mortem patris ea teneant, quod inter eos conveniret, ut ea divisio rata esset: usucapio his procedet pro suo in his rebus, quae alienae in bonis patris inveniuntur.[179] (아버지가 아들들과 그가 가졌던 재산을 분할하고, 그들 사이에 그 [재산] 분할이 추인된다고 합의되었기에 그 원인으로 아버지 사후에 그들이 그 재산을 집지(執持)하는 경우 아버지의 재산 중 타인의 것으로 발견되는 물건들에 대하여 pro suo 점용취득이 이들에게 유효할 것이다.)

(5) 유증이 이루어진 바 없는데도 상속인이 오해하여 인도한 사안에서

---

176 Lenel II, Ulpianus fr.2758 (p.1136): [De rebus in dotem datis] (p.1135 n.3).

177 Ehrhardt, 167ff.; Vacca I, 1976.

178 Bas.50.9.4.1 (Heimbach V, p.70): Qui pacti sunt, ut facta inter eos a patre partitio rata sit, res alienas, quae in patrimonio sunt, pro suis usucapiunt.

179 同旨 D.41.5.3 Pomponius 23 ad Quintum Mucium.
   Plerique putaverunt, si heres sim et putem rem aliquam ex hereditate esse quae non sit, posse me usucapere.

점용취득의 권원으로서가 아니라 근거(quia)로서 pro suo를 언급하고 있
는 다음 폼포니우스의 개소에서도 점용취득의 권원이 과연 무엇인지 일
단은 불분명하다.

D.41.10.4.2. Pomponius 32 ad Sabinum.[180]

Quod legatum non sit, ab herede tamen perperam traditum sit, placet a
legatario usucapi, quia pro suo possidet.

(유증되지 않은 것이 상속인에 의해 그럼에도 불구하고 잘못 인도된 것은
수유자에 의해 점용취득된다는 소견이다. 왜냐하면 자기 것으로서 점유하
기 때문이다.[181])

다만 물권적 유증의 경우 상속인의 오해 여부나 그가 인도했다는 사
정은 의미가 없으므로 스스로 인도한 상속인의 오해로 볼 때 채권적 유
증일 터이다.[182] 그렇다면 pro soluto 권원일 터이고, 다시 표견권원의 법
리가 적용된 셈인데, 이러한 귀결은 개소의 명문이나 『바실리카 법전』이
해당 부분을 pro legato tradere와 pro mea usucapere를 써서 재현한 것과
도 모순 없이 조화된다. possidere나 usucapere가 아니라 tradere와 연결
한 것으로 보아서 이곳의 pro legato는 비기술적인 표현이다. 폼포니우스
의 개소라는 사실도 이러한 결론을 뒷받침한다(전술 (2) 참조). 그럼에도
불구하고 이 개소가 pro suo의 장(章)에 배치된 것은 pro suo라는 표현

---

180 Bas.50.9.4.2 (Heimbach V, p.70): Si mihi heres pro legato tradiderit rem non
legatam, pro mea usucapio.
181 김기창, 218은 그 첫 문장의 번역을 이렇게 하고 있다. "유증이 이루어진 바 없음
에도 상속인이 유증에 기한 것이라며 인도한 물건에 대해서는 수증자와 마찬가지
로 사용취득이 가능하다고 본다." perperam을 '유증에 기한 것이라며'로 역출한
것은 앞의 사안 서술과 합치면 그런대로 의미가 통하지만, 뒷부분의 '수증자와 마
찬가지로'는 아무리 직역이 아닌 의역을 시도했다 하더라도 a legatario의 번역으
로는 언어적으로나 의미상으로나 이해하기 어렵다.
182 同旨 Bauer, 132ff.

때문인 것으로 보인다.

(6) 『바티칸 단편집』에 전하는 파피니아누스(170~212)의 개소에 의하면 부권면제(父權免除)된 아들에게서 특유재산을 회수하지 않은 경우에도 그 아들은 pro donato '또는' pro suo로 점용취득이 인정되었다. 파피니아누스가 비로소 특유재산 불회수의 경우를 증여가 이루어진 것으로 보았으므로[183] pro donato를 인정하는 데에는 문제가 없다. 이것의 대안으로 제시된 pro suo는 pro donato를 인정하기 전의 권원이었을 것이다.[184] 바로 증여에는 해당하지 않는 경우이기에 인정되었던 협의의 pro suo라는 말이다.

> Fragmenta Vaticana 260 (Papinianus 12 responsorum).
> Item. Filius emancipatus, cui pater peculium non ademit, res quidem pro donato vel pro suo, quod iustam causam possidendi habet, usu capit, ...
> (또 아버지가 특유재산을 박탈하지 않은 부권면제(父權免除)된 아들은 그 물건들을 참으로 '증여물로서' 또는 '자기 것으로서', 왜냐하면 점유의 정당한 원인을 가졌으므로, 점용취득한다. ...[185])

Wacke는 매우 복잡한 사고과정을 거쳐서 이 개소를 근거로 파피니아누스가 비악취물의 경우에도 포기된 경우 점용취득이 필요하다는 견해였다고 새긴다. 파피니아누스가 악취물과 비악취물을 구별하지 않고 있는 것으로 볼 때 비악취물의 경우에도 점용취득이 필요하다고 한다면 현재 점유물을 pro tradita로, 즉 인도된 것으로, 점유하는 것이 아니라고

---

183 Fr. Vat. 261: Item. Peculium vindicta manumisso vel inter amicos si non adimatur, donari videtur. quae ratio facit, ut ex iusta causa possidens usucapere rem possit. ... Wacke I, 48f.
184 Pflüger, 43.
185 이곳에서 생략한 뒷부분에 대해서는 또한 Wacke II, 350f.

볼 수밖에 없다. 즉 파피니아누스는 특유재산을 준다고도 회수한다고도 하지 않고 침묵한 사안을 고찰하는 것이고, 그렇다면 이때에는 점유물은 그 상태로 버려지는 것이고, 이 포기물도 점용취득을 해야 소유권을 취득한다는 견해라고 이해하는 것이다.[186] 그렇지만 불회수를 증여로 본다는 의미는 (미리 증여를 하고 후에 부권면제 시에 회수하지 않은 경우[187]와 한가지로) 인도의 의사를 포함하는 것으로 새기는 것이다. 그러므로 파피니아누스의 서술은 pro donato나 pro suo의 권원이 문제되는 상황만 염두에 둔 것으로 새기는 것이 합리적이다. 이 불회수의 증여 간주는 생전행위에 부수한 경우만 해당하고, 유언에서 회수의 의사표시를 하지 않은경우는 해당하지 않는다.[188]

(7) 파울루스의 다음 개소는 지금까지의 승계취득적 사유들을 다룬예들과 달리 원시취득 사유에 해당하는 권원의 경우를 pro suo로 묶어서개념화하고 있다.

D.41.10.2 Paulus 54 ad edictum.[189]

Est species possessionis, quae vocatur pro suo. hoc enim modo possidemus

---

186 Wacke I, 76f.
187 D.39.5.31.2 Papinianus 12 responsorum.
      Pater, qui filiae, quam habuit in potestate, mancipia donavit et peculium emancipatae non ademit, ex post facto donationem videbatur perfecisse.
      Wacke I, 85f.
188 Fr. Vat. 261: Item. ... aliud in his placuit, qui testamento libertatem acceperunt vel testamento parentis potestate solvuntur; quos amittere peculium, si non sit legatum, constitit, neque enim tacita liberalitas defuncti permittentis retinere peculium potuit intellegi.
      Cf. Wacke I, 48f. + n.10 ([vel testamento] ⟨vel morte⟩).
189 Bas.50.9.2 (Heimbach V, p.70) 역시 요령부득이다.
      Quae in terra vel mari vel coelo capiuntur, et quae ex alluvione accedunt, ut nostra possidemus: quemadmodum et alieno nomine acquirimus, velut partum vel fructus rei hereditariae aut emtae aut donatae.

omnia, quae mari terra caelo capimus aut quae alluvione fluminum nostra
fiunt. item quae ex rebus alieno nomine possessis nata possidemus, veluti
partum hereditariae aut emptae ancillae, pro nostro possidemus: similiter
fructus rei emptae aut donatae aut quae in hereditate inventa est.[190]
('자기 것으로서'라 부르는 점유의 종류가 있다. 이 방식으로 우리는 바다와
땅과 하늘에서 포획하거나 또는 하천의 충적(沖積)에 의해 우리 것이 되는
모든 것을 점유한다. 마찬가지로 우리는 다른 명목으로 점유한 물건들로부
터 태어난 것들을 점유하는바, 가령 상속재산에 속하거나 매수한 여자노예
의 아이를 우리 것으로 점유한다. 매수했거나 증여되었거나 상속재산 중에
발견된 물건의 과실도 유사하다.)

제일 먼저 거론된 것이 어로나 수렵을 통한 선점(先占)행위(말하자면
'pro occupato') 및 충적(沖積)에 의한 토사의 취득(말하자면 'pro alluvione
adiecto')이다. 적으로부터의 노획품 취득(말하자면 'pro ab hoste capto')이나
가공행위(말하자면 'pro specificato')나 부합행위[191]도 이에 해당한다.[192]
원래 이러한 사정은 바로 원시취득을 가능케 하는 사유인 점을 감안하면,
점용취득이 문제되는 이때에는 그 대상물이 이러한 원시취득이 불가능
한 것(가령 사냥해서 잡았다고 생각했는데 사실은 타인 소유의 짐승인 경우)[193]

---

190 同旨 D.41.3.4.5 Paulus 54 ad edictum.
Fructus et partus ancillarum et fetus pecorum, si defuncti non fuerunt, usucapi
possunt.
191 Cf. Apathy, 35-45.
192 D.41.2.3.21 Paulus 54 ad edictum.
Genera possessionum tot sunt, quot et causae adquirendi eius quod nostrum non
sit, velut ... pro suo, sicut in his, quae terra marique vel ex hostibus capimus vel
quae ipsi, ut in rerum natura essent, fecimus. ...
193 Brunnemann I, ad. D.41.10.1 (p.1149)가 들고 있는 구체적인 예들: 타인이 잃어
버린 보석을 바닷가에서 발견한 때, 적으로부터 노획한 물건 중에 시민의 소유물
이 섞여 있을 때, 남이 묻어둔 금전을 매장물로 발견한 때, 내 물건을 네가 점용취
득했음을 모르고 후에 다시 취한 때.

임이 전제된 것이다.[194] 즉 원시취득의 외양을 갖춘 경우 선의의 점유자에게 점용취득을 인정한 것이다. 이러한 사실은 로마법상의 권원이란 반드시 법률행위일 필요가 없고, 점용취득의 취지에 합당한 어떤 사정이면 족한 것이었음을 보여준다.

D.41.10.2의 후반부에 의하면 또 매수했거나 증여받았거나 상속재산 중에 포함되어 있어서 그러한 다른 명목으로(alieno nomine)[195] 점유하고 있는 타인의 여자노예로부터 태어난 아이(partus ancillae)에 대해서도 동일한 법리가 적용되었다.[196]

(8) 파울루스의 다른 개소에 의하면 물건을 가액평가하여(aestimata) 가자(嫁資)로 제공한 경우[197]에도 혼인의 성사를 조건으로 한다는 의사가 내재하는 것으로 이해되어 혼인이 성사되어야[198] 매매와 같은 효과가 발생하였고,[199] 그래서 그전에는 pro emptore로서도 pro suo로서도 점용

---

194 Voet, ad D.41.10.1 n.1 (p.639).

195 alieno nomine = non pro suo: Cuiacius, ad h.l., p.1177B. 異見 [alieno nomine]⟨a nobis⟩: Pflüger, 42f.

196 최병조 III 참조.

197 Kaser I, 340 + nn.39-41.

198 D.23.3.17.1 Paulus 7 ad Sabinum.
Si re aestimata data nuptiae secutae non sint, videndum est, quid repeti debeat, utrum res an aestimatio. sed id agi videtur, ut ita demum aestimatio rata sit, si nuptiae sequantur, quia nec alia causa contrahendi fuerit, res igitur repeti debeat, non pretium.

199 D.23.3.10.4-5 Ulpianus 24 ad Sab.
4. Si ante matrimonium aestimatae res dotales sunt, haec aestimatio quasi sub condicione est: namque hanc habet condicionem "si matrimonium fuerit secutum". secutis igitur nuptiis aestimatio rerum perficitur et fit vera venditio.
5. Inde quaeri potest, si ante nuptias mancipia aestimata deperierint, an mulieris damnum sit, et hoc consequens est dicere: nam cum sit condicionalis venditio, pendente autem condicione mors contingens exstinguat venditionem, consequens est dicere mulieri perisse, quia nondum erat impleta venditio, quia aestimatio venditio est.

취득이 인정되지 않았다(D.41.9.2).[200] 그러나 혼인 성사 후 1년간 점유하면 점용취득하였다(Fr.Vat. 111).

D.41.9.2 Paulus 54 ad edictum.[201]

Si aestimata res ante nuptias tradita sit, nec pro emptore nec pro suo ante nuptias usucapietur.

(가액평가된 물건이 혼인 전에 인도된 때에는 '매수인으로서'도 '자기 것으로서'도 혼인 전에는 점용취득되지 않을 것이다.)

Fragmenta Vaticana 111 (Paulus 8 responsorum).

Titius a Seia uxore sua inter cetera accepit aestimatum etiam Stichum puerum et eum possedit annis fere quattuor; quaero, an eum usuceperit. Paulus respondit, si puer, de quo quaeritur, in furtivam causam non incidisset neque maritus sciens alienum in dotem accepisset, potuisse eum aestimatum in dotem datum post nuptias anno usucapi. ... cum vero aestimatae dantur,

---

D.23.3.16 Ulpianus 34 ad Sabinum.

Quotiens res aestimata in dotem datur, evicta ea virum ex empto contra uxorem agere et quidquid eo nomine fuerit consecutus, dotis actione soluto matrimonio ei praestare oportet. quare et si duplum forte ad virum pervenerit, id quoque ad mulierem redigetur. quae sententia habet aequitatem, quia non simplex venditio sit, sed dotis causa, nec debeat maritus lucrari ex damno mulieris: sufficit enim maritum indemnem praestari, non etiam lucrum sentire.

　　일반적으로 가액평가를 매매에 준하여 취급한 것(D.41.4.3 Ulpianus 75 ad edictum: "Litis aestimatio similis est emptioni"; 최병조 IV, 473 n.92)은 율리아누스 이후로 판단한다. Kaser I, 437 + n.54; Ehrhardt, 181ff.

200 Cuiacius, ad h.l., p.1176C. 반면에 가액평가가 없었던 경우에는 당연히 pro emptore가 아니라 pro dote가 문제되는데, 혼인이 성사되기 전에는 이 pro dote 가 인정되지 않았지만, pro suo는 가능하였다(전술 (1)과 후술 (9) 참조). Glück, 213ff.는 양 사안의 차이를 무시하는 오류를 범하였다.

201 Bas.50.8.1.4 (Heimbach V, p.70): Sed si res aestimata sit tradita, ante nuptias omnino non usucapitur.

quoniam ex empto incipiunt possideri, ante nuptias pendente venditione,
non prius usucapio sequi potest quam nuptiis secutis.

(티티우스가 자기 처(妻) 세이아로부터 여타의 것들 중에서도 노예 소년 스
티쿠스를 가액평가하여 받았고 그를 거의 4년간 점유하였다. 그가 그를 점
용취득했는지 묻는다. 파울루스는 [다음과 같이] 해답하였다. "문제의 소년
이 도망노예의 처지에 빠지지 않았고, 또 남편이 타인의 것임을 알면서 가자
(嫁資)로 수령한 것이 아니라면 가액평가하여 가자(嫁資)로 공여된 그는 혼
인 후 1년 만에 점용취득될 수 있었다. … 그렇지만 가액평가물들이 주어지
는 경우 그것들이 혼인 전 매도가 걸려 있는 중에는 매수를 원인으로 점유되
기 시작하는 것이므로 혼인이 뒤따르기 전에는 점용취득이 따를 수 없다.")

(9) 마지막으로 울피아누스의 경우에도 프로쿨루스의 경우(전술 (1) 참
조)처럼 pro dote의 권원이 가능하지 않기에 pro suo가 인정된 사례가 전
해진다. 가자(嫁資)는 두 가지 방식 중 하나의 방식으로 제공되었다(이미
율리아누스). 하나는 즉시 남편 될 자의 것이 되도록 하는 방식이고, 다른
하나는 혼인이 성사되어야 비로소 남편의 것이 되도록 하는 조건부 방
식이었다.[202] 약혼녀가 이 후자의 조건부 방식을 택한 경우에는 그전에
점용취득은 허용되지 않는다. 이러한 의사가 없었을 때에는 약혼남이 즉
시 취득하지만, 가령 타인 소유물이라면 점용취득이 진행한다.[203] 이 경

---

202 Kaser I, 336 n.42 m.w.N.

203 D.23.3.7.3 Ulpianus 31 ad Sabinum.

Si res in dote dentur, puto in bonis mariti fieri accessionemque temporis marito
ex persona mulieris concedendam. fiunt autem res mariti, si constante matrimonio
in dotem dentur. quid ergo, si ante matrimonium? si quidem sic dedit mulier, ut
statim eius fiant, efficiuntur: enimvero si hac condicione dedit, ut tunc efficiantur,
cum nupserit, sine dubio dicemus tunc eius fieri, cum nuptiae fuerint secutae.
proinde si forte nuptiae non sequantur nuntio remisso, si quidem sic dedit mulier,
ut statim viri res fiant, condicere eas debebit misso nuntio: enimvero si sic dedit,
ut secutis nuptiis incipiant esse, nuntio remisso statim eas vindicabit. sed ante
nuntium remissum si vindicabit, exceptio poterit nocere vindicanti aut doli aut in

우에 혼인의 성사 전에는 가자(嫁資)의 취지상 pro dote가 인정되지 못하고 pro suo로 점용취득한다는 것이 울피아누스의 견해이다.[204] 이것은 원래의 점용취득의 권원이 점용취득의 요건과는 무관한 다른 사유(여기서는 혼인 성사라는 조건)로 말미암아 그 논리대로 수용될 수 없기에 어떤 의미에서는 기술적인 처리를 위하여 pro suo가 인정된 것이기는 하지만, 그렇다고 하여 이것이 Vacca가 이해하듯이[205] 권원과는 독립되어 단순히 선의에 의하여 점용취득이 인정되기에 이른 것은 아닌 것이다.

D.41.9.1.2 Ulpianus 31 ad Sabinum.[206]

Et primum de tempore videamus, quando pro dote quis usucapere possit, utrum post tempora nuptiarum an vero et ante nuptias. est quaestio volgata, an sponsus possit (hoc est qui nondum maritus est)[207] rem pro dote usucapere. et Iulianus inquit, si sponsa sponso ea mente tradiderit res, ut non ante eius fieri vellet, quam nuptiae secutae sint, usu quoque capio cessabit: si tamen non evidenter id actum fuerit, credendum esse id agi Iulianus ait, ut

factum: doti enim destinata non debebunt vindicari.
D.23.3.9.1 Ulpianus 31 ad Sabinum.
Si res alicui tradidero, ut nuptiis secutis dotis efficiantur, et ante nuptias decessero, an secutis nuptiis dotis esse incipiant? et vereor, ne non possint in dominio eius effici cui datae sunt, quia post mortem incipiat dominium discedere ab eo qui dedit, quia pendet donatio in diem nuptiarum et cum sequitur condicio nuptiarum, iam heredis dominium est, a quo discedere rerum non posse dominium invito eo fatendum est. sed benignius est favore dotium necessitatem imponi heredi consentire ei quod defunctus fecit aut, si distulerit vel absit, etiam nolente vel absente eo dominium ad maritum ipso iure transferri, ne mulier maneat indotata.

204 Cuiacius, ad h.l., pp.1175D-1176C.

205 Vacca I, 1970ff., 특히 1972.

206 Bas.50.8.1.2 (Heimbach V, p.69): Quodsi ante nuptias data sit, si quidem ea lege, ne ante nuptias fiat eius, cui datur, non usucapit. Sed si nihil convenit, ex praesumtione statim usucapit sponsus, et aliena acquirit pro suis.

207 (…) 부분은 glossa이다. Lenel II, Ulpianus fr.2758 n.1 (p.1136).

statim res eius fiant[208] et, si alienae sint, usucapi possint:[209] quae sententia mihi probabilis videtur. ante nuptias autem non pro dote usucapit, sed pro suo.

(우선 시간에 관하여 살펴보자. 언제 '가자물(嫁資物)로서' 점용취득이 가능한지, 혼인 시점 이후인지 아니면 정녕 혼인 전에도 가능한지. 약혼남이 [즉 아직 남편이 아닌 자가] 물건을 '가자물(嫁資物)로서' 점용취득할 수 있는가 하는 것은 널리 알려진 문제이다. 그리고 율리아누스는 가로되 "약혼녀가 약혼남에게 혼인이 뒤따르기 전에는 그의 것이 되기를 원하지 않는 의사로 물건들을 인도한 경우 또한 점용취득도 멈출 것이지만, 명시적으로 그러한 합의가 없었던 경우 즉시 물건들이 그의 것이 된다는 것이 합의된 것으로 믿어야만 한다. 그리고 물건들이 타인의 것인 때에는 그것들이 점용취득될 수 있다"고 한다. 이 견해는 나에게 인정받을 만한 것으로 생각된다. 그러나 혼인 전에는 그는 '가자물(嫁資物)로서'가 아니라 '자기 것으로서' 점용취득한다.)

여기서 pro dote와 pro suo의 차이는 무엇인지를 살펴보면, 전자에 의한 점용취득은 부인을 위한 가자(嫁資)로서의 취득에 불과하므로 부부 사이에서는 일반적인 가자(嫁資)와 달리 취급되지 않는다. 그러므로 남편을 위한 유일한 이점은 점용취득이 일어난 이후로는 그 물건의 이전

---

208 同旨 D.23.3.8 Callistratus 2 quaest.
   Sed nisi hoc evidenter actum fuerit, credendum est hoc agi, ut statim res sponsi fiant et, nisi nuptiae secutae fuerint, reddantur.

209 同旨 Fragmenta Vaticana 111: ... quamvis enim Iulianus et ante nuptias res dotis nomine traditas usucapi posse existimaverit et nos quoque idem probemus, tamen hoc tunc verum est, cum res dotales sunt. ...
   그리고 다음 개소에서 pro dote를 언급한 것으로 보아 혼인 성사 후 점용취득이 완성된 경우를 전제한 설시이다.
   C.7.28.1 Alexander Severus.
   Res mobiles in dotem datae, quamvis alienae, si sine vitio tamen fuerint, a bona fide accipiente pro dote usucapiuntur.

소유자로부터 더이상 청구를 당하지 않으므로 혼인 중 안정된 지위를 누린다는 데 있다. 반면에 후자의 경우에는 남편이 그 물건을 자기를 위하여 취득한다.[210]

3) 현승종 / 조규창의 pro suo 서술 비판

점용취득의 권원 pro suo에 관한 국내의 서술은 지금까지 현승종 / 조규창, 573이 유일할 뿐 아니라 제법 상세하다. 독자의 편의를 위하여 일단 그 부분을 인용한다.

(F) 其他의 權原(pro suo) 로마法源에는 "其他의 權原"이 사용취득의 정당한 원인으로 수록되어 있으나 이 개념의 의미·내용이 분명하지 않아 해석상 논란의 대상이 되어 왔다.

古典期法學者인 Proculus, Neratius, Iulianus, Africanus와 Pomponius는 誤想權原에 의한 使用取得을 인정하여, 권원이 없음에도 불구하고 있다고 믿었고, 믿는 데 과실이 없는 占有取得은 진실의 권원에 의한 사용취득과 동일한 효력이 있다고 했다. 그러나 Celsus와 그 후의 Papinianus, Ulpianus와 Paulus는 이에 동조하지 않았고, Diocletianus는 그의 勅法에서 오상권원에 의한 취득을 부인하여 모든 사용취득은 眞實의 權原에 의해서만 성립할 수 있다고 했다. 한편 현대법학자는 原典上의 "其他의 權原"이 善意取得이나 誤想權原을 의미하는 것이 아니라 賣買, 贈與, 辨濟, 嫁資設定과 같은 사용취득의 원인 이외의 기타 정당한 원인을 의미한다고 해석한다. 예를 들면 嫁資設定(pro dote)은 유효한 婚姻成立을 전제로 한 가자의 제공이므로, 혼인성립 전에는 가자의 제공이 사용취득의 정당한 원인이 될 수 없으나, 취득자는 설정자와의 적법한 법률관계에 의하여 嫁資를 취득한 것이며, 따라서 他人의 權利를 침해한 사실이 없다는 추정을 받아 그의 사용취득은 정당화된다고 한다. 그런데 이러한 법률관계에는

---

210 Procul. D.23.3.67 cit. (전술 (1)); Glück, 218.

그 자체 고유한 명칭이 없었으므로 典型的 權原을 제외한 기타 모든 법률행위에 의한 사용취득에 대해서는 이를 "기타의 權原에 기하여 占有한다"(pro suo possidere)라는 포괄적인 용어로 표현한 것으로 짐작된다.

이에 대해서는 무엇보다도 현승종/조규창, 573 nn.157-160에서 인용하고 있는 로마법 연구자들(Winkel, Mayer-Maly, Hausmaninger, Vacca, Wołodkiewicz, Albertario)의 글들은 방법론적으로 낡았거나, 아니면 오상권원과 관련해서는 이미 최병조 IV에서, 그리고 pro suo와 관련해서는 본고에서 지금까지 비판적으로 검토되었다는 점을 지적하고자 한다. 또위 서술은 pro suo의 두 가지 용법 중 협의의 용법에 대해서만 이야기하고 있다는 점에서도 사료의 모습을 온전하게 전달하고 있지 못하다. 그리고 기왕이면 디오클레티아누스의 칙법이나 보기에 해당하는 원전의 개소를 표시해 주었더라면 더욱 좋았을 것이다.

III. Pro possessore

1. Pro possessore의 의미

단어의 의미대로 보면 pro possessore란 그저 '(단순한 자주)점유자로서' 점유하는 경우를 가리킨다. 이것은 그가 점유한다는 사실 외에 다른 권원이 없다는 의미이고, 따라서 불법한 무단점유자로서 점용취득의 자격이 없음을 가리킨다. 광의의 pro suo의 정반대 개념인 것이다. 따라서 이것 역시 다음의 개소에서 울피아누스가 밝히고 있듯이 모든 권원에 대해서 그것이 부정되는 경우(악의인 때 또는 부부간 증여처럼 무효인 때[211])에 통일적으로 사용된다.

---

211 Kunkel/Honsell, 347f.

D.5.3.13.1 Ulpianus 15 ad edictum.[212]

Omnibus etiam titulis hic pro possessore haeret et quasi iniunctus est. Denique et pro emptore titulo haeret: nam si a furioso emero sciens, pro possessore possideo. Item in titulo pro donato quaeritur, an quis pro possessore possideat, ut puta uxor vel maritus:[213] et placet nobis Iuliani sententia pro possessore possidere eum, et ideo petitione hereditatis tenebitur. Item pro dote titulus recipit pro possessore possessionem, ut puta si a minore duodecim annis nupta mihi quasi dotem sciens accepi. Et si legatum mihi solutum est ex falsa causa scienti, utique pro possessore possidebo.

(또한 모든 권원에 이 '점유자로서'의 권원이 밀착되어 있고 말하자면 결합되어 있다. 필경 또한 '매수인으로서'의 권원에도 밀착되어 있다. 왜냐하면 내가 정신착란자로부터 알면서 매수하면 나는 '점유자로서' 점유하는 것이다. 마찬가지로 '증여된 것으로서'의 권원의 경우 어떤 자가 '점유자로서' 점유하는지, 가령 처(妻)나 부(夫)처럼 문제가 제기된다. 그리고 우리에게는 그가 '점유자로서' 점유한다는 율리아누스의 견해가 마음에 들며, 그래서 그는 상속재산회복청구로써 책임질 것이다. 마찬가지로 '가자물(嫁資物)로서'의 권원도 '점유자로서'의 점유를 받아들이는바, 가령 나와 혼인한 12세 미만녀(未滿女)에게서[214] 내가 알면서 가자물(嫁資物)을 수령한 경우처럼

---

212 Bas.42.1.13.1 (Heimbach IV, p.194): Omnibus autem titulis qui pro possessore possidet, haeret: titulo pro emptore, ut si quis sciens a furioso emit: titulo pro donato, ut in viro et uxore: titulo pro dote, si impubes ei nupta sit: titulo pro legato, cum quis ex falsa causa sciens legatum acceperit.

213 同旨 D.41.2.16 Ulpianus 73 ad edictum.
Quod uxor viro aut vir uxori donavit, pro possessore possidetur.

214 미성숙녀와의 혼인은 그녀가 성숙 연령인 만 12세에 달해야 적법한 혼인이 되었다.
D.23.2.4 Pomponius 3 ad Sabinum.
Minorem annis duodecim nuptam tunc legitimam uxorem fore, cum apud virum explesset duodecim annos.
D.23.3.68 Papinianus 10 quaestionum.

말이다. 그리고 유증이 나에게 변제되었는데 그릇된 사유로 말미암은 것이고 내가 알고 있었으면 나는 언제나 '점유자로서' 점유할 것이다.)

이것은 점용취득의 권원이 아니므로 사료에서도 점용취득과 관련된 맥락에서보다는 권리자의 회복청구의 상대방을 지시하는 문맥에서 많이 등장한다. 가장 전형적인 것이 상속재산회복청구(hereditatis petitio)의 상대방이 pro possessore 점유자로 표시되는 경우이다.[215] 울피아누스에 의하면 이 점유자는 praedo(무단점유자[冒占者]), 즉 iniustus possesor(부정한 점유자)이다. 그는 어떤 근거로 점유하는지 물으면 "내가 점유하기 때문이다"라고 대답할 것이고, 거짓으로라도 자신이 상속인이라고 다투지 않고, 또 어떤 점유의 근거(권원)도 대지를 못하는 자이다. 채권이 있다 하여도 사력(私力)으로 점유를 취한 경우에는 praedo이다.[216] 이런 점유자에 속하는 도둑이나 강도는 당연히 상속재산회복청구에 대하여 책임진다.[217]

Dotis promissio non ideo minus valebit, quod ignorante initio patre nuptiae non fuerint, si postea consenserit, cum omnis dotis promissio futuri matrimonii tacitam condicionem accipiat. nam et si minor annis duodecim ut maior deducta sit, tunc primum petetur, cum maior annis apud eundem esse coeperit: quod enim volgatum est dotis promissionem in primis dumtaxat nuptiis destinare neque durare obligationem, si post alterius matrimonium ei nubat cui dotem promiserat, tunc locum habet, cum intercesserunt aliae nuptiae.

215 D.5.3.9 Ulpianus 15 ad edictum.
   Regulariter definiendum est eum demum teneri petitione hereditatis, qui vel ius pro herede vel pro possessore possidet vel rem hereditariam.
   Müller-Ehlen, 5ff.

216 D.41.2.5 Paulus 63 ad edictum.
   Si ex stipulatione tibi Stichum debeam et non tradam eum, tu autem nanctus fueris possessionem, praedo es: aeque si vendidero nec tradidero rem, si non voluntate mea nanctus sis possessionem, non pro emptore possides, sed praedo es.

217 Müller-Ehlen, 10ff.

D.5.3.11.1 Ulpianus 15 ad edictum.[218]

Pro possessore vero possidet praedo,

(무단점유자는 참으로 '점유자로서' 점유하는바,)

D.5.3.12 Ulpianus 67 ad edictum. ≒ Bas.42.1.12 (Heimbach IV, p.193).

qui interrogatus cur possideat, responsurus sit "quia possideo" nec contendet
se heredem vel per mendacium,

(그는 무슨 사유로 점유하는지 신문(訊問)을 받으면 "왜냐하면 내가 점유하
기 때문이다"라고 대답할 것이고, 또 심지어는 거짓으로도 자신이 상속인이
라고 다투지 않을 것이며,)

D.5.3.13.pr. Ulpianus 15 ad edictum. ≒ Bas.42.1.13.pr. (Heimbach IV,
p.193).[219]

nec ullam causam possessionis possit dicere: et ideo fur et raptor petitione
hereditatis tenentur.

(또 점유의 사유를 어떤 것도 말할 수 없는 자이다. 그리고 그래서 [이에 해

---

218 해당 Bas.42.1.11 i.f. (Heimbach IV, p.193)는 원 개소의 praedo를 improbus et
impudens로 바꾸어 표현하였다.
Pro possessore autem possidet improbus et impudens (ὁ ἰταμός καὶ ἀναιδής).
이것은 『바실리카 법전』이 pro possessore의 possessor 자체를 이미 praedo =
ἅρπαξ ('rapax', 'raptor', 'latro')로 파악하여 pro possessore = ὡς ἅρπαξ로 표현하
다 보니 정작 주어인 praedo를 다시 같은 ἅρπαξ를 써서 번역할 수 없게 되어서 편
법을 동원한 것이다. 또 달리는 가령 Bas.9.6.7.18 (Heimbach I, p.468)(아래의 주
227)의 경우처럼 pro possessore = ὡς ἀναιδής νομεύς로 역출하여 possessor를 아
예 impudens possessor로 표현하기도 하였다. 축어적(逐語的) 대응을 벗어나는 이
러한 방식의 번역은 어쨌든 pro possessore의 possessor의 성격을 그리스어로는 더
분명히 인식할 수 있게 한 셈이다. 어쩌면 우리도 pro possessore만큼은 그 의미를
살려서 그저 '점유자로서'라고 번역하기보다는 '모점자(冒占者)로서' 또는 이에
준하여 옮기는 것이 오해의 소지가 없어서 더 타당할지도 모르겠지만, 이곳에서
는 축어적인 역어를 선택하였다.
219 원 개소의 raptor 역시 ἅρπαξ로 역출하였다.

당하는] 도둑과 강도는 상속재산회복청구에 의하여 책임진다.)

2. Pro possessore의 용례

이하에서도 법사료를 법률가들의 연대순으로 살펴보기로 한다.

(1) 현존하는 것 중 이 용어가 사용된 시기적으로 가장 이른 사료는 다음의 네라티우스의 개소이다. 이에 따르면 상속인은 재주(財主, 피상속인)[220]가 pro herede 또는 pro possessore로 점유했음을 모르더라도 상속재산회복청구의 상대방이 될 수 있었다. 물론 pro herede의 경우에는 점용취득의 권원이므로 점용취득이 완성되지 않은 상황을 전제한 것이다. pro herede 점유자는 선의일 수도 악의일 수도 있다. 하드리아누스 황제의 개혁[221] 전에는, 즉 네라티우스의 활동시기에는 pro herede usucapio의 점유자가 악의라도 무방했으므로(Gai. 2.52-56) 이때의 pro herede 와 pro herede gestio(상속인으로서의 처신, 참칭상속인으로서의 행위)의 pro herede가 실질적으로 일치할 수 있었다. 그러나 개혁 후에는 상속회복청구의 상대방인 경우는 악의이고, 점용취득을 하는 경우는 선의인 점에서 분명히 구별되었다. 그러나 '상속인으로서' 점유한다는 점에서는 두 경우 모두 일치한다.

D.5.3.13.3 Ulpianus 15 ad edictum. ≒ Bas.42.1.13.3 (Heimbach IV, p.196). Neratius libro sexto membranarum scribit ab herede peti hereditatem posse,[222] etiam si ignoret pro herede vel pro possessore defunctum possedisse. ...

---

220 전통용어인 재주(財主)의 차용(借用)과 관련해서는 최병조 IV, 453f. n.14.

221 최병조 IV, 463.

222 'peti ab eo hereditatem posse' 어구는 피고 적격의 문제를 표현하는 데 자주 사용된 정식(定式)이었다(가령 D.5.3.13.8; D.5.3.13.13; D.5.3.13.15; D.5.3.16.2; D.5.3.16.7; D.5.3.34.1; D.5.3.35). Müller-Ehlen, 231f. n.35.

(네라티우스는 『양피첩』 제6권에서 상속인이 망자(亡者)가 '상속인으로서' 또는 '점유자로서' 점유했음을 모르는 경우에도 상속인으로부터 상속재산이 반환청구될 수 있다고 기술하고 있다. …)

상속재산회복청구의 상대방의 점유는 참칭상속인으로서(pro herede)의 점유거나 전체 또는 개별물에 대한 무단점유자로서(pro possessore)의 점유이므로 거의 언제나 pro herede와 pro possessore가 병렬되곤 하였다.[223] 칙법에 나타난 모습도 다르지 않았다.[224] 이때 상속재산에 속하는

---

223 또다른 예로는 다음 참조.

D.5.4.10 Papinianus 6 quaest.

Cum heredis ex parte instituti filius, qui patrem suum ignorabat vivo testatore decessisse, partem hereditatis nomine patris ut absentis administraverit et pecunias distractis rebus acceperit, hereditas ab eo peti non potest, quia neque pro herede neque pro possessore pretia possidet, sed ut filius patris negotium curavit.

D.43.3.1.4 Ulpianus 67 ad edictum.

Quia autem nonnumquam incertum est, utrum quis pro legato an pro herede vel pro possessore possideat, bellissime Arrianus scribit hereditatis petitionem instituendam et hoc interdictum (sc. Quod legatorum) reddendum, ut, sive quis pro herede vel pro possessore sive pro legato possideat, hoc interdicto teneatur: ...

D.5.3.13.11 Ulpianus 15 ad edictum.

... quamvis (sc. heres) etiam earum rerum nomine, quas pro herede vel pro possessore defunctus possedit, utique teneatur.

D.43.2.1pr. Ulpianus 67 ad edictum.

Ait praetor: "Quorum bonorum ex edicto meo illi possessio data est, quod de his bonis pro herede aut pro possessore possides possideresve, si nihil usucaptum esset, quod quidem dolo malo fecisti, uti desineres possidere, id illi restituas."

Inst. 4.15.1: ... Restitutoria sunt, quibus restitui aliquid iubet, veluti cum bonorum possessori possessionem eorum, quae quis pro herede aut pro possessore possidet ex ea hereditate, aut cum iubet ei, qui vi possessione fundi deiectus sit, restitui possessionem. ...

224 가령 C.3.28.1 Sev./Ant. (a.193); C.3.31.7.pr. Diocl./Maxim. (a.294); C.7.34.4 Diocl./Maxim.; C.8.2.2 Diocl./Maxim. (a.294); C.3.31.11 Arcad./Honor. (a.396).

물건을 선의이든 악의이든 '상속인으로서' 점유하지 않는 자는 스스로
상속인이 아님을 알고 하는 것이므로 달리 권원이 없는 한, 악의의 점유
자이고, 그래서 pro possessore로 표시되는 것이다.

(2) 상속재산회복청구의 상대방이 숨어버리는 경우[225] 사압류(私押
留)[226]가 가장 적절한 조치라고 밝히고 있는 (시기적으로 네라티우스 바로
다음에 속하는) 켈수스의 다음 개소도 이러한 예의 하나이다.

D.42.4.7.18 Ulpianus 59 ad edictum.[227]

Idem Celsus existimat, si is, a quo hereditatem petere velim, latitat,
commodissime fieri posse, ut in possessionem mittar rerum, quas pro herede
vel pro possessore possidet: sed si dolo fecit, quo minus possideret, bona eius
possidenda et vendenda sunt.

(같은 켈수스는 [『학설집』 제24권에서[228]] 기술한다. "내가 그로부터 상속
재산을 반환청구하고자 하는 자가 숨으면 가장 적실하게 그가 '상속인으로
서' 또는 '점유자로서' 점유하고 있는 물건들을 내가 사압류(私押留)할 수가
있다고 생각한다. 그러나 그가 점유를 상실하도록 악의로 행위한 경우[229]에

---

225 이 사안을 위한 법정관 고시(Ed. XXXVIII § 205)는 Lenel의 재구성에 의하면 다
    음과 같다(*FIRA* I, p.372).
    Praetor ait: "Qui fraudationis causa latitabit, si boni viri arbitratu non defendetur,
    eius bona ex edicto possideri proscribi venirique iubebo."
226 이에 관해서는 최병조 II, 116f.
227 Bas.9.6.7.18 (Heimbach I, p.468): Si a te hereditatem petam et latites, in
    possessionem mittor earum rerum, quas vel pro herede vel tamquam impudens
    possessor possides. Sed si dolose versatus es, etiam bona tua venduntur.
228 Lenel I, Celsus fr. 201 (p.159).
229 일반적으로는 악의의 점유 상실은 점유의 유지로 의제되었다.
    D.50.17.150 Ulpianus 58 ad edictum.
    Parem esse condicionem oportet eius, qui quid possideat vel habeat, atque eius,
    cuius dolo malo factum sit, quo minus possideret vel haberet.

는 그의 재산이 사압류되어 매각되어야만 한다.")

(3) 율리아누스(125~170)도 pro possessore 사례를 적어도 세 가지 언급하고 있다. 하나는 소유자 아닌 자로부터 알면서 매수한 경우이고,[230] 다른 하나는 부부간 증여를 받은 경우이다.[231] 세 번째는 pro herede 점유자를 축출하고서 점유를 차지한 경우이다.

D.5.3.16.4 Ulpianus 15 ad edictum.[232]

Iulianus scribit, si is, qui pro herede possidebat, vi fuerit deiectus, peti ab eo hereditatem posse quasi a iuris possessore, quia habet interdictum unde vi, quo victus cedere debet:[233] sed et eum qui deiecit petitione hereditatis teneri, quia res hereditarias pro possessore possidet.[234]

(율리아누스는 [『학설집』 제6권에서[235] 다음과 같이] 기술한다. "'상속인으로서' 점유했던 자가 폭력으로 축출되면 그로부터 상속재산이 권리의 점유자로서 반환청구될 수 있는바, 왜냐하면 그는 부동산점유회복(unde vi) 특시명령을 가지기 때문인데, 그는 [상속재산회복청구소송에서] 패소하면 이것(=특시명령)을 [진정상속인에게] 양도하지 않으면 안 된다.[236] 그러나

---

230 D.41.3.33.1 Iulianus 44 digestorum.

... si quis emerit fundum sciens ab eo, cuius non erat, possidebit pro possessore: ...

231 Iul.-Ulp. D.5.3.13.1 cit. (전술 III.1.).

232 해당 Bas.42.1.16.4 (Heimbach IV, p.201)은 마지막 문장에서 pro possessore 언급이 빠진 것 외에는 원 개소와 대동소이하다.

233 D.5.3.40.2 Paulus 20 ad edictum.

Actiones si quas possessor nanctus est, evicta hereditate restituere debet, veluti si interdictum unde vi, aut quod precario concessit.

234 同旨 D.4.2.14.2 Ulpianus 11 ad edictum.

... quoniam pro possessore qui vim intulit possidet ...

235 Ulp. D.5.3.16.2; Lenel I, Iulianus fr.78 (p.329).

236 율리아누스는 다른 곳에서도(D.5.3.16.7; D.5.3.34.1; D.5.3.35) 상속재산이나 그 귀속물을 더이상 가지고 있지 않은 일정한 자의 경우 그가 점유자를 상대로 관련 소권을 가지면 이 자를 '권리의 점유자'라고 성격을 규정짓고는 그를 상대로 하는

축출한 자도 상속재산회복청구로써 책임을 지는바, 왜냐하면 그는 상속재산에 속하는 물건들을 '점유자로서' 점유하는 것이기 때문이다."[237])

(4) 폼포니우스도 상속인들의 의사에 반하여 지급된 돈을 알면서 수령한 자를 거론한다.

D.35.1.110 Pomponius 9 epistularum.[238]
Etiamsi invitis heredibus ex peculio statuliber pecuniam Titio det, liber quidem fit:[239] sed Titius, qui invitis heredibus sciens accepit, pro possessore

---

상속재산회복청구를 인정하는데, 이때 관련 소권을 청구자에게 양도하면 되는 것으로 구성하였다(상세한 것은 Müller-Ehlen, 253ff.).

가령 D.5.3.16.7 Ulpianus 15 ad edictum.

Idem Iulianus scribit, si quis ex causa fideicommissi restituerit hereditatem vel singulas res praestiterit, peti ab eo hereditatem posse, quia habet condictionem earum, quae sunt ex ea causa solutae, et veluti iuris possessor est. Sed et si pretia rerum, quas distraxit, ex causa fideicommissi solvit, peti hereditatem ab eo posse, quia repetere potest. sed his casibus actiones suas dumtaxat eum praestaturum, cum et res exstant [et del. Schulting] potest petitor etiam per in rem actionem eas vindicare.

이러한 논리는 켈수스와 울피아누스에 의해서도 수용되었던 것으로 보인다 (D.5.3.9; D.5.3.18.1). 이 문제에 관한 학설의 상황에 관해서는 Müller-Ehlen, 231f. n.41.

237 Müller-Ehlen, 15f.
238 해당 Bas.44.19.106 (Heimbach IV, p.451)도 중간부분에서 pro possessore 언급이 빠져 있다.

Statuliber etiam invitis heredibus ex peculio dans, quod iussus est, liber fit, etiamsi accipientem non faciat dominum: quin etiam heredes id, quod datum est, vindicant.

Supplementum alterum, p.92의 해당 개소에는 적어도 ἅρπαξ(praedo)는 등장한다.

Qui sub condicione manumissus est vel invitis heredibus dando ex peculio nummos liberatur. quod si is qui accepit novit se invitis illis accipere, utpote qui iusta causa careat, sicut praedo(ἅρπαξ) possidet et auferuntur [res] ab eo.

239 Cf. D.40.7.20.1 Paulus 16 ad Plautium.

videtur eam pecuniam possidere, ut avocare eam hi, qui inviti fuerunt, possint.

(상속인들의 의사에 반하여 특유재산으로부터 조건부 피해방자가 금전을 티티우스에게 주는 경우에도 그는 참으로 자유인이 되지만, 그러나 상속인 들의 의사에 반하는데도 알면서 수령한 티티우스는 '점유자로서' 그 금전을 점유하는 것으로 인정되고, 그래서 반대의사였던 자들은 그 금전을 박탈할 수가 있다.)

(5) 안토니누스 피우스(138~161)와 마르쿠스 아우렐리우스 및 루키 우스 베루스 공동황제(divi fratres) 치하(161~169)에 활동했던 베눌레이 우스(Venuleius Saturninus, 140~170)[240]에 의하면 pro possessore 점유자 가 소유자와 합의하여 제공하는 자가 허용하는 한, 점유하고 그의 수의 (隨意)대로 회수(回收)가 인정되는 허용-점유(precarium)[241]를 얻었을 때에 는 그의 점유 자격이 precario 점유로 바뀐다.[242] 즉 그는 이제부터는 적 법한 타인 물건의 악유자(握有者)로서[243] 점유보호 특시명령의 의미에서

De illo quaeritur, si invito herede det aut nesciente, an faciat nummos accipientis. et Iulianus vere existimat ex hac causa concessam videri statuliberis alienationem nummorum etiam invito herede et ideo facere eos accipientis pecuniam.

240 Kunkel, 181ff., 특히 183 + n.135; Wieacker III, 103f.

241 D.43.26.1.pr.-2 Ulpianus 1 institutionum.

Precarium est, quod precibus petenti utendum conceditur tamdiu, quamdiu is qui concessit patitur. 1. Quod genus liberalitatis ex iure gentium descendit. 2. Et distat a donatione eo, quod qui donat, sic dat, ne recipiat, at qui precario concedit, sic dat quasi tunc recepturus, cum sibi libuerit precarium solvere.

Vázquez, 280.

242 이 점은 다른 경우에도 마찬가지이다.

가령 D.41.4.6.pr. Pomponius 32 ad Sabinum.

Qui, cum pro herede vel pro emptore usucaperet, precario rogavit, usucapere non potest: quid porro inter eas res interest, cum utrubique desinat ex prima causa possidere, qui precario vult habere?

243 Ulp. D.43.26.6.3 cit. (앞의 주 33).

는 '점유자'이지만, 점용취득의 적격지위인 '자주점유자'가 더이상 아니다.[244]

D.43.26.22.pr. Venuleius 3 interdictorum.[245]

Si is, qui pro possessore possideret, precario dominum rogaverit, ut sibi retinere rem liceret, vel is, qui alienam rem emisset, dominum rogaverit: apparet eos precario possidere.[246] Nec existimandos mutare sibi causam possessionis, quibus a domino concedatur precario possidere: nam et si id quod possideas alium precario rogaveris, videri te desinere ex prima causa possidere et incipere ex precario habere: ...

('점유자로서' 점유하는 자가 소유자에게 그가 그 물건을 보유하는 것을 허락하도록 허용점유[로써 하는 점유]를 요청하였거나, 타인의 물건을 매수한 자가 [그렇게] 소유자에게 요청한 경우 그들은 허용점유로써 점유한다는 것이 명백하다. 왜냐하면 네가 점유하고 있는 것을 네가 타인에게 허용점유 [로써 하는 점유]를 요청하는 경우에도 너는 제1의 원인으로 점유하기를 그치고 허용점유에 기하여 가지기를 시작하는 것이기 때문이다. …)

---

244 D.43.26.6.2 Ulpianus 71 ad edictum.

Is qui rogavit, ut precario in fundo moretur, non possidet, sed possessio apud eum qui concessit remanet: nam et fructuarius, inquit, et colonus et inquilinus sunt in praedio et tamen non possident.

245 Bas.58.24.22.pr. (*Supplementum alterum*, p.154): Qui rem tuam possidet eamve a te emerit et rogaverit ut sibi habere liceat precario, non mutat causam possessionis, quippe qui a domino accepit. quod si alium rogaverit, ut sibi precario daret eandem rem, ex priore causa cessavit [possidere] et coepit precario habere. Et si cum possem rem meam a te vindicare, rogavero te eam mihi concedere, teneor tamquam precario eam possidens.

246 점유하고 있지 않은 소유자도 현재의 점유자(時執者)에게 허용점유를 부여할 수 있었다.

D.43.26.18 Iulianus 13 digestorum.

Unusquisque potest rem suam, quamvis non possideat, precario dare ei qui possideat.

(6) 가이우스도 상속재산을 전체로서든 개별물로서든 자기에게 속하지 않음을 알면서 점유하는 자의 점유를 pro possessore의 전형적인 예로 언급한다.[247]

(7) 가장 많은 사료가 전해지는 울피아누스의 경우를 살펴보면 폭력을 행사한 자는 pro possessore로 점유하는 것이고,[248] 부부간 증여가 무효이므로 이때에도 그 점유는 pro possessore이다.[249] 반면에 부재중인 타인을 위한 의사로 점유하는 경우 그에 의한 추인이 거부된 후의 계속된 점유가 아니라면 자신을 위한 무단점유가 아니다.[250] 그러나 모데스티누스에 의하면 상속재산을 취득할 수 없는 자에게 그 회복을 비밀리에 약속하는 자는 여전히 무단점유자이다.[251] 한편 다음 울피아누스의 개소는 pro possessore의 이해에 있어서 학설상 다툼이 있었음을 보여준다.

D.5.3.13.8 Ulpianus 15 ad edictum.[252]

Si quis sciens alienam emit hereditatem, quasi pro possessore possidet: et sic

---

247 Gai. 4.144 ≒ Inst. 4.15.3: ... pro possessore is possidet, qui sine causa aliquam rem hereditariam vel etiam totam hereditatem sciens ad se non pertinere possidet. ...

248 Ulp. D.4.2.14.2 cit. (앞의 주 234).

249 Ulp. D.41.2.16 cit. (앞의 주 213).

250 D.5.3.13.12 Ulpianus 15 ad edictum.
Si quis absentis nomine possideat hereditatem, cum sit incertum an ille ratum habeat, puto absentis nomine petendam hereditatem, ipsius vero nequaquam, quia non videtur pro herede vel pro possessore possidere, qui contemplatione alterius possidet: nisi forte quis dixerit, cum ratum non habet, iam procuratorem quasi praedonem esse: tunc enim suo nomine teneri potest.

251 D.5.3.46 Modestinus 6 differentiarum.
Praedonis loco intellegendus est is, qui tacitam fidem interposuerit, ut non capienti restitueret hereditatem.

252 Bas.42.1.13.8 + Schol. 10)(Heimbach IV, p.197): Qui sciens alienam emit hereditatem, ut emptor, non autem quasi pro possessore possidens convenitur. Nemo enim praedo est, qui pretium numeravit. / Merito igitur ille non convenietur

peti ab eo hereditatem quidam putant. Quam sententiam non puto veram: nemo enim praedo est qui pretium numeravit:[253] sed ut emptor universitatis utili tenetur.

(어떤 자가 알면서 타인의 상속재산을 매수한 경우에 그는 말하자면 '점유자로서' 점유하는 것이다. 그리고 그렇게 그로부터 상속재산이 청구될 수 있다고 어떤 자들은 생각한다. 이 견해는 옳지 않다고 나는 생각한다. 왜냐하면 대금을 지급한 자는 누구도 모점자(冒占者)가 아니기 때문이다. 그러나 그는 전체재산의 매수인으로서 준소권(準訴權)으로써 책임을 진다.)

이에 의하면 타인의 상속재산을 알면서 매수한 경우에 다수의 법률가들은 pro possessore 점유를 인정하였으나,[254] 울피아누스는 이 견해에 반대하면서 대금을 지급한 자는 결코 무단점유자(praedo)일 수 없다는 이유를 들어 '전체재산 매수인으로서'(말하자면 pro emptore universitatis) 점유하고, 그래서 상속재산회복청구의 정소권(正訴權)이 아니라 준소권(準訴權, actio utilis)으로 책임진다고 피력한다.[255] 결론에서는 별 차이가 없되, 논증 면에서는 다른 것이다. 악의의 경우 바로 pro possessore를 인정하는 것이 통설이었다면 울피아누스는 악의만으로 이미 '이득적'(lucrativa) 행태임을 설시했던 이 통설의 입장[256]을 그 용어의 실질적 의미를 되살려서 반대급부가 있으면 '이득적'이 아니라고 재해석한 것이

---

directa hereditatis petitione, quia pro possessore non possidet, sed utili hereditatis petitione convenitur, quia emptor universitatis est, sive quasi universitatis possessor.

253 = D.50.17.126.pr. Ulpianus 15 ad edictum.
Nemo praedo est, qui pretium numeravit.
Fr. Vat. 1 (constitutio Rutiliana)과의 관계에 대해서는 이미 최병조 IV, 470 + n.84; 異見 Behrends IV, 42.

254 Kaser II, 516 + n.11 m.w.N.

255 Kaser II, 516 + n.12 m.w.N.

256 현전(現傳)하는 가장 오래된 사료는 프로쿨루스의 개소이다. D.23.3.67 cit. 〔앞의 주 122〕. Cf. Dozhdev, 567 + n.46; 최병조 IV, 470 n.84.

다. 그러나 이러한 시도는 소권 처리상 번잡함만을 초래했을 뿐 다른 실익은 없었던 것으로 보인다.

(8) 디오클레티아누스 황제(284~305) 때의 법률가로 1983년 명문(銘文)이 발견되고서야 근위장관을 역임했던 것으로 확인되기에 이른[257] 헤르모게니아누스의 경우에도 pro possessore 범주는 잘 알려져 있었다. 이에 따르면 유언을 무시하고 개별적인 권원에 기하여 상속재산을 점유하는 자는 참칭상속인이나 무단점유자와 달리 상속재산의 채권자인 수유자나 신탁수유자에 의하여 제소당하지 않는다. 상속재산 자체의 점유자가 아닌 까닭이다. 이 개소는 유언을 무시하고 무유언 자격으로 상속재산을 차지하는 자를 상대로 규율하였던 법정관고시[258]에 대한 것이다.

D.29.4.30 Hermogenianus 3 iuris epitomarum.[259]

Qui omissa causa testamenti pro emptore vel pro dote vel pro donato sive alio quolibet titulo, exceptis pro herede et pro possessore, possideat hereditatem, a legatariis et fideicommissariis non convenitur.

(유언의 원인을 무시하고 '매수인으로서' 또는 '가자물(嫁資物)로서' 또는 '증여물로서' 또는 다른 여하한 권원으로 — 단 '상속인으로서'와 '점유자로서'의 권원은 제외된다[260] — 상속재산을 점유하는 자는 수유자들과 신탁

---

257 Liebs II, 385-386.

258 Ed. XXVI §168 (*FIRA* I, p.365): "Si quis omissa causa testamenti ab intestato hereditatem partemve eius possidebit dolove malo fecerit, quo minus possideret, causa cognita de legatis perinde actionem dabo atque si hereditatem ex testamento adisset."

259 Bas.35.15.25 (Heimbach III, p.624): Et de eo, si quis non quasi heres aut quasi praedo possideat, sed pro emptore, vel pro dote, vel pro donato, sive alio titulo.

260 同旨 D.29.4.2.pr.-1 Ulpianus 7 ad Sabinum.
Licet pro herede gerere non videatur, qui pretio accepto praetermisit hereditatem,

306

수유자들로부터 제소당하지 않는다.)

(9) 칙법 중에는 타인의 재산을 매수한 경우 특별히 권원을 거명하지 않은 채 선의 매수인과 악의 매수인에 따라 법률효과를 교시하는 것들도 전해진다. 이것들은 기본적으로 고전법의 원칙을 확인시켜준다.

C.7.26.5.pr. Gordianus (a.238).[261]

Si partem possessionis mala fide possessor venumdedit, id quidem, quod ab ipso tenetur, omnimodo cum fructibus recipi potest, portio autem, quae distracta est, ita demum recte petitur a possidente, si sciens alienam comparavit vel bona fide emptor nondum complevit usucapionem.[262]

(점유물의 일부를 악의의 점유자가 판 경우 그가 보유하는 것은 모든 점에서 과실과 더불어 반환받을 수 있으나, 매각된 몫은 다음 경우에만 점유자[時執者]로부터 정당하게 청구되는바, 즉 타인 소유임을 알면서 샀거나 아

---

tamen dandam in eum actionem exemplo eius, qui omissa causa testamenti ab intestato possidet hereditatem, divus Hadrianus rescripsit: proinde legatariis et fideicommissariis tenebitur. 1. Sed utrum ab eo erit incipiendum et sic ad heredem veniendum an convertemus ordinem? mihi videtur humanior esse haec sententia, ut possessor hereditatis prior excutiatur, maxime si lucrativam habet possessionem.

261 해당 Bas.50.4.18 (Heimbach V, p.67)는 원 개소의 단순한 '악의점유자'를 '폭력탈취자'로 바꾸면서 다른 사정을 개입시킴으로써 원 개소의 이해에 오히려 혼란을 초래하고 있다.
Si quis per vim agrum alicui ademit, partemque eius vendidit, et id, quod ipse retinet, cum fructibus repetitur, et illud, quod vendidit, usucapi non potest, sed recte petitur. Sed si vis facta non est, pars vendita recte petitur, si emptor nondum usucepit.

262 同旨 C.3.32.4 Gordianus (a.238).
Adversus eos, qui a malae fidei possessoribus fundum bona fide comparaverunt, ita tibi actio competit, si prius, quam usucapionem implerent vel longae possessionis praescriptionem adipiscerentur, dominium ad te pervenerit.

니면 선의 매수인이 아직 점용취득을 완성하지 못한 경우 말이다.[263])

C.5.73.1 Gordianus (a.238).[264]

Si ea, quae in iura tutoris hereditario titulo successit, possessionem tuam vendidit, si ut pupillarem distraxit, emptor, qui sciens a tutoris herede mercatus est, cum officium morte finiatur, alienam rem comparando de temporis intervallo nullam potuit adquirere defensionem: si vero ut suam distraxit ignoransque rem alienam emptor comparavit, neque statim per traditionem possessionis dominus effectus est, sed tantummodo adversus te statuti temporis, cum te legitimae aetatis esse non diffitearis, potest uti praescriptione.

(후견인의 권리들을 상속의 권원으로 승계한 여자가 너의 재산을 매도한 경우 피후견인 재산으로 매각했으면 알면서 후견인의 상속녀로부터 산 매수인은 [후견인의] 직무가 사망으로 종료하므로[265] 타인의 물건을 매수함으

---

263 참고로 294년 이후에는 악의점유자의 매각처분이 절도로 취급되었으므로 선의 점유자도 점용취득이 불가하였다.

C.7.26.7 Diocletianus / Maximianus (a.294).

Sciens servum alienum citra domini voluntatem venumdans furtum committit. Quod rei vitium, priusquam ad dominum eius revertatur possessio, non permittit usucapionem fieri, licet bona fide possideatur.

264 해당 Bas.10.4.60 (Heimbach I, pp.515f.)는 앞머리에 사안의 개요를 추가하였다.

Tutor decessit muliere quadam herede relicta. Haec fundum pupillarem distraxit: emptor autem longo tempore eum possedit. Minor Principem adiit, desiderans fundum vindicare neque opponi sibi longi temporis praescriptionem. Et Princeps ei ita rescribit: Si quidem mulier sic fundum vendiderit, sciens eum ad te pertinere, et emptor mala fide accepit, qui rem alienam ab ea, quae ius distrahendi non habebat, comparavit, tempus ei nihil prodest. Si vero mulier ut suum distraxit, et emptor bona fide emit, potest dominium eius adipisci, si post perfectam aetatem tantum temporis lapsum sit, quantum ad longi temporis praescriptionem sufficit.

265 同旨 C.2.18.17 Diocletianus / Maximianus (a.293).

Curatoris etiam successores negotiorum gestorum utili conventos actione tam dolum quam latam culpam praestare debere nec ad eos officium administrationis

로써 시효(時效) 기간에 관하여 아무런 방어권을 취득할 수 없었다. 그러나 [그녀가] 자기 재산으로 매각했고 타인의 물건임을 모르면서 매수인이 샀다면 점유의 인도로써 즉시 소유자가 된 것이 아니고,[266] 다만 너를 상대로 네가 법정의 연령(성년)에 달했음을 부인하지 않으므로[267] 정해진 기간의 시효 항변을 사용할 수 있을 뿐이다.[268])

3세기 말 이후의 칙법에 나타난 사례를 보면 신탁수유자가 어머니의 상속재산을 점유한 경우 아들이 배륜유언이라고 다투는 때에는[269] 그 신탁수유자의 점유는 pro herede 또는 pro possessore로 판단되었다.[270] 그

---

266 D.41.1.20.pr. Ulpianus 29 ad Sabinum.

Traditio nihil amplius transferre debet vel potest ad eum qui accipit, quam est apud eum qui tradit. si igitur quis dominium in fundo habuit, id tradendo transfert, si non habuit, ad eum qui accipit nihil transfert.

267 원 소유자가 미성년인 동안의 기간은 상대방의 시효기간에 산입하지 않았다. 즉 그가 성년이 된 때로부터 시효가 진행하였다.

C.7.35.3 Diocletianus / Maximianus (a.290).

Non est incognitum id temporis, quod in minore aetate transmissum est, in longi temporis praescriptione non computari. Ea enim tunc currere incipit, quando ad maiorem aetatem dominus rei pervenerit.

268 同旨 C.5.74.2 Diocletianus / Maximianus (a.293).

Si sine decreto praesidis praedia tua a tutore tuo alienata sunt nec speciali confirmatione vel, si bona fide possessor fuisset, statuti temporis excursu id, quod perperam est actum, fuerat stabilitum, praeses provinciae possessionem in ius tuum retrahet.

269 이 시기에는 모든 소송의 종류가 비상심리절차로 흡수된 이후로 동·서로마 모두에서 배륜유언취소의 소(訴)(querela inofficiosi testamenti)는 상속재산회복청구와 합체되었다. Kaser II, 516 bei n.11.

270 C.3.28.1 Severus / Antoninus (a.193).

Cum de inofficioso matris suae testamento filius dicere velit adversus eum, qui ex causa fideicommissi hereditatem tenet, non est iniquum hoc ei accommodari, ut perinde fideicommissarius teneatur, ac si pro herede aut pro possessore possideret.

Brunnemann II, ad h.l. (p.264): "quia Fideicommissarius loco scripti heredis est";

리고 상속재산회복청구자, pro herede 또는 pro possessore 점유자를 상 대로는 장기시효의 항변을 할 수가 없었으나,[271] 상속과 무관한 개별 권 원에 기한 점유자를 상대로는 그러한 항변이 가능하였다.[272] 그러나 이 미 이것들은 usucapio의 고전적인 모습과는 달라진 양상의 법을 반영하 는 것이다. 이 후대 법에 따르면 pro possessore나 pro herede 점유자의 경 우—원고(原告)가 점유권원을 밝히고 또 입증책임을 부담했던 일반적 인 경우들[273]과 달리—피고(被告)가 자신의 점유의 권원을 밝혀야만

Kaser II, 516 n.11.

271 10년 내지 20년의 장기시효가 아니라 30년의 최장기시효(longissimi temporis praescriptio)가 적용된 것이다. Brunnemann II, ad C.3.31.7 n.6 (p.282); ad C.7.34.4 n.1 (pp.855f.).

272 C.7.34.4 Diocletianus / Maximianus.

Hereditatem quidem petentibus longi temporis praescriptio nocere non potest. verum his, qui nec pro herede nec pro possessore, sed pro emptore vel donato seu alio titulo res quae hereditariae sunt vel fuerunt possident, cum ab his successio vindicari non possit, nihil haec iuris definitio noceat.

C.3.31.7.pr.-1. Diocletianus / Maximianus. (a.294).

Hereditatis petitionem, quae adversus pro herede vel pro possessore possidentes exerceri potest, praescriptione longi temporis non submoveri nemini incognitum est, cum mixtae personalis actionis ratio hoc respondere compellat.

1. A ceteris autem tantum specialibus in rem actionibus vindicari posse manifestum est, si non agentis intentio per usucapionem vel longum tempus explosa sit.

이것은 기본적으로 고전법을 복원시킨 유스티니아누스법과 다른 규율이었다. Kaser II, 545 n.9 m.w.N.

273 C.4.19.2 Antoninus (a.215).

Possessiones, quas ad te pertinere dicis, more iudiciorum persequere. Nec enim possessori incumbit necessitas probandi eas ad se pertinere, cum te in probatione cessante dominium apud eum remaneat

C.4.19.23 Diocletianus / Maximianus (a.294).

Actor quod adseverat probare se non posse profitendo reum necessitate monstrandi contrarium non adstringit, cum per rerum naturam factum negantis probatio nulla sit.

Edictum Theodorici 132: Qui possessor ad iudicium venit, non est cogendus (dicere)[274] 하였다. 그러나 입증책임을 부담하는 것은 아니었다.[275]

C.3.31.11 Arcad./Honor. (a.396) ≒ CTh.11.39.12 (= Brev.11.14.6).
Cogi possessorem ab eo qui expetit titulum suae possessionis edicere incivile
est praeter eum, qui dicere cogitur, utrum pro possessore an pro herede
possideat.
(점유자가 청구하는 자에 의하여 자신의 점유의 권원을 밝히도록 강제되는
것은 법에 맞지 않지만, '점유자로서' 점유하는지 아니면 '상속인으로서' 점
유하는지 말하도록 강제되는 자는 제외된다.)

여기서 '말하도록 강제되는 자'란 법정신문(法廷訊問, interrogatio in
iure)을 받는 자를 가리킨다. 피고가 상속인인지, 또 상속분의 비율이 어
떻게 되는지 하는 질문이야말로 피고적격을 확인하기 위해 이미 법정관
면전에서 행해졌던 법정신문 제도의 출발점이었다.[276]

---

dicere unde tenet, nec onus ei debet probationis imponi: quia hoc magis petitoris
officium est, ut rem quam repetit, doceat ad se pertinere.
(점유자로서 소송에 이른 자는 무슨 사유로 가지고 있는지 말하도록 강제되어서
는 안 되고, 그에게 입증책임이 부과되어서도 안 된다. 왜냐하면 반환청구하는 물
건이 자신에게 속한다는 증거를 제시하는 것은 오히려 청구자의 의무이기 때문
이다.)

274 Brunnemann II, ad h.l. n.2 (p.283): "allegare."

275 Kaser II, 292 n.10 m.w.N.

276 Cf. D.11.1.1.pr.-1 Callistratus 2 edicti monitorii; D.11.1.2/4 Ulpianus 22 ad
edictum; D.11.1.3 Paulus 17 ad edictum. 상세한 것은 Kaser/Hackl, 252ff. 해
당 법정관고시는 다음과 같이 재구성되고 있다(Kaser/Hackl, 262 n.10): "Qui
in iure interrogatus, an heres vel quota ex parte sit, responderit, in eum ex sua
responsione iudicium dabo." 이 개소에 대해 상세한 것은 Spengler, 152f.

IV. 맺음말

이상으로 로마법상 점용취득의 권원 중에서 일반적으로 잘 알려져 있지 않은 pro suo와 그 반대개념이라고 할 수 있는 pro possessore를 다루고 있는 법사료를 거의 망라해서 살펴보았다. 이 과정에서 일반적으로 잘 알려진 권원들은 거개가 법률행위에 기초한 승계취득적인 것이었던 반면, 고찰의 주된 대상이었던 pro suo는 특별한 권원의 표시로서는 전자를 제외한 일체의 (특별히 명명되지 않은) 권원을 포괄하는 것이었지만, 다른 권원이 인정될 때 그 상황을 부연하여 확인하는 기능의 일반적인 어법도 알려져 있었다. 특히 종래 많이 다투어진 쟁점이 과연 오상권원으로도 점용취득이 가능한가 하는 문제였는데, 논의과정에서 로마의 법률가들이 pro suo의 경우에 한하여 오상권원을 인정했음을 확인할 수 있었다. 법률가들 중에서는 유독 폼포니우스의 경우 아직 개념적인 확실성이 분명하지 않은 듯 보이기도 하는데, 어쩌면 전승되어 현존하는 사료의 양적·질적 한계 탓인지도 모른다.

그 밖에 『바실리카 법전』의 전승은 구체적인 권원의 표시 부분들이 그리스어로의 번역에서 제외되는 경우가 많은 것으로 드러나는데, 이는 비잔틴법에 이르면 당시 법의 현상을 반영하면서 대체로 취득시효의 권원에 큰 관심이 없었음을 보여준다. 이러한 결과는 『바실리카 법전』에 기초한 14세기의 그리스법 편람인 Harmenopoulos (1320~1383)의 『육권법서』(六卷法書, Hexabiblos, Πρόχειρον των νόμων)의 해당 조항에 그대로 반영되었다. 기본적으로 시효기간이 반환청구권의 소멸시효로 규정되면서 더이상 법의 관심은 정당한 사유를 포함하는 취득 요건이 아니었고, 그래서 점유자의 선의나 악의조차도 소멸 시효기간의 장단에만 영향을 미치는 것으로 규정되었던 것이다.[277] 그런데 권원에 대한 무관심은 근자에 (원래 속주 토지와 관련된) longi temporis praescriptio와 구별

---

277 Harmenopulos, *Hexabiblos* 1.2.7ff. (Heimbach, 54ff.).

되는 (이탈리아 토지와 관련된) longi temporis possessio의 존재를 주장한
한 연구자의 소견[278]을 받아들인다면 이미 2세기 말에서 늦어도 3세기
첫 10년대에(Tryphoninus),[279] 어쩌면 2세기 중엽에 이미(Iulianus)[280] 알
려졌다—longi temporis praescriptio보다 usucapio에 더 가까웠다—
는 longi temporis possessio에서도 확인할 수가 있다.[281] 종래 이해되어
온 바로서의 longi temporis praescriptio의 경우에도 정당한 권원(iustus
titulus)이 요건이었는지를 판단하기에는 사료적 기초가 미약할 뿐 아니
라 titulus 대신 흔히 '정당한 개시'(iustum initium) 등으로 표현된 요소
가 bona fides를 포함한 것이었는지, 아니면 이와 동일한 것이었는지, 아
니면 이와는 별개의 것이었는지 모두 불확실하다.[282] 어쨌든 장기의 점
유로써 권원의 원용을 불필요하게 만들지는 않았지만 권원의 완전한 입
증은 필요 없게 할 수 있었던 사례들이 있었던 것은 사실이다.[283] 권원의

---

278 Hamza, 189ff. 이 문제는 좀더 면밀한 고찰을 요하지만, 관련 사료 자체가 거의
  없고, 관련 용어들이 서로 착종되어 있어서(가령 Inst. 2.6.pr.: longi temporis
  possessio = longi temporis praescriptio) 원천적으로 일정한 한계 또한 없을 수가
  없다.

279 D.23.5.16 Tryfoninus 11 disputationum.
  Si fundum, quem Titius possidebat bona fide longi temporis possessione poterat
  sibi quaerere, mulier ut suum marito dedit in dotem eumque petere neglexerit
  vir, cum id facere posset, rem periculi sui fecit: nam licet lex Iulia, quae vetat
  fundum dotalem alienari, pertineat etiam ad huiusmodi adquisitionem, non
  tamen interpellat eam possessionem, quae per longum tempus fit, si ante,
  quam constitueretur dotalis fundus, iam coeperat. plane si paucissimi dies
  ad perficiendam longi temporis possessionem superfuerunt, nihil erit, quod
  imputabitur marito.

280 D.12.2.13.1 Ulpianus 22 ad edictum.
  Iulianus ait eum, qui iuravit fundum suum esse, post longi temporis
  praescriptionem etiam utilem actionem habere debere.
  Hamza, 190f.: [longi temporis praescriptionem]⟨longi temporis possessionem⟩.

281 Hamza, 194, 198 n.29.

282 Nörr, 85ff.

283 Nörr, 63ff.

비중이 감소한 것만은 분명한 것 같다.

　한편 사료에 따라서는 전승된 상태로는 난해한 것들도 있었는데, 특히 수정비판의 방법론을 동원하여 검토하지는 않았고, 일단 전승된 상태대로 이해해 보려고 하였다. 그 밖에도 개소 하나하나가 더 면밀히 검토해야 할 많은 내용들을 담고 있음에도 불구하고 한정된 주제의 측면에서 제한된 검토만 하였음을 부기해둔다. 그 밖에는 로마법 연구자들의 로마법 이해방식에 촉발되어 로마법학의 법학으로서의 독특성을 몇몇 측면에서 부각시키는 작업도 얼마간 수행하였다.

참고문헌

김기창, "물권행위 이론의 비역사성", 『法史學硏究』 제37호(2008. 4), 211-237.

박병호, 『韓國法制史攷 — 近世의 法과 社會』, 법문사(1974 / 재판, 1983).

서을오, "물권행위의 유인, 무인 논쟁과 관련된 학설사적 고찰 — 특히 로마법의 사용취득과 관련하여", 『法史學硏究』 제38호(2008. 10), 137-176.

아빌라, 찰스, 김유준 옮김, 『소유권. 초대 교부들의 경제사상』, CLC(2008).

주대박(周大璞), 정명수 / 장동우 옮김, 『훈고학의 이해』, 동과서(1997).

최병조, "盜品인 여자노예가 낳은 아이는 사용취득할 수 있는가? — 로마법상의 한 사례 연구", 『法史學硏究』 제39호(2009. 4), 171-204. [= 최병조 III]

_____, 『로마법강의』, 박영사(1999). [= 최병조 I]

_____, 『로마法·民法論考』, 박영사(1999). [= 최병조 II]

_____, "로마법상 사용취득(usucapio)의 권원 개념(I) — 表見權原과 誤想權原", 『서울대학교 법학』 제50권 제2호(2009. 6), 451-496. [= 최병조 IV]

키케로, 허승일 옮김, 『키케로의 의무론』, 서광사(개정판, 2006).

현승종 / 조규창, 『게르만법』, 박영사(제3판, 2001). [= 현승종 / 조규창 II]

_____, 『로마法』, 법문사(1996). [= 현승종 / 조규창 I]

Apathy, Peter, "Inaedificatio und usucapio", Vestigia Iuris Romani. Festschrift für Gunter Wesener (1992), 35-45.

Arndts, Ludwig, Lehrbuch der Pandekten (vierzehnte, unveränderte Auflage, 1889)

Barton, J. L., "Solutio and Traditio", in: John W. Cairns and Olivia F. Robinson (ed.), Critical Studies in Ancient Law, Comparative Law and Legal History (2001), 15-29.

Basilicorum libri LX, ed. C. G. E. Heimbach I-VI (1833-1870); Supplementum, ed. C. E. Zachariae a Lingenthal (1846) in vol. II; Supplementum alterum, ed. E. C. Ferrini / J. Mercati, VII (1897).

Bauer, Karen, *Ersitzung und Bereicherung im klassischen römischen Recht und die Ersitzung im BGB* (1988).

Baviera, Giovanni, *Le Due Scuole dei Giureconsulti Romani* (1898 / edizione anastatica 1970).

Behrends, Okko, "Das Geheimnis des klassischen römischen Rechts. Menschliche Freiheit und Würde in schützenden, friedlichen Wettbewerb erlaubenden Formen", in: *Law, Peace, and Justice: A Historical Survey,* edited by Byoung Jo Choe (Seoul, 2007), 3-72. [= Behrends VII]

_____, "Der Schlüssel zur Hermeneutik des Corpus Iuris Civilis. Justinian als Vermittler zwischen skeptischem Humanismus und pantheistischem Naturrecht", in: Martin Avenarius (Hrsg.), *Hermeneutik der Quellentexte des Rönischen Rechts* (2008), 193-297. [= Behrends X]

_____, "Die geistige Mitte des römischen Rechts. Die Kulturanthropologie der skeptischen Akademie", *Zeitschrift der Savigny-Stiftung für Rechtsgeschichte, Rom. Abt.* 125 (2008), 25-107. [= Behrends VIII]

_____, "Die Grundbegriffe der Romanistik. Zugleich eine Warnung vor dem l'art pour l'art", *Index* 24 (1996), 1-69. [= Behrends II]

_____, "Die Republik und die Gesetze in den Doppelwerken Platons und Ciceros", *Politisches Denken Jahrbuch 2008,* herausgegeben von V. Gerhardt, R. Mehring, H. Ottmann, M. P. Thompson, B. Zehnpfennig, 133-182. [= Behrends IX]

_____, *Institut und Prinzip. Ausgewählte Aufsätze,* I (2004). [= Behrends VI]

_____, "Institutionelles und prinzipielles Denken im römischen Privatrecht", *Zeitschrift der Savigny-Stiftung für Rechtsgeschichte, Rom. Abt.* 95 (1978), 187-231. [= Behrends I]

_____, "La nuova traduzione tedesca dei ≪Digesta≫ e la critica interpolazionistica", *Index* 25 (1997), 15-69. [= Behrends IV]

_____, "Nachruf Max Kaser, 21. April 1906-13. Januar 1997", *Jahrbuch der Akademie der Wissenschaften in Göttingen* (1997), 288-295. [= Behrends III]

_____, *Scritti ⟨Italiani⟩ con un'appendice ⟨francese⟩, una nota di letturadi Cosimo Cascione ed una postfazione dell'autore* (2009). [= Behrends XI]

_____, "Selbstbehauptung und Vergeltung und das Gewaltverbot im geordneten bürgerlichen Zustand nach klassischem römischen Recht", *Zeitschrift der Savigny-Stiftung für Rechtsgeschichte, Rom. Abt.* 119 (2002), 44-142. [= Behrends V]

Boehmer, Justus Henning (1674~1749), *Introductio in Ius Digestorum,* Pars altera (duodecima editio emendatior, Halae Magdeburgicae, 1773).

Brasiello, Ugo, "Plura crimina ex eodem facto", *Atti del Seminario Romanistico Internazionale (Perugia · Spoleto · Todi, 11-14 ottobre 1971)* (1972), 62-75.

Brunnemann, Johann (1608~1672), *Commentarius ad Pandectas* (editio quinta, Wittebergae & Berolini, 1701) [= Brunnemann I]

_____, *Commentarius in Codicem Justinianeum* (editio novissima, Lipsiae, 1708). [= Brunnemann II]

Choe, Byoung Jo, "Regula Catoniana und Servius, der Meister", *Festschrift für Rolf Knütel* (demnächst 2010), 197-211.

Cuiacius, Iacobus (1522~1590), *Opera omnia*, I (editio nova emendatior et auctior, Lutetiae Parisiorum, 1658).

de Colquhoun, Patrick Mac Chombaich, *A Summary of the Roman Civil Law*, II (1851 / reprint 1988)

de Soto, Dominicus (1494~1560), *De Iustitia et Iure Libri decem*, IV (Salamanticae, 1556 / Edición facsimilar, Madrid, 1967).

Dirksen, Henricus Eduardus, *Manuale Latinitatis Fontium Iuris Civilis Romanorum* (1837).

Donellus, Hugo (1527~1591), *Opera omnia*, I (cum notus Osualdi Hilligeri, Florentiae, 1840).

Dozhdev, Dmitri, "*'Fidem emptoris sequi'*. Good Faith and Price Payment in the Structure of the Roman Classical Sale", in: L. Garofalo (ed.), *Il ruolo della buona fede oggettiva nell'esperienza giuridica storica e contemporanea*, I (2003), 551-577.

Ehrhardt, Arnold, *Litis aestimatio im römischen Formularprozess. Eine Untersuchung der materiellrechtlichen Folgen der Geldverurteilung* (1934).

Flume, Werner, *Rechtsakt und Rechtsverhältnis. Römische Jurisprudenz und modernrechtliches Denken* (1990).

Fontes Iuris Romani Anteiustiniani, Pars prima: Leges, iterum edidit Salvator Riccobono (1968). [= *FIRA* I]

Giaro, Tomasz, *Römische Rechtswahrheiten. Ein Gedankenexperiment* (2007).

Glück, Christian Friedrich, *Ausführliche Erläuterung der Pandecten nach Hellfeld: ein Commentar*, Fünf und zwanzigsten Theils erste Abtheilung (1824).

Greiner, Reinhold, *Opera Neratii. Drei Textgeschichten* (1973).

Guarino, Antonio, *Pagine in Diritto Romano*, V (1994).

Hamza, Gábor, "Zum Verhältnis zwischen *usucapio* und *longi temporis praescriptio* im klassischen römischen Recht", *Mélanges Fritz Sturm*, I (1999), 189-203.

Harke, Jan Dirk, *Argumenta Iuventiana. Entscheidungsbegründungen eines hochklassischen Juristen* (1999).

Harmenopulos, Konstantin, *Manuale Legum sive Hexabiblos*, ed. G. E. Heimbach (1851 / Neudruck 1969).

Hausmaninger, Herbert, "Celsus *filius-naturali aequitate motus-*gegen Celsus *pater* (Ulp.D.12,4,3,7)", *Iurisprudentia universalis. Festschrift für Theo Mayer-Maly zum 70. Geburtstag* (2002), 271-285.

Heineccius, Io. Gottl. (1681~1741), *Elementa Iuris Civilis secundum Ordinem Pandectarum* (Amstelodami, 1728).

Jakobs, Horst Heinrich, "Error falsae causae", *Festschrift für Werner Flume* (1978), 43-99.

Jhering, Rudolf von, *Scherz und Ernst in der Jurisprudenz. Eine Weihnachtsgabe für das juristische Publikum* (13. Auflage, 1924 / Nachdruck 1964).

Kalb, Wilhelm, *Wegweiser in die römische Rechtssprache für Absolventen des humanistischen Gymnasiums* (1912).

Karlowa, Otto, *Römische Rechtsgeschichte*, II. Band 1. Teil (1901).

Kaser, Max, "*Das römische Privatrecht*, I (2. Auflage, 1971). [= Kaser I]

———, *Das römische Privatrecht*, II (2. Auflage, 1975). [= Kaser II]

———, "Zur Frage einer 'condicio' aus gutgläubigem Erwerb oder gutgläubiger Leistung im römischen Recht", *Festschrift für Wilhelm Felgentraeger* (1969), 277-294 = *Ausgewählte Schriften* (AS)II (1976), 341-361. [= Kaser III]

Kaser / Hackl, *Das römische Zivilprozessrecht* (zweite Auflage, 1996).

Kaser / Knütel, *Römisches Privatrecht* (18. Auflage, 2005).

Knütel, Rolf, "'Nicht leichter, aber um so reizvoller' —Zum methodologischen Vermächtnis Max Kasers", *Zeitschrift der Savigny-Stiftung für Rechtsgeschichte, Rom. Abt.* 115 (1998), 33-65.

Krebs, Johann Philipp, *Antibarbarus der lateinischen Sprache*, I (7. Auflage 1905 / 9, unveränderte Auflage 1984).

Kunkel, Wolfgang, *Die römischen Juristen. Herkunft und soziale Stellung* (2. Auflage 1967 / Nachdruck 2001).

Kunkel / Honsell / Mayer-Maly / Selb, *Römisches Recht* (4. Auflage 1987).

Lee, R. W., *The Elements of Roman Law* (Fourth edition, 1956).

Lenel, Otto, *Palingenesia Iuris Civilis*, I et II (1889 / Nachdruck 1960). [= Lenel I, II]

Liebs, Detlef, "Abstraktion im Neueren Gemeinen Recht", *Orbis Iuris Romani-*

Journal of Ancient Law Studies 7 (2002), 59-75.

Matthaeus, Antonius, *De Criminibus ad Lib. XLVII. et XLVIII. Dig. Commentarius* (editio quinta et ultima, Antwerpiae, 1761) / *On Crimes. A Commentary on Books XLVII and XLVIII of the Digest*, edited and translated into English by M. L. Hewett / B. C. Stoop (Cape Town · Wetton · Johannesburg, 1987), Vol. I.

May, James M. / Wisse, Jakob (Transl.), *Cicero, On the Ideal Orator (De Oratore)* (2001).

Mayer-Maly, Theo, *Das Putativtitelproblem bei der usucapio* (1962). [= Mayer-Maly I]

＿＿＿, "Die Wiederkehr von Rechtsfiguren", *Juristenzeitung* 26 (1971), 1-3. [= Mayer-Maly II]

Merklin, Harald (Übers. u. Hg.), *Marcus Tullius Cicero, De Oratore / Über den Redner, lateinisch und deutsch* (1976).

Mascovius, Gotfridus, *De Sectis Sabinianorum et Proculianorum in Jure civili Diatriba* (Lipsiae, 1728).

Müller-Ehlen, Martina, *Hereditatis Petitio. Studien zur Leistung auf fremde Schuld und zur Bereicherungshaftung in der römischen Erbschaftsklage* (1998).

Nörr, Dieter, *Die Entstehung der longi temporis praescriptio. Studien zum Einfluß der Zeit im Recht und zur Rechtspolitik in der Kaiserzeit* (1969).

Ogris, W., "Aufnehmen des Kindes", *Handwörterbuch zur deutschen Rechtsgeschichte*, herausgegeben von Adalbert Erler und Ekkehard Kaufmann, I (1971), 253-254.

Oldendorp, Johann (ca. 1488~1567), *Opera*, I (Basel, 1559 / Neudruck 1966).

Oxford Latin Dictionary, ed. P. G. W. Glare (1982 / reprint 1985). [= OLD]

Pflüger, H. H., *Zur Lehre vom Erwerbe des Eigentums nach römischem Recht* (1937).

Die Philosophie der Antike, Band 4-2: Die Hellenistische Philosophie, von Michael Erler · HellmutFlashar · GünterGawlick · WoldemarGörler · Peter Steinmetz, herausgegeben von Hellmut Flashar (1994). [= PhdA 4-2]

Rainer, J. Michael, "Nochmals zu den Gründen und der Datierung der Lex Scribonia", *Zeitschrift der Savigny-Stiftung für Rechtsgeschichte, Rom Abt.* 104 (1987), 631-638.

Schindler, Karl-Heinz, *Justinians Haltung zur Klassik. Versuch einer Darstellung an Hand seiner Kontroversen entscheidenden Konstitutionen* (1966).

Sohm, Rudolph, *Institutionen. Geschichte und System des römischen Privatrechts* (siebzehnte Auflage 1923).

Stoicorum veterum fragmenta, II, coll. Ioannes ab Arnim (editio stereotypa editionis primae 1903, 1979). [=*StVF* II]

Spengler, Hans-Dieter, *Studien zur interrogatio in iure* (1994).

Stintzing, Johann August Roderich von, *Das Wesen von* bona fides *und* titulus *in der römischen Usucapionslehre : Historisch-dogmatischer Versuch* (Heidelberg, 1852).

Tellegen-Couperus, Olga, "Cicero und Ulpian, Two Paragons of Legal Practice", *Revue Internationale des droits de l'Antiquité* 56(1) (2009), [1]-[12] (http:// arno.uvt.nl/show.cgi?fid=93594 (2009년 8월 8일자 방문)에서 취한 아직 미 출간 원고[preprint]여서 면수를 부득이 자체 면수로 표시하였다).

Theophilus *antecessor, Institutionum Graeca Paraphrasis,* Pars prior, ed. E. C. Ferrini (Berolini, 1884).

Tielsch, Elfriede Walesca, *Der kritische Empirismus der Antike in seiner Bedeutung für die Naturwissenschaft, Politik, Ethik und Rechtstheorie der Neuzeit* (1981).

Totius Latinitatis Lexicon, consilio et cura Jacobi Facciolati, opera et studio Aegidii Forcellini, tertia editio / editio in Germania prima, tomus quartus (Lipsiae / Londini, 1835). [=*TLL*]

Vacca, Letizia, " 'Iusta causa' e 'bona fides' nell'usucapio romana. A proposito del titolo pro suo", *Sodalitas. Scritti A. Guarino,* IV (Napoli 1984), 1955-2000. [=Vacca I]

_____, "Usucapione, a) Diritto Romano", *Enciclopedia del Diritto* 45 (1992), 989- 1022. [=Vacca II]

Voet, Johannes (1647~1713), *Commentarius ad Pandectas,* II (editio ultima accuratior, Coloniae Allobrogum, 1757).

Vázquez, Carmen García, *"Precarium usus iuris",* Bullettino dell'Istituto di Diritto Romano, terza serie Vol. 35-36 (1993~1994), 279-292.

Wacke, Andreas, *"Peculium non ademptum videtur tacite donatum.* Zum Schicksal des Sonderguts nach der Gewaltentlassung", *IURA* 42 (1991), 43-95. [=Wacke I]

_____, *"Plus est in re quam in existimatione* (Die Realität gilt eher als die Vorstellung). Zur Relevanz vermeintlicher Wirksamkeitshindernisse", *Tijdschrift voor rechtsgeschiedenis* 54 (1996), 309-357. [=Wacke II]

Waldstein, Wolfgang, "Max Kasers Beitrag zur Erkenntnislehre", *Zeitschrift der Savigny-Stiftung für Rechtsgeschichte, Rom. Abt.* 115 (1998), 203-213.

Weische, Alfons, *Cicero und die Neue Akademie. Untersuchungen zur Entstehung und Geschichte des antiken Skeptizismus* (1961 / 2. unveränderte Auflage 1975).

Wieacker, Franz, "Offene Wertungen bei den römischen Juristen", *Zeitschrift der*

Savigny-Stiftung für Rechtsgeschichte, Rom. Abt. 94 (1977), 1-42. [=Wieacker I]

_____, *Privatrechtsgeschichte der Neuzeit* (2., neubearbeitete Auflage, 1967) = *A History of Private Law in Europe*, translated by Tony Weir (1995). [=Wieacker II]

_____, *Römische Rechtsgeschichte*, II (2006). [=Wieacker III]

Wilkins, Augustus S., *Cicero, De oratore I-III* (1892 / reprint 2002).

Winkel, Laurens C., *Error iuris nocet: Rechtsirrtum als Problem der Rechtsordnung* (1985). [=Winkel I]

_____, "Usucapio pro suo and the Classification of the causae usucapionis by the Roman Jurists", *New Perspectives in the Roman Law of Property. Essays for Barry Nicholas* (1989), 215-221. [=Winkel II]

Wubbe, Felix, "ius in re", *Paulys Realenzyklopädie der classischen Altertumswissenschaft*, Supplement 10 (1965), 333-343.

Zoesius, Henricus (1571~1627), *Commentarius ad Digestorum seu Pandectarum Iuris Civilis Libros L* (Lovanii, 1645).

제6장 도품(盜品)인 여자노예가 낳은 아이는 점용취득할 수 있는가

─로마법상의 한 사례 연구

I. 머리말

 법률가들의 작업은 예나 지금이나 현실에서 발생하는 문제를 법질서 전체의 구도 속에서 정의와 합목적성과 법적 안정성을 구현할 수 있는 일관성 있는 해법을 통해 해결하는 것이다. 이 작업은 크게 두 가지 방향으로 진행시킬 수 있다. 하나는 귀납적인 방법으로 사안별로 합당한 결론을 도출하고자 노력하고, 그 성과를 취합하여 좀더 일관된 논리를 개발하면서 점차 꼴을 갖춘 이론으로 진전하는 방식이다. 상당한 경험의 축적이 있기까지는 필수불가결한 과정이기도 하다. 다른 하나는 연역적인 방법으로 인간과 규범에 대한 근본적인 성찰을 전제로 삼고 그로부터 출발하여 일정한 성향의 기본적인 교의(敎義)를 발전시키고 이러한 교의를 동원하여 구체적인 사례들을 해결하면서 경우에 따라서는 그 성과를 반영하여 교의를 수정하고 더 나아가 근본적인 전제 자체를 재음미하는 방식이다. 이 또한 상당한 경험의 축적이 있기까지는 이론적 구상의 타당성을 검증하는 것이 쉽지 않다는 점에서 교조적 독단에 빠지지 않으려면 경험에 의한 보정이 필수적이다. 결국 정도의 차이는 있으나 법학의 방법이란 귀납과 연역, 경험과 체계, 선례와 이론이 통합적으로 상호보완하는 가운데 비로소 소기의 목적을 달성할 수 있으며, 법학의 기초인 규범의 확인작업도 이념과 원리의 주지주의적(主知主義的) 요소가 결단과 제정의 주의주의적(主意主義的) 요소와 유기적으로 통합되는 가운데 비로소 기능할 수 있는 것이다.

　이 글은 이러한 법학의 기능태 모습을 하나의 예를 통하여 확인해 보려는 것이다. 이곳에서 살펴보려는 예는 로마법에서 고른 것으로 노예와 관련된 사안이므로 현행법에서는 상상할 수 없고, 또 동산의 점용취득(usucapio)이라는 로마시민법상의 고유한 제도를 다루는 것이므로 역시 현행법에서는 그와 같은 사례를 발견할 수 없다. 그럼에도 불구하고 이러한 예를 살펴보게 된 연유는 오로지 이 사안을 다루는 로마의 법률가들의 사고과정이 방금 밝혔듯이 법학의 문제 해결과정을 예증하는 데에 크게 적합하다고 판단되었기 때문이다. 이런 의미에서 이 글은 독일의 사법(私法) 및 로마법학자 레오 라페(Leo Raape, 1878~1964)가 일찍이 말했듯이 "사고(思考) 스포츠"(Denksports)로서의 로마법 고찰이다.[1]

II. 사례 연구

1. 사안과 쟁점

　검토하려는 쟁점은 원소유자로부터 도난당한 여자노예를 어떤 방식으론가 점유하게 된 점유자가 있고 그 여자노예가 점유취득 이후 출산을 한 사안에서 점유자는 그녀가 낳은 아이를 점용취득할 수 있는가 하는 것이다. 이 사안과 쟁점을 살피기 위해서는 무엇보다도 로마법상 점용취득이라는 것이 어떠한 것이었는가를 기초사실로 알지 않으면 안 될 것이고(후술 2.), 이러한 배경지식하에서 로마의 법률가들이 어떤 사고과정을 통해 어떤 결론에 이르렀는지를 고찰해야 할 것이다(후술 3.). 세부적으로는 특히 다음의 사항들이 문제될 것이다.

---

1 Schuller, 90 n.2.

(1) 점용취득과 관련해서는

　a) 점유자에게 어떤 권원이 있는지

　b) 점유자의 선의는 무엇에 대해 언제 요구되는지

　c) 도품(盜品)의 처리에 관한 로마법상의 규율

(2) 여자노예와 관련해서는

　a) 노예의 법적 지위 일반에 관한 학설과 그 귀결 여하

　b) 회임(懷妊)과 출산 시점이 가지는 법적 중요성 여부

(3) 출생한 노예 아이와 관련해서는

　a) 엄마와의 관계에서 어떤 지위에 있는지

　b) 가장 유사한 경우인 가축 새끼(fetus pecorum)와 같이 볼 수 있
　　는지

2. 점용취득

로마법상 소유권 취득의 방식으로서 가장 오래된 것 중 하나가 이른
바 점용취득(usucapio)이다.[2] 이것은 주지하다시피 일정한 경우에 소유
권을 취득하고자 하는 물건을 그것을 취득하고자 하는 자가 그 취득에
관하여 선의인 한, 동산의 경우에는 1년간, 부동산의 경우에는 2년간 점
유 사용함으로써 소유권을 원시적으로 취득하게 되는 로마 시민법상의[3]
고유한 제도이다.[4] Usucapere(점용취득하다)는 달리 usu suum facere (사

2　최병조 II, 400ff.; Vacca I, 989-1022.

3　Gai. 2,65. 시민법 밖의 점용취득에 관해서는 Kaser II, 156ff.

4　D.41.3.3 Modestinus 5 pandectarum.

　Usucapio est adiectio dominii per continuationem possessionis temporis lege definiti.

　(점용취득이란 법률로 정해진 기간의 점유의 계속에 의한 소유권의 추가이다.)

　Usucapione dominium adipiscimur tam mancipii rerum quam nec mancipii.

　Usucapio est adiectio dominii per continuationem possessionis temporis lege

　definiti. Usucapio est autem dominii adeptio per continuationem possessionis anni

　vel biennii: rerum mobilium anni, immobilium biennii.

　(점용취득으로 우리는 소유권을 취득하는바, 악취물과 비악취물 모두에 그러하다.

　점용취득이란 법률로 정해진 기간 점유의 계속에 의한 소유권의 추가이다. 점용취

용으로써 자기 것을 만들다: Ulp. D.4.6.21), per usum sibi adquirere (사용을 통하여 자기가 취득하다: Pap. D.4.6.19; Ulp. D.4.6.23.1), rem per temporis spatium nostra fieri (물건이 기간을 통하여 우리 것이 되다: Paul. D.6.1.23.7) 등으로, usucapio는 per usum dominii adquisitio (사용을 통한 소유권의 취득: Ulp. D.4.6.23.1) 등으로도 표시되었다. 일정한 법정의 기간을 요구한다는 점에서 현행법상의 점유취득시효 제도(민법 제245조, 제246조)와 유사하지만, 그 기간이 후자에 비하여 꽤 짧다는 점에서 차이가 있다. 또 선의를 우대한 제도라는 점에서 현행법상의 동산 선의취득 제도(민법 제249조)와 흡사하지만, 즉시 취득이 아니라 일정한 기간의 경과를 요구한다는 점에서 차이가 있다. 요컨대 점용취득은 현행법상의 점유취득시효 제도와 동산 선의취득 제도의 혼합형, 절충형 내지 중간형의 소유권취득 방식이라고 할 수 있는데, 그 기본적인 구상과 구조로 보자면 게르만법에서 유래하는 후자보다는 이 제도의 후신인 전자에 더 많이 해당한다고 할 것이다. 이 점은 usucapio가 후에 유스티니아누스 황제에 의해 현재의 점유취득시효에 훨씬 더 접근한 장기시효(praescriptio longi temporis)[5]와 융합된 사실(C.7.31.un. Justinianus 〔a.531〕)로부터도 간취된다.[6] 로마의 법률가들은 이 제도가 쟁송의 종식을 위해서 인정된 것이라고 평가하였다.[7]

이 점용취득의 요건은 종래 다음과 같은 운구(韻句)로 표현되어 법학도의 기억을 도왔다.

득이란 그런데 1년간 또는 2년간 점유의 계속에 의한 소유권의 취득인바, 동산의 경우에는 1년간, 부동산의 경우에는 2년간이다.)

5　이것의 시효기간은 동산의 경우 3년, 부동산의 경우 양 당사자가 동일 관구 거주 시 (inter praesentes)에는 10년, 서로 다른 관구 거주 시(inter absentes)에는 20년이었다. 이 후대의 발전에 관해서는 일응 최병조 II, 402ff.

6　상세한 것은 Vacca II, 146-186.

7　D.41.10.5.pr. Neratius 5 membranarum. 그 밖의 사료에 관해서는 최병조 II, 402 n.53.

res habilis, titulus, fides, possessio, tempus[8]
(점용취득가능물, 권원, 선의, 자주점유, 기간)

이 글은 이 다섯 가지 요건 중에서 대상물이 도품인 경우 권원 및 선의가 문제되는 특정한 사안을 다루려는 것이다.

먼저 선의(bona fides)란 취득자 자신의 즉시 소유권 취득을 방해하는 흠결에 대한 부지(不知)를 의미한다(가령 매도인이 판 물건의 소유자가 아니라는 사실에 대한 부지[9] 또는 정신착란의 사실을 모른 경우[10]). 선의는 어쨌든 인도 시에는 요구되었다. 취득자의 악의[11]에 대한 입증은 상대방이 부담하였다.[12] 로마법상 면책가능한 착오(probabilis error, tolerabilis error)만 선의로 고려되었고,[13] 법률의 착오에 기하여 자신의 점유를 정당한 것으로 여긴 경우는 선의로 인정되지 않았다.[14] 가령 후견인의 조성에 대한 지(知)·부지(不知)가 선의의 대상인 사정에 해당하는지는 로마의 법률가들 사이에서 다투어졌던 문제 중 하나였다.[15]

점용취득은 취득자의 점유가 취득을 정당화해주는 권원(titulus)에 기초한 것이어야만 인정될 수 있었다.[16] 권원의 라틴어 용어 titulus에서도 알 수 있듯이 오늘날에도 사용되는 이 어휘는 로마법에서 기원하는 것이다.[17] 그 밖에 titulus는 인도(traditio)와 관련해서도 사용된다. 인도

---

8   Endemann, 115; Kaser/Knütel, 156.

9   D.18.1.27 Paulus 8 ad Sabinum.

10 D.6.2.7.2 Ulpianus 16 ad edictum.

11 재산처분이 금지 또는 제한된 것을 알고 매수하거나 채권자 사해행위임을 알면서 매수하는 경우들이 대표적인 악의의 예이다(D.18.1.26 Pomponius 17 ad Sabinum; D.41.4.7.5 Iulianus 44 digestorum).

12 C.8.44.30 Diocletianus/Maximianus (a.294).

13 D.41.10.5.1 Neratius 5 membranarum.

14 D.41.4.2.15 Paulus 54 ad edictum; D.41.3.31.pr. Paulus 32 ad Sabinum.

15 Fragmenta Vaticana 1.

16 C.3.32.24 Diocletianus/Maximianus (a.294).

17 가령 D.5.3.13.1 Ulpianus 15 ad edictum; D.41.9.1.pr. Ulpianus 31 ad Sab.

의 권원과 점용취득의 권원은 양자 모두 점유 및 소유권의 이전이나 취득과 결부된다는 점에서 일치하는 점이 많지만 동일한 것은 아니다.[18] 권원이란 취득자가 자신의 자주점유를 법적으로 승인된 방법(a legally recognized method)[19]에 의해서 취득했음을 주장할 때 이 승인된 방법에 다름 아니다. 이것은 생활관계에 따라 사인(私人) 간에, 심판인에 의해서, 정무관에 의해서, 또는 점유자 자신에 의해서 인정될 수 있었다.[20] 이러한 권원에는 무엇보다도 소유권의 취득을 겨냥한 법률행위가 속하였다. 가장 전형적인 것으로 거론되는 것들은 다음과 같다. 다른 사유도 당연히 얼마든지 가능하였다.[21] 사료상으로는 특히 정당한 원인으로 인도받아서 점용취득중인 자가 점유를 상실했을 때에 소유자의 지위에 준하여(ad instar proprietatis) 그 회복을 위해서 인정되었던 대물소권(對物訴權)이었던 푸블리키우스 소권(actio Publiciana)을 다루고 있는 D.6.2에서 찾아볼 수 있다. 점용취득중인 자의 경우 당연히 그 권원이 문제되었기 때문이다. 그러나 푸블리키우스 소권이 인정되는 경우가 모두 점용취득이 인정되는 경우와 일치하는 것은 아니었음에 주의를 요한다.[22]

- pro emptore (D.41.4; C.7.26)

- pro donato (D.41.6; C.7.27)

- pro dote (D.41.9; C.7.28)

- pro legato (D.41.8)

- pro soluto (D.41.3.46ff.)

- pro transactione (C.7.26.8)

("Titulus est usucapionis et quidem iustissimus").

18 서을오, 205f.

19 Watson, 48.

20 Vinnius, ad Inst. 2.6.pr. n.3 (p.262).

21 가령 pro iudicato, pro adiudicato, pro permutato; Cf. Voet, ad D.41.10.1 n.2 (p.639); D.41.2.3.21 Paulus 54 ad edictum.

22 가령 D.6.2.12.2 Paulus 19 ad edictum (vectigalia etc.).

- pro noxae dedito (D.41.2.3.21)

이것들은 각각 '매수인으로서', '증여물로서', '가자물(嫁資物)로서', '유증물로서', '변제된 것으로서', '화해로서', '가해자위부물(加害者委付物)로서' 점유한다는 점용취득의 정당한 원인(iusta causa)을 지칭하는 것이다.[23] Pro emptore의 경우는 인도 시에 선의인 것만으로는 부족하고 매매계약 체결 시에도 선의일 것을 요구했던 것[24]이 특이한 점이다. Pro legato의 경우는 물권적 유증(legatum per vindicationem)에만 해당하는 것이었고, 채권적 유증(legatum per damnationem)의 경우는 pro soluto의 한 사례였다. 이외에도 다음의 권원이 알려져 있었다.

- pro derelicto (D.41.7)
- pro herede (D.41.5)
- pro suo (D.41.10)

이것들은 각각 '포기물로서', '상속인으로서', '자기 것으로서' 점유한다는 권원이다.

Pro suo는 글자 그대로 '자기의 것으로서'란 뜻이다 점용취득 점유로서 pro suo는 당연히 점유취득 시의 선의를 포함한 개념이고 한편으로는 '타인 물건으로서'(pro alieno) 하는 점유에,[25] 다른 한편으로는 '폭력(vi), 은비(隱秘, clam), 허용점유에 의한(precario)' 하자 있는 점유(vitiosa possessio)에 대되는 개념이었다.[26] 로마법 사료에서 이 표현은 한편으로

---

23 이러한 권원에 기한 점유의 경우는 상속과 무관한 것이므로 당연히 상속재산분할 소송의 대상이 되지 않았다(D. 10.2.25.7 Paulus 23 ad ed.).

24 D.41.4.2.pr. Paulus 54 ad edictum; D.41.3.48 Paulus 2 manualium; D.6.2.7.17 Ulpianus 16 ad edictum.

25 가령 D.41.3.13.pr. Paulus 5 ad Plautium.

26 Pomp. 32 ad Sabinum D.41.10.4.pr. i.f.: neque idem et pro suo et clam possidere potest.

는 일반적인 용법으로,[27] 다른 한편으로는 점용취득의 권원을 지칭하는
용법으로 사용되었다. 그리고 이 후자의 경우에도 다시 두 가지 용법으
로 사용되었다.[28] 먼저 점용취득의 권원이 무엇이 되었든 권원이 있어서
그에 기하여 점유하는 경우를 모두 포괄하는 광의의 어법인데, 이때에는
그가 그 권원에 기하여 '자기 것으로', '기물(己物)로' 점유하고 기간이
만료되면서 실제로 '자기 것으로' 취득하게 되기 때문이다.[29] 그러나 이
어법은 다른 권원에 기한 점용취득의 점유를 다시 확인하는 기능에 불
과한 것이므로 굳이 pro suo를 언급하지 않더라도 무방하다. 실제로 로
마의 법률가들도 다른 권원이 문제될 때 대부분은 pro suo를 덧붙이지
않는다. 다음으로 협의의 pro suo는 D.41.10.2 이하가 다룬다. 이것은 이
미 살펴본 소유권 취득의 원인이 될 수 있는 법률행위들 외의 소유권 취
득을 정당화할 수 있는 사유들을 편의상 하나의 범주로 묶어서 일컫는
것이다. 따라서 비교적 다양한 사례들이 이에 해당될 수 있다.[30]

반면에 로마인들은 자기를 위해서, 그러나 무권원으로 점유하는 경
우를 '단순히 점유를 취한 점유자로서' 하는 점유라는 의미에서 pro
possessore라고 표현하였다. 이것은 특히 상속재산과 관련될 때에는 상

---

27 D.47.2.68.pr. Celsus 12 digestorum.

28 최병조 II, 400f.; Heineccius, Pars VI, §CCXXXIV (ad D.41.10); Donellus, 1079
n.22.

29 D.41.10.4.2. Pomponius 32 ad Sabinum; D.41.10.1.pr.-1 Ulpianus 15 ad
edictum; D.41.2.3.4 Paulus 54 ad edictum.

30 D.41.10.2 Paulus 54 ad edictum; D.41.10.4.1 Pomponius 32 ad Sabinum;
D.23.3.67 Proculus 7 epistularum; D.41.9.1.2 Ulpianus 31 ad Sabinum 등. 어로
(漁撈)나 수렵을 통한 선점(先占)행위 및 충적(沖積)에 의한 토사의 취득, 적으로
부터의 노획품 취득, 가공(加工)행위나 부합행위도 이에 해당한다. 원래 이러한
사정은 바로 원시취득을 가능케 하는 사유인 점을 감안하면 점용취득이 문제되는
이때에는 그 대상물이 이러한 원시취득이 불가능한 것(가령 사냥에서 잡았다고
생각했는데 사실은 타인 소유의 짐승인 경우)임이 전제된 것이다. 즉 원시취득의
외양을 갖춘 경우 선의의 점유자에게 점용취득을 인정한 것이다. 이러한 사실은
로마법상의 권원이란 반드시 법률행위일 필요가 없고 점용취득의 취지에 합당한
어떤 사정이면 족한 것이었음을 보여준다.

속인을 자칭하여 점유하는 경우인 pro herede와 달리 상속인을 자칭하지 않고서 점유하는 경우에 사용되었다.[31]

3. 로마의 법률가들의 견해(학설)

이제 로마법상의 점용취득에 관해서 기본사항을 숙지했으므로 우리의 사안을 본격적으로 검토하기로 한다. 도품인 여자노예가 낳은 아이에 대해서는 로마의 법률가들 사이에서 다양한 견해가 제시되었다.[32] 두 종류의 사안이 문제되었는데, 하나는 현재의 점유자가 자신의 노예를 통하여 도품인 여자노예[33]를 취득한 경우이고(후술 1)), 다른 하나는 현재의 점유자가 이러한 매개 없이 직접 도품인 여자노예를 취득한 경우다(후술 2)). 어느 경우든 여자노예 자신의 입을 통해서 도품인 사실을 알 수 있는 가능성이 현실적으로 꽤 컸음에도 불구하고 점유취득자가 취득시 도품 여부에 대하여 선의였으며, 그후 점유 중에 그녀가 회임(懷妊)하여 아이를 출산했고, 점유중의 어느 때인가 후에 — 이 시점은 출산의 전후 어느 시점이다 — 도품임을 알게 되었다는 사실관계에서 태어난 아이의 점용취득 여부가 쟁점이었다.

우선 확인할 수 있는 것은 첫째로 엄마 노예 자체는 도품이므로 점용취득이 원천적으로 허용되지 않았다는 점이고, 둘째로 이 여자노예가 점용취득점유자의 수중에 있을 때에 회임한 경우만 문제되었다는 점이다. 이러한 회임은 아이가 새로운 존재로서 그에 대한 점유의 개시가 모(母)와 별도로 선의로 가능하기 위한 당연한 전제였다.[34] 매수 당시 이미

---

31 Pro suo와 pro possessore에 관해서는 최병조 IV 참조.
32 노예 자식의 사회경제적 중요성에 관해서는 Hermann-Otto, 167-186.
33 이미 12표법(XII. Tab. 8.17) 시대부터 도품(盜品)의 경우에는 아무리 선의이더라도 점용취득이 인정되지 않았다(Inst. 2.6.2).
34 D.6.2.11.2 Ulpianus 16 ad edictum.
    Partus ancillae furtivae, qui apud bonae fidei emptorem conceptus est, per hanc actionem (sc. Publicianam) petendus est, etiamsi ab eo qui emit possessus non est. ...
    C.7.26.3 Alexander Severus.

잉태한 경우에는 시민법상 태아는 세상 내의 존재였기에(in rerum natura esse) 엄마와 함께 그 자체로 벌써 도품(盜品)이므로 점용취득의 대상이 되지 않아서[35] 이론상 문제될 것이 없었기 때문이다. 다른 한편으로 임신한 여자가 이미 점용취득이 되고 나서 출산한 때에는 일반의 경우와 다를 바가 없으므로 아이는 회임 시점의 소유자가 아니라 출산 시점의 소유자에게 속하였다.[36]

선의란 우리 사안의 특성상 엄마의 도품성(盜品性)에 대한 선의인데, 이것은 로마의 법률가들이 엄마의 도품성에 대한 악의가 아이의 점용취득의 장애사유라고 보았다는 것이고 이것은 다시 아이에게 엄마의 도품성이 공유된다는 것을 전제하고 있다는 말이 되는데, 이를 강조하는 입장

Si matrem eius, cuius nomine quaestionem pati dicis, bona fide emptam possidere coepisti, etiamsi ipsa in causam furtivam incidit, tamen postea conceptum apud te partum usucapere potuisti.

35 D.1.5.26 Iulianus 69 digestorum.

Qui in utero sunt, in toto paene iure civili intelleguntur in rerum natura esse. nam et legitimae hereditates his restituuntur: et si praegnas mulier ab hostibus capta sit, id quod natum erit postliminium habet, item patris vel matris condicionem sequitur: praeterea si ancilla praegnas subrepta fuerit, quamvis apud bonae fidei emptorem pepererit, id quod natum erit tamquam furtivum usu non capitur: his consequens est, ut libertus quoque, quamdiu patroni filius nasci possit, eo iure sit, quo sunt qui patronos habent.

C.6.2.12.pr. Diocletianus / Maximianus (a.293).

Ancillae subtractae partus apud furem editi, priusquam a domino possideantur, usucapi nequeunt: matris furem etiam eorum causa furti teneri convenit actione.

36 D.41.1.66 Venuleius 6 interdictorum.

Cum praegnas mulier legata aut usucapta aliove quo modo alienata pariat, eius fient partus, cuius est ea, cum eniteretur, non cuius tunc fuisset, cum conciperet.

이때에는 점용취득 기간 1년과 사람의 임신 기간을 고려하면 엄마가 점용취득 되던 중에 회임한 것일 수밖에 없는데, 점용취득이 되었다는 것은 점유자가 선의로 엄마를 점유했다는 것이고, 따라서 아이에 대해서도 선의였다는 것이며, 점유자가 엄마의 소유자가 된 이상 그와 동시에 또는 그후에 태어난 아이는 일반원칙에 따라서 (아직 아이가 태어나기 전인 회임 시 엄마노예의 소유자가 아니라) 엄마노예의 현소유자의 소유가 되는 것이다.

은 아이의 점용취득을 부정하고 반대로 그럼에도 불구하고 선의인 한, 점
용취득이 인정된다고 보는 긍정설은 이때의 아이의 도품성을 일반적인
경우처럼 절대적인 점용취득 배제사유는 아닌 것으로 다루었음을 보여
준다. 훔친 물건인 엄마가 없었더라면 존재하지 않았을 아이로서는 그런
의미에서는 파생된 도품이라고 할 수 있지만 절도 자체와는 아무런 상관
없이 세상에 태어난 존재로서는 그 점용취득을 차단할 필연성도 없기 때
문일 것이다. 어쨌든 이런 의미에서 긍정설은 아이에 관한 한, 도품성을
논하는 것이 일반적인 경우와 구별하기만 어렵게 할 뿐 논의의 진전에 별
도움이 안 된다고 보아 이 문제를 일관되게 선의의 문제로 포착하였다.

1) 점유자가 자신의 노예를 통해서 여자노예를 취득한 경우

(1) 긍정설: 율리아누스

D.41.4.9 Iulianus 3 ad Urseium Ferocem.

Qui ob pactionem libertatis ancillam furtivam a servo accepit, potest partum
eius quasi emptor usucapere.

(자유(부여)의 약정으로 인하여 도품인 여자노예를 [자신의] 노예로부터
받은 자는 그녀의 아이를 마치 매수인인 것처럼 점용취득할 수 있다.)

D.41.4.10 Iulianus 2 ad Minicium.

Servus domino ancillam, quam subripuerat, pro capite suo dedit: ea
concepit: quaesitum est, an dominus eum partum usucapere possit.
respondit: hic dominus quasi emptor partum usucapere potest, namque res
ei abest pro hac muliere et genere quodammodo venditio inter servum et
dominum contracta est.

(노예가 주인에게 그가 강탈한 여자노예를 자기 대신으로 주었다. 그녀가
회임하였다. 주인이 그 아이를 점용취득할 수 있는지가 문의되었다. 그는 해

답하였다. "이 경우 주인은 마치 매수인인 것처럼 아이를 점용취득할 수 있으니, 그 이유인즉슨 물건이 그에게서 이 여자 대신 부재하는 것이고 모종의 매매가 노예와 주인 사이에 체결된 것이기 때문이다.")

긍정설을 취하는 율리아누스에 의하면 노예 해방의 대가로 자기의 노예로부터 도품이거나 그 노예 자신이 강탈한 여자노예를 수령한 자는 그 여자노예가 낳은 아이를 '마치 매수인인 것처럼'(quasi emptor) 점용취득할 수 있다. 점유자가 선의라는 것은 현재의 논점이 아니므로 언급이 없지만 당연히 전제된 것이다. 이곳에서의 당면 논점은 오히려 점용취득의 권원 문제이다. 여기서 quasi emptor는 두 가지를 의미하는 것으로 보인다. 하나는 점유자와 그의 노예 사이에 급부와 반대급부가 교환되어 마치 매매가 이루어진 것처럼(genere quodammodo venditio) 평가한다는 것이고, 다른 하나는 그렇지만 아이 자체에 관한 한, pro emptore 권원을 바로 인정할 수는 없다는 것이다. 이 개소들은『로마법대전』편찬자들에 의해 pro emptore의 장(章)(D.41.4)에 배치되었는데, 말하자면 그에 준하는 것이었기 때문이다. 사실 아이 출산의 사안은 일반적인 경우의 권원 유형에 대입시킬 수 없는 독특한 성격의 것이다.

(2) 부정설: 사비누스, 카씨우스, 파울루스

D.41.3.4.16 Paulus 54 ad edictum.
De illo quaeritur, si servus meus ancillam, quam subripuit, pro libertate sua mihi dederit, an partum apud me conceptum usucapere possim. Sabinus et Cassius non putant, quia possessio, quam servus vitiose nanctus sit, domino noceret, et hoc verum est.
(나의 노예가 그가 강탈한 여자노예를 자신의 자유에 대한 대가로 나에게 준 경우 나의 수중에서 회임된 아이를 내가 점용취득할 수 있는지의 여부가 문의되었다. 사비누스와 카씨우스는 아니라고 생각하는데, 왜냐하면 그 노

예가 하자 있게 취득한 점유는 주인에게 불이익하기 때문이라는 것이다. 그리고 이 견해는 옳다.)

자신이 강탈한 여자노예를 자신의 자유를 위해서 주인에게 제공한 사안에 대해서 파울루스는 사비누스와 카씨우스가 부정설을 취했다고 보고하면서 그에 동조한다. 그 근거로 제시된 것은 "노예가 하자 있게 취득한 것은 주인의 불이익으로 돌아간다"는 논리였다. 즉 이 논리에 따라 주인이 사실상 선의이더라도 법적으로는 노예의 악의가 곧 주인의 악의로 취급되어야만 하고 그래서 엄마노예의 도품성에 대한 주인의 이 악의로 인하여 아이의 점용취득이 배제된다는 것이다. 흥미롭게도 사비누스와 카씨우스로 대변되는 구 사비누스학파와 그 전통에 선 파울루스가 그 교의에 충실하게 노예법을 신분법적으로 파악하여 노예의 행위를 그를 신분법적으로나 총체적으로 지배하는 주인의 행위와 동일시한 반면,[37] 긍정설을 취했던 율리아누스는 프로쿨루스학파의 엄격한 개념논리를 상당히 수용했던 혁신파로서 — 아직 사비누스학파의 전통에 따라서 물물교환을 매매로 파악[38]한 바탕 위에서도 — 프로쿨루스학파의 노예법에 대한 재산법적 시각[39]을 취하여 개별적인 행위를 그때그때 상황에 따라 판단함으로써 노예해방의 실질을 주인과의 거래로 포착하여 'quasi emptor' 운운할 수 있었다는 사실이다. 이것은 근본적인 법적 관점의 차이이므로 상호 조화는 힘들어 보인다.

---

37 같은 곳, D.41.4.2.14 Paulus 54 ad edictum.

Et si quod non bona fide servus meus emerit, in pactionem libertatis mihi dederit, non ideo me magis usucapturum: durare enim primam causam possessionis idem Celsus ait.

38 최병조 III, 258.

39 노예법에 대한 이해의 관점 차이에 대해서는 최병조 I, 443ff. 참조.

2) 점유자가 직접 여자노예를 취득한 경우

이 사안에 대해 사료가 꽤 전해진다. 이를 시간순으로 정리하면 Trebatius-Iulianus-Pomponius-Marcellus-Scaevola-Papinianus-Paulus-Ulpianus가 되는데, 학설은 갈렸다.[40] 이견의 이유는 결국 아이를 엄마와의 관계에서 어떻게 파악하느냐 하는 관점의 차이였다. 차례로 살펴본다.

(1) 긍정설-1

a) 트레바티우스

D.41.10.4.pr. Pomponius 32 ad Sabinum.

Si ancillam furtivam emisti fide bona, ⟨quodque *ins. Mommsen*⟩ ex ea natum et apud te conceptum est ita possedisti, ut intra constitutum usucapioni tempus cognosceres matrem eius furtivam esse, Trebatius omni modo, quod ita possessum esset, usucaptum esse. ...

(도품인 여자노예를 네가 선의로 매수하고, 그녀에게서 태어났고 또 너의 수중에서 회임된 아이를 네가 점유하되 점용취득에 정해진 기간 내에 네가 그 아이의 엄마가 도품인 것을 알게 되었어도 트레바티우스는 모든 점에서 그렇게 점유된 것은 점용취득된 것이라고 하였다.)

먼저 키케로의 나이 어린 친우이고 카이사르와 아우구스투스의 법률 고문이었던 트레바티우스(C. Trebatius Testa)[41]는 이 경우 전적으로 아이의 점용취득을 긍정하였다. 명시하지는 않았으나 문맥으로 미루어 볼 때 출산 시점에 선의였기에 그런 것으로 보인다(ita). 즉 후발적 악의는 무

---

40 Bělovský, 83ff.

41 이 개소에 기초한 Harmenopulos, 3.3.92 (ed. Heimbach, p.371)에 의하면 네라티우스(ὁ Νεράτιος)이다. 그럼에도 불구하고 Trebatius가 바른 읽기라는 것에 관해서는 Abramenko, 431ff.; Watson, 29.

해하다는 법리를 바탕으로 한 결정이다. 그렇다면 다음 b)에서 살펴볼 다수설의 초석은 늦어도 트레바티우스까지는 소급하는 셈이다.

한편 이 개소에 대한 최근의 연구에서 Abramenko는 크게 두 가지 논거를 가지고 트레바티우스가 통설과 달리 회임 시점으로부터 점용취득을 기산하여 출산 후 대략 3개월 정도로 점용취득이 완성되도록 하는 독특한 견해를 대변한 것으로 새긴다. 논거의 하나는 ex ea natum et apud te conceptum est를 출생한 경우와 회임한 경우로 각각 독립시켜 이해하는 독법이고,[42] 다른 논거는 usucaptum esse가 이미 점용취득이 이루어졌음을 시사하는바, 이것은 단순히 '점용취득된다'거나 '점용취득할 수 있다'고 하는 것과는 다른 것으로 기존의 학설이 간과한 부분이라는 주장이다.[43] 그리고 후자를 지원하는 보조논거로서 『바실리카 법전』에 전하는 "ἐν τῷ μέσῳ τῆς οὐσουκαπίονος (χρόνῳ)"[44]를 '6개월 후'로 새기는 것과 conceptus pro iam nato habetur ("회임된 자는 이미 태어난 것으로 간주된다")[45]는 법리에 의거한다. 그러나 usucaptum esse를 '재발견'한 것으로 오신하여 그것을 입증하려고 번삽한 논리를 전개한 이러한 주장은 설득력이 없다. 먼저 회임과 출산을 분리시키고 있는 것은 이곳이 유일하다는 그의 해석은 이미 두 사건을 분리시키고자 하는 해석자의 의도가 반영된 결과로서, 그것이 유일하다는 사실 자체야말로 이러한 해석이 타당성이 없다는 반증이다. 이곳에서 트레바티우스는 다른 법률가들과 마찬가지로 사안의 절대적인 사실상황, 즉 회임과 출산이 모두 점유자의 수중에서 일어나야 한다는 것을 일단 출생한 아이를 언급한 다음 오해의 소지를 없애기 위해서 "그 아이는 그런데 또한 너의 수중에서 회임된 아이이다"

---

42 Abramenko, 427.

43 Abramenko, 426f.

44 Ms. Parisin. graec. 1351 fol. 23b (Basilica ed. Heimbach tom. VI p.42); Abramenko, 428f.

45 Iul. D.1.5.26 cit.; Abramenko, 430f.

라고 부언하고 있을 뿐이다. 설혹 그러한 부언이 없었더라도 이 요건은 당연한 것이다. 다음으로 『바실리카 법전』의 전승은 Abramenko도 지적하듯이 매우 모호하고 신빙성에 문제가 있는 것이다. 이를 자신에게 유리한 방식으로만 받아들이는 것은 문제가 있다. 특히 문제의 구절은 일반적으로 인정되듯이 유스티니아누스 입법 시 수정된 것이 확실시되는 부분으로 그에 더하여 『바실리카 법전』의 전승에 의존하는 것은 바람직하지 않다. "ἐν τῷ μέσῳ χρόνῳ"도 intra의 의미일 뿐 점용취득 점유의 개시점(initium possessionis)을 지시하는 기능은 없다. 태아를 출생자와 같이 취급하는 법리도 태아의 이익이 걸려 있을 경우 제한적으로 적용되는 것에 불과한 것으로[46] 점용취득과 관련하여 엄마와 독립된 존재로 아이를 취급하기 위한 법리가 아니다.

b) 율리아누스, 마르켈루스, 스카이볼라, 울피아누스

D.41.3.33.pr. Iulianus 44 digestorum.

Non solum bonae fidei emptores, sed et omnes, qui possident ex ea causa, quam usucapio sequi solet, partum ancillae furtivae usu suum faciunt, idque ratione iuris introductum arbitror: nam ex qua causa quis ancillam usucaperet, nisi lex duodecim tabularum vel Atinia obstaret, ex ea causa necesse est partum usucapi, si apud eum conceptus et editus eo tempore fuerit, quo furtivam esse matrem eius ignorabat.

(비단 선의 매수인뿐 아니라 또한 통상 점용취득이 따르는 사유로 점유하는 모든 자들이 도품인 여자노예의 아이를 사용을 통해서 자기 것으로 만든다. 그리고 사견(私見)으로는 이것이 법적인 논리에 기해서 도입된 것으로 생각한다. 왜냐하면 12표법이나 아티니우스법이 금지하지 않으면 여자노예를 점용취득했을 그 사유로 아이가 점용취득되는 것이 필요한바, 그의 수중에

---

46 Kaser I, 272f. + n.21.

서 회임되고 그 아이의 엄마가 도품인 것을 그가 몰랐던 시점에 출산된 경우 말이다.)

D.6.2.11.3 - 4 Ulpianus 16 ad ed.

3. Interdum tamen, licet furtiva mater distracta non sit, sed donata ignoranti mihi et apud me conceperit et pepererit, competit mihi in partu Publiciana, ut Iulianus ait, si modo eo tempore, quo [experiar]⟨ea pariat *Cuiacius*⟩, furtivam matrem ignorem.

4. Idem Iulianus generaliter dicit, ex qua causa matrem usucapere possem, si furtiva non esset, ex ea causa partum me usucapere, si furtivam esse matrem ignorabam: ex omnibus igitur causis Publicianam habebo.

(3. 그렇지만 때로는 비록 도품인 엄마가 [그 사실을] 모르는 나에게 매각된 것이 아니라 증여되었더라도 그녀가 내 수중에서 회임하고 출산한 경우 율리아누스가 말하듯이 나에게 아이에 관해서 푸블리키우스 소권이 인정되는 바,[47] 그 아이를 출산하는 시점에 내가 엄마가 도품임을 모르는 한에서 그러하다.

4. 같은 율리아누스는 일반적으로 [다음과 같이] 말한다. "내가 엄마(노예)를, 그녀가 도품이 아니라면 점용취득할 수 있을 그 사유에 기하여 나는 아이를, 내가 엄마(노예)가 도품임을 몰랐다면 점용취득한다. 그러므로 온갖 사유들에 기하여 나는 푸블리키우스 소권을 가질 것이다.")

율리아누스와 그를 따른 울피아누스는 명시적으로 아이의 출산[48] 시

---

47 같은 곳, D.6.2.11.2 Ulpianus 16 ad edictum.
   Partus ancillae furtivae, qui apud bonae fidei emptorem conceptus est, per hanc actionem petendus est, etiamsi ab eo qui emit possessus non est. ...

48 출산은 자연분만뿐만 아니라 제왕절개의 경우도 포함하는 것으로 해석되었다.
   D.6.2.11.5 Ulpianus 16 ad edictum.
   Idem est et si ex partu partus est et si non natus, sed post mortem matris exsecto ventre eius extractus est, ut et Pomponius libro quadragensimo scripsit.

점에 점유자가 선의이면 점용취득이 가능하다는 견해였다. 이것은 아이에 대한 점유의 개시를 태아인 상태에서가 아니라 현실로 태어난 때로 본 것이고 동시에 점용취득의 경우 선의 요건은 (그 밖에 계약체결 시에도 선의를 요구하는 매매의 경우도 포함하여) 해당 물건의 점유취득 시점을 기준으로 판단한다는 통설, 즉 후발적 악의는 해롭지 않다(mala fides superveniens non nocet)는 법리[49]를 따른 것이다.[50] 문제는 점용취득의 권원인데, 앞서 살펴본 개소들(D.41.4.9-10 cit.)에서도 권원에 관심을 기울였던 율리아누스는 "여자노예를 도품의 점용취득을 금지하는 12표법이나 아티니우스법이 아니라면 점용취득했을 사유로", 즉 엄마가 도품이 아니라면 점용취득할(매매, 증여를 포함하여 일체의) 권원으로 아이도 점용취득되는 것이라고 볼 수밖에 없다(necesse est)고 한다. 그 결과 태어난 아이의 점유를 상실하는 때에는 푸블리키우스 소권이 인정된다고 한다. 아이의 회임과 출산은 누가 보더라도 엄마의 매매 기타 사유와는 분명히 다른 사유지만, 파생적 존재로서의 아이의 점용취득 권원을 군이 찾아야 한다면 어쩔 수 없이 엄마를 취득할 때의 권원에 준하는, 그래서 결과적으로 동일한 권원을 인정할 수밖에 없다는 이러한 견해는 아이를 엄마의 일부나 종물(從物)로 보아서 엄마와 그 법률적 운명을 같이한다고 보지 않는 한, 성립하기 어렵다. 그런데 이렇게 보게 되면 엄마의 도

---

49 D.6.2.7.14 Ulpianus 16 ad edictum.
  Publiciana tempus emptionis continet, et ideo neque quod ante emptionem neque quod postea dolo malo factum est in hac actione deduci Pomponio videtur.

50 1216년 제4차 라테란 공의회에서 채택된 교회법의 법리가 「로마서」 14: 23의 가르침(표준새번역 개정판: "믿음에 근거하지 않은 것은 다 죄입니다")에 기초하여 이와 정반대였음은 유명한 사실이다.
  X.2.26.20 (Innocentius III): Quoniam omne, quod non est ex fide, peccatum est, synodalo iudicio diffinimus, ut nulla valeat absque bona fide praescriptio, tam canonica quam civilis: ... Unde oportet, ut, qui praescribit, in nulla temporis parte rei habeat conscientiam alienae.
  Arndts/Pfaff und Hofmann, §109 Anm. (S.188); Wolter, 103f.; 상세한 것은 Leyser, 166ff.

품성(盜品性)마저 공유하는 것은 아닌가, 그렇다면 이로 인해서 점용취득이 불가능한 것은 아닌가 하는 의문이 생긴다. 그러나 이미 전술했듯이 매우 특수한 이 상황에 처하여 실제로 이 문제에 관해서는 다음 개소들에서 간취할 수 있듯이 로마의 법률가들 사이에 이견이 있었다.

D.41.3.10.2 Ulpianus 16 ad edictum.

Scaevola libro undecimo quaestionum scribit Marcellum existimasse, si bos apud furem concepit vel apud furis heredem pariatque apud furis heredem, usucapi ab herede distractum iuvencum non posse: sic, inquit, quemadmodum nec ancillae partus. Scaevola autem scribit se putare usucapere posse et partum: nec enim esse partum rei furtivae partem.[51] ceterum si esset pars, nec si apud bonae fidei emptorem peperisset, usucapi poterat.

(스카이볼라는 『질의록』 제11권에서 마르켈루스가 다음과 같은 견해였다고 기술한다. "암소가 도둑 또는 도둑의 상속인 수중에서 회임하고 도둑의 상속인 수중에서 출산하는 경우 그 상속인에 의해 매각된 송아지는 점용취득될 수 없다. 이것은 가로되 또한 여자노예의 아이가 점용취득될 수 없는 것과 마찬가지이다." 그러나 스카이볼라는 이렇게 기술한다. "자기는 또한 아이도 점용취득할 수 있는바, 왜냐하면 아이는 도품의 일부가 또한 아니기 때문이다. 그렇지 않아서 만약에 일부라면 선의 매수인의 수중에서 출산하였어도 또한 점용취득이 될 수 없기 때문이라고 생각한다.")

D.47.2.48.5 Ulpianus 42 ad Sabinum.

Ancilla si subripiatur praegnas vel apud furem concepit, partus furtivus est, sive apud furem edatur sive apud bonae fidei possessorem: sed in hoc

---

51   D.50.16.26 Ulpianus 16 ad edictum.
Partum non esse partem rei furtivae Scaevola libro undecimo quaestionum scribit.

posteriore casu furti actio cessat. sed si concepit apud bonae fidei possessorem ibique pepererit, eveniet, ut partus furtivus non sit, verum etiam usucapi possit. idem et in pecudibus servandum est et in fetu eorum, quod in partu.

(여자노예는 임신 상태로 강탈되거나 또는 도둑 수중에서 회임한 경우 아이는 도품인바, 도둑 수중에서 출생하든 선의 매수인 수중에서 출생하든 그러하다. 그러나 이 후자의 경우 절도소권은 실효한다. 그러나 선의 매수인 수중에서 회임하고 그곳에서 출산하는 경우 아이는 도품이 아니고 정녕 또한 점용취득될 수 있다는 결과가 될 것이다. 아이에 대해 적용되는 동일한 법리는 또 가축들과 가축들의 새끼에 대해서도 준수되어야만 할 것이다.)

즉 임신한 상태에서 강탈당했거나 도둑이나 그 상속인[52]의 점유중에 회임한 때에는 출산이 선의점유자 수중에서 일어나더라도 아이 자체도 도품에 해당하지만, 다만 후자의 경우에는 절도소권이 선의점유자를 상대로 인정되지는 않는다. 아이를 스스로 훔쳤다고 볼 수는 없기 때문이다. 선의점유자 밑에서 회임하고 출산한 경우, 즉 우리 사안의 경우에는 아이는 도품이 아니고 점용취득이 가능하다. 점용취득이 가능한 이유

---

52 상속인은 포괄승계인으로서 피상속인과 동일한 지위에 있으므로 비록 현실적으로는 피상속인이 훔친 노예임을 몰랐더라도 악의자이므로 그의 수중에서 임신하여 출산해도 점용취득이 불가하다는 데에 이견이 없었다.
D.41.3.4.15 Paulus 54 ad edictum.
Heres, qui in ius defuncti succedit, licet apud eum ignorantem ancillam furtivam esse conceperit ea et pepererit, non tamen usucapiet.
또한 D.6.2.11.2 Ulpianus 16 ad edictum.
Partus ancillae furtivae, qui apud bonae fidei emptorem conceptus est, per hanc actionem petendus est, etiamsi ab eo qui emit possessus non est. sed heres furis hanc actionem non habet, quia vitiorum defuncti successor est.
  물론 단순히 어미가 피상속인의 소유가 아니었다는 사실만으로는 다음과 같은 명문의 지적이 없더라도 새끼의 점용취득이 저지되지 않았다.
D.41.3.4.5 Paulus 54 ad edictum.
Fructus et partus ancillarum et fetus pecorum, si defuncti non fuerunt, usucapi possunt.

는 스카이볼라(Q. Cervidius Scaevola)가 지적하듯이 아이는 도품인 엄마의 부분(pars)이 아니기 때문이다.[53] 부분이라면 선의점유자에게서 출산하더라도 점용취득은 불가능할 것이기 때문이다. 그러나 전술했듯이 실제로 중요했던 것은 아이는 도품이 아니라는 결과론적인 전제보다는 점유자의 선의 여부였다. 한편 마르켈루스가 점용취득을 부정한 것은 울피아누스가 기술한 바로부터 받을 수 있는 인상과는 달리 아이가 엄마의 일부여서 그렇다는 것이 아니라 도둑 및 그 상속인 수중에서 회임과 출산이 일어난 때문이므로 마르켈루스도 다수설과 다른 견해를 취한 것은 아니다. 후술하는 부정설들은 스카이볼라가 비판한 아이를 엄마의 부분으로 파악하는 견해에 해당하는 것으로 보인다.

(2) 긍정설-2: 폼포니우스

D.41.10.4.pr. Pomponius 32 ad Sabinum.

Si ancillam furtivam emisti fide bona, ⟨quodque *ins. Mommsen*⟩ ex ea natum et apud te conceptum est ita possedisti, ut intra constitutum usucapioni tempus cognosceres matrem eius furtivam esse, ... ego sic puto distinguendum, ut, si nescieris intra statutum tempus, cuius id mancipium esset, aut si scieris neque potueris certiorem dominum facere, aut si potueris quoque et feceris certiorem, usucaperes: sin vero, cum scires et posses, non feceris certiorem, contra esse: tum enim clam possedisse videberis, neque idem et pro suo et clam possidere potest.

(도품인 여자노예를 네가 선의로 매수했고 그녀에게서 태어난 아이, 그것도 너의 수중에서 회임된 아이를 네가 점유하되 점용취득에 정해진 기간 내

---

53 Bělovský, 91은 pars를 아이의 엄마와의 관계라는 본질적인 측면에서 파악하지 않고 절도의 시점에 이미 회임되었는가 하는 상황적 측면에서 이해하는데, 이는 로마의 법률가들의 어법에 비추어 스카이볼라의 명백한 진술에 반하는 잘못된 이해이다.

에 네가 그 아이의 엄마가 도품인 것을 안 경우 ⋯ 나는 다음과 같이 구별해야 한다고 생각하는바, 네가 정해진 기간 내에 그 노예가 누구의 소유인지를 모르는 경우, 또는 알지만 소유자에게 통지를 할 수 없는 경우, 또는 할 수도 있고 또 통지도 하는 경우에 너는 점용취득할 것이다. 그러나 알고 또 할 수 있는데도 통지를 하지 않는 경우에는 정반대이다. 왜냐하면 이때에는 너는 은비(隱秘)로 점유한 것으로 인정될 것이고, 또 같은 노예를 동시에 '자기 것으로' 및 '은비로' 점유하는 것은 가능하지도 않기 때문이다.)

이상의 학설들과는 또 달리 폼포니우스는 비록 점유자가 도품인 여자노예임을 알게 되었더라도 점용취득 기간 내에 그 여자노예가 누구의 소유인지를 모르거나, 알았지만 그 주인에게 통지할 수 없거나, 통지할 수 있어서 통지한 경우에는 점용취득이 가능하고, 알았고 할 수 있었음에도 불구하고 통지를 하지 않았을 경우에는 그 반대라는 독특한 견해였다. 이 경우에는 은비(隱秘)에 의한(clam) 점유인데, 동일한 자가 동시에 pro suo와 clam으로 점유할 수는 없기 때문이라는 것이 이유였다.[54] 이러한 폼포니우스의 견해는 아이가 비록 선의점유자 수중에서 회임되고 출생했더라도 엄마노예의 원소유자에게 귀속되어야 할 그 무엇으로 전제하면서도 말하자면 아이 역시 도품으로 취급하면서도 점유자가 선의일 때에는 당연히 점용취득을 인정한다는 점에서는 다른 학설들과 다를 바 없다. 그러나 그는 점유자가 악의인 경우에 대해서는 다수설과 달리 후발적 악의 무해(無害)의 원칙을 적용하지 않고 오히려 후발적 악의도 유해(有害)하다는 반대원리에 입각하였다. 다만 그 적용의 범위를 일

---

54 폼포니우스의 입장을 『바실리카 법전』은 다음과 같이 요약하였다.

Bas.50.9.4.pr. (Heimbach V, p.70): ... praeterquam si alienam esse scivi, et cum manifestare potuissem, domino non dixi: tunc enim clam possideo: nemo autem idem pro suo et clam possidet.

이 부분에 대한 Bělovský, 96f.는 개소의 내용을 재현한 외에 더이상의 설명 시도가 없다.

정한 기준에 의하여 좁힘으로써 점용취득의 가능성을 제법 열어놓고는 있지만, 전체적으로는 점용취득을 가장 좁게 인정하는 학설이다. 즉 아이의 점유 사실을 자신의 이익을 위해 구체적인 통지 가능성에도 불구하고 적극적으로 숨기는 경우에는 ─ 후발적 악의 무해의 법리에 따르면 이때에도 점용취득이 가능하다 ─ 은비점유의 하자를 이유로 점용취득을 부인하고 있기 때문이다. 또 한 가지 눈에 띄는 것은 점용취득의 권원과 관련하여 사비누스학파의 법학방법론적 사고에 부합하는 방식으로 pro emptore에 '준하는' quasi emptor를 인정했던 율리아누스의 설시와 달리 엄밀한 개념논리에 입각하며 별개의 권원인 pro suo를 인정하고 있는 점이다.

(3) 부정설-1: 파울루스

D.41.3.4.17 ‑18 Paulus 54 ad edictum.

17. Sed et si, ut servum meum manumitterem, alius mihi furtivam ancillam dederit eaque apud me conceperit et pepererit, usu me non capturum. idemque fore etiam, si quis eam ancillam mecum permutasset aut in solutum dedisset, item si donasset.

18. Si antequam pariat, alienam esse rescierit emptor, diximus non posse eum usucapere: quod si nescierit, posse. quod si, cam iam usucaperet, cognoverit alienam esse, initium usucapionis intueri debemus, sicut in emptis rebus placuit.

(17. 그런데 내가 나의 노예를 해방하도록 타인이 나에게 도품인 여자노예를 주었고 그녀가 나의 수중에서 회임하고 출산한 경우에도 사용에 의하여 나는 [그 아이를] 취득하지 못할 것이다. 그리고 동일한 것이 어떤 자가 그 여자노예를 나와 교환했거나 또는 대물변제로 주었거나 또는 증여한 경우에도 또한 적용될 것이다.

18. 출산하기 전에 매수인이 타인 소유임을 알게 된 경우에는 우리는 그가

점용취득할 수 없고, 그러나 모르는 경우에는 가능하다고 말한 바 있다. 그런데 이미 점용취득하고 있을 때 타인 소유임을 알게 된 경우에는 우리는 점용취득의 개시점을 고려해야만 하는데, 물건 매매의 경우에 정설인 바와 같이 그러한 것이다.)

파울루스도 도품이 아닌 일반적인 타인의 노예(ancilla aliena)가 문제되는 때에는(§18) 아이의 출산 시점을 기준으로 하고 또 후발적 악의 무해의 원칙을 적용하여 문제를 풀어간다. 그 결과 출산 전에 엄마가 타인의 것임을 알게 되면 아이의 점용취득은 배제되고 여전히 모르면 가능하며, 또 이미 점용취득하고 있으면 악의가 되더라도 점용취득 점유의 개시 시점, 즉 출산 시점에 착목(着目)하여 결정해야 한다는 소견이다.

반면에 우리의 주제인 엄마가 도품인 때(ancilla furtiva)에는(§17) 점유 취득의 사유가 어떤 것이든(거시 예: 매매, 교환, 대물변제, 증여)[55] 선의점유자의 수중에서 회임 및 출산하더라도 태어난 아이를 점용취득하지 못한다고 본다.

Petr Bělovský는 D.41.3.4.16 - 17과 D.eod.18은 같은 사안을 다룬다는 점을 논증하여 ancilla aliena는 ancilla furtiva와 같은 것이고, 또 파울루스 자신이 명시하고 있지는 않지만 이들 개소는 점유자가 악의인 사안을 다루고 있다고 새기면서 선의인 경우를 다루고 있는 율리아누스와는 그래서 모순되는 것이 아니라고 한다. 그가 제시하는 논거는 ① diximus가 전술한 것과의 연계를 보인다는 점, ② §18은 §17 없이 읽으면 여자노예 자체의 점용취득에 관한 것처럼 보이지만 이것은 불가능한 것이라는 점, 그래서 §18의 ancilla aliena는 §17의 ancilla furtiva와 같은 것으로 볼 수 있

---

55 상속의 경우에도 마찬가지이다.

D.41.3.4.15 Paulus 54 ad edictum.

Heres, qui in ius defuncti succedit, licet apud eum ignorantem ancillam furtivam esse conceperit ea et pepererit, non tamen usucapiet.

다는 점, ③ 이런 점들을 감안하여 종합적으로 읽으면 파울루스는 악의의 점유자 사안을 다루는 것이라는 점 등이다.[56] 그러나 ① diximus가 (더욱이 『학설휘찬』처럼 발췌 편집된 책에서) 항상 바로 앞의 기술(記述)을 지시한다는 보장은 어디에도 없고, ② §18은 이미 pariat를 통해 아이의 출산을 전제하고 있으며, ③ Bělovský 자신도 인정하듯이 로마의 법률가들은 다른 곳에서 모두가 일관되게 도품인 여자노예는 분명하게 furtiva라고 표시하고 있고 ④ 무엇보다도 점유자가 악의인 경우는 점용취득과 관련하여 논의의 실익이 없으므로 법률가들이 다루지 않는다는 사실 등을 고려하면 그의 주장은 받아들이기 힘들다.

일반적인 경우와 대비시켜 보면 결국 이유는 아이에게도 도품성이 공유된다는 사정일 수밖에 없다. 결국 다수설과 달리 아이의 도품성을 강력한 논거로 내세우는 견해인데, 이는 아이가 엄마의 부분으로서 법적인 운명을 같이한다고 볼 때 가능할 것이다(D.41.3.10.2 cit.). 파울루스가 선의 여부를 전혀 언급하고 있지 않은 것은 이로 인해 아이가 이미 점용취득의 대상물에서 제외되므로 선의 여부를 더이상 따지지 않아도 되었기 때문일 것이다. 물론 이때 '부분'이라는 것은 훔칠 당시에는 없었지만 나중에 유기적인 생명현상에 의하여 부가되었다는 사정을 고려한 것으로 출산을 통하여 모체(母體)로부터 분리된 후에도 이를 고수한 것으로 볼 수 있다. 이것을 관련자들의 이해관계라는 맥락에서 살펴보면 결국 원소유자의 이익을 더 보호할 것인지 — 이를 지지하는 인과론적 논변으로는 가령 어미가 원소유자에게 그대로 머물러 있었더라면 그녀의 아이는 어미의 원소유자에게 귀속하였을 것이라는 주장을 들 수 있을 것이다 —, 아니면 점유자의 이익을 더 보호할 것인지 — 이를 지지하는 인과론적 논변으로는 가령 어쨌든 어미에 대한 거래행위가 없었더라면 얻지 못하였을 아이이므로 거래에 임한 현재의 선의점유자에게 아이를

---

56 Bělovský, 92ff.

귀속시켜야 할 것이라는 주장을 들 수 있을 것이다 — 하는 정책판단의 문제로 환원될 터인데, 로마의 법률가들의 전형적인 논변방식[57]대로 이러한 고려는 외관상 일사불란한 법교의학적인 논변에 의해 엄폐되었다.

(4) 부정설-2: 파피니아누스

D.41.3.44.2 Papinianus 23 quaestionum.

Etsi possessionis, non contractus initium, quod ad usucapionem pertinet, inspici placet, nonnumquam tamen evenit, ut non initium praesentis possessionis, sed causam antiquiorem traditionis, quae bonam fidem habuit, inspiciamus, veluti circa partum eius mulieris, quam bona fide coepit possidere: non enim ideo minus capietur usu puer, quod alienam matrem, priusquam eniteretur, esse cognovit, idem in servo postliminio reverso dictum est.

(비록 점용취득에 관한 한 점유의 개시점이 계약의 개시점이 아니라 고려된다는 것이 통설이지만, 그림에도 불구하고 때로는 우리가 현재 점유의 개시점이 아니라 선의를 가졌던 인도(引渡)의 보다 전(前) 사유를 고려하는 경우가 생기는데, 가령 선의로 점유하기 시작한 여자의 아이에 관한 경우처럼 말이다. 왜냐하면 해산하기 전에 엄마가 타인의 소유임을 알았다고 해서 그 사내아이가 사용에 의해서 취득되지 않는 것이 아니기 때문이다. 동일한 것은 귀국복귀권에 의해 귀환한 노예에 대해서도 이야기되었다.)

파피니아누스의 경우에는 율리아누스 등과 달리 철저하게 여자노예 자신의 선의점유만으로 아이의 점용취득이 가능하다는 의견이다. 계약 시점이 아니라 현재 점유 시점이 기준이 되는 통례와 달리 이 사안에서는 '인도의 보다 전(前)의 원인'(causa antiquior traditionis)이 고려되어야

---

57 Schulz, 23ff.

한다는 주장이다. 그 결과 점유자가 아이의 출산 전에 엄마가 타인의 노예임을 알게 되더라도 아이의 점용취득이 인정된다는 것이다. 후발적 악의 무해의 원칙을 철저히 적용한 논리이다. 앞에서 스카이볼라가 비판했던 아이를 엄마의 부분으로 보는 견해(D.41.3.10.2 cit.)란 이처럼 마치 아이가 엄마와 전혀 분리된 존재가 아닌 것처럼 엄마의 사정만을 고려하는 파피니아누스류의 견해도 염두에 둔 것으로 추정된다. 즉 이 견해는 아이에 대한 점유의 개시를 출산으로 비로소 개시한다고 보지 않고 그렇다고 회임으로 개시한다고도 보지 않고, 아예 엄마와 동시에 점유하는 것처럼 의제(擬制)하는 것인데, 이것은 엄마를 통하지 않고서는 불가능할 터이고 이때 아이를 아예 엄마의 일부로 관념한 것이라고 볼 수밖에 없는 것이다. 이 견해는 여자노예가 단순히 타인의 노예인 경우에는 언제라도 선의점유자가 아이를 점용취득할 수 있다는 점에서 출산 시의 선의를 요구하는 율리아누스의 견해보다도 점유자에게 더 유리하다. 파피니아누스가 여자노예가 도품인 경우까지도 염두에 두었는지는 분명하지 않다. 그러나 그의 논리를 일관한다면 이때에도 아이의 점용취득은 아예 불가능하게 될 것이다.

3) 가축 새끼의 경우

로마법 사료에서 빈번히 노예 아이와 함께 한 묶음으로 거론되곤 했던 가축 새끼(fetus pecorum)에 관해서도 학설상 다툼이 있었으나, 동일한 법률가의 동일한 개소에서조차도 한편으로는 노예 아이처럼 점용취득을 인정하고, 다른 한편으로는 과실로서의 즉시취득을 인정하는 다양성이 발견된다는 점,[58] 그리고 이처럼 때로는 과실처럼, 때로는 과실과 달

---

58 D.47.2.48.5-6 Ulpianus 42 ad Sabinum.
  5. ... sed si concepit apud bonae fidei possessorem ibique pepererit, eveniet, ut partus furtivus non sit, verum etiam usucapi possit. idem et in pecudibus servandum est et in fetu eorum, quod in partu.
  6. Ex furtivis equis nati statim ad bonae fidei emptorem pertinebunt, merito, quia

리 취급된 것은 사물의 본성에 기한 특수한 사정이 그때그때 문제되는 법률관계에 따라 달리 고려될 수밖에 없었기 때문[59]이라는 점만 참고로 지적하고 더이상의 논의는 생략하기로 한다.[60]

III. 맺음말

이제 이상의 고찰을 특히 문제되었던 사항들에 대해서 종합해 보자. 우리의 사안에 대한 다양한 학설을 결론과 이유에 따라 표로 정리하면 다음과 같다.

---

in fructu numerantur: at partus ancillae non numeratur in fructu.
D.41.1.48.2 Paulus 7 ad Plautium.
Et ovium fetus in fructu sunt et ideo ad bonae fidei emptorem pertinent, etiamsi praegnates venierint vel subreptae sint. et sane quin lac suum faciat, quamvis plenis uberibus venierint, dubitari non potest: idemque in lana iuris est.

59 이 점은 노예 아이 경우에도 마찬가지이다. 임신한 타인의 노예를 매매한 경우라도 가령 추탈담보책임이 문제되는 때에는 엄마 노예의 매매시 체결한 2배액배상의 문답계약(Cf. D.21.2.43 Iulianus 58 digestorum: Vaccae emptor, si vitulus qui post emptionem natus est evincatur, agere ex duplae stipulatione non potest, quia nec ipsa nec usus fructus evincitur. ...)에는 나중에 출산한 아이까지 포함된 것은 아니므로(D.21.2.42 Paulus 53 ad edictum: Si praegnas ancilla vendita et tradita sit, evicto partu venditor non potest de evictione conveniri, quia partus venditus non est.) 아이가 추탈되더라도 문답계약에 의할 수 없다(율리아누스에 따르면 매매소권으로 이익배상을 청구할 수 있다. D.21.2.8 Iulianus 15 digestorum: Venditor hominis emptori praestare debet, quanti eius interest hominem venditoris fuisse. quare sive partus ancillae sive hereditas, quam servus iussu emptoris adierit, evicta fuerit, agi ex empto potest: et sicut obligatus est venditor, ut praestet licere habere hominem quem vendidit, ita ea quoque quae per eum adquiri potuerunt praestare debet emptori, ut habeat.). 이 문제는 그 아이를 점유자가 점용취득할 수 있는가 하는 것과는 별개의 문제인 것이다.

60 상세한 것은 Filip-Fröschl, 99-121; 또한 Thielmann, 76-100.

	1) 소유 노예를 통해 취득한 경우	2) 점유자가 직접 취득한 경우
(1) 긍정설-1	Iulianus	i) Trebatius
		ii) Iulianus, Marcellus, Scaevola, Ulpianus
(2) 긍정설-2		Pomponius
(3) 부정설-1	Sabinus, Cassius, Paulus	Paulus
(4) 부정설-2		Papinianus

1)과 2) 두 사안 모두에 대해 의견이 전해지는 율리아누스나 파울루스의 경우 견해의 일관성이 유지되고 있음을 알 수 있다.

그리고 논의과정에서 특히 문젯거리였던 논점들(전술 II.1.)을 중심으로 고찰의 결과를 재정리하고 방법론적인 관점에서 평가해 보면 다음과 같다.

먼저 ① 점용취득과 관련해서는 a) 권원에 관한 한—이것은 점용취득을 긍정할 때에만 의미가 있다—매매 기타 일반적인 권원에 '준하는' 권원을 인정하는 입장(Iulianus)과 pro suo 권원을 인정하는 견해(Pomponius)가 존재하였다.

b) 점유자의 선의는 무엇에 대해 언제 요구되는지의 문제는 점용취득 긍정설을 취할 때에 한하여 의미가 있는 쟁점인데, 엄마의 도품성에 관한 것이라는 데에, 또 출산 시점에 요구된다는 데에 통일된 견해가 지배하였다. 반면에 점용취득 부정설은 아이의 도품성을 근거로 삼음으로써 선의의 여부가 문제될 여지가 없었다.

c) 우리 사안과 관련해서 가장 중요한 사정은 여자노예가 도품이었다는 점인데, 아주 일찍부터 발전한 "도품은 점용취득이 금지된다"는 법리를 확인하고 적용하는 것으로 족하였다. 다만 아이에게 미치는 그 영향의 강도에 있어서는 긍정설과 부정설이 확연히 갈렸다.

다음으로 ② 여자노예와 관련해서는 a) 노예의 법적 지위 일반에 관해서 로마의 법률가들 사이에 신분법적인 접근을 하는 veteres류의 학설과 재산법적인 접근을 고려하는 세르비우스류의 학설의 미묘한 차이가 특히 노예를 개입시켜서 여자노예를 취득한 경우에 해법의 논리 전개상 차별적인 귀결을 가져왔다는 점을 확인할 수 있었다. 법교의와 그에 기초한 연역적 법학의 중요성을 보여주는 사례의 하나라고 할 것이다. 이러한 모습들은 로마법이 결코 그때그때 귀납법을 우선시하여 사건을 해결해 온 case law가 아니라는 사실을 재확인시켜준다. 법률직의 유형으로 보더라도 로마의 법률가들(iuris peritus, iuris consultus)은 법관이 아니라 차라리 법학자(jurist)였다는 사실도 이미 로마법의 이러한 특성을 강력하게 추단케 하는 사정이다.

b) 회임(懷妊)과 출산 시점이 가지는 법적 중요성 여부와 관련해서 보면 긍정설을 취해서 점유자의 선의가 점용취득을 위한 요건인 한 아이를 선의로 점유해야 한다는 요청으로 인해서 필연적으로 살필 수밖에 없는 문제이다. 두 시점 모두 선의인 경우에는 문제가 없다. 회임 시에 악의인데 출산 시에 선의라는 상황은 불가능하므로 회임 시에는 선의이다가 출산 시에는 악의가 된 경우만 문제일 수 있다. 로마의 법률가들은 아이가 세상에 존재하게 되는 것은 회임 시를 기준으로 판단하면서도 아이에 대한 현실적 점유취득의 시점은 이를 출산 시점으로 잡음으로써 출산 시의 선의를 요구하는 데에 의견이 일치하였다. 사물의 본성이나 사실적 소여(所與)의 특성을 고려한 해법의 추구라고 할 것이다.

마지막으로 ③ 출생한 노예 아이와 관련해서 a) 아이는 엄마와의 관계에서 어떤 지위에 있는가 하는 문제를 로마의 법률가들은 대체로 노예 아이는 출생하면 엄마의 일부가 아니라는 법리를 발전시켰다. 그러나 부정설은 엄마의 법적 지위나 성질을 공유한다는 논리를 주장하였다(Papinianus, Paulus). 이 문제는 한편으로는 사물의 본성이, 다른 한편으로는 법의 필요성에 의한 이론구성의 측면이 교착하는 문제였다.

b) 가장 유사한 경우인 가축 새끼(fetus pecorum)와 같이 볼 수 있는지의 여부는 사물의 본성상 두 경우를 통일적이나 유사하게 다루려는 견해가 없는 것은 아니었지만, 로마의 법률가들은 노예 자식을 과실(果實)로 볼 것인지에 관하여 그 과정에서는 다양한 견해가 표출되기는 했지

만,[61] 일찍이 스토아 사상의 영향하에 아이는 사람의 자식으로서 가축 새끼와 달리 과실이 아니고 따라서 과실 수취의 법리가 적용될 수 없다는 결론에 이르렀다.[62] 오히려 과실로 파악했던 가축 새끼를 경우에 따라서 노예 아이처럼 취급하려는 경향이 없지 않았다. 이 문제는 한편으로는 사물의 본성과 유비논증(類比論證)이, 다른 한편으로는 법이념적 가치의 자기실현적 논리의 측면이 교착하는 문제였다.

요컨대 예증 사안을 통해서 우리는 로마의 법률가들이 구체적인 당면 문제의 해법을 찾는 과정에서 한편으로는 사물의 본성이나 사실적 소여(所與)의 특성을, 다른 한편으로는 기존의 법교의학적 인식과 사고방식을 두루 고려하면서 그것도 매우 활발한 담론의 장을 구축하며 모범적인 형태로 쟁론함으로써 의식적으로 매우 이론적인 접근을 했음을 확인할 수 있었다. 이러한 노력의 투입(input)이 후대에 로마법을 공부한 모든 이들에게 원하는 소출(output)을 거둘 수 있게 한 근본적인 원인이었다. 뿌리지 않고 거두는 일은 법학의 경우에도 있을 수 없는 것이다.

---

61 상세한 것은 Behrends, 436ff. m.w.N.

62 D.7.1.68.pr. Ulpianus 17 ad Sabinum.
Vetus fuit quaestio, an partus ad fructuarium pertineret: sed Bruti sententia optinuit fructuarium in eo locum non habere: neque enim in fructu hominis homo esse potest. hac ratione nec usum fructum in eo fructuarius habebit. ...
D.47.2.48.6 Ulpianus 42 ad Sabinum.
Ex furtivis equis nati statim ad bonae fidei emptorem pertinebunt, merito, quia in fructu numerantur: at partus ancillae non numeratur in fructu.
또한 D.22.1.28.1 Gaius 2 rer. cott. = Inst. 2.1.37.
Partus vero ancillae in fructu non est, itaque ad dominum proprietatis pertinet: absurdum enim videbatur hominem in fructu esse, cum omnes fructus rerum natura hominum gratia comparavit.

참고문헌

서을오, "물권행위의 무인성과 관련된 몇몇 사료의 검토", 『법사학연구』 제36호 (2007. 10), 187-213.

최병조, 『로마법강의』, 박영사(1999). [= 최병조 III]

_____, 『로마法·民法論考』, 박영사(1999). [= 최병조 II]

_____, "로마법상 사용취득(usucapio)의 권원 개념(II) — Pro suo와 Pro possessore 를 중심으로", 『서울대학교 法學』 제50권 제3호(2009. 9). [= 최병조 IV]

_____, 『로마법연구 I — 법학의 원류를 찾아서』, 서울대학교출판부(1995). [= 최병조 I]

Abramenko, Andrik, "Eine übersehene Stellungnahme des Trebatius zum Eigentumserwerb am partus ancillae furtivae. Zu Pomp. D.41.10.pr. und Ulp. D.6.2.11.2", Zeitschrift der Savigny-Stiftung für Rechtsgeschichte, Rom. Abt. 114 (1997), 423-434.

Ankum, Hans, "Pomp. D.41.7.5 pr.: Die occupatio einer res mancipi derelicta und der Ausdruck in bonis alicuius esse in den klassischen römischen Rechtsquellen", Zeitschrift der Savigny-Stiftung für Rechtsgeschichte, Rom. Abt. 103 (1985), 248-274.

Arndts / Pfaff / Hofmann, Lehrbuch der Pandekten (14. unveränderte Auflage 1889).

Behrends, Okko, Institut und Prinzip, I (2004).

Bělovský, Petr, "Usucapio of Stolen Things and Slave Children", Revue internationale des droits de l'antiquité 49 (2002), 58-99.

Donellus, Hugo, Opera omnia, I, cum notus Osualdi Hilligeri, Florentiae (1840).

Endemann, Friedrich, Römisches Privatrecht (1925).

Filip-Fröschl, Johanna, "Partus et fetus et fructus. Bemerkungen zur rechtlichen Behandlung der Tierjungen bei den Römern", Ars boni et aequi. Festschrift für Wolfgang Waldstein zum 65. Geburtstag (1993), 99-121.

Harmenopulos, Konstantin, *Manuale Legum sive Hexabiblos*, ed. Gustav Ernst Heimbach (1851 / Neudruck 1969).

Heineccius, Io. Gotti., *Elementa Iuris Civilis secundum Ordinem Pandectarum*, Amstelodami (1728).

Hermann-Otto, Elisabeth, "Sklavenkinder in Recht, Ökonomie und Gesellschaft des Römischen Reiches", *Revue internationale des droits de l'Antiquité* 51 (2004), 167-186.

Kaser, Max, "Altrömisches Eigentum und 'usucapio'", *Zeitschrift der Savigny-Stiftung für Rechtsgeschichte, Rom. Abt.* 105 (1988), 122-164. [= Kaser II]

_____, *Das römische Privatrecht*, I (2. Auflage 1971). [= Kaser I]

Kaser / Knütel, *Römisches Privatrecht* (17. Auflage 2003).

Leyser, Augustin, *Meditationes ad Pandectas*, VII, editio nova, Franckenthalii (1778).

Robinson, C. F., *The Criminal Law of Ancient Rome* (1995).

Sáenz, Alfonso Castro, "Aproximación a la usucapio pro herede (1)", *Revue internationale des droits de l'antiquité* 45 (1998), 143-208. [= Sáenz I]

_____, "Aproximación a la usucapio pro herede (2): Una hipótesis", *Revue internationale des droits de l'antiquité* 46 (1999), 165-218. [= Sáenz II]

Schmidlin, Bruno, *Die römischen Rechtsregeln* (1970).

Schuller, Wolfgang, "Der römische Zivilprozeß - Recht im aristokratischen Staat", in: Jörg Spielvogel (Hrsg.), *Res publica reperta. festschrift für Jochen Bleicken zum 75. Geburtstag* (2002), 90-96.

Schulz, Fritz, *Principles of Roman Law* (1936 / reprint 1956).

Thielmann, Georg, "Produktion als Grundlage des Fruchterwerbs", *Zeitschrift der Savigny-Stiftung für Rechtsgeschichte, Rom. Abt.* 94 (1977), 76-100.

Vacca, Letizia, "La riforma di Giustiniano in materia di 'usucapio' e 'longi temporis praescriptio' fra concezioni dommatiche classiche e prassi postclassica", *Bullettino dell'Istituto di Diritto Romano* 35-36 (1993~1994) 146-186. [= Vacca II]

_____, "Usucapione, a) Diritto Romano", *Enciclopedia del Diritto* 45 (1992), 989-1022. [= Vacca I]

Vinnius, Arnold, *In Quatuor Libros Institutionum Imperialium Commentarius academicus et forensis*, editio postrema, Norimbergae (1726).

Voet, Johannes, *Commentarius ad Pandectas, II,* editio ultima accuratior, Coloniae Allobrogum (1757).

Watson, Alan, *The Law of Property in the Later Roman Republic* (1968 / reprint 1984).

Wolter, Udo, *Ius Canonicum in Iure Civili* (1975).

제7장 로마법상 부합의 법리
―D.6.1.5.3의 해석과 번역을 중심으로

I. 문제의 제기

이 글은 로마법 개소를 번역할 때 겪게 되는 어려움을 준대물소권(準 對物訴權, actio utilis in rem)이 문제된 간단한 개소 하나를 예로 들어 보여 주려는 것이다. 따라서 주된 관심은 이 개소가 기존의 연구들에서 어떻 게 번역되었는가를 살피고, 그것들이 왜 문제인지를 드러내려는 것이다.

II. 대상 개소

이곳에서 살피고자 하는 개소는 『학설휘찬』 제6권 제1장 제5절 제3항 이다. 우선 일응의 번역문과 함께 제시한다.

⟨1⟩ D.6.1.5.3 Ulpianus libro 16 ad edictum.

De arbore, quae in alienum agrum translata coaluit et radices immisit, Varus et Nerva utilem in rem actionem dabant: ¶ nam si nondum coaluit, mea esse non desinet.

(타인의 토지로 이전(移轉)되어 유착(癒着)하고 뿌리를 내린 나무에 관하여

알페누스 바루스(기원전 60~기원전 30)와 네르바(기원후 10~33)는 준대
물소권(準對物訴權)을 인정하였다. ¶ 그리고 아직 유착하지 않았으면 내 것
이기를 그치지 않는다.)

III. 학설

이 개소를 이해하기 위한 선결문제는 모든 경우가 그렇듯이 이 개소가
어떠한 사실관계를 전제한 것인가 하는 점인데, 이에 대한 연구자들의
견해는 갈리고 있다. 이를 몇몇 대표적인 경우들을 골라서 살펴보면 다
음과 같다.

1. 구(舊)학설들, Bonfante, Alan Watson, David Daube의 견해: 준대물
소권 부정설

(1) 많은 구학설은 이 개소에 언급된 준대물소권(準對物訴權, utilis in
rem actio)의 진정성을 부정한다. 그 근거는 특히 이 개소가 D.39.2.9.2
와 모순된다는 데 있다.[1]

---

[1] 가령 Lauterbach / Schütz, ad D.41.1, p.565: "tum nullum remedium priori domino
superest. 9.§2.*de damn.infect.* [= D.39.2.9.2]"; Lenel, 186 n.8: "dem Alfenus wird
diese utilis in rem actio kaum zuzutrauen sein, vgl. auch (39.2) 9 §2"; Bonfante,
124 + n.4, 125 + nn.1-2 (D.43.24.22.pr.; D.39.2.9.2). 한편 Donellus, col. 918
는 삼단논법을 동원하여 울피아누스가 D.39.2.9.2에서 "절대적이고 예외 없이"
rei vindicatio를 부인하고, 또 D.3.5.46.1 (Paulus 1 sent.: "Nec refert directa quis
an utili actione agat vel conveniatur, quia in extraordinariis iudiciis, ubi conceptio
formularum non observatur, haec suptilitas supervacua est, maxime cum utraque
actio eiusdem potestatis est eundemque habet effectum.")에서 알 수 있듯이 준소권
은 본래소권과 효과가 같은 것(eadem vis)이므로 울피아누스는 D.6.1.5.3의 준소권
역시 부인되어야만 한다는 견해라고만 지적함으로써 심층적인 분석은 빠져 있으
나, 일단 로마의 법률가들 사이에 학설의 차이가 있었던 것으로 보는 것 같다. 이러
한 모순을 설명하려는 다양한, 그러나 설득력 없는 구학설 8종 및 그에 대한 비판
에 대해서는 Camillo, 169ff.

〈2〉 D.39.2.9.2 Ulpianus 53 ad ed.

Alfenus quoque scribit, si ex fundo tuo crusta lapsa sit in meum fundum eamque petas, dandum in te iudicium de damno iam facto, idque Labeo probat: nam arbitrio iudicis, apud quem res prolapsae petentur, damnum, quod ante sensi, non contineri, nec aliter dandam actionem, quam ut omnia tollantur, quae sunt prolapsa. Ita demum autem crustam vindicari posse idem Alfenus ait, si non coaluerit nec unitatem cum terra mea fecerit. ¶ Nec arbor potest vindicari a te, quae translata (sc. a te) in agrum meum cum terra mea coaluit. ¶ Sed nec ego potero tecum agere ius tibi non esse ita crustam habere, si iam cum terra mea coaluit, quia mea facta est.

(알페누스도 너의 토지에서 흙더껑이가 나의 토지로 떨어지고 그것을 네가 반환청구하는 경우 너를 상대로 이미 발생한 손해에 관하여 소송을 부여해야 한다고 쓰고 있고, 이 견해를 라베오도 찬동한다. 알페누스는 낙반한 물건이 청구되는 소송 담당 심판인의 재정(裁定)에는 내가 그전에 받은 손해는 포함되지 않고, 또 소송은 낙반한 모든 것이 수거(收去)되는 것을 내용으로 하는 외에는 부여되어서는 안 된다고 한다. 그런데 같은 알페누스는 가로되 "흙더껑이가 내 땅에 유착하여 일체가 되지 않은 경우에 한하여 소유물반환청구가 가능하다고 한다. ¶ 또 [너에 의하여] 나의 토지로 이식되어 내 땅과 유착한 나무도 너에 의하여 소유물반환청구될 수 없다. ¶ 그러나 이미 내 땅과 유착한 때에는 나 역시도 너를 상대로 너에게 흙더껑이를 그렇게 가지는 권리가 없음을 소구할 수 없을 것인데, 왜냐하면 [이미] 내 것이 되었기 때문이다."[2])

D.39.2.9.2는 이웃하는 두 토지 사이에서 어느 한쪽(甲)에서 유발된 사태(흙더껑이의 낙반〔落盤〕)나 행위〔植栽〕로 토괴(土塊)나 나무가 이웃

---

2 필자의 기존의 다른 번역문은 최병조 II, 137. 이 경우를 rei vindicatio가 아니라 상대방의 권리를 부인하는 actio negatoria로 잘못 이해한 학설에 대한 비판은 Rainer, 106.

토지(乙)로 넘어간 경우 두 토지 사이의 법률관계를 다룬 개소이다. 개진된 법률가들의 의견을 종합하면 아직 넘어간 물건이 토지에 유착하지 않았으면 갑(甲)은 을(乙)을 상대로 그 반환을 청구할 수가 있는데, 일반적인 경우의 소유물반환청구와는 달리 점유자가 반환비용을 부담하는 것이 아니라 점유자인 을(乙)은 사태 유발 측인 갑(甲)이 자기 비용으로 그것을 수거하는 것을 수인(受忍)하기만 하면 되고,[3] 또 이때 그로 인해 피해를 보았으면 갑(甲)을 상대로 그로 인한 손해 배상을 청구할 수 있는데 그전에 받은 손해는 이에 해당하지 않고, 해당 배상이 이루어지지 않는 한 수거를 거절할 수 있다는 점에서 일종의 유치권 행사가 가능하여 배상과 수거가 동시이행 관계에 놓이는 상황이다. 그러나 넘어온 것이 을(乙)의 토지에 유착하면 토지 소유자인 을(乙)의 소유가 되므로 갑(甲)은 더이상 소유물반환청구가 가능하지 않게 된다. 이 경우 을(乙)은 이미 소유자이기에 갑(甲)의 수거권을 부인하기 위한 소제기를 할 필요도 없고, 제기할 수도 없다. 왜냐하면 명백한 자기 물건을 점유하고 있는 소유자가 그 물건을 점유하고 있지 않은 다른 사람을 상대로 그가 그 물건에 대하여 권리 없음을 소구한다는 것은 무의미하기 때문이다. 이 개소에서 적용된 "지상물은 토지에 부속된다"(superficies solo cedit)[4]는 법리는

---

3 심사자 B는 초고의 이 부분에 대하여 "3면에서 필자는 갑이 을을 상대로 반환청구할 때 그것이 일반적인 소유물반환청구와 다르다고 본다. '... omnia tollantur, quae sunt prolapsa.'를 기초로 소유물반환청구권이 수거허용청구권으로 운용되었다고 할 수 있는지 의문이다. 알페누스가 인정하는 것은 그저 일반적 소유물반환청구소권으로 보인다"고 한다.

　　이 부분은 이어지는 서술에서 드러나듯이 점유자가 점유에 이르게 된 사정이 소유자 측에게 돌릴 사유일 경우 회수의 비용 부담이 일반적인 경우와 다르다는 취지인 것이고, 따라서 적극적으로 반환할 필요가 없이 회수해 가는 것을 방해하지 않으면 된다는 의미에서 초고에서 회수의 '허용'이라 한 것일 뿐이다. 이것이 상대방에게 자신이 수거해 가는 것을 '허용'하라는 대인적인 청구권을 의미하는 것이 아님은 문맥상 분명한데, 오해의 소지가 있었던 점을 고려하여 '수인'(受忍)으로 수정하였다.

4 Gai. 2 rer. cott. D.41.1.7.10; D.41.1.9.pr.-1; 25 ad ed. prov. D.43.18.2; Gai. 2.73; Ulp. 69 ad ed. D.43.17.3.7; 6 opin. D.9.2.50; Paul. 74 ad ed. D.44.7.44; Inst.

법적인 판단에 따를 때 '우세'한 물건이 '열세'한 물건을 말하자면 흡인하고, 그 결과 부속된 물건이 독자성을 잃게 되는 부합(D.6.1.23.4)[5]이 동산과 부동산 간에 일어난 경우 적용되는 확고부동한 로마법의 법리였다. 이 법리는 나무의 경우 착근하면 토지에 부속된다는 것으로 특화되었고 (plantae quae terra coalescunt solo cedunt), 파종된 씨앗에도 적용되었다.[6]

⟨3⟩ D.41.1.7.13 Gaius 2 r. c. sive aur. = Inst. 2.1.31 - 32.

Si alienam plantam in meo solo posuero, mea erit: ex diverso si meam plantam in alieno solo posuero, illius erit: si modo utroque casu radices egerit: antequam enim radices ageret, illius permanet, cuius et fuit. ¶ His conveniens est, quod, si vicini arborem ita terra presserim, ut in meum

---

2.1.29, 32-33; Diocl./Maxim. C.3.32.11.pr. (a.293); C.8.10.5 (a.290); Epit. Gai. 2.1.4. 특히 지상건물이 토지에 부속된다는 점에 관해서는 Sono, 11ff.

5 D.6.1.23.4 Paulus libro 21 ad edictum.
In omnibus igitur istis, in quibus mea res per praevalentiam alienam rem trahit meamque efficit, si eam rem vindicem, per exceptionem doli mali cogar pretium eius quod accesserit dare.
(나의 물건이 우세(優勢)함으로써 타인의 물건을 끌어들여서 나의 소유로 만드는 모든 경우에 내가 그 물건을 소유물반환청구하면 나는 악의의 항변을 통하여 부합된 것의 가액을 급부하도록 강제된다.)

6 다만 파종의 경우에는 즉시 부합이 일어난 것으로 인정된다. 따라서 다음 개소에서 종자의 부합은 구태여 증여 목적이 아니더라도 바로 일어난 것이다. 마지막 'quia-'절이 비용상환의 배제와 관련하여 부합에 의한 소유권 취득과 증여에 의한 그것을 정확히 식별하여 논하고 있는 것은 정확한 것이다.
D.39.5.14 Iulianus libro 17 digestorum.
Qui alienum fundum donationis causa excolit, nullam retentionem propter impensas faciet, quia domini res ab eo iniectas continuo efficit.
(타인의 토지를 증여 목적으로 경작하는 자는 비용으로 인한 아무런 유치권을 행사하지 못할 것이니, 왜냐하면 그가 뿌린 것을 즉시 토지 소유자의 것으로 만들기 때문이다.)
식재와 파종 중 어느 사안의 규율이 먼저 발전했는지를 둘러싼 Daube, Kaser, 성중모의 견해에 대해서는 성중모, 10 n.26.

fundum radices egerit, meam effici arborem: rationem enim non permittere, ut alterius arbor intellegatur, quam cuius fundo radices egisset. ¶ Et ideo prope confinium arbor posita, si etiam in vicinum fundum radices egerit, communis est.

(내가 타인의 나무를 내 땅에 심으면 나의 소유가 될 것이다. 반대로 내가 내 나무를 타인의 땅에 심으면 그의 소유가 될 것이다. 두 경우 모두 나무가 착근(着根)한 경우에 한하여. 왜냐하면 착근하기 전에는 종전 소유자였던 자의 소유로 계속 남기 때문이다. ¶ 이에 일관되게 내가 이웃의 나무를 흙으로 덮어서 내 토지로 착근하도록 한 경우 그 나무는 나의 소유가 된다. 왜냐하면 나무가 착근한 토지 소유자가 아닌 다른 자의 소유로 생각된다는 것은 이치[7]가 허용하지 않기 때문이다. ¶ 그래서 토지경계 가까이 식재된 나무가 또한 이웃토지로도 착근한 경우에는 공유이다.[8])

⟨4⟩ D.41.1.9.pr. Gaius 2 r. c. sive aur.

Qua ratione autem plantae quae terra coalescunt solo cedunt, eadem ratione frumenta quoque quae sata sunt solo cedere intelleguntur. ...

---

7   *Paraphrasis* 2.1.32: φυσικὸς λογισμὸς (naturalis ratio). Naturalis ratio 용어는 파울루스에 의하여 명시적으로 사용되었다. 가이우스의 ratio가 동일한 것임은 물론이다. 반면에 江南義之, 397: '理性'.
   D.17.2.83 Paulus libro primo manualium.
   Illud quaerendum est, arbor quae in confinio nata est, item lapis qui per utrumque fundum extenditur an, cum succisa arbor vel lapis exemptus eius sit cuius fundus, pro ea quoque parte singulorum esse debeat, pro qua parte in fundo fuerat? An qua ratione duabus massis duorum dominorum flatis tota massa communis est, ita arbor hoc ipso, quo separatur a solo propriamque substantiam in unum corpus redactam accipit, multo magis pro indiviso communis fit, quam massa? Sed *naturali* convenit *rationi* et postea tantam partem utrumque habere tam in lapide quam in arbore, quantam et in terra habebat.
   Cf. D.10.3.19.pr. Paulus 6 ad Sab.; D.41.1.8.1 Marcianus 3 inst.; Sokolowski, 150ff.
8   Sokolowski, 149, 543 n.367은 이 부분과 D.43.24.22.pr. ⟨17⟩를 유사한 것으로 치부하는데, 일반 나무와 포도나무의 차이를 간과하였다.

(그런데 땅에 유착하는 나무들이 토지에 부속되는 것과 같은 이치로 파종된 곡식 종자도 토지에 부속되는 것으로 본다. …)

⟨5⟩ Gai. 2.74 -75.

73. Praeterea id, quod in solo nostro ab aliquo aedificatum est, quamuis ille suo nomine aedificauerit, iure naturali nostrum fit, quia superficies solo cedit.

74. Multoque magis id accidit et in planta, quam quis in solo nostro posuerit, si modo radicibus terram complexa fuerit.

75. Idem contingit et in frumento, quod in solo nostro ab aliquo satum fuerit.

(73. 그 밖에 우리 땅에 타인에 의하여 건축이 된 것은 비록 그가 자신의 명의로 건축하였더라도 자연법에 의하여 우리의 소유가 되는바, 지상물은 토지에 부속되기 때문이다.

74. 그리고 어떤 자가 우리 땅에 심은 나무가 뿌리들로 땅과 얽힌 한 더욱더 그러하다.

75. 우리 땅에 어떤 자에 의하여 파종된 곡식 종자의 경우에도 동일하다.)

⟨6⟩ D.41.1.26.1 Paulus 14 ad Sab.

Arbor radicitus eruta et in alio posita priusquam coaluerit, prioris domini est, ubi coaluit, agro cedit, ¶ et si rursus eruta sit non ad priorem dominum revertitur: nam credibile est alio terrae alimento aliam factam.

(뿌리째 뽑혀서 다른 토지에 식재된 나무는 [그 토지에] 유착하기 전에는 종전 소유자의 소유이고, 유착한 경우에는 그 토지에 부속되며, ¶ 다시 뽑히더라도 종전 소유자 소유로 되돌아가지 않는다. 왜냐하면 땅을 달리하여 양분을 얻었으면 다른 나무가 되었다는 것이 믿을 만하기 때문이다.)

⟨7⟩ D.22.1.25.1 Iulianus libro septimo digestorum.

… et ideo nemo umquam dubitavit, quin, si in meo fundo frumentum tuum severim, segetes et quod ex messibus collectum fuerit meum fieret. …

(… 그래서 나의 땅에 너의 곡식 종자를 파종한 경우 작물과 수확한 것이 나의 소유가 된다는 것은 누구도 전혀 의심하지 않았다. …)

이들 개소에 나타난 부합 법리를 종합하면 나무가 어떻게 부합하게 되었는가 — 즉 나무 소유자가 식재했는가, 토지 소유자가 했는가, 제3자가 했는가, 아니면 뿌리의 자연스러운 성장의 결과인가 — 는 물권법적 부합의 결과에 대하여 아무런 차이가 없다.[9] 착근한 나무는 그 토지에 부

---

9   참고로 성중모, 10f.+n.27은 "토지 소유자가 타인의 나무나 씨앗을 — 특히 절도 등에 의하여 부당하게 점유한 후 — 자신의 토지에 심은 경우에도 … 나무나 씨앗은 토지 소유자의 소유가 되었다"고 부합 법리를 설명하는 기회에 그에 붙인 주 27에서 플라톤, 『법률론』, 843C (ὃς δ᾽ ἂν ἐπεργάζηται τὰ τοῦ γείτονος ὑπερβαίνων τοὺς ὅρους, τὸ μὲν βλάβος ἀποτινέτω, τῆς δὲ ἀναιδείας ἅμα [843d] καὶ ἀνελευθερίας ἕνεκα ἰατρευόμενος διπλάσιον τοῦ βλάβους ἄλλο ἐκτεισάτω τῷ βλαφθέντι· τούτων δὲ καὶ ἁπάντων τῶν τοιούτων ἐπιγνώμονές τε καὶ δικασταὶ καὶ τιμηταὶ γιγνέσθων ἀγρονόμοι. [qui vero fines egrediens vicini agrum arat, damnum rependito et simul propter impudentiam atque illiberalitatem medicinae causa alterum damni duplum ei, cui illatum fuerit, persolvito. harum autem et omnium huiusmodi rerum cognitores et iudices atque aestimatores sunto agrorum magistri.] (Schneider, p.412)를 인용하면서 고대 그리스의 아테나이에서도 유사한 규율을 볼 수 있다고 부언한다.

        그러나 직접 인용된 내용을 포함한 단락(843b7-d6)의 주안점은 이웃 토지의 침범과 불법경작(ἐπεργάζεσθαι, ἐπεργασία: 범계침경(犯界侵耕))으로 인한 불법행위(박종현, 603은 "토지의 경계(표지)를 넘어가서 이웃의 것들을 잠식해 들어가는" 것이라 번역하고 있는데, 그 의미가 선뜻 잘 들어오지 않는다)에 대하여 수확의 총 3배(손해배상액 1배+징벌액 2배)에 해당하는 금액의 지급을 정한 것으로, 전체 수확물이 불법경작자에게 귀속한다는 것을 전제한 것이기는 하지만, 수확기 전이나 (전부 또는 일부의) 작물이 토지와 부합하기 전의 귀속, 더 나아가 중간에 다시 분리된 경우의 운명 등 부합에 관한 법리에 대해서는 전혀 알려주는 바가 없어서 비교법적으로 적절한 인용인지 의문이다. 상세한 것은 Schöpsdau, 219f. 실제로 그리스법에서는 식물의 식재는 소유권 취득의 한 방식으로 이해되었고, 그 결과 식재된 식물의 경우 토지 소유자가 아닌 식재자에게 속하는 것이 가능하였으며, 따라서 '지상물은 토지에 부속된다'는 법리가 적용될 여지가 없었다.

합하여 토지 소유자의 소유가 된다. 더욱이 나무의 경우 다시 토지로부터 분리되더라도 생명체로서 유착해 있던 동안 그 토지로부터 양분을 흡수하여 생장한 사정(말하자면 그 토지의 기여분)을 고려하여 그전의 소유권이 되살아나지 않는 것으로 보았다.[10] 이것은 부합 법리가 적용되는

Biscardi, 195 + n.86; Kränzlein, 104.

10 Zoesius I, ad D.41.1 n.41 (p.699); Vinnius, ad Inst. 2.1.31 comment. 1 (p.191); Voet, ad D.41.1 n.25 (p.611); Donellus, col. 917f. §IV; Sandars, ad Inst. 2.1.31 (p.186). 부합된 나무는 부합된 토지의 지력(地力)으로써 성육하여 달라진, 원래의 나무와는 다른 나무이기에 무주물이고, 그래서 비단 부합에 의해서뿐만 아니라 오히려 부합과 동시에 일어나는 선점에 의하여 토지 소유자가 원시취득한다. 따라서 다시 분리되면 원래의 나무 소유권이 되살아나지 않음은 물론 분리된 나무도 그 자체로 무주물이 아니라 토지 소유자의 소유이다.
   이처럼 부합되었다가 다시 분리된 경우에 원래의 소유권이 되살아나지 않는 다른 경우로 동상에 다른 동상의 팔을 단접(鍛接, ferruminatio; 동종 금속의 용접: Ludovicus, ad D.41.1 Distinctio IV (pp.77f.))한 경우가 있다. 이로써 부합과 소유권의 생멸(生滅) 문제는 어떤 일관된 — 특히 경제적, 법정책적 — 논리의 문제라기보다는 로마인들 나름의 자연철학(同旨 Sokolowski, 148; Kunkel / Mayer-Maly, 169; 성중모, 9 + n.20)과 생활사태에 대한 판단이 깔린 법적 결정의 문제라고 할 것이다. Cf. Schermaier, 24, 108 + n.12, 299; 성중모, 13ff.
   D.6.1.23.5 Paulus libro 21 ad edictum.
   Item quaecumque aliis iuncta sive adiecta accessionis loco cedunt, ea quamdiu cohaerent dominus vindicare non potest, sed ad exhibendum agere potest, ut separentur et tunc vindicentur: ¶ scilicet excepto eo, quod Cassius de ferruminatione scribit. Dicit enim, si statuae suae ferruminatione iunctum bracchium sit, unitate maioris partis consumi et quod semel alienum factum sit, etiamsi inde abruptum sit, redire ad priorem dominum non posse. ¶ Non idem in eo quod adplumbatum sit, quia ferruminatio per eandem materiam facit confusionem, plumbatura non idem efficit. ¶ Ideoque in omnibus his casibus, in quibus neque ad exhibendum neque in rem locum habet, in factum actio necessaria est. ¶ At in his corporibus, quae ex distantibus corporibus essent, constat singulas partes retinere suam propriam speciem, ut singuli homines singulae oves: ideoque posse me gregem vindicare, quamvis aries tuus sit immixtus, sed et te arietem vindicare posse. ¶ Quod non idem in cohaerentibus corporibus eveniret: nam si statuae meae bracchium alienae statuae addideris, non posse dici bracchium tuum esse, quia tota statua uno spiritu continetur.

이 경우에 인정된다는 사실소권(in factum actio)의 진위 여부는 다투어진다. Cf. Bonfante, 124 + n.1; Zulueta, 78 + n.2. 그러나 이것은 D.6.1.5.3 〈1〉의 준소권과 그 실질에 있어서 대동소이한 것이다. Pellat, ad h.l. (p.214)는 이들 사실소권과 준소권이 금전에 의한 전보(塡補)라는 동일한 목적을 추구하는 점을 인정하면서도 소송기술적인 형식의 차이(Gai. 4.46; Gai. 4.34-36)를 이유로 동일한 것이 아니라는 견해이다. 이것은 하나도 틀린 것이 없는 지적이지만, 본래소권(actio directa)이 인정되지 않는 경우 사안에 따라서 부여하고자 하는 소권의 형태가 서로 다른 양상으로 주장되었던 것은 로마 학설법의 특징이기도 하므로 Pellat처럼 경직되게 볼 것만 아니라고 생각된다. Hilliger는 이유 제시 없이 이 둘을 같은 것으로 보게 되면 모순이 해결된다는 점을 하나의 가능성으로서 합목적적 결과의 관점에서만 언급하는 데 그치고 있다. Donellus, col. 918 n.5. 그 밖에 Bas.15.1.23.5 (Heimbach II, p.159)는 비잔틴법의 변화된 관점을 반영하여 ἡ περὶ ἀπαιτήσεως πραγμάτων ἀγωγή (말하자면 de repetitione rerum actio)라고 표현하였는데, Heimbach는 이를 금전급부소송이라는 의미에서 condictio로 역출하였다. 실질적으로 소권의 구별이 무의미해진 판덱텐의 현대적 관용기(Usus modernus Pandectarum)의 전형적인 태도를 보여주는 예로 Ayblinger, ad D.41.1 §V n.237 (p.935)는 건축의 경우 건축자재 소유자였던 자에게 접합목재(接合木材) 사실소권, 절도소권, 절도원인 부당이득반환청구소권, 준소유물반환청구소권, 사실소권, 대인적 목재접합(木材接合)소권을 거의 무차별적으로 인정한다. 로마법 고유의 법기술적 구별이 더이상 의미가 없는 상황에서 합목적적 결과를 얻어내는 데 일정한 전거로서 활용되고 있을 뿐인 것이다. 이런 예는 타인의 땅에 식재된 나무 소유자가 토지를 소유물반환청구하는 토지 소유자를 상대로 비용상환을 청구하는 경우 토지 소유자가 나무의 수거를 허용하면 비용상환의 필요가 없다는 로마법의 논리와 정면으로 배치되는 당시의 논의에서도 극명하게 드러난다. Ayblinger, ad D.41.1 §V n.265 (p.938). 더 나아가서 로마법상의 부합의 법리 자체에 대한 비판적 논의를 참조할 것. Huber, ad D.6.1.23.2-4 nn.1-2 (pp.301f.); ad D.6.1.23.5 nn.1-2 (p.303). 그러나 다른 한편으로 사실소권이 부여된 ferruminatio의 경우와 준소권이 인정된 plantatio의 경우는 미묘한 차이가 존재한다. 전자의 경우에는 동종의 금속이 말하자면 동질동기(同質同氣)로 인하여 혼화된 상태가 되면서 분리되더라도 더이상 원래의 것이라 특정할 수 있는 것이 없다고 할 수 있는 반면, 나무의 경우에는 토지와 원래 구별되는 존재자로서 생장·성육한 후에도 그전과는 다르지만 그럼에도 불구하고 특정한 나무가 그 동일성을 여전히 유지하는 것으로 식별되기 때문이다(가령 "작기만 하던 '그 나무'가 이제 '아름드리나무'가 되었네." 이런 의미에서 식재한 나무에 대하여 토지와 하나의 전체로 "질료적으로 융합한다"[stofflich verschmelzen]는 Sokolowski, 145ff. 의 표현은 어폐가 있다). 이러한 차이가 인식되어 후자의 경우에는 본래소권에 더 밀접히 의거하는 준소권이, 전자의 경우에는 본래소권과는 연관이 없는 사실소권

다른 대표적인 사안, 특히 토지 소유자가 악의로 타인의 건축자재로 자기 토지상에 건축한 — 무생물인 — 건물의 사안에서 건물이 해체되어 건축자재 형태로 환원되면 원소유자였던 자의 소유로 되돌아가는 것으로 본 것과 결정적으로 다른 점이다.[11]

이 고려된 것으로 생각해 볼 수 있다. 그리고 이러한 사정은 후술하는 화판(tabula picta) 사안의 경우에도 동일하게 해당한다. Gai. 2.78 ⟨19⟩. 동일한 법률 문제 영역에서 이와 같이 미묘한 차이로 인해 어떤 때에는 사실소권이, 어떤 때에는 준소권이 부여되었던 전형적인 예는 아퀼리우스법의 적용 영역에서 찾아볼 수가 있다 (Inst. 4.3.16).
D.6.1.23.5에 반영된 물체관은 다음 개소에 잘 표현되어 있다.
D.41.3.30.pr. Pomponius libro 30 ad Sabinum.
Rerum mixtura facta an usucapionem cuiusque praecedentem interrumpit, quaeritur. Tria autem genera sunt corporum, unum, quod continetur uno spiritu et Graece hynwmenon [continuum] vocatur, ut homo tignum lapis et similia: alterum, quod ex contingentibus, hoc est pluribus inter se cohaerentibus constat, quod sunymmenon vocatur, ut aedificium navis armarium: tertium, quod ex distantibus constat, ut corpora plura non soluta, sed uni nomini subiecta, veluti populus legio grex. Primum genus usucapione quaestionem non habet, secundum et tertium habet.
이에 관해서는 최병조 I, 194; Pellat, 118ff., 121, 215; Schermaier, 41ff., 176f., 215f..

11 반면에 부합자가 자기 건축자재로 타인 토지 위에 건축한 악의자인 경우에는 부합 법리에 따라 건축자재의 소유권이 토지 소유자인 타인에게 귀속하는 것 (D.41.1.28 Pomponius 33 ad Sab.: ... quemadmodum tuum fieret, quod in solo tuo alius aedificasset ...; Gai 2.73. Praeterea id, quod in solo nostro ab aliquo aedificatum est, quamuis ille suo nomine aedificauerit, iure naturali nostrum fit, quia superficies solo cedit.)을 알고 있었으므로 스스로 건축자재의 소유권을 포기한 것으로 보거나, 아니면 적어도 알면서도 함부로 건축한 책임을 물어서 해체된 건축자재의 수거(收去)가 부인되었다.
D.41.1.7.12 Gaius libro secundo rerum cottidianarum sive aureorum. = Inst. 2.1.30.
Ex diverso si quis in alieno solo sua materia aedificaverit, illius fit aedificium, cuius et solum est et, si scit alienum solum esse, sua voluntate amisisse proprietatem materiae intellegitur: itaque neque diruto quidem aedificio vindicatio eius materiae competit. ... ¶ nam si scit, culpa ei obici potest, quod temere aedificavit in eo solo, quod intellegeret alienum.

(반대로 어떤 자가 타인의 토지에 자기 건축자재로 건축한 경우 건물은 토지가 속하는 자의 소유가 되며, 타인의 토지임을 아는 때에는 자신의 의사로 건축자재의 소유권을 상실한 것으로 본다. 그러므로 실로 건물이 해체되어도 그 건축자재의 소유물반환청구가 인정되지 않는다. … ¶ 그리고 그가 [토지가 타인 소유인 줄] 아는 경우이면 그가 타인의 것임을 인식한 토지에 함부로 건축한 점을 과책(過責)으로 그에게 대항할 수 있다.)

그러나 선의였다가 악의로 된 '난처한' 경우에 대해 울피아누스는 타인 토지의 점유자에게 철거권, 즉 원상회복해 반환하는 길을 열어주었다. D.6.1.37 (아래의 주 30).

문제는 D.41.1.7.12와 같은 악의자의 경우에도 건물이 해체되면 소유물반환청구를 인정하는 듯한 칙답이 전해진다는 점이다.

C.3.32.2.pr.-1 Imperatores Severus, Antoninus (a.213).

Si inferiorem partem aedificii, quae solum contingit, ad te pertinere probare potes, eam, quam vicinus imposuit, accessisse dominio tuo non ambigitur.

(토지에 면접(面接)한 건물의 하단부가 그대에게 속한다는 것을 그대가 입증할 수 있는 경우 이웃이 부착한 것은 그대의 소유로 부합했다는 데에 의문의 여지가 없다.)

1. Sed et id, quod in solo tuo aedificatum est, quoad in eadem causa manet, iure ad te pertinet. Si vero fuerit dissolutum, materia eius ad pristinum dominium redit, sive bona fide sive mala fide aedificium extructum sit, si non donandi animo aedificia alieno solo imposita sint.

(그러나 또 그대의 토지에 건축된 것은 동일한 상태로 있는 한 법적으로 그대에게 속한다. 그러나 해체되면 그 건축자재는 선의로 건물이 건축되었든 악의로 건축되었든 건물이 타인의 토지에 세워진 것이 증여 의사에 의한 것이 아니라면 이전의 소유자에게 되돌아간다.)

실제로 보통법의 학설들은 이 칙답을 D.41.1.7.12 = Inst. 2.1.30 ⟨14⟩와 정면으로 배치되는 것으로 보고 이 해결하기 어려운 '모순'을 조화롭게 해석하려고 많은 애를 썼다. ① 타인의 건축자재로 건축했다는 설, ② 악의점유자가 증여 의사 없이 건축했다는 설, ③ 소유권이 회복된다는 것은 유치권을 의미한다는 설, ④ 이 개소의 주체는 타주점유자인 colonus나 inquilinus라는 설, ⑤ 건축자 자신이 건물을 해체한 경우라는 설, ⑥ 타인의 손실로 이득해서는 안 된다는 형평에 기한 결정이라는 설, ⑦ 토지 소유자가 건축 사실을 알고 용인한 사안이라는 설, ⑧ 건축자가 건축자재를 증여 의사가 아니라 해체 시 박제(剝除) 내지 괄취(刮取)하려는(abradere) 의사였다는 설 등 실로 다양한 해결 제안들이 제시되었으나 모두 내적인 모순을 지닌 것들로 취할 바가 못 된다. 상세한 것은 Barbosa, ad h.l. (pp.437ff.); Zoesius II, ad h.t., p.99; Wissenbachius, ad h.l. (p.185). 사견(私見)으로는 이러한 악의자의 경우 '자기 의사로 소유권을 상실했던 것'이

a) 건축자재 소유자가 부합사실을 모른 경우

⟨8⟩ D.41.1.7.10 Gaius 2 rer. cott. sive aur. = Inst. 2.1.29.

Cum in suo loco aliquis aliena materia aedificaverit, ipse dominus intellegitur aedificii, quia omne quod inaedificatur solo cedit. ¶ Nec tamen ideo is qui materiae dominus fuit desiit eius dominus esse: ¶ sed tantisper neque vindicare eam potest neque ad exhibendum de ea agere propter legem duodecim tabularum, qua cavetur, ne quis tignum alienum aedibus suis iunctum eximere cogatur, sed duplum pro eo praestet. ¶ Appellatione autem tigni omnes materiae significantur, ex quibus aedificia fiunt. ¶ ergo si aliqua ex causa dirutum sit aedificium, poterit materiae dominus nunc eam vindicare et ad exhibendum agere.

라는 표현이나 '증여 의사로 한 것이 아니라면'이라는 지적이나 사실은 동일한 결과를 달리 표현한 것일 뿐이라고 여겨진다. 앞의 것은 곧 '증여 의사로 한 것'으로 본다는 것이고, 두 번째 조건적 표현은 비록 다른 여지를 열어둔 것 같지만, 고전법의 종합적인 고찰을 하면(또한 작물에 관한 D.6.1.53 Pomponius 31 ad Sab.: Si fundi possessor eum excoluisset sevissetve et postea fundus evincatur, consita tollere non potest.; C.3.32.11.1〔a.293〕⟨16⟩ 참조) 그 반대의 입증이 봉쇄되어 — D.50.17.53 Paulus 42 ad ed.: Cuius per errorem dati repetitio est, eius consulto dati donatio est (착오로 주어지면 반환청구가 인정되는 것이 고의로 주어지면 증여이다) 및 D.50.17.82 Papinianus 9 resp.: Donari videtur, quod nullo iure cogente conceditur (아무런 법적 강제 없이 부여되는 것은 증여되는 것으로 인정된다) — '선의이든 악의이든 불문'한다는 삽입구에도 불구하고 악의자의 경우에는 '증여 의사로 한 것'으로 사실상 귀결되었을 것이기 때문이다. 同旨 Donellus, col. 913 §XXV.

참고로 비잔틴법에서는 C.3.32.2.1을 간략하게 변형된 형태로 수용했기 때문에 타인의 토지에 자기 건축자재로 건축한 자에게 악의에도 불구하고 건물 해체 시에 소유물반환청구를 인정하였던 것으로 보인다.

Hexabiblos 2.1.27 (Heimbach I, pp.216/217):

... Sed si quis in meo solo aedificet, dominus ero aedificii, donec id in eodem statu permanet. Quod si diruatur, poterit aedificator materias vindicare, sive bona fide sive mala fide (εἴτε καλῇ πίστει εἴτε κακῇ πίστει) aedificaverit.

(어떤 자가 자신의 부지(敷地)에 타인의 건축자재로 건축한 경우 그 자신이 건물의 소유자로 인정되는데, 왜냐하면 건축에 사용되는 모든 물건은 토지에 부속되기 때문이다. ¶ 그렇지만 그렇다고 해서 건축자재의 소유자였던 자가 그 소유자이기를 그친 것은 아니다. ¶ 그러나 부합된 동안은 그것을 소유물반환청구할 수도 없고 그에 관하여 제시소권으로써 소구할 수도 없는데,[12] 어떤 자도 자기의 건물에 접합(接合)된 타인의 목재[13]를 분리하도록 강제되는 것이 아니라 그 대신에 2배액을 배상한다고 규정한 12표법 때문이다.[14] ¶ 그런데 목재란 명칭은 건물이 만들어지는 모든 건축자재를 의미한다.[15] ¶ 그런고로 어떤 이유로 건물이 해체되면 건축자재의 소유자는 이제 그것을 소유물반환청구할 수 있고 제시소권으로 소구할 수도 있다.)

⟨9⟩ D.6.1.23.6 – 7 Paulus 21 ad ed.

6. Tignum alienum aedibus iunctum nec vindicari potest propter legem duodecim tabularum, nec eo nomine ad exhibendum agi nisi adversus eum, qui sciens alienum iunxit aedibus: sed est actio antiqua de tigno iuncto, quae in duplum ex lege duodecim tabularum descendit.

(건물에 접합(接合)된 타인의 목재는 12표법으로 말미암아 소유물반환청구

---

12 즉 소유물반환청구의 선결적 준비로서 부합된 것의 분리 및 법정 현출을 청구하는 제시소권. 그러나 법이 분리를 금지하므로 이 원래 목적의 제시소권은 인정될 수 없다. 반면에 Cf. D.47.3.1.2 ⟨10⟩.

13 사료상 tignum alienum (Gai. D.41.1.7.10; Inst. 2.1.20; Paul. D.6.1.23.6; D.10.4.6; D.46.3.98.8; Festus, v. Tignum)과 tignum furtivum (Paul. D.24.1.63; Ulp. D.47.3.1.pr.; D.47.3.2)의 두 표현이 혼재되어 나타난다. 이에 대해서는 12표법이 이미 모든 경우에 분리를 금지시켰고, 아마도 도품(盜品)인 경우에는 4배액 배상을 정했을 것이며, 고전기 4배액 배상이 사라지면서 두 가지 표현이 혼재하는 양상이 발생한 것으로 보는 Muzio Pampaloni의 1883~1911에 걸친 일련의 연구 결과에 동조하는 Bonfante, 125f.의 견해가 타당하다고 생각된다.

14 12표법의 이 특별규정(XII Tab. 6.8; 최병조 I, 16)은 이 경우를 비현행절도(非現行竊盜)에 상당한 것으로 평가한 것이다. Kaser II, 138f. + nn.3-5, 430 + n.46.

15 同旨 Gaius D.50.16.62; Ulpianus D.10.4.7.pr.; D.47.3.1.1 ⟨10⟩ 상세한 것은 Schermaier, 19ff.; Saliou, 39f.

될 수도 없고, 또 그 명목으로 제시소권으로 소구될 수도 없다. 단, 알면서 타인의 것을 건물에 접합(接合)시킨 자를 상대로 해서는 그렇지 않은데, 2배액을 청구하는 12표법에서 유래하는 오래된 '접합(接合)된 목재에 관한 소권'이 존재한다.)

7. Item si quis ex alienis cementis in solo suo aedificaverit, domum quidem vindicare poterit, ¶ cementa autem resoluta prior dominus vindicabit, etiam si post tempus usucapionis dissolutum sit aedificium, postquam a bonae fidei emptore possessum sit: nec enim singula cementa usucapiuntur, si domus per temporis spatium nostra fiat.

(또 어떤 자가 타인의 시멘트를 써서 자기 토지에 건축한 경우 그는 실로 그 저택을 소유물반환청구할 수 있을 것이다. ¶ 다른 한편으로 [타인의 토지가] 선의매수인에 의하여 점유된 후[16] 점용취득시효 기간이 지난 다음 건물이 해체된 경우에도 시멘트가 분리되면 그전의 소유자가 소유물반환청구를 할 것이다. 왜냐하면 저택이 점용취득기간을 경과하여 우리 소유가 되는 경우에도 또한 개별 시멘트가 점용취득되는 것은 아니기 때문이다.[17])

---

16 예컨대 타인 토지의 선의의 매수인의 경우. Cf. D.6.1.37 (아래의 주 30).

17 개별물과 전체물의 관계에 대해서는 또한 아래의 개소 참조.

D.41.1.7.11 Gaius libro secundo rerum cottidianarum sive aureorum.

Illud recte quaeritur, an, si id aedificium vendiderit is qui aedificaverit et ab emptore longo tempore captum postea dirutum sit, adhuc dominus materiae vindicationem eius habeat. Causa dubitationis est, an eo ipso, [quo]⟨quod *Mommsen*⟩ universitas aedificii longo tempore capta est, singulae quoque res, ex quibus constabat, captae essent: quod non placuit.

([타인의 건축자재로] 건축을 한 자가 그 건물을 매도하고 매수인에 의하여 '장기점용'취득된 것이 그후에 해체된 경우 건축자재의 소유자가 아직 그것의 소유물반환청구소권을 가지는지 여부가 정당하게도 문제된다. 건물 전체가 '장기점용'취득된 그 자체로써 그 건물이 구성되었던 개별물들 역시 취득된 것인지 여부는 의문 사항이다. 그렇지 않다는 것이 통설이다.)

D.41.2.30.pr. Paulus libro 15 ad Sabinum.

Qui universas aedes possedit, singulas res, quae in aedificio sunt, non videtur possedisse. Idem dici debet et de nave et de armario.

⟨10⟩ D.47.3.1.pr.-2 Ulpianus 37 ad ed.

pr. Lex duodecim tabularum neque solvere permittit tignum furtivum aedibus vel vineis iunctum neque vindicare (quod providenter lex effecit, ne vel aedificia sub hoc praetextu diruantur vel vinearum cultura turbetur) (XII Tab. 6.7): sed in eum, qui convictus est iunxisse, in duplum dat actionem (XII Tab. 6.8).

(12표법은 건물이나 포도원에 접합(接合)된 도품(盜品)인 목재를 분리하는 것도 또 소유물반환청구하는 것도 허용하지 않는다. (이것을 동 법률은 건물들이 이런 구실로 해체되거나 포도원 경작이 교란되지 않도록 선견지명을 가지고 규정하였다.[18]) 그러나 접합한 행위가 유책한 것으로 판명난 자를

(건물 전체를 점유한 자는 건물을 구성하는 개별물들을 점유했던 것으로 인정되지 않는다. 선박과 장롱에 대해서도 같은 말을 해야만 한다.)

D.41.3.23.2 Iavolenus libro nono epistularum.

Si autem demolita domus est, ex integro res mobiles possidendae sunt, ut tempore, quod in usucapione rerum mobilium constitutum est, usucapiantur. Et non potes recte uti eo tempore, quo in aedificio fuerunt: nam quemadmodum eas solas et separatas ab aedificio non possedisti, sic nec penes te singulae aut separatae fuerunt et cohaerentibus his in aedificio, depositis aedibus, quae hoc quoque ipsum continent. Neque enim recipi potest, ut eadem res et ut res soli et tamquam mobilis sit possessa.

(그런데 저택이 해체된 경우 [해체로 발생한] 동산들은 새롭게 점유되어야만 동산의 점용취득에 정해진 기간을 거쳐서 점용취득이 가능하다. 그리고 너는 그것들이 건물을 구성하던 기간을 정당하게 합산할 수 없다. 왜냐하면 네가 그것들을 독자적으로 건물과 분리된 것으로서 점유하지 않았듯이 또한 그것들은 이것들을 또한 포함하는 건물이 해체될 때에 독자적이거나 분리된 것으로서 너에게 있었던 것이 아니라 이것들은 건물에 결합되어 있었기 때문이다. 왜냐하면 동일한 물건이 토지물(土地物〔부동산〕)로도 동산으로도 점유된다는 것은 또한 받아들일 수 없기 때문이다.)

결국 로마법은 동산이 부동산에 부합된 동안에는 독자성이 부인되므로 그 자체로 점유되는 것이 아니고, 따라서 점용취득 역시 배제되며 다시 분리된 후에야 점유와 점용취득이 가능한 것으로 보았다. Pellat, 218f.

18 그 결과 부합된 목재에 대한 유증 역시 금지되었다(아킬리우스 원로원의결 〔senatus consultum Acilianum〕, 122년). 상세한 것은 Rainer, 290ff.

376

D.30.41.1/9 Ulpianus libro 21 ad Sabinum.

1. Sed ea quae aedibus iuncta sunt legari non possunt, quia haec legari non posse senatus censuit Aviola et Pansa consulibus.

(건물에 접합된 물건은 유증될 수 없으니, 왜냐하면 이것이 유증될 수 없음을 [하드리아누스 황제 때인] 아퀼리우스 아비올라와 판사가 집정관 시에 원로원이 의결하였기 때문이다.)

9. Item hoc prohibetur haec legari, quod non alias praestari potest, quam ut aedibus detrahatur subducatur, id est marmora, vel columnae. Idem et in tegulis et in tignis et ostiis senatus censuit: sed et in bibliothecis parietibus inhaerentibus.

(또 건물에서 떼어내거나 뽑아내야만 급부할 수 있는 것들이 유증되는 것 역시 금지되는바, 즉 대리석이나 열주(列柱)가 그러하다. 같은 것을 또한 기와와 목재와 출입문에 대해서도 원로원은 의결하였다. 그리고 또한 건물벽에 감입(嵌入)된 서가(書架)의 경우에도 그러하다.)

물론 사유(私有)일지라도 건물의 해체나 철거는 12표법을 논외로 하여도 공익 목적에서 규제되었다.

C.8.10.2 Imperator Alexander Severus (a.222).

Negotiandi causa aedificia demoliri et marmora detrahere edicto divi Vespasiani et senatus consulto vetitum est. Ceterum de alia domo in aliam transferre quaedam licere exceptum est: sed nec dominis ita transferre licet, ut integris aedificiis depositis publicus deformetur adspectus.

(장삿속으로 건물을 철거하고 대리석을 떼어내는 것은 베스파시아누스 황제의 한 고시와 한 원로원의결에 의하여 금지되었다. 그러나 어떤 것들을 한 저택에서 다른 저택으로 옮기는 것은 허용되는 것으로 예외가 인정되었다. 그러나 건물들이 전체가 해체되어서 공공의 경관이 추한 꼴로 변하도록 옮기는 것은 건물의 소유자들에게도 허용되지 않는다.)

동일한 법정신은 원칙적으로 공유지(公有地)에 건축한 경우에도 그대로 적용되었다.

D.43.8.2.17 Ulpianus libro 68 ad edictum.

Si quis nemine prohibente in publico aedificaverit, non esse eum cogendum tollere, ne ruinis urbs deformetur, et quia prohibitorium est interdictum, non restitutorium. Si tamen obstet id aedificium publico usui, utique is, qui operibus publicis procurat, debebit id deponere, aut si non obstet, solarium ei imponere: vectigal enim hoc sic appellatur solarium ex eo, quod pro solo pendatur.

(어떤 자가 아무도 금지하지 않는 가운데 공유지에 건축한 경우 그는 건물 잔해(殘骸)로 도시가 추한 몰골이 되지 않기 위해 철거하도록 강제되어서는 안 되는데, 또한 이 특시명령은 금지특시명령이지 회복특시명령이 아니기 때문이다. 그렇지만 그 건물이 공유지의 공공 사용을 저해하는 경우 공공 영조(營造) 담당관

상대로 2배액의 소권을 부여한다.)

1. Tigni autem appellatione continetur omnis materia, ex qua aedificium constet, vineaeque necessaria. Unde quidam aiunt tegulam quoque et lapidem et testam ceteraque, si qua aedificiis sunt utilia (tigna enim a tegendo dicta sunt), hoc amplius et calcem et harenam tignorum appellatione contineri. Sed et in vineis tigni appellatione omnia vineis necessaria continentur, ut puta perticae pedamenta.

(그런데 '목재'란 명칭에는 건물이 구성되는 모든 건축자재와 포도원에 필수적인 모든 자재가 포함된다.[19] 그래서 혹자들은 건물에 유용한 기와, 돌, 벽돌 기타의 것들을 거론하고 (tigna(목재)란 tegere('덮다, 가리다, 보호하다')는 데서 그렇게 부르는 것이다[20]), 이보다 더욱더 석회와 자갈도 목재란 명칭에 포함된다고 한다. 그러나 포도원의 경우 목재라는 명칭에는 가령 막대기, 버팀목 같이 포도원에 필수적인 모든 것들이 포함된다.)

2. Sed et ad exhibendum danda est actio: nec enim parci oportet ei, qui sciens alienam rem aedificio inclusit vinxitve: non enim sic eum convenimus quasi possidentem, sed ita, quasi dolo malo fecerit, quo minus possideat.

(그리고 또한 제시소권이 부여되어야만 한다. 왜냐하면 알면서 타인의 물건을 건물에 포함시키거나 결합시킨 자는 용서해서는 안 되기 때문이다. 왜냐하면 우리는 그를 점유하고 있는 자로서 제소하는 것이 아니라 스스로의 점

은 항시 그것을 제거해야만 할 것이고, 저해하지 않으면 그에게 토지세(solarium)를 부과해야만 할 것이다. 이 세금은 토지(solum)에 과세된다는 점에서 이렇게 토지세라고 부른다.)

19 同旨 D.50.16.62 Gaius libro 26 ad edictum provinciale.
"Tigni" appellatione in lege duodecim tabularum omne genus materiae, ex qua aedificia constant, significatur.

20 Cf. D.19.1.18.1 Iavolenus libro septimo ex Cassio.
Tegulae, quae nondum aedificiis impositae sunt, quamvis tegendi gratia allatae sunt, in rutis et caesis habentur: aliud iuris est in his, quae detractae sunt ut reponerentur: aedibus enim accedunt.

유를 상실하도록 악의적으로 행위한 자로서 제소하기 때문이다.[21])

⟨11⟩ D.47.3.2 Ulpianus 42 ad Sab.

Sed si proponas tigni furtivi nomine aedibus iuncti actum, deliberari poterit,
an extrinsecus sit rei vindicatio. Et esse non dubito.

(그러나 건물에 접합(接合)된 도품(盗品)인 목재 명목으로 소구되었음을 네
가 주장하는 경우 별도로 소유물반환청구가 가능한지 고려될 수 있을 것이
다. 그리고 그렇다는 것을 사견으로는 의심하지 않는다.)

b) 건축자재 소유자가 부합사실을 원한 경우

⟨12⟩ D.24.1.63 Paulus 3 ad Ner.

De eo, quod uxoris in aedificium viri ita coniunctum est, ut detractum
alicuius usus esse possit, dicendum est agi posse, quia nulla actio est, ex lege
duodecim tabularum, quamvis decemviros non sit credibile de his sensisse,
quorum voluntate res eorum in alienum aedificium coniunctae essent.

¶ Paulus notat: sed in hoc solum agi potest, ut sola vindicatio soluta re

---

21 학설법은 부합물의 분리가 법으로 금지되기 때문에 분리를 할 수 없어서
(D.6.1.23.6 ⟨9⟩) 원물의 소유물반환청구를 면하게 된 악의의 부합자에게 소유
물반환청구를 면탈하기 위하여 악의로 점유를 포기한 자와 동일하게 취급하
여 이 명목으로 제시소권을 부여한 것이다. 이때에는 피고는 소송물 가액 선서
(iusiurandum in litem)를 통하여(Cf. 최병조 IV, 57f.) 책임을 져야만 한다. 同旨
Cocceji I, ad D.41.1 Qu. XVI (p.432); Pellat, 216 + n.2. 이러한 입장은 소유물반
환청구가 부인되면 당연히 제시소권도 부인된다고 보았던 성기(盛期) 고전기의
엄격했던 개념논리가 고전기 후기에 이르러 결과론적인 합목적성의 논리로써 극
복된 모습을 보인 것으로 이해된다. 일응 이와 모순되게 소유물반환청구를 인정
하는 것으로 보이는 D.47.3.2 ⟨11⟩은 D.46.3.98.8 Paulus 15 qu.(... Denique lex
duodecim tabularum tignum aedibus iunctum vindicari posse scit, sed interim id
solvi prohibuit pretiumque eius dari voluit)의 'vindicari posse'처럼 접합에서 분리
되어 소유물반환청구가 가능하게 된 상황을 전제한 것으로 이해해야 한다. 同旨
Cocceji II, ad D.6.1 Qu. VI (p.417).

competat mulieri, non in duplum ex lege duodecim tabularum: neque enim furtivum est, quod sciente domino inclusum est.

(처(妻)의 소유로서 부(夫)의 건물에 분리되면 일정한 용도가 있을 수 있게 접합(接合)된 물건에 대해서는 소구할 수 있다고 말해야만 한다. 왜냐하면 [어쨌든] 12표법에 따르면 아무런 소권이 존재하지 않지만, 법전제정10인 관이 그들의 의사(意思)에 따라 그들의 물건이 타인의 건물에 접합된[22] 자들

---

22 심사자 C는 결합을 표현하는 다양한 어휘들의 역어에 대하여 다음과 같이 지적한다. "본 논문에 언급되는 여러 개소들에는 필자가 '부합', '부속', '접합', '결합' 등 의 표현으로 번역하는 cedere, iunctum, vinxit, coniunctum, coniuncta 등의 단어 가 많이 등장한다. 부합은 분리를 시도할 경우 과다한 비용이 들거나 분리된 결과 물의 경제적 효용이 대폭 감소할 수밖에 없는 결과가 생기는 식으로 결합된 경우 를 뜻한다는 점은 분명하고, cedere를 부합이라고 번역하는 것은 논란이 없을 것 이다.

그러나 필자는 cedere를 '부속'이라고 번역하는 경우도 여러 번 관찰된다. 하지만 '부속'이라는 용어는 우리 민법상 '부속물'을 연상할 수 있게 한다는 점에서 적절 하지 않다고 생각한다. 민법 제646조가 말하는 '부속물'은 매수청구의 대상이 될 수 있는 별도의 물건이며, 판례는 "건물에 부속된 물건으로서 임차인의 소유에 속 하고, 건물의 구성부분으로는 되지 아니한 것으로서 건물의 사용에 객관적인 편 익을 가져오게 하는 물건"이라고 하고 있으므로 '부합'과는 분명히 구분되어야 할 개념이다. cedere를 '부속'이라고 번역하는 것은 재고를 요한다."

또한 "필자는 iunctum을 '접합'이라고 번역하면서 '부합'과는 어떤 차이가 있 는지에 대해서는 상세한 논의나 고찰을 하지 않고 있다. 그러나 평자의 잠정적 견 해는 iunctum은 부합(cedere)과는 개념상 차이가 있고, 분리해내더라도 분리물 자체의 경제적 가치는 그리 훼손되지 않아서(건축물의 들보로 사용된 목재는 분 리해서 다른 건물의 축조에도 그대로 사용할 수 있다. 건물 역시 들보를 '교체'하 면 여전히 건물로서의 효용성을 유지할 수 있다) 소유권의 객체로 여전히 남아 있 다고 보아야 할 경우를 뜻하는 것이다. 건물과 포도원의 경우가 아니라면(예를 들 어 수레의 바퀴축(shaft)의 경우 그를 분리해내도 별 경제적 손상이 없고, 수레 역 시 shaft를 다른 제품으로 교체하면 여전히 수레로서 활용가능) iunctum이라고 표현될 수준으로 '접합'된 물건은 '부합'되어 버린 것이 아니라 여전히 그 identity 를 유지하고 독립된 소유권의 객체가 될 수 있지만, 건물과 포도원에 접합된 경우 에는 12표법 때문에 vindicatio가 저지될 뿐이라고 생각한다. coniunctum의 경우 (논문 12쪽에서 논의하는 D.24.1.63) 필자는 '부합'과 '접합'을 혼용하고 있지만, 오히려 부속이라는 번역이 더 적절하지 않을까 생각한다."

모든 말이 그렇듯이 문맥과 무관하게 부속이라는 말이 반드시 민법 제646조

와 동일하게 사용되어야만 하는지는 의문이다. 물론 우리 민법이 제646조와 동일한 취지로 규정한 것은 이 조문 말고도 여럿 있다(제215조, 제316조, 제615조, 제647조, 제648조, 제650조). 그러나 이들 조문은 모두가 어떤 물건의 사용의 편익을 위하여 부속시킨/부속한 부속물(건)에 관한 것이다(또한 민법 제100조 제1항도 참조). 부합과는 무관한 것이다. 그러므로 부속이란 말을 부합의 맥락에서 부속물을 '연상'시킨다는 가능성만으로 전면적으로 사용 금지하는 것은 지나친 감이 있다. 부합과 관련하여 오히려 중요한 것은 부합에 관한 민법 제256조 자체가 단서에서 이 말을 사용하고 있다는 사실이다. "그러나 타인의 권원에 의하여 부속된 것은 그러하지 아니하다." 동조의 어법을 보면 부동산에 '부합한' 물건은 그 부동산에 '부속된' 것이다. 부합은 과정과 전체 사태를, 부속은 그 결과적 측면을 표현하는 이 용어법을 따르지 말아야 할 이유는 전혀 없다고 생각된다. 의미를 명확히 하기 위하여 필요한 경우 종래의 '부속한다'를 '부속된다'로 고친 외에는 문맥과 글의 흐름에 따라서 부속과 부합을 두루 사용하였다.

iunctum으로 말하자면 두루 결합시킨 것을 의미하는데, coniunctum은 이것과 다른 것이 아니다. 'con-'은 결합되는 쌍방을 지시하지만 어차피 양쪽이 없으면 결합이란 생각할 수 없는 것이기 때문이고, 사서(辭書)들의 어의 설명을 보나, 법사료들의 용례(양자 모두 'A와 B가 [con]iunctum 되어 있다', 'A를 B에 [여격與格만 또는 전치사 in을 써서 in B] [con]iungere하다')를 보나 분명하다. 이것을 '부속'이라 번역하자는 심사자의 주장은 '부속'에 대한 앞의 자신의 지적과도 모순된다. 접합이란 표현은 결합시키는 행위와 그 결과 붙었다는 점만을 지시할 뿐 법률효과까지 생각한 용어가 아니다. 본 개소에 의하더라도 "물건이 분리되어야" rei vindicatio가 인정된다는 것이다. 그래서 법률효과는 중립적으로 둔 채 물리적 상태만을 표현하기 위하여 '접합'(接合)이라 표현하였다. 심사자는 분리 후 경제적 가치가 "그리 훼손되지 않아서" "소유권의 객체로 여전히 남아 있다"고 보이는 경우를 iunctum으로 보고, 이처럼 '접합'된 물건은 '부합'되어 버린 것이 아니라 여전히 그 identity를 유지하고 독립된 소유권의 객체가 될 수 있지만, 건물과 포도원에 접합된 경우 12표법 때문에 vindicatio가 저지될 뿐이라고 한다. 그러나 분리와 훼손의 여부는 물건의 성상과 접합 방식 등에 따라서 달라지는 것이고, 본 개소도 "분리되면 일정한 용도가 있을 수 있게 접합된 물건"이라고 한 것에서 알 수 있듯이 당사자들의 의사를 포함하여 접합시의 특수한 상황이 중요한 것이고, 접합되었다는 사실만으로는 이 점을 항상 포함한다고 할 수 없다. 또 심사자가 이해하는 의미의 접합된 물건은 '부합'된 것이 아니므로 접합된 상태에서도 그 동일성이 유지되어 소유물반환청구의 대상이 된다고 한다. 그러나 이 논리는 그의 수레의 예에서도 분명하듯이 우리 민법 제257조가 정하는 동산 간의 부합 논리 ("훼손하지 아니하면 분리할 수 없거나 그 분리에 과다한 비용을 요할 경우")를 부동산에 대한 부합(민법 제256조 참조)에, 그것도 로마법상의 부합에 그대로 적용한 오류가 있다. 우리 법의 경우에도 부동산에의 부합의 경우에는 원칙적으로을 염두에 두었다고 믿을 수는 없기 때문이다. ¶ 파울루스의 주: 그러나 물건이 분리되면 소유물반환청구만이 부인(婦人)에게 인정된다는 그 한 가지만으로 소구할 수 있을 뿐 12표법에 기한 2배액 청구는 할 수 없다. 왜냐하면 소유자가 아는 가운데 포함된 것은 또한 도품(盜品)이 아니기 때문이다.[23]

요컨대 타인의 자재임을 알면서 그것을 사용하여 자기 토지에 건축한 경우 그 타인은 원칙적으로 자신의 소유권을 잃지 않지만, 12표법의 사회경제적 고려에 기초한 특별규정에 의하여 현실적인 소유물반환청

부동산의 소유자가 그 부합된 동산의 소유권을 취득하는 것이므로 rei vindicatio 는 접합된 동안은 부인된다. 로마법의 경우에도 원래 인정되던 소유물반환청구가 실정법 규정 때문에 저지될 뿐이라고 하는데, 분리되기 전에는 실효성 없는 rei vindicatio에 대하여 이것이 그전에도 인정되는 것처럼 이야기하는 것이 무슨 의미가 있는지 의문이다. 더욱이 나무의 경우 분리 후에도 vindicatio를 부인하고 있는 것에 대한 고려가 빠진 것으로 보인다(아래의 주 97도 참조). 그리고 분리 후에는 원물이 훼손되었는가 아닌가의 여부와는 무관하게 vindicatio의 가부(可否)를 살폈다는 점에서도(아래의 주 23) 분리로 인한 훼손 여부를 따지는 것은 오류이다. 더욱이 들보의 경우 분리로 건물이나 들보 자체의 경제적 효용에 별 문제가 없는 것처럼 논하는 것은 사실 상황에 따라서 얼마든지 다를 수 있는 것을 성급하게 일반화한 오류가 있다. 들보가 삽입된 경우 그 원래의 소유자라 하더라도 반환청구할 수 없도록 법리를 발전시킨 법정책적 이유가 무엇일지 생각해 볼 필요가 있을 것이다. 참고로 첨부의 다른 사례인 가공의 경우에도 우리 민법(제259조)은 기본원칙으로 로마의 사비누스학파의 견해를 취했으면서도(동조 제1항 본문) 로마법과 달리 확실한 경제적 관점을 가미하였다(동조 동항 단서). 이러한 경제적 관점은 로마법의 본래 모습과는 거리가 있는 것이다. 최병조 I, 261ff. 따라서 현행 민법적 이해를 바탕으로 로마법에 접근하는 것은 어느 경우이든 방법론적으로 문제가 있다.

23 Kaser II, 430 + n.47는 actio de tigno iuncto가 고전기에 선의로 부합한 자를 상대로도 인정되었다는 주장의 근거로 이 개소를 드는데 오류이다. 이 개소는 오히려 부부 사이처럼 특별한 관계여서 부합당한 측의 의사에 따라 부합이 일어난 특수한 경우를 다룬 개소로서, Kaser의 주장과는 정반대로 명백하게 actio de tigno iuncto를 부인하고, 이 소권이 문제되는 상황과 달리 rei vindicatio를 인정하는 듯하지만, 실제로는 역시 분리되어야만 vindicatio가 가능하다는 점에서 실질적으로 부합이 부인되고 있는 것이 아니다. 결국 분리되었을 경우 수거권만 인정하였다.

구[24]와 제시소권[25]은 저지되고, 대신에 접합목재소권(接合木材訴權, actio de tigno iuncto)으로 2배액을 청구할 수가 있다.[26] 또 분리되면 건물 자체의 점용취득 여부와는 무관하게,[27] 그리고 부합에 동의한 경우에도 자재에 대한 수거권을 가진다.[28] 한편 고전 후기에 와서 법률가들은 악의(惡意)의 부합자를 상대로 분리 전이라도 제시소권과 소유물반환청구의 가능성을 긍정하는 쪽으로 논리를 발전시켰던 것 같다(Ulp. D.47.3.1.2. D.47.3.2; Paul. D.6.1.23.6).[29] 부합자가 선의(善意)였을 때에는 소유물반환청구도, 접합목재소권(接合木材訴權)도 가능하지 않지만 분리되면 수거는 가능하였을 것으로 보인다.

참고로 부합자가 자기의 건축자재로 타인의 토지 위에 건축하였는데, 그가 토지 소유권에 관하여 선의였던 경우 그는 토지를 소유물반환청구하는 토지 소유자로부터 자신의 투자에 해당하는 제반비용의 상환을 악의(惡意)의 항변(抗辯, exceptio doli)을 통하여 받아낼 수 있었다.[30] 그리고

---

24 이에 관해서는 성중모, 3ff.

25 이에 관해서는 성중모, 7f.

26 同旨 D.10.4.6 Paulus libro 14 ad Sabinum.

   Gemma inclusa auro alieno vel sigillum candelabro vindicari non potest, sed ut excludatur, ad exhibendum agi potest: ¶ aliter atque in tigno iuncto aedibus, de quo nec ad exhibendum agi potest, quia lex duodecim tabularum solvi vetaret: sed actione de tigno iuncto ex eadem lege in duplum agitur.

27 D.6.1.23.7 〈9〉; D.6.1.59 (아래의 주 31).

28 성중모, 12 + n.41은 재료를 선의로 (승계)취득한 자는 점용취득(점용취득)이 가능하였으나 실제로는 타인 물건의 매도인은 절도를 범하는 경우가 많으므로 도품(盜品)의 점용취득을 배제하는 아티니우스법으로 인하여 점용취득이 어려웠다는 점만을 지적하고 있다. 그러나 부합과 관련하여 중요한 분리 후의 효과에 대한 논의가 빠져 있다.

29 Kaser II, 619 n.65는 12표법에 반영되었던 징벌적 성격이 이 시기에 와서 거의 완전히 사라진 것으로 해석한다("Die ursprüngliche Pönalität hat sich so gut wie vollständig verloren").

30 타인 소유의 토지를 자기 것인 줄 아는 대표적인 사례 중 하나가 소유자가 아닌 매도인으로부터 토지를 선의로 매수한 매수인이 그 토지 위에 자기 건축자재로 건축한 후 그 토지가 소유자에 의하여 추탈당하는 사안인데, 권리남용 금지의 원

칙이 천명된 것으로도 유명한 D.6.1.38이 그 예이다. 이 개소에서 켈수스는 관련 사실관계와 관련 당사자들의 사정에 따른 차별화된 해결책을 제시하는데, 그의 독자적인 견해였던 것으로 보인다(Cf. Noodt, ad D.41.1 (pp.192f.): "Casus elegans").

D.6.1.38 Celsus 3 dig.

In fundo alieno, quem imprudens emeras, aedificasti aut conseruisti, deinde evincitur: *bonus iudex varie ex personis causisque constituet.* ¶ finge et dominum eadem facturum fuisse: reddat impensam, ut fundum recipiat, usque eo dumtaxat, quo pretiosior factus est, et si plus pretio fundi accessit, solum quod impensum est. ¶ finge pauperem, qui, si reddere id cogatur, laribus sepulchris Avitis carendum habeat: sufficit tibi permitti tollere ex his rebus quae possis, dum ita ne deterior sit fundus, quam si initio non foret aedificatum. constituimus vero, ut, si paratus est dominus tantum dare, quantum habiturus est possessor his rebus ablatis, fiat ei potestas: neque malitiis indulgendum est, si tectorium puta, quod induxeris, picturasque corradere velis, nihil laturus nisi ut officias. ¶ finge eam personam esse domini, quae receptum fundum mox venditura sit: nisi reddit, quantum prima parte reddi oportere diximus, eo deducto tu condemnandus es.

(그대가 현명하지 않게 매수한 타인의 토지에 건축을 했거나 파종했고, 그런 다음에 [그 토지가] 추탈(追奪)되었다. 훌륭한 심판인은 사람에 따라 또 사정에 따라 달리 결정할 것이다. ¶ 소유자도 같은 일을 했을 것이라고 가정해 보자. 그는 토지를 반환 받기 위해서는 비용을 상환해야 하는데, 토지의 가치가 증가한 상당액까지만 상환하면 되고, 토지의 가치에 [비용보다] 더 많이 부가된 경우에도 출비(出費)된 것만 상환하면 된다. ¶ 비용을 상환하도록 강제되면 가(家)와 조상묘(祖上墓)를 희생해야만 하는 빈궁한 자를 가정해 보자. 그로 인해 토지가 처음부터 건축되지 않았을 것이라면 그랬을 상태보다 악화(惡化)되지 않는 한 그대에게 가능한 것들의 수거(收去)를 허용하는 것으로 족하다. 그러나 우리는 점유자가 이 물건들을 수거하여 가지게 될 상당액을 소유자가 공여(供與)할 용의가 있는 때에는 소유자에게 그런 권한이 인정되어야 한다고 결정한다. 그리고 악의적 행위는 용인해서는 안 되는바, 가령 그대가 도장(塗裝)했던 회벽(灰壁)이나 그림을 긁어 지우려고 원한다면 그대가 권리남용적인 행위를 저지르는 효과밖에 없을 것이다. ¶ 소유자가 반환 받은 토지를 곧 매도할 사람이라고 가정해 보자. 우리가 [이 글의] 첫 부분에서 상환돼야 한다고 말했던 상당액을 그가 상환하지 않으면 그대는 그 상당액을 공제하고 유책판결(有責判決)을 받아야만 한다.)

상세한 것은 Pellat. h.l., 269ff.

선의매수인이 매수한 토지가 자기 소유가 되지 못한 사실을 알게 된 후에 건축한 경우에 대해서는 아래의 개소 참조.

D.6.1.37 Ulpianus libro 17 ad edictum.

해체되면 자재를 수거할 수 있었음은 물론이다.[31]

Iulianus libro octavo digestorum scribit: si in aliena area aedificassem, cuius bonae fidei quidem emptor fui, verum eo tempore aedificavi, quo iam sciebam alienam, videamus, an nihil mihi exceptio prosit: nisi forte quis dicat prodesse de damno sollicito. Puto autem huic exceptionem non prodesse: nec enim debuit iam alienam certus aedificium ponere: sed hoc ei concedendum est, ut sine dispendio domini areae tollat aedificium quod posuit.

(율리아누스는 『학설집』 [제8권]〈제7권〉에서 다음과 같이 기술한다. "내가 실로 그 선의매수인이었던 타인의 부지에 건축한 경우 참으로 내가 이미 타인의 것임을 안 시점에 건축했으면 나에게 [악의의] 항변이 아무 소용이 없는지 살펴보자. 이 난처한 손해에 대해서도 항변이 도움이 된다고 말한다면 그렇지 않겠지만 말이다." 그런데 사견(私見)으로는 이 자에게는 항변이 도움이 되지 않으니, 왜냐하면 이미 타인의 것임을 확인한 자는 또한 건물을 세워서는 안 되었기 때문이다. 그러나 그에게는 부지 소유자에게 불이익이 없는 한 그가 세운 건물을 철거하는 것이 허여되어야만 한다.)

이 개소에서 sollicitus에 대한 이해는 번역마다 제각각이다. 이것을 *Digesten-Behrends* (1995), h.l.은 sollicitatus와 같은 것으로 보고 '스스로 유발한' 손해로 번역한다. 손해를 이미 받은 것으로 보거나(*Digest-Watson* [1998], h.l.: "the defendant's apprehended loss"; *Digest-Scott* [1932], h.l.: "I anticipated a loss"), 아니면 장차 발생이 우려되는 손해로 보거나(*Digesten-Otto* [1830], h.l.: "in Bertreff eines befürchtet werdenen Schadens") 그러한 우려 때문에 이를 회피하려고 애쓰는 손해로 본다(Pellat, h.l.: "celui qui cherche à éviter une perte"; *Digeste-Hulot* [1803], h.l.: "je cherche à ne pas perdre le prix que j'ai donné du terrain"). 그러나 비용상환을 악의의 항변을 통하여 받아낼 수 없다는 결론을 시사하는 가운데 이로 인한 우려를 자아내는 측면을 표현하는 것이므로 '난처한'이란 역어가 적절할 것이다. 율리아누스와 울피아누스가 반대의견인 것으로 보는 Pellat, 263은 잘못이다. Cf. D.41.1.7.12 〈14〉. 건축할 예정으로 부지를 매수한 자가 나중에 매도인이 토지 소유자가 아닌 사실을 알게 되었지만 이미 준비를 마친 건축을 아니할 수도 없어서 이를 진행시킨 경우를 생각해 보면 건축자의 사정이 처음부터 악의였던 경우와 달리 '딱하게', '난처하게' 된 것을 알 수 있다. 이곳의 울피아누스의 결정은 D.6.1.38 (주 30)과 D.44.7.61.1 (아래의 주 95)에서 심판인은 모름지기 당사자들의 개인적인 상황과 사안의 개별적인 사정을 고려해야 한다고 했던 켈수스나 스카이볼라의 요망사항에 부응한다고 하겠다.

31 이 점은 타인 소유의 건물에 거주하는 자, 그러니까 소유에 관한 악의자도 그 타인의 건물에 창문이나 출입문을 부합시킨 경우 분리되면 즉시 원래의 소유관계로 회복된다는 다음 개소의 법리로부터 분명하다. 또한 Cf. D.6.1.37 (앞의 주 30).

⟨13⟩ D.24.1.31.2 Pomponius libro 14 ad Sabinum.

Si vir uxori aream donaverit et uxor in ea insulam aedificaverit, ea insula sine dubio mariti est, sed eam impensam mulierem servaturam placet: nam si maritus vindicet insulam, retentionem impensae mulierem facturam.

(부(夫)가 처(妻)에게 부지(敷地)를 증여하고 처(妻)가 그곳에 임대아파트를 건축한 경우 그 임대아파트는 의문의 여지 없이 부(夫)의 소유이지만,[32] 그

D.7.1.15.pr. Ulpianus libro 18 ad Sabinum.

Sed si quid inaedificaverit, postea eum neque tollere hoc neque refigere posse: refixa plane posse vindicare.

(그러나 용익역권자가 어떤 것을 건물에 부합시킨 경우 그후에 그는 그것을 철거할 수도 다시 떼어낼 수도 없다. 실로 다시 떼어낸 것은 소유물반환청구할 수 있다.)

D.6.1.59 Iulianus libro sexto ex Minicio.

Habitator in aliena aedificia fenestras et ostia imposuit, eadem post annum dominus aedificiorum dempsit: quaero, is qui imposuerat possetne ea vindicare. Respondit posse: nam quae alienis aedificiis conexa essent, ea quamdiu iuncta manerent, eorundem aedificiorum esse, simul atque inde dempta essent, continuo in pristinam causam reverti.

(타인의 건물에 거주하는 자가 그 건물에 창문이나 출입문을 달았는데, 1년 후 건물들의 소유자가 분리하였다. 나는 묻노니, 부착시켰던 자는 그것들을 소유물반환청구할 수 있는가? 해답: "할 수 있다. 타인의 건물들에 결합된 것들은 접합된 채로 머무는 한 같은 건물들에 속하고, 그로부터 분리되는 즉시 이전의 상태로 되돌아간다.")

이 개소는 또한 부합된 물건은 그 자체로 독립하여 점유되는 것이 아니므로(이미 同旨 D.6.1.23.7 ⟨9⟩) 거주자가 선의로 매수한 물건을 부합시켰더라도 점용취득시효 기간인 1년이 지나든 지나지 않든 점용취득이 일어날 수 없다는 법리를 로마법이 아니면 찾아볼 수 없는 예리한 논리로 극명하게 보여준다.

물론 거주자와 집주인 간에 임대차와 같은 계약관계가 성립할 때에도 부합의 법리는 동일하지만(D.43.18.2 Gaius 25 ad ed. prov.: Superficiarias aedes appellamus, quae in conducto solo positae sunt: quarum proprietas et civili et naturali iure eius est, cuius et solum) 계약에 따른 규율이 우선한다. Cf. Ulpianus 32 ad ed. D.19.2.19.4; Paulus 2 sent. D.19.2.55.1.

[32] 왜냐하면 부부간의 증여(D.24.1.1 Ulpianus 32 ad Sab.: Moribus apud nos receptum est, ne inter virum et uxorem donationes valerent. ...)는 로마법상 무효이므로 그 부지는 증여행위 이후에도 여전히 부(夫)의 소유이기 때문이다.

러나 건축비용을 부인이 보전할 수 있을 것이고, 부(夫)가 그 임대아파트를 소유물반환청구하면 부인은 비용상환을 위하여 건물을 유치(留置)할 수 있다는 것이 정설이다.)

⟨14⟩ D.41.1.7.12 Gaius libro secundo rerum cottidianarum sive aureorum.
Ex diverso si quis in alieno solo sua materia aedificaverit, ... certe si dominus soli petat aedificium nec solvat pretium materiae et mercedes fabrorum, poterit per exceptionem doli mali repelli, utique si nescit qui aedificavit alienum esse solum et tamquam in suo bona fide aedificavit. ...
(반대로 어떤 자가 타인의 토지에 자기 건축자재로 건축한 경우 ⋯ 확실히 건축한 자가 토지가 타인 소유인 줄 모르고 자신의 토지인 듯 선의로 건축한 때에는 토지 소유자가 건물을 청구하면서 건축자재의 대금과 장인(匠人) 들의 임금을 지급하지 않으면 언제나 악의의 항변으로써 배척될 수 있을 것이다. ⋯)

⟨15⟩ D.44.4.14 Paulus libro tertio responsorum.
Paulus respondit eum, qui in alieno solo aedificium extruxerit, non alias sumptus consequi posse, quam possideat et ab eo dominus soli rem vindicet, scilicet opposita doli mali exceptione.
(파울루스의 해답: "타인의 토지에 건물을 건축한 자는 그가 점유하고 그에 게서 토지 소유자가 그 물건을 소유물반환청구하는 경우에만, 즉 악의의 항변으로 대항함으로써만 비용을 받아낼 수 있다.")

다시 대상 개소인 D.6.1.5.3으로 돌아오면, 이 개소에서 나무가 옮겨진 것은 나무 소유자가 한 것도 아니고, 토지 소유자가 한 것도 아니다. 이러한 일이 통상 일어나는 이웃토지의 관계가 아닌 점도 고려해야 할 것이다. 어쨌든 나무는 옮겨져 뿌리를 내렸으나 그것이 (밝혀진 또는 불상〔不詳〕의) 제3자에 의한 것일 수도 있고, 강한 바람이나 지반 붕괴와 같은 자연력에 의한 것일 수도 있다.[33] 이 개소는 이 점에서 이웃끼리 통상 알면서 — 나무 소유자가 옆 토지를 이용할 목적으로 옮겼든, 아니면 토지 소유자가 옆집 나무를 이용할 목적으로 자기 토지로 옮겼든 — 나무를 가져간 경우나 토지의 선의점유자가 자기 나무를 식재한 경우와는 구별된다.[34] 식재가 어떤 경위로 일어났든 착근하여 토지와 유착하면 그 나무는 토지 소유자의 소유로 된다.

식재자가 타인 토지를 자기 것인 줄 알고 식재한 경우, 즉 토지의 선의점유자가 자기 나무를 식재한 경우에도 소유권은 토지 소유자가 가지지만, 토지를 반환받고자 하는 토지 소유자는 식재자가 상실한 나무의 비용을 상환해야 하였다. 반환청구하는 토지 소유자를 상대로 식재자는 이 목적으로 악의의 항변을 행사할 수 있었다.[35]

---

33 자연에 의한 부합(accessio naturalis)과 인공에 의한 부합(accessio industrialis 또는 artificialis)의 구별. Corvinus, ad D.41.1 (p.438); Zoesius I, ad D.41.1 n.33 (p.698); Ludovicus, ad D.41.1 Distinctio II (pp.75f.); Noodt, ad D.41.1, pp.187, 189; 성중모, 9.

34 심사자 B는 이 부분 설명에 대하여 "14면에서 '이 개소에서 나무가 옮겨 심어진 것은 나무 소유자가 한 것도 아니고, 토지 소유자가 한 것도 아니다'라고 한다. 그리하여 이어서 나무를 옮겨 심은 주체를 제3자 또는 자연력으로 보면서 나무 소유자, 토지 소유자, 토지의 선의점유자 등은 배제한다. 심사자가 맥락을 놓쳤는지 모르겠지만 — 연이은 개소의 인용 후에 갑자기 등장한 주장인데 논거를 찾을 수 없다"고 한다.

    전후 문맥을 살펴보면 드러나겠지만, 본고의 출발점은 '준대물소권'이 인정된 것에 대한 의문이다. 그리고 다른 경우에는 소유물반환청구가 인정되었거나, 다른 이유로 배제되었다는 사정을 아울러 고려하여 위와 같은 사실관계의 재구성에 이른 것이다. 초고에서 옮겨 '심어진' 등의 표현으로 오해의 소지가 있던 것을 '옮겨진' 등으로 명확히 하였다.

35 건축의 경우에도 동일한 법리가 적용되었다. D.6.1.37 (앞의 주 30) 및 아래 참조.
    C.3.32.16 Imperatores Diocletianus, Maximianus (a.293).
    Si in area communi domum aliquis extruxit, hanc vobis communem iuris fecit ratio. Cuius portionem ab eo, qui bona fide possidens aedificavit, si velis vindicare, sumptus offerre debes, ne doli mali possis exceptione submoveri.
    (공유의 부지에 어떤 자가 저택을 건축한 경우 이 저택은 법리상 너희들의 공유로 된 것이다. 그 지분을 선의로 점유하면서 건축했던 자로부터 네가 소유물반환청

⟨16⟩ C.3.32.11.pr.-1 Diocletianus, Maximianus (a.293).

Si quis *sciens* agrum alienum sevit vel plantas imposuit, postquam eae radicibus terram fuerint amplexae, sŏlo cedere rationis est. Domini enim magis segetem vel plantas quam per huiusmodi factum sŏlum suum facit.

(어떤 자가 알면서 타인의 토지에 파종했거나 묘목들을 심은 경우 이것들이 뿌리로 땅과 얽힌 후에는 토지에 부속된다는 것이 이치에 맞는다. 왜냐하면 이러한 행위로써 그는 작물이나 묘목들을 토지 소유자의 것으로 만드는 것이지 토지를 자신의 것으로 만드는 것이 아니기 때문이다.)

1. Sane eum, qui bona fide possidens haec fecerit, per doli mali exceptionem contra vindicantem dominium servare sumptus iuris auctoritate significatum est.

(실로 [타인의 토지를] 선의로 점유하면서 이러한 일을 한 자는 악의의 항변으로써 소유물반환청구하는 토지 소유자를 상대로 비용을 보전한다는 것이 법의 권위로써 지적되었다.[36])

따라서 이 제1설이 그 나름 이해한 바 사실관계를 기초로 이처럼 나무 소유자가 타인 토지에 식재한 사안에서 드러나는 법리와의 조화를 추구한 점은 이해 못할 바 아니나,[37] 사안 자체를 잘못 파악한 것이라면 문제

구하기를 원하는 경우 네가 악의의 항변으로써 대항받지 않기 위해서는 네가 비용을 제공하지 않으면 안 된다.)

36 Bas.15.1.90 (Heimbach II, p.167)은 단도직입적으로 악의 식재자가 나무를 상실한다고 단언한다.
Qui mala fide alienum agrum sevit vel plantas ei imposuit, plantas et segetem amittit. ...

37 Barra, 22f.도 여전히 사료 간의 정밀한 차이를 고려하지 않고 몇몇 사료 (D.39.2.9.2; Gai. 2.74; D.41.1.26.1; D.6.1.5.3)를 인용하는 것만으로 조화를 도모하는 입장을 취하면서 부합이 단숨에 일어났는가, 아니면 장기에 걸쳐서 일어났는가 하는 비본질적인 문제에 초점을 맞추어 논의를 전개하고 있다. 특히 부합이 일어난 토지 소유자에 대하여 거듭 '책임'(la responsabilità del proprietario del fondo smottato) 운운하는데, 적어도 이것은 문제 상황에서 관계 당사자들 사이의

는 달라지고, 동시에 수정 주장 역시 잘못된 주장이 되어 버린다. 따라서 문제는 처음부터 그리고 여전히 이 개소의 사실관계는 과연 무엇인가로 귀착한다.

(2) Alan Watson의 견해

Alan Watson[38]도 이 개소를 전혀 해명하지 못하였다. 그는 사안의 사실관계를 밝히는 대신에 부정설로 기운 불가지론적인 결론만을 제시하였다.[39]

> There are, however, strong arguments for holding that Alfenus and Nerva did not give an *actio utilis in rem*. But whether they simply denied an *actio in rem* or gave a personal *actio utilis* probably cannot now be determined.

(3) David Daube의 견해

David Daube[40] 또한 몇몇 추정에도 불구하고 식재나 파종에 관한 법리가 어떠했었는지에 대해서는 불가지론에 가깝고(p.743: "On the evidence, it is impossible to say much about the very ancient history of *implantatio* or *satio*."), 더욱이 'inaedificatio'(건축 부합)에 관해서는 다루지 않음으로써 그가 적지 않게 언급하고 있는 관련된 개소들의 체계적 의미를 드러내지 못하였다.

이익 조정에 혼란을 야기할 수 있는 관점이다.

38   Watson, 75 + nn.2-5.

39   이미 표준주석에서부터 Usus modernus기를 거쳐 판텍텐법학에 이르기까지 이 개소의 준소권을 수수께끼(d'indefinito ed enigmatico)로 여긴 견해가 드물지 않았다. Cf. Camillo, 169f. + 170 n.1.

40   Daube, 739-743.

2. Max Kaser의 견해: 준대물소권 전면긍정설

Kaser의 견해[41]는 첨부로 소유권을 잃은 자에게 고전법에서 이미 악의의 항변 외에 준소권이 인정되었다는 식으로 일반화하고 있는데,[42] 이과정에서 수정을 주장하는 이설(異說)로 이미 살펴본 Lenel을 거론하고있다.

Wer durch Verbindung, Vermischung, Verarbeitung sein Eigentum verloren hat, kann Schadloshaltung durch Zurückbehaltung, also mittels *exceptio doli* gegen die *rei vindicatio*, erreichen, außerdem schon nach klassischem Recht mit einer *rei vindicatio utilis*.

이로써 이 견해는 제1설처럼 준소권을 가지는 것이 식재자인 것으로설명하는 듯한 모습을 보이고 있다. 그러나 이러한 외관은 모든 것을 상세히 설명하는 대신 교과서적으로 압축하여 서술하는 바람에 생긴 인상일 수 있다. 그러나 Kaser 저술의 다른 곳[43]을 보면 식재 사안(D.6.1.5.3), 화판 사안(D.41.1.9.2), 가공 사안(D.24.1.30)을 한 묶음으로 다루면서 인용한 개소들이 이미 고전법에 속한다는 견해를 표하고 있다. 결국 그는 첨부의 모든 경우 rei vindicatio utilis가 고전법상 이미 인정되었다는 견해인 것으로 보인다. 그가 지시한 자신의 1968년의 논문[44]이 이를 뒷받침한다. 그는 D.6.1.5.3이 utilis in rem actio를 첨부의 모든 사안에 일반적으로 인정한 것으로 본다. 아울러 알페누스와 네르바를 인용한 것은이 견해가 다투어졌다는 증거이며, 프로쿨루스학파인 네르바를 거명한 것은 사비누스학파의 이견("나무의 종래 소유권이 존속한다")이 있었음

---

41   Kaser II, 431 + n.59.
42   Biccius, ad D.41.1 n.38 (p.710); Lauterbach / Schütz, ad D.41.1, p.565 ("[Johann August] *Bach.* concedit utilem R.V. *ad §21.t.h.* propter *L.5.§3.de R.V.* [=D.6.1.5.3]").
43   Kaser III, 296f. + nn.37-38; Kaser / Hackl, 330 n.27.
44   Kaser I, 31-56.

을 추지(推知)케 한다고 주장한다.[45] 그러나 이러한 주장을 뒷받침할 만한 다른 근거를 제시하지는 않는다. 또 식재 사안에 관하여 정말로 중요한 D.41.1.26.1 〈6〉은 다만 각주[46]에서 아울러 참조하라는 개소로, 그것도 "학설대립의 흔적을 보이지 않는다"고 첨언하면서 D.43.24.22.pr.; Diocl. C.3.32.11.pr.과 함께 부수적으로만 언급할 뿐이다. C.3.32.11. pr.은 이미 살펴보았다. 특시명령에 관한 앞의 개소는 그런데 덩굴식물인 포도나무에 관한 것이다.

〈17〉 D.43.24.22.pr. Venuleus (140~170) 2 interdict.

Si vitem meam ex fundo meo in fundum tuum [deprehenderis] 〈depresseris Stephanus〉 eaque in fundo tuo coaluerit, utile est interdictum quod vi aut clam intra annum: sed si annus praeterierit, nullam remanere actionem radices〈que Best〉, quae in fundo meo sint, tuas fieri, quia [his]〈vitis Schmidt〉 accessiones sint.

(네가 나의 포도줄기를 내 토지에서 너의 토지로 휘묻이하고 그것이 네 토지에 유착한 경우 1년 내에는 "폭력(暴力) 또는 은비(隱秘)"에 의한 공사(工事) 복구의 특시명령이 유용하다. 그러나 1년이 도과한 후에는 어떤 소권도 남아 있지 않고, 또 내 토지에 있는 뿌리들이 너의 소유가 되는데, 왜냐하면 포도나무에 부합한 것이기 때문이다.)

이 개소는 이웃의 포도줄기를 자기 땅에 휘묻이해서 뿌리를 내리게 한 악의의 토지 소유자를 상대로 한 "폭력(暴力) 또는 은비(隱秘)"에 의한 공사(工事) 복구의 특시명령(interdictum Quod vi aut clam)[47]이 인정된 특

---

45 Kaser I, 50f.

46 Kaser I, 51 n.63.

47 Edictum perpetuum praetoris urbani XII. 256: "Quod vi aut clam factum est, qua de re agitur, id, si non plus quam annus est (Cf. D.43.24.15.4-6) cum experiendi potestas est, restituas" (Cf. D.43.24; D.39.1.1.1); Lenel, 482f.

수성이 있는데,[48] (기본적으로 D.41.1.26.1 〈6〉의 법리에 따라 설사 분리가 되
더라도 수거(收去)가 불가능한 점도 고려되었다고 보인다), 1년을 기준으로
전후의 법률효과가 달라지는 것 역시 특시명령이라는 특수성에 기인한
다.[49] 여기서 일반적인 나무와 포도나무의 차이에 주목해야 할 것이다. 이
사안은 아마도 처음부터 지상의 포도넝쿨을 통째로 자기 토지로 넘겨
가져가서 휘묻이하고, 그것이 새롭게 착근하여 지상의 넝쿨과 더불어 진
정한 포도나무를 구성하고, 원래 토지에는 겨우 일부 뿌리만 남아 있게
된 사실관계 ── 이러한 것은 일반 나무의 경우에는 사실상 불가능하다[50]

---

48 Fargnoli (1998)는 무슨 이유인지 하필이면 유독 이 개소만 다루지 않고 있다.
49 Falcone, 5-360은 우리 입장에서 도움될 내용이 없다.
50 일반 나무의 경우에 대해서는 아래의 개소 참조.
    D.47.7.6.2 Pomponius libro 20 ad Sabinum.
    Si arbor in vicini fundum radices porrexit, recidere eas vicino non licebit, agere
    autem licebit non esse ei ius (sicuti tignum aut protectum) immissum habere. Si
    radicibus vicini arbor aletur, tamen eius est, in cuius fundo origo eius fuerit.
    (나무가 이웃의 토지로 뿌리를 뻗은 경우 이웃은 그것을 잘라내는 것이 허용되지
    않을 것이지만, 그러나 그에게는 나무 주인에게 [목재나 돌출부와 마찬가지로]
    자기 쪽으로 침입한 상태를 유지하는 권리가 없음을 소구하는 것은 허용될 것이
    다. 이웃(땅)의 뿌리로 나무가 생육하여도 나무는 그 기원이 있는 [즉 그루터기가
    있는] 토지 소유자 소유이다.)
      이로 미루어 보면 나무(포도나무의 경우에도 같다)의 지상부분(그루터기,
    truncus)이 '나무'의 소유권 귀속에 결정적인 것임을 알 수 있다. 同旨 Donellus,
    col. 918 §III. 착근은 토지와의 부합이 확정적으로 일어났는가 하는 것만을 결정
    하는 기준이고, 일반적인 경우 뿌리의 윗부분에 나무의 몸체가 존재하므로 "착
    근으로 나무의 소유는 토지 소유자에게 있다"는 식으로 표현한 것일 뿐이다. 그
    러므로 D.47.7.6.2와 관련하여 이웃으로 뻗은 뿌리가 남아 있는 부분보다 사소한
    것인 경우로 이해하는 Voet, ad D.41.1 n.25 (p.610)의 견해("scilicet paucis
    quibusdam, & exiguis, non majoribus ac praecipuis")는 잘못이다. 또한 Sokolowski,
    544 n.371은 이 경우 로마의 법률가들의 견해에 의하면 '질료의 변화'
    (Stoffwechsel; 同, 150: "stoffliche Umwandlung")가 일어나지 않은 것이라고 설명
    하는데, 통상적 의미의 Stoffwechsel, 즉 '신진대사'가 일정부분 공유되는 상황에서
    별다른 이유 제시 없이 로마의 법률가들이 확실하게 수용했는지도 명확하지 않은
    아리스토텔레스적 자연학의 Stoffwechsel을 지시하는 것만으로는 설득력이 없다.
      참고로 나무의 뿌리에 관하여 흥미 있는 개소가 전해진다.

─를 전제하고, 그 결과 오히려 원래 토지에 남아 있던 뿌리가 이웃토지에 성육한 포도나무와 부합하는 것으로 볼 수밖에 없는 상황이 초래되었기 때문이다.[51] 그래서 rei vindicatio 또는 rei vindicatio utilis가 아니라 특시명령이 인정되었다. 더욱이 베눌레이우스(Venuleius)는 1년 후에는 모든 소권이 배제됨을 밝힘으로써 종국적으로 이런 경우 특시명령의 행사를 해태한 자에게 더이상의 구제는 없음을 분명히 하고 있다. 포도나무가 문제되는 경우 아무래도 덩굴식물이기에 발생할 수 있는 침해의 양상이 일반 나무와 다르다는 사정으로 인하여 특시명령을 이용하도록

D.47.7.3.5a Ulpianus libro 42 ad Sabinum.

Radix autem arboris non videtur arboris appellatione contineri, quamvis adhuc terra contineatur: quam sententiam Labeo quoque probat.

(그런데 나무의 뿌리는 비록 아직 땅에 포함되어 있더라도 나무라는 명칭에는 포함되지 않는 것으로 여겨진다. 이 견해를 라베오도 찬동한다.)

외견과 달리 이 개소는 수목절단도(樹木切斷盜) 소권(actio arborum furtim caesarum)의 맥락에서 피해대상인 '나무'(포도나무, 담장나무, 갈대, 버드나무 포함: D.47.7.3.pr.-2 Ulpianus 42 ad Sab.)를 규정하는 것이므로 이를 일반적인 나무의 문제로 확대해석해서는 안 된다. 왜냐하면 이 경우에도 잘려나간 부분이 '나무'인지를 가리기 위해서는 원칙적으로 일단 뿌리를 갖추거나(Ulpianus 42 ad Sab. D.47.7.3.3-5; 특히 §3: recte Pomponius scripsit non posse agi de arboribus succisis, cum nulla arbor proprie dicatur, quae radicem non conceperit.) 잔뿌리는 없어도 뿌리 둥치를 갖추거나(올리브나무: D.47.7.3.7: Stirpes oleae arbores esse magis est, sive iam egerunt radices sive nondum.), 아니면 다시 심었을 때 다시 뿌리가 재생하여 식재가 가능하도록 뿌리의 생장점들을 상실하지 않고 가지고 있을 것이 필요했기 때문이다(D.47.7.3.6 Ulpianus 42 ad Sab.: Labeo etiam eam arborem recte dici putat, quae subversa a radicibus etiamnunc reponi potest, aut quae ita translata est, ut poni possit.). 가능한 배경으로서의 아리스토텔레스의 자연학에 대해서는 Sokolowski, 148f. + 542 n.365.

51 *Digest-Watson* (1998), h.l.는 "radicesque, quae in fundo meo sint, tuas fieri" 부분을 아무런 근거 제시 없이 "네 토지에 있는(in fundo tuo) 뿌리들이 너의 소유가 되는데"라고 번역하였다. 그러나 이 문장은 토지 소유자가 부합으로 부합된 것의 소유권을 취득한다는 자명한 법리를 지적한 것으로 이해할 수 없다. 첫째로 meo를 tuo로 치환할 근거가 없고, 무엇보다도 마지막 문장이 제시하는 "뿌리가 포도나무에 부합했다"라는 것과 전혀 맞지 않기 때문이다.

했던 것 같다. 이는 다음의 개소를 통해서도 확인된다.

⟨18⟩ D.43.17.3.4 Ulpianus 69 ad ed.

Item videamus, si auctor vicini[52] tui ex fundo tuo vites in suas arbores transduxit, quid iuris sit. Et ait Pomponius posse te ei denuntiare et vites praecidere, idque et Labeo scribit, aut uti [eum]⟨te⟩ debere interdicto uti possidetis de eo loco, quo radices continentur vitium: nam si tibi vim fecerit, quo minus eas vites vel praecidas vel transducas, vim tibi facere videtur, quo minus possideas: etenim qui colere fundum prohibetur, possidere prohibetur, inquit Pomponius.[53]

(또 네 이웃의 관리인이 너의 토지로부터 포도넝쿨을 자신의 나무들로 끌어 옮겨 [지지대 삼아] 엮은 경우 법적으로 어찌되는지 살펴보자. 폼포니우스 는 너는 그에게 통고하고 포도넝쿨을 절단할 수 있다고 하며 ─ 같은 견해 를 라베오도 쓰고 있다 ─, 그것이 여의치 않을 시 [그는]⟨너는⟩[54] 포도나무

---

52 이곳에서만 발견되는 표현인 auctor vicini는 포도원을 돌보는 포도원지기다.
    Seyed-Mahdavi Ruiz, 102 n.451.

53 기본적으로 이 개소를 옳게 이해하여 번역한 *Digest-Watson* (1998), h.l.; *Digesten-
    Otto* (1832), h.l.; *Digeste-Hulot* (1804), h.l.와 달리 *Digest-Scott* (1932), h.l.는 사
    안 자체를 오해하였다. 우선 번역문을 소개한다.
    "Moreover, let us see what the law is, if the agent of your neighbor transplants
    vines from your land to his own. Pomponius says that you can serve notice upon
    him, and cut the vines, and Labeo says the same thing. He also says that you can
    make use of the interdict Uti possidetis with reference to the place where the vines
    have taken root, since if he should employ violence to hinder you from cutting
    or removing the vines, he will be considered to have forcibly prevented you from
    taking possession; for Pomponius holds that anyone who prevents another from
    cultivating his own land prevents him from retaining possession of the same."
    이웃 포도원의 관리인이 한 행위는 이식(移植, transplant)이 아님에도 불구하고
    뿌리를 땅에 심은 행위로 오해되고, 그 결과 뒷부분의 '나무가 뿌리를 내린 땅'이
    과연 어느 땅인지도 애매하게 되고 말았다. 무엇보다도 이 사안은 이전된 포도넝
    쿨이 아직 착근하기 전이다. 왜냐하면 착근하면 원 소유자도 더이상 그것을 절단
    하거나 다시 옮겨 심는 것이 가능하지 않기 때문이다.

의 뿌리들이 포함된 장소에 대하여 부동산점유침탈금지 특시명령을 이용할 수 있다고 한다. 왜냐하면 그가 너에게 네가 그 포도넝쿨을 절단하거나 끌어서 되옮기거나 하지 못하도록 폭력을 행사하면 네가 점유하지 못하도록 너에게 폭력을 행사하는 것으로 인정되기 때문인데, 실상 토지의 경작을 저지당하는 자도 점유가 저지되는 것이라고 폼포니우스도 말하는 바이다.)

피해자는 여전히 소유자이고, 따라서 상대방이 가져간 포도넝쿨을 더 이상 자기 땅의 양분으로 성장하지 못하도록 하기 위하여 절단하거나 (일부 포기에 해당), 아니면 전체를 다시 자기 땅으로 옮겨오거나 할 수 있는데, 이를 저지하면 문제의 특시명령을 행사할 수 있는 것이다. 결국 Kaser 역시 D.41.1.26.1 〈6〉의 사후 분리 시의 수거(收去)에 관한 중요한 효과를 놓치고 있고, 또 특수한 사안에 즉응한 결정의 특수성을 놓침으로써 준소권을 일반화하는 오류를 범한 것으로 보인다.[55]

---

54 문맥상 eum은 te의 명백한 오기(誤記)로 보인다. 同旨 *Digesta* (1908), h.l., p.739 n.7: "eum debere *del. Mo. (similiter Pothier)*"; *Palingenesia* II (1960), Ulp. fr.1540, col. 821 n.3: "eum debere *gloss.*"; Seyed-Mahdavi Ruiz, 102 n.450.

55 나무가 이웃 간에 분쟁을 일으키는 상황에서 통상 활용되는 법적 구제수단은 특시명령이나 그에 준하는 조치였다. 인공물과 달리 자생력(自生力)을 가지고 성육(成育)하는 그 특성상 일반적인 소유물반환청구나 불법행위 손해배상의 방법은 적절치 않았기 때문이었다.

Cf. C.8.1.1 Imperator Alexander Severus (a.224).

Cum proponas radicibus arborum in vicina Agathangeli area positis crescentibus fundamentis domus tuae periculum adferri, praeses ad exemplum interdictorum, quae in albo proposita habet (sc. praetor): "si arbor in alienas aedes impendebit", item: "si arbor in alienum agrum impendebit", quibus ostenditur ne per arboris quidem occasionem vicino nocere oportere, rem ad suam aequitatem rediget.

(이웃 아가탕겔루스의 땅에 심어진 나무들의 뿌리들이 증식하여 그대의 저택의 기소(基所)에 위험이 야기된다고 그대가 주장하므로 도백(道伯)은 법정관이 고시로 공포한 특시명령, 즉 실로 나무가 계기가 되어 이웃을 해쳐서는 아니 됨을 선시(宣示)한 "나무가 타인의 사옥(舍屋)으로 침수(侵垂)한 경우" 및 "나무가 타인의 경지(耕地)로 침수(侵垂)한 경우"의 예에 따라서 사안을 정의(正義)에 맞도록 처결할 것이다.)

3. 준대물소권 한정긍정설

(1) 착근단계설: Camillo의 견해

Camillo는 D.6.1.5.3을 다음과 같이 이해한다. 즉 나무가 뿌리를 내리고 시간이 지나서(un lasso di tempo) 나무가 실질적으로 변화한 (sostanzialmente mutata) 경우에는 종전 소유자에게 rei vindicatio를 부여하지 않는 것은 형평에 맞지만(equo), 뿌리를 내린 지 얼마 지나지 않은 경우라면 엄격한 법논리(stretto rigore del *jus*)를 따라 그러한 결정을 내리는 것 자체가 형평에 반하므로(l'equità si oppone) 이때를 위하여 준대물소권을 인정한 것으로 보는 것이다.[56] 그리고 "이러한 시간적 경계를 어찌 결정할 수 있는가", "로마의 법률가가 이야기하지 않는 상황에서 어떤 규범적 기준이 고려될 수 있는가" 하는 예상 반론에 대하여 준소권이란 일반적으로 주어지는 것이 아니라 개별적으로 사정 심리 후 사법관에 의하여 그의 고권(高權)에 따른 결정에 맡겨져 있는 것이라는 절차적 논변으로써 반론을 쉽게 무력화시킬 수 있다고 주장한다.[57]

그러나 이러한 해석은 크게 잘못이다. 먼저, 그는 뿌리를 내리는 것과 시간이 지나서 나무가 변화한 것을 구별하는데, D.6.1.5.3은 유착하는 것과 뿌리를 내리는 것을 동의어로 사용하고 있을 뿐, 이것과 부합을 구별하고 있지 않다. 또 그는 나무의 '변화'(mutata)를 이야기하는데, 로마의 법률가들은 나무와 관련하여 결코 mutare 동사를 사용한 바가 없다. 오히려 'alio terra alimento alia facta', 즉 남의 땅의 영양을 취함으로써 다른 나무라고 보게 되었다고만 할 뿐이다. 생물체이기에 뿌리가 내리는 순간 그 땅의 수분과 양분을 취하는 것이고, 이것이 바로 변화인 것이지 무슨 가시적인 변모가 있어야 다른 것이 되는 것이 아니다. 따라서 뿌리내린 지 조금밖에 안 되었을 때에는 달리 보자는 논변은 과학적 근거

이곳의 특시명령은 De arboribus caedendis (수지벌제〔樹枝伐除〕)에 관한 특시명령: Edictum perpetuum Tit. XV §259)이다.

56 Camillo, 172.
57 Camillo, 173.

가 없는 것이다. 아직 착근하지 않은 경우에 소유물반환청구권을 가지는 종전 소유자와의 형평을 논함으로써 뿌리가 성장하는 정도에 따라서 구별하는 이러한 단계적 사고는 원사료와는 거리가 멀다. 착근한 것이 인정되었음에도 불구하고 시간이 짧아서 혹은 뿌리내린 정도가 약하므로 '형평'에 기하여 준소권을 인정했다고 보는 것은 결과적으로 이 개소의 준소권을 설명하지 못하는 ─ 특히 무정형한 가치개념을 동원한 해석자 자신의 정책적 사고가 반영되었을 뿐인 ─ 박약한 논리이다.

(2) 사견(私見)

사견에 의하면 대상 개소 D.6.1.5.3의 마지막 문장으로부터 앞의 사안이 '내 나무'가 타인 토지로 식재된 것임을 알 수 있고, 알페누스가 D.39.2.9.2 〈2〉에서와 달리 착근한 경우 (기본 법리에 따르면 소유권이 상실되었음에도 불구하고) 소유물반환청구를 준소권의 형태로 인정한 것으로부터 '나'를 보호할 필요성이 강함을 전제했음을 알 수 있다. 그러므로 '내'가 식재한 것일 수 없다. 그리고 토지 소유자가 식재한 것이라면 C.3.32.11 〈16〉의 법리를 따랐을 것이다. 그러므로 이 사안에서는 식재를 '내'가 한 것도, 토지 소유자인 '타인'이 한 것도 아님을 알 수 있다. translata라는 수동태 표현 역시 나무 소유자도 식재자가 아니고, 또 그렇다고 토지 소유자가 무단으로 가져간 것도 아님을 표현한다. 즉 이 사안은 제3자가 식재하였거나(accessione artificiali)[58] 나무가 자연력에 의하는 (accessione naturali) 등 달리 이동하여[59] 토지와 유착함으로써 토지 소유

---

58 Cf. D.47.7.3.4 Ulpianus 42 ad Sab.

Quod si quis ex seminario, id est stirpitus arborem transtulerit, eam, quamvis nondum comprehenderit terram, arborem tamen videri Pomponius libro nono decimo ad Sabinum probat.

(어떤 자가 묘포(苗圃)에서, 즉 뿌리째로 나무를 이전한 경우 그것은 비록 아직 땅에 부합하지 않았더라도 나무로 본다는 견해에 폼포니우스는 『사비누스 주해』제19권에서 찬동하였다.)

59 D.41.1.7.2 Gaius 2 rer. cotti. sive aur. = Inst. 2.1.21.

자가 소유권을 취득하는 사실관계만을 염두에 둔 사안이다. 그렇기 때문에 이웃의 나무 소유자가 식재한 경우에 늘 거론되는 악의(惡意)와 선의(善意)에 대한 논급(C.3.32.11 〈16〉)도 없는 것이다. 요컨대 제3자의 행위나 자연력에 의하여 소유권을 상실한 애꿎은 나무 소유자를 위하여 — 행위자인 제3자가 불상(不詳)이거나 누구에게도 귀책할 수 없는 자연력에 의한 경우에는 더욱더 그 필요성이 크다 — 준소권을 부여한 것인데, 이것은 그야말로 비상구제수단이다. 왜냐하면 항변권은 무용지물이고, 선의인 토지 소유자를 상대로 절도 원인의 추급도 불가능하며, 부당이득반환청구 소권(condictio) 역시 두 사람 사이에 negotium의 결여로 부인되는데다가,[60] 더욱이 건축의 경우에 최후수단이랄 수 있는 분리

Quod si vis fluminis partem aliquam ex tuo praedio detraxerit et meo praedio attulerit, palam est eam tuam permanere. Plane si longiore tempore fundo meo haeserit arboresque, quas secum traxerit, in meum fundum radices egerint, ex eo tempore videtur meo fundo adquisita esse.

(하천 수류(水流)의 힘이 너의 토지에서 일부를 떼어내어서 내 토지에 실어다 덧쌓이게 한(沖積) 경우 그것이 너의 소유로 계속 남는다는 것은 명백하다. 실로 그것이 비교적 긴 시간 동안 내 토지에 기착(寄着)하고, 함께 실려 온 나무들이 내 토지로 뿌리를 내린 경우 그 시점부터 그 땅은 내 토지에 보태진 것으로 인정된다.)

Cf. Barra, 21f.; Sokolowski, 161f. + 546f. nn.390−392.

60 Cf. D.12.6.33 Iulianus libro 39 digestorum.

Si in area tua aedificassem et tu aedes possideres, condictio locum non habebit, quia nullum negotium inter nos contraheretur: nam is, qui non debitam pecuniam solverit, hoc ipso aliquid negotii gerit: cum autem aedificium in area sua ab alio positum dominus occupat, nullum negotium contrahit. Sed et si is, qui in aliena area aedificasset, ipse possessionem tradidisset, condictionem non habebit, quia nihil accipientis faceret, sed suam rem dominus habere incipiat. ¶ Et ideo constat, si quis, cum existimaret se heredem esse, insulam hereditariam fulsisset, nullo alio modo quam per retentionem impensas servare posse.

(너의 부지(敷地)에 내가 건축을 하고 네가 건물을 점유한 경우 이득반환청구소권(Bas.24.6.33 〔Heimbach III, p.37〕: ἀνάληψις〔말하자면 resumptio〕)은 적용되지 않을 것인데, 왜냐하면 우리 사이에 어떠한 법률행위(negotium)도 맺어지지 않았기 때문이다. 비채인 금전을 변제한 자는 그 자체로써 어떤 법률행위를 하는 것인데, 자신의 부지에 타인에 의하여 세워진 건물을 소유자가 점유하는 경우 어

후 수거(收去)조차도 식재(植栽)의 경우에는 인정되지 않았기 때문이다 (D.41.1.26.1 〈6〉).

일반적으로 D.41.1.26.1 〈6〉을 인용하더라도 그 효과 면의 차이에는 주목하지 않는다.[61] 이를 인식한 경우에도 부합의 유형에 따른 효과의 차이에 주목하기보다는 부합이 일어나는 양상이 사안에 따라 다르다는 점에 주로 주목한다.[62] 또 뿌리 뽑힌 나무에 관한 한 파울루스의 논증이 흥미롭다고 하면서 이것은 알페누스와 라베오의 논증과 교차하는데, 뒤에 울피아누스에 의하여 발전되었다고 지적하는 Bretone의 설명도 이미 알페누스에 의하여 (나름으로 타당한 근거가 있는) 법리가 이미 발전했음을 잘못 파악하였다.[63]

결국 대상 개소의 특수한 상황에서는 법률논리상 (적어도 현세태(現勢態)로서는) 불가능한 소유물반환청구를 법정책적 차원에서 준소권 형태로 살리는 수밖에 없었던 것이다. 이 해석에 의하면 마지막 문장의 nam은 앞의 내용을 근거 지우는 접속사가 아니라 강세를 부여해 주는 단순한 부사이다.[64] 고전법의 법리는 전승된 사료만으로도 하등 상호 모순

떠한 법률행위도 맺어지는 것이 아니다. 그리고 타인의 부지에 건축한 자가 스스로 점유를 인도한 경우에도 그는 이득반환청구소권을 가지지 못할 것인데, 왜냐하면 그는 아무것도 수령자의 것으로 만들지 않았고, 소유자가 자신의 물건을 가지기 시작했기 때문이다. ¶ 따라서 어떤 자가 자신이 상속인이라고 생각하고 상속재산에 속하는 임대아파트를 보강공사한 경우 유치를 통하여 비용을 보전할 수 있는 것 외에는 다른 방법이 없다는 것이 정설이다.)

로마법상 condictio는 급부부당이득 사안에만 적용되었다. Walchius, 171f.; 성중모, 12 n.38.

61   가령 Balanger, 100 + n.360.

62   가령 Plisecka, 88f.

63   Bretone, 81 n.25: "Quanto all'albero divelto, è interessante l'argomentazione di Paolo in D.41,1,26,1, L.1868; che si incrocia con quella di Alfeno (L.84) e Labeone (L.116), poi sviluppata da Ulpiano in D.39,2,9,2, L.1282."

64   *Oxford Latin Dictionary*, s.v. nam 1 (p.1153): (affirmative or assenting) Certainly,

없이 잘 이해된다.

이를 보강해 주는 사료가 바로 가이우스의 다음 개소들이다.

⟨19⟩ Gai. 2.78.

Sed si in tabula mea aliquis pinxerit ueluti imaginem, contra probatur: magis enim dicitur tabulam picturae cedere. cuius diuersitatis uix idonea ratio redditur: certe secundum hanc regulam si me possidente petas imaginem tuam esse nec soluas pretium tabulae, poteris per exceptionem doli mali summoueri; at si tu possideas, consequens est, ut utilis mihi actio aduersum te dari debeat; quo casu nisi soluam inpensam picturae, poteris me per exceptionem doli mali repellere, utique si bonae fidei possessor fueris. illud palam est, quod siue tu subripueris tabulam siue alius, conpetit mihi furti actio. (그러나 나의 화판에 어떤 자가 예컨대 초상을 그렸을 경우에는 반대 법리가 인정된다. 왜냐하면 오히려 화판이 그림에 부속된다고 이야기되기 때문이다. 이러한 차별의 적절한 이유는 거의 제시되지 않는다. 분명 이 법리칙에 따라서 내가 점유중일 때 네가 너의 초상화임을 주장하여 소유물반환청구하면서 화판의 가액을 상환하지 않으면 너는 악의의 항변으로써 배제될 수 있을 것이다. 그러나 네가 점유하고 있으면 나에게 너를 상대로 준소권이 부여되어야만 한다는 것이 합당하다. 이 경우 내가 그림의 비용을 상환하지 않으면 너는 나를 악의의 항변으로써 배척할 수 있을 것이니, 네가 선의점유자였기만 하다면 말이다. 네가 화판을 절도했거나 다른 자가 그랬다면 나에게 절도소권이 인정된다.[65])

⟨20⟩ D.41.1.9.2 Gaius libro secundo rerum cottidianarum sive aureorum.

Sed non uti litterae chartis membranisve cedunt, ita solent picturae

---

to be sure, yes, —.). 同旨: Bas.15.1.5.3 (Heimbach II, 156): si "vero".

65 이 개소의 다른 번역과 내용적 논의는 성중모, 16ff.

tabulis cedere, sed ex diverso placuit tabulas picturae cedere. utique tamen conveniens est domino tabularum adversus eum qui pinxerit, si is tabulas possidebat, utilem actionem dari, qua ita efficaciter experiri poterit, si picturae impensam exsolvat: alioquin nocebit ei doli mali exceptio: utique si bona fide possessor fuerit qui solverit. Adversus dominum vero tabularum ei qui pinxerit rectam vindicationem competere dicimus, ut tamen pretium tabularum inferat: alioquin nocebit ei doli mali exceptio.

([쓰여진] 글자들이 종이나 양피지에 부속되듯이 그림이 화판에 부속되는 것이 아니라 반대로 화판이 그림에 부속된다는 것이 정설이다. 그렇지만 항시 화판의 소유자에게 그림을 그린 자를 상대로 이 자가 화판을 점유한 경우, 준소권이 부여되는 것이 합당하고, 이 소권으로써 그는 그림의 비용을 상환하면 유효하게 제소할 수 있을 것이다. 그렇게 하지 않으면 그에게 악의의 항변이 불리하게 작용할 것이니 항시 상환하는 자가 선의점유자인 경우에. 그런데 화판 소유자를 상대로 해서 그림을 그린 자에게 진정한 소유물반환청구가 인정된다고 하는데, 다만 그는 화판의 가액을 상환해야만 한다. 그렇게 하지 않으면 그에게 악의의 항변이 불리하게 작용할 것이다.)

남의 화판에 그림을 그리는 사안은 가공(specificatio, rei effectio[66])의 사례 중 하나인데, 가공에서 재료를 중시하는 사비누스학파에 속하는 가이우스는 첨부 후의 소유권 귀속이 유사한 가공의 경우인 지면(紙面)에의 기록 사안[67]과 반대로 결정된 이 tabula picta(그림 그려진 화판) 사안의 정착된 법리에 대하여 이해할 수 없다는 태도를 드러낸다.[68] 그러나

---

66 오늘날 specificatio로 부르는 가공을 과거 rei effectio로 부른 경우가 있었다. 가령 Dempsterus, col. 1429. 이것은 원사료상 가공을 개념화한 단일 명사가 전해지지 않기에 일어난 현상이다.

67 Cf. 성중모, 21f.

68 가이우스의 이러한 소극적인 태도와 비교되는 것은 역시 사비누스학파의 전통을 이어받은 고전 후기의 파울루스의 태도인데, 그는 명시적으로 반대 의견을 표명하고 있다.

그림의 경우에는 예술적 가치가 우선하는 것(praevalentia)으로 고려되었음이 분명하다.[69] 문제는 화판의 점유를 상실한 화판 소유자에게 준소권을 인정한 부분의 해명인데, 가이우스는 그렇게 하는 것이 '합당'하다

D.6.1.23.3 Paulus libro 21 ad edictum.

Sed et id, quod in charta mea scribitur aut in tabula pingitur, statim meum fit: licet de pictura quidam contra senserint propter pretium picturae: sed necesse est ei rei cedi, quod sine illa esse non potest.

(그러나 또한 나의 지면에 쓰이거나 화판에 그려지는 것은 즉시 나의 소유로 된다. 비록 그림에 대해서는 혹자들이 그림의 가치로 인하여 반대 의견이지만 말이다. 그러나 어떤 물건이 없어서는 존재할 수 없는 것은 그 물건에 부속되는 것이 필연이다.)

　　이 개소의 다른 번역과 내용 논의는 성중모, 19f. 다만 성중모, 20은 유스티니아누스 법전상 『학설휘찬』(Paul. D.6.1.23.3(주 68))과 『법학제요』(Inst. 2.1.34; cf. Otto, ad h.l. n. (pp.189f.); Vinnius, ad h.l. comment. 2 (p.194)) 사이에 모순이 있다는 견해인데, 반드시 이렇게 볼 필요는 없다고 생각된다. 왜냐하면 특히 이 문제에 관한 한 이미 학설상 이견이 있음을 밝히고 일의적(一義的)인 입법적 해결을 시도하고 있기 때문이다. 고전기의 정설은 이미 그림을 그린 자에게 화판의 소유권을 부여하였지만(Gai. 2.78) 사비누스학파의 전통을 따랐던 일부 소수설(Paulus)이 고전 후기까지도 이견을 취했던 상황을 오히려 정확하게 파악한 결과이기 때문이다. 그리고 파울루스와 동일한 견해인 Gai Ep. 2.1.4 (성중모, 20f.)는 직접 가이우스의 법학원론에서 유래하지도 않고 5세기의 초록을 바탕으로 이루어진 것으로, 506년의 『서고트 로마인 법전』(Lex Romana Visigothorum＝Breviarium Alarici)의 일부로 전해지는 시대에 적응한 초록(抄錄)이라는 점에서 고전법에 관한 한 의미를 부여하기 어렵다. Schulz, 302.

69　Paraphrasis 2.1.34는 명시적으로 학설대립을 언급하고 유스티니아누스가 그림을 그린 쪽을 더 평가했음을 지적하는데(Inst. 2.1.34: ridiculum est enim picturam Apellis vel Parrhasii in accessionem vilissimae tabulae cedere; 상세한 것은 최병조 III, 21ff.), 가이우스를 보면 이미 고전 성기(盛期)에 그와 같은 결론이 파울루스(D.6.1.23.3(앞의 주 68))를 제외하면 정설이었음이 드러난다(성중모, 18). Noodt, ad D.41.1 (p.193)은 원문을 그대로 전하는 파울루스 D.6.1.23.3 (앞의 주 68)와 동일한 의견이었던 가이우스의 경우 D.41.1.9.2의 해당 부분이 트리보니아누스에 의하여 수정된 것으로 본다. 그러나 수정 의심의 여지가 없는 Gai. 2.78 ("vix idenea ratio")이 이미 후에 유스티니아누스가 명확히 한 견해와 동일한 견해가 당시 정설로 자리 잡았음을 보여준다. 또한 역으로 이러한 결론이 전제되지 않으면 이때 준소권을 인정할 실질적인 이유가 사라져버린다.

(consequens = conveniens)는 결론만을 제시한다.[70] 생각해 보면 이 경우에는 화판과 그림이 불가분리적으로 결합하여 나중에 분리되어 수거(收去)할 수 있는 기회 자체가 박탈되어 있다. 따라서 다른 경우처럼 수거를 통한 회수가 불가능하므로 소유권이 잠세태(潛勢態)로서 인정된다[71] 하더라도 결과적으로 그것이 현세태(現勢態, recta vindicatio)로 전환될 가능성이 아예 없다. 따라서 선의의 피해자에게 달리 보호 조치를 취하지 않는 한 (보통은 그림을 그린 자가 화판도 점유할 터이므로 제법 흔하게) 항변조차 행사할 수 없는 경우가 발생한다. 이러한 경우의 구제를 위한 비상대책이 준소권으로 나타난 것이다.[72] 이 점에서 대상 개소인 D.6.1.5.3과

---

70 David / Nelson, 288; 성중모, 16 ("논리일관한다")은 consequens를 앞선 문장에 논리적으로 복속시킨 것으로 본다. 그러나 반대 결과를 지지하는 이 문장이 선행하는 논리의 귀결일 수는 없다. D.41.1.9.2 〈20〉에서 conveniens로 대체되었으나 같은 의미인 것을 고려하지도 않았다.

71 성중모, 12는 "잠자는 소유권"이라 표현한다. 그러나 곧 이어 건물이 붕괴 또는 파괴된 경우에는 재료의 소유권이 '부활(!)'한다고 하는데, 언어 관행상 잠자던 것이 깨어나는 것을 '부활'이라고는 하지 않으므로 비유의 일관성이 미흡하다.

72 반면에 Zulueta, 78은 소유권이 없는 화판의 주인이었던 자가 그림이 그려진 화판의 소유자인 그림 그린 자를 상대로 일종의 vindicatio를 가진다는 것을 "법적-실천적 어불성설"(The legal and practical absurdity)로 규정하고, 이것은 가이우스가 잘 확립된 exceptio로 돌아가는 것을 우려하고 있음을 보여주는 것이며, 가이우스가 제안한 준소권은 "아무런 권위에 근거하지 않은 것"(rested on no authority)으로 보인다고 하고, 또 그러한 사건들은 당연히 드물고, 일어나더라도 재판까지 가지는 않을 것이라고 덧붙인다. 이어서 그는 Paulus D.6.1.23.5를 근거로 후대법에서는 필요시 상환을 위한 사실소권이 인정되었다고 지적한다. 그러나 이러한 이해는 타당하지 않다. 왜냐하면 이미 보았듯이 현재 상황은 exceptio가 무용지물인 상황이고, 준소권이든 사실소권이든 그것을 제안하는 것은 법률가들이고, 그들의 법학적 권위 자체가 근거인 것이기 때문이다. 그러한 제안이 법정관에 의하여 수용되어 실제의 사건에서 관철되는가의 문제는 또다른 문제이다. 이를 잘 보여주는 것이 가이우스든 파울루스든 자신들이 주장하는 소권이 부여되는 것이 '합당하다', '필요하다'라는 식의 요청적인 언급이다. 두 경우 모두 어쨌든 본래의 소권이 가능하지 않은 상황을 타개하기 위한 제안이었던 것이다. 그러나 또한 다른 한편으로 이 경우에도 주목할 것은 그림과 화판은 물리적으로는 분리불가능하게 결합되어 있으나 (동종 금속의 사례에서처럼) 서로 기(氣)가 융합하여 통일된 단일

궤를 같이한다. 따라서 Gai. 2.78의 준소권을 첨부의 경우 일반적 구제수단으로 일반화하여 설명하는 것은 잘못이다.[73]

결국 관건은 사안 유형마다 구체적 상황을 달리한다는 점을 잘 인식해서 성급한 일반화를 자제하고, 조급하게 어느 일방의 편을 들어서 다른 사료를 '수정'된 것으로 치부하는 잘못된 방법론을 지양하는 지혜가 필요하다는 것이다. 그리고 그 기본적인 출발점은 오늘날의 사례풀이에 있어서와 마찬가지로 다음의 질문이다.

"누가, 누구를 상대로, 어떤 내용의 청구를, 어떤 원인사실에 기초하여, 그리고 어떠한 권리(특히 청구권)를 근거로 요구하는가?"

(3) 형평설: Sokolowski의 견해

Sokolowski는 기본적으로 D.6.1.5.3 사안의 구체적인 논의에는 들어가지 않는다. 그의 관심은 오로지 토지에 부합한 나무는 종전 소유자가 소유권을 상실하고 토지 소유자가 새로이 그 소유권을 취득한다는 로마법상의 기본 법리에만 쏠려 있다.[74] 다만 준대물소권의 문제를 다루면서

체를 구성함으로써 각각의 독자성이 인식 불가능한 상태로 된 것이 아니라, 그림이 그려진 화판은 엄밀한 의미에서 원래의 화판과는 달라진 '다른' 화판이지만 그림이든 화판이든 어쨌든 여전히 각각 독립된 존재로 식별될 수 있다는 사실이다. 이 점에서 이 경우에도 사실소권이 아니라 (착근한 나무의 경우와 마찬가지로) 준소권을 부여한 근거를 찾을 수 있다.

73 가령 Poste / Whittuck, 167. 그는 이때 준소권은 대물소권이고(utilis in rem actio), 마치 소유권이 첨부로 박탈되지 않은 것처럼 방식서를 구성하는 의제소권(擬制訴權)이라고 설명한다. 어쨌든 소유권이 현세태(現勢態)가 아닌 한 법기술적으로 의제소권을 이용하였다는 지적은 타당하지만(同旨 이미 *Paraphrasis* 2.1.34: ἵνα κινῶν οὕτω λέγῃ ὡσανεὶ ὑπῆρχον δεσπότης(=quam intendens dicat: quasi dominus essem.); Pellat, 132 + n.2. Pellat는 타당하게도 ferrumniatio의 경우 (D.6.1.23.5 (앞의 주 10))까지 준소권을 인정한 Pothier를 비판한다). 이러한 반사실적 의제를 하기 위해서는 그에 걸맞은 합당한 실체적인 이유가 필요한데, 이에 대한 설명은 발견되지 않는다.

74 Sokolowski, 150 + 543 n.370.

제3자에게도 책임을 물을 수 없는 avulsio (충적(沖積), 기주(寄洲))와 같은 자연현상에 의한 나무 소유권 상실의 경우를 제시함으로써 그 구제 수단으로서의 필요성을 드러내고 있다는 점, 그리고 준소권이 부여될 만한 사물의 형상적 및 질료적 실체가 존속한다는 점 — 그리고 이와 동시에 나무를 심은 경우와 달리 파종의 경우에는 이러한 종전 실체의 잔여가 처음부터 식별 불가능하여 객체의 면에서 준거로 삼을 존재가 없기에 준소권조차도 가능하지 않았다는 점[75] — 을 사료에 대한 종합적인 성찰을 통하여 제대로 지적하고 있다. 이로써 우리가 검토한 어느 학설보다도 타당한 고찰을 하고 있다.[76] 그는 이와 같이 선의피해자의 구제를 위하여 준소권을 인정하는 궁극적인 기초로서 종국에는 형평의 감정 (Billigkeitsgefühl)을 거론한다.[77]

IV. 번역들

1. 『바실리카 법전』

그러면 『바실리카 법전』은 해당 개소를 어떻게 이해하고 재현하였을까? 『바실리카 법전』의 해당 개소는 다음과 같다.

⟨21⟩ Bas.15.1.5.3 (Heimbach II, 156).[78]

Τὸ ἐμὸν δένδρον ἐὰν εἰς τὸν ἀγρόν σου παρὰ σοῦ μετενεχθὲν συναυξήσῃ

---

75 Sokolowski, 165ff. + 547f. nn.399–400.

76 유사하게 Cujacius, ad C.8.1.1 (col. 1141)은 나무의 자연스러운 생장으로 모든 뿌리가 이웃 토지로 착근하여 나무의 소유권이 이전한 경우에 대하여 나무 소유자에게 '준대물소권, 또는 오히려 사실소권'(utilem actionem in rem, vel potius in factum)을 부여한다고 기술한다. 이는 준대물소권의 부여가 필요한 사안을 제대로 파악한 한편, 다른 한편으로는 '나무의 산정 가액을 급부하는 것'을 내용으로 한다는 실체법적 효과에 치중한 당대 법학의 입장이 반영된 것으로 보인다.

77 Sokolowski, 158ff.

καὶ ῥιζώσῃ, τὴν κατὰ νόμους περὶ αὐτοῦ ἀγωγὴν ἔχω. εἰ δὲ μὴ
συναυξήσει, ἐμὸν ἔμεινεν.

(내 나무가 너의 토지에 너에 의하여 이식되어 유착하고 착근(着根)한 경우 나
는 그에 관한 법정(法定)의 소권을 가진다. 그러나 착근하지 않았으면 내 것
으로 남는다.)

(Si arbor mea *in agrum tuum a te translata* coaluit et radices immisit, utilem
in rem actionem de ea habeo: si vero non coaluit, mea permansit. ──
Heimbach)

이에 따르면 타인의 나무를 심은 것이 토지 소유자('너')인 것으로 이
해하고 있어서[79] 사견(私見)과 분명히 다른 입장인데, 이미 살펴보았듯
이 부정확하다. 만일 그렇다면 오히려 오늘날 침해부당이득에 해당하여
절도원인 부당이득반환청구소권(condictio ex furtiva causa)이 고려되어야
만 할 것이다. 그럼에도 불구하고 제1설처럼 만연히 "내가 이전하였다"
(〈a me〉 translata)로 이해할 경우 발생하는 법리상의 모순을 회피하기 위
하여 비잔틴법학이 숙고한 흔적을 보여준다는 점에서 일응 평가할 만하
다. 인정되는 소권과 관련하여 그리스어 원문은 로마의 소권법으로부터
소원해진 비잔틴법을 반영하여 법기술적인 '준소권'이 아니라 막연히
'법정(法定)의 소권'(τὴ κατὰ νόμους περὶ αὐτοῦ ἀγωγὴ, 이를테면 legitima

---

78   = *Supplementum editionis Basilicorum Heimbachianae Lib. XV-XVIII*, edidit
      Carolus Eduardus Zachariae a Lingenthal (Lipsiae: Simptibus Joh. Ambrosii Barth,
      1846), p.5.

79   同旨 Vinnius, ad Inst. 2.1.31 comment. 2 (p.191); Cocceji I, ad D.41.1 Qu. XII
      (p.429); Voet, ad D.41.1. n.25 (p.610); Tonelli, 110 + n.2. 적지 않은 보통법 시대
      의 학설이 이와 같은 것은 『바실리카 법전』의 영향이 아닐까 짐작된다. Hilliger도
      악의의 이식자(移植者)를 전제하고 그를 상대로 소유물반환청구소권을 인정하
      면서, 이때 utilis = efficax, 즉 '준'소권이 아니라 '효용이 있는' 소권으로 해석하면
      도피구(逃避口)가 마련되는 것으로 본다. 그러나 이처럼 rei vindicatio를, 그것도
      본래소권으로 인정한다는 것은 잘못되어도 한참 잘못된 견해이다.

de ea re actio)으로 표현하였는데, 라틴어 번역자가 『학설휘찬』의 원문을 참조하여 '의역'하였음을 알 수 있다. 마지막 문장 역시 같은 손질이 드러난다. nam = vero ('그러나')로 제대로 옮겼다.

2. 외국어 번역들

그러면 오늘날의 번역들은 어떤 입장을 취하고 있을까? 흔히 활용되는 범용본(凡用本)들을 중심으로 간략히 살펴본다(번역문에서의 이탤릭체는 인용자가 강조한 것이다).

(1) Alan Watson이 편찬한 최신 영어 분담번역본(1998)의 해당 개소 번역은 다음과 같다.[80]

In the case of *my tree* which has been transplanted to someone else's field and thrived and let down roots, Varus and Nerva used to give an *actio utilis in rem; but* if it has not yet taken root, it does not cease to be mine.

이 영어 번역은 나머지는 글자 그대로의 축자번역을 시도하였지만 translata = transplanted로 옮김으로써 인간 식재자(植栽者)를 전제하였고, 전체적으로 번역만으로는 사실관계와 준대물소권 부여의 의미가 확연히 드러나지 않는 결과를 보여준다. 그러나 nam = but ('그러나')으로 역출하여 이 부분은 정확하다.

(2) 스콧(Samuel P. Scott)의 1932년판 영어 번역본의 해당 개소 번역은 다음과 같다.[81]

---

80   *Digest-Watson* (1998), h.l.

81   *Digest-Scott* (1932), h.l.

With reference to a tree which was transplanted into the field of another and threw out roots, Varus and Nerva granted an equitable action in rem; *for* if it had not yet taken root, it would not cease to be mine.

이 영어 번역은 나무에 '내'를 추가한 Watson (ed.)보다도 이 점에서는 더 철저하게 축자번역의 전략을 취하였지만, 아쉽게도 coaluit의 번역이 생략되었다. translata = transplanted로 이해한 것은 Watson (ed.) 번역과 같다. 그러나 nam = for ('왜냐하면')로 역출하였다.

(3) 최신 독일어 공동번역본(1995)의 해당 개소 번역은 다음과 같다.[82]

Wegen eines Baumes, der, auf fremden Boden versetzt, anwuchs und Wurzeln trieb, gaben Alfenus Varus und Nerva [*dem Eigentümer des fremden Grundstücks*] die dingliche Klage in analoger Anwendung. *Denn* solange er noch nicht fest angewachsen ist, gehört er immer noch mir[4].

4 Vgl. D.39.2.9.2.

이 독일어 번역은 기본적으로 축자적이고(특히 translata = versetzt), 그런 의미에서 진정한 의미의 해석은 독자에게 맡겨놓은 중립적인 태도로 일관하였다. 그러나 역자의 [ ] 속 보충 부분을 보면 준소권이 인정되는 것이 토지 소유자로 이해되었다. 착근으로 나무의 소유권을 확실히 취득한 그에게 도대체 왜 대물소권을, 그것도 준소권을 누구를 상대로 부여한다는 것인지 도통 이해 불가한 번역이다. 이것만 보면 번역자는 혹 현재 점유를 하고 있지 않은 토지 소유자가 토지를 반환청구하거나, 아니면 식재된 나무의 수거를 요구하는 상황으로 이해한 것이 아닌가도 생

82 *Digesten-Behrends* (1995), h.l. (p.557).

각해 볼 수 있는 것처럼 보인다. 그러나 토지의 반환청구가 문제된다는 어떠한 암시도 없거니와 설혹 그렇다고 해도 rei vindicatio가 아닌 '준'소권이 거론될 이유가 하등 없고, 후자의 경우라고 상정하더라도 소유자로서 스스로 제거가 가능하므로 상대방을 향한 '준'대물소권이란 빗나간 논리에 기초한 것이 분명하다. 더욱이 이 모든 경우 나무의 소유권에 초점을 맞춘 후속 문장과도 전혀 조화되지 않는다. 게다가 번역자가 친절하게 각주에서 지시한 D.39.2.9.2를 보아도 이미 전술했듯이 어디까지나 나무 소유자가 자신의 나무를 되찾기 위한 상황임이 분명하다. 그리고 nam = denn ('왜냐하면') 역시 앞과 뒤를 이유 제시로 엮어줄 수 있는 의미를 왜 가지는지도 이해되지 않는다. 이 최신 독일어 번역본은 쓸데없는 보충으로 인하여 모든 것을 망쳐 버린 명백한 오역이다.

(4) Otto-Schilling-Sintenis의 1830년 예전 독일어 번역본의 해당 개소 번역은 다음과 같다.[83]

Wegen des Baumes, der, in fremdem Boden versetzt, angewachsen ist, und Wurzel getrieben hat, gestatten Varus und Nerva eine analoge dingliche Klage; *denn* so lange er noch nicht angewachsen ist, hört er nicht auf, mein zu sein.

이 독일어 번역본은 모든 면에서 영어 번역본들보다 더 문언에 충실하다(특히 translata = versetzt). 다만 nam = denn ('왜냐하면').

(5) 1803년 프랑스어 번역본의 해당 개소 번역은 다음과 같다.[84]

---

83 *Digesten-Otto* (1830), h.l. (p.618).

84 *Digeste-Hulot* (1803), h.l. (p.445). 철자가 disoient, auroit, n'avoit, cesseroit로 된 것은 동사의 어미가 오늘날(~aient, ~ait)과 달리 구식이어서 그런 것임.

Varus et Nerva disoient qu'*on* pouvoit se servir d'une espèce d'action en revendication pour se conserver un arbre qui, ayant appartenu à un autre, auroit jeté ses racines sur *notre* terrain; *car*, s'il n'avoit point encore pris racine, il ne cesseroit pas d'appartenir à son premier maître.

이 프랑스 번역본은 준소권의 주체를 그냥 불특정한 on으로 표시하는 외에 대부분의 번역본들처럼 nam = car ('왜냐하면')로 역출하였다. 특히 translata = ayant appartenu à un autre ('제3자 소유의')로 의역(意譯)하였다. 이것은 문맥상 나무가 '내 것'임을 밝히고 있는 마지막 문장과 명백하게 모순된다. 특히 문제는 이 제3자 소유의 나무가 부합한 토지를 '우리'(notre)의 토지로 역출한 점인데, 이 역시 앞에서 나무가 옮겨진 곳이 '타인의 토지'라고 표현된 것과 어법상 정면으로 배치된다. 명백한 오류이다.[85] 아마도 이 번역자는 제3자 소유의 나무가 우리 땅에 부합한 경우 그에게 준대물소권이 인정된다는 취지로 이 개소를 이해한 듯한데, 텍스트 자체로부터 이러한 결론을 얻어낼 수 있는 방법은 전무한 것으로 보인다. 전체적으로 이 번역처럼 하려면 읽는 이의 주관적 이해에 따라 인칭대명사를 문언과 다르게 임의적으로 치환활 수 있어야 한다. 비록 로마 법률가들이 종종 동일한 사안에서 동일한 주체를 표현함에도 불구하고 인칭대명사를 치환하여 서술하기는 하지만 — 흔히 3인칭이 2인칭이나 1인칭으로 바뀌는데, 우리말 어법에서 복수 1인칭 '우리'가 어찌 보면 뜬금없이 등장하는 사례들과 비교 가능할 수도 있을 것이다 — 이것은 표현하고자 하는 내용이 대체로 일반화가 가능한 것이어서 문맥의 흐름상 인칭대명사와 무관하게 누구라도 이해할 수 있고 오해의 소지가 없을 때 그러한 것이고, 이 개소처럼 전후의 언어적 내지 논리적 부조화에도 불구하고 인칭대명사를 함부로 바꾸지는 않았다.

---

85   이 점은 이미 Pellat, 132 n.1이 잘 지적하였다.

(6) Pellat의 1853년 번역은 다음과 같다.[86]

Varus et Nerva donnaient l'action utile au sujet de l'arbre qui, transporté dans le terrain d'autrui, y a contracté adhérence et poussé des racines; car, s'il n'y adhère pas encore, il ne cesse par d'être à moi.

이 번역은 정확한 축자적인 번역이다(특히 translata = transporté). 번역에 따른 Pellat의 설명도 사실관계를 제대로 파악하였다. 특히 Pellat는 D.41.1.26.1 〈6〉을 바로 지적함으로써 로마법상 식재와 건축 사이에 중요한 차이가 있음도 빠뜨리지 않고 제시하였다.[87]

(7) 에나미 요시유키(江南義之)의 일본어 번역(1989년 발표)은 다음과 같다.[88]

他人の敷地に移植されて成育し根を伸ばした樹木について, ヴァルスとネルヴァは準對物訴訟を賦与した. 何故なら未だ成育しなかったときには, 私のものであることを止めないからである.

이 일본어 번역 역시 대체로 문언에 충실한 번역이고 그 이상도 그 이하도 아니다.[89] translata = 移植으로 이해한 점에서 영어 번역본들처럼 인간 식재자가 전제되었다. nam = 何故なら('왜냐하면')로 옮긴 점에서는

---

86 Pellat, 131f.

87 Pellat, 133: "Remarquez à cet égard la différence qui existe entre les plantations et les constructions."

88 『學說彙纂-江南』(1996), 5.

89 江南義之, 396의 번역도 대동소이하다.
   "他人の土地に移植されて成育し根をのばした樹木については, VarusとNervaは準對物訴訟を賦与した. 何故なら樹木が成育しなかったなら, 私の所有物でなくならないからである."

Watson (ed.) 영어 번역본과 『바실리카 법전』을 제외한 모든 번역본들과 공통된다.

3. 국내 번역

국내 번역으로는 성중모의 다음과 같은 번역이 있다.[90]

타인의 농지에 이식(移植)되어 유착(癒着)하고 뿌리를 내린 나무에 관하여 알페누스 바루스와 네르바는 [나에게] 준대물소권을 부여하였다. 왜냐하면 나무가 아직 유착하지 않았으면 여전히 나의 것이기 때문이다.

성중모의 이 번역을 이해하기 위해서는 이것이 전거로 등장한 본문의 전체 맥락을 파악해야만 한다. 그는 식재와 파종 사안을 크게 둘로 나누어 고찰하는데, 서술로 보아 자연적인 부합의 경우는 고려하지 않고 있다. 두 사안 중 하나는 A가 자신이 점유하고 있는 B의 토지에 자기 나무를 심는 경우이고, 다른 한 사안은 B가 A의 나무를 자기 토지에 심는 경우이다. 이어지는 그의 설명은 다음과 같다.[91]

통상적으로 첫 번째 사안에서 A는 B소유 토지의 — 선의 또는 악의의 — 점유자이다. A는 분리를 청구할 수 없고 만일 자신이 분리한 경우에도 식물의 소유자가 될 수는 없었다. B가 A를 상대로 토지의 회복을 위한 소유물반환청구의 소를 제기한 경우에, A는 자신이 선의라면 악의의 항변에 기하여 비용상환을 청구할 수 있을 뿐이었다. 그러나 B가 나무나 씨앗을 포함하는 토지를 소유물반환청구할 수 있을 뿐만 아니라, B가 점유를 하게 된 경우에는 A가 나무나 씨앗에 대하여 소유물반환청구할 수 없고 아무런 구제를 받지 못하는 가혹한 결과가 발생할 수 있었다. 그리하여 로마에서 A의 권리구

---

90   성중모, 11 n.31.

91   성중모, 11.

제를 위한 방법이 고안되었는데, 예컨대 악의의 항변(유치권)이나 준소권 (actio utilis) 등의 구제수단 부여가 그것이었다.[31]

앞에 인용한 D.6.1.5.3 번역은 바로 주 31로 제시된 전거이다. 여기서 두 번째 사안에 대한 서술이 빠져 있고 첫 번째 사안만을 다룬 것을 보면, 성중모는 D.6.1.5.3을 이 첫째 유형의 사안으로 보는 것이라 여겨진다. 즉 타인의 토지에 나무 소유자인 Ego가 식재를 한(translata = 이식(移植)) 사안으로 이해하는 것이다. 그렇다면 전체의 취지는 본래의 소유물 반환청구가 불가능하기 때문에 준소권 형태로 인정하겠다는 것이 되는데, 이러한 설명은 논리가 일관되지 않다. 왜냐하면 토지의 점유를 상실한 경우에 준대물소권이 인정된다는 것은 실질적으로 점유 여부와 무관하게 부합된 나무의 소유권을 인정하는 것이고, 그렇다면 토지를 점유하고 있을 때에 하필 악의의 항변만이 가능해야 할 필연적인 이유가 없게 되기 때문이다.[92] 이 견해는 이로써 준대물소권을 일반화시키는 입장을

---

92   심사자 B는 이 부분 설명에 대하여 "28면 21-23줄에 대하여: 토지의 점유를 상실한 경우에도 준대물소권을 부여하는 것은 비상수단으로 볼 수 있다. 점유를 놓지 않고 있는 동안은 악의의 항변 및 유치권이 수단으로 필요하다. 점유를 놓았을 때 다른 수단이 있는지 의문이다. 준대물소권과 유치권은 나무 가액을 상환받을 수 단이라는 점에서 기능이 공통된다"고 한다. 준대물소권을 인정하면 가액을 상환받는 비상수단으로 작용한다는 점에 의문의 여지는 없다. 문제는 바로 과연 로마 법률가들이 이 학설이 상정하는 사실관계에서 이런 취지로 준대물소권을 인정하였는가 하는 것이다.
      심사자 B는 또한 결론적으로 "D.6.1.5.3.에서 문제되는 준대물소권은 로마에서 기본적으로 — 'superficies solo cedit' 원칙에 정면충돌하는 —소유물반환소권의 대상물이 될 수 없는 뿌리내린 나무(의 가액)를 청구하는 것이므로 이미 대물소권은 아니다. 알페누스 바루스와 네르바가 부여한 준대물소권은 일종의 가치보상청구권으로 보아야 할 것이다"라고 한다. 그러나 이런 식이면 모든 소송의 결말이 궁극적으로는 금전 배상판결인 로마법에서는 심지어 rei vindicatio조치도 가치전보청구권으로 이해될 여지가 있다. 무엇보다도 준소권이 본래소권과 성격을 달리하여 대물소권이었던 것이 준소권인 경우 — 가치보상 청구는 대물적일 수 없다 — 대인소권으로 화한다는 이해는 잘못이다. actio utilis에 관하여 Kaser / Knütel, Rz 83.4, p.446: "unter Beibehaltung ihres Grundtypus". 경제적 효과도 중

취한 것으로 이해된다.[93] 또 이미 외국의 번역문들과 관련하여 지적한 것이지만, nam = '왜냐하면'으로 번역한 것도 의문이다. 왜냐하면 유착하지 않은 한 여전히 나의 소유라는 것이 유착 시에 준대물소권을 근거 짓는 것은 아니기 때문이다.[94] 문제의 핵심은 "아무런 구제를 받지 못하는 가혹한 결과"가 과연 어떤 경우이고, D.6.1.5.3이 정녕 이에 해당하는가 하는 것인데, 성중모의 경우에도 다른 번역자들과 마찬가지로 이 논점이 제대로 다루어지지 않았다.

V. 맺음말

이상의 고찰을 정리하면 우선 외국과 국내의 각종 번역들은 대부분 기본적으로 축자적인 번역 전략을 따랐다고 보인다. 그러나 이것은 적어도 대상 개소와 같이 문면만으로는 사안을 정확하게 파악하기 어려운 개소에 대한 번역으로서는 훌륭한 번역이라고 하기 어렵다. 진정한 해석을 독자에게 떠넘긴 결과가 Lenel (1849~1935), Bonfante (1864~1932), Kaser (1906~1997), Daube (1909~1999), Watson (*1933) 등 사계(斯界)

요하지만, 법적 논리구조 역시 중요한 것이다. 그리고 뿌리내린 나무를 소유물반환청구할 수 없다는 것이 어떻게 superficies solo cedit 원칙에 정면충돌하는지 이해가 되지 않는다. 오히려 이 원칙대로 착근한 나무의 vindicatio가 부인되는 것 아닌가. 또 토지에서 나무가 분리되었을 때 소유물반환청구가 부인되는 것은 이 원칙과는 무관한 것이기 때문이다.

93 또한 성중모, 30 + n.113 (Kaser에 동조).
94 심사자 B는 이에 대하여 "D.6.1.5.3. 중의 'nam'을 이유부기를 위한 접속사 'for'로 보나 'but'로 보나 의미에 큰 차이가 있는지 의문이다. for로 볼 때에는 다만 생략된 전제('착근하지 않았으면 나무가 내 것이어서 준대물소권이 아니라 정규의 소유물반환청구소권을 행사할 수 있다')가 하나 더 있는 것이다. 그러한 한에서 근거지음이 될 수 있다"고 한다. 물론 어차피 전체 취지에 큰 차이는 생기지 않는다. 착근의 유무로 상황이 갈리기 때문이다. 그러나 가뜩이나 짤막한 개소에서 제법 길다면 긴 전제를 굳이 생략된 것으로 상정하는 것이 합목적적인지는 의문이다.

의 대가들조차도 오류로부터 자유롭지 못하게 하는 결과를 가져왔던 것으로 보인다. 나무를 이전시킨 주체가 누구인가가 관건임을 깨달았다는 점에서는 유일하게『바실리카 법전』의 번역만이 눈에 띄는데, 주체를 잘못 잡았다는 점에서는 오히려 현대의 번역들만 못한 결과가 되었다. 사안에 대한 결정적인 오류를 보여주는 것은 최신 독일어 공동번역과 Hulot의 프랑스어 번역이다. 살펴본 것 중 제일 오래된 Pellat의 이해가 가장 정확하였다. 로마 법률가들의 자연철학에 중점을 두어 궁구한 Sokolowski 역시 핵심을 제대로 짚었다. 최신(最新)의 것이 최선(最善)의 것은 아니라는 하나의 증거이다. 이러한 일이 발생한 것은 결국 내용에 대한 정확한 이해를 동반하지 않았기 때문이다. 그리고 내용을 정확하게 파악하지 못한 것은 사료간의 섣부른 조화를 꾀하거나 현대법학의 특징이기도 한 체계구성의 자기 논리에 빠져서 서둘러 일반화시키거나 함으로써 법학의 대선배였던 주석학파의 법학자들이 매진했고 실로 모든 법적 판단의 요체랄 수 있는 distinguish / distinction의 작업을 소홀히 한 까닭이다. 로마인들은 그들 자신의 이론적인 요청에 부응하여[95] 같은 첨부의 사안이더라도 가공과 부합의 경우를 구별했고, 부합에서는 다시 건축의 경우와 식재의 경우를 구별했고, 식재의 경우에도 일반적인 나무와 포도나무와 같은 넝쿨식물의 경우를 사물의 본성과 생활의 구체적인 모습에 따라서 구별하여 규율했던 것으로 보인다. 이제 필자 자신의 번역문을 제시하는 것으로 끝맺음하기로 한다.

---

95 D.6.1.38 (앞의 주 30) 및 유명한 '연애편지' 사안 개소 참조.
    D.44.7.61.1 Scaev. 28 dig.
    Seia, cum salarium constituere vellet, ita epistulam emisit: "Lucio Titio salutem. si
    in eodem animo et eadem affectione circa me es, quo semper fuisti, ex continenti
    acceptis litteris meis distracta re tua veni hoc: tibi quamdiu vivam praestabo
    annuos decem. scio enim quia valde me bene ames". quaero, cum et rem suam
    distraxerit Lucius Titius et ad eam profectus sit et ex eo cum ea sit, an ei ex his
    epistulis salarium annuum debeatur. respondit *ex personis causisque eum cuius notio
    sit aestimaturum*, an actio danda sit.

⟨22⟩ D.6.1.5.3 Ulpianus libro 16 ad edictum.

De arbore, quae in alienum agrum translata coaluit et radices immisit, Varus et Nerva utilem in rem actionem dabant: nam si nondum coaluit, mea esse non desinet.

([제3자에 의하여 또는 자연력에 의하여] 타인의 토지로 옮겨져서[96] 유착하고 뿌리를 내린 [내] 나무에 관하여 알페누스 바루스와 네르바는 [선의의 나무 소유자인 나에게 토지 소유자를 상대로] 준대물소권(準對物訴權)을 인정하였다. 아직 유착하지 않았으면 내 소유이기를 그치지 않는다.[97])

---

96   심사자 B는 이에 대하여 "'translata'는 바로 다음 단어인 coaluit가 의미 있으려면 '이전'(移轉)으로는 부족하고 transplanted의 의미까지 가져야 한다"고 한다. 그러나 유착 현상이 반드시 식재(植栽)일 때만 가능한 것인지는 의문이다. 이것은 필자와 다른 소견일 뿐이다.

97   심사자 C는 이 번역에 대하여 다음과 같이 지적한다. "필자가 제시한 번역은 각괄호([ ]) 속에 상세한 설명을 제시하여 독자가 오해할 여지를 줄이는 장점은 있으나, 번역이라기보다는 주석에 가깝게 되어 버린 것이 아닌가 하는 지적도 가능하다. 다음과 같은 '번역'도 고려해 보면 어떨까? '나무가 타인의 토지로 넘어가서 유착하고 뿌리를 내린 경우 바루스와 네르바는 그 회수를 위한 준대물소권을 인정하였다. 한편, 아직 유착하지 않은 동안에는 그 나무는 여전히 내 것이다.'"
     이 번역은 가독성이 좋다. 하지만 나무가 '넘어간다'는 표현이 다소 애매하다. 그 결과 그리고 그 밖에도 해석의 여지가 남으므로 혹시라도 종전과 같거나 유사한 오해가 재발할 가능성은 없을지 살펴볼 일이다. 무엇보다도 원문에 없는 "그 회수를 위한"이란 삽입은 오인을 유발한다. 왜냐하면 전술했듯이 나무의 경우 분리 후에도 회수가 법리상 인정되지 않기 때문에 여기서 부득이하게 다름 아닌 준소권이 고려되고 있는 것이기 때문이다. 간명함도 좋지만 그보다 더 큰 가치인 정확성을 위해서 때로는 번삽함도 감내해야 하는 것 아닐까.

참고문헌

〈『학설휘찬』 등 원사료 및 번역본, 원문복원〉

Digesta = *Corpus Iuris Civilis*, editio stereotypa undecima, Volumen primum, ... *Digesta* recognovit Theodorus Mommsen, retractavit Paulus Krueger (Berolini, Apud Weidmannos, 1908).

Digeste-Hulot = *Le Digeste de Justinien* (Traduction de Henri Hulot, 1803), tome I.

Digesten-Behrends = *Corpus Iuris Civilis Text und Übersetzung II Digesten 1-10*, Gemeinschaftlich übersetzt und herausgegeben von Okko Behrends, Rolf Knütel, Berthold Kupisch, Hans Hermann Seiler (1995).

Digesten-Otto = *Das Corpus Juris Civilis in's Deutsche übersetzt* von einem Vereine Rechtsgelehrter und herausgegeben von Carl Ed. Otto, Bruno Schilling und Carl Friedrich Ferdinand Sintenis, Erster Band (1830).

Digest-Scott = http://droitromain.upmf-grenoble.fr / →18. Lingua Anglica→The Digest or Pandects of Justinian (Scott) (1932).

Digest-Watson = *The Digest of Justinian*, translation edited by Alan Watson, rev. English language ed., (1998).

Palingenesia II = Lenel, Otto, *Palingenesia Iuris Civilis*, Volumen alterum (Akademische Fruck- u. Verlagsanstalt: Gtaz-Austria, 1960).

Paraphrasis = *Institutionum Graeca Paraphrasis Theophilo Antecessori vulgo tributa*, instruxit E. C. Ferrini, Pars prior (Berolini: Apud S. Calvary eiusque Socios, 1884).

『學說彙纂-江南』 = 江南義之 譯, 『學說彙纂の日本語への翻譯 (I)』, 東京: 信山社出版株式會社(初版第一刷, 1991 / 新裝第一版第二刷 1996).

〈비잔틴법 문헌〉

Basilicorum Libri LX, edidit ... translationem latinam et adnotationem criticam adiecit D. Carolus Guilielmus Ernestus Heimbach, Tom. II (Lipsiae: Sumptibus Joh. Ambrosii Barth, 1840).

Hexabiblos = Harmenopulos, Konstantin, *Manuale Legum sive Hexabiblos*, illustravit Gustav Ernst Heimnach, I, Neudruck der Ausgabe Leipzig 1851 (Aalen: Scientia Verlag, 1969).

〈플라톤 법률론 역주〉

Schneider = *Platonis Opera ex recensione C. E. Ch. Schneideri, Graece et Latine cum scholiis et indicibus*, Volumen secundum, Pars II (Parisiis: Editore Ambrosio Firmin Didot, 1852).

박종현 역주, 『플라톤의 법률』, 서광사(2009), 부록 "미노스 · 에피노미스".

성중모, "로마법상 소유물반환청구소권 ─ 첨부법에서의 적용례를 중심으로", 『재산법연구』 제29권 제4호(2013. 2), 1-34.

최병조, 『로마法 · 民法論考』, 박영사(1999). [= 최병조 II]

＿＿＿, "로마법상의 소송물 가액 선서 ─ D.12.3에 대한 주해를 겸하여", 『서울대학교 법학』 제56권 제2호(2015. 6), 1-83. [= 최병조 IV]

＿＿＿, 『로마법연구(I) ─ 법학의 원류를 찾아서』, 서울대학교출판부(1995). [= 최병조 I]

＿＿＿, "Geistiges Eigentum im römischen Recht? ─ unter besonderer Berücksichtigung des Urheberrechts", 『서울대학교 법학』 제52권 제2호(2010. 1), 1-35. [= 최병조 III]

Ayblinger, Joseph Adam, *Commentarius ad quinquaginta libros Digestorum seu Pandectarum*, opus posthumum (Augustae Vindelicorum: Sumptibus Georgii Schüter & Martini Happach, Bibliopol., 1726).

Balanger, Laurent, Balanger, *Etude de l'accession artificielle en droit romain* (2004).

Barbosa, Augustinus, *Collectanea in Codicem Justiniani, ex Doctoribus tum priscis, tum neotericis*, Tomus primus, editio ultima prioribus emendatior (Lugduni: Sumpyibus Anisson, & Posuel, 1720).

Barra, Anna, *Gli incrementi fluviali in diritto romano* [Paesi e Unomini nel Tempo: Vollana di Monografie di Storia, Scienze ed Arti, diretta da Sosio Capasso 10] (Istituo di Studi Atellani, Luglio 1998) *쪽수 표시 없음(이 글에서 표시한 쪽수는 이 글의 필자가 붙인 것임) (= https://books.google.co.kr/books?id = FQ0jWEDAS8MC&pg =PA18&lpg = PA18&dq = gli + incrementi + fluviali +

in + diritto + romano&source =bl&ots =w4qXrSfa-U&sig =6jd9ccxBk1hjpK
Rj7TZNzuGZyXQ&hl = ko&sa = X&ved = 0ahUKEwiNkb67zI3OAhVBjZQ
KHbp2CxgQ6AEIKTAC#v = onepage&q = gli%20incrementi%20fluviali%20
in%20diritto%20romano&f = false).

Biccius, Gregorius, *Collegium Juridicum Argentoratense Enucleatum* (Argentorati:
Impensis G. A. Dolhopfii & J. E. Zetzneri, Bibliopol, 1664).

Biscardi, Arnaldo, *Diritto greco antico* (Giuffrè editore, 1982).

Bonfante, Pietro, *Corso di diritto romano, Volume secondo: La proprietà, Parte II*,
ristampa corretta della I edizione a cura di Giuliano Bonfante e di Giuliano
Crifò con l'aggiunta degli indici delle fonti (Milano: Dott. A. Giuffrè Editore,
1968).

Bretone, Mario, *I fondamenti del diritto romano. Le cose e la natura* (1999).

Camillo, Brezzo, *Rei vindicatio utilis* [L'utilis actio del diritto romano] (Torino:
Fratelli Bocca Editori, 1889).

Cocceji, Samuel de, *Juris civilis Controversi Pars II*, editio altera multis quaestionibus
aucta (Francofurti ad Viadrum: Impensis Jo. Godofredi Conradi, 1727).
[= Cocceji I]

_____, *Jus civile Controversum*, editio quarta multis quaestionibus aucta (Francofurti
et Lipsiae: Sumptibus Societatis, 1779). [= Cocceji II]

Corvinus, Arnoldus Ioh. fil., *Digesta per Aphorismos strictim explicata* (Amstelodami,
1642).

Cujacius, Jacobus, Opera omnia, Tomus nonus (Neapoli: Typis ac Sumptibus
Michaelis Aloysii Mutio, 1722).

Daube, David, "*Implantatio* and *Satio*"(1958), in: *Collected Studies in Roman Law*,
II (1991).

David /Nelson = *Gai Institutionum Commentarii IV mit Philologischem Kommentar*,
herausgegeben von M. David und H. L. W. Nelson (2. Lieferung) (Leiden: E. J.
Brill, 1960).

Dempsterus, Thomas, *Antiquitatum Romanarum Corpus Absolutissimum*, postrema
editio (Coloniae Agrippinae: Apud Iodocum Kalconium, 1662).

Donellus, Hugo, *Opera omnia. Commentariorum de Jure Civili tomus primus cum
notis Osualdi Hilligeri* (Florentiae: Ad Signum Clius, 1840).

Falcone, Giuseppe, "Ricerche sull'origine dell'interdetto *Uti possidetis*", *Annali del
Seminario Giuridico della Università di Palermo* 44 (1996), 5-360.

Fargnoli, Iole, *Studi sulla legittimazione attiva all'interdetto* Quod vi aut clam (1998).

Huber, Ulricus, *Eunomia Romana sive Censura censurae Juris Justinianei*, postumum opus, editio altera (Amstelodami: Apud Fredericum Horreum, 1724).

Kaser, Max, *Das römische Privatrecht* I² (1971). [= Kaser II]

_____, *Das römische Privatrecht* II² (1976). [= Kaser III]

_____, "Tabula picta", *Tijdschrift voor Rechtsgeschiedenis* 36 (1968), 31-56. [= Kaser I]

Kaser / Hackl, *Das römische Zivilprozessrecht* (² 1996).

Kaser / Knütel, *Römisches Recht*, 20., überarbeitete und erweiterte Auflage (München: C.H. Beck, 2014).

Kränzlein, Arnold, *Eigentum und Besitz im griechischen Recht des fünften und vierten Jahrhunderts v. Chr.* (Berlin: Duncker & Humblot, 1963).

Kunkel / Mayer-Maly = *Römisches Recht*, aufgrund des Werkes von Paul Jörs-Wolfgang Kunkel-Leopold Wenger, in vierter Auflage neu bearbeitet von Heinrich Honsell-Theo Mayer-Maly-Walter Selb (1987).

Lauterbach / Schütz = *Compendium Iuris e Lectionibus Dn. W. A. Lauterbachy ed: a Dn. Io. Iac. Schüz.* (Tubingae, Sumptibus Ioh. Georgii Cottae, 1697).

Lenel, Otto, *Das Edictum perpetuum. Ein Versuch zu seiner Wiederherstellung* (2. Neudruck der 3. Auflage Leipzig 1927, Scientia Verlag: Aalen, 1974).

Ludovicus, Jacobus Fridericus, *Usus Practicus Distinctionum Juridicarum, juxta ordinem Digestorum adornatus*, Pars III, editio III auctior et emendatior (Hagae Magdeburg: Sumptibus Orphanotrophei, 1717).

Noodt, Gerardus, *In Digestorum Libros XXVIII-L*, edidit H. U. Huguenin (Heerenveenae, Apud F. Hessel, Bibliopolam, 1842).

Otto, Everardus, *Ad Fl. Justiniani PP. Aug. Institutionum sive Elementorum libros IV. a Cujacio emendatos, Notae criticae et Commentarius* (Trajecti ad Rhenum: Apud Matthaeum Visch, 1734).

Pasquino, Paola, "Rimedi pretori in alcuni casi di accessione", *Teoria e Storia del Diritto Privato (TSDP), Rivista Internazionale Online-Peer Reviewed Journal* IV (2011), 1-105.

Pellat, C.-A., *Exposé des principes générauc du droit romain sur la propriété et ses principaux démembrements et particulièrement sur l'usufruit* (2ᵉ édition) (Paris: Librairie de Plon frères, 1853).

Plisecka, Anna, *'Tabula picta'. Aspetti giuridici del lavoro pittorico in Roma antica* (2011).

Poste / Whittuck = *Gai Institutiones or Institutes of Roman Law by Gaius*, with a translation and commentary by the late Edward Poste, fourth edition, revised and enlarged by E. A. Whittuck, with an historical introduction by A. H. J.

Greenidge (Oxford: At the Clarendon Press, 1904).

Rainer, J. Michael, *Bau- und nachbarrechtliche Bestimmungen im klassischen römischen Recht* (Graz: Leykam Buchverlagsgesellschaft m.b.H., 1987).

Saliou, Catherine, *Les Lois des Bâtiments* (Beyrouth: Institut Français d'Archéologie du Proche-Orient, 1994).

Sandars, Thomas Collett, *The Institutes of Justinian with English Introduction, Translation, and Notes*, fourth edition (London: Longmans, Green, and Co., 1869).

Schermaier, Martin Josef, *Materia. Beiträge zur Frage der Naturphilosophie im klassischen römischen Recht* (Wien · Köln · Weimar: Verlag Böhlau, 1992).

Schneider = *Platonis Opera ex recensione C. E. Ch. Schneideri, Graece et Latine cum scholiis et indicibus*, Volumen secundum, Pars II (Parisiis: Editore Ambrosio Firmin Didot, 1852).

Schöpsdau = Platon, *Nomoi (Gesetze) Buch VIII-XII*, Übersetzung und Kommentar von Klaus Schöpsdau (Göttingen: Vandenhoeck & Ruprecht, 2011).

Schulz, Fritz, *History of Roman Legal Science*, with new addenda (Oxford: At the Clarendon Press, 1953).

Seyed-Mahdavi Ruiz, Schahin, *Die rechtlichen Regelungen der Immissionen im römischen Recht und in ausgewählten europäischen Rechtsordnungen: unter besonderer Berücksichtigung des geltenden deutschen und spanischen Rechts* (Walldorf: Göttingen, 2000).

Sokolowski, Paul, *Sachbegriff und Körper in der klassischen Jurisprudenz und der modernen Gesetzgebung* (Halle: Max Niemeyer, 1907 / Unveränderter Neudruck, Aalen: Scientia, 1959).

Sono, Nhlanhla Lucky, *Development of the Law regarding inaedificatio: A constitutional analysis* (LL.M.-Thesis at Stellenbosch University, December 2014)(= http://scholar.sun.ac.za/handle/10019.1/95856).

Tonelli, M. A., *Commentarii Iuris Romani. De Iuribus Rerum* (Taurini: Ex Typis J. Favale et Soc., 1851).

Vinnius, Arnold, *In Quatuor Libros Institutionum Imperialium Commentarius academicus et forensis*, editio postrema (Norimbergae: Sumptibus Johannis Friderici Rüdigeri, 1726).

Voet, Johannes, *Commentarius ad Pandectas*, tomus secundus (editio ultima accuratior, Coloniae Allobrogum: Apud Fratres Cramer, 1757).

Walchius, Carolus Fridericus, *Introductio in Controversias Iuris Civilis Recentiores inter*

Iurisconsultos Agitatas, Tomi primi fasciculus primus, Editio quarta prioribus auctior et emendatior, curavit Carolus Ernestus Schmid (Ienae: In Libraria Croekeria, 1810).

Watson, Alan, *The Law of Property in the Later Roman Republic* (1968 / reprint 1984).

Wissenbachius, Johannes Jacobus, *In Libros VII. Priores Codicis Dn. Justiniani Repetitae Praelectionis Commentationes Cathedrariae*, Editio ultima pluribus in locis emendata (Franequerae: Ex Typographia Jacobi Horrei, Bibliopolae, 1750).

Zoesius, Henricus Jacobus, *Commentarius ad Digestorum seu Pandectarum Iuris Civilis Libros L,* Opus novum, Iuris universi, Veteris, Novi, Novissimi, passim enucleati, locuples Thesaurus (Lovanii: Typis & sumptibus Viduae Iacobi Zegers, 1645). [= Zoesius I]

_____, *Commentarius in Codicem Justinianeum* (Venetiis: Apud Nicolaum Pezzana, 1757). [= Zoesius II]

Zulueta, Francis de, *The Institutes of Gaius, Part II. Commentary* (Oxford: At the Clarendon Press, 1953).

江南義之, "第四章 準所有權訴訟(rei vindicatio utilis)について ── 非所有者が占有する所有者に對して客體の返還を求める特殊な諸事例の考察", 『ローマ法·市民法研究』, 東京: 白桃書房(1990).

제4부

로마 채권법과 민사소송법

제8장 사적 자치 대 규제주의

— '조합의 임의탈퇴'(민법 제716조)에 대한
우리 민법 및 일본 민법의 태도를 중심으로. 로마법과의 비교

I. 머리말

본고는 민법상 조합의 종료사유를 중심으로 사적 자치와 규제주의적인 입장이 어떤 방식으로 표출되는가를 우리 민법과 로마법을 비교하여 고찰하려는 것이다. 잘 알려진 우리 민법의 조합과 비교하기 위해 먼저 로마법상의 조합을 개관하고(II.), 이어서 로마법상의 조합 종료사유를 개관한 후(III.) 이 논문이 주로 살피고자 하는 조합의 해지를 검토하고자 한다(IV.).

이에 있어 참고문헌은 보통법시대의 것들을 포함하여 개인적으로 가용한 것들을 두루 참고하고자 하였으나 방대한 문헌 중 극히 일부만 참고할 수 있었을 뿐이다. 이미 낡아버린 수정비판의 방법론에 의해 연구된 것이나 이에 대한 것들[1]은 거의 언급하지 않았다. 로마법상의 조합 자체에 대한 소개와 연구가 미진한 국내 사정상 2차 문헌보다는 1차 사료를 충실히 반영하고자 하여 원문의 소개가 방만해진 느낌을 지울 수 없다. 무엇보다도 많은 원사료 인용에도 불구하고 지면 관계도 있고 해서 거의 모든 경우 세부적인 설명을 붙이지도 못하였고, 이 논문의 목표와

---

1   가령 Solazzi, 152ff.; Arangio-Ruiz, 150ff.

직접 관련된 범위 내에서 극히 제한적으로만 번역문을 붙일 수밖에 없었던 점은 독자 제현의 양해를 구한다.

이 글의 취지가 로마법 자체에 대한 본격적인 연구라기보다는 서양법을 계수한 우리 민법 및 일본 민법의 규정 태도에 대한 유형 비교적인 시각 — 일방 이념적 차원에서, 사적 자치의 최대한의 허용 *v.* 규제주의, 당사자 관계에 대한 파탄주의 원칙의 채택 *v.* 법관의 개입에 의한 관계 유지의 도모, 타방 입법방법론의 차원에서, 법률요건상의 규율 *v.* 법률효과 면의 규율 — 을 제공하려는 데 있다는 점을 고려해 주기 바란다. 이 문제에 대한 현대 비교법학의 관심은 저조했던 것 같다. 그 이유는 민법전들이 편찬될 당시에 당시의 통설 내지 지배설을 반영하여 민법전들이 편찬되고, 이 각국의 민법전들은 대동소이한 방식으로 규정되면서 비교법의 관심을 끌지 못했기 때문으로 보인다. 이 점에서 오히려 원형인 로마법과의 대비가 조합 해지의 규율을 이해하는 데 더 도움이 된다. 외국 민법 중에서는 일본 민법, 독일 민법, 프랑스 민법에 한하여 비교고찰하였다.

II. 로마법상의 조합

1. 조합의 개념과 법적 성질

우리 민법의 조합에 관한 규정들은 의용민법의 규정을 거의 그대로 답습한 것이고, 모두 거슬러 올라가면 대체로 로마법에서 연유한 것이다.[2] 로마법상 조합(societas, Bas. κοινωνία)[3]은 어쨌든 고전시기의 법에서

---

2 기본 법률문헌 전거는 Gai. 3.148-154b; Inst. 3.25; D.17.2; C.4.37. 비법률문헌 전거는 Cicero, *Pro Publio Quinctio*; Cicero, *Pro Quinto Roscio comoedo*.

3 이것은 라틴어 표현은 같지만 법인격 있는 단체인 societas (D.3.4.1; Bas. ἑταιρεία) 와 구별해야 한다. D.3.4.1에 관해서는 최병조 I, 196f.; Nelson / Manthe, 305; Hefele, 67 n.54. 이에 속하는 societas publicanorum에 대해서는 Crook, 233ff.;

는⁴ 조합을 결성하는 2인 이상의⁵ 조합원들(socii)끼리⁶ 합의로써⁷ 합동

Lera, 190ff.; 아래의 주 95 참조.

4 고시(古時)의 로마인에게만 고유한 시민법상의 조합이었던 공동상속인들의 불분
할조합(societas ercto non cito) 및 그에 준하는 조합에 관해서는 Gai. 3.154a-b;
Nelson / Manthe, 329ff.; Watson, 126f. 현승종 / 조규창, 766 + n.258은 "또한 외국
인도 법무관(法務官)의 승인을 얻어 그들의 공동상속재산(共同相續財産)으로 로
마인과 유사한 전재산조합(全財産組合)을 창설할 수 있었다고 한다²⁵⁸)"고 설명하
면서 각주 258에서는 "Gaius, 3, 154 a-b. 외국인도 법률행위(法律行爲, certa legis
actio)로써 조합(組合)을 결성할 수 있었다"고 전거와 함께 부연설명을 덧붙였다.
그러나 이곳에서 Gai. 3.154b: Alii quoque qui volebant eandem habere societatem,
poterant id consequi apud praetorem certa legis actione. in hac autem societate
fratrum ceterorumve, qui ad exemplum fratrum suorum societatem coierint, illud
proprium erat ...의 내용이 외국인에 해당한다는 설명은 잘못이다. 왜냐하면 단순
히 '법률행위'로 오역한 legis actio는 로마인에게만 허용되었던 '법률소송'이었기
때문이다. 상세한 것은 Meissel, 94ff.; Kaser, *RP* I², 101 + n.51. 역사적 변천에 관한
상세한 것은 Fleckner, 123ff.

5 로마의 법률가들은 전형적인 사안으로 2인의 조합원으로 구성된 조합을 다룬
다. 법리 면에서 다수 조합원으로 구성된 경우와 다르지 않으므로 논하는 데 간
편하기도 하고, 실제로 2인 조합이 빈번했기 때문이기도 하다. 그런데 Guarino,
102ff.는 고전기가 지난 후 비로소 3인 이상 조합에 고전기의 전형이었던 2인 조
합 법리가 확대 적용되었다는 견해이다. 그러나 이러한 주장은 이미 고전기의 사
료 D.17.2.65.9 (Paul. 32 ad ed.)에 반한다. Guarino의 actio pro socio 또한 2인관
계를 전제한다는 그릇된 주장(Guarino, 109ff.) 역시 순환논법에 기초한 것이다.
Guarino에 대한 정당한 반론은 Nelson / Manthe, 317f.; Kaser *SD* 41, 323ff., 327ff.;
Müller-Kabisch, 119 n.457. 환전상의 경우 다수인(多數人) 조합이 통례였다. 조합
의 인적 규모에 관한 상세한 것은 Fleckner, 135ff.

6 조합은 만민법상 제도로 로마인이나 비(非)로마인이나 가능하였다(Inst. 1.2.2).
Gai. 3.154: ... sed ea quidem societas, de qua loquimur, id est, quae nudo consensu
contrahitur, iuris gentium est; itaque inter omnes homines naturali ratione consistit.
Nelson / Manthe, 321은 Gai. 3.148-154의 조합이 그 형태에 있어서 헬레니즘 동
방세계의 조합을 크게 본뜬 것일 수 있다는 가능성을 제기한다. 이곳에서 제시한
가이우스의 텍스트는 Florentina 수기본(手記本)에 따른 것이다. 반면에 Verona 사
본은 "sed haec quoque societas, de qua loquimur, id est quae consensu contrahitur
nudo, iuris gentium est." Nelson / Manthe, 321f.는 F사본을 가이우스의 제1판, V사
본을 제2판으로 해석한다. 상세한 것은 그곳 참조.
또 타인의 가부장권(家父長權)에 복속된 자 ― 가자(家子)(D.17.2.84)나 노

(commune negotium; communiter gerere)[8]을 산출하는 것으로,[9] 우리 민법

예(D.17.2.18) — 도 가부장권자의 승인하에 조합원이 될 수 있었다(Inst. 4.7).
Meincke, 445.

　타인의 지시로 어떤 자가 체결했을 경우 계약 당사자 확정에 있어서는 지시가 아
니라 실질관계가 중요하다.

D.17.2.84 Labeo 6 posteriorum a Iavoleno epitomarum.

Quotiens iussu alicuius vel cum filio eius vel cum extraneo societas coitur, directo
cum illius persona agi posse, cuius persona in contrahenda societate spectata sit.

　여자도 조합원이 될 수 있었다. Carsten, 11; Verbruggen, 12. 행위무능력자와 제
한능력자에 대해서는 Carsten, 12f.; Verbruggen, 13f., 25f.; van der Burgh, 16f. 군
인에 대해서는 Verbruggen, 14; van der Burgh, 17f.

7　D.17.2.4.pr. Modestinus 3 regularum.

Societatem coire et re et verbis et per nuntium posse nos dubium non est.

Epit. Gai. 2.9.16: ... Et huius rei definitio etiam verbo inita valet ita, ut quidquid
societatis tempore quolibet modo fuerit adquisitum, sociis commune sit.

　D.17.2.4.pr.에서 조합의 결성이 re로 가능하다고 할 때 그 의미는 요물계약이라
는 뜻이 아니라 문맥상 분명히 사실적인 '추단적(推斷的) 행위'로써도 가능하다는
의미이다(Cf. D.2.14.2.pr. Paul. 3 ad ed.: vel re, vel per epistulam vel per nuntium
inter absentes). verbis 역시 문답계약에 의한다는 의미가 아니라 명시적인 의사표
시로써 가능하다는 의미이다. 앞의 두 경우가 당사자들이 임재한 상태의 조합 결
성을 말하는 것이라면 per nuntium은 부재자도 사자(使者)를 통하여 가능하다
는 의미이다. 이 개소의 근본적인 취지는 결국 어떤 방식으로든 당사자들 간의 의
사의 합치를 확인할 수 있으면, 따라서 묵시적 합의로써도 가능하다는 것이다.
Meissel, 74; Meissel, SZ 131, 476; Verbruggen, 14f.; 異說 Jakab, 419 ("법률실무의
반영"). 이 점에서 낙성계약으로 조합을 이해하는 고전법의 입장이 반영된 것으
로 보는 데 아무런 의문이 없다. 다만 낙성계약임에도 불구하고 re 방식을 포용한
것은 명시적 의사에 기한 엄격한 합의설적(合意說的) 입장을 취했던 고전법학설
(Klassik: Müller-Kabisch, 67ff., 115ff.; D.17.2.3 Ulp. 30 ad Sab.: affectio societatis;
D.17.2.44 Ulp. 31 ad ed.: animus contrahendae societatis)과 달리 발생한 법률관계
를 신의성실(bona fides)에 의하여 구속적인 것으로 평가적 구성을 했던(negotium
bona fide gestum) 고전법학 전(前)(Vorklassik)의 천성설적(踐成說的) 계약이론
(Müller-Kabisch, 39ff.)의 자취로 보는 견해가 있다. 상세한 것은 Müller-Kabisch,
69ff.; 이에 대한 비판설 Schermaier, 591f.; Meissel, SZ 131, 474ff. 이 문제에 관하
여 구학설들(Arangio-Ruiz, Wieacker)에 기초한 Watson, 127의 설명은 낡았다. 조
합의 성립 면에서도 특수했던 해방주와 해방노예 사이의 이른바 societas Rutiliana
(D.38.2.1.1(Ulp. 42 ad ed.))에 관해서는 일방 Müller-Kabisch, 40ff.; 타방 Meissel,

제703조의 규정은 일단 로마법에도 그대로 해당한다.

민법 제703조(조합의 의의)[10]
① 조합은 2인 이상이 상호출자하여 공동사업을 경영할 것을 약정함으로써 그 효력이 생긴다.
② 전항의 출자는 금전 기타 재산 또는 노무로 할 수 있다.[11]

다만 "낙성계약"이지만[12] 일회적 법률행위라기보다는 '지속적 합의'에 기반한, 그래서 모든 조합원들이 합의를 고수하는 이상으로 오래 지속하지 않는 일정한 법적 관계로 관념되었다.[13] 이처럼 조합 존속의 기

198ff.; Meissel, *SZ* 131, 474f.

　　로마의 낙성 조합은 나름으로 독특한 것이다. 왜냐하면 조합 재산의 확보가 실질적으로 필수적이었던 만큼 이에 대한 물적 투자를 요건으로, 즉 요물계약으로 구성할 수도 있었기 때문이다. 법률거래에 있어서 일반적으로 요물성을 중시했던 지중해 유역의 다른 법질서, 가령 이집트 같은 경우 낙성 조합은 미지의 것이었다고 한다. Seidl, 194.

8　D.17.2.65.13 (Paul. 32 ad ed.); D.17.2.67.2 (Paul. 32 ad ed.); D.17.2.52.pr. (Ulp. 31 ad ed.).

9　속임수에 의한 조합 결성은 증여 목적의 조합 결성(D.17.2.5.1 (Ulp. 31 ad ed.))과 마찬가지로 무효였다. D.4.4.16.1 (Ulp. 11 ad ed.). 상세한 것은 Watson, 128ff.

10　= 일본민법 第六百六十七条(組合契約)

　　① 組合契約は，各当事者が出資をして共同の事業を営むことを約することによって，その効力を生ずる．

　　② 出資は，労務をその目的とすることができる．

11　Epit. Gai. 2.9.16; C.4.37.1 Diocl./Maxim. (a.293); D.17.2.52.2 (Ulp. 31 ad ed.). 재물로 하는 경우의 예: D.17.2.58.pr. (馬匹).

12　Gai. 3.135 = D.44.7.2.pr. = Inst. 3.22.pr.; Epit. Gai. 2.9.13; D.17.2.19 (Ulp. 30 ad Sab.). Nelson/Manthe, 314; Daube, 54f.

13　Gai. 3.151: Manet autem societas eo usque, donec in eodem ⟨con⟩sensu perseuerant ...

　　Epit. Gai. 2.9.17: Permanet autem inita societas, donec in ipso consensu socii perseuerant. ...

　　C.4.37.5 Imperatores Diocletianus, Maximianus (a.294).

초는 조합원들 사이의 신의(fides)로 확고하게 관념되었지만,[14] 조합 존속 중에는 조합원들 사이의 fides가 발생시키는 의무들의 이행을 위하여

Tamdiu societas durat, quamdiu consensus partium integer perseverat. Proinde si iam tibi pro socio nata est actio, eam inferre apud eum, cuius super ea re notio est, non prohiberis.

Müller-Kabisch, 136ff.; Meissel, *SZ* 131, 480; Nelson/Manthe, 314. Höpfner I, 265f., 274ff.는 조합의 법리를 자연법적 일반원리로부터 도출하려는 입장이지만, 결과적으로는 로마법의 법리를 그러한 것으로 포장한 셈이다. 다른 낙성계약과의 이러한 미묘한 차이는 이미 로마의 법률가들도 인식하고 있었던 것으로 보인다. 다음 개소에서는 늘 함께 열거되던 것들 중에서 조합만은 빠져 있다.

D.19.4.1.2 Paul. 32 ad ed.

Item emptio ac venditio nuda consentientium voluntate contrahitur, permutatio autem ex re tradita initium obligationi praebet: alioquin si res nondum tradita sit, nudo consensu constitui obligationem dicemus, quod in his dumtaxat receptum est, quae nomen suum habent, ut in emptione venditione, conductione, mandato.

14 Cicero, *Pro Publio Quinctio* 6,26: si veritate amicitia, fide societas ... colitur.
(진실됨으로써 우정이, 신의로써 조합이 … 가꾸어지는 것이라면.)

Cicero, *Pro Q. Roscio comoedo* 6.16: Si qua enim sunt privata iudicia summae existimationis et paene dicam capitis, tria haec sunt, fiduciae, tutelae, societatis. aeque enim perfidiosum et nefarium est fidem frangere quae continet vitam, et pupillum fraudare qui in tutelam pervenit, et socium fallere qui se in negotio coniunxit.
(왜냐하면 아주 중요한, 내 생각엔 거의 극도로 중요한 민사소송이 있다면 이 세 개인데, 신탁 소송, 후견 소송, 조합 소송이다. 왜냐하면 삶을 부지하는 신의를 깨는 행위와 후견을 받게 된 피후견인을 기망하는 행위와 동업으로 결합한 동료 조합원을 속이는 행위는 모두 동등하게 불신실한 것이고 부도한 짓이기 때문이다.)

Cicero, *Pro Sex. Roscio Amerino* 40.116: In rebus minoribus socium fallere turpissimum est ... Recte igitur maiores cum qui socium fefellisset in virorum bonorum numero non putarunt haberi oportere.
(소소한 일들에 있어서도 동료 조합원을 속이는 행위는 극히 수치스러운 일이다. … 그래서 조상님들은 정당하게도 동료 조합원을 속인 경우 그자는 군자로 여겨서는 안 된다고 생각하셨다.)

Cicero, *Pro Quinctio* 26,6: necesse est iste qui amicum, socium, ... fama ac fortunis spoliare conatus est vanum se et perfidiosum et impium esse fateatur.
(친구를, 동료 조합원을 … 명성과 재산에 있어서 약탈하려고 한 그런 자는 자신이 망령되고, 불신실하고, 부도덕하다는 것을 실토하지 않으면 안 된다.)

일반적으로 법적 강제가 없었다.

우리 민법은 임의규정이기는 하나 법의 입장에서 일정한 규율을 정하고 있다. 민법 제705조(금전출자지체의 책임), 제706조(사무집행의 방법), 제707조(수임인 규정의 준용), 제708조(업무집행자의 사임, 해임), 제709조(업무집행자의 대리권추정), 제710조(조합원의 업무, 재산상태검사권), 제711조(손익분배의 비율) 등. 외부자와의 관계에 대한 규율들(민법 제712조〔조합원에 대한 채권자의 권리행사〕, 제713조〔무자력조합원의 채무와 타조합원의 변제책임〕, 제714조〔지분에 대한 압류의 효력〕, 제715조〔조합채무자의 상계의 금지〕 등)은 특히 로마법에서는 일반법리에 맡겨져 있는 사항들을 특별히 규정한 것으로, 이 역시 우리 민법상의 조합이 훨씬 더 '단체'로서의 성격을 가진 것으로 구상되었음을 보여준다. 민법 제721조~제724조의 청산인에 대한 규정들도 이러한 점을 분명하게 보여준다.

그리하여 로마법상의 조합은 '단체'를 결성하지 않았다.[15] 우리 민법 제704조가 조합의 소유형태를 공유로 정한 일본민법[16]과 달리 합유(合有: 민법 제271조~제274조)로 정한 것은 단체성을 강화한 결정적으로 중요한 대목이다.[17] 그러나 로마법의 경우 조합 재산은 로마법의 유일한 개인주의적 공동소유 원칙에 따라서 지분적(持分的) 공유(共有)였다.[18]

---

15 Cf. D.3.4 R. Quod cuiuscumque universitatis nomine vel contra eam agatur.

16 일본민법 第六百六十八条(組合財産の共有)
　　各組合員の出資その他の組合財産は, 総組合員の共有に属する.

17 『註釋民法 [債權各則(5)]』, 35f., 74ff. (임채웅). 이것은 독일 민법 제719조와 같이 이른바 합수적(合手的) 구속(gesamthänderische Bindung)을 규정한 것이다. 그런데 독일 민법도 이처럼 단체성을 강화시키는 독일 전통법의 요소를 보통법상의 로마법적 원리들과 혼합하면서 특유한 조합의 모습을 산출하였는데, 반드시 정합적인 형태로 성공적인 입법이 이루어졌다고 보기 어렵다. 독일 민법의 경우 로마법의 조합에 상응하는 법리는 오히려 독일 민법 제741조 이하에서 규정하는 지분적 공동(共同, Gemeinschaft)에 반영되어 있다. 상세한 것은 Mehr (2008).

18 Cicero, In Verrem II.3.20.50: socii putandi sunt, quos inter res communicata est.

일반적 공유자나 조합재산을 공유하는 조합원이나 모두 socius라고 부른 것은 시사적이다. Meincke, 445. 따라서 로마의 법률가들도 공유가 문제될 경우 사실관계를 잘 모르면 '공유자 또는 조합원' 하는 식으로 표현하여 해당할 수 있는 모든 사안을 놓치지 않으려고 하였다. 가령 D.39.2.32 (Gaius 28 ad edictum provinciale)나 D.10.3.19.2 (Paul. 6 ad Sabinum)은 소권에 의탁하여 논하는 그들의 방식을 따라서 "조합원소송 또는 공유물분할소송"(pro socio aut communi dividundo iudicio)이라고 설시하고 있다. 조합의 공유는 일반 공유와 하등 차이가 없었던 것이다.

D.10.3.2.pr. Gaius 7 ad edictum provinciale.

Nihil autem interest, cum societate an sine societate res inter aliquos communis sit: nam utroque casu locus est communi dividundo iudicio. Cum societate res communis est veluti inter eos, qui pariter eandem rem emerunt: sine societate communis est veluti inter eos, quibus eadem res testamento legata est.

그러나 물론 조합은 조합을 결성하려는 특정한 의사의 합치가 있어야만 성립하는 것이므로 이러한 한에서는 분명히 다른 공유관계와 구별된다. D.17.2.31 (Ulp. 30 ad Sab.); D.17.2.32 (Ulp. 2 ad ed.); D.17.2.33 (Ulp. 31 ad ed.); D.17.2.34 (Gai. 10 ad ed.). Fleckner, 120+n.8; Drosdowski, 17ff.; Crook, 229+n.130; Hermans, 7; Verbruggen, 15; Soyer, 5f.; van der Burgh, 15. 이를 표현하는 유명한 정식(定式)이 바로 "내 조합원의 조합원은 내 조합원이 아니다"(Socii mei socius meus socius non est)이다. D.17.2.19 (Ulp. 30 ad Sab.); D.17.2.20 (Ulp. 31 ad ed.); D.50.17.47.1 (Ulp. 30 ad ed.). van der Burgh, 10. 물론 조합 해산 후라도 공유물 분할이 아직 이루어지지 않은 경우에는 공유물분할소권이 인정되었다. D.17.2.65.13 (Paul. 32 ad ed.). 그리고 조합원소송은 기본적으로 상호적인 대인소송이라는 점에서 공유물분할소송과 차이가 있었다. D.10.3.1 (Paul. 23 ad ed.). 공유물에 대한 관계에서 조합원 상호간에는 기본적으로 일반 공유의 법리가 적용되었다.

D.10.3.28 Papinianus 7 quaestionum.

Sabinus ait in re communi neminem dominorum iure facere quicquam invito altero posse. Unde manifestum est prohibendi ius esse: in re enim pari potiorem causam esse prohibentis constat. Sed etsi in communi prohiberi socius a socio ne quid faciat potest, ut tamen factum opus tollat, cogi non potest, si, cum prohibere poterat, hoc praetermisit: et ideo per communi dividundo actionem damnum sarciri poterit. Sin autem facienti consensit, nec pro damno habet actionem. Quod si quid absente socio ad laesionem eius fecit, tunc etiam tollere cogitur.

조합 공유에 대한 상세한 것은 Meissel, 227ff. 조합원소송과 공유물분할소송의 관계에 대한 상세한 것은 Drosdowski (1998).

그 결과 1인의 해지(解止)로써도 조합은 언제든지 해산(解散)되었다(후술 II. 2).[19] 이 법적 합동관계는 오직 조합원들 간에만 내부적으로 권리와 의무를 발생시켰을 뿐[20] (어차피 직접대리가 알려져 있지 않았던 로마법에서는) 대외적인 대리권을 발생시키지 않았다. 따라서 한 조합원의, 또는 그에 대한 법률행위는 원칙적으로 오로지 그만의 이익 또는 불이익으로 작용하였고, 전체 조합원에 대한 효과가 없었다. 조합계약에서 특별히 정하지 않는 한 조합원들이 반드시 공동으로 행위할 필요가 있는 것은 아니었고, 오로지 공동의 계산으로 행위하는 것만이 요체였다.[21] 그리하여 다음과 같이 규율되었다.

- 전체 조합원이 제3자와 체결한 계약에 대해서는 각자가 균분하여 (pro virili parte) 책임을 졌다.[22] 이들이 조합원으로서(ut socii) 체결한 경우에는 조합지분에 따라서 책임을 졌다.[23]
- 조합원 중 1인이 자기 명의로 체결한 계약에 대하여 다른 조합원들은 책임지지 않는데,[24] 다만 그 계약으로부터 이익이 조합에 전용된 경우에는 그러하지 않았다.[25] 계약으로 취득한 것은 조합에 귀속시켜야 하였다.[26]

---

19 Gai. 3.151 = Inst. 3.25.4: ... at cum aliquis renuntiauerit societati, societas soluitur. ...

20 다른 약정이 없는 한 사무의 처리와 관련해서는―비록 구체적 경과실만 책임졌지만―상호간에 위임이나 사무관리 법리가 적용되었다. Inst. 3.25.9; D.17.2.72 (Gai. 2 rer. cottid. sive aur.).

21 Meincke, 447f.

22 Arg. D.45.2.11.1-2 (Pap. 11 resp.); D.45.3.37 (Pomp. 3 ad Qu. Muc.); cf. D.8.3.19 (Paul. 6 ad Sab.).

23 D.14.1.4.pr. (Ulp. 29 ad ed.); D.21.1.44.1 (Paul. 2 ad ed. aed. cur.).

24 D.17.2.67.1 (Paul. 32 ad ed.). 물론 다른 조합원의 동의하에 그런 경우에는 다르다. D.17.2.67.pr. (Paul. 32 ad ed.).

25 D.17.2.82 (Pap. 3 resp.); cf. D.10.3.6.12 (Ulp. 19 ad ed.).

26 D.17.2.74 Paulus 62 ad edictum.
   Si quis societatem contraxerit, quod emit ipsius fit, non commune: sed societatis iudicio cogitur rem communicare.

- 조합의 명의로 계약이 체결된 경우에는 조합사무를 집행한 자를 지배인(institor)과 같이 보아서[27] 그로 인한 의무에 대해서는 각자가 전액을 책임졌지만,[28] 물론 그가 조합사무 집행자로서 제대로 선임된 경우에 한하였다.[29]

2. 조합의 종류

조합은 다음과 같이 여러 유형이 가능하였다.[30]

1) 포괄적 조합(보통법상의 명칭: societas universalis)[31]

(1) 총재산조합(societas omnium / totorum[32] / universorum bonorum / fortunarum)

조합원들의 — 영리활동을 통하여 얻는 것뿐 아니라 상속이나 증여 등으로 얻는 것까지를 포함하여 — 전 재산을 투입하는 경우.[33] "현재의

Crook, 230f.

27 지배인에 관해서는 최병조 II, 16ff., 특히 52ff.

28 수익의 경우에 대해서도 마찬가지였다. D.17.2.67.1-2 (Paul. 32 ad ed.).

29 민법 제709조(업무집행자의 대리권추정) 참조.

30 Fleckner, 126ff. Cf. Code civil (1804) Art. 1835: Les sociétés sont universelles ou particulières.

31 Cf. Code civil (1804) Artt. 1836-1840. 한편 Soyer, 7ff.는 이 유형의 두 번째 경우를 societas generalis라고 부르고(同旨 Höpfner I, 264), 첫 번째 경우만 societas universalis로 명명하고 있다.

32 toti = omnes의 어법에 대해서는 Nelson / Manthe, 304f.

33 Gai. 3.148; Epit. Gai. 2.9.16; Inst. 3.25.pr.; D.17.2.5.pr. (Ulp. 31 ad ed.); D.17.2.1.1 (Paul. 32 ad ed.); D.17.2.3.1 (Paul. 32 ad ed.); D.17.2.52.16 (Ulp. 31 ad ed.); D.17.2.52.17 (Ulp. 31 ad ed.); D.17.2.52.18 (Ulp. 31 ad ed.); D.17.2.73 (Ulp. 1 resp.). 그 밖에도 D.17.2.65.pr. / 3 / 16 (Paul. 32 ad ed.); D.34.1.16.3 (Scaev. 18 dig.)(부부간 총재산조합); D.42.1.16 (Ulp. 63 ad ed.); D.47.2.52.18 (Ulp. 37 ad ed.); C.3.38.4 Diocl. / Maxim. (a.290); C.6.22.1.pr. Gord. (a.243). fratres consortes (D.27.1.31.4 [Paul. 6 quaest.]; C.10.2.3 Diocl. / Maxim.; C.6.59.11 Iust. [a.529]; Nov. Maior. 6.3)도 형제간 총재산조합을 지시한다. Watson, 136f.; Buckler, 172ff.; Hermans, 15ff. 총재산조합은 상업활동보다는 농

총재산으로 하는 조합"(Code civil 〔1804〕 Art. 1836 전단).

(2) 총체적인 영리조합(societas eorum, quae ex quaestu veniunt)

모든 수익사업을 함께하는 경우로, 다른 약정이 없는 한 이 형태로 체결한 것으로 이해되었다(D.17.2.7).[34] "장래의 이득으로 하는 포괄적 조합"(Code civil 〔1804〕 Art. 1836 후단).

2) 특정적 조합[35](보통법상의 명칭: societas singularis seu particularis)[36]

업에 그리고 친척 및 친지 사이에 적합하였다. Watson, 126. 고전기의 법에 관한 상세한 것은 Meissel, 105ff.

34 D.17.2.7 Ulp. 30 ad Sab.

Coiri societatem et simpliciter licet: et si non fuerit distinctum, videtur coita esse universorum quae ex quaestu veniunt, hoc est si quod lucrum ex emptione venditione, locatione conductione descendit.

이러한 경우 영리의 의미와 범위에 관해서는 D.17.2.8 (Paul. 6 ad Sab.); D.17.2.9 (Ulp. 30 ad Sab.); D.17.2.10 (Paul. 6 ad Sab.); D.17.2.11 (Ulp. 30 ad Sab.); D.29.2.45.2 (Iul. 1 ad Urs. Fer.); D.17.2.12 (Paul. 6 ad Sab.); D.17.2.13 (Paul. 32 ad ed.); D.17.2.71.1 (Paul. 3 epit. Alf. dig.); D.17.2.82 (Pap. 3 resp.). Meissel, 108ff.; Watson, 135; Hermans, 18ff.

35 Cf. Code civil (1804) Artt. 1841-1842.

36 보통법상의 구별에 대하여는 Carsten, 9ff.; Nuytens, 12ff.; Hermans, 21. 한편 Höpfner, AcP 17/2, 264f.는 이 유형의 첫 번째 것에 대하여 societas specialis, 두 번째 것에 대하여 societas singularis란 용어를 사용한다.

한편 현승종/조규창, 768은 "조합은 사업목적에 따라 영리의 목적을 위한 營利組合(societas quaestuariae)과 일정한 종류의 상업과 수공업을 목적으로 하는 商事組合(societas alicuius negotiationis) 및 특정한 상거래와 기타 업무활동을 목적으로 하는 事業組合(societas unius negotiationis)으로 구별되었다"고 서술한다. 여기서 역어 선택이 적절하지 않다. 맨 앞의 것은 다양한 사업으로 영리활동을 추구하는 경우이고, 두 번째는 특정한 종류의 영리활동을 지속적으로 하는 경우이고, 마지막은 하나의 사업을 일회적으로 하는 경우인데, 이러한 구별이 잘 드러나지 않기 때문이다. 더욱이 societas quaesturariae는 societates quaestuariae이든가 societas quaestuaria여야 맞춤법에 맞다. 무엇보다도 societas unius negotiationis는 그 의미가 societas alicuius negotiationis와 다를 수 없을 뿐만 아니라 사료상 없는 표현으로, 이것은 societas unius rei로 수정해야만 한다(아래의 주 49 참조).

(1) 일정한 종류의 사업 — 장사,[37] 노예상,[38] 의류상,[39] 올리브유·포도주·곡물상,[40] 보석상,[41] 환전업,[42] 학원 운영,[43] 건축업,[44] 제염업(製鹽業),[45] 해운업[46] 등[47] — 에 한정하는 조합(soceitas certae negotiationis)[48]

---

37 Cicero, *Pro Publio Quinctio* 3.12-13; Platschek, 13ff.; cf. Fleckner, 132 + n.74.

38 Gai. 3.148; Inst. 3.25.pr.; D.17.2.65.5 (Paul. 32 ad ed.).

39 D.17.2.52.4 (Ulp. 31 ad ed.). 이 개소에서 사용된 sagaria의 의미는 확실하지는 않다. Fleckner, 129 n.54. 군인 외투로 보는 학설도 있다. Meissel, 137 n.282.

40 Inst. 3.25.pr.

41 D.17.2.44.pr. (Ulp. 31 ad ed.). Cf. Fleckner, 129 n.53.

42 가령 Auctor ad Herennium 2.19.4: Consuetudine ius est id, quod sine lege aeque, ac si legitimum sit, usitatum est quod genus id quod argentario tuleris expensum, ab socio eius recte petere possis.
    Tab. cer. Dac. 13 (a.167); Arangio-Ruiz ed., *FIRA* III, 481-482, n.157 (아래의 주 53).
    물론 환전상의 법적 형태는 반드시 조합이어야만 했던 것도 아니고, 실제로도 조합이 아니었던 경우도 많았다. 환전, 금전 보관, 대금(貸金), 어음 업무 등의 금융 내지 은행업 해당 직종인(職種人)을 표현했던 다양한 어휘들(kalendarius, daneista, faenerator, nummularius, mensularius, argentarius, publicanus 등)을 중심으로 구체적인 고찰이 필요하다. 일응 Fleckner, 130; Meissel, 155ff.; Jakab, 421f.; Crook, 232ff.; Watson, 135 (D.2.14.25.pr.; D.2.14.27.pr. (Paul. 3 ad ed.)).

43 D.17.2.71.pr. (Paul. 3 epit. Alf. dig.).

44 D.17.2.52.7 (Ulp. 31 ad ed.).

45 C.4.37.3 Diocl./Maxim.

46 Fleckner, 131 + n.62 (D.14.1.1.25; D.14.1.2-4; D.14.1.6.1; D.14.3.13.2); Meissel, 174ff.; Jakab, 422f.

47 Fleckner, 131f. + nn.63-72; Meissel, 180ff. (농목축업 분야의 조합); Jakab, 423. 경우에 따라서는 조합으로 보는 것이 명확하지 않은 개소들도 있다. 그리고 소소한 비법률사료(비법률문헌, 파피루스, 금석문)에 관해서는 Fleckner, 132ff.

48 Epit. Gai. 2.9.16; D.17.2.5.pr. (Ulp. 31 ad ed.); D.21.1.44.1 (Paul. 2 ad ed. aed. cur.).
    재능 있는 노예를 배우 로스키우스에게 맡겨서 가르치고 그가 연극활동을 통하여 벌어들이는 수익을 로스키우스와 노예 주인이 나누기로 하는 조합도 이에 속한다. Cicero, *Pro Q. Roscio comoedo* 10.28; Meissel, 131ff.; Buckler, 174ff.

(2) 단일한 일회적 목적사업에 국한하는 조합〔一事組合, societas unius rei〕[49]

목적은 항상 재산적 목적(lucri in commune faciendi gratia)에 한하였다. 이 점에서 현행법상 비영리적·이념적 목적이 가능한 것과 대비된다. 사해(詐害)·사기적(詐欺的) 조합이나[50] 불법한 일을 도모하기 위한 조합,[51] 법률이나 원로원의결 위반적 조합[52]은 당연히 무효이고 사안에 따라서는 형사처벌되었다.

또 조합의 존속기간과 관련하여 시기(始期)나 종기(終期)를 정하거나[53]

---

49 D.17.2.5.pr. (Ulp. 31 ad ed.); D.17.2.63.pr. (Ulp. 31 ad ed.); D.17.2.65. pr./2/4/10 (Paul. 32 ad ed.); D.17.2.69 (Ulp. 32 ad ed.). 예컨대 키케로와 그의 해방노예 필로티무스가 후에 되돌려주기 위하여 추방당한 밀로의 재산을 취득하기 위한 조합(매수조합): Cicero, *Ad familiares* 8.3.2; Cicero, *Ad Atticum* 5.8.2. 상세한 것은 Meissel, 188ff.
참고로 현승종/조규창, 766은 societas unius rei를 '재산조합'이라 번역하고 societas operarum, 즉 노무조합 및 societas mixtae, 즉 혼합조합과 대비시키면서 출자의 내용에 따른 구분이라고 설명한다. 그러나 unius rei에서 res는 사료상 명백히 사업목적이라는 뜻이지 출자하는 재산의 뜻이 아니다.

50 D.17.2.3.3 Paulus 32 ad edictum.
Societas si dolo malo aut fraudandi causa coita sit, ipso iure nullius momenti est, quia fides bona contraria est fraudi et dolo.

51 D.17.2.57 (Ulp. 30 ad Sab.); D.18.1.35.2 (Gai. 10 ad ed. prov.); D.27.3.1.14 (Ulp. 36 ad ed.); D.46.1.70.5 (Gai. 1 de verb. oblig.). 공화정기의 키케로 변론에서 드러나는 재산탈취를 목적으로 하는 음모적 합동(특히 Cicero, *Pro Sex. Roscio Amerino* 7.20; 31.86; 43.124; Cicero, *In Verrem* II.3.58.134; 3.59.135; 3.60.140; 3.20.50; Cicero, *De domo* 18.48)에 관해서는 Costa, 188 n.1 (societates nefariae). 불법조직인 강도단의 경우 조합의 결성이 부인되었음은 물론 일반 공유물분할소송도 인정되지 않았다. D.10.3.7.4 (Ulp. 20 ad ed.). 정상적인 조합이 불법행위로 수익을 얻은 경우에 대해서는 D.17.2.53 (Ulp. 30 ad Sab.); D.17.2.54 (Pomp. 13 ad Sab.); D.17.2.55 (Ulp. 30 ad Sab.); D.17.2.56 (Paul. 6 ad Sab.). 개별 조합원이 불법행위로 수익을 얻은 경우에 대해서는 D.17.2.52.17 (Ulp. 31 ad ed.). Hermans, 9f.

52 Coll. 8.7.2; D.48.12.2.pr. (Ulp. 9 de off. proconsul.).

53 D.17.2.65.6 Paulus 32 ad edictum.
Item qui societatem in tempus coit, eam ante tempus renuntiando socium a se, non

조건[54] 등의 일정한 특약[55]을 붙여서 결성하는 조합도 가능하고, 또 존속

---

se a socio liberat ...

구체적인 실례 (a.167): 두 은행업자인 Cassius Frontinus와 Iulius Alexander 사이의 은행업 동업계약이다(12월 23일부터 4월 12일까지). 사기행위에 대해서는 계약벌도 정하였다. 더욱이 같은 내용을 Alexander가 Frontinus에게 문답계약으로 확약하기까지 하였다.

Arangio-Ruiz ed., *FIRA* III, 481-482, n.157.

Inter Cassium Frontinum et Iulium | Alexandrum societas dani[st]ariae ex | X Kal(endas) Ianuarias q(uae) p(roximae) f(uerunt) Pudente e[t] Polione cos. in | prid[i]e idus Apriles proximas venturas ita conve|n[i]t, ⟨⟨ut⟩⟩ ut, quidq[ui]d in ea societati ab re ‖ natum fuerit lucrum damnumve acciderit, | aequis portionibus su[scip]ere debebunt. |

In qua societate intuli[t Iuli]us Alexander nume|ratos sive in fructo (denarios) [qu]ingentos, et Secundus | Cassi Palumbi servus a[ctor] intulit (denarios) ducentos ‖ sexaginta septem pr[o Fron]tin[o — —]s [—]chum eis ‖ [—]ssum Alburno [— —] d[ebeb]it. |

In qua societ[ate] si quis d[olo ma]llo fraudem fec[isse de]|prehensus fue[rit], in a[sse] uno (denarium) unum [— in] | d[en]ar[ium] unum (denarios) XX [— —] alio inferre debe[bi]t, | et tempore perac[t]o de[duc]to aere alieno sive ‖ summam s(upra) s(criptam) s[ibi recipere sive], si quod superfuerit, | dividere d[ebebunt]. Id d(ari) f(ieri) p(raestari)que stipulatus est | Cassius Frontin[us, spopon]dit Iul(ius) Alexander. |

De qua re dua paria [ta]bularum signatae sunt. | [Item] debentur Cossae (denarii) L, quos a socis s(upra)s(criptis) accipere debebit. ‖ [Act(um) Deusa]re V Kal. April(es) Vero III et Quadrato cos. |

Crook, 231f.

54 고전기에는 조건부 조합체결에 반대하는 견해가 있었으나 인정설이 승리하였고, 유스티니아누스 황제 역시 이 통설을 지지하였다.

C.4.37.6 Imperator Iustinianus (a.531).

De societate apud veteres dubitatum est, si sub condicione contrahi potest: puta "si ille consul fuerit" societatem esse contractam. Sed ne simili modo apud posteritatem sicut apud antiquitatem huiusmodi causa ventiletur, sancimus societatem contrahi posse non solum pure, sed etiam sub condicione: voluntates etenim legitime contrahentium omnimodo conservandae sunt.

Zimmermann, 452f.; Kaser, *SD* 41, 305; Watson, 130f.; Carsten, 13; Verbruggen, 16; van der Burgh, 19.

기간을 정하지 아니하거나 영구적으로, 즉 종신까지 존속할 것으로 결성하는 것(societas in perpetuum)[56]도 가능하였다(민법 제716조 참조).[57] 그러나 조합으로부터 벗어날 수 없다는 식의 영속조합(永續組合) 특약은 무효였다.[58]

본고에서는 이러한 기본구조를 가지는 조합의 종료사유 중에서 해지(解止)를 중심으로 고찰하기로 한다.

III. 조합의 종료사유 일반

로마법상 조합은 다음 사유로 종료하였다.[59] 해당 우리 민법의 조문과 비교하면 흥미롭다. 울피아누스는 고찰의 유형적 기준에 따라 종료사유를 네 가지로 구분하여 일정한 체계적 접근을 시도하였고, 모든 사유를 포괄하려는 이러한 접근방식에 파울루스와 칼리스투스가 호응하고 있

---

55 가령 일정한 기간 내에는 조합을 해체하지 않는다는 특약. D.17.2.14 (Ulp. 30 ad Sab.).

56 Cf. D.17.2.35 (Ulp. 30 ad Sab.); D.17.2.52.9 (Ulp. 31 ad ed.).

57 D.17.2.1.pr. Paul. 32 ad ed.
Societas coiri potest vel in perpetuum, id est dum vivunt, vel ad tempus vel ex tempore vel sub condicione.
van der Burgh, 18f.; Verbruggen, 15f. 한편 판덱텐법학 시대 당대법에 관한 한 종신조합 이탈금지 특약에 관하여 무효설(Harprecht, Vinnius, Sintenis, Treitschke)과 정당한 사유가 없으면 이탈하지 못한다는 특약은 유효하다는 설(Glück, Holzschuher, Höpfner)의 견해 대립이 있었다. Matthiae, s.v. Gesellschaftsvertrag, n. XI (pp.338f.).

58 D.17.2.14 Ulpianus 30 ad Sabinum.
... Quid tamen si hoc convenit, ne abeatur, an valeat? Eleganter Pomponius scripsit frustra hoc convenire: ...

59 현승종/조규창, 770f.; de Benoit, 40ff.; Nuytens, 15ff.; Glück, 469ff.; Carsten, 15ff.; Soyer, 32ff.; van der Burgh, 19ff. 당시의 독일 실무, 오스트리아법(ABGB), 프로이센법(ALR), 프랑스법(Code civil)과의 비교법적 고찰은 Treitschke, 92ff.

는 것으로 보아 이러한 체계화가 이미 고전 만기(晚期)에는 통설이었던 것으로 보인다. 반면에 마지막 고전법학자로 통하는 모데스티누스는 가장 전형적인 종료사유들을 나열하였다.

D.17.2.63.10 Ulp. 31 ad ed.

Societas solvitur ex personis, ex rebus, ex voluntate, ex actione. ideoque sive homines sive res sive voluntas sive actio interierit, distrahi videtur societas. ¶ intereunt autem homines quidem maxima aut media capitis deminutione aut morte: ¶ res vero, cum aut nullae relinquantur aut condicionem mutaverint, neque enim eius rei quae iam nulla sit quisquam socius est neque eius quae consecrata publicatave sit. ¶ voluntate distrahitur societas renuntiatione.

(조합은 인적(人的) 사유로, 물적(物的) 사유로, 의사(意思)에 따라, 행위로써 해체된다. 그래서 사람들이든 재산이든 의사이든 행위이든 소멸하면 조합은 해체되는 것으로 인정된다. ¶ 그런데 사람들이 소멸하는 것은 실로 최대 또는 중(中) 두격감등(頭格減等)[60]이나 사망[61]에 의한다.[62] ¶ [조합]재산이 소멸하는 것은 아무것도 남지 않거나[63] 그 법적 성질을 바꾼 경우인데,

---

60 최대·중(中) 두격감등: 본 개소 외에 Gai. 3.153 = Inst. 3.25.7-8; Epit. Gai. 2.9.17. Nelson / Manthe, 318f.; Lera, 177ff.; Lambrechtsen, 45; Glück, 475; Carsten, 18f.; Cremers, 11ff.; Verbruggen, 28; van der Burgh, 24. 두격감등(상세한 것은 최병조 III, 251ff.)은 기본적으로 사망(mors naturalis)과 등치되었다(mors civilis: Gai. 3.101). 최소 두격감등 사례에 관해서는 D.17.2.58.2 (Ulp. 31 ad ed.); D.17.2.65.11 (Paul. 32 ad ed.); 異說 Gai. 3.84. 유스티니아누스법에 대해서는 Nelson / Manthe, 320f.

61 Gai. 3.152; Epit. Gai. 2.9.17; Inst. 3.25.5; D.17.2.65.9 (Paul. 32 ad ed.); Lera, 184ff.; Menus, 40ff.; Lambrechtsen, 43ff.; Glück, 471f.; Carsten, 17f.; Verbruggen, 27f.; van der Burgh, 22ff.

62 로마에 특수한 경우로 조합원이었던 노예를 양도하면 이 조합원의 인적인 사정 변화로 그 조합은 종료하였다. D.17.2.58.3 (Ulp. 31 ad ed.); Lera, 173ff.; van der Burgh, 15.

63 한편 Hefele, 68 n.56 2); Lambrechtsen, 46 §3은 조합목적의 달성(Cf. D.17.2.65.10 Paulus 32 ad edictum: Item si alicuius rei societas sit et finis negotio

444

왜냐하면 이미 부존재하는 것에 대해서는 어떤 조합원도 있을 수 없고,[64] 또 봉헌되었거나 몰수된 것에 대해서도 같기 때문이다.[65] ¶ 의사에 따라 조합이 해체된다는 것은 해지(解止)[66]에 의한 것이다.[67])[68]

D.17.2.64 Callistratus 1 quaestionum.

Itaque cum separatim socii agere coeperint et unusquisque eorum sibi negotietur, sine dubio ius societatis dissolvitur.

(그러므로 조합원들이 따로따로 행위하기 시작하여 각자가 자신을 위하여

---

impositus, finitur societas)을 또한 ex rebus 사례로 서술한다. res는 다양한 의미가 있으므로 조합목적을 res 개념으로 포섭 못할 바는 아니지만(그래도 복수형을 쓰게 되면 어색하다), 이를 달성하여 조합이 종료하는 것은 기간 만료로 종료하는 것(Glück, 475 n.77)과 마찬가지로 너무나도 자연스럽고 당연한 것이어서(Glück, 475 n.76; Carsten, 18; van der Burgh, 25) 굳이 이를 종료사유의 일종으로 분류하는 것 자체가 어색하고, 이 경우에는 ex voluntate와 ex actione로 인한 종료라고 보는 데에도 아무런 지장이 없어서 굳이 이를 ex rebus로만 치부할 하등의 이유가 없다는 점에서도 이곳의 종료사유 설명의 본래 취지와 맞지 않는다고 생각될 뿐만 아니라(同旨 Soyer, 41f.) 더 중요한 이유는 이 경우는 조합계약의 종료가 아니라 조합계약에 의한 채권채무관계의 종료라는 점에서 개념적으로 구별해야 한다는 점이다. Arangio-Ruiz, 150f. Code civil (1804) Art. 1865(후술)가 양자를 한 곳 (제2호)에서 규정한 것은 당시의 학설을 따라서 ex re의 범주로 양자를 포섭한 것으로 보인다.

64 목적물의 일부 멸실이지만 사업 목적의 좌절에 해당하는 예로는 D.17.2.58.pr. (Ulp. 31 ad ed.)(四匹馬一組 사안); Lera, 193ff.; Cremers, 21ff.

65 전 재산의 몰수: D.17.2.65.12 (Paul. 32 ad ed.); Inst. 3.25.7.

66 정신착란자의 경우에 대해서는 C.4.37.7 Iust. (a.531).

67 고전법학(Klassik)의 의사이론적(意思理論的) 계약이론의 논리적 귀결로 보는 견해로는 Müller-Kabisch, 119f.

68 Cf.『註釋民法[債權各則(5)]』, 131 +n.1(임채웅): "민법은 조합의 해산사유에 관하여 규정하고 있지는 않으나 조합의 목적인 사업의 성공이나 성공이 불가능하게 된 때 존속기간의 만료, 조합계약에서 정하여진 해산사유의 발생, 조합원 전원의 합의 등으로 조합이 해산하게 된다."
    Cf. 일본민법 第六百八十二条(組合の解散事由)
    組合は, その目的である事業の成功又はその成功の不能によって解散する.

사업을 하면 의심의 여지 없이 조합의 법률관계는 해체된다.[69]

D.17.2.65.pr. Paulus 32 ad edictum.

Actione distrahitur, cum aut stipulatione aut iudicio mutata sit causa societatis. Proculus enim ait hoc ipso quod iudicium ideo dictatum est, ut societas distrahatur, renuntiatam societatem, sive totorum bonorum sive unius rei societas coita sit.

(행위로 해체된다는 것은 [경개(更改)의] 문답계약이나 소송으로써 조합의 법률관계가 변경된 경우이다.[70] 왜냐하면 프로쿨루스는 조합이 해체되도록

---

69 추단적 행위에 의한 경우로 해석되는 이 개소는 보통법학의 학설에 의하여 의사에 의한 경우로 포섭되었다. Verbruggen, 25: ἰδιοπραξία, seorsum agendo. Müller-Kabisch, 86ff.는 이 개소를 고전법학 전(前)의 학설이 반영된 것으로, 조합 결성이 그렇듯이 해체 역시 법률관계상 발생한 사실행위(Realakt)에 대한 신의성실에 기한 평가적 판단으로 결정이 가능하다는 취지로 이해한다. 그의 이론적 테제를 수긍하지 않는 다수설은 쌍방의 의사적 합의에 기초한 것으로 보고 특별한 다른 논리가 불필요하다는 입장이다. Meissel, *SZ* 131, 478.

70 경개효(更改效)가 발생하는 두 가지 경우를 모두 포괄한 서술이다. 문답계약에 의한 경개(更改)의 경우는 임의적 경개(novatio voluntaria)이고, 쟁점결정에 의한 그것은 필연적 경개(novatio necessaria)이다. Cremers, 26f.
한편 『學說彙纂-江南』(1996), 421은 D.17.2.63.10의 ex actione를 '訴訟に基づいて'로, D.17.2.65.pr.의 actione를 '訴訟によって'로 옮기고 있다. 그러나 뒤의 것이 앞의 것을 받아 설명하는 것인 점은 맞지만, 이를 '소송'이라고 번역해서는 안 된다. 왜냐하면 문답계약의 의한 경우를 포함하는데, 이것은 명백히 소송에 의한 것이 아니기 때문이고, 또 그전에 D.17.2.64에서 agere로 표현한 것까지 포함하는 내용이어야 하기 때문이다. 『學說彙纂-江南』(1996), 421은 agere를 '활동'(活動)이라고 옮겼는데, 이 번역에서는 이것이 허공에 뜨게 되는 것이다. 이처럼 연속된 개소들의 상관관계를 몰각한 번역은 서양 현대어 번역들의 경우에도 마찬가지이다. *Digesten-Behrends* (1995)는 각각 'Klage', 'handeln', 'Rechtsakt'로 옮겼는데, 마지막 것을 'Klage'로 하지 않은 것은 문답계약을 의식한 것으로 보인다. *Digest-Watson* (1998)은 'a legal action', 'to act', 'an action'으로 옮겨서 뒤의 두 개만 일치하는 번역이 되었다. *Digesten-Otto*, 328은 'Klagerecht', 'handeln', 'Klagerecht'로, *Digest-Scott* (1932)는 'legal proceddings', 'to act', 'legal proceedings'로 옮겨서 江南義之와 동일하다. *Digesti-Schipani*, 319f.는 'l'azione', 'operare', 'in

소송이 쟁점결정된 사실 자체로써 조합은, 총재산조합이 결성되었든 일사
조합(一事組合)이 결성되었든, 해지된다고 말하기 때문이다.)

D.17.2.4.1 Modestinus 3 regularum.

Dissociamur renuntiatione morte capitis minutione et egestate.[71]

(조합은 해지(解止), 사망(死亡), 두격감등(頭格減等) 및 도산(倒産)[72]으로 해

---

consequenza di ragioni inerenti l'azione'로 역출하고 있는데, 마지막 표현을 보
면 이 역시 문답계약을 의식하여 의역을 한 것임을 알 수가 있다. *Digeste-Hulot*,
824f.는 'que l'action en société ne peut plus avoir lieu', 'travailler', 'lorsque
l'action de la société cesse d'avoir lieu'라 번역하였다. 이것은 다른 번역들과 판이
하게 다른 이해를 보여준다. 명사 actio를 'actio pro socio'(조합원소권)로 이해한
것인데, 조합원소권의 여지가 없으면 조합이 해체된다는 주장을 폄으로써 본말이
전도된 오류를 범하였다. 결국 오늘날의 번역본들이 모두가 문맥을 잘못 이해한
오류를 범한 것이고, 또 actio에는 법기술적인 의미에서 '소권'이나 '소송' 기타 유
사한 뜻도 있지만(Dirksen, s.v. Actio, §§1-8, p.14), 일반 동사 agere의 단순한 명
사이기도 한 것인데(Heumann/Seckel, s.v. Actio, 1), p.9), 이를 놓친 것이다.

71 이곳의 egestas는 그 문맥상 그냥 심한 정도의 빈곤함을 의미하는 것이 아니라 법
적으로 확인된 책임재산 결핍상태, 즉 파산상태를 의미한다고 보아야만 한다.
Hefele, 68 n.55; Glück, 475+nn.79-80; Cremers, 25f.; Verbruggen, 28.

72 Gai. 3.154; Inst. 3.23.8; D.17.2.65.1 (Paul. 32 ad ed.). 도산(倒産)은 법정관의 감
독하에 행해지는 공매(公賣, venditio bonorum)와 재산양도에 관한 율리우스법
(lex Iulia de cessione bonorum)에 의한 사적(私的)인 재산양도(cessio bonorum)
의 두 종류를 모두 포함한다. Gai. 3.77-81; Nelson/Manthe, 321. Meincke, 453
은 형사처벌로 인해 노예가 되거나 섬으로 유배되고 재산이 국고로 몰수되는 경
우(D.48.20.1; D.48.21.3)를 이에 포함시킨다. 그러나 이들 경우는 아예 인적인 사
정의 변화, 즉 두격감등에 해당하는 것으로 보는 것이 더 합당하다.
보통법상 노무만을 출자한 조합원의 경우 노무는 도산과 무관하게 급부될 수
있다는 점 때문에 그의 도산이 조합 해산사유인지가 다투어졌다. 반대설: van der
Burgh, 25; Carsten, 19f.(다른 조합원이 그의 장래의 재산 취득을 기대하여 조합
을 지속하는 것이 금지되지 않는다는 점을 근거로 들었음). 당시의 긍정설은 법이
아무런 전제 없이 도산을 해산사유로 정했다는 점을 근거로 들었다. Soyer, 41. 그
러나 일정한 자력이 없는 경우 노무의 제공에도 지장이 초래될 수밖에 없다는 현
실적인 점을 고려할 때 긍정설이 타당하다. 긍정설을 취하여 조합이 일단 해체된
다고 해도 그와 계속 조합을 하려는 다른 조합원의 의사가 있으면 새로운 조합이
결성되는 것으로 보면 되기 때문이다.

체된다.)

로마법은 조합원 1인에게라도 이상의 사료에서 언급된 사유가 발생하
면 조합이 해체되었다. 이와 동일한 관점에서 입법된 대표적인 민법전이
1804년의 『프랑스민법전』이었다.[73]

Code civil (1804)[74] Art. 1865 (조합의 종료사유)[75]
조합은 다음 각 호의 사유로 종료된다.

1. 계약에서 정한 기간의 종료

2. 목적물의 소멸[76] 또는 거래의 완성[77]

---

73 이곳에서는 입법의 기본적인 태도를 유형적으로 비교한다는 관점에서 『프랑스민
    법전』의 원형적인 모습, 즉 1804년 민법전에만 주목하기로 한다. 현행 프랑스법
    은 수차례의 개정을 통하여 상당히 바뀌었다.

74 『프랑스민법전』[법제자료 제87집](법제처, 1977)의 번역을 참고하였다.

75 Code civil (1804) Art. 1865.

    La société finit,

    1.° Par l'expiration du temps pour lequel elle a été contractée;

    2.° Par l'extinction de la chose, ou la consommation de la négociation;

    3.° Par la mort naturelle de quelqu'un des associés;

    4.° Par la mort civile, l'interdiction ou la déconfiture de l'un d'eux;

    5.° Par la volonté qu'un seul ou plusieurs expriment de n'être plus en société

76 Cf. Code civil (1804) Art. 1867.

    Lorsque l'un des associés a promis de mettre en commun la propriété d'une chose,
    la perte survenue avant que la mise en soit effectuée, opère la dissolution de la
    société par rapport à tous les associés.

    La société est également dissoute dans tous les cas par la perte de la chose, lorsque
    la jouissance seule a été mise en commun, et que la propriété en est restée dans la
    main de l'associé.

    Mais la société n'est pas rompue par la perte de la chose dont la propriété a déjà été
    apportée à la société.

77 同旨 BGB (1896) §726.

    Die Gesellschaft endigt, wenn der vereinbarte Zweck erreicht oder dessen
    Erreichung unmöglich geworden ist.

3. 조합원 1인의 사망[78]

4. 조합원 1인의 민사사(民事死), 피후견 또는 도산[79]

5. 조합원의 1인 또는 수인(數人)의 조합 종료에 대한 의사표시

이에 반하여 우리 민법은 대동소이한 사유를 조합의 종료 사유가 아니라 해당 조합원의 탈퇴 사유로 규정함으로써 구조적으로 다른 모습을 취하였다.

민법 제717조(비임의 탈퇴)
제716조(임의탈퇴)의[80] 경우 외에 조합원은 다음 각 호의 어느 하나에 해당

---

78 Cf. Code civil (1804) Art. 1868.

S'il a été stipulé qu'en cas de mort de l'un des associés la société continuerait avec son héritier, ou seulement entre les associés survivans, ces dispositions seront suivies: au second cas, l'héritier du décédé n'a droit qu'au partage de la société, eu égard à la situation de cette société lors du décès, et ne participe aux droits ultérieurs qu' autant qu'ils sont une suite nécessaire de ce qui s'est fait avant la mort de l'associé auquel il succède.

BGB (1896) §727.

Die Gesellschaft wird durch den Tod eines der Gesellschafter aufgelöst, sofern nicht aus dem Gesellschaftsvertrage sich ein Anderes ergiebt.

Im Falle der Auflösung hat der Erbe des verstorbenen Gesellschafters den übrigen Gesellschaftern den Tod unverzüglich anzuzeigen und, wenn mit dem Aufschube Gefahr verbunden ist, die seinem Erblasser durch den Gesellschaftsvertrag übertragenen Geschäfte fortzuführen, bis die übrigen Gesellschafter in Gemeinschaft mit ihm anderweit Fürsorge treffen können. Die übrigen Gesellschafter sind in gleicher Weise zur einstweiligen Fortführung der ihnen übertragenen Geschäfte verpflichtet. Die Gesellschaft gilt insoweit als fortbestehend.

79 同旨 BGB (1896) §728.

Die Gesellschaft wird durch die Eröffnung des Konkurses über das Vermögen eines Gesellschafters aufgelöst. Die Vorschriften des §727 Abs. 2 Satz 2, 3 finden Anwendung.

80 ＝ 일본민법 第六百七十九条(組合員の脱退)

하는 사유가 있으면 탈퇴된다.

1. 사망

2. 파산

3. 성년후견의 개시 (개정 전: 금치산)

4. 제명

(2011. 3. 7. 본조개정)

우리 민법 제717조(비임의 탈퇴)가 조합원의 비임의 탈퇴의 사유로 정하는 사망, 파산, 성년후견의 개시 및 제명은 로마법으로부터 영향을 받은 것인데, 차이점은 '탈퇴'(脫退)라든가, '제명'(除名)을 규정한 데서 분명하듯이 우리 법은 조합을 개별 조합원의 출입과 무관하게 — 심지어는 2인조합에서조차도[81] — 존속하는 것으로 정하여 단체성을 강화시키고 있다는 점이다.[82] 우리 민법이나 로마법이나 공통적으로 재산능력의

前条の場合のほか, 組合員は, 次に掲げる事由によって脱退する.

一 死亡

二 破産手続開始の決定を受けたこと.

三 後見開始の審判を受けたこと.

四 除名

반면에 독일 민법은 사망(제727조)과 도산(제728조)은 조합해산 사유로 정하였다는 점에서 로마법과 일치하고, 제명(Ausschluss)을 규정한 점(제737조)에서는 일본 및 우리 민법과 일치한다. 그러나 제명이 가능하기 위해서는 해지되어도 조합이 다른 조합원들 사이에서 존속한다는 특약(Cf. D.17.2.65.9)이 있어야만 한다는 점에서 다르다.

독일 민법 제737조(조합원의 제명)

조합계약에서 조합원 중 1인이 해지한 때에도 조합은 다른 조합원 사이에서 존속한다고 정한 경우에는, 어느 조합원에게 다른 조합원이 제723조 제1항 제2문에 의하여 해지할 권리를 가지게 되는 사유가 발생한 때에는, 그는 조합으로부터 제명될 수 있다. 제명권은 다른 조합원에게 공동으로 귀속한다. 제명은 제명되는 조합원에 대한 의사표시로써 한다.

81 『註釋民法[債權各則(5)]』, 121 + n.5(임채웅).

82 『註釋民法[債權各則(5)]』, 119 + n.2(대판 2007.11.13. 2007다48370 · 48387)(임채웅).

변화가 파산[83]과 성년후견[84] 또는 두격감등으로 표현된 반면, 우리 법의 '제명'에 해당하는 것이 로마법에는 없다. 제명은 남아 있는 다른 조합 원들이 취하는 조치이다.[85] 개개 조합원이 스스로 취하는 조치인 로마법 상의 '해지'(解止)에 가장 가까운 것은 '임의탈퇴'(민법 제716조)와[86] '해 산청구'(解散請求)(민법 제720조)이다. 여기서도 우리 민법상 조합의 '단 체'로서의 성격이 확연히 드러난다.[87]

---

83 『註釋民法[債權各則(5)]』, 124f.(임채웅). 임채웅은 회생절차의 경우 일단 파산에
    준하는 탈퇴사유로 보되, 이를 제외하는 특약은 무효로 볼 것까지는 아니라는 견
    해인데, 조합원의 채권자보호라는 원칙을 생각하면 이러한 특약을 인정하는 것은
    문제가 있다고 생각된다.

84 『註釋民法[債權各則(5)]』, 125(임채웅). 임채웅은 개정 전 민법이 금치산을 사유
    로 정했던 것에 비추어 이를 협의의 성년후견으로 국한한다. 그는 한정후견의 경
    우에도 회생절차의 경우처럼 당사자들의 특약을 인정하자는 견해인데, 채권자보
    호의 차원에서 좀더 살펴볼 필요가 있을 것이다.

85 민법 제718조(제명)
    ① 조합원의 제명은 정당한 사유가 있는 때에 한하여 다른 조합원의 일치로써 이
    를 결정한다.
    ② 전항의 제명결정은 제명된 조합원에게 통지하지 아니하면 그 조합원에게 대항
    하지 못한다.
    = 일본민법 第六百八十条(組合員の除名)
    組合員の除名は, 正当な事由がある場合に限り, 他の組合員の一致によってすることが
    できる. ただし, 除名した組合員にその旨を通知しなければ, これをもってその組合員
    に対抗することができない.

86 『註釋民法[債權各則(5)]』, 122(임채웅): "탈퇴는 그 성질상 일종의 조합계약의 해
    지이다."
    독일 민법 제736조 제1항도 조합원의 탈퇴를 규정하는데, 단 조합이 탈퇴 요건이
    발생한 조합원 아닌 조합원 사이에서 존속한다고 정한 경우에 한한다.
    독일 민법 제736조(조합원의 탈퇴)
    ① 조합계약에서 조합원이 해지하거나 사망한 때 또는 그 재산에 대하여 도산절
    차가 개시된 때에도 조합이 다른 조합원 사이에서 존속한다고 정한 경우에는, 그
    러한 사유가 발생한 당해 조합원은 그로써 조합에서 탈퇴한다.

87 『註釋民法[債權各則(5)]』, 122(임채웅): "판례·통설은 … 조합계약의 특수성으
    로 계약의 해제나 해지에 관한 통칙은 적용되지 않는다고 한다. 그러한 경우에는
    해제나 해지에 의하지 않고 제명·탈퇴·해산 등 단체구성의 변동으로 보고 처리

사망과 관련해서도 로마법은 — 1인의 사망을 다른 조합원들이 모른
채로 조합사업을 완수한 경우의 예외를 제외하면[88] — 조합원 1인의 사
망이 조합 종료의 사유였던 반면, 우리 법에서는 사망한 자만이 조합에
서 당연탈퇴하는 것으로 정하였다.[89] 또 로마법에서는 우리 민법과 달
리[90] 상속인이 조합원 지위를 상속한다는 약정이 있어도(영속조합〔永續組
合〕의 형태)[91] 원칙적으로 이러한 약정은 효력이 없었다.[92] 조합은 특정수

하는 것이 타당하다."
88 D.17.2.65.10 Paulus 32 ad edictum (앞의 주63).
89 『註釋民法[債權各則(5)]』, 123+n.1(임채웅).
90 『註釋民法[債權各則(5)]』, 124+n.4(임채웅).
91 D.17.2.70 Paulus 33 ad edictum.
    Nulla societatis in aeternum coitio est.
    Hefele, 65 n.52.
92 D.17.2.35 Ulpianus 30 ad Sabinum.
    Nemo potest societatem herede suo sic parere, ut ipse heres socius sit: in heredem
    autem socii proponitur actio, ut bonam fidem praestet.
    D.17.2.52.9 Ulpianus 31 ad edictum.
    Idem (sc. Papinianus) respondit societatem non posse ultra mortem porrigi ...
    D.17.2.59.pr. Pomponius 12 ad Sabinum.
    Adeo morte socii solvitur societas, ut nec ab initio pacisci possimus, ut heres etiam
    succedat societati. Haec ita in privatis societatibus ait: ...
    D.17.2.63.8 Ulpianus 31 ad edictum.
    In heredem quoque socii pro socio actio competit, quamvis heres socius non sit:
    licet enim socius non sit, attamen emolumenti successor est. ...
    D.17.2.65.9 Paulus 32 ad edictum.
    Morte unius societas dissolvitur ... Nec heres socii succedit ...
    D.17.2.65.11 Paulus 32 ad edictum.
    Societas quemadmodum ad heredes socii non transit, ita nec ad adrogatorem, ne
    alioquin invitus quis socius efficiatur cui non vult. Ipse autem adrogatus socius
    permanet: nam et si filius familias emancipatus fuerit, permanebit socius.
    D.3.2.6.6 Ulpianus 6 ad edictum.
    ... quia heres neque in tutelam neque in societatem succedit, sed tantum in aes
    alienum defuncti.
    Menus, 65, 67, cf. 68 (그럼에도 불구하고 실제로는 상속인을 포함하는 조합이 많

의 특정인들 간의 상호적인 관계를 구성하는 것이어서 투자만을 하면서 출입이 자유로운 익명조합원이란 부지(不知)의 것이었고,[93] 조합원끼리의 특정한 인적인 신뢰관계가 본질적이었기 때문이다.[94][95]

있다는 지적); Hefele, 66 n.53.

이것은 로마법상 확립되었던 피상속인의 유언의 자유를 침해하는 것이 되기 때문이었다. Jhering, 226 + n.353. 이에 대한 반론으로 Watson, 131ff.는 Cicero, *Pro Publio Quinctio* 4.15; 16.52; 24.76를 근거로 키케로 시기에는 상속인이 자동적으로 조합원 지위를 승계한 것으로 이해한다. 그러나 키케로가 초기에(26세 때) 법정변론으로 주장한 내용이더라도 확고한 로마법을 부정확하게 재현했을 리 없다. 명시되지는 않았지만 Gaius Quinctius와 Sextus Naevius 사이의 조합은 전자의 상속인인 Publius Quinctius와의 사이에 연속된 것이 아니라 동일한 사업에 대하여 새로운 조합이 결성된 것으로 보는 것이 맞다. 이미 同旨 Costa, 188ff.: "una società nuova"; 상세한 것은 Platschek, 19ff.

93 Crook, 230; Menus, 4f., 8; Treitschke, 10f. 반면에 일반 조합과 상당히 달랐던 징세수급업자조합의 경우에는 조합원(socii)이 아니면서 조합에 경제적으로만 참여하는 participes와 adfines가 있었는데, 사료가 부족하여 법적 성격은 다투어진다. Cimma, 88ff.

94 Gai. 3.153 cit.; Crook, 230.

D.17.2.19 Ulpianus 30 ad Sabinum.

Qui admittitur socius, ei tantum socius est qui admisit, et recte: cum enim societas consensu contrahatur, socius mihi esse non potest quem ego socium esse nolui. Quid ergo si socius meus eum admisit? Ei soli socius est.

로마인들은 조합원들의 관계를 형제관계(fraternitas)에 비견되는 것으로 보았다.

D.17.2.63.pr. Ulpianus 31 ad edictum.

Verum est quod Sabino videtur, etiamsi non universorum bonorum socii sunt, sed unius rei, attamen in id quod facere possunt quodve dolo malo fecerint quo minus possint, condemnari oportere. Hoc enim summam rationem habet, cum societas ius quodammodo fraternitatis in se habeat.

(다음 사비누스의 견해는 옳다. 즉 비록 총재산조합이 아니라 일사(一事)조합의 조합원일지라도 그들이 행할 수 있는 것이나 그럴 수 없도록 악의적으로 행한 것에 대해서는 유책판결 받아야만 한다. 왜냐하면 이것은 지극히 합당하기 때문인데, 조합은 어느 의미에서 형제공동체적 법률관계를 내포하기 때문이다.)

그러나 그들은 또한 인간관계란 가까운 사이일수록 갈등과 분열의 소지가 크다는 경험적 사실 역시 잘 인식하고 있었다. 가령 D.31.77.20 (Pap. 8 resp.): cum discordiis propinquorum sedandis prospexerit, quas materia communionis solet excitare; 또한 로마의 속담 Fratrum concordia rara est (cf. Ovidius, *Metamorphoses*

물론 1인이 위의 사유들로 인하여 탈락하는 경우 잔여 조합원들끼리

1.145: fratrum quoque gratia rara est); Glück, 469 + n.59; Carsten, 17; Cremers, 1f.
95 다만 징세수급업자조합(societas vectigalium seu publicanorum)의 경우에는 국가 재정의 이유로 상속이 기본적으로 인정되었다는 기록이 보인다.

D.17.2.59.pr. Pomponius 12 ad Sabinum.

... in societate vectigalium nihilo minus manet societas et post mortem alicuius, sed ita demum, si pars defuncti ad personam heredis eius adscripta sit, ut heredi quoque conferri oporteat: quod ipsum ex causa aestimandum est. Quid enim, si is mortuus sit, propter cuius operam maxime societas coita sit aut sine quo societas administrari non possit?

또한 D.17.2.63.8 Ulpianus 31 ad edictum.

In heredem quoque socii pro socio actio competit, quamvis heres socius non sit: licet enim socius non sit, attamen emolumenti successor est. Et circa societates vectigalium ceterorumque idem observamus, ut heres socius non sit nisi fuerit adscitus, verumtamen omne emolumentum societatis ad eum pertineat, simili modo et damnum adgnoscat quod contingit, sive adhuc vivo socio vectigalis sive postea: quod non similiter in voluntaria societate observatur.

이에 따른 설명으로는 가령 Malmendier, 243ff.; Vidal, 443f. cf. Cremers, 14ff. 그러나 D.3.4.1.pr. (Gaius 3 ad ed. prov.)에 의하면 이것은 구성원의 변동에도 불구하고 동일성을 유지하고 존속하는 일종의 사단체이다. Cimma, 221ff.뿐만 아니라 societas publicanorum이라는 명칭 자체가 징세(국세 및 관세)업자단체에 대해서뿐 아니라 기타 국가사업(가령 공공 건축, 공공 곡물공급 등)의 수급업자에 대해서도 사용되었음에 주의를 요한다. Nelson/Manthe, 306; 상세한 것은 Cimma, 8ff., 49ff., 103ff. Societas vectigalis는 제정기 들어 점차로 징세수급업자조합의 업무가 조세징수로 제한되면서 고전기 후(後)에 발생한 명칭이다. Cimma, 163ff. 로마인들 스스로 societas라는 용어를 이들 사단체에까지 두루두루 혼용하다 보니 (가령 D.47.2.31.1 (Ulp. 41 ad Sab.): "de ceteris rebus publicis deque societatibus"; D.37.1.3.4 (Ulp. 39 ad ed.): "a municipibus et societatibus"; D.46.1.22 (Flor. 8 inst.): "sicuti municipium et decuria et societas") 서술과정에서 이에 대한 지적이 또한 이루어진 것 같다. 또한 오늘날의 법인격 있는 단체("회사")로 일률적으로 규정지을 수 없었던 특수한 성격도 한 역할을 했을 것이다(Cf. Cimma, 95f., 173ff.). 로마의 법률가들 자신이 사적(私的)인 계약상 조합의 경우 이를 privata (D.17.2.59.pr. (Pomp. 12 ad Sab.)); voluntaria societas (D.17.2.63.8 (Ulp. 31 ad ed.)); Costa, 192: "le società ordinarie"; Menus, 54ff.: "sociétés ordinaires"라고 부름으로써 양자 사이의 차이를 분명히 인식하고 있었으므로 서술상의 착오는 분명 아니다. Costa, 191f.; Nuytens, 14; Glück, 472ff.; Carsten, 8f.; Hefele, 67 n. 54; 또

조합을 존속시키는 합의가 처음부터 또는 새롭게 가능하였다.[96] 또 잔여
조합원들과 상속인은 새로운 합의로써 조합 관련한[97] 결정을 할 수 있
었다.[98]

로마법상 기타 종료 사유 중 주요한 것으로는 조합원들에 의한 해산결
정(解散決定, dissensus, contrarius consensus)[99] 외에 조합원이 조합원을 상

한 cf. Buckler, 176ff.; Menus, 58ff.; Watson, 134f.는 공화정기에 관한 한 법적 구
조에 관한 것을 전승된 사료들로부터 얻을 수 없다는 입장이다. 경제사 및 법제사
에서 중요한 현상이었던 징세수급업자조합에 대한 연구는 무수히 많다. 『학설휘
찬』의 기본 사료는 D.39.4 De publicanis et vectigalibus et commissis; 상세한 것은
Fleckner, 145ff.; Meissel, 205ff.; Cimma; Malmendier; 또한 Badian (1972).

96 D.17.2.65.9 Paulus 32 ad edictum.
Morte unius societas dissolvitur, etsi consensu omnium coita sit, plures vero
supersint, nisi in coeunda societate aliter convenerit. Nec heres socii succedit: sed
quod ex re communi postea quaesitum est, item dolus et culpa in eo quod ex ante
gesto pendet tam ab herede quam heredi praestandum est.
Inst. 3.25.5: Solvitur adhuc societas etiam morte socii, ... nisi si in coeunda
societate aliter convenerit.
Inst. 3.25.8: Item si quis ex sociis mole debiti praegravatus bonis suis cesserit et
ideo propter publica aut propter privata debita substantia eius veneat, solvitur
societas. sed hoc casu si adhuc consentiant in societatem, nova videtur incipere
societas.
Hefele, 65f. n.53; Meincke, 453f. 同旨 Code civil (1804) Art. 1868.

97 상속인은 상속법리에 따라 재산을 상속하고 피상속인의 권리와 의무를 승계하지
만, 조합을 위하여 적극적인 활동을 할 의무를 부담하지는 않는다. 그러나 그는 후
견인의 상속인처럼(D.27.7.1.pr.) 피상속인이 개시한 법률행위를 완수할 의무를
부담한다. D.17.2.40 (Pomp. 17 ad Sab.); D.27.7.1.pr. (Pomp. 17 ad Sab.). 그리
고 이에 있어 고의와 구체적 과실(culpa in concreto)의 책임을 지며, 이득이 발생
한 경우 그에 참여한다. D.17.2.35 (Ulp. 30 ad Sab.); D.17.2.36 (Paul. 6 ad Sab.);
D.17.2.65.9 (Paul. 32 ad ed.); D.17.2.65.2 (Paul. 32 ad ed.); Hefele, 66 n.53.

98 D.17.2.37 (Pomp. 13 ad Sab.).

99 D.17.2.65.3 (Paulus 32 ad ed.); Epit. Gai. 2.9.17; Inst. 3.29.4; Glück, 469. 반대
합의 —Hefele, 65 n.52, 68 n.57은 이를 'Willenstrennung'이라 부른다— 로써
조합을 해산하는 결정을 하는 요건으로 re integra, 즉 아무런 급부도 이루어지지
않은 원상부동(原狀不動) 상태를 전제한다고 보는 Müller-Kabisch, 119 n.458,
143 n.577 (이곳의 상호참조 중 Fn. 459는 Fn. 458의 오식임)은 일방적으로 다

대로 제기하는 ── 성신소송(誠信訴訟)의 하나인[100] ──조합원소송(組合員訴訟, actio pro socio)[101]을 들 수 있다.[102] 상호간에 송사(訟事)가 발생하였다는 것은 조합을 계속할 수 없게끔 상호신뢰가 깨졌다는 의미이기도 하고, 조합원소송의 목적이 기본적으로 조합관계의 청산을 위한 것이므로 원칙적으로 조합원끼리의 조합 사유로 인한 소송은 조합의 해산사유였다[103](보통법상 이른바 actio pro socio generalis[104]). 다른 사유로 조합이

른 사안들에서 적용된 contrarius consensus 개념(cf. D.46.3.80 〔Pomp. 4 ad Qu. Muc.〕)에 지나치게 구애된 견해로 보인다. 그도 바로 인정하듯이 어쨌든 성기 (盛期) 고전기의 법에서는 그렇지 않은 경우에도 성신(誠信)해석(bonae fidei interpretatio)을 통한 다른 가능성이 인정되었기 때문이다(Cf. D.2.14.58 Neratius 3 membranarum). Müller-Kabisch, 143ff. 그러나 무엇보다도 모든 당사자들의 합의로 조합관계를 해소하는 데에 re integra와 같은 제약이 따른다는 것은 근본적으로 이해할 수 없는 설정이다. Müller-Kabisch의 이 부분의 논증은 Knütel, 124ff.의 소론, 즉 조합은 지속적 합의에 기반한 것으로 1인의 해지로도 해체되는 점에 미루어 법률행위적인 dissensus란 불필요하고, 따라서 단순히 사실적인 결렬(Uneinigkeit)을 의미할 뿐이라는 주장을 반박하는 데 집중되어 있다. 이 반론은 타당하다. 그리고 무엇보다도 전원 합의 해산의 경우 일방적인 해지로 인한 조합 해체의 경우와 달리 상호적인 법적 책임의 문제가 발생하지 않는다는 지적은 당연하지만(D.17.2.65.3 Paul. 32 ad ed.) 주의를 환기시켰다는 점에서 의미 있다. 『프랑스민법전』은 다수결에 의한 해산을 인정했다는 점에서 로마법과 다르다 (제1865조 제5호).

100 Cicero, *De natura deorum* 3.30.74; *De officiis* 3.17.70; *Topica* 17.66; cf. *Topica* 10.42; D.17.2.78 (Proc. 5 epist.); D.17.2.52.1 (Ulp. 31 ad ed.).

101 조합원소송의 방식서: Lenel, 297.
   Quod A⁵ A⁵ cum Nᵒ Nᵒ societatem omnium bonorum coiit, q. d. r. a., quidquid ob eam rem Nᵐ Nᵐ Aᵒ Aᵒ (alterum alteri) dare facere (praestare?) oportet ex fide bona, dumtaxat quod N⁵ N⁵ facere potest, eius iudex Nᵐ Nᵐ Aᵒ Aᵒ c. s. n. p. a.
   Cf. Watson, 126.(기원전 3세기를 가장 개연성 있는 발생 시기로 봄).

102 C.4.37.5 Imperatores Diocletianus, Maximianus (a.294)(앞의 주 13). Kaser, *SD* 41, 321ff.; Kunkel / Honsell, 334f.; Hefele, 73f. n.62.

103 그리고 이 소송에서 악의자로서 유책판결을 받으면 파렴치의 효과가 따랐다. Gai. 4.182; Inst. 4.16.2; D.3.2.1 (Iul. 1 ad ed.). 그러나 다른 한편으로는 자력한도(資力限度)의 특전(beneficium competentiae)이 인정되었다. D.17.2.63.pr. cit.; D.42.1.16 (Ulp. 63 ad ed.); D.42.1.22.1 (Pomp. 21 ad Qu. Muc.); Inst. 4.6.38;

해산되는 경우에는 이탈하는 자를 제외한 잔여 조합원들의 합의(묵시적 합의로도 족함)로써 조합을 계속할 수 있으므로 실제로 큰 문제가 아니지만, 조합원소송이 있게 되면 이것이 불가능하므로 현실적으로 의미가 있었다.[105] 예외적으로 조합 존속 중에도 조합원소송이 인정되기도 하였다(보통법상 이른바 actio pro socio specialis).[106] 사업 목적을 달성한 경우에도

Lenel, 298; Watson, 144ff.; Lambrechtsen, 69ff.

104 Brunnemann, ad D.17.2.65.pr., n.1 (p. 644).

105 Crook, 230.

106 D.17.2.65.15 Paulus 32 ad edictum.

Nonnumquam necessarium est et manente societate agi pro socio, veluti cum societas vectigalium causa coita est propterque varios contractus neutri expediat recedere a societate nec refertur in medium quod ad alterum pervenerit.

즉 ① 징세조합의 경우, ② 다양한 계약으로 해산이 부적절할 시, ③ 조합원 1인의 취득물이 조합재산에 투입(投入)이 안 된 경우 등에 한하였다. Kaser, *SD* 41, 329ff. 그래서 조합 존속 중에는 상호관계를 조율하기 위하여 조합원소송이 아니라 다른 형태의 소권이 이용되었다. 가령 비용구상(費用求償)을 위한 사무관리소권에 대해서는 아래의 개소 참조.

D.10.3.19.2 Paulus 6 ad Sabinum.

Si per eundem locum via nobis debeatur et in eam impensa facta sit, durius ait Pomponius communi dividundo vel pro socio agi posse: quae enim communio iuris separatim intellegi potest? Sed negotiorum gestorum agendum.

(같은 곳을 통하여 포괄통행지역권이 우리에게 부담되고, 그에 비용이 지출된 경우 폼포니우스는 공유물분할 소권이나 조합원소권으로써 소구(訴求) 가능하다고 말하는데 꽤 거친 견해이다. 왜냐하면 이 권리의 공동(共同)관계가 분리하여 생각될 수가 있는가? 오히려 사무관리소권으로 소구해야만 한다.)

조합원소송이 상호적인 출자의 이행 ― 조합의 쌍무적 성격에 관해서는 D.50. 16.19 Ulp. 11 ad ed.: Labeo libro primo praetoris urbani definit, ... contractum autem ultro citroque obligationem, quod Graeci sunallagma vocant, veluti emptionem venditionem, locationem conductionem, societatem. ... ―을 청구하는 데 사용되었다는 사실은 조합의 성립은 출자의 이행과 무관하게, 즉 순수하게 낙성으로 가능하였다는 것을 증시한다. 이 구성에서는 공동사업 진행중의 조합원소송의 제기는 해지에 해당하는 의사표시로 보게 된다(D.17.2.65.pr.). 반면에 기성(既成)의 관계에 대한 평가적 접근을 하는 입장에서는 출자가 이루어지지 않은 상태에서는 조합의 성립 자체를 인정할 수 없으므로 이 구성에서는 조합원소송은 어디까지나 조합관계 정산(精算) 기능만을 담당하게 된다. Müller-Kabisch, 91ff.

조합은 종료되었다.[107]

IV. 조합의 해지

로마법상 조합원은 각자가 언제라도 조합해소의 의사표시로써[108] 조합을 해체시킬 수가 있었다.[109] Menus는 이 권능을 법이 당사자의 의사에 부여한 '예외적인 전권(全權)'이라고 표현하였다.[110] 명시적으로 해지(解止, renuntiatio, Bas. ἀπαγόρευσις)를 할 수 있음은 물론[111] 조합원소송(actio pro socio)을 제기하는 등으로 간접적·묵시적으로도 가능하였다.[112] 심지어는 조합이 종신까지 존속하기로 정한 경우(societas in perpetuum)에도 언제든지 해지가 가능하였다.[113] 개인주의적인 공유 관

---

107 Inst. 3.25.6: Item si alicuius rei contracta societas sit et finis negotio impositus est, finitur societas.

　　D.17.2.65.10 Paulus 32 ad edictum. (앞의 주 63).

108 주인의 허락하에 노예가 조합원인 경우에도 조합을 그만두라는 그 주인의 지시로는 부족하고 노예인 조합원에게 해지가 되어야만 하였다. D.17.2.18 (Pomp. 13 ad Sab.); Menus, 16.

109 Menus, 8ff.; de Benoit, 44ff.; Höpfner I, 262ff.; Höpfner II, 440ff.; Glück, 469ff.; Soyer, 32ff.; Verbruggen, 26ff.

110 Menus, 8: "toute-puissance exceptionnelle que la loi attache à la volonté des parties".

111 renuntiatio의 다양한 어의에 대해서는 Müller-Kabisch, 22ff.

112 C.4.37.5 (앞의 주 13); D.17.2.63.10 cit.; D.17.2.65.pr. cit.; Cremers, 8f.

　　D.17.2.52.14 Ulpianus 31 ad edictum.

　　Si plures sint inter eosdem societates coitae, ad omnes societates sufficere hoc unum iudicium (sc. pro socio) constat.

113 일반 공유의 경우 적용되었던 다음 법리는 조합의 경우에도 그대로 적용되었을 것이다. 따라서 조합원이 자신의 공유 지분을 청구할 수 없다는 약정을 한 경우 조합은 해산된다.

　　D.10.3.14.4 Paulus 3 ad Plautium.

　　Si paciscatur socius, ne partem suam petat, effectu tollitur societas.

　　조합에 대하여 명시적으로 이미

넘을 가졌던 로마법은 조합계약의 당사자는 자신이 신뢰를 주었던 상대방과의 조합을 그의 신뢰가 존속하는 동안만, 그리고 그가 신뢰를 부여한 만큼만 자신을 그 법률관계에 구속시키고자 하는 것으로 보았기 때문이다. 따라서 해지하지 못한다는 특약(pactum ne abeatur)은 무효였다.[114] 물론 전술했듯이 남은 조합원들은 원하면 자기들끼리 조합을 계속할 수 있었다. 해지는 조합원이 금지하지 않는 한, 그 조합원의 관사인(管事人, '대리인', procurator)이 할 수도 있고,[115] 또 조합원의 관사인(管事人)에게 한 해지는 그 조합원이 추인할 수가 있었다.[116]

우리 민법은 조합의 '단체성'을 어느 정도 상정하므로 어느 한 조합원이 더이상 조합관계의 유지를 원하지 않는 경우에는 그만이 탈퇴할 수 있는 것으로 구조를 잡았다.

민법 제716조(임의탈퇴)[117]

① 조합계약으로 조합의 존속기간을 정하지 아니하거나 조합원의 종신까지 존속할 것을 정한 때에는 각 조합원은 언제든지 탈퇴할 수 있다. 그러나 부

Bas.12.1.16.1 (Heimbach I, p. 734), Schol. 2) Stephani. Nam si placuit, ne prorsus unquam res communis dividatur, pactum ita conceptum inutile est.

114 D.17.2.14 (후술); Hefele, 69 n.58; Glück, 469 + n.58.

반면에 현승종 / 조규창, 767은 "그런데 組合을 탈퇴하지 않겠다는 契約이나 존속기간을 약정한 때에도 부득이한 사유로 인한 탈퇴가 古典期法상 인정되었는지에 관해서는 學者간에 견해를 달리하고 있으나 아직 분명하지 않다"고 서술한다. 이 소견에 대해서는 다음을 지적할 수 있다. 우선, 로마법상 '탈퇴'라는 용어는 부적절하다. 둘째, 학자가 로마 법률가인지, 아니면 현대의 연구자들인지 불분명하다. 셋째, 이 설명은 동 저서의 770 주 276에서 "惡意 또는 不時의 脫退者에게는 이로 인해 組合에 발생시킨 損害에 대한 賠償義務가 있었다"는 설명, 즉 해지가 언제든지 가능하였다는 것을 전제한 설명과 모순된다.

한편 판덱텐법학 시대 당대법에 관한 한 학설의 대립이 존재하였다. 해지금지 특약 유효설(Höpfner)과 무효설(Roman, Heimbach)이 그것이다. Matthiae, s.v. Gesellschaftsvertrag, n. XII (p.338).

115 D.17.2.65.7 (Paul. 32 ad ed.); Höpfner II, 456.

116 D.17.2.65.8 (Paul. 32 ad ed.); Höpfner II, 456f.

득이한 사유 없이 조합의 불리한 시기에 탈퇴하지 못한다.

② 조합의 존속기간을 정한 때에도 조합원은 부득이한 사유가 있으면 탈퇴할 수 있다.

그리고 예외적으로 어느 한 조합원의 탈퇴만이 아니라 조합 전체의 존속이 문제될 때에는 해산청구를 인정한다. 해산에 따른 청산을 위한 청산인(淸算人) 제도도 도입하였다(민법 제721조~제724조).

민법 제720조(부득이한 사유로 인한 해산청구)[118]

부득이한 사유가 있는 때에는 각 조합원은 조합의 해산을 청구할 수 있다.

이상의 민법 규정들은 기본적으로 각 조합원은 기간의 정함이나 정한 기간의 종류와 무관하게 언제라도 탈퇴할 수 있고, 조합의 해산 청구까지 가능함을 전제하면서도[119] 모든 경우에 '부득이한 사유'라는 규제장치를 통하여 실제로는 이 자유를 통제한다.[120] 그러나 현행법에서도 어

---

117 ＝ 일본민법 第六百七十八条(組合員の脱退)

① 組合契約で組合の存続期間を定めなかったとき, 又はある組合員の終身の間組合が存続すべきことを定めたときは, 各組合員は, いつでも脱退することができる. ただし, やむを得ない事由がある場合を除き, 組合に不利な時期に脱退することができない.

② 組合の存続期間を定めた場合であっても, 各組合員は, やむを得ない事由があるときは, 脱退することができる.

118 ＝ 일본민법 第六百八十三条(組合の解散の請求)

やむを得ない事由があるときは, 各組合員は, 組合の解散を請求することができる.

119 대판 2015. 6. 11. 2013다29714·29721은 해지 통고를 해산청구로 볼 수 있다고 하였다.

120 『註釋民法[債權各則(5)]』, 120(임채웅)은 "부득이한 사유란 탈퇴하려는 조합원의 주관적인 사정을 의미하나 그 조합원을 중심으로 한 모든 사정을 참작할 것이고 조합사업의 부진이나 다른 조합원의 무성의 등도 부득이한 사유가 된다고 보아야 한다"고 설명한다. 그런데 여기서 그 '조합원의 주관적 사정'을 의미한다는 설명은 후속하는 내용과도 부합하지 않고, 더욱이 同 121 주 4에서 인용하고 있는 대판 1997. 1. 24. 96다26305와도 합치하지 않는다. 부득이한 사유란 이 판례

떠한 경우에도 탈퇴할 수 없다고 하는 특약은 무효이다.[121] 어느 경우든 결국 '부득이한 사유'의 존부에 대한 판단은 법관의 몫이다.

이 조문들은 그 표현들을 보면 분명하게 로마법의 후예임을 알 수 있다. 비교법적으로는 프랑스 민법과 독일 민법이 유사한 태도를 취하였다.[122]

1) 프랑스 민법

Code civil (1804) Art. 1869 (존속기간을 정하지 않은 조합의 해지)[123]
조합원 중 1인의 의사에 의한 조합의 해체는 존속기간이 정해지지 않은 조합에 한하여 적용되며, 조합원 전원에 대한 해지 통보에 의한다. 단, 이 해지는 선의이고 부적시에 행해진 것이 아니어야 한다.

처럼 조합원의 일신상의 주관적인 사유 및 조합원 개개인의 이익뿐만 아니라 단체로서의 조합의 성격과 조합원 전체의 이익 등을 종합적으로 고려하여 판단할 사항이라고 보지 않으면 안 된다. 우리 민법상 '부득이한 사유'는 민법 제720조(해산청구)에도 규정되어 있는데, 이 후자의 경우 "경제계의 사정변경, 조합의 재산상태, 조합원 간의 불화 등에 의하여 조합의 목적달성이 매우 곤란하게 되는 사유를 말하며 조합원 간에 불화가 있더라도 1인에 관한 사유는 그의 탈퇴나 제명의 사유는 되어도 해산청구의 사유는 되지 않는다"고 새긴다.『註釋民法[債權各則(5)]』, 132f.+nn.2-6(임채웅). 조합의 단체성과 존속의 우대를 지향하는 우리 민법의 성격상 당연한 이해이다. 로마법에서는 이 모든 것을 군이 구별할 필요가 없었다.

121 『註釋民法[債權各則(5)]』, 122(임채웅).
122 이하에서 프랑스 민법과 독일 민법을 인용할 때 조문 제목과 항 표시는 원문에는 없는 것인데, 이해의 편의상 붙인 것이다.
123 Code civil (1804) Art. 1869.
La dissolution de la société par la volonté de l'une des parties ne s'applique qu'aux sociétés dont la durée est illimitée, et s'opère par une renonciation notifiée à tous les associés, pourvu que cette renonciation soit de bonne foi et non faite à contre-temps.

Code civil (1804) Art. 1870[124]

① 어떤 조합원이 조합원들이 공동으로 취득하려 한 수익을 홀로 차지하기 위하여 해지하는 때에는 그 해지는 선의가 아니다.

② 해지는 목적물들이 더이상 온전하지 않은 때 및 조합의 해체가 연기되는 것에 조합의 이해관계가 있는 때에는 부적시에 행해진 것이다.

Code civil (1804) Art. 1871 (존속기간을 정한 조합의 해지)[125]

기간을 정한 조합들의 해체는 약정한 기간 전에는, 어느 조합원이 의무를 다하지 않거나, 만성적인 병약이 그를 조합의 사업에 부적격하게 만들거나, 유사한 다른 경우처럼, 정당한 사유가 있는 때에 한하여 조합원 중 1인에 의하여 청구될 수 있으며, 그 합당성과 중대성(의 판단)은 법관의 재량에 맡겨진다.

2) 독일 민법

BGB (1896)[126] §723 (조합원의 해지)[127]

① 조합의 존속기간에 대한 정함이 없는 경우에는 조합원은 언제든지 조합을 해지할 수 있다. 존속기간의 정함이 있는 경우에도 중대한 사유(ein

---

124 Code civil (1804) Art. 1870.

La renonciation n'est pas de bonne foi lorsque l'associé renonce pour s'approprier à lui seul le profit que les associés s'étaient proposé de retirer en commun.
Elle est faite à contre-temps lorsque les choses ne sont plus entières, et qu'il importe à la société que sa dissolution soit différée.

125 Code civil (1804) Art. 1871.

La dissolution des sociétés à terme ne peut être demandée par l'un des associés avant le terme convenu, qu'autant qu'il y en a de justes motifs, comme lorsqu' un autre associé manque à ses engagemens, ou qu'une infirmité habituelle le rend inhabile aux affaires de la société, ou autres cas semblables, dont la légitimité et la gravité sont laissées à l'arbitrage des juges.

126 양창수 옮김, 『독일민법전 총칙·채권·물권』(박영사, 2015)을 참조하였다.

wichtiger Grund)가 있는 때에는 그 기간 경과 전에 해지할 수 있다.[128] 그러한 중대한 사유는 특히, 다른 조합원이 조합계약에 따라 부담하는 그의 본질적 의무를 고의 또는 중과실로 위반하거나, 또는 그 의무의 이행이 불능하게 된 때에 인정된다. 해지기간의 정함이 있는 경우에도 동일한 요건이 충족되는 때에는 그 기간을 두지 아니하고 해지할 수 있다.

② 제1항의 해지는 불리한 시기에는(zur Unzeit) 할 수 없다. 그러나 불리한 시기에라도 해지를 하여야 할 중대한 사유(ein wichtiger Grund)가 있는 때에는 그러하지 아니하다. 조합원이 그러한 사유 없이 불리한 시기에 해지한 때에는 그는 다른 조합원에 대하여 이로 인하여 발생하는 손해를 배상하여야 한다.[129]

---

127 BGB (1896) §723.

Ist die Gesellschaft nicht für eine bestimmte Zeit eingegangen, so kann jeder Gesellschafter sie jederzeit kündigen. Ist eine Zeitdauer bestimmt, so ist die Kündigung vor dem Ablaufe der Zeit zulässig, wenn ein wichtiger Grund vorliegt; ein solcher Grund ist insbesondere vorhanden, wenn ein anderer Gesellschafter eine ihm nach dem Gesellschaftsvertrag obliegende wesentliche Verpflichtung vorsätzlich oder aus grober Fahrlässigkeit verletzt oder wenn die Erfüllung einer solchen Verpflichtung unmöglich wird. Unter der gleichen Voraussetzung ist, wenn eine Kündigungsfrist bestimmt ist, die Kündigung ohne Einhaltung der Frist zulässig.

Die Kündigung darf nicht zur Unzeit geschehen, es sei denn, daß ein wichtiger Grund für die unzeitige Kündigung vorliegt. Kündigt ein Gesellschafter ohne solchen Grund zur Unzeit, so hat er den übrigen Gesellschaftern den daraus entstehenden Schaden zu ersetzen.

Eine Vereinbarung, durch welche das Kündigungsrecht ausgeschlossen oder diesen Vorschriften zuwider beschränkt wird, ist nichtig.

128 '중대한 사유'가 요건인 점은 독일 민법 역시 로마법과 다른 점이다. Jauernig / Stürner (14. A., 2011), §723 Rn. 6.

129 이 조문은 일응 모순되는 것처럼 보인다. 그러나 제3문의 법률효과가 부적시의 해지라도 손해배상의 효과가 따른다는 점으로 보면 해지 자체는 제1문의 '할 수 없다'(darf nicht)는 말과 달리 유효한 것이다. 이 결과 독일법은 매우 착종된 모습으로 나타난다. 즉 제1항 제2문의 해지의 경우 '중대한 사유'가 있으면 가능한데, 제2항 제2문에 따라서 부적시의 해지이면 다시 '중대한 사유'가 필요하고, 이 '중

③ 해지권을 배제하거나 이상의 규정에 반하여 제한하는 약정은 무효이다.

BGB (1896) §724 (종신의 조합 또는 계속되는 조합에서의 해지)[130]
조합이 어느 조합원의 생존 중 존속하는 것인 경우에는 존속기간의 정함 없
는 조합에서와 같이 해지할 수 있다. 조합이 일정한 기간의 경과 후에 묵시
적으로 계속되는 경우에도 또한 같다.

프랑스법이나 독일법이나 눈에 띄는 것은 로마법과 달리 조합의 존
속기간을 정했는가 여부를 기준으로 삼았다는 점, 선의 요건·부적시가
아닐 것의 요건·정당한 사유의 요건을 통하여 조합원 1인에 의한 해지
가 규제되고 있다는 점이다. 위 요건들에 대한 판단은 당연히 법관의 몫
이다.[131]

대한 사유'가 없으면 손해배상이 따르게 되는데(*Staudinger*/Habermeier, §723
Rn. 37), 존속기간을 정한 경우 이와 달리 '중대한 사유'가 있어서 해지를 허용
함에도 불구하고 그 시기와 관련하여 다시 '중대한 사유'를 또 따지기 때문이다.
물론 판단의 기준이 되는 '중대한 사유'는 양 경우가 같지 않지만(*MüKoBGB*/
Schäfer[6. A., 2013], §723 Rn. 54), 빈트샤이트(Windscheid)에서 유래하는(후
술) 이러한 착종된 구조는 그다지 바람직한 것이 아니다. 독일법은 부적시의 해지
를 남용적인 해지의 일종으로 파악하고 있으며, 손해배상으로도 보전하기 어려운
경우의 남용적 해지(가령 해지 사유의 악의적인 유발)는 이를 신의칙에 따라서
원칙적으로 무효로 하고 있다(Jauernig/Stürner [14. A., 2011], §723 Rn. 8). 로
마법이 교활하고 악의적인 해지조차도 해지로서 인정하는 것과 다른 점이다(후술).

130 BGB (1896) §724.

Ist eine Gesellschaft für die Lebenszeit eines Gesellschafters eingegangen, so
kann sie in gleicher Weise gekündigt werden wie eine für unbestimmte Zeit
eingegangene Gesellschaft. Dasselbe gilt, wenn eine Gesellschaft nach dem Ablaufe
der bestimmten Zeit stillschweigend fortgesetzt wird.

131 Cf. 현행 Code civil Art. 1869.

Sans préjudice des droits des tiers, un associé peut se retirer totalement ou
partiellement de la société, dans les conditions prévues par les statuts ou, à défaut,
après autorisation donnée par une décision unanime des autres associés. ¶ Ce
retrait peut également être autorisé pour justes motifs par une décision de justice.

그런데 이 '부득이한 사유'에는 사연이 있다. 『바실리카 법전』의 해당 개소가 우리 법문과 동일한 형태로 전해진다. 이것은 로마 고유의 법리 (후술)와는 다른 것인데, 아마도 비잔틴법학의 오해에 기인하는 것 같다. 즉 후술하는 D.17.2.14에서 해지가 마땅한 명백한 사례들을 든 것은 그런 예시를 통하여[132] 예정된 존속기간에도 불구하고 해지가 필요하다는 것을 역설하기 위한 것뿐이지 그러한 사유가 있어야만 해지가 허용된다는 뜻이 아니었는데, 고전법의 전체 구도를 파악하지 못한 비잔틴법학이 법문을 연역(縮譯)하는 과정에서 그만 오해한 것으로 보인다.

Bas.12.1.14.1 (Heimbach I, p.733).

Sed et si convenerit, ne intra certum tempus societas solvatur, tamen ex iusta causa solvitur (ἐξ εὐλόγου αἰτίας λύεται): quid enim, si conditio, qua societas erat coita, non impleta sit? aut iniuriosus et damnosus sit socius?

(일정한 기간 내에는 조합이 해산되지 않는다고 약정한 경우에도 정당한 사유가 있으면 조합은 해산된다. 조합이 결성되었던 '조건'이 성취되지 않았다면 어찌 되겠나? 또는 동료조합원이 침해적인 경우에는?)

Bas.12.1.14.1 (Heimbach I, p.733), Schol, 1) Cyrilli. Qui pacti sunt, ne intra quinquennium res communis dividatur, non videntur loqui de non solvenda societate. Hoc enim, licet convenerit, inutile est, non prohibet, quominus quis ex iursta causa renuntiare queat (καὶ οὐ κωλύει τινα εὐλόγως ἀπαγορεῦσαι).

(퀴릴루스의 주(注). 5년 내에는 공유물이 분할되지 않는다고 약정한 자들은 조합 불해산을 이야기하는 것이 아니다. 왜냐하면 이런 [후자의] 약정은 비록 합약했더라도 무효이고, 조합원 중 누군가가 정당한 사유에 기하여 해

(… ¶ 정당한 이유가 있는 때에는 법원의 결정에 의한 승인에 의하여 탈퇴할 수도 있다.)(명순구, 737 참조.)

132 同旨 Menus, 12ff.; Hefele, 71f. n.60.

지하는 것을 못하도록 금지하는 것이 아니기 때문이다.)

왜냐하면 Bas.12.1.17.1-2 (Heimbach I, p.753), Bas.12.1.63.5 (Heimbach I, p.775) 등에서는 해지 자체를 직접 규제하는 것이 아니라 손익의 배분을 통한 불이익으로써 간접적으로 규제하되 부득이한 사유가 있으면(ἐξ ἀνάγκης, ex necessitate) 이러한 불이익을 부담시키지 않는 방식의 로마법을 그대로 재현하고 있기 때문이다. 이 점으로 보면 확인하기도 어렵지만 『바실리카 법전』이 동로마의 개입주의적 법정책을 의식적 또는 무의식적으로 반영한 것일 공산은 거의 없는 것 같다. 『바실리카 법전』의 실무용 축약본이랄 수 있는 Harmenopoulos의 『6권법서』(1344~45) 역시 『바실리카 법전』의 오류를 그대로 답습하였다.

Hexabiblos 3.10.16 (Heimbach, pp.458/459).
Etsi convenerit, ne intra certum tempus societas solvatur, ex iusta tamen caussa solvitur (ἐξ εὐλόγου αἰτίας λύεται). ...
(비록 일정한 기간 내에는 조합이 해산되지 않는다고 약정했을지라도, 정당한 사유가 있으면 그럼에도 불구하고 조합은 해산된다. …)

그런데 1828년 신생 그리스에서도 임시 법전으로 통용되었던 『6권법서』의 전통을 생각하면 이러한 오해가 과연 오해였는가에 대하여 의문이 든다. 처음에는 오해였다고 해도 아마도 그것이 당시 이래로 법관념에 맞았던 것으로 생각된다. 그리고 동로마에서 그러한 오해가, 그러니까 무의식적으로 그러한 이해가 생겨날 수 있었던 원인은 앞에서도 지적했듯이 의식적인 법정책이 아니라, 아마도 변화된 사법(司法)체계였을 것으로 짐작된다. 즉 고전기 로마의 민사재판이 방식서소송을 기본으로 하여 평소에는 사인(私人)이다가 국가의 위임으로 사건을 담당하는 심판인(iudex)에 의한 체계였던 반면, 비잔틴의 사법(司法)체계는 직업관료 법관에 의한 재판이 자리 잡았고, 그 결과 '정당한 사유'의 판단에 있어서 당연히 법관의 재량에 맡기는 것을 당연시하였던 때문으로 생각된다.

후대의 학설들 중에도 같은 오류에 빠진 것들이 최근까지도 심심치 않게 발견된다.[133] 가령 다음 참조.

Verbruggen (1756),

p.26: "Priori casu (sc. si societas simpliciter contracta sit) renuntiatio licita est, modo dolus absit, & ipsa intempestive non fiat."

(전자의 경우 (즉 조합이 단순하게 체결된 경우) 해지가 허용되는데, 악의가 없고, 해지 자체가 부적시(不適時)에 행해지지 않는 한 그러하다.)

p.27: "Altero casu sc. si ad certum tempus Societas contracta sit, dolum abesse non sufficit, sed & insuper necessaria vel justa renuntiationis causa requiritur."

(다른 한 경우, 즉 조합이 일정 시점까지 체결된 경우 악의가 없는 것만으로는 충분하지 않고, 또한 그에 더하여 부득이한 내지 정당한 해지의 사유가 요구된다.)

Cremers (1760), 3f.: "causa tamen justa accedente"

(그러나 정당한 사유가 있으면)

최근의 Müller-Kabisch도 같은 오류에 빠졌다.[134] 그 역시 —아마도 독일학자로서 무의식적으로 독일 민법의 영향하에— 해지에 iusta causa가 있는 경우에만 해지자가 해방되는 것이 그의 임의에 달려 있다고 설명하고 있는 것이다. 또 이 부분에서 그는 조합에서 벗어나는 것(Befreitung)과 그럼에도 불구하고 부담해야 하는 일정한 책임(Haftung)의 문제를 구분하여 고찰하면서도 —해지가 조합원의 재산관리인(procurator)에게 한 것이어서 그 본인의 추인을 요한다는 법리를 전개하

---

133 이에 반하여 van der Burgh, 20f.는 이 부분을 목적 규정으로 옳게 해석하였다("ne fiat intempestive aut callide").

134 Müller-Kabisch, 146 + n.589 (D.17.2.14-16).

여 문맥을 달리하는 D.17.2.65.8에서 추출해낸—추인 논리를[135] 후자의 문맥에 적용하여 iusta causa가 아닌 경우에도 상대방이 그 책임을 면하여 줄 수 있다는 점을 이유로 해서 이런 경우에는 해지가 상대방의 추인이 필요한 쌍방적 법률행위인 것으로 이해하는데,[136] 명백한 오류이다.[137] 보통법시대의 학설들을 보면 로마법과 다른 견해들이 상당히 많다. 법원에 대한 신뢰의 측면과 함께 경제·사회의 발전과 더불어 대두하게 된 회사법적 문제들이 조합을 둘러싸고 다양하게 표출되었기 때문에 나타난 현상이었던 것으로 보인다. 순수한 로마법에 대한 이해가 아니라 새로운 법현상에 대한 입법론적 입장이 오히려 중요하였던 것이다.[138]

어쨌든 일응 '그럴듯한' 법문의 형식을 갖춘『바실리카 법전』의 전승은 그대로 독일과 우리 민법에서도 재현된 모양새이다. '정당한 사유'(민법 제718조 제1항 참조)나 중대한 사유(독일 민법 제723조), '부득이한 사유'(민법 제716조)는 결국 같은 것이지만, 마지막 것이 어감상으로는 사유의 필요성과 강도를 더 강조하는 것으로 느껴진다. 그만큼 우리 민법은 조합의 해산보다는 존속을 우대하는 입장에 서 있음을 알 수 있다.

참고로 가톨릭 윤리신학은 로마법의 원형을 그대로 유지하였다.[139] 재판 실무와의 연계를 고려할 필요가 없이 실체적 법윤리의 차원에서 논하고 있는 윤리신학이, 사법체계가 달라진 비잔틴 이래의 세속법학과 달리 로마법의 권위에 의존한 것은 어찌 보면 당연하다 할 것이다.

이제 관련 로마법 개소들을 직접 살펴보자.[140]

---

135 Müller-Kabisch, 145f.
136 Müller-Kabisch, 146. 원활한 관계 청산을 위하여 상대방의 양해를 구하는 것이 현실적으로 현명한 처사로서 권장될 뿐이지 그의 양해('추인')가 필요한 것이 아니다.
137 당사자들이 정당한 사유가 있을 것을 해지의 조건으로 삼은 경우에는, 그것이 해지를 불가능한 것으로 만드는 것이 아닌 한, 물론 그에 따른다. Menus, 26f.
138 Cf. Mehr (2008).
139 Antonius, 454 n.1267; Reiffenstuel, 340 n.149 III; Gury, 754 n.918 quaer. 2°.
140 Lit. Kaser, SD 41, 325ff.; Kunkel / Honsell, 334 n. 30; Zimmermann, 461ff.; Hefele, 69ff. nn.58-61; Glück, 469f.

3) 부재(不在)조합원에 대한 해지(解止) 통고

D.17.2.17.1 Paul. 6 ad Sab.

Si absenti renuntiata societas sit, quoad is scierit, quod is adquisivit qui renuntiavit in commune redigi, detrimentum autem solius eius esse qui renuntiaverit: sed quod absens adquisiit, ad solum eum pertinere, detrimentum ab eo factum commune esse.

(부재조합원에게 조합이 해지 통고된 경우 그가 알 때까지 해지 통고자가 취득한 것은 공동재산에 속하지만, 손실은 해지 통고자 단독의 부담이다. 그러나 부재조합원이 취득한 것은 그에게 단독으로 속하고, 그에 의한 손실은 공동 부담이다.[141])

조합의 공동사업을 위하여 타지에 나가 있어 부재하는 동료조합원에게 해지를 통고한 경우는 '조합의 불리한 시기'에 이루어진 해지이다. 그럼에도 불구하고 해지 자체는 유효하다.[142] 이 점은 우리 민법이 '부득이한 사유'가 없으면 탈퇴의 의사표시를 무효로 보아서[143] 탈퇴를 허용하지 않는 것과는 다른 태도이다. 다만 이러한 불리한 해지를 억지하기 위하여 로마법은 막연하게 '부득이한 사유'를 근거로 하기보다는 당사자들의 현실적인 이해(利害)를 매개로 하여 해지 통고자의 이득은 조합에 귀속하여 분배하고 손실은 독자 부담하며, 역으로 상대 조합원은 그 이득을 독점하되 손실은 해지 통고자와 분담하는 것으로 정함으로써 말하자면 간접적인 규제를 가하고 있다. 해지 통고는 조합의 사업 내용을 잘 알고 있는 당사자가 어떤 이유에선가 동업을 더이상 할 수 없다는 결정을 하고, 이에 따른 행동을 한 것이다. 내부 사정에 밝은 당사자의 이 결정보다 외부의, 즉 법관의 판단이 더 합당하리라는 보장은 어디에도

---

141 Höpfner II, 454ff.; Brunnemann, ad h.l. (pp.638f.).

142 Menus, 16.

143 『註釋民法[債權各則(5)]』, 120(임채웅).

없다. 특히 사업 내용이 복잡하고 전문적이면 그럴수록 외부자로서는 판단하기가 쉽지 않다. 더욱이 그 판단의 대상은 법률적인 것만이 아니라 오히려 사업과 관련된 제반 사정이라든가, 조합원들 간의 인간관계라든가 하는 사실적인 것이 더 비중이 클 수 있고, 인간적인 신뢰관계의 문제는 제3자로서는 함부로 또는 어설프게 개입할 일도 아니다.[144] 이 개소의 사안은 부재자에 대한 해지 통고이기에 제3자도 비교적 쉽게 판단할수 있는 해지 시점이 문제되는 경우이다. 그러나 일반적으로는 '조합의 불리한 시기'란 내부자인 조합원의 경영 판단에 맡길 일이지 외부자인 법관이 맡을 일은 아니다. 이런 여러 점에서 타 조합원의 손실을 막기 위한 조치이기는 하지만, 우리 민법의 규정 태도는 문제가 있다. 조합을 조합원들로부터 일정 정도 독립된 '단체'로 보고 그 존속을 도모하는 정책적 입장이 반영된 것이라고 해도 마찬가지이다. 왜냐하면 로마법도 잔여 조합원들이 기존의 관계를 유지하는 데 아무런 장애가 없기 때문이다. 법논리상 새로운 합의(novus consensus)가 필요하다고는 되어 있으나 이것은 어디까지나 법적 형식논리일 따름이기 때문이다. 오히려 현실적으로 중요한 것은 해지하는 조합원이 그 조합에서 차지하는 비중일 것이다. 가령 대부분의 투자를 담당했던 조합원이 해지한 경우를 생각해 보면 그가 빠짐으로써 사실상 조합이 해체될 공산이 클 것이다. 그러한 경우에 '부득이한 사유'가 없다는 이유로 조합관계를 억지로 유지하는 것이 과연 득책인지는 의문이다. 왜냐하면 법적으로 그 존속은 보전될지 모르지만 사실상 관계가 유지되기 어려운, 심지어는 크게 파탄되었을지도 모르는 동업이 과연 그러한 법적 구속만으로 제대로 돌아갈지 의문이기 때문이다.

---

144 Noodt, ad D.17.2, p.302: "Hoc receptum eo justius; ne quis invitus compellatur manere in communione ... sibi, ut putat, inutili, ac taediosa, & propter eam nihilominus, in querelis, & litibus ..."; Menus, 9.

4) 교활하고 악의적인 해지(解止)

D.17.2.65.3-4 Paulus 32 ad ed.

3. Diximus dissensu solvi societatem: hoc ita est, si omnes dissentiunt. ¶ quid ergo, si unus renuntiet? Cassius scripsit eum qui renuntiaverit societati a se quidem liberare socios suos, se autem ab illis non liberare. ¶ quod utique observandum est, si dolo malo renuntiatio facta sit, veluti [예 1] si, cum omnium bonorum societatem inissemus, deinde cum obvenisset uni hereditas, propter hoc renuntiavit: ideoque si quidem damnum attulerit hereditas, hoc ad eum qui renuntiavit pertinebit, commodum autem communicare cogetur actione pro socio.[145] ¶ quod si quid post renuntiationem adquisierit, non erit communicandum, quia nec dolus admissus est in eo.[146]

4. Item [예 2] si societatem ineamus ad aliquam rem emendam, deinde solus volueris eam emere ideoque renuntiaveris societati, ut solus emeres, teneberis quanti interest mea: ¶ sed si ideo renuntiaveris, quia emptio tibi displicebat, non teneberis, quamvis ego emero, quia hic nulla fraus est: eaque et Iuliano placent.

(3. 우리는 해산합의(解散合意)로 조합이 해체된다고 이야기하였다. 이것은 조합원 전원이 해산합의 하는 경우에 그런 것이다. ¶ 그렇다면 1인이 해지 (解止) 통고할 경우에는 어떠한가? 카씨우스는 조합에 해지 통고한 자는 실로 동료조합원들을 자기 자신으로부터는 해방시키지만, 자기 자신은 그들

---

145 Gai. 3.151: ... sed plane si quis in hoc renuntiauerit societati, ut obueniens aliquod lucrum solus habeat, ueluti si mihi totorum bonorum socius, cum ab aliquo heres esset relictus, in hoc renuntiauerit societati, ut hereditatem solus lucri faciat, cogetur hoc lucrum communicare ...

146 Gai. 3.151: ... si quid uero aliud lucri fecerit, quod non captauerit, ad ipsum solum pertinet. mihi uero, quidquid omnino post renuntiatam societatem adquiritur, soli conceditur.

로부터 해방시키지 않는다고 기술하였다. ¶ 이것은 무릇 악의로 해지 통고가 된 경우에 준수되어야만 하는바, [예 1] 가령 우리가 총재산조합을 결성했는데 그후 1인에게 상속재산이 취득되자 그가 이 이유로 해지 통고를 한 경우처럼. 그리하여 실로 상속재산이 손실을 가져온 경우에는 이것은 해지 통고자에게 속할 것이지만, 이득은 공유하도록 조합원소권으로써 강제될 것이다. ¶ 그러나 해지 통고 후 그가 어떤 것을 취득한 경우에는 공유로 할 것이 아닐 것인데, 왜냐하면 악의가 이에 있어서는 범해진 것이 아니기 때문이다.

4. 또 [예 2] 우리가 어떤 물건을 매수하기 위하여 조합을 결성하고, 네가 그 후에 단독으로 그것을 매수하기를 원했고, 그래서 네가 단독으로 사기 위하여 조합에 해지 통고를 한 경우에는 너는 나의 이해상당액(利害相當額)을 책임질 것이다. ¶ 그러나 네가 매수가 네 마음에 안 들었기에 해지 통고한 경우에는 비록 내가 사더라도 너는 책임지지 않을 것인데, 왜냐하면 이때에는 아무런 사해(詐害)행위가 없기 때문이다. 그리고 이런 견해들이 율리아누스에게도 마음에 들었다.[147])

이 개소들은 조합원 중 1인이 조합사업 중에 조합을 배제하고 자신이 이득을 독차지하기 위하여 교활하고 악의적으로(callide et dolose) 조합을 해지하는 경우를 다룬 것이다.[148] 이때에도 로마의 법률가들의 논리는 부재하는 동료조합원에게 해지 통고를 한 경우와 같은 것이다. 이득은 분배하고 손실은 단독으로 부담한다는 것이다. 이들 개소에 등장하는 법률가들로 볼 때 이러한 법리의 발전에는 사비누스학파가 크게 기여한 것으로 보인다. 왜냐하면 이들은 조합의 본질을 이득의 공동분배에서 찾았기에[149] 이러한 방도를 강구하는 데 별 어려움이 없었을 것이다. 우리

---

147 Brunnemann, ad D.17.2.65.pr. nn.6-8 (pp.644f.).

148 Menus, 12f.; Höpfner II, 445ff.

149 D.17.2.29.1 Ulpianus 30 ad Sabinum.
   Ita coiri societatem posse, ut nullam partem damni alter sentiat, lucrum vero

민법에 의하면 이러한 악의적인 해지는 조합에 손실을 끼칠 것이므로 '조합의 불리한 시기'의 해지에 해당할 것이고, 특히 악의적인 행위로서 '부득이한 사유'를 인정할 수 없을 것이므로 그 조합원의 탈퇴는 인정되지 않는다. 이것은 마치 이혼에서 유책주의를 취하여 이혼의 허용 여부를 당사자 관계의 파탄이 아니라 이혼 청구자의 유책 여부에 의존하여 그 허부를 법관이 판단하고, 유책자의 이혼 청구를 배척하는 것과 유사한 것이다. 이러한 법정책이 과연 타당한 것이냐에 대한 논란이 큰 것처럼 조합원들 상호간에 신뢰관계가 깨진 전형적인 사례에 해당하는 위의 경우에도 이럴진대 그 구성원들 사이에 조합의 존속을 법으로 강제하는 것이 과연 바람직한 것인지 의문이 아닐 수 없다. 경제적 이해관계의 매개를 통하여 규율하는 로마법의 태도가 수긍되는 까닭이다.

---

commune sit, Cassius putat: quod ita demum valebit, ut et Sabinus scribit, si tanti sit opera, quanti damnum est: plerumque enim tanta est industria socii, ut plus societati conferat quam pecunia, item si solus naviget, si solus peregrinetur, pericula subeat solus.

당연히 어느 조합원에 이익 없이 손실만 배분하는 사자(獅子)조합(societas leonina)의 경우는 불허되었다.

D.17.2.29.2 Ulpianus 30 ad Sabinum.

Aristo refert Cassium respondisse societatem talem coiri non posse, ut alter lucrum tantum, alter damnum sentiret, et hanc societatem Leoninam solitum appellare: et nos consentimus talem societatem nullam esse, ut alter lucrum sentiret, alter vero nullum lucrum, sed damnum sentiret: iniquissimum enim genus societatis est, ex qua quis damnum, non etiam lucrum spectet.

D.17.2.30 Paulus 6 ad Sabinum.

Mucius libro quarto decimo scribit non posse societatem coiri, ut aliam damni, aliam lucri partem socius ferat: Servius in notatis Mucii ait nec posse societatem ita contrahi, neque enim lucrum intellegitur nisi omni damno deducto neque damnum nisi omni lucro deducto: sed potest coiri societas ita, ut eius lucri, quod reliquum in societate sit omni damno deducto, pars alia feratur, et eius damni, quod similiter relinquatur, pars alia capiatur.

Watson, 140ff.; Nuytens, 11f.; Hermans, 12f.; Carsten, 15f.; van der Burgh, 13. 상세한 것은 Hingst (2003); Meissel, *SZ* 123, 424ff.

5) 부적시(不適時)의 해지(解止)

민법이 명시적으로 언급하는 '조합의 불리한 시기',[150] 즉 부적시(不適時)의 해지[151]에 관한 로마법의 기본원칙은 이에 관한 특약조차 불필요하다는 것이다. 왜냐하면 '법률상 당연히 평가'되는 사항이기 때문이라는 것이다. 여기서 다른 조합원들에게 불리한 시기의 해지에 대한 법리가 통일적으로 잘 마련되어 있었음을 알 수 있다. 그 내용은 앞의 두 경우와 전혀 다르지 않다.

D.17.2.17.2 Paul. 6 ad Sab.

In societate autem coeunda nihil attinet de renuntiatione cavere, quia ipso iure societatis intempestiva renuntiatio in aestimationem venit.

(그런데 조합을 결성함에 있어서 아무것도 해지에 관하여 꼭 규정하도록 하지 않는데, 왜냐하면 조합의 부적시의 해지는 법률상 당연히[152] 평가되기 때문이다.)

따라서 조합의 존속기간을 정하고 그 사이에는 이탈하지 않는다고 약정한 경우에도 그러한 약정은 무효이고, 언제든지 해지가 가능하다. 다만 조합원소송으로써 정해진 법리에 따른 책임(위험)을 감수하지 않으

---

150 『註釋民法[債權各則(5)]』, 120(임채웅): "조합에 불리한 시기란 조합의 목적, 사업경영의 상황, 재산상태, 경제계의 정세 등 제반사정으로 보아 그 조합원이 그 시기에 탈퇴하는 것이 조합의 목적을 달성하는 데 특히 불이익한 시기를 말한다."

151 Höpfner I, 267: "renunciatio nocua = renunciatio intempestiva".

152 Bas.12.1.17.2 (Heimbach I, p.735).
In societate coeunda nihil attinet de renuntiatione convenire: nam ex natura societatis (κατὰ φύσιν τῆς κοινωνίας), qui intempestive renuntiavit, tenetur.
『학설휘찬』의 '법률상 당연히'(ipso iure)와 『바실리카 법전』의 '조합의 본성상'은 반드시 일치하는 관념은 아니다. 그러나 양자는 부적시(不適時)의 해지(解止)라도 가능하다는 것과 다만 그에는 책임이 따른다는 것을 내용으로 하는 법리를 지시한다는 점에서는 합치한다고 할 것인데, 이 중에서 전자의 면은 조합의 본질로부터, 후자의 면은 타당한 법리의 맥락에서 더 잘 설명된다고 할 것이다.

면 안 될 뿐이다. 우리 민법 제716조 제2항이 이 경우에도 '부득이한 사유'가 있어야만 탈퇴를 허용하는 것과는 판연히 다른 태도인데, 로마법에서는 '부득이한 사유'는 오히려 부적시임에도 해지를 해야만 할 정당한 사유로 이해함으로써 기본법리에 따른 책임을 벗어날 수 있도록 하는 기능을 한다. 즉 존속기간의 존부와 무관하게 해지는 언제나 가능하고, 다만 부득이한 사유가 있으면 아무런 부담 없이 이탈이 인정된 것이다. 이러한 법리는 다음 개소들에 잘 드러나 있다.[153]

D.17.2.14 Ulpianus 30 ad Sabinum.

Si convenerit inter socios, ne intra certum tempus communis res dividatur, non videtur convenisse, ne societate abeatur. ¶ quid tamen si hoc convenit, ne abeatur, an valeat? eleganter Pomponius scripsit frustra hoc convenire: nam et si non convenit, si tamen intempestive renuntietur societati, esse pro socio actionem. ¶ sed et si convenit, ne intra certum tempus societate abeatur, et ante tempus renuntietur, potest rationem habere renuntiatio. nec tenebitur pro socio qui ideo renuntiavit, quia condicio quaedam, qua societas erat coita, ei non praestatur: aut quid si ita iniuriosus et damnosus socius sit, ut non expediat eum pati?

(조합원들 사이에 일정한 기간 내에는 공유물이 분할되지 않는다고 합약(合約)한 경우[154] 조합에서 이탈하지 않는다고 합약한 것으로 여겨지지 않는

---

153 Menus, 14ff.; Höpfner II, 441ff.

154 D.17.2.16.1 Ulpianus 30 ad Sabinum.

Qui igitur paciscitur ne dividat, nisi aliqua iusta ratio intercedat, nec vendere poterit, ne alia ratione efficiat, ut dividatur. ¶ sed sane potest dici venditionem quidem non impediri, sed exceptionem adversus emptorem locum habere, si ante dividat, quam divideret is qui vendidit.

(그러므로 어떤 정당한 사유가 개입하지 않으면 분할하지 않는다고 약정하는 자는 또한 [자기 지분을] 팔 수도 없을 것인데, 다른 사유로 분할효과를 얻지 못하게 하려는 것이다. ¶ 그러나 실로 매도가 방해되는 것은 아니고, 매수인이 매도한 자

다. ¶ 그렇다면 이탈하지 않는다고 합약한 경우 유효한가? 폼포니우스가 예리하게도 이러한 합약(合約)은 무효이고, 그리고 합약하지 않은 경우에도 부적시에 조합에 해지 통고될 경우에는 조합원소권이 인정된다고 기술하였다. ¶ 그러나 일정한 기간 내에는 조합에서 이탈하지 않는다고 합약했는데 기간 전에 해지 통고될 경우에도 해지는 근거가 있을 수가 있다. 그래서 조합 결성의 어떤 조건이 그에게 지켜지지 않아서 해지 통고를 한 자는 조합원소권으로 책임지지 않을 것이다. 또는 동료 조합원이 인간관계상이나 재산관계상으로 아주 해를 끼치는 자여서 그를 감내하는 것이 기대 불가능한 경우라면?[155]

D.17.2.15 Pomponius 13 ad Sabinum.

Vel quod ea re frui non liceat, cuius gratia negotiatio suscepta sit?

(또는 그것 때문에 사업이 인수되었던 물건의 향익(享益)이 허용되지 않으면?)

가 분할했을 것보다 먼저 분할을 청구하면 매수인을 상대로 항변이 적용된다고 정녕 말할 수 있다.)
일반 공유물 분할에 적용된 법리와 동일한 법리가 적용된 것이다.
D.10.3.14.2-3 Paulus 3 ad Plautium.
2. Si conveniat, ne omnino divisio fiat, huiusmodi pactum nullas vires habere manifestissimum est. Sin autem intra certum tempus, quod etiam ipsius rei qualitati prodest, valet.
3. Si inter socios convenisset, ne intra certum tempus societas divideretur, quin vendere liceat ei, qui tali conventione tenetur, non est dubium: quare emptor quoque communi dividundo agendo eadem exceptione summovebitur, qua auctor eius summoveretur.
전승과정에서 텍스트가 변형된 것이 분명한 다음 개소도 공유물 분할 금지에 관한 것으로 금지에 위반한 지분 양도자에 대한 법률효과를 다룬 것이다.
D.17.2.17.pr. Paulus 6 ad Sabinum.
Sed et socius qui alienaverit contra pactionem accipit committit et tenetur societatis aut communi dividundo iudicio.
이 문제에 관한 상세한 것은 Meissel I, 277ff.; Drosdowski, 85ff.
155 Arangio-Ruiz, 153f.의 해석은 오류이다: "Il testo rivela una certa perplessità."

D.17.2.16.pr. Ulpianus 30 ad Sabinum.

Idemque erit dicendum, si socius renuntiaverit societati, qui rei publicae causa diu et invitus sit afuturus: quamvis nonnumquam ei obici possit, quia potuit et per alium societatem administrare vel socio committere: sed hoc non alias, nisi valde sit idoneus socius aut facilis afuturo etiam per alium societatis administratio.

(또 국사(國事)로 인하여 오랫동안 그것도 원하지 않는 채 부재(不在)할 조합원이 조합에 해지 통고를 한 경우에도 같은 말을 해야만 할 것이다. 비록 때로 그에게 그가 타인을 통해서도 조합의 사무집행을 하거나 동료조합원에게 맡길 수 있었다고 반론할 수 있더라도 이것은 동료조합원이 참으로 적격자이거나 또는 부재할 자에게 타인을 통해서도 조합의 사무집행이 용이한 경우에 한하는 것이다.)

D.17.2.65.5 - 6 Paulus 32 ad ed.

5. Labeo autem posteriorum libris scripsit, [예 1] si renuntiaverit societati unus ex sociis eo tempore, quo interfuit socii non dirimi societatem, committere eum in pro socio actione: nam si emimus mancipia inita societate, deinde renunties mihi eo tempore, quo vendere mancipia non expedit, hoc casu, quia deteriorem causam meam facis, teneri te pro socio iudicio. ¶ Proculus hoc ita verum esse ait, si societatis non intersit dirimi societatem: semper enim non id, quod privatim interest unius ex sociis, servari solet, sed quod societati expedit. haec ita accipienda sunt, si nihil de hoc in coeunda societate convenit.

(그런데 라베오는『유고집』(遺稿集)에서 이렇게 기술하였다. [예 1] 조합원 중의 1인이 조합이 해산(解散)되지 않는 데 대해 동료조합원에게 이익이 있던 시점에 조합에게 해지 통고를 한 경우 그는 조합원소권에 연루된다. 왜냐하면 우리가 조합 결성 시에 노예들을 샀는데, 그후 네가 노예를 파는 것이 유리하지 않은 시점에 나에게 해지 통고를 할 경우에는 네가 나의 상황을

악화시키는 것이므로 너는 조합원소송으로써 책임을 지는 때문이다라고. ¶ 프로쿨루스는 말하기를 이것은 조합이 해산되는 것이 조합에게 이익이 되지 않는 경우에 한하여 참이라고 하였다. 왜냐하면 통상 조합원 중 1인에게 사적(私的)으로 이익이 있는 것이 아니라 조합에게 유리한 것이 늘상 지켜지는 것이기 때문이다. 이 견해는 조합을 결성하면서 이 문제에 관하여 아무런 합약(合約)이 없는 경우에 받아들여야만 한다.[156]

6. Item [예 2] qui societatem in tempus coit, eam ante tempus renuntiando socium a se, non se a socio liberat: itaque si quid compendii postea factum erit, eius partem non fert, at si dispendium, aeque praestabit portionem: nisi renuntiatio ex necessitate quadam facta sit. ¶ quod si tempus finitum est, liberum est recedere, quia sine dolo malo id fiat.

(또 [예 2] 조합을 한시적으로 결성하는 자는 조합을 기한 전에 해지함으로써 동료 조합원을 자신으로부터 해방시키지만, 자신은 동료조합원으로부터 해방시키지 못한다. 그래서 후에 이득이 생길 경우 그 일부를 가져가지 못하지만, 손실의 경우 그는 동등하게 분담을 할 것이다. 단, 해지가 부득이한 사유로 행해진 경우는 그러하지 않다. ¶ 그러나 기간이 만료한 경우에는 이탈이 자유로운데, 왜냐하면 악의 없이 그 일이 일어나기 때문이다.)

---

156 상세한 것은 Drosdowski, 80ff. 이 개소가 인정하는 해지는 '선의의 부적시의 해지'라고 보면서 이를 반대해석하여 '악의적인 해지'(renonciations frauduleuses)를 허용하는 약정은 공서(公序, l'ordre public)에 반하여 금지된다는 Menus, 29ff. 의 주장은 의문이다. 부적시의 해지 시 많은 경우 해지자는 악의일 공산이 크지만, 선의인 것을 배제하지도 않으며, 그렇다고 해서 선의일 때에만 해지가 인정되는 것도 아니고, 처음부터 당사자들이 악의적인 해지를 허용하기로 특약한다는 것도 현실적으로 개연성이 거의 없는 설정이기 때문이다. 오히려 당사자들이 해지를 '정당한 사유가 있을 때에 한한다'고 특약하는 것이 더 현실성이 있을 것이다. 이때에는 다른 경우들과 마찬가지로 일단 무엇이 정당한 사유인가에 대한 의사해석이 문제되겠지만, 로마법의 대원칙대로 하면 이러한 약정을 어긴 정당한 사유 없는 해지도 유효한 해지가 될 수밖에 없고, 따라서 정당한 사유에 대한 검토는 실제로는 의미가 없게 된다. 관계 해소의 의사가 다른 어떤 것보다도 우선하는 기준이기 때문이다. 물론 그에 따르는 책임이 이러한 부당한 해지를 억제하는 효과를 가질 뿐이다.

이러한 기본 입장에 따라서 조합재산에 속하는 어떤 물건에 대한 일정 기간 내 불분할의 특약(pactum ne ante certum tempus dividatur)은 당연히 이탈금지로 해석될 수 없다.[157] 분할금지된 물건은 제3자에 의한 공유물 분할의 소송을 저지하기 위해서 내부적으로는 당연히 그 지분의 처분도 금지된 것으로 보는 것이지만, 이에 위반하여 지분을 매도한 경우 제3자와의 매매 자체를 무효로 만들지는 못한다. 그러나 조합의 공유물의 지분을 매수한 자로서는 조합 관련한 사정을 알아보고 매매를 할 것이 기대 가능하므로 매도한 조합원이 분할을 청구할 수 없는 기간 동안에는 그 역시 분할을 청구할 수 없는 부담을 가진 지분을 매수한 것으로 이해되었다. 그의 분할청구에 대해서는 악의의 항변으로 대항이 가능하였다.

이들 개소들과 관련하여 판덱텐법학자 빈트샤이트(Bernhard Windscheid)는 다음과 같은 해석을 제시하였다.[158] 즉 그에 의하면 존속기간을 정한 조합의 기간 만료 전 해지는 정당한 사유가 있어야만 하며, 이 사유의 존부는 법관이 판단하고,[159] 정당한 사유가 없는 해지의 경우에는 여타 조합원들이 임의로 조합의 존속 또는 해산 여부를 결정할 수 있다고 하고,[160] 또 해지의 의사표시가 늦게 도달한 경우에는 어느 시점부터 조합이 해산되는 것으로 정할지도 임의로 정할 수 있다고 한다.[161] 이러한 이해가 로마법과 부합하지 않음은 명백한데, 법관에게 판단을 맡긴 것을 보면 역시 개입주의적인 입장이 반영되고, 또 계약적 구속을 당사자들 사이에서 상대방의 임의에 따라 강제할 수 있도록 규율하려는 논리로 보면 당사자주의적이라기보다는 규제주의적-관헌주의적인 입

---

157 Menus, 20ff.

158 이러한 태도는 그가 판덱텐법 교과서 제1판의 서문에서 밝힌 대로 당대를 위한 로마법으로부터의 일정한 탈피를 보여주는 것이기도 하다. Windscheid / Kipp I, IV.

159 Windscheid / Kipp II, 793 + n. 7: "Ob ein rechtfertigender Grund vorliegt, hat im einzelnen Fall der Richter zu entscheiden."

160 Windscheid / Kipp II, 793 + n.7a.

161 Windscheid / Kipp II, 793 + n.8.

장이 반영된 것으로 보인다.[162]

서양법의 역사를 돌아보면 로마법 사료를 근거로 원용하고는 있으나 당대의 시대상황에 비추어, 또 원용자의 법률정책적 입장에 따라서 사료의 활용이 무상했음을 알 수 있다. 프란츠 비악커(Franz Wieacker)가 말한 "건설적 오해"의 역사이다.

V. 결론

로마법에서 조합원 1인의 해지는 조합 전체의 해산을 초래하였다(파탄주의). 인생공동체(consortium omnis vitae; societas vitae)인 혼인[163]조차도 파탄주의를 채택했던 로마인들로서는 당연한 결과라고도 하겠다. 우리 민법은 1인의 탈퇴로 조합 전체가 해산하지 않는다. 다만 '부득이한 사

---

162 Windscheid / Kipp II, 792 + n.5는 부적시의 해지의 경우 일반에 대하여 손해배상이 따름을 적시하고 있는데, 방금 보았듯이 존속기간을 정한 조합의 경우의 기간 전 해지를 따로 다룸으로써 이 두 가지 사안이 서로 교착될 수 있는 가능성을 열어놓았고, 이대로 독일 민법 제723조에 규정이 된 것이다(앞의 주 127 참조). Windscheid / Kipp II, 794f.

163 D.23.2.1 Modestinus 1 regularum.
Nuptiae sunt coniunctio maris et feminae et consortium omnis vitae, divini et humani iuris communicatio.
D.25.2.1 Paulus 7 ad Sabinum.
Rerum amotarum iudicium singulare introductum est adversus eam quae uxor fuit, quia non placuit cum ea furti agere posse: quibusdam existimantibus ne quidem furtum eam facere, ut Nerva Cassio, quia societas vitae quodammodo dominam eam faceret: aliis, ut Sabino et Proculo, furto quidem eam facere, sicut filia patri faciat, sed furti non esse actionem constituto iure, in qua sententia et Iulianus rectissime est:
D.42.1.52 Tryphoninus 12 disputationum.
Si rerum amotarum cum viro agatur, quamquam videatur ea quoque actio praecedentis societatis vitae causam habuisse, in solidum condemnari debet, quoniam ex male contractu et delicto oritur.

유'가 있으면 각 조합원은 조합 전체의 해산을 청구할 수 있도록 하였다 (민법 제720조). 이 경우에도 '부득이한 사유'는 일단 조합의 해체를 저지하는 기능을 한다(규제주의). 로마법상으로는 각 조합원의 해지 및 그에 따른 조합 전체의 해산이 부득이한 사유 없이 항상 인정되었던 것과 크게 다른 점이다. 비교법적으로 보면 일본 민법은 우리 민법과 같은 태도이고, 독일 민법도 기본적으로 대동소이(大同小異)하지만, 부적시의 해지에 관해서는 로마법과 같이 손해배상을 과하는 방식을 취하였다. 이탈하는 조합원을 제외한 다른 조합원 사이에서 조합의 존속을 미리 약정하는 것을 인정한 것은 사후적인 새로운 약정만을 인정했던 로마법과 다른 점이다. 말하자면 독일 민법은 절충적인 입장이다.

결국 앞에서도 지적했듯이 '부득이한 사유'의 규제를 통하여 우리 민법은 조합의 존속을 가급적 유지하고자 하고, 그 사유의 존부 판단을 외부의 제3자인 법관에게 맡기도록 정한 것이다. 물론 이 모든 것은 임의 규정이기 때문에[164] 당사자들의 특약이 우선하여 반드시 법조문이 정한 바대로 규율되는 것은 아니라는 점에서 경영판단과 관련한 규율의 사적 자치가 배제된 것이 아니므로 종국에는 그다지 심각한 것으로 볼 수 없을지도 모르겠다. 어쨌든 '정당한 사유'의 존부 판단을 법관에게 맡기고자 한 전통은 이미 비잔틴법 이래 적어도 산견되는데, 고전기 로마가 이러한 재량의 행사를 맡길 전문적 직업법관에 의한 재판을 상시화하지 않았던 배경하에서 모든 경영 판단을 당사자에게 맡길 수밖에 없었던 점과 대비되는 점이다. 문제는 로마법적 상황을 떠난 지 오래된 오늘날이라 해서 조합의 경영 판단을 전문 직업법관이라는 명분으로 인하여 법관에게 맡기는 것이 과연 합당한가 하는 점이다. 역사를 보면, 로마법의 원형을 제외하면 후대의 법질서들은 공인된 법률가로서 국가의 사법부에서 재판업무를 담당하는 법관에게 조합 해지의 요건인 '중대한 사

---

164 심지어는 합유 규정조차도 통설과 판례는 임의규정으로 본다. 이에 대한 반대 입장에서의 상론(詳論)은 남효순, 162ff.

유'에 대한 판단을 맡겨 왔다. 조합의 경영, 그중에서도 제일 중요한 그 지속 여부에 관하여 당사자들의 사적 자치적 결정보다 이러한 규제주의적 판단이 더 우수할 것이라는 확증은 어디서도 제시되지 않았다. 아마도 앞으로도 제시되지 못할 것이다. 왜냐하면 이 판단은 법리에 관한 판단을 포함하겠지만, 사실 판단의 측면이 훨씬 강하기 때문이고, 법관들이 사실 판단을 당사자들보다 더 잘 한다는 보장은 결코 일반적 법리로 확정할 수 있는 문제가 아니기 때문이다. 그럼에도 불구하고 법관에게 이러한 사실 판단까지를 맡긴 이유는 합리적으로 생각할 때 사실 판단을 위한 모든 자료가 현출되고 이해당사자의 주관적 이해로 인하여 왜곡되지 않은 공정한 객관적 판단이 가능한 장(場)은 그래도 역시 법정이라는 인류의 장구한 경험이 뒷받침하고 있다고 믿기 때문일 것이다.[165]

---

[165] 고대 그리스의 소피스트 안티폰(Antiphon)이라면 과연 이러한 낙관론을 어떻게 평가했을까?

Diels / Kranz, 87 B 44 Fr. A Col.2,23-Col.3,18 (pp.347f.): "이 같은 논의는 모두 다음과 같은 것들, 즉 법에 따라 정의로운 것들의 많은 부분(τὰ πολλὰ τῶν κατὰ νόμον δικαίων)이 자연에 적대적이기(πολεμίως τῆι φύσει) 때문에 행해진다. 法은 눈에게 무엇을 보고 무엇을 보지 말라고 말하며 귀에게 무엇을 듣고 무엇을 듣지 말 것을, 입에게 무엇을 말하고 무엇을 말하지 말 것을, 손에게 무엇은 해도 되고 무엇은 해서는 안 되는지를, 발에게 어디에는 가고 어디에는 가서 안 되는지를 그리고 마음에게 무엇을 바라야 되고 무엇을 바라서는 안 되는지를 말한다. 그런데 법이 그것들로부터 사람들을 금지시키는 것이나, 그것을 하도록 사람들을 추장하는 것이나 어느 것도 자연에 보다 우호적이지도, 또한 보다 알맞지도 않다" (김남두 옮김, "소피스트 안티폰에 있어서 法과 自然", 『西洋古典學硏究 2』(1988. 12), 123ff., 132. 원문 삽입은 제외).

그의 말대로 이러나저러나 법은 어차피 직접 당사자들에게는 손해를 주지는 않더라도 별 도움이 못 되는 것은 아닐까.

Diels / Kranz, 87 B 44 Fr. A Col.6,4-9 (p.350): "그런데 그와 같은 것들(= 법준수)을 받아들이는 사람들에게 법으로부터의 정의(正義, τὸ ἐκ νόμου δίκαιον)가 충분한 도움을 주지 못하는 듯이 보인다"(김남두, 135).

유독 Lysias, Eratosthenes의 살해 피소사건 변호론(ὑπὲρ τοῦ Ἐρατοσθένους φόνου ἀπολογία)의 주역이었던 피고인 Euphiletos의 다음과 같은 토로가 절절히 와 닿는 세월이다(Lysias, 1.50). 기원전 403년으로 추정되는 동 사건과의 시간적 거리를 넘어서.

그러면 단체성의 차원에서 로마법의 태도와 우리 민법의 태도 중 어느 것이 과연 더 합당한가? 이 문제는 일률적으로 답할 것이 못 된다. 왜냐하면 실생활에서 조합의 모습은 각양각색일 수 있기 때문이다. 일단 이러한 다양다종의 모습을 띨 수 있는 조합을 하나의 규범적 잣대로 재단하는 것이 항상 타당할지 의문이다. 로마의 조합처럼 통상 소수 인원이 동업하는 형태의 계약관계일 때에는 우리 민법과 같은 규율은 그다지 합당해 보이지 않는다.[166] 그러나 예를 들어서 오늘날의 아파트재건축조합처럼 조합의 규모가 크고 조합원 상호간에 신뢰관계는커녕 단순한 안면조차 사실상 거의 트고 있지 못하고, 또 많은 경우 특별법에 의하여 규율되는 조합의 경우에는 그 '단체'로서의 성격을 부정하는 것이 오히려 사태를 제대로 파악하지 못한 결과일 수가 있다.[167] 우리 민법이 로마법이 구사했던 용어와 개념을 사용하면서도 공유 대신 합유를 규정하는 등으로 다른 구조로 조합의 법리를 구성한 것은 입법적인 결단이었다. 그리고 이에 따라 조합원들의 출입을 규제함으로써 조합의 존속을 유지하는 쪽으로 정한 것도 입법의 정합성이라는 차원에서 일응 수긍되는 바이다.

그러나 한 가지 분명한 사실은 조합으로부터의 이탈의 문제는 그 단체성과 필연적으로 연계된 것이 아니라는 점이다. 단체성을 인정한다고 해서 반드시 조합원의 이탈을 부득이한 사유가 있을 때에 한하여 인정해

ἐγὼ γὰρ νῦν καὶ περὶ τοῦ σώματος καὶ περὶ τῶν χρημάτων καὶ περὶ τῶν ἄλλων ἁπάντων κινδυνεύω, ὅτι τοῖς τῆς πόλεως νόμοις ἐπειθόμην.
(이 나라의 법들에 순복(順服)했기에 이제 나는 생명과 재산과 다른 모든 것을 위태롭게 하고 있습니다.)

166 사실은 로마법에서도 법이 정하는 기본적인 틀 내에서 조합의 주된 유형들은 경제적 내용에 따라서 독자적인 법률 구성과 특정한 책임내용을 가졌었다. Meissel, 61ff.

167 조합과 법인이 아닌 사단과의 관계에 대한 여러 논의를 참조할 것. 특히 우리나라 판례는 사회적 실태에 따라 구분하는 입장이다. 『註釋民法[債權各則(5)]』, 38ff.(조합과 사단), 48ff.(조합 규정의 구체적 적용례), 139ff.(契) (임채웅).

야만 하는 것은 아니다. 이탈을 자유롭게 인정한다고 해서 나머지 조합원들 사이의 단체로서의 조합이 그 존속 면에서 보호받지 못하고 방치되는 것도 아니다. 이 두 문제가 서로 무관할 수 있다는 것은 사단법인이 사원의 이탈이 자유롭다고 해서 그 단체성이 달라지는 것도 아닌 점을 보아도 그러하고, 또 역으로 로마법이 이탈의 자유로 인하여 조합의 존속이 불가능하게 되더라도 오히려 이탈의 자유를 인정했던 것[168]을 상기해 보아도 이 점은 분명해진다. 결국 조합으로부터의 이탈의 자유를 어떻게 규율할 것인가를 결정하는 것은 입법정책에 의한다. 각국의 법제가 비슷한 듯하면서도 서로 다른 이유가 바로 이것이다. 이 점에서 로마법이 사적 자치를 최대한 허용한 것이라면, 그리고 (오늘날 채권법의 추세가 지향하듯이) 책임법적인 접근을 통하여 간접적인 규제를 가한 것이라면 우리 민법은 상대적으로 더 직접적인 개입주의적 입장에 선 것이라고 할 수 있다. 민법 제719조[169]는 그에 따른 후속조치를 규정한 것이다. 조합의 해지와 관련한 두 법제의 차이는 법이란 기술적(技術的) 측면과 이념적(理念的) 측면이 불가피하게 교착되어 있는 현상이라는 점을 증거하는 하나의 좋은 예라 할 것이다.

이 글에서는 로마법과 우리 민법 (및 그 직접 선구인 일본민법) 외에 프

---

168 이미 언급한 개소들 외에도 이 법리를 천명하고 있는 개소로는

C.3.37.5 Diocl./Maxim. (a.294).

In communionem vel societatem nemo compellitur invitus detineri: quapropter aditus praeses provinciae ea, quae communia tibi cum sorore perspexerit, dividi providebit.

Cf. D.12.6.26.4 Ulp. 26 ad ed.

... (nemo enim invitus compellitur ad communionem) ...

169 민법 제719조(탈퇴조합원의 지분의 계산)

① 탈퇴한 조합원과 다른 조합원간의 계산은 탈퇴 당시의 조합재산상태에 의하여 한다.

② 탈퇴한 조합원의 지분은 그 출자의 종류여하에 불구하고 금전으로 반환할 수 있다.

③ 탈퇴 당시에 완결되지 아니한 사항에 대해서는 완결 후에 계산할 수 있다.

랑스 민법과 독일 민법의 조합 해지 관련 요건 면만을 비교하는 데 그쳤다. 이들 민법전을 포함하여 세계 각국의 민법전 성립과정에서 어떠한 고려로 인하여 현재와 같은 조문으로 성문화되기에 이르렀는가 하는 역사적 과정에 대한 더 세밀한 비교법적 연구가 이루어져서 더욱 심화된 인식에 이르게 되기를 희망해 본다.

참고문헌

〈『학설휘찬』 번역본〉

Digeste-Hulot = *Le Digeste de Justinien* (Traduction de Henri Hulot, 1803), tome II.

Digesten-Behrends = *Corpus Iuris Civilis Text und Übersetzung III Digesten 11-20*, Gemeinschaftlich übersetzt und herausgegeben von Okko Behrends, Rolf Knütel, Berthold Kupisch, Hans Hermann Seiler (1999).

Digesten-Otto = *Das Corpus Juris Civilis in's Deutsche übersetzt* von einem Vereine Rechtsgelehrter und herausgegeben von Carl Ed. Otto, Bruno Schilling und Carl Friedrich Ferdinand Sintenis, Zweiter Band (1831).

Digesti-Schipani = *Digesti o Pandette dell'Imperatore Giustiniano, Testo e Traduzione III 12-19*, a cura di Sandro Schipani con la collaborazione di Lelio Lantella (Milano: Dott. A. Giuffrè Editore, 2007).

Digest-Scott = http://droitromain.upmf-grenoble.fr/ →18. Lingua Anglica →'The Digest or Pandects of Justinian (Scott) (1932).

Digest-Watson = *The Digest of Justinian*, translation edited by Alan Watson, rev. English language ed. (1998).

『學說彙纂-江南』 = 江南義之 譯, 『學說彙纂の日本語への翻譯 (I)』, 東京: 信山社出版株式會社(初版第一刷, 1991 / 新裝第一版第二刷, 1996)

金龍潭 編, 『註釋民法[債權各則(5)]』 §703 ~ §749, 한국사법행정학회(제4판 제1쇄, 2016).

남효순, "우리 민법상 합유와 준합유의 강제 ─ 학설과 판례의 문제점 해결을 위한 합유의 새로운 해석 ─ 물권 및 물권적 청구권개념에 대한 새로운 이해의 단초 4", 『저스티스』 159(2017. 4), 162-210.

명순구, 『프랑스민법전』, 법문사(2004), 737.

최병조, 『로마法·民法論考』, 박영사(1999). [= 최병조 II]

_____, "로마법상의 신분변동 頭格減等(*capitis deminutio*)에 관한 소고 ─ D.4.5 *De capite minutis* 역주를 겸하여", 『법사학연구』 54(2016. 10), 251-296. [= 최병조 III]

_____, 『로마法硏究(I) ─ 法學의 源流를 찾아서』, 서울대학교출판부(1995). [= 최병조 I]

현승종 / 조규창, 『로마法』, 박영사(1996).

Antonius (de Spiritu Sancto), R. P. F., *Directorium confessorium, continens Decem Decalogi Praecepta et Totam Materiam de Justitia et Jure*, editio secunda auctior et emendata (Lugduni: Sumptibus Guilielmi Barbier, 1680).

Arangio-Ruiz, Vincenzo, *Fontes iuris Romani antejustiniani (FIRA)*, III (Firenze, 1943).

_____, *La società in diritto romano*, Ristampa anastatica (Napoli: Casa Editrice Dott. Eugenio Jovene, 1982).

Badian, E., *Publicans and Sinners. Private Enterprise in the Service of the Roman Republic* (Ithaca and London: Cornell Universityt Press, 1972).

Brunnemann, Johannes, *Commentarius in Quinquaginta Libros Pandectarum*, editio quinta (Wittebergae & Berollini: Sumtibus J. W. Meyeri & G. Zimmermanni, 1701).

Buckler, W. H., *The Origin and History of Contract in Roman Law down to the End of the Republican Period* (London: C. J. Clay and Sons, 1895).

Carsten, Caspar Everhard, *De Societate*. Dissertatio juridica inauguralis (Groningae: Apud Theodorum Spoormaker, 1781).

Cimma, Maria Rosa, *Ricerche sulle società di publicani* (Milano: Giuffrè, 1981).

Costa, Emilio, *Cicerone giureconsulto*, nuova edizione riveduta e ampliata dall'autore e in parte postuma, Volume primo (Bologna: Nicola Zanichelli Editore, 1927).

Cremers, Jacobus Joannes, *De Modis quibus solvitur societas*. Dissertatio juridica inauguralis (Groningae: Apud Henricum Vechnerum, 1760).

Crook, J. A., *Law and Life of Rome* (London: Thames and Hudson, 1967 / First paperback edition 1984).

Daube, David, "Societas as Consensual Contract", *Cambridge Law Journal* 6 (1938), 318ff. = *Collected Studies* I (1991), 37ff.

de Benoit, Georgius, *De Societate secumdum jus Romanum*. Dissertatio inauguralis juridica (Bernae: Ex officina Stämpfliana [G. Hünerwadel], 1869).

Diels, Hermann / Kranz, Walther, *Die Fragmente der Vorsokratiker*, Zweiter Band, 16.

Auflage = unveränderter Nachdruck der 6. Auflage 1954 (Weidmann, 1972).

Dirksen, Henricus Eduardus, *Manuale Latinitatis Fontium Iuris Civilis Romanorum* (Berolini: Impensis Dunckei et Humblotii, 1837).

Drosdowski, Thomas, *Das Verhältnis von actio pro socio und actio communi dividundo im klassischen römischen Recht* (Berlin: Duncker & Humblot, 1998).

Fleckner, Andreas M., *Antike Kapitalvereinigungen. Ein Beitrag zu den konzeptionellen und historischen Grundlagen der Aktiengesellschaft* (Köln · Weimar · Wien: Böhlau Verlag, 2010).

Glück, Christian Friedrich, *Ausführliche Erläuterung der Pandecten nach Hellfeld, ein Commentar*, Fünfzehnten Theils erste Abtheilung (Erlangen: Joahnn Jacob Palm, 1813).

Guarino, Antonio, "Societas consensu contracta", *Atti Accad. di Scienze mor. e polit. di Napoli* 83 (1972), 102ff. = *La società in diritto romano* (Napoli: 1998), 1ff.

Gury, P. Ioannes Peter S. I., *Compendium Theologiae Moralis, ab auctore recognitum et Antonii Ballerini adnotationibus locupletatum*, editio duodecima novis curis expolita a Dominico Palmieri E. S., Tomus primus (Prati: Ex Officina Libraria Giachetti, Filii et Soc., 1894).

Hefele, Emil, *Entwicklung der Lehre der Societät ausschließlich nach Römischem Rechte*. Dissertation der hohen Juristenfakultät Tübingen (Tübingen: Gedruckt bei H. Laupp, 1864).

Hermans, Rochus-Josephus-Theodorus, *De Contractu societatis*. Dissertatio inauguralis juridica (Lovanii: Typis Vanlinthout et Vandenzande, 1821).

Heumann, H. / Seckel, E., *Handlexikon zu den Quellen des römischen Rechts* (Graz: Akademischer Druck- u. Verlagsanstalt, 1971).

Hingst, Kai-Michael, *Die societas leonina in der europäischen Privatrechtsgeschichte. Der Weg vom Typenzwang zur Vertragsfreiheit am Beispiel der Geschichte der Löwengesellschaft vom römischen Recht bis in die Gegenwart* (Berlin: Duncker & Humblot, 2003).

Höpfner, Ludwig, "Ueber den einseitigen Rücktritt von dem Gesellschaftsvertrage", *Archiv für die civilistische Praxis* 17/2 (1834), 17/3 (1834), 440-458. [= Höpfner I, II]

Jakab, Éva, Rezension "Franz-Stefan Meissel, Societas. Struktur und Typenvielfalt des römischen Gesellschaftsvertrages (= Wiener Studien zu Geschichte, Recht und Gesellschaft, Band 3). Lang, Frankfurt am Main, 2004. XII, 343 S.", *Zeitschrift der Savigny-Stiftung für Rechtsgeschichte, Romanistische Abteilung (SZ)*,

Band 123 (2006), 417-423.

Jauernig, *Bürgerliches Gesetzbuch. Kommentar*, 14. Auflage (München: Verlag C.H. Beck, 2011).

Jhering, Rudolph von, *Geist des römischen Rechts auf den verschiedenen Stufen seiner Entwicklung*, Zweiter Theil. Erste Abtheilung, Dritte verbesserte Auflage (Leipzig: Druck und Verlag von Breitkopf und Härtel, 1874).

Kaser, Max, "Neue Literatur zur societas", *Studia et Documenta Historiae et Iuris* 41 (1975), 278ff. [= Kaser, *SD* 41]

_____, *Das römische Privatrecht*, I² (1971). [= Kaser, *RP* I²]

Knütel, Rolf, *Contrarius consensus. Studien zur Vertragsaufhebung im römischen Recht* (Köln: Böhlau, 1968).

Kunkel/Honsell, *Römisches Recht*, aufgrund des Werkes von Paul Jörs-Wolfgang Kunkel-Leopold Wenger, in vierter Auflage neu bearbeitet von Heinrich Honsell-Theo Mayer-Maly-Walter Selb (1987).

Lambrechtsen, Gulielmus Nicolaus, *De Comtractu societatis*. Specimen juridicum inaugurale (Lugduni Batavorum: Apud H. W. Hazenberg juniorem, 1815).

Lenel, Otto, *Das Edictum Perpetuum*, 2. Neudruck der 3. Auflage Leipzig 1927 (Aalen: Scientia Verlag, 1974).

Lera, Julio Hernando, *El contrato de sociedad. La casuistica jurisprudencial clasica* (Madrid: Dykinson, 1992).

Malmendier, Ulrike, *Societas publicanorum. Staatliche Wirtschaftsaktivitäten in den Händen privater Unternehmer* (Köln · Weimar · Wien: Böhlau Verlag, 2002).

Manigk, Alfred, "Privatautonomie", in: *Festschrift Paul Koschaker*, herausgegeben von Max Kaser u.a. (Weimar: Böhlau, 1939), 266ff.

Matthiae, *Controversen-Lexikon des römischen Civilrechts. Ein Hülfsbuch für praktische Juristen derjenigen Länder, in welchen römisches Recht gilt* (Leipzig: Verlag von Otto Wigand, 1856).

Mayer-Maly, Theo, "Renuntiatio", in: *Ars boni et aequi. Festschrift für Wolfgang Waldstein zum 65. Geburtstag*, herausgegeben von Martin Josef Schermaier und Zoltán Végh (Stuttgart: Franz Steiner Verlag, 1993), 261ff.

Mehr, Ralf, *Societas und universitas. Römischrechtliche Institute im Unternehmens- gesellschaftsrecht vor 1800* (Köln · Weimar · Wien: Böhlau Verlag, 2008).

Meincke, Jens Peter, "Das Gesellschaftsrecht in den Institutionen Iustinians", in: *Festschrift für Georg Maier-Reimer zum 70. Geburtstag*, herausgegeben von Barbara Grunewald und Harm Peter Westermann (München: Verlag C.H.

Beck, 2010).

Meissel, Franz-Stefan, "Kai-Michael Hingst, Die societas leonina in der europäischen Privatrechtsgeschichte. Der Weg vom Typenzwang zur Vertragsfreiheit am Beispiel der Geschichte der Löwengesellschaft vom römischen Recht bis in die Gegenwart (= Hambuerger Rechtsstudien, Heft 94). Duncker & Humblot, Berlin 2003. 536 S.", *Zeitschrift der Savigny-Stiftung für Rechtsgeschichte, Romanistische Abteilung (SZ)*, Band 123 (2006), 424-427. [= Meissel, *SZ* 123]

_____, "Simon Müller-Kabisch, Die Kündigung bei societas und locatio conductio rei. Zur Frage ihrer rechtsgeschichtlichen Natur in vorklassischer und klassischer Zeit (= Berliner Schriften zur Rechtsgeschichte 2). Nomos, Baden-Baden 2011. 192 S.", *Zeitschrift der Savigny-Stiftung für Rechtsgeschichte, Romanistische Abteilung (SZ)*, Band 131 (2014), 473-483. [= Meissel, *SZ* 131]

_____, *Societas. Struktur und Typenvielfalt des römischen Gesellschaftsvertrages* (Frankfurt am Main: Peter Lang, 2004). [= Meissel]

Menus, Albert, *De la dissolution des sociétés par la volonté et la mort des associés* [Thèse pour le doctorat, Faculté de Droit de Paris] (Paris: Arthur Rousseau, Éditeur, 1889).

Müller-Kabisch, Simon, *Die Kündigung bei societas und locatio conductio rei. Zur Frage ihrer rechtsgeschichtlichen Natur in vorklassischer und klassischer Zeit* (Baden-Baden: Nomos Verlagsgesellschaft, 2011).

Münchener Kommentar zum Bürgerlichen Gesetzbuch, Band 5 Schuldrecht Besonderer Teil III, Redakteur: Mathias Habersack, 6. Auflage (München: Verlag C.H. Beck, 2013).

Nelson, Hein L. W./Manthe, Ulrich, *Gai Institutiones III.88-181. Die Kontraktsobligationen, Text und Kommentar* (Berlin: Duncker & Humblot, 1999).

Noodt, Gerard, *Operum omnium Tomus II continens Commentarium in D. Justiniani Sacratissimi Principis, Libros XXVII. Digestorum sive Pandectarum, Juris enucleati ex omni vetere Jure collecti*, Editio recens in Germania (Coloniae Agrippinae: Sumptibus, Johannis Wilhelmi Huisch, Bibliopol., 1732).

Nuytens, Hubertus F. J., *De Comtractu societatis. Dissertatio juridica inauguralis* (Gandae: Typis J.-N. Houdin, 1821).

Platschek, Johannes, *Studien zu Ciceros Rede für P. Quinctius* (München: Verlag C.H. Beck, 2005).

Reiffenstuel, Anacletus, R. P. F., *Theologia Moralis*, post editionem secundam Germanicam editio nova Veneta (Venetiis: Apud Antonium Vortoli, 1722).

Schermaier, Martin, "Simon Müller-Kabisch, Die Kündigung bei societas und locatio conductio rei. Zur Frage ihrer rechtsgeschichtlichen Natur in vorklassischer und klassischer Zeit (= Berliner Schriften zur Rechtsgeschichte 2). Nomos, Baden-Baden 2011. 192 S.", *Zeitschrift der Savigny-Stiftung für Rechtsgeschichte, Romanistische Abteilung (SZ)*, Band 132 (2015), 590-592.

Seidl, Erwin, *Rechtsgeschichte Ägyptens als römischer Provinz (Die Behauptung des ägyptischen Rechts neben dem römischen)* (Sankt Augustin: Verlag Hans Richarz, 1973).

Solazzi, Siro, "Sul recesso del socio", *Iura* 2 (1951), 152-158 = *Scritti di diritto romano* V (1947-1956) (Napoli: Casa Editrice Dott. Eugenio Jovebe, 1972), 345-351.

Soyer, Joannes Philippus, *De Societate*. Disputatio juridica inauguralis (Trajecti ad Rhenum: Apud Joannem Broedeelet, 1744).

Staudingers Kommentar zum Bürgerlichen Gesetzbuch mit Einführungsgesetz und Nebengesetzen, Buch 2 Recht der Schuldverhältnisse §§705-740 (Gesellschaftsrecht), Dreizehnte Bearbeitung 2003 von Stefan Habermeier, Redaktor Dieter Reuter (Berlin: Sellier-de Gruyter, 2003).

Treitschke, Georg Karl, *Die Lehre von der Erwerbsgesellschaft nach Römischen, Oesterreichischen, Preußischen, Sächsischen und Französischen Rechten* (Leipzig: Carl Heinrich Reclam, 1825).

van der Burgh, Christianus Abrahamus, *De Societate*. Disputatio juridica inauguralis (Lugduni Batavorum: Apud Joan. & Herm. Verrbeek, 1740).

Verbruggen, Petrus, *De Societate*. Dissertatio juridica inauguralis (Lugduni Batavorum: Apud Abrahamum Kallewier, 1756).

Vidal, Petrus, *Institutiones Iuris Civilis Romani* (Prati: Ex Officina Libraria Giachetti, Filii et Soc., 1915).

Watson, Alan, *The Law of Obligations in the Later Roman Republic* (Oxford: At the Clarendon Press, 1965).

Windscheid, Bernhard/Kipp, Theodor, *Lehrbuch des Pandektenrechts*, Erster Band (I) und Zweiter Band (II), neunte Auflage (Frankfurt am Main: Literarische Anstant Rütten & Loening, 1906).

Zimmermann, Reinhard, *The Law of Obligations. Roman Foundations of the Civilian Tradition* (München: Beck, 1993).

제9장 로마법상의 소송물 가액 선서

—D.12.3에 대한 주해를 겸하여

I. 머리말

오늘날과 달리 고대 로마에서는 일찍이 선서(宣誓, iusiurandum, iuramentum)가 삶의 다양한 영역에서 활용되었는데, 법에서도 그 사정은 마찬가지였고, 특히 소송에서 각종 선서가 활발하게 이용되었다(cf. D.12.2 De iureiurando sive voluntario sive necessario sive iudiciali; C.4.1 De rebus creditis et de iureiurando). 이 글은 그중에서 소송물 가액 선서(iusiurandum in litem)를 살피고자 하는 글이다. 이에 대한 사료들은 『학설휘찬』 D.12.3과 『칙법휘찬』 C.5.53이 주요한 소재처이고, 그 밖에 여기저기 관련 개소들이 흩어져 있지만 어렵지 않게 개관 가능한 정도의 수효만이 전해진다. 이 글에서는 관련 개소들을 망라하여 이 제도의 당시 모습을 재현하고자 한다.

이 선서 또한 로마법상 선서의 한 유형이고, 그 저변에는 모든 선서에 공통된 일정한 종교적 의식(意識)과 심성(心性)이 깔려 있지만(religio: Ulp. D.12.3.4.1 ⟨1⟩; C.5.53.1 [a.205]⟨37⟩; C.5.53.3 [a.215]⟨39⟩), 다른 경우들과 달리 매우 특수한 상황에 대한 대처라는 점에서 선서의 종교적 차원은 크지 않고, 오히려 관계 행위자들의 행태에 대한 규제와 이익 조정이라는 법 일반이 추구하는 합목적성의 차원이 두드러졌다.[1] 이 점에서

이 선서를 이해하는 데에 다른 경우라면 반드시 필요했을 수도 있었을 로마법상의 선서 일반에 대한 배경지식이 굳이 필요하다고 생각되지 않으므로 선서와 관련한 일반론적인 언급은 생략하였다. 다른 종류의 선서에 대한 고찰도 다른 기회로 미루기로 한다.

문제는 오히려 전승된 관련 자료들로부터 드러나는 모순이 상당히 의미심장하다는 것이다. 가장 두드러지는 것이 선서를 인부(認付)하는 것이 심판인의 의무인가 재량인가, 또 선서는 심판인에게 구속적인가 아닌가 하는 아주 핵심적인 문제에 있어서 드러나는 사료상의 모순이다. 결론부터 말하면 원물 이행의 강제집행이 불가능한 고전법과 그것이 가능해졌던 후대법의 기본적인 차이로 말미암아 소송물 가액 선서의 기능에 변모가 생기면서 고전법률가들의 저술에 수정이 가해진 것으로 보는 입장이 현재까지는 통설이라고 할 수 있다. 이 문제는 간단히 답할 수 있는 것이 아니고, 수정을 인정하더라도 그 세부적인 면에 있어서 저마다 다른 해석이 가능하여[2] 여전히 확실한 결과를 얻기 힘든 실정이다.[3] 이 글에서는 일단 전승되는 대로의 사료를 충실히 번역 소개하는 것을 1차적인 과제로 삼고, 필요한 기본적인 이해의 면에서는 통설을 따르기로 한다.

II. 로마법상 소송물 가액 선서

1. 소송물 가액 선서의 개요
고전 로마법은 모든 민사소송의 결말을 금액배상으로 결정하였다.[4]

---

1 Cf. Grzimek, 152f.
2 심지어는 가장 핵심개념인 contumacia조차도 수정된 것이라는 주장이 한때 있었을 정도이다. 가령 Herdlitczka, 46 n.93 (Betti에 동조).
3 심지어 이 문제 관련한 학설은 끝이 없다는 지적까지 있다. De Simone, 125 n.122: "Sul *iusiurandum in litem* la dottrina è sterminata."

이것은 아마도 특정이행(specific performance)을 강제하거나 대집행(代執行)을 수행할 능력이 당시 국가에 충분하지 않았기 때문에 발생하였을 것으로 추측되는데, 적어도 고전기까지는 소송의 개시부터가 모든 것이 당사자의 사적인 주도하에서 이루어졌던 것을 생각해 보면 집행의 단계에서도 국가로서는 가장 편안한 길을 택한 것이라고 할 수 있다. 그러나 원물에 의한(in natura) 특정이행을 원하는 것은 인지상정에 속하는 것이었기에 로마법도 소송의 성질에 따라서는 일단 이러한 이행이 가능하도록 길을 열어두었는데, 이 경우에 동원된 소권이 바로 재정소권(裁定訴權, actio arbitraria)이다.[5] 재정(裁定) 조항이 포함된 소송방식서(formula arbitraria)를 가지는 일련의 이러한 소권들에서는 일차적으로 원고를 원물 이행으로 만족시키고자 하였다. 이를 위하여 심판인이 중간명령으로 원물의 반환을 명하고, 이를 위반하는 경우 비로소 최종적으로 금전배상판결이 내려졌다. 여기에는 모든 대물소권(對物訴權, actiones in rem)과 제시소권(提示訴權, actio ad exhibendum)으로 대변되는 그 보조 소권들 및 특시명령의 후속절차들이 전형적인 것이었지만, 그 밖에 대인소권(對人

4　Gai. 4.48: Omnium autem formularum, quae condemnationem habent, ad pecuniariam aestimationem condemnatio concepta est. itaque et si corpus aliquod petamus, uelut fundum, hominem, uestem, aurum, argentum, iudex non ipsam rem condemnat eum, cum quo actum est, sicut olim fieri solebat, sed aestimata re pecuniam eum condemnat. 49. Condemnatio autem uel certae pecuniae in formula proponitur uel incertae.

5　Inst. 4.6.31: Praeterea quasdam actiones arbitrarias id est ex arbitrio iudicis pendentes appellamus, in quibus nisi iudicis is cum quo agitur actori satisfaciat, veluti rem restituat vel exhibeat vel solvat vel ex noxali causa servum dedat, condemnari debeat. sed istae actiones tam in rem quam in personam inveniuntur. in rem veluti Publiciana, Serviana de rebus coloni, quasi Serviana, quae etiam hypothecaria vocatur: in personam veluti quibus de eo agitur quod aut metus causa aut dolo malo factum est, item qua id quod certo loco promissum est, petitur. ad exhibendum quoque actio ex arbitrio iudicis pendet. in his enim actionibus et ceteris similibus permittitur iudici ex bono et aequo, secundum cuiusque rei de qua actum est naturam, aestimare quemadmodum actori satisfieri oporteat.

訴權) 중에서 순수하게 물추급적(物追及的)인 소권들 중 일부나, 동시에 징벌적(懲罰的) 성격을 갖는 일부 소권들도 속하였다.[6]

이런 소권들의 경우 피고가 원물이 반환되지 않도록 악의적으로 행위하는 때에는 이러한 피고의 행태에 대한 징치(懲治)와 더불어 원고의 이익을 도모하기 위하여 배상판결의 금액을 결정하는 방법으로 원고에게 소송물 가액을 선서시키는 것이 발전하였는데,[7] 이것이 바로 소송물 가액 선서 제도이다. 물건을 점유하고 있던 피고의 악의적인 행태는 자신의 점유를 악의적으로 상실/포기하는 경우와 심판인의 반환 내지 제시 명령을 거역하는 경우(contumacia)를 모두 포함한다. 점유가 제3자에게 이미 넘어간 후 반환 명령이 내려진 때에는 반환이 객관적으로 가능하면 피고의 주관적 반환 불능은 고려되지 않았고(D.20.1.16.3 〈47〉), 반환이 객관적으로 불능이면 피고가 그 불능에 과책(過責)이 있는 때에 한하여 반환명령 거역으로 평가되었다(D.5.3.20.21 〈33〉; D.6.1.68 〈45〉). 점유의 악의적인 포기는 결과적으로 반환 내지 제시 명령의 불이행으로 귀결하므로 결국 중요한 것은 심판인의 재정(裁定)에 따른 반환 불이행이 핵심이다. 소송방식서의 최종부분인 판결권한 부여문(condemnatio)의 앞에 "해(該) 물건이 그대(즉 심판인)의 재정에 따라 반환/제시되지 않을 경우"(neque ea res arbitrio tuo [sc. iudicis] restituetur/exhibebitur)라는 조항이 삽입되었던 취지가 바로 여기에 있는 것이다. 이 조항의 미래시제는 심판인으로 하여금 쟁점결정 후 이루어질 반환이나 제시 역시 고려하라는 수권(授權)의 의미가 있는 것이었고, "심판인의 재정"을 명시한 것은 원물 이행을 가능하게 할 재정 의무를 부과한 것으로 해석된다.[8]

---

6 Kaser/Hackl, *RZP*, 335.

7 D.12.3.8 〈36〉: ... cum et contumacia punienda sit et arbitrio potius domini rei pretium statuendum sit potestate petitori in litem iurandi concessa.

8 Kaser/Hackl, *RZP*, 336f. Noodt, 234는 소송물 가액의 배상은 매매와 같은 효과가 따른다는 법리(D.25.2.9; D.41.4.3)를 근거로 강제 매매 상황이 되므로 이에 대한 보전으로 자유 매매의 경우처럼 가액 산정의 자유를 보장한다는 차원에서 이 선서가 인정된 것으로 설명하는데, 이것은 왜 하필이면 피고의 거역을 요건으로 하는지

심판인이 심리의 결과 원고의 청구가 이유 있음을 확인하면 원고의 권리에 관하여 확인적 중간판결(pronuntiatio)을 내리고, 피고에게 그에 상응하는 것들을 반환 또는 제시할 것을 명한다(iussum de restituendo / exhibendo). 이 명령[9]과 관련하여 심판인은 세부 사항을 재량으로 정할 수가 있었다. 그러나 원물 반환이 처음부터 불가능하거나 기대 불가능할 경우에는 반환 명령을 생략할 수 있었다.[10] 다만 징벌소권의 경우에는 피고가 판결 전에 금전배상을 하면 파렴치효(破廉恥效)나 수배액(數倍額) 유책판결을 피할 수 있었으므로 그러한 기회를 주기 위하여 반환 명령을 내렸을 것으로 추정한다.[11]

피고가 반환 명령에 따라 원물을 이행하면 면소판결이 따른다. 그러나 이를 행하지 않으면 금전배상 판결이 내려지는데, 불이행이 피고의 과실(過失)에 의한 것이면 일반적으로 심판인의 산정액에 따르며 매매가 이루어진 것과 같은 상황이 발생하고, 그에 수반하는 권리 의무의 조정이 이루어진다.[12] 피고의 악의에 의한 것이면 원고가 심판인의 인부(認付)에 따라서 선서한 소송물 가액으로 유책판결의 금액이 결정된다. 심판인은 한도액을 정할 수 있지만, 그 범위 내에서 선서가 이루어지면 그에 구속되었다.[13]

그러나 고전기가 지나고 후대법에서 화폐의 가치하락에 자극받아 원물 이행이 인정되면서[14] 소송물 가액 선서의 기능은 변모를 겪게 되었

를 제대로 설명할 수가 없게 된다.

9 반드시 따라야만 하는 것이 아니라는 점에서 Jhering I, 257은 이것을 법률적으로는 '권고'(Rat)라고 부를 수 있다고 한다.

10 Kaser / Hackl, *RZP*, 337ff.

11 Kaser / Hackl, *RZP*, 339 n.31.

12 Cf. Ehrhardt, 140ff.

13 Kaser / Hackl, *RZP*, 339f.

14 그러나 최근에 Winkel, 9-20은 Ernst Levy와 Max Kaser로 대변되는 통설의 입장, 즉 비상심리절차(cognitio extra ordinaria)에서는 일찍이 항상 특정이행을 알았고 금전배상을 더이상 유지하지 않았다는 주장은 확실히 오류이고, 유스티니아누스법에서도 금전배상이 정규의 방식이었다고 주장하였다. 통설이 논거로 삼은

다. 사료의 수정 여부로부터 시작해서 세부적인 면에서는 여전히 다투어지는데, 현재의 통설적인 입장은 대체로 이러하다. 즉 이제 선서는 원물 이행을 간접강제하는 기능이 사라지면서 크게 두 가지 기능으로 재편되었다. 하나는 피고의 거역 또는 기타의 악의를 징치하는 기능이 두드러지게 된 것인데,[15] 이때에는 최고한도를 책정하지 않았다(D.6.1.68 ⟨45⟩ itp.). 다른 하나는 이와 함께 예외적으로 원물의 멸실로 심판인에 의한 가액 산정이 어려워진 경우에도(D.12.3.5.4 ⟨19⟩; D.12.3.6 ⟨58⟩) 소송물 가액 선서 제도를 이용하게 된 것이다. 그 결과 선서는 이제 피고의 악의(거역)를 전제로 하지 않게 되었고,. 이런 경우에는 심판인이 한도 책정을 할 것이 권고되었다(D.12.3.4.2 ⟨5⟩ itp.; D.4.3.18.pr. ⟨49⟩ itp.; D.10.4.3.2 ⟨7⟩ itp.). 그러나 그는 선서액보다 낮게 유책판결을 할 수가 있었다(D.12.3.4.3 ⟨9⟩ itp.; D.12.3.5.2 ⟨10⟩ itp.).[16]

전승된 사료를 이러한 변화를 반영하면서 편찬하다 보니 유스티니아누스법은 경우에 따라서는 함께 편집된 내용들이 상호 모순되기도 하는 등 매우 착종된 모습을 띠게 되었고, 고전법은 고전법대로, 유스티니아누스법은 또 그것대로 정합적인 파악을 어렵게 만들었다. 그리고 이러한 상황은 『로마법대전』을 그리스어로 번역하여 편찬한 『바실리카 법전』의 경우에도 그대로 유지되었다.

2. 개념 및 종류

소송물 가액 선서는 채무의 존부(存否)가 문제되는 것이 아니라 채무

개소 하나하나(특히 D.6.1.68 ⟨45⟩; C.7.4.17; C.6.2.22.3; C.7.54.3.3; C.7.39.8.3; C.7.45.14)를 면밀히 검토한 결론으로서 본고의 필자도 일단 그 결론에 동조한다.

15 Biondi, passim, esp. 198은 이러한 징치(懲治, punire)를 언급한 모든 부분을 유스티니아누스에 의한 수정으로 보는데, 소송물 가액 선서 제도의 근본적인 기능을 부정하는 것으로서 부당하다. 그의 이러한 입장은 물건의 반환과 원고의 선서 간의 관계에 대한 관념 자체를 유스티니아누스의 수정으로 치부하는 전체적인 입장 때문이다. 현재는 이미 극복된 견해이다.

16 Kaser / Hackl, RZP, 611 + nn.46-49; Kaser, RP II, 337 + nn.11-16.

의 범위가 문제될 경우에 활용된 제도이다. 이것은 원고에게서 빠져나간 재산이 피고의 협조 거부로 인하여 회복되지 않는 경우에 그 가액을 산정하기 위하여 심판인이 인정하여 원고가 행하는 선서를 말한다. 심판절차에서 당사자가 사실에 관하여 선서하는 것으로서 전해지는 것은 이것이 유일하다.[17]

보통법 이론은 소송물 가액 선서를 기본적으로 통상적인(ordinarium) 주관 가액 선서(iusiurandum in litem affectionis)와 그렇지 않은(extra-ordinarium) 실제 가액 선서(iusiurandum in litem veritatis)의 두 종류로 구분하였다. 그러나 논자에 따라서 그 이해하는 바는 서로 달랐다. 반환되어야 할 재산의 멸실이나 불반환이 피고의 과실(過失)로 인한 것인지, 아니면 악의(惡意) 내지 거역으로 인한 것인지를 기준으로 삼기도 하고(다수설),[18] 또는 성신(誠信)소송에서만 인정되는지 엄법(嚴法)소송에서도 인정되는지에 따라서 구별하기도 하고,[19] 또는 후자는 심판인이 실제 가액의 확정을 할 수 없을 때에만 인정하는 것으로 보기도 하고,[20] 또는 "tanti rem fuisse"(D.12.3.9 〈53〉)와 같은 실제 가액 선서와 증액 산정이 가능한 전형적인 소송물 가액 선서를 각각 그에 해당하는 것으로 보기도 하였다.[21] 그러나 전자는 과실의 경우 소송물 가액 선서가 행해지지 않는다는 점에서 오류이고,[22] 후자는 D.12.3.9 〈53〉의 선서는 『학설휘

---

17 Kaser / Hackl, *RZP*, 366 + nn.39-40.
18 Schnellerus, §§49ff.; Hunnius, 288f.; Lauterbach (post 1697), ad D.12.3, *II. (p.194); Ludovicus, ad D.12.3 Distinctio I (pp.131ff.); Aybinger, ad D.12.3 nn.23-24 (p.405); vom Kampe, 37ff.; Voet, ad D.12.3 nn.1-2 (p.514); Heineccius, ad D.12.3 §XXXIII (p.247); de Coccejus, ad D.12.3 Qu.VI (p.580). 이에 반하여 실제 가액 선서를 부인하는 설로는 가령 Thomasius, ad D.12.3 (p.152); Maranus, ad D.12.3 (p.154).
19 Hartwich, ad D.12.3 n.7 I. (p.608); de Berger, Lib. IV. Tit. XXV, III (pp.1114f.).
20 Ayblinger, ad D.12.3 n.23-24 (p.405); de Cramer, XI. de Iuram. in litem tam affect. quam veritat. §98 (p.282).
21 Hartwich, ad D.12.3 n.7 III. (p.608); Emericus, Tit. LXIX n.1 (p.408).
22 가령 D.12.3.2 〈16〉의 과실(過失) 부분은 선행한 단순 산정(aestimatur)에만 관련

찬』의 편집된 문맥과 달리 소송물 가액 선서가 아니라는 점에서 역시 오류이다. 사료 자체가 매우 착종된 모습이어서 보통법의 학설도 많은 혼선을 빚었던 것이 사실이다. 오늘날 이러한 구분은 폐기되었다.

3. 선서의 인부(認付)

1) 심판인의 역할

이 선서는 소송물 가액을 결정하는 방법으로 인정된 것이기는 하지만, 어디까지나 그 주안점은 완강한 피고에 대한 제재에 있었으므로 소송심리권을 가진 심판인(iudex)만이 선서를 인부(認付)할 수가 있었다. 누군가에게 선서를 하도록 인정하는 행위를 iusiurandum deferre, 즉 '선서의 인부(認付)'라고 불렀다. 피고의 악의 내지 거역의 경우, 즉 이 선서의 요건이 갖추어지면, 법적 강제에 의하여(ex necessitate iuris: D.12.3.11 ⟨4⟩) 원고에게 선서를 인부하는 것은 심판인의 의무였다.[23]

⟨1⟩ D.12.3.4.1 Ulpianus 36 ad edictum.[24]

Deferre autem iusiurandum iudicem oportet: ceterum si alius detulerit iusiurandum vel non delato iuratum sit, nulla erit religio nec ullum

---

된 것인데도 선서에 의한 것으로 오해되었다. 아마도 punitur 동사로 인해 오해한 듯하다. 그러나 이 동사가 쓰인 것은 뒤의 거역의 경우까지 염두에 두었기 때문이다. 다만 정작 그곳에서는 이 동사가 생략되다 보니 오히려 언뜻 보면 culpa의 경우에도 punitur, 다시 말해 선서에 의한 징치가 있었던 것과 같은 외양이 생긴 것이다. 앞의 경우 punitur는 의미를 새기자면 일정한 법률효과가 부여된다는 의미에서 '제재되다'는 뜻이고, 뒤의 경우는 분명히 선서의 불이익이 따른다는 점에서 '징벌되다'의 뜻이다. 흥미롭게도 Boehmer, ad D.12.3 n.2 (p.324)는 이러한 점을 인정하면서도 당시의 용어법을 그대로 따른다. Distinguitur hoc (sc. iuramentum in litem) communiter in *affectionis* & *veritatis*; ... in hoc (sc. supponitur) *culpa leuior*, resque *aestimatur* secundum *pretium commune*; quamvis *ordinarie* propter *culpam* eius, qui non restituit, iuramentum locum non habeat, si aliunde aestimatio haberi possit. ...

23 同旨 이미 Duarenus, ad 12.3 n.XXVIII (p.400); n.XXXVII (pp.403f.); Glück, 445f., 454.

iusiurandum: et ita constitutionibus expressum est imperatoris nostri et divi patris eius.

(그런데 심판인이 선서를 인부(認付)해야만 한다. 달리 어떤 다른 자가 선서를 인부했거나, 또는 인부되지 않았는데도 선서가 이루어진 경우에는 종교적 효험이 없고, 그래서 선서도 무효이다. 또한 이와 같이 우리의 황제와 신황(神皇) 부황(父皇)의 칙법들에서 명시되었다.)

이와 모순되는 다음 개소들은 일단 수정된 것으로 보는 것이 합당하다. 수정된 부분은 이하 【 】로 표시한다.

⟨2⟩ D.12.3.4.2 Ulpianus 36 ad edictum. (전문[全文]은 후술 ⟨5⟩)
... Et quidem in arbitrio esse iudicis deferre iusiurandum nec ne constat: ...
(…【실로 선서를 인부(認付)하는지 아닌지는 심판인의 재량이라는 것이 정설이다.】…)

⟨3⟩ D.12.3.5.1 Marcianus 4 regularum. (전문은 후술 ⟨6⟩)
... licuit enim ei a primo nec deferre.
(…【왜냐하면 그(심판인)는 처음부터 인부(認付)하지 않는 것이 허용되었기 때문이다.】)

선서는 주장되는 어떤 사실의 진실을 증거하기 위하여 신(神)이 호출되는 격식의 종교적 행위이고, 그래서 권한 없는 자가 인부(認付)하여 이루어진 선서는 종교적 효험과 동시에 법적인 효력이 없는 선서인 것인데, 소송물 가액 선서의 경우에도 예외가 아닌 것이다. 원래 선서는 과거의 사실에 관한 확인적 선서(iuramentum assertorium)와 장래의 자기 행위

---

24 Lenel, *Pal.* II, Ulp. fr.1030 (col.669f.) [*Tutelae vel contra* (*E.124*): *De directa actione*].

에 관한 약속적 선서(iuramentum promissorium)로 구분되는데,[25] 소송물 가액 선서는 유형적으로는 확인적 선서라고 볼 수 있지만, 엄밀한 의미에서는 이러한 범주와는 별개의 선서이다. 이 선서는 재판상 선서임에도 불구하고 매우 특정한 내용에 한정된 것으로서, 의심이 있는 경우에 당사자들의 청구가 없더라도 인부가 가능한 다른 재판상 선서(iuramentum iudiciale)와 차이가 있다. 이 후자는 원고에게도(입증의 일정한 흠결을 보충하기 위하여: 보통법상 iuramentum iudiciale suppletorium), 또 피고에게도 (일정한 불리한 추정을 벗어나게 하기 위하여: 보통법상 iuramentum iudiciale purgatorium) 인부가 가능하였고, 선서에 따라 선서한 자에 유리하게 판결을 내리는 것이 그 효과였는데,[26] 위서(僞誓)의 문제가 가능하였고, 또 그 판결은 상소에 의하든, 새로이 발견된 증빙에 의하든 취소가 가능하였다.[27] 원칙적으로 처음부터 위서의 문제를 발생시키지 않는 소송물 가액 선서는 이 점에서 차이가 있었다.[28]

⟨4⟩ D.12.3.11 Paulus 3 responsorum.[29]

De periurio eius, qui ex necessitate iuris in litem iuravit, quaeri facile non solere.[30]

---

25 Heineccius, ad D.12.2 §§ XIII, XV-XVII (pp.241f.).

26 Cf. C.4.1.3 Diocletianus, Maximianus (a.286).

   In bonae fidei contractibus nec non etiam in aliis causis inopia probationum per iudicem iureiurando causa cognita res decidi potest.

   D.12.2.31 Gaius 30 ad edictum provinciale.

   Admonendi sumus interdum etiam post iusiurandum exactum permitti constitutionibus principum ex integro causam agere, si quis nova instrumenta se invenisse dicat, quibus nunc solis usurus sit. Sed hae constitutiones tunc videntur locum habere, cum a iudice aliquis absolutus fuerit (solent enim saepe iudices in dubiis causis exacto iureiurando secundum eum iudicare qui iuraverit): ...

27 Heineccius, ad D.12.2 §§ XXVIII-XXXI (pp.245f.).

28 예외적인 사례에 대해서는 D.12.3.4.pr. ⟨34⟩.

29 Lenel, *Pal.* I, Paul. fr.1459 (col.1226) [*De iudiciis omnibus* (*E.XIV*)].

30 Lenel, *Pal.* I, Paul. fr.1459 (col.1226) n.4: *"Possunt haec etiam ad tit. 'de rei*

(법적 강제에 따라 소송물 가액 선서를 한 자의 위서(僞誓)에 관한 심사는 쉽사리 행해지지 않는 것이 통례이다.)

소송물 가액 선서는 일반적으로 선서의 근본관념에 속하는 위서(僞誓)에 대한 종교적 자기저주(自己咀呪)[31]의 제재가 사실상 따르지 않는, 이 점에서 대단히 안전한 선서였다고 할 것이다. 엄밀한 의미에서 실제 가액이 아닌 주관 가액[32]을 소송물 가액으로 거론하는 것은 그 자체만으로는 위서에 해당할 터이기 때문이다. 위서 여부를 따지지 않은 이유는 선서자에 초점이 있다기보다는 그 상대방의 악의적 거역(拒逆) 행태(contumacia)[33]를 징치(懲治)하려는 목적이 더 강한[34] 의무자의 이행 촉진

---

vindicatione' referri."

31 Schrader, s.v. Eid (pp.165ff.); *ThDNT*, s.v. ὅρκος (pp.457ff.), esp. p.458 (J. Schneider); Wissowa, 388 +n.3. 로마인들이 근본적으로 이 점을 중시했음을 잘 보여주는 사실이 바로 유피테르 신 제관(祭官, Flamen Dialis)과 베스타 여신 여사제(女司祭, virgines Vestales)의 경우 선서를 금지시킨 일이다. Wissowa, 507 +n.3, esp. Gellius, *Noctes Atticae* 10.15.31: Sacerdotem Vestalem et flaminem Dialem in omni mea (sc. praetoris) iurisdictione iurare non cogam; Lenel, *EP*, 236.

32 주관 가액(affectio)이라는 용어는 보통법의 어휘를 따온 것인데, 엄밀한 의미에서 로마법상 이를 인정하는 경우가 없고, 실제로도 소송물 가액 선서를 통하여 인정되는 실제 가액 이상의 산정액이 원래의 주관 가액과 동일한 것은 아니므로 이에 대하여 이의를 할 수는 있겠으나(Kroppenberg, 631; Glück, 427ff.; 관련 학설은 Grzimek, 149-152) 통상 실제 가액 초과의 가액으로 산정하는 경우 그러한 심성의 측면이 자연스럽기도 하고, 또 주관적으로 만족할 만한 가액으로 여겨서 그 가액을 선정하는 것이므로 결과적으로는 이를 주관 가액이라고 불러도 크게 무리는 없다(결과 同旨 Grzimek, 150ff.). Cujacius, ad D.12.3 (p.760)은 실제 가액 초과의 선서가 가능하다는 점을 심지어 '부당한 가액까지도'(pretium etiam iniustum) 라고 극적으로 표현하고 있다.

33 D.42.1.53.pr./3 Hermogenianus 1 iuris epitomarum.
    pr. Contumacia eorum, qui ius dicenti non obtemperant, litis damno coercetur.
    3. Contumaces non videntur, nisi qui, cum oboedire deberent, non obsequuntur, id est qui ad iurisdictionem eius, cui negant obsequi, pertinent.

34 그래서 Wubbe, 180 n.8은 이것을 영미법상의 법원모독(contempt of court)과 유사한 것이라고 하는데, 그중에서도 민사적 법원모독(civil contempt / contempt in

제도였다는 점에서 찾아야 할 것이다.[35] 그러나 추측컨대 선서를 통한 주관 가액의 청구를 인정했다고 해도 선서자가 사회적 상당성이 인정되는 범위 내에서 선서할 것을 기대했을 것이고, 선서자 역시 일정한 과장을 한다 하더라도 사회구성원으로서, 그리고 무엇보다도 선서라는 종교적 의식(儀式) 행위의 무게를 의식해서 관련 법률관계에 비추어 상당한 범위 내에 머물렀을 것이다. 특히 이 선서를 인정하지 않으면 결국 원고는 자신이 원하지 않음에도 불구하고 통상가격으로 매매를 강요당하는 꼴이 되는데, 이것이 부당하다는 법적 가치판단은 선(善)과 형평(衡平)을 지향하는 로마 법관념의 확실한 반영이기도 하였다. 이러한 정신을 반영하여 악의적으로 행위한 점유자에게는 그 밖에도 일반 매수인이라면 인정될 지위가 부인되었다.[36] 그러나 무엇보다도 이러한 사회적 법관념을

---

procedure)을 염두에 둔 것으로 보인다. 이것은 법원의 명령에 대한 고의적인 거역 또는 법원에 한 약속의 파기로서 구금 또는 제재금에 의하여 처벌이 가능하였다. 이것은 본질적으로 명령이나 약속의 수혜를 받을 자에 대한 침해이다. *Oxford Companion to Law*, by David M. Walker (Clarendon Press / Oxford, 1980), s.v. Contempt of court, p.282. 법원이 명한 것이 실행되도록 하기 위한 간접강제의 수단이었다(田中英夫 編, 『英米法辭典』, 東京大學出版部〔1991〕, s.v. contempt of court, 191f.)는 점에서 유사하지만, 로마법상의 소송물 가액 선서는 아주 제한된 문제 영역에서만 가동되었고, 전혀 형사적인 성격이 없었던 것과 극명하게 대조된다.

35 異見 Schulz, 370 n.643. 슐츠는 로마인들은 그들의 강한 신실(信實)함(fides)과 경건(敬虔)함(piety)으로 인하여 쉽게 위서(僞誓)를 하지 않았고, 따라서 이 제도가 피고의 이행을 간접 강제하는 것이라기보다는 심판인의 시간 걸리고 쉽지 않은 작업을 덜어줌으로써 신속한 판결이 가능하도록 하기 위한 방편이었다고 새긴다. 그러나 이 주장은 원사료에 정면으로 배치되는 만큼이나, 그리고 우리가 아무리 로마인들이나 그리스인들이 로마인의 종교적 심성에 대하여 전하는 말들("religiosissimi mortailum")을 액면 그대로 받아들이더라도(cf. Wissowa, 386 + n.3) 20세기 중반 당시의 로마법학이 구사한 수정비판 방법론의 고전법에 대한 이데올로기적 이상화(理想化)를 잘 보여준다.

36 D.6.1.69 Paulus 13 ad Sabinum.
    Is qui dolo fecit quo minus possideret hoc quoque nomine punitur, quod actor cavere ei non debet actiones quas eius rei nomine habeat, se ei praestaturum.

반영하여 심판인이 합리적인 한도를 정할 수 있었고, 이것이 적어도 극히 예외적인 상황이 아니었다고 보면, 이로써 애초에 위서의 가능성이 배제되었으므로[37] 설사 일반론으로서 위서의 가능성을 긍정하더라도 실제로는 위서에 대한 제재는 사실상 거의 없을 수밖에 없는 구조였던 것이다.

로마법상 이와 취지를 같이 하는 다른 예로는 소권에 따라서는 인낙(認諾)이나 판결로 확인된 채무와 같이 확실한 채무를 부인함으로써 특히 그 부인자(否認者)의 악의를 징치할 필요성이 큰 사안에서 패소하면 소송물 가액이 배증(倍增)하는(infitiando lis crescit in duplum) 제도를 들 수 있을 것이다.[38] 넓은 의미에서는 소송당사자들에게 시해(猜害, Schikane)의 부재(不在)를 다짐하는 "남소(濫訴)의 선서"(iusiurandum calumniae)를 시켰던 것[39]도 소송과 더불어 이행의 촉진을 도모한 제도였다고 볼 수 있다. 제도의 취지는 전혀 다르지만 소송과 관련하여 남소자(濫訴者)까지도 혜택을 볼 수 있었던 원고의 가액 산정 또한 알려져 있었는데, 제3자가 법정소환된 자의 출두를 좌절시킨 경우[40]에 인정되었던 그자를 상대로 한 순수한 징벌적 사실소권의 경우가 그러하다.[41] 소송물

D.6.1.70 Pomponius 29 ad Sabinum.

Nec quasi publicianam quidem actionem ei dandam placuit, ne in potestate cuiusque sit per rapinam ab invito domino rem iusto pretio comparare.

D.25.2.8.1 ⟨52⟩ Pomponius 16 ad Sabinum.

Sabinus ait, si mulier res quas amoverit non reddat, aestimari debere quanti in litem vir iurasset. [D.25.2.9 Paulus 37 ad edictum.] (non enim aequum est invitum suo pretio res suas vendere).

D.25.2.10 ⟨52⟩ Pomponius 16 ad Sabinum.

Ideoque nec debere eum pro evictione promittere, quod ex contumacia mulieris id ita acciderit.

37 Grzimek, 159f.

38 Kaser / Hackl, *RZP*, 284 + nn.6-8.

39 Kaser / Hackl, *RZP*, 284f.

40 D.2.7.1.pr. Ulpianus 5 ad edictum.

Hoc edictum praetor proposuit, ut metu poenae compesceret eos, qui in ius vocatos vi eripiunt.

가액 선서와 가장 가까운 것은 후대법에서 인정되었던 소송비용청구액 선서였다.[42]

2) 선서의 한도 책정

원칙적으로 원고는 소송물 가액을 아무런 제한 없이 자신이 원하는 임의의 가액으로 선서할 수가 있었다. 다만 심판인은 선서를 인부(認付)하면서 자신의 재량으로 선서액의 한도를 정할 수 있었다(taxatio[43]).[44] 아무리 거역한 피고를 제재하기 위한 것이라고 하더라도 법의 입장에서 상당한 정도라는 기준은 필요하기[45] 때문이다.[46]

---

41 D.2.7.5.1 Ulpianus 5 ad edictum.

In eum autem, qui vi exemit, in factum iudicium datur: quo non id continetur quod in veritate est, sed quanti ea res est ab actore aestimata, de qua controversia est. Hoc enim additum est, ut appareat etiam si calumniator quis sit, tamen hanc poenam eum persequi.

다만 바로 이 원고의 가액 산정 부분(ab actore aestimata)의 진정성에 관해서는 다투어지는데(부정설: Lenel, *EP*, 73f.; Kaser / Hackl, *RZP*, 225 + n.51), 긍정설이 타당하다. 상세한 것은 긍정설을 취하는 Raber, 208f.

42 C.3.1.13.6 (a.530); Nov.82 c.10 (a.539); Kaser / Hackl, *RZP*, 632 + nn.20-21.

43 Nov.53 c.1 (a.537): Si vero per iusiurandum etiam plus aliquid declaraverit, certa tamen quantitate definita a iudice, quam leges taxationem vocant, ...

Nov.82 c.10 (a.539): si iusiurandum intulerit de expensis iudex victori, scilicet cum quantitate quae visa ei fuerit recte se habere, quam taxationem vocant leges, deinde ille iuraverit, non habere licentiam iudicem minus quam iuratum est condemnare, ...

44 이에 대한 구(舊)학설의 수정비판에 대한 비판은 Grzimek, 153-156; 또 성신(誠信)소송에서만 한도 책정이 있었다는 오류설에 대한 비판은 Grzimek, 161f.

45 Glück, 465. 단 그는 D.12.3.4.2 〈5〉가 인부(認付) 여부에 대한 심판인의 재량을 언급한 것을 이와 관련짓는데, 해당부분이 한도 책정에 관한 것이 아님이 명백하고, 또 Glück 자신이 다른 곳에서 이미 밝힌 입장, 즉 심판인은 요건이 존재하면 인부(認付)해야만 했다는 입장과도 모순된다.

46 이 선서를 한도 책정이라는 공통점 때문에 법정관(法政官)에 의한 condemnatio cum taxatione상의 taxatio (cf. Nörr, 51ff.)와 일정한 발전상의 연관관계를 재구성해 보려는 Grzimek, 164f.에 대한 정당한 비판은 Kroppenberg, 631.

⟨5⟩ D.12.3.4.2 Ulpianus 36 ad edictum. (cf. ⟨2⟩)

Iurare autem in infinitum licet. Sed an iudex modum iuriiurando statuere possit, ut intra certam quantitatem iuretur, ne arrepta occasione in immensum iuretur, quaero. Et quidem in arbitrio esse iudicis deferre iusiurandum nec ne constat: an igitur qui possit iusiurandum non deferre, idem possit et taxationem iuriiurando adicere, quaeritur: arbitrio tamen bonae fidei iudicis etiam hoc congruit.

(그런데 선서는 임의액(任意額)으로 허용된다. 그러나 심판인이 선서에 한도를 정할 수 있어서 확정 금액 내에서 선서되고 그 기회를 기화로 막대한 금액으로 선서되지 않도록 할 수 있는지 묻는다.[47] 【실로 선서를 인부(認付)하는지 아닌지는 심판인의 재량이라는 것이 정설이다. 그러므로 선서를 인부하지 않을 수 있는 자가 또한 선서에 한도 책정 조항을 덧붙일 수 있는지 문제된다. 그런데 성신(誠信)소송의 재량에는 또한 이것도 부합한다.】)

⟨6⟩ D.12.3.5.1 Marcianus 4 regularum.[48] (cf. ⟨3⟩)

Sed iudex potest praefinire certam summam, usque ad quam iuretur: licuit enim ei a primo nec deferre.

(그러나 심판인은 그 한도까지 선서가 가능한 확정액을 미리 정할 수가 있

---

47 infinitum의 의미는 immensum과 대비되어 이해되어야 한다. taxatio가 정하는 합리적 범위를 벗어나는 경우가 후자라면 전자는 그 범위 내의 것이라고 할 수 있다. 결국 infinitum은 선서 전에는 확정되어 있지 않은(indefinitum) 임의(任意)의 상당한 금액을 의미한다. Duarenus, ad D.12.3 n.XXVII (pp.399f.); Glück, 470 n.41. 피고의 이행능력에 대한 원고의 현실적 고려와 여론과 관행에 의한 사회적 상당성의 측면이 과도한 청구에 대한 제동이 될 수 있다는 점에 대해서는 Jhering II, 135f.: "Es stand zwar bei dem Verletzten, seine Forderungen ins Maßlose zu spannen, ähnlich wie dies im römischen Prozeß derjenige kann, der durch ein *juramentum in litem* die *litis aestimatio* bestimmen soll, allein sein eigenes Interesse veranlaßte ihn, seinen Gegner die Auslösung nicht unmöglich zu machen. Auch die öffentliche Meinung und die Sitte war hier gewiß ohne Einfluß."

48 Lenel, *Pal.* I, Marcianus fr.260 (col.685).

다. 【왜냐하면 그는 처음부터 인부(認付)하지 않는 것이 허용되었기 때문이다.】)

〈7〉 D.10.4.3.2 Ulpianus 24 ad edictum.[49]

Praeterea in hac actione (sc. ad exhibendum) notandum est, quod reus contumax per in litem iusiurandum petitoris damnari possit ei iudice quantitatem taxante.

(그 밖에 이 소권(즉 제시소권)에 있어서는 거역한 피고가, 원고에게 심판인이 한도 금액을 책정하는 가운데, 원고의 소송물 가액 선서를 통하여 유책판결 받을 수 있다는 것을 유의해야만 한다.)

피고 거역의 경우에 선서의 인부(認付)가 심판인의 의무가 아니라는 서술이 수정되었듯이 심판인에게 최고한도액 책정의 의무가 있다고 서술하고 있는 다음 개소도 수정된 것이다.

〈8〉 D.4.3.18.pr. Paulus 11 ad edictum. (전문은 후술 〈49〉)

(【… 그러나 양 소권(악의소권[惡意訴權]과 강박원인소권[强迫原因訴權])의 경우 심판인의 직권으로 한도 책정을 통하여 선서가 제한되어야만 한다 (debet).】[50])

또한 선서를 따르지 않고 다시 심판인이 재량으로 감액 판결하거나 면소판결하는 것이 가능하다는 다음 개소들도 수정된 것이다. 고전법상 이 선서가 인정된 취지가 선서액이 심판인 책정의 최고 한도 내인 한 실제 가액을 초과하는 금액이더라도 거역하는 피고를 징벌하기 위하여 심판정(審判廷)이 이를 수용한다는 데에 있었기 때문이다.[51] 이 선서는 무엇

---

49 Lenel, *Pal.* II, Ulp. fr.719 (col.557) [*Ad exhibendum (E.90)*].

50 이미 同旨 Solazzi, 80.

51 Glück, 444+n.78은 이 점을 '아주 확신하고'(lebhaft überzeugt), 덧붙여서 거역

이 원고에게 반환되어야만 하는가가 심판인에게 이미 입증된 경우에 인정되었던 것이다.[52] 고전법과 모습을 달리하는 이러한 변형은 선서를 단순한 입증방법의 문제로 파악하게 된 유스티니아누스법의 입장이 반영된 것이다. 특히 D.12.3.4.3에서 "나중에 증거들이 발견된 경우" 운운하는 것이 이를 증거한다.[53]

⟨9⟩ D.12.3.4.3 Ulpianus 36 ad edictum.

Item videndum, an possit iudex, qui detulit iusiurandum, non sequi id, sed vel prorsus absolvere vel etiam minoris condemnare quam iuratum est: et magis est, ut ex magna causa et postea repertis probationibus possit.

([또 선서를 인부(認付)한 심판인이 그것을 따르지 않고 전적으로 면소판결을 하거나, 또는 선서된 것보다 소액으로도 유책판결할 수 있는지를 살펴보아야 한다. 어느 쪽인가 하면, 그는 중대한 이유가 있고 또 나중에 증거들이 발견된 경우에는 그렇게 할 수 있다.])

⟨10⟩ D.12.3.5.2 Marcianus 4 regularum.

Item et si iuratum fuerit, licet iudici vel absolvere vel minoris condemnare.

([또 선서가 이루어졌더라도 심판인은 면소판결하거나 더 낮은 금액으로 유책판결하는 것이 허용된다.][54])

에 해당하는 소송 불출석자에 대해서는 상소조차도 허용하지 않았던 법리(Ulp. D.5.1.73.3; Ant. C.7.65.1(a.213); Iust. C.3.1.13.4 (a.530))까지 인용하면서도 종국에는 D.12.3.4.3 ⟨9⟩의 법문과 실제 가액 선서로 이해한 D.12.3.5.4 ⟨19⟩에 의거하여 사후적인 변경을 인정한다.

52　Glück, 466.

53　이에는 고전기 후에 새롭게 발전한 심판인인부(審判人認付) 증거방법 선서인 'iusiurandum iudiciale' (Kaser / Hackl, *RZP*, 592 + nn.56-56a)와 병행적인 모습이 엿보인다. 심판인은 일반적으로 선서의 내용에 구속되었으나, 새롭게 유일한 증거로 채택될 증서가 발견되는 등, 예외적인 경우에는 선서를 통하여 해명한 문제를 되물릴 수 있었다(Kaser / Hackl, *RZP*, 592 + n.59, 268 + n.17).

54　Duarenus (ad D.12.3 n.XXIX (p.400))는 오히려 이 권능이 재판비용에 관한 한

이 문제는 텍스트 수정비판의 방법론을 몰랐던 비잔틴 법학자들도 괴롭혔다. Enantiophanes는 『바실리카 법전』 해주(該注)에서 "기이(奇異)한 법문(法文)"(παράδοξον νόμμον) 내지 "더 기이한 것"(παραδοξότερον) 운운하면서 이 문제를 공략하고자 시도하였다.[55] 이러한 의문에도 불구하고 비잔틴법학의 통설은 전승된 텍스트를 그대로 추종하여 심판인에

유스티니아누스 신법(新法)에 의하여 박탈된 것으로 본다.

Nov.82 c.10 (a.539): Oportet autem et expensarum rationem iudices omnino examinare, et quia hoc bene Zenonis piae memoriae decrevit sententia et nos non dedignati sumus partem etiam hoc nostrarum facere dispositionum, maneat ergo etiam nunc in eodem schemate custoditum, illo solo adiecto, si iusiurandum intulerit de expensis iudex victori, scilicet cum quantitate quae visa ei fuerit recte se habere (cf. C.3.1.13.6 [a.530]: ... in expensarum causa victum victori esse condemnandum, quantum pro solitis expensis litium iuraverit. ...), quam taxationem vocant leges, deinde ille iuraverit, non habere licentiam iudicem minus quam iuratum est condemnare, neque videri clementiorem [a] lege quae haec disponet. Si tamen perspexerit neutrum sumptuum subdere rationi et propter negotii forte varietatem, hoc ipsum decernat sua sententia. ...

그러나 재판관이 소송비용에 관하여 합리적인 것으로 생각되는 한도 책정을 하고 승소자에게 선서를 인부(認付)한 경우 그 금액을 낮추지 못하고 그에 구속된다는 유스티니아누스의 이 신칙법(新勅法)은 한도 책정이 있는 경우 더이상의 조정은 불가하다는 고전법의 기본 사상을 다시 살린 측면이 엿보인다. 그런데 흥미롭게도 Donellus, ad D.12.3.4.3 (pp.936ff.)는 선법(先法)·후법(後法), 일반법규·특별법규의 논리를 동원한 후 덧붙이기를, "법보다 재판관이 더 인간적이어서는 안 된다는 것이므로 재판관은 적어도 법과 동등하게 인간적인 것을 금지하는 것이 아니며, 더욱이 법의 인간성과 형평성을 따르는 것이 재판관의 임무이므로 선서에 한도 책정을 할 수 있는 것과 동시에 경우에 따라서 선서에서 벗어날 수 있다는 것(ex caussa recedi posse)이 바로 확립된 법이며, 그런고로 유스티니아누스의 규정은 재판관에게 같은 것을 허용하는 것으로 새겨야만 한다"고 매우 기교적인 주장을 하였다.

55 Bas.22.6.4.1-3 Schol. 4) (Heimbach II, p.580). 후대의 로마법 연구자들도 하나같이 이 문제와 관련하여 "ex magna causa et postea repertis probationibus"를 "의심의 여지 없이 수수께끼 같은 것"이라고 지적하였다. Solazzi, 77: "senza fallo emblematico"; Grzimek, 161: "eher rätselhafte Ausdrucksweise". 반면에 보통법 학자들은 이 부분을 진정한 것으로 받아들였다. Glück, 403f.

게 선서의 부여 여부와 선서 후의 재량 면에서 완벽한 자유를 인정하는 것이었다.[56]

이에 비하면 부동산점유보호 특시명령(interdictum *unde vi*)의 후속절차에 관한 다음의 사료(이른바 iuramentum Zenonianum 개소)는 오히려 후대의 것이지만, 선서의 방식과 효과 면에서는 고전법을 반영한 모습으로 전해진다. 하지만 요건 면에서는 분명히 소송물 가액 선서와 다르다. 왜냐하면 피고의 선행하는 불법행위로 인한 손해의 입증을 해야 하는 원고를 위하여 그 입증이 곤란한 경우에 보충적 구제방법으로서 마련된 것임이 분명하기 때문이다.[57] 이 Zeno의 선서는 입증 문제에 더욱 관심을 기울였던 후대의 법정책이 반영된 독자적인 특수한 선서였다.

〈11〉C.8.4.9 Zeno (a.477).

Si quando vis iudicio fuerit patefacta, dein super rebus abreptis vel invasis vel damno tempore impetus quaestio proponatur, si non potuerit qui vim sustinuit quae perdidit singula comprobare, taxatione ab iudice facta pro personarum atque negotii qualitate, sacramento aestimationem rerum quas perdidit manifestet nec ei liceat ultra taxationem ab iudice factam iurare: et quod huiusmodi iureiurando dato fuerit declaratum, iudicem condemnare oportet.

(폭력이 행사되었음이 소송에서 드러나고, 이어서 탈취되었거나 침탈된 물건들에 관하여 그리고 침공의 시점에 발생한 손해에 대하여 물음이 제기되

---

56 Bas.22.6.4.1-3 및 Schol. 1)-4) (Cyrillus, Stephanus, Enantiophanes) (Heimbach II, p.580). Grzimek, 161도 정합적이지 않은 점들을 지적하면서도 결론에서는 울피아누스 개소가 이 선서의 증거방법으로서의 역할을 굳힌 것이라고 정리한다. Solazzi, 78f.는 D.12.3.4.3 〈9〉가 후견소송에 관한 것이라는 점에서 여러 의심에도 불구하고 성신(誠信)소송의 경우에는 심판인의 넓은 재량이 인정되었을 것으로 추정하는데, 그는 아쉽게도 D.12.3.5.2 〈10〉는 고려하고 있지 않다. 이러한 해석들은 고전법과 달리 변모한 후대법에 대한 이해가 부족한 데서 유래한 것이다.

57 상세한 것은 Glück, 473ff.; cf. Grzimek, 156.

는 경우 폭력을 당한 자가 그가 잃어버린 것들을 하나하나 입증할 수 없으면 재판관이 관련된 사람들과 법률행위의 성질에 따라서 최고 한도를 책정하고, 물건들을 잃은 자가 선서로써 그 물건들의 가액산정을 명시할 것이나 재판관에 의하여 이루어진 최고 한도를 넘어서 선서하는 것이 그에게 허용되지는 않는다. 그리고 이러한 방식의 선서로써 선언된 금액만큼 재판관은 유책판결해야 한다.)

한도 책정이 어떻게 이루어졌는지에 대한 구체적인 자료는 C.8.4.9에서 인(人)과 법률관계를 두루 고려한다는 일반적인 기준을 제시한 것 말고는 전해지지 않는다. 그러나 중세의 표준주석이 파악하듯이 물건을 상실한 자의 빈부(貧富) 여하가 일차적인 기준이었을 것이라는 해석[58]은 로마적이라기에는 부족하다.

보통법 시대에 논의되었던 유스티니아누스에 의한 배상액 책정의 한도 설정(이익액의 2배 이하: C.7.47.1〔a.531〕)[59]과의 관계 문제는 고전법의

---

58 Glossa ordinaria ad C.8.4.9: *inspecto diligenter, an haec persona expulsa dives fuerit vel non* (Grzimek, 167 n.85에서 재인용).

59 C.7.47.1 Imperator Justinianus (a.531).
Cum pro eo quod interest dubitationes antiquae in infinitum productae sunt, melius nobis visum est huiusmodi prolixitatem prout possibile est in angustum coartare.
1. Sancimus itaque in omnibus casibus, qui certam habent quantitatem vel naturam, veluti in venditionibus et locationibus et omnibus contractibus, quod hoc interest dupli quantitatem minime excedere: in aliis autem casibus, qui incerti esse videntur, iudices, qui causas dirimendas suscipiunt, per suam subtilitatem requirere, ut, quod re vera inducitur damnum, hoc reddatur et non ex quibusdam machinationibus et immodicis perversionibus in circuitus inextricabiles redigatur, ne, dum in infinitum computatio reducitur, pro sua impossibilitate cadat, cum scimus esse naturae congruum eas tantummodo poenas exigi, quae cum competenti moderatione proferuntur vel a legibus certo fine conclusae statuuntur.
2. Et hoc non solum in damno, sed etiam in lucro nostra amplectitur constitutio, quia et ex eo veteres quod interest statuerunt: et sit omnibus, secundum quod dictum est, finis antiquae prolixitatis huius constitutionis recitatio.

입장에서는 고려할 필요가 없지만, 재판관이 가액을 산정하는 일반적인 사안을 염두에 둔 이 칙법을 원고에 의한 소송물 가액 선서와 연결짓는 것은 무리이다.[60]

4. 선서의 주체

이 선서는 자기 명의로 쟁점결정을 한 소송주(訴訟主, dominus litis: 소송본인(訴訟本人))에게만 인부(認付)가 가능하고, 그래서 그만이 또한 선서할 수 있었다.[61] 왜냐하면 이 선서는 소송물 가액을 원고의 선서에 따라서 결정하기 위하여 원고에게 인정된 것으로(D.12.3.1-3), 피고가 심판인의 제시 또는 반환 명령을 따르지 않고 악의적으로 거역하는 행태를 보임으로써 원고가 입증의 곤란이나 이해관계상 불이익을 받게 될 경우 한편으로는 피고를 징치(懲治)하고,[62] 다른 한편으로는 원고를 돕기 위한 제도였기 때문이다(D.12.3.8 〈36〉).

〈12〉 D.12.3.7 Ulpianus 8 ad edictum.[63]

Volgo praesumitur alium in litem non debere iurare quam dominum litis: denique Papinianus ait alium non posse iurare quam eum, qui litem suo nomine contestatus est.

(일반적으로 소송주(訴訟主)가 아닌 타인은 소송물 가액 선서를 해서는 안 된다고 인정된다. 분명히 파피니아누스(170~212)도 자신 명의로 쟁점결정을 한 자가 아닌 타인은 선서할 수 없다고 말한다.)

이 불행한 결정이 동서 로마의 실무상 영향이 없었다는 점에 관해서는 Kaser, *RP* II, 345+nn.17-18.

60 同旨 Glück, 462ff.

61 Bas.22.6.7 (Heimbach II, p. 581): Solus, qui suo nomine agit, in litem iurat.

62 Grzimek, 143ff.

63 Lenel, *Pal.* II, Ulp. fr.304 (col.447) [*De cognitoribus et procuratoribus etc.* (*E.VIII*)].

선서의 주체로 인정되는 경우들을 사료상 살펴보면 행위능력과 소송
능력이 있는 일반적인 경우는 물론(예: 담보물권자〔D.20.1.16.3〈47〉〕, 증
서의 제시를 소구하는 자〔D.12.3.10〈25〉〕 등), 실체법상 및 소송법상의 행
위능력 관련 법리에 따라서 성숙 미성년자(D.12.3.8〈36〉), 후견인, 보좌
인(D.12.3.4.pr.〈34〉; C.5.53.1〈37〉)도 선서를 할 수 있었다. 그러나 반면
에 피후견인, 피후견인의 모(母)는 선서할 수 없었다(D.12.3.4.pr.〈34〉).[64]
그리고 로마 소송법상의 특이한 법리에 따라서 소송에서는 형식상 소송
당사자로 등장하지만, 실질적으로는 소송대리인에 해당하여 실제적 소
송주(訴訟主)가 아니었던 소송대리인(cognitor, 대소인〔代訴人〕)도 선서할
수 없었으나(D.12.3.7〈12〉), 실제적 본인이었던 자익대송인(自益代訟人,
procurator in rem suam)[65]은 그렇지 않았다.[66] 무단점유자(praedo)라도 원
고 적격을 갖춘 경우 선서가 인정되었다.

〈13〉D.5.1.64.pr. Ulpianus 1 disputationum.

Non ab iudice doli aestimatio ex eo quod interest fit, sed ex eo quod in
litem iuratur: denique et praedoni depositi et commodati ob eam causam
competere actionem non dubitatur.

([심판인의 반환명령을 거역한] 악의적 불반환에 대한 심판인의 산정은 [원

---

64 Glück, 450ff.

65 D.2.14.13.1 Paulus 3 ad edictum.

Sed si in rem suam datus sit procurator, loco domini habetur: et ideo servandum
erit pactum conventum.

D.3.3.25 Ulpianus 9 ad edictum.

... Plane si dicat in rem suam se procuratorem datum et hoc probaverit, non debet
carere propria lite.

66 가령 D.20.6.8.2 Marcianus libro singulari ad formulam hypothecariam.

Si procurator debitoris in rem suam sit, non puto dubitari debere, quin pactum
noceat creditori. Itemque si a parte creditoris procurator in rem suam exstiterit,
paciscendo inutilem sibi faciet hypothecariam actionem, in tantum, ut putem recte
dici et dominis litis hoc casu nocere hanc exceptionem.

고의] 이익액으로가 아니라 [원고에 의하여] 소송물 가액 선서되는 가액으로 산정된다. 그러므로 무단점유자에게도 이런 사유로 임치 소권과 사용대차 소권이 인정된다는 점에 의문의 여지가 없다.)

5. 선서의 요건 및 상대방

(1) 이 선서는 통상 그리고 정규적으로는 피고가 반환을 명받고도 악의(惡意)나 중과실(重過失)로 반환하지 않는 경우에 인정되었다.[67]

⟨14⟩ C.5.53.2.1 Antoninus (a.212).

Sin vero neque dolus neque lata culpa neque fraus heredis convincetur, omissa iurisiurandi facultate iudex de veritate cognoscet, quae etiam argumentis liquidis investigari potest.

(그러나 상속인의 악의(惡意)도, 중과실(重過失)도,[68] 또 사해(詐害)행위도 혐의가 없으면 심판인은 선서의 권능을 뺀 채 명백한 전거들에 의하여[69] 심사될 수 있는 진실에 관하여 심리할 것이다.)

---

67 Glück, 466. 여기서 contumacia와 dolus가 전자는 최종적인 행태를, 후자는 그에 이르는 과정에서의 행태를 지시하지만, 모든 contumacia의 경우 dolus가 전제된다는 점에서 엄격한 구별의 실익은 없다고 할 것이다.
   Cf. D.50.17.199 Iavolenus 6 epistularum.
   Non potest dolo carere, qui imperio magistratus non paruit.
68 Arumaeus, ad C.5.53.2 (p.181).
   Cf. D.50.16.226 Paulus 1 manualium.
   Magna neglegentia culpa est: magna culpa dolus est.
   D.11.6.1.1 Ulpianus 24 ad edictum.
   ... lata culpa plane dolo comparabitur. ...
   D.47.4.1.2 Ulpianus 38 ad edictum.
   ... sed culpa dolo proxima dolum repraesentat. ...
69 Cf. C.4.19.25 Gratianus, Valentinianus, Theodosius (a.382).
   Sciant cuncti accusatores eam se rem deferre debere in publicam notionem, quae munita sit testibus idoneis vel instructa apertissimis documentis vel indiciis ad probationem indubitatis et luce clarioribus expedita.

경과실(輕過失)로 반환하지 않는 자는 제외된다. 이때에는 심판인이 유책판결액을 산정한다.[70] 다음 개소들에서는 단순히 과실(過失)이라고만 표현하지만 중과실의 경우에 고의와 동등하게 취급한다는 일반 법리와 그것이 반영된 위 C.5.53.2.1 〈14〉에 따라 이를 경과실로 이해해야한다.[71]

〈15〉 D.6.1.68 Ulpianus 51 ad edictum. (전문은 후술 〈45〉)
(… 그러나 현재 반환이 가능하지 않지만, 가능하지 않도록 악의적으로 행위한 것이 아니면 그 물건의 가액 이상으로, 즉 상대방의 이익 이상으로 유책판결 받아서는 안 된다. 이 견해가 일반설이고, 심판인의 재량으로 무엇인가가 반환되는 모든 경우 그것이 특시명령이든 대물소권이든 대인소권이든 상관없이[72] 적용된다.)

〈16〉 D.12.3.2 Paulus 13 ad Sabinum.[73] (cf. 〈28〉)
Sive nostrum quid petamus sive ad exhibendum agatur, interdum quod intersit agentis solum aestimatur, veluti cum culpa non restituentis vel non exhibentis punitur[74]: cum vero dolus aut contumacia non restituentis vel non exhibentis, quanti in litem iuraverit actor.

---

70 비잔틴법학의 혼조(混調)는 과실(過失)의 경우 최고 한도를 책정하고, 악의의 경우 임의액으로 유책판결한다는 주(注)에서 그대로 드러난다. Bas.22.6.5 Schol. 3) (Heimbach II, p.581): et taxare] Si quidem dolum invenerit, in infinitum condemnare: sin autem culpam, taxare.

71 Glück, 455ff.

72 Cf. D.44.7.37.pr. Ulpianus 4 ad edictum praetoris.
    Actionis verbo continetur in rem, in personam: directa, utilis: praeiudicium, sicut ait Pomponius: stipulationes etiam, quae praetoriae sunt, quia actionum instar obtinent, ut damni infecti, legatorum et si quae similes sunt. Interdicta quoque actionis verbo continentur.

73 Lenel, *Pal.* I, Paul. fr.1858 (col.1286) [*De iudiciis?*].

74 앞의 주 22 참조.

(어떤 것을 우리 것으로 [반환]청구하든, 또는 제시(提示)하도록 소구(訴求)
되든 우선 원고의 이익상당액만이 산정되는바, 회복하지 않는 자나 제시하
지 않는 자의 과실(過失)이 제재되는 경우가 이에 해당한다. 그러나 회복하
지 않는 자나 제시하지 않는 자의 악의(惡意)나 거역이 징벌되는 경우에는
소송물 가액이 얼마인지를 원고가 선서한다.)

⟨17⟩ D.12.3.4.4 Ulpianus 36 ad edictum.
Ex culpa autem non esse iusiurandum deferendum constat, sed
aestimationem a iudice faciendam.
(그런데 과실에 기해서는 선서를 인부(認付)해서는 안 되고, 산정을 심판인
이 해야 한다는 것이 정설이다.)

⟨18⟩ D.12.3.5.3 Marcianus 4 regularum.
Sed in his omnibus ob dolum solum in litem iuratur, non etiam ob culpam:
haec enim iudex aestimat.
(그러나 이 모든 경우에 악의만을 이유로 소송물 가액 선서가 이루어지는
것이고, 또한 과실을 이유로도 그런 것은 아니다. 이 경우는 심판인이 산정
하기 때문이다.)

예외적으로 반환이 아니라 이행급부(traditio)가 문제되는 사안에서 이
행지체 후에 원물이 멸실된 경우에도 소송물 가액 선서의 인부(認付)가
인정되었는데, 존재하지 않는 물건의 가액을 산정하는 것이 선서 없이는
불가능하다는 이유를 들었다. 그러나 이것은 단순히 가액 산정이 불가능
하다는 논리만으로 설명할 수는 없는 것이, 많은 경우에는 급부목적물
이 오히려 노예이기 때문에 그 가액의 산정이 어렵지 않을 수 있고, 점유
의 악의적인 포기나 반환 거부의 경우에도 실제로 객관적 불능의 사안
이 있을 수 있음에도 불구하고 불능을 이유로 들고 있지 않기 때문이다.
이 바탕에는 이행지체(mora) 후에는 원물의 멸실에 채무자의 과실이 없

더라도 책임진다는 법리[75]에 부응하여 멸실을 채무자의 악의에 해당하
는 행태에 기인한 것으로 보는 평가가 깔려 있다.[76] 이것은 말하자면 반
환의무자의 불법행위가 선행(先行)한 경우(가령 D.43.24.15.9 〈55〉; C.8.4.9
〈11〉)와 유사한 평가를 받은 것이라고 볼 수 있다. 달리 가액 산정이 불
가능하다면 선서액이 실제 가액을 반영한다는 보장은 어차피 불가능한
것이므로 이 경우의 선서를 이른바 iusiurandum in litem veritatis로 보는
보통법의 학설[77]은 사실상 무의미한 것이다. 문답계약이므로 엄법(嚴法)
소송이고, 따라서 기본적으로 확정물의 청구가 내용이므로 예외적으로
선서를 인정하는 경우에도 이러한 이해를 하게 된 것으로 보이는데, 소
송물 가액 선서를 시킨다는 것 자체가 피고의 부당한 행태를 전제한 것
이고, 여기서는 물건의 멸실을 초래한 유책한 이행지체를 그렇게 평가한
것이다.[78]

〈19〉D.12.3.5.4 Marcianus 4 regularum.

Plane interdum et in actione stricti iudicii in litem iurandum est, veluti si
promissor Stichi moram fecerit et Stichus decesserit, quia iudex aestimare
sine [relatione]〈delatione *dett.*〉 iurisiurandi non potest rem quae non extat:
(실로 때로는 엄법소송(嚴法訴訟)에서도 소송물 가액 선서가 이루어지니,

---

75 Kaser, *RP* I, 513f., 516.
76 다시 말하면 이행지체 후 멸실되었다는 것이 중요한 것이지, 이행지체가 고의 또
    는 과실의 어느 것에 기인하느냐는 중요한 것이 아니라는 것이다. 따라서 이 사안
    을 근거로 이행지체는 단순한 경과실에 의한 경우도 있으므로 결국 경과실의 경
    우에도 소송물 가액 선서가 인정되었다는 설이나 이를 비판하면서 문맥상 이때의
    이행지체는 과실의 경우가 아니라 고의의 경우라는 견해(Glück)나 모두 초점을
    잘못 둔 것이다. Glück, 457ff.
77 Noodt, 236; Glück, 425.
78 Cf. D.45.1.23 Pomponius 9 ad Sabinum.
    Si ex legati causa aut ex stipulatu hominem certum mihi debeas, non aliter post
    mortem eius tenearis mihi, quam si per te steterit, quo minus vivo eo eum mihi
    dares: quod ita fit, si aut interpellatus non dedisti aut occidisti eum.

가령 노예 스티쿠스의 문답낙약자가 이행지체를 하고 노예 스티쿠스가 사망한 경우가 그러한데, 왜냐하면 심판인은 선서의 인부(認付) 없이는 존재하지 않는 물건의 가액을 산정할 수 없기 때문이다.)

(2) 이 선서는 악의 행위자를 제재하는 뜻이 강하므로 상속인이라 하더라도 그와의 사이에 쟁점결정이 이루어진 경우에는 책임의 승계 문제와는 별도로[79] 선서는 원칙적으로 자신이 할 수 있는 범위 내에서 악의적으로 행위한 경우에 대해서만 인정되어야 했으므로 상속인 스스로가 악의인 경우에 한하여 원고에게 선서가 인부(認付)되었다.[80] 따라서 후견사무와 관련한 재산목록 '작성'의 의무는 후견인 자신만이 부담하고, 상속인의 악의가 개입할 여지가 없으므로 그 부작성(不作成)을 이유로 후견인 본인을 상대로 할 때에는 소송물 가액 선서가 가능하지만, 상속인을 상대로 할 때에는 인정되지 않았다.

⟨20⟩ D.26.7.7.pr. Ulpianus 35 ad edictum.[81]

Tutor, qui repertorium non fecit, quod vulgo inventarium appellatur, dolo fecisse videtur, nisi forte aliqua necessaria et iustissima causa allegari possit, cur id factum non sit. Si quis igitur dolo inventarium non fecerit, in ea condicione est, ut teneatur in id quod pupilli interest, quod ex iureiurando in litem aestimatur. Nihil itaque gerere ante inventarium factum eum oportet, nisi id quod dilationem nec modicam exspectare possit.

(보통 재산목록(財産目錄)이라고 부르는 재산물목(財産物目)을 작성하지 않은 후견인은 악의적으로 행위한 것으로 인정되는데, 단 왜 그것이 작성되지 않았는지 어떤 부득이하고 극히 정당한 사유가 원용될 수 있으면 그러하지

---

79 Glück, 459f.

80 Glück, 453.

81 Lenel, *Pal.* II, Ulp. fr.1003 (col.658) [*De administratione et periculo tutorum* (*ad E.121*)].

않다. 그러므로 어떤 자가 악의적으로 재산목록을 작성하지 않은 경우 그는 소송물 가액 선서에 기하여 산정되는 피후견인의 이익을 책임지는 처지에 있다. 그런고로 그는 재산목록 작성 전에는[82] 어떤 후견사무도 처리하지 않는 것이 마땅한바, 사소하지 않은 지체를 예상할 수 있는 사무는 예외이다.)

⟨21⟩ C.5.53.4.pr. Gordianus (a.238). (⟨23⟩으로 연결됨)

Alio iure est tutor, alio heres eius. Tutor enim inventarium ceteraque instrumenta si non proferat, in litem iusiurandum adversus se potest admittere: at enim heres eius ita demum, si reperta in hereditate dolo malo non exhibeat.

(후견인의 법적인 처지와 그의 상속인의 법적인 처지는 다르다. 왜냐하면 후견인은 재산목록과 여타의 증서들을 제출하지 않으면 자신을 상대로 하는 소송물 가액 선서를 받아들이는 것이 가능하지만, 그러나 그의 상속인은 상속재산 중에 발견된 것들을 악의적으로 제시하지 않는 경우에 한하여 그렇기 때문이다.[83])

⟨22⟩ C.5.53.5 Diocletianus, Maximianus (a.294).

Licet adversus heredes ob non factum inventarium iusiurandum in actione

---

82 재산목록의 기능을 확연하게 보여주는 것은 유스티니아누스법에서의 공적(公的) 인 등재로써 이루어지는 재산목록이었다.
Cf. C.5.51.13.1 Justinianus (a.530).
Sin autem inventario publice facto res pupillares vel adulti conscripserit et ipse per huiusmodi scripturam confessus fuerit ampliorem quantitatem substantiae, non esse aliud inspiciendum nisi hoc quod scripsit, et secundum vires eiusdem scripturae patrimonium pupilli vel adulti exigi: neque enim sic homo simplex, immo magis stultus invenitur, ut et in publico inventario contra se scribi aliquid patiatur.

83 동일한 법리를 표현한 개소로 D.43.26.8.8 Ulpianus 71 ad edictum.
Hoc interdicto heres eius qui precario rogavit tenetur quemadmodum ipse, ut, sive habet sive dolo fecit quo minus haberet vel ad se perveniret, teneatur: ex dolo autem defuncti hactenus, quatenus ad eum pervenit.

tutelae praetermitti placuerit, iudicem tamen velut ex dolo tutoris aliis indiciis instructum adversus eos ferre sententiam convenit.

(상속인들을 상대로는 재산목록 부작성(不作成)의 이유로는 선서를 후견소송에서 인정하지 않는다는 것이 통설이지만, 그럼에도 불구하고 심판인은 특히 후견인의 악의로 말미암아서는 다른 증거들이 구비된 경우 그들에게 불리한 패소판결을 내린다는 것이 정설이다.[84])

그러나 피상속인과 이미 쟁점결정을 한 후에 피상속인이 사망하면 상속인이 소송을 수계(受繼)하고 피상속인과 같은 책임을 지므로 상속인 자신의 악의가 없더라도 선서가 인부(認付)되었다.[85]

⟨23⟩ C.5.53.4.1 Gordianus (a.238). (⟨21⟩에서 계속됨)
Sed cum adversus ipsum tutorem litem contestatam esse dicatis, transferentibus in heredes eius actionem praeses provinciae partes suas exhibebit non ignorans, nisi exhibeantur instrumenta, quatenus iuxta formam constitutionum partes suas debeat moderari.

(그러나 그대들이 후견인 자신을 상대로 쟁점결정되었다고 주장하므로 그의 상속인들에게로 소송을 수계(受繼)시키는 경우 도백(道伯)은 자신의 직분(職分)을 다해야 할 것이고, 증서들이 제시되지 않으면 그가 칙법들의 규

---

84 Cf. Bas.38.15.5 Schol. 1) (Heimbach III, p.782): Licet damnetur quasi ex dolo tutoris, tamen differentia est: neque enim iuriiurando in litem subiicitur, cum ipse dolum non admiserit, sed in id, quod interest, condemnatur.

85 『바실리카 법전』은 이 점을 더욱 요령껏 정리하였다. Bas.38.15.4. (Heimbach III, p.782): Sed si post litem contestatam[1] tutore mortuo heredes eius iudicium actionis tutelae adimpleant, subiiciuntur et ipsi iuriiurando in litem.

  1) sed si post litem contestatam] Itaque lite adversus tutorem contestata locum habet adversus heredem iusiurandum in litem, licet heres ipse dolum non admiserit. Nam post litem contestatam etiam heredes iura principalium personarum habere videntur.

정에 따라서 자신의 직분을 어디까지 수행해야만 하는지를 잘 알아야 한다.)

이 선서 제도는 로마법의 계수 이후 유럽에서는 계쟁물이 점유자의 악의로 인하여 소실하여 강제력에 의한 반환이 불가능한 경우에도 기본적으로 수용되지 않았고, 판사가 선(善)과 형평(衡平)[平良]에 의하여 원고의 이익을 산정하였는데, 다만 법률관계의 제반사정을 알 수가 없어서 심판인 자신이 산정하는 것이 거의 불가능한 경우에 한하여 한도를 책정하고 원고에게 로마식으로 선서를 인부(認付)할 수 있었다.[86] 보통법에서는 이렇게 특수한 증거방법으로 변모된 형태로 선서가 인정되었는데, 그 배경은 집행법의 발전이었다.[87] 법전 편찬 이후로는 프랑스[88]처럼

---

86 Voet, ad D.12.3 n.8 (pp.515f.).

87 Coing, 296+n.32 (반환의 manu militari에 의한 관철). Glück는 법원에 의한 강제집행을 전제하고(p.409), 그래서 contumacia를 강제집행으로도 실현될 수 없을 정도로 반환이나 제시를 거부하는 것으로 이해한다(p.405). 고대 로마법을 이해하기 위하여 구(舊)문헌을 참조하는 데에는 이러한 근본적인 차이점으로 인한 한계가 있다. 시대마다 자기 시대의 구조 속에서 로마법을 활용하였음이 잘 드러나는 대목이다.

88 Engelmann and others, 761. 직접 관련 규정은 프랑스 민법 제1369조이다:
Code civil, Article 1369 (Créé par Loi 1804-02-07 promulguée le 17 février 1804)
① Le serment sur la valeur de la chose demandée ne peut être déféré par le juge au demandeur que lorsqu'il est d'ailleurs impossible de constater autrement cette valeur.
② Le juge doit même, en ce cas, déterminer la somme jusqu'à concurrence de laquelle le demandeur en sera cru sur son serment.
이탈리아 민법도 제2736조에서 이를 규정한다.
Codice civile, Art. 2736. Specie.
Il giuramento è di due specie:
1) è decisorio ...;
2) è suppletorio quello che è deferito d'ufficio dal giudice a una delle parti al fine di decidere la causa quando ..., ovvero quello che è deferito al fine di stabilire il valore della cosa domandata, se non si può accertarlo altrimenti.
그러나 이들 입법례는 집행법의 정비에 따라 모두 입증이 곤란한 경우에 한하여 보충적 수단으로서 소송물 가액 선서를 인정하는 것으로(cf. Glück, 444f.), 로

524

이를 수용한 나라가 있는가 하면, 수용했다가도 1870년대 이후 폐지한 오스트리아[89]나 또 1933년에 와서 폐지한 독일[90] 같은 나라도 있어서 사정은 나라마다 달랐다. 이러한 독법계 발전의 영향으로, 그리고 무엇보다도 서양과 달리 선서 문화의 전통이 아예 없었기에 우리 법에는 소송물 가액 선서 제도가 어떠한 형태로도 도입되지 않았다.

6. 선서의 효과

(1) 선서는 심판인이 최고 한도액을 정하지 않은 경우에는 선서한 대로(D.12.3.2 〈16〉: quanti in litem iuraverit actor; D.5.1.64.pr. 〈13〉: doli aestimatio ... fit ... ex eo quod in litem iuratur), 최고 한도액을 정한 경우에는 그 범위 내에서 이루어졌을 경우에 그대로 유책판결액으로 확정되었다. 그러나 이것은 물론 유책판결액이 선서를 통한 산정(算定)으로 증가했다는 것이지 물건 자체의 가액이 증가했음을 의미하는 것은 아니다.

〈24〉 D.12.3.1 Ulpianus 51 ad Sabinum.[91]

Rem in iudicio deductam non idcirco pluris esse opinamur, quia crescere condemnatio potest ex contumacia non restituentis per iusiurandum in litem: non enim res pluris fit per hoc, sed ex contumacia aestimatur ultra rei pretium.

(심판인절차에 회부된 소송물은 유책판결액이 회복하지 않는 자의 거역으로 말미암아 소송물 가액 선서를 통하여 증가할 수 있다는 점 때문에 가액이 증가한 것이 아니라는 것이 우리의 견해이다. 왜냐하면 소송물은 이 점

마 후대법에 근사한 것이다.

89 Engelmann and others, 633.

90 독일의 경우 로마법의 영향이 지속되었고, 구(舊)독일민사소송법 제260조가 배상액 산정의 선서와 법원에 의한 한도 책정을 규정하였으나, 1933년 개정법 제287조 제1항으로 이러한 제도가 사라지게 되었다고 한다. Grzimek, 167f. + nn.90-92.

91 Lenel, *Pal.* II, Ulp. fr.2988 (col.1197) [*De iudiciis?*].

때문에 가액이 증가하는 것이 아니라 거역으로 말미암아 물건 가액 이상으로 산정(算定)되는 것이기 때문이다.)

그리하여 가령 보증인은 주채무자의 거역으로 인한 증가에 대해서는 책임을 지지 않았다.[92]

(2) 심판인이 일단 인정된 산정액을 다시 조정하는 일은 고전법에서는 없었다.

⟨25⟩ D.12.3.10 Callistratus 1 quaestionum.[93]

In instrumentis, quae quis non exhibet, actori permittitur in litem iurare, quanti sua interest ea proferri, ut tanti condemnetur reus: idque etiam divus Commodus rescripsit.

(어떤 자가 제시하지 않는 증서들의 경우 원고는 그것들의 제출에 자기가 얼마만큼의 이익을 가지는지 소송물 가액 선서를 하는 것이 허용되고, 피고는 그 금액 상당으로 유책판결을 받는다. 그리고 이것은 또한 신황(神皇) 콤모두스도 칙답한 바 있다.)

(3) 그런데 사료상 선서한 소송물 가액을 표현하는 문구(id quod interest; quanti interest)가 오히려 심판인의 산정액을 표현하는 데에도 사용되어서 다소간에 혼란스럽다. 결국 문맥에서 그 의미를 읽어낼 수밖에 없다.

---

92 D.46.1.73 Paulus 76 ad edictum.
  Cum procurator in rem agebat, cautionem dederat ratam rem dominum habiturum: postea victo eo dominus reversus iterum de eadem re agitabat, et cum reus haberet possessionem, et noluit eam restituere et ideo magno condemnatus est: in amplius fideiussores non tenentur: hoc enim non debet imputari fideiussoribus, quod ille propter suam poenam praestitit.
  다른 적용사례: D.35.2.60.1 ⟨48⟩.
93 Lenel, *Pal.* I, Call. fr.94 (col.101).

먼저 선서액을 표현하는 경우

Cerv. Scaev. D.49.1.28.1 〈51〉: quanti sua interesset ... iurasset.

Callistr. D.12.3.10 〈25〉: in litem iurare, quanti sua interest.

Ulp. D.12.3.3 〈29〉: iuret ... quod sua interfuit; iuret, quod sua interfuit.

Ulp. D.26.7.7.pr. 〈20〉: in id quod ... interest, quod ex iureiurando in litem
aestimatur.

Ulp. D.43.24.15.9 〈55〉: quod interfuit, aut per iusiurandum, quod in litem
actor iuraverit.

반면에 심판인 산정액을 표현하는 경우

Paul. D.12.3.2 〈16〉: quod intersit agentis.

Ulp. D.5.1.64.pr. 〈13〉: ab iudice doli aestimatio ex eo quod interest fit.

Ulp. D.6.1.68 〈45〉: quanti res est, id est quanti adversarii interfuit.

Ulp. D.43.24.15.9 〈55〉: quod interfuit, ... aut ... iudicis officio aestimandum
est.

결국 추상적으로는 원고의 이익상당액이 배상되는 것인데, 각 상황에 따라서 그 산정이 심판인에 의한 것인가 아니면 원고의 선서에 의한 것인가 하는 것만이 차이가 나는 것으로, 후자는 산정 방식에만 관계되므로 산정액의 표시 자체는 두 경우를 구별하지 않은 것이다. 그런데 여기서 주목되는 것은 두 경우 모두 interest가 산정된다는 점이다. 로마법상 알려진 배상액 표시방법인 quanti ea res est (fuit, erit)와 id quod interest 중에서 심판인의 반환／제시 명령을 어기는 우리의 경우에는 일관되게 후자의 방식으로 정착되었음을 보여주는 것이고, 선서로써 실제 가액을 초과할 것이 당연히 예상되는 경우만이 아니라 심판인이 가액을 산정하는 경우에도 원칙적으로 실제 가액이 기준이 아니라 당사자가 반환에 대하여 가지는 이익(利益)이 고려되었음을 알 수 있다.[94]

(4) 그러나 법기술적인 면에서 소송물가액의 판단시점은 소권의 종류에 따라서 달랐는데, 이러한 사정은 심판인이 선서를 인부(認付)하면서 최고한도액을 정할 때 고려될 수 있었을 것이다.

〈26〉 D.13.6.3.2 Ulpianus 28 ad edictum.[95]

In hac actione sicut in ceteris bonae fidei iudiciis similiter in litem iurabitur: et rei iudicandae tempus, quanti res sit, observatur, quamvis in stricti 〈iuris〉 litis contestatae tempus spectetur.

(이 [사용대차]소권의 경우에도 여타의 성신소송(誠信訴訟)들의 경우처럼 유사하게 소송물 가액 선서가 행해질 것이다. 그리고 소송물이 어떤 가액 상당인가는 본안판결 시점이 기준인데, 비록 엄법소송(嚴法訴訟)의 경우에는 쟁점결정 시점이 기준이 될 것이지만 말이다.)

(5) 선서는 선서와 관련된 것이 아닌 다른 재판상의 사항에 관해서는 아무런 효과가 없었음은 물론이다(가령 상소〔上訴〕: D.49.1.28.1 〈51〉).

7. 소송물 가액 선서의 활용
1) 소송물 가액 선서가 인정된 사례들
전술하였듯이 선서는 기본적으로 물건의 반환을 겨냥한 소권들에서

---

94 기본적으로 quanti ea res est는 실물 가액을, id quod interest는 원고의 이익상당액을 의미했고, 특히 전자는 방식서의 구성요소로서 심판인의 유책판결의 내용을 구성했다면 id quod interest는 이 조항에 대한 외부로부터의 해석 정식(定式)이었는데, Schieder(2011)에 의하면 전자는 행위중심적-분석적으로 접근하는 고전법학(Klassik)의 입장을, 후자는 관계판단적-종합적으로 접근하는 고전전(古典前)법학(Vorklassik)의 입장을 대변하는 것이었지만, 고전성기(古典盛期, Celsus, Iulianus)의 종합을 거치면서 res의 이해가 혼용되는 등 변화가 있었고, 유스티니아누스의 의고전주의(擬古典主義)에도 불구하고 명쾌한 형태로 정리되지 못한 채로 남았다. 우리의 목적을 위해서도 이 문제는 더 깊이 있는 논구가 필요할 수 있지만, 지면 관계상 더이상의 논급은 생략한다.

95 Lenel, *Pal.* II, Ulp. fr.801 (col.580) [*Commodati vel contra (E.98): Ad formulas*].

인정되었다. 반환이 이루어지지 않을 때 그에 갈음하는 소송물 가액을 심판인이 스스로 확정하는 것이 아니라 원고에게 맡기는 것이었기 때 문이다. 그 결과 유사한 취지에서 아직 반환 결정이 확정된 것은 아니지 만 그 심리를 위하여 심판정(審判廷)에 물건을 현출시키도록 하는 목적 을 가진 제시소권(提示訴權)의 경우에도 제시가 이루어지지 않을 때 역 시 인정되었다. 이에 속하는 다양한 소권들의 사례가 전해지는데, 물건 의 반환을 취지로 하는 대물소권(對物訴權)이 가장 전형적인 것이었음은 물론이고, 같은 취지의 대인적(對人的) 성신소권(誠信訴權)[96] 역시 소송 물 가액 선서를 통하여 분쟁을 해결할 수가 있었다.

⟨27⟩ D.12.3.5.pr. Marcianus 4 regularum.[97]

In actionibus in rem et in ad exhibendum et in bonae fidei iudiciis in litem iuratur.

(대물소송(對物訴訟)들[98]과 제시소송(提示訴訟)[99] 및 성신소송(誠信訴訟)

---

96 Cf. Inst. 4.6.28: Actionum autem quaedam bonae fidei sunt, quaedam stricti iuris, bonae fidei(성신〔誠信〕소권) sunt hae: ex empto(매수〔買受〕소권), vendito(매 도〔賣渡〕소권), locato(임대약〔賃貸約〕소권), conducto(임차약〔賃借約〕소권), negotiorum gestorum(사무관리〔事務管理〕소권), mandati(위임〔委任〕소권), depositi(임치〔任置〕소권), pro socio(조합원〔組合員〕소권), tutelae(후견〔後見〕소 권), commodati(사용대차〔使用貸借〕소권), pigneraticia(질권〔質權〕소권), familiae erciscundae(가산분할〔家産分割〕소권), communi dividundo(공유물분할〔共有物 分割〕소권), praescriptis verbis quae de aestimato proponitur(가액산정부〔價額算 定附〕계약시 전가문〔前加文〕소권), et ea quae ex permutatione competit(물물 교환〔物物交換〕소권), et hereditatis petitio(상속재산회복청구〔相續財産回復請 求〕소권). quamvis enim usque adhuc incertum erat, sive inter bonae fidei iudicia connumeranda sit sive non, nostra tamen constitutio aperte eam esse bonae fidei disposuit.

97 Lenel, *Pal.* II, Ulp. fr.801 (col.580) n.4: *"Ad condemnationem formulae i. f. conceptae."*

98 D.6.1.68 ⟨45⟩; D.20.1.16.3 ⟨47⟩.

99 D.10.4.3.2 ⟨7⟩.

들[100]에서 소송물 가액을 선서한다.)

〈28〉 D.12.3.2 Paulus 13 ad Sabinum. (원문은 전술 〈16〉)
(어떤 것을 우리 것으로 (반환)청구하든 또는 제시(提示)하도록 소구되든
우선 원고의 이익 상당액만이 산정되는바, 회복하지 않는 자나 제시하지 않
는 자의 과실(過失)이 제재되는 경우가 이에 해당한다. 그러나 회복하지 않
는 자나 제시하지 않는 자의 악의(惡意)나 거역이 징벌되는 경우에는 소송
물 가액이 얼마인지를 원고가 선서한다.)

그러나 유체물이 아닌 무체(無體)의 권리(res incorporalis)가 문제되는
경우에도 선서가 가능하였고(예: 건물역권: D.8.5.7 〈46〉), 또 청구물이 확
정금에 해당하여 원래는 소송물 가액 선서가 필요 없는 경우에도 그 불
반환과 상당인과관계로 결부된 여타의 이해관계가 있는 경우 이것을 소
송물 가액에 포함시키기 위해서도 선서가 활용되었다(D.12.3.3 〈29〉 후단
〔금전 임치의 경우〕).

〈29〉 D.12.3.3 Ulpianus 30 ad edictum.[101]
Nummis depositis iudicem non oportet in litem iusiurandum deferre, ut
iuret quisque quod sua interfuit, cum certa sit nummorum aestimatio. Nisi
forte de eo quis iuret, quod sua interfuit nummos sibi sua die redditos esse:
quid enim, si sub poena pecuniam debuit? Aut sub pignore, quod, quia
deposita ei pecunia adnegata est, distractum est?
([그러나] 금전(金錢)이 임치된 경우에는 심판인은 소송물 가액 선서를 인
부(認付)하여 자신의 이익상당액을 선서하도록 해서는 안 되는데, 왜냐하면

---

100 D.5.3.25.10 〈32〉; D.13.6.3.2 〈26〉; D.16.3.1.26 〈30〉; D.16.3.5.pr. 〈59〉;
    D.19.2.48.1 〈31〉.
101 Lenel, *Pal.* II, Ulp. fr.895 (col.614f.) [*Depositi vel contra (E.106)*: *Ad formulam in
    ius conceptam?*].

금전의 산정액은 확정적이기 때문이다.[102] 그러나 그 금전이 자신에게 정해진 기일에 반환되는 것이 자기의 이익이었다는 점에 관하여 선서하는 경우에는 그러하지 않다. 즉 위약벌하에 금전채무를 부담한 경우라면 어떻겠는가? 또는 질물(質物) 제공하에 그랬는데, 임치된 금전이 그에게 반환이 거부되었기에 질물이 매각된 경우라면?)

(1) 성신소권(誠信訴權)의 경우

이에 해당하는 사안들로는 다음 것들이 전해진다.[103]

A. 사용대차(D.13.6.3.2 〈26〉)

B. 임치

〈30〉 D.16.3.1.26 Ulpianus 30 ad edictum.[104]

In depositi quoque actione in litem iuratur.

(임치소권에서도 소송물 가액 선서가 행해진다.[105])

그러나 전술했듯이 임치된 물건이 금전이어서 확정액인 경우에는 가액 산정 자체가 불필요하므로 사정이 다르다(D.12.3.3 〈29〉 전단).

---

102 D.18.1.1.pr. Paulus 33 ad edictum.

    ... electa materia est, cuius publica ac perpetua aestimatio difficultatibus permutationum aequalitate quantitatis subveniret. Eaque materia forma publica percussa usum dominiumque non tam ex substantia praebet quam ex quantitate ... D.13.4.3 Gaius 9 ad edictum provinciale.

    ... pecuniarum quoque licet videatur una et eadem potestas ubique esse ...

103 성신소송의 경우 소송물 가액 선서를 부인한 구(舊)학설(Levy, Betti, Chiazzese, Medicus 등)에 대한 상세한 비판은 Watson, 225-241; Grzimek, 144-148.

104 Lenel, *Pal.* II, Ulp. fr.895 (col.614f.) [*Depositi vel contra* (*E.106*): *Ad formulam in ius conceptam*?].

105 또한 D.5.1.64.pr. 〈13〉 cit. 그러나 임치의 반대소권의 경우에는 그렇지 않다. D.16.3.5.pr. 〈59〉.

C. 임약(賃約)

〈31〉 D.19.2.48.1 Marcellus 8 digestorum.[106]

Qui servum conductum vel aliam rem non immobilem non restituit, quanti in litem iuratum fuerit damnabitur.

(임차(賃借)한 노예나 다른 동산을 반환하지 않는 자는 소송물 가액 선서가 행해진 상당액으로 유책판결 받을 것이다.)

동산을 거론한 것에 대하여 수정의 의혹이 제기되기도 하였고,[107] 부동산의 경우에는 숨길 수가 없기 때문이라는 견해[108]도 있으나, 이것을 부동산의 경우에는 소송물 가액 선서를 부정한 것으로 무리하게 반대해석하지 않는 한, 노예에 대한 법리를 자연스럽게 다른 동산에 확대한 것으로 보면 문제 될 것이 없다.[109]

D. 상속재산회복청구

상속인임을 참칭하여 남의 상속재산을 점유하는 자도 상속재산회복청구의 피고로서 반환을 거역하면 원고의 소송물 가액 선서에 의하여 배상액이 결정되었다. 악의의 점유포기자도 피고 적격이 인정되고, 점유를 회복시키지 않는 한, 원고의 선서에 따르는 불이익을 감수할 수밖에 없었다.

〈32〉 D.5.3.25.10 Ulpianus 15 ad edictum.[110]

Haec verba senatus consulti etiam adversus eum qui non possidet

---

106 Lenel, *Pal.* I, Marcell. fr.114 (col.608) [*De furtis* (*E.XXIII*)]. 레넬이 제시하는 원문 맥락이 절도라는 점으로부터 이 개소를 임약(賃約) 사안에서 제외하려는 해석 (Grzimek, 148; 171f.)과 그에 대한 반론은 Watson, 231-233.

107 Cf. Watson, 232.

108 Noodt, 234.

109 同旨 Glück, 440f.

iusiurandum inducunt: tam enim adversus eum qui dolo fecit quo minus possideat quam adversus possidentem in litem iuratur.

(이 원로원의결의 이 법문[111]은 점유하지 않는 자를 상대로도 선서를 도입한다. 왜냐하면 점유하는 자를 상대해서만큼이나 점유하지 않도록 악의적으로 행위한 자(점유포기자)를 상대해서도[112] 소송물 가액 선서가 행해지기 때문이다.)

다음 사안은 상속재산회복청구를 받은 점유자가 상속재산에 속하는 물건을 매도한 후 그 물건이 그의 책임 없는 사유로 반환할 수 없게 된 특별한 경우를 다룬 것이다(민법 제202조 참조). 반환 불능 사유로 거론되는 것은 상속재산에 속하는 물건의 멸실과 감소인데, 멸실이란 물건이 이 세상에 부존재하게 된 것을 말하고, 감소란 제3자의 점용취득(占用取得, usucapio)으로 상속재산에서 영영 빠져나간 것을 가리킨다.[113] 이 경

---

110 Lenel, *Pal.* II, Ulp. fr.525 (col.503f.) [*Si hereditas petatur* (*E.*65)].

111 D.5.3.25.2/8-9 Ulpianus 15 ad edictum.

2. Quod ait senatus: "Eos qui bona invasissent, quae scirent ad se non pertinere, etiam si ante litem contestatam fecerint quo minus possiderent, perinde condemnandos quasi possiderent", ita intellegendum est, ut et dolus praeteritus in petitionem hereditatis deduceretur: sed et culpa. Et ideo ab eo qui ab alio non exegit vel a semet ipso, si tempore esset liberatus, peti hereditatem posse: hoc utique si exigere potuit.

8. "Perinde", inquit, "condemnandos quasi possiderent": merito: nam is qui dolo fecit quo minus possideret, ut possessor condemnatur. Accipies, sive dolo desierit possidere sive dolo possessionem noluerit admittere. Sive autem ab alio res possideatur sive in totum non extet, locum habebit haec clausula. Unde si sit alius possessor, ab utroque hereditas peti possit: et si per multos ambulaverit possessio, omnes tenebuntur.

9. Sed utrum is solus qui possidet fructus praestabit an etiam is qui dolo fecit quo minus possideret? Et dicendum erit post senatus consultum ambo teneri.

112 D.50.17.131 Paulus 22 ad edictum.

Qui dolo desierit possidere, pro possidente damnatur, quia pro possessione dolus est.

우 선의점유자가 해야 하는 것이 그 매매계약의 매매대금을 대상물(代償物)로서 반환하는 것임은 분명한데, 그렇다면 악의점유자까지도 이러한 의무만을 질 것인가? 울피아누스에 의하면 선의점유자와 달리 악의점유자는 물건이 (매수인 측에) 현존하는 한 원물 반환의무가 여전히 존재하고, 따라서 이를 이행하지 못하면 원고가 선서한 소송물 가액으로 배상해야 한다는 점에서 매매대금으로 받은 것보다 높은 금액으로 책임져야 한다. 그러나 물건이 멸실이나 감소에 의해 반환 불능일 때에는 악의점유자가 져야 하는 책임의 범위는 그가 그 반환 불능 자체를 야기한 것이 아니므로 소송물 가액 선서를 통하여 불리하게 정해질 수는 없지만, 원물 반환 의무는 그대로 부담하는 만큼 자신이 체결한 매매계약의 매매대금액이 아니라 제때에 반환되어 매각되었더라면 원고가 얻었을 원물의 진정한 매매대금을 지급해야만 한다. 이것은 피고가 취득한 실매매대금이 원고가 청구할 수 있는 하한선(下限線)임을 의미한다. 그 이상을 받아내기 위한 입증은 물론 원고의 몫이다.

〈33〉 D.5.3.20.21 Ulpianus 15 ad edictum.[114]

Restituere autem pretia debebit possessor, etsi deperditae sunt res vel deminutae. Sed utrum ita demum restituat, si bonae fidei possessor est, an et si malae fidei? Et si quidem res apud emptorem exstent nec deperditae nec deminutae sunt, sine dubio ipsas res debet praestare malae fidei possessor aut, si recipere eas ab emptore nullo modo possit, tantum quantum in litem esset iuratum. At ubi deperditae sunt et deminutae, verum pretium debet praestari, quia si petitor rem consecutus esset, distraxisset et verum pretium rei non perderet.

---

113 D.5.3.21 Gaius 6 ad edictum provinciale.
  Deperditum intellegitur, quod in rerum natura esse desiit: deminutum vero, quod usucaptum esset et ob id de hereditate exiit.
114 Lenel, *Pal.* II, Ulp. fr.524 (col.502) [*Si hereditas petatur* (E.65)].

(그런데 [상속재산 반환 청구 후에 그에 속하는 물건을 매도한][115] 점유자
는 물건이 멸실하거나 감소했더라도 대금을 반환하여야 할 것이다. 그런데
선의점유자인 경우에 한하여 반환해야 하는가, 아니면 악의점유자인 경우
에도 그러한가? 실로 물건이 매수인 측에 존재하고 멸실하거나 감소하지 않
았으면 의심의 여지 없이 그 물건 자체를 악의점유자는 급부해야만 하거나,
그가 매수인으로부터 그 물건을 결코 회수할 수 없으면 소송물 가액 선서가
행해진 상당액을 급부해야만 한다. 그러나 멸실했거나 감소한 경우에는 진
정한 대금이 급부되어야만 하는데, 왜냐하면 반환청구자가 물건을 획득했
었더라면 매각할 수 있었을 것이고 진정한 대금을 상실하지 않았을 것이기
때문이다.)

E. 후견

가장 많은 사료가 전해지는 것이 후견 관련한 사안에 대한 것이다.[116]

a) 피후견인과 제3자 사이의 소송 사안

후견인은 피후견인의 재산에 관하여 처분을 할 수가 있고, 방식서소
송에서 피후견인을 위하여 제소하고 제소당할 수 있었다.[117] 법정관(法
政官)은 피후견인에게 후견인의 소권을 준소권(準訴權, actio utilis)으로서
부여하였고, 또 후견인이 피후견인을 위하여 체결한 법률행위로 인한 채
무에 대해서는 채권자에게 피후견인을 상대로 준소권을 부여하였다.[118]
그리하여 피후견인이 원고가 되는 상황과 피고가 되는 상황이 모두 가

---

115 D.5.3.20.16-20 Ulpianus 15 ad edictum.
   16. Quid si post petitam hereditatem res distraxerit? ...
116 이것은 어쩌면 로마에서 후견이 빈번할 수밖에 없었던 사회적 사정과도 무관하지
   않을 것이다. Saller, 189-190에 의하면 제정기 로마의 아이들의 1/3이 14세(성
   숙기)까지 아버지를 여의고, 다시 다른 1/3이 25세(성년기)까지 아버지를 잃었
   던 것으로 추정한다. 또한 Kehoe, 178.
117 Kaser, *RP* I, 360 + n.8.
118 Kaser, *RP* I, 360f. + nn.9/10.

능하였다.

i) 피후견인이 원고가 되어 제3자를 상대로 하는 소송에서 누가 선서를 할 수 있는가 하는 문제에 관한 한, 고전법상 미성숙자(impubes), 즉 피후견인과 피후견인의 모(母)는 선서를 원하더라도 허용되지 않았고, 성숙 미성년자(adulescens), 즉 피보좌인과 미성숙자나 성숙 미성년자의 보좌인(curator) 및 후견인은 원하면 선서할 수 있었지만 선서가 강제될 수는 없었다.[119]

⟨34⟩ D.12.3.4.pr. Ulpianus 36 ad edictum.[120]

Videamus in tutelari causa quis iurare et adversus quem possit. Et quidem ipse pupillus, si impubes est,[121] non potest: hoc enim saepissime rescriptum est. Sed nec tutorem cogendum vel matrem pupilli admittendam, etsi parata esset iurare, divi fratres rescripserunt: grave enim videbatur et ignorantes et invitos tutores sub alieni compendii emolumento etiam periurium anceps subire. Curatores quoque pupilli vel adulescentis non esse cogendos in litem iurare rescriptis imperatoris nostri et divi patris eius continetur. Si tamen tantam affectionem pupillo suo vel adulescenti tutores vel curatores praestare volunt, auctoritas iuris non refragabitur, quin iudicio, quod [inter]⟨per Mommsen⟩124) ipsos acceptum est, finis eiusmodi possit adhiberi. Non enim ad suam utilitatem iurisiurandi referenda aestimatio est, sed ad domini, cuius nomine tutelae ratio postulatur. Adulescens vero si velit iurare potest.

([소송당사자의 한쪽이] 후견을 받고 있는 사안에서 선서를 누가, 누구를 상

---

119 『바실리카 법전』은 여느 경우처럼 이러한 결론만을 간략하게 제시한다.
   Bas.22.6.4.pr. (Heimbach II, p.579): Nec impubes, nec mater eius, etsi velint, iusiurandum in litem praestant. Curatores autem pupillorum et adolescentium et adolescentes non coguntur in litem iurare: volentes autem iurant.
120 Lenel, *Pal.* II, Ulp. fr.1030 (col.669f.) [*Tutelae vel contra (E.124): De directa actione*].
121 Cf. Lenel, *Pal.* II, Ulp. fr.1030, col.669 n.3: "si impubes est *gloss.*?"

536

대로, 할 수 있는지 살펴보자. 실로 피후견인 자신은 미성숙자이면 할 수 없다. 이것은 극히 자주 칙답되었다. 그러나 비록 선서할 용의가 있더라도 후견인을 강제하거나 피후견인의 모(母)[122]를 허용해서는 안 된다고 신황(神皇) 형제(兄弟: 마르쿠스 아우렐리우스와 루키우스 베루스)가 칙답한 바 있다. 왜냐하면 부지(不知)하거나 불원(不願)하는 후견인들이 타인의 편익이라는 이익 관점 하에 또한 위서(僞誓)의 위험에 처하는 것[123]은 중대한 것으로 생각되었기 때문이다. 미성숙자나 성숙 미성년자의 보좌인들도 소송물 가액 선서가 강제되어서는 안 된다는 것이 우리 황제(안토니누스 카라칼라)와 신황 부황(父皇: 셉티미우스 세베루스)의 칙답들의 내용이다. 그렇지만 자신의 미성숙자나 성숙 미성년자에 후견인이나 보좌인들이 아주 큰 애정을 보이기를 원하는 경우에는 그들[사이에]〈을 통하여〉[124] 받아들여진 소

---

122 모(母)와 관련한 수정 논란에 대해서는 Glück, 451 n.97; Solazzi, 75f. (결론에 있어서는 고전성을 긍정하는 쪽).

123 소송물 가액 선서는 전술했듯이 통상 위서(僞誓)의 위험이 없는 것이었지만 (D.12.3.11 〈4〉), 후견인과 같이 타인의 이익을 도모하기 위하여 동원되는 사무처리자의 경우에는 사무 본인을 위하려는 열의 또는 사무 본인과의 이해 상충 문제 등도 있고 해서 위서의 문제가 검토되었던 것 같다. 위서에 대한 제재 일반에 관해서는 Kaser/Hackl, *RZP*, 266 n.1; Arumaeus, ad D.12.2.13.6 (pp.175f.).

124 수정에 대하여 다양한 고려들이 나와 있는 개소이지만, 몸젠을 따라서 최소한의 정정(訂正)을 하자면 inter] per. 同旨 *CIC* III, ad h.l., p.90 n.2 ("ein Prozeß, der *von ihnen* begründet worden ist"). 이렇게 정정하는 것은 언어적으로 ipsos가 바로 앞에 나온 '후견인들이나 보좌인들'을 지시하는 것이 가장 자연스럽고, 그래서 내용적으로 원고를 지시해야만 하기 때문이다. 반면에 Lenel, *Pal.* II, Ulp. fr.1030, col.670 n.2: "et eum qui tutor fuit *similiave exciderunt*." 이에 따르면 "그들(과 후견인이었던 자) 사이에 받아들여진 소송"이 될 것이다. 이때는 ipsos는 '미성숙자나 성숙 미성년자'를 지시한다. 그러나 이것은 현재 문제되는 사안이 후견인 등이 피후견인 등을 위하여 제3자를 상대로 소송을 하는 경우이고(피후견인, 후견인, 피후견인의 모(母)가 선서를 할 수 있는가를 따진다는 것은 이들이 모두 한 편으로 원고인 경우를 상정한 것이다), 또 후견인의 부지(不知)나 불원(不願)을 논하는 것에서도 분명하듯이 후견인과 피후견인 사이에 일반적인 후견소송을 하는 경우가 아니므로 — 아마도 마지막 부분에 나오는 회계보고로 인하여 오해가 발생한 것 같다. 그러나 이것 역시 피후견인이 사무의 본인임을 일반적으로 상기시킨 것에 불과하다 — 타당하지 않다. 외국의 다른 번역본들은 모두 inter를 그

송에서 그러한 식의 종결이 맺어질 수 있다는 데에 법의 권위가 반대하지 않는다. 왜냐하면 그 자신의 유익에 선서에 의한 산정이 관련되어야 하는 것이 아니라 그 명의로 후견의 회계보고가 요구되는 본인의 유익에 관련되어야 하는 것이기 때문이다. 그런데 성숙 미성년자는 원하는 경우 선서할 수 있다.)

ii) 그러나 피후견인이 피고인 경우 원고인 제3자가 후견인의 악의로 인하여 선서를 하는 것에 대해서는 고전법상 일정한 제한을 가하려는 폼포니우스의 학설이 발견된다. 전술했듯이 원래 후견인의 의무 부담행위는 자신만을 구속할 수 있었으나, 피후견인을 위하여 체결한 법률행위에 기하여서는 채권자가 피후견인을 상대로 준소권(準訴權)을 행사할 수가 있었는데, 바로 이러한 경우에 후견인의 악의가 있는 것을 이유로 원고인 채권자가 소송물 가액 선서를 하는 것이 가능한가 하는 것이다.

〈35〉 D.26.9.1 Pomponius 29 ad Sabinum.[125]

Ob dolum malum vel culpam tutoris Aristo ait pupillum possessorem condemnandum, sed non puto, quanti actor in litem iuraret: et tamen illud

---

대로 유지하는데, 그중에서 Otto / Schilling / Sintenis II, ad h.l., p.41 ("Process, auf welchen man sich *mit ihnen* eingelassen hat")은 inter ipsos를 (무리해서) cum ipsis의 의미로 해석함으로써 이곳처럼 ipsos를 '후견인들이나 보좌인들'로 이해하고, Hulot II, ad h.l., p.210 ("contestation dans laquelle *ils* sont intervenus")도 마찬가지이기는 한데, 다만 inter를 살린 직역은 아니다. 반면에 Watson (ed.), ad h.l. ("suits which are joined *between themselves*")과 Scott IV, ad h.l., p.128 ("where issue has been joined *between the parties*")는 막연히 '그들'이나 '당사자들' 하는 식으로 옮기고 있다. 이 해석은 언어적으로도 가능하고, 레넬과 달리 그 지시하는 바를 내용적으로도 올바르게 이해한다면 문제가 없으나 지시관계상 다소간에 부자연스러운 점이 아주 불식되지는 않는다. 'ipsos ≠ 후견인 + 피후견인'이라는 점에 대한 내용상 오해만 않는다면 어느 번역도 틀린 것은 아니지만, 오해의 소지를 확실하게 없애기 위하여 이곳에서는 per로 정정을 한 것이다.

125 Lenel, *Pal.* II, Pomp. fr.741 (col.137) [*De iudiciis?*].

ita est, si rem a tutore pupillus servare possit.

(아리스토(80~120)는 [대물소송에서] 후견인의 악의나 과실로 인하여 점
유자인 피후견인이 유책판결 받아야 한다고 말한다. 그러나 사견(私見)으로
는 원고가 소송물 가액 선서를 한 상당액으로라고 생각하지 않는다. 그렇지
만 피후견인이 이익을 후견인으로부터 보전받을 수 있으면 그러하다.)

후견인의 악의 시에 피후견인이 그 효과를 받는다는 아리스토의 일반
론은 명백히 축약된 것이다. 왜냐하면 그 자신이 다른 개소에서 그와 같
은 경우에 "피후견인이 구상(求償)할 수 있는 적격(適格)의(idoneus), 즉
유자력(有資力)의(solvendo) 후견인이 있을 것"과 후견인이 무자력(無資
力)일 경우 그 위험이 "피후견인의 재앙인지, 아니면 원고의 손해인지"
를 논하고 있는 것도 그렇고,[126] 또 울피아누스가 말하듯이 피후견인은
자신이 악의적으로 행위한 것이 아니므로 원칙적으로 후견인의 악의로
인한 불이익을 받아서는 안 되지만, 반대로 그로 인하여 이득을 하는 것
도 부당하므로 그가 이득을 했고 또 후견인이 유자력(有資力)이어서 설
사 그가 책임을 지더라도 후견인에게 구상이 가능하다면 그때에는 피
후견인이 책임진다는 것이 피후견인 보호를 위한 일반법리였기 때문
이다. 더욱이 그 책임지는 방식도 실제로는 나중에 구상하는 것이 아니
라 자신이 후견인에 대하여 가지는 소권을 상대방에게 양도하는 방식

---

126 D.26.7.61 Pomponius 20 epistularum.

Apud Aristonem ita scriptum est: quod culpa tutoris pupillus ex hereditate desiit
possidere, eius aestimatio in petitione hereditatis sine ulla dubitatione fieri debebit
ita, si pupillo de hereditate cautum sit: cautum autem esse videtur etiam si tutor
erit idoneus, a quo servari possit id, quod pupillus ex litis aestimatione subierit. Sed
si tutor solvendo non est, videndum erit, utrum calamitas pupilli an detrimentum
petitoris esse debeat perindeque haberi debet, ac si res fortuito casu interisset,
similiter atque ⟨si *ins. Mommsen*⟩ ipse pupillus expers culpae quid ex hereditate
deminuisset corrupisset perdidisset. ... Idem dicendum est et si per curatorem
furiosi culpa vel dolo quid [amissum]⟨admissum *Mommsen*⟩ fuerit ...

(actionem praestare)으로 해결하였으므로[127] 실제로는 피후견인에게 현실적인 불이익이 생기지 않았다. 그러므로 소송물 가액 선서의 경우에도 후견인의 악의만으로 바로 선서가 인정되는 것이 아니라, 피후견인이 이득했고 "피후견인이 자신의 이익을 후견인으로부터 보전받을 수 있을 때", 즉 후견인이 자력(資力)이 있는 경우에 한하여 인정되었던 것이다. 요컨대 후견인이 자력이 있는 한, 그의 악의에 대한 피후견인의 책임은 통상은 이득 한도에 그치지만,[128] 그 악의가 거역으로 나타날 경우에는 소송물 가액 선서에 의하여 이득 한도를 초과할 수 있는데, 실제로는 후견인을 상대로 직접 청구할 수 있도록 소권이 양도되었던 것이다.

b) 후견인과 피후견인 사이의 소송 사안

고전법상 후견인의 후견사무에 대한 책임을 묻는 가장 전형적인 소권은 후견소권(actio tutelae)이었다.[129] 이 맥락에서 후견인이 후견사무와 관련한 증빙의 제시를 악의적으로 회피하는 경우들이 소송물 가액 선서가 문제되는 사안에 해당하는데,[130] 상대적으로 사료가 많은 것으로 보아서 소송물 가액 선서가 종종 일어났던 생활 사례 유형이었음을 알 수

---

127 Cf. D.14.4.3.1 Ulpianus 29 ad edictum.
    Si servus pupilli vel furiosi sciente tutore vel curatore in merce peculiari negotietur, dolum quidem tutoris vel curatoris nocere pupillo vel furioso non debere puto, nec tamen lucrosum esse debere, et ideo hactenus eum ex dolo tutoris tributoria teneri, si quid ad eum pervenerit: idem et in furioso puto. Quamvis Pomponius libro octavo epistularum, si solvendo tutor sit, ex dolo eius pupillum teneri scripsit: et sane hactenus tenebitur, ut actionem, quam contra tutorem habeat, praestet.

128 Cf. D.15.1.21.1 Ulpianus 29 ad edictum.
    Si dolo tutoris vel curatoris furiosi vel procuratoris factum sit, an pupillus vel furiosus vel dominus de peculio conveniatur, videndum. Et puto, si solvendo tutor sit, praestare pupillum ex dolo eius, maxime si quid ad eum pervenit, et ita Pomponius libro octavo epistularum scribit. Idem et in curatore et procuratore erit dicendum.

129 Kaser, RP I, 365ff.
130 Watson, 234-237.

있다. 그만큼 후견제도가 현실생활에서 자주 활용되었음을 보여줌과 동시에 후견사무 종료 후 피후견인의 재산목록 등의 그 증빙서류를 제출해야 하는 후견인의 입장에서 그러한 번거로운 의무를 회피하고자 하는 유혹이 컸었음을 알 수 있게 한다.

⟨36⟩ D.12.3.8 Marcellus 8 digestorum.[131]

Tutor rem adulti, quam possidet, restituere ei non vult: quaero, utrum quanti res est an quanti in litem iuratum fuerit condemnari debet, respondi: non est aequum pretio, id est quanti res est, litem aestimari, cum et contumacia punienda sit et arbitrio potius domini rei pretium statuendum sit potestate petitori in litem iurandi concessa.

(후견인이 자신이 점유하고 있는 피후견인의 물건을 그에게 반환하기를 원하지 않는다. 질문: "그는 그 물건 상당액에 대해서 유책판결을 받아야만 하는가, 아니면 소송물 가액 선서를 한 금액에 대해서 유책판결을 받아야만 하는가?" 나의 해답: "물건 가액, 즉 그 물건 상당액으로 소송물을 산정하는 것은 공평하지 않다. 왜냐하면 거역 또한 징벌해야만 하므로 오히려 원고에게 소송물 가액 선서의 권한을 허여(許與)하여 물건 소유자의 재량에 의해 가액을 정해야만 하기 때문이다."[132])

⟨37⟩ C.5.53.1 Severus, Antoninus (a.205).

Adversus heredem tutoris ad transferendam tutelam iudicem accipiens tempore litis ad puberem instrumenta pertinentia restitui desiderabis. Quod si dolo non exhibeantur, in litem iurandi tibi facultas erit, modo si quondam pupillo debitam adfectionem ad vincula quoque religionis extendere volueris.

---

131 Lenel, *Pal.* I, Marcell. fr.110 (col.607) [*De iudicio tutelae* (*E.124*)].
132 물론 이 경우에도 심판인은 최고 한도를 정할지 여부를 자신의 재량으로 결정하였다. Bas.22.6.8 Schol. 1) Stephani. (Heimbach II. p.582): ... etiam sine taxatione ...

(후견사무 이전을 위해서는 그대는 후견인의 상속인[133]을 상대로 하여 심판인을 선정받고서 쟁송의 시점에 성숙자[가 된 피후견인]에게 속하는 증서들의 반환을 청구해야 할 것이다. 그러나 그것들이 악의적으로 제시되지 않는 것이라면 소송물 가액 선서의 권능이 그대에게 있을 것이다.[134] 그대가 예전의 피후견인에게 베풀어야만 했던 애정을 종교적으로까지도 구속을 확장하는 것을 그대가 원한 경우라면 말이다.)

이 개소는 예전에 자신의 피후견인이었던 성숙 미성년자를 대변하게 된 보좌인[135]이 그 사무를 개시하기 위하여 황제에게 법적인 문의를 한 데에 대하여 내려진 칙답이다.[136]

---

133 C.5.51.12 Diocletianus, Maximianus (a.294). Tutelae actio tam heredibus quam etiam contra successores competit.

134 후견인의 상속인이 후견사무를 계속하는 경우라면 물론 그는 자신의 이름으로 책임이 있고, 자신의 악의를 이유로 소송물 가액 선서가 인정되었다(Watson, 239–241).
   D.27.7.4.pr. Ulpianus 36 ad edictum.
   Cum ostendimus heredem quoque tutelae iudicio posse conveniri, videndum, an etiam proprius eius dolus vel propria administratio veniat in iudicium. Et exstat Servii sententia existimantis, si post mortem tutoris heres eius negotia pupilli gerere perseveraverit aut in arca tutoris pupilli pecuniam invenerit et consumpserit vel eam pecuniam quam tutor stipulatus fuerat exegerit, tutelae iudicio eum teneri suo nomine: nam cum permittatur adversus heredem ex proprio dolo iurari in litem, apparet eum iudicio tutelae teneri ex dolo proprio.

135 보좌인의 선서에 대해서는 cf. D.12.3.4.pr. ⟨34⟩.

136 Bas.38.15.1 (Heimbach III, p.781)는 사실관계에 대한 정확한 파악에도 불구하고(Mortuo tutore et pubere facto pupillo curator factus recte agit cum herede defuncti, ut is transferat ad se administrationem.) 선서를 할 수 있는 자를 피후견인이었던 피보좌인으로 서술한다(Quodsi is noluerit instrumenta tutelae ei praestare, is, qui sub tutela fuit, potest in litem iurare, su voluerit. 및 Schol. 1) Theodori. Si egerit pupillus adversus heredem tutoris sui et petierit ab eo instumentum, potest, si velit, in litem iurare, illo nolente exhibere.).

⟨38⟩ C.5.53.2.pr. Antoninus (a.212).

Is, qui rationes tutelae seu curae reposcit, invitus in litem iurare compelli non potest. Sed volens ita demum audiendus est, si heres per longam successionem tutoris instrumenta pupillaria dolo circumveniendi pupilli gratia exhibere non vult.

(후견이나 보좌의 회계보고를 요청하는 자는 의사에 반하여 소송물 가액 선서가 강제될 수 없다. 그러나 원하는 자라도 다음 경우에만 청허(聽許)되어야 한다. 즉 후견인의 그 먼 상속인이[137] 피후견인 관련 증서들을 피후견인을 기망하기 위하여 악의로 제시하기를 원하지 않는 경우 말이다.)

이 칙답에서 한편으로는 요건인 피고의 악의가 필요함을 주지시키면서도, 다른 한편으로 비록 피고의 악의로 인해 선서가 인정되는 상황이더라도 "의사에 반하는" 선서를 강제당하지 않는다는 당연한 법리를 특히 강조한 것은 아마도 관련 문건의 제시가 없어서 재산상태에 대해 제대로 된 정보를 가지고 있지 못한 원고가 선서를 원하지 않는 자유를 누리지 못하면 오히려 사태의 올바른 해결에 이르지 못할 위험성이 크다고 보았기 때문일 것이다. 3인칭의 객관적인 문장 구성으로 보아 사인(私人)의 문의에 대하여 2인칭으로 회답하는 칙답과 달리 재판 실무자에게 내린 교시(教示)로 보이는데, 실제로도 근위장관(praefectus praetorio) 세베루스(Severus)에게 212년 9월 21일 하교(下敎)한 것이다.[138] 선서의 취

---

137 'per longam successionem'을 Bas.38.15.2 (Heimbach III, p.781)는 'post longum tempus ab adita hereditate'(상속승인 후 오래되도록)으로 해석하였으나 오류이다. 'heres *per longam successionem* tutoris'의 어순에서도 분명히 드러나듯이 이것은 후견인을 상속한 자가 근친이 아니라 '먼 상속인'임을 표시하는 것이다. 내용적으로도 증서가 상속승인 후 오랜 시간이 지나도록 반환되지 않으면 그만큼 악의(惡意)가 분명한 것이지만, 악의적인 증서 불반환으로 인한 선서의 여부가 경과한 시간의 장단으로 결정될 문제가 아님은 명백하다. 비잔틴법학의 피상적인 수준을 잘 보여주는 사례 중 하나이다.

138 Honoré, http://iuscivile.com/materials/honore/rescripta/rscrpt1.shtml#d212.

지상 원고가 인부(認付)된 선서를 어떤 이유에서든 하지 않을 수 있어야 하는 것이 합목적적이라고 한다면, 로마법이 실제로 그러했음을 보여주는 사료 중 하나이다.[139]

이상의 것들 외에도 이미 살펴본 다음 사안들이 증서 제시와 관련한 사건들이었다.

D.26.7.7.pr. 〈20〉 Ulpianus 35 ad edictum cit.

C.5.53.4.pr. 〈21〉 Gordianus (a.238) cit.

C.5.55.53.5 〈22〉 Diocletianus, Maximianus (a.294) cit.

F. 보좌관계

후견인과 피후견인의 관계에서 그렇듯이 보좌인과 피보좌인 사이에서도 물건의 반환이나 제시를 둘러싼 송사일 때 소송물 가액 선서가 가능하였다.

〈39〉 C.5.53.3 Antoninus (a.215).

Summa sententia comprehensa, quam cessantibus curatoribus quondam tuis iudex secutus iurisiurandi a te prolati religionem in condemnationem deduxit, minui pacto[140] non potuit.

(그대의 예전 보좌인들[141]이 사무를 처리하지 않아서 심판인이 그대가 행한

---

139 피고를 위한 동기에서 선서를 하지 않는 경우로는 D.6.1.71 〈42〉.

140 Bas.38.15.3 Schol. 1) (Heimbach III, p.782): Theodori. ... Pactum vocat transactionem. Sic enim et praestantissimus Patricius adnotavit.

141 이 개소를 Kaser/Hackl, *RZP*, 340 n.45는 사무관리소권(actio negotiorum gestorum)이 문제된 사안으로 본다. 이유는 알 수 없으나 통상 선서를 한 것으로 드러나 있는 'Tu'가 성년자임을 전제로 한다면 curatores를 보좌인으로 보는 것은 무리이기 때문이어서 그랬는지도 모른다. 그러나 성숙 미성년자도 선서가 가능하므로 보좌관계로 보는 데 아무런 지장이 없다. 오히려 사무관리자(negotiorum gestor)를 만연히 curatores로 표현했다고 보기보다는 curatores를 본래의 의미로

544

선서의 종교적 근기(謹忌)를 좇아 유책판결의 내용으로 삼았던 판결의 금액
은 화해(和解) 약정에 의해 감액될 수 없었다.[142]

소송물 가액 선서로써 재판이 끝난 경우 화해는 더이상 가능하지 않
았는데,[143] 이것은 소송물 가액 선서의 효과가 아니라 판결의 확정효 때
문이다. 감액의 효과를 가져 올 수 있었던 화해는 상소(上訴)나 원상회복
이 가능한 것을 포함하여[144] 의심스러운 사안에 한하여 인정되었기 때문
이다.[145]

(2) 재정소권(裁定訴權)의 경우
A. 소유물반환청구
a) 소송물 가액 선서가 적용될 수 있는 가장 전형적인 반환청구의 경
우이다.[146]

사용했다고 보는 것이 더 자연스럽다. 또 이렇게 보면 자연스럽게 후견 관계와도
짝을 이루어 동일한 법리가 적용된 것이 된다. 이 소송은 피보좌인이 보좌인들을
상대로 제기한 것이다.
Bas.38.15.3 (Heimbach III, p.782): Si minore agente adversus curatores et in litem
iurante ...

142 C.2.4.32 Diocletianus, Maximianus (a.294).
Si causa cognita prolata sententia, sicut iure traditum est, appellationis vel in
integrum restitutionis sollemnitate suspensa non est, super iudicato frustra transigi
non est opinionis incertae. Proinde si non Aquiliana stipulatione et acceptilatione
subsecuta competentem tibi actionem peremisti, praeses provinciae usitato more
legum rebus pridem iudicatis effectum adhibere curabit.
화해 계약 후 통상 아퀼리우스 문답계약(Aquiliana Stipulatio)을 체결하여 화해
당사자 간의 제반 권리의무관계를 모두 포섭시켜서 화해 약정에 따라 포괄적
으로 상호계산한 후 변제수령문답계약을 체결하였다(예: D.2.15.2; D.2.15.4;
D.2.15.5; D.2.15.9.2; D.2.15.15; C.2.4.3; C.2.4.4; C.2.4.15; C.2.4.32; C.2.4.40).

143 Bas.38.15.3 Schol. 2) (Heimbach III, p.782): Neque enim transigere licet post
condemnationem.

144 D.2.15.7.pr.; D.12.6.23.1; D.2.15.11; C.2.4.32 cit.

145 D.2.15.1; C.2.4.2; C.2.4.11; C.2.4.12.

⟨40⟩ D.6.1.46 Paulus 10[147] ad Sabinum.[148]

Eius rei, quae per in rem actionem petita tanti aestimata est, quanti in litem actor iuraverit, dominium statim ad possessorem pertinet: transegisse enim cum eo et decidisse videor eo pretio, quod ipse constituit.

(대물소권을 통하여 청구되어 원고가 소송물 가액 선서를 한 상당액으로 산정된 물건의 소유권은 즉시 점유자에게 속한다.[149] 왜냐하면 그와의 사이에 화해가 이루어져서 그 자신이 정한 가액으로 결판이 난 것으로 인정되기 때문이다.[150])

⟨41⟩ C.3.32.21 Diocletianus, Maximianus (a.294).

A possidentibus vindicata mancipia, quorum dominium ad vos pertinere intenditis, si, posteaquam impleveritis intentionem, haec non restituantur, iurisiurandi sollemnitate secuta condemnatio procedere debet.

---

146 모든 면에서 소유물반환청구에 준하는 actio Publiciana의 경우에도 같았을 것이다.

D.6.2.7.8 Ulpianus 16 ad edictum.

In Publiciana actione omnia eadem erunt, quae et in rei vindicatione diximus.

147 Lenel, *Pal.* I, Paul. fr.1826 (col.1282) n.4: "cf. (12.8) 2? sed magis est, ut in inscriptione pro decimo legas tertio decimo, cf. fr. 1857.1858."

148 Lenel, *Pal.* I, Paul. fr.1826 (col.1282) [*De condictione*].

149 D.41.4.1 Gaius 6 ad edictum provinciale.

Possessor, qui litis aestimationem optulit, pro emptore incipit possidere.

D.41.4.3 Ulpianus 75 ad edictum.

Litis aestimatio similis est emptioni.

D.6.2.7.1 Ulpianus 16 ad edictum.

Si lis fuerit aestimata, similis est venditioni: et ait Iulianus libro vicensimo secundo digestorum, si optulit reus aestimationem litis, Publicianam competere.

150 그러나 엄밀히 말하면 일방적인 소송물 가액 선서의 금액대로, 즉 피고의 의사와는 무관하게 유책판결이 난 것이어서 전혀 화해가 이루어진 것이 아니므로 이곳의 표현은 어폐가 있는 것이다. 이 표현은 결판이 났다는 점으로부터 역으로 마치 화해가 이루어져 결판이 난 것처럼 말하는 것에 불과하다. 실제로 Bas.15.1.45 (Heimbach II, pp.162f.)에는 이 뒷부분이 빠져 있는데, 이런 이유에서일 것이다.

(그대들이 그들의 소유권이 그대들에게 속한다고 주장하여 점유자들로부터 소유물반환 청구한 노예들이, 그대들이 후에 그러한 청구를 입증했으나 반환되지 않으면 선서의 격식행위를 거친 후에 유책판결이 내려져야 한다.[151])

점유하지 않음에도 불구하고 응소한 악의의 비(非)점유자도 원고가 쟁점결정의 시점에 그 사실을 몰랐을 때에는[152] 피고 적격이 인정되었고,[153] 원고의 이익상당액으로 유책판결을 받았다.[154] 이때에도 소송물 가액 선서가 인부(認付)되었을까? 일단 심판인절차로 넘어간 이상, 피고의 점유를 전제로 반환 명령이나 제시 명령이 내려지고, (점유를 취득하여 이에 응하지 않는 한) 명령에 거역할 수밖에 없는 피고로서는 원고에게 인부되는 소송물 가액 선서의 불이익을 받게 될 것이다. 만약에 피고가 유책판결을 피하려면 자신이 점유하지 않는다는 사실을 원고가 쟁점결정

---

151 Bas.15.1.100 (Heimbach II, p.168): Si in rem actione conventus res non restituat, iureiurando ab actore praestito condemnatur.의 단순한 법리적인 언명은 이 사안이 가장 전형적인 사안에 속함을 잘 보여준다.

152 D.6.1.25 Ulpianus 70 ad edictum.

Is qui se optulit rei defensioni sine causa, cum non possideret nec dolo fecisset, quo minus possideret: si actor ignoret, non est absolvendus, ut Marcellus ait: quae sententia vera est. Sed hoc post litem contestatam: ...

153 D.5.3.13.13 Ulpianus 15 ad edictum.

Non solum autem ab eo peti hereditas potest, qui corpus hereditarium possidet, sed et si nihil. Et videndum, si non possidens optulerit tamen se petitioni, an teneatur. Et Celsus libro quarto digestorum scribit ex dolo eum teneri: dolo enim facere eum qui se offert petitioni. Quam sententiam generaliter Marcellus apud Iulianum probat: omnem, qui se offert petitioni, quasi possidentem teneri.

154 D.5.3.45 Celsus 4 digestorum.

Qui se liti optulit, cum rem non possideret, condemnatur, ... et qui se hereditatis petitioni optulit ex doli clausula tenetur: aestimari scilicet oportebit, quanti eius interfuit non decipi.

D.6.1.27.pr. Paulus 21 ad edictum.

Sin autem cum a Titio petere vellem, aliquis dixerit se possidere et ideo liti se optulit, et hoc ipsum in re agenda testatione probavero, omnimodo condemnandus est.

시점에 이미 알았음을 입증하는 수밖에 없는데,[155] 이 입증에 성공하면 면소될 것이지만 실패하면 악의의 응소자임이 드러나면서 어차피 심판인의 반환이나 제시 명령을 기다릴 필요조차 없이 거역의 상태에 있음이 확인되는 것이므로 소송물 가액 선서의 인부가 바로 가능해야 할 터이다.[156] 그러나 사료상 명시적으로 이러한 의제점유자(擬制占有者)가 피고였던 확실한 사례가 전해지는 것은 없다.

물론 원고는 주관 가액 선서 대신에 실제 가액에 의한 유책판결을 더 원할 경우 선서하지 않음으로써 그렇게 할 자유가 인정되었다.[157] 피고의 거역에 대한 제재를 위한 것이라고는 하나, 궁극적으로 선서의 이익이 돌아가는 것은 원고이므로 "원하지 않는 자에게는 혜택이 주어지지 않는다"(Invito beneficium non datur: Paulus D.50.17.69)는 원리대로 그가 원하지 않으면 그만이기 때문이다(同旨 C.5.53.1 〈37〉; C.5.53.2.pr. 〈38〉).[158]

〈42〉 D.6.1.71 Paulus 13 ad Sabinum.[159]

Quod si possessor quidem dolo fecit, actor vero iurare non vult, sed quanti res sit adversarium condemnari maluit, mos ei gerendus est.

(점유자가 실로 악의적으로 행하였지만 원고가 선서하기를 원하지 않고 소송물 실제 가액 상당액으로 상대방이 유책판결 받기를 더 원한 경우에는 그

---

155 D.5.3.45 Celsus 4 digestorum.
  Qui se liti optulit, cum rem non possideret, condemnatur, nisi si evidentissimis probationibus possit ostendere actorem ab initio litis scire eum non possidere: quippe isto modo non est deceptus ...

156 同旨 Glück, 409f.

157 Glück, 454f.

158 또한 Bas.13.1.3 Schol. 4) Anonymi. (Heimbach II, p.3): ... Si enim ob eas causas (sc. dolum malum vel contumaciam) actor in litem iurare nolit, tunc iudex rei iudicatae tempus spectare et secundum id rem aestimare debet. ....

159 Lenel, Pal. I, Paul. fr.1858 (col.1286) [De iudiciis?]. 이 개소는 Lenel에 의하면 D.12.3.2 〈16〉에 이어지는 부분이다.

의 방식대로 해야만 한다.)

증여를 시발점으로 하였지만, 결국은 일반적인 소유물반환청구 관계를 다룬 것으로 다음 개소가 전해진다.

⟨43⟩ D.42.1.41.1 Paulus 14 quaestionum.[160]

Fundum quis donavit[161]: si non restituat, ut quivis possessor damnandus est: si autem fundum restituit, fructuum nomine, si non eos consumpsit,[162] in solidum condemnandus est: potuit enim non periclitari, si statim restituisset: si dolo desiit possidere, in litem iurabitur et tanti sequetur condemnatio.

(토지를 어떤 자가 증여하였다. 그가 [수증자에게] 반환하지 않으면 여느 점유자처럼 유책판결 받아야만 한다. 그런데 그가 토지를 반환하는 경우에는 과실(果實)을 소비하지 않는 한, 그 명목으로 전액 유책판결 받아야만 한다. 왜냐하면 즉시 반환했더라면 그런 위험을 당하지 않을 수 있었기 때문이다. 그가 악의적으로 점유하기를 포기한 경우에는 소송물 가액 선서가 행해질 것이고 그 상당액으로 유책판결이 뒤따를 것이다.)

이 개소의 사실관계는 아마도 레넬(Otto Lenel)의 추정처럼 토지의 증여계약이 완성되었으나 증여자가 어떤 경로를 거쳤든 그 토지의 점유를 다시 취득한 사안일 것이다. 그가 토지를 수증자에게 반환하는 때에는 과실(果實)의 반환 역시 문제가 되므로 과실에 관한 언급이 있는 것이라면, 그가 반환하지 않은 경우에는 수증자로서는 그를 여느 점유자와 마찬가지로 반환청구의 상대방으로 할 터이다. 점유하게 된 증여자가 악의

---

160 Lenel, *Pal.* I, Paul. fr.1391 (col.1212) [*De exceptionibus* (E.XLIV)].

161 Lenel, *Pal.* I, Paul. fr.1391 (col.1212) n.3: "*Paulus non potuit non adicere*: et perfecta donatione fundi possessionem receperavit: *suspicor iuris consultum legis Cinciae fecisse mentionem ideoque compilatores haec omisisse.*"

162 Lenel, *Pal.* I, Paul. fr.1391 (col.1212) n.4: "si non eos consumpsit *Trib.*?"

로 점유를 포기한 경우에도 반환청구의 피고 적격이 있고, 그 악의를 이유로 소송물 가액 선서가 인정된다는 서술은 이 선서의 법리를 그대로 따른 것이다. 그러나 레넬의 다른 추측처럼 파울루스가 증여 제한에 대한 킨키우스법(lex Cincia, 기원전 204)을 언급했다는 근거는 어디에서도 찾아볼 수 없다. 이 사안은 오히려 소유자가 된 수증자가 점유자가 된 증여자를 상대로 한다는 점을 제외하면 일반적인 소유물반환청구의 사안일 뿐이다.

도품(盜品)에 대한 소유물반환청구 사안도 여기에 해당한다. 로마법상 절도의 경우 다양한 소권의 행사가 가능하였다. 피해자가 소유자이면 소유물반환청구소권(D.6.1), 절도소권(D.47.2), 절도원인 부당이득 반환청구소권(D.13.1)이 모두 가능하였는데, 이러한 소권 경합에 있어서는 일반적으로 소권들의 성질에 따라서 나름으로 기술적인 문제들이 다양하였지만 기본적으로 어느 하나의 소권을 행사하여 만족을 얻을 수 있으면 나머지 소권들은 쟁점결정된 소권을 제외하고 소진(消盡)하는 것으로 보았다. 다음 개소는 소유물반환청구와 절도원인 부당이득 반환청구의 관계가 서로 소진시키는 관계가 아니지만 실제로는 늘 전자가 우선함을 잘 보여준다. 특히 절도원인부당이득소권을 행사하여 승소한 절도 피해자는 아직 이 판결채무(1배액)가 이행되고 있지 않은 동안 다시 소유물반환청구를 할 수가 있었고, 피고가 그 판결채무액을 갚으면 면소판결이 내려질 수 있었지만 원고가 다시 그가 받은 배상액을 돌려주고 원물의 반환을 구하는 것이 허용되었다. 이 경우 피고가 그에 응하지 않는 거역을 범하면 다른 경우들처럼 소송물 가액 선서가 가능하였다. 결국 도중에 부당이득 반환의 방법으로 만족을 얻을 수 있더라도 종국에는 원물의 반환을 우선시하는 방안이 채택되었고, 이를 간접강제하기 위한 소송물 가액 선서도 활용되었던 것이다.

⟨44⟩ D.47.2.9.1 Pomponius 6 ad Sabinum.[163]

Sed si eam a fure vindicassem, condictio mihi manebit. Sed potest dici officio iudicis, qui de proprietate cognoscit, contineri, ut non aliter iubeat restitui, quam si condictionem petitor remitteret: quod si ex condictione ante damnatus reus litis aestimationem sustulerit, ut aut omnimodo absolvat reum aut (quod magis placet), si paratus esset petitor aestimationem restituere nec restituetur ei homo, quanti in litem iurasset, damnaretur ei possessor.

(그러나 그것(도품)을 도둑으로부터 내가 소유물반환청구한 경우 [절도 원인의] 부당이득반환소권이 나에게 남을 것이다. 그러나 소유권에 관하여 심리하는 심판인의 직권에는, 원고가 이 부당이득반환소권을 포기하는 경우에만 반환될 것을 명하는 것이 포함된다고 말할 수 있다. 그러나 부당이득반환소권에 기하여 앞서 유책판결 받은 피고가 소송물 산정액을 변제한 경우에는 피고를 전적으로 면소판결하든가, 아니면 [이쪽이 더 나은 견해인데] 원고가 그 산정액을 반환할 준비가 되어 있는데 그에게 노예가 반환되지 않으면 그가 소송물 가액 선서를 한 상당액으로 점유자는 그에게 유책판결될 것이다.)

b) 다음의 개소는 후대법의 상황에 맞게 적어도【 】부분이 수정되었다. 재판 단계에서 공권력에 의하여 물건의 점유를 회복시킨다는 것은 고전법의 거역으로 인한 소송물 가액 선서와는 전혀 궤를 달리하는 방식인 것이다. 선서에 한도가 책정되지 않는다는 언급 역시 고전법과는 상치된다.[164]

⟨45⟩ D.6.1.68 Ulpianus 51 ad edictum.[165][166] (cf. ⟨15⟩)

Qui restituere iussus iudici non paret contendens non posse restituere, si quidem habeat rem, manu militari officio iudicis ab eo possessio transfertur

---

163 Lenel, *Pal.* II, Pomp. fr.512 (II col.105) [*De libris legatis et bibliotheca legata*].
164 Kaser / Hackl, *RZP*, 611 + nn.43 / 46. 異說 Glück, 466.
165 Lenel, *Pal.* II, Ulp. fr.2987 (col.1197) n.2: "ad edictum (*pro* ad Sabinum) *inscr. F.*"
166 Lenel, *Pal.* II, Ulp. fr.2987 (col.1197) [*De iudiciis?*].

et fructuum dumtaxat omnisque causae nomine condemnatio fit. Si vero non potest restituere,[167] si quidem dolo fecit quo minus possit, is, quantum adversarius in litem sine ulla taxatione in infinitum iuraverit, damnandus est. Si vero nec potest restituere nec dolo fecit quo minus possit, non pluris quam quanti res est, id est quanti adversarii interfuit, condemnandus est. Haec sententia generalis est et ad omnia, sive interdicta, sive actiones in rem sive in personam sunt, ex quibus arbitratu iudicis quid restituitur, locum habet.[168]

(반환을 명받고 실로 물건을 가지고 있는데도 반환이 가능하지 않다고 다투면서 심판인에게 복종하지 않는 자는【심판인의 직권에 의해 공권력(公權力)으로[169] 그로부터 점유가 이전되고, 과실(果實)과 모든 부수이익의 명목으로 유책판결이 행해진다.】그러나 반환이 가능하지 않고 실로 가능하지 않도록 악의적으로 행위한 경우에는 그는 상대방이 소송물 가액을 아무런 한도 책정이 없어 임의액(任意額)으로[170] 선서한 상당액으로 유책판결 받아

---

167 Lenel, *Pal.* II, Ulp. fr.2987 (col.1197) n.3: "si quidem habeat . . . non potest restituere *Trib.* (si quidem . . . si vero . . . si quidem . . . si vero!)."

168 Lenel, *Pal.* II col.1197 n.4: "haec sententia . . . locum habet *Trib.*"

169 직역을 하면 '무완(武腕)으로'가 될 것인데(그 의미에 대해서는 Berger, s.v. manu militari, p.575), 『학설휘찬』에서 이 용어가 쓰인 것은 이곳과 D.43.4.3.pr. 두 곳뿐이고, 그 밖에 노상강도를 제압하는 데 사용된 C.9.39.2.1 Marcianus (a.451)가 있다. 뒤의 두 곳에서는 모두 per manum militarem이 사용되어서 무력의 사용이 보다 직접적으로 표현되었다. 『학설휘찬』의 다른 개소는 집행과 관련해서 공권력의 사용을 지시한다.

D.43.4.3.pr. Ulpianus 68 ad edictum.

Si quis missus fuerit in possessionem fideicommissi servandi causa et non admittatur, potestate eius inducendus est in possessionem, qui eum misit, aut si quis volet uti interdicto, consequens erit dicere interdictum locum habere. Sed melius erit dicere extra ordinem ipsos iure suae potestatis exsequi oportere decretum suum, nonnumquam etiam per manum militarem.

170 이 부분(sine ulla taxatione in infinitum)의 해석은 벌써부터 다투어졌다. 통설 (Kaser, *RP* II, 337 n.14; Kaser/Hackl, *RZP*, 611)은 sine ulla taxatione를 단순 부사구로 이해하여 심판인의 입장에서 "어떠한 한도 책정도 없이"로 해석하고 고전법과 달라진 이 부분이 수정되었다는 견해이다(말하자면 sine ulla taxatione/

in infinitum iurare). 이 문제는 보통법학에서도 많이 다투어졌는데(이하 Glück, 467ff. 참조), 가령 Anton Faber는 현재의 통설과 같았고, Ulrich Huber는 내용을 잘 모르는 사람의 지변주(紙邊注)가 본문으로 들어오게 된 부진정한 부가라는 견해였으나, Wilhelm Masius는 울피아누스는 임의액(任意額)으로 선서하는 것이 허용된다는 것을 말하는 것으로, 이런 선서를 인부(認付)함에 있어서 심판인이 한도 책정을 하지 않고 선서가 된 경우 그는 sine ulla taxatione in infinitum 선서된 이러한 선서를 유책판결에서 따라야만 하고, 더 낮은 금액으로 유책판결해서는 안 된다는 취지였다. 즉 울피아누스의 견해는 선서의 한도를 규정하려는 것이 아니라 유책판결이 선서와 부합해야 한다는 것을 확인한 것이라는 게 Masius의 견해였다. 이에 의하면 sine ulla taxatione는 '어떠한 한도 책정도 없어서', '한도 책정이 전혀 없기에'와 같은 인과적 부사구가 될 것이다(말하자면 sine ulla taxatione → in infinitum iurare). Leyser도 이 개소가 원고에게 in infinitum 선서하는 것을 허용하는 내용이라고 보았는데, 그에 의하면 in infinitum은 곧 sine ulla taxatione와 같은 것일 뿐이고, 그 결과 다른 개소의 일반 원칙에 따라서 심판인은 taxatio를 할 수 있다고 하였다. Leyser에 따르면 sine ulla taxatione는 통설과 달리 심판인과 연결 어 이해할 것이 아니라 선서자와 연결지어 이해해야 하는 '어떠한 한도 책정 없이'가 된다(말하자면 sine ulla taxatione = in infinitum iurare). Glück 자신(Glück, 470f.)은 Drummer와 더불어 심판인과 선서자의 역할을 분별하여 고찰해야 한다고 하면서 'in infinitum' 선서란 합리적인 상당액 범위 내의 임의액 선서임을 전제로(Glück, 470 n.41; cf. D.12.3.4.2 〈5〉: "in immensum") 그렇기 때문에 taxatio가 없었던 사안으로 이해하고자 한다. 그렇다면 이에 의하면 sine ulla taxatione란 심리중 원고의 주장이 합리적 범위 내라 생각되기에 taxatio를 하지 않고, 그 결과 예상되는 범위 내의 in infinitum으로 선서가 된 사안이 될 것이다(말하자면 sine ulla taxatione ← in finitum iurare). 결국 악의의 경우에 한도 책정 자체가 사라졌는지, 아니면 이 경우에도 한도 책정이 이루어질 수 있었는지가 문제인데, 사견으로는 통설이 후대법을 반영한다고 보는 D.12.3.5.2 〈10〉에 의하면 선서 후에도 면소나 감액이 가능했고, 그래서 고전법에서 두루 인정되던 한도 책정이 하던 기능을 한 걸음 더 나아가서 강화한 측면이 있는 것을 고려하면 처음부터 한도 책정 자체를 부인했다는 것은 믿기 어렵다. D.6.1.68 〈45〉은 한도 책정 자체를 일반적으로 부인한다기보다는 할 수 있는 한도 책정을 이 경우에 하지 않아서 합리적 범위 내로 생각된 임의액으로 선서된 사안에 관한 것으로 새기는 것이 타당할 것이다.

해문(該文)의 번역을 살펴보면, *CIC* II, ad h.l., p.578 ("ohne jede Begrenzung —und sei es ins Unendliche —")은 마치 어떠한 제한도 없이 무한정으로 가능한 것 같은 인상을 주고, 더욱이 그 제한이 한도 책정에 의하는 것이라는 점을 드러내지 못하고 있다. Otto / Schilling / Sintenis I, ad h.l., p.632 ("ohne alle Abschätzung, und sei es in's Unendliche")는 적어도 한도 책정을 분명히 지적하

야만 한다. 그러나 반환이 가능하지 않지만, 가능하지 않도록 악의적으로 행위한 것이 아니면 그 물건의 가액 이상으로, 즉 상대방의 이익 이상으로 유책판결 받아서는 안 된다. 이 견해가 일반설이고, 심판인의 재량으로 무엇인가가 반환되는 모든 경우 그것이 특시명령이든 대물소권이든 대인소권이든 상관없이 적용된다.)

B. 건물지역권(建物地役權) 반환청구 및 부인(否認)소권

이웃한 토지에 대하여 토지지역권 또는 건물지역권을 가진다고 주장하는 이웃토지의 소유자는 그 권리가 다투어질 경우 소유물반환청구에 준하는 지역권반환청구를 할 수가 있었다.[171] 다음 사안은 승역지(承役地)인 이웃토지가 요역지(要役地)에 적격의 벽을 제공하고, 지역권자가 자기 토지에 높은 건축물을 건축하여 보유하는 것(altius tollere)을 수인

였다. Scott III, ad h.l., p.218과 Watson (ed.), ad h.l. ("without any limitation")은 sine ulla taxatione와 in infinitum을 구분하지 않고 한 묶음에 번역하였고, 한도 책정을 빠뜨림으로써 CIC II가 범한 것과 같은 오류를 범하였으며, 무엇보다도 이런 경우 항상 한도 책정이 없이 선서가 행해지는 것으로 이해한 번역문이 되었다. Hulot I, ad h.l., p.465 ("à l'infini et sans être taxé")는 한도 책정은 제대로 번역했으나, 두 구절의 순서를 서로 바꿈으로써 논리적 인과가 어긋나고 있다. Bas.15.1.67 (Heimbach II, p.165): "quanti actor sine [mora]⟨Schol. taxatione⟩ iuraverit, in infinitum condemnatur"는 텍스트 전승 상태가 좋지 않아서 참고가 되지 않는다.

171 D.8.5.1 Ulpianus 14 ad edictum.

Actiones de servitutibus rusticis sive urbanis eorum sunt, quorum praedia sunt: sepulchra autem nostri dominii non sunt: adquin viam ad sepulchrum possumus vindicare.

D.8.5.2.pr.-1 Ulpianus 17 ad edictum.

pr. De servitutibus in rem actiones competunt nobis ad exemplum earum quae ad usum fructum pertinent, tam confessoria quam negatoria, confessoria ei qui servitutes sibi competere contendit, negatoria domino qui negat.

1. Haec autem in rem actio confessoria nulli alii quam domino fundi competit: servitutem enim nemo vindicare potest quam is qui dominium in fundo vicino habet, cui servitutem dicit deberi.

(受忍)할 것을 내용으로 하는 건물지역권의 사안이다. 여느 경우와 같이 원고의 정당한 청구를 악의적으로 어기는 경우에 소송물 가액 선서가 인정되었다. 지금까지의 사례에서는 나타나지 않았던 것이지만, 다른 경우에도 이 경우처럼 원물의 반환이나 제시를 갈음하여 부보(負保)가 이루어지면 원물 반환과 마찬가지로 면소판결이 따랐다(Inst.4.17.2[172]).

⟨46⟩ D.8.5.7 Paulus 21 ad edictum.[173]

Harum actionum eventus hic est, ut victori officio iudicis aut res praestetur aut cautio. Res ipsa haec est, ut iubeat adversarium iudex emendare vitium parietis et idoneum praestare. Cautio haec est, ut eum iubeat de reficiendo pariete cavere neque se neque successores suos prohibituros altius tollere sublatumque habere: et si caverit, absolvetur. Si vero neque rem praestat neque cautionem, tanti condemnet, quanti actor in litem iuraverit.

(이들 소권의 결말은 이것이다. 즉 승소자에게 심판인의 직권에 의하여 혹은 물적 급부가 되거나 혹은 부보(負保)된다. 물적 급부 자체란 이것이다. 즉 심판인이 상대방에게 벽(壁)의 하자를 개수(改修)해서 적격(適格)의 벽을 제공할 것을 명하는 것이다. 부보(負保)란 이것이다. 즉 그에게 벽의 보수(補修)에 관하여 부보(負保)하고, 또 높이 건축하고 건축한 것을 보유하는 것을 자신도, 자기의 승계인들도 금지하지 않을 것을 명하는 것이다. 그리고 부보(負保)를 하면 면소판결 받을 것이다. 그러나 물적 급부도, 부보(負保)도 하지 않으면 원고가 소송물 가액 선서를 한 금액 상당액으로 유책판결할 것이다.)

---

172 Inst. 4.17.2: Et si in rem actum sit, sive contra petitorem iudicavit, absolvere debet possessorem, sive contra possessorem, iubere eum debet ut rem ipsam restituat cum fructibus. sed si in praesenti neget se possessor restituere posse et sine frustratione videbitur tempus restituendi causa petere, indulgendum est ei, ut tamen de litis aestimatione caveat cum fideiussore, si intra tempus quod ei datum est non restituisset. ...

173 Lenel, *Pal.* I, Paul. fr.353 (col.1009) [*Si servitus vindicetur etc.* (E.73)].

C. 질권소권(質權訴權)

⟨47⟩ D.20.1.16.3 Marcianus libro singulari ad formulam hypothecariam.[174]
In vindicatione pignoris quaeritur, an rem, de qua actum est, possideat
is cum quo actum est. Nam si non possideat nec dolo fecerit quo minus
possideat, absolvi debet: si vero possideat et aut pecuniam solvat aut rem
restituat, aeque absolvendus est: si vero neutrum horum faciat, condemnatio
sequetur. Sed si velit restituere nec possit (forte quod res abest et longe est vel
in provinciis), solet cautionibus res explicari: nam si caveret se restituturum,
absolvitur. Sin vero dolo quidem desiit possidere, summa autem ope nisus
non possit rem ipsam restituere, tanti condemnabitur, quanti actor in litem
iuraverit, sicut in ceteris in rem actionibus: nam si tanti condemnatus esset,
quantum deberetur, quid proderat in rem actio, cum et in personam agendo
idem consequeretur?

(질물(質物) 반환청구[175]에 있어서는 소송의 대상물을 소송의 상대방(피고)
이 점유하고 있는지 여부가 문제된다. 왜냐하면 그가 현재 점유하고 있지 않
고, 악의적으로 점유를 포기한 것이 아니면 그는 면소판결 받아야만 하기 때
문이다. 그러나 그가 점유하고 있는데 혹은 채무금을 변제하거나[176] 혹은 물

---

174 Lenel, *Pal.* I, Marci. fr.28 (col.648) [*Ad clausulam arbitrariam et condemnationem*].
175 C.8.13.18 Diocletianus, Maximianus (a.293).
     Pignoris vel hypothecae persecutio in rem est.
176 D.20.6.12.1 Paulus 5 responsorum.
     Qui pignoris iure rem persequuntur, a vindicatione rei eos removeri solere, si
     qualiscumque possessor offerre vellet: neque enim debet quaeri de iure possessoris,
     cum ius petitoris removeatur soluto pignore.
     담보권자가 제3자의 변제라도 변제를 거절하면 그는 더이상 담보물권에 기한 소
     권을 행사할 수 없다.
     Cf. D.20.4.11.4 Gaius libro singulari ad formulam hypothecariam.
     Si paratus est posterior creditor priori creditori solvere quod ei debetur, videndum
     est, an competat ei hypothecaria actio nolente priore creditore pecuniam accipere.

건을 반환하면 마찬가지로 그는 면소판결 받아야만 한다. 그러나 이것들 중
어느 것도 하지 않는 경우에는 유책판결이 뒤따를 것이다. 그러나 반환하기
를 원하지만 [가령 물건이 부재하거나 멀리, 예컨대 지방에 있어서] 현재 가
능하지 않은 경우에는 통상 부보(負保)를 통하여 일이 해결된다.[177] 즉 자신
이 반환할 것임을 부보(負保)하면 그는 면소판결 받는다. 그러나 실로 악의
적으로 점유하기를 포기한 경우에는 아무리 전력을 다해 노력해도 물건 자
체를 반환할 수가 없으면 여타의 대물소권(對物訴權)들의 경우처럼 원고가
소송물 가액 선서를 한 가액 상당액으로 유책판결 받을 것이다. 왜냐하면 채
무액 상당액으로 유책판결 받았다면, 대인소권(對人訴權)으로 소구해도 동
일한 것을 얻었을 터이니, 대물소권(對物訴權)이 무슨 소용이 있었겠는가?)

이 개소의 해석은 많은 다른 경우들과 마찬가지로 이설(異說)들이 존
재한다. De Simone는 이것을 일반 소유물반환청구와 평행한 질물(質
物)반환청구(actio Serviana)로 이해하여 질권자가 제2점유자로부터 질
물을 반환청구하는 사안으로 새긴다.[178] 반면에 Wubbe에 의하면 이 사
안은 비점유질(非占有質)이 설정된 경우[179] 담보채권자가 담보권을 실
행하기 위하여 담보물을 점유할 입질자(入質者) = 채무자에게서 질권
소권(質權訴權, actio Serviana)으로써 그 담보물을 청구하거나 점유질에
서 물건이 어떤 사유론가 채무자에게 다시 돌아가서 그로부터 그 담
보물을 청구한 사안이다.[180] 이 후설(後說)은 개소의 마지막 부분인
"nam~consequeretur?"를 진정한 것으로 보기 때문에 피고를 대인소권

Et dicimus priori creditori inutilem esse actionem, cum per eum fiat, ne ei pecunia
solvatur.

177 Inst. 4.17.2 cit.

178 De Simone, 119ff.

179 D.13.7.1.pr. Ulpianus 40 ad Sabinum.
Pignus contrahitur non sola tradidione, sed etiam nuda conventione, etsi non
traditum est.

180 Wubbe, 186ff., 196ff.

으로 제소한다는 상황을 고려한 결과 피고가 채무자여야만 하고, 또 동시에 질물의 점유자여야만 하므로 일단은 무점유질(無占有質)이 설정된 사안으로 보는 것이다. 반면에 전설(前說)은 이 부분을 경험 없는 주석자의 삽입으로 보므로[181] 질권자가 자신이 점유해야 할 질물을 점유하고 있는 제3자를 상대로 반환청구를 한다는 아주 일반적인 상황을 무리 없이 전제할 수 있는 것이지만, 그 전제가 타당한가는 의심스럽다.[182] 더욱이 대물소권이 문제되는 사안에서 그 효과와 관련하여 대인소권과 비교한다는 것은 동일한 당사자 사이가 아니면 의미가 없고, 앞에서 논하는 사안이 질권자와 제3자가 대물소권으로 다투는 사안이라면 이들 사이에는 다른 대인소권이 문제될 것이 없으므로 굳이 대인소권을 거론할 이유가 없게 되는데, 이처럼 법적으로 까다로운 논점을 수사적 반문을 동원해서까지 논변하는 것을 단순히 잘 모르는 주석자의 가필일 뿐이라고 치부하기에는 그 행위의 동기가 납득이 안 된다. 필자 생각에는 앞부분에서 세르비우스 소권의 행사와 관련하여 전형적인 서술로 시작했지만, 현안의 사실관계를 늘 염두에 두고 있던 마르키아누스가 입질을 한 채무자의 경우에도 선서로 소송물 가액을 결정하는 경우에는 원래의 담보채무액을 초과하여 유책판결 받는다는 사실을 확실히 한 것으로 보인다. 이것을 지적하는 것은 의미가 있는데, 왜냐하면 일반적으로 질권자

---

181 De Simone, 124 n.120: "senza dubbio attribuibile alla mano di un inesperto glossatore". 그러나 실질적인 근거 제시 없이 단순히 '의심의 여지가 없다'는 외형만 강력한 지적만으로 이 부분이 부진정한 것으로 판명되는 것은 아니다. 이 견해는 그 밖에 중간의 "summa autem~ipsam restituere" 부분도 분명히 삽입된 것 ("sicuramente insiticio")이라고 하는데, 이 또한 주장만 있을 뿐이다. 이 부분은 당연한 것이기는 하지만 나름으로 의미가 있는데, 왜냐하면 악의적으로 점유를 포기한 경우에도 그가 최대의 노력을 기울여서 반환을 하면 악의 점유포기자로 규정되지 않는다는 점을 밝힌 것이기 때문이다. 이 부분이 진정하든 아니든 물론 대세에는 아무런 지장이 없다.

182 Bas.25.2.16.3 (Heimbach III, p.70)에는 이 부분이 없다. 그러나 이것이 이 부분이 부진정하다는 확증이 될 수는 없다. 왜냐하면 많은 경우에 『바실리카 법전』은 고전법률가들의 섬세하고 의미 있는 학설 관련한 논변을 생략하였기 때문이다.

가 입질을 한 채무자를 상대로 담보물의 반환을 청구하는 경우 그가 제공해야 하는 금액은 다른 일반적인 반환청구의 경우들과 달리 물건의 산정가액(litis aestimatio)이 아니라 담보채무액이기 때문이다.[183] 따라서 그는 채무액을 변제하는 한 담보물을 반환할 필요가 없게 되는 것이지만, 반면에 변제를 마다하여 담보물의 반환을 명받으면 이때에는 그것을 반환하든가, 거역하여 소송물 가액 선서에 따른 유책판결을 받든가 하게 되는데, 담보물을 자발적으로 반환한 경우에는 환가 후 채무액을 공제하고 남는 금액(superfluum)은 돌려받지만, 거역의 경우에는 선서액이 채무액을 초과하더라도 그 차액을 반환청구하지 못하는데, 바로 소송물 가액 선서 제도가 가지는 징벌적 효과가 이렇게 반영되어 나타나는 것이다. 대물소권에서 나타나는 바로 이 점과 채무의 변제를 청구하는 대인소권의 경우가 다른 점을 이 개소의 마지막 문장이 밝혀 드러낸 것이다. 또다른 한편으로 대인소송이라면 종국에는 모든 다른 채권자들과 평등하게 만족을 추구해야만 하는 데 반해 담보권을 실행하는 대물소권의 경우에는 우선변제가 확보되므로 어느 소권으로 추급하느냐 하는 것은 그저 수사적인 것에 그치는 것이 아니다. 전설(前說)은 그 밖에도 악의의 점유 포기자가 대물소권의 피고가 될 수 있다는 것[184]을 고전법으로 인정하지 않는 입장을 취하는데,[185] 이것은 명백한 잘못이다.

　여기서 한 가지 짚고 넘어갈 것이 있다. 질권자가 제3점유자로부터 승

---

183 D.20.1.21.3 Ulpianus 73 ad edictum.
　　Si res pignerata non restituatur, lis adversus possessorem erit aestimanda, sed utique aliter adversus ipsum debitorem, aliter adversus quemvis possessorem: nam adversus debitorem non pluris quam quanti debet, quia non pluris interest, adversus ceteros possessores etiam pluris, et quod amplius debito consecutus creditor fuerit, restituere debet debitori pigneraticia actione.

184 이것은 통설이 된 프로쿨루스학파의 견해가 반영된 결과이다. Kaser, *RP* I, 433+n.15.

185 De Simone, 122 n.113: "Sull'origine postclassica". 다만 반대설이 있음을 지적하고는 있다.

소하여 물건의 반환 대신 금액으로 받게 된 경우에 입질한 채무자가 그 제3자를 상대로 소유물반환청구를 할 때, 또는 질권자를 상대로 채무액 이상으로 받은 금액의 반환을 청구할 때 어떻게 될 것인가? Kaser에 의하면 채권자는 점유하는 채무자로부터는 채무액만을, 그러나 제3점유자로부터는 온전한 물건의 가액을 청구할 수 있고, 그 이유는 채권자는 입질자에게 초과액을 돌려주어야 하기 때문이라고 하는데(D.20.1.21.3 cit.), 마르키아누스(D.20.1.16.3/4/6)는 이러한 울피아누스의 견해와 다르다고 한다.[186] 그러나 마르키아누스가 다루고 있는 사안들은 어디까지나 입질자와 채권자 사이의 관계에 국한된 것일 뿐만 아니라 청구의 내용이 과실과 이자로 확장되는 문제를 다룬 것이어서 청구의 내용을 세부적으로 다루지 않고 원론적으로만 논하고 있는 D.20.1.21.3과는 논점이 다르다.[187] 190년부터 사망시인 223년 사이에 주로 활동한 울피아누스와 동시대인으로서 210년부터 230년 사이에 주로 활동한 후배인 마르키아누스가 이 문제에 대하여 서로 다른 견해를 가졌다는 것도 개연성이 적다. 오히려 제3점유자가 개입된 경우의 3자 관계를 정면에서 논하고 있는 개소들에 의하면[188] 점유자가 가액산정액(litis aestimatio)을 질

---

186 Kaser, *RP* I, 473 + n.39.

187 D.20.1.16.3/4/6 Marcianus libro singulari ad formulam hypothecariam.

3. cit. ⟨47⟩.

4. Interdum etiam de fructibus arbitrari debet iudex, ut, ex quo lis inchoata sit, ex eo tempore etiam fructibus condemnet. Quid enim si minoris sit praedium, quam debetur? Nam de antecedentibus fructibus nihil potest pronuntiare, nisi exstent et res non sufficit.

6. Si pluris condemnatus sit debitor non restituendo pignus, quam computatio sortis et usurarum faciebat, an, si tantum solverit, quantum debebat, exoneretur hypotheca? Quod ego quantum quidem ad suptilitatem legis et auctoritatem sententiae non probo: semel enim causa transire videtur ad condemnationem et inde pecunia deberi: sed humanius est non amplius eum, quam quod re vera debet, dando hypothecam liberare.

188 D.20.6.2 Gaius 9 ad edictum provinciale.

Si creditor Serviana actione pignus a possessore petierit et possessor litis

권자에게 지급한 경우 채무자는 소유물반환청구를 할 때 점유자가 질권자에게 지급한 채무 상당액(debitum)을 제공하지 않으면 청구가 받아들여지지 않는다. 이들 개소들이 논하는 것들도 일반적인 원론에 해당하는 내용이며, 따라서 litis aestimatio가 소송물 가액 선서의 형태로 이루어지는 경우와 절연된 것도 아니고, 또 그 경우를 배제하는 것도 아니라고 보아야 한다. 따라서 점유자가 거역하여 소송물 가액 선서가 행해지고 그 금액을 배상한 경우에도 같은 논리가 적용된다고 보아야만 한다. 따라서 소유물반환청구하는 채무자는 여전히 채무액만을 제공함으로써 자신의 물건을 찾아올 수가 있고, 점유자 자신이 초과하여 지급한 금액은 남의 물건을 점유하면서 반환을 거부하여 스스로 초래한 징벌적 효과로 인한 것이 된다. 또 반환되어 환가(換價)가 행해지는 일반적인 경우 채무자는 채권자를 상대로 초과액을 청구할 수 있는데, 소송물 가액 선서의 경우에도 사정은 다르지 않다. 왜냐하면 물건 반환의 거역은 궁극적으로 초과액이 돌아가야 할 그 물건의 소유자에 대한 반환 거부이고, 다만 초과액의 발생이 환가가 아닌 선서라는 점만이 다를 뿐이기 때문이다. 결국 담보물을 돌려주거나 또는 환가 차액을 돌려주어야 하는 채권자는 물건의 반환에 관한 한 모든 면에서 중간자이고, 그의 이익은 어디까지나 자신의 채권의 만족을 얻는 것에 있으므로 선서로 인한 초과액은 그의 몫이 아닌 것이다.

---

aestimationem obtulerit et ab eo debitor rem vindicet, non aliter hoc facere concedetur, nisi prius ei (sc. possessori) debitum offerat.

D.13.7.28.pr. Iulianus 11 digestorum.

Si creditor, qui rem pignori acceperat, amissa eius possessione Serviana actione petierit et litis aestimationem consecutus sit, postea debitor eandem rem petens exceptione summovetur, nisi offerat ei (sc. possessori) debitor, quod pro eo solutum est.

D.10.2.29 Paulus 23 ad edictum.

... ac si hypothecaria vel Serviana actione petita litis aestimatio oblata sit, ut et is qui optulerit adversus dominum vindicantem exceptione tuendus sit. ...

D. 물권적 유증 청구소권

물권적 유증(legatum per vindicationem)이 이루어진 경우에는 수유자(受遺者)는 유언의 효력 발생과 동시에 소유권을 취득하는 것이므로 물권적 유증 목적물의 청구는 소유물반환청구와 다를 바가 없다. 반면에 채권적 유증(legatum per damnationem)의 경우는 문답계약에 기한 경우와 한 가지로 대인소송(對人訴訟)으로서 원칙적으로 소송물 가액 선서가 행해지지 않았다(D.12.3.6 〈58〉).

〈48〉 D.35.2.60.1 Iavolenus 14 ex Cassio.[189]

Legato petito cum in litem iuratum est, ratio legis Falcidiae non eius summae, in quam legatarius iuravit, haberi debet, sed eius, quanti re vera id fuit quod petitum est: nam id quod poenae causa adcrevit in legem Falcidiam non incidit.

([물권적] 유증이 반환청구된 경우 소송물 가액 선서가 행해진 때에는 팔키디우스법의 적용에 관하여 수유자(受遺者)가 선서한 금액이 고려되어서는 안 되고, 청구된 것의 진정한 가액 상당액이 고려되어야만 한다. 왜냐하면 징벌 목적으로 증가한 것은 팔키디우스법에는 해당하지 않기 때문이다.)

이 사안에서 특히 문제된 것은 법정상속인 해당자들이 자신들의 유류분(遺留分, quarta Falcidia)을 청구할 때 상속재산을 평가함에 있어서 상속재산을 감소시킨 유증액의 계산을 소송물 가액 선서가 있었던 경우 어떻게 할 것인가 하는 것이었다. 그 답은 유언상속인이 거역으로 인하여 더 많이 지급한 소송물 가액 선서에 따른 금액이 아니라 원래 유증의 금액이 합산되어야 한다는 것인데, 유류분법과 관련해서는 징벌적인 사유로 더 많이 배상된 것은 고려하지 않기 때문이라는 것이다. 다시 말하면 원래 유증액보다 초과된 부분은 악의나 거역으로 인하여 그러한 결과를

---

189 Lenel, *Pal.* I, Iav. fr.58 (col.284) [*De lege Falcidia*].

초래한 유언상속인이 자체적으로 부담하는 것일 뿐 상속재산에 합산하여 유류분권을 행사하는 법정상속인 해당자들의 이익으로 돌아가서는 안 된다는 것이다.[190] 징벌 목적은 그 행위자에게만 관련되는 것이므로 타당한 결론이다. 그리고 이것은 유류분 청구 소송의 피고가 일반적인 징벌소권으로 책임을 졌던 경우에 그 금액이 합산되는 것[191]과는 차이가 있는데, 왜냐하면 일반 징벌소권의 경우는 청구액이 처음부터 정해진 것이지 소송물 가액 선서의 경우처럼 징벌 목적 때문에 사후적으로 증가하는 것이 아니기 때문이다(D.12.3.1 〈24〉).

E. 강박소권 및 악의소권

이 두 소권은 재정소권(裁定訴權) 중에서도 대인소권(對人訴權)에 속하는 것의 대표적인 것이다.[192]

〈49〉 D.4.3.18.pr. Paulus 11 ad edictum.[193] (cf. 〈8〉)

Arbitrio iudicis in hac quoque actione restitutio comprehenditur: et nisi fiat restitutio, sequitur condemnatio quanti ea res est. Ideo autem et hic et in metus causa actione certa quantitas non adicitur, ut possit per contumaciam

---

190 Bas.41.1.59.1 Schol. 2) (Heimbach IV, p.116): Si heres iureiurando in litem in plus condemnatus sit, superfluum non computatur. ...

191 D.35.2.32.pr. Maecenatus 9 fideicommissorum.
Poenales actiones sive legitimae sive honorariae exceptis popularibus in bonis actoris non ideo minus computandae sunt, quia morte reorum intercidere possunt. (징벌소권들은 법정(法定)의 것이든 법정관법(法政官法)상의 것이든 국민소권들을 제외하고는 (유류분 청구)피고의 사망으로 소멸할 수 있다는 이유로 (유류분 청구)원고의 재산에서 감산(減算)해서는 안 된다.)

192 Inst. 4.6.31 cit.: Praeterea quasdam actiones arbitrarias id est ex arbitrio iudicis pendentes appellamus, ... sed istae actiones tam in rem quam in personam inveniuntur. ... in personam veluti quibus de eo agitur quod aut metus causa aut dolo malo factum est, item qua id quod certo loco promissum est, petitur. ...

193 Lenel, *Pal.* I, Paul. fr.209 (col.984) [*De dolo malo (E.40)*].

suam tanti reus condemnari, quanti actor in litem iuraverit: sed officio iudicis debet in utraque actione taxatione iusiurandum refrenari.

(이 (악의)소권의 경우에도 심판인의 재정(裁定)에 반환 명령이 포함된다. 그리고 반환이 이루어지지 않으면 그 소송물 상당액으로 유책판결이 따른 다. 그렇지만 이 경우에도, 또 강박원인소권(强迫原因訴權)의 경우에도 피고 가 자신의 거역으로 말미암아 원고가 소송물 가액 선서를 한 상당액으로 유 책판결 받을 수 있도록 확정금액이 부가되지 않는다. 【그러나 양 소권의 경 우 심판인의 직권으로 한도 책정을 통하여 선서가 기속(羈束)[194]되어야만 한다.】[195])

---

194 'refrenare' 동사가 사용된 것은 4세기 말에서 5세기 말의 법사료이고, 고전법률가 의 글에서 나타나는 것은 이 개소 외에는 D.48.5.23(22).4가 유일하다. 특히 이 동 사가 사용된 문맥을 보면 모두가 강력하게 '제어'되어야만 하는 어떤 완강한 불 법적 행위에 대한 법의 복구적(復仇的) 반작용을 시사한다.

CTh.16.5.7.1 (a.381): ... ab illicitis et profanis coitionibus refrenari divina saltem monitione ... ad ulciscendae legis ...

CTh.2.26.4 (a.385): ... improbi petitoris refrenare ... invidiam ...

NMar.I.7 (a.450): ... pro calumnia quidem poenam luat legibus constitutam: ... condemnationem pro aestimatione iudicis ... avaritia stimulante vel invidia incitante ... dispendio refrenari.

C.1.3.32.8 (a.472): ... temeritas ... impudens calumniantium refrenetur audacia ...

D.48.5.23.4의 경우에는 간통 현장에서 발각된 간통범들을 살해할 수 있는 자를 간부(奸婦)의 부(父)로 제한하고 그 부(夫)에게는 이를 허용하지 않는 이유로 분 노로 섣부른 결정을 하게 될 부(夫)의 열기와 충동을 '제압'해야 한다는 문맥에서 'refrenare'를 사용하고 있다.

D.48.5.23(22).4 Papinianus 1 de adulteriis.

Ideo autem patri, non marito mulierem et omnem adulterum remissum est occidere, quod plerumque pietas paterni nominis consilium pro liberis capit: ceterum mariti calor et impetus facile decernentis fuit refrenandus.

D.4.3.18.pr. 〈49〉에서는 이와는 전혀 다른 맥락에서 이 용어가 사용되었는데, 소 송물 가액 선서가 인부(認付)된 원고의 선서를 'taxatio'로써 이처럼 '제압'한다는 표현은 아무래도 잘 어울리지 않는다. 결정적으로 강력한 논거는 아닐지 몰라도 이것 또한 이 부분이 후대의 용어법이 드러난 수정일 개연성을 시사한다.

195 한도 책정과 관련하여 『바실리카 법전』은 오히려 중립적이다.

이 경우에 대해서도 "ideo autem ~" 이후 마지막까지의 부분이 전부 수정된 것으로 보고 소송물 가액 선서 자체를 고전법이 알고 있지 못한 것으로 보는 견해가 있다.[196] 우선 악의(惡意)소권 또는 사기(詐欺)소권 과 관련해서는 그 주된 근거로 D.4.3.18.1을 든다.[197] 그러나 이 두 개소 는 잘 이해하면 소송물 가액 선서의 기본 논리가 그대로 반영된 개소임 을 알 수 있다. 두 소권의 경우 물건의 반환 명령이 심판인의 재정(裁定) 으로 이루어지고, 이를 따르지 않으면 그 거역으로 말미암아 소송물 가 액 선서가 인부(認付)되는데, 그 결과 초래되는 상황을 처음부터 확정금 액, 즉 실제 가액에 해당하는 확정금액이 유책판결의 내용으로 표시되는 것이 아니라고 밝히고, 선서에 따른 그 금전배상의 내용을 '소송물 상당 액의 유책판결'이라고 표현하였다. 이어서 D.4.3.18.1에서는 물건이 소 실하여 반환 명령이 쓸데없는 것이 되는 상황을 전제로 그래서 반환 명 령이 반드시 언제나 발령되는 것이 아님을 상기시키고, 반환 불능의 경 우에는 바로 원고의 이익상당액을 선고해야 하지 않겠는가? 하고 수사 적 질문의 기법으로 이때에도 서항(序項, pr.)과 같이 취급할 수밖에 없음 을 밝힌 것이다. 즉 처음부터 반환이 불능이면, 사후의 반환 불능을 악의 적 선행행위로 인하여 야기한 피고에게 바로 소송물 가액 선서를 인부 하여 유책판결의 내용으로 삼는다는 것이다.[198] 이러한 논리는 다른 불 법행위 소권이나 선행행위가 이행지체인 경우에도 통용된 일관된 논리

Bas.10.3.18.pr. (Heimbach I, p.501): Actio de dolo arbitraria est, et reus, qui non restituit, in id, quod interest, condemnatur: ob contumaciam vero iuratur in litem, adiecta a iudice taxatione. Idem et in metus causa actione.

196 Biondi, 78-105 (actio doli); 38-77 (actio quod metus causa).

197 D.4.3.18.1 Paulus 11 ad edictum.
Non tamen semper in hoc iudicio arbitrio iudicis dandum est: quid enim si manifestum sit restitui non posse (veluti si servus dolo malo traditus defunctus sit) ideoque protinus condemnari debeat in id quod intersit actoris?

198 quanti ea res est나 id quod interest 모두 선서를 한 경우나 그렇지 않은 경우 최종 적인 금전 배상액을 표현하는 용어가 될 수 있었음을 유의할 필요가 있다. 전술 6. (3) 참조.

이다(전술 5.(1) 참조).

다음으로 강박(強迫)소권에 관한 한 수정 주장의 주된 근거는 이 소권의 경우 반환을 하지 않으면 4배액의 징벌적 배상이 법정(法定)되어 있다는 점이다.[199] 그러나 다른 한편으로 1년이 지나면 1배액으로 배상액이 축소되므로[200] 이때에는 다른 경우와 다르지 않다. D.4.3.18.pr. ⟨49⟩에서 파울루스가 다른 언급 없이 강박소권을 거론한 것은 당연히 소송물 가액 선서가 가능한 한도 내에서였을 것임이 분명하다.

F. 제시소권

원물의 반환 청구와 더불어 가장 전형적인 사례가 그것을 심판정(審判廷)으로 현출시키도록 하는 제시소권임은 누차 언급하였다.[201]

⟨50⟩ D.10.4.5.2 Ulpianus 24 ad edictum.[202]

Idem Iulianus scribit emptorem, qui ruta caesa non restituit, ad exhibendum

---

199 D.4.2.14.1/4 Ulpianus 11 ad edictum.

1. Si quis non restituat, in quadruplum in eum iudicium pollicetur: quadruplabitur autem omne quodcumque restitui oportuit. Satis clementer cum reo praetor egit, ut daret ei restituendi facultatem, si vult poenam evitare. ...

4. Haec autem actio cum arbitraria sit, habet reus licentiam usque ad sententiam ab arbitro datam restitutionem, secundum quod supra diximus, rei facere: quod si non fecerit, iure meritoque quadrupli condemnationem patietur.

Inst. 4.6.27: Item actio de eo, quod metus causa factum sit, a ceteris, de quibus simul locuti sumus, eo differt, quod eius natura tacite continetur, ut, qui iudicis iussu ipsam rem actori restituat, absolvatur. ...

200 D.4.2.14.1 Ulpianus 11 ad edictum.

Si quis non restituat, in quadruplum in eum iudicium pollicetur: ... Post annum vero in simplum actionem pollicetur, sed non semper, sed causa cognita.

201 D.12.3.10 ⟨25⟩. Cf. D.43.5.3.14 Ulpianus 68 ad edictum: ... quia poena contumaciae praestatur ab eo qui non exhibet.

202 Lenel, Pal. II, Ulp. fr.720 (col.558) [Ad exhibendum (E.90)]; Pal. I, Iul. fr.139 (col.339) [Ad exhibendum (E.90)].

teneri in quantum in litem iuravero: sed ibi adicit, si emptor possideat aut
dolo fecit quo minus possideat.

(같은 율리아누스가 쓰고 있다. "뭇 부수동산(附隨動産)을 반환하지 않는 매
수인은 소송물 가액 선서 상당액으로 제시 책임이 있다." 그러나 그는 그곳
에 덧붙였다. "매수인이 점유하고 있거나, 또는 점유하지 않도록 악의적으
로 행위한 경우라고.")

이 개소는 소유물반환청구를 하는 원 소유자에게 추탈당한 매수인이
매매목적물과 그 부수동산(附隨動産, ruta caesa)을 반환해야 할 의무를 부
담하는 상황에서 악의적으로 제시를 좌절시키는 경우를 다룬 것이다.

판결채무(判決債務, iudicatum)의 이행과 관련하여 제시가 문제된 사안
도 전해진다. 소송물 가액 선서에 대한 특별한 내용은 없지만, 선서로 유
책판결이 내려졌더라도 상소(上訴)가 가능하다는 설시가 보인다. 이 선
서는 요건이 갖추어진 경우 어디까지나 소송물 가액을 결정하는 방식일
뿐 재판의 나머지 부분에 대한 영향은 전혀 없는 것이므로 상소가 허용
되는 것은 케르비디우스 스카이볼라(165~200)의 수사학적 질문만큼이
나 의문의 여지가 없는 것이었다.[203]

〈51〉 D.49.1.28.1 Scaevola 25 digestorum.[204]

Iussus a iudice exhibere secundum praeceptum praesidis provinciae rationes,
quas apud se esse caverat, instrumentorum gratia data dilatione nec postea
exhibuit ideoque secundum constitutionem recitatam, quia per contumaciam
instrumenta non exhibuerat, cum petitor quanti sua interesset exhiberi

---

203 반면에 『바실리카 법전』은 간명한 서술을 제시한다.
   Bas.9.1.27.1 (Heimbach I, p.429): Si reus iussus a iudice instrumenta exhibere per
   contumaciam ea non exhibuerit, et condemnatus sit, quanti [etitor sua interesse
   iuraverit, etiam post iusiurandum appellare potest.
204 Lenel, *Pal.* II, Scaev. fr.112 (col.263) [*De iudicatis (E.198)*].

iurasset, facta erat condemnatio. Quaesitum est, an post iusiurandum appellationem interponere possit. Respondit nihil proponi, cur denegandum esset appellationis auxilium.

(자신에게 있다고 부보(負保)한 회계장부를 심판인에 의하여 도백(道伯)의 명령에 따라 제시하도록 명받은 자가 증서들의 제시를 위하여 기간 연장이 주어졌으나 그후에도 제시하지 않았고, 그래서 인용(引用)한 칙답에 따라 그가 거역으로써 증서들을 제시하지 않았으므로 원고가 [증서들이] 제시되는 데에 대해 가지는 자신의 이익상당액을 선서하였기에 유책판결이 행해졌다. 질문: "선서 후에 상소(上訴)할 수 있는가?" 그는 해답하기를, "왜 상소라는 구제수단이 부정되어야만 하는지 어떤 이유도 제시되지 않았다"고 하였다.)

G. 반출부부재산(搬出夫婦財産) 반환청구소권

부부 사이였던 자들 사이에서는 처(妻)가 부(夫)의 재산을, 또는 부(夫)가 처(妻)의 재산을 이혼을 염두에 두고 마음대로 반출한 다음 이혼이 이루어진 경우에 본질은 절도였음에도 불구하고 일반적인 절도소권 대신 파렴치효도 따르지 않고, 절도소권과 같은 누배액(累倍額) 배상도 규정되지 않은 반출부부재산소권(actio rerum amotarum)이 활용되었다.[205] 그

---

205 D.25.2.1 Paulus 7 ad Sabinum.

Rerum amotarum iudicium singulare introductum est adversus eam quae uxor fuit, quia non placuit cum ea furti agere posse: quibusdam existimantibus ne quidem furtum eam facere, ut Nerva Cassio, quia societas vitae quodammodo dominam eam faceret: aliis, ut Sabino et Proculo, furto quidem eam facere, sicut filia patri faciat, sed furti non esse actionem constituto iure, in qua sententia et Iulianus rectissime est:

D.25.2.2 Gaius libro ad edictum praetoris titulo de re iudicata.

Nam in honorem matrimonii turpis actio adversus uxorem negatur:

D.25.2.3.pr. Paulus 7 ad Sabinum.

Et ideo, si post divortium easdem res contrectat, etiam furti tenebitur.

D.25.2.6.2 Paulus 7 ad Sabinum.

래서 그 반환에 응하지 않는 거역의 경우 소송물 가액 선서가 역시 활용되었다.[206]

⟨52⟩ D.25.2.8.1 Pomponius 16 ad Sabinum.[207]

Sabinus ait, si mulier res quas amoverit non reddat, aestimari debere quanti in litem vir iurasset. [D.25.2.10] Ideoque nec debere eum pro evictione promittere, quod ex contumacia mulieris id ita acciderit.

(사비누스 가로되 "부인이 반출한 물건을 반환하지 않으면 남편이 소송물 가액 선서한 상당액으로 산정해야만 한다(D.25.2.10). 그래서 그는 추탈에

Item cum rerum amotarum etiam in virum datur iudicium: ...

D.25.2.11.pr. Ulpianus 33 ad edictum.

Marcellus libro octavo digestorum scribit, sive vir uxorem sive uxor virum domo expulit et res amoverunt, rerum amotarum teneri.

206 Biondi, 155-165는 이 소권의 경우 소송물 가액 선서가 고전법이 아니고 유스티니아누스법이라는 주장을 편다. 매우 다양한 수정의 논거를 대고 있으나, 그 자신도 인정하듯이 다른 이유들은 결정적이지 못하고, 결국 주된 논거는 ⟨52⟩의 개소들이 D.25.2.29 및 D.25.2.21.4와 부합하지 않는다는 것인데(162ff.), 타당하지 않다.

D.25.2.29 Tryphoninus 11 disputationum.

Rerum amotarum aestimatio ad tempus quo amotae sunt referri debet: nam veritate furtum fit, et si lenius coercetur mulier. Quare nec a bonae fidei possessore ita res amotae usucapiuntur: sed si pluris factae non restituuntur quae amotae sunt, crescit aestimatio, ut in condictione furtivae rei.

D.25.2.21.4 Paulus 37 ad edictum.

Commodi quoque, si quod amotis rebus amiserit vir, ratio habenda est.

왜냐하면 트리포니누스와 파울루스의 설시는 이 소권의 경우에도 본질(veritate)이 절도인 까닭에 소송물의 가액 산정의 기초가 일단은 그와 동일한 방식으로(후술 〔부론〕 참조) 정해진다는 점을 밝힌 것일 뿐, 거역하는 피고에 대하여 소송물 가액 선서가 허용되는 특례를 배제하는 내용이 아니기 때문이다. 그리고 소송물 가액 선서가 인정되는 것은 본질대로라면 그렇지 않았겠지만(후술 〔부론〕 참조) 형식상으로는 이 소권의 성격이 법적으로 순수한 반환소권이었기 때문이다.

207 Lenel, *Pal.* II, Pomp. fr.633 (col.123) [*De iure dotium* 3.: *Soluto matrimonio* 2.].

대해서도 담보문답약속을 할 필요가 없는데, 왜냐하면 부인의 거역으로 인하여 그런 일이 발생했기 때문이다.")

이런 사안에서 남편이 처(妻)가 반출한 재산을 — 반환되리라 기대하였기 때문에 — 제3자에게 매도한 경우에는 소유권 관계는 확실하여 처(妻)가 소유권을 주장할 수 없는 상황임이 명백하고, 따라서 남편으로서는 추탈에 대하여 군이 담보문답계약을 매수인에게 낙약할 필요가 없게되는데, 다만 점유를 매수인에게 이전해야 함에도 불구하고 처(妻)의 거역으로 말미암아 그것이 좌절되는 것이므로 이 한도 내에서는 자신의 과실이 없지만, 자신의 점유를 이탈한 물건을 점유 이전이 불가능할 수도 있음을 인지하고 매도한 것 또한 사실이므로 매매 자체에 대한 무과실을 주장할 수는 없으며, 그 결과 일반적인 매수인의 이익상당액을 배상하면 된다.

이에 반하여 바실리카[208]는 Pomponius D.25.2.8.1 ⟨52⟩과 D.25.2.10 ⟨52⟩ 사이에 삽입 편집된 Paulus D.25.2.9: (non enim aequum est invitum suo pretio res suas vendere)를 연결고리로 삼아서 D.25.2.10 ⟨52⟩ 역시 D.25.2.9가 지시하는 부부간의 강제 매매 상황과 연결 짓고, 그 결과 남편이 아내에게 선서한 금액으로 매매한 셈이 되는 물건에 대하여 아내에게 추탈에 대한 담보문답약속을 할 필요가 없다는 의미로 새긴다. 그러나 부부간의 문제라면 두 사람 사이에서는 이미 남편의 소유물로 재판상 확인이 되었기 때문에 추탈담보 자체가 전혀 필요가 없고, 그래서 그 이유로 처(妻)의 반환 거부나(D.25.2.10 ⟨52⟩) 또는 강제 매매[209]를 거론하는 것도 불필요할 것이다. 다만 이런 사안에서 생각하기는 어렵지

---

208 Bas.28.11.8.1 Schol. 2) (Heimbach III, p.303): ... neque enim aequum est, maritum invitum iusto tantum pretio res suas vendere. Unde nec mulier a marito stipulatur de evictione, quod ex improbitate eas res possideat. Cf. Bas.28.11.10).

209 Bas.28.11.10 Schol. 1) (Heimbach III, p.303): Nullus enim, qui ex necessitate vendit, de ea (sc. evictione) cavet. ...

만, 남편과 제3자의 소유권 분쟁이 가능할 수는 있으므로 추후에 발생할
수 있을 이런 만약의 경우에 대비하여 추탈담보를 배제하는 논리를 편
다면 부(夫)의 보호 논리인 강제 매매이든, 반대로 처(妻)에 대한 제재 논
리인 처(妻)의 악의적인 거역이든 모두 근거가 있기는 하지만, 글을 남긴
폼포니우스가 이런 가능성이 희박한 경우를 상정했다고 보기는 어렵다.
어쨌든 원문이 강제 매매가 아니라 처(妻)의 거역을 이유로 대고 있으므
로 이것이 이유가 될 수 있는 사실관계를 상정해야만 한다. 그런데 원문
복원의 문맥을 살피면 D.25.2.9는 D.25.2.8.1 ⟨52⟩의 소송물 가액 선서
를 피해자와 가해자인 부부 사이에 인정하는 근거를 제시하는 것일 뿐,
D.25.2.10 ⟨52⟩과는 무관한 것이다. 그렇다면 D.25.2.10 ⟨52⟩은 처(妻)
가 반출한 재산(D.25.2.8.1 ⟨52⟩)을 부(夫)가 반출재산 반환청구와 무관한
제3자에게 매도한 일반적인 사안을 다룬 것일 수밖에 없다. 이 연결 개
소들은 『학설휘찬』 편집 문맥과 원문 복원 맥락에 따른 이중 해석의 가
능성 문제가 결국은 그 내용적 정합성에 따른 합리적 해석에 의하여 해
결되어야 함을 잘 보여준다고 할 것이다.

〔부론〕

소송물 가액 선서에 관한 D.12.3에 전하는 다음 개소 역시 절도 사안
에 관한 것이지만, 소송물 가액 선서와는 전혀 다른 것이다.[210] 이것은 이
미 고전기 방식서소송의 기술적인 면면에 대한 이해가 약화된 후대 유
스티니아누스 황제의 『로마법대전』 편찬자들의 편찬 작업이 그 고전주
의에도 불구하고 아주 엄밀하지는 못했음을 보여주는 대목이 아닐 수
없다. 보통법학 역시 이 점에 대한 오해가 있었다.[211]

---

210 상세한 것은 Grzimek, 168ff. 그는 정당하게도 일반 소송물 가액 선서와 장(章)을
   달리하여 서술한다. Biondi, 163 n.1만 해도 그때까지의 잘못된 학설을 반영할 뿐
   이다.
211 Brunnemann, ad D.12.3.9 nn.1-4 (p.535).

⟨53⟩ D.12.3.9 Iavolenus 15 ex Cassio.[212]

Cum furti agitur, iurare ita oportet "tanti rem fuisse cum furtum factum sit", non adici "eo plurisve", quia quod res pluris est, utique tanti est.

(절도로 소구(訴求)되는 경우에는 "절도가 행해진 때의 그 물건의 가액 상당액"을 선서해야만 하고, "또는 그 이상"이라고 덧붙이는 것은 안 된다. 왜냐하면 그 물건이 그 이상의 가액인 것은 항상 그 상당액인 것이기 때문이다.)

절도소권은 순수한 징벌소권(actio poenalis)으로서 "물건의 과거 불법 행위 시점의 가액"(quanti ea res fuit)이 기준이었다.[213]

⟨54⟩ D.47.2.50.pr. Ulpianus 37 ad edictum.[214]

In furti actione non quod interest quadruplabitur vel duplabitur, sed rei verum pretium. Sed et si res in rebus humanis esse desierit, cum iudicatur, nihilo minus condemnatio facienda est. Itemque et si nunc deterior sit, aestimatione relata in id tempus, quo furtum factum est. Quod si pretiosior facta sit, eius duplum, quanti tunc, cum pretiosior facta est, fuerit, aestimabitur, quia et tunc furtum eius factum esse verius est.

(절도소권에서는 이익상당액이 4배되거나 2배될 것이 아니라 도품(盜品)의 진정한 가액이 그리된다. 그리고 판결 시에 도품이 이 세상에 존재하지 않게 된 경우에도 여전히 유책판결을 내려야만 한다. 또 그것이 이제 악화된 경우에도 가액 산정은 절도가 행해졌던 과거 시점을 기준으로 한다. 그런데 더 값나가게 된 경우에는 더 값나가게 되었던 과거 시점 기준 산정액의 2배액으로 유책판결된다. 왜냐하면 그 시점에도 그 물건의 절도는 행해진 것이라는 게 더 옳기 때문이다.)

---

212 Lenel, *Pal.* I, Iav. fr.60 (col.284) [*De furtis*]). Cf. Lenel, *EP*, 326.
213 Kaser / Hackl, *RZP*, 317f. + nn.44–45.
214 Lenel, *Pal.* II, Ulp. fr.1040 (col.675) [*Furti nec manifesti (E.128)*].

이때의 'tanti rem fuisse cum furtum factum est' 선서는 도둑으로 하여금 피해를 전보하도록 하기 위하여 확정적 금액 한도를 대는 것으로 이미 소송 전에 이루어졌다. 그래서 실제 가액이 문제되는 소송 전 단계에서는 eo plurisve라고 덧붙이는 것은 실제 가액에 소장(消長)을 가져오지 않는 것으로 보았다.[215] 소송으로 진입하면 이 금액이 plurisve라는 추가적 내용과 함께 방식서에 기입되었는데,[216] 이미 법정(法定)으로 duplum 등이 기재된 판결권한 부여(condemnatio) 부분이 아니라 청구원인(demonstratio) 부분에 기입되었다.[217] '도둑은 항시 이행지체중'이라는 법리에 따라서 배상액의 증가가 예정되었기 때문이었다.[218] 우리의 선서는 기본적으로 심판인의 반환 또는 제시를 명하는 중간명령을 어기는 피고에게 원고의 선서를 고려하여 유책판결을 내린다는 점에서 소송방식서와도, 또 재판외 선서와도 무관한 제도였다.

뿐만 아니라 절도소권의 경우에는 물건을 반환하더라도 행위의 불법에 대한 징벌이 여전히 남았으므로[219] 물건의 반환에만 초점을 맞춘 소송물 가액 선서는 처음부터 고려될 수 없었다. 따라서 노예타락소권(奴

---

215 Kaser / Hackl, *RZP*, 340 + n.47.

216 Kaser / Hackl, *RZP*, 340 + n.48.

217 상세한 것은 Klingenberg, 187ff., 215f.; Kroppenberg, 628ff., 631f.; Hackl, 127ff., 137f.; Lenel, *EP*, 329.

218 이 점은 따라서 같은 사실관계에 기초한 절도원인 부당이득반환청구소권의 경우에도 그대로 인정되었다.

　　　D.13.1.8.1 Ulpianus 27 ad edictum.

　　　Si ex causa furtiva res condicatur, cuius temporis aestimatio fiat, quaeritur. Placet tamen id tempus spectandum, quo res umquam plurimi fuit, maxime cum deteriorem rem factam fur dando non liberatur: semper enim moram fur facere videtur.

219 Inst. 4.6.27: Item actio de eo, quod metus causa factum sit, a ceteris, de quibus simul locuti sumus, eo differt, quod eius natura tacite continetur, ut, qui iudicis iussu ipsam rem actori restituat, absolvatur. quod in ceteris casibus non ita est, sed omnimodo quisque in quadruplum condemnatur, quod est et in furti manifesti actione.

隸墮落訴權)이나 폭력강탈물소권(暴力强奪物訴權)처럼 물건의 절취를 포함하는 복합적 성격의 불법행위소권의 경우에도 물건을 반환하더라도 수반된 절도적 내용 이외의 불법행위 행태에 대한 제재가 여전히 남고,[220] 그래서 이들 경우에도 소송물 가액 선서는 고려될 수 없었다.

(3) 특시명령(特示命令)의 경우

원상회복을 위한 특시명령의 경우에도 그에 거역하는 피신청인의 행위에 대해서는 후속절차에서 소송물 가액 선서가 인정되었다. 이러한 경우는 실제로 지금까지의 경우들과 달리 회복을 단순히 불이행하는 것만으로도 거역에 해당하였는데, 왜냐하면 회복시켜야 할 상황을 야기한 선행행위(先行行爲) 자체가 이미 불법행위에 해당하여(Ingerenz) 그 결과를 제거하지 않는 것 자체가 바로 거역으로 평가될 수 있었기 때문이다.

A. 폭력(暴力) 또는 은비(隱秘)에 의한 공사(工事) 복구의 특시명령

가장 대표적 회복특시명령인 "*Quod vi aut clam* 특시명령"(폭력 또는 은비에 의한 공사 복구의 특시명령)[221]의 사안이 전해진다.

---

220 D.11.3.11.2 Ulpianus 23 ad edictum. [*De servo corrupto*]

Quamvis autem rerum subtractarum nomine servi corrupti competat actio, tamen et furti agere possumus, ope enim consilio sollicitatoris videntur res abesse: nec sufficiet alterutra actione egisse, quia altera alteram non minuit. Idem et in eo, qui servum recepit et celavit et deteriorem fecit, Iulianus scribit: sunt enim diversa maleficia furis et eius qui deteriorem servum facit: hoc amplius et condictionis nomine tenebitur. Quamvis enim condictione hominem, poenam autem furti actione consecutus sit, tamen et quod interest debebit consequi actione servi corrupti,

D.11.3.12 Paulus 19 ad edictum.

quia manet reus obligatus etiam rebus redditis.

D.47.8.5 Gaius 21 ad edictum provinciale. [*Vi bonorum raptorum*]

Non prodest ei qui vi rapuit ad evitandam poenam, si ante iudicium restituat rem quam rapuit.

221 D.43.24.1.pr.-1 Ulpianus 71 ad edictum.

⟨55⟩ D.43.24.15.9 Ulpianus 71 ad edictum.[222]

Sed quod interfuit,[223] aut per iusiurandum, quod in litem actor iuraverit, aut, si iurare non possit, iudicis officio aestimandum est.

(그런데 이익해당액은 혹은 원고가 소송물 가액 선서를 하는 선서를 통하거나, 혹은 그가 선서할 수 없는 경우에는 심판인의 직권으로 산정해야만 한다.)

B. 부동산점유회복 특시명령

"*Unde vi* 특시명령"(부동산점유회복 특시명령: C.8.4)[224]의 사안에 관한 사료로 이미 살펴본 C.8.4.9 (a.477) ⟨11⟩ cit.이 전해진다.

(4) 기타

A. 사해(詐害)행위 취소

사해행위 취소의 경우에도 특시명령의 사례에서와 같이 반환하지 않는 피고는 스스로의 사해행위에 따른 반환 거부로 이미 거역에 해당하였으므로 단도직입적으로 소송물 가액 선서가 인정되었다.

---

pr. Praetor ait: "Quod vi aut clam factum est, qua de re agitur, id cum experiendi potestas est, restituas". 1. Hoc interdictum restitutorium est et per hoc occursum est calliditati eorum, qui vi aut clam quaedam moliuntur: iubentur enim ea restituere.

222 Lenel, *Pal.* II, Ulp. fr.1600 (col.840) [*Quod vi aut clam* (E.256)].

223 D.43.24.15.7 Ulpianus 71 ad edictum.

Hoc interdicto tanti lis aestimatur, quanti actoris interest id opus factum esse. Officio autem iudicis ita oportere fieri restitutionem iudicandum est, ut in omni causa eadem condicio sit actoris, quae futura esset, si id opus, de quo actum est, neque vi neque clam factum esset.

224 C.8.4.4 Diocletianus, Maximianus (a.294).

Si de possessione vi deiectus es, eum et legis Iuliae vis privatae reum postulare et ad instar interdicti unde vi convenire potes, quo reum causam omnem praestare, in qua fructus etiam, quos vetus possessor percipere potuit, non quos praedo percepit, venire non ambigitur.

⟨56⟩ D.38.5.5.1 Paulus 42 ad edictum.[225]

In actione Faviana si res non restituatur, tanti damnabitur reus, quanti actor in litem iuraverit.

([두호인(斗護人)을 사해(詐害)하는 피두호인(被斗護人)의 유언에 의한 처분을 다투는] 파비우스 소권의 경우[226] 물건이 반환되지 않으면 피고는 원고가 소송물 가액 선서를 한 상당액만큼으로 유책판결 받을 것이다.)

B. 공중접객업자(公衆接客業者)의 인수(引受)

선박, 호텔, 모텔 등의 공중접객업소에서 고객의 물건을 운송이나 보관을 위하여 인수(引受, receptum)한 경우에는 물건의 안전을 보장한 것(rem salvam fore)으로 법인(法認)하여 불가항력(vis maior)에 대한 책임은 지지 않았지만 그 밖에는 일반적인 임약(賃約)에 따른 책임보다 무거운 책임이 인정되었다.[227] 따라서 업주는 고객의 물건이 그 영업장소에서 업주니 피용자에 의하여 손상, 파괴되거나, 도난으로 분실되면 반환하지 못하는 데 대하여 업주 자신에게 과실이 없더라도 책임을 져야 했고, 숙박업자는 그곳에 장기 투숙하는 사람들의 행태에 대해서도 책임을 졌다.[228] 비록 후대의 게르만 만족법전(蠻族法典)에 속하지만 로마법의 재록(再錄)에 해당하여 로마법을 비교적 잘 반영하고 있는 것으로 평가받는 동고트족의 왕 테오데릭(Theoderich, 489~526)의 법전(Edictum Theodorici ⟨57⟩)[229]에 이러한 인수의 경우에도 소송물 가액 선서가 인

---

225 Lenel, *Pal.* I, Paul. fr.596 (col.1052) [*Si quid in fraudem patroni factum sit* (E.151)].

226 actio Faviana / Fabiana에 관해서는 *Pauli Sententiae* 3.3.1: Ea, quae in fraudem patroni a liberto quoquo modo alienata sunt, Fabiana formula tam ab ipso patrono quam a liberis eius revocantur.

227 D.4.9.1.pr. Ulpianus 14 ad edictum.
   Ait praetor: "Nautae caupones stabularii quod cuiusque salvum fore receperint nisi restituent, in eos iudicium dabo."

228 Berger, s.v. Receptum nautae (cauponis, stabularii) (pp.668f.). 참고로 그곳 설명 중 D.9.4.3.1은 D.4.9.3.1의 오식이다.

정되었던 것으로 전한다. 다만 이 경우에는 더이상 반환이 가능하지 않은 상태에서 법원의 반환 명령에 대한 피고의 거역이 요건이 아니라 원고의 반환 청구에 대해 피고의 면책선서가 없을 경우에 한하여 인정하고 있으므로 로마법상의 소송물 가액 선서와는 많이 다르다고 할 수 있다.[230] 그러나 선서한 만큼 배상액으로 정해진다는 점에서 그 효과는 유사하다.

⟨57⟩ Edictum Theodorici 119. Si quid (quis) de taberna, nave aut stabulo perierit.

Si quid de taberna vel stabulo perierit, ab his qui locis talibus praesunt, vel qui in his negotiantur, repetendum est, ita ut praestent sacramenta de conscientia sua suorumque: et si hoc fecerint, nihil cogantur exsolvere; aut certe quantum petitor iuraverit se in eo loco perdidisse, restituant.

(요식업소 또는 모텔업소에서 어떤 것이 일실(逸失)된 경우에는 그러한 장소에 현재(現在)하고 있는 자들이나 이것을 업으로 하는 자들로부터 반환청구되어야만 하고, 그 결과 그들은 자신과 자기 피용자들의 양심에 관하여 선서를 해야 할 것이다. 그리고 이를 행하였으면 아무 것도 변상하도록 강제되어서는 안 된다. 전술(前述)한 경우가 아니면 실로 원고가 자신이 그 장소에서 분실하였다고 선서한 만큼 반환하여야 한다.)

2) 소송물 가액 선서가 인정되지 않는 경우

선서가 인정되는 경우를 제외하면 소송물 가액 선서는 인정되지 않았다. 원칙적으로 가액 산정이 불필요한 확정액 사안이나, 재량의 여지가 있는 성신(誠信)소송이 아닌 엄법(嚴法)소송에서는 선서가 인정되지 않았으나(D.12.3.5.pr. ⟨27⟩) 개별적인 예외가 인정되기도 하였다.

---

229 이에 관해서는 Wenger, 560f.
230 Cf. Biondi, 161: "non era ... arbitraria."

(1) 엄법소권(嚴法訴權)

가장 전형적인 엄법소권이었던 문답계약소권은 확정액 / 확정물 청구의 경우(이때에는 반환청구는 condictio에 의한다)에는 이미 그 자체로서 소송물 가액 선서가 배제되었으므로 불확정물 청구의 경우(이때에는 반환청구는 actio ex stipulatione에 의한다)에만 논의의 실익이 있었다. 다른 전형적인 엄법소권인 채권적 유증 청구소권(actio ex testamento)의 경우도 마찬가지였다. 이에 관한 다음 개소에 따르면 이들 경우 물건의 제시가 문제되었지만 원칙적으로 소송물 가액 선서가 이루어지지 않았고(solet), 이때에는 심판인의 산정이 실제 가액을 산정하는 것임이 분명하다. 그러나 예외적으로는 선서가 행해지기도 하였음을 알 수 있다. 개별적 예외에 해당하는 문답계약 사례(D.12.3.5.4 〈19〉 cit.)와 물권적 유증 청구의 경우에 대해서는 전술하였다(D.35.2.60.1 〈48〉 cit.).

〈58〉 D.12.3.6 Paulus 26 ad edictum.[231]

alias, si ex stipulatu vel ex testamento agatur, non solet in litem iurari.[232]

(이와 달리 문답계약에 기한 또는 유언에 기한 불확정물 소권으로 소구되는 경우에는 소송물 가액 선서가 행해지지 않는 것이 통례이다.)

이 개소에서는 두 종류의 엄법소권만을 거명하고 있지만, 다른 모든 엄법소권에도 동일한 법리가 적용되었다.[233]

(2) 성신소권(誠信訴權)의 반대소권

이른바 반대소권(actio contraria)이 인정되는 성신소권들(임치, 사용대차, 위임)의 경우 반대소권은 그 계약관계로 인하여 의무를 무상(無償)으

---

231 Lenel, *Pal.* I, Paul. fr.417 (col.1019) [*Ad exhibendum* (*E.90*)].

232 Cf. Lenel, *Pal.* I, Paul. fr.417 (col.1019) n.4: "cf. (10. 4) 3 §2."

233 Bas.22.6.6 Schol. 1) (Heimbach II, p.581): ... Nota, Iureconsultos actione ex stipulatu et actione ex testamento omnes strictas significare solere.

로 인수한[234] 쪽에서 의무 이행과 관련하여 지출한 비용을 구상하거나 기타 관련 손해를 전보받는 것이 취지이므로 당연히 물건의 반환을 목적으로 하는 소송에서 인정되는 소송물 가액 선서가 적용될 여지가 없었다.[235] 임치의 사안이 전해진다.

⟨59⟩ D.16.3.5.pr. Ulpianus 30 ad edictum.[236]

Ei, apud quem depositum esse dicetur, contrarium iudicium depositi datur, in quo iudicio merito in litem non iuratur: non enim de fide rupta agitur, sed de indemnitate eius qui depositum suscepit.

(그에게 임치가 되었다고 주장되는 자에게는 임치의 반대소권이 주어지는데, 이 소송에서는 정당하게도 소송물 가액 선서가 행해지지 않는다.[237] 왜냐하면 신뢰 파기에 관하여 소구되는 것이 아니라[238] 임치를 인수한 자의 손해 전보에 관하여 소구되는 것이기 때문이다.[239])

---

234 로마법상 임치나 위임은 무상(無償)이었다. 유상(有償)인 경우 임약(賃約)으로 파악하여 오늘날의 유상임치나 유상위임이 인정되지 않았다.

235 따라서 형식은 반대소송이지만 (어떤 사정으론가) 물건의 반환이 문제되는 때에는 당연히 이 경우와는 구별되어야만 한다. 그런 의미에서 Glück, 420f.가 다음 개소를 근거로 이설(異說)을 주장하는 것은 그야말로 형식논리일 뿐이다.

D.13.7.22.3 Ulpianus 30 ad edictum.

Si post distractum pignus debitor, qui precario rogavit vel conduxit pignus, possessionem non restituat, contrario iudicio tenetur.

236 Lenel, *Pal.* II, Ulp. fr.897 (col.617) [*Depositi vel contra (E.106): De contrario iudicio*].

237 Bas.13.2.5 Schol. 2) (Heimbach II, p.41): ... Non iurat autem, si quid impenderit, sed probat.

238 Bas.13.2.5 Schol. 1) (Heimbach II, p.41): ... nec enim in ea fides violari videtur, ut in directa, sed impensarum tantum ratio habetur, ut indemnitas depositario praestetur.

239 D.3.2.6.7 Ulpianus 6 ad edictum.

Contrario iudicio damnatus non erit infamis: nec immerito. nam in contrariis non de perfidia agitur, sed de calculo, qui fere iudicio solet dirimi.

(3) 확정액청구(D.12.3.3 〈29〉 cit.)

(4) 본지(本旨) 이행의 거부

물건의 급부를 내용으로 하지만 반환관계(restitutio)가 아니라 계약에 따른 본지(本旨) 이행(traditio)이 문제될 때에는 불이행 자체로서 비난 가능한 의무위반임에도 불구하고 소송물 가액 선서가 적용되지 않았다. 가령 다음 참조.

〈60〉 C.4.49.4 Diocletianus, Maximianus (a.290).

Si traditio rei venditae iuxta emptionis contractum procacia venditoris non fiat, quanti interesse compleri emptionem fuerit arbitratus praeses provinciae, tantum in condemnationis taxationem deducere curabit.

(매도된 물건의 인도가 매도인의 후안무치(厚顔無恥)함으로 인하여 매매계약대로 이루어지지 않는 경우 도백(道伯)은 매매 완수의 이익액으로 재량한 상당액만큼을 유책판결의 산정액으로 삼도록 배려할 것이다.)

〈61〉 C.4.49.10 Diocletianus, Maximianus (a.293).

Cum venditorem carnis fide conventionis rupta tempore placito hanc non exhibuisse proponas, empti actione eum quanti interest tua tunc tibi praestitam fuisse apud praesidem provinciae convenire potes.

(정육(精肉)의 매도인이 합약(合約)의 신의를 깨뜨리고 정해진 기일에 이를 제시하지 않았다고 그대가 주장하므로 그대는 그를 매수소권으로써 기일 이행에 대한 그대의 이익액 상당만큼 도백(道伯)에게 제소할 수 있다.)

이러한 경우에는 무엇보다도 원물 이행을 명할 수 있는 심판인의 권한 자체가 없었고, 따라서 그에 대한 거역(拒逆)이 생각될 수 없었으며, 그밖에도 계약의 내용과 시장 가격을 통하여 급부의 가액에 대한 평가가 심판인 스스로 가능하다고 보았기 때문일 것이다. 그러나 앞에서 살펴보았듯이 예외적으로 이행지체 후에 물건이 멸실된 경우에는 소송물 가액 선서가 인정되었다(D.12.3.5.4 〈19〉 cit.).

(5) 가해자위부소권(加害者委付訴權)

보통법학에서는 가해자위부소권(actio noxalis)에서도 소송물 가액 선서가 가능한지를 두고 긍정하는 견해가 있었다.[240] 그러나 이 경우에는 금전 배상 대신에 불법행위의 가해자인 노예나 가자(家子)를 피해자(원고)에게 급부함으로써 책임을 다할 수 있는 것은 가해자의 소유자인 피고가 선택할 때 주어지는 유한책임의 혜택이었고, 그가 위부(委付)를 할 수 있는 것은 소송 중에는 물론 유책판결이 나온 후에라도 판결채무의 이행을 청구하는 소송 전이면 가능했으므로[241] 다른 반환관계에서처럼 심판인이 위부 명령을 내리는 것도 아니고, 또 위부하기로 한 물건을 급부하지 않더라도 그에 따라 소송물 가액 선서가 일어나는 것이 아니라 그와 선택적으로 지정된 금전배상으로 나아가는 것이므로[242] 긍정설은 잘못이다. 무엇보다도 사료상으로 어떠한 전거도 전해지지 않는 것은 다 그만한 이유가 있어서인 것이다.

(6) 아퀼리우스법 소권

역시 보통법학에서 논의되었던 것 중의 하나가 아퀼리우스법 소권의 경우에 소송물 가액 선서가 가능한가 하는 문제였다. 다수설은 정당하게 도 이를 부정했으나, 긍정설도 있었다.[243] 그러나 이러한 모든 논의는 고

---

240 Duarenus, ad D.12.3 nn.XL / XLVII (pp.404f., 406f.).

241 D.5.3.20.5 Ulpianus 15 ad edictum.
 Idem (sc. Iulianus) recte ait, si noxali iudicio condemnatus sit possessor defuncto, non posse eum dedentem noxae officio iudicis liberari: quia tamdiu quis habet noxae dedendae facultatem, quamdiu iudicati conveniatur, post susceptum iudicium non potest noxae dedendo se liberare: suscepit autem per petitionem hereditatis.

242 Kaser, *RP* I, 630ff.

전로마법과는 거리가 너무 먼 논의였다. 사료상 전해지지 않는 이유는 이 소권이 물건의 반환을 목적으로 하는 소권이 아니었기에 너무나도 당연한 것이었지만, 배상액이 실제 가액 이상이라는 논점에 초점을 맞추다 보니, 그리고 로마법과 달리 징벌성이 당시에 사라졌다는 배경도 한 몫하면서 문젯거리가 되었던 것일 뿐이다.

III. 맺음말

로마법상 소송물 가액 선서는 원물의 반환이나 제시 의무 있는 피고가 심판인의 명령에도 불구하고 악의적으로 점유를 빼돌리거나, 명령에 따르기를 거부(거역)하여 원고의 현실 이행에 대한 이익이 침해되는 경우에 한편으로는 이행을 간접적으로 강제하고, 다른 한편으로는 불이행시 원고의 이익을 도모하기 위하여 심판인이 원고에게 인정한 것이다. 원고는 실제 가액 이상의 주관 가액으로써 청구액을 선서할 수 있었지만, 이로 인한 과도한 가액 산정을 막기 위하여 심판인이 일정한 최고 한도를 정할 수 있었고(taxatio), 이때에는 그 범위 내의 선서만 인정되었다. 이 제도는 분명 당시 국가의 집행능력과 관련이 있다. 로마에서는 종국판결이 내려지고 강제집행 단계로 진입하면 원칙적으로 파산절차가 진행되었고, 개별집행이 더디게 발전한 관계로 모든 판결은 금전배상을 내용으로 하였기 때문에 원물 반환을 구하는 청구라도 이를 집행단계까지 가서도 관철시킬 수가 없었던 것이다. 이를 보완하기 위하여 적어도 반환의무자의 악의(惡意)나 거역의 경우 원물의 이행을 간접적으로나마 강제하기 위하여 도입된 것이 바로 이 소송물 가액 선서인 것이다. 배상액의 증가를 가져오는 거부행위를 삼가도록 할 상당히 강력한 금전적 압박수단을 마련한 것이다. 이런 의미에서 로마법의 전체상을 파

---

243 Glück, 420f. (Glück 자신은 긍정설).

악하는 데에 있어서 모든 유책판결이 금전배상 판결이라는 대원칙의 저변에 부분적이기는 하지만 원물이행을 우선시한 또다른 제도적 장치가 마련되어 있었다는 사실을 잊어서는 안 될 것이다.[244] 그러나 이 지점에서 오해를 피하기 위하여 한 가지는 분명히 해 둘 필요가 있다. 지금까지 이 선서가 일종의 징치(懲治), 제재(制裁)라고 지적해 왔지만, 엄밀한 의미에서 심지어는 대물소권의 경우에서까지도 피고는 물적 급부(specific performance)를 이행할 의무가 없었기 때문에 피고 스스로 경제적 불이익을 감수하기로 마음먹은 경우에는 그 행위는 법적으로 불법하거나 부당한 것이 아니었고, 그런 의미에서는 그를 비난할 수 없다는 점이다.[245] 그는 말하자면 억지로 비싼 값을 주고 물건을 산 매수인이 되는 데에 그치는 것이었다.

이 제도는 오늘날처럼 집행제도가 잘 구비되어 있는 곳에서는 그 존재 이유가 희박할 수밖에 없다. 그러나 반환의무자가 악의적으로 이행을 거부함으로써 강제집행 단계에까지 진입하여 비용과 시간과 노력을 소모하게 하는 것보다 어떤 방식으론가 보다 신속하게 이행을 하도록 만들 수 있다면 그 또한 나쁘지 않을 것이다. 그런 의미에서 이미 재판중에 그러한 압력이 동원될 수 있었던 로마법의 소송물 가액 선서 제도 그 자체는 물론, 그것이 또한 실제로도 적극 활용되었다는 사실은 우리에게 시사하는 바가 적지 않다고 할 것이다.

〔후기〕 번역 용어의 문제

심사자 세 분의 꼼꼼한 검토와 지적으로 적지 않은 오식을 고칠 수 있었다. 특히 심사자 C는 용어의 번역과 관련하여 여덟 가지나 되는 중요한 지적을 하였다. 심사의견을 참조하여 더 좋은 글이 될 수 있었다. 또 서울대학교 법학연구소 이상훈 조교의 숙달된 교정 솜씨도 문장을 다듬

---

244 Cf. Wimmer, 113ff. ("Vorrangiges Interesse an Naturalrestitution").
245 Wubbe, 180ff.

는 데 크게 기여하였다. 이 모든 것에 대하여 감사드린다. 그런데 번역어의 문제는 로마법학처럼 외국의 원사료를 다루어야 하는 분야에서는 필연적으로 대면할 수밖에 없는 기본문제에 속하므로(졸고,『서울대학교 법학』제55권 제1호, 서울대학교출판부(2014. 3), 255쪽 이하 참조) 제기된 논점들에 관하여 후기(後記)의 형식으로 사견(私見)의 일단을 피력하고자 한다.

〈논점 1〉"iusiurandum in litem을 '소송청구액 선서'라고 번역하였는데, '소송물 가액 선서'라고 하는 것은 어떤지?"

이 문제는 필자도 두 대안을 놓고 많이 생각한 결과 투고 시에는 '소송청구액 선서'로 정했다. 어떤 역어를 선호할 것인가는 관점에 따라 달라질 수 있을 것이다. 선서의 내용을 그저 중립적으로 표현하면 '소송물 가액 선서'이고, 언어적으로도 그대로 대응하는 이 역어에는 그 자체로 아무런 문제가 없다. 그런데도 '소송청구액 선서'로 옮겼던 것은 선서자의 입장에서 ('소송물 가액 선서'라고 할 때 연상될 수 있듯이, 그래서 오해를 일으킬 수 있듯이, 실제 가액이 아니라) 자신이 원하는 가액을 표명하는 것이라는 주관적 관점을 담는 것이 이 제도의 특징을 더 잘 반영한다고 생각한 때문이었다. "'소송청구액 선서'라는 표현은 애초에 원고가 일정한 금액을 청구하는 것으로 상상될 터"라는 심사자의 주장은 그다지 설득력이 있다고 생각되지 않는다. 왜냐하면 곧 이어 그 자신도 지적하듯이 "실은 이 제도는 원고가 물건의 반환이나 제시를 구하는 것이고, 그 물건이 명령대로 반환/제시되지 않았을 때 피고가 얼마를 내야 하는지(이 물건이 원고에게 얼마나 값진 것인지)를 원고가 선서하는 제도"이기 때문이다. 외국법에 대하여 내용을 파악하지도 않은 채 용어만으로 상상하는 독자를 염두에 두는 것은 적절하지 않다고 생각된다. 그럼에도 불구하고 최종본에서는 심사자의 의견을 좇아서 필자도 애초에는 선호한(이미『로마법강의』, 박영사(1999), 422쪽) '소송물 가액 선서'로 역어를 다시 변경하였다. 사태를 중립적이고 객관적으로 표현하는 용어 쪽이 오히려 해석된 의미를 함축하는 역어보다는 더 합당하다고 생각되기 때문이다. (참

584

고로 독일의 『학설휘찬』 공동번역팀도 근자에 주관적 해석이 들어간 번역보다는 엄밀한 축자적(逐字的) 번역을 취하는 것을 방침으로 삼았다고 전한다.) 축자적 번역은 그 자체로 오류가 아니고, 또 각 독자에게 해석의 여지를 열어두지만, 주관적 번역은 하나의 해석을 제공할 뿐이라는 점에서 이 해석이 틀리면 대책이 없게 되는 난점이 따른다. 그리고 해석이 맞는다고 해도 다른 여지를 봉쇄한다는 점에서는 문제가 없을 수 없다. 심사자의 다른 지적, 즉 "저자 스스로도 주제어를 적는 단계에서는 '소송물 가액 산정'이라는 표현을 사용하였는데, 이 용어가 '소송청구액'보다는 더 나아 보인다"는 지적도 도움이 되었다. 왜냐하면 '소송물 가액 산정'은 litis aestimatio를 번역한 역어인데, 이렇게 되면 lis = '소송물 가액'으로 역어를 통일할 수가 있기 때문이다. Iusiurandum in litem도 넓은 맥락에서는 소송물 가액 산정의 한 방법이기에 관련주제어로 선정한 것이다.

그리고 이 기회에 한 가지만 덧붙이고자 한다. 현승종 / 조규창의 『로마法』(박영사, 1996), 583쪽에 의하면 소유물회수소송(rei vindicatio)에서 심판인은 피고에게 "목적물을 반환하라고 판결했으며(裁定判決, adiudicatio)", 피고가 불응하면 원고에게 소송물의 가액을 선서시키고, 피고는 이 '소가액'(訴價額, litis aestimatio)을 지급하라고 판결했다고 서술한다. 여기서 중간 결정인 반환 명령을 종국판결인 adiudicatio로 표시한 것은 오류이다. 뿐만 아니라 이것은 분할소송에서 계쟁물의 귀속을 결정하는 판결을 말한다는 점에서도 잘못이다(Berger, s.v. Adiudicatio, p.349). 또 원어를 부기하기는 했지만 '소가액'(訴價額)이라는 용어도 오해의 소지가 있다. 오늘날 소가(訴價)란 소송목적의 값으로 사물관할, 인지대, 변호사 보수 등의 산정 기준이 되는 것이고, 무엇보다도 소를 제기한 때를 기준으로 산정한다는 점에서 큰 차이가 있기 때문이다(임대윤, 『민사소송실무』, 진원사(2012), 344쪽 이하).

〈논점 2〉 "심판인이 원고에게 소송물 가액 선서를 하도록 하는 것을 '선서를 인부(認付)한다'라고 저자는 적고 있는데, '인부'라는 용어는 심사자가 과문한 탓에 다소 생소하다."

심사자는 "iusiurandum deferre는 '선서를 하게 한다', '허락한다'는 정도로 번역해도 될 듯하다. 예컨대 '원고에게 선서를 인부하는 것'이라는 표현은 '원고에게 선서를 하게 하는 것'이라고 적어도 무리가 없지 않을까?" 하는 의견이다. 이 역어에 대해서는 졸고, 『서울대학교 법학』 제55권 제1호(2014. 3), 307쪽 이하를 참고하기 바란다. 그곳을 보면 이 역어가 선서를 되넘기는 referre, 즉 반부(返付)와 짝을 이루는 표현으로 구상된 것이고, 뿐만 아니라 facultatem iurisiurandi deferre와 같은 문장도 무리 없이 번역하기 위해 안출된 것임을 알 수 있을 것이다. 특히 '허락'이나 이 뜻의 '하게 하다'는 궁극적으로는 심판인의 권한을 시사하는데, deferre 동사는 목적어인 선서를 지배하는 중립적인 타동사인 점을 고려해야 할 것이다. 그리고 delatio iurisiurandi(선서의 인부〔認付〕)처럼 명사화시켜서 써야 하는 경우에 인부(認付)라는 표현이 편리하고, 특히 '선서의 허락'으로 표현하면 원고의 신청을 전제하는 것으로 오해할 소지가 크다는 난점이 있게 된다.

〈논점 3〉 "원래의 문헌이 사후에 변작된 것(interpolation)을 저자는 '수정'이라고 적고 있는데," 타당한가?

이 문제 역시 관점의 차이가 중요할 것이다. 원작자 아닌 다른 자가 텍스트를 임의로 손질하면 변조(變造), 변작(變作)에 해당하고, 이것은 표현 자체로서는 틀린 것은 아니다. 그러나 로마법 문헌의 경우 이러한 일이 발생한 것은 후대의 법담당자들이 전승된 법문헌을 자기 시대의 법에 부합하도록 손질을 한 것을 가리키는 것으로서 그 의식과 의도 자체가 원작을 나쁜 의도에서 변개(變改)하는 데 있는 것이 아니라 시의(時宜)에 맞게 '수정'하려는 데 있었던 것이므로(일종의 번안〔飜案〕) 이 용어를 사용하는 것이 더 타당해 보인다. 원작의 입장에서 판단해야만 하는 문학작품과 달리 실천이 생명인 법의 경우에는 당대의 관점에서 판단하는 것이 필수적이기 때문이다. 따라서 예컨대 『대명률』(大明律)의 규정에 대해서 조선의 실정에 맞도록 손질해서 이해하는 것(조지만, 『조선시대의 형사법 ─ 대명률과 국전』, 경인문화사〔2007〕, 125쪽 이하 참조) 또한 비록 형식적으로는 대명률의 문구 자체를 직접 변개하는 방식은 아니지만 내용 면에서 당연히 수정인 것이고, 이에 대하여 우리는 전혀 변작(變作)이라는 표현을 사용하지 않는데, 모두 이러한 까닭이다. 사료 이해에 있어서 수정 비판의 방법론(Interpolationistik)을 무분별하게 구사하는 것에 대한 비판이 '수정'이라는 용어 자체에 대한 비판이 되어서는 곤란하다.

〈논점 4〉 "'점유의 악의적 포지(抛止)'라는 표현 역시 심사자가 과문한 탓에 생소하다."

이 지적은 투고 시에 필자가 dolo desinere possidere에 축어적으로 대응시키기 위하여 새로 만들었던 역어에 대한 것이다. '그치다, 그만두다, 중지하다'는 뜻을 가진 desinere 동사가 이 문맥에서 쓰인 것을 살펴보면 외관상 점유를 상실하는 행위를 함으로써 소유물반환청구의 피고 적격을 벗어나려고 하지만 실제로는 점유를 포기할 의사가 없기에 어디까지나 잠시 점유하기를 중지하는 양상을 보이다가 소송을 면하게 되면 때를 보아 다시 점유를 하려는 사태를 지시한다. 이런 복합적인 사정을 표현해 보려고 만든 용어였지만 필자 생각에도 마땅한 것은 아니었다. 최종적으로는 점유 상실의 시점을 기준으로 단순하게 보아서 일반적인 표현인 '포기'로 역어를 통일하였다.

〈논점 5〉 "contumacia를 오역(忤逆)이라고 번역하였는데, 포지와 마찬가지로 생소하다."

이 지적에 대해서는 심사자가 좀더 부연하였다. "명령을 거역하는 것이므로 '불복종'이라고 소박하게 번역할 경우 더 많은 독자들이 로마법을 조금 더 쉽게 접할 수 있게 되지 않을까 생각한다. 저자 스스로도 '거역'(拒逆)이라는 덜 생소한 표현을 쓰기도 하므로(7쪽) 오역이라는 용어는 어쩌면 저자에게도 별로 편안한 용어는 아닐 수도 있다." 필자가 전에 사용한 용어는 '위명'(違命)이었는데(『로마법강의』, 422쪽), 이번에 '오역'(忤逆)이라는 생소한 역어를 써본 것은 원어의 어감을 살리면서 역어와 1대1 대응을 유지해서 역어만 보아도 원어를 대응시킬 수 있도록 특화하려는 욕심 때문이었다. 심사자의 지적도 고려하여 더 일반적인 용어로 대체하기로 정한 후 폭넓은 외연과 맥락을 가지는 '불복종', 특정한 구체적 명령에 대한 불순종이라는 의미의 '부준명'(不遵命) 등을 놓고 생각 끝에 거부감도 적고 또 악의적인 불복종 행태를 제일 간명하고 무난하게 표현한다고 생각되는 '거역'으로 통일하였다. 부정(否定) 방식의 용어('불-복종')보다는 긍정 방식의 용어('거역')가 더 낫다는 생각도 작용하였다.

〈논점 6〉 "iusiur. in litem affectionis를 '애호가' 선서, iusiur. in litem veritatis를 '진정가' 선서라고 번역한 부분도 '주관적 가액' 선서, '실제 가액' 선서라는 표현을 고려해 보면 어떨까 한다."

이 문제도 필자 역시 고민한 것인데, affectio의 정서적 어감이 사라지는 단점은 있으나 가액 판단 기준의 실질인 주관과 객관이 명료해진다는 이점이 있으므로 최종적으로는 심사자의 의견을 따르되, 전자를 '주관 가액'으로 표현하였다. 아울러서 '진정가'(眞正價) 대신 함께 사용한 '실가'(實價) 역시 모두 '실제 가액'으로 통일하였다.

〈논점 7〉 "'시해'(猜害, Schikane)의 부재(不在)를 다짐하는 남소(濫訴, calumnia)의 선서'라는 표현은 '악의적 남소(calumnia)가 아니라는 점에 대한 선서'라고 해야 맞을 듯하다."

물론 이 경우 선서의 내용은 "남소가 아니다"(non calumniae causa agere: Gai. 4.176)라는 것일 수밖에 없다. 그렇지만 그 선서는 통상 iusiurandum calumniae, 즉 '남소(濫訴)의 선서'라고 부른다. 역어로서 내용에 부합하게 '불남소(不濫訴)의 선서'를 생각 안 해본 것은 아니지만 의미를 새겨서 사용하는 한 역시 로마인들의 관행적인 표현을 그대로 써도 무방하리라고 생각된다. 라틴어 용어가 아니어서 관심 대상이 아니었던 때문인지 독일어 Schikane에 대한 필자의 독자적인 역어인 '시해'(猜害)에 대해서는 의외로 아무런 지적이 없었다. 공감하는 것으로 받아들여도 될지 모르겠다.

〈논점 8〉 "'징치'라는 용어도 새롭게 접하는 것인데, 그 뜻은 응징하여 벌준다는 것이므로 좀더 익숙한 '징벌'이라는 용어를 그대로 사용해도 무방하지 않을까 생각한다."

심사자는 아울러 "저자 스스로도 '징벌'이라는 용어를 쓰기도 한다(8쪽)"고 지적하고, 관련하여 종합적으로 "포지, 오역, 인부, 징치 등의 생경하고 특이한 용어가 난무할 경우 로마법은 esoteric하고 quaint한 주제라는 잘못된 인식이 퍼질 수 있다고 생각한다"는 충고도 하고 있다. 지적한 것들 가운데 다른 것들은 이미 살펴보았고, 징치(懲治)에 관한 한 전문용어가 아닌 일반용어로서 징벌과 대동소이한 것이므로 어느 어휘를 사용하느냐는 앞의 논점들과는 달리 (법)기술적인 관점에서가 아니라 다른 기준으로 살필 수 있을 것이다. 원칙론을 펴자면 흔히 쓰지 않는 어휘라는 이유만으로 국어사전에 등재된 단어를 배제하는 것은 득책이 아니다. 음편(音便)이라든가 어감, 문체 등의 차원에서 물론 얼마든지 논의의 여지가 있을 수 있지만, 개인적인 선호의 측면도 부정할 수 없을 것이다.

〈기타 논점〉 심사자 B는 "독자의 이해를 위해 가능하면 모든 고전 텍스트를 번역하는 것이 좋지 않은가 한다"는 소견을 피력하였다. 타당한 견해이지만 안타깝게도 현실적으로는 그대로 따르기 어려운 사정이 있다. 다른 학문 분야도 마찬가지이지만 다양한 원전에 대한 독자적인 번역이 존재한다면 역서를 단순히 지시하는 것으로 족하고 애써서 원문을 그대로 전재할 필요조차 없을 것이다. 그러나 현재 로마법 원전 번역이 미비한 상태여서 번역문을 제공하려면 인용하는 거의 모든 사료를 논문 작성자가 직접 번역해야만 하는데, 이는 실현하기에는 작업 부담, 논문의 분량, 기타 여러 점에서 어려움이 따른다. 그래서 차선책으로 취하고 있는 것이 일단 논지의 증거로서 인용된 원사료만큼은 이를 가급적 모두 제공하여 다른 별다른 노력 없이도 소수일지언정 독해능력을 갖춘 독자가 논문의 검증이 가능하도록 하는 방침이다. 혹 좀더 관심이 있는 독자라면 일응 현대의 다양한 외국어로 된 번역들을 참조할 수 있을 것이다.

참고문헌

Arumaeus, Dominicus, *Exercitationes XXVI. ad Pandectas* (Jenae, 1666).

Ayblinger, Josephus Adam, *Commentarius ad Quinquaginta Libros Digestorum seu Pandectarum, Opus posthumum* (Argentae Vindelicorum, 1726).

Berger, Adolf, *Encyclopedic Dictionary of Roman Law* (Philadelphia, 1953).

Biondi, Biondo, *Studi sulle actiones arbitrariae e l'arbitrium iudicis*, Fasc. I (Palermo, 1913).

Boehmer, Iustus Henning, *Introductio in Ius Digestorum*, Sexta editio emendatior (Halae Magdeburgicae, 1741).

Brunnemann, Johannes, *Commentarius in Pandectas*, Editio quinta (Wittebergae & Berolini, 1701).

Corpus Iuris Civilis. Text und Übersetzung. III Digesten 11-20, Gemeinschaftlich übersetzt und herausgegeben von Okko Behrends, Rolf Knütel, Berthold Kupisch, Hans Hermann Seiler (C.F. Müller Verlag: Heidelberg, 1999). [=*CIC* III]

Corpus Iuris Civilis. Text und Übersetzung. II Digesten 1-10, Gemeinschaftlich übersetzt und herausgegeben von Okko Behrends, Rolf Knütel, Berthold Kupisch, Hans Hermann Seiler (C.F. Müller Verlag: Heidelberg, 1995). [=*CIC* II]

Coing, Helmut, *Europäisches Privatrecht, Band I. Älteres Gemeines Recht (1500 bis 1800)* (C.H. Beck'sche Verlagsbuchhandlung, München, 1985).

Cujacius, Jacobus, *Opera omnia in decem tomos distributa*, Tomus I (Neapoli, 1758).

de Berger, Io. Henricus, *Oeconomia Iuris ad Usum hodierum accommodati*, Editio quarta (Lipsiae, 1734).

de Coccejus, Samuel, *Jus civile controversum*, Editio quarta multis quaestionibus aucta (Francofurti et Lipsiae, 1779).

de Cramer, Ioh. Ulricus, *Opuscula diversas materias ex omni iure tractantia*, Tomus II (Marburgi Cattorum, 1754).

De Simone, Monica, *Litis aestimatio e actio pigneraticia in rem. A proposito di D.20.1.21.3* (2007)=http://www.unipa.it/dipstdir/portale/DE%20SIMONE/Litis% 20aestimatio%20-%20De%20Simone.pdf(2015년 3월 15일자 방문).

Donellus, Hugo, *Opera omnia, Tomus decimus et Commentariorum in Selectos quosdam Titulos Digestorum*, Volumen primum (Florentiae, 1847).

Duarenus, Fanciscus, *Opera omnia diligenter emendata & aucta opportunis Notis. Volumen Primum quo in Digestorum priores quatuor partes et in Justinianei Codicis titulos aliquot Commentarii continentur* (Lucae, 1765).

Ehrhardt, Arnold, *Litis aestimatio im römischen Formularprozess* (C.H. Beck'sche Verlagsbuchhandlung München und Berlin, 1934).

Emericus, Joannes, *Praxis civilis, sive Processus judiciarius, secundum Ordinationem, Usum & Consuetudinem Camerae Imperialis, & Summorum Germaniae Judiciorum, ac Statutorum* (Francofurti, 1670).

Engelmann, Arthur, and others, *A History of Continental Civil Procedure* (Rothman Reprints, Inc., South Hackensack, New Jersey, Reprinted 1969/Augustus M. Kelley Publishers, New York, New York, First published 1927).

Glück, Christian Friedrich, *Ausführliche Erläuterung der Pandecten nach Hellfeld, ein Commentar*, Zwölften Theils erste Abtheilung (Erlangen, 1809).

Grzimek, Philipp, *Studien zur Taxatio* (Verlag C.H. Beck München, 2001).

Hackl, Karl, "Gaius 4,37 und die Formeln der *actio furti*", in: *Ars Boni et Aequi. Festschrift für Wolfgang Waldstein zum 65. Geburtstag*, herausgegeben von Martin Josef Schermaier und Zoltán Vegh (Franz Steiner Verlag Stuttgart, 1993).

Hartwich, Fridericus, *Pandectarum seu Digestorum Pars tertia. Liber duodecimus*, in: Mejer, Iustus (cura), *Pandectae Universi Iuris Civilis sive Collegium Iuridicum Argentoratense* (Argentorati, 1616), 569-614.

Heineccius, Io. Gottlieb, *Elementa Iuris Civilis secundum Ordinem Pandectarum, commoda auditoribus methodo adornata.* Juxta nonam editionem (Magdeburg, 1764).

Herdlitczka, Arnold Rudolf, *Zur lehre vom Zwischenurteil <pronuntiatio> bei den sogenannten actiones arbitrariae* (Wien, Oskar Höfels, 1930).

Honoré, Tony, *Palingenesia of Latin Private Rescripts 193-305 AD: from the Accession of Pertinax to the Abdication of Diocletian* = http://iuscivile.com/materials/honore/rescripta/rscrpt1.shtml#d212 (2015년 2월 20일자 방문).

Hulot, Henri (transl.), *Corps de droit civil Romain en latin et en français, Tome 2: Les cinquante livres du Digeste ou des Pandectes de l'empereur Justinien*, tome II

(Metz/Paris, 1804/réimprime en 1979 par Scientia Verlag, Aalen, Allemagne).
[=Hulot II]

_____, *Corps de droit civil Romain en latin et en français, Tome 2: Les cinquante livres du Digeste ou des Pandectes de l'empereur Justinien*, tome I (Metz/Paris, 1803/réimprime en 1979 par Scientia Verlag, Aalen, Allemagne). [= Hulot I]

Hunnius, Helfricus Ulricus, *Encyclopedia Iuris Universi*, Editio tertia (Coloniae Agrippinae, 1658).

Jhering, Rudolf von, *Geist des römischen Rechts auf den verschiedenen Stufen seiner Entwicklung*, Teil 3, 9. unveränderte Auflage (Unveränderter Neudruck der 5. (letzten veränderten) Auflage Leipzig 1906/Scientia Verlag Aalen, 1968). [=Jhering I]

_____, *Geist des römischen Rechts auf den verschiedenen Stufen seiner Entwicklung*, Teil 1, 10. unveränderte Auflage (Unveränderter Neudruck der 6. (letzten veränderten) Auflage Leipzig 1907/Scientia Verlag Aalen, 1968). [=Jhering II]

Kaser, Max, *Das römische Privatrecht, Erster Abschnitt: Das altrömische, das vorklassische und klassische Recht*, Zweite, neubearbeitete Auflage (C.H. Beck'sche Verlagsbuchhandlung München, 1971). [= Kaser, *RP* I]

_____, *Das römische Privatrecht, Zweiter Abschnitt: Die nachklassischen Entwicklungen*, Zweite, neubearbeitete Auflage (C. H. Beck'sche Verlagsbuchhandlung München, 1975). [= Kaser, *RP* II]

_____, *Das römische Zivilprozessrecht*, Zweite Auflage, neubearbeitet von Hackl, Karl (C.H. Beck'sche Verlagsbuchhandlung München, 1996). [=Kaser/Hackl, *RZP*]

Kehoe, Dennis P., "Law, Agency and Growth in the Roman Economy", in: Paul J. du Plessis (ed.), *New Frontiers. Law and Society in the Roman World* (Edinburgh University Press, 2013), 177-191.

Klingenberg, Georg, "Das modicum-Kriterium", in: *Zeitschrift der Savigny-Stiftung für Rechtsgeschichte, Romanistische Abteilung*, Band 126 (2009), 187-283.

Kroppenberg, Inge, "Philipp Grzimek, Studien zur Taxatio (= Münchener Beiträge zur Papyrusforschung und Antiken Rechtsgeschichte 88). Beck, München 2001. XIII, 217 S.", in: *Zeitschrift der Savigny-Stiftung für Rechtsgeschichte, Romanistische Abteilung*, Band 121 (2004), 628-632.

Lauterbach, W. Ad., *Compendium Iuris ... a Joh. Jacobo Schützio ... emendatum* (Tubingae, Francofurti & Lipsiae [post 1697]).

Lenel, Otto, *Das Edictum Perpetuum. Ein Versuch seiner Wiederherstellung*, 2. Neudruck der 3. Auflage Leipzig 1927 (Scientia Verlag Aalen, 1974). [= Lenel, *EP*]

＿＿＿, *Palingenesia Iuris Civilis*, Volumen prius & Volumen alterum (Akademische Druck- und Verlagsanstalt: Graz-Austria, 1960). [= Lenel *Pal.* I & II]

Ludovicus, Jacobus Fridericus, *Usus practicus Distinctionum Juridicarum, Juxta ordinem Digestorumadornatus, Pars I. Priores XIII. Libros exhibens*, Editio III (Halae Magdeburgicae, 1717).

Maranus, Guilielmus, *Opera omnia, seu Paratitla Digestorum et Varii Tractatus Juris civilis* (Trajecti ad Rhenum, 1741).

Noodt, Gerard, *Operum omnium Tomus II continens Commentarium in D. Justiniani, sacratissimi principis, Libros XXVII Digestorum sive Pandectarum, Juris enucleati ex omni vetere Jure collecti*, Editio recens in Germania (Coloniae Agrippinae, 1732).

Nörr, Dieter, "Zur condemnatio cum taxatione im römischen Zivilprozeß", in: *Zeitschrift der Savigny-Stiftung für Rechtsgeschichte, Romanistische Abteilung*, Band 112 (1995), 51-90.

Otto / Schilling / Sintenis (Übersetz.), *Das Corpus Juris Civilis in's Deutsche übersetzt*, Zweiter Band (Leipzig, 1831). [= Otto / Schilling / Sintenis II]

＿＿＿, *Das Corpus Juris Civilis in's Deutsche übersetzt*, Erster Band (Leipzig, 1830). [= Otto / Schilling / Sintenis I]

Raber, Fritz, "Zum 'pretium affectionis'", in: *Festgabe für Arnold Herdlitczka zu seinem 75. Geburtstag dargebracht von seinen Schülern und Freunden*, herausgegeben von Franz Horak und Wolfgang Waldstein (Wilhelm Fink · München / Salzbrug, 1972), 197-213.

Saller, Richard P., *Patriarchy, Property and Death in the Roman Family* (Cambridge University Press, 1994).

Schieder, Christian, *Interesse und Sachwert. Zur Konkurrenz zweier Grundbegriffe des Römischen Rechts* (Wallstein Verlag: Göttingen, 2011).

Schnellerus, Petrus, *Disputatio juridica de In litem iurando* (Marpurgi Cattûm, 1618).

Schrader, O., *Reallexikon der Indogermanischen Altertumskunde* (1901).

Schulz, Fritz, *Classical Roman Law* (Oxford at the Clarendon Press, First edition 1951 / reprinted 1954).

Scott, S. P. (Transl.), *The Civil Law*, Volume III and IV (Cincinnati, 1932 / reprinted AMS Press Inc., New York, 1973).

Solazzi, Siro, "Del ≪iusiurandum in litem≫" (1900), in: *Scritti di diritto romano*, I (1899~1913), 75-82.

Theological Dictionary of the New Testament, vol. V., edited by Gerhard Friedrich, Tanslator and Editor Geoffrey W. Bromiley (1967/reprinted 1981). [=*ThDNT*]

Thomasius, Christianus, *Notae ad singulos Institutionum et Pandectarum Titulos* (Halae Magdeburficae, 1713).

Voet, Johannes, *Commentarius ad Pandectas*, Tomus primus, Editio ultima accuratior (Coloniae Allobrogum, 1757).

vom Kampe, Lucas, *Dissertatio Iuridica Inauguralis De Iuramento in litem* (Traiecti ad Rhenum, 1741).

Watson, Alan (ed.), *The Digest of Justinian, Translation*, Rev. English language ed., Vol. I (University of Pennsylvania Press, Philadelphia, 1998).

Watson, Alan, "Iusiurandum in litem in the Bonae Fidei Iudicia" (1970), in: *idem*, *Studies in Roman Private Law* (The Hambledon Press: London and Rio Grande, 1991), 223-241.

Wenger, Leopold, *Die Quellen des römischen Rechts* (Druck und Verlag Adolf Holzhausens Nfg.: Wien, 1953).

Wimmer, Markus, *Besitz und Haftung des Vindikationsbeklagten* (Böhlauverlag: Köln · Weimar · Wien, 1995).

Winkel, Laurens, "Specific Performance in Roman Law", in: *The Right to Specific Performance. The Historical Development*, Editors Jan Hallebeek/Harry Dondorp (Metro, 2010), 9-20.

Wissowa, Georg, *Religion und Kultus der Römer*, zweite Auflage (München, 1912).

Wubbe, Felix, "Der Streitwert bei der actio Serviana", in: *Festschrift für Max Kaser zum 70. Geburtstag*, herausgegeben von Dieter Medicus und Hans Hermann Seiler (C.H. Beck'sche Verlagsbuchhandlung München, 1976), 179-200.

제10장 법 앞에 '얼짱'은 유리한가
──루틸리아나의 원상회복 청구사건

I. 머리말

로마법 사료 중 법률가들의 견해를 가장 잘 수록하고 있는『학설휘찬』 (*Digesta*)의 경우 '예쁜 여자'나 '미녀'에 대한 언급은 어디서도 발견되지 않는다. 이에 해당하는 가장 전형적인 형용사 'pulcher'는 딱 한 번 키케로의 법정 연설을 극찬하는 데 사용되었을 뿐이고,[1] 그나마 여성의 아름다움과 관련된 맥락에서 'venustas'가 쓰인 것도 오직 한 경우만이지만, 이때에도 여성을 아름답게 꾸미는 장신구의 목적을 규정하는 데 쓰였고 직접 여성을 형용하는 데 사용되지는 않았다.[2] 그럼에도 불구하고 오

---

1 D.1.2.2.46 Pomponius iibro singulari enchiridii.

   Post hos quoque Tubero foit, qui Ofilio operam dedit: fuit autem patricius et transiit a causis agendis ad ius civile, maxime postquam Quintum Ligarium accusavit nec optinuit apud Gaium Caesarem. is est Quintus Ligarius, qui cum Africae oram teneret, infirmum Tuberonem applicare non permisit nec aquam haurire, quo nomine eum accusavit et Cicero defendit: exstat eius oratio satis pulcherrima, quae inscribitur pro Quinto Ligario. ...

2 D.34.2.26 Paulus libro undecimo ad Sabinum.

   Quamvis quaedam ex veste magis ornatus gratia, quam quo corpus tegant, comparentur, tamen quod eo nomine sint reperta, potius habenda esse vestis numero quam ornamentorum. similiter ornamentorum esse constat, quibus uti

늘날까지도 유럽에서 로마법을 배우는 학생들은 '잠자는 미녀'의 예화를 모두 들어 알고 있다. 그런데 이마저도 아마 '잠자는 숲속의 공주' 이야기에서 힌트를 얻었을 텐데(물론 잠을 깨우는 키스는 없다), 기왕이면 다 홍치마라고 딱딱한 법학강의에 약간의 풍미를 가미한 것에 불과할 뿐이다. 원문에 현재분사를 써서 남녀를 모두 포함하여 그저 '잠자는 자'(dormenti)라고 된 것을 '잠자는 미녀'로 선해(善解)한 것이다.[3] 잠자는 미녀의 손에 물건을 쥐어줘 봐야 이른바 점유(占有)의 의사가 결여되어 있기에 그녀는 점유를 취득하지 못한다는 법리를 가르칠 때의 이야기이다.[4] '미학적'으로 극히 빈약한 이런 실태는 모든 현상을 핵심으로만 환원시켜 고찰하는 법률가들의 오랜 버릇에서 비롯했을 것이다.[5] 로마의

---

mulieres venustatis et ornatus causa coeperunt, neque referre, si quaedam eorum alium quoque usum praebeant, sicuti mitrae et anademata: quamvis enim corpus tegant, tamen ornamentorum, non vestis esse.

3 명사에 문법적인 성이 있는 언어들의 경우 법률문장에서 남성인 어휘와 여성인 어휘를 사용하는 문제에 관해 특히 로마법을 중심으로 재미있게 다루고 있는 Peter, 853ff.는 현재분사의 용법에 대해서는 다루고 있지 않다.

4 D.41.2.1.3 Paulus libro quinquagesimo quarto ad edictum.

Furiosus, et pupillus sine tutoris auctoritate, non potest incipere possidere, quia affectionem tenendi non habent, licet maxime corpore suo rem contingant, sicuti si quis dormienti aliquid in manu ponat. sed pupillus tutore auctore incipiet possidere. Ofilius quidem et Nerva filius etiam sine tutoris auctoritate possidere incipere posse pupillum aiunt: eam enim rem facti, non iuris esse: quae sententia recipi potest, si eius aetatis sint, ut intellectum capiant.

여기서 '점유 의사'로 표시된 affectio tenendi와 보통 '점유 의사'로 통용되는 animus possidendi의 차이에 관해서는 일응 최병조 V, 3ff., 특히 nn.12/16.

5 Radbruch, n.599 (p.123): "Der juristische Stil ist richtiges Weglassen des Unwesentlichen." 환언하면 Radbruch, n.584 (pp.120f.): "Die Jurisprudenz sieht die individuellen Menschen in ihren konkreten Schicksalen nur durch die Brille des gesetzlichen Allgemeinbegriffs, nur wie durch einen dicken Schleier, der lediglich die gröbsten Umrisse zu sehen gestattet-durch die Binde der Themis." 그리고 Radbruch, n.586 (p.121): "Das rechtliche Denken verlagnt, daß man sich mit dem konkretesten Leben und doch wiederum nur mit seinen abstraktesten Umrissen beschäftige." 하여 그 귀결은 Radbruch, n.553 (p.116): "Es mag dem Juristen

법률가들도 처음부터 그런 종류의 인간들이었던 것이다. 그럼에도 불구하고 오랜 법학의 전통 속에는 후대의 법률가들이 그들의 심상 속에 각인시킨 미녀의 이야기가 가끔은 등장한다. 1970년대 후반에 한 여자의 미모 여부를 놓고 독일의 두 저명한 로마법학자 사이에서 논쟁이 벌어진 적이 있었는데,[6] 그 발단도 실은 중세 주석학파의 법률가들이 언급한 '미모' 때문이었다. 과연 진실은 무엇이었을까? 이 글은 이 사안을 둘러싼 논전을 정리해 보고자 한다. 작업을 하려고 대상 개소의 번역을 마치고 나서야 2002년에 번역한 적이 있다는 것이 생각났다. 번역이라는 게 얼마나 달라질 수 있는지 스스로도 놀랐다. 참고로 두 번역을 나란히 배치하였다.

II. 사안과 석의(釋義)

1. 대상 개소[7]

D.4.4.38.pr. Paulus libro primo decretorum.

【사실관계】【계약의 내용】① Aemilius Larianus ab Ovinio fundum Rutilianum lege commissoria emerat data parte pecuniae, ita ut si intra duos menses ab emptione, reliqui pretii partem dimidiam non solvisset, inemptus esset, item si intra alios duos menses reliquum pretium non numerasset, similiter esset inemptus. 【계약 후의 경과】② intra priores duos menses

---

widerfahren, daß er sich eines Tages bewußt wird, das reiche Farbenspiel der Welt für die dürftige Siebenzahl der Grundfarben dahingegeben zu haben."

6 Liebs I, 373-389 및 이에 대한 반론 Kupisch, 247-266.

7 이 개소는 파울루스의 『재결록』(裁決錄) 3권의 제1권에 수록된 것으로 25세 미만 자에 관한 고시와 관련된 것이다. Lenel, Paulus fr.58 (p.960); Schulz, 340 Note X. 지시의 편의상 10개의 부분으로 나누고 일련번호를 붙였다.

Lariano defuncto Rutiliana pupillaris aetatis successerat, cuius tutores in solutione cessaverunt. ③ venditor denuntiationibus tutoribus saepe datis post annum eandem possessionem Claudio Telemacho vendiderat. 【소송의 경과】④ pupilla in integrum restitui desiderabat: victa tam apud praetorem quam apud praefectum urbi provocaverat. 【법적 판단】⑤ putabam bene iudicatum, quod pater eius, non ipsa contraxerat: ⑥ imperator autem motus est, quod dies committendi in tempus pupillae incidisset, eaque effecisset, ne pareretur legi venditionis. ⑦ dicebam posse magis ea ratione reftitui eam, quod venditor denuntiando post diem, quo placuerat esse commissum, et pretium petendo recessisse a lege sua videretur: ⑧ non me moveri quod dies postea transisset, non magis quam si creditor pignus distraxisset, post mortem debitoris die solutionis finita. ⑨ quia tamen lex commissoria displicebat ei, pronuntiavit in integrum restituendam. ⑩ movit etiam illud imperatorem, quod priores tutores, qui non restitui desiderassent, suspecti pronuntiati erant.

【사실관계】【계약의 내용】① 아이밀리우스 라리아누스(Aemilius Larianus)가 오비니우스(Ovinius)에게서 루틸리아눔 토지를 해제조항[8] 부(附)로 대금의 일부만 주고 매수하였으며, 매수로부터 2개월 내에 잔금의 절반을 지급하지 않으면 매수되지 않는 것으로 정하였다. 그리고 후속 2개월 내에 나머지 대금을 지급하지 않아도 마찬가지로 매수되지 않는 것으로 정하였다. 【계약 후의 경과】② 앞의 2개월 내에 라리아누스가 사망하고 피후견인(被後見人) 연령의 루틸리아나(Rutiliana)가 그를 상속했는데, 그녀의 후견인들이 대금 지급을 해태(懈怠)하였다. ③ 매도인은 후견인들에게 여러 차례 최고(催告)한 끝에 1년이 지난 다음 같은 부동산을 클라우디우스 텔레마쿠스(Claudius Telemachus)에게 매도하였다. 【소송의 경과】④ 그 피후견녀(被後見女)가 원상회복되기를 원하였다. 법무관 앞에서도, 또 도시장관 앞에서도 패소한 다음 [황제에게] 상소하였다.

【사실관계】【계약의 내용】① 아이밀리우스 라리아누스(Aemilius Larianus)가 오비니우스(Ovinius)로부터 루틸리안 토지를 대금의 일부를 지급하고는 실효약관부로 매수하여 매수한 때로부터 2개월 내에 잔금의 절반을 지급하지 않으면 불매수로 되는 것으로, 또 다음 2개월 내에 나머지 금액을 지급하지 않으면 마찬가지로 불매수로 되는 것으로 하였다. 【계약 후의 경과】② 앞의 2개월 내에 라리아누스가 사망하여 후견 받을 나이의 루틸리아나(Rutiliana)가 상속을 했는데, 그녀의 공동후견인들은 대금지급을 하지 않았다. ③ 매도인은 공동후견인들에게 수차 통지를 한 후 1년 뒤에 같은 재산을 클라우디우스 텔레마쿠스(Claudius Telemachus)에게 매도하였다. 【소송의 경과】④ 피후견녀가 [미성년을 원인으로 한] 원상회복을 신청하였으나 법무관 심급에서도, 또 도시장관 심급에서도 패소하고 상고하였다.

【법적 판단】⑤ 나(=파울루스)는 제대로 재판되었다고 생각했는데, 왜냐하면 그녀의 아버지가 계약을 한 것이지 그녀가 한 것이 아니었기 때문이다. ⑥ 그러나 황제[9]께서는 해제기일이 피후견녀였던 시기에 해당하였고 피후견녀서 매도조항이 준수되지 않게 되는 결과가 되었다는 사정에 마음이 움직이셨다. ⑦ 나는 [이유를 들자면] 오히려 매도인이 해제조항이 발효한다고 정했던 기일 이후에 최고하고, 또 대금을 청구함으로써 자신의 [이익으로 정한[10] 해제] 조항을 포기했던 것으로 보인다는 바로 그 이유 때문에 그녀는 원상회복될 수 있다고 [거듭] 주장하였다 ⑧ [또] (지금)기일이 추후(즉 매수인의 사후)에 도래했다는 것으로는 마치 채권자가 담보물을 매각한 것이 채무자 사망 후 변제기일이 완료되었기 때문인 경우에 그렇듯이 내 생각은 바뀌지 않는다고 주장하였다. ⑨ 그렇지만 그 해제조항이 마음에 들지 않았으므로 황제께서는 그녀를 원상회복시켜야 한다고 재결(裁決)하셨다. ⑩ 원상회복을 신청하지 않았던 이전의 후견인들이 부정피의후견인(不正被疑後見人)으로 판결되었다는 사실도 황제를 움직였다. (2010. 10)

【법적 판단】⑤ 사견(私見)으로는 잘 재판한 것인바, 그녀 자신이 아니라 그녀의 아버지가 계약을 체결한 것이기 때문이다. ⑥ 그러나 [셉티미우스 세베루스] 황제는 실효약관의 발효일이 피후견녀인 기간에 발생했고 그녀가 매도약관이 준수되지 않도록 하였던 점에 마음이 움직였다. ⑦ 나는 거듭 다음과 같이 주장하였다. "그녀를 회복시킬 수 있는 것은 오히려 매도인이 실효약관의 발효를 원한 일자 후에 통지하여 대금을 청구함으로써 자신의 약관을 포기한 것으로 보인다는 이유에서이다." ⑧ 내 마음은 그 기일이 후에 도과했다는 사실로써 움직이지 않는데, 채권자가 채무자가 사망한 후 그것도 변제기일이 종료한 다음에 담보물을 매각한 경우에 그렇듯이 말이다. ⑨ 그렇지만 실효약관이 황제의 마음에 들지 않았으므로 그녀를 원상회복시켜야 한다고 선고하였는데, ⑩ 원상회복을 신청하지 않았던 이전의 공동후견인들이 부정혐의자로 선고되었다는 사정 또한 황제를 움직였다.[11] (2002. 1)

2. 해석

1) 루틸리아나의 미모?

이 실제의 사건에 등장하는 루틸리아나가 아름답다는 언급은 13세기 전반에 볼로냐에서 살았던 법률가 오도프레두스(Odofredus, 1265년 사망)에게서 유래한다고 한다.[12] 이 이야기는 다시 그의 제자로 13세기 후반에 같은 곳에 살았던 비비아누스 투스쿠스(Vivianus Tuscus)가 이 개소에 붙인 주석에도 반영되었다.[13] 과연 이 소녀는 아름다웠을까?

---

8 원래 '약관'(約款)이라는 어휘는 글자 그대로만 보면 '특약 조항'의 의미이고, 종래 로마법학에서는 이런 의미로 이 용어를 관용적으로 사용해 오고 있었다. 그런데 심사자 A가 오늘날 약관이란 "일방당사자가 장래 불특정다수와의 계약을 위해 일방적 일반적으로 미리 만들어 둔 계약조항"이라는 식으로 설명되므로 그 사용을 재고할 필요는 없는지 의문을 제기하였다. 오늘날이라도 약관규제법의 약관 개념으로 어의를 축소시켜 이해해야만 하는 것은 아니겠지만, 쓸데없는 오해를 미연에 방지한다는 취지에서 그 지적을 고려하여 '조항'(條項)으로 모두 바꾸었다.

9 Liebs I, 373, 376: "Septimus Severus" (193~211). Kupisch, 249 n.8은 그 가능성만 인정한다. Caracalla(211~217)라는 설에 관해서는 Kupisch, *ibid.*; Behrends et al., II, 402; Cuiacius, ad h.l., p.1030B.

10 이 부분은 Behrends et al., II, 402의 독일어 번역에서 따온 것이다. 그러나 이러한 보충을 안 하더라도 lex commissoria가 매도인의 이익을 위한 것이라는 점에는 추호의 변화도 없고, 또 로마인들도 이 사실을 잘 알고 있었다.

D.18.3.2 Pomponius libro trigensimo quinto ad Sabinum.

Cum venditor fundi in lege ita caverit: "si ad diem pecunia soluta non sit, ut fundus inemptus sit", ita accipitur inemptus esse fundus, si venditor inemptum eum esse velit, quia id venditoris causa caveretur: nam si aliter acciperetur, exusta villa in potestate emptoris futurum, ut non dando pecuniam inemptum faceret fundum, qui eius periculo fuisset.

D.18.3.3 Ulpianus libro trigensimo ad edictum.

Nam legem commissoriam, quae in venditionibus adicitur, si volet venditor exercebit, non etiam invitus.

11 최병조 II, 173.

12 Kupisch, 264f.; 후술 III.

13 Kupisch, 263ff.; Liebs I, 373.; 후술 III.

2) 사실관계

이 사안에 대한 립스(Liebs)와 쿠피쉬(Kupisch)의 해석이 극명하게 갈리는 것은 라리아누스(L)의 상속인[14] 루틸리아나(R)가 원상회복을 통하여 얻고자 했던 효과가 과연 무엇인가 하는 대목에서이다. 이 문제에 관해서는 종래 세 가지 가능성이 검토되었다.[15]

- 원상회복의 상대방이 매도인 오비니우스(O)로서
 a) 매매계약으로부터 벗어나고자 한다는 설
 b) 반대로 매매계약을 이행할 수 있도록 대금지급 해태 상태를 제거하고자 한다는 설

- 이와 달리 c) 원상회복 청구의 상대방이 매도인 O가 아니라 텔레마쿠스(T)로서 그로부터 전에 매도인으로부터 양도받았던 소유권의 회복을 원한다는 설

그중 c)는 R의 후견인들이 자발적으로 소유권을 다시 (O를 거쳐서든 아니면 직접) T에게 이전했다는 가정이 필요한데, 대금을 완불하지 않으면 해제하기로 정하여 오늘날의 소유권유보부매매에 해당하는 특약[16]을

---

14 Hulot, ad h.l. (p.303) 난외(欄外) 제목은 "Si adversus solutionem ex contractu defuncti omissam, an filiusfamilias minor post emancipationem restituatur"로 되어 있다. 이곳의 emancipatio(부권면제(父權免除))가 잘못된 표현임은 분명하다.

15 Peters, 79. 그 밖에 Liebs I, 377f.는 R이 O를 상대로 불이행으로 인한 손해배상 청구를 시도한 것인지 여부를 검토하고 부정하는데, 이는 너무 명백해서 고려의 대상도 아니라고 할 것이다.

16 Kunkel/Honsell, 320f.; 이미 Stryk, 293f. 예전의 학설 중에는 이 lex commissoria를 in diem addictio(고가청약유보부매매(高價請約留保附賣買))와 실질적으로 구별하지 않는 잘못된 견해도 있었다. 그래서 매수인에게 점유가 인도된 경우 그가 늘 소유권을 취득한다고 새겼다. 가령 Leyser, 503. 참고로 로마의 경우 부동산 등기가 없었으므로 부동산의 법리나 동산의 법리나 한 가지였고 그래서 오늘날과 비교할 때에는 소유권유보부매매가 부인되는 부동산[대법원 2010. 2.25. 선고 2009도5064 판결 (공2010상, 694)]에 관한 법리가 아니라 동산에 관한 법리(가령 §§449, 929 BGB)와 비교해야만 한다.

확보한 O가 그전에 소유권을 넘겨주었다는 것도 믿기 어렵지만, 여러 번 독촉을 받고도 대금 완납을 미룬 후견인들이 O가 T에게 팔자 다시 그 소유권을 스스로 새 매수인 T에게 넘겼고, 이제 이것을 다시 R이 반환을 요구한다는 것은 도저히 믿을 수 없는 가설이다.[17] 이는 소유권의 향배에 관한 아무런 설시도 없는 상태에서는 절대로 무리이다.[18] 이 견해는 (다른 설시가 없으므로 그 선의를 가정할 수밖에 없는) T가 설령 부동산

---

17 물론 모든 것은 사실관계에 달려 있다. 문제는 정확한 구체적 사실을 파악할 수 있는 방법이 전승된 텍스트 외에는 없다는 점에 있는 것이다. 점유가 O로부터 L에게, 다시 L의 상속인 R로부터 O나 T에게 옮겨진 상황을 보다 용이하게 구성하려면 예컨대 O가 L에게 허용점유(precarium)를 부여한 경우(아래 ㉠) 또는 임대한 경우(아래 ㉡)라고 상정하면 가능할 수도 있을 것이다. Cf. Kunkel/Honsell, 320 n.11. 그러나 파울루스가 이런 중요한 특별사정을 전혀 언급하지 않고 사실관계를 설시했다고 믿을 수는 없는 것이다.

㉠ D.43.26.20 Ulpianus libro secundo responsorum.

Ea, quae distracta sunt, ut precario penes emptorem essent, quoad pretium universum persolveretur: si per emptorem stetit, quo minus persolveretur, venditorem posse consequi.

C.4.54.3 Imperator Alexander Severus.

Qui ea lege praedium vendidit, ut, nisi reliquum pretium intra certum tempus restitutum esset, ad se reverteretur, si non precariam possessionem tradidit, rei vindicationem non habet, sed actionem ex venditio.

㉡ D.19.2.20.2 Paulus libro trigesimo quarto ad edictum.

Interdum locator non obligatur, conductor obligatur, veluti cum emptor fundum conducit, donec pretium ei solvat.

D.19.2.21 Iavolenus libro undecimo epistularum.

Cum venderem fundum, convenit, ut, donec pecunia omnis persolveretur, certa mercede emptor fundum conductum haberet: an soluta pecunia merces accepta fieri debeat? respondit: bona fides exigit, ut quod convenit fiat: sed non amplius praestat is venditori, quam pro portione eius temporis, quo pecunia numerata non esset.

D.19.2.22.pr. Paulus libro trigesimo quarto ad edictum.

Item si pretio non soluto inempta res facta sit, tunc ex locato erit actio.

18 Peters, 79f.에 의하면 Burdese, *Festschrfit Schulz* I 82 Anm.1(필자 未見)이 이 견해라고 한다.

을 점유하고 있다고 하더라도 선의(善意)인 한 원상회복의 상대방이 될 수 없다는 법리[19]에도 반한다.[20]

원상회복 청구의 상대방이 O라고 보는 견해를 보면 이것은 파울루스(⑦)나 황제(⑥, ⑨)가 다른 무엇도 아닌 해제조항을 문제 삼고 있는 것으로 볼 때 다른 가능성은 없는 것이지만,[21] 이런 기본입장을 취하면서도 립스는 R이 매수인의 지위를 회복하기를 원한 것이라고 해석하는 반면(b설), 쿠피쉬는 역으로 그녀가 매매계약에서 벗어나기를 원한 것이라고 새긴다(a설). 후자가 이렇게 새기는 가장 큰 이유는 곧 보듯이(후술 (1)) 해제조항으로 인해서 이미 지급한 대금의 일부를 매도인에게 몰취당한다고 보기 때문이다. 그러나 결론을 먼저 밝히자면 립스의 해석은 통설적인 것이고 전승된 텍스트의 흐름이나 사실관계의 경험적인 맥락을 고려할 때 자연스러운 해석이라는 것이고,[22] 반면에 쿠피쉬의 해석

---

19 D.4.4.13.1 Ulpianus libro undecimo ad edictum.

Interdum autem restitutio et in rem datur minori, id est adversus rei eius possessorem, licet cum eo non sit contractum. ut puta rem a minore emisti et alii vendidisti: potest desiderare interdum adversus possessorem restitui, ne rem suam perdat vel re sua careat, et hoc vel cognitione praetoria vel rescissa alienatione dato in rem iudicio. Pomponius quoque libro vicensimo octavo scribit Labeonem existimasse, si minor viginti quinque annis fundum vendidit et tradidit, si emptor rursus eum alienavit, si quidem emptor sequens scit rem ita gestam, restitutionem adversus eum faciendam: si ignoravit et prior emptor solvendo esset, non esse faciendam: sin vero non esset solvendo, aequius esse minori succurri etiam adversus ignorantem, quamvis bona fide emptor est.

D.4.4.14 Paulus libro undecimo ad edictum.

Plane quamdiu is qui a minore rem accepit aut heres eius idoneus sit, nihil novi constituendum est in eum, qui rem bona fide emerit, idque et Pomponius scribit.

20 Liebs I, 378은 아무런 이유 제시 없이 T가 악의라고 전제한다. 그러면서도 T를 상대로 하는 R의 청구가 불가능하다고 한다. Liebs I, 377. 그는 같은 곳 n.13에서 미성년자의 거래상대방이 아닌 제3자를 상대로 하는 예외에 해당하는 사료라고 하면서 여러 개소를 인용하고 있으나, 우리 사안이 그러한 예외에 해당할지의 여부는 검토하지 않고 있다.

21 같은 곳, Liebs I, 377 n.14.; Peters, 79f.

은 텍스트의 자연스런 독해로부터는 얻기 어려울 뿐 아니라(원상회복의 상대방이라는 O도 R과의 매매계약으로부터 벗어나고자 하였으므로 3심을 거치면서까지 이를 소구할 이유가 없었을 것이다) 경험적인 상식에도 잘 맞지 않는 일정한 전제에 입각하여 매우 기교적인 설명을 가하고 있다는 것이다.[23]

(1) 계약의 내용

O가 R의 아버지 L[24]에게 첫 소유자가 루틸리우스(Rutilius)였을 토지(fundum Rutilianum)[25]를 매도하였다. 대금은 3회 분할급으로 정해졌다. 계약 시에 일정액, 그 나머지는 다시 반분하여 2개월 뒤(말하자면 중도금)와 4개월 뒤(최종 잔금)에 지급하기로 하였다.[26] 그리고 이와 관련하여 특약사항으로 중도금이나 최종 잔금의 어느 하나라도 제때에 지급되지 않으면 '매매는 없는 것으로 하기'(inemptus esset)로 약정하였다. 이 해제조항이 해제조건으로 의도된 것이 아님[27]은 대금 불이행 이후의 관련자

---

22 같은 곳, 이미 Cuiacius, ad h.l., p.1029D: "ut liceat sibi post diem oblato pretio solvere potestatem legis commissoriae"; Peters, 80. Peters에 의하면 Beseler, Sanfilippo, Cervenca, Wieacker (모두 필자 未見)가 같은 견해라고 한다.

23 1977년 쿠피쉬가 주장하기까지는 a설은 지지된 바가 없었다. Peters, 79("in der Literatur nicht vertreten").

24 R이 L을 상속했다는 사실만으로는 둘 사이의 친족관계를 확정할 수 없다. 왜냐하면 로마의 경우 가외상속인(家外相續人)도 존재하였기 때문이다. 상속인의 종류에 대해서는 최병조 III, 11ff. 그러나 곧이어 파울루스의 결정(⑤)으로부터 우리는 둘 사이가 부녀(父女)관계임을 분명히 알 수 있다.

25 Kupisch, 253 n.26은 토지와 딸의 이름이 같다는 데서 이른바 감정이익(感情利益)의 가능성을 언급하지만, 의문이다. Liebs I, 374 + n.5에 의하면 바리(Bari)에서 남쪽으로 22.8킬로미터 떨어져 이탈리아 반도의 아킬레스건 위치에 소재한 오늘날의 루티글리아노(Rutigliano)(지도: http ⓑ)의 효시에 해당하는 지역으로 추정된다고 한다. 인구가 1만 8,000명이 안 되는 이 소읍(小邑)에 대해서는 http ⓐ.

26 이러한 3회 분할지급 방식이 부동산 거래의 경우 통례적이었다는 점에 관해서는 최병조 II 참고.

27 해제조항을 로마의 압도적 통설은 조건(cotidicio)이라기보다는 해제권을 유보한 특약(conventio)으로 이해하였다는 점에 관해서는 최병조 II 참고. 이 점에서 본

들의 행태를 보면 알 수 있다. 즉 조건이 아니라 매도인이 원하면 계약을 무를 수 있도록 해제권을 유보한 것이다(lex commissoria)(①). 또 관련자들의 이후의 행태(특히 1년 뒤 아무런 어려움 없이 제3자에게 매도한 점)는 매매목적물의 점유와 소유권이 여전히 매도인에게 남아 있었던 것으로 보는 것이 — 특히 이에 관한 별도의 언급이 없는 이상 — 자연스러운 독법임을 보여준다(전술 2)).[28] 그렇다면 이 해제 특약은 글자 그대로 '매매, 즉 채권적 관계가 없던 것으로' 하는 것이다. 따라서 이미 점유를 넘겼을 때에 발생하는 문제들(가령 과실 수취로 인한 이득의 귀속[29] 또는 부속물의 문제[30] 등)은 고려 대상이 아니다.

그러면 매매가 해제되면 1차분 대금이 몰취(沒取)되는가? 물론 이것도 당사자들이 약정하기 나름이다. 만일 그것이 계약금으로 지급된 것이라면 적어도 이 부분은 계약의 해제로 매수인이 상실하는 것 아닌가 하는 의문이 있을 수 있다.[31] 그러나 이와 관련한 특별한 언급(가령 'arrha'

개소의 번역에 있어서 한편으로는 '해제약관'(解除約款)을, 다른 한편으로는 '해제조건부'(解除條件附) 매매를 운운하는 春木一郎, 476f.는 잘못이다.

28 Wieacker는 '악취행위 유보'라고 새긴다고 한다. Flume, 157+n.124. Flume, 157은 동산의 경우에도 lex commissoria부(附)로 매매된 경우에는 점유가 이전되었더라도 그 자체로 소유권이 넘어간 것은 아니라고 새긴다.

29 Cf. D.18.3.5 Neratius libro quinto membranarum.
Lege fundo vendito dicta, ut, si intra certum tempus pretium solutum non sit, res inempta sit, de fructibus, quos interim emptor percepisset, hoc agi intellegendum est, ut emptor interim eos sibi suo quoque iure perciperet: sed si fundus revenisset, Aristo existimabat venditori de his iudicium in emptorem dandum esse, quia nihil penes eum residere oporteret ex re, in qua fidem fefellisset.

30 D.18.3.6.pr.-1 Scaevola libro secundo responsorum.
De lege commissoria interrogatus ita respondit, si per emptorem factum sit, quo minus legi pareretur, et ea lege uti venditor velit, fundos inemptos fore et id, quod ... alio nomine datum esset, apud venditorem remansurum. (1) Idem respondit, si ex lege inempti sint fundi, nec id, quod accessurum dictum est, emptori deberi.

31 D.18.3.6.pr. Scaevola libro secundo responsorum.
De lege commissoria interrogatus ita respondit, si per emptorem factum sit, quo minus legi pareretur, et ea lege uti venditor velit, fundos inemptos fore et id, quod

운운)이 없는 것으로 볼 때[32] 이것을 — 별도의 약정으로 배제하지 않는한 인정되는 자연소(自然素, naturalia)가 아니라 특약이 있어야 인정할 수 있는 우연소(偶然素, accidentalia)의 하나인 — 계약금의 성격으로 보기는 어렵다고 생각된다. 대체로 1/3씩 지급하도록 한 것으로 추정되는 사실관계로 보아도 이렇게 보기는 어려울 듯하다. 만약 그랬다면 매도인 O로서는 4개월이 지난 뒤로도 8개월이나 더 기다리면서 이행을 촉구하기보다는 훨씬 더 쉽게 계약의 해제를 선택했을 것이다. 어쨌든 침묵으로부터(ex silentio) 어떤 적극적인 사실을 이끌어내는 것은 매우 신중을 기할 일이다. 그렇다면 우리 사안에서의 계약 내용은 이미 지급한 대금의 일부는 돌려받는 것이고, 유질(流質) 특약[33]처럼 이것을 채권자가 챙기는 것은 아니었다고 새길 일이다.[34] Kupisch는[35] 이를 오인하였다.[36] 그의 lex commissoria 관련 주장은 기본 전제가 잘못되었기에 우리의 경우를 해석하는 데 도움이 되지 않는다. 그리고 이러한 오인이 R이 원하

---

arrae ... nomine datum esset, apud venditorem remansurum.

32 계약금이 문제될 때에는 당연히 명시적으로 언급이 따른다.

가령 D.18.3.8 Scaevola libro septimo digestorum.

Mulier fundos Gaio Seio vendidit et acceptis arrae nomine certis pecuniis statuta sunt tempora solutioni reliquae pecuniae: quibus si non paruisset emptor, pactus est, ut arram perderet et inemptae villae essent. die statuto emptor testatus est se pecuniam omnem reliquam paratum fuisse exsolvere (et sacculum cum pecunia signatorum signis obsignavit), defuisse autem venditricem, posteriore autem die nomine fisci testato conventum emptorem, ne ante mulieri pecuniam exsolveret, quam fisco satisfaceret. quaesitum est, an fundi non sint in ea causa, ut a venditrice vindicari debeant ex conventione venditoris. respondit secundum ea quae proponerentur non commisisse in legem venditionis emptorem.

33 이것도 lex commissoria라고 불렀기에 혼동의 위험이 없지 않다. 고전법에서는 허용되었던(Kaser I, 470+nn.6-7) 변제기한 전에 약정한 유질(流質) 조항은 콘스탄티누스 이래로 금지되었다(C.8.34.3=CTh.3.2.1 [a.326]; Kaser II, 320+nn.11-12).

34 같은 곳, Liebs I, 386+n.47.

35 Kupisch, 253f., 260ff., 263f.

36 같은 곳, Liebs II, 492 n.53.

는 원상회복의 내용에 대한 오해로 연결되었다는 점은 이미 지적한 바 있거니와(전술 (2)) 그 밖에도 후술하듯이 공동후견인의 책임 내용에 대한 색다른 이해로도 귀결된다(후술 3)(2)).

(2) 계약 후의 경과

그런데 중도금 기일이 도달하기 전에 L이 사망하고 R이 그의 단독 상속인이 되었다. 상속채무에 속하는 대금지급의무의 이행을 O는 R의 (아버지의 사망으로 자권자(自權者)가 된 R을 위하여 새로 선임된) 공동후견인들[37]에게 누차 최고하였으나[38] 더이상의 변제는 없었다(②).[39] 그러자 O는 1년이 지난 후 제3자인 T에게 그 토지를 매도함으로써 앞의 계약을 해제하였다(③).[40] 대금 지급의무를 해태했던 R의 공동후견인들은 이

---

37 Liebs I, 375는 공동상속인이 두 명이라고 못박는데, 의문이다. 어디에도 그 숫자는 나오지 않는다. 같은 곳, Kupisch, 248 n.5. 어쨌든 이로부터 R은 상속 후에도 여전히 피후견인 지위에 있었음을 알 수가 있다. 그리고 이 사정은 황제의 고려에서 일정한 몫을 차지하였던 것으로 보인다(⑥).

38 피후견인 홀로는 유효한 최고를 받을 수 없다. 왜냐하면 최고를 받을 자는 변제를 이행할 수 있는 능력을 갖추어야만 하기 때문이다. Solazzi, 543 + n.123. 따라서 후견인에게 한 이곳의 최고는 합당한 것이었다.

39 기일에 변제 제공을 하지 않는 것으로 이미 해제조항이 적용되므로 대금지급을 최고한 경우에는 물론 당연히 그렇다.
    D.18,3,4,4 Ulpianus libro trigensimo secundo ad edictum.
    Marcellus libro vicensimo dubitat, commissoria utrum tunc locum habet, si interpellatus non solvat, an vero si non optulerit. et magis arbitror offerre eum debere, si vult se legis commissoriae potestate solvere: quod si non habet cui offerat, posse esse securum.

40 Cuiacius, ad h.l., p.1029 D: "quasi lege commissa." 이 경우 매도인은 뒤의 매매대금이 앞의 매매대금보다 부족한 만큼을 앞의 매수인을 상대로 소구할 수 있었다.
    D.18,3,4,3 Ulpianus libro trigensimo secundo ad edictum.
    In commissoriam etiam hoc solet convenire, ut, si venditor eundem fundum venderet, quanto minoris vendiderit, id a priore emptore exigat: erit itaque adversus eum ex vendico actio.
    우리 사안에서 이러한 사정이 R에 대한 보호의 이유 중 하나로 작용했는지는 드러나지 않는다. 이러한 침묵은 그러한 사실관계가 없었음을 의미하는 것으로 이

에 대해서도 아무런 조치를 취하지 않았다.

(3) 소송의 경과

이제 R은 ── 소(訴) 제기 당시(④)나 황제의 재결 당시(⑩)나 아직 피후견 상태이다[41] ── 관할 정무관 앞에서 계약 해제를 다투면서 원상회복(in integrum restitutio)을 신청하였다.[42] 제1심의 법정관(praetor urbanus)[43]도, 제2심의 도시장관(praefectus urbi)[44]도 이 신청을 기각하였다.[45] 이유는 밝혀져 있지 않지만 아마도 파울루스가 처음에 언급했듯이(⑤) 매매계약이 체결된 것은 O와 L 사이였으므로 비록 L측에 상속이 일어나서 그 상속채무를 피후견인 R이 이행해야 하는 상황이 되었더라도 매매계약과 관련한 권리와 의무의 판단은 원래의 두 당사자 O와 L을 기준으로하여 판단하면 되고 계약당사자가 아니었던 R의 사정은 고려 대상이 아니라는 생각에서였을 것이다(후술 3)). 원상회복을 통해서 매수인으로서의 지위를 회복하고자 했던 R은 이에 굴하지 않고 다시 황제에게 상소하였다(④). 말미의 보고에 의하면 공동후견인들이 중대한 의무위반행위로 피소되어 지위가 박탈되었다(⑩)고 하는데, 그 이유가 후견사무와 관련하여 대금지급을 해태한 일 때문인지, 아니면 그것을 포함하여 소송에서 패소한 책임까지 문제된 것인지, 아니면 다른 어떤 사유로 인한 것인지는 문면만으로는 확실하게 드러나지 않는다. 그러나 황제가 이 사정을 함께 감안했다는 보고로 볼 때 두 번째일 가능성이 제일 높다. '부정

해하지 않으면 안 된다.

41 ⑩의 "이전의(priores, 전과 후 중 앞의) 공동후견인"이란 표현으로 볼 때 R은 황제가 사건을 재결할 당시 여전히 후견을 받고 있었음을 알 수 있다. 그런데 그녀가 성년이 되었으나 미혼이어서 부녀후견을 받는 상태라고 볼 아무런 단서도 없으므로 R은 당시 여전히 12세 미만의 어린 나이라고 할 것이다.

42 신청이 허용된다는 점에 관해서 결론 같은 곳, Liebs I, 378f.

43 Kaser / Hackl, 465 n.44, 505 n.25.

44 Kaser / Hackl, 465 n.42.

45 심급에 관해서는 Coriat, 286f., 305 + n.58.

피의후견인'(不正被疑後見人, tutor suspectus)이란 여러 가지 이유로(일차적으로는 도덕적·재정적 이유로) 일정한 후견인직을 수행하기에 부적합한 자를 말하는데, 후견사무를 시작하기 전후를 막론하였다. 특히 후견사무를 이미 수행한 경우에는 그의 고의, 과실로 피후견인에게 상당한 손해가 발생하거나 무단 부재로 인해 후견사무 수행에 무관심하다는 것을 드러낸 경우가 해당하였다. 그 밖에 피후견인이나 그의 가족과의 사이에 원한관계가 있는 경우도 해당하였다. 피후견인을 제외한 모든 시민에게 개방된 국민소송(actio popularis) 형태로 운영되었던 이에 대한 형사고소 (accusatio suspecti tutoris)는 이미 12표법에도 알려져 있었는데, 이를 통해 그의 후견직을 박탈하였고 고의의 경우에는 파렴치(破廉恥, infamia)의 불명예 효과도 따랐다.[46]

3) 황제 앞의 논의

이제 사건은 황제가 주재하는 고문회의(顧問會議, consilium)[47]에서 다루어졌다.[48] 그 일원이었던 파울루스[49]는 황제의 재결(裁決, decreta)을 다룬 그의 저술[50]에서 다른 사안에 대한 보고[51]와는 달리 다른 법률가들의

---

46 Inst. Iust. 1.26; Kaser I, 363f.; Berger, s.v. Tutor suspectus (p.749); Kunkel / Honsell, 422f.

47 Cf. Wieacker, 65f.; Mousourakis, 247f.; Schulz, 118; Kaser / Hackl, 449 nn.33-34; Litewski, 91 + nn.298-299. 특히 하드리아누스 시기에 관해서는 Kunkel, 296ff.

48 Coriat, 330f., 434 + nn.482 / 487.

49 Kunkel, 244 n.503; Maschi, 675; Coriat, 213.

50 Maschi, 677f.; Liebs III, §423 W.79 (p.172) m.w.Lit.

51 가령 D.29.2.97 Paulus libro tertio decretorum.

   Clodius Clodianus facto prius testamento postea eundem heredem in alio testamento inutiliter facto instituerat: scriptus heres cum posterius putaret valere, ex eo hereditatem adire voluit, sed postea hoc inutile repertum est. Papinianus putabat repudiasse eum ex priore hereditatem, ex posteriore autem non posse adire, dicebam non repudiare eum, qui putaret posterius valere, pronuntiavit Clodianum intestatum decessisse.

   D.49.14.50 Paulus libro tertio decretorum.

견해는 전달하지 않은 채 황제와 자신의 견해만을 언급한다.[52] 그는 당시 사송국장(司訟局長, a cognitionibus)이었다.[53]

(1) 파울루스의 당초 견해

먼저 그는 하급심들의 판단이 옳았다고 단언한다(⑤). 매매계약에 관한 한 R은 L의 권리와 의무를 상속했을 뿐 문제의 법률행위 자체를 당사자로서 행한 바가 전혀 없기 때문에(non ipsa contraxerat) 미성년자에게 원상회복을 인정하는 법정관고시(法政官告示)의 법률요건이 불비(不備)되었다는 논리에 입각했을 것이다. 오토 레넬(Otto Lenel)이 재구성한 영구고시록(永久告示錄)의 동 규정의 내용은 다음과 같았기 때문이다.[54]

Valerius Patruinus procurator imperatoris Flavio Stalticio praedia certo pretio addixerat. deinde facta licitatione idem Stalticius recepta ea licitatione optinuerat et in vacuam possessionem inductus erat. de fructibus medio tempore perceptis quaerebatur: Patruinus fisci esse volebat. plane si medio tempore inter primam licitationem et sequentem adietionem percepti fuissent, ad venditorem pertinerent (sicut solet dici, cum in diem addictio facta est, deinde melior condicio allata est) nec moveri deberemus, quod idem fuisset, cui et primo addicta fuerant praedia. sed cum utraque addictio intra tempus vindemiarum facta fuisset, recessum est ab hoc tractatu itaque placebat fructus emptoris esse. Papinianus et Messius novam sententiam induxerunt, quia sub colono erant praedia, iniquum esse fructus ei auferri universos: sed colonum quidem percipere eos debere, emptorem vero pensionem eius anni accepturum, ne fiscus colono teneretur, quod ei frui non licuisset: atque si hoc ipsum in emendo convenisset, pronuntiavit tamen secundum illorum opinionem, quod quidem domino colerentur, universos fructus habere: si vero sub colono, pensionem accipere. Tryphonino suggerente, quid putaret de aridis fructibus, qui ante percepti in praediis fuissent, respondit, si nondum dies pensionis venisset, cum addicta sunt, eos quoque emptorem accepturum.

52 황제 자신이 그의 결정에서 자문을 구했던 법률가들을 명시적으로 또는 합쳐서 거론하는 경우도 보인다. 대표적인 예: Ulp. D.37.14.17.pr. (Proculus, Volusius Maecianus, alii amici nostri iuris periti, plures iuris auctores, Salvius Iulianus).

53 Honoré, 19 + n.129.

54 Riccobono (ed.), 345.

Ed. X De in integrum restitutionibus

§41. De minoribus viginti quinque annis. Quod cum minore quam viginti quinque annis natu gestum esse dicetur, uti quaeque res erit, animadvertam.

Ed. X 원상회복들에 관하여

§41. 25세 미만자(미성년자)에 관하여. 25세 미만자와의 사이에 [법률행위가] 체결되었다고 주장되는 경우 본관은 각 사안이 상당할 바를 배려할 것이다.[55]

고전법상 원상회복의 취지는 두 가지로, 하나는 승인되어서는 안 될 법률행위를 제거하거나 잘못된 법률효과를 해소하는 것이었고, 다른 하나는 사실상의 '이전 상태'를 회복시키는 것이었다.[56] 그 전제는 미성년자와의 'gestum esse'이다. 이것은 기본적으로 법률행위의 당사자가 된 미성년자가 '기만당했을 때'(captus) 돕는다는 취지였다.[57] 재판 외의 행

---

55   고전법에서 원상회복은 성년이 된 후 실용기간 1년(annus utilis) 내에 신청할 수 있었다.

   D.4.4.19 Ulpianus libro tertio decimo ad edictum.

   Interdum tamen successori plus quam annum dabimus, ut est edicto expressum, si forte aetas ipsius subveniat: nam post annum vicensimum quintum habebit legitimum tempus. hoc enim ipso deceptus videtur, quod, cum posset restitui intra tempus statutum ex persona defuncti, hoc non fecit, plane si defunctus ad in integrum restitutionem modicum tempus ex anno utili habuit, huic heredi minori post annum vicensimum quintum completum non totum statutum tempus dabimus ad in integrum restitutionem, sed id dumtaxat tempus, quod habuit is cui heres extitit.

   그후의 변화에 관해서는 Kaser II, 118 n.24; Kaser / Hackl, 581 n.47.

56   Kaser / Hackl, 421f.

57   D.4.4.7.pr.-1 Ulpianus libro undecimo ad edictum.

   Ait praetor: "gestum esse dicetur." gestum sic accipimus qualiterqualiter, sive contractus sit, sive quid aliud contigit. (1) Proinde si emit aliquid, si vendidit, si societatem coit, si mutuam pecuniam accepit, et captus est, ei succurretur.

   해당하는 예: 매매(C.2.27; D.44.7.1), 조합(D.4.4.7.1), 소비대차(D.4.4.7.1), 질물 매각(C.2.28), 증여(C.2.29), 화해(C.2.31.), 변제(C.2.32), 가자(嫁資) 설정

위뿐만 아니라 재판상 행위도 원상회복의 대상이었고,[58] 그래서 기판사항(旣判事項)도 그 대상이었다.[59] 후견인이나 보좌인이 개입한 경우에도,[60] 또 정무관이 간여한 경우에도[61] 가능하였다. 원상회복은 미성년자의 재산이 감소한 경우는 물론 그 밖에 송사(訟事)나 비용에 의한 번거로움이 있는 경우에도 인정되었다.[62] 요컨대 원상회복이 인정되기 위해서는 i) 행위 시에 미성년이었음을 입증해야 하고, ii) 적극적 또는 소극적으로 손해가 발생했음을 입증하며, iii) 명백히 기만당했음(manifesta circumscriptio)[63]을 입증해야만 하였다. 즉 손해가 '어린 연령의 위험'(aetatis lubricum), 곧 '사려 없는 경솔함'(inconsulta facilitas)에 기인하는 것이어야지,[64] '운명'(fatum)이나 '사건'(casus)으로 인한 것인 때에는 부

(C.2.33; D.4.4.9.1; D.4.4.48.2), 점용취득(C.2.35; D.4.4.45.pr.), 상속 승인 및 거절(C.2.38; C.2.39; D.4.4.7.5).

58 D.4.4.7.4 Ulpianus libro undecimo ad edictum.
    Sed et in iudiciis subvenitur, sive dum agit sive dum convenitur captus sit.
    해당하는 예: 상소(D.4.4.7.11), 불출석(D.4.4.7.12), 출정거부(D.4.4.8), 담보물 매각(D.4.4.9), 소권(D.4.4.16.pr.), 불원용(不援用)(D.4.4.36), 판결(D.4.4.29.1) 등.

59 C.2.26.

60 C.2.24; C.2.25.5.

61 C.5.71.11.

62 D.4.4.6 Ulpianus libro decimo ad edictum.
    Minoribus viginti quinque annis subvenitur per in integrum restitutionem non solum, cum de bonis eorum aliquid minuitur, sed etiam cum intersit ipsorum litibus et sumptibus non vexari.

63 D.4.4.24.1 Paulus libro primo sententiarum.
    Non semper autem ea, quae cum minoribus geruntur, rescindenda sunt, ... itaque nisi aut manifesta circumscriptio sit aut tam neglegenter in ea causa versati sunt, praetor interponere se non debet.

64 D.4.4.1.pr. Ulpianus libro undecimo ad edictum.
    Hoc edictum praetor naturalem aequitatem secutus proposuit, quo tutelam minorum suscepit. nam cum inter omnes constet fragile esse et infirmum huiusmodi aetatium consilium et multis captionibus suppositum, multorum insidiis expositum: auxilium eis praetor hoc edicto pollicitus esc et adversus captiones opitulationem.

여되지 않았다.[65] 상속은 후자에 속하는 것이었다.[66] 따라서 요건 불비(不備)라는 논리가 가장 설득력이 있는 것이었으므로 제1심과 제2심의 결론도 그와 같았던 것이다(전술 2)(3)). 그리고 실제로 이 견해는 통설이었다. 이것은 당대의 저명한 제국법률가였던 케르비디우스 스카이볼라가 이미 파울루스보다 앞서서 동일한 법리를 적용하고 있는 것으로부터 알 수가 있다.[67]

또한 D.4.4.24.1 Paulus libro primo sententiarum.

Non semper autem ea, quae cum minoribus geruntur, rescindenda sunt, ... itaque nisi ... aut tam neglegenter in ea causa versati sunt, praetor interponere se non debet.

65　D.4.4.11.4-5 Ulpianus libro undecimo ad edictum.

4. Item non restituetur, qui sobrie rem suam administrans occasione damni non inconsulte accidentis, sed fato velit restitui: nec enim eventus damni restitutionem indulget, sed inconsulta facilitas. et ita Pomponius libro vicensimo octavo scripsit. unde Marcellus apud Iulianum notat, si minor sibi servum necessarium comparaverit, mox decesserit, non debere eum restitui: neque enim captus est emendo sibi rem pernecessariam, licet mortalem.

5. Si locupleti heres extitit et subito hereditas lapsa sit(puta praedia fuerunt quae chasmate perierunt, insulae exustae sunt, servi fugerunt aut decesserunt): Iulianus quidem libro quadragensimo sexto sic loquitur, quasi possit minor in integrum restitui. Marcellus autem apud Iulianum notat cessare in integrum restitutionem: neque enim aetatis lubrico captus est adeundo locupletem hereditatem, et quod fato contingit, cuivis patri familias quamvis diligentissimo possit contingere, sed haec res adferre potest restitutionem minori, si adiit hereditatem, in qua res erant multae mortales vel praedia urbana, aes autem alienum grave, quod non prospexit posse evenire, ut demoriantur mancipia, praedia ruant, vel quod non cito distraxerit haec, quae multis casibus obnoxia sunt.

66　같은 곳, Glück, 551+n.5; Voet, ad hl. n.30 (p.209): "Sed ratio sufficiens nulla est, cur aliud hoc, quam praecedenti in casu definiendum foret: nisi in eo se laesum minor docuerit, quod inconsulta aetatis facilitate pacta talia conventioni suae apponi passus sit, quae majorennis alius, firmatiore per aetatem judicio usus, non fuisset eo modo admissurus."

67　지금까지 아무도 이 중요한 개소에 대해 더욱이 아주 구석진 곳에 처박혀 있는 것도 아닌데, 지적한 바가 없다는 것은 그야말로 놀라운 일이다.

D.18.5.10.pr. Scaevola libro septimo digestorum.

Seius a Lucio Titio emit fundum lege dicta, ut, si ad diem pecuniam non solvisset, res inempta fieret. Seius parte pretii praesenti die soluta, defuncto venditore, filiis eius pupillaris aetatis et ipse tutor cum aliis datus, neque contutoribus pretium secundum legem numeravit nec rationibus tutelae rettulit: quaesitum est, an irrita emptio facta esset. respondit secundum ea quae proponerentur inemptam[68] videri.

(세이우스(S)가 루키우스 티티우스(T)로부터 기일에 대금을 지급하지 않으면 물건이 매수되지 않은 것으로 된다는 [매도인이 정한] 조항 하에 토지를 매수하였다. S는, 대금의 일부를 당일 지급한 후 매도인(T)이 사망하자 그(T)의 피후견인 나이의 아들들에게 다른 이들과 더불어 그 자신도 후견인으로 선임되었는데, 공동후견인들에게 조항에 따른 대금을 지급하지도 않았고 또 후견회계부(後見會計簿)에 [채무로서] 기입하지도 않았다. 매수가 무효로 되었는지 질의되었다. 그(스카이볼라)는 해답하였다. "제시된 바에 따르면 매수되지 않은 것으로 인정된다.")

매수인이 매도인의 상속인들의 후견인이 되었다는 사실 자체가 이익충돌의 상황이지만 다른 사람들과 함께 후견을 보도록 한 공동후견을 통해서 이를 충분히 회피할 수 있다고 여겼던 것 같다. 어쨌든 상황은 우리의 사례와 크게 다르지 않다. 피후견인들은 이 경우 R과 달리 대금 채무자가 아니라 채권자임에도 불구하고 공동후견인 S의 행위 — S의 채무자로서의 불이행은 후견인으로서는 지급 청구의 의사가 전혀 없다는 것을 의미하므로 결국 후견인으로서는 해제를 택한 것으로 볼 수 있다 — 로 인한 불이익을 고스란히 받게 된 것이기 때문이다. 이것은 그들이 이 지위를 상속을 통해서 획득한 것이지 스스로 법률행위를 해서 얻

---

68 Behrends et al., III, 500 n.1은 몸젠(Mommsen)을 좇아서 inemptam을 inemptum 으로 바꾸었다. 아마도 중성(中性)인 fundum을 생각해서 그랬을 것이다. 그러나 본문에서 이미 여성인 res가 주어로 나오므로 굳이 이러한 교정은 필요하지 않다.

은 것이 아니다. 물론 나머지 공동후견인들에게 책임을 묻거나, 아니면 현실적 이익상반을 주장하며 S를 후견사무에서 배제하고 채무자로서 이행을 청구하거나, 이것이 어렵다면 우리 사안처럼 해제 전의 상태로의 원상회복 청구가 문제될 수도 있을 것이지만 스카이볼라의 해답으로 볼 때 이 마지막 가능성은 적어도 당시에는 고려되지 않은 것이 거의 확실하다.[69] 다시 말하면 하급심의 판결들과 파울루스의 견해는 그때까지의 통설을 반영했던 것이다.

(2) 황제의 견해

그러나 황제의 논리는 전혀 다르다.[70] 그는 실정법규의 요건이나 상속의 법리 등과 같은 순수한 법률논리보다는[71] 기본적으로 대금지급의 불이행을 조건으로 하는 해제조항 자체가 문제라고 보았다(⑨). 더욱이 피후견인이어서 보호의 필요성이 있는 R이 상속을 통하여 매수인의 의무를 부담하게 되었을 때에 비로소 일이 그녀의 불이익으로 돌아갔다는 사정을 고려하지 않으면 안 된다고 보았던 것이다(⑥).[72] 이 모든 일은 결국 대금의 지급을 해태하고(②), 또 O에 의한 해제 상당의 제3자로의 매도마저 내버려둔(③) 공동후견인들의 책임이다. 이들이 제대로 후견사무를 처리하지 못한 혐의로 피소되어 유책판결을 받았다면(⑩) 이 점은 더 말할 필요도 없이 명백한 것이다. 결국 황제는 애초부터 R의 원상회복 신청을 들어줄 용의로부터 출발했다. 이것은 사안의 전체를 보고

---

69 Cf. Bas. 19.5.10.pr. (Heimbach II, p.279)의 아주 단정적인 결론: "ἀναγόραστον γίνεται τὸ πρᾶγμα."

70 파울루스와 황제의 견해가 다른 사례들은 그 밖에도 여럿 전한다(괄호 안은 Lenel의 단편번호). 가령 D.14.5.8 (fr.62); D.29.2.97 (fr.76); D.32.27.1 (fr.68); D.36.1.76.1 (fr.70) 등. Coriat, 562f.

71 이런 이유로 "quia tamen ~" 이하(⑨와 ⑩)를 삭제하려는 잘못된 해석에 대한 정당한 비판은 Peters, 79 + n.25.

72 Brunnemann, ad h.l. n.2 (p.221): "quia dies committendi incidit in tempora minorennis."

관련 당사자들의 모든 관계를 종합적으로 고려한 것이 아닌, R과 그를 보호할 책무가 있는 후견인들[73]에만 초점을 맞춘 고찰이고, 이 점에서 분명 비전문가의 솜씨라고 할 것이다.

이상의 해석과 전적으로 다른 해석을 쿠피쉬는 제시한다.[74] 그에 의하면 ⑥의 "eaque effecisset, ne pareretur legi venditionis"는 "R이 자신의 후견인들로 하여금 계약조항을 지키지 못하게 만들었다"는 의미이고, R이 원상회복으로 원한 것은 아버지 L이 체결한 계약을 벗어나는 것이었다는 것이다. R은 잔대금의 지급을 저지함으로써 그녀에게 가능했던 한, 말하자면 자신의 힘으로(auf eigene Faust) 원상회복을 실현시키고자 했다는 것이다. 그러고는 아직 12살도 안 된 소녀의 이러한 단행력(斷行力)이 황제에게 인상을 주지 않았을 리 없다고 주장한다. 그러나 이러한 주장은 매우 황당한 것이다. ea를 종래의 해석자들이 명시적으로 드러내서 번역하거나 지적하지 않은 채 전체 문장의 취지만을 에둘러 표현해 온 것에 비하면 쿠피쉬가 ea = R임을 밝힌 것은 진일보한 것이고 맞는 말이다. 그러나 무엇보다도 어린 소녀가 자력으로 일종의 원상회복 조치를 시도했다는 식의 설명은 황제 고문회의의 공식적인 논의의 의미를 완전히 퇴색시키는 황당한 주장이 아닐 수 없다. 도대체 L이 체결한 매매계약으로부터 벗어나고 싶으면 대금 지급을 안하는 것만으로 이미 충분한데, 왜 굳이 원상회복을 3심에 걸쳐서 소구(訴求)하겠는가. 그가 과연 자신의 공동후견인들을 압박하여 대금 지급을 못하게 했다면 왜 나중에 그들은 원상회복을 신청하지 않은 부정처사를 이유로 유책판결을 받았겠는가. 모든 정황으로 볼 때, 특히 부동산이 제3자인 T에게 넘어

---

73 D.26.1.1.pr.-1 Paulus libro trigesimo octavo ad edictum = Inst. Iust. 1.13.1-2.
    Tutela est, ut Servius definit, vis ac potestas in capite libero ad tuendum eum,
    qui propter aetatem sua sponte se defendere nequit, iure civili data ac permissa.
    (1) Tutores autem sunt qui eam vim ac potestatem habent, exque re ipsa nomen
    ceperunt: itaque appellantur tutores quasi tuitores atque defensores, sicut aeditui
    dicuntur qui aedes tuentur.

74 Kupisch, 258f.

가는 상황으로 볼 때 현재 대금 지급이 해태되었지만 매수인이 다시 그에 대한 취득에 관심을 가지고 특히 자신이 피후견인 지위에 있음을 기화로 원상회복을 청구하고 있다고 보는 것이 자연스러운 사태 파악임이 분명하다. 그렇다면 eaque effecisset, ne pareretur legi venditionis 문장은 계약 조항이 준수되지 않게 된 사정이 ea로 말미암은 것이라는 의미일 터이다. 필자의 새 번역에서 "피후견녀여서 매도조항이 준수되지 않게 되는 결과가 되었다"고 옮긴 것은 바로 이런 까닭이다.[75] 그녀 스스로 결정한다기보다 후견인들의 개입이 필수적인 상황에서 이들이 대금 지급을 하지 않았기 때문이다. 그리고 주지하듯이 이들은 이 때문에 나중에 처벌받았다. 그런데 쿠피쉬는 이 맨 마지막 ⑩의 해석도 너무 기교적으로 시도한다.[76] 공동 후견인들이 의무에 위반하여 행위했다는 것은 그들이 R을 위하여 원상회복 소송을 수행했거나, 아니면 피후견인의 제소를 승인했기 때문이라는 것이다. 이러한 것이 후견인의 임무 수행에 반한다는 것은 이해하기 힘들다. 곧이어 그는 후견인들이 책임지게 된 것은 이들이 두 차례의 소송에서 패소한 데 있다고 한다. 그렇다면 쿠피쉬의 주장은 앞뒤가 더더욱 안 맞는 것이다. 왜냐하면 R의 사주(使嗾)로 소송에서 패소한 것이므로 피후견인을 기망하여 피후견사무를 잘못 수행한 것(pupillum fraudare)이 아니기 때문이다.[77] 더욱이 이 패소 사실을 고려하여 R에게 원상회복을 부여했다는 황제의 결정은 그럼 또 어떻게 되는 것인가. 이에 대한 쿠피쉬의 소견은 원상회복이 후견인들의 복권을 포함한다고 새긴다.[78] 그리고 이 점이야말로 황제가 그러한 복권을 포함

---

75 같은 곳, Peters, 78. 그는 사안을 설명하면서 'nur deshalb'라고 풀이하였다.

76 Kupisch, 261f.

77 Cicero, *Pro Q. Roscio Gallo Comoedo oratio* 6.16: Si qua sunt privata iudicia summae existimationis, et paene dicam capitis, tria haec sunt, fiduciae, tutelae, societatis. Aeque enim perfidiosum et nefarium est, fidem frangere, quae continet vitam: et *pupillum fraudare, qui in tutelam pervenit*: et socium fallere, qui se in negotio coniunxit.

78 이미 반대 Brunnemann, ad h.l. n.2(p.221): "fraus tutorum, qui remoti sunt."

하지 않는 파울루스의 견해를 배척한 이유이기도 하다고 본다.[79] 그러나 이 또한 아무런 근거 없는 주장에 불과하다. 오히려 파울루스가 그러한 복권과 관련해서 전혀 아무런 고려를 하지 않았다는 사실이야말로 쿠피쉬와 같은 해석이 과연 가능할지 의문이 제기되는 것이다.

(3) 파울루스의 반응

흥미로운 것은 황제의 강력한 입장을 접한 파울루스의 다음 반응이다. 그는 이제 자신의 부정적 소견을 굽혀서 황제의 결론을 정당화시키는 논리를 보충적으로 피력한다.[80] 다만 그 이유만큼은 다르다. R에게 원상회복을 허용하려면 황제와 같은 이유로는 안 된다.[81] 오히려 그 이유를 굳이 찾자면("ea ratione ... quod ~") O가 해제가 가능하게 된 기일을 넘기고서도 계속 최고(催告)와 대금 청구를 했다는 사실로부터 추론할 수 있을 것이다. 이 행태는 바로 해제권의 포기에 해당하는 것으로 해석되기 때문이다(㉠).[82] 조항 자체를 문제 삼고 있는 황제를 향한 법률전문가로서의 이 주장은 분명히 조항 자체의 유효성을 전제한 논변인 것이고 그래서 황제에 의해 채택되지 않았다. 파울루스는 보고문에서 dicebam이라는 미완료과거 형태의 시제를 사용함으로써 어쩌면 자신의 주장을 거듭 피력했음을 은연중 내비치고 있는지도 모르겠다.[83] 아무런 문제도 없는 사적 자치의 결과가 이렇게 '무참히' 부인되는 이 상황을 후대인들이었다면 Machtspruch(권능판고(權能判告))라고 불렀을지도 모르겠다.[84]

---

79 Kupisch, 264.

80 Cannata, 147 + n.9.

81 Archi, 1853도 이 경우 황제의 결정이 "기존의 논리를 위반했다"고 본다.

82 Brunnemann, ad h.l. n.2(p.221): "Recessum a commissoria lege videtur, per petitionem pretii."

83 Cf. Rubenbauer et al., 243f.(§212).

84 이 용어는 라틴어 sententia ex plenitudine potestatis(충만권능판고(充滿權能判告))의 번역어로 추정한다. Erler/Kaufmann (Hg.), s.h.v., 126ff.(K.-S. Kramer); Olechowski/Gamauf (Hg.), s.h.v., 295(Werner Ogris).

그러나 이런 종류의 결정이 아무런 타당성이 없는 전단(專斷)이라는 뜻은 물론 아니다. 법률가들의 자문을 받은 후 내려진[85] 대개의 경우——자문을 구했다는 것 자체가 이미 자의적인 판단의 가능성을 배제했다——형평(aequitas, humanitas)의 관념이 그러한 결정을 뒷받침했기 때문이다.[86] 9세기의 『바실리카 법전』이 이 개소를 요약 정리하면서 오로지 파울루스의 입장만 반영한 것은 그것 나름으로 파울루스의 주장에 반영된 법리만을 설득력 있다고 판단했기 때문일 것이다.[87]

Bas.10.4.38.pr. (Heimbach I, pp.512f.).

Emto fundo lege commissoria, intra diem committendi decessi, pupillo
herede relicto: et cum is reliquum pretium non solveret, venditor post diem
finitam tutori eius testato denunciaverat, ut solveret, et cum neque is solveret,
alii rem vendidit. Pupillus iure restituitur. Quoniam enim venditor post diem
finitam denuntiavit, legi commissoriae renuntiavit: nam si hoc non fecisset,

---

85 알렉산더 세베루스 황제(222~235)의 경우는 심지어 늘 20명 이상의 법률가와 기타 자문인 50명을 불렀다고 할 정도였다. 그러나 최종결정은 고문회의의 의견에 구속받지 않고 황제가 단독으로 하였다. 다만 마르쿠스 아우렐리우스 황제(161~180)는 다수인 고문회의가 혼자인 자기의 의견을 좇는 것보다는 그 반대가 더 공정하다(aequius)고 여겼다는 기록이 보이는데 그의 성향을 드러내기는 하지만 그대로 실천되었다고 믿을 수는 없을 것이다. Krüger, 116f.

86 가령 Pap. D.36.1.56: non tantum aequitatis ratione, verum exemplo quoque motus; Paul. D.36.1.76.1: motus et aequitate rei et verbis testamenti "si ad annum vicensimum aetatis; Marceli. D.28.4.3.pr.: benigniorem interpretationem sequi. Cf. Bretone, 149ff.

87 이 점에서 Brunnemann, ad h.l. n.3ff. (p.221)가 내내 황제의 결정 취지를 수종(隨從)하고 있는 것과 대비된다. 다른 한편으로 『바실리카 법전』과 같은 법리가 담보물(τὰ ἐνέχυρα)의 처분(⑧)과 관련해서 하르메노풀로스의 『6권법서』(六卷法書)에서 채택된 것으로 볼 때 비잔틴법은 일관되게 황제의 고권적(高權的) 결정을 배척하고 고전법률가들의 학설법을 따랐던 것을 알 수 있다.
   Hexabiblos 1.12.4 (Heimbach, pp.148~149): Minores XXV annis in pignoribus eorum a creditoribus venditis restituuntur, nisi forte pater, non ipsi pignora creditoribus dederit.

recte ea lege uteretur: sicut creditor recte pignus distrahit, die solutionis post mortem debitoris finito.

이 맥락에서 쿠피쉬는 파울루스와 황제의 논리가 양립할 수 없음을 들어서 posse magis ea ratione restitui eam 문장의 번역이 "오히려(magis) 이런 방식으로(ea ratione) 그녀는 회복될 수 있다"고 새겨야 하며, 이로써 파울루스가 자신의 원상회복 거부 의사를 계속 유지하는 것이라고 주장한다. 동시에 이때 restituere는 원상회복이라는 기술적(技術的)인 의미로 보아서는 안 된다고 주장한다.[88] 그러나 이러한 해석은 매우 무리가 따르는 것이다. 더 나아가서 쿠피쉬는 파울루스의 두 번째 주장처럼 원상회복이 미성년으로 인한 기일해태에 대한 보호를 구하는 것이라면 필연적으로 첫 번째 주장은 내버려야 하므로 R이 해태된 기일에 대한 회복을 원한다는 해석은 불가하다고 주장한다. 그리고 파울루스는 postea에 방점을 찍었고, 그래서 결국 R이 스스로 계약을 체결하지 않았기 때문에 원상회복시킬 수 없다는 종전의 주장을 고수한 것이라고 말한다.[89] 이러한 쿠피쉬의 주장은 매우 착종되고 요령부득인 것이다. 왜냐하면 파울루스는 첫 번째 주장을 내버린 적이 전혀 없기 때문이다. 그래서 미성년으로 인한 기일해태에 대한 보호를 원상회복으로 부여해야 한다는 주장도 편 바가 전혀 없다. 또 postea 문장은 첫 번째 주장과 관련된 것이 아니라 두 번째 주장과 관련된 것이다. 쿠피쉬도 그러나 바로 이어서는 파울루스를 포함하여 법률가들에 의하면 미성년자가 상속한 위험한 법률상태(riskante Rechtslagen)는 그 자체로서는 미성년을 이유로 하는 원상회복의 사유가 아니었다고 시인하고 파울루스와 황제 사이의 논쟁점은 바로 이것이었다고 토로한다. 그런데 상속한 내용이 '위험한 법률상태'라고 규정될 수 있는지는 의문이다. 피후견인이 개입되었다는 사실로부터 당연

---

88 Kupisch, 251f.
89 Kupisch, 256f.

히 이러한 선입견이 정당화되는 것은 아니다.

그런데 추단적(推斷的) 행위[90]에 의한 해제 포기를 인정한다 해도 파울루스의 주장은 몇 가지 문제를 제기한다. 우선 포기가 종국적이지 않으면 다시 그에 반하는 행태(이 경우 제3자인 T로의 매도)를 통해서 번복(variare)될 수 있을 것이고, 그렇다면 파울루스의 논변은 힘을 잃게 될 것이다. 또 만약 종국적이라면 해제 포기와 동시에 매수인의 지위는 공고히 되는 것이므로 순전히 논리적으로만 생각한다면 군이 또다시 원상회복이 필요하지 않을 것이므로[91] 해제 포기가 있었으므로 원상회복이 허용되어야 한다는 논리는 그 자체 문제가 있는 것으로 보인다. 그런데 파울루스를 전후한 만기(晩期) 고전기의 통설은 해제조항이 발효할 상황이면 해제권을 행사할 것인지 아닌지를 바로 결정해야 하며,[92] 해제 대신 대금의 청구를 선택하든, 아니면 해제를 선택하든 그 의사가 종국적인 것이라[93]고 보았고, 그래서 더이상의 번복은 불가하였다. 특히 대금의 일부를 수령했거나[94] 대금청구를 선택한 경우에는 해제 의사를 포기한 것으로 간주되었다.[95] 다만 『바티칸 단편』(Fragmenta Vaticana) 3에 의

---

90 같은 곳, Peters, 78("konkludent"); 이미 Fehi, ad h.l. casus (Vivianus), p.534: "tacite".

91 Kupisch, 250.

92 D.18.3.4.2 Ulpianus libro trigensimo secundo ad edictum.
    Eleganter Papinianus libro tertio responsorum scribit, statim atque commissa est lex statuere venditorem debere, utrum commissoriam velit exercere an potius pretium petere. ...

93 D.18.3.4.2 Ulpianus libro trigensimo secundo ad edictum.
    Eleganter Papinianus libro tertio responsorum scribit, ... nec posse, si commissoriam elegit, postea variare.
    Fr. Vat.4: Qui die transacto legem commissariam exercere voluit, postea variare non potest.

94 D.18.3.6.2 Scaevola libro secundo responsorum.
    Post diem lege commissoria comprehensum venditor partem reliquae pecuniae accepit. respondit, si post statutum diem reliquae pecuniae venditor legem dictam non exercuisset et partem reliqui debiti accepisset, videri recessum a commissoria.

하면[96] 대금 청구의 방법으로 소구(訴求, iudicio)가 언급되고 있어서 재판 외의 청구로는 부족한지가 문제되지만, 그것이 요건으로서 의도된 언급 인지도 불확실하고 또 4세기 후반에 요약·발췌를 통해 편집된 것으로 추정되는 이 전거는 고전법에 관한 한 완전히 신빙할 만한 사료는 아니 므로[97] 지나치게 심각하게 받아들일 것은 아니다. 매도인 측의 의사표시 가 매수인에게 일으킨 신뢰에 대한 보호가 번복 불가의 이유라면 꼭 소 (訴) 제기의 방식이어야만 하는 것은 아니기 때문이다. 우리 사안처럼 한 번도 아니고 수차례에 걸쳐서 대금 지급의 최고(催告)를 했다면 해제권 포기의 의사를 인정해도 무방할 것이다. 그렇다면 여기까지는 파울루스 가 어디까지나 정착된 법리에 따라서 입론(立論)하였던 것이라 할 것이 다. 반면에 16세기의 인문주의 법학자 쿠야키우스(Cuiacius)는 소 제기방 식이 필수적이라 전제하면서 파울루스가 소구가 없는 상황인데도 포기 를 인정한 것은 그래서 적합한(idonea) 이유가 될 수 없고 그저 다른 것들 보다 그럴듯한 사유일 뿐이라고 새긴다.[98] 그러나 이것은 파울루스의 취 지를 오해한 것이다. 그가 진지하게 황제와 결론을 같이하고자 했다면 이러한 부적절한 논리를 동원했을 리 만무하기 때문이다.

따라서 문제는 포기를 인정할 경우 이 부분을 어떻게 이해할 것인가로 귀착된다. 실제로 페터스(Peters)는 해제권 포기는 계약의 존속이라는 논 리에 입각해서 원상회복을 부인하는 것이 맞기 때문에 원문에서 (아마도

---

95 D.18.3.7 Hermogenianus libro secundo iuris epitomarum.
    Post diem commissoriae legi praestitutum si venditor pretium petat, legi commissoriae renuntiatum videtur, nec variare et ad hanc redire potest.
    C.4.54.4 Imperator Alexander Severus.
    Commissoriae venditionis legem exercere non potest, qui post praestitutum pretii solvendi diem non vindicationem rei eligere, sed usurarum pretii petitionem sequi maluit.
96 Fr. Vat.3: Venditor, qui legem commissoriam exercere noluit, ob residuum pretium iudicio venditi recte agit, quo secuto legi renuntiatum videtur.
97 Wenger, 543ff.
98 Cuiacius, ad h.l., p.1030E: "nam si petiit extra iudicium, ei licuit variare."

필사 오류로) 부정사 non이 누락되었을 것으로 새긴다.[99] 파울루스의 견해는 황제와 정반대로 원상회복이 불필요하다고 보았다는 것이다. 그러나 이 해석은 그도 제대로 파악하고 있는 그다음의 파울루스의 논변과 잘 조화되지 않는다. 페터스는 다른 한편으로는 해제권 포기로 보기에는 도과한 시간이 상당히 길어서 매도인에게 부담이 부당하므로 이 경우에는 포기로 보는 것을 적용하지 않아야 하는 것으로 볼 수도 있지 않을까 고려한다.[100] 앞의 고려와는 정반대로 non 없이 원문을 이해하겠다는 시도인데, 원하는 방향으로 원문에 마음대로 손질을 가하는 것은 원문 수정 제안의 타당성 여부를 떠나서 이미 방법론상으로 잘못이다. 그는 또 파울루스가 보고하는 순서대로, 즉 논의가 진행된 순서대로 사안을 고찰하지 않고 먼저 황제의 의견에 대한 파울루스의 반응을 검토한 다음 그의 원래 견해를 그에 대한 대안적 이유 제시로[101] 고찰하는 우를 범하였다. 일의 진행에 따른 논리의 흐름을 역전시킨 결과 방법론상의 또 다른 오류를 범한 것이다. 이것은 공간적인 텍스트를 다루는 문사(文士, Gelehrter)가 언어적 연술 상황의 시간성을, 즉 시간 속에서 진행되는 과정으로서의 구술 사태를 기록문화에 젖어서 (무의식적으로 또는 습성적으로) 몰각함으로써 범하게 되는 가장 원초적인 오류이다.[102] 그는 황제가 사안의 특수성을 고려해서 R에게 원상회복을 부여한 것이 이해할 수 있다(verständlich)고 결론짓는데,[103] 어떠한 특수성인지 설득력 있는 설명 하나 없이 내린 이 결론은 타당하지 않다.

그렇다면 이제 해제권의 포기로 구성하면서도 그럼에도 불구하고 원상회복을 인정하자는 파울루스의 의도가 무엇인가를 밝히는 문제만 남

---

99 Peters, 80f.

100 Peters, 81 n.30. 이것은 방금 살펴본 로마법의 입장과도 상치(相馳)한다.

101 Peters, 81: "eine Alternativität der Begründung."

102 이런 의미에서 법의 해석에 있어서 시간적인 역사적 해석과 공간적인 체계적 해석의 문제는 단순한 편의적인 선택의 문제가 아니라 지금까지보다 훨씬 더 심층적인 논의가 필요할지도 모른다.

103 Peters, 82.

는다. 립스에 의하면 아직 법정(法廷)단계(in iure)인 원상회복 절차는 당사자가 적극적으로 원할 소권(訴權)이나 항변권(抗辯權)을 형평에 기하여 부여하는 방식으로도 가능했다고 본다.[104] 그렇다면 파울루스는 자기가 무슨 말을 하고 있는지를 분명히 인식했던 것이다. 그의 주장은 비록 황제의 결론을 따라 바뀌기는 했지만 R을 보호하더라도 그녀가 미성년이라는 이유로는 안 된다고 시종일관했다는 점에서는 법률전문가로서의 논리가 살아 있는 셈이다.

이와 관련해서도 쿠피쉬는 파울루스의 입장을 옳게 파악했음에도 불구하고 파울루스의 주장대로라면 R에게 actio empti가 인정될 터인데, 이것은 '매매를 벗어나서 기지급금을 회수하려는' R로서는 난감한 방편이라고 하면서도 다른 한편으로는 어쨌든 이 매수인소권은 기지급금의 정산을 위한 것이라고 새긴다.[105] 쿠피쉬의 R에 대한 전제가 그릇된 것임은 이미 전술하였다. 그의 이 부분에 대한 설명도 취할 바가 못 된다.

(4) 황제의 지위

한편 황제는 법률가들의 전문적인 법리에는 관심이 전혀 없었다.[106] 법률가들이 전형적인 논법에 따라서 '법률요건'으로부터 input하여 법률논리에 따르는 '법률효과'의 output를 추론해 냈다면 황제는 (그리고 그에 동조할 수밖에 없었던 나중의 파울루스 역시) 비전문가의 발상에서 흔

---

104 Liebs I, 389f.; 현재의 통설이다(Kaser / Hackl, 423 + nn.10-1)

105 Kupisch, 259f.

106 물론 사안에 따라서, 또 황제에 따라서 다른 모습을 띨 수밖에 없었음은 물론이다. 이 문제 일반에 관해서는 Cannta, 145ff. 황제가 법률가에게 자신의 조치가 법리에 부합하는지를 물은 전형적인 사례는 아우구스투스가 루키우스 렌툴루스의 유언보충서(codicilli)를 승인할 때의 일이었다.
Inst. Iust. 2.25.pr.: Ante Augusti tempora constat ius codicillorum non fuisse, sed primus Lucius Lentulus, ex cuius persona etiam fideicommissa coeperunt, codicillos introduxit. ... dicitur Augustus convocasse prudentes, inter quos Trebatium quoque, cuius tunc auctoritas maxima erat, et quaesisse, an possit hoc recipi nec absonans a iuris ratione codicillorum usus esset: ...

히 보이듯이 원하는 '법률효과', 즉 output로부터 출발하여 역으로 그에 상응하는 '법률요건'을 구성하는 방식으로 input를 조작했다고 말할 수 있을 것이다. 로마 황제의 법적인 지위는 한마디로 "모든 법의 제정자이고 해석자"이면서 "법의 구속에서 벗어나 있는" 존재였다.[107] 이를 가장 잘 보여주면서 동시에 황제의 경우에도 전통으로부터의 일탈은 결코 쉬운 일이 아니었다는 것을 증명하는 사례가 클라우디우스 황제의 조카딸 아그리피나와의 혼인이다(49년).[108] 전통 가족법상 금혼(禁婚) 범위에 속했던 이러한 숙질(叔姪) 간의 혼사[109]가 황제의 거취로 말미암아 어쩔 수 없이 원로원 의결을 통해서 합법화되면서 하루아침에 법을 변모시켰다. 당대에 울피아누스와 더불어 법학계의 쌍벽(雙璧)이었던 파울루스조차도 처음에는 명명백백한 법리로 자신했던 그의 주장을 황제 앞에서는 그만 굽히지 않을 수 없었던 것이다. 진리가 아니라 권위가 법을 만드는 것이던가(Auctoritas, non veritas facit legem).[110] 그럼에도 불구하고

---

107 최병조 I, 230f.; Pabst, 특히 98f.

108 그저 객관적인 법률가의 서술(Gai. 1.62: Fratris filiam uxorem ducere licet: Idque primum in usum uenit, cum divus Claudius Agrippinam, fratris sui filiam, uxorem duxisset: Sororis vero filiam uxorem ducere non licet. Et haec ita principalibus constitutionibus significantur; Kunkel / Honsell, 389 + n.18)보다는 역시 일반 문필가의 필치가 훨씬 더 생생하다(Suetonius, *De vita Caesarum*, Claudius 26.3; 특히 Tacitus, *Annales* 12.5f.가 읽을 만하다). 앞의 주 5 참조.

109 Gai. 1.61: Sane inter fratrem et sororem prohibitae sunt nuptiae, sive eodem patre eademque matre nati fuerint sive alterutro eorum.

110 이 성구(成句)의 출처라는 토마스 홉스라면 이 사례를 자신의 주장을 뒷받침하는 선례의 하나로 원용했을지 모른다. 어쨌든 이 취지를 담고 있는 대목은 분명히 『리바이어던』 제26장에서 발견된다.
Hobbes, *Leviathan*, cap.XXVI, p.199: Non ergo iudicum subordinatorum, sed civitatis, id est, ejus qui habet in civitate summam potestatem, prudentia prudentiam facit legis; et judex subordinatus non suam, sed ejus qui habet summam potestatem pro tribunali sententiam dicere intelligendus est.
이 간명했던 서술은 1651년의 영어본(Hobbes II, 207f.)에서는 다소 장황해졌다.
"And therefore it is not that Juris prudentia, or wisedome of subordinate Judge; but the Reason of this our Artificiall Man the Common-wealth, and his

628

로마의 법률가들은 황제의 결정이 일반적인 법리에는 부합하지 않는다
는 점만큼은 분명히 밝히고 있다는 점에서 그들 전문가로서의 자부심의
일단을 엿볼 수 있다.[111] 파울루스는 자신의 해제 포기 구성에 대한 반론
을 재반박하면서 자신의 주장을 더욱 공고히 한다. 반론의 요지는 이렇
다. "이 사안에서는 지급기일이 매수인의 사후(死後), 곧 상속이 일어난
다음에 도래했다. 즉 그래서 매수인이 죽기 전 이미 지급기일이 도래하
였으나 지급이 일어나지 않아서 해제가 발효된 경우와 달리, 즉 이미 해
제가 발효된 상태로 상속을 한 경우와 달리 피상속인에게 최고하고 대
금을 청구해야만 하였던 것이다. 그러므로 O가 최고하고 대금 청구하
였다는 사실을 가지고 해제 포기로 '의제'하는 것은 잘못이다." 이런 주
장으로는 자기 생각을 바꿀 수 없다는 파울루스의 재반론은 보다 이해
하기 쉬운 유사사례를 원용하여 자신의 논리를 강화시키는("wenn schon
…, dann erst recht …" 또는 a fortiori 논법) 로마의 법률가들의 전형적인 수
법에 속한다. 그가 든 유사사례는 채권자가 담보물을 매각한 것이 채무
자 사망 후에 (그 결과 피후견인이 상속을 하였는데, 그가 이행을 하지 않은 채
로) 변제기일이 완료되었기 때문인 경우이다.[112] 결국 두 사례의 공통점
은 피후견인이 상속채무를 불이행한 채로 변제기일이 도과하자 채권자
가 피상속인과의 사이에 맺었던 계약에 따라 취한 조치로 불이익한 결

Command, that maketh Law: … In all Courts of Justice, the Soveraign (which is the
Reason of the Common-wealth) is he that Judgeth: The subordinate Judge, ought
to have regard to the reason, which moved his Soveraign to make such Law, that
his Sentence may be according thereunto; which then is his Soveraigns Sentence;
otherwise it is his own, and an unjust one."

111 법운용이 관료화하면서 로마법학의 구조를 근본적으로 변화시켰던 디오클레티
아누스 이후의 경향과 비교할 때 세베루스 시대의 법운용은 아직 법률가들이 황
제를 "거의 대등한 관계에서"(in un rapporto quasi paritetico) 보좌했다는 점에 관
해서는 Bretone I, 42 + n.103.

112 같은 곳, C.2.28.2.pr. Imperatores Diocletianus, Maximianus (a.294).
Rem, quam a patre vestro quondam creditor eius obligatam sibi distraxit, per
aetatem vestram postulantium revocari desiderium non habet rationem.

과가 발생하였다는 점이다. 파울루스는 이를 통해서 피후견인에 대한 원상회복의 보호조치는 그 자신의 계약체결로부터 직접 유래하는 '기만당함'(captio)과 관련한 것이지,[113] 피후견인의 지위와는 무관한 어떤 사유(事由)론가 부담하는 채무의 이행을 해태한 경우를 염두에 둔 것이 아니라는 법리를 분명히 밝히고 있는 것이다. 그리고 이러한 법리는 그저 그의 독단이 아니라 전술한 미성년자 보호 고시의 uti quaeque res erit 요건으로 규정된 것이다. 원래 법정책적 강령으로 출발했던 이 법무관 고시는 이후 법률가들의 해석과 운용을 통하여 실무의 필요에 맞게 세밀화되면서 규범으로 성숙했는데,[114] 이 구절을 로마의 법률가들은 무조건적인 보호가 미성년자를 거래로부터 제외시키지 않도록 평량(平良, bonum et aequum)에 비추어 고려하는 것으로 받아들였고,[115] 미성년자가 기만당한 경우 사정을 심리하여(animadvertam; causa cognita) 판단한다는 의미로 새겼다.[116] R과 전혀 상대한 적이 없는 O가 이러한 요건을 충족시키

---

113 Wacke, 212.

114 Selb, 261ff.

115 D.4.4.24.1 Paulus libro primo sententiarum.

Non semper autem ea, quae cum minoribus geruntur, rescindenda sunt, sed ad bonum et aequum redigenda sunt. ne magno incommodo huius aetatis homines adficiantur nemine cum his contrahente et quodammodo commercio eis interdicetur. ...

평량(平良)이라는 역어에 관해서는 최병조 IV, 294f. 또한 287f.도 참조. 그리고 최병조, "연술론(演述論) 쟁점구성론의 효용 ─ 안재원의 소견에 대한 촌평", 『서양고전학연구』 제41집(2010. 10), 209ff, 234ff.(근간) 참조.

116 D.4.4.11.3 Ulpianus libro undecimo ad edictum.

Sciendum est autem non passim minoribus subveniri, sed causa cognita, si capti esse proponantur.

D.4.4.44 Ulpianus libro quinto opinionum.

Non omnia, quae minores annis viginti quinque gerunt, irrita sunt, sed ea tantum, quae causa cognita eiusmodi deprehensa sunt, vel ab aliis circumventi vel sua facilitate decepti aut quod habuerunt amiserunt, aut quod adquirere emolumentum potuerunt omiserint, aut se oneri quod non suscipere licuit obligaverunt.

지 않는다는 것은 거의 명약관화하다. 또 채무자 측에 상속이 일어났다는 사실이 O의 권리에 어떤 불이익을 주게 되는 것도 마땅한 일이 아니다. 오히려 이런 사태가 채권의 만족에 미칠지도 모르는 영향을 고려하여 대금 지급의 해태를 조건으로 해제조항을 특약한 것이라고 보는 것이 순리일 것이다.

황제는 바로 이[117] 해제조항이야말로 피후견인의 불이익이 되어서는 안 된다고 생각한 것이다.[118] 정식의 판결(decretum)로써 내려진[119] 이러한 결정은 피후견인에 대한 강력한 보호라는 정책적 입장이지 당시의 현행법에 따른 결정은 아니다.[120] 쿠야키우스의 결론은 이 이상 명쾌할

C.2.21.3 Imperatores Diocletianus, Mexiniianus (a.293).

Si curatorem habens minor quinque et viginti annis post pupillarem aetatem res venum dedisti, hunc contractum servari non oportet, cum non absimilis ei habeatur minor curatorem habens, cui a praetore curatore dato bonis interdictum est. Si vero sine curatore constitutus contractum fecisti, implorare in integrum restitutionem, si necdum tempora praefinita excesserint, causa cognita non prohiberis.

117 황제가 해제조항 일반을 배척한 것인지, 아니면 L과 O 사이의 구체적인 해제조항을 문제삼은 것인지에 관해서 해석자 간에 의견이 갈린다. Peters, 79 + n.23은 후자의 의견을 취했다는 Sanfilippo, *Pauli decretorum libri tres* (1938), 28(필자 未見)의 견해에 반대하면서 전자를 옹호한다. 그러나 이는 지나친 견해로 보인다. 이미 같은 곳, Cuiacius, ad h.l., p.1030C(단, 파울루스가 황제가 해제조항 일반(in unversum)을 거부한 것으로 보았다고 새긴다). 왜냐하면 이런 종류의 해제조항을 (미성년자가 상속한 경우가 아닌 일반적인 경우) 분명히 승인하고 있기 때문이다.

D.18.3.4.pr. Ulpianus libro trigensimo secundo ad edictum.

Si fundus lege commissoria venierit, hoc est ut, nisi intra certum diem pretium sit exsolutum, inemptus fieret, videamus, quemadmodum venditor agat tam de fundo quam de his, quae ex fundo percepta sint, itemque si deterior fundus effectus sit facto emptoris. et quidem finita est emptio: sed iam decisa quaestio est ex vendito actionem competere, ut rescriptis imperatoris Antonini et divi Severi declaratur.

118 Brunnemann, ad h.l. n.2 (p.221): "durities legis commissoriae in proposito."

119 Kaser / Hackl, 449 n.35.

120 Cuiacius, ad h.l., p.1030C: "contra rationem iuris", p.1030E: "nec enim id iuris ratio patitur."

수 없다. "A Principe posse."[121] 이와 관련하여 립스는 셉티미우스 세베루스야말로 즉위시부터 이러한 보호정책을 펼쳤던 황제였음을 지적한다.[122] 사실 동 황제가 195년에 원로원에서의 선시(宣示, oratio in senatu)를 통하여 시행했던 규제는 피후견인 소유의 '지방과 교외의 부동산을 처분(distrahere)'하는 것을 후견인과 보좌인에게 금지시킨 것이다. R의 사안에서는 처분이 아니라 취득이 문제된 것이지만, 황제는 양 경우를 모두 '특히 위험한 계약'(besonders riskante Verträge)으로 보고 동일한 보호의 정신에서 처결한 것일 수도 있다. 그러나 적어도 취득의 경우 이 매수인의 지위가 R처럼 상속으로 얻은 것이라면 무조건적으로 '위험하다'고만 보는 것은 과도한 휼정(恤政)의 혐의가 짙다.

한편 쿠피쉬는 자신의 논리에 충실하게 이때 원상회복의 내용은 매매계약의 해제라고 새기면서, 그러나 엄밀한 의미에서 이때의 구제는 원상회복이 아니라고 한다.[123] 매매 관련해서는 이미 비판하였다. 그런데 로마 법률가들과 황제가 '원상회복'이 아닌 것을 '원상회복'이라고 부르면서 논변과 절차를 진행시켰을까 쿠피쉬의 주장은 따를 수 없다.

---

121 Cuiacius, ad h.l., p.1030E.
122 Liebs I, 385. 그 전거는 D.27.9.1.pr.-2 Ulpianus libro trigesimo quinto ad edictum.

Imperatoris Severi oratione prohibiti sunt tutores et curatores praedia rustica vel suburbana distrahere. (1) Quae oratio in senatu recitata est Tertullo et Clemente consulibus idibus Iuniis (195년 7월 13일) et sunt verba eius huiusmodi: (2) "Praeterea, patres conscripti, interdicam tutoribus et curatoribus, ne praedia rustica vel suburbana distrahant, nisi ut id fieret, parentes testamento vel codicilllis caverint. quod si forte aes alienum tantum erit, ut ex rebus ceteris non possit exolvi, tunc praetor urbanus vir clarissimus adeatur, qui pro sua religione aestimet, quae possunt alienari obligarive debeant, manente pupillo actione, si postea potuerit probari obreptum esse praetori. si communis res erit et socius ad divisionem provocet, aut si creditor, qui pignori agrum a parente pupilli acceperit, ius exsequetur, nihil novandum censeo."

123 Kupisch, 260.

III. 맺음말
— 다시 루틸리아나의 미모

지금껏 살펴보았듯이 로마인들은 R의 사건을 다루면서 그녀의 아름다움에 대해서는 일언반구(一言半句)도 한 적이 없다. 오히려 이들보다천 년 뒤의 중세 이탈리아인들이 이런 이야기를 시작하였다. 그들의 우리 사안에 대한 이해는 립스와 필자의 해석과 마찬가지로 전통적인 노선에 선 것이었고 쿠피쉬의 편벽된 해석과는 달랐다.[124] 그렇다면 똑같은 사안에 대하여 동일한 시각으로 해석하면서 갑자기 '미모' 운운하게된 연유는 무엇일까? 아마도 확립된 법리에 반하는 황제의 결정이라면무엇인가 특별한 까닭이 반드시 있을 터인데, 달리 두드러지는 것이 없다면 남자의 마음을 움직였다는 소식으로 볼 때 필시 여자의 매력, 아름다움일 것이라고 생각했지 않나 싶다. 쿠피쉬가 전하는 내용을 재인용하여 소개하면 다음과 같다.[125]

Odofredus,[126] *Interpretatio in undecim primos pandectarum libros*, Lugduni 1550, fol. 180 v.:

sed si boninus (Ovinius를 말함) pretium non petiit: quaeritur quis melius dicebat utrum Paulus vel imperator. et hoc casu melius dixit Paulus ... sed imperator dicebat pupillam restituendam: quia pactum legis commissoriae est odiosum. Item quod placuit forte imperatori: quia erat puella facie decora.

(그런데 O가 대금을 청구하지 않은 경우라면 누가 더 잘 말하였는가, 파울

---

124 Kupisch, 264도 이를 확인한다.

125 Kupisch, 265.

126 야코부스 발두이니(Jacobus Balduini)의 제자로 변호사로도 활동했지만 교수로 유명해지고 부유해졌던 오도프레두스(Odofredus, †1265. 12. 3)에 관해서는 Savigny, 356ff.; http©.

루스인가 황제인가, 문제이다. 그리고 이 경우 파울루스가 더 잘 말하였다. … 그런데 황제는 피후견녀가 원상회복되어야 한다고 말했다. 왜냐하면 해제조항 약정은 혐오스러운 것이기 때문이다. 또 그 소녀가 얼굴이 아름다웠다는 점도 황제의 마음에 들었다.)

필자가 직접 참고한『학설휘찬』주소본(註疏本)에 의하면 다음과 같다.[127]

Fehi, ad h.l. casus (Vivianus[128]), p.534.

Imperator vidit puellam formosam, ideo valde fuit motus, & partem suam[129] fovebat, unde tres ratioaes assignat quare ista puella sit restituenda. Prima ratio talis est: quia tempus illud, in quo puella fuit laesa, cucurrit tempore minoris aetatis. Secunda ratio est: quia lex commissoria est odiosa: unde non debet huic puellae obstare. Tertia ratio est: quia isti tutores sunt suspecti, eo quod ita se male circa factum istud habuerunt: unde praesumitur hoc facto eorum eos fraudem commisisse. unde istis rationibus motus est imperator, ut eam restituat. plus tamen dicit Paulus: quia potissimam rationem imperator tradidit oblivioni. Nam ex quo venditor post tempus lapsum pretium petiit, videtur legi commissoriae renuntiasse. & sic quatuor rationes sunt, quae faciebant pro illa; & quaedam quae non est in litera: forte quia pulchra erat. & hoc dicit(sc. Odofredus[130]).

(황제가 피후견녀가 아름다운 것을 보고는 마음이 크게 움직여서 그녀의 편을 들었다. 그리하여 그는 왜 그 소녀가 원상회복되어야 하는지 3가지 이유

---

127 Kupisch, 247 nn.1 / 58가 참조했다는 Lugduni 1552년본과도 일치한다.

128 『로마법대전』에 관하여 casus를 작성한 작업(Savigny, 344ff.)이 대표적이었던 비비아누스 투스쿠스(Vivianus Tuscus)에 관해서는 Savigny, 339f., 그의 저작에 관해서는 http@.

129 Liebs I, 373 +n.1. 인용한 문장에서는 suus('suam')가 eius의 뜻으로 쓰였다. 중세 라틴어임이 드러난다. Habel / Gröbel, s.v. suus, p.394.

130 Kupisch, 266가 두 사람의 스승 제자 관계로부터 추정한 것인데 틀림없을 것이다.

를 든다. 첫째 이유는 이것이다. 그 소녀가 피해를 입었던 그 시점이 미성년 연령의 시기에 해당했다. 둘째 이유는 해제조항이 혐오스러운 것이고 그래서 이 소녀에게 저해가 되어서는 안 된다. 셋째 이유는 그 후견인들이 그 행위에 관하여 아주 나쁘게 처신함으로써 피혐의자이기 때문이다. 그래서 그들의 이 행위에 관한 한 그들은 사해행위를 저지른 것으로 추정된다. 그리하여 이들 이유들로 인해 황제가 그녀를 원상회복시키게 (마음이) 움직여졌다. 그러나 파울루스는 더 많은 것을 말한다. 가장 강력한 이유를 황제는 망각에 내맡겼던 것이다. 매도인이 기일이 지난 후 대금을 청구한 사실로부터 해제조항을 포기한 것으로 인정된다는 것이다. 이렇게 그녀를 위한 이유들이 네 가지이다. 그리고 문자로 표현되지 않은 어떤 이유가 있다. 아마도 그녀가 아름다웠다는 것이다. [스승 오도프레두스가] 이것을 말했다.)

결국 오도프레두스가 '아름다운 루틸리아나'를 창안한 것이다. 쿠피쉬에 의하면 그렇게 함으로써 지루해할 수강생들의 상상력과 주의를 자극하고 특히 눈에 쏙 들어오는 설명보조수단을 제공했다고 한다. 이때 아름다움이 다른 아름다움이 아니라 '얼짱'(facie decora)인 것도 흥미롭다. 그녀가 아름다웠는지는 사실 아무도 모른다. 그러나 한 가지 분명한 것은 비록 쿠피쉬가 상상하는 것처럼 자신의 후견인들을 쥐락펴락 하지는 않았더라도 자신의 사건을 최고심까지 끌고 갈 정도로 힘과 배짱이 있었던 것은 틀림없고 그런 의미에서 연소(年少)한 그녀지만 쿠피쉬 말마따나 '역강(力強)하다'(energisch)라고 표현해도 잘못은 아닐 것이다. 아름다운 루틸리아나의 이야기는 결국 허망하게 끝난 셈이다. 이러한 사실은 사비니가 오도프레두스에 관해서 한 혹평이 전혀 근거 없는 것이 아님을 보여준다. 그의 묘비명에는 다음과 같이 근사한 문구가 새겨져 있었다고 한다.[131]

---

131 Savigny, 356.

Clauditur hic mundi sensus jurisque profundi / Lux, foedus pacis, Doctorum flos Odofredus, ...

(묻히다 이곳에 세상지(世上知)[132]와 심오한 법의 / 빛, 평화의 맹약, 법률가 중의 꽃 오도프레두스, …)

하지만 사비니는 그 '언어가 조악(粗惡)하고', 장황한 설명은 학생들의 지적 발달에도 전혀 도움이 안 되었을 뿐 아니라 내용적으로도 거의 가치가 없었고, 그래서 학문적인 계승도 별 볼일 없었다고 판단한다.[133] '어여쁜 루틸리아나'와 같이 강의에 자주 삽입한 이야기들도 그의 강의 방식이 자신과 수강생들에게 가져온 지루함을 달래기 위한 것이었지만, 작업 자체와는 완전히 무관한 이야기들이었다는 것이다. 하지만 역설적이게도 이 점이야말로 유일하게 그의 저술이 유용하고 심지어는 필수적이게까지 하는 사정이라고도 한다.[134] 그렇다면 쿠피쉬의 긍정적인 평가를 달리 재고해 보아야 할 충분한 이유가 있는 것이 아닐까 싶다.

그러면서도 우리는 근거 없이 상상력을 동원했거나 이에 대해 무비판적으로 추종하기만 했던 중세 법률가들이 아니라 원래의 주역이었던 로

---

132 mundi sensus의 의미는 sensus를 주격(主格)으로 보느냐 속격(屬格)으로 보느냐에 달려 있다. 전자로 보면 mundus(세상)에 대한 sensus가 될 것이고, 후자로 보면 lux를 꾸미는 mundus(깨끗한) sensus가 될 것인데, 여기서는 오도프레두스를 기리는 4가지 수식어가 나열된 것으로 보아서 전자로 새겼다.

133 Savigny, 364, 355, 354, 360.

134 Savigny, 366. 그러나 우리는 이런 유의 이야기들이 어느 정도는 분명히 지루한 강의를 재미있게 만든다는 점과 그렇지 않았다면 놓쳤을 교육적 효과가 있다는 점은 인정해야만 할 것이다. 예컨대 그 자신 뛰어난 이야기꾼이었던 인류학자 제임스 G. 프레이저(James G. Frazer)도 이 수법을 동원했다. 그는 비록 "황당무계한 주장들을 진지하게 논의한다는 것 자체가 이미 그것들에게 너무 많은 영광을 안겨주는 결과가 될 것"이므로, "이러한 환상적인 해석들을 그것들에게 알맞은 구치소에 집어넣어" 버려야 한다고 주장하였지만, 그럼에도 불구하고 그런 해석들을 "딱딱하고도 오래 계속된 논의의 지루함을 덜어서 권태를 풀려고 미리부터 무슨 즐거운 이야기를 계산해 두었다가 오직 그런 유쾌한 즐거움을 얻기 위해서" 언급하였던 것이다. 프레이저, 309f.

마의 법률가들을 생각할 때면 안도한다. 엄연한 공적 책임영역인 법의 세계에서 그 집행자들이 여인의 미모에 현혹되는 일 없이 냉정하고 엄정하게 법논리를 가지고 공개적으로 담론했다(disputatio fori)는 사실이 위안이 되기 때문이다. 여인의 미모에 영향 받지 않고 법대로 처결하는 것이 제대로 된 치세의 법운용임은 일찍이 관자(管子)도 설파했던 바가 있거니와[135] 그들이 "너희는 재판에 외모를 보지 말라"(「신명기」 1: 17, cf. 16: 19(개역성서))[136]는 당위를 규범으로서만 선언하거나 승인한 것이 아니라 실제로도 실천했기에 말이다.

οὐκ ἐπιγνώσῃ πρόσωπον ἐν κρίσει.[137]

審鞫之時 勿以貌取人.[138]

Vous n'aurez point égard à l'apparence des personnes dans vos jugements.[139]

Non guardate in faccia alle persone nel giudicare.[140]

---

135 『管子』「任法」第45篇: 美者以巧言令色請其主, 主因離法而聽之, 此所謂美而淫之也. 治世則不然, 不知親疏遠近貴賤美惡. 以度量斷之[(今譯) 若是美色之女以巧言令色請其主, 其主因此違法而聽信之, 這就叫做美而淫之呀! 治君則不然, 不知親疏遠近貴賤美惡之別, 一切皆以法制來決定之]. 李勉 註譯, 739[(今譯) 749].

136 허성갑 옮김, 『히브리어 직역 구약성경』(2006), 288에 의하면 "너희들은 그 재판에서 얼굴을 봐주지 말아야" 한다로 표현된다. 내용과 관련해서는 라이트, 374; Rushdoony, 625.

137 Septuaginta. Id est Vetus Testamentum graece iuxta LXX interpretes, edidit Alfred Rahlfs, Duo volumina in uno(Deutsche Bibelgesellschaft, 1935, 1979), 285. 이처럼 70인역 그리스어 성서(LXX)는 '얼굴'을 πρόσωπον(독어 Angesicht)으로 옮겼다. '얼굴을 봐주다'(λαμβάνειν / θαυμάζειν / γιγνώσκειν πρόσωπον, Vulgata 라틴어 성경: accipere personam)와 그 히브리적 배경에 관해서는 Kittel(ed.), Vol. III, 30; Vol. VI, 779.

138 『救主耶穌降世一千九百十二年 舊新約聖經 文理串珠』(上海大美國聖經會, 1912), 155.

139 Louis Segond(trad.), La Sainte Bible (édition revue avec références, Alliance Biblique Universelle, Seoul 1986), 190.

140 La Sacra Bibbia, traduzione dai testi originali (Edizioni Paoline, Pia Società San Paolo, Roma 1968), 203.

Kennt vor Gericht kein Ansehen der Person![141]

Ihr dürft beim Rechtsprechen die Person nicht ansehen.[142]

審判的時候 不可看人的外貌.[143]

이러한 공론의 장(場)은 비록 그 결론이 부당한 점이 있다 하더라도 천하의 모든 사람들이 그 잘못이 누구에게서 비롯된 것인지를 밝게 알 수 있게 한다(命令 … 雖有不當 天下亦皆曉然知其謬之出於某人)고 주자(朱子)가 지적한 바 있는데,[144] 이 말은 물론 우리의 사례에도 해당된다.

---

141 Die Bibel. Altes und Neues Testament, Einheitsübersetzung (Katholische Bibelanstalt GmbH, Stuttgart 1980), 168.

142 Hermann Menge(Übers.), Die heilige Schrift des Alten und Neuen Testaments (Deutsche Bibelgesellschaft, Stuttgart 1949/84), 232.

143 『성경 · Holy Bible, King James Version · 新標點和合本』, 香港: 香港聖經公會 (1992/Fourth Printing 1994), 275.

144 『朱子大全』卷14 頁26「經筵留身面陳四事箚子」의 글 중 일부이다. Cf. 유교의 공론론(公論論)에 관해서는 리상익, 335ff, 특히 356ff.(주자 인용문은 370 n.69에서 재인용).

참고문헌

라이트, 크리스토퍼, 김재영 옮김, 『현대를 위한 구약윤리』, 한국기독교학생회출판
부(2006).

이상익, 『유교전통과 자유민주주의』, 심산(2004).

李勉 註譯, 『管子今註今譯 下冊』(臺灣常務印書館, 中華民國79年9月 2版).

최병조, "D.18.1.6.1 (Pomp. 9 ad ed.)의 해석 —로마법상 매매실효약관(D.18.3)의
법리", 『逸軒崔柄煜敎授停年紀念 現代民事法硏究』(2002), 613ff.=『로마의 법
과 생활』(2007), 167ff. [= 최병조 II]

_____, 『로마법강의』, 1999. [= 최병조 I]

최병조, "로마법상 사용취득(usucapio)의 권원 개념(II) —Pro suo와 Pro possessore
를 중심으로", 『서울대학교 법학』 50/3(2009. 9), 1ff. [= 최병조 V]

_____, "로마법상의 '화의(和議)' 약정", 『羅岩徐敏敎授停年紀念論文集: 민법학의
현대적 양상』(2006), 1ff. [= 최병조 III]

_____, "법과 문학 사이에서 —키케로 『수사학』 국역본에 대한 촌평: 법정연설 부
분을 예증 삼아", 『서울대학교 法學』 49/4, 2008.12, 282ff. [= 최병조 IV]

프레이저, J. G., 이양구 옮김, 『구약 시대의 인류 민속학』, 강천(1996).

春木一郎 譯, 『ユ－スティ－ニア－ヌス帝 學說彙纂 ΠΡΩΤΑ』(有斐閣, 昭和13年).

Archi, Gian Gualberto, "Indirizzi e problemi del sistema contrattuale nella
legislazione da Costantino a Giustiniano", in: *Scritti di Diritto romano in onore
di C. Ferrini* (1943) = idem, Sritti di Diritto romano, III (1981), 1779ff.

Behrends, Okko/Knütel, Rolf/Kupisch, Berthold/Seiler, Hans Hermann (Übers./
Hg.), *Corpus Iuris Civilis, Text und Übersetzung, II. Digesten 1~10, 1995; III.
Digesten 11~20* (1999).

Berger, Adolf, *Encyclopedic Dictionary of Roman Law* (1953).

Bretone, Mario, *Geschichte des römschen Rechts* (1992). [= Bretone II]

_____, *Tecniche e Ideologie dei Giuristi Romani*, seconda edizione, 1982. [= Bretone I]

Brunnemann, Johannes, *Commentarius in Pandectas*, editio quinta (Wittebergae & Berolini 1701).

Cannata, C. A, *Histoire de la jurisprudence europénne, I. La jurisprudence romaim* (1989).

Coriat, Jean-Pierre, *Le prince législateur. La technique législative des Sévéres et les methodes de création du droit impérial à la fin du Principat* (1997).

Cuiacius, *Opera omnia*, editio nova emenfatior et auctior, Lutetiae Parisiorum (1658).

Erler, Adalbert / Kaufmann, Ekkehard (Hg.), *Handwörterbuch zur deutschen Rechtsgeschichte*, III. Band (1984).

Fehi, Ioannes (studio et opera), *Corpus Iuris Civilis Iustinianei*, tomus primus (Lugduni 1627 / reprint Otto Zeller, Osnabrück 1965).

Flume, Werner, *Rechtsakt und Rechtsverhältnis. Römische Jurisprudenz und modernrechtliches Denken* (1990).

Glück, Christian Friedrich, *Ausführliche Erläuterung der Pandecten nach Hellfeld, ein Commentar*, Fünften Theils erste Abtheilung (Erlangen 1798).

Habel / Gröbel, *Mittellateinisches Glossar* (2. Auflage o. J., 1959).

Harmenopulos, Konstantin, *Manuale legum sive Hexabiblos*, ed. Gustav Ernst Heimbach (Leipzig 1851 / neudruck 1969).

Heimbach, Gustav Emest / Heimbach, Karl Wilhelm Emest, *Basilicorum Libri LX*, tom. I (Lipsiae 1833; tom. II, Lipsiae 1840).

Hobbes, Thomas, *Hobbes's Leviathan*, Reprinted from the edition of 1651 with an essay by the late W. G. Pogson Smith, 1909 / reprinted 1958. [= Hobbes II]

_____, *Leviathan sive De materia, forma, et potestate civitatis ecclesiaticae et civilis, in: Opera philosophica quae latine scripsit omnia*, in usum corpus nunc primum collecta studio et labore Gulielmi Molesworth, vol. III (Londini 1841). [= Hobbes I]

Honoré, Tony, *Ulpian* (1982).

Hulot, Henri (tr.), *Corps de Droit civil Romain en Latin et en Français, Tome 1. Les Cinquante Livres du Digeste ou des Pandectes de l'Empereur Justinien*, Tome 1 (1803 / réimpression 1979).

Kaser, Max, *Das römische Privatrecht*, I (2. Auflage 1971). [= Kaser I]

_____, *Das römische Privatrecht*, II (2. Auflage 1975). [= Kaser II]

Kaser, Max / Hackl, Karl, *Das römische Zivilprozessrecht* (2. Auflage 1996).

Kittel, Gerhard (ed.), *Theological Dictionary of the New Testament*, translated and edited by Geoffrey W. Bromiley, Vol. III (1965/reprint 1982). [= Kittel I]

_____, *Theological Dictionary of the New Testament*, translated and edited by Geoffrey W. Bromiley, Vol. VI (1968/reprint 1982). [= Kittel II]

Krüger, Paul, *Geschichte der Quellen und Litteratur des Römischen Rechts* (2. Auflage 1912).

Kunkel, Wolfgang, *Die römischen Juristen. Herkunft und soziale Stellung* (unveränderter Nachdruck der 2. Auflage von 1967 mit einem Vorwort von Detlef Liebs, 2001).

Kunkel/Honsell, *Römisches Recht* (4. Auflage 1987).

Kupisch, Berthold, "Rutiliana pupilla-schön oder energisch?(Paul. D.4.4.38pr.)", *Zeitschrift der Savigny-Stiftung für Rechtsgeschichte, Romanistische Abteilung* 94 (1977), 247ff.

Lenel, Otto, *Palingenesia Iuris Civilis*, I (1889).

Leyser, Augustin, *Meditationes ad Pandectas*, vol. III et IV (editio nova, Franckenthalii 1778)

Liebs, Detlef, "III. Jurisprudenz", in: Sallmann, Klaus(Hrsg.), *Die Literatur des Umbruchs. Von der römischen zur christlichen Literatur*, 117 bis 284 n. Chr. (1997), §§4110~431, 83ff. [= Liebs III]

_____, "Der Sieg der schönen Rutiliana. Lex commissoria displicebat", *Festschrift für Max Kaser zum 70. Geburtstag* (1976), 373ff. [= Liebs I]

_____, *Zeitschrift der Savigny-Stiftung für Rechtsgeschichte, Romanistische Abteilung* 100 (1983), 485ff. [= Liebs II]

Litewski, Wiesiaw, "Die römische Appellation in Zivilsachen(Ein Abriß) I. Prinzipat", in: *Aufstieg und Niedergang der römischen Welt*, II 14 (herausgegeben von Hildegard Temporini und Wolfgang Haase, 1982), 58ff.

Maschi, C. A., "La conclusione della giurisprudenza classica all'età dei Severi. Iulius Paulus", in: Temporini, Hildegard/Haase, Wolfgang (Hrsg.), *Aufstieg und Niedergang der rönischen* Welt, II 14 (1976), 667ff.

Mousourakis, George, *The Historical and Institutional Context of Roman Law* (2003)

Olechowski, Thomas/Gamauf, Richard (Hg.), *Studienwörterbuch Rechtsgeschichte und Römisches Recht* (2006).

Pabst, Angela, *Comitia imperii. Ideelle Grundlagen des römischen Kaisertums* (1997),

Peter, Hansjörg, "Männlich und weiblich in römischen Rechtstexten", in: *Europas universale rechtsordnungspolitische Aufgabe im Recht des dritten Jahrtausends*.

Festschrift für Alfred Söllner zum 70. Geburtstag (2000), 853ff.

Peters, Frank, *Die Rücktrittsvorbehalte des römischen Kaufrechts* (1973).

Radbruch, Gustav, Aphorismen zur Rechtsweisheit, gesammelt, eingeleitet und herausgegeben von Arthur Kaufmann (1963).

Rabenbauer, Hans / Hofmann, J. B. / Heine, K, *Lateinische Grammatik* (10. Auflage 1977).

Riccobono, Salvator (ed.), *Fontes Iuris Romani Anteiustiniani, Pars prima: Leges* (Florentiae, 1968).

Rushdoony, Rousas John, *The Institutes of Biblical Law* (1973).

Savigny, Carl Friedrich von, *Geschichte des Römischen Rechts imMittelalter*, IV. Band (Zweite Ausgabe, Heidelberg 1850).

Schulz, Fritz, *History of Roman Legal Science*(with new addenda) (1953).

Selb, Walter, "Das prätorische Edikt: Vom rechtspolitischen Programm zur Norm", in: *Iuris Professio. Festschrift für Max Kaser zum 80.* (Geburtstag, 1986), 259ff.

Solazzi, Siro, "Le azioni del pupillo e contro il pupillo per i negozi conclusi dal tutore", 1910 ~ 1913, in: idem, *Scritti di diritto romano*, I (1955), 371ff.

Stryk, Samuel, *Praelectiones Viadrinae de Cautelis Contractuum necessariis*, editio octava revisa et aucta, Wittebergae (1710).

Voet, Johannes, *Commentarius ad Pandectas*, I, editio ultima accuratior (Hagae– Comitum 1735).

Wacke, Andreas, "Zum Rechtsschutz Minderjähriger gegen geschäftliche Übervorteilungen", *Tijdschrift voor Rechtsgeschiedenis* 48 (1980), 203ff.

Watson, Alan (ed.), *The Digest of Justinian*, Latin text edited by Theodor Mommsen with the aid of Paul Krueger / English translation edited by Alan Watson, Vol. I (1985).

Wenger, Leopold, *Die Quellen des römischen Rechts* (1953).

Wieacker, Franz, *Römische Rechtsgeschichte*, Zweiter Abschnitt (2006).

인터넷자료

http://puglia.indettaglio.it /eng /comuni /ba /rutigliano /rutigliano.html(2010년 8월 1일자 방문) = http@

http://maps.google.com / maps?q = Rutigliano&um = 1&ie =UTF‑8&sa = N&hl = en&tab = wl(2010년 10월 8일자 방문) = httpⓑ

http://encyclopedia.jrank.org /NUM_ORC /ODOFREDUS.html(2010년 7월 30일 자 방문) = http ©

http://www.worldcat.org/identities/lccn-n88-607370(2010년 7월 30일자 방문)
＝http⒟

기타

각국어『성경』(앞의 주 136-143)

제5부

로마 형사법

제11장 로마형법상의 사기범죄
─D.47.20 Stellionatus 역주

Scias, si quis forte te ⋯ fallat, paratam ultionem;
qua tamen ne sit opus, etiam atque etiam attende!
neque enim tam iucundum est vindicari,
quam decipi miserum.
(Plinius minor, *Ep.* 6.22.7f.)
누군가 그대를 속이면 보복을 늦추지 말게나.
하지만 조심하고 또 조심하게나, 그런 일이 필요 없도록!
속는 것이 비참한 만큼
보복이 그렇게 즐거운 건 아니니까.
─소(少) 플리니우스, 『서한』 6.22.7f.

* 이 글에서 h.t.는 『로마법대전』의 『학설휘찬』(*Digesta*)과 『칙법휘찬』(*Codex*)에서
stellionatus를 다룬 해당 장(章)을 표시하는 약호이다. 따라서 D.h.t.＝D.47.20;
C.h.t.＝C.9.34를 의미한다. 이 주제에 관하여 가장 최근의 연구단행본에 속하
는 L. Garofalo, *La persecuzione dello stellionato in diritto romano* (1992)와 전문잡
지에 실린 U. Zilletti, "Annotazioni sul crimen stellionatus", *AG* 161 (1961), 72ff.;
R. Mentxaka, "Stellionatus", *BIDR* 91 (1988), 277ff.는 참조하지 못하였다.

I. 머리말*

형사법의 역사에서 가장 중요한 발전은 근대 이후 죄형법정주의(罪刑
法定主義)가 헌법적 차원에서 근본법원리로 정착했다는 사실이다. 권력
자의 자의와 천단(擅斷)의 가능성을 원천적으로 배제하고 법수범자의
활동의 자유를 확보하고 인권을 보장하며 삶의 안정을 도모하기 위해서
인류가 값비싼 대가를 치르고 얻어낸 성과가 다름 아닌 죄형법정주의임
은 주지의 사실이다. 역으로 근대 이전의 모든 법제는 죄형법정주의의
원리에 의한 규제와 지배가 정도의 차이는 있으나 느슨한 채로 유지되
어 왔다. 근대 이전의 법질서에서 형법이론의 발전은 민법 분야의 정치
한 발전과 달리 엄격한 논리적 체계성을 갖추지 못하였는데, 그 주된 이
유는 죄형법정주의가 부과하는 엄밀한 규제조건의 획정이라는 작업이
요구되지 않았던 데 크게 기인하였다. 범죄 구성요건들 사이의 경계가
섬세하고 명확하지도 않았고, 법률효과도 엄밀하게 예정되어 있지 못한
상태인 경우가 많았던 것은 동서를 막론하였다. 법윤리적 또는 법정책
적 관점에서 사법당국이 마땅히 처벌받을 만하다고 평가한 행위는 이런
저런 방식으로 그 당벌성(當罰性)에 부합하는 조치가 내려질 수 있었다.[1]
심지어는 처벌의 정도가 적정하다는 이유에서 전혀 엉뚱한 구성요건에

위법행위를 포섭시키는 일도 적지 않았다. 이에 구체적 역사 상황의 요소들이 더해지면 사정은 더욱 복잡해져서 과거의 형사법들은 이해하기가 정말 어렵고, 때로는 합리적인 설명이 거의 불가능할 지경에 이르기도 한다.

고대 로마의 경우에도 이러한 사정은 다른 사회와 마찬가지였다. 비록 법치국가로서의 면모를 전반적으로 잃지 않았던 로마였지만,[2] 그 형사법은 오늘날의 형사법과는 모습이 많이 달랐다. 이 글에서는 죄형법정주의라는 관점에서 볼 때 로마의 형사법 속에서도 어쩌면 가장 독특한 모양새를 가졌던 것으로 평가될 수 있을 사기(stellionatus)에 관하여 개관하고자 한다.[3] 사기는 로마의 경우 형사적으로는 오랫동안 두루 공신(公信, publica fides)의 보호를 위하여 일반적 추상적인 falsum 개념에 기초했던 위죄(僞罪)의 일부로서 다루어졌으며, 그 밖에는 기원전 66년 새로 도입된 악의소권(惡意訴權, actio de dolo)을 통한 민사 불법행위로 제재되다가 고전기 말에 비로소 악의소권을 모델로 해서 비상심리소송(非常審理訴訟)에서 독자적인 명칭을 가진 형사범으로 처벌하기에 이른 것으로 보이는데,[4] 일러도 안토니누스 피우스 황제(138~161) 때부터였으며,[5] 실제로 전해지는 법률사료는 모두가 200~244년의 것들이다.[6] 사

---

1 당벌성 개념에 관해서는 일응 Eberhard Schmidhäuser, *Strafrecht: Allgemeiner Teil* (1970), 17ff.

2 졸고, "서양 고대 로마의 법치: 이념과 현실", 김도균·최병조·최종고, 『법치주의의 기초. 역사와 이념』, 서울대학교출판부(2006), 127ff.

3 로마법의 영향은 근대에까지 지속하였다. 이에 관해서는 Sbriccoli, 238ff.; Friedrich Schaffstein, "Das Delikt des Stellionatus in der gemeinrechtlichen Strafrechtsdoktrin. Eine Studie zur Entstehungsgeschichte des Betrugstatbestandes", in: *Festschrift für Franz Wieacker zum 70. Geburtstag* (1978), 281ff. = *Abhandlungen zur Strafrechtsgeschichte und zur Wissenschaftsgeschichte* (1986), 171ff.; Rezension von Fritz Raber, *SZ* 102 (1985), 690ff., 712f.; Glöckner, 1953ff.; Volterra, 56f.

4 조규창, 499; Volterra, 26f.

5 Völkl, 356. 이러한 추측은 전해지는 사료 중 가장 이른 것인 Paul. 29 ed. D.13.7.16.1 (보통 180~190년대로 비정(比定): *Handvuch der lateinischen Literatur der Antike*, Bd.4. *Die Literatur des Umbruchs: von der römischen zur christlichen Literatur; 117 bis 284 n. Chr.,*

650

기(D.47.20 *Stellionatus*; C.9.34 *De crimine stellionatus*)와 위죄(D.48.10 *De lege Cornelia de falsis et de senatus consulto Liboniano*; C.9.22 *Ad legem Corneliam de falsis*)가 구성요건적으로 분명한 형태로 구분된 것도 19세기나 와서의 일이었는데, 관련 로마법 사료와 이를 바탕으로 한 보통법학과의 학문적인 대결을 거쳐서 이룩한 성과였다.[7]

이 글의 서술은 먼저 stellionatus에 관하여 체계적인 방식으로 살펴보고(II.), 이어서 『로마법대전』 중에서 사기죄를 본격적으로 다루고 있는 『학설휘찬』의 사료(D.47.20)에 대한 역주(譯註) 작업으로 마무리하기로 한다(III.). 역주에 있어서는 여기저기 흩어져 있는 관련 사료를 빠짐없이 소개한다는 취지를 또한 살리려고 노력하였다. 이러한 작업은 그 내용의 성질상 현행법에 대한 이해의 심화라는 실천적 기여보다는 다른 사회[8] (특히 우리 전통사회)[9]의 법과의 비교자료로서 다름을 통한 인식의 지평 확대에 더 의미가 있을 것이다.

II. Stellionatus

1. 사기의 구성요건

로마형법상 사기(stellionatus)는 울피아누스의 설명에 의하면 "고의로 무엇인가를 저지른 자에게, 다른 범죄가 비난될 수 없는 경우에" 책임지

---

hrsg. von Klaus Sallmann (1997), 156 (D. Liebs))가 인용하고 있는 마르켈루스의 『학설집』이 150~160년대로 비정되는 것에 근거할 수 있지만(*ibid.*, 109 (D. Liebs)), Stein I, 81 및 Stein II, 199 (Garofalo에 반대)가 주장하듯이 마르켈루스의 언명이 민사소권의 범위를 넘어선 내용에까지 미치는 것이었는지는 의심스럽다.

6 매우 특이하게도 Codex Theodosianus와 유스티니아누스 이전의 기타 법사료에는 관련 내용이 하나도 전해지지 않는다. 『칙법휘찬』에 전하는 칙답들(C.h.t.1-4)도 231~244년에 걸친 것들뿐이다. Stein I, 88.

7 Hupe, 1060-1062; Glöckner, 1951f.

8 Stein I, 79 (특히 남아프리카공화국의 Roman-Dutch law 및 스코틀랜드법).

9 Cf. 조지만, 『조선시대의 형사법: 대명률과 국전』, 경인문화사(2007).

울 수 있는 범죄였고, 무엇보다도 악의소권(actio de dolo)[10]에 대응하는 것이었다(D.h.t.3.1). Stellionatus란 명칭은 원래 일종의 도마뱀/도롱뇽(또는 전갈?)인데 불한당·사기꾼을 의미하는 것으로 전의(轉義)되었던 stellio에서 기인하는 법률용어였다.[11] 악의소권과의 대응성은 크게 세 가지 점에서 두드러졌다. 하나는 사기성(詐欺性)의 이해에 관련된 것이고,[12] 다른 하나는 다른 소권들과의 관계에서 인정된 보충성(Ulp. 11 ed. D.4.3.1.4)의 특징이었고,[13] 마지막 하나는 파렴치효였다.[14]

1) 사기의 고의(故意)

사기는 "고의로 무엇인가를 저지른 자"(qui dolo quid fecerunt)에 한하여 인정되었다(Ulp. 8 off. procons. D.h.t.3.1). 그러므로 과실범(過失犯)은 성립하지 않는다.[15] 물론 이때 고의는 기만, 기망(欺罔)의 의식과 의욕이다(sciencens prudensque: Ulp. 11ed. D.13.7.36.1). 이를 의문의 여지 없이 보여주는 표현이 로마의 법률가들이 종종 사용했던 calliditas(간교(奸巧), 교활(狡猾), 위계(僞計))였다(Ulp. 8 off. procons. D.h.t.3.1; 7 disp. D.17.1.29.5).[16] 기망이란 물론 상대방을 속이는 것이고, 속이는 것이란 '참이 아닌 것을 참으로 내세우는 것'을 말하므로 로마의 법률가들

---

10 최병조 I, 126ff.; 졸저, 『로마법강의』, 박영사(1999), 375ff.

11 Matthaeus, 180 n.1; Voet II, ad D.47.20 n.1 (p.842); Boehmer, ad D.h.t. n.1 (p.551); Scarlata-Fazio, 517; Sbriccoli, 237 n.2; Mommsen, 680 n.4; Volterra, 25f. Stellio 어휘에 대해 상세한 것은 Facciolati/Forcellini, *Totius Latinitatis Lexicon*, tom. IV (editio in Germania prima, Lipsiae/Londini, 1835), s.v. stellio (p.177).

12 최병조 I, 128ff., 157f.

13 최병조 I, 155ff.; Antonio Guarino, "La sussidiarietà dell' ≪actio de dolo≫", *Labeo* 8 (1962), 270ff. = *Pagine di diritto romano*, VI (1995), 281ff.

14 최병조 I, 164.

15 조규창, 500 n.74; Boehmer, ad D.h.t. n.4 (p.552).

16 악의소권에 대해서는 Ulp. 30 ed. D.50.17.47.pr.: ... ceterum si dolus et calliditas intercessit, de dolo actio competit; Ulp. 11 ed. D.4.3.7.10: ... nam nisi ex magna et evidenti calliditate non debet de dolo actio dari. Cf. 최병조 I, 134.

이 위죄(僞罪, falsum)의 개념을 규정하면서 동원했던 내용[17]과 다를 바 없지만, 그렇다고 하여 이를 "이 점에서 넓은 의미의 사기란 위조(僞造, falsum)의 하위개념이다"[18]라거나 "넓은 의미의 위조란 고의로 진실을 은폐함을 말하며, 따라서 사기를 내포한 개념이다"[19]라고 설명하는 것은 적절치 못한 것으로 생각된다. 왜냐하면 실체적 내용은 어떨지 몰라도 일단 위죄는 결과만을 고려하는 데 반하여 사기는 그러한 결과를 얻기 위한 수단인 기망행위에 초점이 놓이고,[20] 무엇보다도 적어도 형사처벌의 기제(機制)에 있어서는 후술하는 stellionatus의 보충성으로 인하여 falsum에 해당하면 stellionatus는 더이상 문제될 수 없었고, falsum으로 문의될 수 없을 때 비로소 stellionatus의 가능성을 고려해야만 했다[21]는 점에서 어떤 의미에서는 상호배타적인 측면이 분명히 있었기 때문이다. 물론 기망의 수단과 방법에는 제한이 없었고,[22] 작위와 부작위[23]를 망라하였다.[24] 피해자가 사정을 알고 있었을 때에는 속은 것이 아니므로 사기가 성립하지 않는다.[25]

2) 손해의 발생

사기는 또한 소추 시점에 현존하는 재산상의 손해 발생을 요건으로 하였으므로(Ulp. 11 ed. D.13.7.36.1; 8 off. procons. D.h.t.3.1; C.h.t.1[26])[27] 미수

---

17 PS. 5.25.3 = Coll. 8.6.1: Falsum est, quidquid in veritate non est, sed pro vero adseveratur.

18 조규창, 498 n.66.

19 조규창, 253 n.63.

20 Scarlata-Fazio, 518.

21 Robinson, 39 n.214.

22 같은 곳, 조규창, 498.

23 진실을 은폐하고 알리지 않는 경우 가령 Ulp. 28 ad Sab. D.40.7.9.1 (아래의 주 102); Ulp. 7 disp. D.17.1.29.5 (아래의 주 99); Stein I, 85f.

24 Stein I, 86; Stein II, 200.

25 Matthaeus, 183 n.2

26 C.h.t.1 (a.231) Imperator Alexander Severus.

범(未遂犯)은 인정되지 않는다.[28]) 그러나 stellionatus는 민사 영역의 쌍

Improbum quidem et criminosum fateris easdem res pluribus pignorasse,
dissimulato in posteriore obligatione, quod eaedem aliis pignori tenentur. Verum
securitati tuae consules, si oblato omnibus debito criminis instituendi causam
peremeris.
(그대는 동일한 물건들을 수인(數人)에게 입질(入質)하고, 후순위 담보 시에 그것
들이 타인들에게 담보 잡혔다는 사실을 은닉한 것이 부도덕하고 범죄적임을 고백
하고 있다. 참으로 모든 채무를 제공하여 범죄 기소의 사유를 제거하면 그대의 안
전을 위하여 조처를 강구하는 것이다.)
Matthaeus, 183f. n.3은 이 개소와 관련하여 절도나 강도행위 후에 개전(改悛)
의 정을 표시하여 원상을 회복시킨 경우에도 여전히 처벌하는 Ulpianus 1 ed.
aed. cur. D.47.2.66 (65) (Qui ea mente alienum quid contrectavit, ut lucrifaceret,
tametsi mutato consilio id domino postea reddidit, fur est: nemo enim tali peccato
paenitentia sua nocens esse desinit)나 Gaius 21 ed. prov. D.47.8.5 (Non prodest
ei qui vi rapuit ad evitandam poenam, si ante iudicium restituat rem quam rapuit)
와 비교하면서 그 효과가 다른 점을 어떤 정합적 법률논리가 아니라 입법자의
자비(慈悲, clementia juris conditorum)에서 찾고 있다. 그러나 이 경우는 담보
가 후순위라는 것만으로 바로 손해가 발생한 것은 아니므로 선순위채권을 만족
시켜서 손해발생의 가능성을 제거하면 손해발생이라는 구성요건을 충족시키지
못하여 사기가 성립하지 않는 까닭인 것이지, 개전의 정이 있어서 사기죄를 면
하는 것이 아님을 오인한 잘못이 있다. 또 그가 동시에 인용하고 있는 Ulpianus
1 ed. aed. cur. D.21.1.17.1 (Caelius autem fugitivum esse ait eum, qui ea mente
discedat, ne ad dominum redeat, tametsi mutato consilio ad eum revertatur: nemo
enim tali peccato, inquit, paenitentia sua nocens esse desinit)은 노예가 도주한 경
우에는 개전의 정이 있다 해도 일단 도주경력이 사라지는 것이 아니므로 도주
벽 있는 노예로 남는다는 점을 밝히고 있을 뿐으로 도주에 대한 처벌이 개전의
정에도 불구하고 이루어졌다는 내용이 아니므로 이 개소 역시 C.h.t.1을 이해하
는 데 아무 도움이 되지 않는다. 그렇다면 오히려 그가 마지막으로 인용하고 있
고 미수범에 대한 것으로 이해하고 있는 Paulus 5 sent. D.48.10.19.pr. (Qui falsam
monetam percusserint, si id totum formare noluerunt, suffragio iustae paenitentiae
absolvuntur)의 논리가 더 적합하다고 할 것이다.

27 Brunnemann I, ad C.h.t.1 n.3 (p.1132): quia respectum habet ad eventum;
   Boehmer, ad D.h.t. n.4 (p.552); Matthaeus, 183 n.2.

28 조규창, 500 n.74 (다만 조규창이 이곳에서도 인용하고 있는 D.13.7.3.1은 존재하
   지 않는 개소이다). Stein II, 200에 의하면 Garofalo는 실제의 손해가 아니라 손해
   의 위험(risk of loss)만으로 충분하다는 견해라고 하는데, Stein I, 84도 지적하듯

둥이라 할 수 있는 악의소권(actio de dolo 또는 더 단순히 actio doli)[29]과 한
가지로 범죄행위의 요체가 악의적인 가해에 있었고, 우리 형법의 사기
죄(형법 제347조)처럼 재물을 교부 받거나 재산상의 이득을 취득할 것
이 — 비록 통상은 이것이 현실로 발생하겠지만 — 요건은 아니었다. 따
라서 "사기(dolus, fraus)란 위법하게 이익을 취득할 목적으로 상대방을
기망함"을 말한다는 견해[30]는 정확한 것이 아니다.

그러나 1)과 2)의 요건(animus fraudandi & effectus fraudationis)[31]을 갖
추었다고 해서 바로 모두 사기범으로 문의되는 것은 아니었다. 그 이유
는 다름 아닌 보충성 때문이었다(후술 3)). 그러므로 구체적으로 사기
가 문의될 수 있는 경우를 모두 열거하는 것은 원천적으로 불가능하고
로마의 법률가들의 입장에서는 그럴 필요도 없었다(Ulp. 8 off. procons.
D.h.t.3.1).[32] 그러나 사료상 전해지고 있는 다음의 사례들은 로마의 법률
가들이 어떤 행위들을 전형적으로 사기로 파악했는지를 잘 보여준다고
할 것이다.[33] 무엇보다도 담보권의 설정이나 유지와 관련하여 속임수를
써서 채권자를 해치는 사례가 대종을 이루고 있는 점이 주목된다.[34] 이
러한 경우들은 민사상으로도 반드시 언제나 불법행위가 성립하는 것도

이 오류이다.

29 Mommsen, 678ff.는 그래서 형법서임에도 불구하고 stellionatus (680f.)에 앞서서
    민사소권인 악의소권을 다루고 있다.

30 조규창, 498; Sbriccoli, 237 ("animus lucrandi"); Scarlata-Fazio, 518 ("a proprio
    profitto").

31 Brunnemann II, ad D.47.20.3 n.2 (p.1309).

32 Robinson, 39.

33 Volterra, 47 ("reprimere le frodi in commercio"); Stein I, 83, 88 ("interests of
    commerce").

34 복합재산인 경우에는 상거래를 저해하므로 담보물이 개별물인 경우에 한한다는
    억견(臆見)에 대한 정당한 비판은 Matthaeus, 180 n.3. — 이 대목에서 특히 흥미
    로운 것은 도마뱀 꼬리를 잡았다가 잘린 빈 껍질만 갖게 된 도마뱀 습격자나 이처
    럼 상대에게 속아서 제대로 된 담보를 확보하지 못한 채 속빈 외양만 확보한 담
    보권자나 그 처지가 유사하다는 것이 stellionatus의 어원적 암시일지도 모른다는
    Stein I, 82f.; Stein II, 200의 지적이다.

아닌 사례들이기 때문에[35] 위계(僞計)에 대한 제재를 stellionatus라는 최후의 수단에서 찾은 것으로 생각된다.[36]

- 후담보권자를 속이는 이중담보[37] (D.13.7.16.1; D.13.7.36.1[38]; C.h.t.1; C.h.t. 4.pr.)
- 담보 잡힌 물건의 처분(매도, 교환, 대물변제 제공 등)(D.h.t.3.1)
- 물품 / 담보물 바꿔치기 · 빼돌리기(D.h.t.3.1; D.h.t.3.3; D.13.7.1.2; D.13.7.36.pr.)
- 담보물의 훼손(D.h.t.3.1)
- 거짓 선순위 담보권자 세우기(C.h.t.4.1)

---

35 이중담보로 인한 채무자의 위험을 회피하기 위한 조치들에 관해서는 Kaser / Knütel, *Römisches Privatrecht* (18. Auflage 2005), §31 Rz 26 (S.153f.).
Cf. D.20.1.15.2 Gaius libro singulari de formula hypothecaria.
Qui res suas iam obligaverint et alii secundo obligant creditori, ut effugiant periculum, quod solent pati qui saepius easdem res obligant, praedicere solent alii nulli rem obligatam esse quam forte Lucio Titio, ut in id quod excedit priorem obligationem res sit obligata, ut sit pignori hypothecaeve id quod pluris est: aut solidum, cum primo debito liberata res fuerit? de quo videndum est, utrum hoc ita se habeat, si et conveniat, an et si simpliciter convenerit de eo quod excedit ut sit hypothecae? et solida res inesse conventioni videtur, cum a primo creditore fuerit liberata, an adhuc pars? sed illud magis est, quod prius diximus.

36 Robinson, 32 n.115는 파울루스가 어떤 자로 하여금 재산을 제3자에게 넘기도록 회유하는 수단으로서 stellionatus를 서술하고 있다고 설명하고 있다. 그 근거 개소는 PS.1.8.2 (Qui dolum aut metum adhibuit, ut res ad alium transiret, uterque de vi et dolo actione tenebitur)인데, 이 개소의 언명은 우선 재산이 어떤 방식으로든 넘어가도록 기망한다는 점에서 더 포괄적이고, 또 엄밀히 말하면 악의소권에 관한 개소라는 점에서 Robinson의 해석은 문제가 없는 것이 아니다.

37 조규창, 499 n.70은 이에 해당하는 개소로 D.13.7.1.2와 C.h.t.2도 인용하고 있다. 그러나 이는 잘못이다. 전자는 후술하듯이 금(金)이라고 하면서 실은 동(銅)을 담보 잡힌 사례이고, 후자는 타인의 물건을 자기의 물건인 것처럼 담보 잡은 경우이기 때문이다.

38 조규창, 498 n.66은 사기죄의 구성요건에 관하여 D.13.7.36.1 외에 D.13.7.3.1을 보라고 했으나 이 개소는 존재하지 않는다.

- 타인 물건의 담보제공(D.13.7.16.1; D.13.7.36.1; C.h.t.2)
- 담보물 소유권에 관하여 증서로 위증하기(D.h.t.4)
- 위계에 의한 미지급대여금 수령 또는 대여금 이중수령(D.17.1.29.5)
- 노예의 해방조건을 은닉한 채 매도하기(D.40.7.9.1)
- 더 일반적으로는 타인의 불이익으로 기망을 행하거나 담합한 경우 (D.h.t.3.1).

거짓 선순위 담보권자를 세운 자(C.h.t.4.1)와 거짓 담보권자는 담합의 사기를 한 예일 것이다.[39]

3) 보충성

로마형법상 사기는 울피아누스의 설명에 의하면 고의로 무엇인가를 저지른 자에게 "다른 범죄가 비난될 수 없는 경우에",[40] 다시 말하면 다른 "특정 범죄의 명의가 결하는 경우에" 책임지울 수 있는 보충적 (subsidiaria),[41] 포괄적 구성요건(commune receptaculum,[42] Auffangtatbestand[43])이다(Ulp. 8 off. procons. D.h.t.3.1).[44] 로마학의 대가 테오도르 몸

---

39 그러나 후순위 담보채권자가 채무자와 짜고 채권증서를 위조하여 선순위 채권인 것처럼 꾸민 다음 담보물을 매각한 경우에는 매수인의 권리를 해하지 못하며, 그 담보채권자는 위죄(falsum)로 문의되었다.
   C.9.22.15 (a.294) Imperatores Diocletianus, Maximianus.
   Si creditor colludens cum debitore suo tibi praedium venumdedit, falsum commisit et tibi nihil officit, sed se magis criminis accusationi fecit obnoxium.

40 Bas.60.30.2 (Heimbach V, p.664): *"adversus eum, qui dolo fecit, deficiente alio crimine."*

41 Robinson, 39; Stein I, 79, 88 ("a residuary crime").

42 Boehmer, ad D.h.t. n.2 (p.552).

43 Glöckner, 1951; Hinrich Rüping, *Grundriß der Strafrechtsgeschichte* (2., völlig überarbeitete Auflage, 1991), 31.

44 Robinson, 32 ("a catch-all for the dishonest"); Stein I, 79 ("a catch-all category"); Bernardo Santalucia, *Diritto e processo penale nell'antico Roma* (1989), 124 n.129.
   —Volterra, 23ff., 54는 D.h.t.3.1의 "ubicumque igitur titulus criminis deficit, illic

젠은 그래서 보충소권(Ergänzungsklagen)이란 용어를 사용하였다.[45] 이처럼 다른 구성요건에 해당되지 않는 경우에 일반적[46] 최후의 수단(ultima ratio)으로서 동원된다는 점에서 stellionatus는 말하자면 형사법상의 악의소권(D.4.3)에 해당하는 것이다.[47] 기왕의 범죄 구성요건에 해당하지 않아서 고유한 명칭이 없는 일체의 속임수와 기만행위[48]를 로마 법률가들이 당벌성(當罰性, Strafwürdigkeit)의 요청에 부응하여[49] 원리적인 차원에서 제재를 가할 수 있도록 구상해낸 구성요건인바,[50] 법률이 예정하고 있는 가벌성(可罰性, Strafbarkeit)을 기준으로 판단하는 오늘날의 죄형법정주의의 관점에서 보자면 분명 문제가 될 수밖에 없는 매우 특이한 유형의 범죄였다고 할 수 있다.[51] 이러한 사정은 형벌에 관해서도 마찬가지였다(후술 3).

조규창, 498ff.는 어디에서도 사기죄의 가장 큰 특성인 이 보충성(補充

---

stellionatus obiciemus"를 유스티니아누스 황제에 의한 수정으로 보고(같은 곳, Zilletti (위 일러두기), 88ff. (Stein I, 87 n.21에서 재인용)), 이 원칙에 따라서 다른 부분들도 개찬되었다고 주장한다. 그러나 의심스러운 가정하에 어느 부분을 수정되었다고 주장한 다음 다시 그에 근거하여 다른 부분이 수정된 것으로 처리하는 식의 해석방법론은 한때 학계를 풍미하였지만 이미 낡은 것으로서 받아들일 수 없다.

45 Mommsen, 678, 680 ("Aushülfe und Ergänzung").

46 Volterra, 39 ("di significato generalissimo"); Sbriccoli, 237 ("denominazione generica di stellionato").

47 물론 고전기에 이러한 보충성이 어느 범위에서 실현되었는지는 의문의 여지가 있다. 특히 falsum과의 경합은 경우에 따라서 배제할 수 없었을지도 모른다. Völkl, 357.

48 B. Philip. Vicat, *Vocabularium Juris Utriusque*, tom. III (1759), s.v. Stellionatus (p.419): "Ita Jurisconsulti adpellant omnem fraudem atque imposturam, quae propriam significationem non habet, & in proprium delicti nomen non cadit."

49 Cf. Io. Gottl. Heineccius, *Elementa Iuris Civilis secundum Ordinem Pandectarum* (Amstelodami, 1728), ad D.47.20, §CXLVII (Pars VII p.48)이 dolo malo 외에 "& contra bonos mores ... factum"을 추가한 것은 이런 취지일 것이다.

50 Sbriccoli, 237 ("un principio operativo").

51 Robinson, 32 ("a vague crime").

性)에 대하여 언급이 없다. 오히려 499f.에서 민사적인 actio de dolo와 형사적인 stellionatus의 관계에 대해서만 고찰할 뿐이다. 그 결과 "계약 시의 기망행위는 일반적으로 민사상의 악의(惡意)의 소송으로 제재되었다"[75]고 하면서 주 75에서는 "로마법에서 법률행위의 사기는 계약법상의 소권(訴權) 또는 악의의 항변(抗辯)이나 악의의 소송으로 구제를 청구할 수 있을 뿐이지 사기죄의 형사고소는 허용하지 않았다"고 하면서 그 전거로 D.19.5.5.3과 D.4.3.7.8을 인용한다. 또 "그런데 로마법상 강제효과를 달리하는 절도와 단순사기(dolus, fraus), 중(重)사기(stellionatus), 위조(falsum)의 한계가 분명하지 않으며, 구체적 사안에서 정무관의 가벌성판단에 따라 강제효과가 개별적으로 귀속되었다"[76]고 서술한 다음 주 76에서 "D.19.5.5.3; D.4.3.7.8 (계약위반); D.17.1.12.6 (사기를 조언[助言] 또는 종용—consilii fraudulenti)한 때에도 사기죄가 성립한 것이 아니라 민사상의 악의소권(actio doli)만 인정되었다(D.4.3.8; D.50.17.47.pr.). 특히 매매계약에 있어서 물건의 품질이나 가액을 과장하거나 상대방을 어느 정도 현혹, 기망하는 행위는 사기죄를 구성하지 않았다. Cf. D.47.2.43.3; D.4.4.16.4; D.18.1.43.pr.; D.19.2.22; D.47.2.53.15"라고 부연하고 있다.

이상의 소론(所論)에 대해서는 다음과 같이 여러 면에서 비판이 가능하다.

(1) 우선, 인용하고 있는 D.4.3.7.8은 존재하지 않는다. 또 Ulp. 31 ed. D.17.1.12.6 (Si filio familias mandavero, ut pro me solveret, et emancipatus solvat, verum est in factum actionem filio dandam, patrem autem post emancipationem solventem negotiorum gestorum actionem habere)는 악의소권 내지 사기와는 아무런 관련이 없는 개소이다. 오히려 consilii fraudulenti는 그 문장의 끝에 인용된 Ulp. 30 ed. D.50.17.47.pr. (Consilii non fraudulenti nulla obligatio est: ceterum si dolus et calliditas intercessit, de dolo actio competit)에 나오는 표현이다. 이 점에서만 보아도 그 문장은 매우 부정확하다.

(2) 또한 Paul. 5 qu. D.19.5.5.3 (Quod si faciam ut des et posteaquam feci, cessas dare, nulla erit civilis actio, et ideo de dolo dabitur)에서는 *facio ut des* 유형의 무방식 약정에서 일방의 facere 의무이행에도 불구하고 타방이 dare 의무를 이행하지 않는 경우에 시민법상의 특정한 급부이행 소권이 마련되어 있지 않으므로 악의소권이 인정될 것이라는 점을 파울루스가 밝히고 있는데, 법률가의 관심이 오로지 민사적인 문제에 국한되어 있기 때문이기도 하지만,[52] 로마채권법상의 기술적인 요소들을 배제한 채 오늘날의 관점에서 보더라도 이 경우 문제된 것이 무엇보다도 급부의무의 단순한 채무불이행일 뿐이므로 형사적인 관점이 개재할 여지가 별로 없는 사안이라는 점을 고려해야만 할 것이다. 이러한 사정은 특히 매도인이 파는 물건의 판촉을 위하여 다소간에 과장된 처신을 하는 경우 (Florentinus 8 inst. D.18.1.43.pr.: Ea quae commendandi causa in venditionibus dicuntur, si palam appareant, venditorem non obligant, veluti si dicat servum speciosum, domum bene aedificatam: at si dixerit hominem litteratum vel

---

52 이러한 사정은 인용된 다음의 개소에서도 마찬가지이다. 현재 로마의 법률가의 관심은 말로써 속이는 행위가 절도에 해당하지 않는다는 것에 있다. 이것이 민사상의 악의소권으로 제재될 것인지는 역시 다른 소권의 존재 여부에 달려 있다.

D.47.2.43.3 Ulpianus libro quadragensimo primo ad Sabinum.

Si quis nihil in persona sua mentitus est, sed verbis fraudem adhibuit, fallax est magis quam furtum facit: ut puta si dixit se locupletem, si in mercem se collocaturum quod accepit, si fideiussores idoneos daturum vel pecuniam confestim se soluturum: nam ex his omnibus magis decepit quam furtum fecit, et ideo furti non tenetur. sed quia dolo fecit, nisi sit alia adversus eum actio, de dolo dabitur.

D.47.2.53.15로 잘못 표기된 다음의 개소도 돈을 꿔주도록 자신의 신분을 속인 것이 절도가 아니라는 확인에 그치고 있는 점에서 형사처벌은 관심 밖이다.

D.47.2.52.15 Ulpianus libro trigensimo septimo ad edictum.

Servus, qui se liberum adfirmavit, ut sibi pecunia crederetur, furtum non facit: namque hic nihil amplius quam idoneum se debitorem adfirmat. idem est et in eo, qui se patrem familias finxit, cum esset filius familias, ut sibi promptius pecunia crederetur.

artificem, praestare debet: nam hoc ipso pluris vendit)에는 두말할 필요가 없을 것이다.[53] 그러므로 이 경우에 사기죄를 문제시하지 않았다면 그것은 이해할 만한 이유가 있어서 그런 것이다. 그렇다고 해서 소론(所論)처럼 "계약 시의 기망행위는 일반적으로"라든가 "법률행위의 사기"라든가 하는 식으로 이를 일반화하는 것은 타당하지 않다고 생각된다. 왜냐하면 이미 살펴보았듯이 로마인들이 사기죄의 전형적인 사례로 들고 있는 담보물 관련한 기망행위도 "계약 시의 기망행위"이고 "법률행위"상의 사기임이 틀림없기 때문이다. 문제는 오히려 고의와 손해발생이라는 구성요건의 측면에서 얼마나 구체적으로 "벌 받아 마땅한 행위인가"(당벌성)에 대한 관할관의 판단 여부인 것이다. 같은 이유에서 무자력한 자를 사기의 의도로 추천한 자를 상대로 민사적인 악의소권을 인정하고 있는 Gai. 4 ed. prov. D.4.3.8 (Quod si cum scires eum facultatibus labi, tui lucri gratia adfirmasti mihi idoneum esse, merito adversus te, cum mei decipiendi gratia alium falso laudasti, de dolo iudicium dandum est)[54]도 "사기죄가 성립한 것이 아니라 민사상의 악의소권만 인정되었다"는 식으로 해석해서는 곤란하다.[55] 이러한 주장은 조규창의 후속하는 서술과도 모순된다. 즉 그에 의하면 "피해자가 사기의 소송으로 손해배상을 받은 후에는 피고의 처벌을 위한 형사고소권의 행사[는]⟨가⟩ 허용되었다"(500쪽). 환언하면 악의소권의 존재는 아직 형사상 사기죄의 성부(成否)를 가늠할 수 있는 결정적 징표가 아니라는 사실을 조규창 스스로 시인하고 있는 것이다. 실제로 사기의 형사책임은 악의소권을 포함하여 다른 물추급적(物追及的) 민사소권(民事訴權, 이른바 actiones rei persecutoriae)[56]과 병존할 수

---

53 뿐만 아니라 조규창이 인용하고 있는 개소 중에서 특히 Ulp. 11 ed. D.4.4.16.4 및 Paul. 34 ed. D.19.2.22(더 정확하게는 D.19.2.22.3)는 사기와는 아무런 관계가 없고, 오히려 거래가격 결정상의 협상의 자유 원칙을 천명한 유명한 개소들이다. 상세한 것은 졸저,『로마법강의』, 박영사(1999), 268ff.

54 최병조 II, 228; 최병조 I, 132.

55 Matthaeus, 183 n.6이 stellionatus의 예로 들고 있는 이와 유사한 사례들 참조.

56 악의소권의 물추급성(物追及性)에 관해서는 Letizia Vacca, "Delitti privati e azioni

있었다(Ulp. 40 ad Sab. D.13.7.1.2; 11 ed. D.13.7.36.pr.).[57]

(3) 결국 구성요건 자체가 이처럼 사실상 행위유형을 특정하는 기능이 없는 관계로 사기죄의 처벌에서는 소론이 지적하는 '가벌성 판단'이란 처음부터 가능하지 않다. D.h.t.3.2에서 울피아누스는 이 범죄가 엄밀한 의미의 법정 구성요건도, 또 법정의 형벌도 없는 것임을 명시적으로 밝히고 있다. 요컨대 stellionatus는 sine lege임에도 불구하고 crimen과 poena가 인정되는, 그런 의미에서 현대의 죄형법정주의(*nullum crimen, nulla poena sine lege*)와는 전적으로 이념적 궤를 달리하는 범죄 대응방식의 소산인 것이다.[58]

4) 다른 죄목과의 관계

이미 지적된 바 있거니와 로마 법률가들은 일응 사기와 위죄(僞罪), 사기와 절도(furtum)를 구별하였다.[59] 그러나 조규창의 지적대로 로마법상

penali nel principato", in: *ANRW* II 14 (1982), 682ff., 702 +n.67 (Lit.).

57 Matthaeus, 183 n.1; Zoes, ad D.47.20 n.1 (p.859). 한 가지 예를 들면 아들에게 증여한 재산을 나중에 무단으로 담보 잡힌 경우에 담보채권자에게 한편으로는 질권 반대소권(C.8.15(16).6 (a.293))이, 다른 한편으로는 사기의 소추(C.h.t.2 (a.239), 아래의 주 101)가 인정되었다. Volterra, 38 +nn.1-2가 이때에 사기소추가 아들에 의하여 아버지를 상대로 한 것으로 이해해서 악의소권의 경우에는 아들이 아버지를 상대로 제소하는 것이 불가한 것(Ulp. 11 ed. D.4.3.11.1; 최병조 II, 158)과 다른 점이라고 설명하는 것은 잘못이다.

C.8.15.6 Imperatores Diocletianus, Maximianus (a.293).

Quae praedium in filios a se titulo donationis translatum creditori suo dat pignori, se magis contrario pigneraticio obligavit iudicio, quam quicquam dominis nocet, cum Serviana etiam actio declarat evidenter iure pignoris teneri non posse, nisi quae obligantis in bonis fuerint, et per alium alienam rem invito domino pignori obligari non posse certissimum est.

58 그 밖에도 조규창, 499 n.69가 사기죄와 관련하여 이곳에서만 유일하게 언급하고 있는 4개의 2차문헌들(Pfaff, Volterra, Zilletti, Mentxaka) 중 Volterra의 글만 쪽수 표시 없이 Studi Sassaresi, 9, 1929로 소개되고 있는데, Studi Sassaresi, 7, 1929, 107ff.가 정확한 것이다.

절도와 사기, 위죄(僞罪)의 한계가 언제나 분명한 것은 아니었다.[60] 이처럼 유사죄목 간에 구성요건적 차별성이 뚜렷하지 않았던 것은 특히 시간이 흐르면서 지속적으로 적용범위가 확대되어 간 위죄(僞罪)에 대한 이해의 변천과 그로 인한 실무의 복합적인 성격[61] —— 이것 역시 로마 형사사법의 특징을 잘 보여주는 사례 중 하나이다 —— 탓이기도 하다.

2. 사기의 징벌절차

사기 소추는 고소(accusatio)소송의 형태로 취급되었으며,[62] 로마의 경우 수도 치안감(praefectus urbi),[63] 로마 100마일 밖 이탈리아의 경우 근위장관(praefectus praetorio),[64] 지방의 경우 지방수령인 도백(道伯, praeses provinciae)의 비상심리절차(cognitio extra ordinem)에 의하였다(Ulp. 8 off. procons. D.h.t.3.pr.).[65] 비상심리범죄(非常審理犯罪, crimina

---

59 앞의 주 52; 아래의 주 104.

60 종래 대표적으로 논의된 사례가 Paul. lib. singul. ad SC Turpillianum D.48.10.21 이었다(아래의 주 100). 또한 채무자가 담보채무의 날짜를 소급시킴으로써 속임수를 쓰는 것도 falsum으로 논하였다.

D.48.10.28 Modestinus libro quartoresponsorum.

Si, a debitore praelato die, pignoris obligatio mentiatur, falsi crimini locus est.

채무자가 제시한 기일에 질권계약이 채권자에 의하여 부실표시되었다는 Watson편 영역 『학설휘찬』의 이 개소 번역(The Digest of Justinian, Vol. IV (1985), p.829)은 완전한 오역이다. 또다른 예는 채권자가 채무자와 짜고서 제3자에게 부동산을 팔아먹은 사건에 대한 294년의 한 칙답이다(C.9.22.15; 앞의 주 39).

절도와의 경계가 불분명한 사례로는 가령 Ulp. 7 disp. D.17.1.29.5 (아래의 주 99); Stein I, 86.

61 이 점에 관해서는 Gian Gualberto Archi, "Problemi in tema di falso nel diritto romano" (1941), in: Scritti in diritto romano, Vol. III (1981), 1487ff.; Olivia F. Robinson, "An aspect of Falsum", TR 29 (1992), 29ff.; Robinson, 36ff.; Scarlata-Fazio, 504ff.; Volterra, 31ff.; Pugliese, 756ff.; Stein I, 80.

62 Mommsen, 680 n.5. 아래의 주 97.

63 Adolf Berger, Encyclopedic Dictionary of Roman Law (1953), s.v. stellionatus (p.715); 조규창, 500; Robinson, 32.

64 Stein II, 200.

extraordinaria: D.47.11)로서 상설사문회(常設查問會, quaestio perpetua) 법정에서 실시되는 정규의 형사소송[66](iudicium publicum; Bas.60.30.1: "poenale iudicium")에도 속하지 않고,[67] 또 그렇다고 하여 민사소송 (privatum iudicium; Bas.60.30.1: "pecuniarium iudicium")인 것도 아니었다 (Pap. 1 resp. D.h.t.1).[68] 따라서 일반인이 아닌 피해자에게만 소추가 허용 되었고,[69] 이 점에서 상속재산탈취죄(crimen expilatae hereditatis: D.47.19, C.9.32)와 성질을 같이하였으며(Ulp. 3 de adulter. D.47.11.3), 그 결과 소송 수행의 중도 포기(tergiversatio)[70]를 규제했던 투르필리우스 원로원의결 (senatus consultum Turpillianum, 기원후 61년: D.48.16, C.9.45)의 적용대상 이 아니었지만,[71] 관할관의 직권에 의한 징계가 가능하였다(Ulp. 8 disp.

---

65 Bas.60.30.2 (Heimbach V, p.664): "*extraordinariam tamen persrcutionem habet. Et intenditur apud Praesidem ...*"; Mommsen, 680 n.6. 비상심리절차 일반에 관해서는 Ignazio Buti, "La 'cognitio extra ordinem': da Augusto a Diocleziano", in: *ANRW* II 14 (1982), 29ff.

66 이에 관해서는 Andrew M. Riggsby, *Crime & Community in Ciceronian Rome* (1999). 이미 3세기 초에는 그렇지 않아도 거의 의미를 상실했던 상설사문회가 사라지고 실제로 비상심리절차가 정규소송화하였다. 그리고 법정의 형벌은 아 직 처벌의 기준으로 유효했지만, 흔히 이를 벗어나는 형사사법의 운용이 있었 다. Pugliese, 722ff.; Bernardo Santalucia, "Processo penale a) Diritto Romano", in: *Enciclopedia del diritto*, 36 (1987), 318ff., 348ff.; Stein I, 80.
D.48.1.8 Paulus libro singulari de iudiciis publicis.
Ordo exercendorum publicorum capitalium in usu esse desiit, durante tamen poena legum, cum extra ordinem crimina probantur.

67 정규의 형사소송은 공적인 형사 법률에 의하지 않으면 안 되었다.
D.48.1.1 Macer libro primo de publicis iudiciis.
Non omnia iudicia, in quibus crimen vertitur, et publica sunt, sed ea tantum, quae ex legibus iudiciorum publicorum veniunt, ut Iulia maiestatis, Iulia de adulteriis, Cornelia de sicariis et veneficis, Pompeia parricidii, Iulia peculatus, Cornelia de testamentis, Iulia de vi privata, Iulia de vi publica, Iulia ambitus, Iulia repetundarum, Iulia de annona.

68 Bas.14.1.29 Scholion 16 (Heimbach II, p.116).

69 Stein II, 200.

70 졸저, 『로마법강의』, 박영사(1999), 566f.

664

D.48.16.7.1).[72] 피해자도 이제는 불법행위 소권(actio: Pap. 1 resp. D.h.t.1)과
비상심리절차상의 형사소추(accusatio: Ulp. 8 de off. procons. D.h.t. 3.pr.)
사이에서 선택할 수가 있었으나[73] 어차피 cognitio 절차는 특정한, 정의
(定義)된 범죄의 주장에 의존하지 않고, 어떤 범죄적 행위의 주장만으로
도 그 발동의 충분한 이유가 되었으므로[74] 관할관도 재량으로 경우에 따
라서는 형사적으로, 경우에 따라서는 민사적으로, 또 경우에 따라서는
민형사적으로 처리할 수가 있었다.[75] 이리하여 민사 문제의 해결에 형사
적 구제수단이 큰 역할을 했을 것임은 C.h.t.1은 물론이고, 현대인들의
행태를 통해서도 쉽게 추지(推知)할 수 있는 바이다.

3. 사기의 법률효과

1) 재량형벌

사기는 법정의 정식 형사범이 아니었던 관계로 그에 대한 구체적인
형벌도 법률로 정해진 바가 없었고,[76] 관할관이 비상심리절차상 허용
된 징계권(coercitio)의 범위 내에서 법학과 법원의 관행에 좇아서[77] 재

---

71 Stein I, 87 n.20.

72 Bas.14.1.29 Scholion 16 (Heimbach II, p.116); Robinson, 32 nn.113-114, 102
     n.171; Volterra, 48f.

73 Pugliese, 782; Stein I, 83; 아래의 주 91, 주 97. 절도에 관해서도 마찬가지였다.
     Cf. D.47.2.93 Ulpianus libro trigensimo octavo ad edictum.
     Meminisse oportebit nunc furti plerumque criminaliter agi et eum qui agit
     in crimen subscribere, non quasi publicum sit iudicium, sed quia visum est
     temeritatem agentium etiam extraordinaria animadversione coercendam. non ideo
     tamen minus, si qui velit, poterit civiliter agere.

74 J. A. Crook, *Law and Life of Rome* (1967), 271.

75 Bas.14.1.29 Scholion 16 *Stephanus* (Heimbach II, p.117); Bas.60.30.1 Scholion 1
     et 2 (Heimbach V, p.664).

76 그래서 H. E. Dirksen, *Manuale Latinitatis Fontium Iuris Civilis Romanorum*
     (Berolini, 1837), s.v. Stellionatus (p.909): "Genus crimnis indefinitum";
     Mommsen, 681: "keine feste".

77 Mommsen, 680.

량으로 처벌의 내용을 결정할 수가 있었다(Ulp. 8 ad Sab. D.h.t.2; 1 appell. D.48.19.13[78]).[79] 다만 일정한 법정의 한도는 정해져 있었는바, 계층별로 하층민의 경우 광산노역형(opus metalli),[80] 상류층의 경우 유기경유배형 (有期輕流配刑)과 신분박탈형이 최고형이었다(Ulp. 8 ad Sab. D.h.t.2).

2) 파렴치효(破廉恥效)

사기의 유죄판결을 받은 자에게 파렴치효가 부수되었는가의 여부는 일단 상반되는 사료로 인하여 로마법연구자들 사이에 아주 오래전부 터 해석상 문제가 되었다.[81] Ulp. 6 ed. D.3.2.13.8: Crimen stellionatus infamiam irrogat damnato, quamvis publicum non est iudicium (사기 범죄는 유죄판결을 받은 자에게 파렴치벌을 부과한다. 비록 형사소송은 아니 지만)에 의하면 이것이 긍정된다. 그러나 같은 울피아누스가 Ulp. 8 ad Sab. D.h.t.2 (Stellionatus iudicium famosum quidem non est, sed coercitionem

---

78 D.48.19.13 Ulpianus libro primo de appellationibus.
   Hodie licet ei, qui extra ordinem de crimine cognoscit, quam vult sententiam ferre, vel graviorem vel leviorem, ita tamen ut in utroque moderationem non excedat.

79 Bas.14.1.29 Scholion 16 *Stephanus* (Heimbach II, p.117); Brunnemann II, ad D.47.20.3.2 n.5 (p.1310) (sic poena est arbitraria); Boehmer, ad D.h.t. n.3 (p.552) (ex gravitate doli).

80 이것은 훨씬 더 힘들었던 광산형(metallum)과 구분되는 처벌이었다. 광산형은 광부로서 금속을 캐는 노역이었고(fodere terram), 광산노역형은 캐낸 금속을 정 련하는 작업(coquere metallum)이었다. Bas.60.30.2 Scholion 7 (Heimbach V, p.665). 울피아누스 시기에 두 형벌 사이에는 그 경중에 따라 족쇄의 경중에 차이 가 있었다.
   D.48.19.8.6 Ulpianus libro nono de officio proconsulis.
   Inter eos autem, qui in metallum et eos, qui in opus metalli damnantur, differentia in vinculis tantum est, quod qui in metallum damnantur, gravioribus vinculis premuntur, qui in opus metalli, levioribus, quodque refugae ex opere metalli in metallum dantur, ex metallo gravius coercentur.

81 다만 Robinson, 32 +n.111은 파렴치효를 부인하는 내용을 본문에서 취한 다음 각 주에서는 그와 상반된 사료를 단순히 소개만 할 뿐 모순을 해결하려는 어떤 시도 도 보이지 않고 있다.

extraordinariam habet)에서는 이를 부인하고 있다. 일찍이 바실리카의 주석자는 관할관이 경우에 따라서는 파렴치효를 부여할 수도 있고, 경우에 따라서는, 즉 경미한 경우에는[82] 이를 부여하지 않을 수도 있었던 것으로 이해한다.[83] Cujacius, Duarenus 이래로 보통법학상의 통설은 이른바 마케르의 준칙(regula Macri)[84]에 좇아서 stellionatus가 그 자체 파렴치효가 있는 민사소권과 경합하는가의 여부에 의하였다는 것이었다.[85] 이러한 모순을 치유할 수 없는 것으로 치부하고 고전기에는 사기죄 자체 및 그 소송상 취급과 마찬가지로 그에 대한 제재도 다양하고 동요하는

82　경미한 경우: Bas.60.30.2 Scholion 1 (Heimbach V, p.665): "*ob levem causam*".

83　주석학파의 경우에는 Gustav Haenel, *Dissensiones Dominorum sive Controversiae Veterum Iuris Romani Interpretum qui Glossatores vocantur* (Lipsiae, 1834), p. 128 §7에 의하면 stellionatus는 항상 파렴치효가 있다는 견해(Bulgarus, Martinus)와, 파렴치효가 있는 민사소권에 기하여 판결이 난 경우에는 항상 법률상 당연히, 그 밖에는 판결에서 선언하는 외에는 결코 파렴치효가 따르지 않았다는 견해(Albericus, Ioannes Bassianus, Iacobus)로 나뉘었는데, 주석학파는 터무니없게도 유죄판결의 유무에 따라서 모순을 해결하려고 시도하였다는 Zoes, ad D.47.20 n.4 (p.860)의 비판은 이 후자를 겨냥한 것이다.

84　D.48.1.7 Macer libro secundo iudiciorum publicorum.
Infamem non ex omni crimine sententia facit, sed ex eo, quod iudicii publici causam habuit. itaque ex eo crimine, quod iudicii publici non fuit, damnatum infamia non sequetur, nisi id crimen ex ea actione fuit, quae etiam in privato iudicio infamiam condemnato importat, veluti furti, vi bonorum raptorum, iniuriarum.
Donellus, De jure civili lib.18, cap.8, n.24 (p.145).

85　Donellus, De jure civili lib.18, cap.8, n.25 (pp.145-149); Brunnemann II, ad D.47.20.1 (p.1309); Zoes, ad D.47.20 n.4 (p.860); Io. Henr. Berger, *Oeconomia Iuris* (editio quarta, Lipsiae, 1734), p.809 Nota 2; Voet, I, ad D.3.2 n.1 i.f. (p.157); Boehmer, ad D.h.t. n.3 (p.552); C. F. Glück, *Ausführliche Erläuterung der Pandecten nach Hellfeld*, V. Theil 1. Abtheilung (1798), 192ff. (w. Lit. n.47); Volterra, 50f.; Io. Ortw. Westenberg, *Principia Iuris secundum Ordinem Digestorum seu Pandectarum* (nova editio, Berolini, 1823), ad D.3.2 §45 (p.115); ad D.h.t. §3 (p.861). — 기타의 주장 중에서도 가장 설득력이 없던 것은 D.h.t.2의 'iudicium famosum'을 'iudicium publicum'으로 새기는 Marezoll (1823) 류의 견해였다. Volterra, 52 n.1.

것이었다는 견해도 주장된 바 있고,[86] 원래는 파렴치효가 없었는데 유스
티니아누스 황제가 악의소권에 상응하도록 만들기 위해서 D.3.2.13.8에
규정했다는 견해 같은 것도 있다.[87] 반면에 일찍이 Faber가 취했던 견해
대로[88] 몸젠은 D.h.t.2의 non을 삭제할 것을 주장하였다.[89] 파렴치효가
민사소권인 악의소권에 필수적으로 따랐던 점을 고려하면 이러한 교정
은 타당하다고 생각된다. 요컨대 사기의 유죄판결에는 파렴치의 효과가
수반되었다.[90]

III. D.47.20 Stellionatus 역주

D.47.20.1 Pap. 1 resp.

Actio stellionatus neque publicis iudiciis neque privatis actionibus
continetur.

---

86 Emilio Costa, *Crimini e Pene da Romolo a Giustiniano* (1921), 176 + n.4.

87 Volterra, 53.

88 Faber의 논거는 ① 울피아누스가 두 곳 모두에서(가령 두아레누스가 이해하듯
이 구체적인 사안과 관련하여 언급한 것이 아니라) 무차별적으로 언명한 점,
② 보통법의 통설의 전제와는 달리 아무런 민사소권과도 경합하지 않는 사례(가
령 D.h.t.3.1)도 있는 점, ③ 파렴치효 있는 민사소권과 경합하지 않더라도 항상 기
망과 연계된 점, ④ 민사의 경우 악의소권과 같은 것인데, 악의소권은 항상 파렴치
효가 따른다는 점, ⑤ 따라서 이른바 마케르의 준칙이 적용되지 않는다는 점 등이
있다. Donellus, De jure civili lib.18, cap.8, p.148 n.13.

89 Volterra, 52; 아래의 주 93.

90 Konstantin Harmenopulos, *Manuale legum sive Hexabiblos* (ed. Gustav Ernst
Heimbach, Leipzig, 1851 / ND Aalen, 1969), VI.15.3 (pp.776f.) (*"qui de
stellionatu condemnatus est, ... infamia notantur"*)는 비잔틴법이 파렴치효를 인정
하는 것이었음을 보여준다. 이것은 로마법의 경우도 같은 것이었을 개연성을 더
해 준다고 하겠다. 조규창, 500 + n.80은 D.3.2.13.8만을 근거로 이 "유죄판결의
효과로써 범인이 불명예자가 되었음은 다른 파렴치범의 경우와 같다"고 기술한
다. Garofalo도 D.h.t.2에 불구하고 파렴치효를 인정하는 견해라고 한다(Stein II,
200).

(사기소권(詐欺訴權)[91]은 형사소송에도[92] 민사소송에도 속하지 않는다.)

D.47.20.2 Ulp. 8 ad Sab.

Stellionatus iudicium famosum quidem [non][93] est, sed coercitionem

---

91 앞의 주 73. Cf. D.h.t.3.pr (accusatio). 반면에 Stein I, 86은 "The procedure is called *actio* rather than *crimen*"이라고 설명하고 있는데, 이는 actio와 accusatio를 구별해서 이해해야 하고, 또 어쩌면 시간적 차원에서 볼 때 파피니아누스 시기 에는 아직 accusatio에는 이르지 않았을 수도 있다. 다른 문헌에서는 지적되고 있 지 않지만, 원래 주제가 stellionatus인 울피아누스 D.h.t.3 (Lenel, *Pal.* II, fr.2224, pp.983f.)나 poenae capitales인 모데스티누스 D.h.t.4 (Lenel, *Pal.* I, fr.166, p.730) 와 달리 이 파피니아누스 개소 D.h.t.1 (Lenel, *Pal.* I, fr.407, p.885)의 주제는 형 사법이 아니라 소권부여신청(ED. VI. De postulando; Cf. Lenel, *Das Edictum Perpetuum* [3. A. 1927 / ND 1974], 75ff.)이었다. 이러한 사실은 앞의 주장을 매 우 개연성 있는 것으로 추정케 한다—, 또 로마의 법률가들이 분명히 crimen을 언급하고 있는 점(D.h.t.3.1-3; D.h.t.4)에서 잘못이다.

92 D.47.11.3 Ulpianus libro tertio de adulteris.
Stellionatus vel expilatae hereditatis iudicia accusationem quidem habent, sed non sunt publica.
(사기 또는 상속재산탈취 소송은 소추(訴追)가 있지만, 형사소송은 아니다.)
D.3.2.13.8 Ulpianus libro sexto ad edictum.
Crimen stellionatus infamiam irrogat damnato, quamvis publicum non est iudicium.
(사기범죄는 유죄판결을 받은 자에게 파렴치벌을 부과한다. 비록 형사소송은 아 니지만.)
C.h.t.3 (a.242) Imperator Gordianus.
Stellionatus accusatio inter crimina publica non habetur.
(사기 소추는 형사소송 중에 속하지 않는다.)

93 몸젠은 이 부분의 텍스트 비판에 있어서 *Editio maior* (1868)에서는 아직 조심스 러웠으나(ad h. l. n.2: "non *del.* [cf. D.3.2.13.8]?"), *Römisches Strafrecht* (1899 / ND 1955), 681 n.4에서는 확정적이 되었고("Dig. 3.2.13.8, wonach Dig.47.20.2 zu ändern ist"), 이러한 주장은 Krueger에 의해 받아들여져서 *Editio minor* (1908) 에 반영되었다(ad h. l. n.17). 같은 곳, A. H. J. Greenidge, *Infamia. Its Place in Roman Public and Private Law* (1894 / reprint 1977), 143; 앞의 주 89 참조. 결론 을 같이하는 다른 해석시도로는 non 〈solum〉으로 새기거나, 이 부분을 "(사실과 달리) 설사 파렴치효가 없다고 (가정)하더라도"의 의미로 이해하는 것 등이 있

extraordinariam habet.

(사기 소송은 파렴치효가 [없지만] 있으며,[94] 비상심리절차에 의한[95] 징계[96]
를 받는다.)

D.47.20.3 Ulp. 8 de off. procons.

Stellionatus accusatio ad praesidis cognitionem spectat.

(사기 소추[97]는 도백(道伯)의 비상심리절차[98]에 속한다.)

1. Stellionatum autem obici posse his, qui dolo quid fecerunt, sciendum est,
scilicet si aliud crimen non sit quod obiciatur: quod enim in privatis iudiciis
est de dolo actio, hoc in criminibus stellionatus persecutio. ubicumque
igitur titulus criminis deficit, illic stellionatus obiciemus. maxime autem in
his locum habet: si quis forte rem alii obligatam dissimulata obligatione per
calliditatem alii distraxerit vel permutaverit vel in solutum dederit: nam hae
omnes species stellionatum continent. sed et si quis merces supposuerit vel
obligatas averterit vel si corruperit, aeque stellionatus reus erit. item si quis
imposturam fecerit vel collusionem in necem alterius, stellionatus poterit

---

었다. C. F. Glück, *Ausführliche Erläuterung der Pandecten nach Hellfeld*, V. Theil 1.
Abtheilung (1798), 193 + nn.45-46.

94 Cf. D.3.2.13.8; 전술 II.3.2).

95 D.h.t.3.pr.; D.h.t.3.2; 전술 II.2.

96 D.48.16.7.1 Ulpianus libro octavo disputationum.
Si stellionatum quis obiecerit vel expilatae hereditatis crimen et destitit, poenam
senatus consulti Turpilliani non subibit, nec si furti vel iniuriarum: sed officio
iudicis culpa eius coercebitur.
(사기 또는 상속재산탈취 소송을 제기했다가 포기한 경우 투르필리우스 원로원
의결의 치벌을 받지 않을 것이고, 또 절도 또는 인격침해 소송의 경우에도 그러하
다. 그러나 재판관의 직권에 의하여 그의 과실(過失)이 징계받을 것이다.)

97 앞의 주 62, 주 73, 주 91. Cf. D.h.t.1 (actio).

98 앞의 주 95.

postulari. et ut generaliter dixerim, deficiente titulo criminis hoc crimen locum habet, nec est opus species enumerare.

(그런데 사기는 고의로 무엇인가를 저지른 자에게, 다른 범죄가 비난될 수 없는 경우 비난될 수 있음을 알아야만 한다. 왜냐하면 민사소송에서 악의소권(惡意訴權)에 해당하는 것이 형사소송에서는 사기의 기소이기 때문이다. 그래서 특정 범죄의 명의가 결하는 경우에는 언제나 사기를 비난할 수 있다. 그런데 특히 다음 경우들에 적용된다. 가령 어떤 자가 타인에게 담보 잡힌 물건을 위계(僞計)로[99] 채권이 없는 것처럼 꾸며서 다른 사람에게 매각하거나[100] 교환하거나 대물변제로 공여한 경우.[101] 이들 모든 경우들은 사기에

---

99 Cf. D.17.1.29.5 Ulpianus libro septimo disputationum.

In omnibus autem visionibus, quae praepositae sunt, ubi creditor vel non numeratam pecuniam accipit vel numeratam iterum accepit, repetitio contra eum competit, nisi ex condemnatione fuerit ei pecunia soluta: tunc enim propter auctoritatem rei iudicatae repetitio quidem cessat, ipse autem stellionatus crimine propter suam calliditatem plectetur.

(채권자가 미지급 대여금을 수령하거나 또는 기지급 대여금을 이중으로 수령한 전기(前記)한 모든 경우들에 있어서 그를 상대로 한 반환청구가 인정된다. 그러나 유책판결로 인하여 그에게 금원이 변제된 경우에는 그러하지 아니하다. 왜냐하면 이때에는 기판력으로 말미암아 반환청구가 더이상 인정되지 않지만, 그러나 그 자신은 스스로의 위계(僞計)로 말미암아 사기범죄로 처벌될 것이다.)

100 그러나 다른 한편으로 동일한 물건을 각각 다른 사람에게 판 이중매매는 위죄(僞罪)에 해당하였던 것처럼 보인다. Cf. Pugliese, 758+n.82; Mattaheus, 181f. n.4; Augustin Leyser, *Meditationes ad Pandectas*, Vol. VIII (editio nova, Franckenthalii, 1779), 416ff.

D.48.10.21 Paulus libro singulari ad senatus consultum Turpillianum.

Qui duobus in solidum eandem rem diversis contractibus vendidit, poena falsi coercetur, et hoc et divus Hadrianus constituit. is adiungitur et is qui iudicem corrumpit. sed remissius puniri solent, ut ad tempus relegentur nec bona illis auferantur.

(두 사람에게 동일한 것(res)을 전체로 상이한 계약에서 판 자는 위죄(僞罪)의 형벌로 징계된다. 이것은 또한 신황(神皇) 하드리아누스가 칙정(勅定)한 바이다. 이러한 자들에 또한 재판관을 부패시키는 자도 추가된다. 그런데 이런 자들은 통상보다 경하게 처벌되어, 한시적으로 가벼운 유배에 처해지고 재산을 몰수하지는

해당한다.[102] 또 어떤 자가 물품[103]을 바꿔치기하거나[104] 담보물들을 빼돌리

않는다.)

그러나 이 개소는 일반적으로 자기 물건의 이중매매가 형사처벌 받지 않았
던 점(Paul. 16 qu. D.18.4.21; Alex. C.4.39.6 〔a.230〕; Diocl./Max. C.3.32.15.pr.
〔a.293〕), 또 타인의 물건 매도는 민형사상 절도로 취급되었던 점(Gai. 2.50; Inst.
Iust. 2.6.3; Diocl./Max. C.7.26.7 〔a.294〕; Ulp. 38 ed. D.47.2.93 〔앞의 주 73〕)과
모순되어 해석상 문젯거리였다. Ernst Levy, "Gesetz und Richter im kaiserlichen
Strafrecht. Erster Teil. Die Strafzumessung", *BIDR* 45 (1938), 57ff. = *Gesammelte
Schriften*, II (1963), 438ff., 439f. n.32는 따라서 시점을 전혀 달리하여 파울루
스의 책의 주제를 고려하여(Lenel, *Pal.* I, Paulus fr.1912, p.1296) 이 개소의 res
를 소송으로 이해하고(Cf. Heumann/Seckel, *Handlexikon zu den Quellen des
römischen Rechts* 〔11. Aufl. 1971〕, s.v. res 1) e), p.511) 소추자가 투르필리우스 원
로원의결에 의한 제재를 피한 채 소추를 포기하기 위하여 새로운 소추자를 구
하여(accusatores subicere) 그에게 '소송을 파는' 사안인데, 여기서는 이중플레
이를 하여 사기성이 농후한 사안이므로 단순한 소송 매도의 경우(Macer 2 publ.
D.48.16.15.pr.: In senatus consultum Turpillianum incidunt, qui subiecissent
accusatores ...)에 예정된 파렴치벌만으로는 부족하다고 여겨져서 하드리아누스
황제가 칙법으로 falsum의 강한 제재를 규정한 것이라고 새긴다(같은 곳, Stein I,
84f.). 이어지는 재판관 부패 사안과도 소송영역이라는 맥락을 같이한다는 점에서
도 일단 설득력이 있는 해석으로 보인다.

101 D.13.7.16.1 Paulus libro vicensimo nono ad edictum.
Contrariam pigneraticiam creditori actionem competere certum est: proinde si rem
alienam vel alii pigneratam vel in publicum obligatam dedit, tenebitur, quamvis
et stellionatus crimen committat. sed utrum ita demum, si scit, an et si ignoravit?
et quantum ad crimen pertinet, excusat ignorantia: quantum ad contrarium
iudicium, ignorantia eum non excusat, ut Marcellus libro sexto digestorum scribit.
sed si sciens creditor accipiat vel alienum vel obligatum vel morbosum, contrarium
ei non competit.
(질권반대소권(質權反對訴權)이 채권자에게 인정되는 것은 확실하다(Cf. Ulp. 28
ed. D.13.7.9.pr.: Si rem alienam mihi debitor pignori dedit aut malitiose in pignore
versatus sit, dicendum est locum habere contrarium iudicium). 그러므로 타인
의 물건이나 다른 사람에게 입질(入質)되었거나 국고(國庫, Heumann/Seckel,
Handlexikon zu den Quellen des römischen Rechts, 11. Aufl. 1971, s.v. Publicum
〔Subst.〕, 1), p.477; 다른 견해로는 Okko Behrends et al., *Corpus Iuris Civilis, Text
und Übersetzung*, III 〔1999〕, h.l., p.184) 공공체(公共體)에 구속된 물건을 담보 잡
힌 경우 책임질 것인바, 비록 또한 사기범죄를 저지르는 것이지만 말이다. 그러면

그가 아는 경우에 한하는가, 아니면 몰랐더라도 그러한가? 범죄에 관한 한 부지(不知)는 면책시킨다. 반대소송에 관한 한 부지(不知)는 면책시키지 않는바, 마르켈루스가 『학설집』 제6권에서 기술하고 있는 바와 같다. 그러나 채권자가 알면서 타인의 것이나 담보 잡힌 것이나 병든 것을 수령하는 경우에는 반대소권이 그에게 인정되지 않는다.)

Volterra, 47도 다른 많은 개소들과 달리 이 개소만큼은 진정성을 인정한다.

D.13.7.36.1 Ulpianus libro undecimo ad edictum.

Sed et si quis rem alienam mihi pignori dederit sciens prudensque vel si quis alii obligatam mihi obligavit nec me de hoc certioraverit, eodem crimine plectetur. plane si ea res ampla est et ad modicum aeris fuerit pignerata, dici debebit cessare non solum stellionatus crimen, sed etiam pigneraticiam et de dolo actionem, quasi in nullo captus sit, qui pignori secundo loco accepit.

(그런데 어떤 자가 타인의 물건을 잘 알면서 나에게 입질(入質)하거나, 또는 어떤 자가 타인에게 담보 잡힌 것을 나에게 담보 잡히면서 나에게 그 사실을 알리지 않은 경우에도 동일한 범죄로 처벌될 것이다. 그러나 그 물건이 [담보가치가] 충분하고 소액 채무에 입질된 경우에는 비단 사기범죄뿐 아니라 또한 질권소권 및 악의소권도, 제2순위로 입질 받은 자가 어떤 불이익으로도 속은 바가 없으므로 더이상 인정되지 않는다고 말해야 할 것이다.)

C.h.t.1 (앞의 주 26).

C.h.t.2 (a.239) Imperator Gordianus.

Si pater tuus in te donationem contulit et, cum emancipatus esses, traditionibus dominium corporum in te transtulit posteaque creditorem sortitus quasdam earum rerum sine tua voluntate velut proprias suas obstrinxit, ius tuum non laesit. Nec tamen iniuria stellionatus crimine petetur, cum sciens alienam rem te non consentiente velut propriam suo nexuit creditori.

(그대의 아버지가 그대에게 증여를 하고, 그대가 부권면제(父權免除)되는 때에 인도(Cf. C.2.3.20 〔a.293〕)로써 그 물건들의 소유권을 그대에게 이전하고, 후에 채권자가 생기자 그 물건들 중 일부를 그대의 의사 없이 자신의 소유물로서 담보 잡힌 경우 그는 그대의 권리를 해치지 못하였다. 그리고 또 부당하지 않게 사기범죄로 인하여 소구(訴求)될 수도 있는바, 알면서 타인의 물건을 그대가 동의하지 않는 가운데 자신의 것으로서 자신의 채권자에게 담보 잡혔기 때문에 그러하다.)

C.h.t.4.pr.-1 (a.244) Imperator Philippus.

Ignorantia creditoris, cui res pridem apud alios obligatae pignoris seu hypothecae iure obligantur, non sine periculo capi consuevit. Etenim eiusmodi fraudes ad extraordinariam criminis exsecutionem spectare ac stellionatus commissum severissime esse vindicandum saepe rescriptum est.

1. Proinde sive ignorantiam tuam debitor circumvenire temptaverit, seu obligatione

거나 훼손한 경우에도 마찬가지로 사기의 죄책이 있다. 또 어떤 자가 타인의 불이익으로 기망을 행하거나 담합한 경우에도 사기가 부책(負責)될 수 있을 것이다. 그래서 일반적으로 말하자면 특정 범죄의 명의가 결하는 경우 이 범죄가 적용되고, 그래서 사례들을 열거하는 것은 불필요하다.

---

rite perfecta participato fraudis consilio per subiectam quasi anteriorem personam dispendium tuum ad occultum compendium suum pertemptat, adire suum iudicem potes congruentem iuri ac debitae religioni sententiam relaturum.

(타인들에게 먼저 담보 잡힌 물건들을 질권(質權) 또는 저당권의 법에 따라서 담보 잡은 채권자의 부지(不知)를 이용하는 것은 위험이 없지 않은 법이다. 왜냐하면 이러한 종류의 속임수들도 비상심리절차 범죄의 처결에 관여하고 또 사기범죄는 극히 가혹하게 처벌해야만 한다고 자주 칙답되었기 때문이다.

1. 그래서 그대의 부지(不知)를 채무자가 이용하려고 시도하거나, 또는 채권이 정당하게 완성된 후 선순위자로 내세운 자를 통한 속임수의 도움을 받아서 그대의 불이익을 자신의 숨은 이익으로 꾀하는 경우 그대는 자신의 재판관에 제소할 수 있는바, 그는 법과 응분의 도덕의식(Bas.60.30.8 Scholion 1 〔Heimbach V, p.666〕: "δικαιοκρισία")에 부합하는 판결을 선고할 것이다.)

102 다른 사례: D.h.t.4.

D.40.7.9.1 Ulpianus libro vicensimo octavo ad Sabinum.

Si statuliberum non eadem condicione heres vendat, causa eius immutabilis est et luere se ab eo 〔eo〕 emptore *Mommsen*) potest simili modo ut ab herede. si tamen suppresserit condicionem statuliberi 〈quid fiet ins. *Mommsen*〉? et ex empto quidem tenetur: graviores autem etiam stellionatus crimen important ei, qui sciens dissimulata condicione statutae libertatis simpliciter eum vendiderit.

(조건부해방노예(條件附解放奴隷)를 동일한 조건부가 아니게 상속인이 매도하는 경우 그의 조건은 불가변(不可變)이고, 그래서 그는 자신을 매수인으로부터도 상속인으로부터와 마찬가지로 속량(贖良)할 수 있다. 하지만 그가 조건부해방노예의 조건을 숨긴 경우에는 '어찌 되는가'? 그는 매수인소권으로 책임진다. 그러나 더 중대한 행위들은 알면서 정해진 자유의 조건을 없는 것으로 속여서 그를 단순하게 매도한 자에게 또한 사기범죄의 소송을 야기한다.)

Volterra, 46f. (다만 D.40.7.3.1로 오기)도 다른 많은 개소들과 달리 이 개소만큼은 진정성을 인정한다.

103 아래의 주 106.

104 D.h.t.3.3.

D.13.7.1.2 Ulpianus libro quadragensimo ad Sabinum.

Si quis tamen, cum aes pignori daret, adfirmavit hoc aurum esse et ita pignori dederit, videndum erit, an aes pignori obligaverit et numquid, quia in corpus consensum est, pignori esse videatur: quod magis est. tenebitur tamen pigneraticia contraria actione qui dedit, praeter stellionatum quem fecit.

(그렇지만 어떤 자가 동(銅)을 입질하면서 이것이 은(銀)이라고 확인하고 그렇게 입질한 경우 그가 동을 담보로 구속시켰는지, 또 대상물에 있어서 합의가 있으므로 그것이 입질된 것으로 인정되어야만 하는 것인지 살펴보아야만 할 것이다. 그렇다고 생각된다. 그렇지만 담보제공한 자는 질권반대소권으로 책임져야 할 것인바, 그가 범한 사기로 인한 것 외에 말이다.)

D.13.7.36.pr. Ulpianus libro undecimo ad edictum.

Si quis in pignore pro auro aes subiecisset creditori, qualiter teneatur, quaesitum est. in qua specie rectissime Sabinus scribit, si quidem dato auro aes subiecisset, furti teneri: quod si in dando aes subiecisset, turpiter fecisse, non furem esse. sed et hic puto pigneraticium iudicium locum habere, et ita Pomponius scribit. sed et extra ordinem stellionatus nomine plectetur, ut est saepissime rescriptum.

(어떤 자가 입질(入質)하면서 채권자에게 금(金) 대신 동(銅)으로 바꿔치기한 경우 어떻게 책임지는지가 문제되었다. 이 사안에 관하여 사비누스는 정당하게도 이렇게 기술한다. "참으로 금을 준 다음 동으로 바꿔치기한 경우에는 절도로 책임을 지지만, 담보물을 제공하는 때에 동으로 바꾼 경우에는 부도덕하게 행한 것이고 도둑이 아니다. 사견(私見)으로는 그러나 이 경우에도 질권반대소권이 인정된다고 생각하며, 같은 취지로 폼포니우스도 기술하고 있다. 그리고 또한 비상심리절차에서 사기 명목으로 처벌될 것인데, 아주 자주 칙답된 바와 같다.")

이상의 울피아누스의 소론과 달리 이런 경우에 위죄(僞罪)를 인정하고 있는 PS.5.25.5 (quive aes inauraverit argentaverit, quive, cum argentum aurum ⟨sub⟩ poneret, aes stannumve subiecerit, falsi poena coercetur)는 후대의 칙법을 반영한 것으로 이해된다. Bernardo Santalucia, Studi di diritto penale Romano (1994), 105. 조규창, 498f.은 "공화정기에 사기죄는 독자적인 불법행위로 구성되지 않아, 사기범을 제재하기 위한 소권(訴權)은 확립되지 않았다. 당시에는 사기를 절도소송으로 제재하거나[67] 또는 미풍양속 위반자에 대한 징계권 있는 호구총감(戶口總監)이 사기죄에 개입하기도 했다"고 하면서, 주 67 (499쪽)에서는 D.47.2.20.pr.을 인용하면서 "심지어 원수정기에도 사기죄를 절도죄로 제재하였음을 볼 수 있다"고 서술한다. 그러나 이러한 기술은 잘못이다. 파울루스의 사비누스 주해서에서 발췌된 D.47.2.20.pr.에서 절도죄로 논하고 있는 제2의 사안은 D.13.7.36.pr에서 사비누스가 언급한 첫 번째 사안과 같은 것이기 때문이다.

D.47.2.20.pr. Paulus libro nono ad Sabinum.

Cum aes pignori datur, etiamsi aurum esse dicitur, turpiter fit, furtum non fit. sed si datum est aurum, deinde, cum dixisset se ponderare aut obsignare velle, aes

2. Poena autem stellionatus nulla legitima est, cum nec legitimum crimen sit. solent autem ex hoc extra ordinem plecti, dummodo non debeat opus metalli haec poena in plebeis egredi. in his autem, qui sunt in aliquo honore positi, ad tempus relegatio vel ab ordine motio remittenda est.

(그런데 사기의 형벌은 법률로 정해지지 않았는바, 법정의 범죄가 또한 아니기 때문이다. 그러나 통상 사기로 인해서는 비상심리절차로 처벌되는데,[105] 다만 이 형벌은 서민들의 경우 광산노역형(鑛山勞役刑)을 초과해서는 안 된다. 반면에 일정한 지위에 있는 자들의 경우에는 한시적으로 가벼운 유배형 또는 신분삭탈이 최고형이어야만 한다.)

3. Qui merces suppressit, specialiter hoc crimine postulari potest.

(물품[106]을 빼돌린 자[107]는 특히 이 범죄로 부책(負責)될 수 있다.)

---

subiecit, furtum fecit: rem enim pignori datam intervertit.
　　다음 사안들도 로마법이 절도와 사기를 구별했음을 보여준다. Cf. Robinson, 25 n.19; 최병조 II, 227.
D.47.2.52.21 Ulpianus libro trigensimo septimo ad edictum.
Cum Titio honesto viro pecuniam credere vellem, subiecisti mihi alium Titium egenum, quasi ille esset locuples, et nummos acceptos cum eo divisisti: furti tenearis, quasi ope tua consilioque furtum factum sit: sed et Titius furti tenebitur.
D.47.2.67.4 Paulus libro septimo ad Plautium.
Si tu Titium mihi commendaveris quasi idoneum, cui crederem, et ego in Titium inquisii, deinde tu alium adducas quasi Titium, furtum facies, quia Titium esse hunc credo, scilicet si et ille qui adducitur scit: quod si nesciat, non facies furtum, nec hic qui adduxit opem tulisse potest videri cum furtum factum non sit: sed dabitur actio in factum in eum qui adduxit.

105 D.48.16.7.1 (앞의 주 96) 및 C.h.t.4.pr.-1 (앞의 주 101).

106 Robinson, 32+n.118은 친절하게도 이 부분을 'conceals wares'로 번역한 The Digest of Justinian, English Translation edited by Alan Watson, Vol. IV (1985), 791 이 오역이므로 'withholds wages'로 고쳐야 한다고 지적한다. 그러나 merces가 대격(對格)인 이상 또한 복수이고, 따라서 상품을 뜻하는 merx의 곡용형(曲用形)일 수밖에 없는 것처럼 보수(報酬)를 뜻하는 merces의 곡용형일 수 없으므로 (왜냐하면 이것의 복수 대격은 mercedes이다) 그의 소견은 분명한 오류이다. 또 그가

676

D.47.20.4 Mod. 3 de poen.

De periurio, si sua pignora esse quis in instrumento iuravit, crimen stellionatus fit, et ideo ad tempus exulat.

(어떤 자가 담보물들이 자기 것이라고 증서로 선서한 경우에는 위증(僞證)에 관하여 사기범죄가 성립하고, 그래서 한시적으로 추방에 처해진다.[108])

참고로 인용하고 있는 D.21.1.4.2와 D.50.13.1.3도 impostor에 관련된 개소로서 그곳에서 언급된 impostor에 대한 그의 이해가 올바른 것인가와는 별개로 merces 의 이해에는 아무런 도움도 되지 않는다. Watson의 번역본은 D.h.t.3.1 (앞의 주 103)에서는 같은 단어를 wares의 동의어인 goods로 옮겨서 'substitute goods which he has sold'로 역출(譯出)하였다. 이것이 타당함은 담보물과 병치한 전후 문맥에서도 분명하다.

107 이것은 특히 기름, 곡물, 포도주, 직물 등의 생필품공급(annona)과 관련된 것으로 이해되었다(Bas.60.30.3 Scholion 1 [Heimbach V, p.665]). 그러나 이처럼 lex Iulia de annona (기원전 18?; D.48.12) 관련사건이 stellionatus로 문의된 것을 보면 공급 조작을 통한 시장교란이 아니라 특정인을 해치려는 개별행위가 저질러진 것으로 새겨야 할 것이다(같은 곳, Stein I, 89). 물론 생필품을 빼돌리는 것은 법질서가 규제한 전형적인 관련 불법행위였다.
D.47.11.6 Ulpianus libro octavo de officio proconsulis.
Annonam adtemptare et vexare vel maxime dardanarii solent: quorum avaritiae obviam itum est tam mandatis quam constitutionibus. mandatis denique ita cavetur: "Praeterea debebis custodire, ne dardanarii ullius mercis sint, ne aut ab his, qui coemptas merces supprimunt, aut a locupletioribus, qui fructus suos aequis pretiis vendere nollent, dum minus uberes proventus exspectant, annona oneretur". poena autem in hos varie statuitur: nam plerumque, si negotiantes sunt, negotiatione eis tantum interdicitur, interdum et relegari solent, humiliores ad opus publicum dari.

108 로마에서는 위증(僞證)은 풍기단속의 대상이었을지는 몰라도 그것 자체로서는 처벌받지 않았다(Cicero, De leg. 2.9.22: periurii poena divina exitium, humana dedecus). 이곳의 사안은 그러나 그것이 재산범죄로서 위증이 없이도(Cuiacius, Opera omnia [Lutetiae Parisiorum, 1658], 278 ad D.h.t.; Matthaeus, 182 n.5; Brunnemann II, ad D.47.20.4 [p.1310]) stellionatus에 해당하는 경우이다. Max Kaser / Karl Hackl, Das römische Zivilprozessrecht (2. Aufl. 1996), 266 n.1. 그리고 stellionatus에 해당되어 위증이 처벌 받으면 악의소권은 배제되었다.
Paul. 11 ed. D.4.3.22 [De periurio non datur doli actio]: nam sufficit periurii poena (Lenel, Pal. I, Paul. fr.211, p.984). Mommsen, 681 n.2; 최병조 I, 135.

참고문헌

조규창, 『로마형법』, 고려대학교출판부(1998).

Byoung Jo Choe, "Actio de dolo im römischen Recht", 『서울대학교 법학』 제26권 4호(1985. 12), 126ff. [= 최병조 I]

_____, "Die Gläubigerbenachteiligung im römischen Recht", 『서울대학교 법학』 제26권 2·3호(1985. 10), 221ff. [= 최병조 II]

Boehmer, I. H., *Introductio in Ius Digestorum*, duodecima editio emendatior (Halae Magdeburgicae, 1773).

Brunnemann, Johannes, *Commentarius in Codicem*, editio novissima (Lipsiae, 1708). [=Brunnemann I]

_____, *Commentarius in Pandectas*, editio quinta, (Wittebergae & Berolini, 1701). [=Brunnemann II]

Donellus, Hugo, *Opera omnia cum notis Osualdi Hilligeri*, tom. V (Florentiae, 1846).

Glöckner, H. P., "Stellionatus", in: *Handwörterbuch zur deutschen Rechtsgeschichte*, 32. Lieferung (1990), 1951ff.

Hupe, E., "Fälschungsdelikte", in: *Handwörterbuch zur deutschen Rechtsgeschichte*, I. Bd. (1971), 1060ff.

Matthaeus, Antonius, *De Criminibus ad Lib. XLVII. et XLVIII. Dig. Commentarius*, editio quinta et ultima, Antwerpiae, 1761; *On Crimes. A Commentary on Books XLVII and XLVIII of the Digest*, fifth and final edition, Antwerp, 1761, edited and translated into English by M. L. Hewett and B. C. Stoop, Vol. II (University of South Africa, Pretoria, 1993).

Mommsen, Theodor, *Römisches Strafrecht* (1899 / ND 1955).

Pugliese, Giovanni, "Linee generali dell'evoluzione del diritto penale pubblico durante il principato", in: *ANRW* II 14 (1982), 722ff.

Robinson, O. F., *The Criminal Law of Ancient Rome* (1996), 36ff.

Sbriccoli, Mario, "Truffa" a) Storia, in: *Enciclopedia del diritto*, 45 (1992), 236ff.

Scarlata-Fazio, Mariano, "Falistà e falso (storia)", in: *Enciclopedia del diritto*, 16 (1967), 504ff.

Stein, P., "Garofalo L., La persecuzione dello stellionato nel diritto romano (Padova, CLEUP, 1992) p.IX + 170", *IVRA* 43 (1992), 199f. [= Stein II]

_____, "The Origins of Stellionatus", *IVRA* 41, (1990), 79ff. [= Stein I]

Voet, Johannes, *Commentarius ad Pandectas*, tom. I et II, editio ultima accuratior (Hagae-Comitum, 1735).

Völkl, Artus, "Stellionatus", in: *Der Kleine Pauly*, Bd.5 (1979), 356f.

Volterra, Edoardo, "Stellionatus", in: *Scritti giuridici*, VII (1999), 21ff. (수정비판의 방법론에 의하여 사료원문에 첨삭을 가하고 있는 한에서 활용에 주의가 필요하다.)

Zoes, Hendrik, *Commentarius ad Digestorum seu Pandectarum Libros L* (Lovanii, 1645).

제12장 로마법상의 문서위조죄

—Lex Cornelia de falsis에 관한 소고

I. 머리말

문서위조의 범죄는 문자생활이 보편화되고 각종 문서가 사용된 모든 곳에서 일어날 수 있고, 일어났고, 일어나고 있는 전형적인 범죄에 속한다. 초기 구술문화여서 서면이 법생활에 알려지지 않았다가 헬레니즘기 그리스 쪽의 영향으로 문서가 점점 더 중요해진[1] 고대 로마의 경우에도 예외는 아니었다. 전근대 사회의 특성상 전자기록 등 특수매체기록(형법 제227조의2, 제232조의2)이나 도화(형법 제225조, 제231조)가 문제될 수 없었고, 좁은 의미의 문서만이 문서위조의 대상이었다는 점만이 다를 뿐이었다. 문서의 기본적인 구분인 공문서와 사문서로 말하자면 이 역시 잘 알려진 현상이었고, 두 경우 모두 문서위조의 대상이었음은 물론이다. 다만 법질서가 어느 영역에 얼마나 관심을 기울이는가의 문제는 역사적인 시간과 공간에 따라서 반드시 같은 것이 아니다.[2] 가령 조선이 형법의

---

1 Kaser I, 230f.; Kaser II, 600ff.; Kaser / Hackl, 369 + n.67; Riggsby, 87ff. 콘스탄티누스 황제만 해도 문서의 증명력을 증언과 대등하게 보았다.
  C.4.21.15 Const (a.317).
  In exercendis litibus eandem vim obtinent tam fides instrumentorum quam depositiones testium.

일반법전으로 활용했던 『대명률』(大明律)에는 사문서 위조에 관한 규정이 들어 있지 않았고 『국전』(國典)에 이를 보완하는 내용이 들어 있었다.[3]

---

2 程維榮, 301f.는 중국 전통법제에 대하여 관치(官治: 봉건정권(封建政權))에 직접 위협이 되는 경우와 그렇지 않은 경우로 대별하여 정치성 사위죄(政治性詐僞罪)와 일반성 사위죄(一般性詐僞罪)로 나누는데, 공문서 위조와 사문서 위조도 이러한 범주로 설명이 가능할 것이다.

3 『經國大典』刑典 私賤: 僞造文記姦詐顯著者 移送他司 更覈科罪.
   『大典後續錄』刑典 雜錄: 凡持僞造文記爭訟者 雖言祖上所爲 勿揀赦前 全家徙邊.
   심희기, 101f. 그리고 현실로 사문서 위조가 문젯거리였음은 수교들을 보면 알 수가 있다. 참고로 『각사수교』(各司受敎)와 『수교집록』(受敎輯錄), 『신보수교집록』(新補受敎輯錄)에 수록된 문서위조 관련 수교들을 연도순으로 정리하여 보면 다음과 같다(편의상 번역문만 제시한다. 『신보수교집록』에 수록된 것에는 '新補'를 붙였다).
   ㅇ刑曹受敎 111: 정미년(1547, 명종 2) 9월 17일에 받은 전교이다. 인신(印信)을 위조하는 것은 죄를 범한 것이 매우 무거운데도 '잡범사죄'(雜犯死罪)의 예로서 사유(赦宥)를 받으니 지극히 옳지 않다. 무릇 문기(文記)를 위조하였다가 간사함이 드러난 경우에도 물간사전(勿揀赦前)하거늘 인신을 위조한 죄는 이에 비해 더욱 무거울 뿐만 아니라 무릇 공사(公私) 문권(文券)에 위조한 인신을 찍었다면 증여 물품을 받은 것이 반드시 많을 것이니 (이는) 장죄(贓罪)와 다름이 없다. 지금 이후에 인신을 위조한 죄는 각별히 법을 만들어 사유(赦宥)를 받지 못하도록 형조에 전교한다.
   ㅇ掌隷院受敎 180: 정사년(1557, 명종 12) 4월 22일에 받은 전교에, "법이 만들어지매 폐단이 생기는 것은 고금의 공통된 근심이다. 지금 법을 만듦에 연속해서 세 차례 송사에 이기지 못하는 자를 이치에 합당하지 않은 일로 (송사하길 좋아한다고) 논하여 일체 죄를 다스린다면 뒷날의 폐단이 없지 않을 것이니 새로 법조항을 세우는 것은 어려울 듯하다. 하지만 무릇 송사에서 사리가 굽어 이기지 못하자 문기(文記)를 위조하는 것이 많으니 그 간사함이 현저한 자는 법전에 따라 죄를 다스리고, 세 차례에 이르러도 송사에 이기지 못하면 송사를 끝내는 예가 이미 있는데도 법을 무릅쓰고 다시 서류를 올려 억지로 송사를 다투는 사람도 아울러 치죄하여 ㅁㅁㅁㅁㅁ하지 않도록 한다."(라고 하였습니다.) (= 수교집록 935)
   ㅇ수교집록 648: 재상의 편지를 위조한 자는 연한(年限)을 정하지 말고 변방 먼 곳에 정배한다. (1669년(현종 10, 강희 기유)에 받은 전교)
   ㅇ新補 0916: 체문을 위조하여 장원서(掌苑署)에 보내어 각종의 과실을 사적으로 취해 쓴 자에게 '조지를 속여서 전한 자를 처벌하는 형률'(詐傳詔旨之律)을 적용하는 것이 적합한 것인지 모르겠으니 사형에서 등급을 낮추어 정배한다. (1685년(숙종 11, 강희 을축)에 받은 전교)

반면에 로마의 경우 문서위조에 관한 규율은 사문서를 중심으로 발전하였는데 그중에서도 유언서가 핵심이었다. 시민의 사적(私的)·경제적 삶에 법질서가 그만큼 깊은 관심을 기울였다는 방증일 것이다.[4]

로마법의 특징 중 하나는 문서위조와 동 행사뿐만 아니라 통화위조, 소송상 각종 법령왜곡(枉法),[5] 친족관계나 관직의 사칭, 도량형 사기 등 다양한 위조, 뇌물수수, 사기 유형의 범죄들이 하나의 falsum (crimen falsi) 범주하에 포섭되었다는 것이다.[6] 이것은 마치『대명률』(大明律)에서 공문서위조뿐만 아니라 관직 사칭, 관원의 거짓 사유로 인한 처신 등

○수교집록 650: 호패(號牌)를 위조한 것은 인신(印信)을 위조한 것과 같으니 일죄로 논한다. 〔1685년(숙종 11, 강희 을축)에 받은 전교〕

○수교집록 634: 상한(常漢)으로 (무과에) 합격한 무리가 문기(文記)를 위조하여 (남의) 토지나 노비(田民)을 훔쳐 팔거나 (돈 등을) 빌려주었다고 사칭하여 은화를 빼앗기를 도모하는 것은 그 정상(情狀)이 매우 악독하다. 평문(平問: 형구(刑具)를 사용하지 않는 심문)으로는 실정을 알아내기 어려우니 형조에서 계로 아뢰어 형추(刑推)하도록 한다. 〔1692년(숙종 18, 강희 임신)에 받은 전교〕

○新補 0803: 제문(祭文)을, 계를 올려 윤허를 받은(啓下) 후에 향실충의(香室忠義)가 사사로이 칼로 도려내어 위조하여 붙인 경우는 장 100, 도 3년에 처한다. 〔1695년(숙종 21, 강희 을해)에 받은 전교〕

○新補 0912: (관청의) 도장(印)을 위조해서 계복(啓覆)을 거친 죄인이면 반드시 사형(正刑)되기를 기다린 뒤에 처와 자식을 노비로 삼는다. 〔1702년(숙종 28, 강희 임오)에 받은 전교〕

○新補 0913: 도장(印信)을 위조한 경우, 인신을 새긴 사람과 전문(篆文)을 본떠 그린 사람은 정상과 범죄의 질이 모두 용서할 수 없는 것이다. 두 사람 모두 일죄(一罪)로 논단한다. 〔1703년(숙종 29, 강희 계미)에 받은 전교〕

4 조선의 경우 위조통부(僞造通訃), 즉 부고(訃告)를 위조한 사건이 전해진다는 것은 그만큼 당시 사회의 성격의 한 단면을 잘 보여준다고 생각된다.
『受敎定例』「傍照」僞造通訃: 狼川黃明伊 僞造吉來復妻屍訃書 通訃于其女家 發喪之後 徵索雇價事 大典通編公賤條云 以生爲死者 杖一百流三千里 (p.134).

5 Cf.『吏學指南』獄訟: 寃枉 伸屈曰寃, 以直爲曲曰枉.

6 Mommsen, 669ff.; 조규창, 255; 今井猛嘉, 179. 보통법시대의 학설은 이런 falsum을 ① in persona (인적 사위(人的詐僞): 가령 자격 사칭(詐稱)); ② in rebus (물적 사위(物的詐僞)), i) dictis (언어적 사위(詐僞): 말로써 속이거나 해치는 것) ii) factis (행동적 사위(詐僞): 가령 문서 훼손, 모조품 판매, 도량형 사기(詐欺))와 같이 분류하여 정리하고자 하였다. 가령 Kemmerichius, Lib.II Tit.X (p.59) n.2-3.

관원의 범죄와 인신(印信) · 책력 등 위조, 통화위조, 더 나아가서 타인을 속여 범법하게 하는 범죄까지 무릇 속이고 거짓으로 만드는 여러 유형의 범죄[7]를 사위(詐僞)의 개념으로 포섭하고 있는 것[8]과 유사하다. 종래 falsum에 대해서는 위죄(僞罪)[9] 또는 위조죄(僞造罪)[10]라는 번역어가 사용되기도 하였으나 이러한 저간의 사정을 고려하면 사위죄(詐僞罪)로 번역하는 것이 사태의 실상을 더 잘 반영한다고 생각된다. 실로 로마인들도 falsum의 기본적인 개념을 말이나 행동으로써 악의적으로 속이는 행위(fallere)[11]로부터 관념하였다.[12]

7　『大明律講解』卷第二十四 刑律 詐僞: 제378조 詐〔僞〕〈爲〉制書, 제379조 詐傳詔旨, 제380조 對制上書詐不以實, 제381조 僞造印信曆日等, 제382조 僞造寶鈔, 제383조 私鑄銅錢, 제384조 詐假官, 제385조 詐稱內使等官, 제386조 近侍詐稱私行, 제387조 詐爲瑞應, 제388조 詐病死傷避事, 제389조 詐敎誘人犯法. 이처럼 현대형법에 비하여 포괄 범위가 넓고 다양했던 것은 『명률』(明律)에 와서 비로소 발생한 일이 아니며, 실은 동아시아에서도 아주 오래된 전통이었다. 程維榮, 301ff. 참고로 제서(制書)나 인신(印信)을 버리거나 훼손만 하는 경우, 또는 이것들을 유실(遺失)한 경우는 별도의 구성요건으로 처벌되었다. 각각 『大明律講解』卷第三 吏律 公式: 제65조 棄毁制書印信 및 제66조 遺失制書 참조.

8　『吏學指南』, 卷之三 五科: 詐僞 謂詐以譎正, 僞以冒眞也.

9　柴田, s.v. falsum (p.133): 虛僞, 僞造, 僞罪, 虛僞罪, 背信罪, 嘘.

10　조규창, 253, 411, 619.

11　표현만 보면 "詐不以實"(『대명률』제380조)이 이에 대응한다.

12　Mazzola, 5ff.; Piazza, 7f.; Mariano, 504f.; 조규창, 253f. 일응 개념 정의를 기대할 만한 물음에도 예시를 통하여 답변하는 것이 로마법의 더 일상적인 방식이었음은 물론이다.
　　D.48.10.23 Paul. l. s. de poen. pagan.
　　Quid sit falsum, quaeritur: et videtur id esse, si quis alienum chirographum imitetur aut libellum vel rationes intercidat vel describat, non qui alias in computatione vel in ratione mentitur.
　　(falsum이란 무엇인지가 문제된다. 타인의 자필증서를 모작(模作)하거나 신청서나 회계문기를 파봉(破封)하거나 모사(冒寫)하는 자의 경우가 그에 해당하는 것으로 여겨지고, 달리 계산이나 회계에서 속이는 자는 아니다.)

686

Coll. 8.6.1 = PS. 5.25.3.

Falsum est quidquid in veritate non est, sed pro vero adseveratur.

(사위(詐僞)란 참되지 않으면서 참된 것으로 내세워지는 모든 것이다.)

CTh.2.27.1.1. Honor./Theodos./Constantius (a.421).

... (quid enim aliud falsarius agit, quam ut similitudinem veritatis imitetur?)

...

(… 사위자(詐僞者)가 행하는 것이 참된 것을 비슷하게 흉내내는 것 이외에
무엇이겠는가? …)

Nov.73, praef. Iust. (a.538).

μηδὲν ἕτερόν ἐστι παραποίησις εἰ μὴ τῶν ἀληθῶν μίμησις.

[falsum nihil aliud est nisi veri imitatio.]

(사위(詐僞)란 참된 것의 흉내 이외의 아무것도 아니다.)

그러나 다양한 구성요건을 이러한 하나의 기본 개념하에 포섭하는 것
은 오늘날의 관점에서는 그다지 합목적적인 것으로 보이지 않는다. 몸젠
이 falsum 범죄를 소송법상의 통일성이라는 관점에서 파악하려고 하는
것도 모두 이러한 까닭이다.[13]

이 글은 로마법상의 사위죄(詐僞罪) 중에서도 문서위조에 한하여 고찰
하려는 것이다. 사실 이 문제는 세계의 로마법학계를 살펴보면 전승되
는 사료를 바탕으로 이미 대부분은 이견이 없이 밝혀진 것들이다. 로마
법에서도 형사법의 경우는 주된 쟁점이 실정법이 정하는 구성요건의 실
현 여부이다 보니 대부분의 사건은 범행의 사실관계 확인에 중점이 놓
일 수밖에 없고, 그 결과 민사법의 경우 이해관계가 착종되어 다양한 해
석과 이론구성의 여지가 생기면서 법학자들 간에 학설을 둘러싼 토론
이 활발했던 것과 달리 우리에게 전해지는 정보의 면에서 대체로 논쟁

---

13 Mommsen, 667.

거리가 별로 없다. 실제로 로마법 사료를 보면 같은 문서위조 사건이라도 민사의 경우가 형사의 경우보다 궁구할 점들이 더 복합적이다. 게다가 형벌도 제정기 형사 사법체제의 전환 이전까지는 양형을 하는 것이 아니라 원칙적으로 법정형이 부과되었기 때문에 논의의 여지가 거의 없다. 그러므로 이 글의 목표도 종전에 국내에는 잘 알려지지 않았던 로마법상의 문서위조죄에 관한 기본적인 정보를 정리·소개하는 것으로 잡았다. 적지 않은 사료들이 반영된 법리의 면에서는 물론이거니와 텍스트 비판 면에서든, 다루어진 사안의 사회적 의미에서든 이런저런 면에서 아주 흥미롭고 상세히 다루는 것이 필요한 것들이다. 기존의 연구들 중에도 상당한 분량의 것들이 많은 이유이기도 하다. 그러나 이 한 편의 글에서 그런 모든 면을 소상히 다루기에는 역부족이므로 그저 필자가 좀더 언급할 필요가 있다고 생각되는 경우에 한하여 단순한 소개 이상의 부연설명을 하는 정도로 그칠 수밖에 없었다. 이 글을 시작하기 전에는 필자 자신도 미처 깨닫지 못하던 것인데, 『로마법대전』에 문서와 관련된 사료가 엄청나다는 점이다. 특히 후대에 서면생활이 일상화한 다음의 모습은 동아시아의 발달된 기록문화와 비교해도 전혀 손색없는 것이었고, 무엇보다도 법률 자료가 풍부하다는 점에서 오히려 그 특색이 뚜렷하다. 이들 모든 분야를 아우르려면 고문서학(古文書學, diplomatics), 금석문학(金石文學, epigraphy), 인장학(印章學, sphragistics), 파피루스학(學)(papyrology), 서지학(書誌學, bibliography), 고서체학(古書體學, paleography) 등의 성과 역시 반영되어야 마땅하다. 더욱이 법리 면에서도 시대마다 변모한 실체법과 소송법의 다양하고 착종된 모습을 제대로 밝히려면 텍스트 단계연구(段階研究, Textstufenforschung)[14]도 필요하고, 평소에는 잘 살펴지도 않던 고전시기 후의 각종 칙법과 신(新)칙법, 더 나아가서는 『바실리카 법전』의 자료까지도 함께 고찰하지 않으면 안 된다. 이러한

14　d'Ors, 527ff.는 Wieacker가 주도하여 개시된 텍스트 단계연구의 최근의 한 대표적인 예이다.

작업을 수행하기에는 국내의 연구여건이 너무나 미흡하다. 그리고 연구 여건이 갖추어졌다 해도 필자의 역량을 현저히 초월하는 과업의 영역이다. 필자로서는 이 거대한 과제 앞에서 로마의 문서 위조에 관한 몇몇 사료를 훑어볼 기회를 가졌다는 것만으로 미흡하지만 일단은 미약한 마무리를 지을 수밖에 없다는 것이 무엇보다도 안타까울 따름이다.

필자가 이 주제에 손을 대게 된 것은 무슨 독창적인 연구의 결론을 제시하기 위한 것이 아니다. 가장 주된 이유는 오랜 벗으로 학창시절과 직장생활을 함께해 온 신동운(申東雲) 교수의 정년을 기념하고자 한 데 있다. 신동운 교수의 전공 분야인 형법 주제의 글을 한 편 마련해 보고 싶다는 소박한 생각이 있던 차에 다행히도 형법 전공의 신동운 교수가 이 주제를 제안하였고, 이에 이용식 교수도 찬동하여 문서위조죄를 주제로 서울대학교 법학연구소의 지원하에 3인 공동연구를 하게 된 것이다. 이미 지적했지만 굳이 학술적인 의미를 찾자면 국내에서는 최초로 이 문제를 원사료를 바탕으로 고찰한다는 점일 것이다. 기존의 연구로는 조규창의 교과서적인 전반적인 서술이 전부이다.[15] 이 글이 외우(畏友) 신동운 교수의 정년을 기리는 데 손색없기만을 바랄 뿐이다.

II. 로마법상의 문서위조

1. 사위죄(詐僞罪)에 관한 코르넬리우스법

사위죄(詐僞罪, falsum. Bas.60,41: πλαστόν)에 관한 총체적인 일반법은 술라에 의해 입안된 코르넬리우스법(기원전 81년)이다.[16] 그전의 법상황이 어떠했는가는 거의 자료가 전승되지 않기 때문에 그 실상을 파악하

---

15 조규창, 256ff., 411ff., 619ff. (후술 [부론] 참조).

16 일반적으로 실체적인 면에서 새로운 것을 도입한 것은 아니지만, 유언서 및 통화 위조가 처음으로 형사사문 절차에 놓이게 되었다는 점에서 그 중요성은 결정적이라는 것이 학계의 중평(衆評)이다. Mazzola, 125f.

기가 쉽지 않다.[17] 키케로조차도 전해주는 바가 거의 없다. 단편적이지만 다음 문헌들의 전언으로 볼 때 당연히 그리고 매우 강력하게 형사처벌되었던 것을 알 수 있다.[18]

Livius, *Ab urbe condita* 39.8.7 (BC 187):[19]

nec unum genus noxae, stupra promiscua ingenuorum feminarumque erant, sed falsi testes, falsa signa testamentaque et indicia ex eadem officina (sc. clandestinis coniurationibus) exibant.

(그리고 악행이 한 종류에 그치는 것이 아니었으니, 출생자유인 남자들과 여자들의 혼음(混淫)이 자행되었을 뿐 아니라 위증, 인장 위조 및 유언서 위조와 무고(誣告)가 같은 비행(非行)공작소(즉 비밀사교집단(秘密邪敎集團))에서 자행되었다.)

Livius, *Ab urbe condita* 39.18.4 (BC 186):[20]

qui stupris aut caedibus violati erant, qui falsis testimoniis, signis adulterinis, subiectione testamentorum, fraudibus aliis contaminati, eos capitali poena adficiebant.

(음탕행위나 살인행위로 더럽혀진 자들, 위증, 인장 위조, 유언서 바꿔치기, 기타 사위(詐僞)행위로 부정(不淨)해진 자들을 그들(집정관들)은 극형에 처하였다.)

---

17 상세한 것은 Mazzola, 87ff., 105ff.; Piazza, 1ff.; Mommsen, 669.

18 사위죄(詐僞罪, falsum)에 대한 로마 최고(最古)의 입법은 위증에 관한 12표법이었다(Gellius, *Noctes Atticae* 20.1). 그러나 12표법 이전에도 위증에 대한 소송은 알려져 있었다(Livius, *Ab urbe condita* 3.24, etc.). Mazzola, 12ff., 37ff. 후속 입법은 우리가 알 수 있는 한 술라 독재관 시기의 코르넬리우스법이다. 문서위조보다 위증이 먼저였던 것은 구술문화였던 고대 로마의 문화를 반영한 것으로 보인다.

19 Mazzola, 107ff.

20 Piazza, 78f.; Mazzola, 110ff.

Cicero, *In Verrem* II.1.108:[21]

Cornelia testamentaria, nummaria, ceterae complures, in quibus non ius
aliquod novum populo constituitur, sed sancitur ut, quod semper malum
facinus fuerit, eius quaestio ad populum pertineat ex certo tempore.
(유언서·통화·기타 다수의 것에 대한 위조에 관한 코르넬리우스법으로써
어떤 새로운 법이 인민들에게 정립된 것이 아니라, 항상 악행이었던 행위의
사문(査問: 형사재판)[22]이 일정한 시점부터 인민에게 속한다고 규정되고 있
는 것이다.)

술라가 독재관 시절 통과시킨 코르넬리우스법[23]은 처음부터 유언서와
통화의 위조를 대상으로 하는 단행의 법률이었는데,[24] 법률의 문언이 직
접 전해지지는 않는다. 학자들의 복원을 위한 연구 성과 중에서는 지금
까지는 Kocher (1965)의 재구성이 잘 알려져 있다.[25] 이 문제를 관련 사
료들을 재검토하여 고찰한 Crook (1987)의 결론은 여전히 확실한 이야
기를 할 수 없다는 것이다.[26] 원문 복원의 경우 항상 그렇듯이 100퍼센
트 확실한 것은 없지만, 그러나 전승된 사료를 통하여 상당한 정도로 개
연성이 확보되는 것 또한 사실이므로 이곳에서는 로마법상 문서위조를

---

21 Mazzola, 81ff.

22 Kunkel, col.742 Nr.2.

23 상세한 것은 Piazza, 93ff.; Mazzola, 118ff.

24 현재 학계의 다수설. Jacobi, 14f.; Mazzola, 121ff. 2개의 별도 법률이었다는 설:
Crook, 164 (그러나 최종적인 원문 복원에서는 단일법률로 구성한다). Robinson
III, 36은 이 문제가 불확실하다는 점만 지적하고 있다.

25 Kocher, 117; cf. Marino, 635f.

26 Crook, 163ff. 그가 도표까지 작성하면서 검토한 기본 사료는 PS.5.25.1;
D.48.10.2; D.47.11.6; Inst. 4.18.7; PS.4.7.1; PS.5.25.7＝D.48.19.38.7;
D.48.10.30; D.48.10.9; D.48.10.8; PS.5.25.2; D.48.10.16.1; C.9.22.8; Cicero,
In Verrem II.1.108 cit.; Cicero, *De natura deorum* 3.30.74; Suetonius, *De vita
Caesarum*, Divus Augustus 33.2; Ps.-Asconius, *In Verrem* II.1.108이다. Cf. Mazzola,
126ff. 그는 또한 결론적으로 Kocher의 복원이 원형과 다를 수 있는 가능성을 분
명한 어조로 열어두었다. "It may have looked like this, but it may not." (p.167).

이해하는 데 좋은 출발점이 될 수 있다는 점을 평가하여 Kocher의 복원
문을 기준으로 살피고자 한다. 이에 있어서 이곳에서는 로마법의 역사적
발전과정 자체에 관심을 두기보다는 법률적 관심방향에서 어떤 행위들
이 위조로 규정되거나 판단되었는지, 또 어떻게 처벌되었는지를 시간적
요소를 크게 고려하지 않고 고찰하고자 한다(말하자면 more Italico).[27] 특
히 동법의 내용은 문서 위조에만 한하는 것이 아니므로 동법의 텍스트
에 대한 궁구는 다른 모든 경우들까지 포함하여 전체로서 고찰하지 않
으면 불가해한 측면이 있으나, 방금 제시한 이유에서도 이곳의 고찰은
문서 위조에 한하여 법적 내용적인 면에 중점을 두고자 한다.

동법의 복원문 중 문서위조 부분은 다음과 같다.[28]

... IS PRAETOR IVDEXVE[29] QVAESTIONIS QVI SORTE OBVENERIT

---

27 동 법률이 기초가 된 법발전 과정에서 당연히 원로원, 황제, 법학자들의 역할이 컸
    다. 그러나 일부 원로원의결과 칙법을 제외하면 이들의 기여를 시간순으로 정확
    히 확정하는 작업은 불가능하다. Mariano, 509f. 이의 텍스트단계연구로는 d'Ors,
    527ff. 공화정기 원로원은 법원이 아니었다. 제정기 원로원의 재판기구로서의
    역할에 대해서는 Santalucia, 106ff.; Robinson III, 101; Lintott, 319; Kunkel /
    Schermaier, 89f.
28 Kocher, 117; Crook, 167; Mariano, 508ff.; cf. Rein, 778f.; Matthaeus, 414 n.2;
    Robinson III, 37f.; Augustinus, 36. 다만 Kocher의 복원에서 금석문(金石文)식의
    고철자(古綴字)는 내용 이해에 꼭 필요한 것이 아니므로 범용되는 철자로 바꾸었
    다. 조규창, 255f., 411, 413은 전반적인 내용을 소개할 뿐이다.
29 iudex는 단수로 이곳에, 그리고 곧 뒤에서 복수로 두 번 나온다. 이에 대하여
    Crook, 167은 "(sic)"를 두 곳 모두에 붙여서 의문을 표시하였다. 그러나 단수일
    경우에는 상설사문회의 의장직을 수행하였던 법정관을 표현한 것이고, 뒤의 복
    수의 것은 그를 제외한 재판인단을 지시하는 것이어서 틀린 것이 아니다. 이 사실
    은 후대의 사료이기는 하지만 살인죄 사문회에 대한 다음의 개소가 분명히 보여
    준다.
    Coll. 1.3.1.
    Capite primo legis Corneliae de sicariis cavetur, ut is praetor iudexve quaestionis,
    cui sorte obvenerit quaestio de sicariis eius quod in urbe Roma propiusve mille
    passus factum sit, uti quaerat cum iudicibus, qui ei ex lege sorte obvenerint de

QVAESTIO DE FALSIS TESTAMENTIS NVMMISVE EIVS QVOD IN
VRBE ROMA PROPIVSVE M PASSVS FACTVM SIT VTI QVAERAT
CVM IVDICIBVS QVI EI EX LEGE SORTE OBVENERI⟨N⟩T DE
CAPITE EIVS QVI TESTAMENTVM FALSVM SCIENS DOLO MALO
SCRIPSERIT SIGNAVERIT RECITAVERIT TESTAMENTVMVE
SVBIECERIT AMOVERIT CELAVERIT SVBRIPVERIT
RESIGNAVERIT DELEVERIT INTERLEVERIT SIGNVMVE
ADVLTERINVM SCVLPSERIT FECERIT EXPRESSERIT QVIVE
SIGNVM AMOVERIT RESERAVERIT CVIVSVE DOLO MALO ID
FACTVM ERIT[30] ...

(··· 로마시와 인근 1.5킬로미터 내에서 행해진 거짓 유언서(遺言書) 또는 통
화(通貨)에 관한 상설사문회(常設查問會)를 추첨으로 담당할 법정관(法政
官)이자 상설사문회의 재판장[29]은 그에게 이 법률에 의하여 추첨으로 배정
되는 재판인단과 더불어 다음의 행위를 한 자의 극형 여부에 관하여 사문(查
問)할 것이다. 즉 거짓 유언서(遺言書)를 알면서 악의로 작성하거나 인봉(印
封)하거나 낭독하거나, 또는 진정 유언서를 거짓 유언서로 바꿔치기하거나
진정 유언서를 빼돌리거나 감추거나 몰래 훔치거나, 봉인(封印)을 제거하거
나, 유언서를 말소하거나 개칠(改漆)하거나, 또는 위조 인장(印章)을 각조(刻
造)하거나 위조 인장으로 인봉(印封)하거나 압날(壓捺)한 자, 또는 진정 인
장을 빼돌리거나, 탁봉(坼封 / 拆封)한 자, 또는 그의 악의로 이러한 짓이 행
해진 자 ···)

---

capite eius, qui cum telo ambulaverit hominis necandi furtive faciendi causa,
hominemve occiderit, cuiusve id dolo malo factum erit. Et reliqua.
30 D.48.10.2 Paul. 3 ad Sab.
Qui testamentum amoverit celaverit eripuerit deleverit interleverit subiecerit
resignaverit quive testamentum falsum scripserit signaverit recitaverit dolo malo
cuiusve dolo malo id factum erit, legis Corneliae poena damnatur.

한편 자신이 사용한 자신의 인장에 대하여 나중에 위증을 하는 행위는 문서위조에 준하는 행위였다.[31] 증인이 인장의 확인을 위한 소환에 불응해도 처벌을 받았다.[32]

1) 법률명

이 법률의 이름과 관련하여 사료상 전해지는 명칭은 일률적이지 않다.[33] 시기적으로 가장 이른 것은 애초의 법률 내용을 그대로 반영한 lex Cornelia testamentaria nummaria (유언서 및 통화 위조에 관한 코르넬리우스법)[34]인 것으로 보인다.[35] 이를 줄인 lex Cornelia testamentaria (유언서

---

31 D.48.10.27.1 Mod. 8 reg.

Et eum, qui contra signum suum falsum praebuit testimonium, poena falsi teneri pronuntiatum est. ...

Cf. 『譯註 唐律疏議』 제387조 詐僞 26 證不言情 (pp.3197f.).

32 D.43.5.3.9 Ulp. 68 ad ed.

Exhibere autem apud praetorem oportet, ut ex auctoritate eius signatores admoniti venirent ad recognoscenda signa: et si forte non optemperent testes, Labeo scribit coerceri eos a praetore debere.

33 Locher, 100ff.; Marino, 634f.; Mazzola, 119ff.; 조규창, 255 n.66.

34 Cicero, In Verrem II.1.108; Ps.-Asconius, In Verrem II.1.108; Rotondi, 356f.

35 유기천, 『형법학(각론 강의)』, 법문사(2012), 119는 "文書僞造罪는 로마의 코르네리아법(Lex Cornelia)에 있어서 聖書僞造를 犯罪로 규정하여 國家에 대한 叛逆行爲의 일종으로 處罰하던 것을 그 起源으로 한다"고 설명하고, 주 *2186에서는 "Lex Cornelia는 聖書僞造를 소위 testamentaria의 僞造라고 하여 이를 罰하였던 것이다"라고 설명하고 있다. 이것은 라틴어 testamentum (유언, 유언서)의 형용사 testamentaria를 영어의 (Old and New) Testament로 오해한 오류, 그리고 동법률의 규정 사항 중 적어도 문서위조죄를 원래 반역행위의 일종으로 처벌한 것은 아니라는 점에서 완벽하게 틀린 설명이다. 신동운, 『형법각론』, 법문사(2017), 376 주 1은 이 법률이 기원전 제정법이라는 점에서 그리스도교와 무관한 법임을 제대로 지적하고 있다. (신 교수가 동법의 제정 시점을 '기원전 61년'으로 표시한 것은 그곳에서 신 교수가 인용한 필자의 발표문의 오식에 기인한다. 거친 초고여서 인용을 삼가 줄 것을 당부했으나 인용된 탓에 발생한 오류이기는 하지만, 모든 책임은 전적으로 착오를 일으킨 필자의 몫이다. 정확한 연도는 '기원전 81년'이다.)

694

위조에 관한 코르넬리우스법)[36]이라는 명칭이 lex Cornelia de testamentis (위조 유언서에 관한 코르넬리우스법)[37]으로 연결되고, 더 나아가서 위조를 포함하여 사위죄(詐僞罪)의 개념이 확대되면서 lex Cornelia de falsis[38] 또는 lex Cornelia de falso[39] (사위죄(詐僞罪)에 관한 코르넬리우스법)으로 부르는 것이 관행이 되었던 것 같다. 많은 경우에는 그냥 lex Cornelia로 약칭되었다. 법률명 대신 그에 관한 상설사문회(常設查問會)의 도입이 강조된 표현들도 보인다. testamentorum cotidiana quaestio (위조 유언서에 관한 일상사문회),[40] quaestio publica de falso (사위죄(詐僞罪)에 관한 형사사문회(刑事查問會)).[41]

2) 도입 시기

이 법률은 기원전 81년 술라가 도입한 것이었다. 그러나 당시 술라가 "법률 제정 및 국가 질서 확립을 위한 독재관"(dictator legibus scribendis et rei publicae constituendae)이었음에도 불구하고 이 법률이 술라의 권위적 입안·제정인지 민회를 거친 입법인지는 불명하다고 한다.[42]

D.1.2.2.32 Pomponius libro singulari enchiridii.

Capta deinde Sardinia mox Sicilia, item Hispania, deinde Narbonensi provincia totidem praetores, quot provinciae in dicionem venerant, creati

---

36 PS.5.25R.; PS.5.25.1; Coll. 8.5; 8.7; D.43.5.3.6 (Ulp. 68 ad ed.); D.47.11.6.1 (Ulp. 8 de off. procons.); D.48.2.2.pr.-1 (Pap. 1 de adult.); D.48.10.30.pr. (Mod. 12 pand.); CTh.9.20.1 Valens, Grat. et Valent. (a.378); Inst. 4.18.7.

37 D.48.1.1.pr. (Macer 1 de publ. iudic.).

38 PS.1.12.1; PS.4.7.1; PS.5.25.11; D.48.10. R.; D.48.10.1.4 (Marcian. 14 inst.); C.9.22 R.; Inst. 4.18.7.

39 CTh. 9.19R.

40 Cicero, *De natura deorum* 3.30.74 (후술).

41 D.1.2.2.32 Pomp. l. s. enchirid.

42 Kocher, 99f. + n.7.

sunt, partim qui urbanis rebus, partim qui provincialibus praeessent. Deinde Cornelius Sulla quaestiones publicas constituit, veluti de falso, de parricidio, de sicariis, et praetores quattuor adiecit. ...

(그후에 사르디니아가 점령되고(기원전 238~기원전 225), 곧 시킬리아(기원전 241), 이어서 히스파니아(기원전 206), 그후에 나르보(기원전 121)가 속주로 점령되자 복속된 속주의 수만큼의 법정관직이 설치되었는데, [그중에서] 일부는 로마시의 업무를, 일부는 속주의 업무를 담당하였다. 그후에 코르넬리우스 술라(Cornelius Sulla: 기원전 138년경~기원전 78년경)가 여러 개의 형사사문회(刑事查問會)를 창설하였는데,[43] 즉 사위죄(詐僞罪)에 관한, 살인에 관한, 자모살범(刺謀殺犯)에 관한 사문회들이었고, 4인의 법정관이 증원되었다. …)

키케로가 기원전 45년 집필한 『신들의 본성에 관하여』에서 유언서 위조에 관한 것을 언급하면서 신법(新法)에 의한(lege nova) 사문회(查問會)를 언급한 것도 동 법률이 비교적 새로운 입법이었음을 뒷받침한다.

Cicero, *De natura deorum* 3.30.74:[44]

sessum it praetor. quid ut iudicetur? ... qui transscripserit tabulas publicas: id quoque L. Alenus fecit, cum chirographum sex primorum imitatus est; quid hoc homine sollertius? ... tum haec cotidiana: sicae veneni peculatus, testamentorum etiam lege nova quaestiones. ...

(법정관(法政官)이 좌정합니다. 어떤 일을 판정하기 위해서입니까? … 누가

---

43 종래 원로원의원들로만 구성되던 사문회가 공화정 말기 그락쿠스의 lex Sempronia iudiciaria (기원전 122년)에 의하여 기사 계층에게 개방되면서 시작된 상설배심법정이었던 상설사문회(quaestiones perpetuae)에 관해서는 최병조 II, 560ff.; Kunkel / Schermaier, 84ff. 이것은 술라의 국제(國制) 개혁으로 새롭게 정비되고 확대되었다.

44 Mazzola, 78ff.

공문서를 모사(冒寫)하였는지 다툽니다. 이것은 또 루키우스 알레누스가 했습니다. 6명의 선임(先任) 서기(書記)의 필적을 모방해서 그랬던 것이지요. 무엇이 이 사람보다 더 능란하겠습니까? … 그리고 다음과 같은 일들은 늘 있는 것입니다. 즉 새로운 법에 따른 암살, 독살, 공금횡령, 그리고 유언서 위조에 관한 사문회(査問會)건들 말입니다. …[45])

사위죄(詐僞罪)는 상설사문회 관할의 재판대상이었던 총 7개 범죄 중 하나였다.[46]

2. 코르넬리우스법의 내용

1) 구성요건

(1) 객체

문서위조죄의 객체는 유언서로부터 출발하였으나 시간이 지나면서 각종 공(公)·사(私)의 문서로 확대되었는데,[47] 리보 원로원의결(16년)이 결정적 역할을 하였고, 유스티니아누스 황제도 유언서 아닌 다른 문서에도 적용된다는 것을 명문으로 못박았다("vel aliud instrumentum").[48]

---

45 번역은 기본적으로 강대진, 248f.을 따랐으나 다만 praetor는 '법무관' 대신 '법정 관'(法政官)으로 바꾸었고, '자리에 앉습니다'는 '좌정합니다'로, transscripserit도 '변조' 대신 '모사'(冒寫)로 고쳤다. 그리고 마지막 오역된 문장 '즉, 암살 ~ 유언장 날조같이 새로운 법에 따라 다뤄지는 문제들이지요'를 제시한 바와 같이 바로잡았다.

46 나머지 6개는 선거부정(ambitus), 속주착취(repetundae), 살인, 불법침해 (iniuriae), 공금횡령(peculatus), 대역죄(大逆罪, maiestas)였다. Cf. Santalucia, 71ff., 73ff.; Lintott, 311f.; Kunkel/Schermaier, 84. 폭력(vis)과 간통(adulterium) 에 관한 것은 나중에 추가되었다.

47 Kocher, 2ff.; Falchi, 169; Matthaeus, 416 n.5; Mariano, 511f.; Robinson III, 36; 조 규창, 413. 공문서, 사문서의 구분 일반에 대해서는 Wenger, 737; 공화정기의 사 문서에 대해서는 Weiss, 109ff.; 고전시기 후의 사문서에 대해서는 Kaser II, 601f. 유언서와 기타 문서에 대한 법적 취급은 기본적으로 다르지 않았고, 실상 다를 수 없었지만(Marinao, 512), 후술하듯이 adscribere 유형에 관한 세부적인 규율은 유 언서에만 적용되었다.

Coll. 8.7.1 Ulpianus libro octavo de officio proconsulis sub titulo de poena legis Corneliae testamentariae.[49]

Praeterea factum est senatus consultum Statilio [et] Tauro ⟨et Scribonio Libone ins. *Huschke*⟩[50] consulibus, quo poena legis Corneliae inrogatur ei ei, qui quid aliud quam testamentum sciens dolo malo falsum signaverit signarive curaverit ... [Licinio V et Tauro conss. *del. Huschke*]

(그 밖에 스타틸리우스(와) 타우루스⟨와 스크리보니우스 리보⟩ 집정관 시에(16년) 한 원로원의결이 만들어졌는데, 그것에 의하면 거짓 유언서 아닌 문기를 알면서 악의로 인봉(印封)하거나[51] 인봉(印封)되도록 조치한 자에게 코르넬리우스법의 형벌이 부과된다.)

고전법에서는 원칙적으로 공문서라고 해서 그 위조에 대하여 사문서의 경우보다 더 엄하게 처벌했던 것 같지 않다. 가장 기본적으로 출발점이 되었던 유언서(testamentum)가 위조죄의 객체였음은 물론이지만[52] 기타 다양한 문서(aliud instrumentum)들 역시 위조죄의 객체였다.[53] 로마법

---

48 Inst. 4.18.7: Item lex Cornelia de falsis, quae etiam testamentaria vocatur, poenam irrogat ei, qui testamentum vel aliud instrumentum falsum scripserit signaverit recitaverit subiecerit quive signum adulterinum fecerit sculpserit expresserit sciens dolo malo. ...

49 Eckelboom, 98f.

50 이 개소에서 집정관으로 표시된 'Statilius et Taurus'는 오류로 생각된다. 집정관을 역임한 Statilius 가문의 인물들은 Taurus란 이름을 가졌기 때문이다. Winkler, col.346: "3ff. Statilii Tauri". 사위범(詐僞犯)에 관심을 기울였던 기원후 16년을 생각하면(후술) L. Scribonius Libo와 함께 이때의 집정관이었던 T. Statilius Sisenna Taurus일 개연성이 크다. Volterra, 252f. no.77.

51 同旨 D.48.10.16.1 Paul. 3 resp.
    Paulus respondit legis Corneliae poena omnes teneri, qui etiam extra testamenta cetera falsa signassent.

52 피상속인 살해의 유인이 되었던 위조 또는 진정한 유언서를 testamentum internecivum이라고 불렀다. Festus, s.v. internecivum: Internecivum testamentum est, propter quod dominus eius necatus est.

상 어떤 문서들이 있었는가는 별도의 고찰이 필요한 문제이지만,[54] 기본 적으로 모든 문서는 처분문기이거나 증거문서였는데,[55] 대체로 후자에 속하였다.[56] 가능한 모든 문서들이 위조의 객체였다는 점만큼은 의문의 여지가 없다.

고전기에는 로마의 정규소송과 비상심리절차, 그리고 지방의 사법(司 法)에 있어서 모두 자유심증주의가 적용되었다면[57] 고전시기 후에는 증 거법칙이 적용되는 방식으로 변천이 있었다. 이 단계에서는 소송상 원 용하고자 하는 경우 원고는 시송(始訟) 시에 피고에게 원고 청구의 종류 와 범위를 알리기(instruere: 개시(開示)) 위하여[58] 법정에(in iure) 관련 문

---

53 PS.5.25.1; Mazzola, 134. 유스티니아누스법에서는『학설휘찬』에 주석을 달거
    나 공인된 법률텍스트를 애매모호하게 축약하는 행위도 falsum 개념에 포섭하였
    다(const. *Tanta* 19; 21-22; const. *Deo auctore* 13; const. *Cordi* 5). Robinson III,
    39 +n.216; d'Ors, 558; Kunkel / Schermaier, 225f. (그곳 226쪽 제1행에 오식:
    παράτιλ τα 〔誤〕→παράτιτλα 〔正〕).

54 문서의 분류 일반에 대해서는 Wilcken / Mitteis, 49ff.

55 Wenger, 736. 헬레니즘 법들의 영향하에 로마에서도 점차 단순한 증거문서도 이
    를 작성하는 관례가 형성되었고, 중요한 거래의 경우 필수인 것처럼 인식되기에
    이르렀는데, 세베루스조(朝)와 디오클레티아누스 시기 아직 이러한 인식이 로마
    법에 부합하지 않는다는 점이 강조되었음에도 불구하고 그 추세를 멈출 수 없었
    다. 그 결과 창설적 문기(ad substantiam)와 증거문서(ad probationem)의 차이가
    희석되었다. 콘스탄티누스 이래 증여, 부동산매매, 혼인지참재산과 관련하여 문
    기 작성이 필수화하였다. 상세한 것은 Kaser II, 75ff.; Kaser II, 602. 로마법과 달리
    그리스법은 처분문기를 알지 못하였다. Rupprecht, 335f. 참고로 우리 조선시대의
    전통법에서 방매문권(放賣文券)이 정형적으로 포함하고 있는 "(日後)如有雜談하
    거든 持此(文記)告官卞正事" 또는 "持此文記 日後證憑事"로 보건대 이것들은 분
    명 증거문서였다.『유서필지』(儒胥必知)(전경목 외 옮김, 사계절(2006), 276ff.).

56 고전기까지는 ① 문기계약(contractus litteris), ② 악취행위방식 유언서 및 이로부
    터 도출된 법정관법상의 7인증인부 유언서, ③ 소송방식서(formulae)의 세 경우
    가 처분문기였다. Kaser I, 231. 그러나 고전시기 후에는 유언서만이 남고 나머지
    둘은 사라졌다. Kaser II, 75.

57 Seidl, Rz. 449 (p.178).

58 C.2.1.5 Alex. (a.223).
    Non est novum eum a quo petitur pecunia implorare rationes creditoris, ut fides

서들을 — 이때에는 사본으로 족하였다[59] — 모두 제출해야만 하였다
(editio instrumentorum: D.2.13; C.2.1).[60] 심판인 절차에서 문서는 그 진정

constare possit.
(채무금이 청구되는 피고가 채무증서의 신빙성이 확인될 수 있도록 채권자의 회
계문기 제출을 법정관에 신청한다는 것은 새로운 것이 아니다.)
C.2.1.8 Alex. (a.225).
Et quae a divo Antonino patre et quae a me rescripta sunt, cum iuris et aequitatis
rationibus congruunt. nec enim diversa sunt vel discrepantia, quod multum
intersit, ex parte eius, qui aliquid petit quique doli exceptione submoveri ab
intentione petitionis suae potest, rationes promi reus desideret, quibus se posse
instruere contendit (quod utique ipsa rei aequitas suadet), an vero ab eo a quo
aliquid petitur actor desideret rationes exhiberi, quando hoc casu non oportet
originem petitionis ex instrumentis eius qui convenitur fundari.
Simon, 274ff. 원고가 문서 제출에 불응하면 exceptio doli를 피고에게 부여하였다.

59 D.2.13.11 Mod. 3 reg.
Exempla instrumentorum etiam sine subscriptione edentis edi posse receptum est.
Simon, 272 + nn.5-6.

60 D.2.13.1.3 Ulp. 4 ad ed.
Edenda sunt omnia, quae quis apud iudicem editurus est: non tamen ut et
instrumenta, quibus quis usurus non est, compellatur edere.
Simon, 271 +n.4. 이 editio instrumentorum은 고전시기 후에는 퇴조하였다가
다시 유스티니아누스법에서 부활하였으나, 이미 비잔틴법은 더이상 고전법상
의 의미는 알지 못하였고 이것을 증거절차와 관련지었다. Simon, 276ff., 278ff.
Kaser/Hackl (1996)에도 언급이 빠진 것이지만, 증거절차와 관련하여 editio
instrumentorum이 거론되는 경우 그 제출기한(dilatio)에 관한 한 학설법에 의하
여 협의의 서증(書證)뿐만 아니라 인증(人證)에 대해서까지도 동일한 법리가 적
용되었다.
D.50.16.99.2-3 Ulp. 1 de off. cons.
2. "Instrumentorum" appellatione quae compraehendantur, perquam difficile erit
separare: quae enim proprie sint instrumenta, propter quae dilatio danda sit, inde
dinoscemus.
3. Si in praesentiam personae, quae instruere possit, dilatio petatur (puta qui
actum gessit, licet in servitute, vel qui actor fuit constitutus), putem videri
instrumentorum causa peti dilationem.
D.22.4.1 Paul. 2 sent.
Instrumentorum nomine ea omnia accipienda sunt, quibus causa instrui potest: et

성이 확인되면 고전법과 달리[61] 그에 반하는 증인신문이 허용되지 않았
으므로[62] 문서 위조 여부는 별도의 제출절차[63]와 입증절차[64]가 마련되
는 대단히 중요한 사항이었다.[65] 문서는 법률이 정한 특별한 예외[66]를 제

---

ideo tam testimonia quam personae instrumentorum loco habentur.

61   Quintilianus, *Institutio oratoria* 5.5.1-2:

[1] Contra tabulas quoque saepe dicendum est, cum eas non solum refelli sed etiam accusari sciamus esse usitatum. cum sit autem in his aut scelus signatorum aut ignorantia, tutius ac facilius id, quod secundo loco diximus, tractatur, quod pauciores rei fiunt. [2] Sed hoc ipsum argumenta ex causa trahit, si forte aut incredibile est id actum esse, quod tabulae continent, aut, ut frequentius evenit, aliis probationibus aeque inartificialibus solvitur; si aut is in quem signatum est, aut aliquis signator dicitur afuisse vel prius esse defunctus; si tempora non congruunt; si vel antecedentia vel insequentia tabulis repugnant. inspectio etiam ipsa saepe falsum deprehendit.

Archi II, 1601f.

62   C.4.20.1 = Bas.21.1.25 (Heimbach II, p.401).

Κατὰ ἐγγράφου μαρτυρίας ἄγραφος μαρτυρία οὐ προσφέρεται.

(기록 증거에 대해서는 불문(不文)의 증거(증언)가 대치(對置)되지 않는다.)

PS.5.15.4.

Testes, cum de fide tabularum nihil dicitur, adversus scripturam interrogari non possunt.

(문서의 신빙성에 대하여 아무 주장이 없는 경우에는 서증에 반하여 증인들이 신문될 수 없다.)

Simon, 314f.; Archi I, 1561 + n.197.

63   Simon, 283ff.

64   CTh.11.39R De fide testium et instrumentorum; C.4.19R De probationibus; C.4.20R De testibus; C.4.21R De fide instrumentorum; C.4.1R De rebus creditis et de iureiurando; Nov.90R Περὶ μαρτύρων; Nov.73R ʼQuomodo instrumentis quae apud iudices insinuantur fidem addere oporteatʼ (a.538). Bethmann-Hollweg, 268 + nn.16-22; Simon, 289ff.; 이 신빙성 확인절차(impositio fidei)에 관해 상세한 것은 298ff.; 이 절차는 부수절차였다는 점에 대해서는 309ff.

65   CTh.11.39.6 Valentin./Valens (a.369).

Cum res agatur ex scripto, aut infirmari scribturam convenit aut probari. infirmari autem quae potest, nisi falsa doceatur? falsa porro a quibus aliis demonstranda est quam ab illis qui negant ei esse credendum?

(서면에 기하여 소송하는 경우 문서는 효력이 부인되거나 진정성이 입증되기 마

런이다. 그런데 어떤 문서가 위조로 증명되지 않고 효력이 부인될 수 있겠는가? 또 그것이 신빙성 있다는 것을 부인하는 자들 아닌 다른 누구에 의해 위조임이 입증되어야만 하겠는가?)

또 유언서의 위조를 주장했으나 그 사실을 입증하지 못하면 그 문기에 의한 권리를 취득할 수 없었다.

D.34.9.5.15 Paul. 1 de iure fisci.

An libertas ei servo data, qui testimonio suo infringere voluerit testamentum, auferri debeat, videndum est. fideicommissum utique non est dignus consequi: et de libertate divus Pius iudicavit esse ea privandum.

(자신의 증언으로 유언서의 진정성을 깨뜨리려 한 노예에게 부여된 자유는 박탈되어야 하는지 아닌지 살펴보아야 한다. 신탁유증(된 재산)은 항상 취득할 자격이 없다. 자유에 관해서는 신황(神皇) 피우스가 그것은 박탈해야만 한다고 재결하였다.)

C.9.22.6 Philipp. A. et Philipp. C. (a.245).

Qui falsas tabulas dixerit nec tenuerit, ad defuncti iudicium adspirare non potest.

(유언서의 위조를 주장했으나 그 입증에 성공하지 못한 자는 망인(亡人)의 유지(遺旨)에 따른 혜택을 기대할 수 없다.)

D.48.10.24 Scaev. 22 dig.

Aithales servus, cui testamento Betiti Callinici per fideicommissum libertas et portio hereditatis relicta erat ab his, qui ex undecim portionibus heredes erant instituti, professus est indicium apud Maximillam filiam testatoris ex parte duodecima heredem scriptam: se posse probare falsum testamentum Betiti Callinici. et apud magistratus interrogatus a Maximilla professus est probaturum, quemadmodum falsum sit factum testamentum. et cum in crimen falsi subscripsisset Maximilla in scriptorem testamenti et Proculum coheredem, acta causa praefectus urbi falsum testamentum non esse pronuntiavit et Maximillae partem duodecimam a fisco cogi iussit. quaesitum est, an Aithaleti libertas et fideicommissum post haec facta debeantur. respondit secundum ea quae proponerentur deberi.

(노예 Aithales가, 그에게는 Betitus Callinicus의 유언에서 신탁유증으로 자유와 11/12 상속분의 상속인으로 지정된 자들의 몫에서 상속재산의 일부가 부여되었는데, 유언자의 딸이며 1/12 상속분의 상속인으로 기재된 Maximilla에게 자신이 Betitus Callinicus의 유언서가 위조임을 입증할 수 있다고 단서를 제시하였다. 그리고 지방 사법관 면전에서 Maximilla의 신문(訊問)에 응하면서 어떻게 유언서가 위조가 되었는지 입증할 것이라고 천명하였다. 그래서 그녀가 유언서의 필집(筆執)과 공동상속인 Proculus를 문서위조로 소추하였을 때, 재판이 성료(成了)하자 도시장관이 유언이 위조가 아니라고 선고했고 Maximilla의 1/12 몫을 국고로 몰

외하고는 사본이 아닌[67] 원본을 제출해야 했다.[68] 다만 위조문서라는 이

수한다고 명하였다. 이 일들이 있은 후 Aithales에게 자유와 재산의 신탁유증에 대
한 권리가 있는지 여부가 문제되었다. 스카이볼라의 해답: "설시된 바에 따르면
권리가 있다.")

　이 마지막 사안에서는 Aithales가 정식의 형사절차에서 위조를 입증하다가 실
패한 것이 아니어서 그전의 거듭된 주장에도 불구하고 유언서에 의한 자유 취득
이 저지되지 않았다. 同旨 Matthaeus, 422 n.2. 이 개소에 등장하는 인물들의 실
명을 바탕으로 사실관계를 재구성한 Champlin, 198f.에 의하면 유언자 Callinicus
는 Betitus 일족의 구성원이 아니라 그들의 해방노예이고, 결국 그의 딸이 유언자
의 두호인을 상대로 소송을 하는 lex Papia Poppaea (기원후 9년) 관련 사안이라고
한다.

66　가령 일지(日誌)처럼 문서를 계속 사용해야 하는 경우. 이때에는 사본(寫本)이 제
　　출되었다. Zumpt, 309f. 다른 예로 채무증서가 불에 타서 채권자 측의 장부에 의
　　해 소구하는 경우:
　　D.26.7.57.pr. Scaev. 10 dig.
　　Chirographis debitorum incendio exustis cum ex inventario tutores convenire
　　eos possent ad solvendam pecuniam aut novationem faciendam cogere, cum
　　idem circa priores debitores propter eundem casum fecissent, id omisissent circa
　　debitores pupillorum, an, si quid propter hanc cessationem eorum pupilli damnum
　　contraxerunt, iudicio tutelae consequantur? respondit, si adprobatum fuerit eos
　　tutores hoc per dolum vel culpam praetermisisse, praestari ab his hoc debere.

67　사본으로 안 되었듯이 한 문서에서 언급된 다른 문서에 대한 보고 역시 신빙할 수
　　있는 증거의 제출로 인정되지 않았다.
　　Nov.119, c.3 (a.544).
　　Hoc quoque praeterea praecipimus, ut si quis in instrumento aliquo alterius
　　instrumenti mentionem fecerit, nulla hac mentione petitio nascatur, nisi alterum
　　quoque instrumentum, cuius mentio in altero facta est, prolatum sit, vel alia
　　secundum leges probatio adhibita quantitatem, cuius mentio facta est, revera
　　deberi. Hoc enim etiam in veteribus legibus invenimus. [Schoell / Kroll]
　　Simon, 282.

68　PS.5.12.11 = D.22.4.2 Paul. 5 sent.
　　Quicumque a fisco convenitur, non ex indice et exemplo alicuius scripturae, sed
　　ex authentico conveniendus est, et ita, si contractus fides possit ostendi; ceterum
　　calumniosam scripturam vim iustae petitionis in iudicio obtinere non convenit.
　　Nov.119, c.3 (a.544) cit.
　　Kaser II, 604 n.56; Simon, 282. 원본의 점유자는 제출을 강제당할 수 있었으며,

유로 제3자에게 유죄판결이 내려진 경우라도 그 원용에 따르는 동일한 위험을 부담하는 경우에는 그 제출이 허용되었다.[69] 후대의 법이지만 심지어 자신의 필기를 부정했다가 필체 비교의 방법으로 거짓임이 판명된 피고는 원고에게 그에 대한 벌징(罰徵)으로 24솔리두스(solidus)를 지

불제출 시에는 점유하지 않는다고 선서해야 했다.

C.4.21.21.2 Iust. (a.530).

Sin autem dicat non esse sibi possibile eam ostendere, quia per fortuitos casus huiusmodi copia ei abrepta est, tunc subeat sacramentum, quod neque habet eandem chartulam neque alii eam dedit nec apud alium voluntate eius constituta est nec dolo malo fecit, quominus ea appareat, sed re vera ipsa chartula sine omni dolo deperdita est et productio eius sibi impossibilis est: et si tale subeat sacramentum, ab huiusmodi necessitate eum relaxari.

Kaser II, 604 n.57 (그곳의 C. 4,21,22,4 rest.는 C.4.21.21.2의 오식이다).

경우에 따라서 원본의 확보가 쉽지 않다는 점을 잘 보여주는 전형적인 예로는

Cicero, *In Verrem* II.4.149:

Ego legem recitare, omnium mihi tabularum et litterarum fieri potestatem: ille furiosus urgere nihil ad se nostras leges pertinere. Praetor intellegens negare sibi placere, quod senatus consultum ratum esse non deberet, id me Romam deportare. Quid multa? nisi vehementius homini minatus essem, nisi legis sanctionem poenamque recitassem, tabularum mihi potestas facta non esset.

그래서 법적으로 (기습적인) 가택수색과 압수가 허용되었다. 이 점에 대해서는 가령 다음 참조.

Cicero, *In Verrem* II.2.182:

Sane homini praeter opinionem improviso incidi. Scrutatus sum quae potui et quaesivi omnia: inveni duos solos libellos a L. Canuleio missos sociis ex portu Syracusis, in quibus erat scripta ratio mensuum complurium rerum exportatarum istius nomine sine portorio: itaque obsignavi statim.

그러나 공문서의 경우 법에 따라 국가가 소추인이 임의로 이용하도록 제공하였다. Zumpt, 305f.

69 C.4.21.2 Alex. (a.223).

Si uteris instrumento, de quo alius accusatus falsi victus est, et paratus es, si ita visum fuerit a quo pecuniam petis, eiusdem criminis te reum facere et discrimen periculi poenae legis Corneliae subire, non oberit sententia, a qua nec is contra quem data est appellavit nec tu, qui tunc crimini non eras subiectus, appellare debuisti.

급해야 했고, 심지어 그 문서가 대서사(代書士) 작성의 것인 때에는 이에 덧붙여서 대여금 불수령의 항변마저도 차단되었다.[70] 물론 위조문서에 의하여 패소했더라도[71] 사후적으로 위조임이 드러나고 패소한 당사자가 이를 이유로 소구하면서 위조를 입증하기를 원하는 경우에는 — 상소 여부와 무관하게[72] — 상대방에게 기판사항(旣判事項, res iudicata)의 항변이 인정되지 않았다.[73] 재판이 위조문서에 따른 것임을 입증하기까지는 그 판결의 효력은 유지되었으나,[74] 사위(詐僞)로 소추되어 판결이 위조문서에 오도(誤導)되어 내려진 것임이 입증되면 판결채무의 집행이 정지되고 부당하게 지급된 금액의 반환청구가 인정되었다.[75] 또 사위(詐

---

70 C.4.21.16.pr.-1 = Bas.22.1.75 (Heimbach II, p.500).

71 C.7.58R Si ex falsis instrumentis vel testimoniis iudicatum erit.

72 C.7.58.2 Alex. (a.224).

   Et qui non provocaverunt, si instrumentis falsis se victos esse probare possunt, cum de crimine docuerint, ex integro de causa audiuntur.

73 C.7.58.1 Sev./Ant.

   Si tabulas testamenti, quas secutus proconsul vir clarissimus sententiam dixit, falsas dicere vis, praebebit notionem suam non obstante praescriptione rei iudicatae, quia nondum de falso quaesitum est.

   D.44.1.11 Mod. 13 resp.

   Qui adgnitis instrumentis, quasi vera essent, solvit post sententiam iudicis, quaero, si postea cognita rei veritate et repertis falsis instrumentis accusare velit et probare falsa esse instrumenta, ex quibus conveniebatur, cum instrumentis subscripserat ex praecepto sive interlocutione iudicis, an praescriptio ei opponi possit? cum et principalibus constitutionibus manifeste cavetur, etsi res iudicata esset ex falsis instrumentis, si postea falsa inveniantur, nec rei iudicatae praescriptionem opponi. Modestinus respondit ob hoc, quod per errorem solutio facta est vel cautio de solvendo interposita proponitur ex his instrumentis, quae nunc falsa dicuntur, praescriptioni locum non esse.

74 C.7.58.3 Alex.

   Falsam quidem testationem, qua diversa pars in iudicio adversus te usa est, ut proponis, solito more arguere non prohiberis. sed causa iudicati in irritum non devocatur, nisi si probare poteris eum qui iudicaverat secutum eius instrumenti fidem, quod falsum esse constiterit, adversus te pronuntiasse.

僞)에 관하여 판단하였으나 위조문기에 오도된 경우에도 재심이 요구되었다.[76]

관련 사료상 언급되고 있는 문서의 종류로는 다음과 같은 것들이 있다.[77]

A. 우선, 문서의 내용 및 기능과 관련하여

- instrumentum: 공(公)[78]과 사(私)를 불문하고 문서 일반을 의미한다.[79] 내용을 특화하기 위해서는 꾸밈말이 사용된다. 가령 instrumentum venditionis (매도문기),[80] ~ donationis (증여문기),[81] ~ divisionis (분재

---

75 C.7.58.4 Gord.

Iudicati exsecutio solet suspendi et soluti dari repetitio, si falsis instrumentis circumventam esse religionem iudicantis crimine postea falsi illato manifestis probationibus fuerit ostensum.

Codex-Frier, ad h.l. (p.1951)의 뒷부분 번역은 입증이 먼저이고 소추가 나중인 것으로 오해하였다. "if it should be shown by clear proofs that the scruplousness of the judge was misled by forged documents, and a charge of forgery is later brought." 반면에 *Codex-Scott*, ad h.l.나 *Code-Tissot*, ad h.l. (p.269)는 순서를 옳게 잡았다.

76 PS.5.5a.10.

Falsis instrumentis religione iudicis circumducta, si iam dicta sententia prius de crimine admisso constiterit, eius causae instauratio iure deposcitur.

Cf. 형사소송법 第420條(再審理由) "再審은 다음 各號의 1에 該當하는 理由가 있는 境遇에 有罪의 確定判決에 對하여 그 宣告를 받은 者의 利益을 爲하여 請求할 수 있다.

1. 原判決의 證據된 書類 또는 證據物이 確定判決에 依하여 僞造 또는 變造인 것이 證明된 때."

77 Kocher, 3ff.; Jacobi, 25ff.

78 D.48.10.1.4 (Marcian. 14 inst.).

79 Wenger, 738 +nn.36-37; Dirksen, s.h.v. §2: "Monumentum scriptirarum, ad res gestas pertinentium"; PS.5.25.9.

80 D.13.7.39 (Mod. 4 resp.). (instrumentum emptionis) C.4.50.4 Valer./Gallien. AA. et Valer. C.

81 C.8.53.1 Sev./Ant. (a.210); C.8.55.2 Probus (a.277); Vat. fr. 268.

〔分財〕문기),[82] ~ dotale (가자〔嫁資〕문기)[83] 등.[84] 고전시기 후 직업적 대서
사(代書士, tabellio, συμβολαιόγραφως)[85]가 작성한 공정증서(instrumentum
publice confectum, instrumentum forense, συμβόλαιον ἀγοραῖον)는 작성자가
문서의 진정성과 작성경위를 증언하면 (유스티니아누스 황제 시에는 그 밖
에 그의 선서까지 있으면) 완전한 증명력을 누렸다.[86]

  - testationes: 증인 입회하에 작성된, 또는 증인 서명부 문서(증인문기)
이다.[87] 대개 7인 증인이 날인하고, 이름을 병기하였다.[88] 3인칭 문장으

---

82 D.2.14.35 (Mod. 2 resp.); D.26.8.20 (Scaev. 10 dig.).

83 D.5.1.65 (Ulp. 34 ad ed.); D.23.3.72.2 (Paul. 8 resp.); D.24.3.45 (Paul. 6 quaest.);
    D.38.16.16 (Pap. 12 resp.); C.5.11.7.1 Iust. (a.531); C.5.17.11.pr. Iust. (a.533);
    C.6.44.5 Diocl./Maxim. (a.294).

84 (variorum contractuum instrumenta) D.32.92.pr. (Paul. 13 resp.).

85 Nov.44R Περὶ τῶν συμβολαιογράφων; CTh.8.2R De tabulariis, logografis et
    censualibus.; C.10.69R De tabulariis, scribis, logographis et censualibus. 1969년 발
    견된 플라비우스조(朝)(69~98) 에페수스의 한 명문(銘文)이 로마 제정기 속주
    아시아 각 관구(管區)의 문서작성 수수료 및 그 금액에 관한 것이라는 연구결과
    는 당시 대서사(代書士) 활동의 일단을 짐작케 한다. Gschnitzer, 389ff. 공화정기
    의 대서사(代書士)에 관해서는 Weiss, 94f.

86 Simon, 296ff.; Kaser II, 601 +nn.21-24; Bethmann-Hollweg, 205ff. 조규창, 619
    는 "고전후기에는 동부지방의 문서작성관행이 일반화되어 모든 문서는 국가관리
    가 公證하였을 때에만 법정에서 證明力이 인정되었다"라고 서술하는데, 이것은
    명백한 오류이다.

87 Dirksen, s.h.v. §3: "Scriptura, testium subscriptione munita"; PS.5.25.5. 하나의
    예:

    Testatio filiae militi patri natae (a.131):
    Epimachus Longini miles cohortis II Thebaeorum centuriae Octaui Alexandri
    testatus est eos qui signaturi erant filiam sibi natam esse Longiniam VII Kalendas
    Ianuarias quae proxumae fuerunt ex Arsute Luci filia hospitae suae. Idcirco
    hanc testationem interposuisse se dixit propter districtionem militiae. Actum
    Philadelphiae hibernis cohortis II Thebaeorum VII Kalendas Ianuarias Sergio
    Octauio Laenate Pontiano M. Antonio Rufino cos., anno XVI Imp. Caesaris
    Traiani Hadriani Augusti mense Choeac die XXX.
    Ἐπίμαχος Λογγίνου στρατιώτης ὁ προγεγραμμένος ἐμαρτυράμην θυγατέρα
    γεγεννῆσθαι Λογγινίαν. καθὼς πρόκειται ⌈ Epimachus Longini filius miles

로 작성되었다.[89] 법률행위적 내용은 물론,[90] 단순한 사실적 경과를 증거 확보 차원에서 기록한 것도 이에 속한다.[91] 공무소의 지시나 결정들은 통상 공고나 공시될 뿐이므로 당사자가 그 사본을 증인문기로 만들어서 보관하였다.[92]

　- chirographum (χειρόγραφον): 수기(手記)·자필(自筆) 채무증서.[93] 공화정 만기(晚期) 이래 그리스의 본을 따라 도입되어 정착한 이 문서 유형은[94] 증인 없이 본인 또는 제3자가 1인칭 문장으로 작성하였다.[95] 증인문

---

suprascriptus testatus sum filiam natam esse Longiniam ut supra scriptum est.´]
FIRA III, pp.11-12, n.5 = https://droitromain.univ-grenoble-alpes.fr/→9.
Negotia I (2017년 8월 8일자 방문). 독해의 편의를 위하여 완전히 정서(淨書)한
텍스트를 재현했다.

88　가령 D.28.1.23 (Ulp. 4 disp.); D.28.3.11 (Ulp. 46 ad ed.); D.37.11.7 (Iul. 23
dig.); D.38.6.3 (Ulp. 8 ad Sab.).

89　Wolf II, 63f.; Kaser I, 232, 다양한 실제 문기 예는 232f.+nn.21-27. 그러나 4세
기 중엽에 이르면 이러한 객관적 화법 양식으로 작성된 문서가 사라진다고 한다.
Kaser II, 78 +n.41.

90　대표적인 것이 문답계약을 체결했음을 문서로 기록한 경우들이다. Amelotti /
Zingale I, 307f.; Riggsby, 235ff.는 Tabulae Pompeianae Sulpiciorum (TPSulp.)의
구체적인 예들을 영역(英譯)으로 소개하고 있다(TPSulp. 2, 4, 43, 49, 51, 54, 60).
1959년 발굴된 이 새 폼페이 문서(TPN)에 대한 개관은 Wolf II, 73ff.; 원문 및 독
일어 번역은 Wolf (hrsg.) I, 33ff. (그곳 218ff.에 TPN-TPSulp. 대조표).

91　Kaser I, 233 +n.29 (실제 예: 출생사실 확인서).

92　Kaser I, 233 +nn.30-31 (실제 예: 출생기록 공부(公簿) 사본, 군인의 제대증서, 시
민권취득자명부 사본 등).

93　Dirksen, s.h.v. "Scriptura, manu propria signata. Cautio privatorum"; D.48.10.23
(Paul. l. s. de poen. pagan.); PS.5.25.5; PS.5.25.9; D.30.44.5 (Ulp. 22 ad Sab.):
Eum, qui chirographum legat, debitum legare, non solum tabulas argumento est
venditio: nam cum chirographa veneunt, nomen venisse videtur.
고전시기 후의 사료에서는 idiochirum(ἰδιόχειρον)라는 용어가 사용되기도 하였
다. C.8.17.11.pr.-1 Leo (a.472); Nov.142, c.2 (a.558).

94　Kaser I, 234 n.32 (특히 Cic. *Ad fam.* 7.18.1: Graeculam … cautionem chirographi
mei). 가이우스만 해도 이것이 외인(外人)들의 고유법이었음을 명언하고 있다.
Gai. 3.134: Praeterea litterarum obligatio fieri videtur chirographis (채무증서) et
syngraphis (계약문기), id est si quis debere se aut daturum se scribat, ita scilicet, si

기가 보통 7인 이상의 증인이 가담한 반면, 자필증서의 경우 이론상 증인의 가담은 불요했지만 실제로는 3인까지 가담하는 것이 관행이었다. 노예가 작성한 경우 통상 그 주인 역시 봉인하였다. 문맹자는 타인을 필집으로 사용하였고, 필집이 작성자였지만 그 문맹자도 인(印)을 친 경우 문맹자에게 불리한 증거가 될 수 있었다. 여자들은 보통 타인을 써서 작성하였다.[96] 문기의 작성에는 서식이 활용되었고, 미리 초고를 작성하였던 것으로 보인다.[97] 유스티니아누스 황제는 금(金) 50리브라(libra) 상당액을 초과하는 채무액에 대한 채무증서에 대해서는 평판이 좋은 3인의

---

eo nomine stipulatio non fiat. quod genus obligationis proprium peregrinorum est.
그리스 및 이집트법에서의 συνγραφή가 특정 유형의 문서나 계약이라는 의미가 아니라 그저 문서화된 행위(un atto redatto per iscritto)라는 용어로 사용되는 경우 이미 만기(晚期) 헬레니즘기 이집트에서도 사용된 것으로 나타나지만, 특히 로마 및 비잔틴법에서 testatio와 비견될 수 있다는 점에 관하여, 그리고 헬레니즘기 이집트에서 소비대차 관계에 우선적으로 사용되었고 그 이래로 그 형식의 면에서 포착되었던 χειρόγραφον는 chirographum과 비견될 수 있지만, 요건 및 형식 면에서 차이도 존재한다는 점에 관해서는 Amelotti/Zingale II, 297ff., 특히 301, 303f. συνγραφή의 경우가 χειρόγραφον의 경우보다 대응관계가 덜 엄밀하다.

95　D.22.1.41.2 Mod. 3 resp.
Ab Aulo Agerio Gaius Seius mutuam quandam quantitatem accepit hoc chirographo: "ille scripsi me accepisse et accepi ab illo mutuos et numeratos decem, quos ei reddam kalendis illis proximis cum suis usuris placitis inter nos": quaero, an ex eo instrumento usurae peti possint et quae. Modestinus respondit, si non appareat de quibus usuris conventio facta sit, peti eas non posse.
Wenger, 736f.; Kaser I, 234+n.33 (실제 예); Meyer, 87. 자필증서와 증인문기의 혼합 유형에 대해서는 Kaser I, 234+nn.34-36. 그리고 고전시기 후가 되면 자필증서도 대서사(代書士)의 도움을 받아 작성하는 것이 관행이 된다는 점에 관해서는 Kaser II, 78+n.42. 이 후대의 대서사(代書士)에 관해서는 Kaser II, 80+nn.43-46. 급기야 5세기 후반이 되면 양도 및 담보 문기에는 서사의 참여가 필수적이었다(instrumenta publice confecta). 이 점 및 그 양식과 효능에 대해서는 Kaser II, 80f.+nn.47-57.
96　Wolf II, 64.
97　Wolf II, 64f.

증인의 자필 서명을 요구하고 이 요건을 어긴 문서는 "물청"(勿聽)을 규
정하였다.[98]

　　- litterae / epistulae: 편지, 서한(書翰), 공한(公翰). 이것은 광의의 자
필증서에 속한다.[99] 그러나 형식을 불문하고 공문서를 의미하기도 하
였다.[100]

　　- cautiones: 다양한 기능을 위한[101] 통상 문답계약채무 약속증서.[102]

98　C.4.2.17 Iust. (a.528).

　　Super chirographariis instrumentis haec pro communi utilitate sancienda duximus,
　　ut, si quis pecunias credere supra quinquaginta libras auri voluerit vel super reddito
　　debito securitatem accipere, cum amplius sit memorata quantitate, sciat non aliter
　　debere chirographum a debitore vel creditore percipere, quam si testimonium
　　trium testium probatae opinionis per eorum subscriptiones idem chirographum
　　capiat. nam si citra huiusmodi observationem chirographum pro pecuniis
　　memoratam auri quantitatem excedentibus proferatur, minime hoc admitti ab
　　iudicantibus oportet. quod in futuris creditis vel debitorum solutionibus locum
　　habere oportet.

99　Wenger, 737f.

100　PS.5.25.5; D.48.10.16.2 (Paul. 3 resp.)(litterae publicae);

　　Cf. Cicero, In Verrem II.2.60:

　　debebat Epicrates nummum nullum nemini; amici, si quis quid peteret, iudicio se
　　passuros, iudicatum solvi satis daturos esse dicebant. cum omnia consilia frigerent,
　　admonitu istius insimulare coeperunt Epicratem litteras publicas corrupisse,
　　a qua suspicione ille aberat plurimum: actionem eius rei postulant. amici
　　recusare ne quod iudicium neve ipsius cognitio illo absente de existimatione eius
　　constitueretur, et simul illud idem postulare non desistebant ut se ad leges suas
　　reiceret.

101　Vicat, s.h.v. (pp.228f.): "Cautio generaliter omnis scriptura adpellatur, qua cui
　　prospicitur, sive obligationis, sive liberationis probandae caussa, emittatur". 그래
　　서 Wenger, 738 + nn.34-35도 이 용어가 의미하는 바는 "Ganz unverläßlich" 하다
　　고 인정한다. 실제로 이 용어는 3인칭으로 작성된 증거문서도, 그러나 또 1인칭으
　　로 작성된 증거문서나 처분문기도 의미할 수 있었다. Kaser I, 231 n.11에 의하면
　　영수증의 의미로도 쓰였다.

102　PS.5.25.5; PS.2.31.32 = D.47.2.83.3 (Paul. 2 sent); 또한 PS.3.6.59; C.9.1.2.pr.
　　Ant. (a.205).

- rationes: 경리(經理)·회계문기(會計文記).[103] 오늘날에도 그렇듯이 이것은 로마시대에도 사문서 중에서 범죄행위와 관련하여 중요한 문기였다.[104]

- libellus: 민원서류, 신청서.[105]

- acta: 의사(議事)기록, 조서(調書, acta, gesta, ὑπομνήματα),[106] 담당 관원(ab actis)이 작성한 기록 또는 그 면전에서 취록된 사인(私人)의 의사표명(증여, 증언 등) 문기(apud acta, inter acta), 공부(公簿).[107] Apud acta는 사문서에 대한 공증 내지 등록·등기의 역할을 한 것으로 세베루스조에서 비로소 발전하였다.[108]

---

103 Dirksen, s.h.v. §6.A: "Rationes, i.e. Tabulae ipsae expensi atque accepti"; D.48.10.1.4 (Marcian. 14 inst.); D.48.10.16.2 (Paul. 3 resp.); D.48.10.23 (Paul. l. s. de poen. pagan.); PS.5.25.5.

104 Zumpt, 307f.

105 Dirksen, s.h.v. §2: "Relatio, vel imploratio scripta, ad Principem vel magistratum facta"; D.48.10.23 (Paul. l. s. de poen. pagan.); PS.5.25.5. 조선으로 치면 소지(所志: 백성이 관에 탄원하거나 청원할 때 작성하는 문서)나 상언(上言: 백성이 국왕에게 어떤 일을 청원할 때 작성하여 제출하는 문서)이 이의 일종이었다고 할 수 있을 것이다.

106 Kaser II, 601 +nn.19-20; cf. Dirksen, s.h.v. "Scripturae publicae, de iis, quae in iure vel iudicio aguntur"; PS.5.25.5; PS.5.25.9.

107 Berger, s.v. Acta (p.340).

108 Kaser I, 234 +n.38.
　　Vat. fr. 266a. Gregorianus libro XIII titulo. Imp. Alexander Flavio Menandro. Professio donationis apud acta facta, cum neque mancipationem neque traditionem subsecutam esse dicas, destinationem potius liberalitatis quam effectum rei actae continet. Eapropter quod non habuit filius tuus dominium, si quae adfirmas vera sunt, obligare pacto suo creditori non potuit, nec quod sine effectu gestum est vindicationem tui iuris impedit. ⟨P. III kal. Ian. Alexandro Aug. III et Dione II conss.⟩
　　Vat. fr. 268.
　　Quaerebatur, an, cum Seius filiam suam emanciparit et apud acta professus sit ei se donare fundum nec instrumenta donationis fecerit, an videatur professione actorum perfecta esse donatio. Respondi, si neque mancipatio neque traditio secuta

- rescripta: (시민의 법률질의에 대한) 황제의 회답, 칙답(勅答).[109]
- album (λεύκωμα) propositum: 고시(告示)(판[板]).[110]

B. 다음으로, 문서의 형상 및 재질(材質)과 관련하여[111]

---

est, solis actis dominium non transisse.

　고전기 후에는 이러한 방향의 발전이 더욱 진행되어 관공서의 조력을 받아 문서가 작성되고 등록되는 법발전이 있었다. 이렇게 하여 사급(斜給)된 문서는 instrumenta publica였다. 이에 해당했던 주요한 법률행위는 유언, 입양, 부권면제, 노예해방, 후견사무처리 등이었다. 이러한 결과 고전기의 민간인들끼리 작성했던 testatio를 actorum confectio (공무소에서의 문서 작성)가 일부 대체하게 되었다. Kaser II, 80f. 동시에 콘스탄티누스 이래 대서사(代書士)가 작성한 증여문기를 관(官)의 공부(公簿)에 등록(insinuatio)해야만 하였는데, 이는 유효요건이었다. Kaser II, 81 +nn.68-74.

109 Dirksen, s.h.v. "Scriptura, qua Princeps libellis supplicum, aut epistolis de iure consulentium, responsum impertit"; PS.5.25.9. Wenger, 427ff.

110 Dirksen, s.v. Album: "Tabula, in qua edictum magistratus descriptum est"; PS.5.25.5. Wenger, 57ff.

111 Cf. D.32.52.pr. Ulp. 24 ad Sab.

Librorum appellatione continentur omnia volumina, sive in charta sive in membrana sint sive in quavis alia materia: sed et si in philyra (보리수의 인피[靭皮]) aut in tilia (보리수의 막피[膜皮])(ut nonnulli conficiunt) aut in quo alio corio (과피[果皮]), idem erit dicendum. quod si in codicibus sint membraneis vel chartaceis vel etiam eboreis vel alterius materiae vel in ceratis codicillis, an debeantur, videamus. et Gaius Cassius scribit deberi et membranas libris legatis: consequenter igitur cetera quoque debebuntur, si non adversetur voluntas testatoris.

Wenger, 54 n.3은 philyra와 tilita를 후자는 수피(樹皮)만을, 전자는 그와 동시에 그것으로 만든 판도 의미하는 것으로 보는 견해가 있으나, 울피아누스의 경우 두루마리를 이야기하는 것으로 볼 때 동어반복으로 보는 쪽이 더 개연성이 있다는 견해인데, 타당하다고 생각된다. 같은 맥락에서 corium의 뜻은 *OLD* s.h.v. 3: "The outer covering of a fruit, etc., skin, peel, rind" (as a writing marteial)가 맞는 것으로 생각된다. 異見: Wenger, 90 n.17: "Tierhaut". 이것은 Heumann-Seckel, s.v. Corium: 수피(獸皮: "Tierhaut, Fell")을 따른 것이고, 그곳에서 예로 든 D.13.1.14.2 (Iul. 22 dig)와 D.37.11.1.pr. (Ulp. 39 ad ed.)에서는 명백히 동물의 가죽(*OLD* s.h.v. 1)을 의미하지만, 이곳에서는 다르게 보아야 할 것이다. Liber 역

- tabulae: 역시 문서 일반을 의미하고,[112] 늦은 시기까지도 가장 보편적으로 사용되었다.[113] instrumentum이 문서를 기능의 측면에서 보는 것이라면 tabula (목판(木板))는 형상의 측면에서 보는 것이다.[114] 따라서 그 재질에 따라 석판(石板),[115] 동판(銅板)문서(aeneae, aereae),[116] 납

시 소재 개념으로부터 출발한 것이지만, 책이나 문서 일반을 가리키게 되었다.

112 PS.4.7.6:

... Tabularum autem appellatione chartae quoque et membranae continentur.

D.37.11.1.pr. Ulp. 39 ad ed.

Tabulas testamenti accipere debemus omnem materiae figuram: sive igitur tabulae sint ligneae sive cuiuscumque alterius materiae, sive chartae sive membranae sint vel si corio alicuius animalis, tabulae recte dicentur.

(tabulae obligationis) C.8.40.6 Ant. (a.214); (tabulae dotis) D.24.1.66.pr. (Scaev. 9 dig.); (tabulae dotales) D.23.4.29.pr. (Scaev. 2 resp.), D.33.4.12 (Scaev. 3 resp.); (tabulae donationis) Fr.Vat.249.6; (tabulae testamenti) Gai. 2.104, D.48.10.7 (Marcian. 2 inst.), 특히 bonorum possessio contra tabulas (D.37.4, C.6.13, C.6.12) 및 secundum tabulas (D.37.11, C.6.11); (tabulae venditionis) C.4.56.2 Alex. (a.223)외 다수; (rationum tabulae) D.48.10.1.4 (Marcian. 14 inst.); D.48.10.16.2 (Paul. 3 resp.); (tabulae chirographi) D.30.84.7 (Iul. 33 dig.). 실제 문기의 실물적 형태에 대해 상세한 것은 Meyer, 85ff. (특히 소송상 사용에 관해서는 92ff.).

113 Cicero, *In Verrem* I.1.56:

Hoc testibus, hoc tabulis privatis publicisque auctoritatibus ita vobis planum faciemus ut hoc statuatis ...

Cicero, *Pro Fonteio* 2.3:

... deinde si qua gratia testes deterrentur, tabulae quidem certe incorruptae atque integrae manent. ...

Quintilianus, *Institutio oratoria* 5.5.1:

contra tabulas quoque saepe dicendum est, cum eas non solum refelli sed etiam accusari sciamus esse usitatum. cum sit autem in his aut scelus signatorum aut ignorantia ...

Meyer, 85f. 그러나 정작 공화정기의 문기가 실물로 전해지는 것은 없다.

114 Wenger, 55ff.; cf. Seidl, Rz. 34 (p.14).

115 Seidl, Rz. 31f. (pp.13f.). 돌판이 가장 영구적인 소재였으므로 고대세계 전반적으로 법률을 새기는 데 흔히 사용되었다. 반면에 일반 문서의 경우에는 돌에 새겨진 것은 사본이었다. 대표적인 예로 아버지에게 자신의 노예를 해방시켜줄 것을 요

판(蠟板)문서(ceratae, ceraeque)[117] 등이 있다(소서판(小書板)은 tabella[118]).
2엽판(葉板: 2장짜리, diptycha)[119]보다 통상 3엽판(葉板: 3장짜리, triptycha,
triplices)[120]이 자주 이용되었다(다엽판(多葉板), polypticha).[121] 텍스트는
내외면에 두 번 기록되었다.[122] 서판을 모은 서판본(書板本)은 codex 또
는 codicilli(冊), 그중에서도 작은 것은 pugillares[123]라고 했다. 로마의 법
률가들은 경우에 따라서는 재질로써 문서 자체를 지칭하기도 했다.[124]

청하는 유언보충서를 작성하면서 돌에 새길 것까지 부탁하여 명문(銘文)으로 전
해지는 것이 있다.

Exemplum codicillorum:

Have mihi, domine pater: vale mihi, domine pater! Cum ad te haec dictarem,
infelicissimum te aestimavi, ut eras cum me hoc mitteres. Peto ut monumentum
mihi facias dignum iuventuti meae. A te peto Eutychianum alumnum meum
manumittas vindictaque liberes, item Aprilem servum meum, qui solus ex
ministerio meo superavit.

Scripsi XV kal. Apriles Sirmi, L. Calpurnio Pisone P. Salvio Iuliano cos.

FIRA III, p.170, n.56 (a.175): = https://droitromain.univ-grenoble-alpes.fr/→9.
Negotia II (2017년 8월 8일자 방문). 독해의 편의를 위하여 완전히 정서(淨書)된
텍스트를 재현하였다.

116 Seidl, Rz. 33 (p.14). 예: (법률) lex Rubria (*FIRA* I, no.19); (문서) Diploma
   militis peregrini (Imp. Caesar Vespasianus Augustus pontifex maximus tribunicia
   potestate II, imperator VI, pater patriae, cos. III, designatus IIII); Lex de piratis
   persequ. 5 ("in tabulam aeneam epistulae incisae sunto").

117 D.48.10.1.4 (Marcian. 14 inst.); D.32.52.pr. (Ulp. 24 ad Sab.); Lex Acilia
   repetund. 24. Wenger, 74ff.; Seidl, Rz. 38 (p.16); Wolf II, 62f.; Meyer, 86f. 내구성
   이 없어서 전해지는 것들이 별로 없다.

118 D.30.104.1 (Iul. 1 ad Urs. Ferocem.).

119 CTh.15.9.1.pr.-1 Valentin./Theodos./Arcad. (a.384).

120 가령 Bruns/Gradenwitz, 427-430.

121 기원후 142년의 안토니우스 실바누스의 유언서(Testamentum Antonii Silvani
   equitis)는 5엽판(pentaptychon)이다. *FIRA* III, pp.129-132, n.47 (후술).

122 Kaser I, 232 (Doppelurkunde); Seidl, Rz. 44 (p.18); Amelotti/Zingale I, 305ff. 이
   것은 나중에 두 기재를 대조하여 위조 여부를 가리기 위한 것이었다.

123 D.13.6.17.3 (Paul. 29 ad ed.); D.33.10.6.1 (Alf. 3 dig. a Paulo epit.); D.50.16.148
   (Gai. 8 ad leg. Iul. et Pap.).

네로(54~68) 시에는 위조를 막기 위해 서명 외에 공사(公私)의 계약 문서판 바깥 가장자리 중앙에 구멍을 내고[穿孔], 노끈으로 3중으로 관철(貫綴)하며, 그에 밀랍으로 봉한 후 압인(押印)할 것을 규정하였다. 이 때 유언서의 내면(內面)을 구성하는 처음 두 판은 증인들이 유언의 내용을 알 수 없도록 오직 유언자의 서명만 한 상태로 증인들에게 제시하도록 하고, 외면(外面)에 증인들의 서명을 담도록 규정하였다. 이 형식을 어기면 무효였다.[125]

- charta/carta (χάρτης): 파피루스 문서이다.[126] 파피루스는 비쌌지만

---

124 가령 tabulae testamenti를 lignum (목판[木板])으로: D.37.4.19 (Tryph. 15 disp.) (bonorum possessio contra lignum); Heumann-Seckel, s.v. Lignum 2. 이처럼 제조된 물건 대신 그 재질을 가지고 그 물건을 표현하는 환유법(換喩法)은 로마의 법률가들에게 익숙한 수사법이었다.

125 Suetonius, *De vita Caesarum*, Nero 17:

Adversus falsarios tunc primum repertum, ne tabulae nisi pertusae ac ter lino per foramina traiecto obsignarentur; cautum ut testamentis primae duae cerae testatorum modo nomine inscripto vacuae signaturis ostenderentur. ...

(사위범(詐僞犯)들을 상대로 그때 처음으로 문서판은 구멍을 뚫고 세 번 노끈으로 구멍을 꿰어 묶은 다음 인봉(印封)한다는 방안이 강구되었다. 또 유언서는 첫 두 밀랍판을 유언자의 이름만을 기입한 공백상태로 유언서에 서명하려는 증인들에게 제시한다고 규정되었다. …)

PS.5.25.6:

Amplissimus ordo [= senatus] decrevit eas tabulas, quae publici vel privati contractus scripturam continent, adhibitis testibus ita signari, ut in summa marginis ad mediam partem perforatae triplici lino constringantur atque impositae supra linum cerae signa imprimantur, ut exteriori scripturae fidem interior servet. Aliter tabulae prolatae nihil momenti habent.

(지존신품회(至尊身品會: 원로원)가 공사(公私)의 계약 문서판은 증인들이 참여하여 서명하되, 바깥 가장자리 가운데에 구멍을 뚫고 노끈으로 3중으로 엮어 묶고, 노끈을 밀랍으로 봉한 다음 압인(押印)을 하여 외면(外面)으로써 기록의 신빙성을 내면(內面)이 보전할 수 있도록 한다고 결정하였다. 이와 다르게 제시된 문서판은 무효이다.)

Cf. Gai. 2.181; D.37.11.1.10-11 (Ulp. 39 ad ed.); Inst. 2.16.3. Rein, 784 n.**); Marino, 645f.; Kocher, 18; Kaser I, 232 n.16; Robinson III, 37 +n.189; Archi I. 1540ff.; Wolf II, 63 +n.15; Meyer, 86f..

많이 사용되었고, 비싼 만큼 그에 기록된 문서들은 믿을 만하다.[127] 첩련
(貼聯)하여[128] 두루마리(volumen)로 만들기에 앞면만 기록하는 것이 보
통이었고 판매용 서적의 경우 이것이 통례였지만, 뒷면까지도 기록한 양
면서(兩面書, opisthographa)도 있었다.[129] 카라칼라의 시민권령(212년) 이
전의 파피루스 문서는 거개가 외인(外人)들이 외인들을 위하여 작성한
것이고, 이집트의 전통적인 토지대장 체계의 특이성들과 이집트의 사법
재판의 집행을 반영하는 것이어서 로마와 직접적 관련이 적다.[130]

　- membrana (διφθέρα)/pergamena (περγαμηνή): 양피지이다.[131] 파피
루스보다 비쌌을 터이지만 이 역시 상당히 이용된 것으로 보인다.[132] 경

126　Dirksen, s.h.v. "Tabella papyracea".
　　D.32.52.6 Ulp. 24 ad Sab.
　　Chartis legatis neque papyrum ad chartas paratum neque chartae nondum
　　perfectae continebuntur.
　　D.33.9.3.10 Ulp. 22 ad Sab.
　　Servius apud Melam et unguentum et chartas epistulares penoris esse scribit et est
　　verius haec omnia, odores quoque contineri: sed et chartas ad ratiunculam vel ad
　　logarium paratas contineri.
127　Wenger, 78ff.; cf. Seidl, Rz. 35 (pp.14f.); 기록 매체로서의 파피루스에 관해 상
　　세한 것은 Kenyon, 14ff. 현전하는 가장 오래된 파피루스 소송문서는 기원전 약
　　2300년 전의 이집트 문서라고 한다.
128　D.32.52.5 Ulp. 24 ad Sab. (conglutinare).
129　D.37.11.4 Ulp. 42 ad ed.
　　Chartae appellatio et ad novam chartam refertur et ad deleticiam: proinde et si in
　　opisthographo quis testatus sit, hinc peti potest bonorum possessio.
　　Plinius, *Epistulae* 3.5.17:
　　Hac intentione tot ista uolumina peregit electorumque commentarios centum
　　sexaginta mihi reliquit, opisthographos quidem et minutissimis scriptos.
130　Wolf II, 61 +n.2.
131　Dirksen, s.h.v. §1: "Pergamena charta, a pellibus animalium facta." 이 설명에서도
　　알 수 있듯이 보통 양피지라고 번역하지만, 반드시 양(羊) 가죽뿐만 아니라 다른
　　가죽, 특히 송아지 가죽 등도 이용되었다. 물론 후대의 예이지만, 『학설휘찬』 플로
　　렌티나 사본은 양피지에 기록된 것이다.
132　Wenger, 89ff.; (rationes) D.2.13.10 (Gai. 1 ad ed. provinc.); cf. Seidl, Rz. 37

우에 따라서는 전에 기록된 것을 지우고 다시 사용하였다(παλιμψηστον, deleticia charta[133]). 합철(合綴)하여 책(codex)으로 만들었다.[134]

- linteum: 마포(麻布)이다.[135]

그러나 이 용어들 역시 그러한 재질로 이루어진 문서 자체도 의미하였다.[136]

문서로서 전해지는 것은 제정기의 것들인데 금석문(inscriptiones)[137] 및 원본의 형태로 전해진다. 폼페이의 밀랍목판(영수증, 기원후 53~62), 나폴리에서 약 5마일 떨어진 베수비오 화산록(火山麓)의 헤르쿨라네움 (Herculaneum) 문서, 다키아 지방 지벤뷔르겐(Siebenbürgen, 기원후 2세기) 문서 등이 대표적인 것이다.[138]

(2) 행위 유형

A. 문서위조죄의 일반적 구성요건

우리 형법은 전통적인 문서위조의 행위 태양으로서 크게 위조, 변조 및 허위작성을 들고, 그 밖에 위조 등 문서의 행사를 별개의 구성요건으로 들고 있다. 코르넬리우스법은 이들 외에도 문서의 말소와 은닉

(9.15f.).

133 D.37.11.4 (Ulp. 42 ad ed.) cit.; Seidl, Rz. 37 (p.16). 후대의 유명한 예로 가이우스의 법학원론을 지우고 성 히에로니무스의 텍스트를 덧썼던 것에서 Niebuhr가 가이우스 사본 중 최량(最良)이라는 베로나 사본을 복원한 것을 들 수 있다.

134 D.32.52.5 (Ulp. 24 ad Sab.) (consuere).

135 CTh.11.27.1 Const. (a.315); cf. D.28.1.22.7 (Ulp. 39 ad ed.): Signatas tabulas accipi oportet et si linteo, quo tabulae involutae sunt, signa inpressa fuerint.

136 한편 고대 바빌로니아에서 쐐기(楔形)문자를 새겨서 구웠던 점토판 문서는 로마에는 알려져 있지 않다. Seidl, Rz. 36 (p.15). 또 임시 메모용이었던 도편(陶片), 석고편(石膏片), 목편(木片, ostraka)은 정식 문서로서의 기능을 가지지 못하였다. Seidl, Rz. 39 (p.16).

137 Wenger, 61ff., 65ff.

138 Amelotti/Zingale, Symposion 1988, 297ff.; Symposion 1985, 299ff. 공증수수료: Gschnitzer, Symposion 1985, 389ff.

으로 인한 문서의 증거기능 박탈을 처벌한다.[139] 순수하게 문서 자체에 대한 일정한 변개(變改)만이 아니라 문서와 관련된 사위적(詐僞的)인 행태를 두루 처벌하기 때문이다.[140] 엄밀한 의미에서 행위 유형별로 대별

139 d'Ors, 545f.

140 이런 관점에서 흥미로운 개소가 D.48.10.28이다.

D.48.10.28 Mod. 4 resp.

Si, a debitore praelato die, pignoris obligatio mentiatur, falsi crimini locus est.
(채무자에 의하여 [담보증서의] 일자가 앞당겨져서 담보채권이 거짓되게 표시되는 경우 사위죄(詐僞罪)가 인정된다.)

이 개소는 단순하고 자연스럽게 읽으면, 채무자가 일자를 소급한 거짓 문서가 작성되게 하면 그에게 코르넬리우스법이 적용된다는 내용이다. 그가 어떤 상황에서 왜 그런 행위를 했는지 등은 전혀 드러나지 않고, 해석자가 보충해서 생각해 보아야 할 문제일 뿐이다. 그런데 이 생각을 진척시켜 보면 여기서 일자를 소급시킨 채무자는 선의이거나 악의일 것이다. ① 채무자가 선의일 때에는 거짓된 담보증권으로 인하여 사위(詐僞)를 범할 수 있는 것은 담보채권자밖에 없다. 즉 그가 그릇 기재된 소급 일자를 이용하여 자신의 담보권의 우선순위를 주장하는 경우이다. 그렇다면 이는 채권자가 변조된 문서를 부정사용하는 사안이 된다. ② 채무자가 악의일 때에는 a) 그가 다른 제3자를 염두에 두지 않고서 그 담보증서의 채권자를 위하여 그와 같은 짓을 할 수도 있지만, 이런 경우는 실제로는 상정하기 어렵다. b) 그러므로 다시 두 경우가 가능하다. (②-1) 즉 채무자가 제2담보권자를 위하여 일자를 소급시키고, 그로써 제1담보권자의 순위 이익을 해치려는 경우이다. 이 경우 단독으로도 가능하지만, 제2채권자와 짜고서 할 개연성이 훨씬 더 크다. 그리고 이 경우에는 채무자부터 허위문서 작성에 해당한다. (②-2) 다른 하나는 채무자가 채권자와 짜고서 채권자의 담보순위를 올림으로써 제3담보권자를 사위(詐僞)하기 위하여 담보문기를 변조하는 경우이다. 역시 허위문서 작성에 해당한다. 생각할수록 단순하지 않은 것으로 드러나는 까닭인지 이 짤막한 개소에 대한 이해는 의외일 수도 있는데, 실제로 다양하다. 현대어 번역을 중심으로 살펴본다.
i) 일자 소급의 주범을 채무자로 보는 견해
Digest-Scott (1932): "If an older date than the correct one is stated by a debtor in the obligation of a pledge, there will be ground for an accusation for *crimen falsi*."
Digeste-Hulot (1825): "Si un débiteur, dans une obligation de gage, a faussement mis une date plus ancienne, il y aura lieu à l'accusation de faux."
Digesten-Otto (1832): "Wenn der Schuldner fälschlicherweise eine Pfandverbindlichkeit vordatirt, so wird das Verbrechen der Fälschung begangen."

모든 가능성을 열어 놓은 원문에 충실한 번역이다. 그러나 기본적으로는 채무자의 악의를 전제한 자연적인 독법을 취한 것으로 보인다(즉 ②의 경우).

ii) 일자 소급의 주범을 채권자로 보는 견해

Bas.60.41.28 (Heimbach V, p.790):

Creditor, qui praefert diem pignorum, falsi tenetur.

Digesti-Foramiti (1830): "Ha luogo il delitto di falso se dal creditore viene alterata l'obbligazione nel giorno del pegno."

이 중에서 이탈리아어 번역의 원문 쉼표 처리는 "Si a debitore, praelato die, pignoris obligatio mentiatur"와 같이 되어 있어서 오히려 모든 면에서 행위자가 debitor인 점이 더 두드러진다. 그럼에도 불구하고 주체가 creditore로 표시된 것은 아마도 오식이 아닌가 싶다. 반면에 『바실리카 법전』의 경우는 사정이 다르다. 왜냐하면 그에 덧붙인 부주(附註) 1)에서 debitor가 주체인 사안을 소개하고 있기 때문이다.

Bas.60.41.28 Schol.1) (Heimbach V, p.790):

Si debitor volens posteriori creditori suo favere praetulit diem pignoris, locus est in eum poenae falsi. ...

이처럼 (②-1) 사안을 추가한 것은 담보증서의 일자를 소급하는 것은 단순한 2자 관계를 전제하면 채무자가 아니라 채권자가 저지를 행위이므로(위 a)) 본문에서 채권자가 주체인 것으로 제시하였으나, 원문의 주체와 배치되는 것이 명백하므로 원문에 부합하는 사안을 다시 제시한 것으로 보인다. 『바실리카 법전』은 적지 않은 경우 본문에서는 『로마법대전』의 원문을 축약하거나 다른 방식으로 해석한 텍스트를 제시하고, 오히려 부주(附註)에서 원문의 내용을 보다 충실하게 재현하는 설명을 하는 사례들이 있는데, 이 개소도 그러한 예에 속하는 것으로 보인다.

iii) 일자 소급의 주범인 채무자가 선의인 것으로 보는 견해

Digest-Watson: "If on the day put forward by the debtor the contract of pledge is misrepresented by the creditor, there is scope for a charge of forgery."

채무자가 소급 일자를 표시한 담보증서를 채권자가 악용한 것으로 보는 견해이다(위 ①의 경우). 그러나 일반적으로 일자를 소급시키는 행위는 악의로 하는 것으로 상정하는 것이 자연스럽다는 점에서 설득력이 덜하다. 또 mentiatur의 구문상 주어는 pignoris obligatio이고 반드시 a debitore와 연결되어야만 하는 것이 아니지만, 그렇다고 반드시 채권자가 부정사용했다는 해석만 가능한 것도 아니다.

iv) 일자 소급의 주범인 채무자와 채권자가 결탁한 것으로 보는 견해

Jacobi, 38f.: Itaque creditor, cum alioquin in sua re testis esse non posset, Modestino (fr. 28 D.h.t.) falsi poena plectendus videbatur, si se potiorem mentiebatur, publico veritatis - h. e. prioritatis signo usus, in quo ipse debitor consentiens diem protulerat[65]: "si - a *debitore prolato die* - pignoris obligatio *mentiatur*, falsi crimini locus est."

65) Cf. c. 15 C.h.t. ...

이 견해는 주 65에서 문서위조가 수반되었는지는 밝히고 있지 않지만 채권자가

해 보면 진정한 유언서(testamentum verum)를 직접 객체로 하는 경우(가령 은닉, 말소, 탁봉[坼封] 등)와 거짓 유언서(testamentum falsum)를 산출하거나/하고 부정사용하는 행위(작성, 인봉[印封], 낭독)로 나눠볼 수 있다.[141] 단순히 '유언서'라고만 해도 그때 문제된 유언서가 진정한 것인지 위조문서인지를 인식하는 것은 어렵지 않은 일이므로 로마의 법률가들도 굳이 이를 일일이 밝히지는 않은 것 같다.[142] 위조행위자는 falsarius (πλαστογράφος)라고 불렀다.[143] 기수(旣遂)만이 처벌되었고, 미수(未遂)

채무자와 결탁하여 제3자에게 부동산을 매도한 사안(C.9.22.15)을 D.48.10.28을 이해하는 열쇠로 제시한다.

C.9.22.15 Diocl./Maxim. (a.294).

Si creditor colludens cum debitore suo tibi praedium venumdedit, falsum commisit et tibi nihil officit, sed se magis criminis accusationi fecit obnoxium.

Jacobi는 소급된 일자를 원용하는 채권자로서는 스스로 그 진정성의 증인이 될 수는 없으므로 채무자가 동의한 것으로 재구성한다. 그러나 사위(詐僞)로 처벌받는다는 지적은 소급일자가 객관적으로 거짓이고, 이로 인해 거짓된 증서를 부정사용했다는 것이 입증된다는 것을 전제하는 것이므로 두 사람이 결탁한 경우는 오히려 입증이 어려워져 빠져나갈 수 있다는 점에서 결탁으로 구성하는 것은 타당성이 약하다. 더욱이 결탁과 같은 사정은 C.9.22.15 (Mariano, 517)에서도 드러나듯이 극히 중요한 판단사항이므로 명시해야만 하는 것이지, 로마의 법률가들이 이것을 빼놓거나 단지 암시만 하는 식으로 서술하였다고 전제하는 것 자체가 그들의 서술방식에 맞지 않는다.

요컨대 이 개소의 이해는 통상적인 용법과 달리 수동의 의미로 사용된(Heumann/Seckel, s.h.v.) 동사 mentiri의 행동주체를 어떤 관계 구도와 상황에서, 어떻게 상정하느냐에 달려 있게 된다. 그리고 이런 관점에서는 어설픈 해석의 결과를 제시하기보다는 일단은 원문에 충실한 축어적인 번역의 제공이 매우 개방적이고 막연해 보이더라도 최선책일 수 있다. 그리고 그 개방된 해석의 여지를 채우는 것은 독자의 몫이다.

141 D.48.10.2 Paul. 3 ad Sab.

Qui testamentum (sc. verum) amoverit celaverit eripuerit deleverit interleverit subiecerit resignaverit quive testamentum falsum scripserit signaverit recitaverit dolo malo cuiusve dolo malo id factum erit, legis Corneliae poena damnatur.

142 Cf. Mazzola, 127ff. (그곳 논의 중 p.120에서 인용한 D.48.10.19는 통화 위조[falsa moneta]와 영아[嬰兒] 바꿔치기[suppositio partus]에 관한 것으로 명백한 오식이다. 아마도 D.48.10.9.3?).

는 처벌대상이 아니었다.[144] 정범(正犯) ─ 결탁하여 행동하는 공동정범
이 포함됨은 물론이다[145] ─ 은 물론 공범(共犯〔敎唆犯 / 幇助犯〕)까지도
동일하게 처벌하였다.

D.48.10.2 Paul. 3 ad Sab. cit.

... cuiusve dolo malo id factum erit, legis Corneliae poena damnatur.[146]

(… 공범의 행위는 또 'curare'로도 표현되었다.[147])

---

143 D.48.10.1.4 (Marcian. 14 inst.); C.4.19.24 Valens / Grat. / Valentin. (a.378);
      Interpr. PS.I.12.1; CTh.2.27.1.1; Nov.114, c.1.1 (a.541).

144 Mommsen, 670; Ürögdi (1979), col.510.

145 D.48.10.9.3 Ulp. 8 de off. procons.
      Poena legis Corneliae irrogatur ei, ... item qui falsas testationes faciendas
      testimoniave falsa invicem dicenda dolo malo coierint.
      Coll. 8.7.1. cit.
      Praeterea factum est senatus consultum Statilio et Tauro consulibus, quo poena
      legis Corneliae inrogatur ei, ... item qui ad falsas testationes faciendas testamentave
      falsa invicem dicenda aut consignanda dolo malo coierint, Licinio V et Tauro conss.

146 이 맥락에서 'cuius'가 공범을 의미함은 살인죄에 관한 다음 개소들에서의 용법을
      보면 확실하다.
      Inst. 4.18.6.
      Alia deinde lex asperrimum crimen nova poena persequitur, quae Pompeia de
      parricidiis vocatur. qua cavetur, ut, si quis parentis aut filii aut omnino adfectionis
      eius, quae nuncupatione parricidii continetur, fata properaverit, sive clam sive
      palam id ausus fuerit, nec non is, cuius dolo malo id factum est, vel conscius
      criminis existit, licet extraneus sit, poena parricidii punietur ...
      C.9.16.6 Diocl. / Maxim. (a.294).
      Is, qui cum telo ambulaverit hominis necandi causa, sicut is, qui hominem
      occiderit vel cuius dolo malo factum erit commissum, legis Corneliae de sicariis
      poena coercetur.

147 Dirksen, s.h.v. §3: "Parare, Conciliare, Promovere." 이러한 curare 용법의 다른 예:
      Lex Quinctia de aquaeduct. 2.
      Quicumque post hanc legem rogatam rivos specus fornices fistulas tubulos castella
      lacus aquarum publicarum, quae ad urbem ducuntur sciens dolo malo foraverit
      ruperit foranda rumpendave curaverit peiorave fecerit ...

Cicero, *Pro Cluentio* 125 (BC 66) cit.

Dum vero eum fuisse Oppianicum constabit ... qui supposita persona falsum testamentum obsignandum curaverit ...

D.48.10.9.3 Ulp. 8 de off. procons.

Poena legis Corneliae irrogatur ei, qui quid aliud quam in testamento sciens dolo malo falsum signaverit signarive curaverit ...

Coll. 8.7.1. cit.

Praeterea factum est senatus consultum Statilio et Tauro consulibus, quo poena legis Corneliae inrogatur ei, qui quid aliud quam testamentum sciens dolo malo falsum signaverit signarive curaverit ...

PS. 4.7.2:

Non tantum is, qui testamentum subiecit suppressit delevit, poena legis Corneliae coercetur, sed et is qui sciens dolo malo id fieri iussit[148] faciendumve curavit.

동일한 유형의 행위들 — 가령 은닉하는 행위 유형에 속하는 celare, amovere, supprimere, subripere — 이 다양한 동사로써 표현된 것은 각각의 구성요건적 행위가 개념적으로 명확히 구별되어서라기보다는 동일 유형의 행위들 사이에 처벌이 달라지는 것을 방지하기 위하여 유사한 행위들을 모두 포괄하려는 취지가 반영된 것이다. 어느 하나의 동사를 대표로 삼아서 다른 동일하거나 유사한 행위들을 그에 포섭시키는 해석을 하기보다 여러 동사를 열거함으로써 혹여 있을지도 모르는 해석의 틈새를 처음부터 그 여지가 없도록 한 조치인 것이다. 이러한 주밀(周密)

---

148 'iubere'의 경우에는 오늘날로 치면 간접정범에 해당할 것이다.

한 법률 규정방식은 특히 형법의 경우 처벌의 범위를 넓힌다는 점에서 반드시 바람직한 것은 아닐지 모르지만, 다른 한편으로 처음부터 구성요건적 행위를 더 분명하게 밝힘으로써 수범자에게 예견가능성을 높여준다는 장점도 없지 않다고 할 것이다. 우리 민법 제1004조 제5호는 유언서와 관련한 사위(詐僞)행위의 유형을 크게 위조, 변조, 파기, 은닉의 네 가지를 들고 있다.

a) 위조문서의 작성

문서의 진정성을 해치는 행위로 파악된 문서위조의 개념은 로마법에서도 오늘날과 다르지 않았다.[149] 문서의 명의가 모용(冒用)됨으로써 문서 전체가 거짓 문서가 되게 만드는 모든 행위가 이에 해당하였다.[150] 사료상 나타나는 표현은 다양하였다.

---

149 고래로 문서의 위조를 방지하고 위조 여부를 확인하는 방책 중 중요한 것 하나가 문서식(文書式)을 정하는 것이었다. 동아시아의 문서식이 잘 발달되어 있음은 주지의 사실이다. 로마의 경우에도 이 점에서 일정한 발달이 있었다. 이곳에서는 이 문제는 다루지 않기로 한다.

150 사위(詐僞) 및 살인행위의 박물관 격인 Oppianicus의 행적에 대해서는 특히 Cicero, *Pro Cluentio* 125:

Dum vero eum fuisse Oppianicum constabit qui tabulas publicas municipi manu sua corrupisse iudicatus sit, qui testamentum interleverit, qui supposita persona falsum testamentum obsignandum curaverit, qui eum cuius nomine id obsignatum est interfecerit, qui avunculum fili sui in servitute ac vinculis necaverit, qui municipes suos proscribendos occidendosque curaverit, qui eius uxorem quem occiderat in matrimonium duxerit, qui pecuniam pro abortione dederit, qui socrum, qui uxores, qui uno tempore fratris uxorem speratosque liberos fratremque ipsum, qui denique suos liberos interfecerit, qui, cum venenum privigno suo dare vellet, manifesto deprehensus sit, cuius ministris consciisque damnatis ipse adductus in iudicium pecuniam iudici dederit ad sententias iudicum corrumpendas, dum haec, inquam, de Oppianico constabunt neque ullo argumento Cluentianae pecuniae crimen tenebitur, quid est quod te ista censoria sive voluntas sive opinio fuit adiuvare aut hunc innocentem opprimere posse videatur?

가. **scribere** (위조문기 작성)[151]

거짓 증서(falsum instrumentum)[152]를 작성(詐僞[153])하는 것이다.[154] 거짓 유언서(falsum testamentum)[155]를 작성하는 것이 가장 대표적인 관심

---

151 同旨 conscribere: D.48.4.2 (Ulp. 8 disp.); C.4.22.5 Diocl./Maxim. (a.294); CTh.11.39.4 Constantius/Constans (a.346).

152 D.44.1.11 (Mod. 13 resp.); D.48.10.13.1 (Pap. 15 resp.); C.2.4.42 Leo/Anthem. (a.472); C.4.22.5.pr. Diocl./Maxim. (a.294); C.7.58R Si ex falsis instrumentis vel testimoniis iudicatum erit; C.7.58.4 Gord.; PS.5.5a.10; PS.5.25.9.

153 Cf.『譯註 唐律疏議』제367조 詐僞 6 詐僞制書及增減 (pp.3162ff.); 제369조 詐僞 8 詐僞官文書及增減 (pp.3167ff.); 제374조 詐僞 13 詐僞官私文書及增減 (pp.3179f.); 또한 참조 제377조 詐僞 16 詐僞瑞應 (pp.3185f.).『大明律』의 경우『大明律講解』는 제378조를 詐僞制書로,『大明律』은 詐僞制書(p.90, p.420)로 텍스트가 되어 있다. 이 두 용어의 용례를 보면 이곳에서는 가장 포괄적인 상위개념인 사위(詐僞)가 아니라 오늘날의 문서 위조에 해당하는 사위(詐僞)가 개념적으로 정확한 표현이다.

154 PS.5.25.1; Inst. 4.18.7; (scripturas suspectas comminisci) C.4.19.24 = CTh.11.39.7 Valens/Grat./Valentin. (a.378). Kocher, 18; Marino, 641f. 단순히 사실을 거짓으로 작성하는 사례로는:
C.9.22.13 Diocl./Maxim. (a.293).
Qui veluti praesentem scripsisse res recepisse suas, cum absens esset, conscripsit, non ignoranti quicquam aufert, sed se criminis obligat periculo.
제3자가 부재하였음에도 불구하고 마치 임재하면서 자신의 재산을 되돌려 받은 것처럼 기재한 자는 선의의 그 제3자로부터는 아무것도 박탈하지 못하지만, 스스로는 형사처벌의 위험에 속박한다.

155 D.5.2.30.1 (Marcian. 4 inst.); D.5.3.47 (Mod. 8 resp); D.12.4.2 (Hermog. 2 iuris epit.); D.12.6.2.1 (Ulp. 16 ad Sab.); D.22.1.48 (Scaev. 22 dig.); D.26.2.27. pr. (Tryph. 14 disp.); D.29.2.30.8 (Ulp. 8 ad Sab.); D.29.2.46 (Afr. 1 quaest.); D.37.1.14 (Pap. 13 quaest.); D.38.2.6.1 (Ulp. 43 ad ed); D.38.2.19.pr. (Ulp. 4 disp.); D.44.4.17.2 (Scaev. 27 dig.); D.45.1.135.4 (Scaev. 5 resp); D.48.2.18 (Mod. 17 resp.); D.48.10.3 (Ulp. 4 disp.); D.48.10.6.pr. (Afr. 3 quaest.); D.48.10.24 (Scaev. 22 dig.); D.48.18.6.1 (Pap. 2 de adult.); D.49.14.29.1 (Ulp. 8 disp.); D.49.14.38.pr. (Pap. 13 resp.); D.50.16.221 (Paul. 10 resp); C.3.31.12.2b Iust. (a.531); C.6.11.1 Alex. (a.223); C.6.16.2 Diocl./Maxim. (a.294); C.9.22.17. pr. Diocl./Maxim. (a.294).

거리었고 주된 사례였다.[156] falsum facere (사위[詐僞]를 행하다),[157] 또
는 falsum committere (사위[詐僞]를 범하다),[158] alienum instrumentum
imitari (타인의 문기를 모작[模作]하다)[159] 역시 동일한 행위를 의미하였
다. 총체적으로 명의까지 도용(盜用)한 위조문기를 제작하는 것을 말한
다. 아픈 척하며 증인들을 불러모아 타인 명의의 거짓 유언을 작성하고
그 거짓 유언의 명의자를 살해까지 한 극악한 실례는 키케로가 맡았던
한 사건이 제공한다.[160]

  나. signare (falsum instrumentum etc.)

  거짓 증서에 이를 알면서 부정하게 날인(捺印, Untersiegelung) 또는 봉
인(封印, Versiegelung)하는 행위[印封].[161] consignare,[162] obsignare[163]도

---

156 PS.4.7.1; D.48.10.2 (Paul. 3 ad Sab.); D.47.11.6.1 (Ulp. 8 de off. procons.).

157 D.48.10.1.4 (Marcian. 14 inst.); D.48.10.16.1-2 (Paul. 3 resp); D.48.10.27.pr.
     (Mod. 8 reg); D.48.10.29 (Mod. l. s. de enucl. cas); D.48.16.17 (Mod. 17 resp.);
     C.9.22.8 Valer./Gallien (a.259); Edict. Theodor. 41.

158 D.48.10.1.9 (Marcian. 14 inst.); D.48.10.27.pr. (Mod. 8 reg.); C.9.22.15 Diocl./
     Maxim. (a.294); C.9.22.18 Diocl./Maxim (a.294); C.9.22.20 Diocl./Maxim.
     (a.294); C.9.22.22.2 Const. (a.320 = CTh.9.19.2.2 Const. (a.326[320])).

159 Cicero, De natura deorum 3.30.74 cit.; D.48.10.23 Paul. l. s. de poen. pagan. cit.;
     Jacobi, 37; Archi I, 1571f.

160 Cicero, Pro Cluentio 37 (BC 66):
     Cum esset adulescens (sc. Asuvius) apud mulierculam quandam atque ibi
     pernoctaret ibi diem posterum commoraretur, Avillius, ut erat constitutum, simulat
     se aegrotare et testamentum facere velle. Oppianicus obsignatores ad eum qui
     neque Asuvium neque Avillium nossent adducit et illum Asuvium appellat ipse;
     testamento Asuvi nomine obsignato disceditur. Avillius ilico convalescit; Asuvius
     autem brevi illo tempore, quasi in hortulos iret, in harenarias quasdam extra
     portam Esquilinam perductus occiditur.
     Kocher, 20; Marino, 644f.; Mazzola, 132 n.63.

161 Suetonius, De vita Caesarum, Divus Augustus 33.2:
     et cum de falso testamento ageretur omnesque signatores lege Cornelia tenerentur.
     Sallustius, Catilinae Coniuratio 16.1-2:
     Sed iuventutem, quam, ut supra diximus, illexerat, multis modis mala facinora

같은 의미이다(단, 후자는 봉인만 의미). 선의인 증인들로 하여금 봉인하도록 조치하는 행위(signari curare)도 동일하게 처벌되었다(전술).

로마에서도 문서 자체의 명의의 진정성을 담보하기 위하여 인장(signum, sigillum, σφραγίς, δακτύλιος(anulus))을 날인한 자는 그 옆에 자기 이름을 서명(印署)해야만 하였다.[164] 로마의 문서는 장래의 증거로 쓰기 위하여 작성되어 일정 기간 보관되는 것이 일반적이었다. 이때 그 진정성과 진실성을 확보하기 위하여 봉인(封印)의 방법(siegeln)이 관용되었다(실봉[實封], 인검[印檢], 인봉[印封]). 소송에서 증거로 사용되기 위한 문서들의 경우에도 이를 확보한 다음 증인 입회하에 봉인을 하여 법정에 제출하였다.[165] 이것은 『대명률』(大明律)에서 말하는 문서를 봉한 상

---

edocebat. [2] ex illis testis signatoresque falsos commodare.

D.48.10.7 (Marcian. 2 inst.); D.47.11.6.1 Ulp. 8 de off. procons.); D.48.10.9.3 (Ulp. 8 de off. procons.); D.48.10.16.1 (Paul. 3 resp.); Coll. 8.7.1. Kocher, 18; Marino, 642ff.; Mazzola, 132; Robinson III, 38; cf. Seidl, Rz. 40 (p.17).

서양 중세의 잘 알려진 매다는 첩현봉인(貼懸封印, Hänge-Siegel)은 고대에는 알려져 있지 않았다. Gross, col.185. 칙허(勅許)해답권(ius respondendi ex auctoritate principis)을 가진 법률가들의 해답 역시 날인되었으므로(D.1.2.2.49 (Pomp. l. s. enchirid.)) 이 방식에 의한 위조가 가능하였다.

162 가령 D.24.1.66.pr. (Scaev. 9 dig.); D.28.1.24 (Flor. 10 inst.); C.4.29.23.1 Iust. (a.530); C.4.31.12 (a.294); C.4.32.19.pr. Diocl./Maxim.

163 가령 D.29.3.7 (Gai. 7 ad ed. provinc.); D.18.3.8 (Scaev. 7 dig.); D.16.3.25.1 (Pap. 3 resp.); D.17.1.56.1 (Pap. 3 resp.); D.22.1.1.3 (Pap. 2 quaest.); C.4.32.2 Sev./ Ant.; C.8.17.1 Sev./Ant. (a.197).

164 D.28.1.22.4 Ulp. 39 ad ed.

Si quis ex testibus nomen suum non adscripserit, verumtamen signaverit, pro eo est atque si adhibitus non esset; et si, ut multi faciunt, adscripserit se, non tamen signaverit, adhuc idem dicemus.

D.28.1.30 Paul. 3 sent.

Singulos testes, qui in testamento adhibentur, proprio chirographo adnotare convenit, quis et cuius testamentum signaverit.

C.5.37.15 Diocl./Maxim. (a.287).

Wenger, 144 + n.90, 147 n.121; Kaser I, 232; Gross, col.185.

165 Zumpt, 308f. 봉인이 확인된 유언서의 효력에 대해서는

태(본봉(本封), 원봉(原封))에 seal을 하는 방식(貼封)이었다.[166] 인주(印朱)를 칠해서 압날하고(stempeln) 찍힌 모습인 인형(印形)·인장(印章)·인감(印鑑)·인도(印圖, σφράγισμα, signum impressum, nota impressa)가 문자로만 구성된 동아시아와 달리 글자 외에도 그림이, 음각(陰刻)보다 양각(陽

Cicero, *In Verrem* II.1.117:

Si de hereditate ambigetur et tabulae testamenti obsignatae non minus multis signis quam e lege oportet ad me proferentur, secundum tabulas testamenti potissimum possessionem dabo.

Archi I, 1534.

166 봉인을 문서에만 하지는 않았다. 일정한 재산에 대한 봉인 역시 이루어졌는데, 특히 채무자의 재산에 대한 봉인 조치는 정무관의 허가를 받아야만 하였다.

D.37.9.1.24 Ulp. 41 ad ed.

Quod si nondum sit curator constitutus (quia plerumque aut non petitur aut tardius petitur aut serius datur), Servius aiebat res hereditarias heredem institutum vel substitutum obsignare non debere, sed tantum pernumerare et mulieri adsignare.

D.47.10.20 Mod. 12 resp.

Si iniuriae faciendae gratia Seia domum absentis debitoris signasset sine auctoritate eius, qui concedendi ius potestatemve habuit, iniuriarum actionem intendi posse respondit.

C.2.16R Ut nemini liceat sine iudicis auctoritate signa imprimere rebus, quas alius tenet.

C.2.16.1 Probus (a.278).

Saepe rescriptum est ante sententiam signa rebus, quas aliquis tenebat, imprimi non oportere. et ideo ea rebus aut fructibus apud te constitutis illicite imposita poteris ipse licite detrahere, ut amotis his causa, quae ex officio tibi infertur, terminetur.

C.2.16.2 Diocl./Maxim.

Rebus, quas alius detinet, imprimere signa nemini licet, etiam si suas vel obligatas sibi eas esse aliquis adfirmet.

지폐 없이 주화만을 사용했던 로마에서는 특히 주화를 자루나 바구니 등에 담고 인봉(印封)하는 조치가 일상적이었다. 공금(公金)이든(가령 Lex Acilia repetundarum (123/2 B.C.) lin. 67f.: Pecunia in fiscis obsignetur: Riccobono ed., n.7, p.98), 私金이든 구별이 없었다(D.16.3.1.36 (Ulp. 30 ad ed.); D.16.3.29.pr. (Paul. 2 sent.); D.22.1.7 (Pap. 2 resp.)). Wenger, 134f.

刻)이 일반적이었고, 흔히 반지[167]가 이용되었다.[168] 로마인들은 얇게 판 나무판에 밀랍을 채워서 평평하게 한 밀랍 표면이나 파피루스에 기록을 하였고, 2장이나(diptychon) 3장의(triptychon) 나무밀랍판 또는 돌돌 말은 파피루스 두루마리를 끈으로 묶은 다음 매듭을 짓고, 이 매듭을 다시 밀랍으로 덮고 거기에 인장 반지로 봉인을 하였다.[169] 인장 반지는 흔

---

167 반지는 남자가 지니는 유일한 장신구로서 원래 쇠로 만들었으며, 치장용이라기 보다는 편지나 기타 문서에 봉인을 하는 데 사용된 인장(anulus signatorius)이었다. 공화정기 황금반지를 낄 권리(ius anuli aurei, ius anulorum)는 국가 사절(공식석상에서만), 원로원의원들만 가졌으나 제2차 포에니 전쟁 기간에는 원로원의원의 부인과 자식들 및 공급마보유기사(公給馬保有騎士, equites equo publico)들도 황금반지를 꼈다는 기록이 있다. 아우구스투스 후로는 이러한 제약이 사라져서 모든 기사 계층에까지 확대되었고, 아우구스투스는 심지어 해방노예에게까지 하사하는 등 점차 느슨해지다가 알렉산더 세베루스 황제는 모든 로마 군인에게, 그리고 마침내 유스티니아누스 황제는 제국의 모든 자유시민들에게, 해방자유인까지도 황금반지권을 인정하였다. Ramsay, 75, 455; "Annulus", Article by Leonhard Schmitz, in: William Smith, *A Dictionary of Greek and Roman Antiquities* (London: John Murray, 1875), 95‑97 = http://penelope.uchicago.edu/Thayer/E/Roman/Texts/secondary/SMIGRA*/Annulus.html (2017년 8월 7일자 방문).

168 D.28.1.22.2/5 Ulp. 39 ad ed.
2. Si ab ipso testatore anulum accepero et signavero, testamentum valet, quasi alieno signaverim.
5. Signum autem utrum anulo tantum inpressum adhibemus, an vero et si non anulo, verum alio quodam inpresso? varie enim homines signant. et magis est, ut tantum anulo quis possit signare, dum tamen habeat χαρακτῆρα.
Inst. 2.10.5:
Possunt autem testes omnes et uno anulo signare testamentum (quid enim, si septem anuli una sculptura fuerint?) secundum quod Pomponio visum est. sed et alieno quoque anulo licet signare.

169 Plautus, Bacchides 748:
cedo tu ceram ac linum actutum. age obliga, obsigna, cito.
그러나 봉재(封材)로 사용된 것은 밀랍뿐만 아니었고, 점토(粘土)나 백니(白泥, cretula)도 흔히 쓰였다(Cicero, *In Verrem* II.4.58: Cum Valentio, eius interpreti, epistula Agrigento adlata esset, casu signum iste animadvertit in cretula.). Ramsay, 461.

히 사용자나 그의 부(父)나 조부(祖父) 또는 기타 유명한 인물의 초상을 새긴 것으로,[170] 이 초상의 동일성을 통하여 원봉부동(原封不動, integris signis) 상태일 때 그 안의 문서가 그 봉인자에 의해 작성된 진정한 문서임을 증명할 수 있었다. 거짓 문서에 첩봉하거나[171] 거짓 유언서에 첩봉하는 행위의 예들이 'signare'에 해당한다.[172] 역사상의 유명한 실례로 Oppianicus 사건과 Fabianus 사건이 있었다.

Cicero, *Pro Cluentio* 41 (BC 66):

Eadem hac Dinaea testamentum faciente, cum tabulas prehendisset Oppianicus, qui gener eius fuisset, digito legata delevit et, cum id multis locis fecisset, post mortem eius ne lituris coargui posset testamentum in alias tabulas transcriptum signis adulterinis obsignavit. ... illum tabulas publicas Larini censorias corrupisse decuriones universi iudicaverunt ...

(같은 디나이아가 유언을 작성할 때 그녀의 사위였던 옵피아니쿠스가 유언장을 차지하고는 손가락으로 유증들을 문질러 지워버렸다. 그리고 이 짓을 [유언서의] 많은 곳에 했기 때문에 그녀의 사망 후 말소로 소추될 수 없도록 유언을 모사(冒寫)하여 만든 다른 유언서를 위조 봉인으로 첩봉(貼封)하였다. … 그가 호구총감이 감독하는 라리눔시(市)의 공문서[173]를 위조했다는

---

170 가령 Cicero, *In Catilinam* 3.10.17-20:

Tum ostendi tabellas Lentulo et quaesivi cognosceretne signum. Adnuit. 'Est vero' inquam 'notum quidem signum, imago avi tui, clarissimi viri, qui amavit unice patriam et civis suos. ...'

아우구스투스는 자기 반지에 처음에는 스핑크스, 이어서 알렉산더 대왕, 최종적으로는 자기 초상을 새겼고, 술라는 포로로 잡히는 유구르타를, 폼페이우스는 3개의 트로피를 새겼다고 한다. "Annulus", Article by Leonhard Schmitz (앞의 주 167).

171 D.48.10.9.3 (Ulp. 8 de off. procon); D.48.10.16.1 (Paul. 3 resp.); Coll. 8.7.1.

172 PS.4.7.1; D.48.10.2 (Paul. 3 ad Sab.); D.47.11.6.1 (Ulp. 8 de off. procons).

173 지방시 거주 로마시민 납세자 명부를 가리킨다. 이 명부는 현지에서 작성·관리되었고, 호구총감이 수임관(受任官)을 시켜서 감독하였다. Fuhrmann, 871 n.28.

것은 시참사회원 전원(全員)이 판정한 바 있다. …)

Tacitus, *Annales* 14.40:[174]

Eodem anno (AD 61) Romae insignia scelera, alterum senatoris, servili alterum audacia, admissa sunt. Domitius Balbus erat praetorius, simul longa senecta, simul orbitate et pecunia insidiis obnoxius. ei propinquus Valerius Fabianus, capessendis honoribus destinatus, subdidit testamentum adscitis Vinicio Rufino et Terentio Lentino equitibus Romanis. illi Antonium Primum et Asinium Marcellum sociaverant. Antonius audacia promptus, Marcellus Asinio Pollione proavo clarus neque morum spernendus habebatur nisi quod paupertatem praecipuum malorum credebat. igitur Fabianus tabulas sociis quos memoravi et aliis minus inlustribus obsignat. quod apud patres convictum et Fabianus Antoniusque cum Rufino et Terentio lege Cornelia damnantur. Marcellum memoria maiorum et preces Caesaris poenae magis quam infamiae exemere.

(같은 해(기원후 61년)에 로마에서는 엄청난 악행이 저질러졌는데, 하나는 한 원로원의원의 것이고, 다른 하나는 노예의 무모함으로 인한 것이었다. 도미티우스 발부스는 법정관 역임자로 고령이었고, 동시에 무자식이면서 돈이 많아서 음모에 노출되어 있었다. 그의 근친인 발레리우스 파비아누스는 관직에 연연하는 인물이었는데 로마의 기사계층이었던 비니키우스 루피누스와 테렌티우스 렌티누스를 끌어들여서 유언서를 위조하였다. 이들은 안토니우스 프리무스와 아씨니우스 마르켈루스와 결탁하였다. 안토니우스는 무모한 짓을 서슴지 않을 사람이었다. 마르켈루스는 아씨니우스 폴리오를 증조부로 둔 유명인사로, 가난을 최고의 악으로 믿었다는 점을 빼면 행장 역시 경멸할 만한 자는 아니었다. 그러자 파비아누스가 유언장을 내가 언급한 자들 및 덜 저명한 다른 자들과 함께 첩봉(貼封)하였는데, 이것이 원로원에

---

174 Bauman, 100f.

서 유죄 확정되고 파비아누스와 안토니우스는 루피누스 및 테렌티우스와 함께 코르넬리우스법에 의해 단죄되었다. 마르켈루스는 조상에 대한 기억과 황제의 간원(懇願)이 형벌로부터 구했는데, 파렴치효로부터는 아니었다.)

코르넬리우스법은 문서 위조와 직접적으로 관련된 행위로서 두루 인장(印章) 위조행위 역시 처벌하였다.[175]

다. subscribere

기본적으로 문서의 말미에 부기(附記) 또는 부서(附署)하는 것을 말한다.[176] 문서에 따라서 그 기능은 차이가 있었다. cautiones나 epistulae의 경우에는 부가적인 언급이나 전술한 내용의 확인("quod illi dictavi et recognovi") 등이 이루어졌다.[177] rationes의 경우에는 '서명'하는 것이었다.[178] libellus에서 subscriptio는 민원에 대한 공무소의 독립된 附記를 의

---

175 PS.5.25.1 cit. 로마법이 인장 위조의 경우에도 기수(旣遂)만 처벌했던 것과 달리 조선에서는 『경국대전』(經國大典)이 미수(未遂)에 대해서도 참형(斬刑)을 규정했다. 『經國大典』「刑典」[僞造]: 僞造印信者, 印文雖未成處斬, 妻子永屬諸邑奴婢, 捕告者給犯人財産. 그러나 실무는 반드시 이에 따르지 않았던 것으로 보인다. 다음 수교 참조.

『特敎定式』1.21 1758년(영조 34) (pp.81-83) = 『受敎定例』19 (p.18): 僞印未成. 大抵僞印之律, 本非大明律, 卽大典, 而或有無印文而成案置大辟者, 曾前此等之類, 其雖傳諸于生, 而若或差人命, 豈不重乎. 亦非大典之意也, 誠若得彪事. 此後則京外法官者成案時, 其宜審愼事, 申飭于秋曹·捕廳及八道三都.

이곳에서 언급된 '득표'는 정득표(鄭得彪)로서 어사(御使)를 사칭(詐稱)한 사건의 당사자였다. 『承政院日記』英祖 34년 11월 28일 辛未[辛亥] 1758년 기사 참조. 『特敎定式』에는 "誠若得彪事" 부분이 번역이 안 되어 있다.

중국의 전통법도 인장 위조의 미수(未遂)를 처벌하였다. 동아시아 전통법상 위조 인장 제작에 대한 전문용어는 "僞寫"인데, 어보(御寶), 즉 어새(御璽)의 경우에 "僞造"라 한 것과 급을 달리하기 위한 표현이었다. 오늘날의 한자 용법과 다른 점에 주의를 요한다 할 것이다. 『譯註 唐律疏議』제362조 이하 참조(pp.3151ff.).

176 Dirksen, s.h.v. §1: "Adscribere, Subnotare". PS.5.25.5.

177 D.48.10.1.8 (Marcian. 14 inst.).

178 Dirksen, s.h.v. §2: "Tabulis subiicere nomen suum". D.34.3.12 (Iul. 39 dig.);

미하였다. acta의 경우 공무소의 내용확인을 의미하였다.

라. describere

진정문서를 제시한 후 허위문기를 작성하는 행위, 즉 모사(冒寫)를 말
한다.[179] 이것은 거짓 문서를 작성한다는 점에서는 일반 scribere 행위
와 다른 것이 없지만, 행위 전체의 과정에서 먼저 제시된 문서와 다르
게 변개(de-)된 문서를 작성한다는 뜻이 첨가된 것이다.[180] 다만 많은 경
우 복사본이 필요한데,[181] 원본을 그대로 필사하는 것(등본(謄本) 작성)도
describere 동사로 표현되었다. 유언서의 경우 복사는 법정관의 허가가
필요하였다.[182]

b) 기존 진정문서의 변작(變作)

이것은 봉인을 건드리지 않고서, 즉 인봉(印封) 없이 거짓 문서를 만들
어내는 행위(falsum facere sine consignatione)[183]이다.[184] 봉인이 문서의 진

D.44.3.13.1 (Hermog. 6 iuris epit.).

179 Dirksen, s.h.v. §1: "Transcribere, Exemplum scripturae sumere"; D.48.10.23 (Paul.
l. s. de poen. pagan.).

180 D.42.5.15.pr. (Ulp. 62 ad ed.); D.47.2.52.24 (Ulp. 37 ad ed.).

181 가령 상속재산을 매도한 경우 유언서 복본. 원본은 authentica (tabula)라 불렀다.
D.10.2.4.3 Ulp. 19 ad ed.
Sed et tabulas testamenti debebit aut apud eum, qui ex maiore parte heres est,
iubere manere aut in aede deponi. nam et Labeo scribit vendita hereditate tabulas
testamenti descriptas deponi oportere: heredem enim exemplum debere dare,
tabulas vero authenticas ipsum retinere aut in aede deponere.

182 D.29.3R Testamenta quemadmodum aperiuntur inspiciantur et describantur;
C.6.32R Quemadmodum aperiantur testamenta et inspiciantur et describantur.
D.29.3.1.pr. Gai. 17 ad ed. provinc.
Omnibus, quicumque desiderant tabulas testamenti inspicere vel etiam describere,
inspiciendi describendique potestatem facturum se praetor pollicetur: quod vel suo
vel alieno nomine desideranti tribuere eum manifestum est.

183 Consignatio (OLD, s.h.v. 1: "The affixing of a seal") 표현이 사용된 사료는 다음
두 개소만이 전해진다.

정성에 관한 것이므로 봉인을 건드리는 것이 유형위조의 전형적 행위라면 이 유형은 이른바 무형위조에 속한다.[185] 진실을 은폐한 내용으로 문

D.48.10.1.4 Marcian. 14 inst.

Qui in rationibus tabulis cerisve vel alia qua re sine consignatione falsum fecerint vel rem amoverint, perinde ex his causis, atque si erant falsarii, puniuntur. sic et divus Severus lege Cornelia de falsis damnavit praefectum Aegypti, quod instrumentis suis, cum praeerat provinciae, falsum fecit.

(회계문기나 납판(蠟板)문기 또는 기타 다른 문건에 관해 인봉(印封)함이 없이 위조하거나, 또는 문건을 빼돌린 자는 이들 사유로 인하여 위조범인 것처럼 처벌받는다. 이와 같이 또한 신황(神皇) 세베루스가 코르넬리우스법에 따라 이집트 지사(知事)를 그가 그 속주의 수령관(首領官)일 적에 황제의 문서들을 위조했기 때문에 단죄한 바가 있다.)

D.48.10.16.2 Paul. 3 resp.

Sed et ceteros, qui in rationibus tabulis litteris publicis aliave qua re sine consignatione falsum fecerunt vel, ut verum non appareat, quid celaverunt subripuerunt deleverunt subiecerunt resignaverunt, eadem poena adfici solere dubium non esse.

(그러나 회계문기, 공문서(公文書), 공문기(公文記) 또는 기타 다른 문건에 관해 인봉(印封)함이 없이 위조하거나, 또는 진실이 드러나지 않도록 문건을 감추거나, 몰래 훔치거나, 말소하거나, 바꿔치기하거나, 봉인을 제거한 기타의 자들도 동일한 형벌에 처해진다는 것이 법임은 의문의 여지가 없다.)

184 Kocher, 22ff.; Santalucia, 120f.+n.104; Archi I, 1519 ("le varie immutazioni del vero su documenti genuini"). 반면에 Marino, 662f.는 "documenti *sine consignatione*, cioè i documenti non sigillati"라고 이해함으로써 객체로서 "봉인이 없는 문서"를 뜻하는 것으로 새기고(같은 오류 Jacobi, 36 et *passim*. 반면에 맞는 번역으로 *Digest*-Scott, D.48.10.16.2: "without sealing them"; *Digest*-Watson (ed.), D.48.10.16.2: "without the affixing of a seal"), 이어서 스스로 사료 내재적 모순을 확인하는데, 이는 잘못된 개념에 기인한 긁어 부스럼이다.

185 d'Ors, 547ff.는 이것을 명백히 아주 넓게 이해해서 가령 고시판 훼손과 같이 참으로 봉인과 무관하지만 서면 자체에 대한 것이 아닌 다른 유형의 경우들까지(말소 및 은닉 유형) 포괄하는 식으로 보는데, 오류이다. 왜냐하면 이미 살펴본 사료들(앞의 주 183) 자체가 이 행위와 다른 행위들을 분명하게 구별하여(vel) 나열하고 있기 때문이다. 이러한 오류는 이미 『바실리카 법전』에서도 확인된다.

Bas.60.41.1.4-6 (Heimbach V, p.776):

Item qui in rationibus vel pellibus vel tabulis non obsignatis falsum[5] fecit aut delevit: ...

서를 작성하고 진정한 봉인을 압날한 경우도 이에 해당한다.[186] 이들 경우에 "(문서위조)처럼"(perinde / proinde atque si ~)이라는 표현이 사용된 것을 보면 유형위조와 다른 형태의 위조인 것을 잘 인식한 것을 알 수 있고, 또 유형위조가 출발점이고 핵심이었다는 점도 드러난다. 구체적인 행위 태양은 다음과 같다.

Schol.5): falsum] Scias extrinsecus, falsum esse quod manu fit, velut imitari scripturam, radere, perrumpere, transcribere, delere, subtrahere: …

『바실리카 법전』의 이해가 불충분한 것이었음은 D.48.10.16.2의 대응 개소에서 더욱 확연하게 드러난다.

Bas.60.41.16.1-2 (Heimbach V, p.785):

Qui vero in testamento vel aliis instrumentis vel rationibus falsum faciunt, vel ea supprimunt, ne verum appareat, crimine falsi tenentur.

즉 이 경우 아예 'sine consignatione'에 해당하는 부분을 빠뜨리고 있는 것이다.

186 D.48.10.29 Mod. l. s. de enucl. cas.

Si quis obrepserit praesidi provinciae, tam per acta quam per libelli interpellationem nihil agit. immo si accusatus fuerit, poenam temerari luit: proinde enim punitur, atque si falsum fecerit. sunt enim rescripta de ea re: sufficit autem unum argumenti causa referre, cuius verba haec sunt: "Alexander Augustus Iulio Marullo. si libello dato adversarius tuus veritatem in precibus ab eo datis non adiecit, subscriptione uti non potest: immo si accusatus fuerit, et poenam inferre debet".

(어떤 자가 도백(道伯)을 사실은폐로 속인 경우 공부(公簿)로써도, 소추장(訴追狀)으로써도 아무것도 얻어내지 못한다. 오히려 소추당하는 경우 형사소추를 자행(恣行)한 값을 치러야 한다. 왜냐하면 위조를 한 것처럼 처벌되기 때문이다. 이 일에 관해서는 많은 칙답들이 있지만, 증빙으로는 하나를 드는 것으로 충분한데, 그 문언은 이와 같다. "알렉산더 황제가 율리우스 마룰루스에게 소추장(訴追狀)이 제출되었는데 그대의 상대방이 그에 의하여 제출된 그 소추원서(訴追願書)에 진실을 기재하지 않은 경우 그는 그 자서문기(自署文記)를 활용할 수 없다. 오히려 소추당하면 형벌에 또한 처해야만 한다.")

물론 이 사안에서 문제된 것은 타인을 형사고소하여 치명타를 입힐 수 있는 소추장이라는 특수한 성격의 문서이다. 다른 일반 문건의 경우에도 같은 방식으로 처리되었는지는 사료상 확인되지는 않는다. 뿐만 아니라 모두(冒頭)에서 명시하듯이 도백(道伯)의 사법권을 기망한 잘못 역시 중대한 처벌 근거로서 아울러 고려되었을 것이다.

가. 변조(mutare)

mutare (변조〔變造〕/변개〔變改〕),[187] **adulterare** (모변〔冒變〕)[188] 등의 용어가 사용되었는데, 그 의미는 대동소이한 것이다. 객체가 명시되지 않고 변조 등의 특정 용어가 사용되지도 않았지만, 사안의 실태가 이에 해당할 수 있는 경우도 전해진다.[189]

나. 말소

텍스트를 전부 또는 일부 소거(消去)함으로써 문서를 사용가치 없는 것으로 만드는 행위이다. 이에는 **delere** (문질러 지우다, 찰소〔擦消〕),[190] **inducere** (뭉개어 지우다, 압소〔壓消〕),[191] **cancellare** (선을 그어 지우다, 획선말소〔劃線抹消〕),[192] **interlinere** (개칠〔改漆〕하다)[193]처럼 문서를 물리적으

187 D.28.1.21.1 (Ulp. 2 ad Sab.); D.29.1.13.pr. (Ulp. 45 ad ed); D.29.6.1.1-2 (Ulp. 48 ad ed.); D.31.88.4 (Scaev. 3 resp); D.34.9.19 (Paul. 16 resp); D.38.13.1 (Iul. 28 dig.); PS.5.25.5; Epit.Ulp.23.2; Ed.Theod.90.

188 Dirksen, s.h.v. §2: "Falsum exercere"; D.11.3.1.5 (Ulp. 23 ad ed.) (rationes).

189 가령 D.48.10.28 (Mod. 4 resp.) cit.

190 *OLD*, s.h.v. 1: "To remove (written characters, or other marks) by wiping or scratching out, expunge, delete"; Cicero, *Pro Cluentio* 41 (Oppianicus ... digito legata delevit); D.10.2.16.5 (Ulp. 19 ad ed.); D.11.3.11.1 (Ulp. 23 ad ed.); D.28.4.1.pr./3/5 (Ulp. 15 ad Sab.); D.28.4.2 (Ulp. 4 disp.); D.28.4.4 (Pap. 6 resp.); D.47.2.31.pr. (Ulp. 41 ad Sab.); D.48.10.2 (Paul. 3 ad Sab.); D.48.10.16.2 (Paul. 3 resp.); D.48.13.10.1 (Ven. ex 3 iudic. publ.); C.3.33.14.2 Iust. (a.530); Gai. 2.151; PS.4.7.1-2; PS.5.25.1; PS.5.25.5; Edict. Theodor. xc. Marino, 651f.

191 *OLD*, s.h.v. 18: "To erase (writing by smouthing over the furrow made by it)"; Dirksen, s.h.v. §3.A.: "Oblitterare, Expungere"; D.28.4.1.pr./1 (Ulp. 15 ad Sab.); D.28.4.2 (Ulp. 4 disp.); D.28.4.3 (Marcell. 29 dig.); D.29.1.15.1 (Ulp. 45 ad ed.); D.34.4.16 (Paul. ex l. s. de iure codicill.); D.34.9.12 (Pap. 16 quaest.); D.34.9.16.2 (Pap. 8 resp.); D.37.11.2.7 (Ulp. 41 ad ed.); C.8.42.22 Diocl./Maxim. (a.294).

192 *OLD*, s.h.v. 3: "To cancel (a document, orig. by crossing)"; C.8.42.22 Diocl./Maxim. (a.294): "Inductum (id est cancellatum)"; D.28.4.2 (Ulp. 4 disp.); D.29.1.15.1 (Ulp. 45 ad ed.).

193 *OLD*, s.h.v. 3: "To make a blot on (a document, in order to falsify it)"; Dirksen, s.h.v. "Lituram abducere"; Marino, 652f.; D.9.2.42 (Iul. 48 dig.); D.10.2.16.5

로 전부 또는 일부를 말소하는 행위가 해당한다.[194] 동아시아 전통법상
"감"(減) 또는 "출"(出)에 해당하는 사위(詐僞)행위이다.

다. 봉인 제거

봉인을 함부로 제거(천개인봉[擅開印封])하는 **resignare** (봉인 제거)[195]
내지 **reserare** (탁봉[坼封]),[196] **intercidere** (파봉[破封])[197] 등의 행위로 문

(Ulp. 19 ad ed.); D.10.2.18.pr. (Ulp. 19 ad ed.); D.11.3.11.1 (Ulp. 23 ad ed.);
D.13.6.5.8 (Ulp. 28 ad ed.); D.29.1.20.1 (Iul. 27 dig.); D.30.67.pr. (Gai. 1 de
legatis ad ed. provinc.); D.47.2.27.3 (Ulp. 41 ad Sab.); D.47.2.31.1 (Ulp. 41 ad
Sab.); D.48.10.2 (Paul. 3 ad Sab.); Cicero, *Pro Cluentio* 41; 125 cit.

194 납판(蠟板)에 밀랍을 덧씌우는 방식으로 글자를 지우거나(lituram facere), 글
자 위에 선을 긋는 방식의 행위(superductio, 삭선[削線])도 이에 해당하겠지만
(D.28.4.1.1 [Ulp. 15 ad Sab.]), 코르넬리우스법에서 열거하는 동사에는 속하지
않았다. 어차피 동일 계통의 동사를 나열한 것은 서로 개념적으로 확연하게 구별
되는 행위유형을 한정적으로 열거한 것이라기보다는 로마의 법률에서 흔히 볼 수
있듯이 구성요건적 행위의 포착범위를 완벽하게 하려는 의도에서 취해진 예시적
열거의 취지가 반영된 것이기 때문이다.

195 *OLD*, s.h.v. 1: "To break the seal of, unseal"; Dirksen, s.h.v. "Signatum aperire";
PS.5.25.7 = D.48.19.38.7 (Paul. 5 sent.); Suet. Nero 17; (testamentum) PS.4.7.1;
D.48.10.2 (Paul. 3 ad Sab); (instrumentum) D.48.10.16.2 (Paul. 3 resp.). Kocher,
23; Marino, 655. Mazzola, 131 + nn.54~55. Matthaeus, 416 n.7은 사료상 전해지
는 사례가 공문서와 유언서에 한한다는 점을 들어서 기타의 사문서에는 이 행위
유형이 어쩌면 비상심리절차로 처벌되었을 것이라고 주장하고, 그렇지 않다면 내
용을 폭로하려는 의도로 한 경우와 단순히 호기심에서 한 경우를 나누어서 전자
는 코르넬리우스법에 따라 후자는 비상심리절차에서 처벌되었을 것으로 보는데,
이는 전승된 제한적인 사료를 근거로 하여 아무런 실증적 근거도 없이 섣부르게
일반화한 견해일 뿐이다. 왜냐하면 대상에 따라 차별하는 경우 유언서와 다른 문
서로 나누며, 유언서 아닌 공문서에도 해당하는 행위 유형이 다른 사문서에는 해
당하지 않는다는 것은 이치에 맞지 않기 때문이다.

196 (instrumentum) PS.5.25.1; *OLD*, s.h.v. 1 c: "to open, unseal (the lips, etc.)";
Dirksen, s.h.v. § 1: "Recludere".

197 *OLD*, s.h.v. 3: "To cut the seals of, tamper with (a document)"; (libellum vel
rationes) D.48.10.23 (Paul. l. s. de poen. pagan.); (codicillos) D.48.10.4 (Ulp. 8
disp.); D.11.3.1.5 (Ulp. 23 ad ed.): "ut rationes dominicas intercideret adulteraret

서의 진정성을 파괴함으로써 증빙으로서의 가치를 상실시키는 행위
이다.[198]

c) 은닉

진정한 유언서를[199] 드러나지 않게 숨김으로써 증거로 활용할 수 없도

---

vel etiam ut rationem sibi commissam turbaret".

198 문서의 말소 등 파훼는 민사소권의 문제도 발생시켰다. 가령 actio de dolo:
D.4.3.9.2 (Ulp. 11 ad ed.); D.4.3.35 (Ulp. 30 ad ed.); actio legis Aquiliae:
(deletum chirographum) D.9.2.40 (Paul. 3 ad ed.); (testamentum) D.9.2.41.pr.-
1 (Ulp. 41 ad Sab.); D.9.2.42 (Iul. 48 dig.); interdictum de tabulis exhibendis:
D.43.5.3.6 (Ulp. 68 ad ed.); CTh.9.20.1 = C.9.31.1 Valens / Grat. / Valentin.
(a.378). Marino, 651; Matthaeus, 422 n.3. 물론 정당한 사유가 있으면 평소 인정
되는 방식으로 일이 진행될 수 없었다. 가령 유언서가 상속분쟁이나 형사소송의
결정적 자료로서 그 제시가 문서의 훼손·변조나 멸실의 위험과 결부된 경우에는
이를 공탁시켰던 것이 그러하다. Matthaeus, 422f. n.4.

D.43.5.5 Iav. 13 ex Cass.

De tabulis proferendis interdictum competere non oportet, si hereditatis
controversia ex his pendet aut si ad publicam quaestionem pertinet: itaque in aede
sacra interim deponendae sunt aut apud virum idoneum.

199 여기서 falsum 범죄의 대상은 유언서에 한하고, 다른 문서의 경우에는 일반 절도
로 의율하였다.

D.47.2.27.pr. Ulp. 41 ad Sab.

Qui tabulas vel cautiones amovet, furti tenetur non tantum pretii ipsarum
tabularum, verum eius quod interfuit: quod ad aestimationem refertur eius
summae, quae in his tabulis continetur, scilicet si tanti interfuit, ut puta si
chirographa aureorum decem tabulae fuerint, dicimus hoc duplicari. quod si iam
erant inanes, quia solutum proponebatur, numquid ipsarum tantum tabularum
pretii videatur esse aestimatio facienda? quid enim interfuit huius? sed potest
dici, quia nonnumquam debitores tabulas sibi restitui petant, quia nonnumquam
calumniantur debitores quasi indebito soluto, ab his interesse creditoris tabulas
habere, ne forte controversiam super ea re patiatur. et generaliter dicendum est in
id quod interest duplari.

D.48.10.16.pr. Paul. 3 resp.

Respondit instrumentorum subreptorum crimen non esse publici iudicii, nisi
testamentum alicuius subreptum arguatur.

록 만드는 행위 일체를 말한다.[200] 훔친다는 어감이 강한 subripere (몰래 훔치다, 암투(暗偸)),[201] eripere (탈취하다, 요취(邀取)),[202] amovere (빼돌리 다, 투닉(偸匿)),[203] celare (감추다, 침닉(沈匿)),[204] 그리고 제출(proferre)[205] 의무 위반인 supprimere (숨기다, 은닉(隱匿))[206] 등이 이에 속함은 물론, 진정한 문기를 숨기고 허위문서를 제출하는 subiicere (바꿔치다, 모체(冒 替))[207] 역시 이에 해당하였다.[208]

Jacobi, 23f.; Falchi, 169; Mazzola, 129f.; Matthaeus, 416 n.6.

200 D.48.10.16.2 Paul. 3 resp. cit.: ut verum non appareat. Kocher, 24ff.

201 D.48.10.16.pr./2 (Paul. 3 resp.); C.9.22.4 Ant. (a.227). Marino, 650f. (Kocher, 24 n.2의 subripere를 잘못 기재한 것이므로 교체해야 한다는 주장을 정당하게 반박).

202 D.48.10.2 (Paul. 3 ad Sab.); C.9.22.4 Alex. (a.227). Kocher, 23 n.1; Marino, 649ff.

203 PS.5.25.1; PS.4.7.1; C.9.22.14 Diocl./Maxim. (a.293); D.43.5.3.6 (Ulp. 68 ad ed.); D.48.10.2. Marino, 648f.

204 D.48.10.2 (Paul. 3 ad Sab.); D.43.5.3.6 (Ulp. 68 ad ed.); D.48.10.16.2 (Paul. 3 resp.); C.9.22.14 Diocl./Maxim. (a.293). Marino, 649.

205 Cf. D.43.5.3.6 Ulp. 68 ad ed. cit.
PS.4.7.6: Edicto perpetuo cavetur, ut, si tabulae testamenti non appareant, de earum exhibitione interdicto reddito intra annum agi possit, quo ad exhibendum compellitur qui supprimit. Tabularum autem appellatione chartae quoque et membranae continentur.

206 Dirksen, s.h.v. §2: "Clam retinere. Occultare"; PS.4.7.3-5; D.48.10.7 (Marcian. 2 inst.); (testamentum) PS.4.7.1-2; PS.5.25.6a; D.43.5.3.6 (Ulp. 68 ad ed.); (interdictum de tabulis exhibendis) D.43.5.1 (Ulp. 68 ad ed.); cf. D.43.5.3.6 (Ulp. 68 ad ed.); (instrumentum) PS.5.25.1. Kocher, 27; Marino, 655ff.; Mazzola, 131. 적법한 효력이 없는 문서를 대상으로 해서는 비록 고의가 있다 하더라도 이 행위 의 불법성은 인정되지 않는다. Jacobi, 33f.; Mommsen, 670 n.4 (p.671). D.48.19.38.6 Paul. 5 sent.
Testamentum, quod nullo iure valet, impune supprimitur: nihil est enim, quod ex eo aut petatur aut consistere possit.
supprimere의 경우 객체는 testamentum verum이고 testamentum falsum은 부적 절하다는 점에 관해서는 Mariono, 661f. 결국 사위(詐僞)가 성립하려면 그로 인하 여 해악(害惡)을 당하는 피해자가 있어야만 하는 것이다.

207 Dirksen, s.h.v. §4: "Supponere, Subdole inferre"; Inst. 4.18.7; PS.5.25.1; (testamentum) PS.4.7.1-2; D.48.10.2 (Paul. 3 ad Sab.); (instrumentum)

d) 기타 관련 구성요건

가. 보관자 사위(詐僞)

이것은 문서를 보관하고 있는 자가 의무에 위반하여 보관을 맡긴 자 이외의 자에게 문서를 교부, 누출하는 행위(prodire)를 말한다.[209] 로마도 그리스[210]도 유언서를 인봉(印封)한 후 공무소나 친척 또는 친구에게 보관을 맡기는 일이 많았고,[211] 경우에 따라서는 안전을 기하기 위하여 여러 부를 만들어서 여러 곳에 맡기기도 하였다.[212] 보관자가 보관하는 기회를 이용하여 말소하거나 훔치거나 낭독하는 사례도 잘 알려져 있는데, 이것은 보관자라야만 가능한, 보관자 특유의 사위(詐僞) 행위 태양이 아니므로 이곳에서 말하는 보관자 사위(詐僞)가 아니다. 이 유형의 행위는 보관자이기만 하면 행위자가 누구이든 무관하다. 하여 심판인이나 변호사, 소송대리인도 그들에게 맡겨진 소송문서(instrumentum litis)를 소송 상대방에게 누출하면 동일한 범죄를 범하는 것이다.[213]

> D.48.10.1.6 Marcianus libro 14 institutionum.
>
> Is, qui deposita instrumenta apud alium ab eo prodita esse adversariis suis dicit, accusare eum falsi potest.
>
> (제3자에게 맡긴 문서가 그에 의하여 자신의 상대방들에게 누출되었다고

D.48.10.16.2 (Paul. 3 resp); PS.5.25.5. Archi I, 1510 n.58; Kocher, 27; Marino, 653ff. (특히 객체로 testamentum falsum과 testamentum verum 관련한 어법에 관함).

208 Kocher, 24ff.

209 D.48.19.38.9 (Paul. 5 sent.); C.4.34.5 Valer./Gallien. AA./Valer. C. (a.259); Kocher, 28; Matthaeus, 416 n.7; Robinson III, 39.

210 Lipsius, 569ff.

211 D.4.3.35 (Ulp. 30 ad ed.); D.9.2.41.pr. (Ulp. 41 ad Sab.); D.9.2.42 (Iul. 48 dig.); D.16.3.1.38 (Ulp. 30 ad ed.); D.43.5.3.2 (Ulp. 68 ad ed.); (tabulae in publico depositae) D.28.4.4 (Pap. 6 resp.).

212 D.45.2.9.pr. (Pap. 27 quaest.); "apud duos pariter deposui".

213 PS.5.25.8; D.48.19.38.8 (Paul. 5 sent.); Mariano, 516; 조규창, 413f.

주장하는 자는 그를 사위죄(詐僞罪)로 소추할 수 있다.)

D.47.11.8 Ulpianus libro nono de officio proconsulis.[214]

Sunt praeterea crimina, quae ad executionem praesidis pertinent: ut puta si quis instrumenta sua prodita esse dicat: nam huius rei executio praefecto urbis a divis fratribus data est.

(그 밖에도 도백(道伯)의 처형권에 속하는 범죄들이 있다. 예컨대 어떤 자가 자신의 문서들이 누출되었다고 주장하는 경우. 왜냐하면 이러한 일의 처형은 신황(神皇) 형제들에 의하여 도시장관(都市長官)에게 주어졌기 때문이다.)

나. 부정사용(행사)

거짓 문서를 부정하게 사용하는(uti) 행위이다(知情行用).[215] 작성자가

---

214 Bas.60.22.8 (Heimbach V, p.646):
Et qui prodidit aliena instrumenta, castigatur a Praeside.

215 PS.5.25.9; C.4.21.2 Alex. (a.223); C.4.21.3 Alex. (a.226); C.9.22.8 Valer./Gallien. (a.259); (rescripta) PS.1.12.1; Robinson III, 38f.; Santalucia, 121 +n.105. '입증이 될 수 없는 문서'를 심판인에게 제출하는 행위도 부정사용이다. D.48.10.31 (Call. 3 de cogn.). 그리고 병사가 거짓 마패(馬牌: 공마차(公馬車) 이용여행허가증)로 여행을 하는 경우도 부정사용의 예이다(cf. 『譯註 唐律疏議』 제379조 詐僞 18 詐 乘驛馬(pp.3187ff.)).
D.48.10.27.2 Mod. 8 reg.
Qui se pro milite gessit vel illicitis insignibus usus est vel falso duplomate vias commeavit, pro admissi qualitate gravissime puniendus est.
Duploma/diploma에 관해서는 Falchi, 173: "(diplomata hic sunt chartuae signo principis obsignatae idest codicilli seu tesserae quae dabantur cursoribus ut liceret eius uti equis et vehiculis publicis: quibus diplomatis agnitis magistratus publicos illis euos et vehicula praebebant: glossa marg. ad D.48.10.27, fin.)."
탈영병이 위조 역참투숙(驛站投宿)허가증(tractoria: CTh.8.5; C.12.51)이나 거짓 공한(公翰)을 내세워서 자신의 탈영을 무마하려는 경우도 문서 사위(詐僞)에 해당하겠지만, 이때에는 핵심범죄인 탈영에 관한 죄목으로 다스렸다.
C.12.45.2 = CTh.7.18.1.pr.-1 Arcad./Honor./Theodos. (a.403).
Si desertores inventi resistendum atque armis obtinendum putaverint, tamquam

아니라도 무방하다. 물론 작성자는 행사하지 않았다는 것으로 죄를 면하지 못한다.[216]

C.9.22.8 Imperatores Valerianus, Gallienus (a.259).

Si falsos codicillos ab his contra quos supplicas factos esse contendis, non ideo accusationem evadere possunt, quod se illis negent uti. Nam illis prodest instrumenti usu abstinere, qui non ipsi machinatores falsi esse dicuntur et quos periculo solus usus adstrinxerit. Qui autem compositis per scelus codicillis in severitatem legis Corneliae inciderunt, non possunt defensiones eius recusando crimen evitare.

(그대는 그대의 소원(訴願) 상대방들에 의하여 거짓 유언보충서가 작성되었다고 다투는바, 그들은 그 문기의 사용을 부인하는 것으로써 소추를 피할 수 없다. 즉 그들 자신이 사위죄(詐僞罪)의 범행자들이라고 주장되지 않는 자들에게는 문서의 불사용이 이롭고, 오직 사용만이 그들을 위험에 얽히도록 하지만, 악행으로 유언보충서를 작성하여 코르넬리우스법의 엄한 처벌을 당할 자들은 그러한 방어사유를 원용함으로써 범죄 소추를 피할 수 없는 것이다.)

그리고 작성자가 사망하여 처벌이 불가능하더라도[217] 행사자는 당연

---

rebelles in ipsis temeritatis suae conatibus opprimantur: ita tamen, ut provinciarum iudices sollicita cautione disquirant, ne sub falsarum tractoriarum nomine desertionis suae crimen defendere moliantur, nec suppositis aut commentis epistulis evadendi habeant facultatem.

Duploma는 교통수단만을 허용하는 여행허가증이고, tractoria는 교통수단은 물론, 음식과 숙박까지 제공하는 여행허가증이다.

216 Bas.60.41.43 (Heimbach V, p.794): Qui semel falsum fecit, non potest evitare eius accusationem, dicens, se eo non uti. Kocher, 28ff.

217 피고인의 사망은 통상 소송을 종료시켰다. Cf. Inst. 1.26.8; Robinson II, 96. 자살의 경우에 대해서는 최병조 V, 261ff. 그러나 범죄인의 재산 몰수에 대해서는 다음의 법리가 적용되었다. 즉 재산몰수형이 부과되는 형사범들의 경우 원칙적으로

히 그와 무관하게 책임을 면하지 못하였다.[218]

C.9.6.4 Imperator Alexander Severus (a.227).

Si, ut proponis, causa pecuniaria ad emolumentum tuum spectat, licet Annianus, cui falsi crimen auctor tuus intendebat, vita functus sit, non prohiberis, si quis adversus te instrumento quod in dubium vocatur uti coeperit, accusationem instituere.

(그대가 주장하듯이 민사소송이 그대의 이익에 관한 것이고, 비록 그대의 전주(前主)가 사위죄(詐僞罪)로 소추한 안니아누스가 사망하였더라도 어떤 자가 그대를 상대로 의혹이 제기된 그 문서를 사용하기 시작한 경우 그대는 [문서사용자를 상대로] 소추를 개시하는 것이 금지되지 않는다.)

1. Quamvis enim in persona principalis rei morte subducti iam subsistere non possit, tamen si quis illo uti voluerit, intellegit se periculo criminis esse

소송이 성립하여 유책판결이 내려져야만 상속인도 재산몰수를 당할 수 있었고, 단 불법착취죄(repetundae)와 대역죄(maiestas)의 경우에는 범죄인이 판결 전에 사망하더라도 그의 재산이 여전히 몰수된다는 게 정설이었는데, 이 두 경우를 위하여 세베루스와 안토니누스 황제가 그러한 범죄자의 재산 양도(노예 해방 포함)를 금지시켰다고 한다. 기타 범죄의 경우에는 범죄자 생전에 소추가 되어야만 그리고 되기만 하면 (유죄판결까지는 필요없이) 상속인으로부터도 재산 몰수가 가능하였다.

D.48.2.20 Mod. 2 de poen.

Ex iudiciorum publicorum admissis non alias transeunt adversus heredes poenae bonorum ademptionis, quam si lis contestata et condemnatio fuerit secuta, excepto repetundarum et maiestatis iudicio, quae etiam mortuis reis, cum quibus nihil actum est, adhuc exerceri placuit, ut bona eorum fisco vindicentur: adeo ut divus Severus et Antoninus rescripserunt, ex quo quis aliquod ex his causis crimen contraxit, nihil ex bonis suis alienare aut manumittere eum posse. ex ceteris vero delictis poena incipere ab herede ita demum potest, si vivo reo accusatio mota est, licet non fuit condemnatio secuta.

218 Bas.60,41,35 (Heimbach V, p.791):
Licet decesserit is, qui falsum instrumentum fecisse dicitur, su quis tamen agat mecum ex eo instrumento, accusationi falsi subiicitur.

subiectum.

(왜냐하면 비록 사망으로 배제된 주범(主犯)에 대해서는 이미 소추가 존속할 수 없을지라도 그럼에도 불구하고 어떤 자가 그 문서를 사용하고자 하는 경우 그는 스스로가 범죄의 위험하에 놓인 것임을 인식하는 것이기 때문이다.)

거짓임을 알면서 문서의 내용을 원용하는 것(recitare: 낭독[朗讀]/인독 [引讀])도 문서 부정사용의 방법 중 하나였다.[219] 학설은 이 용어가 사용된 사료들의 문맥을 분석한 결과로서 이 용어가 일반적인 공개적 읽기가 아니라, 공식적인 유언서 개봉절차에서의 원용에 대하여 사용되었던 법기술적 용어라고 이해한다.[220] 이와 관련하여 이 행위가 코르넬리우스

---

219 Dirksen, s.h.v. §2: "De scripto legere, et enunciare"; (testamentum) PS.4.7.1; D.48.10.2 (Paul. 3 ad Sab.); (testamentum vel aliud instrumentum) PS.5.25.1; D.47.11.6.1 (Ulp. 8 de off. procons.); Inst.4.18.7. 유언 작성자 생전에 유언서를 개봉하거나 낭독하거나 봉인을 제거하는 경우도 코르넬리우스법이 적용되었다. D.48.10.1.5 (Marcian. 14 inst.); D.48.19.38.7 (Paul. 5 sent.) = PS.5.25.7. Kocher, 40f.; Jacobi, 16ff.; d'Ors, 550f.; Mazzola, 133. ― 반면에 유언자 사망 후 법이 정한 유언서 개봉 절차(D.29.3; PS.4.6.1/2/3)를 어기고 개봉하거나 낭독하는 경우에는 상속세(相續稅) 이십일조(二十一租)에 관한 율리우스법(lex Iulia vicesimaria, 기원후 6년)에 의하여 벌금형이 부과되었다.

PS.4.6.2a:

qui aliter aut alibi, quam ubi lege praecipitur, testamentum aperuerit recitaveritve, poena sestertiorum quinque milium tenetur.

특수한 경우로, 진정한 유언서이지만 피살자의 것을 살해당했음을 알면서 무단으로 개봉하거나 낭독하거나 복사하는 경우에도 달리 제재를 받았다. D.29.5.3.18/28 (Ulp. 50 ad ed.); D.29.5.25.2 (Gai. 17 ad ed. provinc.).

그리고 특히 진정한 유언서의 낭독에 의한 비밀 누설이 침욕(侵辱)의 의사로 행해진 경우 침욕(侵辱)소권(actio iniuriarum)을 근거지울 수 있었다. D.16.3.1.38 Ulpianus libro 30 ad edictum.

Si quis tabulas testamenti apud se depositas pluribus praesentibus legit, ait Labeo depositi actione recte de tabulis agi posse. Ego arbitror et iniuriarum agi posse, si hoc animo recitatum testamentum est quibusdam praesentibus, ut iudicia secreta eius qui testatus est divulgarentur.

법에 해당하지 않는다는 취지로 읽힐 수 있는 사료가 전해져서 어려움
을 야기한다.

D.48.10.13.1 Papinianus libro 15 responsorum.

Ordine decurionum decem annis advocatum motum, qui falsum instrumentum cognoscente praeside recitavit, post finem temporis dignitatem respondi reciperare, quoniam in Corneliam falso recitato, non facto non incidit. Eadem ratione plebeium ob eandem causam exilio temporario punitum decurionem post reditum recte creari.

(거짓 문서를 도백(道伯) 심리 절차에서 인독(引讀)하여 10년간 시참사회원 신품(身品)에서 배제되었던 변호사는 그 기간의 만료로 그 명예신분을 회복 한다고 나(=파피니아누스)는 해답하였는바, 왜냐하면 거짓 문서를 낭독만

---

220 Archi I, 1521; Marino, 647f. 한편 Kocher, 29f. n.3은 용어 의미의 변천을 주장한
다. 처음에는 법률행위의 내용을 확인하기 위한 증인의 소환(citare)을 의미하였
으나, 그 내용이 문서화하면서 소환된 증인들에게 문서 내용을 읽어주고 기억에
의하여 그 진위를 확인시키다가 나중에는 봉인의 진위와 그 상태로 문서의 진정
성을 판단하게 되면서 더이상 내용의 낭독은 불요하게 되고, 급기야는 특히 법정
에서의 모든 종류의 문서 낭독을, 우리의 맥락에서는 허위 유언서와 관련된 구성
요건적 행위로서의 낭독을 의미하게 되었다고 본다. 이러한 추정은 구술문화로
출발한 로마가 서면문화의 발달로 변화하는 과정에 나름 부합하는 면이 있는데,
다만 문서의 진위 판단에 있어서 처음에는 내용을 낭독하여 증인들에게 확인시켰
다는 부분은 근거도 제시되지 않았고, 로마 문서 실무에 비추어 개연성도 낮은 주
장이라 하겠다.
      Recitare가 공식 개봉절차에서 사용되었음은 물론 사실이다. 가령 유언서 개
봉을 기록한 조서(Gesta de aperiundis testamentis [a.474], *FIRA* III, pp.175-
179, n.58 = https://droitromain.univ-grenoble-alpes.fr/ →9. Negotia II(2017년
8월 8일자 방문)): Mag(istratus) d(ixerunt): "Quoniam de agnitis signaculis uel
superscribtionibus testium responsio patefecit, nunc carta testamenti resignetur,
linum incidatur, aperiatur et per ordinem rec(itetur)." | Et inciso lino ex off(icio)
recit(atum) est. 그러나 이로써 그 외의 사용을 부인해야 할 필연적인 이유는 어디
에도 없다. 오히려 일상의 어법이 공식 절차에서 활용된 것으로 보는 것이 언어의
현실에 부합한다고 할 것이다.

하고 작성하지는 않은 경우 코르넬리우스법에 해당하지 않기 때문이다. 같은 이유로 평민도 동일한 사유로 한시적 추방으로 처벌되었던 자는 귀환 후 시참사회원으로 정당하게 선출될 수 있다고 해답하였다.)

이 문제에 대해서는 이 개소를 그대로 받아들여서 recitare가 구성요건에 해당하지 않는다는 것으로 간단히 해석하는 견해도 있다.[221] 파피니아누스 때까지는 처벌받지 않았다는 해석도 있다.[222] 비교적 상세히 고찰하고 있는 Kocher는 "falso recitato, non facto" 부분이 원래의 글이 축약되어 전승되는 과정에서 수정된 것으로 본다. 이 개소에서 recitare 구성요건이 두 번 언급되었고, '추한' "non facto non" 표현은 파피니아누스의 것으로 믿을 수 없으며, 독립탈격을 이용한 quoniam 문장의 이유 반복도 '별난' 것이라는 게 그 이유이다. 그는 결국 파피니아누스의 취지는 행위자가 유언이 아니라 일반 문서를 낭독한 때문인 것으로 이해한다.[223] 동시에 그는 이 개소를 흠휼(欽恤) 사상이 반영된 Bas.60.51.38 (Heimbach V, p.870) = D.48.19.42[224]의 해석 법리가 적용된 하나의 사례로 파악한다.[225] 텍스트 수정의 여부는 실로 가부 판단이 매우 어려운 문

---

221 Piazza, 126.

222 Rein, 785 n. †); Matthaeus, 415 n.3.

223 Kocher, 30 n.1, 32f.

224 D.48.19.42 Hermog. 1 epit.
Interpretatione legum poenae molliendae sunt potius quam asperandae.
(법률의 해석에 의하여 형벌은 가중되기보다는 감경되어야만 한다.)

225 Kocher, 31ff. 그리고 그는 더 나아가서 Bas.60.41.13 (Heimbach V, p.782): ...
qui enim non fecit, sed recitavit falsum, non incidit in crimen falsi (Schol.4: sed relegatur ad tempus, ut caput ait initio.) 및 Bas.60.41.2 (Heimbach V, p.777):
Qui testamentum ... dolo malo recitaverit.와 이에 대한 Schol.3: Quid enim si in testamento scripserit: Quia hodie non possum meam illam domum evincere, quam detinet potens ille, volo, si heres meus potiatur tempore, ut eam evincat 등을 근거로 『로마법대전』 편찬 시에 이미 유언 아닌 문서에 대해, 그리고 비잔틴법에서 유언서에 대해 가벌성을 배제한 것으로 새긴다. 그러나 『학설휘찬』을 원본으로 하여 번역(그리고 적지 않은 경우 번안)을 한 『바실리카 법전』을 가지고 역으로 『학

제이다. 필자의 견해로는 추측하건대 시참사회원이라는 특별한 지위로
인하여 지방시의 재정 확보 등 법정책적 차원에서 그 결원을 가능한 방
지하고자 하는 취지에서 일정한 특례 조치[226]가 있었던 것이 아닌가 한
다.[227] 왜냐하면 다음과 같은 사료가 전해지기 때문이다.

C.9.22.21 = CTh.9.19.1 Const. (a.316).

pr. Si quis decurio testamentum vel codicillos aut aliquam deficientis
scripserit voluntatem vel conscribendis publicis privatisque instrumentis
praebuerit officium, si falsi quaestio moveatur, decurionatus honore seposito
quaestioni, si ita poposcerit causa, subdatur.

1. Sed non statim desinit esse decurio, qui in huiusmodi facto fuerit:
quantum enim ad municipales pertinet necessitates, decurio permanet:
quantum ad rem gestam et veritatem reserandam uti decurionatus honore
non poterit.

2. Nec vero is, qui ante fuerit tabellio, ad eludendam quaestionem super his
quae ante conscripsit factus decurio defendi hac poterit dignitate, quoniam
scripturae veritas, si res poposcerit, per ipsum debet probari auctorem.

(pr. 어떤 시참사회원이 죽어가는 자의 유언서나 유언보충서, 또는 어떤 종

설휘찬』을 해석하는 것은 수정에 의거하는 해석만큼이나 타당성에 의문이 제기
된다.

226 Falchi, 169, 178 ("pena minorata"). 그러나 Falchi는 결과적으로 형의 완화만
을 지적할 뿐 그 이유에 대한 설명은 없다.『바실리카 법전』은 특히 바로 살펴
볼 C.9.22.21의 경우 이를 의식적으로 누락시켰는데(C.9.22.20과 C.9.22.22는
Bas.60.41.55와 56으로 수록), 아마도 crimen falsi에 대한 일반법리를 반영하지 않
는다고 보았던 까닭이 아닌가 싶다.

227 그리고 이러한 유연한 조처는 후술하듯이 정규적인 처벌의 경우에도 사안별로
양형(量刑)을 하여 가중이나 감경 처벌이 가능하였다고 보는 필자의 관점에서
는 당연히 가능한 조치이다. 반면에 Matthaeus, 421 n.2는 오히려 이곳에 나타난
relegatio가 후대에 폐지되고 deportatio로 대체되었다는 식으로 이곳의 감경조치
를 설명하는데, 설득력이 전혀 없다.

의(終意)를 기재했거나 또는 공·사문서의 작성 의무를 지고 있는 경우 위조 문제가 제기되면 시참사회원의 명예지위를 무시하고, 사안이 요구하는 경우〔고신(拷訊)이 따르는〕심문(審問)에 부쳐진다.

1. 그러나 이러한 사태에 처한 그는 즉시 시참사회원이기를 그치는 것은 아니다. 왜냐하면 자치시의〔그가 이행해야 할〕필수의무사항들에 관한 한, 그는 시참사회원으로 계속 남지만, 그가 저지른 행위와 진실을 밝히는 것에 관한 한, 그는 시참사회원의 명예지위를 누릴 수 없을 것이기 때문이다.

2. 또 실로 전에 대서사(代書士)였던 자는 그가 전에 작성했던 문서들에 관하여 심문을 좌절시키기 위하여 시참사회원이 되어 이 명예로써 방어할 수 없을 것이다. 왜냐하면 서면의 진실성은 사정이 요구하는 경우 작성자 자신에 의하여 입증되어야만 하기 때문이다.)

B. 특정문서 관련 구성요건

a) 유언서

가. 추가 기입: 준사위(準詐僞, quasi falsum)[228]

i) 제정기의 보완

유언서와 관련한 가장 전형적인 위조행위 유형으로 언급되고 있는 것에 유언서의 필집(筆執)이 자기에게 유리한 내용을 추가 기입(adscribere)하는 것[229]이 있는데(C.9.23R De his qui sibi adscribunt in testamento),[230] 유

---

228 코르넬리우스법이 아니라 원로원의결이나 칙법에 의하여 falsum과 동일하게 lex Cornelia법의 형벌로 처벌되는 것이 준사위(準詐僞, quasi falsum)이다. Matthaeus, 414 n.1; d'Ors, 543f.+n.50 (D.48.10.1.13; D.48.10.4; D.48.10.13; D.47.11.6.1; D.48.10.27.pr.; D.48.10.29; C.4.19.24(a.378) itp. cf. CTh.11.39.7 (a.378); 조규창, 411 n.64. 추가 기입은 준사위(準詐僞)로 알려진 것 중에 가장 대표적인 것이다. Falchi, 173ff.

229 Kocher, 34ff.; Robinson I, 34.

230 따라서 필집이 유언자에게 자신에게 얼마를 유증할지를 지시하는 행위는 비록 도덕적으로는 가장 부도덕한 '사위'(詐僞)행위로 평가되지만(Plinius, *Ep.* 2.20.14: Et habebit(sc. miliens et ducentiens), si modo ut coepit, aliena testamenta, quod est improbissimum genus falsi, ipsis quorum sunt illa dictauerit.), 법적인 의미에서

언자가 구수(口授)한 경우까지도 이에 해당되었다.[231] 동아시아 전통법
상 "증"(增) 또는 "입"(入)에 해당하는 사위(詐僞)행위이다. 이는 티베리
우스 황제 때의 리보 원로원의결(senatus consultum Libonianum, 기원후
16년)이 처음으로 도입한 것으로 보인다.[232] 즉 제정기에 들어와서 유언
서 관련한 사위(詐僞)행위의 유형이 확대된 것이다.[233] 다만 추가 기재
된 유언서가 형식상 완성된 것(perfectum), 즉 본인에 의하여 서명된 것
(signatum)이어야만 하였고,[234] 그 효력이 추후에 무효로 되거나 처음부

는 falsum에 해당하지 않는다. Rein, 784 n.*); Matthaeus, 415f. n.4.

C.6.23.22 Zeno (a.480).

Dictantibus testamenta vel aliam quamlibet ultimam voluntatem legatum vel fideicommissum vel quodcumque aliud quolibet legitimo titulo testatorem posse relinquere minime dubitandum est. testibus etiam ad efficiendam voluntatem adhibitis pro suo libitu quod voluerit testator relinquere non prohibetur.

231 C.9.23.1 Ant. (a.212). Matthaeus, 415 n.4. 로마의 유언이 유언자가 구술하면 필집이 받아적는 방식(聽寫)이 일반적이었던 배경이 있다. Cf. Robinson I, 29ff., 38.

232 이곳의 리보 원로원의결은 앞에서 살펴본 리보 원로원의결, 즉 위조의 대상을 유언서 아닌 다른 문서로 확장한 같은 때의 원로원의결과 구별해야만 한다. 즉 코르넬리우스법의 적용대상을 객체의 면에서 확장한 원로원의결(전술)과 행위 유형 면에서 '추가 기입'을 보완한 이곳의 원로원의결은 같은 때 만들어졌지만 다른 원로원의결인 것이다. 당시의 원로원의결이 하나가 아닌 것은 이미 사료상 명백하다. D.48.10.10.pr.-1 (Macer 1 publ.): "senatus consultis". 그러나 이 두 개를 제외한 다른 원로원의결이 있었는지, 또 있었다면 어떤 것들인지는 알지 못한다. Augustinus, 129: "Quae autem sint caetera senatus consulta, ignoramus".

233 Albanese, 1377ff.; Kocher, 118ff.; Robinson III, 36; d'Ors, 527, 543f. ("la progresiva ampliación"); cf. 546f.; Lintott, 324+n.119; 조규창, 412. 이것은 비단 falsum의 경우에만 그런 것이 아니라 다른 법률들의 경우에도 해당하는 것으로 제정기 들어 원로원의결을 통한 일련의 법발전 양상의 일환이었다. Santalucia, 97ff. 특히 원로원의 역할이라는 면에서는 Robinson III, 137f.

234 동형식(銅衡式, per aes et libram) 유언(Kunkel / Honsell, 448ff.)의 예이지만 로마 유언의 전형적인 양식을 보여주는 실제 문기를 하나 소개하면,

Testamentum Antonii Silvani Equitis (a.142):

[유언자] Antonius Siluanus eques alae I Thracum Mauretanae, stator praefecti, turma Valeri, testamentum fecit. [상속인 지정] Omnium bonorum meorum castrensium et domesticum M. Antonius Satrianus filius meus ex asse mihi

748

heres esto: [상속제외] ceteri ali omnes exheredes sunto: [상속승인 기간 지정] cernitoque hereditatem meam in diebus C proximis: ni ita creuerit exheres esto. [제1상속인 탈락 시의 제2상속인 지정 및 상속승인 기간 지정] Tunc secundo gradu Antonius R ... lis frater meus mihi heres esto, cernitoque hereditatem meam in diebus LX proximis: [제2상속인으로 지정된 자에 대한 상속 못할 시 유증] cui do lego, si mihi heres non erit, denarios argenteos septingentos quinquaginta. ... (기타 처분 생략) ... [노예 해방 및 유증] Cronionem seruom meum post mortem meam, si omnia recte tractauerit et tradiderit heredi meo supra scripto uel procuratori, tunc liberum uolo esse uicesimamque pro eo ex bonis meis dari uolo. [악의 배제 조항] Hoc testamento dolus malus abesto.

[상속재산신탁매수인] Familiam pecuniamque testamenti faciendi causa emit Nemonius duplicarius turmae Mari, [악취행위 저울(天秤)잡이]] libripende M. Iulio Tiberino sesquiplicario turmae Valeri, [악취행위 입회증인] antestatus est Turbinium signiferum turmae Proculi.

[작성 장소 및 일자] Testamentum factum Alexandreae ad Aegyptum in castris Augustis? hibernis legionis II Traianae Fortis et alae Mauretanae, VI kal. Apriles Rufino et Quadrato cos.

II.a manus.* [그리스어]. 나, 상기(上記)의 Antonius Silvanus는 나의 이 유언을 다시 보았으며, 이 유언은 작성된 대로임이 나에 의하여 확인되고 승인되었음. (유언자의 인준)

III.a manus. Nemonius ⸺ ⸺duplicarius turmae Mari signaui. (상속재산신탁매수인)

IV.a manus. [그리스어]. 나 Iulius Tiberinus, sesquiplicarius turmae Valeri (저울잡이)

V.a manus. Turbinius eques signifer turmae Proculi. (악취행위 증인)

VI.a manus. Valerius Rufus eques signifer . . . (증인)

VII.a manus. Maximus duplicarius . . . usti signaui. (증인)

[VIII.ae manus nihil legitur]. (증인)

IX.a manus. [그리스어]. 나, Antonius Silvanus 날인함. (유언자)

＊위 본문의 필체와 다른 제2의 필체로 그리스어를 사용함. 즉 본문이 라틴어를 사용하는 필집(筆執)에 의하여 기록된 것임을 알 수 있다.

FIRA III, pp.129-132, n.47 = https://droitromain.univ-grenoble-alpes.fr/→9. Negotia I (2017년 8월 8일자 방문). 독해의 편의를 위하여 완전히 정서(淨書)된 텍스트를 재현하였다.

235 D.48.10.6.pr. Afr. 3 quaest.

사료 중 주요한 것은 다음과 같다.[236]

Si quis legatum sibi adscripserit, tenetur poena legis Corneliae, quamvis inutile legatum sit: nam et eum teneri constat, qui eo testamento, quod postea ruptum vel etiam quod initio non iure fieret, legatum sibi adscripserit. hoc tamen tunc verum est, cum perfectum testamentum erit. ceterum si non signatum fuerit, magis est ut senatus consulto locus non sit, sicuti nec interdictum de tabulis testamenti exhibendis locum habet: prius enim oportet esse aliquod testamentum vel non iure factum, ut senatus consulto locus sit. nam et falsum testamentum id demum recte dicitur, quod, si adulterinum non esset, [verum tamen testamentum recte dicetur]⟨sed verum, testamentum recte diceretur *Mommsen*⟩. similiter igitur et non iure factum testamentum id appellatur, in quo si omnia rite facta essent, iure factum diceretur.

(어떤 자가 유증을 자신을 위하여 추가 기재한 경우 그는 비록 유증의 무효에도 불구하고 코르넬리우스법의 형사처벌을 받는다. 그리고 후에 유언이 파훼(破毁) 되거나 처음부터 적법하지 않게 작성된 유언에 유증을 자신을 위하여 추가 기재 한 자도 책임진다는 것이 확립되어 있다. 그렇지만 이것은 유언이 완성된 경우에 참이다. 반대로 유언이 서명되지 않은 경우에는 오히려 이 (리보) 원로원의결은 적용되지 않는데, 유언서 제시에 관한 특시명령 역시 적용이 없는 것과 마찬가지 이다. 왜냐하면 이 원로원의결이 적용되려면 먼저 적법하지 않게 작성된 것일지 라도 어떤 유언이 존재해야만 하기 때문이다. 왜냐하면 거짓 유언이란 위조 부분 이 없다면 참된 유언이라고 정당하게 부를 수 있을 유언만을 오직 그렇게 부르기 때문이다. 그러므로 유사한 방식으로, 적법하지 않게 작성된 유언이란 모든 것이 제대로 작성되었더라면 적법하게 작성된 것이라고 부를 수 있을 유언을 말하는 것이다.)

Marino, 638f.; Jacobi, 34ff.; Albanese, 1422f.

236 D.34.8.1 (Iul. 78 dig.); D.48.10.1.7-8 (Marcian. 14 inst.); D.48.10.4-6, 10, 14- 15, 17-18, 22; C.9.23.1-6 (a.212-a.290); Suet. Nero 17; D.28.4.1.1/5 (Ulp. 15 ad Sab.); D.28.4.2 (Ulp. 4 disp.); D.28.4.3 (Marcell. 29 dig); Rein, 783ff.

그 밖에 대표적으로

D.48.10.6.pr. Afr. 3 quaest. cit.: rite facta essent, iure factum diceretur.

D.48.10.6.1 Afr. 3 quaest.

Si institutus heres exheredationem nominatim filii vel aliarum personarum adscribat, senatus consulto tenetur.

D.48.10.10.1 Macer 1 publ.

Illud constat, si extraneo quis adscripserit legatum, licet postea vivo testatore in potestate eum habere coeperit, senatus consultis locum non esse.

C.9.23.3 Imperator Alexander Severus (a.223).

Senatus consulto et edicto divi Claudii prohibitum est eos, qui ad scribenda testamenta adhibentur, quamvis dictante testatore aliquid emolumentum ipsis futurum scribere, et poena legis Corneliae facienti inrogata est: cuius veniam deprecantibus ob ignorantiam et profitentibus a relicto discedere raro amplissimus ordo vel divi principes veniam dederunt.

([리보] 원로원의결과 신황(神皇) 클라우디우스의 고시(告示)에 의하여 유언서 필집(筆執)으로 활용되는 자들은 비록 유언자가 구수(口授)하더라도 자신들에게 이익이 될 것을 기입하는 것이 금지되고, [위반 시 사위(詐僞)에 관한] 코르넬리우스법의 처벌이 행위자에게 부과된다. 무지(無知)로 인한 것이었음을 이유로 처벌의 용서를 간구하고 유증된 것을 포기한다고 고백하는 자들에게도 지존신품회(至尊身品會, 원로원) 또는 신황(神皇)들께서 용서를 베푼 것은 드물다.[237])

D.48.10.14.pr. Paulus libro 22 quaestionum.[238]

... Et quidem quantum ad senatus consultum, quo prohibemur nobis vel his, quos in potestate habemus, adscribere legatum ...

D.48.10.14.pr. Paul. 22 quaest.

Filius emancipatus cum scriberet patris testamentum, iussu patris servo communi Titii et suo legatum adscripsit: quaero quis exitus quaestionis sit. respondit: plures quaestiones coniunxisti. et quidem quantum ad senatus consultum, quo prohibemur nobis vel his, quos in potestate habemus, adscribere legatum, emancipatus quoque filius eadem poena tenebitur, licet iussu patris scripserit: excusatus enim is videtur qui in potestate est sic ut servus, si tamen iussum ex subscriptione testatoris appareat: sic enim inveni senatum censuisse.

237 Bas.60.41.61 Schol.2: Et ait Thalelaeus: quia ii ius ignoraverunt, non facile eis ignoscitur.
Robinson I, 35: "So ignorance was still no defence, only a mitigating circumstance."

238 대응 개소인 Bas.60.41.14.pr.-1 (Heimbach V, p.782)에는 원로원의결에 대한 언급이 빠져 있다. 비잔틴법의 관심이 실체법의 내용으로만 쏠려 있고, 이미 과거지사가 된 다른 요소들에 대해서는 이해할 수 있는 이유에서 무관심했음을 보여주

(… 그리고 실로 우리 또는 우리가 가부장권하에 거느리고 있는 자들에게 유증을 추가 기입하는 것을 우리에게 금지하고 있는 (리보) 원로원의결에 관한 한 …)

이처럼 코르넬리우스법은 제정기에 들어서 티베리우스(14~37) 시기의 리보(Libo) 원로원의결(기원후 16), 그리고 클라우디우스(41~54)의 고시(告示)에 의하여 보완되었다.[239] 『학설휘찬』의 사위죄(詐僞罪)를 다룬 장(章)의 제목(D.48.10R. De lege Cornelia de falsis et de senatus consulto Liboniano)에는 리보 원로원의결(元老院議決)이 들어 있다. 이것이 언급된 개소들은 파피니아누스의 한 개소(D.26.2.29 (Pap. 15 resp.))를 제외하면 주로 파울루스의 동 원로원의결 주해서의 인용(D.48.10.22 (Paul. l. s. ad sc Libon.))이다. 그런데 이 전승 자체가 이미 동 법률을 보완한 클라우디우스 고시(edictum Claudii)의 내용(D.48.10.15.pr. (Call. 1 quaest.))과 두루 혼합된 형태로 이루어진 것으로 보인다. 실제로 『학설휘찬』이 인용한 법률가들의 저술 목록으로 제시된 index Florentinus에는 파울루스의 관련서 제목이 'Ad senatus consultum Libonianum seu Claudianum'인데, 『학설휘찬』의 본문에서는 'Ad senatus consultum Libonianum liber singularis'로만 되어 있다. 이에 대하여 Lenel은 'Ad senatus consultum Libonianum et edictum Claudianum'이 아닐까 하는 추정을 하고 있다.[240]

ii) 리보 원로원의결

먼저 리보 원로원의결에 관련된 사료를 본다.[241]

는 하나의 예이다. 곧 살펴볼 D.48.10.10의 대응 개소인 Bas.60.41.10 (Heimbach V, p.781); D.48.10.15.pr.의 대응 개소인 Bas.60.41.15.pr. (Heimbach V, p.784)의 경우에도 '원로원의결'은 동일하게 사라졌다. 같은 이야기는 '칙법'에 대해서도 할 수 있다. 가령 후술하는 D.48.10.15.1의 대응 개소인 Bas.60.41.15.1 (Heimbach V, p.784)에는 '칙법'에 대한 언급이 없다.

239 Rein, 783ff.; Jacobi, 19ff.; Robinson I, 31ff.; Mommsen, 671.
240 Lenel, *Pal.* II, Paul. fr.1899, col.1294 n.4.

D.26.2.29 Pap. 15 resp.

Ex sententia senatus consulti Liboniani tutor non erit, qui se testamento
pupillo tutorem scripsit: cum autem patris voluntas hoc ipsum manu sua
declarantis ambigua non esset, eum, quamvis alii tutores essent, curatorem
dandum respondi, nec admittendam excusationem, quam iure publico
habebat, quoniam promississe videbatur, nec ut suspectum removeri.

(리보 원로원의결에 의하면 유언서에 자신을 피후견인의 후견인으로 기재
한 자는 후견인이 되지 못한다. 그러나 그 사실 자체를 자필(自筆)로 선언하
는 [피후견인의] 아버지의 의사(意思)가 애매하지 않은 경우에는 그를, 비록
다른 후견인들이 있더라도, 보좌인으로 지정해야 하며, 그는 약조한 것으로
여겨졌으므로 공법에 따라 그가 가졌던 [후견직] 면제사유도 인정하지 말
아야 하고, 또 [후견사무 부정처리] 피혐자(被嫌者)로서 후견직에서 제외되
지도 않는다고 나는 해답하였다.[242])

D.34.8.1 Iulianus libro 78 digestorum.

Si quis hereditatem vel legatum sibi adscripserit, quaeritur, an hereditas vel
legatum pro non scripto habeatur. Et quid, si substitutum habeat huiusmodi
institutio? Respondit: pars hereditatis, de qua me consuluisti, ad substitutum
pertinet: nam senatus cum poenas legis Corneliae constitueret adversus eum,
qui sibi hereditatem vel legatum scripsisset, eodem modo improbasse videtur,
quo improbatae sunt illae: "qua ex parte me Titius heredem scriptum in
tabulis suis recitaverit, ex ea parte heres esto", ut perinde haberentur, ac si
insertae testamento non fuissent.

(어떤 자가 상속재산이나 유증을 자신을 위하여 추가 기입한 경우 그 상속
재산이나 유증이 기재되지 않은 것으로 취급되는지 여부가 문제이다. 그리

---

241 Mariano, 510.
242 Albanese, 1386ff.

고 이러한 지정이 보충수익자를 두었다면? 해답: "그대가 나에게 자문을 구한 상속재산의 몫은 보충수익자에게 속한다. 왜냐하면 원로원이 자신을 위하여 상속재산이나 유증을 기재한 자에게 불리하게 코르넬리우스법의 처벌을 정했을 때 '티티우스가 나를 자신의 유언서에 상속인으로 기재되었다고 낭독하는 그 몫 상당으로 상속인이어라'는 저 문구가 불승인되어 마치 유언에 삽입되지 않았던 것처럼 취급되는 것과 같은 방식으로 불승인했던 것으로 인정되기 때문이다.")

D.34.8.5 Paulus libro 12 quaestionum.

Quod quis sibi adscripserit, si alii restituere a testatore iussus est, cum onere fideicommissum id apud heredem remanet, quamvis pro non scripto esset. Idem est et in testamento militis.

(어떤 자가 자신을 위하여 추가 기입한 유증은 타인에게 회복시킬 것을 유언자에 의하여 명받은 경우 신탁유증으로서 상속인에게 부담으로 여전히 남는바, 비록 그 추가 기입이 기재되지 않은 것으로 취급될지라도 그러하다. 군인이 한 유언의 경우에도 또한 같다.)

이들 개소에 의하면 리보 원로원의결의 중요한 효과 중 하나는 추가 가입된 내용이 마치 기재되지 않은 것처럼 취급되어 효력이 없다는 것이고,[243] 다른 하나는 추가 기입자에 대하여 코르넬리우스법의 형벌을 규정했다는 것이다. 형벌과 관련한 주요 개소는 D.48.10.22이다.

D.48.10.22.1 - 12 Paul. l. s. ad sc Libon.[244]

1. Si ei filio, qui apud hostes est, adscripserit pater legatum, dicendum

---

243 Volterra, 252 no.75.

244 D.48.10.22.1 cit.에 대해서는 Albanese, 1421f.; D.48.10.22.9 cit.에 대해서는 Albanese, 1404f.; D.48.10.22.2-11 cit.에 대해서는 Albanese, 1446-1452; D.48.10.22.12 cit.에 대해서는 Albanese, 1434f..

est reverso eo incidere in poenam senatus consulti: quod si ibi decesserit, innocens pater existimatur.

(적에게 잡혀 있는 아들을 위하여 아버지가 [필집으로서] 유증을 추가 기입한 경우 그가 귀환하면 [아버지는] 이 원로원의결의 형벌에 해당한다고 해야만 한다. 그러나 아들이 그곳에서 사망하면 아버지는 무죄(無罪)인 것으로 평가된다.)

2. Sed et si emancipato filio adscribit, recte id faciet: item in adoptionem dato.

(그러나 부권면제(父權免除)된 아들을 위하여 추가 기입할 경우 그 기입을 유효하게 행하는 것이 될 것이다. 또 입양 보낸 아들을 위한 경우에도 같다.)

3. Item si servo, cui moram fecit in fideicommissaria libertate praestanda, adscripserit, dicendum est extra sententiam senatus consulti eum esse, quoniam placet omne, quod per huiusmodi servum adquisitum est, restitui oportere manumisso.

(또 신탁유증된 자유의 부여[245] 면에서 지체를 당한 노예를 위하여 [유증을] 추가 기입한 경우 그는 이 원로원의결의 취지 밖에 있는 것으로 말해야 한다. 왜냐하면 이러한 부류의 노예를 통하여 취득된 모든 것은 이 노예가 해방되면 이 해방노예에게 반환되어야만 한다는 것이 정설이기 때문이다.)

4. Et si ei servo, qui bona fide servit, aliquid adscribsit, quod ad cogitationem animi nocens est, quia ei adscribit, quem suum putat: sed quoniam neque legatum neque hereditas bonae fidei possessori adquiritur, dicamus eum poenae eximendum esse.

---

245 이른바 manumissio fideicommissaria(신탁유증 방식에 의한 노예해방)에서는 유언자가 상속인이나 수유자에게 그가 지정하는 노예—현재 누구 소유인가를 불문하고—를 해방시켜줄 것을 부탁하는 방식으로 해방을 하는 것인데, 요청을 받은 자는 제3자 소유의 노예라면 취득하여 해방을 시킬 의무를 부담하였으나, 그 주인이 팔기를 거절하는 때에는 노예해방의 신탁유증은 소멸하였다. 그리고 이때에는 유언에서 직접 해방한 경우와 달리 유언자가 아닌 생전 해방자가 두호인이 되었다. Gai. 2.263~266; Kunkel / Honsell, 71f.

(또 [부리는 자의] 선의로 노예 노릇하는 자를 위하여 어떤 것을 추가 기입한 경우 이것은 자신의 소유라고 생각하는 자를 위하여 추가 기입하는 것이므로 의도(意圖)로는 유죄이지만, 유증도 상속재산도 선의점유자에게 취득되지 않으므로 그는 형벌이 면제되어야만 한다고 말해야만 한다.)

5. Si dominus adscripserit servo legatum, cum liber erit, dicimus senatus consulto dominum excusatum esse, qui compendio suo nullo modo prospexerit. eadem et de filio postea emancipato dici potest.

(소유주가 노예를 위하여 자유인이 될 경우에 대하여 유증을 추가 기입한 경우 우리는 자신의 이익을 전혀 내다보지 않은 소유주는 이 원로원의결에서 면책된다고 말한다. 또한 나중에 부권면제(父權免除)된 아들에 관해서도 동일한 말을 할 수 있다.)

6. Qui codicillos ante testamentum factos, in quibus legatum ei adscriptum erat, confirmat, in senatus consultum incidit: quod et Iulianus scribit.

(유언서보다 앞서 작성되고 유증이 그를 위하여 추가 기입된 유언보충서를 [유언에서] 인준하는 자는 이 원로원의결에 해당한다. 이것은 또한 율리아누스도 적고 있다.)

7. Adimendo quoque aliquid incidere in poenam debet, quasi sibi aliquid dederit: veluti si servo legato sibi eodemque manumisso libertatem sua manu ademerit (hoc ita, si voluntate testatoris ademerit: nam si ignorante eo, libertas valet): item si, rogatus restituere legatum sibi adscriptum, fideicommissum ademerit.

(어떤 것을 박탈함으로써도 자신을 위하여 어떤 것을 부여한 것처럼 형벌에 해당해야만 한다. 가령 자신에게 유증된 노예가 [유언에 기해] 해방된 후 자신의 손으로 자유를 박탈하는 경우 (이것은 유언자의 의사에 따라서 박탈하는 경우에 그러한데, 왜냐하면 그(유언자)가 부지(不知)하면 자유가 유효하기 때문이다). 또 자신을 위하여 추가 기입된 유증을 [신탁수유자로부터] 회복시킬 것을 요구받고서 신탁유증 자체를 박탈하는 경우에도 같다.)

8. Qui ⟨sibi ins. Mommsen⟩ liberti adsignationem sua manu adscripsit, non

verbis, sed sentenia senatus consulti tenetur.

([자신을 위하여] 해방노예의 배정을 자신의 손으로 추가 기입한 자는 이 원로원의결의 문언에 따라서가 아니라 취지에 따라 책임진다.)

9. Item non continetur verbis servus, qui alieno testamento fideicommissam libertatem sibi adscripsit. sed de hoc ⟨non *ins. Mommsen*⟩ potest haesitari, quoniam, ut supra diximus, senatus ita demum ei, qui sibi libertatem fideicommissam in testamento domini adscripsit, poenam remisit, si dominus subscripsit. immo magis dicendum est hunc contra senatus consultum facere, quam eum qui legatum sibi adscribit, cum libertas omnimodo ipsi competitura sit, legatum autem domino adquiri possit.

(또 타인의 유언서에 자신을 위하여 자유를 신탁유증으로 추가 기입한 노예는 [이 원로원의결의] 문언에는 포함되지 않는다. 그리고 이에 대해서는 망설일 것이 없는데, 왜냐하면 전술했듯이 원로원은 자신을 위하여 자유를 신탁유증으로 소유주의 유언서에 추가 기입한 노예에게만 주인이 서명한 경우 형벌을 면제해주었기 때문이다. 뿐만 아니라 이 자는 자신을 위하여 유증을 추가 기입한 자보다도 더 이 원로원의결에 위반하여 행위하는 것이라고 말해야만 하는데, 왜냐하면 자유는 어떤 식이든 그 자신에게 귀속될 것이지만 유증은 주인에게 취득될 수가 있기 때문이다.)

10. Si testamentarius servo suo fideicommissam libertatem dederit, videamus, ne extra poenam sit, quoniam nullum ipsius commodum est: nisi ideo adscripserit, ut servus magno pretio redimatur ab eo et manumittatur.

(유언서 대필자(代筆者)가 자신의 노예를 위하여 자유를 신탁유증으로 부여한 경우 노예가 거금을 주고 그로부터 속량되어 해방되도록 추가 기입한 것이 아니면 그 자신에게는 아무런 이익이 없으므로 형벌의 범위 밖에 있지는 않은 것인지 살펴보자. [형벌의 범위 밖에 있다는 취지])

11. Sed et ille, qui, cum Titio fundus legaretur, adiecit sua manu condicionem pecuniae sibi dandae, in voluntatem senatus consulti incidit.

(티티우스에게 토지가 유증될 때 자신에게 금원을 공여하는 부관(附款)을

자신의 손으로 추가 기입한 자는 이 원로원의결의 원의(原意)에 해당한다.)

12. Qui autem voluntate patris se exheredat vel legatum sibi adimit, neque verbis senatus consulti neque sententia continetur.

(그러나 아버지의 의사에 따라 자신을 상속 제외하거나 유증을 자신에게서 박탈하는 자는 이 원로원의결의 문언에도 취지에도 포함되지 않는다.)

이상으로부터 리보 원로원의결은 유언서에 다른 것들은 손대지 않은 채로 일정한 내용(특히 유증)을 추가 기입·기재하는(adscribere) 경우를 다루고 있음을 알 수 있다. 기존의 코르넬리우스법이 정하는 구성요건에 해당되지 않는다고 생각된 이 행위 유형을 새롭게 규정한 것이다. 이는 다음 개소로도 확인된다.

D.48.10.10 Macer libro primo publicorum.[246]

pr. De eo, qui ei in cuius potestate est eique qui in eadem potestate est adscripserit, nihil senatus consultis cavetur: sed hoc quoque casu committitur in legem, quia huius rei emolumentum ad patrem dominumve pertinet, ad quem pertineret, si filius servusve sibi adscripsissent.

(그가 복속하고 있는 가부장권자(家父長權者)를 위하여, 또는 동일한 가부장권(家父長權)에 복속하고 있는 다른 자를 위하여 추가 기입한 사위(詐僞) 행위자에 관해서는 원로원의결들에는 규정된 바가 없다. 그러나 이 경우도 (코르넬리우스)법 위반인데, 왜냐하면 이러한 일의 이익은 자(子)나 노예가 자신을 위하여 추가 기입했더라면 귀속했을 부(父)나 소유주에게 귀속하기 때문이다.)

1. Illud constat, si extraneo quis adscripserit legatum, licet postea vivo testatore in potestate eum habere coeperit, senatus consultis locum non esse.

(가외인(家外人)을 위하여 어떤 자가 유증을 추가 기입한 경우 비록 나중에

---

246 Albanese, 1443ff.

유언자 생전에 그를 자기의 가부장권(家父長權)하에 거느리게 되더라도 원로원의결들이 적용되지 않는다는 것이 정설이다.)

결국 리보 원로원의결은 유언서에 "자신을 위하여"(sibi) 유증을 추가 기입한 자만 명시한 것임을 알 수 있다.

iii) 클라우디우스의 고시(告示)
다음으로 클라우디우스의 고시를 살펴본다.[247]

D.48.10.15.pr. Callistratus libro primo quaestionum.[248]

Divus Claudius edicto praecepit adiciendum legi Corneliae, ut, si quis, cum alterius testamentum vel codicillos scriberet, legatum sibi sua manu scripserit, proinde teneatur ac si commisisset in legem Corneliam, et ne vel is venia detur, qui se ignorasse edicti severitatem praetendant. Scribere autem sibi legatum videri non solum eum qui manu sua id facit, sed etiam qui per servum suum vel filium, quem in potestatem habet, dictante testatore legato honoratur.

(신황(神皇) 클라우디우스(41~54)가 고시(告示)로써 코르넬리우스법에 다

---

247 Kocher, 120ff.; Mariano, 510f. 이를 네로(54~68) 시절로 보는 수에토니우스의 보고는 부정확한 것으로 판단된다.
Suetonius, *De vita Caesarum*, Nero 17: Adversus falsarios tunc primum ... cautum ... ac ne qui alieni testamenti scriptor legatum sibi ascriberet.
Bauman, 100 n.4 (p.189)는 수에토니우스의 기술(記述)에 동조하며(또한 *ibid.*, pp.113f.) 그것이 PS.5.25.6 cit.에 의해 간접적으로 지원된다고 보면서, 그러나 네로의 조치가 클라우디우스의 고시 및 리보 원로원의결과 얽힌 것을 푸는 (disentangling) 문제는 남아 있다고 한다. 이 견해에서 앞부분은 틀린 것인데, PS.5.25.6은 유증을 자신을 위하여 추가 기입하는 문제와는 아무런 상관이 없기 때문이다. 그리고 뒷부분도 문제가 있는 것이 얽힌 것이 아니라 상호 모순적인 내용을 전하는 두 부류의 사료가 있는 것일 뿐이므로 사료들의 전승 상황(분량, 논리적 일관성, 기자(記者)의 전문성 등)을 합리적으로 판단하여 결정할 일이기 때문이다.
248 Albanese, 1406f.

음을 추가할 것을 명하였다. 즉 "어떤 자가 타인의 유언서나 유언보충서를 대필(代筆)할 때 유증을 자신을 위하여 자기 손으로 기입(記入)한 경우[249] 그는 코르넬리우스법을 위반한 것으로 책임지며, 특히 고시(告示)의 엄혹함을 몰랐다고 핑계를 대는 자들에게는 용서가 베풀어지지 않는다. 그런데 자신을 위하여 유증을 기입하는 것으로 인정되는 자란 유언자가 구수(口授)하는 가운데 자기 손으로 그렇게 하는 자뿐만 아니라 자기 노예나 가부장권(家父長權)하에 거느리는 아들을 시켜서 유증을 사급(賜給)받는 자도 포함한다.")

D.48.10.22.pr. Paul. l. s. ad sc Libon.

Impuberem in hoc edictum[250] incidere dicendum non est, quoniam falsi crimine vix possit teneri, cum dolus malus in eam aetatem non cadit.

(미성숙자는 이 고시의 처벌대상이라고 해서는 안 되는데, 왜냐하면 악의는 그 나이에는 해당이 없기에 그는 사위(詐僞)의 범행으로써 거의 책임질 수 없기 때문이다.)

이 고시는 타인의 유언서나 유언보충서 작성에 필집(筆執)으로서 참여한 자가 그것을 기화로 자신을 수유자(受遺者)로 지정하는 내용을 임의로 기재한 경우 자신이 스스로 하였든(sua manu) 자기의 가부장권(家父長權)에 복속된 자들을 시켜서 하였든, 특히 동 고시(告示)에 대한 부지(不知)의 항변에도 불구하고, 코르넬리우스법에 의한 처벌을 정한 것이다.[251] 무엇보다도 클라우디우스 고시는 종래 리보 원로원의결이 적용되

---

249 C.9.23R. De his qui sibi adscribunt in testamento; D.34.8.1 (Iul. 78 dig.) cit.; D.34.8.5 (Paul. 12 quaest.) cit. Albanese, 1429f.

250 반면에 『바실리카 법전』은 '고시' 대신 '리보 원로원의결'로 옮겼다. 양자가 혼효된 고전시기 이후의 상태가 비잔틴법에서도 여전했음을 보여주는 것이다.
   Bas.60.41.22.pr. (Heimbach V, p.786);
   Neque in senatus consultum Libonianum, neque in crimen falsi impubes incidit.

251 구체적인 예: D.48.10.14.2 Paulus libro 22 quaestionum.

었던 행위 유형에 대하여 특별히 거느리는 자들을 동원한 경우까지 명문으로 규정한 것이다. "자신의 손으로"(sua manu) 유증을 추가한 경우를 규제하는 것만으로는 부족하다고 보았기 때문일 것이다. 결과적으로 필집(筆執)의 경우 확고부동하게 코르넬리우스법으로 처벌하기로 작정한 셈이다.[252] 이 고시로써 향후 황제의 개입이 열리는 계기가 마련되었

Maritus servum dotalem manumisit et in testamento eius legatum sibi adscripsit. Quaesitum est, quid mulier ex lege Iulia consequi possit. Respondi: et patronum incidere in poenam edicti divi Claudii dicendum est et filium emancipatum, licet praeteriti possint petere possessionem bonorum. Ergo si nihil habet patronus ex bonis liberti, non tenebitur mulieri. An ideo teneri potest, quod adiectum est in lege "Aut dolo fecit, quo minus ad eum perveniat?" Sed nihil fecit in fraudem mulieris: non enim adversus illam hoc excogitavit. An ideo non denegamus huic actiones, quoniam alii restituturus est? Adquin cum is, qui sibi iussu testatoris legatum adscripsit, etiam si fidei suae, similiter iubente testatore, commisisset, ut id alii restitueret, senatus iussit eum nihilo minus legato abstinere idque apud heredem remanere cum onere fideicommissi.

(부(夫)가 혼인지참재산인 노예를 해방하고 그(해방노예)의 유언에 자신을 위하여 유증을 추가 기입하였다. 부인이 율리우스법에 의하여 무엇을 취득할 수 있는지가 문제되었다. 나의 해답: "두호인(斗護人)도 또 부권면제(父權免除)된 자(子)도, 비록 간과되면 유산점유를 청구할 수 있을지라도 신황(神皇) 클라우디우스 고시(告示)의 형벌에 해당한다고 말해야만 한다. 그런고로 두호인이 해방노예의 재산으로부터 아무것도 가지지 않으면 그는 부인에게 책임지지 않을 것이다. [그러나] 법률에 '또는 그가 자기에게 [아무런 재산도] 귀속하지 않도록 악의적으로 행위한 경우'라고 추가 규정되어 있으니 그는 책임질 수 있는가, 아니면 질 수 없는가? 그런데 그는 부인을 사해(詐害)하기 위한 아무런 행위도 하지 않았다. 왜냐하면 그는 그녀에게 불이익하게 이런 것을 생각해 낸 것이 아니기 때문이다. [그렇다면] 우리는 이 자에게 그가 [받은 유증을] 타인에게 회복시킬 것이므로 [유증청구] 소권들을 부인하지 말아야 하는가, 아니면 부인해야 하는가? 그러나 자신을 위하여 유증을 추가 기입한 것이 유언자의 지시에 의했던 자가 그것을 타인에게 회복시킬 것을—마찬가지로 유언자가 지시한—신탁유증으로 수탁했던 경우에도 원로원은 그가 여전히 유증을 포기할 것과 그것이 신탁유증의 부담과 함께 상속인에게 남을 것을 명하였다.")
Albanese, 1435ff.

252 Bauman, 73f.: "Claudius abandoned Augustan leniency in a decree on testamentary forgery." Bauman이 말하는 아우구스투스의 흠휼(欽恤)조치란 Suetonius, *De vita*

다.[253] 동시에 구체적 타당성을 도모하기 위한 노력의 일환으로 법학자들의 해석에 의한 법운용의 비중이 커지게 되었다.

나. 행위 객체

보호대상이 되는 유언서는 형식요건 위반으로 무효가 아닌 한,[254] 처음부터 적법하지 않은 유언까지 포함하여 어떤 유언이든 무방하였다.[255] 군진유언(軍陣遺言)의 경우는 물론,[256] 유언보충서(codicilli)[257]도 보호되었다.

다. 행위자

- 행위자는 기본적으로 필집(筆執)이다.

그러나 사료상 나타난 구체적인 사례들을 보면 다양한 사실관계에서

Caesarum, Divus Augustus 33.2에서 언급된 선의자들에 대한 무죄 판정을 제3의 대안으로 가능하게 하기 위한 평결패(評決牌)의 도입(후술)을 가리키는 것이다.

253 Mariano, 511.

254 D.48.10.6.pr. (Afr. 3 quaest) cit.;

D.50.16.221 Paul. 10 resp.

Paulus respondit falsum tutorem eum vere dici, qui tutor non est, sive habenti tutor datus est sive non: sicut falsum testamentum, quod testamentum non est, et modius iniquus, qui modius non est.

255 Kocher, 35. 어떤 법률용어든 엄밀한 규범적 의미에서는 유효한 경우에만 사용가능한 그 법률용어를 그 효력과는 무관하게 외형을 좇아서 사용하는 것이 일상적인 현상임은 물론이다. 예컨대 유효해야만 엄밀한 규범적 의미에서는 유언이지만, 무효이더라도 일상적으로는 '유언'이라고 부르고, 그래서 '무효인 유언'이라는 어법이 성립하는 것이다. 로마인들도 예외는 아니었다.

D.29.3.2.1 Ulp. 50 ad ed.

Testamentum autem proprie illud dicitur, quod iure perfectum est: sed abusive testamenta ea quoque appellamus, quae falsa sunt vel iniusta vel irrita vel rupta: itemque inperfecta solemus testamenta dicere.

256 D.48.10.1.7 (Marcian. 14 inst.); C.9.23.5 Alex. (a.225).

257 D.48.10.5 (Iul. 86 dig.); D.48.10.15.pr./2 (Call. 1 quaest.); D.48.10.22.6 (Paul. l. s. ad sc Libon.) cit.

문제가 발생했음을 알 수가 있다.[258] 크게 보면 ① 그냥 필집만이 문제된 경우, ② 필집인 노예나 가자(家子)를 가부장권자가 시켜서 하는 경우, ③ 유언에서 간과되었을 시 상속법상 일정한 보호(가령 유산점유)를 받는 자들이 필집이어서 굳이 추가 기재가 없어도 어차피 보호를 받게 되는 특수한 경우 등으로 나누어볼 수가 있다. 사료상 행위자로 등장한 구체적 사례들을 보면,

- 필집(筆執)의 가부장권자인 노주(奴主) 또는 가부(家父)[259]
- 유언에서 간과되었을 시 상속법상의 일정한 보호가 따르는 자들:
  가령
  · 유언자의 두호인(斗護人)[260]
  · 성년인 부권면제된 아들[261]
  · 유언자의 부(夫)[262]
- 노예[263]

---

258 Kocher, 35.

259 D.48.10.15.pr. (Call. 1 quaest.).

260 D.48.10.6.3 (Afr. 3 quaest); D.48.10.14.2 (Paul. 22 quaest.) cit.

261 D.48.10.14.pr./2 (Paul. 22 quaest.). 그러나 친부(親父)가 구수(口授)한 경우 필집(筆執)이었던 부권면제자는 유언이 없다면 법정상속을 할 지위이고 유언이 있어도 유산점유가 인정된다는 실질을 고려하여 마치 유언자가 자필로 기재한 것처럼 유효하게 취급하였다.

C.9.23.1 Ant. (a.212).

Quamquam ita interpretentur iuris periti, ut contra legem Corneliam videatur se scribere heredem filius emancipatus patre dictante, tamen cum et, si testamentum non esset scriptum, iustus successor futurus esset accepta bonorum possessione filius patri, perinde habebitur, atque si sua manu pater tuus te heredem scripsisset functus dulci officio.

262 C.9.23.4 Alex. (a.225).

263 D.48.10.15.2 Call. 1 quaest.

Item senatus censuit, ut, si servus domini sui iussu testamento codicillisve libertatem sibi adscripserit, ob eam rem, quod ipsius manu adscriptum est, minus liber sit: sed libertas ei ex fideicommissi causa praestatur: si modo post eam scripturam manu sua testator testamento codicillisve subscripserit.

라. 수익자

- 필집(筆執) 자신[264]

그 외에 추가 기입으로 필집 자신이 유리한 지위에 놓일 수 있는 자들로는 다음 사례들이 전해진다.[265]

- 필집의 노예[266]

- 필집의 가부장권자 또는 동일한 가부장권 복속자[267]

반면에 다음의 자들은 필집의 이해관계가 연결되는 자로 보지 않았다 (불처벌 사례).

- 가외인(家外人)[268]

- 군인인 아들.[269] 단 그가 미성년으로 제대하여 귀가하면 해당되었다.[270]

- 필집의 모(母)[271]

- 필집의 처(妻)[272]

Albanese, 1398ff.

264 D.48.10.15.2 (Call. 1 quaest.).

265 Kocher, 36.

266 D.48.10.14.pr. (Paul. 22 quaest.); C.9.23.6 Diocl./Maxim. (a.290). 예외: D.48.10.22.3 (Paul. l. s. ad sc Libon.) cit. (노예해방의 지체 시).

267 D.48.10.10.pr. (Macer 1 publ.).

268 D.48.10.10.1 (Macer 1 publ.).

269 D.48.10.11 Marcian. 1 de iudic. publ.

Si pater filio suo militi, quem habet in potestate, testamento commilitonis filii aliquid adscripserit, quem conmilitonem in militia novit: quia patri non adquiritur, extra poenam est. ...

(부(父)가 가부장권하에 거느리고 있는 자신의 가자(家子)인 군인을 위하여 가자(家子)가 군대에서 알게 된 전우의 유언에 어떤 것을 추가 기입한 경우 그 부(父)에게 취득되지 않으므로 처벌받지 않는다.)

군인으로서 군 복무중 취득하는 재산은 가자(家子)의 고유재산이기 때문이다.

Albanese, 1438f.

270 D.48.10.22.1 (Paul. l. s. ad sc Libon) cit.

271 D.48.10.11 (Marcian. 1 de iudic. publ.).

272 D.48.10.18.pr. (Paul. 3 sent.); Albanese, 1446.

- 필집의 의사(擬似)노예[273]
- 부권면제된 아들 또는 입양 보낸 아들[274]

마. 수익

수익자가 수익(emolumentum)을 하게 되는 유리한 처분의 기재 예로는 다음 사례들이 전해진다.[275] 먼저 적극적인 처분으로:

- 상속인 지정[276]
- 신탁유증 및 유증[277]
- 유언서보다 먼저 작성된 유언보충서의 인준[278]
- 해방노예의 배정(adsignatio liberti)[279]
- 필집 자신[280] 또는 그의 노예를 위한 단순 해방[281] 또는 해방신탁유증[282]
- 수유자에게 필집 자신을 위한 부관을 지우는 것[283]

다음으로 수익자가 간접적으로 수익을 얻게 되는 소극적인 처분으로:

- 필집이 임의상속인인 경우 법정상속인의 상속 제외[284]
- 해방 신탁유증을 받은 노예에 불리하게 이를 박탈하는 것[285]

---

273 D.48.10.22.4-5 (Paul. l. s. ad sc Libon) cit.
274 D.48.10.22.2 (Paul. l. s. ad sc Libon) cit.
275 Kocher, 36f.
276 D.34.8.1 (Iul. 78 dig.) cit.; Albanese, 1427ff.
277 D.48.10.1.7 (Marcian. 14 inst.). 유증은 무효인 경우에도 해당되었다.
     D.48.10.6.pr. (Afr. 3 quaest.).
278 D.48.10.22.6 (Paul. l. s. ad sc Libon.) cit.
279 D.48.10.22.8 (Paul. l. s. ad sc Libon.) cit.
280 D.48.10.22.9 (Paul. l. s. ad sc Libon.) cit.
281 D.48.10.15.2-3 (Call. 1 quaest.).
282 D.48.10.22.10 (Paul. l. s. ad sc Libon.) cit.
283 D.48.10.22.11 (Paul. l. s. ad sc Libon.) cit.
284 D.48.10.6.1 (Afr. 3 quaes) cit.; Albanese, 1442f.
285 D.48.10.6.2 (Afr. 3 quaes); D.48.10.22.7 (Paul. l. s. ad sc Libon.) cit.; Albanese, 1443.

- 필집에게 유증된 물건에 대한 반환 신탁유증을 무력화시키는 것[286]

반면에 다음 조치는 수익 행위로 평가되지 않았다.[287]

- 스스로를 후견인으로 지정하는 행위[288]

- 스스로에 대한 상속 제외 또는 유증 박탈[289]

바. 처벌 면제

일정한 경우에는 필집에게 처벌이 면제될 수 있었다.[290] 그 사유는 ①
고의가 없는 경우, ② 수익이 없는 경우, ③ 유언자의 지시로 한 경우 및
유언자의 서명이나 추인이 있는 경우, ④ 기타 흠휼조치(이때에는 수익의
포기가 요구되었음) 등이 주된 것이었다. 이러한 처벌 면제 조치는 어디까
지나 형사법적인 효과에 그치는 것이었고, 민사법적인 무효를 치유하는
것은 아니었다.[291] 필집(筆執)이 상속인과 어떤 관계인가에 따라서 책임

---

286 D.48.10.22.7 (Paul. l. s. ad sc Libon.) cit. Cf. D.48.10.14.2 (Paul. 22 quaest.) cit.

287 지정된 공동상속인들이 모두 자식 없이 사망하는 경우에 대비한 후속조치들을 다
른 사람의 손으로 추가 기입한 특별한 사안으로
D.48.10.15.6 Call. 1 quaest.
Si quis duobus heredibus institutis adiecerit, ut, si alteruter heres sine liberis
decessisset, ei qui superesset et liberos haberet hereditas redderetur vel, si
uterque sine liberis decessisset, hereditas (deinde alia manu) scriptori testamenti
restitueretur: placet testamentario poenam legis Corneliae remitti. sed benignius
est, ut etiam ea, quae supra scripta sunt, simili modo consequatur.
Albanese, 1424ff.

288 D.48.10.18.1 (Paul. 3 sent); PS.3.6.15 cit. 이때에는 기본적으로 적격 여부를 따져
서 가부를 결정하였으나 유언자가 지정한 것이 아니라 법정관이 선임하는 것으로
보았다. Albanese, 1389ff.

289 D.48.10.22.12 (Paul. l. s. ad sc Libon.) cit.

290 Kocher, 37ff.; Robinson I, 32f.

291 C.9.23.4 Alex. (a.225).
Quae in testamento uxoris maritus sua manu legata sibi adscripserit, pro non
scripta habentur, et legis Corneliae poena, si venia impetrata non est, locum habet.
(처(妻)의 유언에 부(夫)가 자필로 자신을 위하여 추가 기재한 유증들은 기재되
지 않은 것으로 취급된다. 그리고 코르넬리우스법의 처벌이 용서가 청허되지 않

을 면하기 위한 요건이 달랐다.[292]

D.48.10.15.1 Call. 1 quaest.[293]

Plane constitutionibus principalibus cavetur, ut, si testator specialiter subscriptione sua declaraverit dictasse servo alicuius, ut domino eius legatum ab heredibus suis daretur, id valere, nec generalem subscriptionem testatoris valere adversus senatus consulti auctoritatem et ideo legatum pro non scripto habendum et servo, qui etiam sibi legatum adscripsit, veniam dari. ego tutius esse puto veniam petendam ab imperatore, scilicet eo quod relictum est abstinentibus.

(실로 황제들의 칙법에 의하여 다음과 같이 규정되었다. 즉 유언자가 자신의 특별한 방식의 서명으로써 타인의 노예에게 그의 주인에게 자신의 상속인들에 의하여 유증이 공여될 것을 구수(口授)하였음을 선언한 경우 그것은 유효하다. 또 유언자의 일반적 방식의 서명이 원로원의 결정에 반하여 유효

은 경우에는 적용된다.)

C.9.23.5 Alex. (a.225).

Quod adhibitus ad testamentum commilitonis scribendum iussu eius servum tibi adscripsisti, pro non scripto habetur et ideo id legatum petere non potes. sed secutus tenorem indulgentiae meae poenam legis Corneliae tibi remitto, in quam credo te magis errore quam malitia incidisse.

이 사안은 군인 유언자의 지시에 따라 자신에게 노예 1인을 유증하는 것으로 추가 기재한 자에 대한 것으로 군인 유언이라는 점과 유언자의 지시가 있었다는 점을 고려하여 형사처벌을 면해준 것인데, 내세운 논리는 '착오'라는 것이다. 그러나 이러한 '착오'가 아닌 법률의 부지(不知)의 경우 처벌의 면제는 없었다. D.48.10.15.pr. (Call. 1 quaest.) cit.

292 군인 유언(D.29.1R De testamento militis)에 자신을 상속인으로 기재한 자는 면제가 허용되지 않았다.

D.29.1.15.3 Ulp. 45 ad ed.

Si quis se scribat heredem in testamento militis, non remittitur ei senatus consulti poena.

Albanese, 1420f.

293 Albanese, 1397f., 1414f.

하지 않고, 그래서 그 유증은 기재되지 않은 것으로 취급할 것이고, 또한 자신을 위하여 유증을 추가 기재한 노예는 용서한다고 규정되었다. 사견으로는 황제에게서 용서를 받아내는 것이 더 안전하다고 생각하는데, 물론 남겨진 유증을 포기하는 연후에 말이다.)

D.48.10.1.8 Marcian. 14 inst.[294]

Inter filium et servum et extraneum testamentum scribentes hoc interest, quod in extraneo, si specialiter subscriptio facta est "quod illi dictavi et recognovi", poena cessat et capi potest, in filio vel servo vel generalis subscriptio sufficit et ad poenam evitandam et ad capiendum.

(유언서 필집(筆執)은 가자(家子)와 노예와 가외인(家外人) 사이에 이런 차이가 있었다. 가외인의 경우에는 "모모(某某)에게 구수(口授)하고 확인하였다"라는 [유언자의] 특별한 방식의 서명이 이루어져야 처벌이 그치고 남겨진 유증을 받을 수 있고, 가자(家子)나 노예의 경우에는 [유언자의] 일반적 방식의 서명으로도 처벌을 면하고 남겨진 유증을 취득하는 데 충분하다.)

유언서에 대한 관심만큼이나 다양한 면제 사안들에 대한 사료로는 다음과 같은 것들이 전해진다.
- 유언자의 어머니가 수익자인 경우 어머니[295]
- 어머니의 유언을 기재한 딸이 법률 부지(不知)인 경우[296]

---

294 Albanese, 1392f.

295 D.48.10.15.4 Call. 1 quaest.
Matri quoque, cui per servum suum dictante filio legatum scriptum esset, veniam tribuendam legis Corneliae placuit.
(아들이 구수(口授)하여 그녀 자신의 노예를 통하여 유증이 기재된 어머니도 코르넬리우스법의 용서가 부여되어야만 한다는 것이 정설이다.)
Albanese, 1410f. (그러나『학설휘찬』편찬자들에 의한 수정, 용서가 법의 부지(不知)에 기인한다는 설명 등 설득력이 없다).

296 D.48.10.15.5 (Call. 1 quaest.). 법률 부지(不知)를 사유로 든 여자에 대한 특례의

768

- 두호인이 해방노예의 유언에 자신을 위한 기재를 하였으나 용서를 얻어내 그 유증 포기를 명받은 경우[297]
- 유언서에 기재한 유증을 자필 유언보충서에서 포기한 경우(아버지의 명으로 하였고 미성년자였음)[298]
- 공동상속인 중 1인이 유언에 자기를 위하여 노예 유증을 기재하였으나 유언에서 그 노예의 해방을 요구받은 경우[299]
- 수익자가 유언서에 추가 기재한 것을 유언자가 추인한 경우, 가령 유언자가 수익자가 작성한 유언보충서에 자신이 수익자에게 유증을 했다고 기재한 경우 그 유증은 유효이고, 수익자는 형사적으로도 무죄였다.[300] 그러나 유언자가 이 유언보충서에 단지 유언을 구수(口授)했다고만 기재한 경우 유언자의 구체적인 추인의 의사가 드러난 것이 아니므로 수익자는 유언을 포기해야만 했다. 그 대신 구수(口授) 내용을 그대로 기재한 것으로 인정받아서 황제의 흠휼(欽恤)조치에 의해(principali beneficio) 형사처벌은 면하였다.[301] 이 사안은 다

일환이다. Falchi, 175; Albanese, 1408f.; Guarino, 287ff.

297 D.48.10.6.3 (Afr. 3 quaest.); Albanese, 1417ff.

298 D.48.10.5 (Iul. 86 dig.); Albanese, 1412f.

299 D.48.10.17 Paul. 3 fideicomm.

Cum quidam sua manu servum sibi legatum scripsisset et eum manumittere rogatus esset, senatus censuit ab omnibus heredibus eum manumittendum.

(어떤 자가 자기 손으로 노예를 자기를 위하여 유증받은 것으로 추가 기입하였고 그를 해방하도록 [유언에 의하여] 요청받은 경우 원로원은 모든 공동상속인들에 의하여 그가 해방되어야만 한다고 결정하였다.)

명시적으로 처벌 면제를 논하고 있지는 않지만, 유증을 추가 기입한 자가 노예 해방을 명받은 공동상속인 중 한 명이고, 따라서 그가 이 해방의무를 이행하는 한, 아무런 수익도 없으므로 형사처벌에서 면제되는 사안이다. Albanese, 1440.

300 C.9.23.2.pr. Ant. (a.213).

Si testator codicillis quos scripsisti legatum quoque seu fideicommissum reliquisse tibi sua manu adscripsit, non videris in poenam senatus consulti incidisse.

(유언자가 [유언서에 추가 기입한 필집(筆執)인] 그대가 작성한 유언보충서에 그대에게 유증 또는 신탁유증 또한 남겼다고 자필로 추가 기재한 경우에는 그대는 원로원의결의 형사처벌에 해당되었다고 인정되지 않는다.)

음의 사안들과 궤를 같이한다.

- 유언자의 지시로 모(母)를 위하여 추가 기입한 자. 이 경우에는 그 내용대로 유효하였다.[302]
- 유언자의 지시로 신탁유증을 기재한 상속인. 이 경우에도 그 포기를 명받았다.[303]
- 유언자의 지시로 자유를 자신에게 유증된 것으로 자필 기재한 노예[304]
- 기타 특수한 사실관계가 있는 경우[305]

한편 이상 살펴본 리보 원로원의결의 적용과 관련하여 Robinson은 다음과 같은 견해이다.[306]

On grounds of policy, for the protection of the elderly, the confused, and the ignorant, it may have seemed better to widen the offence, to grant pardon quite readily to the innocent but to catch the criminal automatically. What conclusions can we draw? That the Romans preferred to catch the innocent rather than let the guilty go free?[77] That the discretion of the judge *extra ordinem* was such that offences theoretically carrying capital penalties were

---

301 C.9.23.2.1 Ant. (a.213).

302 D.48.10.11 Marcian. 1 de iudic. publ.
... et cum matri filius adscripserat, divi fratres rescripserunt, cum iussu testatoris hoc scripsit, impunitum eum esse matremque capere posse.
Albanese, 1438f.

303 D.48.10.14.2 후단 (Paul. 22 quaest.) cit. (앞의 주 251).

304 C.9.23.6 Diocl./Maxim. (a.290).
Si libertatem tibi manu tua imperante domino adscripsisti, cum proponas dominium non subscripsisse et suis litteris tuam libertatem expressim agnovisse, ad impetrandam libertatem senatus consulti auctoritas tibi obest. poena tamen falsi tibi remittitur, quoniam non potueras contra domini voluntatem venire.

305 예컨대 D.48.10.14.2 전단 (Paul. 22 quaest.) cit. (앞의 주 251).
또는 의사(擬似)노예의 경우: D.48.10.22.4 (Paul. l. s. ad sc Libon.) cit.

306 Robinson I, 38.

not necessarily treated with any severity? That the way the imperial power was exercised made natural the ideal of seeking – potential – pardon for an uncommitted (or at least inadvertent) offence? How different, how very different, from the idealised legalism implied by *nullum crimen sine lege*.

그리고 그는 주 77에서 일방 "Iudex damnatur ubi nocens absolvitur" (유죄자〔有罪者〕가 무죄판결이 나면 재판관은 단죄된다: Publilius Syrus, Sententiae 247)는 속언(俗諺)과 타방 "무고자(無辜者)가 유죄판결 받느니 유죄자가 처벌받지 않는 것이 더 낫다"는 트라야누스 황제의 주목할 만한 신념에 따른 결정[307]을 대치시킴으로써 문제의식을 고취한다. 그러나 관련 사안들을 살펴보면 리보 원로원의결의 엄격한 적용을 전제하더라도 나름으로 그 적용을 벗어나야 할 타당한 이유가 있는 사례들임이 분명하다. 굳이 policy의 차원을 이야기한다면 이러한 면제 자체가 그에 해당할 것이고, 법률가들의 해석활동을 통하여 정착된 그러한 법상태를 전제할 때, 하필이면 Robinson과 같이 황제의 용서를 구사하기 위하여 리보 원로원의결의 적용범위를 넓힌다는 식의 policy는 오히려 선행을 위해서 덫을 놓는 놀부식 법운용이 될 터인데, 어디에서도 그러한 조짐을 간취할 수가 없다. 리보 원로원의결과 관련하여 현행법에 따라 법을 운용하는 것을 오늘날 우리가 이해하는 죄형법정주의와 판이하게 다른 무엇인 것처럼 논하는 것은 이해할 수 없는 해석론이다. 오히려 죄형법정주의를 논하자면 더이상 법치주의적으로 제약받지 않게 된 황제의 형사처벌권 ── 재량 형벌, 새로운 범죄 구성요건의 도입, 노예 아닌 시민에까지 확대된 고문 등 ── 의 문제점을 지적해야만 할 것이다. 그와 동시에

---

307 D.48.19.5.pr. Ulp. 7 de off. procons.
   Absentem in criminibus damnari non debere divus Traianus Iulio Frontoni rescripsit. sed nec de suspicionibus debere aliquem damnari divus Traianus Adsidio Severo rescripsit: satius enim esse inpunitum relinqui facinus nocentis quam innocentem damnari. ...

그럼에도 불구하고 황제들이 자신들이 위임한 사법관(司法官)들의 정확한 권한획정과 용의주도한 절차규정들을 통하여 상실된 법치의 실질을 회복하고자 애썼다는 사실도 평가되어야 할 것이다.[308]

사. 민사법적인 효과만 언급한 개소들

전해지는 사료들 중에는 형사법적인 효과에 대해서는 언급이 없이 민사법적인 효과[309]만을 서술하거나,[310] 아니면 이미 살펴보았듯이 용서를 받아내서 형사처벌이 면제된 후의 민사법적인 문제들만 다룬 것들,[311] 또는 행위자의 사망으로 상속인에 대한 법적 효과가 문제되고 있는 개소들이 있다.[312] 오늘날의 관점에서 보면 특히 사안의 사실관계가 유증을 추가 기입했음에도 불구하고 법률가들의 해석에 의할 때 유언서 위조의 구성요건에 해당하지 않는 것으로 판정된 사례들이 주목된다.

b) 공문서

가. 일반 공문서

공문서의 위조에 속하는 사례들[313]은 공화정기에는 주로 속주와 지방

---

308 최병조 III, 특히 151ff., 201ff.
309 Kocher, 39; Mariano, 521.
310 D.48.10.14.1 Paul. 22 quaest.
   D.37.4.8.6 Ulp. 40 ad ed.
   Si quis sua manu se exheredem scripsit, an contra tabulas bonorum possessionem possit accipere, videamus. et Marcellus libro nono digestorum nocere ei hanc exheredationem ait, quia senatus hoc pro non scripto non facit, quod contra eum est.
   PS.3.6.15.
   Qui se filio testatoris impuberi tutorem adscripserit, ut suspectus a tutela removendus est, ad quam ultro videtur adfectasse.
   Albanese, 1430ff., 1434, 1390ff.
311 D.48.10.6.3 (Afr. 3 quaest.); D.48.10.14.2 (Paul. 22 quaest.); D.48.10.17 (Paul. 3 fideicomm.).
312 D.48.10.4 (Ulp. 8 disp.).

시의 공문서와 관련된 것들이다.[314] 중앙 로마에 비하여 취약했던 현실을 반영하는 현상이었다. 이들 지방의 문서가 로마의 법정에 현출될 때 차사(差使)의 로마 도착 후 3일 내에 담당 법정관에게 제출하여 기탁하고 재판인들의 인장으로 인봉(印封)되도록 한 조치 등도 모두 이러한 현상을 염두에 둔 것이었다.[315]

공문서가 제고된 증거가치를 인정받은 것은 특히 고전시기 후의 일인데, 관청과 법원의 관원에 의한 또는 그 면전에서 작성됨으로써 공증된 공문서(instrumenta publica, συμβόλαια δημόσια)는 법원의 진정성 확인(impositio fidei) 없이도 공신력(publica fides)을 인정받았다.[316] 로마의 경

---

313 위조가 아닌 형태의 범죄도 당연히 저질러졌다. 가령 문서를 없애려는 방화:
 Cicero, *Pro Milone* 73:
 eum (sc. Clodium) qui aedem Nympharum incendit ut memoriam publicam recensionis tabulis publicis impressam exstingueret.
 (공문서인 선거인 등록명부의 공적 기록을 없애기 위해 뉨파 여신들의 신전에 방화했던 자.)
 참고로 키케로 II, 298 김남우의 번역은 이와 같다. "공적 문서에 기록된 선거인 명부를 없애기 위해 뉨파 여신들의 신전을 방화했던 사람."
 Cicero, *De natura deorum* 3.30.74:
 sessum it praetor. quid ut iudicetur? qui tabularium incenderit. quod facinus occultius: at se Q. Sosius splendidus eques Romanus ex agro Piceno fecisse confessus est.
 (법정관(法政官)이 좌정합니다. 어떤 일을 판정하기 위해서입니까? 누가 문서보관소에 불을 질렀는지입니다. 어떤 범죄가 이보다 더 은밀하겠습니까? 하지만 뛰어난 로마의 기사이자 피케누스 향촌 출신의 퀸투스 소시우스가 자신이 그랬다고 자백했습니다.)(키케로 I, 248 강대진의 번역문 일부를 필자가 고침).

314 Rein, 779 n.**); Weiss, 93f.; Cicero, *Pro Cluentio* 41, 125 cit. 제정기에도 물론 지방의 공문서 위조가 저질러졌다. D.48.10.1.4 (Marcian. 14 inst.) cit. 공화정 만기(晚期)를 대상으로 한 L. Fezzi, *Falsificazione di documenti pubblici nella Roma tardorepubblicana (133-31 a.C.)* (Firenze: Le Monnier, 2003)는 입수하지 못하였다.

315 Zumpt, 310 (인용된 사료는 Cicero, *Pro Flacco* 21: Triduo lex [sc. litteras] ad praetorem deferri, iudicum signis obsignari iubet.); cf. Lintott, 313.

316 Simon, 298 +nn.120-122; Kaser II, 81f. +nn.75-79.

우 공(公)영역의 문서작성은 지중해 유역의 다른 문명국들에 비하여 늦게 자리 잡았다.[317] 행정관청의 행정행위나 결정도 공고(게시)되기만 하고, 필요한 자가 사(私)문서(가령 제대증[除隊證])로 그 내용을 조달하였던 것이다. 3세기 초 비로소 사법적(私法的) 법률행위에 대한 공문서 작성이 보인다. 제정(帝政) 후기에는 사법(私法)행위에 대한 공문서 작성이 담당관청에 위임되고,[318] 이러한 형식의 준수가 일정한 경우 유효요건화하였다(대표적인 예: 증여[319]). 그러나 제정기 사법적(私法的) 법률행위를 기록한 문서의 통상적 모습은 사문서(私文書)로서, 영업적 문서작성자[代書士, tabellio][320]가 보통 (대개 증인 입회하에) 작성하였다.[321]

---

317 Wenger, 147f.

318 CTh.2.4.2. Const. (a.319).

Denuntiari vel apud provinciarum rectores vel apud eos, quibus actorum conficiendorum ius est, decernimus, ne privata testatio, mortuorum aut in diversis terris absentium aut eorum, qui nusquam gentium sint, scripta nominibus, falsam fidem rebus non gestis affingat.

319 Inat.2.7.2; C.7.37.3.4 Iust. (a.531); C.8.53.32 Anastas. (a.496); C.8.53.36.pr./3 Iust. (a.531).

320 Kaser I, 234 + nn.37-38.

321 Dirksen, s.h.v. "Exceptor instrumentorum, (publicorum privatarumve)". 전형적인 예로 다음 개소 참조.

C.4.21.17.pr. Iust. (a.528).

Contractus venditionum vel permutationum vel donationum, quas intimari non est necessarium, dationis etiam arrarum vel alterius cuiuscumque causae, illos tamen, quos in scriptis fieri placuit, transactionum etiam, quas instrumento recipi convenit, non aliter vires habere sancimus, nisi instrumenta in mundum recepta subscriptionibusque partium confirmata et, si per tabellionem conscribantur, etiam ab ipso completa et postremo a partibus absoluta sint, ut nulli liceat prius, quam haec ita processerint, vel a scheda conscripta, licet litteras unius partis vel ambarum habeat, vel ab ipso mundo, quod necdum est impletum et absolutum, aliquod ius sibi ex eodem contractu vel transactione vindicare: adeo ut nec illud in huiusmodi venditionibus liceat dicere, quod pretio statuto necessitas venditori imponitur vel contractum venditionis perficere vel id quod emptoris interest ei persolvere.

이 개소에서 (a partibus) absolvi = (a partibus) praelegi et approbari의 의미이다.

그러나 일반문기가 아닌 공금장부(公金帳簿)의 기장(記帳)을 말소하거나 다른 액수를 기입하는 행위[322]는 공금횡령에 관한 율리우스법(기원전 8년?)에 의하여 처벌받았다.[323] 이들 개소가 관련된 국고에 대한 사해(詐

Brunnemann (1708), ad h.l. n.1 (p.407).

322 참고로 그리스(아테네)법에서는 국가에 대한 채무를 다 갚아서 더이상 채무자 아닌 자를 국가채무자대장(國家債務者臺帳)에서 말소하지 않거나 말소된 자를 다시 채무자로 기입하는 범법(犯法)은 그 공무담당자를 상대로 음해(陰害)의 공소 (公訴)(βουλεύσεως γραφή)로 다투어졌다. 반면에 국가채무자가 아니거나 주장된 것보다 적은 금액의 채무자일 경우 그를 국가채무자라고 허위로 주장하여 허위등재되도록 한 자를 상대로는 허위등재(虛僞登載)의 소(訴)(ψευδεγγραφῆς γραφή, [Suida] ψευδέγγραφος δίκη)가 인정되었다. Lipsius, 443ff.; Todd, 106, 110, 301; *Dictionary of Greek and Roman Antiquities*. William Smith / William Wayte / G. E. Marindin / Albemarle Street (London: John Murray, 1890), s.v. BOULEU'SEOS GRAPHÉ = www.perseus.tufts.edu/hopper/text?doc=Perseus% 3Atext%3A1999.04.0063%3Aalphabetic+letter%3DB%3Aentry+group%3D2%3 Aentry%3Dbouleuseos-cn (2017년 7월 23일자 방문).

동아시아 전통법에서도 일정한 과역(課役)을 부담하는 자가 속여서 명부를 없애면 사위죄(詐僞罪)로 처벌받았다. 『譯註 唐律疏議』제380조 詐僞 19 詐自復除 (pp.3189f.): 諸…若…詐去工·樂·雜戶名者 徒二年 (무릇 속여서 공호·악호·잡호의 명부를 없앤 자는 도형 2년에 처한다).

323 Robinson III, 83 + n.122; Jacobi, 22 + n.43; 공화정기에 대해서는 Weiss, 104ff. 그리고 이의 연장선상에서 관련 재정 법령이나 지적도(地籍圖) 등을 포함하는 동판(銅板)에 대한 위조에 해당하는 불법적 행위를 저지르는 경우에도 일반적 문서위조죄로 문의하기보다는 마찬가지로 공금횡령(peculatus)에 관한 율리우스법이 적용되었다.

D.48.13.10(8).pr. Venuleius Saturninus ex libro tertio iudiciorum publicorum. Qui tabulam aeream legis formamve agrorum aut quid aliud continentem refixerit vel quid inde immutaverit, lege Iulia peculatus tenetur. (재정(財政) 법령이나 지적도 등을 포함하는 동판(銅板)을 제거하거나 그중 어떤 것을 변개(變改)한 자는 공금횡령죄에 관한 율리우스법에 의하여 책임진다.)

Campbell, 204ff. (Hyginus, *Liber Coloniarum* 중 〈Expositio et ratio omnium formarum〉 부분)에 의하면 forma란 원래 다양한 형태를 지닌 필지(筆地)을 의미한다: Forma est quae sub aliquo aut aliquibus finibus continetur. Formarum genera sunt quinque. unum quod ex flexuosa linea continetur. alterum quod ex flexuosa et rationalibus. tertium quod ex circumferentibus. quartum quod ex circumferentibus et rectis. quintum quod ex rectis. horum gcnerum species

害) 행위(fraus fisci)에 관한 법적 규제는 그 자체로 복합적인 변천을 겪었기에 한두 마디로 언급할 수 있는 성질의 것이 아니다.[324]

D.48.13.10.1 Ven. ex 3 iudic. publ.

Eadem lege (sc. Iulia de peculatu)[325] tenetur, qui quid in tabulis publicis deleverit vel induxerit.

(공금장부에 기장된 것을 말소하거나 압소(壓消)한 자는 같은 법률(= 공금횡령에 관한 율리우스법)에 의해 책임을 진다.)

D.48.13.12.pr. Marcian. 1 iudic. publ.

Hac lege tenetur, qui in tabulis publicis minorem pecuniam, quam quid venierit aut locaverit, scripserit aliudve quid simile commiserit.

(공금장부에 그가 매도했거나 임대한 것보다 적은 금액을 기재하거나 유사한 짓을 범한 자는 이 법률(=공금횡령에 관한 율리우스법)에 의해 책임을 진다.)

---

multitudinis infinitae (*ibid.*, p.210 lin.34-38). 그리하여 forma agrorum은 이러한 필지 도형의 지도, 즉 지적도(地籍圖)를 의미하였다. Campbell, 120f. (Siculus Flaccus의 ⟨De divisis et assignatis⟩ 부분)에 의하면 이러한 구분된 필지들의 지도는 성격에 따라 부르는 명칭이 달랐고 그것이 작성되는 기록 매체의 재질에도 차이를 두었다. Ergo agrorum diuisorum, qui institutis limitibus diuisi sunt, formae uarias appellationes accipiunt. quidam ⟨in⟩ arbore⟨i⟩s tabulis, alii in aenis, alii in membr⟨an⟩is scripserunt. (p.120 lin.22-24). 우리에게 흥미로운 것은 이러한 설명에 이어지는 대목이다. illa tantum fides uideatur, quae aereis tabulis manifestata est. quod si quis contra dicat, sanctuarium Caesaris respici solet. omnium enim agrorum et diuisorum et assignatorum formas, sed et diuisionum et ⟨assignationum⟩ commentarios, et principatus in sancuario habet. qualescumque enim formae fuerint, si ambigatur de earum fide, ad sanctuarium principis reuertendum erit. (p.120 lin.28-32). 즉 필지에 관한 판단은 동판 지도에 의했고, 이에 이의(異議)하는 경우 황제의 관할 기록보관부서(sanctuarium)에서 보관하고 있는 지적공부(地籍公簿)를 근거로 삼았다는 것이다.

324   일응 Liebs, 189ff.

325   Rotondi, 453f.

공문서 위조의 경우 후에는 확대된 대역죄(大逆罪, maiestas) 개념하에 포섭되기도 하였다.[326]

D.48.4.1.1 Ulp. 7 de off. procons.

Maiestatis autem crimen illud est, quod adversus populum Romanum vel adversus securitatem eius committitur. quo tenetur is, …

D.48.4.2 Ulp. 8 disp.

quive de provincia, cum ei successum esset, non discessit: aut qui exercitum deseruit vel privatus ad hostes perfugit: quive sciens falsum conscripsit vel recitaverit in tabulis publicis: nam et hoc capite primo lege maiestatis[327] enumeratur.

(그런데 대역죄란 로마 인민 및 그 안보에 반하여 저질러지는 범죄이다. 이 로써 책임지는 자로는 … 도(道)에서 그의 후임이 정해졌는데 이임(離任)하 지 않는 자, 또는 군대를 이탈한 자 또는 사인(私人)으로서 적에게 도피한 자, 또는 알면서 거짓 공문서를 작성하거나 낭독한 자가 있다. 이 마지막 것 또한 대역(大逆)에 관한 (율리우스)법 제1조에 열거되어 있다.)

---

326 Robinson III, 77 ("must have been due to later development") + n.30. 그러나 Robinson은 recitare 동사의 의미를 거짓된 내용의 "dictating"으로 오해하였다. 대 역죄에 관한 국내 문헌으로는 조현욱, 29ff. 그곳 44쪽에 보면 "396년에 테오도시 우스(…) 황제의 후임자들인 아르카디우스(…)와 호노리우스(…)에 의해 제정된 Quisquis 법전은 테오도시우스(…) 황제의 법전을 폐기시키고, 또다시 비이성적 인 법전으로 회귀하고 말았다"고 서술되었다. 이것은 그가 인용한 외국 학자가 사 용한 로마법학계의 용어법을 모른 탓에 발생한 오류이다. 틀림없이 'lex Quisquis' 로 되어 있을 그 어구에서 lex는 법전이 아니라 하나의 법조를 의미하며, 이 경우 Quisquis라는 어휘로 시작하는 『로마법대전』 안의 법문을 지시한다. 조현욱은 같 은 곳에서 몇 줄 뒤에 바로 이 Quisquis로 시작하는 법문을 원문으로 인용하기까 지 하면서도 그 뜻을 오해한 것이다. 이 법조는 요컨대 C.9.8.5이고, 발령 연도도 396년이 아니라 397년이다. 문제된 상황은 법전 차원에서 통째로 교체된 것이 아 니라 하나의 칙령을 다른 칙령으로 교체한 것을 의미할 뿐이다.

327 Rotondi, 422, 453.

나. 황제의 문서

로마법에서 두드러지는 현상은 동아시아와는 정반대로 오히려 황제의 문서에 대한 위조에 대하여 사료가 별로 전해지지 않는다는 점이다.[328] 로마에서는 국새(國璽)가 없었고, 그래서 공화정기에 정무관들은 자기 자신의 인장으로 압날하고, 제정기에 황제들은 갈바 황제를 제외하고는(68~69년) 아우구스투스가 사용했던 (그 자신의 초상이 각조(刻彫)된) 인장을 마치 국새(國璽)인 것처럼 사용하였다.[329] 황제 문서의 위조에 관해 전해지는 개소들도 원론적인 법리를 밝히고 있는 수준이다.[330]

D.48.10.33 Modestinus libro tertio de poenis.[331]

Si quis falsis constitutionibus nullo auctore habito utitur, lege Cornelia aqua et igni ei interdicitur.

(어떤 자가 무권한자의 거짓 칙법들을 원용하는 경우에는 코르넬리우스법에 따라 수화불통형(水火不通刑)에 처해진다.)

PS. 1.12.1.[332]

Hi, qui falsa rescriptione usi fuerint, lege Cornelia de falsis puniuntur.

---

328 참고로 속임수로써 칙답을 얻어낸 사안으로는

PS.1.12.5.

Qui rescriptum a principe falsa allegatione elicuerint, uti eo prohibentur.

C.1.22.5 Theodos./Valentin. (a.426).

Etsi legibus consentaneum sacrum oraculum mendax precator attulerit, careat penitus impetratis et, si nimia mentientis invenitur improbitas, etiam severitati subiaceat iudicantis.

329 Gross, col.185 +n.[5].

330 Kocher, 41f.; Falchi, 173.

331 Bas.60.41.33 (Heimbach V, p.791):

Qui falsis constitutionibus nondum approbatis utitur[1], deportationem patitur.

Schol.[1]: Nullo auctore huic rei existente; nondum subscriptis vel signatis.

332 PS.1.12.1 interpretatio.

Hi, qui in causis suis falsa principum rescripta detulerint, ut falsarii puniantur.

(거짓 칙답을 원용한 자는 사위죄(詐僞罪)에 관한 코르넬리우스법으로 처벌된다.)

PS. 5.25.9.

Qui falsis instrumentis actis epistulis rescriptis sciens dolo malo usus fuerit, poena falsi coercetur: ideoque humiliores in metallum damnantur, honestiores in insulam deportantur.

(위조 문서, 조서(調書), 서한, 칙답(勅答)을 알면서 악의로 사용한 자는 사위죄(詐僞罪)의 형벌로 처벌한다. 그리하여 상민(常民)은 광산형에 처하고, 반족(班族)은 섬으로 중유배(重流配)된다.)

227년의 한 칙답 역시 일반론을 벗어나지 않는다.

C.9.22.3 Alexander Severus (a.227).[333]

Maiorem severitatem exigit, ut merita eorum qui falsis rescriptionibus utuntur digna poena coerceantur. Sed qui deceptus est per alium, si suam innocentiam probat et eum a quo accepit exhibet, se liberat.

(거짓 칙답을 원용하는 자들의 처벌받아 마땅한 행위들은 응분의 형벌로 처벌된다고 하는 것은 보다 큰 엄혹함을 요구한다. 그러나 타인에 의하여 속은 자는 자신의 무고(無辜)함을 입증하고 그것을 주었던 자를 제시하면 처벌을 면한다.)

보다 흥미로운 것은 367년의 칙답이다.

CTh.9.19.3 Valentinianus et Valens (a.367).

Serenitas nostra prospexit inde caelestium litterarum coepisse imitationem,

---

333 Bas.60.41.38 (Heimbach V, p.793):

　　Qui utitur falsis literis Principis, falsi tenetur. Sed si alium quendam insimulavit, qui sibi eas dedit, eumque defert, liberatus erit.

quod his apicibus tuae gravitatis officium consultationes relationesque
complectitur, quibus scrinia nostrae perennitatis utuntur. Quam ob rem
istius sanctionis auctoritate praecipimus, ut posthac magistra falsorum
consuetudo tollatur et communibus litteris universa mandentur, quae vel de
provincia fuerint scribenda vel a iudice, ut nemo stili huius exemplum aut
privatim sumat aut publice.

(짐(朕)의 청천덕(晴天德)은 천상제서(天上制書)의 모방이 다음으로부터 시
작하였음을 내다보았다. 즉 온중관(穩重官) 그대의 부서(部署)가 짐(朕)의
영원덕(永遠德) 상서국(尚書局)이 사용하는 문서식(文書式)으로써 모든 주
청서(奏請書)와 계본(啓本)을 작성한다는 사실 말이다. 그런고로 이 칙법의
권위로써 짐(朕)은 다음을 명하노라. 즉 향후 사위죄(詐僞罪)들의 교사(教
師)인 이 관행은 폐지되며, 도(道)나 관할관으로부터 상주(上奏)되어야 할
모든 문서들은 일반 공용(共用) 문서식에 맡길 것인즉, 아무도 이 (황제)문
서 양식의 예를 사적(私的)으로든 공적(公的)으로든 취해서는 안 된다.)

    동아시아의 경우에 각종 관문서(官文書)의 서식과 양식이 모두 다르
게 상세히 규정되었던 것과 비교하면 격세지감이 느껴지는 서양 문화의
한 단면이 엿보인다. 유스티니아누스 황제는 황제가 법관에게 내리는 모
든 지시는 궁내비서관장(宮內祕書官長, quaestor sacri palatii, 法務相)의 주
기(註記, adnotatio, notatio)에 의하여 그 규율대상자들과 수신(受信)법관
과 발신자가 누구인지를 명확히 알 수 있도록 되어 있지 않은 지시는 무
효임을 밝히고, 그러한 무효 공문서를 알면서 수령한 자와 그 법원 동료
들을 금화 20리브라의 벌금에 처하는 한편, 그러한 공문서를 수령한 경
우에 그 전달자를 문서위조자로 처벌할 수 있도록 궁내비서관장에게 즉
시 보고하거나 또는 그 문서전달자를 통하여 이송(移送)하도록 규정하
였다.[334]

---

334 Nov.114, c.1 (a.541).

칙법의 경우 진정한 것임에도 불구하고 고려하지 않고 무시하고, 더 나아가서 왜곡하는 경우 역시 코르넬리우스법에 의하여 처벌되었는데, 이것은 이미 문서위조라기보다는 사법관의 왕법(枉法)행위(직권남용 등)에 해당한다.

D.48.10.1.3 - 4 Marcianus libro 14 institutionum.

3. Sed et si iudex constitutiones principum neglexerit, punitur.

(재판관이 황제의 칙법을 무시한 경우에도 [코르넬리우스법에 의하여] 처벌된다.[335])

4. … Sic et divus Severus lege Cornelia de falsis damnavit praefectum Aegypti, quod instrumentis suis, cum praeerat provinciae, falsum fecit.

(… 신황(神皇) 세베루스가 사위죄(詐僞罪)에 관한 코르넬리우스법으로 이집트 지사(知事)를 단죄하였는데, 그가 동 속주 수령관(首領官)일 적에 황제의 문서들을 위조했기 때문이었다.[336])

Nam praesenti lege decernimus nullam divinam iussionem neque per viri magnifici quaestoris adiutores neque per aliam cuiuslibet militiae aut dignitatis aut officii personam cuicumque iudici confectam a quolibet suscipi cognitore, cui magnifici viri quaestoris adnotatio subiecta non fuerit, qua contineatur et inter quos et ad quem iudicem vel per quam fuerit directa personam, quatenus omni posthac ambiguitate submota nulla cuilibet excusationis relinquatur occasio; scientibus iudicibus vel administratoribus universis, quod si in quolibet negotio sacram susceperint iussionem, nisi cui viri magnifici quaestoris fuerit subiecta notatio, multa viginti librarum auri … et officium eorum simili poena plectetur.
1. Quibus iubemus, si qua ad eos iussio talis advenerit, mox ad praedictum virum magnificum quaestorem referre, aut cum illo qui haec ingerit destinare, ut in eum vindicta procedat quam in falsarios iura nostra constituunt, Theodote parens karissime atque amantissime. Quam legem perpetuo valituram celsitudo tua ad universorum faciat pervenire notitiam.

335 iudex의 착오에 기한 오판(誤判) 외에도 고의적인(male, iniuria, per iniuriam, iniquitate, perperam, inique vel iniuste etc.) 그릇된 판결의 예는 로마법에서도 그런 대로 잘 알려진 사안이었다. Düll, 43ff.
336 이것은 황제가 제1심으로 판결한 사례이다. Coriat, 296f.

c) 법정관 고시

법정관의 고시를 위조하는 것은 문서로서 조작이 가해질 수 있는 유체적 대상을 전제하므로 통상 고시판(告示板, album propositum)을 위조했다는 식으로 표현되었다.[337] 그러나 로마법의 발전 양상은 처음부터 고시의 침손(侵損)을 코르넬리우스법상의 사위(詐僞) 범주로 대처했던 것 같지는 않다. 울피아누스(190~223)만 해도 다른 방식으로 처벌되었음을 또한 보고한다.

PS. 1.13a.3.[338]

In eum, qui album raserit corruperit sustulerit mutaverit quidve aliud propositum edicendi causa turbaverit, extra ordinem punitur.

(고시판(告示板)을 긁어 지우거나 훼손하거나 치워 없애거나 변개(變改)하거나, 또는 기타 공고용(公告用) 게시를 교란하는 자는 비상심리절차로 처벌된다.)

D.2.1.7.pr. Ulpianus libro tertio ad edictum.

Si quis id, quod iurisdictionis perpetuae causa, non quod prout res incidit, in albo vel in charta vel in alia materia propositum erit, dolo malo corruperit: datur in eum quingentorum aureorum iudicium, quod populare est.

(어떤 자가 수시(隨時)의 사정에 따라서가 아니라 상설관할권의 사유로 고시판(告示板)이나 파피루스나 다른 재질의 것에 공고한 것을 악의로 훼손하는 경우에는 그를 상대로 500금의 소송이 인정되는데, 이것은 국민소송이다.[339])

---

337 PS.5.25.5. Kocher, 42f.; Jacobi, 22.
338 Cf. PS.1.13a.3 interpretatio.
  In eum, qui album curiae raserit, vitiaverit vel quodcumque aliud scripturae genus sua praesumptione turbaverit, capitaliter non exspectata ordinis sententia vindicatur.

D.48.10.25 Ulpianus libro septimo ad edictum.[340]

Qui nomine praetoris litteras falsas reddidisse edictumve falsum proposuisse dicetur, ex causa actione in factum poenali tenetur, quamquam lege Cornelia reus sit.

(법정관의 명의로 [즉 법정관 명의를 사칭(詐稱)하여] 거짓 규정들[341]을 발하거나 거짓 고시(告示)를 공고한 것으로 주장되는 자는 비록 코르넬리우스법상의 피고인이지만, 그 원인으로 형벌사실소권으로써도 책임진다.)

그러나 고전기에는 이미 코르넬리우스법이 정하는 사위(詐僞)의 개념으로 포섭되었던 것 같다. 최후의 고전법률가라는 모데스티누스는 동법에 의한 처벌이 당시의(hodie) 법이었음을 밝히고 있다.[342]

D.48.10.32.pr. Modestinus libro primo de poenis.

Hodie qui edicta proposita dolo malo corrumpunt, falsi poena plectuntur.

(오늘날 공고된 고시(告示)를 악의로 훼손하는 자는 사위죄(詐僞罪)의 형벌로써 처벌된다.[343])

---

339 Cf. D.2.1.7.2 / 5 Ulp. 3 ad ed.

2. Quod si dum proponitur vel ante propositionem quis corruperit, edicti quidem verba cessabunt, Pomponius autem ait sententiam edicti porrigendam esse ad haec.

5. Hoc vero edicto tenetur et qui tollit, quamvis non corruperit: item et qui suis manibus facit et qui alii mandat. sed si alius sine dolo malo fecit, alius dolo malo mandavit, qui mandavit tenebitur: si uterque dolo malo fecerit, ambo tenebuntur: nam et si plures fecerint vel corruperint vel mandaverint, omnes tenebuntur.

340 Cf. Mariano, 513.

341 여기서 litterae는 문맥상 공한(公翰)이 아니라 고시(告示)에 준하는 법규 해당의 규정들(γράμματα: Bas.60.41.25)을 의미한다고 보는 것이 합당하다. *GEL*, s.v. γράμμα, III. 4: laws or rules (p.358). 同旨 Kocher, 43 n.1.

342 Jacobi, 21f.; Falchi, 173; d'Ors, 548f.

343 Mariano, 513f. ("la fattispecie del comportamento negativo").

PS. 5.25.5.

Qui rationes acta libellos album propositum testationes cautiones chirographa epistulas sciens dolo malo in fraudem alicuius deleverit mutaverit subiecerit subscripserit, ... falsi poena coercetur.

(회계문기, acta, 민원서류, 고시(告示), 증인문기, cautio, 수기(手記)증서, 서한을 알면서 악의로 타인을 사해(詐害)하기 위하여 말소하거나 변조하거나 바꿔치기하거나 부기(附記)한 자는 … 사위죄(詐偽罪)의 형벌로써 처벌된다.)

d) 증인문기

재판 외의 증언을 담은 증인문기는 법정에서 개봉되어 낭독되는데, 더 이상의 신문이 불가능했기에 구술증언보다 신빙성이 약한 것으로 통했다.[344] 이와 관련해서는 다음에 보듯이 약간씩 텍스트가 다른 사료 3가지가 전해진다. 어쨌든 지금 관심사인 거짓 증인문기 작성에 관한 한, 모두가 일치한다.[345]

D.48.10.9.3 Ulpianus libro octavo de officio proconsulis.

Poena legis Corneliae irrogatur ei ... item qui ⟨ad⟩ falsas testationes faciendas testimoniave falsa invicem[346] dicenda dolo malo coierint.

(거짓 증인문기(證人文記)를 만들거나 거짓 증언(證言)을 함께 원용하기 위

---

344 Kaser / Hackl, 368 + nn.60-63.

345 그다음 부분부터는 3개의 개소가 모두 다르다. 울피아누스의 경우 testimonia 또는 testamenta invicem dicere로, 마르키아누스는 testimonia inspicere로 텍스트가 되어 있다. 이에 대해서는 Collatio의 'testamenta'는 testimonia의 오기(誤記)로 추정된다는 설(Wieacker, 396f.; Kocher, 45 n.2; 同旨 Lenel, *Pal.* II, Ulp. fr.2206 [col. 978])과 반대로 'testimonia'는 원래 testamenta였다는 설(d'Ors, 534ff.)로 갈린다.

346 Kocher, 45 n.4는 invicem = "für einander"로 보면서 이것은 의미 있는 것으로 생각되지 않는다고 한다. 그러나 결탁이 문제되는 상황임을 감안하면 충분히 의미가 있다. 이 경우 invicem은 호상성(互相性, reciprocatio)이라기보다, 다음의 con-signare의 con-처럼 공동성(communio)을 지시하는 것이기 때문이다.

하여 악의적으로 결탁한 자들에게는 코르넬리우스법의 형벌이 부과된다.)

Coll. 8.7.1 Ulpianus libro octavo de officio proconsulis sub titulo de poena legis Corneliae testamentariae.

Praeterea factum est senatus consultum Statilio [et] Tauro ⟨et Scribonio Libone *ins. Huschke*⟩ consulibus, quo poena legis Corneliae inrogatur ei … item qui ad falsas testationes faciendas testamentave falsa invicem dicenda aut consignanda dolo malo coierint, [Licinio V et Tauro conss. *del. Huschke*]

(그 밖에 스타틸리우스(와) 타우루스⟨와 스크리보니우스 리보⟩ 집정관 시에 한 원로원의결이 만들어졌는데, 그에 의하면 … 또 거짓 증인문기(證人文記)를 만들거나 거짓 유언서(遺言書)를 함께 원용하거나 함께 인봉(印封)하기 위하여 악의적으로 결탁한 자들에게는 코르넬리우스법의 형벌이 부과된다.)

D.48.10.1.pr. Marcianus libro 14 institutionum.

Poena legis Corneliae irrogatur ei, qui ⟨ad⟩ falsas testationes faciendas testimoniave falsa inspicienda dolo malo coieceri⟨n⟩t.

(거짓 증인문기(證人文記)를 만들거나 거짓 증언(證言)을 참열(參閱), (즉 원용)하기 위해 악의적으로 결탁한 자⟨들⟩에게는 코르넬리우스법의 형벌이 부과된다.)

Dicere든 **inspicere**든 증인문기의 명의나 내용이 거짓된 것임을 알면서 원용하는 것이다.[347]

(3) 고의

사위(詐僞)가 되기 위해서는 고의(**sciens dolo malo**)가 요구되었다.[348]

---

347 증인문기의 은닉에 관해서는 d'Ors, 551f.

사위죄(詐僞罪)의 경우에는 구성요건적 행위의 위법성이 워낙 뚜렷하기에 고의의 입증은 비교적 수월했을 것이다.[349] 이 주관적 요건과 관련하여 부작위 구성요건인 supprimere (불제출)의 경우에 대하여 고의는 필요 없고 오히려 객관적으로 반대행위(proferre, 제출)의 작위 가능성만 필요하다는 견해가 학설상 주장된다. 그 근거로는— 시간과 더불어 점점 변화된 양상을 드러내는 것으로 파악하면서 — 이 경우를 다루고 있는 사료들로서 고의에 대한 언급이 없이 객관적 작위 가능성만 언급하고 있다는 다음의 개소들을 든다.[350]

PS. 4.7.4:

Supprimere tabulas videtur, qui cum habeat et proferre possit, eas proferre non curat.

(가지고 있어서 제출할 수 있음에도 불구하고 제출하도록 조치하지 않는 자는 문서를 숨기는 것으로 여겨진다.)

PS. 4.7.5:

Codicilli quoque si lateant nec proferantur, supprimi videbuntur.

(유언보충서의 경우도 숨겨져 있어서 제출되지 않으면 숨기는 것으로 여겨

---

348 D.48.10.1.pr. (Marcian. 14 inst.); D.48.10.2 (Paul. 3 ad Sab.); D.48.10.9.3 (Ulp. 8 de off. procons.); D.48.10.22.pr. (Paul. l. s. ad sc Libon.) cit.; D.48.10.32.pr. (Mod. 1 de poen.); Inst. 4.18.7; PS. 4.7.3 (sciens prudensque).
C.9.22.20 Diocl./Maxim. (a.294).
Nec exemplum precum editionis aliter per errorem scriptum, cum non nisi dolo falsum committentes crimini subiugentur, cognitionem dati iudicis moratur.
Jacobi, 11ff., 31ff., 37f.; Matthaeus, 421 n.3; Robinson I, 33; Mommsen, 670 n.4 (p.671); 조규창, 413 n.74.

349 Cf. C.2.20.6 Diocl./Maxim. (a.293).
Dolum ex insidiis perspicuis probari convenit.

350 이 논의에 대해서는 Marino, 656ff. 그는 정당하게도 고의불요설(故意不要說)을 취하는 Archi 및 Kaser의 견해에 비판적이다.

진다.[351]

그러나 사료상 명백히 supprimere의 경우에도 고의를 언급하는 다른 개소들이 존재하며,[352] 이들 텍스트의 진정성을 부정하지 않는다면[353] 이 행위 유형의 경우에 대해서도 고의가 요구된다는 데에 논란의 여지는 없다고 생각된다.

이와 달리 명백하게 과실의 경우 불처벌을 전하는 개소도 전해진다. 그런데 이 개소에 따르면 처음에는 과실의 경우에도 처벌을 한 것으로 나온다. 아마도 입증할 수 없는 문서를 법정에 제출한 특정한 사안을 당하여 칙법이 처리하는 과정에서 나타난 결정들이라는 점에서 일반화하기는 어려울 것 같다.[354] 로마법 발전 양상의 특성상 제정기에는 ─ 조선시대 수교(受教)를 통한 법발전이 그러했듯이 ─ 언제라도 칙법의 개입

---

351 이것은 유언장의 제시에 관한 특시명령에서 유언보충서도 포괄하는 법리에 따른 것이다.

D.43.5.1.2 Ulp. 68 ad ed.

Hoc interdictum pertinet non tantum ad testamenti tabulas, verum ad omnia, quae ad causam testamenti pertinent: ut puta et ad codicillos pertinet.

352 PS.4.7.3:

Testamentum supprimit, qui sciens prudensque tabulas testamenti in fraudem heredum vel legatariorum fideivecommissariorum aut libertatium non profert.

D.43.5.3.6 Ulp. 68 ad ed.

Si quis dolo malo fecerit, quo minus penes eum tabulae essent, nihilo minus hoc interdicto tenebitur, nec praeiudicatur aliquid legi Corneliae testamentariae, quasi dolo malo testamentum suppresserit. nemo enim ideo impune retinet tabulas, quod maius facinus admisit, cum exhibitis tabulis admissum eius magis manifestetur. et posse aliquem dolo malo facere, ut in eam legem non incidat, ut puta si neque amoverit neque celaverit tabulas, sed idcirco alii tradiderit, ne eas interdicenti exhiberet, hoc est si non supprimendi animo vel consilio fecit, sed ne huic exhiberet.

353 Marino, 658ff.

354 D.48.10.31 (Call. 3 de cogn.). Matthaeus, 421 n.3은 타당하게도 과실범은 처벌받지 않았다는 자신의 견해를 그 밖에 Suetonius, *De vita Caesarum*, Divus Augustus 33 cit.를 근거로 뒷받침한다.

으로 적어도 개별적인 사안에 대하여 법상태가 변경될 수 있었다는 점을 항상 염두에 두어야 할 것이다.

법률의 부지(不知)는 처벌을 면할 수 있는 사유로 인정되지 않았다.[355]

2) 형벌

코르넬리우스법에 의한 형벌은 Kocher에 따르면[356] 다수설은 수화불통형(水火不通刑, aqua et igni interdictio)이었다. 반면에 Ernst Levy는 극형(極刑, de capite quaestio)[357]을, Wolfgang Kunkel은 극형(極刑)에다 수화불통형(水火不通刑)이 부가형으로 부과되었다는 견해이다. Kocher는 Kunkel에 동조한다. 공화정기를 중심으로 한 이들의 논의는 별론으로 하고,[358] 제정기에는 비상심리절차로의 이행(移行)과 더불어 상설사문회(尚設査問會) 설치 법률들의 규정을 넘어서는 새로운 체제로의 발전이 있었는데, 바로 살펴보듯이 특히 형벌의 면에서 변화가 있었다. 수화불통형(水火不通刑)은 중유배(重流配)로 바뀌었다.

형벌이 거론되는 사료로 주요한 것은 다음의 것들을 들 수 있다. 단지 "코르넬리우스법의 형벌에 처한다"(poena legis Corneliae)고만 하는 경우들도 여럿 보인다.[359]

---

355 D.48.10.15.pr. (Call. 1 quaest.) cit.

356 Kocher, 109f. m.w.N.

357 극형의 의미에 대해서는 Inst. 4.18.2.
    Publicorum iudiciorum quaedam capitalia sunt, quaedam non capitalia. capitalia dicimus, quae ultimo supplicio adficiunt vel aquae et ignis interdictione vel deportatione vel metallo: cetera si qua infamiam irrogant cum damno pecuniario, haec publica quidem sunt, non tamen capitalia.
    Robinson II, 92 ff.

358 d'Ors, 544f.

359 D.48.10.2 (Paul. 3 ad Sab.); D.48.10.16.1 (Paul. 3 resp.); PS. 4.7.2; Coll. 8.7.1 (Ulp.); D.48.10.9.3 (Ulp. 8 de off. procons.); D.48.10.1.5 (Marcian. 14 inst.); D.48.10.30.pr. (Mod. 12 pand.).

D.48.10.1.13 Marcianus libro 14 institutionum.

Poena falsi vel quasi falsi deportatio est et omnium bonorum publicatio: ...

(사위죄((詐僞罪) 또는 준사위죄(準詐僞罪)의 형벌은 중유배(重流配)와 전
재산 몰수이다. …)

D.48.10.33 Modestinus libro tertio de poenis.

Si quis falsis constitutionibus nullo auctore habito utitur, lege Cornelia aqua
et igni ei interdicitur.

(어떤 자가 무권한자의 거짓 칙법들을 원용하는 경우에는 코르넬리우스법
에 따라 수화불통형(水火不通刑)에 처해진다.[360])

C.9.22.22.2 Const. (a.320).

... capitali post probationem supplicio, si id exigat magnitudo commissi, vel
deportatione ei qui falsum commiserit imminente.

(… 입증이 된 후 범행의 중대함이 요구하는 경우에는 사위죄(詐僞罪)를 범
한 자를 극형 또는 중유배(重流配)에 처한다.)

PS. 4.7.1.[361]

Qui testamentum falsum scripserit recitaverit subiecerit signaverit 〈sciens
dolo malo, verumve *ins. Huschke*〉[362] suppresserit amoverit resignaverit
deleverit, poena legis Corneliae de falsis tenebitur, id est in insulam deportatur.

([알면서 고의로] 거짓 유언서를 작성하거나 낭독하거나 바꿔치기하거나
인봉(印封)하거나 〈진정한〉 유언서를 숨기거나 빼돌리거나 봉인을 제거하
거나 말소한 자는 사위죄(詐僞罪)에 관한 코르넬리우스법의 형벌에 처해질
것이다. 즉 섬으로 중유배(重流配)된다.)

---

360 제정기 수화불통형(水火不通刑): D.48.13.3 (Ulp. 1 de adult.).

361 Mazzola, 127f.

362 Huschke, 402 + n.3.

형사사법체제의 변화와 함께 형벌은 애초의 법정형과 달리 사안별로 일정한 폭이 있었다.[363] 다음 개소에서 전 재산 몰수가 아니라 재산의 절반만 몰수하고, 중유배(重流配, deportatio)가 아니라 경유배(輕流配, relegatio)인 예가 그것이다.

PS. 5.25.8 = D.48.19.38.8 Paul. 5 sent.[364]

Si quis instrumenta litis suae a procuratore ⟨vel cognitore⟩ adversario prodita esse convicerit, ⟨tam⟩ procurator ⟨quam cognitor⟩, si humiliores sunt, in metallum damnantur, si honestiores sunt, adempta dimidia parte bonorum in perpetuum relegantur.

(어떤 자가 자신의 소송문서들이 대송인(代訟人)이나 ⟨대소인(代訴人)에 의해⟩ 상대방에게 누출되었다고 입증한 경우 대송인(代訟人)이든 ⟨대소인(代訴人)이든⟩ 상민(常民)이면 광산형에 처하고, 반족(班族)이면 재산의 절반을 몰수하고 영구히 [즉 종신토록] 경유배(輕流配)에 처한다.)

이러한 모습은 다음 개소에서 보듯이 칙법에 의한 법발전이 정착한 이후로는 양형에 해당하는 조치들이 취해지고, 특히 엄중한 경우에는 황제의 재가를 얻어 시행되었던 사실에 비추어볼 때 하등 이상한 일이 아니다.[365]

---

363 Falchi, 168 ("la pena relativa"); Robinson III, 39 ("The penalties of the *lex Cornelia* were flexible."); Matthaeus, 420f.; Santalucia, 112f.; Kunkel/Schermaier, 92ff. dl 문제 대해 전반적으로는 Bauman, 136ff. ("*Extra ordinem* penalties: discretionary or mandatory?").

364 ⟨ ⟩ 표시 부분은 PS.5.25.8에만 전한다.

365 문서위조에 관한 것은 아니지만 같은 코르넬리우스법이 적용되는 다른 사안에 대하여 재산 몰수가 따르지 않는 한시적인 경유배(輕流配)를 소개하는 다음의 개소는 매우 시사적이다. Cf. Mariano, 516f.
D.48.10.21 Paul. l. s. ad sc Turpill.
Qui duobus in solidum eandem rem diversis contractibus vendidit, poena falsi coercetur, et hoc et divus Hadrianus constituit. is adiungitur et is qui iudicem

D.48.10.31 Call. 3 de cogn.

Divus Pius Claudio rescripsit pro mensura cuiusque delicti constituendum in eos, qui apud iudices instrumenta protulerunt, quae probari non possint: aut si plus meruisse videatur, quam ex forma iurisdictionis pati possint, ut imperatori describatur aestimaturo, quatenus coerceri debeant. ¶ Sed divus Marcus cum fratre suo pro sua humanitate hanc rem temperavit, ut, si (quod plerumque evenit) per errorem huiusmodi instrumenta proferantur, ignoscatur eis, qui tale quicquam protulerint.

(신황(神皇) 피우스는 클라우디우스에게 이렇게 칙답하였다. "재판정에 입증될 수 없는 문서들을 제출한 자들에 대한 처벌은 각 범죄의 정도에 따라 정해야만 한다. 또 그들이 해당 재판관할권에 관한 규정상 받을 수 있는 것보다 더 무겁게 처벌받아 마땅한 경우에는 황제께 얼마까지 처벌되어야만 하는지를 평정(評定)토록 사실을 품주(稟奏)한다." ¶ 그러나 신황(神皇) 마르쿠스가 (공동황제인) 자신의 동생과 함께[366] 자신의 인도주의로써 이 원칙을 완화하였고,[367] 그 결과 [이런 일은 흔히 일어나는데] 착오로 이런 종류의 문서들이 제출되는 경우에는 그런 것을 제출한 자들은 용서받는다.)

후대에는 범죄자의 신분에 따른 형의 차등이 사위죄(詐僞罪)의 경우에도 적용되었다.[368]

---

corrumpit. sed remissius puniri solent, ut ad tempus relegentur nec bona illis auferantur.

366 마르쿠스 아우렐리우스는 피우스에 의하여 공동입양된 동생 루키우스 아우렐리우스 베루스(Lucius Aurelius Verus)와 161~169년 동안 공동황제로서 다스렸다. 이들을 신황(神皇) 형제(divi fratres)라고 부른다.

367 신황(神皇) 마르쿠스 또는 신황(神皇) 형제의 인도주의(humanitas, humanum)에 기한 칙답은 이외에도 여럿 알려져 있다. Cf. D.2.14.8 (Pap. 10 resp.); D.5.1.36. pr. (Call. 1 cogn.); D.28.4.3 (Marcell. 29 dig.); D.40.5.37 (Ulp. 6 fideicomm.); D.48.18.1.27 (Ulp. 8 de off. procons.); D.50.1.24 (Scaev. 2 dig.); Westenberg, 57f., 234f.

368 Santalucia, 113ff.; Lintott, 325. 이 현상 일반에 대해서는 Bauman, 129ff.

D.48.19.38.9 Paulus libro quinto sententiarum.[369]

Instrumenta penes se deposita quicumque alteri altero absente reddiderit vel adversario prodiderit: prout personae condicio est, aut in metallum damnatur aut in insulam deportatur.

(자신에게 보관된 문서를 당사자 일방이 부재하는 가운데 다른 일방에게 반환하거나 상대방에게 누출한 자는 그 신분 여하에 따라 광산형에 처하거나 섬으로 중유배(重流配)된다.)

PS. 5.25.9.

Qui falsis instrumentis actis epistulis rescriptis sciens dolo malo usus fuerit, poena falsi coercetur: ideoque humiliores in metallum damnantur, honestiores in insulam deportantur.

(위조 문서, acta, 서한, 칙답(勅答)을 알면서 악의로 사용한 자는 사위죄(詐僞罪)의 형벌로 처벌한다. 그리하여 상민(常民)은 광산형에 처하고, 반족(班族)은 섬으로 중유배(重流配)된다.)

PS. 5.25.7 = D.48.19.38.7 Paul. 5 sent.

Qui vivi testamentum aperuerit recitaverit resignaverit, poena legis Corneliae tenetur: et plerumque aut humiliores in metallum dantur aut honestiores in insulam deportantur.

(생존자의 유언서를 개봉(開封)하거나 낭독하거나 탁봉(坼封)한 자는 코르넬리우스법의 형벌로 처벌된다. 그래서 무릇 상민(常民)은 광산형에 처하고, 반족(班族)은 섬으로 중유배(重流配)에 처한다.)

("differential punishments").

369 ≒ PS. 5.25.10:

Instrumenta penes se deposita quicumque alteri altero absente reddiderit vel adversario prodiderit, pro personae eius condicione aut in metallum damnatur aut in insulam relegatur.

범인이 노예일 때 동법은 원래 적용이 되지 않았다. 가(家)재판[370]과 사형담당삼인관(死刑擔當三人官, tresviri capitales)의 처결에 맡겨졌다.[371] 1세기 말부터 도시장관(praefectus urbi), 지방에서는 도백(道伯, praeses provinciae)이 관장하였다.[372] 제정기 범인 노예의 형벌은 사형이었다.

D.48.10.1.13 Marcianus libro 14 institutionum.

... et si servus eorum quid admiserit, ultimo supplicio[373] adfici iubetur.

(… 그리고 노예가 그것들(즉 사위죄(詐僞罪) 또는 준사위죄(準詐僞罪)) 중 어떤 죄를 범했을 경우에는 극형에 처해지도록 명령된다.)

PS. 5.25.1.

Lege Cornelia testamentaria tenentur: qui ...: honestiores quidem in insulam deportantur, humiliores autem aut in metallum dantur aut in crucem tolluntur: servi autem post admissum manumissi capite puniuntur.

(유언서 위조에 관한 코르넬리우스법에 의하여 책임지는 사람은 다음과 같다. … 반족(班族)은 섬으로 중유배(重流配)당하지만, 상민(常民)은 광산형 또는 십자가형에 처해진다. 그러나 범행 후에 해방된 노예들은 사형으로 처벌된다.[374])

---

370 Robinson III, 102.

371 Kunkel / Schermaier, 82, 87; Santalucia, 54ff.; Lintott, 307; Berger, s.v. Tresviri capitales (p.742).

372 Robinson III, 101f.

373 D.48.19.21 Cels. 37 dig.
Ultimum supplicium esse mortem solam interpretamur.

374 판결 시가 아니라 행위 시의 신분에 따라 형을 받기 때문이다.
Cf. D.48.19.1.pr.-1 Ulp. 8 disp.
pr. Quotiens de delicto quaeritur, placuit non eam poenam subire quem debere, quam condicio eius admittit eo tempore, quo sententia de eo fertur, sed eam, quam sustineret, si eo tempore esset sententiam passus, cum deliquisset.
(범죄가 문제되는 경우 행위자는 그 범죄에 관하여 판결 시점에 그의 신분이 수용-

코르넬리우스법의 형벌과 관련하여 종합적인 평가는 문서위조뿐만 아니라 다른 사안들까지도 모두 고찰한 Levy의 다음 평가가 가장 적실한 것으로 판단된다. 조금 길지만 원문을 인용한다.[375]

Aber von einer Einheitlichkeit sind sie (sc. die Strafen des *crimen falsi*) weit entfernt, Es begegnen fast alle Strafen, die wir überhaupt kennen: von geschärfter Todesstrafe bis zu bloßer Züchtigung oder Entfernung aus Curie oder Anwaltsstand. Sie treten bald in unbedingter, bald in alternativer Form auf, bald ohne, bald mit Unterscheidung der *honestiores* und *humiliones*, bald apodiktisch, bald unter Hinweis auf das richterliche Ermessen, und bisweilen wird überhaupt nur von einer administrativen Maßnahme berichtet oder lediglich vermerkt, daß das Verbrechen streng zu ahnden sei. Der einzige feste Pol ist, daß Sklaven der Tod droht. Alles andere scheint zu schwanken, und man sucht nach einem Pfade in der Wildnis.

설령 시간의 경과로 형사처벌을 면하게 되더라도 위조문기의 민사법상 법률효과인 무효는 달라지지 않았다.[376] 동아시아의 전통법제에서는

하는 형벌이 아니라 범행시에 판결이 내려졌더라면 받았을 형벌을 받아야만 한다는 것이 통설이다.)

1. Proinde si servus crimen commiserit, deinde libertatem consecutus dicetur, eam poenam sustinere debet, quam sustineret, si tunc sententiam passus fuisset, cum deliquisset.

(그래서 노예가 범죄를 저지르고, 그후에 자유를 얻었다고 주장될 경우 그는 범행시에 판결이 내려졌더라면 받았을 형벌을 받아야만 한다.)

375 Levy, 441.

376 C.9.22.17.pr. Diocl./Maxim. (a.294).

Sicut falsi testamenti vel codicillorum scriptura temporis intervallo firmari non potest, ita vera quae iure subsistit non evanescit.

(따라서 위조문기에 기초하여 화해를 한 경우 위조와 연관된 부분은 화해가 무효

위조 대상에 따라 세분된 처벌이 있었지만 이른바 정치성 사위죄(政治性 詐僞罪)의 경우 전체적으로 그 형벌이 가혹한 반면, 이른바 일반성 사위 죄(一般性詐僞罪)의 경우 상대적으로 형량이 가벼웠던 것[377]과 비교하면 로마법은 처음부터 사문서인 유언서 위조의 경우에 대해서도 극형을 규정했다는 점에 특색이 있다.

3) 절차규율

그전까지의 민회재판을 대체한 공화정 말기 상설사문회[378]는 법정관 1인이 재판장을 맡고, 사안별로 대략 25/30~75/90인 사이의 재판인단(consilium iudicum)으로 구성되었다.[379] 선서를 하고 활동에 들어가는 재판인단은 변론중 듣기만 하고 서로 의견교환을 할 수 없었으며, 평의 없이 투표로 다수결에 의해 범행 여부만을 확정하였고(가부 동수는 무죄),[380] 판정 결과는 재판장이 "fecisse videtur"(범행을 저지른 것으로 인정된다) 또는 그 반대(non fecisse)의 선언으로 선고하였다. 형은 법률이 정

였다.)

C.2.4.42 Leo/Anthem. (a.472).

Si ex falsis instrumentis transactiones vel pactiones initae fuerint, quamvis iusiurandum his interpositum sit, etiam civiliter falso revelato eas retractari praecipimus: ita demum ut, si de plurimis causis vel capitulis eaedem pactiones initae fuerint, illa tantummodo causa vel pars retractetur, quae ex falso instrumento composita convicta fuerit, aliis capitulis firmis manentibus: nisi forte etiam de eo, quod falsum dicitur, controversia orta decisa sopiatur.

377 程維榮, 302.

378 Cicero, *De natura deorum* 3.30.74 cit.; Robinson III, 100f., 102f.; Riggsby, 196ff.; Santalucia, 63ff.; Lintott, 308ff.; Kunkel/Schermaier, 85ff. Lex Calpurnia에 의한 상설사문회의 기원에 관한 국내의 연구로는 김경현, 1ff.

379 로마의 형사소송법과 관련하여 A. H. M. Jones, *The Criminal Courts of the Roman Republic and Principate* (Oxford: Basil Blackwell, 1972)는 입수하지 못하였다.

380 Volkmann, 63. 로마법상 다수 재판인에 의한 다수결(maior pars) 판정은 재판에서도, 중재판정에서도 오늘날 합의단일체로서의 판결형성과는 달리 글자 그대로 동일한 의견별로 단순히 수를 헤아려서 결정하는 방식이었다. 상세한 것은 Ernst, 9ff.

한 바대로 부과되었으며 그 집행은 법정관의 몫이었는데, 특히 그는 재량으로 사형에 해당하는 죄인을, 통상 명망이 있는 자의 경우 망명을 통해 사형을 피할 수 있도록 할 수 있었다(단, 수화불통〔水火不通〕이 따랐다).[381] 상소는 없었다. 무죄판결이 난 경우에는 같은 재판인단에 의하여 소추인에 대한 무고(誣告, calumnia) 재판이 열렸다.[382]

아우구스투스의 포괄적인 사법개혁[383]의 일환이었던 소추절차 개혁에 의하여 소추 시 재판장 앞에 피고인을 소환하는 대신 소추장(訴追狀, libellus)의 제출로 대체되었고, 이것이 받아들여지면 소추인은 증거의 수집과 조사를 위한 활동(inquisitio)이 허용되며, 그런 다음 소추인은 피고인에게 정해진 재판기일을 통지해야 했다.[384] 아우구스투스가 특히 코르넬리우스법과 관련하여 취한 개혁 조치에 대해서는 수에토니우스가 전하는 바가 있다.

Suetonius, *De vita Caesarum*, Divus Augustus 33.2 - 3:

[2] et cum de falso testamento ageretur omnesque signatores lege Cornelia tenerentur, non tantum duas tabellas, damnatoriam et absolutoriam, simul cognoscentibus dedit, sed tertiam quoque, qua ignosceretur iis, quos fraude ad signandum uel errore inductos constitisset. [3] appellationes quotannis

---

381 Santalucia, 78f.; Lintott, 314. 특히 재판장의 역할에 대한 기존 이론에 대한 의문 제기의 면에서는 Bauman, 24ff.

382 Kunkel, col.765f.; Kunkel / Schermaier, 85. 지방의 사법(司法)에 대해서는 Santalucia, 79ff.

383 Bauman, 52ff.; Santalucia, 91ff. (형사절차법 및 실체법 입법), 98ff. (절차법상의 변화), 102ff. (지방 사법상의 변화); Kunkel / Schermaier, 87ff. ('경찰' 제도 및 '경찰'사법 개혁). Tresviri capitales가 praefectus vigilum (야경총감)으로 대체되었다. 아우구스투스의 '경찰' 개혁은 매우 긍정적인 것이었으며, 유수한 법률가들도 중임(重任, praefectus urbi, praefectus vigilum 등)을 맡았다는 점에 관해서는 Kunkel / Schermaier, 88f. + 특히 n.23. 또 아우구스투스의 직재(直裁) 실제 형사재판에 관해서는 Volkmann, 64ff. (특히 사위죄 관련 사건은 71ff.).

384 Lintott, 314ff. (아우구스투스의 개혁).

urbanorum quidem litigatorum praetori delegabat urbano, at prouincialium consularibus uiris, quos singulos cuiusque prouinciae negotiis praeposuisset.

([2] 위조 유언서에 관하여 소 제기되면 모든 봉인자들이 코르넬리우스법에 의하여 책임을 지므로 그(=아우구스투스)는 심리하는 자들에게 동시에 비단 유죄와 무죄를 표시하는 두 패뿐만이 아니라 속았거나 착오로 봉인하도록 이끌린 것으로 확정된 자들을 용서하는 표시의 세 번째 패도 주었다. [3] 그는 매년 도시민 소송자들의 상소 건을 시민담당 법정관에게 맡긴 반면, 지방민들의 건은 그들 각각을 각 도(道)의 사무를 총괄하도록 임명한 집정관 품급자들에게 맡겼다.)

비상심리절차에서는 사인(私人) 소추인에 의한 소추(訴追, accusatio)가 사라지고 사인(私人)은 고발(告發, denuntiatio, delatio)의 역할을 수행하고 직권으로 절차가 진행되었다.[385] 황제가 상소를 처결하는 법발전도 아우구스투스와 더불어 시작하였다.[386] 사문회 절차는 적어도 기원후 61년까지는 작동한 것으로 보인다.[387] 아울러 고려할 것은 실체 형법에 대한

---

385 Santalucia, 110ff., 138ff. 이를 잘 보여주는 것이 다음 칙법이다.

CTh.9.3.1.pr.=C.9.4.1.pr. Const. (a.320).

In quacumque causa reo exhibito, sive accusator existat sive eum publicae sollicitudinis cura produxerit, statim debet quaestio fieri, ut noxius puniatur, innocens absolvatur.

386 Santalucia, 99ff.; Lintott, 317f.; Kunkel / Schermaier, 90ff.

387 Robinson III, 142 n.79 (Tacitus, *Annales* 14.40-41). 타키투스가 전하는 재판은 원로원의 재판이었지만 피고인들은 코르넬리우스법에 따라 처벌되었다.

Tacitus, *Annales* 14.40:

quod apud patres convictum et Fabianus Antoniusque cum Rufino et Terentio lege Cornelia damnantur.

한편 세베루스조(朝)의 파울루스에 의하면 이미 극형 범죄 사문회는 사라지고 비상심리절차로 옮겨간 것으로 되어 있다.

D.48.1.8 Paul. l. s. de iudic. publ.

Ordo exercendorum publicorum capitalium in usu esse desiit, durante tamen poena legum, cum extra ordinem crimina probantur.

관심이 제정기(帝政期)에 들어서면서부터는 2세기 만기(晩期)의 안토니누스조(朝)에 이르기까지 분명한 형태로 드러나지 않는다는 점이다.[388] 그렇지만 사형 판결에 대한 통제는 분명히 제정기 일찍 시작되었고, 다만 그 방식은 상소(上訴, appellatio)가 아니라 황제에게 유보된 부서(附署, subscriptio)인 것으로 보인다.[389] 제정기 형사절차의 가장 큰 변화는 비상심리절차로의 이행(移行)이라는 점이다.[390] 사회 신분질서의 정상(頂上)으로서 원로원은 구성원인 원로원의원이 범죄로 소추되면 그 재판을 담당하였다.[391]

그러나 간통 형사사문회는 이때에도 가동되었던 것으로 보아 모든 극형 사건에 대하여 일률적으로 말할 수 있는 것은 아니다. Kunkel, col.778f.; Kunkel / Schermaier, 89; Lintott, 323.

D.48.2.3.pr. Paul. 3 de adult.

Libellorum inscriptionis conceptio talis est. "consul et dies. apud illum praetorem vel proconsulem Lucius Titius professus est se Maeviam lege Iulia de adulteriis ream deferre, quod dicat eam cum Gaio Seio in civitate illa, domo illius, mense illo, consulibus illis adulterium commisisse". utique enim et locus designandus est, in quo adulterium commissum est, et persona, cum qua admissum dicitur, et mensis: hoc enim lege Iulia publicorum cavetur et generaliter praecipitur omnibus, qui reum aliquem deferunt: neque autem diem neque horam invitus conprehendet.

388 Robinson III, 103 + n.61. Robinson은 조기(早期) 제정(帝政)에서는 원로원에 의한 형법의 발전을 법률가들이 향도했을 개연성이 아주 큰 것으로 본다. 황제 권력의 확대에도 불구하고 공화정기에 민회가 하던 역할을 상당 부분 떠맡을 수밖에 없었던 원로원의 형사법 부문에서의 비중 있는 모습의 일단은 앞의 주 27과 233 참조.

389 Suetonius, *De vita Caesarum*, Nero 10.2 (a.65/6).

et cum de supplicio cuiusdam capite damnati ut ex more subscriberet admoneretur: 'quam uellem', inquit, 'nescire litteras'.

390 Santalucia, 98ff.; Lintott, 321ff. 그러나 cognitio가 로마에서 얼마나 일찍, 그리고 얼마나 신속하고 철저하게 사문회절차를 대체하였는지는 확정하기 어렵다고 한다.

391 Riggsby, 203; Bauman, 57ff.. 후기의 관료제 발전과 그에 따른 심급제 재판 제도로의 변화에 대해서는 Kunkel / Schermaier, 185ff.

고전기와 고전시기 후 문서위조 여부를 판정하기 위한 절차는 형사소송(criminaliter experiri, μείζων ἔγκλημα)과 민사소송(civiliter agi, δίκη χρηματική) 양자가 가능하였다.[392] 법관은 증언, 문서 대조(comparationes litterarum, σύγκρισις, παράθεσις)[393] 또는 선서에 의하여 객관적 진실을 조사해야 했다.[394] 로마에서도 민사소송중에 문서 위조 주장이 제기되면 담당 재판관이 심리를 중단하고, 아무런 시간적 제약이 없이 계속(係屬)된 형사소송이 원고나 피고를 기롱(譏弄)하는 사태가 관행적이었다고 하며, 이를 바로잡기 위하여 일단 민사소송을 먼저 마치고 1년 내에 형사소송으로 나아가도록 명하는 콘스탄티누스 황제의 칙법이 전해진다.[395] 유스티니아누스법에서는 어느 것을 먼저 제기할지가 당사자의 의

---

392 앞의 주 158; C.9.22.5 Alex. (a.230); C.9.22.9.1 Carinus et Numer. (a.284); C.9.22.11 Diocl./Maxim. (a.287); C.9.22.16 Diocl./Maxim. (a.294); C.9.22.17.1 Diocl./Maxim. (a.294); C.9.22.23.pr.-2 Valens/Grat./Valentin. (a.376). 상세한 것은 Bauman, 65ff. (특히 황제별 고찰); Archi II, 1589ff.; Simon, 300ff., 특히 305ff. (Archi설 논박); Kaser II, 602f.; Mattheaus, 422 n.3, 426 n.1. 최근의 문헌인 Silvia Schiavo, *Il falso documentale tra prevenzione e repressione. Impositio fidei, criminaliter agere, civiliter agere* (Milano: Dott. A. Giuffrè Editore, 2007)은 입수하지 못하였다.

393 문서 대조는 입증을 하려는 자가 신청하는데, 이때 그는 이득을 위하거나 호오(好惡)의 의향에서 하는 것이 아니라는 무소(誣訴, calumnia)의 선서를 해야만 하였다.
    C.4.21.20.3 Iust. (a.530).
    Omnes autem comparationes non aliter fieri concedimus, nisi iuramento antea praestito ab his qui comparationes faciunt fuerit adfirmatum, quod neque lucri causa neque inimicitiis neque gratia tenti huiusmodi faciunt comparationem.
    Simon, 290, 상세한 것은 291ff.; Kantorowicz, 6ff.
    기술적으로 문서 대조는 봉인의 확인이 가장 주요한 수단이지만, 문서식을 비롯하여 문서의 가장자리에 덧붙여진 메모라든가 불완전한 부분, 절단된 부분, 낙장(落張), 지질(紙質), 말소된 부분, 서체(書體), 기타의 이동(異同)을 상호 비교함으로써 할 것이다.

394 Kaser II, 82 + nn.82-83; Simon, 291, 295f.

395 CTh.9.19.2.pr.-1 = C.9.22.22.pr.-1 Const. (a.326[320]); C.9.22.23.1 Valens/Grat./Valentin. (a.376).

사에 맡겨졌고,[396] 어느 하나가 먼저 제기된 경우에도 다른 것이 소진되지 않았다.[397] 민사소송보다 당연히 여러 면에서 가혹했던 형사소송[398]이 황제의 사면으로 이미 종료한 경우라도 문서의 진위에 대한 민사소송이 여전히 가능하였고,[399] 역으로 민사소송이 종료한 경우에도 형사소송이 가능하였다. 그리고 민사소송중에 형사소송이, 또는 형사소송중에 민사소송이 추가되는 경우 법관은 이들을 병합하여 동시에 결정할 권한이 있었다.[400]

---

396 C.9.22.23.pr. = CTh.9.19.4.pr. Valens / Grat. / Valentin. (a.376).

Damus copiam iurgantibus, si apud iudicem proferatur scriptura, de qua oritur aliqua disputatio, spatium ut habeat, qui perurgeat, profitendi, utrum de falso criminaliter, an de scripturae fide statuat civiliter experiri.

397 CTh.9.20.1 = C.9.31.1 Valens / Grat. / Valentin. (a.378) + Interpretatio.

A plerisque prudentium generaliter definitum est, quoties de re familiari et civilis et criminalis competit actio, utraque licere experiri ⟨sive prius criminalis sive civilis actio moveatur,⟩ nec si civiliter fuerit actum, criminalem posse consumi ⟨et similiter e contrario.⟩ Sic denique ... et suppresso testamento cum ex interdicto de tabulis exhibendis fuerit actum, nihilo minus ex lege Cornelia testamentaria poterit crimen inferri. ... [ut, cum altera prius actio intentata sit, per alteram, quae supererit, iudicatum liceat retractari.] Qua iuris definitione non ambigitur, etiam falsi crimen, de quo civiliter iam actum est, criminaliter esse repetendum.

유스티니아누스 입법 시 ⟨ ⟩ 부분이 추가되고, [ ] 부분이 삭제되었다.

398 CTh.9.19.4.2 = C.9.22.23.2 Valens / Grat. / Valentin. (a.376).

Civilis autem inquisitionis inter utrasque partes confligentium lenior examinatio procedat, cum iudex, qui praeerit quaestioni, intentiones actoris falsas et convicta crimina reorum ex legibus poenis competentibus possit ulcisci.

399 C.9.22.9.1 Carinus et Numer. (a.284).

Quod si criminaliter coeptum interventu indulgentiae sopitum est, habes tamen residuam indagationem, potest de fide scripturae civiliter quaeri.

문서의 위조 여부에 관한 민사소송에 관해서는 그 밖에 C.9.22.11 Diocl. / Maxim. (a.287).

400 C.3.8.3 Valer. / Gallien. (a.262).

Cum civili disceptationi principaliter motae quaestio criminis inciderit vel crimini prius instituto civilis causa adiungitur, potest iudex eodem tempore utramque quaestionem sua sententia dirimere.

문서의 위조 여부, 즉 진정성에 대한 입증은 1차적으로 제출자, 즉 원용자가 부담하였다.[401] 그리고 입증이 실패할 경우 불이익 당사자에 대한 증거방법으로서의 그 가치가 상실되었다.[402] 채무자가 채무이행을 지체하기 위하여 채무증서가 위조임을 항변하는 경우 형사소추는 별론으로 하고, 그것만으로 이행기가 유예되는 효과는 없었다.[403]

문서위조를 이유로 하는 소추[404]는 여자의 경우 자기 사건이 아닌 한, 허용되지 않았다.[405] 또 기타 극형 사안에서와 마찬가지로 모(母)를 상대

---

401 C.4.19.24 = CTh.11.39.7 Valens / Grat. / Valentin. (a.378).

Iubemus omnes deinceps, qui scripturas suspectas comminiscuntur, cum quid in iudicio prompserint, nisi ipsi adstruxerint veritatem, ut nefariae scripturae reos et quasi falsarios esse detinendos.

(또 의혹을 받는 문서들을 조작하는 모든 자들은 심판정에서 그것을 제시한 경우 진정한 것임을 그들 스스로 입증하지 못하면 불의한 문서의 행사자로서 문서위조범으로 감금되어야만 함을 짐들은 명한다.)

C.9.22.24 Valentin. / Theodos. / Arcad. (A.389).

Praebemus licentiam, ut civiliter sive criminaliter, ut actor elegerit, super prolatis codicillis vel aliis instrumentis requiratur et incumbat probatio fidei instrumenti ei primitus, qui scripturam obtulerit, deinde ei, qui stricta instantia falsum arguere paratus est.

CTh.4.4.2.pr. Valentin. / Theodos. / Arcad. (a.389).

Simon, 289 + n.72.

402 C.4.21.21.3 Iust. (a.530); Nov.73, c.4 (a.538); Simon, 291 + n.80.

403 C.9.22.2 Alex. (a.223).

Satis aperte divorum parentum meorum rescriptis declaratum est, cum morandae solutionis gratia a debitore falsi crimen obicitur, nihilo minus salva exsecutione criminis debitorem ad solutionem compelli oportere.

404 Matthaeus, 422f.

405 D.48.16.4.pr. (Pap. 15 resp.); C.9.1.5 Alex. (a.222); C.9.22.19.1 Diocl. / Maxim. (a.294); (부모(父母)의 해방노예의 유언서에 관한 경우) D.48.2.2.pr. (Pap. 1 de adult.). Falchi, 169. 여자가 소추할 것처럼 으르다가 정해진 기한 내에 정식의 소추를 하지 않은 사안으로는

D.48.2.18 Mod. 17 resp.

Cum Titia testamentum Gaii fratris sui falsum arguere minaretur et sollemnia accusationis non implevit intra tempus a praeside praefinitum, praeses provinciae

로 할 수 없었다.[406] 동아시아에서 적용되었던 근친간의 강상(綱常) 논리가 로마에서도 통용되었던 것이다. 자신의 해방을 규정한 유언서가 은닉되었다고 주장하는 경우에는 노예도 소추인이 될 수 있었다.[407] 위조유언서로부터 수익한 자는 그 위조를 원용할 수 없었으나, 위조인지를 몰랐던 경우에는 상속을 승인했든 유증을 수령했든 위조를 주장할 수 있었으므로[408] 소추가 가능하였다. 반면에 위조를 주장했으나 화해한 경우 더이상의 위조 소추는 허용되지 않았다.[409]

그 밖에 특히 채무증서와 관련하여 채무자 생존시 그 위조원용 기간을 채무증서의 공탁을 조건으로 현지자(現地者, inter praesentes) 사이에서는 20년, 격지자(隔地者, inter absentes) 사이에서는 30년으로 정했던 421년의 칙법(CTh.2.27.1 Honor./Theodos./Constantius)이 특이하다. 이 칙법은 채무자 사망 시에는 채권자에게 각각 2개월 및 5개월 내에 법원에 등록을 신청하거나 제소할 것을 명하였고, 이를 해태할 시에는 소권이 소멸하였다(呈訴期限).[410]

이미 수차례 지적했지만 문서위조죄의 경우에도 사료로 미루어보면 사문회절차가 사라진 다음에는 비상심리절차에서 다루어졌다.[411] 유스

---

iterum pronuntiavit non posse illam amplius de falso testamento dicere: adversus quas sententias Titia non provocavit, sed dixit se post finitum tempus de irrito testamento dicere. quaero, an Titia, quae non appellavit adversus sententiam praesidis, possit ad falsi accusationem postea reverti. respondit nihil aperte proponi, propter quod adversus sententiae auctoritatem de falso agens audienda sit.

406 C.9.22.5 Alex. (a.230).
Falsi quidem crimen vel aliud capitale movere vos matri vestrae secta mea non patitur. sed ea res pecuniarium compendium non aufert. si enim de fide scripturae, unde eadem mater vestra fideicommissum sibi vindicat, dubitatio est, inquiri fides veritatis etiam sine metu criminis potest.

407 D.48.10.7 (Marcian. 2 inst.); D.5.1.53 (Hermog. 1 iuris epit.).

408 D.48.10.3 (Ulp. 4 disp.); C.9.22.4 Alex. (a.227).

409 C.9.22.7 Valerianus et Gallienus (a.258).

410 상세한 것은 Kaser II, 604 + nn.48-49.

411 D.47.11.8 (Ulp. 9 de off. procons.) cit. Cf. D.48.10.31 (Call. 3 de cogn.) cit.;

티니아누스 황제는 과거의 야경총감(夜警總監, praefectus viligum)의 직무를 맡게 하기 위하여 그가 새로 창설한 국민법정관(praetores plebis, πραίτωρες δήμων, praetores populorum: Nov.13 (a.535))으로 하여금 문서위조(παραποίησις, falsitas; πλαστογραφία, falsa scriptura) 사건도 담당시켰다.[412]

4) 기타

고전시기 후에는 문서위조의 의미가 확대되어 법률행위의 본질적인 내용이 그르게 문서화되었거나 문서 자체로부터는 알 수 없는 형식 하자가 범해진 경우에도 falsum이 성립하였다.[413] 아울러 시간이 가면서 falsum 개념에 심지어는 아주 포괄적으로 in fraudem alicuius,[414] 즉 기만의 목적이나 의도에 의한 사기(詐欺) 행위까지를 포괄하는 요건이 추가되면서 stellionatus (사기: D.47.20)와 맞물리는 발전이 있었다는 점이다.[415] 사기(詐欺)와 위조가 구성요건적으로 분명한 형태로 구분된 것은

Matthaeus, 416 n.8. 형사법 발전의 기본노선들이 설정된 것은 기원후 200년경이며, 로마 후기제국에서는 로마와 이탈리아마저도 지방화하면서 — 도백(道伯), 도백이 지명하는 재판관들, 황제에의 또는 황제가 지명하는 대관(代官)에의 상소에 기반한 — 지방의 사법체제가 절차에 대한 일반 모델이 되었다는 점에 대해서는 Lintott, 326; 사형까지 가능한 형벌권(ius gladii)의 지방수령에의 위임에 대해서는 Santalucia, 103ff.; 지방의 사법(司法)에 대해 상세한 것은 Richardson, 45ff.

412 Nov.80, c.7 (a.539).
   Praeterea autem quaecumque falsitatis vel plastographiae quae vocatur crimen in qualiscumque causa suscipiunt, in ea quoque inquirat (sc. praetor populi) et eos qui hoc nomine deferuntur comprehendat, atque post inscriptionem ac probationes poena eos afficiat: nam eiusmodi quoque cognitionis potestatem ei damus. ... [Schoell / Krueger]

413 Kaser II, 82 + n.80.

414 PS.5.25.5.

415 최병조 IV, 2f., 4f., 12f.; Mariano, 517f., 522; Robinson III, 39; d'Ors, 557f. Lintott, 324. 또한 fraus에 관한 Biscotti, 1ff. 참조. 동아시아 전통법에서도 사기(詐欺)를 사위(詐僞)의 일종으로 다루었다.『譯註 唐律疏議』제373조 詐僞 12 詐欺官私取財物 (p.3177); 제388조 詐僞 27 詐冒官司 (pp.3198f.). 참조.

19세기나 와서의 일이었는데, 관련 로마법 사료와 이를 바탕으로 한 보통법학과의 학문적인 대결을 거쳐서 이룩한 성과였다.[416]

〔부론〕

(1) 조규창, 619는 "2. 文書僞造罪"의 제하에 "전주정기에도 문서위조죄의 槪念定義를 찾아볼 수 없으나 칙법규정으로 미루어 문서위조죄란 參事員이 유언증서, 유산처분증서, 公文書와 기타 사문서 적성시에 문서를 위조 또는 변조하여 문서의 진정성과 公信力을 훼손시키는 범행임을 알 수 있다[79]"고 서술하고, 주 79에서는 "CTh. 19, 19, 1; CTh. 12, 1, 3; C. 4, 20, 13-14; 17; Nov. 123, 20"를 전거로 제시하였다. 이에 대해서는 다음과 같이 지적할 수 있다. ① 첫째, 문서위조죄의 개념정의는 고전기에도 없었고, 처음부터도 없었다. 정의(定義)를 내리고 출발하는 것은 로마법학의 방식이 아니다. 다양한 행위유형의 나열을 통하여 그저 보여줄 뿐이다. ② 둘째, 문서위조의 주체로 참사원만 들고 있는 것은 명백히 잘못된 것이다. 인용한 칙법들이 참사원이 주체인 사안들을 다루고 있다는 것과 문서위조죄가 참사원에 의해서만 범해지는 범죄라는 것과는 큰 차이가 있기 때문이다. ③ 셋째, 인용한 CTh.19.19.1은 없는 개소이다. 전술한 바 있지만, CTh.9.19.1 = C.9.22.21이 맞는 것이다(이것은 바로 이어진 주 80과 81에서도 똑같이 잘못 표시되었다. 그러나 그다음 주 82와 83에서는 CTh.9.19로 바르게 표기되었다). 그리고 CTh.12.1.3 Const. (a.316)은 문서위조와 직접 관련된 것이 아니라 그저 시참사회원은 대서사업(代書士業)을 삼가야 하지만, 대서사(代書士)가 시참사회원이 되는 것은 금지하지 않는다는 내용일 뿐이다. 또 C.4.20.13-14는 모두 위증(僞證, ψευδομαρτυρία, testimonium falsum)에 관한 것이므로 문서위조죄의 전거로는 부적당할 뿐 아니라 시참사회원이 개입된 사안도 아니므로 앞의 설명과도 맞지 않는다. Nov.123, c.20도 문서 위조가 아니라 위증(僞證)

---

416 최병조 IV, 3.

에 관한 것이고, 그리스도교 사제들에 관한 것이므로 앞의 칙법들과 마찬가지로 전거로서 부적당하다.

(2) 또 조규창, 620은 "문서위조죄로 有罪가 확정된 범인은 범죄의 輕重(magnitudo commissi)에 따라 추방형 또는 사형으로 제재했다.[83] 이와 같이 화폐위조죄와는 달리 범인의 사회 신분에 따라 형벌의 차이를 인정하지 않았다"고 서술하고, 주 83에서 CTh. 9, 19, 2를 전거로 제시한다. 그러나 이것도 잘못이다. 왜냐하면 CTh.9.19.2는 필자가 앞에서 인용한 바 있는 C.9.22.22와 텍스트상 약간의 차이는 있지만 같은 것으로서, 특히 맨 마지막의 형벌에 관련된 부분(엄밀히는 CTh.9.19.2.2 = C.9.22.22.2)은 정확히 일치하는데, 그곳에서 magnitudo commissi는 그에 따라 선택적인 형벌이 정해지는 "범죄의 輕重"이 아니라 단순히 "범행의 중대성", "범죄의 막중함"이란 뜻으로, 전체 취지는 범행이 중하면 극형이나 중유배(重流配)에 처한다는 것이다.[417] 이것은 명시적으로 드러나 있지는 않지만 현안에서 문제가 된 범죄자가 반족(班族)임을 전제로 중한 사안에 대한 형벌을 밝힌 것일 뿐이므로 당시의 정착된 법리에 정면으로 위배되게 "사회신분에 따라 형벌의 차이를 인정하지 않았다"고 해석될 수 있는 부분이 전혀 아니다. 로마 후기의 법사료는 특히 조심스럽게 다루어야 한다.

III. 맺음말

사위죄(詐僞罪, falsum)에 대한 로마 최고(最古)의 입법은 12표법상의

---

417 '범죄의 경중'이려면 D.48.10.31 (Call. 3 de cogn.) cit.처럼 pro mensura cuiusque delicti, 또는 D.48.10.27.2 (Mod. 8 reg.) cit.처럼 pro admissi qualitate, 또는 기타 이와 유사한 형태로 표현해야 할 것이다. 가령 pro modo delicti, admissi 등: D.3.6.8 (Ulp. 4 opin.); D.37.15.1.pr./2 (Ulp. 1 opin.); D.48.19.37 (Paul. 1 sent.); D.49.16.3.5 (Mod. 4 de poen.); PS. 5.4.8; PS.5.16.13; PS. 5.25.13.

위증 조항(XII.Tab.8.23)이었다. 그러나 12표법 이전에도 위증에 대한 소송은 알려져 있었다. 구술문화였던 로마가 위증을 일찍이 제재했던 것을 알 수가 있다. 우리가 알 수 있는 한 사위(詐僞)의 한 형태였던 문서위조에 관한 명시적인 입법은 술라 독재관 시기의 코르넬리우스법(기원전 81년)이다. 위증에 비하면 관련법이 상대적으로 아주 늦게 제정된 셈이다. 이 법률은 동시에 재판기구로서 상설사문회(常設査問會, quaestio perpetua)를 설치하는 법이기도 하였다. 이 법률의 제재 대상인 범죄(crimen publicum)는 유언서(遺言書)와 주화(鑄貨) 위조였다. 그러나 이윽고 모든 공(公)·사(私)의 문서가 대상이 되었고, 다양한 행위들이 위조행위에 해당하였는데, 크게 범주화하면 작성, 부정 인봉(印封), 부서(附署), 모사(冒寫), 변조, 말소, 은닉, 누출, 부정사용이 문서에 대한 사위(詐僞)였다. 이 범죄의 처벌은 극형, 수화불통(水火不通), 중유배(重流配), 재산 몰수 등이었으며, 후대에는 사회신분에 따른 차별로 인하여 반족(班族) 인사의 경우 섬으로의 중유배(重流配), 상민(常民)의 경우 광산형 내지 십자가형이었다.

제정기에 들면서 사위(詐僞) 중 문서위조와 관련해서는 티베리우스 시기 리보 원로원의결(16년)과 클라우디우스 고시(告示)를 통하여 유언서 필집(筆執)이 자신을 위하여 임의로 유증을 삽입하는 것을 확실하게 금지하였다. 네로 시에는 또 위조를 막기 위하여 서명 외에 문서판에 구멍을 뚫고 3중으로 관철(貫綴)할 것과, 또 유언서의 처음 두 판에 오직 유언자의 서명만을 한 채로 나머지 판에 증인들의 서명을 받도록 규정하여 유언서의 내용을 증인들이 알지 못하도록 하였다.

기록들에 의하면 다양한 형태의 사위(詐僞)의 범죄가 매우 흔했던 것 같은데, 특히 유언서 위조가 그러하였다. 이에 대한 대응으로 로마에서는 문서위조의 관심이 사(私)문서, 그중에서도 유언서에 집중되었고, 다양한 사례들이 논의되었다. 동아시아가 주로 공문서 위조에 관심을 기울였던 것과 대조되는 점이다.

그리고 로마법은 봉인(封印)을 중심으로 문서의 진정성을 확보하는 실태로 인하여 기본적으로 오늘날 개념으로 유형위조(有形僞造)에 치중했던 것 같고, 무형위조(無形僞造: 허위문서작성)의 사안은 부차적이었던 것 같다. 그러나 명시적으로 이러한 행위유형(falsum facere sine consignatione)을 규정한 것으로 보아서는 무형위조 역시 알고는 있었다. 그러나 이 유형에 대한 언급이 극히 드문 것은 명의가 진정한 경우 유언서나 계약 문서의 당사자가 기록한 것은 설령 심리유보가 인정된다 하더라도(그러나 로마법에서는 심리유보가 인정되지 않았다) 그것이 허위라는 것을 외부인으로서는 입증하기가 거의 불가능했기 때문일 것이다. 또 공문서에서 진정한 관인(官印)의 사용자가 허위 공문서를 작성하는 경우란 자신의 정당한 권한을 일탈하는 경우일 터인데, 이 문제를 직접 거론하고 있는 사료는 전해지지 않는다. 그러나 그 사실이 드러나면 어떤 방식으로든 처벌을 했을 것이다. 결국 문제는 입증의 문제가 아니었을까 생각된다. 법이나 상관의 지시에 위반하는 내용의 공문서가 작성된 경우에는 비교적 입증이 용이했을 것이다. 황제의 문서에 대한 사례가 드물지만 전하는 것도 다 이런 까닭에서일 것이다. 그러나 공직 기강의 면에서도 제재가 가능했을 것이므로 반드시 falsum의 영역에서 처리하지 않아도 되었을 것이다. 더욱 후대에는 사해(詐害)행위(fraus)와의 친연성(親緣性)으로 인하여 falsum 개념이 더욱 확장되는 모습을 보였다.

끝으로 한 가지 덧붙이자면 최근에 한국 사학계에서는 기존에 법령 연구에 치우치던 경향을 벗어나 법률고문서에 대한 연구가 차근차근 진행되고 있어 매우 고무적이다. 국내의 로마법학계에서도 이 글이 계기가 되어 로마 법률고문서에 대한 연구가 활성화된다면 망외의 기쁨일 것이다.[418]

---

418 과문한 탓인지는 모르나 기존의 연구로는 광산의 노무계약서를 다룬 최병조, "Cessante labore cessat et praemium? ― 無勞動 無賃金? 로마법상의 고용계약에 관한 소고", 『서울대학교 법학』 제47권 제1호(2006. 3), 76-106(=『로마법의 법과 생활』, 경인문화사[2007], 247-287)이 거의 유일한 것 같다. 요새는 로마시대의 실무 문기들을 온라인상에서 쉽게 구할 수 있으므로 연구여건이 획기적으로 호전되었다.

참고문헌

〈로마법대전 번역본〉

Code-Tissot = *Les Douze Livres du Code de L'Empereur Justinien, De La Seconde Édition*, Traduits en Français par P.-A. Tissot, Tome Troisième (Metz: Behmer, 1807).

Codex-Frier = *The Codex of Justinian, A New Annotated Translation, with Parallel Latin and Greek Text*, edited by Bruce W. Frier (Cambridge: Cambridge University Press, 2016).

Digest-Scott = http://droitromain.upmf-grenoble.fr /→18. Lingua Anglica →*The Digest or Pandects of Justinian* (Scott) (1932).

Digest-Watson = *The Digest of Justinian*, translation edited by Alan Watson, rev. English language ed. (1998).

Digeste-Hulot = *Le Digeste de Justinien* (Traduction de Henri Hulot, 1803), tome VII (1825).

Digesten-Otto = *Das Corpus Juris Civilis in's Deutsche übersetzt* von einem Vereine Rechtsgelehrter und herausgegeben von Carl Ed. Otto, Bruno Schilling und Carl Friedrich Ferdinand Sintenis, Vierter Band (1832).

Digesti-Foramiti = *Corpo del Diritto Civile*, per istudio e cura di Francesco Foramiti, nuova edizione (1830).

〈동아시아 전통법 사료〉

『各司受敎』= 조선중기 새 법령 모음 各司受敎, 원문·역주 한국역사연구회 중세2분과 법전연구반(청년사, 2002).

『大明律』= 懷效鋒 點校, 大明律 [中華傳世法典] (北京: 法律出版社, 1998).

『大明律講解』= 서울대학교 법과대학 大明律講讀會 譯註, 大明律講解 - 初譯本 - [BK21 법학연구단 독회지원 최종보고서] (2006년 2월 28일).

『受敎定例』= 수교정례·율례요람(법제자료 제38집: 법제처, 1970).

『受教輯錄』＝조선중기 새 법령 모음 受教輯錄, 원문·역주 한국역사연구회 중세2
분과 법전연구반(청년사, 2001).

『新補受教輯錄』＝조선후기 새 법령 모음 新補受教輯錄, 원문·역주 한국역사연구
회 중세2분과 법전연구반(청년사, 2000).

『譯註 唐律疏議』＝主編 任大熙 金鐸敏, 譯註 唐律疏議 各則(下) – 鬪訟·詐僞·雜律
·捕亡·斷獄 – (한국법제연구원, 1998).

『特教定式』＝朝鮮後期 受教資料 集成(II) – 刑事篇: 2 (奎章閣 所藏本)[法史學叢書
2], 鄭肯植·趙志晚·田中俊光·金泳奭(한국법제연구원, 2010), 56-269.

今井猛嘉, "文書僞造罪の一考察 (一)", 『法學協會雜誌』 第112卷 第2號(1995), 167-
211.

김경현(金炅賢), "로마常設法廷의 기원", 『史學志』 16(1982), 1-18.

柴田光藏, 『法律ラテン語辭典』, 東京: 日本評論社(1985).

심희기, "조선시대 詞訟에서 제기되는 문서의 眞正性 문제들", 『古文書研究』 제46
호(2015. 2), 89-112.

程維榮, "134. 我國古代對詐僞罪是怎樣規定的?", 陳鵬生 / 副主編 / 洪丕謨 / 夏永孚,
『中國古代法律三百題』, 上海: 上海古籍出版社(1991), 301-303.

조규창, 『로마刑法』, 고려대학교출판부(1998).

조현욱, "로마시대의 국가범죄에 관한 연구", 『지중해지역연구』 제10권 제1호
(2008. 3), 29-53.

최병조, 『로마법강의』, 박영사(1999). [＝최병조 II]

_____, "로마형법상의 詐欺 범죄 — D.47.20 Stellionatus 역주", 『서울대학교 法學』
제48권 제3호(2007. 9), 1-28. [＝최병조 IV]

_____, "로마刑法小考 — D.48.8 殺人犯에 관한 코르넬리우스法 譯註", 『서울대학
교 法學』 제38권 제3호·제4호(1997), 78-128(＝『로마法·民法 論考』, 박영
사(1999), 277-324). [＝최병조 I]

_____, "서양 고대 로마의 법치: 이념과 현실", 김도균·최병조·최종고 편, 『법치
주의의 기초: 역사와 이념』, 서울대학교출판부(2006), 125-211. [＝최병조
III]

_____, "형사피고인 자살의 효과 — 로마법의 경우", 『법사학연구』 제40호(2009.
10), 261-307. [＝최병조 V]

키케로, 마르쿠스 툴리우스, 김남우 외 옮김, 『설득의 정치』, 민음사(2015). [＝키
케로 II]

_____, 강대진 옮김, 『키케로의 신들의 본성에 관하여』, 나남(2012). [＝키케로 I]

Albanese, Bernardo, "Sul Senatoconsulto Liboniano", *Annali del Seminario Giuridico dell'Università di Palermo (AUPA)* 36 (1976), 289-365 = *Scritti giuridici*, a cura di Matteo Marrone, Tomo II (Palermo: Palumbo, 1991), 1377-1453.

Amelotti / Zingale, "Συγγραφή, χειρόγραφον - testatio, chirographum. Osservazioni in tema di tipologie documentali", *Symposion 1988. communicazioni sul diritto greco ed ellenistico (Siena - Pisa, 6.-8. Giunio 1988)*, a cura di Giuseppe Nenci-Gerhard Thür (Köln · Wien: Böhlau Verlag, 1990), 297-304. [= Amelotti / Zingale II]

———, "Osservazioni sulla duplice scritturazione nei documenti", *Symposion 1985. Vorträge zur griechischen und hellenistischen Rechtsgeschcihte (Ringberg, 24.-26. Juli 1985)*, herausgegeben von Gerhard Thür (Köln · Wien: Böhlau Verlag, 1989), 299-309. [= Amelotti / Zingale I]

Archi, Gian Gualberto, "≪Civiliter vel criminaliter agere≫ in tema di falso documentale (Contributo storico-dommatico al problema della efficacia della *scripture*)", in: Scritti in onore di Contardo Ferrini, pubblicati in occasione della sua beatificazione. Pubblicazioni dell'Università Cattolica del S. Cuore, nuova serie, vol. XVI, (Milano, 1947) = *Scritti di diritto romano*, Volume III (Milano: Dott. A. Giuffrè Editore, 1981), 1589-1668. [= Archi II]

———, "Problemi in tema di falso nel diritto romano", in: Publicazioni della Università di Pavia, Studi nelle scienze giuridiche e sociali, n. 91 (1941) = *Scritti di diritto romano*, Volume III (Milano: Dott. A. Giuffrè Editore, 1981), 1487-1587. [= Archi I]

Augustinus, Antonius, *Opera omnia*, Volumen primum (Lucae: Typis Josephi Rocchii, 1765).

Asverus, Gustavus, *Commentarii ad Constitutionem vicesimam Codicis Justinianei De fide instrumentorum nec non ad Caput secundum Novellae constitutionis quadragesimae nonae* (Jenae: Typis Friderici Frommanni, 1834).

Bauman, Richard A., *Crime and Punishment in Ancient Rome* (London and New York: Routledge, 1996).

Berger, Adolf, *Encyclopedic Dictionary of Roman Law* (Philadelphia: The American Philosophical Society, 1953).

Bethmann-Hollweg, August, *Gerichtsverfassung und Prozeß des sinkenden Römischen Reichs, ein Beitrag zur Geschichte des Römischen Rechts bis auf Justinian* (Bonn: bei Adolph Marcus, 1834).

Biscotti, Barbara, "Debtor's Fraud in Roman Law. An Opportunity for Some Brief

Remarks on the Concept of Fraud", *Fundamina* 17 (2) 2011, 1-13.

Brunnemann, Johannes, *Commentarius in Codicem*, editio novissima (Lipsiae, 1708).

Bruns, Carolus Georgius / Gradenwitz, Otto (ed,), *Fontes Iuris Romani Antiqui, Pars prior: Leges et Negotia* (Tubingae: In Libraria I.C.B. Mohrii (P. Siebeck), 1909).

Campbell, Brian, *The Writings of the Roman Land Surveyors. Introduction, Text, Translation and Commentary* [Journal of Roman Studies Mnograph No.9] (London: Society for the Promotion of Roman Studies, 2000).

Champlin, E. J., "Miscellanea testamentaria", *Zeitschrift für Papyrologie und Epigraphik* (1987), 197-206.

Coriat, Jean-Pierre, *Le Prince Législateur* (Roma: École française de Rome, 1997).

Crook, A., "Lex Cornelia de falsis", *Athenaeum* 65 (1987), 163-171.

Dirksen, Henricus Eduardus, *Manuale Latinitatis Fontium Iuris Civilis Romanorum. Thesauri Latinitatis Epitome* (Berolini: Impensis Dunckeri et Humblotii, 1837).

d'Ors, Alvaro, "Contribuciones a la historia del 'crimen falsi'", in: *Studi in onore di Edoardo Volterra*, Vol. 2 (Milano: A. Giuffrè, 1971), 527-558.

Düll, Rudolf, *Der Gütegedanke im römischen Zivilprozessrecht* (München: C.H. Beck'sche Verlagsbuchandlung, 1931).

Eckelboom, Guilielmus Timmer, *De Morum in Leges Romanorum Efficacia* [Specimen Juridicum Inaugurale] (Amstelodami: A. Zweesaardt, 1836).

Ernst, Wolfgang, *Rechtserkenntnis durch Richtermehrheiten. "group choice" in europäischen Justiztraditionen* (Tübingen: Mohr Siebeck, 2016).

Falchi, Giuseppino Ferruccio, *Diritto penale romano* (Padova: R. Zannoni Editore, 1932).

FIRA III = Arangio-Ruiz, V. (ed.), *Fontes Iuris Romani antejustiniani, III: Negotia*, secunda editio (Florentiae: Apud S. A. G. Barbèra, 1943) = https://droitromain.univ-grenoble-alpes.fr / → 9. Negotia I, II.

Fuhrmann, Manfred (hrsg.), Marcus Tullius Cicero, *Die Prozessreden*, Band I, Lateinisch-deutsch, herausgegeben, übersetzt und erläutert von Manfred Fuhrmann (Zürich / Düsseldorf: Artemis & Winkler Verlag, 1997).

GEL = *A Greek-English Lexicon*, New Edition, compiled by Henry George Liddell and Robert Scott, revised and augmented throughout by Sir Henry Stuart Jones with the assistance of Roderick McKenzie and with the co-operation of many scholars, With a Suppliment (Oxford: The Clarendon Press, 1968).

Gross, Walter Hatto, "Signum", in: *Der Kleine Pauly. Lexikon der Antike*, auf der

Grundlage von Pauly's Realencyclopädie der classischen Altertumswissenschaft unter Mitwirkung zahlreicher Fachgelehrter bearbeitet und herausgegeben von Konrat Ziegler, Walther Sontheimer und Hans Gärtner, Band 5 (München: Deutscher Taschenbuch Verlag, 1979), col.184-186.

Gschnitzer, Fritz, "Beurkundungsgebühren im römischen Kaiserreich. Zu IvE I a 13", *Symposion 1985. Vorträge zur griechischen und hellenistischen Rechtsgeschcihte (Ringberg, 24.-26. Juli 1985)*, herausgegeben von Gerhard Thür (Köln · Wien: Böhlau Verlag, 1989), 389-403.

Guarino, Antonio, "L'ignoranza del diritto oenale romano", *Annali del Seminario Giuridico dell'Università di Palermo (AUPA)* 15 (1942), 166 ss. col titolo: *Appunti sul "ignorantia iuris" nel diritto penale romano= Pagine di diritto romano* VII (Napoli: Casa Editrice Dott. Eugenio Jovene, 1995), 266-298.

Huschke, Ph. Eduardus, *Iurisprudentiae anteiustinianae quae supersunt in usum maxime academicum* (Lipsiae: In Aedibus B. G. Teubneri, 1861).

Jacobi, Simon Leonardus, *Criminis falsi quae fuerit indoles in jure Romano. Dissertatio inauguralis* (Berolini: Typis Gustavi Schade, 1854).

Kantorowicz, Hermann, *Schriftvergleichung und Urkundenfälschung. Beitrag zur Geschichte der Diplomatik im Mittelalter* (Rom: Verlag von Loescher & Co., 1906).

Kaser, Max, *Das römische Provatrecht, Erster Abschnitt: Das altrömische, das vorklassische und klassische Recht*, Zweite, neubearbeitete Auflage (München: C.H.Beck'sche Verlagsbuchhandlung, 1971). [= Kaser I]

_____, *Das römische Provatrecht, Zweiter Abschnitt: Die nachklassischen Entwicklungen*, Zweite, neubearbeitete Auflage mit Nachträgen zum Ersten Abschnitt (München: C.H. Beck'sche Verlagsbuchhandlung, 1975). [= Kaser II]

Kaser, Max / Hackl, Karl, *Das römische Zivilprozessrecht*, Zweite Auflage (München: C.H. Beck'sche Verlagsbuchhandlung, 1996).

Kemmerichius, Dietericus Herm., *Synopsis juris criminalis per succinctas positiones delineati in usum praelectionum academicarum* (Pisis: Ex Typographia Augustini Pizzorno, 1768).

Kenyon, Frederic G., *The Palaeography of Greek Papyri* (Oxford: The Clarendon Press, 1899).

Kocher, Eberhard Eike, *Überlieferter und ursprünglicher Anwendungsbereich der "Lex Cornelia de falis"* (München: Dissertations-Druckerei Charlotte Schön, 1965).

Kunkel, Wolfgang, "Quaestio 1)", in: *Paulys Realencyclopädie der classischen*

Altertumswissenschaft, XXIV (Stuttgart: Metzler, 1963), col.720-786.

Kunkel, Wolfgang / Schermaier, Martin, *Römische Rechtsgeschichte,* 14. Auflage (Köln · Weimar · Wien: Böhlau Verlag, 2005).

Kunkel, Wolfgang / Honsell, Heinrich, *Römisches Recht* (Berlin · Heidelberg · New York · London · Paris · Tokyo: Springer-Verlag, 1987).

Levy, Ernst, "Gesetz und Richter im kaiserlichen Strafrecht. Erster Teil. Die Stragzumessung", *BIDR* 45 (1938), 57-166 = *Gesammelte Schriften* II (Köln · Graz: Böhlau Verlag, 1963), 433-508 [이 논문의 영어 축약본 "Statute and Judge in Roman Criminal Law", *Washington Law Review and State Bar Journal,* vol. XIII, number 4 (November, 1938), 291-304].

Liebs, Detlef, *Die Klagenkonkurrenz im römischen Recht. Zur Geschichte der Scheidung von Schadensersatz und Privatstrafe* (Göttingen: Vandenhoeck & Ruprecht, 1972).

Lintott, Andrew, "15 Crime and Punishment", in: *The Cambridge Companion to Roman Law,* edited by David Johnston (New York: Cambridge University Press, 2015), 301-331.

Lipsius, Justus Hermann, *Das attische Recht und Rechtsverfahren mit Benutzung des "Attischen Processes" von M.H.E. Meier und G.F. Schömann dargestellt,* 3 Bde in 1 Band, 2. Nachdrucksauflage der Ausgabe Leipzig 1905-15 (Hildesheim · Zürich · New York: Georg Olms Verlag, 1984).

Mariano, Scarlata Fazio, "Falsità e falso, I. Parte storica", in: *Enciclopedia del Diritto,* XVI (Milano: Dott. A. Giuffrè Editore, 1967), 504-522.

Marino, Fabio, "Il falso testamentario nel diritto romano", *Zeitschrift der Savigny-Stiftung für Rechtsgeschichte, Romanistische Abteilung* 105 (1988), 634-663.

Mazzola, Rosaria, *Imitatio veritatis. Studi sul falso tra le Dodici tavole e lex Cornelia testamentaria nummaria* [Tesi di dottorato, Università degli Studi di Napoli Federico II] (2013) = http://www.fedoa.unina.it/9314/.

Meyer, Elizabeth A., "6 Writing in Roman Legal Contexts", in: *The Cambridge Companion to Roman Law,* edited by David Johnston (New York: Cambridge University Press, 2015), 85-96.

Metthaeus, Antonius, *On Crimes. A Commnetary on Books XLVII and XLVIII of the Digest,* edited and translated into English by M. K. L. Hewett and B. C. Stoop, Vol. III (University of Cape Town Press, 1994 [original Latin text, Basel 1715]).

Mommsen, Theodor, *Römisches Strafrecht* (1899 / ND 1953).

$OLD = Oxford$ $Latin$ $Dictionary$, edited by P.G.W. Glare (Oxford: The Clarendon Press, 1982 / Reprinted 1985).

Piazza, Maria Pia, *La disciplina del falso nel diritto romano* (Padova: CEDAM, 1991).

Ramsay, William, *A Manual of Roman Antiquities*, fifth edition revised and enlarged (London: Friffin Bohn and Company, 1863).

Rein, Wilhelm, *Das Criminalrecht der Römer von Romulus bis auf Justinianus* (Leipzig: Verlag von K. P. Köhler, 1844).

Riccobono, Salvator (ed.), *Fontes Iuris Romani Antejustiniani, Pars prima: Leges* (Florentiae: Apud S. A. G. Barbèra, 1968).

Richardson, John, "4 Roman Law in the Provinces", in: *The Cambridge Companion to Roman Law*, edited by David Johnston (New York: Cambridge University Press, 2015), 45-58.

Riggsby, Andrew M., *Roman Law and the Legal World of the Romans* (New York: Cambridge University Press, 2010).

Robinson, Olivia F., "The Role of the Senate in Roman Criminal Law during the Principate", *Legal History*, Vol.17, No.2 (August 1996), 130-143.

_____, "An Aspect of *falsum*", in: *Tijdschrift voor rechtsgeschiedenis* 60 (1992), 29-38. [= Robinson I]

_____, "Some Thoughts on Justinian's Summary of Roman Criminal Law", *Bullettino dell'Istituto di Diritto Romano "Vittorio Scialoja"* Terza serie Vol. 33-34 (1994), 89-104. [= Robinson II]

_____, *The Criminal Law of Ancient Rome* (Baltimore, Maryland: The Johns Hopkins University Press, 1996). [= Robinson III]

Rotondi, Giovanni, *Leges Publicae Populi Romani. Elenco cronologico con una introduzione sull'attività legislativa dei comizi romani*, Estratto dalla Enciclopedia Giuridica Italiana, mit Nachtrag aus G. Rotondi, Scritti Giuridici, I, Milano 1922 (Hildesheim: Georg Olms Verlagsbuchhandlung, 1962).

Rupprecht, Hans-Albert, "17: Greek Law in Foreign Surroundings: Continuity and Development", in: *The Cambridge Companion to Ancient Greek Law*, edited by Michael Gagarin and David Cohen (New York: Cambridge University Press, 2005), 328-342.

Santalucia, Bernardo, *Diritto e processo penale nell'antica Roma* (Milano: Giuffrè Editore, 1989).

Simon, Dieter, *Untersuchungen zum Justinianischen Zivilprozeß* (München: C.H. Beck'sche Verlagsbuchhandlung, 1969).

Todd, S. C., *The Shape of Athenian Law* (Oxford: The Clarendon Press, 1993).

Ürögdi, Georg, "Falsum", in: *Der Kleine Pauly. Lexikon der Antike*, auf der Grundlage von Pauly's Realencyclopädie der classischen Altertumswissenschaft unter Mitwirkung zahlreicher Fachgelehrter bearbeitet und herausgegeben von Konrat Ziegler, Walther Sontheimer und Hans Gärtner, Band 2 (München: Deutscher Taschenbuch Verlag, 1979), col.510.

Vicat, B. Philip., *Vocabularium Juris Utriusque*, tomus primus: A-E (Ex Officina Bousquetiana, 1759).

Volkmann, Hans, *Zur Rechtsprechung im Prinzipat des Augustus. Historische Beiträge* (München: C.H.Beck'sche Verlagsbuchhandlung, 1935).

Volterra, Edoardo, "Senatus consulta" (orig. in: *Novissimo Digesto Italiano*, XVI (1969), 1047ff.), in: *Scritti giuridici, con una nota di Mario Talamanca, V. Le fonti* (Napoli: Jovene Editore, 1993), 193-297.

Weiss, J.-J., *De Inquisitione apud Romanos Ciceronis Tempore* (Parisiis: Apud A. Durand, Bibliopolam, 1856).

Wenger, Ludwig, *Die Quellen des römischen Rechts* (Wien: Druck und Verlag Adolf Holzhausens Nfg., 1953).

Westenberg, Joannes Ortwin, *Divus Marcus, seu Dissertationes ad Constitutiones Marci Aurelii Antonini Imperatoris* (Lugduni Batavorum: Apud Janssonios Vander, 1736).

Wieacker, Franz, *Textstufen klassicher Juristen* (Göttingen: Vandenhoeck & Ruprecht, 1975[Nunveränderter Neudruck der Ausgabe von 1959]).

Wilcken, U./Mitteis, L., *Grundzüge und Chrestomathie der Papyruskunde, II (Juristischer Teil, von Mitteis), 1 (Grundzüge)* (Hildesheim: Georg Olms Verlagsbuchhandlung, 1963 [Mit Genehmigung des Verlages B. G. Teubner, Stuttgart, veranstaltet Nachdruck der 1. Auflage Leipzig 1912]).

Winkler, Gerhard, "Statilius", in: *Der Kleine Pauly. Lexikon der Antike*, auf der Grundlage von Pauly's Realencyclopädie der classischen Altertumswissenschaft unter Mitwirkung zahlreicher Fachgelehrter bearbeitet und herausgegeben von Konrat Ziegler, Walther Sontheimer und Hans Gärtner, Band 5 (München: Deutscher Taschenbuch Verlag, 1979), col.345-347.

Wolf, Joseph Georg, "5 Documents in Roman Practice", in: *The Cambridge Companion to Roman Law*, edited by David Johnston (New York: Cambridge University Press, 2015), 61-84. [= Wolf II]

────── (hrsg.), *Neue Rechtsurkunden aus Pompeji. Tabulae Pompeianae Novae,*

Lateinisch und deutsch, herausgegeben, eingeleitet und übersetzt von Joseph Georg Wolf, 2., durchgesehene Auflage (Darmstadt: Wissenschaftliche Buchgesellschaft, 2012). [= Wolf I]

Zumpt, A. W., *Der Criminalprocess der Römischen Republik* (Leipzig: Druck und Verlag von B. G. Teubner, 1871).

제13장 형사피고인 자살의 효과

─로마법의 경우

＊심사자 A는 "rescriptio를 '비답'이라는 난해한 표현으로 소개할 경우, 로마법 연구
가 불필요하게 esoteric한 작업이 될 우려가 있으므로 평심하게 '[황제의] 회신'이라
표현하거나, '칙답'(敕答)이라 표현하면 어떨까 한다"라고 지적하였다. 필자는 가
능한 경우 우리 전통법의 용어를 살려 쓰는 방안이 적어도 다른 나라의 역사적 법에
대한 용어 선택에 있어서 하나의 좋은 대안일 수 있다는 사견을 이미 밝힌 바 있다.
다만 rescriptum의 경우 종래 필자가 관용하던 '비답'은 양자가 그 실질에서 반드
시 부합한다고 볼 수 없어서 앞으로는 '칙답'으로 통일하고자 한다. 최병조 II, 453
n.14. 그리고 rescriptio가 아니라 rescriptum (복수 rescripta)이다.

I. 머리말

이른바 포괄적 뇌물죄 혐의로 검찰의 조사가 진행중이었고 그에 따른 기소를 앞두고 있던 시점에 노무현 전 대통령이 자살을 하였다(2009년 5월 23일). 검찰은 곧 모든 절차가 종결되었음을 선언하였다. 이 글은 이 사건을 계기로 고대 로마에서는 피의자 내지 피고인의 자살이 형사법적으로 어떻게 처리되었는지를 살펴보려는 것이다. 이 문제에 관해서는 이미 국내에도 대체적인 내용은 알려져 있다.[1] 게다가 문제 자체가 비교적 단순한 것이므로 특별히 상세한 연구를 진행한다기보다는 아직 국내에 직접 알려져 있지 않은 관련 사료를 그저 충실히 소개하는 데 중점을 두었다.[2]

---

1 조규창, 442f.

2 심사자 B는 소개된 원사료와 관련하여 "원어를 번역하여 소개한 부분과 원어 자체만을 실어 놓은 차이가 있는지? 없다면 독자의 편의를 위해 모두 번역하여 제시하던지, 일관성을 지키는 것이 좋지 않을까요"라는 의견이다. 이 견해에 대해서는 필자도 기본적으로는 동의한다. 그러나 지면관계도 있고 해서 대체로 본문에서는 번역문도 제시하고 각주에서는 원칙적으로 원문만 제시하는 절충을 하였다. 지면을 생각해서 원문을 생략하고 번역문만 제시하는 방안도 고려해 볼 수 있는데, 첫째로 독자의 대부분이 원문을 접하기 힘든 사정을 고려하고 둘째로 번역문이 원문과 함

법사학의 과제는 여러 가지가 있겠고 또 학자에 따라서 보는 바가 다양하겠지만[3] 적어도 사회적으로 파장이 컸던 사건들의 경우에는 이를 계기 삼아서 관련 주제에 대한 과거의 법적 경험을 발굴하고 소개하고 분석하고 비교연구하며 일반 법학도는 물론 일반대중에게도 우리 법의 현주소를 더 잘 알릴 수 있는 작업도 더 활발히 전개할 필요가 있을 것이다.[4] 그런 의미에서 역사적 법을 있었던 그대로 재현하려는 노력의 중요성은 더 말할 나위 없는 것이지만(대략 '역사적 법사학 방법론'), 역사적 법을 오늘의 관점에서 재조명하고 재구성해 보는 작업이야말로 법사학을 살아있게 만드는 관건이 아닐까 한다(대략 '법학적 법사학 방법론').[5] 이런 의미에서 가령 한국 법제사를 현대법의 체계에 따라 또 그 개념에 비추어 정리정돈하고 재조명한 김재문의 한국전통법 총서(2007)나 우병창(2006)의 시도는 아직 갈 길이 멀고 또 자칫 법의 역사성에 대한 몰각으로 귀결될 위험성을 내포하지만[6] 매우 의미심장한 행보의 시작이라고 평가된다. 서양의 경우에도 역사적 법(특히 로마법)을 유럽의 현대법과 새롭게 접목시키려는 일련의 움직임에 대하여 '신판덱텐주의'라는 비판이 제기되고 있는 데에서도 알 수 있듯이 법의 역사성에 대한 인식과 의식은 법사학의 경우 본질적이다. 그러나 당대적 경험의 관점에서의 전통

께 제시되어야 독자가 오역이나 부적절한 번역의 문제점을 지적할 수 있으며, 셋째로 필자 자신도 내용적인 파악에 있어서 번역문은 방편이고 원문에 의존할 수밖에 없으므로 가능하면 원문은 반드시 제시한다는 것을 필자의 원칙으로 삼고 있다. 양해를 구한다.

3 심희기, 43ff.; 정긍식 II, 497ff; 정긍식 III, 111f. 더 일반적으로는 최종고·김상용, 11ff.

4 가령 심희기, 406ff.(12·12와 5·18 관련), 528ff.(의붓아버지의 성폭력 관련), 554ff. (1980년대 국가 안보 이데올로기 관련) 등은 이러한 예를 보여준다.

5 가령 심희기, 464ff.(정소기한법과 시효취득법 관련)는 이러한 예에 해당한다. 또한 정긍식 II, 500 + nn.10-11.

6 정긍식 II, 500 n.12는 이런 관점에서 우병창(2006)의 기초가 된 그의 박사학위논문(1996)에 대하여 매우 비판적이다.

법에 대한 접근은 연구실천적으로 불가피한 것이고,[7] 당대 법률가들과의 소통(aggiornamento)을 위해서도 필수적이다.[8] 다른 한편으로 지금까지는 거의 행해진 바 없지만, 우리 전통법을 기점으로 삼은 역사적 법끼리의 비교도 전통법을 또다른 거울에 비춰볼 수 있는 작업이라는 점에서 수행해 볼 만한 가치가 있을 것이다. 가령 『대전후속록』(大典後續錄) 이후 숙종 24년(1698)까지 155년간의 교령(敎令)을 모은 『수교집록』(受教輯錄)과 서양 중세 나폴리-시실리 노르만왕국의 『제왕율전』(帝王律典, Liber Augustalis)을 비교한다든지,[9] 로마의 소송방식서(formulae)를 영국의 소송영장(writs)과 세밀하게 비교해 본다든지, 아니면 보다 소주제의 영역에서는 가령 환퇴(還退)를 대응하는 그리스법의 πρᾶσις ἐπί λύσει와 비교하여 법교의학적 사고(思考)가 제한된 가운데 생활상의 필요에 응하여 어떻게 유사한 법형상을 산출하고 그 속에서 법적 사고를 발출시켰는지를 살핀다든가 하면 매우 흥미롭고 재미있을 것이다. 이 글은 말하자면 이런저런 요청에 아주 초보적인 형태로 부응해 보려는 것이다.[10]

---

7 Wieacker, 368-370.

8 정긍식 I도 이러한 사정을 잘 보여준다.

9 심사자 A는 이 부분에 대해 "『수교집록』(受教輯錄)이 무엇인지는 과문한 평자가 알지 못한다. 관련 reference가 제시되었으면 한다. 『제왕율전』(Liber Augustalis)에 대하여도 그것이 프레데릭 2세가 13세기 시실리의 법령을 정리한 문헌(Constitutions of Melfi)이라는 취지의 설명이 뒷받침되지 않으면, 독자가 저자의 의도를 간파하기 매우 어려울 것이다"라는 소견이었다. 그래서 전자에 대해 약간의 내용적인 설명을 부가하였다. 그러나 원론적으로 보면 이러한 지적은 독자의 수준을 너무 무시하는 처사라고 생각된다. 한국 법제사에 대한 상식이 있는 독자라면 『수교집록』이 무엇인지 이미 잘 알 것이고, 그렇지 않다손 치더라도 오늘날 누구라도 쉽게 『수교집록』이 무엇인지, 『제왕율전』이 무엇인지 정도는 바로 검색해서 알아낼 수 있기 때문이다. 이런 종류의 기본적인 사항에까지, 그것도 전체 논문에서 그저 주변적인 역할만 할 뿐인 것들에 대해서 설명이나 참고문헌을 표시한다면 글이 너무 번잡해질 위험이 있다.

10 이 부분에 대하여 이 논문의 심사자 A는 "논문의 나머지 부분과 유기적으로 연결되어 있거나, 나머지 부분의 도입에 반드시 필요한 수준의 충분하거나 필요한 논의라고 읽혀지지도 않는 듯하다. 아예 삭제하거나, 이 부분을 유지하려면 좀더 충실한 논의가 필요할 듯하다"고 하고, 또한 심사자 B도 "논문의 서문에서 법사학적

II. 피고인의 사망

로마법에서는 고소·소추(postulatio, delatio)로 인하여 형사피고인의
지위에 놓이게 된 자가 절차의 진행중 사망한 경우에는 어떤 단계에 있
었든 절차 자체가 종료하고 피고인의 지위(reatus)와 형벌의 제재가 모
두 소멸하였다(Crimen extinguitur mortalitate). 이것은 적어도 티베리우스
까지는 확실하게 확인되는 확립된 법리였다.[11] 범죄 책임을 귀속시킬 주
체의 소멸로 더이상의 형사 소추가 무의미해졌기 때문에 피고인 자신에
대해서 그러한 것은 물론, 그의 상속인들에게도 피 상속인의 형사책임은
일신전속적인 책임으로서 대물림되는 것이 아니었기에[12] 이 점은 당연

방법론에 대해 비교적 길게 언급하고 있으나, 필자가 밝힌 바처럼 역사적 사실을
현실적인 시각으로 재조명하거나, 비교법적인 검토를 통해 무언가가 도출되었는
지는 본 심사논문에서 찾을 수가 없습니다. 단지 로마법의 관련 주제에 대한 내용
의 소개에 국한된 것으로 보이는데, 서문이 지나치게 장황하고 본문의 내용을 넘
어서고 있다는 점에서 축소 내지는 내용의 조정이 필요해 보입니다"라는 부정적
인 의견을 밝혔다. 모두 일리가 있는 지적이지만, 필자가 말하고자 한 것은 현행법
을 공부하는 입장에서도 역사적 법에 대한 비교검토가 좀더 활발히 이루어졌으면
한다는 것(그리고 이러한 작업은 어떤 현실적인 계기가 있을 때 특히 관심의 대상
이 될 수 있으므로 그러한 계기를 가급적 살려보자는 것)과, 또 법제사 연구도 시
야를 좀더 넓혀서 다양한 차원의 비교연구가 수행되었으면 좋겠다는 취지였을 뿐
이다. 본 논문의 목표가 결코 거창한 것이 아니라 로마법의 사료를 소개하는 데에
중점을 둔다는 것은 모두에서 분명히 밝힌 바 있다. 글을 쓰면서 반드시 주제와 필
연적인 관련성이 있는 내용만 다루어야 한다는 법칙이 있다면 또 모를까, 현금의
연구상황과 장차의 과제에 대한 필자 나름의 제안이라면 제안을 그러한 필연성의
흠결을 이유로 굳이 삭제해야 한다고는 생각되지 않기에 이 부분을 살려두었다.
다만 애초에 다소 긴 데도 불구하고 전제하였던 Franz Wieacker의 번역문은 난삽
한 번역을 지적하신 심사자 A의 의견도 참작하여 생략하였다.

11 Wacke II, 54 n.124, 60f.; Volterra II, 305f.; Falchi, 22; Ermann, 39 n.119. 전거로
    인용되는 것은 공화정기에 대해서는 Valerius Maximus, *Memorabilia* 9.12.7이고,
    제정기에 대해서는 Tacitus, *Annales* 6.29이다. 후자는 길더라도 인용해 볼 가치가
    있는데, 타키투스의 『연대기』는 국내 번역본이 있으므로 그것을 참조하기 바란다.
12 민사상의 불법행위 책임도 대물림되지 않는다는 것이 로마법의 '가장 확실한' 입
    장이었으므로 이는 자명한 것이었다. 민사 불법행위 책임에 관해서는 Gai. 4.112:

한 것이었다. 아주 중대한 범죄(대역죄와 반역죄)의 경우에는 예외였다.[13] 물론 소추 이전에는 처벌 자체가 안 되므로[14] 소추 전에 사망(자살 포함: Marci.-Pap. D.48.21.3.pr.)한 자를 상대로 형사절차를 진행시킬 수도 없었다.[15]

피소상태에서 자살한 경우에 후속조치가 필요할 남는 문제 중 하나는 사망한 피고인의 장사(葬事)이고, 다른 하나는 부가형으로서의 재산 몰수[16]이다.[17] 이 후자는 자살자의 재산을 그대로 둠으로써 상속재산의 일

---

est certissima iuris regula ex maleficiis poenales actiones in heredem nec competere nec dari solere.

13 D.48.4.11 Ulpianus 8 disputationum.

Is, qui in reatu decedit, integri status decedit: extinguitur enim crimen mortalitate. nisi forte quis maiestatis reus fuit: nam hoc crimine nisi a successoribus purgetur, hereditas fisco vindicatur. plane non quisque legis Iuliae maiestatis reus est, in eadem condicione est, sed qui perduellionis reus est, hostili animo adversus rem publicam vel principem animatus: ceterum si quis ex alia causa legis Iuliae maiestatis reus sit, morte crimine liberatur.

후대에 이르기까지 보면 공물절도(peculatus), 공금횡령(residui crimen) 등으로 더욱 확대되었던 이러한 예외는 그리스도교와 함께 이단(haeresis), 배교(apostasia)까지로 확대되었다. Volterra II, 488ff.

14 Schol. 1) ad Bas.60.53.5 (Heimbach V, p.887): Unde si deliquerit, nondum vero delatum sit crimen, puniri non debet.

15 D.48.1.3 Ulpianus 35 ad Sabinum.

Publica accusatio reo vel rea ante defunctis [permittitur] ⟨perimitur⟩.

16 D.48.20.1.pr.-3 Callistratus 1 de iure fisci et populi.

Damnatione bona publicantur, cum aut vita adimitur aut civitas, aut servilis condicio irrogatur.

(유책판결로써 생명이나 시민권이 박탈되거나, 또는 노예의 지위가 부과됨과 동시에 재산이 몰수된다.)

Wacke II, 52f.; Wacke I, 465ff.; Mommsen, 1005ff.

17 Cf. C.7.66.3 Alexander Severus (a.228).

Si is, qui ademptis bonis in exilium datus appellaverit ac pendente provocatione defunctus est, quamvis crimen in persona eius evanuerit, tamen causam bonorum agi oportet. Nam multum interest, utrum capitalis poena inrogata bona quoque rei adimat, quo casu morte eius extincto crimine nulla quaestio superesse potest, an

부가 되도록, 그래서 특히 그에 관한 유언 처분을 유효한 것으로[18] 허용할 것인지, 아니면 이와 관련한 절차를 진행시켜서 범죄가 입증되는 경우 국고로 몰수할 것인지[19] 하는 것이다. 이러한 문제들은 아무리 법학자들의 역할이 컸던 로마라 해도 그 성질상 학설에 맡겨서 해결할 수 있는 사안이 아니다. 실제로 이에 대한 법적인 규율은 칙법을 통해서 입법적으로 이루어졌는데, 하드리아누스(117~138)가 최초로 이 문제를 황제의 권위에 기하여 결정할 때까지는 자살자의 경우에도 특별한 법적인 조치가 없었으므로 일반적인 자연사(自然死) 사망자의 경우와 마찬가지로 취급되었다.[20] 이로 인해 피소된 중범인(重犯人)이 유죄판결(사형 또는 추방형)과 재산 몰수 및 매장상의 불명예를 회피할 목적으로 자살을 선택하는 일이 빈번했다고 한다.[21] 그 밖에도 소추에 처한 자가 재산을 빼돌려서 몰수를 막으려는 의도로 입양을 한(adoptio fraudis causa facta) 사례도 있었다고 한다.[22]

이 글의 계기가 된 사안은 일반인의 자살이 기수(旣遂)에 이른 경우이

---

vero non ex damnatione capitis, sed speciali praesidis sententia bona auferantur: tunc enim subducto reo sola capitis causa perimitur bonorum remanente quaestione.

18 재산 몰수는 유언능력의 상실을 수반하였다.
   D.28.1.8.4 Gaius 17 ad edictum provinciale.
   Hi vero, qui ad ferrum aut ad bestias aut in metallum damnantur, libertatem perdunt bonaque eorum publicantur: unde apparet amittere eos testamenti factionem.

19 몰수(confiscatio)라는 단어 자체에 국고(fiscus)가 포함되어 있는 것에 주목하라.

20 이러한 상태는 티베리우스 황제 때까지 확실히 확인된다. Val. Max. 9.12.7; Tacitus, *Ann.* 6.29. Wacke II, 54; Volterra I, 186f.

21 조규창, 442 +n.86; Wacke II, 55.

22 D.48.20.7.2 Paulus libro singulari de portionibus, quae liberis damnatorum conceduntur.
   ... fraudis autem causa adoptio facta videtur, etiamsi non in reatu, sed desperatione rerum per conscientiam, metu imminentis accusationis quis adoptet in hoc, ut ex bonis, quae se amissurum cogitat, portio detrahatur.
   Wacke II, 54 n.126.

므로 일단 이 경우를 중점적으로 살피되, 자살이 미수(未遂)에 그친 경우의 관련 사료도 함께 소개하기로 한다. 군인의 경우와 노예의 경우는 부수적으로 언급하기로 한다. 고찰의 주안점은 관련 법리가 어떤 과정으로 성립했고 또 일단 성립한 법리가 시간이 가면서 변모했는가 하는 점에 두었다.[23]

---

23 심사자 A는 "이 논문은 주로 Wacke가 제시한 여러 문헌을 위주로 자살에 대한 로마법의 입장을 제시하는 것인데, Wacke의 논문에서처럼, 자살 일반, 군인의 자살 및 자살 미수, 노예의 자살 등을 주제별로 구분하여 설명하는 선택을 분명히 취하는 것도 아니고, 자살에 대한 일종의 '실체법'적 논의가 어느 정도 제시되다가, 그 논의가 중도에서 멈추고 각각의 법률가 별로 그 견해를 나열, 소개하는 방식으로 전환한 다음, 그중 파울루스의 견해를 소개하는 대목에서 '노예의 자살'에 대한 소략한 논의를 제시하고 있는데, 이러한 논문 체계를 선택한 뚜렷한 이유가 명백히 드러나는 것 같지는 않다"고 피력한다. 또한 심사자 B도 "서문을 읽으면서 기대한 바와 달리 논문의 본문 자체는 사적인 자료에 대한 소개와 부분적인 번역으로 채워져 있고 본문의 전체는 개별적인 법률 혹은 학자들의 입장을 나열식으로 서술하는 것으로 비춰지는데, 좀더 일정한 기준이나 유형에 따른 분류 등을 통해 법사학적 자료소개라고 하더라도 기승전결이 있는 모습이 좋지 않을까 합니다"라는 의견을 개진하였다. "논문의 구성을 분명하게 하기 위해서 소주제별로 나누고 시각적이고 내용적인 구분이 용이하게 조정하는 것이 필요하지 않을까요" 하는 지적도 같은 취지일 것이다. 그런데 필자는 분명히 서문의 말머리에서 사료의 소개에 중점이 있음을 밝혔다. 또 법사학 논문으로서 이 논문의 의도는 로마법의 입장에 대한 찬반을 포함한 비판도 아니고, 그 체계적인 재구성도 아니며, 오히려 시간의 흐름 속에서의 그 변천상을 전해지는 그대로 살펴보려는 것이다. 따라서 학자들의 입장을 그저 나열한 것이 아니라 통시적 관점에서 재배열한 것이라는 점을 강조하고자 한다. 이 점을 더 분명히 하기 위하여 약간 부연을 하였다. 그리고 필자가 'Wacke가 제시한 여러 문헌을 위주로' 했다는데, '문헌'이 로마법 원사료를 지시하는 것이라면 (그렇다면 이 '문헌'이라는 표현은 통례에 어긋나는 어법이다) 그가 다룬 사료와 필자가 다룬 사료가 일치하는 것은 너무나 당연한 것이다(여기서 다룬 것이 사료의 전부이기도 하다). '문헌'이 2차문헌을 의미하는 것이라면 필자는 이 지적대로 Wacke가 제시한 여러 문헌을 위주로 작업을 할 수 있었기를 바란다. 안타깝게도 우리나라의 현상황은 그가 참고한 문헌 가운데 많은 것을 '지금 이 자리에서' 접할 수가 없는 실정이다. 그렇다고 이 소고를 위하여 광범위한 투자를 할 수도 없는 형편이었으므로 사료를 해석하는 과정에서 Wacke를 포함하여 필자에게 가용한 한정된 문헌을 비판적으로 이용하는 것 외에는 달리 방법이 없었다. 필자가 Wacke를 무조건적으로 추종한 것이 아님은 글을 읽어보면

III. 피고인의 자살

1. 칙법

자살[24]은 로마법에서 기본적으로 금지되어 있지 않았다.[25] 피고인이 자살한 특수한 경우에 새롭게 발생하는 법률문제는 자살자의 재산 몰수 여부였다.[26] 『학설휘찬』(D.48.21 *De bonis eorum qui ante sententiam vel mortem sibi consciverunt vel accusatorem corruperunt*)과 『칙법휘찬』(C.9.50 *De bonis mortem sibi conscientium*)이 그 장(章) 제목에서 알 수 있듯이 이 문제의 사료 본거이다. 이 문제 자체에 관한 한 후기 고전기의 울피아누스에 이르면 하드리아누스와 피우스의 관련 칙법들(constitutiones)의 내용이 이미 오랫동안 현행법으로서 준수되어 온 바이므로 다음 개소가 보여주듯이 이를 인용하는 경우에 어느 황제의 것이라고 특정할 필요도 못 느꼈던 것 같다.[27] 후대의 『바실리카 법전』도 황제 이름을 전혀 거명하지 않는다. 사료에 자살의 동기와 관련하여 형사절차를 면하려는 도피성 자살과 이와 무관한 염세자살[28]을 구별하는 문구가 거의 동일하게 반복되

알 것이다.

24   고대 로마의 자살 일반에 관해서는 또한 Minois, 61ff.

25   상세한 것은 Wacke II, 47-50.

26   상세한 것은 Wacke II, 52ff. 단, 은혜 차원에서 자식들에게 일정한 재산의 몫을 남겨주었다. Wacke II, 62f.+nn.119-120.

27   심사자 B는 "가독성 내지 독자의 이해를 높일 수 있도록 문장의 표현을 다듬는 것, 혹은 지나치게 축약된 부분에 대한 수정이 필요할 것으로 보입니다"라는 의견을 제시하면서 이 문장을 예로 들었다. 특히 "이를 인용하는 경우에 ~ 필요도 못 느꼈던 것 같다" 부분은 밑줄로써 강조하였다. 그러나 솔직히 왜 이 문장이 문제시되어야 하는지 필자로서는 이해가 가지 않기에 그대로 두었다.

28   엄밀히 말하면 도피성 자살과 이를 제외한 다른 동기들에 의한 자살로 구분해야 하는데, 이들 동기 중에 주요한 것들(염세, 신병 비관, 고통, 수치심 등)이 염세의 범주에 속하므로 비록 사료에 언급된 정신착란이나 광기, 과시욕까지 포섭하기에는 다소 무리가 있지만, 편의상 염세자살이라 칭한 것이다. 조규창, 441도 이 용어를 사용한다. 고대 로마에서의 염세자살의 사회문화적 측면에 관해서는 Minois, 65f.

어 나타나는 것은 법규로서의 칙령의 규정을 그대로 답습하고 있기 때문이다. Marcianus는 전자를 '(정당한) 이유 없는'(sine causa: D.48.21.3.6; nulla iusta causa praecedente: D.48.21.3.8) 자살로, 후자를 '정당한 이유 있는'(iusta causa praecedente) 자살로 범주화하였다(interesse qua ex causa: D.48.21.3.6). 후대의 비잔틴 법률가 Theodorus는 염세자살을 '비난해서는 안 되는'(οὐ μεμπτός=non reprehendendus) 자살로,[29] 또 Thalelaeus는 '어여삐 여길 만한'(ἐλέους ἄξιοί=miseratione digni)[30] 자살로 설명하였다.

D.28.3.6.7 Ulpianus 10 ad Sabinum.[31]

... proinde si ante decesserit, utique testamentum eius valebit, nisi mortem sibi conscivit. nam eorum, qui mori magis quam damnari maluerint ob conscientiam criminis, testamenta irrita constitutiones faciunt, licet in civitate decedant: quod si quis taedio vitae vel valetudinis adversae impatientia vel iactationis, ut quidam philosophi, in ea causa sunt, ut testamenta eorum valeant... .

(… 따라서 그가 그전에 사망하면 그가 자살한 것이 아닌 한, 그의 유언은 항상 유효할 것이다. 왜냐하면 범죄의 결과를 의식해서(conscientia)[32] 유죄판

---

29   Schol. 1) *Theod.* ad Bas.60.53.4 (Heimbach V, pp.886f.).

30   Schol. 1) *Thalel.* ad Bas.60.53.4 (Heimbach V, p.887).

31   Bas.39.2.6.7 (Heimbach IV, p.46): ... Et si ante responsum Principis decesserint, valet testamentum eorum: nisi forte conscientia criminis se ipsos interemerint, nec vero ob morbum vel taedium vitae, vel ut Philosophi. ...

32   도피성 자살의 동기를 표시하는 데에 사용된 가장 핵심적인 어휘가 conscientia였다. 조규창, 442와 443은 이를 "범죄로 인한 양심의 가책"이라고 옮기고 있다(같은 곳, Marotta, 350 n.287: "rimorso"). 그러나 범죄를 저지른 사람이 자살하는 경우가 모두 양심의 가책을 받아서 그런 것이 아님은 (죽어버린 사람의 내심의 문제이기 때문에 100퍼센트 확실성을 가지고 이야기하기는 뭣하지만) 인간사(人間事)가 보여주는 경험적 사실에 속할 것이다. 그렇다면 양심의 가책을 받아서 자살한 사람을 특별히 불이익 취급하는 로마법의 태도도 문제가 없다고는 할 수 없고

결을 받기보다 죽기를 더 바란 자들의 유언은 비록 그들이 시민권을 가진 상태에서 사망하더라도 칙령들이 상효(喪效)시키기 때문이다.[33] 그러나 어떤 자가 삶에 염증을 느껴서거나 나쁜 건강상태를 비관해서거나 또는 일부 철학자들[34]처럼 과시욕을 참지 못해서[35] [자살한 경우[36]에는] 그들의 처지

무엇보다도 조규창 자신이 442쪽에서 피소된 중범인(重犯人)이 유죄판결의 불이익을 회피할 목적으로 자살하는 일이 빈번했고 이를 저지하기 위하여 하드리아누스가 새로운 규정을 도입한 것이라는 취지로 서술하고 있는데, '불이익 회피 수단'인 자살의 경우 이를 반드시 양심의 가책으로 말미암은 것이라고 보는 것도 타당성이 약하다. 관건은 이미 조규창, 442도 지적하듯이 conscientia로 인한 자살은 자백에 해당하는 것으로 평가했다는 점에 있다. 실제로 사료에 쓰인 용례를 보면 conscientia를 criminis, delicti, sceleris로 꾸미든가, 아니면 conscientiae metu와 같이 conscientia가 아예 metus를 꾸미든가, 아니면 metu criminis, poenae, sententiae 등이 conscientia criminis etc.를 대체하든가, 아니면 함께 쓰이고 있다. 이 말은 conscientia에 도덕적 어감의 '가책'(morsus conscientiae)의 의미보다는 글자 그대로 '우리 자신의 행위에 대한 내적인 앎'(Certa apud animum nostrum scientia factorum nostrorum: Dirksen, s.v. Consdentia §2, p.194)이라는 의미를 기조로 범죄로 인한 결과에 대한 두려움(metus)까지 내포한, 그래서 심리적 기제 속에 합리적 계산까지 가세해서 유죄판결의 결과를 회피하기 위한 자살을 강력하게 동기화하는 개념이라고 할 것이다. 그래서 이 글에서는 일관되게 '범죄의 결과를 의식해서' 하는 식으로 옮겼다.

33 같은 곳, C.6.22.2.1 Diocletianus / Maximianus (a.290) (아래의 주 55).

34 고대 철학자들의 죽음에 대한 관념과 태도에 관해서는 Wacke II, 45-47; Minois, 57ff.

35 Wacke II, 60은 iactationis 대신 iactatione로 읽으라고 교정 의견을 내고 있다. 그러나 다른 모든 경우들과 비교해 볼 때 자살이 그저 원해서 하는 것이 아니라 어떤 심리적 상황에 몰려서 거의 필연적으로 일어났을 때에 이유 있는 것으로 판단하고 있으므로 이 경우에도 단순히 '과시하기 위한' 것이 아니라 '과시욕을 억제할 수 없어서' 자살한 경우로 이해하는 것이 수미일관될 것이다. 원문이 탈격이 아닌 속격을 쓴 것은 이 또한 impatientia와 연결시키려는 의도라고 보인다. 원문이 오히려 정확한 것이다. 그러나 종국에는 이러한 차이는 별 의미가 없다. 왜냐하면 '이유 없는' 도피성 자살이 아닌 한—그래서 이유의 열거는 한정적이 아니라 예시적이고 '기타 등등'(vel alio modo, vel alia causa, aut aliquo casu)의 이유가 가능했다—모두 동일한 취급을 받았기 때문이다(Wacke II, 59 +n.150). 그럼에도 불구하고 정치적 항의의 표시인 자살(cf. Minois, 69f.)만큼은 제정기의 법률가들이 공식적으로 언급할 수 없었다는 점에 관해서는 Wacke II, 46 n.95, 59 n.149.

는 그들의 유언은 유효하다는 것이다…)

하드리아누스(117~138)의 경우 일반인과 군인을 구별하지 않고서 동일한 규율하에 복속시켰다.

일반인의 경우에 대해서는 방금 인용한 Ulp. D.28.3.6.7 cit. 외에도 다음 개소가 전해진다.

---

36 그리스도교에서 견유학파로 전향했던 Peregrinus Proteus가 165년 올림픽 경기에서 헤라클레스로 등장한 다음 자기 분신식(焚身式)을 공연하고 분사(焚死)한 사례(Wacke II, 60+n.153)에 관해서는 영문 번역으로 소개한다.
"Lucian of Samosata, *The Passing of Peregrinus* 35: Soon the Olympic games were ended, the most splendid Olympics that I have seen, though it was then the fourth time that I had been a spectator. As it was not easy to secure a carriage, since many were leaving at the same time, I lingered on against my will, and Peregrinus kept making postponements, but at last had announced a night on which he would stage his cremation; so, as one of my friends had invited me to go along, I arose at midnight and took the road to Harpina, where the pyre was. This is quite twenty furlongs from Olympia as one goes past the hippodrome towards the east. As soon as we arrived, we found a pyre built in a pit about six feet deep. It was composed mostly of torchwood, and the interstices filled with brush, that it might take fire quickly. When the moon was rising ──for she too had to witness this glorious deed ──he came forward, dressed in his usual fashion, and with him the leaders of the Cynics, in particular, the gentleman from Patras, with a torch ──no bad understudy. Proteus too was bearing a torch. Men, approaching from this side and that, kindled the fire into a very great flame, since it came from torchwood and brush. Peregrinus ──and give me your close attention now! ──laying aside the wallet, the cloak, and that notable Heracles-club, stood there in a shirt that was downright filthy. Then he requested incense to throw on the fire, when someone had proffered it, he threw it on, and gazing towards the south ──even the south, too, had to do with the show ──he said, "Spirits of my mother and my father, receive me with favour." With that he leaped into the fire, he was not visible, however, but was encompassed by the flames, which had risen to a great height." (http://www.tertullian.org/rpearse/lucian/peregrinus.htm. 2009년 8월 16일자 방문).

D.48.21.3.5 Marcianus libro singulari de delatoribus.[37]

Videri autem et patrem, qui sibi manus intulisset, quod diceretur filium suum occidisse, magis dolore filii amissi mortem sibi irrogasse et ideo bona eius non esse publicanda divus Hadrianus rescripsit.

(그런데 자기 아들을 살해했다[38]고 주장되어 자결했던 아버지도 아들을 잃은 고통으로 자진(自盡)했던 것으로 인정되며, 그래서 그의 재산은 몰수해서는 안 된다고 신황(神皇) 하드리아누스가 칙답하였다.)

군인의 경우에는 자살이 성공한 사안은 다음 개소들이 전해진다.

D.28.3.6.7 Ulpianus 10 ad Sabinum.[39]

... quam distinctionem in militis quoque testamento divus Hadrianus dedit epistula ad [Pomponium] ⟨Pompeium *Orelli*⟩ Falconem, ut, si quidem ob conscientiam delicti militaris mori maluit, irritum sit eius testamentum: quod si taedio vel dolore, valere testamentum aut, si intestato decessit, cognatis aut, si non sint, legioni ista sint vindicanda.

---

37 Bas.60.53.3.5 (Heimbach V, p.886): Is etiam, qui sibi mortem irrogant ob filium, quem dicebatur occidisse, videtur dolore filii id facere, et bona eius non publicantur.

38 문법적으로는 '자기 아들이 살해했다'는 번역도 가능하다. 그렇다면 아들이 살인범으로 사형을 당할 위기에 처한 사안이 될 것이다. 이때에는 아버지가 달리 재산 몰수형에 처할 범죄로 피고인이 된 상태여야 할 것이다. Cf. Wacke II, 58 n.145. 통설은 아들'을' 살해한 것으로 이해한다.

39 Cf. Bas.39.2.6.7 (Heimbach IV, p.46):
... Haec vero constitutio etiam in militibus, qui ob militare delictum se ipsos interemerunt, locum habet: *et vel infirmantur testamenta eorum, vel firma manent, vel ab intestato cognati iis succedunt*, vel his deficientibus legiones, in quibus erant.
여기서 중간 부분의 'et vel ~ firma manent' 대목 이후는 분명히 축약과정에서 자살의 구분에 따른 중요한 차이를 빼먹는 바람에 생긴 이상한 문장이다. 무유언 염세자살자의 경우만을 다루고 있는 Schol. 9)도 이 결락(缺落)을 보완하지 못하고 있다.

(… 이같은 구별을 군인 유언의 경우에도 신황(神皇) 하드리아누스가 폼페이우스 팔코에게 보낸 서신에서 정하였는바, 즉 군사범죄의 결과를 의식해서 죽기를 선호한 경우에는 그의 유언은 상효(喪效)하고 반면에 [삶에] 염증을 느껴서거나 고통 때문에 [그런 경우에는] 유언이 유효하거나 무유언으로 사망했으면 종족원(宗族員)들에게 그들이 없으면 군단(軍團)에 그의 재산이 귀속되어야 한다.)

D.29.1.34.pr. Papinianus 14 quaestionum.[40]

Eius militis, qui doloris impatientia vel taedio vitae mori maluit, testamentum valere vel intestati bona ab his qui lege vocantur vindicari divus Hadrianus rescripsit.

([고통을 견디지 못해서 또는 삶에 염증을 느껴서 죽는 것을 선호한 군인의 유언은 유효하고] 무유언인 경우 그 재산은 법률에 의해서 순위가 되는 자들에 의하여 청구된다고 신황 하드리아누스가 칙답하였다.)

또 다음 개소에서 보듯이 실패한 경우에 대해서도 사료가 전해진다.

D.49.16.6.7 Arrius Menander 3 de re militari.

Qui se vulneravit vel alias mortem sibi conscivit, imperator Hadrianus rescripsit, ut modus eius rei statutus sit, ut, si impatientia doloris aut taedio vitae aut morbo aut furore aut pudore mori maluit, non animadvertatur in eum, sed ignominia mittatur, si nihil tale praetendat, capite puniatur. per vinum aut lasciviam lapsis capitalis poena remittenda est et militiae mutatio irroganda.

(자해했거나 달리 자살을 시도한 자(군인)의 사안의 기준은 다음과 같이 정

---

40 Bas.35.21.27.pr. (Heimbach III, p.638): Eius militis hereditas, qui ob morbum vel taedio vitae se ipsum interemit, vel scriptis heredibus, vel ab intestato venienti competit.

한다고 하드리아누스 황제가 칙답하였다. 즉 "고통을 견디지 못해서거나 삶에 염증을 느껴서거나 신병(身病)이나 정신착란이나 창피스러워서 죽는 쪽을 선호한 경우에는 그를 사형에 처하지 않고 불명예 제대시키고 아무런 그러한 사유를 보여주지 않는 때에는 극형으로 처벌한다." [하지만] 술이나 경박함 때문에 일탈한 자들에게는 극형이 면제되어야 하며 강등에 처해야 한다.)

안토니누스 피우스는 하드리아누스의 칙령을 유지하면서 좀더 명확화·구체화시키는 조치들을 취하였다. 가장 중요한 것은 자살자의 재산 몰수의 일반적 요건으로서 그가 범한 범죄가 사형이나 중유배형(重流配刑, deportatio)에 해당하는 중범죄일 것을 규정함으로써 그 범위를 제한한 것과(D.48.21.3.1) 상속인들이 유죄를 다투는 경우에는 이를 허용하고 유죄가 입증되어야만 몰수할 수 있도록 한(D.48.21.3.8) 것이었다.

D.48.21.3.1; 2; 4; 8 Marcianus libro singulari de delatoribus.

1. Ut autem divus Pius rescripsit, ita demum bona eius, qui in reatu mortem sibi conscivit, fisco vindicanda sunt, si eius criminis reus fuit, ut, si damnaretur, morte aut deportatione adficiendus esset.[41]

(그런데 신황 피우스가 칙답하였듯이 소추된 상태로 자살한 자의 재산은 다음 경우에만 국고로 몰수되어야 하는데, 즉 그가 유죄판결을 받으면 사형이나 중유배형이 부과되어야만 할 범죄의 피고인이었던 경우 말이다.)

2. Idem rescripsit eum, qui modici furti reus fuisset, licet vitam suspendio finierit, non videri in eadem causa esse, ut bona heredibus adimenda essent, sicuti neque ipsi adimerentur, si compertum in eo furtum fuisset.[42]

---

41 Bas.60.53.3.1 (Heimbach V, p.886): et hoc non simpliciter, sed ita si condemnatio criminis, cuius accusatur, mortem aut deportationem, ... inferret.

42 Bas.60.53.3.2 (Heimbach V, p.886): Ceterum modici furti reus si se interemerit, bona eius non publicantur. [Schol. 2]]: quia neque ipse superstes et furti convictus

(같은 황제는 사소한 절도의 피고인이었던 자는 비록 삶을 목매어[43] 마감했더라도 재산이 그에게서 절도가 발각된 경우 그 자신으로부터도 박탈되지 않았듯이 상속인들로부터도 박탈되어야만 하는 지위에 있는 것으로는 인정되지 않는다고 칙답하였다.)

4. Si quis autem taedio vitae vel impatientia doloris alicuius vel alio modo vitam finierit, successorem habere divus Antoninus rescripsit.[44]

(그러나 어떤 자가 삶에 염증을 느껴서거나 어떤 고통을 견디지 못해서거나 또는 달리 삶을 마감하는 경우에는 상속인을 가진다고 신황 안토니누스[45] (피우스)가 칙답하였다.)

8. De illo videamus, si quis conscita morte nulla iusta causa praecedente in reatu decesserit, an, si parati fuerint heredes causam suscipere et innocentem defunctum ostendere, audiendi sint nec prius bona in fiscum cogenda sint, quam si de crimine fuerit probatum: an vero omnimodo publicanda sunt. sed divus Pius Modesto Taurino rescripsit, si parati sint heredes defensiones suscipere, non esse bona publicanda, nisi de crimine fuerit probatum.[46]

(어떤 자가 아무런 정당한 사유 없이 자살을 시도해서 피소중에 사망한 경우 상속인들이 소송을 인수해서 망자(亡者)들이 무고(無辜)함을 밝히고자 하면 청허(聽許)해야만 하고 범죄에 관하여 입증되기 전에는 재산이 국고로

---

proscriberetur.

43 고대의 그리스인들과 로마인들은 목매어 자살하는 것을 명예롭지 못하고 고상하지 못한 방식으로 여겼다. 영혼이 기도에서 막혀서 저승으로 떠나지 못한다고 여겼기 때문이다(cf. 우리말의 '목숨'). 따라서 그 시체도 부정한 것으로 여겼다. 상세한 것은 Wacke II, 42-44.

44 Bas.60.53.3.4 (Heimbach V, p.886): (*bona eius non publicantur*) neque eius, qui se interemit taedio vitae, vel dolore morbi, vel alia ex causa.

45 Wacke II, 58은 이를 Antoninus Caracalla로 본다. 그러나 전후 문맥으로 볼 때 안토니누스 피우스임이 분명하다.

46 Bas.60.53.3.8 (Heimbach V, p.886): Si heredes rei, qui sine causa mortem sibi conscivit, parati sint eius defensionem suscipere, innocentiae eius probandae causa, bona eius fiscus non vindicat, antequam crimen fuerit prolatum.

몰수되어서는 안 되는지, 아니면 반대로 어쨌든 몰수해야만 하는지의 문제에 관해 살펴보자. 신황 피우스는 모데스투스 타우리누스에게 [이렇게] 비답하였다. "상속인들이 방어를 인수하고자 하면 재산은 범죄에 관하여 입증이 되지 않는 한, 몰수해서는 안 된다."[47]

D.48.21.3.8에서 문제는 자살자의 유죄에 대한 입증책임은 누가 지는가 하는 것이다. 먼저 이 개소는 자살이 정당한 이유에 근거하지 않은 것인 경우, 즉 도피성 자살인 사안을 다루고 있음을 잊지 말아야 한다. 이 상태에서는 국고의 대변인은 일단 재산의 몰수에 들어갈 것이고 이를 막는 방법은 다른 요건의 흠결, 즉 피고인이 무고하다는 것이 입증되는 것뿐이다. 피우스의 칙답은 피고인 측, 즉 상속인이 이 입증을 위한 피고인 방어에 나서면 그때에는 이를 허용하고 그 결과를 기다려서 범죄가 입증되지 않으면 몰수할 수 없다는 교시인 것이다. 이로 미루어보건대 피고인이 자살하면 관할 당국에서 그 자살의 도피성 여부를 판단해[48]

---

47 이 개소에 대한 오해의 예: Marotta, 351 n.587: "L'aver ricordato l'epistola antoniniana non è senza conseguenze paradossali sull'argomentazione dei giurista: il tentativo è punito più gravemente del suicidio andato a compimento. Il primo, infatti, è equiparato immediatamente ad una confessio; il secondo, invece, non consente una subitanea confisca dei beni del reus." 즉 바로 자백으로 취급되는 자살 미수가 재산 몰수를 가져오지 않는 기수보다 더 심하게 제재 받는 모순을 운위한 것인데, 앞의 전제는 이미 일반론으로서 틀렸고 뒤의 전제도 현 문맥에서 논점을 잘못 파악한 오류를 범했다.

48 심사자 A는 이와 관련하여 "그 자살이 도피성 자살인지, 아니면 염세로 인한 자살인지를 밝히는 단계가 논리적으로 선행되어야 할 것"임을 정당하게도 지적하면서 "이 단계에서의 입증책임이 누구에게 있는지는 문헌상 분명하지는 않다"고 한다. 그러나 사태의 진전과정을 감안해 보면 자살자의 재산 몰수에 관심이 있는 관할 당국이 도피성 여부를 입증했다기보다는 판정하였을 것으로 추정된다. 이어서 심사자 A는 D.48.21.3.8의 nisi de crimine fuerit probatum 구절을 근거로 "'무죄추정의 대원칙'(in dubio pro reo)은 '자살'이 있었다고 뒤집어지는 것이 아니라 그 자살이 '염세자살'이 아니라 '도피성 자살'이라는 점이 입증되어야만 비로소 번복된다는 가설이 오히려 설득력이 있어 보인다"고 주장한다. 그러나 이 소견은 잘못이다. 왜냐하면 피우스가 도피성 자살의 경우 상속인에 의한 무죄 입증을 인

도피성으로 판명되면 몰수에 나서고 피고인 측이 방어에 나서서 무죄를 입증하는 식으로 일이 진행된 것으로 보인다.[49] Wacke는 D.48.21.3.8이 확실하지는 않지만 피고인 측에 입증책임을 두는 인상을 준다고 하면서 이것이 로마법의 입장이었음은 그후의 칙령(C.6.22.2.pr.-1)을 통해 확인된다고 새기는데,[50] 실제로 이 개소의 규정형식도 D.48.21.3.8과 같은 방식이다. 즉 자살의 성격에 관해서는 사실 차원에서 전제되고,[51] 이어서 유무죄 여부의 입증은 자살자의 상속인에게 부담되는 것이다. 여기서 C.6.22.2의 사안을 분명히 인식할 필요가 있다. 도피성 자살자의 경우 그 유언이 무효라는 법리는 비록 자살자가 유언을 통해 상속인을 지정하거나 수유자에게 유증했더라도 그 효력이 없다는 것이고, 이것은 그 자살자의 재산이 국고로 몰수되는 데 있을 수 있는 장애가 부존재로 귀착한다는 의미이다.[52] 즉 이 개소의 사안도 D.48.21.3.8과 마찬가지로 재산 몰수사건인 것이다.[53]

정한 동 개소에서도 드러나듯이 범죄의 유무죄 여부와 자살의 도피성 여부는 전혀 별개의 문제였기 때문이다.

49 Brunnemann II, ad C.9.50 n.2, p.1156은 원하는 경우 무죄 여부에 대한 입증책임을 상속인이 지므로 그 입증에 실패한 경우 다시 염세자살임을 입증하는 것 역시 상속인의 몫이었을 것이라는 견해이다. 그러나 관할 당국이 도피성 자살로 판정한 이상, 그를 전제로 무죄 입증에 나섰다가 실패한 상속인에게 자살 관련한 판정을 다시 번복하는 절차가 인정되었을 가능성은 희박한 것으로 보인다.

50 Wacke II, 61f.

51 도피성 자살이 아닌 경우로 전제되고 있음에도 불구하고 자살을 빌미로 유언의 무효가 주장되어서는 안 된다고 하고 있고, 또 상속인이 무죄의 입증에까지 나선 것으로 볼 때 어쩌면 일반인들의 관념도 피고인이 자살을 하면 일단은 도피성 자살로 여겼거나 그쪽으로 판정이 내려지리라고 예상했던 것 같고, 그래서 그에 따라 반응했던 것 아닌가 싶기도 하다. 자살 발생시 일단 재산 몰수 조치부터 취하고 보는 일이 없었을 것이라는 보장도 없다. 어쨌든 칙답은 문의한 사안에 대하여 회답하는 것이었으므로 당사자들 사이에 일이 진행된 모습은 법규범의 차원에서 보면 터무니없는 주장이나 반응도 일상적이었고, 그래서 칙답의 구체적인 사안을 고려하지 않은 채 이를 무조건적으로 일반화하는 것은 위험한 해석방법이다.

52 앞의 주 18 참조

53 이 점을 심사자 A는 오인하였다. 그는 D.48.21.3.8은 재산 몰수사건에, C.6.22.2.

C.6.22.2.pr.-1 Diocletianus / Maximianus (a.290).

Si is, qui tecum uxorem tuam heredem scripsit, quando testamentum ordinavit, sanae mentis fuerit nec postea alicuius sceleris conscientia obstrictus, sed aut impatiens doloris aut aliqua furoris rabie constrictus se praecipitem dedit, eiusque innocentia liquidis probationibus commendari potest a te, adscitae mortis obtentu postremum eius iudicium convelli non debet.

1. Quod si futurae poenae metu voluntaria morte supplicium antevenit, ratam voluntatem eius conservari leges vetant.

(그대와 더불어 그대의 아내를 상속인으로 기재했던 자가 유언을 작성했을 때 제 정신이었고 그후에 어떤 범행의 결과에 대한 심리적 압박에서가 아니라 고통을 견디지 못해서거나 또는 정신착란의 광기에 의해 투신자살한 것이고 그의 무고함이 명백한 증거로써 그대에 의하여 입증될 수 있으면 자살을 구실로 그의 종의결정(終意決定)이 무력화되어서는 안 된다.

1. 장차 처벌받을 것을 두려워하여 자발적인 사망으로 형벌을 피한 경우에는 그의 의사(유언)가 추인되어 유지되는 것을 법률은 금지한다.[54])

---

pr.-1은 가령 법정상속인과 유증 수혜자 간의 민사사건에 관한 것으로 이해하면서 전자는 "범죄 입증의 부담은 국고(Fiscus를 대변하는 procuratores)에게 있다는 취지"이고 후자는 "유언의 효력을 다투어 재산을 회복하려는 원고가 입증책임을 부담한다는 취지"라고 새긴다. 그러나 국고가 범죄의 입증책임을 부담하지 않는다는 점은 이미 밝혔다(형사소추 자체가 국가의 임무가 아니었던 사실을 상기하라). 후자의 경우 유언의 효력을 다투어 재산을 회복하려는 자는 법정 상속인일 텐데, 동 개소에서 입증을 하는 tu는 의심의 여지 없이 유언상속인이고 또 그 입증의 내용도 자살자의 무죄여서 이것이 입증되면 유언이 오히려 유효로 귀착할 것이다. 동 개소도 재산 몰수사건을 다룬 것이다. "저자의 견해는 그가 매우 의존하는 Wacke의 논문의 결론에 과도하게 영향 받은 듯"하다는 심사자 A의 추측은 Wacke를 비판적으로 참고한 필자의 견해에 대하여 심사자 A 자신의 틀린 이해를 전제로 해서 내려진 잘못된 평가라고 생각한다.

54 같은 곳, Ulp. D.28.3.6.7 cit. (앞의 주 33).

이 개소와 관련하여 자살자가 이미 피소되었는지가 불확실하다는 견해[55]가 있는데, 이것은 오류이다. 사실관계를 압축적으로 포함시키거나 또는 암묵적으로 전제한 가운데 법교시를 내리는 칙답의 일반적인 경향을 염두에 둘 때 하드리아누스 황제 이후로 이미 확립된 법리와 그 법리가 규율하고자 하는 사실관계의 유형을 벗어나는 결정을 내린 것으로 볼 하등의 이유가 없기 때문이다. 확립된 법리를 전제로 할 때 이 칙답은 아무런 모순 없이 아주 매끄럽게 읽힌다. 3세기부터 자살자의 미망인과 결혼하는 자는 파렴치의 제재가 따랐다.[56]

2. 법률가

칙법이 있는 모든 경우에 그렇듯이 법률가들의 역할은 칙법의 해석·적용에 집중되었다.[57] 시간순으로 살펴본다(괄호 속의 연도 표시는 대략적인 주요활동 기간이다).

1) 네라티우스(Neratius,* 기원후 50년경; 기원후 87년 보충집정관)

네라티우스를 인용하고 있는 울피아누스의 다음 개소는 로마인들이 자살을 도피성 자살과 염세자살(厭世自殺)로 구분한 것이 하드리아누스에 의해 처음으로 행해진 것이 아님을 보여준다. 실제로 로마인들의 자살 관념은 철학(특히 스토아)으로 부터 많은 영향을 받았다.[58] 도피성 자살자의 경우에는 관습상 망자의 추도행사가 금지되었다. 특히 부정탄 방식이었던 목매어 죽은 자들의 경우에는 고래로 매장이 거부되었다.[59] 하

---

55 Wacke II, 62 n.157.

56 Minois, 71.

57 Archi, 1433ff.는 이 문제에 관한 하나의 전형적인 예를 제공한다.

58 Bynkershoek, 345; cf. Seneca, *Controversiae* 8.4(주제가 '자살자는 매장하지 않고 유기되어야 한다'이다).

59 Servius grammaticus, *Commentarius in Vergilii Aeneidos libros* 2, ad 12.603: sane sciendum quia cautum fuerat in pontificalibus libris, ut qui laqueo vitam finisset, insepultus abiceretur: unde bene ait 'informis leti', quasi mortis infamissimae;

드리아누스 이후의 칙법도 이 부분을 건드리지는 않았다. 도피성 자살자는 결국 전이나 후나 유죄가 확정된 중범죄자에게 적용되었던 조치의 제약을 받았다.[60]

D.3.2.11.3 Ulpianus 6 ad edictum.

Non solent autem lugeri, ut Neratius ait, hostes vel perduellionis damnati nec suspendiosi nec qui manus sibi intulerunt non taedio vitae, sed mala conscientia: si quis ergo post huiusmodi exitum mariti nuptum se collocaverit, infamia notabitur... .

(그런데 네라티우스가 말하듯이 국적(國敵)이나 반역죄 유죄판결을 받은 자, 또 목매어 죽은 자들과 삶에 염증을 느껴서가 아니라 범죄의 결과를 의식해서 자결한 자들은 추도하지 않는 것이 관례이다….)

수사학자였던 퀸틸리아누스(Quintilianus, 기원후 35년경~기원후 96년경)를 저자로 내세웠으나 그의 저작이 아닌 웅변연습서 *Declamationes minores*(1~2세기)의 제299제(題)를 보면 '근친살해범의 뼈를 파내다' (Ossa eruta parricidae)라는 제하에 아버지가 죽으면서 딸에게 자신이 두 아들이 준 독(毒)으로 인해 죽는다면서 복수를 부탁하고, 딸이 두 사람을 소추한 다음 그중 1인이 자살을 해서 조상들의 묘소에 묻히고 나머지 1인은 유죄판결을 받아서 사형당한 뒤 매장되지 못하고 방기(放棄)되었는데(alterum cum damnasset et insepultum proiecisset), 딸이 동시에 매장된 다른 형제의 뼈를 파내서 유기(遺棄)한 결과 분묘침해죄(crimen sepulchri violati)[61]로 소추된 사안을 설정한 것이 나온다.[62] 피고인의 장례와 관련

    Wacke II, 44 n.79, 47.

60   Wacke II, 43f.; 조규창, 442 n.89.

61   이 글을 마무리짓는 중에 8월 15일 영화배우 겸 탤런트였던 고 최진실 씨의 유골함이 보관 장소가 훼손된 채 사라졌다는 뉴스가 있었다. 이 기회에 분묘침해죄에 대한 비교법적 고찰을 해보는 것도 흥미로울 것이다. 최진실 씨가 자살로 생을 마

하여 당시의 일반의 관념 내지 법 상태를 보여주는 것으로 판단된다.

2) 플로렌티누스(Florentinus, 161~211)

법률가들 중 재산 몰수 문제를 다룬 가장 이른 사료는 플로렌티누스의 것으로 추정된다. 이 단편은 중범죄를 범한 피해방자가 재산 몰수를 당하는 경우에도 그를 해방시킨 전(前) 주인인 보호자는 피해방자가 자연사(自然死)하면 받았을 그의 유산의 몫은 국고로 몰수당하지 않는다는 보호자의 특권을 다룬 후[63] 피해방자가 자살하는 경우에도 이처럼 유죄 판결을 받은 자(damnatus)의 경우와 동일하게 취급한다는 내용이다.

D.38.2.28.1.pr. Florentinus 10 institutionum.

Eadem servantur in bonis eorum qui metu accusationis mortem sibi consciverint aut fugerint, quae in damnatorum bonis constituta sunt.

(소추를 두려워하여 자결하거나 도주한 자들의 재산에 관해서는 유죄판결 받은 자들의 재산에 관하여 정해진 바가 동일하게 준수된다.)

플로렌티누스가 "소추를 두려워하여" 운운한 것은 염세자살이 아닌 도피성 자살임을 표현한 것이다. 그러면 이러한 '도피성 자살 = 유죄판결'이라는 결정은 정당한가? 이것은 물론 '도피성 자살 = 자복(自服)'이

감한 분이라는 것도 예사롭지 않게 느껴진다.

62 Quintilianus, CCXCIX, pp.180-182. 특히 그곳의 문제제기(Sermo) 부분 참조: hinc speciales quaestiones, utrum lex damnatum tantum parricidii, an revera parricidam prohibeat sepeliri? an ille parricida fuerit?

63 D.38.2.28.pr. Florentinus 10 institutionum.
    Si in libertinum animadversum erit, patronis eius ius, quod in bonis eius habituri essent, si is in quem animadversum est sua morte decessisset, eripiendum non est. sed reliquam partem bonorum, quae ad manumissorem iure civili non pertineat, fisco esse vindicandam placet.
    Wacke II, 69f.

라는 논리와 '자복 = 유죄판결'이라는 논리의 축약적 결합 이외의 방식
으로는 설명될 수 없을 것이다. 실제로 로마인들은 자살이 곧 범죄의 자
복이라는 경험칙에 따른 해석을 전개하였다.[64] 피우스의 결정 중 하나
(Marci. D.48.21.3.8 cit.)는 바로 이러한 해석을 전제로, 그러나 이것은 또
어디까지나 추정일 뿐[65]임을 인식해서 상속인들에게 반대의 입증을 허
용했던 것이었다. 사실 '자살 곧 자복'이라는 논리는 D.48.21.3.pr.에 의
하면 통설(placuit)이었다. 즉 반대가 입증되지 않는 한 자결한 피고인을
아예 '자백한 자'(confessus)와 같이 생각했다.

D.48.21.3.pr. Marcianus libro singulari de delatoribus.

... non enim facti sceleritatem esse obnoxiam, sed conscientiae metum in reo
velut confesso teneri placuit... .

(… 이상의 이유는 통설이 '이 행위(= 자살)의 범죄성이 해로운 것'이라고
보는 것이 아니라 [절차에 진입하여] '범죄결과를 아는 데서 오는 두려움이
자백한 자(自白者)로서의 피고인 안에서 발휘된다'라고 보기 때문이다….)

그러면 '자복 = 유죄판결'이라는 등식은 성립하였는가? 비록 군인의[66]
자살 미수(未遂) 사안에 관한 것이기는 하지만 마르키아누스의 입론은
또한 이러한 방향의 논리를 고려했던 것으로 보인다. 말하자면 '자살 =
자기 유죄판결'이라는 것이다. 이 자기 판결 속에 포함된 '스스로를 봐

---

64 Seneca, *Controversiae* 8.4: ... quod solum scio, scelus cogitat (sc. homicida in se).
    Nescio cuius sibi criminis conscius confugit ad mortem, cuius inter scelera etiam
    hoc est, quod damnari non potest... .
    (내가 아는 것은 오직 그(자살자)가 생각하는 것은 범죄라는 것이다. 모르면 몰라
    도 그는 어떤 범죄를 의식해서 죽음으로 도피한 것이다. 그의 범죄 중에는 또한
    들 어 있다. 즉 유죄선고될 수 없다는 것 말이다….)

65 Brunnemann II, ad C.9.50 n.2, p.1156: "nam ex sui interfectione oritur praesumta
    confessio."

66 Wacke II, 63 n.160.

840

주지 않았음'은 죄를 자백한 것 이상의 확고한 유죄판정이라고 평가한 것이다. 따라서 자살 미수자의 경우에는 혐의가 있는 범죄로 더이상의 증거조사 없이 바로 유죄판결을 내려야 한다(omnimodo puniendus).[67]

D.48.21.3.6 Marcianus libro singulari de delatoribus.[68]

Sic autem hoc distinguitur, interesse qua ex causa quis sibi mortem conscivit: sicuti cum quaeritur, an is, qui sibi manus intulit et non perpetravit, debeat puniri, quasi de se sententiam tulit. nam omnimodo puniendus est, nisi taedio vitae vel impatientia alicuius doloris coactus est hoc facere. et merito, si sine causa sibi manus intulit, puniendus est: qui enim sibi non pepercit, multo minus alii parcet.

(그런데 이것은 어떤 이유로 어떤 자(군인)가 자살했는지가 중요하게 되는 방식으로 구별되는데, 자결을 시도했으나 기수(旣遂)에 이르지 않은 자는 마치 자신에 관하여 [스스로] 판결을 내린 것으로서 처벌받아야만 하는지 가 문제되는 경우처럼 말이다. 왜냐하면 삶에 염증을 느껴서거나 어떤 고통 을 견디지 못해서 이런 짓을 하도록 강요된 경우가 아니면 절대적으로 처벌 해야만 하기 때문이다. 그리고 아무런 이유 없이 자결을 시도한 경우에 처벌 해야만 하는 것은 정당한 것이다. 왜냐하면 스스로를 봐주지 않은 자는 다른 자는 더 적게 봐줄 것이기 때문이다.)

자백자를 유죄판결을 받은 자와 같이 보는 관점은 파울루스의 다음 개 소에서는 더욱 분명하게 드러난다.

D.42.2.1 Paulus 56 ad edictum.

Confessus pro iudicato est, qui quodammodo sua sententia damnatur.

---

67 Wacke II, 64.

68 Bas.60.53.3.6 (Heimbach V, p.886): Qui sibi manus intulit sine causa, nec peregit, punitur, quasi in se sententiam tulerit. Qui enim sibi non pepercit, neque alii parceret.

(자백한 자는 유책판결을 받은 자에 해당하는데, 이 자는 어느 의미에서 자신의 판결로 유책판정이 되는 것이다.)

그렇다면 플로렌티누스의 논리는 수긍할 수 있을 것이다.[69] Diocl./Max. C.6.22.2.pr.(a.290) cit.에서 "자살을 구실로" 삼는다는 것도 자살하면 바로 유죄로 추정하는 실무를 전제한 것이다(입증책임에 관해서는 전술). 마르키아누스 단편의 마지막 구절은 자신의 목숨도 소중히 하지 않았던 자라면 남에 대한 배려가 어떠할지는 불문가지(不問可知)라는 것이고, 결국 그런 자라면 혐의가 있는 범죄를 저질렀을 것이라는 추정이 충분히 가능하다는 논법이다.[70] 이러한 논법은 울피아누스도 노예가 자살을 시도한 경우에 대해서 구사한 바가 있는데,[71] 노(老) 세네카(L. Annaeus Seneca, 기원전 55년경~기원후 39년경)의 영향이 간취된다. "*Controversiae* 8.4: Nihil non ausurus fuit qui se potuit occidere" (스스로를 살해할 수 있었던 자가 감행할 수 없었을 것은 아무것도 없는 법이다).[72] 자살의 동기는 물론 법이 정하는 유형에 따라 구별되었다.

---

69 자살을 자복으로 본다고 해서 공모자들 중 1인이 자살한 것이 다른 사람들에게까지 자복으로 치부될 수 없음은 법원리상 당연하다. Wacke II, 64f.는 이 점을 해석이 쉽지 않은 다음 디오클레티아누스의 칙답을 통해서 밝혀내고 있다(개소 표시가 C.9.2.19로 틀려 있다).

C.9.2.12 Diocletianus / Maximianus (a.293).

Factum sponte se praecipitantis innocenti criminis periculum adferre non potest.
(자발적으로 투신하는 자의 행위는 범죄에 무고한 자에게 위험을 가할 수 없다.)

70 이 부분에 대한 몰이해의 예는 Marotte, 350 n.287: "In questa frase è tutto l'errore popolare per il suicidio, atto incomprensibile, apoortatore di mali per l'intera comunità. Ma il discorso del giurista risulta, per molti versi, incomprensibile." 또 그로 인한 텍스트 수정 고려 등등.

71 Ulp. D.21.1.23.3 (아래의 주 80): ... tamquam non nihil in alium ausurus, qui hoc adversus se ausus est.

72 Wacke II, 64 n.165.

3) 파피니아누스(Papinianus, 170~212)

파피니아누스의 경우에도 군인에 대한 것(Pap. D.29.1.34.pr. cit.)과 일반인에 대한 것이 모두 전해진다. 통설에 충실한 내용들이다.

D.48.21.3.pr. Marcianus libro singulari de delatoribus.

... Papinianus tamen libro sexto decimo digestorum responsorum ita scripsit, ut qui rei criminis non postulati manus sibi intulerint, bona eorum fisco non vindicentur: ...

(… 그렇지만 파피니아누스는 『해답집』 제16권에서 범죄로 피소되지 않은 상태로 자결한 자들의 재산은 국고로 몰수되지 않을 것이라고 기술하였다. …)

4) 메난더(Menander, 193~217)

메난더는 이미 살펴보았듯이 기본적으로 하드리아누스의 칙답을 보고하는 글만 전한다(D.49.16.6.7 Arrius Menander 3 de re militari. cit.). 하드리아누스는 군인의 경우에는 바로 군인이라는 특수 신분 때문에 자살 미수자도 모두 제재하였다. 단, 염세자살 미수자는 사형 대신 불명예 전역(轉役, missio ignominiosa)에 처했다. 그 밖의 자살 미수자는 피고인 지위에서 자살로 도피한 경우(일반인의 도피성 자살 해당)는 물론이고 이외에도 염세 등으로 인한 것이 아닌 모든 경우(nihil tale) 사형에 처하였다. 군인으로서의 직분을 회피하기 위하여 자살을 기도한 경우가 이에 해당한다.[73] 자해(自害)의 경우도 마찬가지였다. 이에 덧붙여서 메난더는[74]

---

73 Schiller, 303은 하드리아누스의 군인 자살미수 사안을 "a case of suspected malingering or attempted suicide"로 규정한 후, 그 판단의 기준을 "whether the act was done to escape military duty, or resulted from extra-military factors"라고 새긴다. 그러나 이 설명은 부정확하다. 왜냐하면 자해 행위가 반드시 '꾀병의 의심'을 받아야만 하는 것도 아니고, 또 가령 도피성 자살은 '군사 의무를 회피하기 위한' 것이라고 보기 어렵고, 그래서 오히려 이와 대비된 '군사외적 요인들'이란 사유에 해당할 터인데, 그렇다면 Schiller의 논리상 감경처분의 대상이 될 터인데, 사실은

그렇더라도 자살 기도가 음주 등에 기인하여 고의(故意)라고 보기 어려운 일정한 경우(per vinum aut lasciviam)에는 계급을 낮추는 선에서 처벌해야 할 것이라는 견해를 밝혔다.[75] 군인의 경우 이처럼 자살 미수는 자해행위, 탈주(desertio), 적전(敵前) 비겁행위와 함께 중대한 형사적 기율사범(紀律事犯)이었다.[76]

5) 파울루스(Paulus, 175~230)

파울루스의 경우에도 통설을 반영하는 사료가 전해지는데, 다음 개소는 일반적인 사망의 경우 원칙을 천명한 다음 자살의 문제를 다루었다.

D.49.14.45.1-2 Paulus 5 sententiarum.

1. [=PS. 5.12.1b] Bona eorum, qui in custodia vel in vinculis vel compedibus decesserunt, heredibus eorum non auferuntur, sive testato sive intestato decesserunt.

2. [=PS. 5.12.1c] Eius bona, qui sibi mortem conscivit, non ante ad fiscum coguntur, quam prius constiterit, cuius criminis gratia manus sibi intulerit. [≒PS. 5.12.1] eius bona, qui sibi ob aliquod admissum flagitium mortem conscivit et manus intulit, fisco vindicantur: quod si id taedio vitae aut pudore aeris alieni vel valetudinis alicuius impatientia admisit, non

---

그렇지 않기 때문이다. 그리고 '군사외적 요인들'이란 그 문맥상 의도에 따라 염세자살 유형의 사유만을 지시하기에는 용어상으로 이미 너무 넓게 오해할 소지가 크다. 사료 자체가 말하듯이 염세형 자살과 그렇지 않은 일체의 것으로 분류하는 것만이 오류를 피하는 길이다.

74 Rilinger, 193은 "per vinum~" 문장이 하드리아누스 칙답의 내용인 것으로 오해하고 있다. 그러나 어법을 보면 이는 분명히 그 앞에서 끝나는 칙답과 구별된 메난더의 소견이다("~해야 한다").

75 Wacke II, 66; Watson, 384f.; Volterra I, 191f.; Costa, 193 + n.1.

76 조규창, 322f., 27 n.81(각주에서 인용하고 있는 Paul.5, 31, 2c는 5.31.6의 오기임), 441 n.85, 443 + nn.93-94.

inquietabuntur, sed suae [ordinariae PS. 5.12.1] successioni relinquuntur.

(1. 감금이나 포승구금(捕繩拘禁) 또는 족쇄구금(足鎖拘禁) 중 사망한 자들의 재산은 그들이 유언을 하고 사망했든 아니면 무유언으로 사망했든 그들의 상속인들에게서 박탈되지 않는다.

2. 자살한 자의 재산은 먼저 그가 어떤 범죄 혐의하에 자결했는가가 확정되기 전에는 국고로 몰수되지 않는다. 불법한 악행 때문에 자살하고 자결한 자의 재산은 국고로 몰수된다. 그러나 삶에 염증을 느껴서거나 빚에 쪼들려서거나 건강상의 문제를 비관해서 자결을 한 경우에는 문제삼지 않을 것이고 재산이 그 자신의 [정규의 PS. 5.12.1] 상속에 남겨진다.)

인용 원문에 이미 표시하여 밝혔듯이 이 단편은 고전기 후의 위(僞) 파울루스의 『견해록』에도 그대로 채록되었는데,[77] 이에 대한 해석도 동일한 내용을 반영하였다.

PS. 5.12.1: (280 - 300) Interpretatio Ad §1:
Si quis sibi pro aliquo admisso[78] crimine mortem intulerit, facultates eius

---

[77] Schellenberg, 51f.

[78] 심사자 A는 법사료에 나타난 admittere 어휘의 활용형과 관련하여 그 의미를 '범죄의 혐의를 시인하다'로 새기고 그에 따라서 "『파울루스의 견해록』(PS. 5.12.1)의 번역 중 'Si quis sibi pro aliquo admisso crimina mortem intulerit'은 '어떤 범죄의 혐의를 시인하여 자살한 자의 경우'라고(admisso의 의미를 살려) 번역하는 것이 어떨지? 염세자살이 아니라 '도피성 자살'인 경우라는 점을 분명히 할 필요가 있다"고 주장하거나, 후술(아래의 주 106)하는 "C.9.50.1.pr.의 경우에도 'qui conscientia delati admissique criminis metuque futurae sententiae'는 '범행을 스스로 시인하거나 유죄판결을 두려워하여'라고 번역하는 것이 더 타당할 듯"이라고 주장하거나, "자살의 동기가 무엇이었는지가 핵심적 쟁점이고 로마법 문헌은 '범행을 스스로 시인하거나 유죄판결을 두려워하여' 감행한 자살의 경우에만 재산 몰수를 허용한 것이라는 점이 좀더 뚜렷하게 드러났으면 한다"고 소견을 밝힌다. 이로 미루어보건대 심사자 A는 admittere의 의미를 '혐의를 스스로 시인하는 것'이라고 새기는 듯하다. 그러나 이는 잘못이다. 왜냐하면 혐의를 시인하는 것은 자백(confessio)에 해당하는 것으로 바로 유죄판결과 같은 결과가 초래되므로 더

fiscus vindicat. Nam si ingratitudine malae vitae aut propter verecundiam contracti enormis debiti vel impatientia valetudinis mortem sibi intulerit, bona eius suis aut legitimis heredibus nullatenus auferuntur.

(어떤 자가 불법한 범죄로 자결한 경우 그의 재산은 국고가 몰수한다. 반면에 힘든 삶에 시달려서 또는 엄청나게 진 빚에 쪼들려서 또는 건강상 문제를 비관해서 자결한 경우 그의 재산은 가내상속인이나 법정상속인들로부터 결코 박탈되지 아니한다.)

군인의 경우에 관한 다음 개소 역시 Menander D.49.16.6.7 cit.와 동일한 내용으로 당시의 현행법을 재현하였다.

D.48.19.38.12 Paulus 5 sententiarum (= PS. 5.31.6).

Miles, qui sibi manus intulit nec factum peregit, nisi impatientia doloris aut morbi luctusve alicuius vel alia causa fecerit, capite puniendus est: alias cum ignominia mittendus est.

(자결을 기도했으나 행위를 완수하지 못한 군인은 고통이나 신병(身病) 또는 어떤 슬픔을 견디지 못하여 또는 다른 이유로 한 경우가 아닌 한, 극형으로 처벌해야만 한다. 그 밖의 경우에는 불명예로 제대시켜야만 한다.)

이상의 논의가 필요하지 않을 뿐만 아니라 admittere가 쓰인 어법 용례들을 보면 crimen이나 delictum, flagitium 기타 이에 준하는 불법의 영역에 속하는 행위(가령 furtum; adulterium, incestum, homicidium, dolus, fraus, neglegentia, damnum, iniuria 따위)를 목적어로 삼아서 commitere, perpetrare, facere, contrahere의 의미로 사용되기만 하기 때문이다. *OLD*, s.v. admitto, no. 13; no. 12 (p.48); Dirksen, s.h.v., §3 (p.29); Heumann/Seckel, s.h.v., 6) (pp.15f.); 망라적 *VIR*, s.v. admitto, III (pp.236f.). 예컨대 다음 개소에서 보듯이 fraudulenter라는 부사와 함께 쓰였던 admittere 동사는 도저히 '시인하다'는 의미일 수 없는 것이다.

D.1.15.3.5 Ulpianus libro singulari de officio praefecti vigilum.

Adversus capsarios quoque, qui mercede servanda in balineis vestimenta suscipiunt, iudex est constitutus, ut, si quid in servandis vestimentis fraudulenter admiserint, ipse cognoscat.

〔부론〕노예의 자살

파울루스의 또 하나의 사료에는 도피성 자살자의 개념규정으로 보이는 것이 들어 있다. 그러나 이 개소는 시장에서의 노예매매를 감독하는 고등안찰관(高等按察官)의 고시(告示)에서 정하는 물건의 하자에 대한 매도인의 책임을 다루는 맥락에서 내려진 개념규정인 만큼 자유인을 다룬 다른 개소들과는 다소 다른 어휘들이 등장한다.

D.21.1.43.4 Paulus 1 ad edictum aedilium curulium.

Mortis consciscendae causa sibi facit, qui propter nequitiam malosque mores flagitiumve aliquod admissum mortem sibi consciscere voluit, non si dolorem corporis non sustinendo id fecerit.

('자살을 하기 위하여 행위한 자(노예)'란 육신의 고통을 견디지 못하여 그렇게 했던 경우가 아니라 비행(非行)과 악습 또는 어떤 불법한 악행 때문에 자살하기를 원했던 자를 말한다.)

원래 자살시도를 (특히 상습적으로) 한 노예는 나쁜,[79] 따라서 가치가

---

79 D.21.1.23.3 Ulpianus 1 ad edictum aedilium curulium.

Excipitur et ille, qui mortis consciscendae causa quid fecerit. malus servus creditus est, qui aliquid facit, quo magis se rebus humanis extrahat, ut puta laqueum torsit sive medicamentum pro veneno bibit praecipitemve se ex alto miserit aliudve quid fecerit, quo facto speravit mortem perventuram, tamquam non nihil in alium ausurus, qui hoc adversus se ausus est.

단, 이곳에서 말하는 '자살을 하기 위해서 무엇인가를 한 자'도 예외라는 설시는 파울루스의 경우와 달리 하자로 인해 매매해제가 있을 때 반환되어야 하는 범위에서 제외된다는 것이다. 한편 Bynkershoek, 350은 "medicamentum pro veneno"를 "venenum pro medicamentum"으로 바꿔야 한다면서 이 자명한 것을 아무도 알아채지 못한 게 이상하다고 하는데, 자살을 하기 위해서는 약(藥)이 아니라 독(毒)을 먹어야 한다는 데서 그렇게 생각한 것이 확실해 보인다. 그러나 이곳에서 말하고자 하는 것은 자살을 하기 위하여 온갖 시도를 하는 모습을 묘사하려는 것으로 독을 먹는다고 약을 먹어대는 짓거리를 오히려 정확히 표현한 것이다.

적은 것으로 여겨졌고, 이 사실은 매도인이 매수인에게 밝혀야 하는 하자에 해당하였는데, 파울루스는 이때에도 자살의 전통적 분류에 유사하게, 그러나 생활관계의 특성을 고려해서 고통으로 인한 자살의 경우만은 예외로 선언한 것이다.[80] 이 사실은 이미 노예에게도 자살을 할 인간으로서의 원초적 자유[81]가 매우 제한적이기는 하지만 인정되었음을 보여 준다. 울피아누스는 이 점을 "licet enim etiam servis naturaliter in suum corpus saevire"(노예 역시 자신의 육신에 폭거를 가할 자연적인 자유가 있다)고 한마디로 정리하였다(D.15.1.9.7 Ulpianus 29 ad edictum).[82] 사실 죽어버린 노예에 대해서는 누구도 어쩔 수 없으므로 자살이 성공한 경우에는 자유 운운할 실익도 없다. 반면에 미수에 그친 경우에는 이상의 '자연적' 자유는 노예 본인에게 더이상 도움이 되지 못했음이 명백하다. Naturaliter가 바로 civiliter를 의미하는 것은 아니었고,[83] 그래서 그때에는 법의 제재가 따랐기 때문이다("malus servus"!). 파울루스가 고통 자살의 경우를 예외로 선언한 것도 결국 노예 자신을 위한 것이 아니라 주인을 위한 것이었을 따름이다.

6) 울피아누스(Ulpianus, 190~223)

가장 많은 사료가 전해지는 것은 역시 울피아누스이다. 먼저 지금까지 살펴본 통설적 내용을 그대로 전하는 개소로 다음의 것이 있다.

---

80 Wacke II, 72 n.181.

81 Bynkershoek, 345: "naturalis libertas se ipsum occidendi."

82 D.15.1.9.7 Ulpianus 29 ad edictum.
   Si ipse servus sese vulneravit, non debet hoc damnum deducere, non magis quam si se occiderit vel praecipitaverit: licet enim edam servis naturaliter in suum corpus saevire. sed si a se vulneratum servum dominus curaverit, sumptuum nomine debitorem eum domino puto effectum, quamquam, si aegrum eum curasset, rem suam potius egisset.
   이 개소는 특유재산을 가진 노예의 자해(自害)나 자살의 경우에 특유재산 소권으로 제소당한 주인의 책임한도를 산정하는 문제에 관한 것이다. Wacke II, 70f.

83 Bynkershoek, 350.

D.29.5.1.23 Ulpianus 50 ad edictum.

Si quis non metu criminis inminentis, sed taedio vitae vel impatientia doloris sibi manus intulit, eius testamentum aperiri et recitari mortis casus non impedit.

(어떤 자가 임박한 범죄의 결과를 두려워해서가 아니라 삶에 염증을 느껴서거나 고통을 견디지 못하여 자결한 경우에는 그의 유언의 개봉과 공개를 사망 사건이 방해하지 않는다.[84])

이미 칙령들과 관련하여 부분적으로 살펴본 바 있는 다음의 개소는 재산의 몰수 및 그에 부응하는 유언의 상효(喪效)는 중유배형(重流配刑)에 해당하는 중죄(重罪)의 경우에 적용된다는 것과 이러한 형벌이 황제의 재가에 의하여 확정되어야 발생한다는 것을 부수적으로 확인한 외에는 지금까지 살펴본 바와 동일한 내용이다.

D.28.3.6.7 Ulpianus 10 ad Sabinum.

Eius qui deportatur non statim irritum fiet testamentum, sed cum princeps factum comprobaverit: tunc enim et capite minuitur. sed et si de decurione puniendo vel filio nepoteve praeses scribendum principi interlocutus est, non puto statim servum poenae factum, licet in carcere soleant diligentioris custodiae causa recipi. nec huius igitur testamentum irritum fiet, priusquam princeps de eo supplicium sumendum rescripserit: proinde si ante decesserit, utique testamentum eius valebit, nisi mortem sibi conscivit. nam eorum, qui mori magis quam damnari maluerint ob conscientiam criminis, testamenta irrita constitutiones faciunt, licet in civitate decedant: quod si quis taedio vitae vel valetudinis adversae impatientia vel iactationis, ut quidam philosophi, in ea causa sunt, ut testamenta eorum valeant... .

---

84   Wacke II, 68 n.176.

(중유배형에 처해지는 자의 유언은 즉시 상효(喪效)로 되지 않을 것이고, 황제가 그 사실을 재가해야 상효한다. 왜냐하면 그때서야 또한 두격(頭格)이 감소하기 때문이다. 그리고 시참사회원이나 그 아들 또는 손자의 처벌에 관하여 도백(道伯)이 황제에게 상주(上奏)할 것을 중간판정한 때에도 사견(私見)으로는 비록 그들이 보통보다 면밀한 감시를 위하여 감옥에 수감되기는 하지만 즉시 형벌노예[85]가 되었다고 생각하지 않는다. 또 그러므로 황제가 그에 관하여 처벌이 행해져야만 한다고 칙답하기 전에는 이 자의 유언은 상효로 되지 않을 것이다. 따라서 그가 그전에 사망하면 그가 자살한 것이 아닌 한, 그의 유언은 항상 유효할 것이다. 왜냐하면 범죄의 결과를 의식해서 유죄판결을 받기보다 죽기를 더 바란 자들의 유언은 비록 그들이 시민권을 가진 상태에서 사망하더라도 칙령들이 상효시키기 때문이다. 그러나 어떤 자가 삶에 염증을 느껴서거나 나쁜 건강상태를 비관해서거나 또는 일부 철학자들처럼 과시욕을 참지 못해서 [자살한 경우에는] 그들의 처지는 그들의 유언은 유효하다는 것이다….)

반면에 근친살해범을 다룬 다음의 개소는 일견 자살자의 범주를 구별하고 있지 않다는 점에서 지금까지의 예들과 구별된다. 그러나 자연사의 경우에 (일반원칙에 따라 형사소추가 종료하므로) 상속이 일반법리대로 진행된다는 후단의 적시(摘示)와 대비해 볼 때, 그리고 자살자의 재산이 국고로 몰수된다는 내용으로 볼 때 이때의 자살은 분명히 도피성 자살을 말하는 것이고 염세자살의 유형까지 포함하는 것은 아닌 것이 확실하다. 여기서도 중범죄인 근친살해가 문제되었다.

D.48.9.8 Ulpianus 8 disputationum.

Parricidii postulatus si interim decesserit, si quidem sibi mortem conscivit, successorem fiscum habere debebit: si minus, eum quem voluit, si modo

---

85   이에 관해 상세한 것은 Burdon, 68-85.

testamentum fecit: si intestatus decessit, eos heredes habebit, qui lege vocantur.
(근친살해로 피소된 자가 유책판결 전에 사망한 경우 자결한 것이면 국고를
상속인으로 가져야만 할 것이다. 그렇지 않은 [즉 자살을 하지 않은] 경우
유언을 했다면 그가 원했던 자를, 무유언으로 사망했으면 법률에 의해서 순
위가 되는 자들을 상속인으로 가질 것이다.)

또 하나의 단편은 부부간 증여의 사안을 다룬 것이다. 부부간 증여는
주지하다시피 혼인 중에는 무효였으나, 카라칼라 이후로 증여자가 사망
시까지 취소하지 않으면 치유되었다.[86] 따라서 증여한 남편이 사망하면
치유될 증여였지만, 도피성 자살의 경우에는 유죄판결자에 준하여 이러
한 효과가 부인된다는 것이다. 타인에게 한 일반 증여는 자살 전에 이미
유효한 것이고, 증여자의 자살로 달라질 것은 없다. 사인증여(死因贈與)
의 경우 일반적인 사인증여라면 사망으로써 발효할 것이지만,[87] 자살의
경우 도피성이면 유언능력의 결여로 그 효과가 저지될 터이다.[88] 울피아
누스가 전하는 새로운 정보 하나는 자연사를 포함한 사망 일반에 있어
서 사망 후에 기억말살(記憶抹殺, damnatio memoriae) 처분이 있게 되면
사망에 따르는 증여의 치유 효과가 도피성 자살의 경우와 마찬가지로
부인된다는 것이다.[89] 기억말살형의 효과는 판결선고 시가 아니라 범죄
시로 소급적이었기 때문이다.[90]

D.24.1.32.7 Ulpianus 33 ad Sabinum.

Si maritus uxori donaverit et mortem sibi ob sceleris conscientiam consciverit

---

86 Kunkel / Honsell, 347f.
87 최병조 I, 318f.
88 Wacke II, 69.
89 Volterra I, 21f.; Vittinghoff, 68. 아직 국내에 연구가 없는 기억말살(damnatio
memoriae)은 그 자체로 별도의 논의가 필요한 흥미 있는 주제이다.
90 Simonius, 217 bei n.5.

vel etiam post mortem memoria eius damnata sit, revocabitur donatio: quamvis ea quae aliis donaverit valeant, si non mortis causa donavit.

(남편이 아내에게 증여하고 범행의 결과를 의식해서 자살하거나 또는 사망 후라도 그의 기억말살(記憶抹殺)을 명하는 판결을 받은 경우에는 증여는 취소될 것이다. 비록 사인증여가 아닌 한, 그가 타인들에게 증여한 것들은 유효함에도 불구하고 말이다.)

군인에게도 일반인과 동일한 조치를 명했던 하드리아누스의 서한(書翰)을 언급하고 있는 Ulp. D.28.3.6.7 cit.는 이미 살펴보았다. 이 편지는 118~122년에 브리타니아(Britannia) 총독을 지냈던 폼페이우스 팔코에게 보낸 것으로 추정된다. 군단(軍團)의 상속권은 하드리아누스가 부여한 특권이었던 것으로 보인다.[91]

7) 마르키아누스(Marcianus, 210~230)

형사소추중 피고인의 자살 문제를 비교적 상세히 다룬 자가 있다면 바로 마르키아누스이다. 그도 다음 개소에서 알 수 있듯이[92] 자연사의 경우에는 모든 절차가 종료한다는 원칙으로부터 출발하였는데, 이 점을 하급심에서 유죄판결을 받은 자가 상소한 경우에 대하여 확인하였다. 하급심 판결로 사건이 종결된 것이 아니고 아직 절차가 진행중이므로[93] 당연한 귀결이다.

---

91 Wacke II, 66 n.172.

92 심사자 A는 곧 인용할 D.48.20.11과 D.48.21.3.7이 자살과 무관한 개소인데 필자가 이를 자살 관련한 개소로 인용한 듯이 평하였다. 그러나 필자도 이들 개소가 자연사에 관한 것임을 분명히 밝혔다. 자살을 다룬 논문이라고 해서 인용한 개소가 모두 자살 관련 개소인 것이 아님은 굳이 지적할 필요도 없을 것이다.

93 Cf. D.3.2.6.1 Ulpianus 6 ad edictum.
    Sed si furti vel aliis famosis actionibus quis condemnatus provocavit, pendente iudicio nondum inter famosos habetur: ...

D.48.20.11 Marcianus libro de publicis iudiciis.

Si quis damnatus appellaverit et pendente appellatione decesserit, bona eius non publicantur: nam ita posterius quoque testamentum eius ratum est. idem est et si appellatio non recepta est.

(어떤 자가 유죄판결을 받고서 상소(上訴)하고 상소가 계속중에 사망한 경우 그의 재산은 몰수되지 않는다. 마찬가지로 또한 그의 그후의 유언도 추인된다. 상소가 수리되지 않은 경우에도 동일하다.)

이상의 대원칙은 죄가 확정되지 않은 상태에서 사망하는 모든 경우에 적용되었으므로 피고인이 구금중이거나 보석(保釋)중이었더라도 더욱 이 소송의 결과가 불확실한 상황에서의 사망은 당연히 재산 몰수로 이어질 수 없었으나, 마르키아누스에 의하면 실무의 의문이 있었는지 황제가 훈령(mandata)을 통해서 이를 분명히 하였다.

D.48.21.3.7 Marcianus libro singulari de delatoribus.[94]

Si qui autem sub incerto causae eventu in vinculis vel sub fideiussoribus decesserint, horum bona non esse confiscanda mandatis cavetur.

(그런데 소송의 결과가 불확실한 가운데 포승구금중 또는 보석중 사망한 자들의 경우 이들의 재산은 몰수해서는 안 된다고 훈령으로써 규정되었다.)

자살 사안을 본격적으로 다루고 있는 Marci. D.48.21.3.pr.-8은 앞서 칙법을 소개하면서 일부 이미 인용하였다. 대략 순서대로 살펴본다.

D.48.21.3.pr. Marcianus libro singulari de delatoribus.[95]

Qui rei postulati vel qui in scelere deprehensi metu criminis imminentis

---

94 Bas.60.53.3.7 (Heimbach V, p.886): Si quis autem in incerto reatus eventus in vincluis, vel sub fideiussoribus constitutus decesserit, bona eius non publicantur.

mortem sibi consciverunt, heredem non habent. Papinianus tamen libro sexto decimo digestorum responsorum ita scripsit, ut qui rei criminis non postulati manus sibi intulerint, bona eorum fisco non vindicentur: non enim facti sceleritatem esse obnoxiam, sed conscientiae metum in reo velut confesso teneri placuit. ergo aut postulati esse debent aut in scelere deprehensi, ut, si se interfecerint, bona eorum confiscentur.

(피소되거나 또는 범행중 체포되어 임박한 범죄처벌을 두려워해서 자살한 피고인들은 상속인을 가지지 못한다. 그렇지만 파피니아누스는 정돈된『해답집』[96] 제16권에서 범죄로 피소되지 않은 상태로 자결한 자들의 재산은 국고로 몰수되지 않을 것이라고 기술하였다. 이상의 이유는 통설이 "이 행위 (=자살)의 범죄성이 해로운 것"[97]이라고 보는 것이 아니라 [절차에 진입

---

95 Bas.60.53.3pr. (Heimbach V, p.886): Non cuiuscumque, qui sibi mortem conscivit, bona publicantur, sed accusati, aut scelesto facinore deprehensi.

96 'digestorum'이란 수식어는 원래 파피니아누스의『해답집』에는 없는 표현이다. Wacke II, 56 n.137. 마르키아누스가 인용하면서 덧붙인 것 같다. 레넬도 아무런 의념(疑念) 없이 이 단편을『해답집』제16권 속에 배치시켰다. Lenel II, Papainianus fr.740, p.944.

97 Wacke II, 70는 그가 인용하고 있는 20세기의 몇몇 선행연구자들의 소견을 좇아서 해당 원문의 [facti sceleritatem]을 〈fati celeritatem〉으로 교정해야 한다는 일견 아주 교묘한 견해를 제시하고 있다. 이 견해는 일찍이 Bynkershoek, 348f.도 16~17세기의 몇몇 학설을 소개하면서 동조한 바 있다. 이것은 "운명을 앞당긴 것", 즉 자살이 관건이 아니라는 의미로 해석하려는 것이다. 그러나 이러한 광정(匡正)은 잘못임이 명백하다. 왜냐하면 일찍이 라틴어 문학에서 fati celeritas와 같은 어구는 사용된 바가 없을 뿐 아니라 특히 이때 명사 celeritas가 fatum의 속격(屬格)과 연결되면서 fatum을 앞당긴다는 타동사적 의미의 용법으로 쓰인 예도 전혀 알려진 바가 없는 것이다(Perseus Lookup Tool에 의한 검색. 2009년 10월 12일자 최근 접속). 내용적으로 보아도 운명을 앞당긴 자살이야말로 자복으로 평가된다는 바로 이은 대목과도 부합하지 않고, 또 이로부터 분명하듯이 현재의 논점은 언제 자살이 일어났는가가 중요하다는 것인데, 자살 자체를 무해한 것으로 만든다면 어불성설이기 때문이다. 관사가 없는 라틴어의 특성상 factum이 무엇을 지시하는지를 잘 살피면 바로 앞의 manus sibi inferre 행위임이 드러난다. 결국 자살의 경우에는 자살 자체의 불법성이 문제되는 것도 아니고 오히려 그가 범죄를 저질렀다는 사실은 기본전제로서 중요한 것이지만, 이 또한 그 사실만으로 의미가 있는 것이 아

하여] "범죄결과를 아는 데에서 오는 두려움이 자백한 자로서의 피고인 안에서 발휘된다"라고 보기 때문이다. 그러므로 자살하는 경우 그들의 재산이 몰수되기 위해서는 피소된 자이거나 범행중에 체포된 자여야만 한다.)

파피니아누스에 따르면 도피성 자살의 경우이더라도 아직 피소되지 않아서 피고인 지위에 있지 않으면 재산 몰수는 부인되었다. 이로부터 마르키아누스는 재산이 몰수되기 위해서는 피고인일 것이 요건이라는 점을 뒷받침한다. 아울러 현행범은 피고인과 같게 처리된다는 점도 밝히고 있다.

Marci. D.48.21.3.1 cit.는 재산 몰수를 초래할 도피성 자살자의 혐의 범죄를 사형이나 중유배형(重流配刑)에 해당하는 중범죄로 규정한 피우스의 칙답을 인용하고 이를 효과 면에서 다시 한 번 확인한다.

D.48.21.3.3 Marcianus libro singulari de delatoribus.[98]
Ergo ita demum dicendum est bona eius, qui manus sibi intulit, fisco vindicari, si eo crimine nexus fuit, ut, si convinceretur, bonis careat.
(그러므로 자결한 자의 재산은 그가 유죄 확정될 경우 재산을 박탈당하는 범죄에 연루된 경우에 한하여 국고로 몰수된다고 말해야만 한다.)

또 D.48.21.3.4 cit.에서는 도피성 자살과 대비되는 염세자살의 유형을 논한 같은 황제의 칙답을 소개하였다. 아들을 살해한 아버지의 자살은 그것이 사실이라면 자살의 동기와 관련하여 해석상 논란의 여지가 있

니라 자살자가 어떤 상황에서 (그리고 다른 개소의 내용까지 합치면, 어떤 동기에서) 생을 마감했는가가 중요하다는 취지이다. 이 같은 논란은 마르키아누스의 글이 워낙 압축적이어서 생긴 결과인데, 내용 파악의 어려움을 텍스트 교정을 통해 해결하려는 방법론의 한계를 보여주는 예이기도 하다.

98 Cf. Bas.60.53.3.1 (Heimbach V, p.886): et hoc non simpliciter, sed ita si condemnatio criminis, cuius accusatur, ... aut publicationem inferret.

을 터인데, 아들 살해가 주장만 되는 상황에서[99] 자살한 아버지에 대하여 염세자살로 인정한 하드리아누스의 인도주의 성향의 칙답을 소개한 D.48.21.3.5 cit.도 이 맥락에 속한다.[100] 자살 동기에 따른 구별의 중요성 (interesse qua ex causa)은 D.48.21.3.6 cit.에서 상세히 논하였다.

마르키아누스는 또 칙법에서 말하는 혐의범죄란 유죄로 확증될 경우 '재산 박탈'이 따르는 범죄라는 해석을 제시하였다.

D.48.21.3.3 Marcianus libro singulari de delatoribus.

Ergo ita demum dicendum est bona eius, qui manus sibi intulit, fisco vindicari, si eo crimine nexus fuit, ut, si convinceretur, bonis careat.

(그러므로 자결한 자의 재산이 국고로 몰수되는 것은 확증될 경우 재산이 박탈되는 범죄에 연루된 경우에 한하여 그렇다고 말해야만 한다.)

그리고 D.48.21.3.2 cit.에서는 이상의 귀결로서 사소한 절도범의 경우에는 적용되지 않는다는 피우스 황제의 칙답을 소개하고 있다. 모데스투스 타우리누스에게 내린 피우스의 칙답을 담고 있는 D.48.21.3.8 cit.에

---

99 Wacke II, 58.

100 Marotta, 306+n.158은 여기서 아버지가 살해된 아들에 대해 가부장권(家父長權)을 가졌는지 분명히 드러나지 않는다고 지적하는데, 이러한 의문은 부(父)의 아들에 대한 생사여탈권(ius vitae ac necis)이 이미 하드리아누스에 의해(D.48.9.5 Marcianus 14 institutionum. Divus Hadrianus fertur, cum in venatione filium suum quidam necaverat, qui novercam adulterabat, in insulam eum deportasse, quod latronis magis quam patris iure eum interfecit: nam patria potestas in pietate debet, non atrocitate consistere; Kunekl / Honsell, 148 n.10; Rilinger, 191f.; Wacke II, 59 n.147) 남용의 경우 형사처벌로써 제약된 이후이므로 만일 이러한 남용에 해당했다면 하드리아누스의 이러한 결정은 없었을 것이라는 생각에서 제기한 것 같다. 그러나 이 개소는 이미 아들 살해를 재산 몰수가 따르는 중대 범죄로 전제하고 있다(et ideo)는 점에서(Wacke II, 58 n.146) 가부장권(家父長權)에 대한 고려는 이미 불필요한 것이다. 뿐만 아니라 자살한 경우에는 그가 가부장권을 가졌는가 아닌가 하는 것은 동기 면에서 보면 아무런 차이가 없는 것이다. 칙답에서 이 점에 대한 언급이 없는 것은 당연한 것이다.

관해서는 전술하였다.

8) 위(僞) 퀸틸리아누스(Pseudo-Quintilianus, 1~2세기)

끝으로 신빙성 있는 법률자료는 아니지만, 다시 한번 전술한 바 있는 *Declamationes minores*의 제299제(題) 사안을 일별하기로 한다. 형사절차가 진행중에 1인이 자살한 부분(inter moras unus se ocddit)과 관련해서 Sermo에서 제시되고 있는 물음들은 일반인의 차원에서 족히 제기할 수 있을 물음을 시사하는가 하면 (가령 "an non possit quisquam mortuus damnari?"〔망자亡者는 아무도 유죄판결을 받을 수 없는가?〕) 지금까지 법률사료에서 쓰인 어휘와 구문을 그대로 답습하고 있다(가령 "qui in reatu periit"〔피소중에 사망한 자〕). 특히 눈에 띄는 것은 "an damnatus sit sua sententia, qui sibi manus aitulit?"(자결한 자는 자기 자신의 판결로써 유죄판정된 것인가?) 하는 것인데,[101] Marci. D.48.21.3.6 cit.; Paul D.42.2.1 cit.를 상기시킨다. 이러한 법의 차원의 문제(πραγματική)가 우리의 주제 설정으로 이끌고 또 수사학 연습에서 다루어질 정도로 일반의 관심사일 수 있는 것은 물론 자살이란 현상이, 그것도 탈일상적인 극적인 상황에서의 자살이라면 더욱더 심금(心琴, affectus)의 문제(παιθητική)이기도 하기 때문일 것이다.[102]

3. 후대의 칙법

200년 이후의 칙법들을 살펴보기로 한다.

1) 플로렌티누스 이후

207년의 한 칙답(勅答)은 실무상 중요한 문제인 자살 피고인의 재산 몰수 사건의 관할에 관하여 피고인의 형사사건을 관장했던 proconsul(지

---

101 Quintilianus, CCXCIX. Sermo, p.180.
102 Quintilianus, CCXCIX. Sermo, p.180.

사(知事))이 아니라 procuratores(국고회계관들)가 처리할 일임을 분명히 밝혔다.[103]

C.3.26.2 Severus / Antoninus (a.207).

Non animadvertimus, cur causam ad officium procuratorum nostrorum pertinentem ad proconsulis notionem advocare velis. Nam cum hoc quaeratur, an pater tuus mortem sibi consciverit metu alicuius poenae ac propterea bona fisco debeant vindicari, iam non de crimine aut poena mortui, sed de bonis quaerendum est.

(짐(朕)들은 그대가 왜 우리의 국고회계관들의 관할에 속하는 사건을 지사(知事)의 심리로 이송하고자 하는지 이해하지 못한다. 왜냐하면 그대의 아버지가 어떤 형벌을 두려워해서 자살하고 그 때문에 [그의] 재산이 국고로 몰수되어야만 하는가의 여부가 문제되는 경우에는 이미 망자(亡者)의 범죄나 형벌에 관해서가 아니라(= 형사법의 문제가 아니라) 재정에 관해서 다루어야만 하는 것(=재정법의 문제)이기 때문이다.)

피고인의 사망 후 절차 일반에 관해서 마르키아누스도 같은 취지의 서술을 전해준다.[104] 이것은 자살의 경우에도 이러한 일반적 법리의 예외가 아니었음을 보여주는 것이다.

D.48.1.6 Marcianus 14 institutionum.

Defuncto eo, qui reus fuit criminis, et poena extincta in quacumque causa criminis extincti debet is cognoscere, cuius de pecuniaria re cognitio est.

(범죄 피고인이었던 자가 사망하고 형벌이 소멸하면 소멸한 범죄로부터 유

---

103 Volterra I, 201: "procurator Caesaris"; Wacke II, 68f.; 제도와 관련해 상세한 것은 Pessi, 149ff.; 본 개소에 대해서는 특히 154 n.315.
104 심사자 A는 D.48.1.6과 관련해서도 필자가 이 개소를 자살 관련 개소로 오인한 것으로 오해하였다. 명확을 기하기 위하여 부연설명을 붙였다.

래하는 어떠한 사건에 관해서도 금전 문제에 심리권이 있는 자가 심리하여 야만 한다.)

2) 파피니아누스 이후

카라칼라의 한 칙답은 정확하게 현행법의 통설적인 법리를 아주 핵심적으로 교시한다.

C.9.50.1.pr. - 1 Antoninus (a.212).

Eorum demum bona fisco vindicantur, qui conscientia delati admissique[105] criminis metuque futurae sententiae manus sibi intulerint.

1. Eapropter fratrem vel patrem tuum si nullo delato crimine, dolore aliquo corporis aut taedio vitae aut furore aut insania aut aliquo casu suspendio vitam finisse constiterit, bona eorum tam ex testamento quam ab intestato ad successores pertinebunt.

(고소된 불법한 범죄의 결과를 의식해서 장차의 유죄판결에 대한 두려움으로 자결한 자들의 재산만이 국고로 몰수된다.

1. 그런고로 그대의 형제나 아버지가 범죄의 고소 없이 육신의 어떤 고통 때문에 또는 삶에 염증을 느껴서 또는 정신착란이나 광기 또는 어떤 사변에 의해 목매달아 삶을 마감했음이 확인되면 그들의 재산은 유언에 기하든 무유언으로든 상속인들에게 귀속할 것이다.)

3) 울피아누스 이후

226년의 한 칙답은 혐의범죄에 perduellio가 속한다는 사실을 밝히고 있다. 이 경우 유죄선고 전에 사망하더라도 범죄 자체가 소멸하지 않는 것은 테오도루스(Theodorus)에 의하면 기억말살이 되기 때문이다(ἡ γὰρ μνήμη αὐτοῦ καταδικάζεται).[106] 그 밖의 점에서 특이사항은 없다.

---

105 앞의 주 79 참조.

C.9.50.2 Alexander Severus (a.226).[107]

Eorum, qui in reatu diem suum functi sunt, si non perduellionis causam sustinuerunt nec ob metum criminis mortem sibi consciverunt, bona ad successores transmittuntur.

(소추된 상태로 사망한 자들의 재산은 반역죄 혐의를 받은 것도 아니고 범죄의 처벌을 두려워해서 자살한 것도 아닌 경우에는 상속인들에게 이전된다.)

4) 마르키아누스 이후

3세기 중후반의 법도 종래의 법을 그대로 유지하였다. 피고인 사망의 문제를 원칙과 예외(자살)로 한 문장으로 정리한 고르디아누스의 다음 칙법은 이 사실을 "notissimi iuris est" 한마디로 단언하였다.

C.9.6.5 Gordianus (a.238).

Defunctis reis publicorum criminum, sive ipsi per se ea commiserunt sive aliis mandaverunt, pendente accusatione, praeterquam si sibi mortem consciverint, bona successoribus eorum non denegari notissimi iuris est.

(형사범죄의 피고인들이, 그들이 스스로 그 범죄를 저질렀든 아니면 다른 사람들에게 시켰든 소추가 계속중에 사망한 경우 자살한 경우는 제외하고 [그들의] 재산이 그들의 상속인들에게 거부되지 않는다는 것은 가장 확실한 공지(公知)의 법이다.)

여기서 '자살'은 물론 도피성 자살만 의미한다. 이보다 52년 후의, 이미 살펴본 바 있는 Diocletianus / Maximianus C.6.22.2.pr.-1 (a.290) cit.

---

106 Schol. 1) *Theodori.* ad Bas.60.53.6 (Heimbach V, p.887).

107 Bas.60.53.6 (Heimbach V, p.887): Si qui criminis postulati ante sententiam decesserint, si quidem perduellionis erat crimen, publicationis ratio in heredes transmittitur. Sed si aliud erat, quam perduellionis crimen, et sibi metu criminis mortem non consciverint, crimen extinguitur.

도 하드리아누스 황제 이래의 자살 유형에 따른 법적 효과의 구별을 그대로 유지하고 있기 때문에 다른 이해는 불가능하기 때문이다.

IV. 맺음말

로마법은 형사피고인이 절차 진행중 사망한 경우에는 원칙적으로 모든 것이 종료한다는 법리를 오랫동안 적어도 티베리우스 때까지는 확실하게 추종하였다. 그러나 제정기에 들어서자 법정책적 이유에서, 그리고 그렇기 때문에 칙법을 통하여 피고인이 자살한 경우를 특별히 규율하기 시작하였다. 이때 피고인을 신분 면에서 일반인과 군인으로 구분하고 자살의 기수·미수 여부에 따라서 다시 구별함으로써 사안의 네 가지 조합이 가능했지만, 실제로 일반인의 경우에는 기수만이 문제되었고 이때 주안점은 자살자의 재산 몰수 여부였다. 군인의 경우에는 그 특성상 미수에도 관심을 기울여서 미수범에게 강력한 군형법 및 기율상의 제재가 뒤따랐다. 하드리아누스 이후, 또 특히 피우스를 거치면서 정착된 법리는 후대까지도 그대로 유지되었는데, 다음과 같이 정리해 볼 수 있다.[108]

i) 자살을 '이유 있는' 자살(염세자살 유형)과 그렇지 않은 자살(도피성 자살)로 구분하여 이 기준을 일관되게 적용하였다.

ii) '이유 없는' 자살의 경우에 한하여 재산 몰수를 시행하였다. 이 사건의 관할은 원래 형사사건의 형사관할관이 아니라 국고회계관 담당이었다.

iii) 재산 몰수가 시행되기 위해서는 피고인이 사형이나 중유배형에 해당하는 중범죄의 현행범이거나 피소된 상태여야 했다. 피소 상태는 범죄의 소추로 비롯하였다. 따라서 재산 몰수는 자살 자체에 대한 처벌이 아

---

108 Cf. Wacke II, 55; Brunnemann II, ad C.9.50 n.1, p.1156; Brunnemann I, ad D.48.21.3.8 n.1, p.1353 (단, 군인에 해당하는 D.48.21.3.6의 내용을 일반화한 점에서 오류가 발견된다).

니었다.[109]

iv) 재산 몰수의 논리는 도피성 자살은 곧 자백 내지 자판(自判)이라는 관념이 뒷받침하였다.

v) 그러나 상속인은 자살자의 유죄를 다툴 수 있었다. 입증책임은 상속인이 부담했던 것으로 보인다.

이 글의 계기가 되었던 노무현 전 대통령은 투신자살[110]에 앞서서 컴퓨터에 다음과 같은 유서(파일명: "나로 말미암아 여러 사람의 고통이 너무

---

109 Wacke II, 31ff에 의하면 로마법의 이러한 태도와 달리 16~18세기 프랑스, 독일, 오스트리아에서는 자살 자체에 두 가지 처벌이 (흔히 병합해서) 시행되었는데, 하나는 그리스도교 장례의 거부이고 다른 하나는 재산 몰수였다. 전자는 교회법의 영향이고 후자는 로마법 계수의 결과라고 한다. 이 과정에서 흥미로운 것은 『작센 법감(法鑑)』(Sachsenspiegel, 1220~1235), 『밤베르크 법전』(Bambergensis, 1507), 특히 로마법의 영향을 강하게 받은 『칼 황제 형법전』(Carolina, 1532) 등의 명문 규정에도 불구하고 법원실무와 지역법규가 재산 몰수를 오히려 더욱 강화시켰다는 사실이다. 프랑스(Montesquieu, Voltaire, Holbach, Rousseau, Diderot: 백과전서파)와 이탈리아(Beccaria, Gaetano Filangieri)의 계몽사상가들이 이의 타파를 주장한 반면, 독일의 법사상들(Samuel Pufendorf, Christian Thomasius, Christian Wolff)은 그렇지 못했으나 이웃의 영향하에 점차 반론(K.F. Hommel, Moses Mendelssohn)이 확산되었다. 프랑스에서는 1790년에 국민회의에서 만장일치로 폐지한 반면, 독일에서는 프로이센 국왕과 프리드리히 대왕의 1751년 결정을 따른 『프로이센 일반국법전』(1794)이 여전히 강력한 규제를 유지하였다. 참고로 번역하여 소개한다.
    Allgemeines Landrecht T.II Tit.20 §§803-805 (Wacke II, 39 n.51).
    §803: 자살자들은 그들의 사후에 모욕당해서는 안 된다. 그러나 그렇지 않은 경우 다른 사람들의 타계와 추모가 그들의 신분이나 지위에 의해서 숭모되곤 하는 일체의 것들을 상실할 것이다.
    §804: 중대한 범죄로 받게 될 불명예스러운 형벌을 회피하기 위하여 스스로 목숨을 앗은 자들은 소송 지휘 법원의 결정에 따라서 형장(刑場)에 파묻는다.
    §805: 형사판결이 이미 내려진 때에는 사체(死體)에 대한 집행이 가능하고 점잖고 그리고 다른 사람들을 위하(威嚇)하는 데에 도움이 되는 한 이를 집행한다.
110 Wacke II, 42+nn.68-69에 의하면 고대에는 현대보다 이 방법의 자살이 훨씬 더 빈번했던 것으로 보인다고 한다.

크다")를 남겼다고 한다.

너무 많은 사람들에게 신세를 졌다.

나로 말미암아 여러 사람이 받은 고통이 너무 크다.

앞으로 받을 고통도 헤아릴 수가 없다.

여생도 남에게 짐이 될 일 밖에 없다.

건강이 좋지 않아서 아무 것도 할 수가 없다.

책을 읽을 수도 글을 쓸 수도 없다.

너무 슬퍼하지 마라.

삶과 죽음이 모두 자연의 한 조각이 아니겠는가?

미안해하지 마라.

누구도 원망하지 마라.

운명이다.

화장해라.

그리고 집 가까운 곳에 아주 작은 비석 하나만 남겨라.

오래된 생각이다.

로마인들은 인간 노무현의 죽음을 과연 어떻게 판단했을까?[111]

---

111 필자가 마지막으로 던진 이 물음에 대해서 심사자들의 반응은 대체로 부정적인
    것 같다. 심사자 A는 "노무현 전 대통령의 자살에 대한 언급이 논문의 첫머리와
    마지막에 제시되는데, 이 점은 로마 법률가들의 관심사가 오늘날의 관심사와도
    직결될 수 있다는 점을 시사하는 긍정적인 효과가 있긴 하나, 노무현 전 대통령의
    자살에 대한 법리적인 논의가 전혀 제시되지 않은 상태로는 로마법 문헌에 나타
    나는 (주로 전 재산 몰수에 관한) 자살 관련 문헌들이 과연 노무현 전 대통령의 자
    살과 무슨 의미 있는 관련이 있는지 전혀 드러나지 않는다. 오히려 마치 이 글의
    저자가 노무현 전 대통령의 경우에도 그 자살이 전 재산 몰수와 연결되어야 할지
    를 검토해야 할 사안이라는 듯 전제하는 것이나 아닌지 의문이 들 위험마저 있다"

는 견해이고, 심사자 B는 "맺는말에 언급된 고 노무현 대통령의 유서에 대해 '로마인들은 어떻게 평가했을까?'라는 자문(自問)이 본 논문과 연결되려면, 논문 자체에서 자살의 유형에 대한 판단 기준이 제시된 경우가 아닐까요. 본문에는 그러한 자살구분의 기준 등에 대해서는 언급되지 않고 있다는 점에서 적정하지 않아 보이며, 오히려 논문의 가치를 평가절하시키는 것은 아닐까요"라고 피력한다. 또 명시적으로 노무현 전 대통령을 언급하지는 않으나 대략 같은 방향의 취지로 보이는 심사자 C의 소견은 이와 같다. 즉 "논제의 핵심은 결국 자살이 이유 있는 것이냐 여부로 나뉘어지는데, 연구자는 어느 곳에서도 '이유'가 무엇인가에 대해 설명하지 않고 있다. 따라서 많은 설명과 논의가 있었음에도 불구하고 독자들이 크게 공감할 수 없게 되므로 이에 대한 보완 설명이 필요하다고 여겨진다."

이에 대한 필자의 답변은 다음과 같다. 위 질문은 이 논문의 계기가 되었던 모두의 사건에 대하여 이 기회에 살펴본 로마법의 입장에서는 어떤 판단이 가능할지를 물은 것이고 필자 생각에는 자연스러운 질문이라고 본다. 법사학연구의 범위 안에서 필자가 할 수 있었던 것은 로마인들이 자살을 도피성 자살과 그렇지 않은 염세자살로 나누어서 법적으로 달리 취급했다는 사실의 확인뿐이고 그들이 그 구별의 기준이나 요건을 구체적으로 밝히고 있지 않은 한(사실문제에 대한 로마 법률가들의 태도를 고려할 때 사실 이것은 기대할 수도 없다) 어떤 자살이 이유 있는 자살인지, 또는 자살의 유형에 대한 판단 기준이 무엇인지를 이론적으로 밝힐 수도 없고 또 그렇게 하는 것이 법사학자의 본령도 아님은 거의 자명하다고 생각되며, 또 노무현 전 대통령의 자살에 대한 법리적인 논의가 전혀 제시되지 않은 상태로는 로마법 문헌에 나타나는 (주로 전 재산 몰수에 관한) 자살 관련 문헌들이 과연 노무현 전 대통령의 자살과 무슨 의미 있는 관련이 있는지 전혀 드러나지 않는다고 하지만, 어차피 현행법적인 논의와 법사학적인 논의는 차원을 달리하는 것으로서 후자가 전자를 대체하는 것이 아님은 물론 대체할 수도 없음 또한 자명하다 할 것이다. 그렇다고 로마적 관점에서 오늘날의 사태에 대한 판단이 전혀 불가능한 것도 아닐 것이다. 우리는 역사적 상상력을 동원해서 옛 로마의 사건이 현재의 한국에서 일어난다면 어찌될까 하고 물을 수 있듯이 또한 그 사건이 옛 로마에서 일어났더라면 어찌되었을까 하고 물을 수 있는 것이다.

참고문헌

김재문, 『경국대전의 편찬과 법이론 및 법의 정신』, 동국대학교출판부(2007).

＿＿＿, 『한국전통 담보제도』, 동국대학교출판부(2007).

＿＿＿, 『한국전통 민법총칙과 물권법』, 동국대학교출판부(2007).

＿＿＿, 『한국전통 민주주의 이론과 법의 정신』, 동국대학교출판부(2007).

＿＿＿, 『한국전통 민주적 입법이론과 법의 정신』, 동국대학교출판부(2007).

＿＿＿, 『한국전통 법조윤리와 공직자정신』, 동국대학교출판부(2007).

＿＿＿, 『한국전통 사법(재판)이론과 법의 정신』, 동국대학교출판부(2007).

＿＿＿, 『한국전통 채권법·가족법 소송법』, 동국대학교출판부(2007).

심희기, 『한국법제사강의: 한국법사상의 판례와 읽을거리』, 삼영사(1997).

우병창, 『조선시대 재산법』, 세창출판사(2006).

정긍식, "『서울대학교 법학』 50년: ─ 법사학 ─ 그 성과와 전망", 『서울대학교 법학』 제50권 제2호(2009. 6), 93-118. [= 정긍식 III]

＿＿＿, "〈자료〉 한국법제사 관련 문헌자료 검색법 ─ 조선시대를 중심으로", 『서울대학교 법학』 제43권 제1호(2002. 3), 495-518. [= 정긍식 II]

＿＿＿, "조선시대의 권력분립과 법치주의 ─ 그 시론적 고찰", 『서울대학교 법학』 제42권 제4호(2001. 12), 27-65. [= 정긍식 I]

조규창, 『로마형법』, 고려대학교출판부(1998).

최병조, "로마법상 사용취득(usucapio)의 권원 개념(I) ─ 표견권원(表見權原)과 오상권원(誤想權原)", 『서울대학교 법학』 제50권 제2호(2009. 6), 451-496. [= 최병조 II]

＿＿＿, "사인증여(死因贈與)의 개념과 법적 성질", 『민사판례연구』 XXIX(2007), 803-873. [= 최병조 I]

최종고·김상용 편, 『법사학입문』, 법문사(1985).

Archi, Gian Gualberto, "Rescrits impériaux et littérature jurisprudentielle dans le développment du droit crkmnel"(1957) *Scritti di Diritto Romano* III (1981), 1433~1449.

Brunnemann, Johann, *Commentarius in Codicem Justinianeum*, editio novissima, Lipsiae (1708). [= Brunnemann II]

_____, *Commentarius in Pandectas*, editio quinta, Wittebergae & Berolini (1701). [= Brunnemann I]

Burdon, Joan, "Slavery as a Punishment in Roman Criminal Law", in: *Slavery and Other Forms of Unfree Labour*, edited by Léonie J. Archer (1988), 68-85.

Bynkershoek, Cornelis van, "Περί αὐτοχειρίας" (Lib. IV Cap. IV), in: *Observationum Juris Romani Libri Quatuor*, editio secunda, Lugduni Batavorum (1735), 345-351.

Costa, Emilio, *Crimini e Pene da Romolo a Giustiniano* (1921).

Dirksen, Henricus Eduardus, *Manuale Latinitatis Fontium Iuris Civilis Romanum*, Berolini (1837).

Ermann, Joachim, *Strafprozess, öffentliches Interesse und private Strafverfolgung. Untersuchungen zum Strafrecht der römischen Republik* (2000).

Falchi, Giuseppino Ferruccio, *Dirito Penale Romano*, vol. III: Procedura (1937).

Heumann, H./Seckel, E., *Handlexikon zu den Quellen des römischen Rechts* (11. Auflage 1971).

Kunkel/Honsell/Mayer-Maly/Selb, *Römisches Recht* (4. Auflage 1987).

Lenel, Otto, *Palingenesia Iuris Civilis*, I et II (1889/Nachdruck 1960).

Marotta, Valerio, *Multa de Iure Sanxit. Aspetti della Politica del Diritto di Antonino Pio* (1988).

Mnois, Georges, *Histoire du suicide. La société occidentale face à la mort volmtaire* (1995).

Oxford Latin Dictionary, edited by P. G. W. Glare (1982/reprinted 1985). [=OLD]

Pessi, Maria Vittoria Giangrieco, *Situazione economico-sociale e politica finanziaria sotto i Severi* (1988).

Quintilianus, M. Fabius, *Declamationes quae supersunt*, recensuit Constantinus Ritter, editio stereotypa editionis prioris (1884/1965).

Rilinger, Rolf, *Humiliores-Honestiores. Zu einer sozialen Dichotomie im Strafrecht der römischen Kaiserzeit* (1988).

Schellenberg, Hartwig, *Die Interpretationen zu den Paulussentenzen* (1965).

Schiller, A. Arthur, "Sententiae Hadriani de re militari", in: *Sein und Werden im Recht. Festgabe für Ulrich von Lübtow zum 70. Geburtstag am 21. August 1970,*

295-306.

Simonius, Pascal, *Donatio mortis causa* (1958).

Vittinghoff, Friedrich, *Der Staatsfeind in der römischen Kaiserzeit. Untersuchungen zur "damnatio memoriae"* (1936).

Vocabularium Iurisprudentiae Romannae I (1903). [= *VIR*]

Volterra, Edoardo, "Processi penali contro i defunti in diritto romano"(1949), in: *Scritti giuridici*, VII (1999), 305-320. [= Volterra II]

_____, "Sulla confisca dei beni dei suiddi"(1933), in: *Scritti giuridici*, VII (1999), 185-208. [= Volterra I]

Wacke, Andreas, "Der Selbstmord im römischen Recht und in der Rechtsentwicklung", *Zeitschrift der Savigny-Stiftung für Rechtsgeschichte, Rom. Abt.* 97 (1980), 26-77. [= Wacke II]

_____, "Dig. 19,2,33: Afrikans Verhältnis zu Julian und die Haftung für höhere Gewalt", *Aufstieg und Niedergang der Römischen Welt* II 15 (1976), 455-496. [= Wacke I]

Watson, Alan, "Drunkenness in Roman Law", in: *Sein und Werden im Recht. Festgabe für Ulrich von Lübtow zum 70. Geburtstag am 21. August 1970*, 381-387.

Wieacker, Franz, "Zur Methodik der Rechtsgeschichte", *Festschrift für Fritz Schwind zum 65. Geburtstag* (1978), 355-375.

| 논문 출처 |

제1부 로마법 일반

제1장 『서울대학교 法學』, 제48권 제4호(2007. 12), 1-34.

제2장 『서울대학교 法學』, 제52권 제2호(2011. 6), 47-89.

제2부 로마 인법(人法)

제3장 『法史學研究』, 제54호(2016. 10), 251-96.

제3부 로마 물권법

제4장 『서울대학교 法學』, 제50권 제2호(2009. 6), 451-96.

제5장 『서울대학교 法學』, 제50권 제3호(2009. 9), 1-88.

제6장 『法史學研究』, 제39호(2009. 4), 171-204.

제7장 『서울대학교 法學』, 제57권 제4호(2016. 12), 1-55.

제4부 로마 채권법과 민사소송법

제8장 『서울대학교 法學』, 제58권 제2호(2017. 6), 1-56.

제9장 『서울대학교 法學』, 제56권 제2호(2015. 6), 1-83.

제10장 『法史學研究』, 제42호(2010. 10), 5-48.

제5부 로마 형사법

제11장 『서울대학교 法學』, 제48권 제3호(2007. 9), 1-28.

제12장 『서울대학교 法學』, 제58권 제4호(2007. 12), 1-111.

제13장 『法史學研究』, 제40호(2009. 10), 261-307.

| 사료 찾아보기 |

[일러두기]

(1) 기재된 숫자는 쪽수를, 첨자표시한 숫자는 해당 쪽수의 각주를 의미한다.
(2) 사료 정리 항목 순서
　1. 로마법 법률사료
　　가. 유스티니아누스의 로마법대전
　　　(1) Institutiones Iustiniani (법학제요)
　　　(2) Digesta Iustiniani (학설휘찬)
　　　(3) Codex Iustinianus (칙법휘찬)
　　　(4) Iustiniani Novellae (신칙법)
　　나. 기타 법사료
　2. 중세 이후 법사료
　3. 비법률사료
　　가. 문헌 사료
　　나. 금석문
(3) 각 사료에는 필요시 약어 및 번역을 붙였다.
(4) 사료 항목의 배열은 알파벳순에 의하였다.

D.14.2.9	56, 57
D.14.3.13.2	440[46]
D.14.4.3.1	540[127]
D.14.5.8	618[70]
D.15.1.3.2	262[123]
D.15.1.3.9	263[124]
D.15.1.9.7	848, 848[82]
D.15.1.21.1	540[128]
D.15.1.27.pr.	262[123]
D.15.1.42	149[84]
D.15.1.50.3	118[10]
D.15.1.53	264[125]
D.16.1.2.31	56
D.16.3.1.18	117[8]
D.16.3.1.26	530[100], 531
D.16.3.1.36	727[166]
D.16.3.1.38	739[211], 743[219]
D.16.3.5.pr.	530[100], 531[105], 579
D.16.3.25.1	726[163]
D.16.3.26.1	56
D.16.3.29.pr.	235[29], 727[166]
D.17.1.12.6	659
D.17.1.29.5	652, 653[23], 657, 671[99]
D.17.1.56.1	726[163]
D.17.1.60.4	28[40]
D.17.2.1.pr.	443[57]
D.17.2.1.1	438[33]
D.17.2.3	432[7]
D.17.2.3.1	438[33]
D.17.2.3.3	441[50]
D.17.2.4.pr.	432[7]
D.17.2.4.1	124, 447f.
D.17.2.5.pr.	438[33], 440[48], 441[49]
D.17.2.5.1	433[9]
D.17.2.7	439[34]
D.17.2.8	439[34]
D.17.2.9	439[34]
D.17.2.10	439[34]
D.17.2.11	439[34]
D.17.2.12	439[34]
D.17.2.13	439[34]
D.17.2.14	443[55], 443[58], 459[114], 475f.
D.17.2.15	476
D.17.2.16.pr.	477
D.17.2.16.1	475[154]
D.17.2.17.pr.	476[154]
D.17.2.17.1	469
D.17.2.17.2	474
D.17.2.18	432[6], 458[108]
D.17.2.19	433[12], 436[18], 453[94]
D.17.2.20	436[18]
D.17.2.24	437[26]
D.17.2.29.1	472[149]
D.17.2.29.2	473[149]
D.17.2.30	473[149]
D.17.2.31	436[18]
D.17.2.32	436[18]
D.17.2.33	436[18]
D.17.2.34	436[18]
D.17.2.35	443[56], 452[92], 455[97]
D.17.2.36	455[97]
D.17.2.37	455[98]
D.17.2.40	455[97]
D.17.2.44	432[7]
D.17.2.44.pr.	440[41]
D.17.2.52.pr.	433[8]
D.17.2.52.1	456[100]
D.17.2.52.2	433[11]
D.17.2.52.4	440[39]
D.17.2.52.7	440[44]
D.17.2.52.9	443[56], 452[92]
D.17.2.52.14	458[112]
D.17.2.52.16	438[33]
D.17.2.52.17	438[33], 441[51]
D.17.2.52.18	438[33]
D.17.2.53	441[51]
D.17.2.54	441[51]
D.17.2.55	441[51]
D.17.2.56	441[51]
D.17.2.57	441[51]
D.17.2.58.pr.	433[11], 445[64]
D.17.2.58.2	144f., 444[60]
D.17.2.58.3	444[62]
D.17.2.59.pr.	452[92], 454[95]

D.17.2.63.pr.	441[49], 453[94], 456[103]	D.18.1.78.3	77[51]
D.17.2.63.8	452[92], 454[95]	D.18.3.2	603[10]
D.17.2.63.10	124[27], 444, 458[112]	D.18.3.3	603[10]
D.17.2.65	440[38]	D.18.3.4.pr.	631[117]
D.17.2.65.pr.	438[33], 441[49], 446f., 457[106], 458[112]	D.18.3.4.2	624[92], 624[93]
D.17.2.65.1	447[72]	D.18.3.4.3	610[40]
D.17.2.65.2	441[49], 441[53], 455[97]	D.18.3.4.4	610[39]
D.17.2.65.3-4	471f.	D.18.3.5	608[29]
D.17.2.65.3	438[33], 455[99], 456[99]	D.18.3.6.pr.-1	608[30]
D.17.2.65.4	441[49], 445f.	D.18.3.6.pr.	608[31]
D.17.2.65.5-6	477f.	D.18.3.6.2	624[94]
D.17.2.65.7	459[115]	D.18.3.7	625[95]
D.17.2.65.8	459[116]	D.18.3.8	609[32], 726[163]
D.17.2.65.9	431[5], 444[61], 452[92], 455[96], 455[97]	D.18.4.21	672[100]
D.17.2.65.10	441[49], 444[63], 452[88], 458[107]	D.18.5.10.pr.	617
D.17.2.65.11	444[60], 452[92]	D.19.1.13.29	190[78]
D.17.2.65.12	445[65]	D.19.1.18.1	378[20]
D.17.2.65.13	433[8], 436[18]	D.19.1.24.pr.	140[66]
D.17.2.65.15	457[106]	D.19.1.30.1	189[75]
D.17.2.65.16	438[33]	D.19.2.15.2	74f., 79
D.17.2.67.pr.	437[24]	D.19.2.19.4	386[31]
D.17.2.67.1	437[24]	D.19.2.20.2	605[17]
D.17.2.67.2	433[8]	D.19.2.21	605[17]
D.17.2.69	441[49]	D.19.2.22.pr.	605[17]
D.17.2.70	452[91]	D.19.2.22.3	661[53]
D.17.2.71.pr.	440[43]	D.19.2.25.6	53, 67[20]
D.17.2.71.1	439[34]	D.19.2.36	67[20]
D.17.2.72	437[20]	D.19.2.48.1	530[100], 532
D.17.2.73	438[33]	D.19.2.55.1	386[31]
D.17.2.78	456[100]	D.19.2.59	78
D.17.2.82	437[25], 439[34]	D.19.2.61.1	28
D.17.2.83	230f., 366[7]	D.19.2.62	79f.
D.17.2.84	432[6]	D.19.4.1	189[76]
D.18.1.1.pr.	531[102]	D.19.4.1.2	434[13]
D.18.1.1.1	52	D.19.5.5.3	660
D.18.1.4	71[36]	D.19.5.17.4	68[20]
D.18.1.6.pr.	71[36]	D.20.1.11.1	53
D.18.1.26	187[68], 329[11]	D.20.1.15.2	656[35]
D.18.1.27	174, 185[58], 185[60], 187[66], 329[9]	D.20.1.16.3	516, 529[98], 556, 560
D.18.1.35.2	441[51]	D.20.1.16.4	560
D.18.1.43.pr.	660	D.20.1.16.6	560
D.18.1.73.pr.	69f.	D.20.1.21.3	559[183], 560

D.20.1.34.1	28[40]	D.23.3.78.2	102[114]
D.20.4.11.4	556[176]	D.23.4.29.pr.	713[112]
D.20.6.2	560[188]	D.23.5.16	313[279]
D.20.6.8.2	516[66]	D.24.1.1	386[32]
D.20.6.12.1	556[176]	D.24.1.28.1	118[10]
D.21.1.1.7	55	D.24.1.31.2	386f.
D.21.1.5	54	D.24.1.32.7	851
D.21.1.9	54	D.24.1.63	374[13], 379f., 380[22]
D.21.1.10.4	54	D.24.1.66.pr.	29, 713[112], 726[162]
D.21.1.17.1	654[26]	D.24.3.45	707[83]
D.21.1.23.3	842[71], 847[79]	D.25.2.1	480[163], 568[205]
D.21.1.43.4	847	D.25.2.2	568[205]
D.21.1.44.1	437[23], 440[48]	D.25.2.3.pr.	568[205]
D.21.2.8	352[59]	D.25.2.6.2	568[205]
D.21.2.42	352[59]	D.25.2.8.1	507[36], 569f.
D.21.2.43	352[59]	D.25.2.9	498[8], 570, 571
D.22.1.1.3	726[163]	D.25.2.10	507[36], 569
D.22.1.7	727[166]	D.25.2.11.pr.	569[205]
D.22.1.25.1	367f.	D.25.2.21.4	569[206]
D.22.1.28.1	355[62]	D.25.2.29	569[206]
D.22.1.41.2	709[95]	D.26.1.1.pr.-1	619[73]
D.22.1.48	724[155]	D.26.1.1.pr.	118[11]
D.22.3.1	700[60]	D.26.2.27.pr.	724[155]
D.22.4.2	703[68]	D.26.2.29	752, 753
D.22.6.2	187[71], 198[99], 253[100]	D.26.4.2.pr.	138f.
D.22.6.3.pr.	197[95], 253[99]	D.26.7.7.pr.	521, 527, 544
D.22.6.4	188[71]	D.26.7.46.1	54
D.23.2.1	480[163]	D.26.7.47.pr.	28[40]
D.23.2.4	294[214]	D.26.7.57.pr.	702[66]
D.23.3.3	260[120]	D.26.7.61	539[126]
D.23.3.7.3	289[203]	D.26.8.20	707[82]
D.23.3.8	291[208]	D.26.9.1	538f.
D.23.3.9.1	290[203]	D.27.1.6.2	56
D.23.3.10.4-5	287[199]	D.27.1.6.7	56
D.23.3.16	288[199]	D.27.1.6.8	56
D.23.3.17.1	287[198]	D.27.1.31.4	438[33]
D.23.3.47	239	D.27.2.46.1	96[97]
D.23.3.59.2	265[129]	D.27.3.1.14	441[51]
D.23.3.66	102[114]	D.27.7.1.pr.	455[97]
D.23.3.67	239, 261, 292[210], 305[256], 332[30]	D.27.7.4.pr.	542[134]
D.23.3.68	294[214]	D.27.9.1.pr.-2	632[122]
D.23.3.72.2	707[83]	D.27.9.3.4	54

D.48.20.7.2	824[22]	D.50.12.6.pr.	91[81]
D.48.20.11	853	D.50.12.6.1	94[94]
D.48.21.3	447[72]	D.50.12.6.2	90[80]
D.48.21.3.pr.	823, 840, 843, 853	D.50.12.6.3	91[82]
D.48.21.3.1	832	D.50.12.7	94[92]
D.48.21.3.2	832	D.50.12.8	95[95]
D.48.21.3.3	855, 856	D.50.12.9	96[96]
D.48.21.3.4	833	D.50.12.10	56, 97f.
D.48.21.3.5	830, 856	D.50.12.11	94[94]
D.48.21.3.6	827, 841, 857, 861[108]	D.50.12.12.pr.	93[91]
D.48.21.3.7	853	D.50.12.12.1	91[81]
D.48.21.3.8	827, 833f.	D.50.12.13	95[94]
D.49.1.1.1	56	D.50.12.13.1	91[81]
D.49.1.25	56	D.50.12.14	95[96]
D.49.1.28.1	527, 567f.	D.50.12.15	96[96]
D.49.14.12	128[33]	D.50.13.1.pr.	54
D.49.14.29.1	724[155]	D.50.13.5.1	121, 127[33]
D.49.14.38.pr.	724[155]	D.50.13.5.3	121, 127[33]
D.49.14.45.1-2	844f.	D.50.14.3	54
D.49.14.50	612[51]	D.50.16.5.1	54
D.49.16.3.5	805[417]	D.50.16.19	53, 54, 457[106]
D.49.16.6.7	831, 843	D.50.16.20	148
D.50.1.24	791[367]	D.50.16.25.1	230
D.50.4.1.2	55	D.50.16.26	343[51]
D.50.4.6.1	91[81]	D.50.16.30.2	53
D.50.4.18.5	53	D.50.16.38	54
D.50.6.6(5).2	56	D.50.16.45	54
D.50.6.6(5).6	56	D.50.16.58.pr.	55
D.50.7.13	28	D.50.16.62	374[15], 378[19]
D.50.7.18	126[29]	D.50.16.99.2-3	700[60]
D.50.9.6	29[40], 56	D.50.16.109	173
D.50.10.7.1	96[98]	D.50.16.144	54
D.50.11.2	53	D.50.16.148	714[123]
D.50.12.1	92[85]	D.50.16.163.1	54
D.50.12.1.1	94[93]	D.50.16.205	54
D.50.12.1.2	94[94]	D.50.16.215	154
D.50.12.1.3-5	94[94]	D.50.16.221	724[155], 762[254]
D.50.12.1.6	97[100]	D.50.16.226	517[68]
D.50.12.3.pr.	92[85], 94[92], 94[94]	D.50.16.233.2	53, 55
D.50.12.3.1	95[94]	D.50.16.236.pr.	52
D.50.12.4	90	D.50.16.236.1	53
D.50.12.5	92[84]	D.50.16.239.2	54

D.50.16.239.4	54
D.50.17.22.pr.	154
D.50.17.23	103[119]
D.50.17.24	143[76]
D.50.17.32	132[42]
D.50.17.47.pr.	652[16], 659
D.50.17.47.1	436[18]
D.50.17.53	373[11]
D.50.17.69	548
D.50.17.82	373[11]
D.50.17.126.pr.	305[253]
D.50.17.131	533[112]
D.50.17.150	299[229]
D.50.17.199	517[67]

(3) Codex Iustinianus (C. : 칙법휘찬)

C.1.2.21	73[43]
C.1.2.23	101[111]
C.1.3.32.8	564[194]
C.1.17.2.8c	90[79]
C.1.22.5	778[328]
C.2.1.5	699[58]
C.2.1.8	799[58]
C.2.2.1	32[49]
C.2.3.20	673[101]
C.2.4.2	545[145]
C.2.4.3	545[142]
C.2.4.4	545[142]
C.2.4.11	545[145]
C.2.4.12	545[145]
C.2.4.15	545[142]
C.2.4.32	545[142], 545[144]
C.2.4.40	545[142]
C.2.4.42	724[152], 795[376]
C.2.16.1	727[166]
C.2.16.2	727[166]
C.2.18(19).12	33
C.2.18.17	308[265]
C.2.20.6	786[349]
C.2.21.3	631[116]
C.2.24	615[60]
C.2.25.5	615[60]
C.2.26	615[59]
C.2.27	614[57]
C.2.28	614[57]
C.2.28.2.pr.	629[112]
C.2.29	614[57]
C.2.32	614[57]
C.2.35	615[57]
C.2.38	615[57]
C.2.39	615[57]
C.3.1.13.4	511[51]
C.3.1.13.6	508[42]
C.3.8.3	800[400]
C.3.26.2	858
C.3.28.1	298[224], 309[270]
C.3.31.7.pr.-1	310[272]
C.3.31.7.pr.	298[224]
C.3.31.11	298[224], 311
C.3.31.12.2b	724[155]
C.3.32.2.pr.-1	372[11]
C.3.32.4	307[262]
C.3.32.11.pr.-1	389, 398, 399
C.3.32.11.pr.	365[4]
C.3.32.11.1	373[11]
C.3.32.15.pr.	672[100]
C.3.32.16	388[35]
C.3.32.21	546f.
C.3.32.24	175[24], 194[90], 329[16]
C.3.33.11	144[77]
C.3.33.14.2	735[190]
C.3.33.16	99[104]
C.3.33.16.pr.	141[66]
C.3.33.16.2-3	141[67]
C.3.33.17.pr.-2	141[67]
C.3.36.12	35
C.3.37.1	33
C.3.37.5	484[168]
C.3.38.4	438[33]
C.3.41.1	118[12]
C.4.1.3	504[26]
C.4.2.17	710[98]
C.4.14.2	32
C.4.14.5	32[51]

나. 기타 법사료

Gai.3.27	140^{62}
Gai.3.77-81	447^{72}
Gai.3.83	135^{49}, 142^{68}
Gai.3.84	150^{86}, 444^{60}
Gai.3.93	45^{95}
Gai.3.96	27
Gai.3.120	45
Gai.3.121a-122	50^{111}
Gai.3.134	27, 708^{94}
Gai.3.135	433^{12}
Gai.3.148	438^{33}, 440^{38}
Gai.3.151	433^{13}, 437^{19}, 471^{145}, 471^{146}
Gai.3.152	444^{61}
Gai.3.153	144^{79}, 146f., 444^{60}, 453^{94}
Gai.3.154	431^{6}, 447^{72}
Gai.3.154a-b	431^{4}
Gai.4.17	255^{106}
Gai.4.34-36	370^{10}
Gai.4.36	270^{143}
Gai.4.37	44^{92}
Gai.4.38	147^{82}
Gai.4.46	370^{10}
Gai.4.48	497^{4}
Gai.4.112	822^{12}
Gai.4.144	304^{247}
Gai.4.182	456^{103}

Gai Institutionum Epitome
(Epit.Gai., Gai.Ep. : 가이우스 법학원론 초록)

2.1.4	70^{29}, 365^{4}, 403
2.9.13	433^{12}
2.9.16	432^{7}, 433^{11}, 438^{33}, 440^{48}
2.9.17	125^{27}, 433^{13}, 444^{60}, 444^{61}, 455^{99}

Lex duodecim tabularum (XII. Tab. : 12표법)

5.2	186
6.5	226
6.7	376
6.8	374^{14}, 376
7.2	25
7.4	231^{21}

7.8a	83
8.17	333^{33}
8.23	806
8.27	25
10.1.	25

Mosaicarum et Romanarum Legum Collatio
→ Collatio

Novellae divi Maioriani
(Nov. Maior. : 마요리아누스 신칙법)

6.3 (a.458)	438^{33}

Novellae divi Marciani
(NMar. : 마르키아누스 신칙법)

I.7 (a.450)	564^{194}

Pauli Sententiae (PS. : 파울루스 의견록)

1.7.7	68^{20}
1.8.2	656^{36}
1.12.1	695^{38}, 721^{143}, 740^{215}, 778, 778^{332}
1.12.5	778^{328}
1.13a.3	782, 782^{338}
2.12.5	235^{29}
2.31.9	117^{8}
2.31.32	710^{102}
3.3.1	576^{226}
3.6.15	766^{288}, 772^{310}
3.6.28-29	141^{66}
3.6.29	127^{33}, 129^{35}, 159
3.6.59	710^{102}
4.6.2a	743^{219}
4.7.1-2	735^{190}, 738^{206}, 738^{207}
4.7.1	695^{38}, 725^{156}, 729^{172}, 735^{190}, 736^{195}, 738^{203}, 743^{219}, 789
4.7.2	722, 735^{190}, 788^{359}
4.7.3-5	738^{206}
4.7.3	786^{348}, 787^{352}
4.7.4	786
4.7.5	786
4.7.6	713^{112}

In Verrem II (BC 70)

1.108	691, 694[34]
1.117	727[165]
2.60	710[100]
2.182	704[68]
3.20.50	435[18], 441[51]
3.58.134	441[51]
3.59.135	441[51]
3.60.140	441[51]
4.58	728[169]
4.149	704[68]

Philippicae (BC 44-43)

5.34	66[15]

Pro Balbo (BC 56)

19	43[87]
38	43[87]
52	43[87]

Pro C. Rabirio perduellionis reo oratio → Pro Rabirio perd.

Pro Cluentio (BC 66)

37	725[160]
41	729, 735[190], 736[193], 773[314]
125	722, 723[150], 736[193], 773[314]

Pro Flacco (BC 59)

22	773[315]

Pro Fonteio (BC 69)

2.3	713[113]

Pro Milone (BC 52)

26.70	66[15]
73	773[313]

Pro Publio Quinctio → Pro Quinctio

Pro Quinctio (BC 81)

3.12-13	440[37]

4.15	453[92]
6.26	434[14]
16.52	453[92]
24.76	453[92]
26.6	434[14]

Pro Rabirio perd. (BC 63)

7.20	66[16]

Pro Roscio Amerino (BC 80)

7.20	441[51]
31.86	441[51]
40.116	434[14]
43.124	441[51]

Pro Roscio comoedo (BC 77-66)

6.16	434[14], 620[77]
10.28	440[48]

Pro Q. Roscio comoedo → Pro Roscio comoedo

Pro Sex. Roscio Amerino → Pro Roscio Amerino

Pro Sulla (BC 62)

84	118

Pro T. Annio Milone oratio → Pro Milone

Topica (BC 44)

4.18	117[9]
5.26	117
10.42	456[100]
17.66	456[100]

Columella (dubium)
De arboribus 17.3   75[48]

Donatus
Commentum Terentii: Adelphoe 4.583.1
99[107]

Carmina 1.16.20-21   100[108]

Priapea (Corpus Priapeorum)
Carmen 61 v.4   75[45]

Pseudo-Asconius
In Verrem 2.1.108   694[34]

Pseudo-Quintilianus
Declamationes minores 229   857

Quintilianus, Institutio Oratoria (연술론 원론)
3.6.84   22
5.5.1-2   701[61]
5.5.1   713[113]

Quintus Asconius Pedianus → Asconius

Remigius Autissiodorensis
Commentum Einsidlense in Donati Artem minorem (recensio brevis)
cap.6   100[107]

S. Pompeius Festus → Festus

Sallustius
Catilinae Coniuratio
16.1-2   725[161]
29.2   66[15]
Oratio Philippi 22   66[15]

Scriptores Historiae Augustae
III: Antoninus Pius 9.1   69[24]
IV: M. Aurelius Antoninus 6.2   70[33]
XVIII: Alexander Severus 44.8   103[118]
XX: Gordiani tres 26.1   69[24]
XXIII: Gallieni duo 5.2   69[24]

Seneca rhetor
Controversiae 8.4   838[59], 840[65], 843

Seneca philosophus
Epistulae morales 113.16   15
Naturales quaestiones 3.29.4   69[24]

Servius grammaticus
Commentarius in Vergilii Aeneidos libros
['Servius auctus']
1.2, comm. ad versum 225   70[34]
1.4, comm. ad versum 212   100[108]
1.5, comm. ad versum 755   100[107]
Commentarius in Vergilii Aeneidos libros 2,
ad 12.603   837[59]

Suetonius, De vita Caesarum (로마황제전)
Divus Augustus 33.2   725[161], 762[252]
Divus Augustus 33.2-3   796f.
Tiberius 48.2   69[24]
Claudius 26.3   628[108]
Nero 10.2   789[389]
Nero 17   715[125], 736[195], 750[236], 759
Divus Vespasianus 17.1 103[118]

Tacitus, Annales (연대기)
6.29   822[11], 824[20]
14.40   730, 797[387]

Terentius
Heautontimorumenos v. 796 (actus 4) 62[7]

Tertullianus
De anima cp. 10   244[65]

Valerius Maximus
Memorabilia 9.12.7   822[11]

Varro
De Lingua Latina inc.33.1   116[4]

Vegetius
Epitoma rei militaris 3.1.11   66[15]

나. 금석문

Tab. cer. Dac. (a.167)＝Societas pecuniarum
credendarum dacica
(Arangio-Ruiz ed. FIRA III, pp.481-482,
n.157) 13 440^{42}, 442^{53}

Testamentum Antonii Silvani Equitis (a.142)
(Arangio-Ruiz ed. FIRA III, pp.129-132,
n.47) 748^{234}

Turneb. Advers.
(TLL, s.v. surculus, p.251) 21.14 255^{106}